LAROUSSE
DICCIONARIO
mini

LAROUSSE
DICCIONARIO

**ESPAÑOL
ITALIANO**

■

**ITALIANO
SPAGNOLO**

Para esta edición/Per questa edizione

SHARON J. HUNTER   JANICE MCNEILLIE

DAVID TARRADAS   VALENTINA TURRI

Para las ediciones anteriores/Per le edizioni precedenti

HELENA AGUILÀ RUZOLA   ÀNGELS ANTIGA

FRANCESCO ARDOLINO   URSULA BEDOGNI

ALFONSINA DE BENEDETTO   ESTER LÓPEZ GÓMEZ

GIULIA UGHETTA GOURVERNEUR   MARTA KELLER

CRISTINA MINGUET RAMIS   ELVIRA DE MORAGAS

Mª GUADALUPE ROMERO RAMOS

© Larousse, 2006

Queda rigurosamente prohibida, sin la autorización escrita de los titulares del Copyright, bajo las sanciones establecidas por las leyes, la reproducción total o parcial de esta obra por cualquier medio o procedimiento, incluidos el tratamiento informático y la reprografía, así como la distribución de ejemplares de ella mediante alquiler o préstamo público.

I diritti di traduzione, di memorizzazione elettronica, di riproduzione e di adattamento, totale o parziale, con qualsiasi mezzo (compresi i microfilm e le copie fotostatiche), sono riservati per tutti i Paesi.

ISBN 84-8332-773-2

Larousse Editorial, S.L., Mallorca 45, 08029 Barcelona

ISBN 88-525-0169-1

Rizzoli Larousse S.p.A., Via Mecenate 91 – 20138 Milano

ISBN 970-22-1377-0

PRIMERA EDICIÓN – 1ª reimpresión

Ediciones Larousse, S.A. de C.V., Londres 247, Col. Juárez, 06600 México, D.F.

Ediciones Larousse Argentina, S.A. I.C., Valentín Gómez 3530 (1191).

Buenos Aires, Argentina

Ediciones Larousse Chile S.A., Camino El Guanaco 6464, Huechuraba, Santiago, Chile

ÍNDICE

Informaciones generales
Diccionario Español-Italiano
Verbos españoles
Verbos italianos
Diccionario Italiano-Español
Guía de conversación
Guía práctica

INDICE

Informazioni generali
Dizionario Spagnolo-Italiano
Verbi spagnoli
Verbi italiani
Dizionario Italiano-Spagnolo
Guida alla conversazione
Guida pratica

La colección Mini se ha desarrollado para hacer frente tanto a las necesidades del viajero como a las del principiante.

Con sus más de 30.000 palabras y más de 40.000 traducciones, este diccionario incluye no sólo vocabulario general sino también lenguaje utilizado en situaciones de todos los días.

El diccionario utiliza claros indicadores de sentido para guiar al lector hacia la traducción correcta. Se ha puesto especial hincapié en muchas palabras básicas, ofreciendo ejemplos de uso útiles, presentados de una forma especialmente accesible.

A lo largo de todo el diccionario se facilitan notas culturales e información práctica que ofrecen una interesante visión de la vida en otro país.

EL EDITOR

Il dizionario Mini è stato realizzato per rispondere alle esigenze di chi viaggia o comincia a studiare lo spagnolo.

Con più di 30 000 parole ed espressioni e oltre 40.000 traduzioni, questo dizionario comprende non solo la terminologia generale di base, ma anche le espressioni della lingua quotidiana.

Le divisioni semantiche sono accuratamente indicate e la consultazione delle voci complesse è facilitata dai numerosi esempi e dalla presentazione chiara ed efficace.

Potete inoltre scoprire numerose informazioni di tipo culturale e pratico, che vi daranno un'idea degli aspetti tipici di un altro paese.

L'EDITORE

Abreviaturas/Abbreviazioni

abreviatura	ab(b)rev	abbreviazione
adjetivo	adj	aggettivo
adverbio	adv	avverbio
adjetivo	agg	aggettivo
español de América	Amér	spagnolo latino-americano
anatomía	ANAT	anatomia
español de los Andes	Andes	spagnolo andino
español de Argentina	Arg	spagnolo argentino
auxiliar	aus	ausiliare
automóvil	AUT(O)	automobile
auxiliar	aux	ausiliare
adverbio	avv	avverbio
español de Bolivia	Bol	spagnolo boliviano
español de Centroamérica	CAm	spagnolo centro-americano
español del Caribe	Carib	spagnolo caribico
español de Chile	Chile	spagnolo cileno
español de Colombia	Col	spagnolo colombiano
comercio	COM(M)	commercio
comparativo	compar	comparativo
conjunción	conj/cong	congiunzione
español de Costa Rica	CRica	spagnolo costaricano
español del Cono Sur	CSur	spagnolo del Cono meridionale
español de Cuba	Cuba	spagnolo cubano
cocina	CULIN	cucina, culinaria
deportes	DEP	sport
derecho	DER	diritto
despectivo	despec	spregiativo

Abreviaturas/Abbreviazioni

derecho	DIR	diritto
economía	ECON	economia
educación	EDUC	scuola
exclamación	excl/esclam	esclamazione
femenino	f	femminile
familiar	fam	familiare
figurado	fig	figurato
finanzas	FIN	finanza
generalmente	gen	generalmente
gramática	GRAM(M)	grammatica
español de Guatemala	Guat	spagnolo guatemalteco
interrogativo	interr	interrogativo
informática	INFORM	informatica
invariable	inv	invariabile
jurídico	JUR	diritto
literalmente	lit	letteralmente
masculino	m	maschile
matemática	MAT	matematica
medicina	MED	medicina
español de México	Méx	spagnolo messicano
sustantivo masculino y femenino	mf	sostantivo maschile e femminile
sustantivo masculino con una desinencia femenina	m, f	sostantivo maschile con desinenza femminile
militar	MIL	militare
música	MÚS/MUS	musica
náutica, marítimo	NÁUT/NAUT	nautica
español de Nicaragua	Nic	spagnolo nicaraguense
número	núm/num	numerale

ABBREVIAZIONI

Abreviaturas/Abbreviazioni

español de Panamá	Pan	spagnolo panamense
español de Perú	Perú	spagnolo peruviano
plural	pl	plurale
política	POL	politica
participio pasado	pp	participio passato
preposición	prep	preposizione
español de Puerto Rico	PRico	spagnolo portoricano
pronombre	pron	pronome
literalmente	propr	letteralmente
	qc	qualcosa
	qn	qualcuno
marca registrada	®	marchio registrato
religión	RELIG	religione
español del Río de la Plata	RP	spagnolo del Río de la Plata
sustantivo	s	sostantivo
educación	SCOL	scuola
separable	sep	separabile
singular	sg	singolare
despectivo	spreg	spregiativo
sujeto	suj/sogg	soggetto
superlativo	superl	superlativo
términos técnicos	TEC(NOL)	tecnica, tecnologia
televisión	TV	televisione
español de Uruguay	Urug	spagnolo uruguaiano
verbo	v	verbo
español de Venezuela	Ven	spagnolo venezuelano
verbo intransitivo	vi	verbo intransitivo
verbo impersonal	v impers	verbo impersonale
verbo pronominal	vpr	verbo riflessivo

Abreviaturas/Abbreviazioni

verbo pronominal	vr	verbo riflessivo
verbo transitivo	vt	verbo transitivo
vulgar	vulg/volg	volgare
equivalente cultural	≃	equivalenza culturale

ABBREVIAZIONI

PRONUNCIACIÓN ITALIANA

	italiano	español	explicación
a	pane/casa	pata	
b	barca/libro	boca	
d	dare/andare/fede	dar	
dz	zaino/verza		combinación de una *d* con una *s* sonora, que suena como un zumbido
dʒ	gente/agio		combinación de una *d* con un sonido parecido a la *ll* tal como se pronuncia en Argentina
e	verde/entrare	tela	
ɛ	caffè/pezzo		una *e* más abierta, como en *cerdo, estable*
f	fine/afa	fácil	
g	gara/ghiaccio	gato	
ʒ	beige		
ʎ	gli/aglio	llave	
i	vino/isola	silla	
j	ieri/viola	hierba/miedo	
k	cane/chiesa/quando/oca	que/cosa	
ks	pixel	xenofobia	
l	lana/colore	listo	
m	mare/amico	mamá	
n	notte/ancora	nona	
ɲ	gnocchi/ogni	año	
o	monte	solo	

PRONUNCIACIÓN ITALIANA

	italiano	español	explicación
ɔ	corpo		una *o* más abierta, como en *cordel*, *postre*
p	porta/sapore	papa	
r	radio/dorato	caro	
s	sera/strada	soso	
ʃ	scimmia/ascia		parecido a la *ch* andaluza al pronunciar *chaval*
t	torre/patata	tonto	
ts	zio/pizza		
tʃ	cibo/dieci	chiste	
u	una/cultura	luto	
v	vino/uovo	viga	
w	fuori/guasto	agua/hueso	
z	sdraio/rosa		una *s* sonora, que suena como un zumbido

XIII

PRONUNCIA SPAGNOLA

	spagnolo	italiano	spiegazione
a	pata	pane	
b	boca/ventana/ ámbito/tranvía	barca	all'inizio di parola o dopo le consonanti *m* e *n*
β	cabo/(la) ventana		tra due vocali si pronuncia non chiudendo completamente le labbra
k	cosa/que/ cuanto/acción/ química	casa	
θ	cera/paz/ cocina/ zarzuela		si pronuncia mettendo la lingua tra i denti in Spagna e come una s in America Latina (*c* solo davanti alle vocali *e* e *i*, la consonante *z*)
ð	cada/donde/ caldo		simile alla *d* italiana ma si pronuncia mettendo la lingua tra i denti
e	leche	verde	
f	fácil	fine	
g	grande/guerra/ águila	gara	
γ	guagua		simile alla *g* italiana ma si pronuncia con la lingua meno chiusa al palato
i	silla	vino	
j	hierba/miedo	ieri/viola	
l	ala/luz	lana	

PRONUNCIA SPAGNOLA

	spagnolo	italiano	spiegazione
ʎ	llave/collar	aglio	
m	madre/cama	amico	
n	no/pena	notte	
ɲ	caña	ogni	
ŋ	banco	ancora	
ɔ	solo	monte	
p	papá/campo	porta	
r	caro	dorato	
r̄	carro	torre	
s	solo/paso	sera	
t	toro/cinta	patata	
tʃ	ocho/chispa	cena	
u	luto	una	
w	agua/hueso	fuori/guasto	
x	gemir/jamón/México		ha un suono simile al *ch* in *Bach* (g solo davanti alle vocali *e* e *i*, la consonante *j* e la *x* solo in México)

El acento en las palabras italianas aparece indicado con un punto debajo de la vocal acentuada, con la excepción de aquellas palabras que tienen el acento en la última sílaba, que siguiendo las normas ortográficas italianas, llevan acento gráfico.	L'accento tonico nelle voci italiane è segnalato da un punto sotto la vocale accentata, con l'eccezione delle parole con l'accento sull'ultima sillaba, per le quali l'ortografia italiana prevede l'accento grafico.

La ordenación alfabética en español

En este diccionario se ha seguido la ordenación alfabética internacional. Esto significa que las entradas con *ch* aparecerán después de *cg* y no al final de *c*; del mismo modo las entradas con *ll* vendrán después de *lk* y no al final de *l*. Adviértase, sin embargo, que la letra *ñ* sí se considera letra aparte y sigue a la *n*.

L'ordine alfabetico nello spagnolo

In questo dizionario si è seguito l'ordine alfabetico internazionale. Pertanto le voci che cominciano per *ch* seguono quelle che iniziano per *cg* e non figurano alla fine della *c*; quelle che iniziano per *ll* seguono le voci in *lk* anziché comparire alla fine della *l*. Da notare che la lettera *ñ* è considerata a parte e segue la *n*.

Nombres de marcas

Los nombres de marca aparecen señalados en este diccionario con el símbolo ®. Sin embargo, ni este símbolo ni su ausencia son representativos de la situación legal de la marca.

Marchi registrati

Le parole considerate marchi registrati sono contrassegnate in questo dizionario con il simbolo ®. In ogni caso, né la presenza né l'assenza di tale simbolo implica alcuna valutazione del reale stato giuridico di un marchio.

ESPAÑOL-ITALIANO

SPAGNOLO-ITALIANO

aA

a [a] *prep* **1.** *(gen)* a ● **a las siete** alle sette ● **a los once años** a undici anni ● **al oír la noticia se desmayó** sentendo la notizia è svenuto ● **cuarenta horas a la semana** quaranta ore alla settimana ● **voy a Sevilla** vado a Siviglia ● **llegó a Barcelona** è arrivato a Barcellona ● **llegó a España** è arrivato in Spagna ● **a la salida del cine** all'uscita del cinema ● **está a cien kilómetros** è a cento chilometri ● **mi casa está a la derecha/izquierda** casa mia è a destra/sinistra ● **dáselo a Juan** dallo a Juan ● **dile a Juan que venga** di' a Juan di venire ● **a cientos/miles/docenas** a centinaia/migliaia/dozzine ● **¿a cuánto están las peras?** quanto vengono le pere? ● **vende las peras a 2 euros** vende le pere a 2 euro ● **ganaron por tres a cero** hanno vinto tre a zero ● **a la antigua** all'antica ● **a lo grande** alla grande ● **a escondidas** di nascosto ● **escribir a máquina/mano** scrivere a macchina/mano ● **olla a presión** pentola a pressione ● **entró a pagar** è entrato a pagare ● **aprender a nadar** imparare a nuotare ● **¡a comer!** a mangiare! ● **¡a la cama!** a letto! ● **¡a callar todo el mundo!** state zitti! **2.** *(período de tiempo)* di là a ● **a las pocas semanas** di lì a poche settimane ● **al mes de casados** dopo un mese dal matrimonio **3.** *(con complemento directo)* ● **quiere a su hijo/gato** ama suo figlio/il suo gatto **4.** *(en el momento de)* ● **al llegar me encontré la casa vacía** quando sono arrivato ho trovato la casa vuota ● **al verle me acordé de que le debía dinero** quando l'ho visto mi sono ricordato che gli dovevo dei soldi ● **al salir me tropecé con el jefe** quando sono uscito mi sono imbattuto nel capo

abad, esa [a'βað, esa] *m,f* abate *m*, badessa *f*

abadía [aβa'ðia] *f* abbazia *f*

abajo [a'βaxo] ◇ *adv* sotto ◇ *interj* abbasso! ● **más abajo** più giù ● **para abajo** in giù ● **de abajo** di sotto

abalear [aβale'ar] *vt (Andes, CAm & Ven)* sparare

abandonado, da [aβando'naðo, ða] *adj* abbandonato(a)

abandonar [aβando'nar] *vt* abbandonare ◆ **abandonarse** *vp* trascurarsi

abandono [aβan'dono] *m (dejadez)* trascuratezza *f*

abanicarse [aβani'karse] *vp* sventagliarsi

abanico [aβa'niko] *m* ventaglio *m*

abarcar [aβar'kar] *vt* abbracciare

abarrotado, da [aβaro'taðo, ða] *adj* pieno zeppo(piena zeppa)

abarrotero, ra [aβaro'tero, ra] *m,f (CAm & Méx)* negoziante *mf* di alimentari

abarrotes [aβa'rotes] *mpl (CAm & Méx)* negozio *m* di alimentari

ab

abastecer [aβaste'θer] vt 1. ● abastecer algo (de) fornire qc 2. ● abastecer a alguien (de) rifornire qn di
abatible [aβa'tiβle] adj ribaltabile
abatido, da [aβa'tiðo, ða] adj (desanimado) abbattuto(a)
abatir [aβa'tir] vt (muro, árbol) abbattere
abdicar [aβði'kar] vi abdicare
abdomen [aβ'ðomen] m addome m
abdominales [aβðomi'nales] mpl addominali mpl
abecedario [aβeθe'ðarjo] m abbecedario m
abeja [a'βexa] f ape f
abejorro [aβe'xoro] m calabrone m
aberración [aβera'θjon] f (disparate) aberrazione f
abertura [aβer'tura] f (agujero) apertura f
abeto [a'βeto] m abete m
abierto, ta [a'βjerto, ta] adj aperto(a) ● estar abierto a (cambio, novedad) essere aperto a
abismo [a'βizmo] m abisso m
ablandar [aβlan'dar] vt ammorbidire
abofetear [aβofete'ar] vt schiaffeggiare
abogado, da [aβo'ɣaðo, ða] m,f avvocato m, -essa f
abolición [aβoli'θjon] f abolizione f
abolir [aβo'lir] vt abolire
abollar [aβo'ʎar] vt ammaccare
abonado, da [aβo'naðo, ða] adj 1. (a servicio, asociación) abbonato(a) 2. (tierra) concimato(a) ● estar abonado a essere abbonato a
abonar [aβo'nar] vt 1. (tierra) concimare

2. (dinero) pagare ● **abonarse** a v + prep abbonarsi a
abono [a'βono] m 1. (del metro, autobús) abbonamento m 2. (para tierra) concime m
abordar [aβor'ðar] vt abbordare
aborrecer [aβore'θer] vt detestare ● aborrecer algo/a alguien detestare qc/qn
abortar [aβor'tar] vi abortire
aborto [a'βorto] m 1. (del embarazo) aborto m 2. (fam) (persona) aborto m
abrasador, ra [aβrasa'ðor, ra] adj cocente
abrasar [aβra'sar] vt bruciare
abrazar [aβra'θar] vt abbracciare ● **abrazarse** vp abbracciarsi
abrazo [a'βraβo] m abbraccio m
abrebotellas [aβreβo'teʎas] m inv apribottiglie m inv
abrecartas [aβre'kartas] m inv tagliacarte m inv
abrelatas [aβre'latas] m inv apriscatole m inv
abreviar [aβre'βjar] vt abbreviare
abreviatura [aβreβja'tura] f abbreviazione f
abridor [aβri'ðor] m apritore m
abrigar [aβri'ɣar] vt coprire ● **abrigarse** vp coprirsi
abrigo [a'βriɣo] m cappotto m ● al abrigo de (fig) al riparo da
abril [a'βril] m aprile m ➤ septiembre
abrillantador [aβriʎanta'ðor] m lucido m
abrillantar [aβriʎan'tar] vt lucidare

abrir [a'βrir] vt & vi aprire ● **abrirse** vp ● **abrirse a alguien** aprirsi con qn

abrochar [aβro'tʃar] vt abbottonare ● **abrocharse** vp abbottonarsi

abrumador, ra [aβruma'ðor, ra] adj opprimente

abrumarse [aβru'marse] vp oscurarsi

abrupto, ta [a'βrupto, ta] adj scosceso(a)

ábside ['aβside] m abside f

absolución [aβsolu'θjon] f assoluzione f

absolutamente [aβsoluta'mente] adv assolutamente

absoluto, ta [aβso'luto, ta] adj assoluto(a) ● **en absoluto** (de ninguna manera) assolutamente

absolver [aβsol'βer] vt ● **absolver a alguien de** assolvere qn da

absorbente [aβsor'βente] adj 1. (material) assorbente 2. (actividad) impegnativo(a) 3. (persona) assillante

absorber [aβsor'βer] vt assorbire

absorto, ta [aβ'sorto, ta] adj assorto (en) assorto(a)(in)

abstemio, mia [aβs'temjo, mja] m,f astemio m, -a f

abstención [aβsten'θjon] f astensione f

abstenerse [aβste'nerse] vi astenersi ● **abstenerse de** astenersi da

abstinencia [aβsti'nenθja] f astinenza f ● **hacer abstinencia** fare astinenza

abstracto, ta [aβs'trakto, ta] adj astratto(a)

absurdo, da [aβ'surðo, ða] adj assurdo(a)

abuelo, la [a'βuelo, la] m,f 1. (familiar) nonno m, -a f 2. (fam) (anciano) vecchietto m, -a f ● **abuelos** mpl nonni mpl

abultado, da [aβul'taðo, ða] adj gonfio(a)

abultar [aβul'tar] vi ingrossare

abundancia [aβun'danθja] f abbondanza f

abundante [aβun'dante] adj abbondante

aburrido, da [aβu'riðo, ða] adj 1. (que causa aburrimiento) noioso(a) 2. (que implica aburrimiento) annoiato(a)

aburrimiento [aβuri'mjento] m noia f

aburrir [aβu'rir] vt annoiare ● **aburrirse** vp annoiarsi

abusar [aβu'sar] vi ● **abusar (de)** abusare (di)

abusivo, va [aβu'siβo, βa] adj 1. (precio) abusivo(a) 2. (Amér) (que abusa) approfittatore(trice) 3. (Amér) (descarado) sfacciato(a)

abuso [a'βuso] m abuso m

a/c (abr de a cuenta) a titolo di caparra

acá [a'ka] adv (aquí) qua

acabar [aka'βar]
◇ vt finire
◇ vi 1. finire ● **acabar bien/mal** finire bene/male 2. (haber ocurrido recientemente) ● **acabar de hacer algo** qc 3. (agotar) ● **acabar con alguien** distruggere qn 4. (objeto) ● **acabar en** finire con 5. (volverse) diventare ● **acabarse** vp finire

academia [aka'ðemja] f accademia f

Real Academia Española

Fondata nel 1713, è l'istituzione che definisce le norme lessicali e sintattiche dello spagnolo. Pubblica una grammatica e dei bollettini di aggiornamento. Insieme alle accademie dei paesi di lingua spagnola pubblica un dizionario, il *Diccionario de la Real Academia (DRAE)*, opera di riferimento per tutto il mondo ispanico.

académico, ca [aka'ðemiko, ka] *adj & m,f* accademico(a)
acalorado, da [akalo'raðo, ða] *adj* **1.** *(por el calor)* accaldato(a) **2.** *(exaltado)* infervorato(a)
acalorarse [akalo'rarse] *vp* **1.** *(por un esfuerzo)* accaldarsi **2.** *(excitarse)* scaldarsi
acampada [akam'paða] *f* campeggio *m* ● **ir de acampada** andare in campeggio
acampanado, da [akampa'naðo, ða] *adj* accampanato(a)
acampar [akam'par] *vi* accampare
acantilado [akanti'laðo] *m* scogliera *f*
acaparar [akapa'rar] *vt* accaparrare
acápite [a'kapite] *m* *(Amér)* paragrafo *m*
acariciar [akari'θjar] *vt* accarezzare
acaso [a'kaso] *adv* forse ● **por si acaso** per sicurezza
acatarrarse [akata'rrarse] *vp* raffreddarsi

acaudalado, da [akauða'laðo, ða] *adj* agiato(a)
acceder [akθe'ðer] *vi* ● **acceder (a)** accedere (a)
accesible [akθe'siβle] *adj* accessibile
acceso [ak'θeso] *m* accesso *m* ▼ **acceso pasajeros** ingresso passeggeri
accesorio [akθe'sorjo] *m* accessorio *m*
accidentado, da [akθiðen'taðo, ða] *adj* accidentato(a)
accidental [akθiðen'tal] *adj* accidentale
accidente [akθi'ðente] *m* incidente *m* ● **por accidente** per caso ● **accidente geográfico** accidente *m* geografico ● **accidente laboral** incidente sul lavoro
acción [ak'θjon] *f* azione *f* ● **acciones** *fpl* azioni *fpl*
acechar [aθe'tʃar] *vt* spiare
aceite [a'θejte] *m* olio *m* ● **aceite de girasol** olio di girasole ● **aceite de oliva** olio d'oliva
aceitoso, sa [aθej'toso, sa] *adj* oleoso(a)
aceituna [aθej'tuna] *f* oliva *f* ● **aceitunas rellenas** olive farcite
acelerador [aθelera'ðor] *m* acceleratore *m*
acelerar [aθele'rar] *vt & vi* accelerare
acelga [a'θelɣa] *f* bietola *f*
acento [a'θento] *m* accento *m*
acentuación [aθentua'θjon] *f* accentuazione *f*
acentuar [aθentu'ar] *vt* **1.** *(vocal)* accentare **2.** *(hecho)* accentuare
aceptable [aθep'taβle] *adj* accettabile
aceptación [aθepta'θjon] *f* accettazione *f*

aceptar [aθep'tar] vt accettare

acequia [a'θekja] f canale m d'irrigazione

acera [a'θera] f marciapiede m

acerca [a'θerka] ♦ **acerca de** prep riguardo a

acercamiento [aθerka'mjento] m avvicinamento m

acercar [aθer'kar] vt avvicinare ♦ **acercarse** vp avvicinarsi ♦ **acercarse a** v + prep avvicinarsi a

acero [a'θero] m acciaio m ♦ **acero inoxidable** acciaio inossidabile

acertado, da [aθer'taðo, ða] adj azzeccato(a)

acertar [aθer'tar] vt indovinare ♦ **acertar (en)** (dar en) centrare; (elegir bien) indovinare ♦ **acertar (con)** (hallar) indovinare; (elegir bien) scegliere bene

acertijo [aθer'tixo] m indovinello m

achinado, da [atʃi'naðo, ða] adj (Amér) meticcio m

ácido, da ['aθiðo, ða] adj acido(a) ♦ m acido m

acierto [a'θjerto] m 1. (a respuesta, solución, etc) riuscita f 2. (habilidad) abilità f

aclamar [akla'mar] vt acclamare

aclarar [akla'rar] vt 1. sciacquare 2. (dudas, situación) chiarire ♦ vi schiarirsi ♦ **aclararse** vp chiarirsi ♦ **aclararse con** v + prep raccapezzarsi

aclimatación [aklimata'θjon] f acclimatazione f

aclimatar [aklima'tar] vt acclimatare

aclimatarse vp adattarsi

acogedor, ra [akoxe'ðor, ra] adj accogliente

acoger [ako'xer] vt accogliere ♦ **acogerse a** v + prep ricorrere a

acogida [ako'xiða] f accoglienza f

acomodado, da [akomo'ðaðo, ða] adj (rico) agiato(a)

acomodador, ra [akomoða'ðor, ra] m,f maschera f

acomodarse [akomo'ðarse] vp accomodarsi ♦ **acomodarse a** v + prep adattarsi a

acompañamiento [akompaɲa'mjento] m 1. (en música) accompagnamento m 2. (en comidas) contorno m

acompañante [akompa'ɲante] mf accompagnatore m, -trice f

acompañar [akompa'ɲar] vt accompagnare ♦ **le acompaño en el sentimiento** le porgo le mie condoglianze

acomplejado, da [akomple'xaðo, ða] adj complessato(a)

acondicionado, da [akondiθjo'naðo, ða] adj arredato(a)

acondicionador [akondiθjona'ðor] m balsamo m

acondicionar [akondiθjo'nar] vt sistemare

aconsejable [akonse'xaβle] adj consigliabile

aconsejar [akonse'xar] vt consigliare

acontecer [akonte'θer] vi avvenire

acontecimiento [akonteθi'mjento] m avvenimento m

acoplar [ako'plar] vt accoppiare

acordado, da [akor'ðaðo, ða] *adj* accordato(a)

acordar [akor'ðar] *vt* stabilire ◆ **acordarse** *vp* ● **acordarse (de)** ricordarsi (di)

acorde [a'korðe] ◇ *adj* conforme ◆ *m* accordo *m* ● **acorde con** in accordo a

acordeón [akorðe'on] *m* fisarmonica *f*

acortar [akor'tar] *vt* 1. *(en tiempo)* abbreviare 2. *(en espacio)* accorciare

acosar [ako'sar] *vt* 1. *(perseguir)* perseguitare 2. *(molestar)* molestare

acoso [a'koso] *m* molestie *fpl*

acostar [akos'tar] *vt* mettere a letto ◆ **acostarse** *vp* coricarsi ● **acostarse con alguien** *(fam)* andare a letto con qn

acostumbrar [akostum'brar] *vt* acostumbrar a alguien a algo/a hacer algo abituare qn a qc/a fare qc ◆ **acostumbrar a hacer algo** essere abituato(a) a fare qc ◆ **acostumbrarse** *vp* acostumbrarse a algo/a hacer algo abituarsi a qc/a fare qc

acreditado, da [akreði'taðo, ða] *adj* accreditato(a)

acreditar [akreði'tar] *vt* accreditare

acrílico, ca [a'kriliko, ka] *adj* acrilico(a)

acrobacia [akro'βaθja] *f* acrobazia *f*

acróbata [a'kroβata] *mf* acrobata *mf*

acta ['akta] *f* atti *mpl*

actitud [akti'tuð] *f* atteggiamento *m*

activar [akti'βar] *vt* attivare

actividad [aktiβi'ðað] *f* attività *f inv*

actividades *fpl* attività *fpl*

activo, va [ak'tiβo, βa] *adj* attivo(a)

acto ['akto] *m* atto *m* ● **acto seguido** seduta stante ● **en el acto** subito ▼ **pague sus consumiciones en el acto** pagare prima della consumazione

actor, triz [ak'tor, 'triθ] *m,f* attore *m*, -trice *f*

actuación [aktua'θjon] *f* 1. *(acto, hecho)* realizzazione *f* 2. *(en el cine, teatro)* rappresentazione *f*

actual [aktu'al] *adj* attuale

actualidad [aktuali'ðað] *f* attualità *f inv* ● **de actualidad** di attualità ● **en la actualidad** attualmente

actualizar [aktuali'θar] *vt* aggiornare

actualmente [aktu al'mente] *adv* attualmente

actuar [aktu'ar] *vi* 1. agire 2. *(en cine, teatro, etc)* recitare

acuarela [akwa'rela] *f* acquerello *m*

acuario [a'kwarjo] *m* acquario *m* ◆ **Acuario** *m inv* Acquario *m inv*

acuático, ca [a'kwatiko, ka] *adj* acquatico(a)

acudir [aku'ðir] *vi* 1. *(lugar)* presentarsi 2. *(ir en ayuda de)* accorrere 3. *(solicitar ayuda)* rivolgersi

acueducto [akwe'ðukto] *m* acquedotto *m*

acuerdo [a'kwerðo] *m* accordo *m* ● **de acuerdo** d'accordo ● **estar de acuerdo** essere d'accordo ● **ponerse de acuerdo** mettersi d'accordo

acumulación [akumula'θjon] *f* accumulazione *f*

acumular [akumu'lar] *vt* accumulare

acupuntura [akupun'tura] *f* agopuntura *f*

acusación [akusa'θjon] f accusa f
acusado, da [aku'saðo, ða] *m,f* imputato m, -a f
acusar [aku'sar] vt ◆ **acusar a alguien (de)** accusare qn (di)
acústica [a'kustika] f acustica f
adaptación [aðapta'θjon] f adattamento m
adaptador [aðapta'ðor] m adattatore m
adaptarse [aðap'tarse] vp ◆ **adaptarse (a)** adattarsi (a)
adecuado, da [aðe'kwaðo, ða] adj adeguato(a)
adecuar [aðe'kwar] vt adeguare ◆ **adecuarse** vp adattarsi
adelantado, da [aðelan'taðo, ða] adj 1. *(trabajo, tarea)* progredito(a) 2. *(alumno)* precoce 3. *(pago)* anticipato(a) ◆ **ir adelantado** *(reloj)* andare avanti ◆ **por adelantado** in anticipo
adelantamiento [aðelanta'mjento] m sorpasso m
adelantar [aðelan'tar] vt 1. *(sobrepasar)* sorpassare 2. *(trabajo, tarea, etc)* portare avanti 3. *(cita, reunión)* anticipare 4. *(reloj)* mettere avanti ◆ vi *(reloj)* andare avanti ◆ **adelantarse** vp progredire
adelante [aðe'lante] adv avanti ◆ interj avanti! ◆ **en adelante** in avanti
adelanto [aðe'lanto] m 1. *(progreso)* progresso m 2. *(de dinero)* anticipo m 3. *(en carretera)* sorpasso m
adelgazante [aðelɣa'θante] adj dimagrante
adelgazar [aðelɣa'θar] vt assottigliare ◆ vi dimagrire

además [aðe'mas] adv inoltre ◆ **además de** oltre a
adentro [a'ðentro] adv dentro
adherente [aðe'rente] adj aderente
adherir [aðe'rir] vt aderire ◆ **adherirse** vp ◆ **adherirse (a)** aderire (a)
adhesión [aðe'sjon] f adesione f
adhesivo, va [aðe'siβo, βa] ◇ adj adesivo(a) ◆ m adesivo m
adicción [aðik'θjon] f dipendenza f
adición [aði'θjon] f 1. *(de condimentos)* aggiunta f 2. *(suma)* addizione f
adicional [aðiθjo'nal] adj addizionale
adicto, ta [a'ðikto, ta] adj ◆ **adicto a** *(ideas)* seguace di; *(drogas)* dedito(a) a
adiós [a'ðjos] ◇ m addio m ◇ interj arrivederci!
adivinanza [aðiβi'nanθa] f indovinello m
adivinar [aðiβi'nar] vt indovinare
adivino, na [aðe'βino, na] *m,f* indovino m, -a f
adjetivo [aðxe'tiβo] m aggettivo m
adjuntar [aðxun'tar] vt allegare
administración [aðministra'θjon] f amministrazione f ◆ **la Administración** l'Amministrazione
administrar [aðminis'trar] vt 1. *(empresa, país)* amministrare 2. *(medicamento)* somministrare
administrativo, va [aðministra'tiβo, βa] ◇ adj amministrativo(a) ◆ *m,f* impiegato m, -a f
admiración [aðmira'θjon] f 1. *(sorpresa)* sorpresa f 2. *(estimación, pasión)* ammirazione f

admirar [aðmi'rar] *vt* 1. ammirare 2. *(provocar sorpresa)* sorprendere
admisible [aðmi'siβle] *adj* ammissibile
admitir [aðmi'tir] *vt* ammettere
admón. *(abr de* **administración***)* amm.ne
adobe [a'ðoβe] *m* mattone *m*
adolescencia [aðoles'θenθja] *f* adolescenza *f*
adolescente [aðoles'θente] *adj & mf* adolescente
adonde [a'ðonde] *adv* dove
adónde [a'ðonde] *adv* dove
adopción [aðop'θjon] *f* adozione *f*
adoptar [aðop'tar] *vt* adottare
adoptivo, va [aðop'tiβo, βa] *adj* adottivo(a)
adoquín [aðo'kin] *m* selce *f*
adorable [aðo'raβle] *adj* adorabile
adoración [aðora'θjon] *f* adorazione *f*
adorar [aðo'rar] *vt* adorare
adornar [aðor'nar] *vt* adornare
adorno [a'ðorno] *m* decorazione *f*
adosado, da [aðo'saðo, ða] *adj* addossato(a)
adquirir [aðki'rir] *vt* 1. *(comprar)* acquistare 2. *(conseguir)* acquisire
adquisición [aðkisi'θjon] *f* 1. *(compra)* acquisto *m* 2. *(de fama, habilidad)* acquisizione *f*
adquisitivo, va [aðkisi'tiβo, βa] *adj* acquisitivo(a)
adrede [a'ðreðe] *adv* apposta
aduana [a'ðwana] *f* dogana *f*
aduanero, ra [aðwa'nero, ra] ◇ *adj* doganale ◇ *m,f* doganiere *m*, -a *f*
adulterio [aðul'terjo] *m* adulterio *m*
adúltero, ra [a'ðultero, ra] *adj & m,f* adulterio(a)
adulto, ta [a'ðulto, ta] *adj & m,f* adulto(a)
adverbio [að'βerβjo] *m* avverbio *m*
adversario, ria [aðβer'sarjo, rja] *m,f* avversario *m*, -a *f*
adverso, sa [að'βerso, sa] *adj* avverso(a)
advertencia [aðβer'tenθja] *f* avvertenza *f*
advertir [aðβer'tir] *vt* avvertire
aéreo, a [a'ereo, a] *adj* aereo(a)
aerobic [ae'roβik] *m inv* aerobica *f*
aeromodelismo [aeromoðe'lizmo] *m* aeromodellismo *m*
aeromoza [aero'moθa] *f* (*Amér*) hostess *f inv*
aeronave [aero'naβe] *f* aeronave *f*
aeropuerto [aero'pwerto] *m* aeroporto *m*
aerosol [aero'sol] *m* aerosol *m*
afán [a'fan] *m* slancio *m*
afear [afe'ar] *vt* abbruttire
afección [afek'θjon] *f (formal)* affezione *f*
afectado, da [afek'taðo, ða] *adj* 1. *(afligido)* addolorato(a) 2. *(amanerado)* affettato(a) ◆ **afectado de** o **por** colpito(a)da
afectar [afek'tar] *vt* 1. *(concernir)* riguardare 2. *(impresionar)* colpire ◆ **afectar a** *v + prep* danneggiare ◆ **afectarse** *vp* **afectarse (por)** o **(con)** impressionarsi (a causa di)

afectivo, va [afek'tiβo, βa] *adj* affettivo(a)

afecto [a'fekto] *m* affetto *m*

afectuoso, sa [afek'tyoso, sa] *adj* affettuoso(a)

afeitado, da [afej'taðo, ða] ◇ *adj* (*persona*) rasato(a) ◇ *m* rasatura *f*

afeitarse [afej'tarse] *vp* radersi

afeminado, da [afemi'naðo, ða] *adj* effemminato(a)

afiche [a'fitʃe] *m* (*Amér*) poster *m inv*

afición [afi'θjon] *f* **1.** (*inclinación*) inclinazione *f* **2.** (*partidarios*) tifo *m*

aficionado, da [afiθjo'naðo, ða] *adj* dilettante ♦ **aficionado a** (*interesado por*) appassionato (a) di; DEP tifoso(a) di

aficionarse [afiθjo'narsea] *vp* ♦ **aficionarse (a)** affezionarsi (a)

afilado, da [afi'laðo, ða] *adj* affilato(a)

afilar [afi'lar] *vt* affilare

afiliado, da [afi'ljaðo, ða] *adj* ♦ **afiliado a** affiliato(a) a

afiliarse [afi'ljarsea] *vp* ♦ **afiliarse (a)** affiliarsi (a)

afín [a'fin] *adj* affine

afinar [afi'nar] ◇ *vt* **1.** (*instrumento*) accordare **2.** (*tiro, puntería*) perfezionare ◇ *vi* intonare

afinidad [afini'ðað] *f* affinità *f*

afirmación [afirma'θjon] *f* affermazione *f*

afirmar [afir'mar] *vt* affermare ♦ **afirmarse en** *v* + *prep* confermare

afirmativo, va [afirma'tiβo, βa] *adj* affermativo(a)

afligido, da [afli'xiðo, ða] *adj* afflitto(a)

afligir [afli'xir] *vt* affliggere ♦ **afligirse** *vp* affliggersi

aflojar [aflo'xar] ◇ *vt* allentare ◇ *vi* **1.** (*en esfuerzo*) rilassarsi **2.** (*ceder*) cedere

afluencia [a'flyenθja] *f* affluenza *f*

afluente [a'flyente] *m* affluente *m*

afónico, ca [a'foniko, ka] *adj* afonico(a)

aforo [a'foro] *m* capienza *f*

afortunadamente [afortu,naða'mente] *adv* fortunatamente

afortunado, da [afortu'naðo, ða] *adj* fortunato(a) ♦ **afortunado en** fortunato in

África ['afrika] *f* Africa *f*

africano, na [afri'kano, na] *adj* & *m,f* africano(a)

afrodisíaco [afroði'siako] *m* afrodisiaco *m*

afrutado, da [afru'taðo, ða] *adj* fruttato(a)

afuera [a'fyera] *adv* fuori ♦ **afueras** *fpl* ♦ **las afueras** i dintorni

agachar [aya'tʃar] *vt* chinare ♦ **agacharse** *vp* chinarsi

agarrar [aya'rar] *vt* **1.** (*objetos, personas*) afferrare **2.** (*enfermedad*) prendere ♦ **agarrarse** *vp* azzuffarsi ♦ **agarrarse a** *v* + *prep* afferrare

agencia [a'xenθja] *f* agenzia *f* ♦ **agencia de viajes** agenzia di viaggi

agenda [a'xenda] *f* agenda *f*

agente [a'xente] *mf* agente *mf* ♦ **agente de policía** agente di polizia

ágil ['axil] *adj* agile

agilidad [axili'ðað] *f* agilità *f inv*

agitación [axita'θjon] f agitazione f

agitado, da [axi'taðo, ða] adj agitato(a)

agitar [axi'tar] vt agitare ◆ **agitarse** vp agitarsi

agnóstico, ca [ay'nostiko, ka] adj agnostico(a)

agobiado, da [aɣo'βjaðo, ða] adj stressato(a)

agobiar [aɣo'βjar] vt stressare ◆ **agobiarse** vp v + prep stressarsi per

agosto [a'ɣosto] m agosto m ➣ **septiembre**

agotado, da [aɣo'taðo, ða] adj esaurito(a)

agotador, ra [aɣota'ðor, ra] adj stressante

agotamiento [aɣota'mjento] m esaurimento m

agotar [aɣo'tar] vt esaurire ◆ **agotarse** vp esaurirsi

agradable [aɣra'ðaβle] adj 1. (persona, trabajo) piacevole 2. (ambiente, lugar) gradevole

agradar [aɣra'ðar] vi piacere

agradecer [aɣraðe'θer] vt ringraziare di

agradecer

En general basta con un simple *ti/la ringrazio* o un *grazie mille*. Con todo, para dar las gracias a quien, por ejemplo, nos ha traído un regalo, podemos decir *Grazie, che pensiero carino! Ma non dovevi disturbarti/non doveva disturbarsi!* Podemos demostrar nuestro reconocimiento a quien se ha propuesto para ayudarnos diciendo *Grazie, è davvero gentile da parte tua/sua!* y a alguien que nos ha hecho un favor con un *Grazie di cuore, mi sei stato(a)/mi è stato(a) di grande aiuto!*

agradecido, da [aɣraðe'θiðo, ða] adj grato(a)

agradecimiento [aɣraðeθi'mjento] m ringraziamento m

agredir [aɣre'ðir] vt aggredire

agregado, da [aɣre'ɣaðo, ða] ◇ adj aggiunto(a) ◇ m,f addetto m, -a f

agregar [aɣre'ɣar] vt 1. (añadir) aggiungere 2. (unir) unire

agresión [aɣre'sjon] f aggressione f

agresivo, va [aɣre'siβo, βa] adj aggressivo(a)

agresor, ra [aɣre'sor, ra] m,f aggressore m, aggreditrice f

agreste [a'ɣreste] adj agreste

agrícola [a'ɣrikola] adj agricolo(a)

agricultor, ra [aɣrikul'tor, ra] m,f agricoltore m

agricultura [aɣrikul'tura] f agricoltura f

agridulce [aɣri'ðulθe] adj agrodolce

agrio, gria [a'ɣrjo, ɣria] adj agro(a)

agrupación [aɣrupa'θjon] f raggruppamento m

agrupar [aɣru'par] vt raggruppare

agua [a'ɣwa] f acqua f ● **agua corriente** acqua corrente ● **agua de colonia** acqua di colonia ● **agua mineral** acqua minerale ● **agua mineral con/sin gas** acqua minerale gassata/naturale ● **agua oxigenada** acqua ossige-

nata ● **agua potable** acqua potabile
agua tónica acqua tonica ● **aguas** fpl (mar) acque fpl
aguacate [aɣwaˈkate] m avocado m inv
aguacero [aɣwaˈθero] m acquazzone m
aguafiestas [aɣwaˈfjestas] mf inv guastafeste mf inv
aguamiel [aɣwaˈmjel] f 1. (Amér) idromele m 2. (Carib & Méx) (jugo) succo m di agave
aguanieve [aɣwaˈnjeβe] f nevischio m
aguantar [aɣwanˈtar] ◇ vt 1. (sostener) reggere 2. (soportar) sopportare ◇ vi resistere ● **no aguantar** non sopportare ● **aguantarse** vp 1. (contenerse) trattenersi 2. (resignarse) rassegnarsi
aguardar [aɣwarˈðar] ◇ vt aspettare ◇ vi pazientare
aguardiente [aɣwarˈðjente] m acquavite f
aguarrás [aɣwaˈras] m acquaragia f
agudeza [aɣuˈðeθa] f acutezza f
agudo, da [aˈɣuðo, ða] adj acuto(a)
águila [ˈaɣila] f aquila f ● **¿águila o sol?** (Méx) testa o croce?
aguinaldo [aɣiˈnaldo] m strenna f natalizia
aguja [aˈɣuxa] f 1. (de coser) ago m 2. (de reloj) lancetta f ● **aguja hipodérmica** ago ipodermico
agujerear [aɣuxeˈrear] vt forare
agujero [aɣuˈxero] m buco m
agujetas [aɣuˈxetas] fpl lacci mpl
ahí [aˈi] adv lì ● **por ahí** (en algún lugar) da quelle parti; (aproximadamente) all'incirca ● **de ahí que** quindi
ahijado, da [aiˈxaðo, ða] m,f 1. (de un padrino) figlioccio m, -a f 2. (en adopción) figlio adottivo m, figlia adottiva f
ahogado, da [aoˈɣaðo, ða] ◇ adj 1. (lugar, ambiente) soffocante 2. (sin respiración) soffocato(a) ◇ m,f annegato m, -a f
ahogarse [aoˈɣarse] vp 1. (en agua) annegare 2. (asfixiarse, sofocarse) soffocare 3. ● **ahogarse en un vaso de agua** annegare in un bicchier d'acqua
ahora [aˈora] adv ora ● **por ahora** per ora ● **ahora bien** d'altra parte ● **ahora mismo** proprio adesso
ahorcar [aorˈkar] vt impiccare ● **ahorcarse** vp impiccarsi
ahorita [aoˈrita] adv (Andes, CAm, Carib & Méx) subito
ahorrar [aoˈrar] vt risparmiare
ahorro [aˈoro] m risparmio m ● **ahorros** mpl risparmi mpl
ahuecar [aweˈkar] vt svuotare
ahumado, da [auˈmaðo, ða] adj affumicato(a)
airbag ® [ˈairβaɣ] m airbag m inv
aire [ˈaire] m 1. aria f 2. (gracia, garbo) grazia f 3. ● **al aire** in aria ● **al aire libre** all'aperto ● **darse aires de** darsi aria da ● **estar/quedar en el aire** essere/restare in sospeso ● **aire acondicionado** aria condizionata
airear [aireˈar] vt aerare
airoso, sa [aiˈroso, sa] adj 1. (gracioso) grazioso(a) 2. (con éxito) vittorioso(a)
aislado, da [aizˈlaðo, ða] adj isolato(a)
aislamiento [aizlaˈmjento] m isolamento m

aislante [aizˈlante] *adj* isolante
aislar [aizˈlar] *vt* isolare ◆ **aislarse** *vp* isolarsi
ajedrez [axeˈðreθ] *m* scacchi *mpl*
ajeno, na [aˈxeno, na] *adj* estraneo a ● **ajeno a** *(sin saber)* ignaro di; *(sin intervenir)* estraneo a
ajetreo [axeˈtreo] *m* sommovimento *m*
ají [aˈxi] *m (Andes, RP & Ven)* peperoncino *m* rosso ● **ponerse como un ají** *(fam) (ruborizarse)* arrossire
ajiaco [aˈxjako] *m (Andes & Carib)* stufato di legumi e carne con peperoncino rosso
ajillo [aˈxiʎo] *m* ● **al ajillo** all'aglio
ajo [ˈaxo] *m* aglio ● **estar en el ajo** essere al corrente
ajuar [aˈxwar] *m* corredo *m*
ajustado, da [axusˈtaðo, ða] *adj* 1. *(cantidad, precio)* giusto(a) 2. *(ropa)* aderente
ajustar [axusˈtar] *vt* 1. *(piezas)* sistemare 2. *(precios, condiciones, etc)* pattuire ◆ **ajustarse** *vp* ● **ajustarse (a)** adeguarsi (a)
al [al] ➢ **a, el**
ala [ˈala] *f* ala *f*
alabanza [alaˈβanθa] *f* lode *f*
alabar [alaˈβar] *vt* lodare
alabastro [alaˈβastro] *m* alabastro *m*
alacena [alaˈθena] *f* dispensa *f*
alambrar [alamˈbrar] *vt* recintare con fil di ferro
alambre [aˈlambre] *m* 1. fil *m* di ferro 2. *(Amér) (brocheta)* spiedino *m*
alameda [alaˈmeða] *f* viale *m*

álamo [ˈalamo] *m* pioppo *m*
alardear [alarðeˈa] *vi* ● **alardear (de)** vantarsi (di)
alargar [alarˈɣar] *vt* 1. allungare 2. *(acercar)* passare ◆ **alargarse** *vp* dilungarsi
alarma [aˈlarma] *f* allarme *m* ● **dar la (voz de) alarma** dare l'allarme
alarmante [alarˈmante] *adj* allarmante
alarmar [alarˈmar] *vt* allarmare ◆ **alarmarse** *vp* allarmarsi
alba [ˈalβa] *f* alba *f*
albañil [alβaˈɲil] *m* muratore *m*
albarán [alβaˈran] *m* bolla *f* di consegna
albaricoque [alβariˈkoke] *m (Esp)* albicocca *f*
albatros [alˈβatros] *m inv (ave)* albatros *m inv*
albedrío [alβeˈðrio] *m* ● **libre albedrío** libera scelta *f*
alberca [alˈβerka] *f (Méx)* vasca *f*
albergar [alβerˈɣar] *vt* 1. *(personas)* alloggiare 2. *(sentimientos)* albergare ◆ **albergarse** *vp* alloggiare
albergue [alˈβerɣe] *m* ostello *m* ● **albergue juvenil** ostello della gioventù
albóndiga [alˈβondiɣa] *f* polpetta *f* ● **albóndigas a la jardinera** polpette alla giardiniera
albornoz [alβorˈnoθ] *(pl* **-ces)** *m* accappatoio *m*
alborotado, da [alβoroˈtaðo, ða] *adj* 1. *(persona)* eccitato(a) 2. *(cabello)* arruffato(a)
alborotar [alβoroˈtar] ◇ *vt* eccitare ◇ *vi* sollevare ◆ **alborotarse** *vp* eccitarsi

alboroto [alβo'roto] *m* chiasso *m*
álbum ['alβum] *m* album *m inv* • **álbum de fotos** album fotografico • **álbum familiar** album di famiglia
alcachofa [alka'tʃofa] *f* **1.** *(planta)* carciofo *m* **2.** *(de ducha)* cipolla *f* • **alcachofas con jamón** carciofi al prosciutto
alcalde, esa [al'kalde, esa] *m,f* sindaco *m*
alcaldía [alkal'dia] *f* carica *f* di sindaco
alcalino, na [alka'lino, na] *adj* alcalino(a)
alcance [al'kanθe] *m* portata *f* • **a su alcance** alla sua portata • **dar alcance** raggiungere
alcanfor [alkan'for] *m* canfora *f*
alcantarilla [alkanta'riʎa] *f* fogna *f*
alcanzar [alkan'θar] ⋄ *vt* raggiungere ⋄ *vi* bastare • **alcanzar algo a alguien** diventare comprensibile *qc* a qn • **alcanzar a hacer algo** riuscire a fare qualcosa
alcaparra [alka'para] *f* cappero *m*
alcayata [alka'jata] *f* gancio *m*
alcázar [al'kaθar] *m* fortezza *f*
alcoba [al'koβa] *f* alcova *f*
alcohol [alko'ol] *m* alcol *m inv*
alcohólico, ca [alko'oliko, ka] ⋄ *adj* **1.** *(persona)* alcolista **2.** *(bebida)* alcolico(a) ⋄ *m,f* alcolista *mf*
alcoholismo [alkoo'lizmo] *m* alcolismo *m*
alcoholizado, da [alkooli'θaðo, ða] *adj* alcolizzato(a)
alcoholizarse [alkooli'θarse] *vp* alcolizzarsi

alcornoque [alkor'noke] *m* sughero *m*
aldea [al'dea] *f* villaggio *m*
aldeano, na [alde'ano, na] *m,f* contadino *m, -a f*
alebrestarse [aleβres'tarse] *vp* (*Col, Méx & Ven*) agitarsi
alegrar [ale'ɣrar] *vt* rallegrare • **alegrarse** *vp* • **alegrarse (de)** rallegrarsi (di) • **alegrarse (por)** rallegrarsi (per)
alegre [a'leɣre] *adj* **1.** allegro(a) **2.** *(fam) (borracho)* allegro(a)
alegremente [a,leɣre'mente] *adv* allegramente
alegría [ale'ɣria] *f* allegria *f*
alejar [ale'xar] *vt* allontanare • **alejarse** *vp* allontanarsi
alemán, ana [ale'man, ana] ⋄ *adj & m,f* tedesco(a) ⋄ *m* tedesco *m*
Alemania [ale'manja] *s* Germania *f*
alergia [a'lerxja] *f* allergia *f* • **tener alergia a** essere allergico(a) a
alérgico, ca [a'lerxiko, ka] *adj* allergico(a) • **ser alérgico a** essere allergico a
alero [a'lero] *m* gronda *f*
alerta [a'lerta] ⋄ *adv* all'erta ⋄ *f* all'erta ⋄ *interj* all'erta! • **estar alerta** stare all'erta • **alerta roja** allarme rosso
aleta [a'leta] *f* **1.** *(de pez)* pinna *f* **2.** *(de automóvil, nariz)* aletta *f* • **aletas** *fpl* (para nadar) pinne *fpl*
alevín [ale'βin] *m* **1.** *(de pez)* avannotto *m* **2.** *(en deportes)* allievo *m, -a f*
alfabético, ca [alfa'βetiko, ka] *adj* alfabetico(a)
alfabetización [alfaβetiθa'θjon] *f* alfabetizzazione *f*

al

alfabetizar [alfaβeti'θar] vt **1.** *(personas)* alfabetizzare **2.** *(palabras, letras)* mettere in ordine alfabetico

alfabeto [alfa'βeto] m alfabeto m

alfarero, ra [alfa'rero, ra] m,f vasaio m, -a f

alférez [al'fereθ] *(pl* **-ces**) m alfiere m

alfil [al'fil] m alfiere m

alfiler [alfi'ler] m **1.** *(aguja)* spillo m **2.** *(joya)* spilla f ● **alfiler de gancho** *(Andes, RP & Ven) (imperdible)* spilla f da balia

alfombra [al'fombra] f tappeto m

alfombrilla [alfom'briʎa] f **1.** *(de coche, de baño)* tappettino m **2.** *(felpudo)* zerbino m

alga ['alɣa] f alga f

álgebra ['alxeβra] f algebra f

algo ['alɣo] *pron* qualcosa ⋄ *adv* un po' ● **por algo** per qualche ragione

algodón [alɣo'ðon] m cotone m ● **de algodón** di cotone ● **algodón hidrófilo** cotone idrofilo

alguien [al'ɣjen] *pron* qualcuno

algún [al'ɣun].*adj* = **alguno**

alguno, na [al'ɣuno, na] ⋄ *adj* **1.** *(indeterminado)* qualche **2.** *(ninguno)* nessuno(a) ⋄ *pron (alguien)* qualcuno ● **algún día iré a verlo** uno di questi giorni andrò a trovarlo

alhaja [a'laxa] f **1.** *(joya)* gioiello m **2.** *(objeto)* bellezza f

aliado, da [ali'aðo, ða] *adj* alleato(a)

alianza [a'ljanθa] f **1.** *(pacto)* alleanza f **2.** *(joya)* fede f

aliarse [ali'arsekon] *vp* ● **aliarse (con)** allearsi (con)

alicates [ali'kates] *mpl* pinzette *fpl*

aliciente [ali'θjente] m incentivo m

aliento [a'ljento] m **1.** *(respiración)* fiato m **2.** *(de boca)* alito m ● **tener mal aliento** avere l'alito cattivo ● **quedarse sin aliento** restare senza fiato

aligerar [alixe'rar] vt **1.** *(peso)* alleggerire **2.** *(paso)* accelerare

alijo [a'lixo] m merce f di contrabbando

alimentación [alimenta'θjon] f alimentazione f

alimentar [alimen'tar] vt alimentare ● **alimentarse de** v + *prep* alimentarsi di

alimenticio, cia [alimen'tiθjo, θja] *adj* alimentare

alimento [ali'mento] m cibo m

alinear [aline'ar] vt allineare ● **alinearse** vp allinearsi

aliñar [ali'ɲar] vt condire

aliño [a'liɲo] m condimento m

alioli [ali'oli] m **salsa con aglio e olio**

aliviar [ali'βjar] vt alleviare

alivio [a'liβjo] m sollievo m

allá [a'ʎa] *adv* **1.** *(en espacio)* là **2.** *(en tiempo)* verso, ● **allá él** fatti suoi

allí [a'ʎi] *adv* lì

alma ['alma] f anima f

almacén [alma'θen] m magazzino m ● **almacenes** *mpl* ● **grandes almacenes** grandi magazzini *mpl*

almacenar [almaθe'nar] vt immagazzinare

almanaque [alma'nake] m almanacco m

almejas [al'mexas] *fpl* vongole *fpl* veraci ● **almejas a la marinera** vongole alla marinara

14

almendra [al'mendra] f mandorla f

almendrado [almen'draðo] m dolce di mandorle

almendro [al'mendro] m mandorlo m

almíbar [al'miβar] m sciroppo m ● en almíbar sciroppato/a

almidón [almi'ðon] m amido m

almidonado, da [almiðo'naðo, ða] adj inamidato(a)

almidonar [almiðo'nar] vt inamidare

almirante [almi'rante] m ammiraglio m

almohada [almo'aða] f cuscino m

almohadilla [almoa'ðiʎa] f cuscinetto m

almorranas [almo'ranas] fpl emorroidi fpl

almorzar [almor'θar] ◇ vt mangiare (a pranzo) ◇ vi **1.** (al mediodía) pranzare **2.** (a media mañana) fare uno spuntino

almuerzo [al'mwerθo] m **1.** (al mediodía) pranzo m **2.** (a media mañana) spuntino m

aló [a'lo] interj (Andes, CAm & Carib) pronto?

alocado, da [alo'kaðo, ða] adj stordito(a)

alojamiento [aloxa'mjento] m alloggio m

alojar [alo'xar] vt alloggiare ● **alojarse** vp alloggiare

alondra [a'londra] f allodola f

alpargata [alpar'ɣata] f espadrilles fpl

Alpes ['alpes] mpl ● **los Alpes** le Alpi

alpinismo [alpi'nizmo] m alpinismo m

alpinista [alpi'nista] mf alpinista mf

alpino, na [al'pino, na] adj alpino(a)

alpiste [al'piste] m scagliola f

alquilar [alki'lar] vt **1.** (casa, apartamento, oficina) affittare **2.** (coche, TV, bicicleta) noleggiare ● **se alquila** affittasi

alquiler [alki'ler] m **1.** de casa, apartamento, oficina) affitto m **2.** (de coche, TV, bicicleta) noleggio m **3.** (precio) affitto m ● **de alquiler** in affitto ● **alquiler de coches** noleggio auto

alquitrán [alki'tran] m catrame m

alrededor [alreðe'ðor] adv ● **alrededor (de)** (en torno a) intorno a; (aproximadamente) circa ● **alrededores** mpl ● **los alrededores** i dintorni

alta ['alta] f **1.** (de enfermedad) certificato medico di guarigione m **2.** (inscripción) iscrizione f ● **dar de alta a un enfermo** dimettere (dall'ospedale)

altar [al'tar] m altare m

altavoz [alta'βoθ] (pl **-ces**) m altoparlante m

alteración [altera'θjon] f alterazione f

alterado, da [alte'raðo, ða] adj alterato(a)

alterar [alte'rar] vt alterare ● **alterarse** vp alterarsi

altercado [alter'kaðo] m litigio m

alternar [alter'nar] vt ● **alternar algo con algo** alternare qc a qc ● **alternar con** + prep uscire con

alternativa [alterna'tiβa] f alternativa f

alterno, na [al'terno, na] adj alterno(a)

alteza [al'teθa] f altezza f ● **su alteza** Sua Altezza f

altibajos [alti'βaxos] mpl **1.** (de compor-

tamiento, humor) oscillazione *f* **2.** *(de terreno)* irregolarità *f*

altillo [al'tiʎo] *m* **1.** *(de vivienda)* soppalco *m* **2.** *(de armario)* parte superiore dell'armadio

altitud [alti'tuð] *f* **1.** *(de edificio)* altezza *f* **2.** *(de montaña, población)* altitudine *f*

altivo, va [al'tiβo, βa] *adj* altero(a)

alto, ta ['alto, ta] ◇ *adj* alto(a) ◇ *m* **1.** *(interrupción)* alt *m* **2.** *(lugar elevado)* altezza *f* ◇ *adv* **1.** *(hablar)* forte **2.** *(estar)* alto ◇ *interj* alt! ● **a altas horas de la noche** a notte fonda ● **en lo alto de** nella parte superiore di ● **de alto** di altezza

altoparlante [ˌaltopar'lante] *m (Amér)* altoparlante *m*

altramuz [altra'muθ] *m (pl -ces)* lupino *m*

altruismo [altru'izmo] *m* altruismo *m*

altruista [altru'ista] *adj* altruista

altura [al'tura] *f* **1.** *(dimensión)* altezza *f* **2.** *(altitud)* altitudine *f* ● **de altura de** altezza ● **estar a la altura de** essere all'altezza di ● **alturas** *fpl* sommità *f inv* ● **a estas alturas** a questo punto

alubias [a'luβjas] *fpl* fagioli *mpl*

alucinación [aluθina'θjon] *f* allucinazione *f*

alucinar [aluθi'nar] *vi* delirare

alud [a'luð] *m* valanga *f*

aludido, da [alu'ðiðo, ða] ● **darse por aludido** sentirsi chiamato(a) in causa

aludir [alu'ðir] ● **aludir a** *v + prep* alludere a

alumbrado [alum'braðo] *m* illuminazione *f*

alumbrar [alum'brar] *vt* illuminare

aluminio [alu'minjo] *m* alluminio *m*

alumno, na [a'lumno, na] *m,f* alunno *m*, -a *f*

alusión [alu'sjon] *f* allusione *f* ● **hacer alusión a** fare allusione a

alza ['alθa] *f* aumento *m* ● **en alza** in aumento

alzar [al'θar] *vt* **1.** alzare **2.** *(precios)* aumentare ● **alzarse** *vp* **1.** alzarsi **2.** *(sublevarse)* sollevarsi

a.m. [a'eme] *(abr de* ante meridiem*)* a.m.

amabilidad [amaβili'ðað] *f* gentilezza *f*

amable [a'maβle] *adj* gentile

amablemente [aˌmaβle'mente] *adv* gentilmente

amaestrado, da [amaes'traðo, ða] *adj* ammaestrato(a)

amaestrar [amaes'trar] *vt* ammaestrare

amamantar [amaman'tar] *vt* allattare

amanecer [amane'θer] ◇ *m* alba *f* ◇ *vi* albeggiare ● **al amanecer** all'alba

amanerado, da [amane'raðo, ða] *adj* **1.** *(afectado)* affettato(a) **2.** *(afeminado)* effeminato(a)

amansar [aman'sar] *vt* ammansire

amante [a'mante] *mf* amante *mf* ● **amante de** amante di

amapola [ama'pola] *f* papavero *m*

amar [a'mar] *vt* amare

amargado, da [amar'ɣaðo, ða] *adj* amareggiato(a)

amargar [amar'ɣar] *vt* **1.** *(alimento, bebida)* rendere amaro **2.** *(fig) (persona)* amareggiare ● **amargarse** *vp* **1.** *(alimen-*

to, bebida) essere amaro **2.** *(persona)* amareggiarsi

amargo, ga [a'marɣo, ɣa] *adj* amaro(a)

amarillear [amariʎe'ar] *vi* ingiallire

amarillo, lla [ama'riʎo, ʎa] ◇ *adj* giallo(a) ◇ *m* giallo *m*

amarilloso, sa [amari'ʎoso, sa] *adj* (*Amér*) giallognolo(a)

amarrar [ama'rar] *vt* **1.** *(embarcación)* ormeggiare **2.** *(Amér)* (*zapatos*) allacciare

amarre [a'mare] *m* ormeggio *m*

amasar [ama'sar] *vt* **1.** (*pan*) impastare **2.** *(fortuna)* accumulare

amateur [ama'ter] ◇ *adj* amante ◇ *mf* amatore *m*, -trice *f*

amazona [ama'θona] *f* amazzone *f*

Amazonas [ama'θonas] *m* ● **el Amazonas** il Rio delle Amazzoni

amazónico, ca [ama'θoniko, ka] *adj* amazzonico(a)

ámbar ['ambar] *m* ambra *f*

ambición [ambi'θjon] *f* ambizione *f*

ambicioso, sa [ambi'θjoso, sa] *adj* ambizioso(a)

ambientador [ambjenta'ðor] *m* deodorante *m* per ambienti

ambiental [ambjen'tal] *adj* ambientale

ambiente [am'bjente] *m* ambiente *m*

ambigüedad [ambiɣwe'ðað] *f* ambiguità *f inv*

ambiguo, gua [am'biɣwo, ɣwa] *adj* ambiguo(a)

ámbito ['ambito] *m* ambito *m*

ambos, bas ['ambos, bas] ◇ *adj inv* entrambi(e) ◇ *pron pl* entrambi(e)

ambulancia [ambu'lanθja] *f* ambulanza *f*

ambulante [ambu'lante] *adj* ambulante

ambulatorio [ambula'torjo] *m* (*Esp*) ambulatorio *m*,

amén [a'men] *adv* amen ● **decir amén (a todo)** essere d'accordo (su tutto)

amenaza [ame'naθa] *f* minaccia *f* ● **amenaza de muerte** minaccia di morte

amenazar [amena'θar] ◇ *vt* minacciare ◇ *vi* minacciare ● **amenazar a alguien (con o de)** minacciare qn (di)

amenizar [ameni'θar] *vt* allietare

ameno, na [a'meno, na] *adj* ameno(a)

América [a'merika] *f* America *f*

americana [ameri'kana] *f* giacca *f*

americanismo [amerika'nizmo] *m* americanismo *m*

americano, na [ameri'kano, na] *adj & m,f* americano(a) ● **café americano** caffè americano

ametralladora [ametraʎa'ðora] *f* mitragliatrice *f*

ametrallar [ametra'ʎar] *vt* mitragliare

amígdalas [a'miɣðalas] *fpl* tonsille *fpl*

amigo, ga [a'miɣo, ɣa] *adj & m,f* amico(a) ● **ser amigos** essere amici

amistad [amis'tað] *f* amicizia *f* ● **amistades** *fpl* amicizie *fpl*

amnesia [am'nesja] *f* amnesia *f*

amnistía [amnis'tia] *f* amnistia *f*

amo, ma ['amo, ma] *m,f* proprietario *m*, -a *f* ● **ama de casa** casalinga *f* ● **ama de llaves** governante *f*

amodorrado, da [amoðo'raðo, ða] *adj* assonnato(a)

amoldarse [amol'darse] *vp* ◆ **amoldarse (a)** adattarsi (a)

amoníaco [amo'niako] *m* ammoniaca *f*

amontonar [amonto'nar] *vt* ammucchiare ◆ **amontonarse** *vp* ammucchiarsi

amor [a'mor] *m* **1.** amore *m* **2.** ◆ **hacer el amor** fare l'amore ◆ **amor propio** amor proprio *m* ◆ **amores** *mpl* amori *mpl*

amordazar [amorða'θar] *vt* imbavagliare

amoroso, sa [amo'roso, sa] *adj* amoroso(a)

amortiguador [amortiɣwa'ðor] *m* ammortizzatore *m*

amortiguar [amorti'ɣwar] *vt* ammortizzare

amparar [ampa'rar] *vt* proteggere ◆ **ampararse en** *v* + *prep* rifugiarsi in

amparo [am'paro] *m* rifugio *m* ◆ **al amparo de** al riparo da

ampliación [amplia'θjon] *f* **1.** *(de local)* ampliamento *f* **2.** *(de capital, negocio)* aumento *m* **3.** *(de fotografía)* ingrandimento *m*

ampliar [ampli'ar] *vt* **1.** *(conocimientos, local)* ampliare **2.** *(capital, negocio)* aumentare **3.** *(fotografía)* ingrandire

amplificador [amplifika'ðor] *m* amplificatore *m*

amplio, plia ['amplio, plia] *adj* ampio(a)

amplitud [ampli'tuð] *f* ampiezza *f*

ampolla [am'poʎa] *f* **1.** *(en la piel)* vescica *f* **2.** *(de medicamento)* fiala *f*

amueblado, da [amue'βlaðo, ða] *adj* ammobiliato(a)

amueblar [amue'βlar] *vt* ammobiliare

amuermarse [amuer'marse] *vp* *(Esp)* stordirsi

amuleto [amu'leto] *m* amuleto *m*

amurallar [amura'ʎar] *vt* murare

analfabetismo [analfaβe'tizmo] *m* analfabetismo *m*

analfabeto, ta [analfa'βeto, ta] *adj & m,f* analfabeta

analgésico [anal'xesiko] *m* analgesico *m*

análisis [a'nalisis] *m inv* **1.** analisi *f inv* **2.** ◆ **análisis (de sangre)** esame *m* del sangue

analítico, ca [ana'litiko, ka] *adj* analitico(a)

analizar [anali'θar] *vt* analizzare

analogía [analo'xia] *f* analogia *f*

análogo, ga [a'naloɣo, ɣa] *adj* analogo(a)

ananás [ana'nas] *m inv* *(RP)* ananas *m*

anaranjado, da [anaran'xaðo, ða] *adj* arancione

anarquía [anar'kia] *f* anarchia *f*

anárquico, ca [a'narkiko, ka] *adj* anarchico(a)

anarquista [anar'kista] *adj & mf* anarchico(a)

anatomía [anato'mia] *f* anatomia *f*

anatómico, ca [ana'tomiko, ka] *adj* anatomico(a)

anca ['anka] *f* anca *f* ◆ **ancas de rana** cosce *fpl* di rana

ancho, cha ['antʃo, tʃa] *adj* largo(a) ◇

m larghezza *f* ● **a sus anchas** a suo agio ● **venir ancho** andare largo
anchoa [an'tʃoa] *f* acciuga *f*
anchura [an'tʃura] *f* larghezza *f*
anciano, na [an'θjano, na] *adj & m,f* anziano(a)
ancla ['aŋkla] *f* ancora *f*
anda ['anda] *interj* dai!
ándale, ándele ['andele] *interj* (CAm & Méx) (fam) dai!
Andalucía [andalu'θia] *f* Andalusia *f*
andaluz, za [anda'luθ, θa] *adj & m,f* andaluso(a)
andamio [an'damjo] *m* impalcatura *f*
andar [an'dar]
◇ *m* andatura *f*
◇ *vi* **1.** (*caminar*) camminare **2.** (*vehículo*) andare; (*astro, nave*) muoversi **3.** (*funcionar*) funzionare ● **el reloj no anda** l'orologio non funziona ● **las cosas andan mal en la empresa** le cose vanno male nell'azienda **4.** (*estar*) essere ● **el niño anda atareado con sus deberes** il bambino è impegnato nei suoi compiti ● **creo que anda por el almacén** credo sia in magazzino ● **andar haciendo algo** stare facendo qc
◇ *vt* percorrere
♦ **andar en** *v + prep* (*asuntos, negocios*) essere impegnato in; (*líos*) trovarsi in
♦ **andar por** *v + prep* andare per
♦ **andarse con** *v + prep* agire con
♦ **andares** *mpl* andatura *f*
ándele ['andele] *interj* = **ándale**
andén [an'den] *m* marciapiede *m* (*della stazione*)
Andes ['andes] *mpl* ● **los Andes** le Ande
andinismo [andi'nizmo] *m* (*Amér*) alpinismo *m* (*sulle Ande*)
andinista [andi'nista] *mf* (*Amér*) alpinista *mf* (*sulle Ande*)
andino, na [an'dino, na] *adj* andino(a)
anécdota [a'neɣðota] *f* aneddoto *m*
anecdótico, ca [aneɣ'ðotiko, ka] *adj* aneddotico(a)
anemia [a'nemja] *f* anemia *f*
anémico, ca [a'nemiko, ka] *adj* anemico(a)
anémona [a'nemona] *f* anemone *m*
anestesia [anes'tesja] *f* anestesia *f*
anestesista [aneste'sista] *mf* anestesista *mf*
anexo, xa [a'nekso, sa] ◇ *adj* annesso(a)
◇ *m* allegato *m*
anfetamina [anfeta'mina] *f* anfetamina *f*
anfibios [an'fiβjos] *mpl* anfibi *mpl*
anfiteatro [anfite'atro] *m* anfiteatro *m*
anfitrión, ona [anfi'trjon, ona] *m,f* anfitrione *m*
ángel ['anxel] *m* (*fig*) angelo *m*
angelical [anxeli'kal] *adj* (*fig*) angelico(a)
angina [an'xina] *f* ● **angina de pecho** angina *f* pectoris ● **anginas** *fpl* tonsillite *f*
anglosajón, ona [an, glosa'xon, ona] *adj & m,f* anglosassone
anguila [an'gila] *f* anguilla *f*
angula [an'gula] *f* avannotto *m* d'anguilla

angular [aŋguˈlar] *adj* angolare
ángulo [ˈaŋgulo] *m* angolo *m*
angustia [aŋˈgustja] *f* angoscia *f*
angustiado, da [aŋgusˈtjaðo, ða] *adj* angosciato(a)
angustiarse [aŋgusˈtjarse] *vp* angosciarsi
angustioso, sa [aŋgusˈtjoso, sa] *adj* angoscioso(a)
anhelar [aneˈlar] *vt* anelare
anhelo [aˈnelo] *m* anelito *m*
anidar [aniˈðar] *vi* annidare
anilla [aˈniʎa] *f* anello *m* ◆ **anillas** *fpl* anelli *mpl*
anillo [aˈniʎo] *m* anello *m*
ánima [ˈanima] *f* anima *f*
animación [animaˈθjon] *f* animazione *f*
animado, da [aniˈmaðo, ða] *adj* vivace ◆ **animado a** incoraggiato(a)
animal [aniˈmal] *m* & *adj* animale
animar [aniˈmar] *vt* animare ◆ **animarse** *vp* sollevarsi il morale ◆ **animarse a hacer algo** decidersi a fare qc
ánimo [ˈanimo] ◇ *m* 1. *(humor)* umore *m* 2. *(intención)* volontà *f inv* ◇ *interj* coraggio!
aniñado, da [aniˈɲaðo, ða] *adj* infantile
aniquilar [anikiˈlar] *vt* annichilire
anís [aˈnis] *m* anice *m*
aniversario [aniβerˈsarjo] *m* anniversario *m*
ano [ˈano] *m* ano *m*
anoche [aˈnotʃe] *adv* ieri notte
anochecer [anotʃeˈθer] ◇ *m* imbrunire *m* ◇ *vi* imbrunire ◆ **al anochecer** all'imbrunire

anomalía [anomaˈlia] *f* anomalia *f*
anómalo, la [aˈnomalo, la] *adj* anomalo(a)
anonimato [anoniˈmato] *m* anonimato *m*
anónimo, ma [aˈnonimo, ma] ◇ *adj* anonimo *m* ◇ *m* anonimo *m*
anorak [anoˈrak] *m* giacca *f* a vento
anorexia [anoˈreksja] *f* anoressia *f*
anotar [anoˈtar] *vt* annotare
ansia [ˈansja] *f* ansia *f*
ansiedad [ansjeˈðað] *f* ansia *f*
ansioso, sa [anˈsjoso, sa] *adj* ansioso ◆ **ansioso por** ansioso(a) di
Antártico [anˈtartiko] *m* **el Antártico** l'Antartico
ante¹ [ˈante] *prep* 1. *(en presencia de)* dinanzi a 2. *(frente a)* di fronte a
ante² [ˈante] *m* camoscio *m*
anteanoche [anteaˈnotʃe] *adv* l'altroieri sera
anteayer [anteaˈjer] *adv* l'altroieri
antebrazo [anteˈβraθo] *m* avambraccio *m*
antecedentes [anteθeˈðentes] *mpl* **tener antecedentes (penales)** avere precedenti (penali)
anteceder [anteθeˈðer] *vt* precedere
antecesor, ra [anteθeˈsor, ra] *m,f* predecessore *m*
antelación [antelaˈθjon] *f* anticipo *m* ◆ **con antelación** in anticipo
antemano [anteˈmano] ◆ **de antemano** *adv* anticipatamente
antena [anˈtena] *f* antenna *f*
anteojos [anteˈoxos] *mpl* *(Amér)* occhiali *mpl*

antepasados [ˌantepa'saðos] *mpl* antenati *mpl*

antepenúltimo, ma [ˌantepe'nultimo, ma] *adj* terzultimo(a)

anterior [ante'rjor] *adj* anteriore

antes ['antes]
◇ *adv* **1.** *(antiguamente)* prima ● **antes se vivía mejor** prima si viveva meglio **2.** *(en un tiempo anterior a otro)* prima ● **¿quién ha llamado antes?** chi ha chiamato prima? ● **mucho/poco antes** molto/poco prima ● **lo antes posible** quanto prima ● **llegó antes de las nueve** arrivò prima delle nove **3.** *(en el espacio)* prima ● **la farmacia está antes de cruce** la farmacia viene la farmacia ● **antes de** o **que** prima di o che ● **la zapatería está antes del cruce** la calzoleria è prima dell'incrocio **4.** *(primero)* prima ● **yo la vi antes** io l'ho vista prima **5.** *(en locuciones)* ● **antes que** *(expresa preferencia)* piuttosto che ● **antes (de) que** *(prioridad en el tiempo)* prima che ● **antes de nada** prima di tutto
◇ *adj* ● **llegó el día antes** è arrivato il giorno prima ● **la noche antes estuve en su casa** la notte precedente sono stato a casa sua

antesala [ante'sala] *f* anticamera *f*

antiabortista [ˌantjaβor'tista] *mf* antiabortista *mf*

antiarrugas [antja'ruɣas] *m inv* antirughe *m inv*

antibiótico [anti'βjotiko] *m* antibiotico *m*

anticaspa [anti'kaspa] *adj* antiforfora

anticiclón [antiθi'klon] *m* anticiclone *m*

anticipado, da [antiθi'paðo, ða] *adj* anticipato(a)

anticipar [antiθi'par] *vt* anticipare

anticiparse *vp* ● **anticiparse (a)** anticipare

anticipo [anti'θipo] *m* anticipo *m*

anticoncepción [ˌantikonθep'θjon] *f* contraccezione *f*

anticonceptivo [ˌantikonθep'tiβo] *m* anticoncezionale *m*

anticuado, da [anti'kwaðo, ða] *adj* antiquato(a)

anticuario [anti'kwarjo] *m* antiquario *m*

anticuerpo [anti'kwerpo] *m* anticorpo *m*

antidepresivo [ˌantiðepre'siβo] *m* antidepressivo *m*

antier [an'tjer] *adv* (*Amér*) (*fam*) l'altroieri

antifaz [anti'faθ] (*pl* **-ces**) *m* maschera *f*

antigrasa [anti'ɣrasa] *adj* (*producto*) sgrassante ● **un champú antigrasa** uno shampoo per i capelli grassi

antiguamente [anˌtiɣwa'mente] *adv* anticamente

antigüedad [antiɣwe'ðað] *f* **1.** (*época*) antichità *f inv* **2.** (*en el trabajo*) anzianità *f inv* ● **antigüedades** *fpl* antiquariato *m*

antiguo, gua [an'tiɣwo, ɣwa] *adj* **1.** (*viejo*) antico(a) **2.** (*pasado de moda*) antiquato(a)

antihistamínico [ˌantiista'miniko] *m* antistaminico *m*

antiinflamatorio [ˌantiinflama'torjo] *m* antinfiammatorio *m*

Antillas [an'tiʎas] *fpl* ● **las Antillas** le Antille
antílope [an'tilope] *m* antilope *f*
antipatía [antipa'tia] *f* antipatia *f*
antipático, ca [anti'patiko, ka] *adj* antipatico(a)
antirrobo [anti'roβo] *adj* antifurto *m*
antiséptico [anti'septiko] *m* antisettico *m*
antitérmico [anti'termiko] *m* antitermico *m*
antojitos [anto'xitos] *mpl* (*Méx*) stuzzichini *mpl*
antojo [an'toxo] *m* voglia *f* ● **tener antojo de** aver voglia di
antología [antolo'xia] *f* antologia *f*
antorcha [an'tortʃa] *f* torcia *f*
antro ['antro] *m* (*despec*) spelonca *f*
anual [anu'al] *adj* annuale
anuario [anu'arjo] *m* annuario *m*
anulado, da [anu'laðo, ða] *adj* **1.** (*espectáculo, gol*) annullato(a) **2.** (*tarjeta, billete, etc*) nullo(a)
anular [anu'lar] ◇ *m* anulare *m* ◇ *vt* annullare
anunciar [anun'θjar] *vt* **1.** annunciare **2.** (*en publicidad*) fare pubblicità
anuncio [a'nunθjo] *m* **1.** (*notificación*) annuncio *m* **2.** (*en publicidad*) spot *m inv* **3.** (*presagio, señal*) presagio *m*
anzuelo [an'θwelo] *m* amo *m*
añadidura [aɲaði'ðura] *f* aggiunta *f* ● **por añadidura** in aggiunta
añadir [aɲa'ðir] *vt* aggiungere
añicos [a'ɲikos] *mpl* ● **hacerse añicos** farsi a pezzi

año ['aɲo] *m* anno *m* ● **cumplir años** compiere gli anni ● **hace años** anni fa ● **el abuelo tiene años** il nonno ha una certa età ● **año nuevo** anno nuovo ● **¡feliz Año Nuevo!** Felice Anno Nuovo!
añoranza [aɲo'ranθa] *f* nostalgia *f*
añorar [aɲo'rar] *vt* avere nostalgia
aorta [a'orta] *f* aorta *f*
apache [a'patʃe] *adj & mf* apache
apachurrar [apa'tʃurar] *vt* (*Amér*) (*fam*) (*aplastar*) schiacciare
apacible [apa'θiβle] *adj* **1.** tranquillo(a) **2.** (*tiempo*) sereno(a)
apadrinar [apaðri'nar] *vt* **1.** (*en bautizo*) fare da padrino **2.** (*proteger, ayudar*) proteggere
apagado, da [apa'ɣaðo, ða] *adj* **1.** spento(a) **2.** (*sonido*) smorzato(a)
apagar [apa'ɣar] *vt* spegnere ● **apagarse** *vp* spegnersi
apagón [apa'ɣon] *m* black-out *m inv*
apaisado, da [apaj'saðo, ða] *adj* per il lungo
apalabrar [apala'βrar] *vt* concordare
apalancado, da [apalan'kaðo, ða] *adj* **1.** (*en lugar, posición*) accomodato(a) **2.** (*fam*) (*sin iniciativa*) poltrone(a)
apapachar [apapa'tʃar] *vt* (*Méx*) viziare
aparador [apara'ðor] *m* credenza *f*
aparato [apa'rato] *m* **1.** apparecchio *m* **2.** (*digestivo, circulatorio, etc*) apparato *m*
aparcamiento [aparka'mjento] *m* **1.** parcheggio *m* **2.** ● **aparcamiento público** parcheggio pubblico
aparcar [apar'kar] *vt* **1.** (*Esp*) (*vehículo*) parcheggiare **2.** (*problema, decisión, etc*)

rimandare ▼ **no aparcar** vietato parcheggiare ▼ **aparcar en batería** parcheggiare a spina di pesce

aparecer [apare'θer] *vi* **1.** *(de forma repentina)* comparire **2.** *(lo perdido)* riapparire **3.** *(publicación)* apparire

aparejador, ra [aparexa'ðor, ra] *m,f* geometra *mf*

aparejar [apare'xar] *vt* attrezzare

aparejo [apa'rexo] *m* attrezzatura *f*

aparentar [aparen'tar] *vt* **1.** *(fingir)* far finta di **2.** *(edad)* dimostrare

aparente [apa'rente] *adj* **1.** *(fingido)* apparente **2.** *(vistoso)* appariscente

aparición [apari'θjon] *f* apparizione *f*

apariencia [apa'rjenθja] *f* apparenza *f* ● **en apariencia** in apparenza ● **guardar las apariencias** salvare le apparenze

apartado, da [apar'taðo, ða] ◇ *adj* appartato(a) ◇ *m* **1.** *(de ley)* comma *m* **2.** *(de libro, etc)* capoverso *m*

apartado de correos casella *f* postale

apartamento [aparta'mento] *m* appartamento *m* ▼ **apartamentos de alquiler** appartamenti in affitto

apartar [apar'tar] *vt* allontanare ● **apartarse** *vp* allontanarsi ● **apartarse de** *v* + *prep* allontanarsi da

aparte [a'parte] *adj* & *adv* **1.** a *parte* **2.** *(además de)* a parte il fatto che; *(excepto)* tranne

aparthotel [apartho'tel] *m* residence *m inv*

apasionado, da [apasjo'naðo, ða] *adj* appassionato(a) ● **apasionado por** appassionato(a) di

apasionante [apasjo'nante] *adj* appassionante

apasionar [apasjo'nar] *vi* appassionare ● **apasionarse por** *v* + *prep* appassionarsi a

apdo. ➤ **apartado**

apechugar [apetʃu'ɣar] *vi* ● **apechugar con** *(fam)* sobbarcarsi

apego [a'peɣo] *m* ● **tener apego a** essere attaccato(a) a

apellidarse [apeʎi'ðarse] *vp* chiamarsi *(di cognome)*

apellido [ape'ʎiðo] *m* cognome *m*

apellido

Ogni neonato riceve due cognomi: il primo è quello del padre, il secondo della madre. È possibile invertire l'ordine e normalmente si usa solo il primo, anche se formalmente è obbligatorio l'uso di entrambi. Le donne sposate non prendono il cognome del marito.

apenado, da [ape'naðo, ða] *adj* (CAm, Carib, Col & Méx) imbarazzato(a)

apenar [ape'nar] *vt* rattristare ● **apenarse** *vp* (CAm, Carib, Col & Méx) sentirsi in imbarazzo

apenas [a'penas] *adv* **1.** appena **2.** *(con dificultad)* a malapena

apéndice [a'pendiθe] *m* appendice *f*

apendicitis [apendi'θitis] *f inv* appendicite *f*

aperitivo [aperi'tiβo] *m* aperitivo *m*

apertura [aper'tura] *f* apertura *f*

apestar [apes'tar] *vi* puzzare
apetecer [apete'θer] *vi* ♦ ¿le apetece un helado? le va un gelato?
apetecible [apete'θiβle] *adj* appetibile
apetito [ape'tito] *m* appetito *m* ♦ **abrir el apetito** stuzzicare l'appetito ♦ **tener apetito** avere appetito
apetitoso, sa [apeti'toso, sa] *adj* appetitoso(a)
apicultura [apikul'tura] *f* apicultura *f*
apiñado, da [api'ɲaðo, ða] *adj* accalcato(a)
apiñarse [api'ɲarse] *vp* accalcarsi
apio ['apjo] *m* sedano *m*
aplanadora [aplana'ðora] *f* (*Amér*) rullo *m* compressore
aplanar [apla'nar] *vt* spianare
aplastar [aplas'tar] *vt* schiacciare
aplaudir [aplau'ðir] *vt & vi* applaudire
aplauso [a'plauso] *m* applauso *m*
aplazar [apla'θar] *vt* rimandare
aplicación [aplika'θjon] *f* applicazione *f*
aplicado, da [apli'kaðo, ða] *adj* **1.** (*alumno, estudiante*) diligente **2.** (*ciencia, estudio*) applicato(a)
aplicar [apli'kar] *vt* applicare ♦ **aplicarse en** *vp* applicarsi in
aplique [a'plike] *m* applique *m inv*
aplomo [a'plomo] *m* sicurezza *f*
apoderarse [apoðe'rarse] ♦ **apoderarse de** *v + prep* impadronirsi di
apodo [a'poðo] *m* soprannome *m*
apogeo [apo'xeo] *m* apogeo *m* ♦ **estar en su apogeo** essere all'apice della notorietà
aportación [aporta'θjon] *f* apporto *m*

aportar [apor'tar] *vt* apportare
aposta [a'posta] *adv* apposta
apostar [apos'tar] *vt & vi* scommettere ♦ **apostar por** *v + prep* scommettere su
apóstol [a'postol] *m* apostolo *m*
apóstrofo [a'postrofo] *m* apostrofo *m*
apoyar [apo'jar] *vt* appoggiare ♦ **apoyarse** *vp* appoggiarsi ♦ **apoyarse en** *v + prep* appoggiarsi su
apoyo [a'pojo] *m* appoggio *m*
apreciable [apre'θjaβle] *adj* apprezzabile
apreciación [apreθja'θjon] *f* apprezzamento *m*
apreciado, da [apre'θjaðo, ða] *adj* stimato(a)
apreciar [apre'θjar] *vt* **1.** (*sentir afecto por, valorar*) stimare **2.** (*percibir*) apprezzare
aprecio [a'preθjo] *m* stima *f*
apremiar [apre'mjar] ◊ *vt* sollecitare ◊ *vi* stringere
aprender [apren'der] *vt* imparare ♦ **aprender a hacer algo** imparare a fare qc
aprendiz [apren'diθ] (*pl* **-ces**) *m* apprendista *mf*
aprendizaje [aprendi'θaxe] *m* **1.** (*en estudio*) apprendimento *m* **2.** (*en trabajo*) apprendistato *m*
aprensión [apren'sjon] *f* **1.** (*miedo*) apprensione *f* **2.** (*escrúpulo*) scrupolo *m*
aprensivo, va [apren'siβo, βa] *adj* apprensivo(a)
apresurado, da [apresu'raðo, ða] *adj* affrettato(a)

apresurarse [apresu'rarse] *vp* affrettarsi ◆ **apresurarse a** *v* + *prep* affrettarsi a
apretado, da [apre'taðo, ða] *adj* **1.** stretto(a) **2.** *(victoria, triunfo)* arduo(e) **3.** *(agenda)* fitto(a)
apretar [apre'tar] ◇ *vt* **1.** *(presionar, ajustar)* schiacciare **2.** *(ceñir, con los brazos)* stringere ◇ *vi* (calor, hambre) opprimere ◆ **apretarse** *vp* accalcarsi
apretujar [apretu'xar] *vt (fam)* schiacciare ◆ **apretujarse** *vp* schiacciarsi
aprisa [a'prisa] *adv* di fretta
aprobado [apro'βaðo] *m* sufficiente *f (voto)*
aprobar [apro'βar] *vt* **1.** approvare **2.** *(asignatura, examen, prueba)* essere promosso
apropiado, da [apro'pjaðo, ða] *adj* appropriato(a)
apropiarse [apro'pjarse] ◆ **apropiarse de** *v* + *prep* appropriarsi di
aprovechado, da [aproβe'tʃaðo, ða] *adj* **1.** *(tiempo)* utile **2.** *(espacio)* sfruttato(a)
aprovechar [aproβe'tʃar] ◇ *vt* **1.** *(ocasión, oferta, tiempo)* approfittare di **2.** *(espacio, lo inservible)* sfruttare ◇ *vi* ¡que aproveche! buon appetito! ◆ **aprovecharse de** *v* + *prep* **1.** *(abusar de)* approfittarsi di **2.** *(beneficiarse de)* approfittare di
aproximación [aproksima'θjon] *f* approssimazione *f*
aproximadamente [aproksi,maða'mente] *adv* all'incirca
aproximar [aproksi'mar] *vt* avvicinarsi ◆ **aproximarse a** *v* + *prep* avvicinarsi a

apto, ta ['apto, ta] *adj* ● apto para adatto(a) a ● (no) apto para menores (non) adatto ai minori
apuesta [a'pwesta] *f* scommessa *f*
apuesto, ta [a'pwesto, ta] *adj* garbato(a)
apunarse [apu'narse] *vp (Andes, RP & Ven)* soffrire il mal di montagna
apuntador, ra [apunta'ðor, ra] *m,f* suggeritore *m*, -trice *f*
apuntar [apun'tar] *vt* **1.** *(notas)* appuntare **2.** *(en actividad)* iscrivere **3.** *(arma)* puntare **4.** *(con el dedo)* indicare ◆ **apuntarse** *vp* ● apuntarse (a) iscriversi
apunte [a'punte] *m* **1.** *(nota)* appunto *m* **2.** *(boceto)* schizzo *m* ◆ **apuntes** *mpl* appunti ● **tomar apuntes** prendere appunti
apuñalar [apuɲa'lar] *vt* pugnalare
apurar [apu'rar] *vt* **1.** *(agotar)* esaurire **2.** *(preocupar)* preoccupare ◆ **apurarse** *vp* affrettarsi ● **apurarse por** *v* + *prep* preoccuparsi di
apuro [a'puro] *m* **1.** difficoltà *f* **2.** ● dar apuro imbarazzare ● estar en apuros essere in difficoltà
aquel, aquella [a'kel, ʎa] *adj* quello(a)
aquél, aquélla [a'kel, ʎa] *pron* **1.** quello(a) **2.** ● aquél que quello che
aquello [a'keʎo] *pron* quella cosa
aquí [a'ki] *adv* **1.** qui **2.** ● aquí arriba qui sopra ● aquí dentro qui dentro
árabe ['araβe] ◇ *adj* & *mf* arabo(a) ◇ *m* arabo *m*
Arabia Saudí [a'raβjasau̯'ði], **Arabia**

Saudita [a'raβjasaʊ'ðita] f Arabia f Saudita
arado [a'raðo] m aratro m
arandela [aran'dela] f rondella f
araña [a'raɲa] f **1.** (animal) ragno m **2.** (lámpara) lampadario m a gocce
arañar [ara'ɲar] vt graffiare
arañazo [ara'naθo] m graffio m
arar [a'rar] vt arare
arbitrar [arβi'trar] vt arbitrare
árbitro, tra [ar'βitro, tra] m f arbitro m
árbol [ar'βol] m albero m • árbol de Navidad albero di Natale
arbusto [ar'βusto] m arbusto m
arca ['arka] f cassapanca f
arcada [ar'kaða] f arcata f • arcadas fpl conati mpl di vomito
arcaico, ca [ar'kajko, ka] adj arcaico(a)
arcángel [ar'kanxel] m arcangelo m
arcén [ar'θen] m margine m
archipiélago [artʃi'pjelaɣo] m arcipelago m
archivador [artʃiβa'ðor] m **1.** (clasificador) schedario m **2.** (mueble) archivio m
archivar [artʃi'βar] vt archiviare
archivo [ar'tʃiβo] m archivio m
arcilla [ar'θiʎa] f argilla f
arcilloso, sa [arθi'ʎoso, sa] adj argilloso(a)
arco ['arko] m **1.** arco m **2.** (Amér) (en deporte) porta f • arco iris arcobaleno m • arco de triunfo arco di trionfo
arder [ar'ðer] vi ardere • está que arde è furibondo
ardiente [ar'ðjente] adj ardente
ardilla [ar'ðiʎa] f scoiattolo m

área ['area] f **1.** area f **2.** ▼ área de descanso area di sosta ▼ área de recreo parco giochi
arena [a'rena] f sabbia f • arenas movedizas sabbie mobili
arenoso, sa [aren'oso, sa] adj sabbioso(a)
arenque [a'renke] m aringa f
aretes [a'retes] mpl (Andes & Méx) cerchi mpl
Argelia [ar'xelja] f Algeria f
Argentina [arxen'tina] f Argentina f
argentino, na [arxen'tino, na] adj & m,f argentino(a)
argolla [ar'ɣoʎa] f **1.** anello m **2.** (Col) (anillo) fede f
argot [ar'ɣot] m gergo m
argumentar [arɣumen'tar] vt argomentare
argumento [arɣu'mento] m argomento m
aria ['arja] f aria f (musicale)
árido, da [a'riðo, ða] adj arido(a)
Aries ['arjes] m inv Ariete m inv
arista [a'rista] f spigolo m
aristocracia [aristo'kraθja] f aristocrazia f
aristócrata [aris'tokrata] mf aristocratico m, -a f
aritmética [arið'metika] f aritmetica f
arlequín [arle'kin] m arlecchino m
arma ['arma] f **1.** arma f **2.** ▼ ser de armas tomar (ser emprendedor, activo, etc) essere agguerrito; (tener mal carácter) essere iracondo
armada [ar'maða] f armata f

armadillo [arma'ðiʎo] m armadillo m

armadura [arma'ðura] f armatura f

armamento [arma'mento] m armamento m

armar [ar'mar] vt **1.** (ejército) armare **2.** (pistola, fusil) caricare **3.** (mueble, tienda) montare ● **armar alboroto** fare chiasso ◆ **armarse** vp armarsi ◆ **armarse de** v + prep armarsi di

armario [ar'marjo] m armadio m ● **armario empotrado** armadio a muro

armazón [arma'θon] m o f armatura f

armisticio [armis'tiθjo] m armistizio m

armonía [armo'nia] f armonia f

armónica [ar'monika] f armonica f

armonizar [armoni'θar] vt armonizzare

aro ['aro] m cerchio m ● **aros de cebolla** anelli di cipolla

aroma [a'roma] m aroma m

arpa ['arpa] f arpa f

arqueología [arkeolo'xia] f archeologia f

arqueólogo, ga [arke'oloɣo, ɣa] m,f archeologo m, -a f

arquero [ar'kero] m (Amér) DEP portiere m

arquitecto, ta [arki'tekto, ta] m,f architetto m

arquitectónico, ca [arkitek'toniko, ka] adj architettonico(a)

arquitectura [arkitek'tura] f architettura f

arraigar [arai'ɣar] vi attecchire

arrancar [aran'kar] ◆ vt **1.** (del suelo) sradicare **2.** (motor) mettere in moto **3.** (de las manos) strappare ◆ vi **1.** (iniciar la marcha) mettersi in moto **2.** (ser origen) provenire

arranque [a'ranke] m scatto m

arrastrar [aras'trar] vt trascinare

arrastrarse vp **1.** (reptar) trascinarsi **2.** (humillarse) strisciare

arrastre [a'rastre] m trascinamento m ● **estar para el arrastre** essere agli sgoccioli

arrebatar [areβa'tar] vt strappare

arrebato [are'βato] m scatto m

arreglar [are'ɣlar] vt **1.** (habitación, casa) riordinare **2.** (objeto, máquina) aggiustare ◆ **arreglarse** vp **1.** (persona) prepararsi **2.** (cosa) arrangiarsi ● **arreglárselas** arrangiarsi

arreglo [a'reɣlo] m **1.** (reparación) riparazione f **2.** (acuerdo) soluzione f

arrendatario, ria [arenda'tarjo, rja] m,f inquilino m, -a f

arreos [a'reos] mpl bardatura f

arrepentirse [arepen'tirse] vp ● **arrepentirse (de)** pentirsi (di)

arrestar [ares'tar] vt arrestare

arriba [a'riβa] ◆ adv **1.** (en el lugar más alto) sopra **2.** (dirección a) in ◆ interj su! ● **de arriba abajo** (detenidamente) da cima a fondo; (con desdén) dall'alto in basso

arriesgado, da [arjez'ɣaðo, ða] adj rischioso(a)

arriesgar [arjez'ɣar] vt rischiare ◆ **arriesgarse** vp ● **arriesgarse a hacer algo** arrischiarsi a fare qc

arrimar [ari'mar] vt accostare

arrodillarse [aroði'ʎarse] *vp* inginocchiarsi
arrogancia [aro'ɣanθja] *f* arroganza
arrogante [aro'ɣante] *adj* arrogante
arrojar [aro'xar] *vt* **1.** (*lanzar*) lanciare **2.** (*vomitar*) rigettare ◆ **arrojarse** *vp* lanciarsi
arroyo [a'royo] *m* ruscello *m*
arroz [a'roθ] *m* riso *m* ◆ **arroz a la cubana** riso alla cubana ◆ **arroz a la cazuela** minestra *f* di riso ◆ **arroz chaufa** (*Amér*) riso alla cantonese ◆ **arroz con leche** budino *m* di riso ◆ **arroz negro** riso al nero di seppia
arruga [a'ruɣa] *f* **1.** (*en piel*) ruga *f* **2.** (*en tejido*) piega *f*
arrugado, da [aru'ɣaðo, ða] *adj* **1.** (*piel*) rugoso(a) **2.** (*tejido, papel*) stropicciato(a)
arrugar [aru'ɣar] *vt* stropicciare ◆ **arrugarse** *vp* stropicciarsi
arruinar [arui'nar] *vt* rovinare ◆ **arruinarse** *vp* andare in rovina
arsénico [ar'seniko] *m* arsenico *m*
arte ['arte] *m* o *f* **1.** arte *f* **2.** ◆ **por arte de magia** per incanto ◆ **artes** *fpl* arti *fpl* ◆ **con malas artes** con l'inganno
artefacto [arte'fakto] *m* artefatto *m*
arteria [ar'terja] *f* arteria *f*
artesanal [artesa'nal] *adj* artigianale
artesanía [artesa'nia] *f* artigianato *m* **de artesanía** d'artigianato
artesano, na [arte'sano, na] *m,f* artigiano *m*, -a *f*
ártico ['artiko] *adj* artico(a) ◆ **el Ártico** l'Artico

articulación [artikula'θjon] *f* articolazione *f*
articulado, da [artiku'laðo, ða] *adj* articolato(a)
articular [artiku'lar] *vt* articolare
articulista [artiku'lista] *mf* articolista *mf*
artículo [ar'tikulo] *m* **1.** articolo *m* **2.** ◆ **artículos de consumo** articoli di consumo ◆ **artículos de lujo** articoli di lusso
artificial [artifi'θjal] *adj* artificiale
artificio [arti'fiθjo] *m* artificio *m*
artista [ar'tista] *mf* artista *mf*
artístico, ca [ar'tistiko, ka] *adj* artistico(a)
arveja [ar'βexa] *f* (*Amér*) pisello *m*
arzobispo [arθo'βispo] *m* arcivescovo *m*
as ['as] *m* asso *m*
asa ['asa] *f* maniglia *f*
asado, da [a'saðo, ða] ◇ *adj* arrosto ◇ *m* arrosto *m*
asador [asa'ðor] *m* griglia *f*
asalariado, da [asala'rjaðo, ða] *adj, m,f* salariato *m*, -a *f*
asaltar [asal'tar] *vt* **1.** assalire **2.** (*banco, tienda*) assaltare
asalto [a'salto] *m* **1.** (*a banco, tienda, etc*) assalto *m* **2.** (*en boxeo, judo, etc*) ripresa *f*
asamblea [asam'blea] *f* assemblea *f*
asar [a'sar] *vt* arrostire ◆ **asarse** *vp* morire dal caldo
ascendencia [asθen'denθja] *f* ascendenza *f*
ascendente [asθen'dente] *adj* ascendente
ascender [asθen'der] ◇ *vt* aumentare ◇

vi salire ◆ **ascender a** *v + prep* ammontare a

ascendiente [asθen'djente] *mf* ascendente *mf*

ascenso [as'θenso] *m* 1. *(de sueldo)* aumento *m* 2. *(de posición)* avanzamento *m*

ascensor [asθen'sor] *m* ascensore *m*

asco ['asko] *m* schifo *m* ◆ **ser un asco** essere una schifezza ◆ **dar asco** fare schifo ◆ **¡qué asco!** che schifo! ◆ **estar hecho un asco** *(fam)* essere ridotto uno straccio

ascua ['askwa] *f* brace *f* ◆ **estar en ascuas** essere sulle spine

aseado, da [ase'aðo, ða] *adj* pulito(a)

asear [ase'ar] *vt* pulire ◆ **asearse** *vp* prepararsi

asegurado, da [aseɣu'raðo, ða] *m,f* assicurato *m*, -a *f*

asegurar [aseɣu'rar] *vt* 1. assicurare 2. *(cuerda, nudo)* stringere ◆ **asegurarse de** *vp* assicurarsi di

asentir [asen'tir] *vi* assentire

aseo [a'seo] *m* 1. *(limpieza)* igiene *f* personale 2. *(habitación)* bagno *m*

aséptico, ca [a'septiko, ka] *adj* asettico(a)

asequible [ase'kiβle] *adj* accessibile

asesinar [asesi'nar] *vt* assassinare

asesinato [asesi'nato] *m* assassinio *m*

asesino, na [ase'sino, na] *adj & m,f* assassino(a)

asesor, ra [ase'sor, ra] *m,f* consulente *mf*

asesorar [aseso'rar] *vt* consigliare ◆ **asesorarse** *vp* consultarsi

asesoría [aseso'ria] *f* consulenza *f*

asfaltado, da [asfal'taðo, ða] ◇ *adj* asfaltato(a) ◆ *m* asfalto *m*

asfaltar [asfal'tar] *vt* asfaltare

asfalto [as'falto] *m* asfalto *m*

asfixia [as'fiksja] *f* asfissia *f*

asfixiante [asfik'sjante] *adj* asfissiante

asfixiar [asfik'sjar] *vt* asfissiare ◆ **asfixiarse** *vp* 1. *(ahogarse)* asfissiarsi 2. *(agobiarse)* angosciarsi

así [a'si] *adv & adj inv* così ◆ **así de** così ◆ **así como** come ◆ **así es** è così ◆ **así no más** *(Amér) (fam)* così ◆ **así y todo** malgrado tutto y así no más

Asia ['asja] *f* Asia *f*

asiático, ca [a'sjatiko, ka] *adj & m,f* asiatico(a)

asiento [a'sjento] *m* posto *m* a sedere

asignatura [asiɣna'tura] *f* materia *f*

asilo [a'silo] *m* ospizio *m* ◆ **asilo político** asilo *m* politico

asimilación [asimila'θjon] *f* assimilazione *f*

asimilar [asimi'lar] *vt* 1. *(conocimientos)* assimilare 2. *(contratiempos)* accettare

asistencia [asis'tenθja] *f* 1. *(ayuda)* assistenza *f* 2. *(a clase)* frequenza *f* 3. *(a espectáculo, público)* presenza *f*

asistir [asis'tir] *vt (suj: médico, enfermera)* assistere ◆ **asistir (a)** *(espectáculo)* assistere (a); *(clase)* frequentare

asma ['azma] *f* asma *m* o *f*

asmático, ca [az'matiko, ka] *adj* asmatico(a)

asno, na ['azno, na] *m,f* asino *m*, -a *f*

asociación [asoθja'θjon] *f* associazione *f* ● **asociación de ideas** associazione di idee

asociar [asoθjar] *vt* associare ● **asociarse** *vp* ● **asociarse (con)** mettersi in società (con) ● **asociarse (a)** farsi socio (di)

asolar [aso'lar] *vt* devastare

asomar [aso'mar] *vt* sporgere ● **asomarse a** *v + prep* affacciarsi a

asombrar [asom'brar] *vi* stupire ● **asombrarse de** *v + prep* meravigliarsi di

asombro [a'sombro] *m* stupore *m*

asorocharse [asoro't∫arse] *vp* (*Chile & Perú*) avere mal di montagna

aspa ['aspa] *f* pala *f*

aspecto [as'pekto] *m* aspetto *m* ● **tener buen/mal aspecto** avere un bell'/brutto aspetto

aspereza [aspe'reθa] *f* asprezza *f*

áspero, ra ['aspero, ra] *adj* **1.** (*al tacto*) ruvido(a) **2.** (*voz*) aspro(a)

aspiradora [aspira'ðora] *f* aspirapolvere *m inv*

aspirar [aspi'rar] *vt* aspirare ● **aspirar a** *v + prep* ambire a

aspirina® [aspi'rina] *f* aspirina® *f*

asqueado, da [aske'aðo, ða] *adj* schifato(a)

asquerosidad [askerosi'ðað] *f* schifezza *f*

asqueroso, sa [aske'roso, sa] *adj* schifoso(a)

asta ['asta] *f* **1.** (*de lanza, bandera*) asta *f* **2.** (*de toro, ciervo*) corno *m* ● **a media asta** a mezz'asta

asterisco [aste'risko] *m* asterisco *m*

astillero [asti'ʎero] *m* cantiere *m* navale

astro ['astro] *m* astro *m*

astrología [astrolo'xia] *f* astrologia *f*

astrólogo, ga [as'troloɣo, ɣa] *m,f* astrologo *m*, -a *f*

astronauta [astro'nauta] *mf* astronauta *mf*

astronomía [astrono'mia] *f* astronomia *f*

astronómico, ca [astro'nomiko, ka] *adj* astronomico(a)

astrónomo, ma [as'tronomo, ma] *m,f* astronomo *m*, -a *f*

astuto, ta [as'tuto, ta] *adj* astuto(a)

asumir [asu'mir] *vt* **1.** (*responsabilidad, etc*) assumere **2.** (*problema, etc*) farsi carico di

asunto [a'sunto] *m* **1.** (*tema*) tema *m* **2.** (*negocio*) affare *m*

asustar [asus'tar] *vt* spaventare ● **asustarse** *vp* spaventarsi

atacar [ata'kar] *vt* attaccare

atajo [a'taxo] *m* scorciatoia *f* ● **un atajo de** (*despec*) un branco di

ataque [a'take] *m* attacco *m*

atar [a'tar] *vt* legare

atardecer [atarðe'θer] ◇ *m* tardo pomeriggio *m* ◇ *vi* tramontare ● **al atardecer** stasera

atareado, da [atare'aðo, ða] *adj* indaffarato(a)

atascar [atas'kar] *vt* ostruire ● **atascarse** *vp* **1.** (*cañería*) ostruirsi **2.** (*en el terreno*) impantanarsi

atasco [a'tasko] *m* **1.** *(de cañería)* ostruzione *f* **2.** *(de tráfico)* ingorgo *m*
ataúd [ata'uð] *m* bara *f*
ate ['ate] *m* *(Méx)* gelatina *f* di cotogna
ateísmo [ate'izmo] *m* ateismo *m*
atención [aten'θjon] *f* **1.** attenzione *f* **2.** ● **atención al cliente** servizio *m* clienti ■ **llamar la atención** richiamare l'attenzione ◆ **atenciones** *fpl* attenzioni *fpl*
atender [aten'ðer] ◇ *vt* **1.** occuparsi di **2.** *(enfermo)* assistere ◇ *vi* prestare attenzione
atentado [aten'taðo] *m* attentato *m*
atentamente [atenta'mente] *adv* attentamente
atento, ta [a'tento, ta] *adj* attento(a)
ateo, a [a'teo, a] *m, f* ateo *m*, -a *f*
aterrizaje [ateri'θaxe] *m* atterraggio *m*
aterrizar [ateri'θar] *vi* atterrare
aterrorizar [aterori'θar] *vt* terrorizzare
atestado, da [ates'taðo, ða] *adj* gremito(a)
atestiguar [atesti'ɣwar] *vt* attestare
ático ['atiko] *m* attico *m*
atinar [ati'nar] *vi* **1.** *(acertar)* azzeccare **2.** *(encontrar)* trovare
atípico, ca [a'tipiko, ka] *adj* atipico(a)
Atlántico [að'lantiko] *m* ● **el Atlántico** l'Atlantico
atlas ['aðlas] *m* atlante *m*
atleta [að'leta] *mf* atleta *mf*
atlético, ca [að'letiko, ka] *adj* atletico(a)
atletismo [aðle'tizmo] *m* atletica *f*
atmósfera [að'mosfera] *f* atmosfera *f*
atmosférico, ca [aðmos'feriko, ka] *adj* atmosferico(a)
atole [a'tole] *m* *(CAm, Méx & Ven)* bevanda di farina di mais
atolondrarse [atolon'drarse] *vp* perdere la testa
atómico, ca [a'tomiko, ka] *adj* atomico(a)
átomo ['atomo] *m* atomo *m*
atónito, ta [a'tonito, ta] *adj* attonito(a)
atontado, da [aton'taðo, ða] *adj* intontito(a)
atorado, da [ato'raðo, ða] *adj* **1.** *(Amér) (atascado)* intasato(a) **2.** *(agitado, nervioso)* nervoso(a)
atorar [ato'rar] *vt* *(Amér)* ostruire ◆ **atorarse** *vp* **1.** *(Amér) (atascarse)* ostruirsi **2.** *(atragantarse)* soffocare
atorrante [ato'rante] *adj* *(CSur)* fannullone(a)
atracador, ra [ataka'ðor, ra] *m, f* rapinatore *m*, -trice *f*
atracar [atra'kar] ◇ *vt* rapinare ◇ *vi* attraccare ◆ **atracarse de** *v* + *prep* rimpinzarsi di
atracción [atrak'θjon] *f* attrazione *f*
atracciones *fpl* luna park *m inv*
atraco [a'trako] *m* rapina *f*
atractivo, va [atrak'tiβo, βa] ◇ *adj* attraente ◇ *m* fascino *m*
atraer [atra'er] *vt* **1.** *(suj: imán)* attrarre **2.** *(mirada, atención, etc)* attirare ◆ **atraerse** *vp* attirare
atragantarse [atraɣan'tarse] *vp* andare di traverso
atrapar [atra'par] *vt* catturare

atrás [a'tras] *adv* 1. indietro 2. ● **días atrás** giorni addietro

atrasado, da [atra'saðo, ða] *adj* 1. **está muy atrasado en los estudios** è molto indietro con lo studio 2. ● **ir atrasado** (*reloj*) andare indietro

atrasar [atra'sar] ◇ *vt* 1. ritardare 2. (*reloj*) spostare indietro ◇ *vi* (*reloj*) andare indietro ● **atrasarse** *vp* 1. (*persona, tren, avión*) ritardare 2. (*proyecto, acontecimiento*) rimanere indietro

atraso [a'traso] *m* ritardo *m* ● **atrasos** *mpl* arretrati *mpl*

atravesar [atraβe'sar] *vt* 1. attraversare 2. (*objeto, madero, etc*) mettere di traverso ● **atravesarse** *vp* frapporsi

atreverse [atre'βerse] *vp* **atreverse a hacer algo** osare fare qc

atrevido, da [atre'βiðo, ða] *adj* 1. (*osado*) audace 2. (*insolente, descarado*) sfacciato(a)

atribución [atriβu'θjon] *f* attribuzione *f*

atribuir [atriβu'ir] *vt* attribuire

atributo [atri'βuto] *m* attributo *m*

atrio ['atrjo] *m* atrio *m*

atropellar [atrope'ʎar] *vt* 1. (*suj: vehículo*) investire 2. (*con empujones*) spintonare ● **atropellarse** *vp* (*hablando*) impappinarsi

atropello [atro'peʎo] *m* investimento *m*

ATS [ate'ese] *mf* (*abr de* Ayudante Técnico Sanitario) infermiere ausiliario(infermiera ausiliaria)

atte. > atentamente

atún [a'tun] *m* tonno *m* ● **atún en aceite** tonno all'olio

audaz [auˈðaθ] (*pl* **-ces**) *adj* audace

audiencia [auˈðjenθja] *f* 1. (*público*) pubblico *m* 2. (*de rey, presidente, etc*) udienza *f*

audiovisual [ˌauðjoβiˈsual] ◇ *adj* audiovisivo(a) ◇ *m* audiovisivo *m*

auditivo, va [auðiˈtiβo, βa] *adj* uditivo(a)

auditor [auði'tor] *m* revisore *m* dei conti

auditoría [auðito'ria] *f* 1. (*trabajo*) revisione *f* contabile 2. (*lugar*) ufficio *m* contabile

auditorio [auði'torjo] *m* 1. (*público*) uditorio *m* 2. (*local*) auditorio *m*

auge ['auxe] *m* auge *f inv* ● **en auge** in auge

aula ['aula] *f* aula *f*

aullar [au'ʎar] *vi* ululare

aullido [au'ʎiðo] *m* ululato *m*

aumentar [aumen'tar] *vt* aumentare

aumento [au'mento] *m* 1. (*de sueldo, peso*) aumento *m* 2. (*en óptica*) ingrandimento *m*

aun [aun] *adv* 1. (*incluso*) persino 2. (*aunque*) pur ● **aun así** ciononostante

aún [a'un] *adv* ancora

aunque [aunke] *conj* anche se

aureola [aure'ola] *f* 1. aureola *f* 2. (*de un astro*) alone *m*

auricular [auriku'lar] *m* (*de teléfono*) cornetta *f* ● **auriculares** *mpl* (*de radio, casete, TV*) auricolari *mpl*

ausencia [au'senθja] *f* assenza *f*

ausente [au'sente] *adj* assente

austeridad [austeri'ðað] f austerità f
austero, ra [aus'tero, ra] adj austero(a)
Australia [aus'tralja] f Australia f
Austria ['austrja] f Austria f
austríaco, ca [aus'triako, ka] adj & n austriaco(a)
autenticidad [autentiθi'ðað] f autenticità f inv
auténtico, ca [au'tentiko, ka] adj **1.** autentico(a) **2.** (relato, historia) vero(a)
auto ['auto] m auto f inv
autoayuda [autoa'juða] f autoaiuto m
autobiografía [autoβjoɣra'fia] f autobiografia f
autobús [auto'βus] m autobus m inv
autocaravana [autokara'βana] f camper m
autocontrol [autokon'trol] m autocontrollo m
autocorrección [autokorek'θjon] f correzione f automatica
autóctono, na [au'toktono, na] adj autoctono(a)
autoescuela [autoes'kuela] f autoscuola f
autógrafo [au'toɣrafo] m autografo m
automáticamente [auto'matika'mente] adv automaticamente
automático, ca [auto'matiko, ka] adj automatico(a)
automóvil [auto'moβil] m automobile f
automovilismo [automoβi'lizmo] m automobilismo m
automovilista [automoβi'lista] mf automobilista mf
autonomía [autono'mia] f autonomia f
autonómico, ca [auto'nomiko, ka] adj ● **región autonómica** regione a statuto autonomo
autónomo, ma [au'tonomo, ma] adj autonomo(a)
autopista [auto'pista] f autostrada f ● **autopista de peaje** autostrada a pedaggio
autopsia [au'topsja] f autopsia f
autor, ra [au'tor, ra] m,f autore m, -trice f
autoridad [autori'ðað] f **1.** autorità f **2.** ● **la autoridad** l'autorità costituita ● **autoridades** fpl autorità fpl
autoritario, ria [autori'tarjo, rja] adj autoritario(a)
autorización [autoriθa'θjon] f autorizzazione f
autorizado, da [autori'θaðo, ða] adj autorizzato(a)
autorizar [autori'θar] vt autorizzare
autorretrato [autore'trato] m autoritratto m
autoservicio [autoser'βiθjo] m self-service m inv
autostop [autos'top] m (Esp) autostop m inv ● **hacer autostop** fare l'autostop
autostopista [autosto'pista] mf (Esp) autostoppista mf
autosuficiente [autosufi'θjente] adj autosufficiente
autovía [auto'βia] f superstrada f
auxiliar [auksi'ljar] ◇ adj ausiliare ◇ mf assistente mf ◇ vt soccorrere ● **auxiliar administrativo** impiegato m ● **auxiliar de vuelo** assistente mf di volo

auxilio [auk'siljo] *m* aiuto *m* ◆ *interj* aiuto! *m* ● primeros auxilios pronto soccorso *m*

aval [a'βal] *m* avallo *m*

avalador, ra [aβala'ðor, ra] *m,f* avallante *mf*

avalancha [aβa'lantʃa] *f* valanga *f*

avalar [aβa'lar] *vt* avallare

avance [a'βanθe] *m* 1. *(de tecnología, ciencia, etc)* progresso *m* 2. *(de película, etc)* trailer *m inv* ● avance de noticias sommario *m*

avanzado, da [aβan'θaðo, ða] *adj* 1. *(edad)* avanzato(a) 2. *(ideas, costumbres, etc)* emancipato(a)

avanzar [aβan'θar] *vt* 1. *(caminando, corriendo, etc)* proseguire 2. *(en conocimientos)* progredire

avaricioso, sa [aβari'θjoso, sa] *adj* avaro(a)

avaro, ra [a'βaro, ra] *adj* avaro(a)

avda *(abr de avenida)* vl.

ave ['aβe] *f* uccello *m*

AVE ['aβe] *m (abr de Alta Velocidad Española)* pendolino spagnolo

avellana [aβe'ʎana] *f* nocciola *f*

avellano [aβe'ʎano] *m* nocciolo *m*

avena [a'βena] *f* avena *f*

avenida [aβe'niða] *f* viale *m*

aventar [aβen'tar] *vt (Andes y Méx)* scagliare ◆ **aventarse** *vp (Col y Méx)* scagliarsi

aventón [aβen'ton] *m (Méx)* ● dar un aventón a alguien dare un passaggio a qn

aventura [aβen'tura] *f* avventura *f*

aventurarse [aβentu'rarse] *vp* ● aventurarse a hacer algo arrischiarsi a fare qc

aventurero, ra [aβen'turero, ra] ◇ *adj* avventuroso(a) ◇ *m,f* avventuriero *m, -a f*

avergonzado, da [aβerɣon'θaðo, ða] *adj* mortificato(a)

avergonzarse [aβerɣon'θarse] *vp* ● avergonzarse (de) vergognarsi (di)

avería [aβe'ria] *f* avaria *f*

averiado, da [aβeri'aðo, ða] *adj* guasto(a)

averiarse [aβeri'arse] *vp* avariarsi

averiguar [aβeri'ɣwar] *vt* scoprire

aversión [aβer'sjon] *f* avversione *f*

avestruz [aβes'truθ] *(pl -ces) m* struzzo *m*

aviación [aβja'θjon] *f* 1. *(navegación)* aeronautica *f* 2. *(cuerpo militar)* aviazione *f*

aviador, ra [aβja'ðor, ra] *m,f* aviatore *m,* -trice *f*

avión [aβi'on] *m* aereo *m*

avioneta [aβjo'neta] *f* aereo *m* da turismo

avisar [aβi'sar] *vt* avvisare ● avisar a alguien de *(comunicar)* avvisare qn di; *(prevenir)* avvertire qn di

aviso [a'βiso] *m* 1. *(noticia, anuncio)* avviso *m* 2. *(advertencia)* avvertimento *m*

avispa [a'βispa] *f* vespa *f*

axila [ak'sila] *f* ascella *f*

ay ['aj] *interj* 1. *(de dolor)* ahi! 2. *(de pena)* ahimè!

ayer [a'jer] *adv* ieri ● **ayer noche** ieri sera ● **ayer por la mañana** ieri mattina
ayuda [a'juða] *f* aiuto *m*
ayudante [aju'ðante] *mf* aiutante *mf*
ayudar [aju'ðar] *vt* ● **ayudar a alguien en algo** aiutare qn in qc ● **ayudar a alguien a hacer algo** aiutare qn a fare qc
ayunar [aju'nar] *vi* digiunare
ayuntamiento [ajunta'mjento] *m* Comune *m*
azada [a'θaða] *f* zappa *f*
azafata [aθa'fata] *f* hostess *f inv*
azafata de vuelo hostess *f inv*
azafate [aθa'fate] *m* (Andes & CSur) vassoio *m*
azafrán [aθa'fran] *m* zafferano *m*
azar [a'θar] *m* caso *m* ● **al azar** a caso
azotea [aθo'tea] *f* tetto *m* terrazzato *m*
azúcar [a'θukar] *m o f* zucchero *m*
azucarado, da [aθuka'raðo, ða] *adj* zuccherato(a)
azucarera [aθuka'rera] *f* zuccheriera *f*
azucena [aθu'θena] *f* giglio *m*
azufre [a'θufre] *m* zolfo *m*
azul [a'θul] ◇ *adj* azzurro(a) ◇ *m* azzurro *m* ● **azul celeste** celeste *m* ● **azul marino** blu *m inv*
azulado, da [aθu'laðo, ða] *adj* azzurrato(a)
azulejo [aθu'lexo] *m* azulejo *m inv*
azuloso, sa [aθu'loso, sa] *adj* (*Amér*) azzurrognolo(a)

bB

baba ['baβa] *f* bava *f*
babero [ba'βero] *m* bavaglino *m*
babor [ba'βor] *m* babordo *m*
babosa [ba'βosa] *f* lumaca *f*
babosada [baβo'saða] *f* (CAm & Méx) (*fam*) stupidaggine *f*
baboso, sa [ba'βoso, sa] *adj* **1.** bavoso(a) **2.** (*Amér*) (*tonto*) stupido(a)
baca ['baka] *f* portabagagli *m inv*
bacalao [baka'lao] *m* baccalà *m*
bacalao a la vizcaína *baccalà preparato alla maniera basca con salsa di frutti di mare*
bacán [ba'kan] *m* (*RP*) (*fam*) signore *m*
bachillerato [batʃiʎe'rato] *m* **1.** (*estudios*) ≃ liceo *m* **2.** (*título*) ≃ maturità *f inv*
bacinica [baθi'nika] *f* (*Amér*) pitale *m*
bádminton ['baðminton] *m* volano *m*
bafle ['bafle] *m* cassa *f* acustica
bahía [ba'ia] *f* baia *f*
bailar [bai'lar] *vt & vi* ballare
bailarín, ina [baila'rin, ina] *m,f* ballerino *m*, -a *f*
baile ['bajle] *m* ballo *m*
baja ['baxa] *f* **1.** (*por enfermedad*) congedo *m* **2.** (*de asociación, club, etc*) ritiro *m* ● **darse de baja** ritirarsi ● **estar de baja** essere in malattia

bajada [ba'xaða] f discesa f
bajar [ba'xar] ◇ vt **1.** abbassare **2.** *(lámpara, cuadro, etc)* tirare giù **3.** *(escalera)* scendere ◇ vi scendere ◆ **bajar(se) de** v + prep scendere da
bajío [ba'xio] m *(Amér)* bassopiano m
bajo, ja [baxo, xa] ◇ adj basso(a) ◇ m *(instrumento)* basso m ◇ adv *(hablar)* sottovoce ◇ prep sotto ◆ **bajos** mpl pianterreno m
bakalao [baka'lao] m *(fam)* bakalao m
bala [bala] f pallottola f
balacear [balaθe'ar] vt *(Amér)* sparare
balacera [bala'θera] f *(Amér)* sparatoria f
balada [ba'laða] f ballata f
balance [ba'lanθe] m **1.** bilancio m **2.** ● **hacer balance de** fare il bilancio di
balancín [balan'θin] m sedia f a dondolo
balanza [ba'lanθa] f bilancia f
balar [ba'lar] vi belare
balcón [bal'kon] m balcone m
balde ['balde] m secchio m ◆ **de balde** gratis ◆ **en balde** invano
baldosa [bal'dosa] f mattonella f
Baleares [bale'ares] fpl ● **las (islas) Baleares** le (isole) Baleari
balido [ba'liðo] m belato m
ballena [ba'ʎena] f balena f
ballet [ba'let] m balletto m
balneario [balne'arjo] m terme fpl

balneario

In America Latina il *balneario* è un luogo di vacanza molto popolare, dotato di piscine e ristoranti, dove la gente trascorre le giornate estive facendo sport o semplicemente riposandosi e prendendo il sole.

balón [ba'lon] m pallone m
baloncesto [balon'θesto] m pallacanestro f
balonmano [balom'mano] m pallamano f
balonvolea [balombo'lea] m pallavolo f
balsa ['balsa] f **1.** *(embarcación)* zattera f **2.** *(de agua)* pozza f
bálsamo ['balsamo] m *(fig)* balsamo m
bambú [bam'bu] m bambù m inv
banana [ba'nana] f *(Perú & RP)* banana f
banca ['banka] f **1.** banca f **2.** *(en juegos)* banco m **3.** *(Col, Ven & Méx) (asiento)* panca f **4.** *(Andes & RP) (escaño)* seggio m
banco ['banko] m **1.** *(institución, oficina)* banca f **2.** *(para sentarse, de peces)* banco m ◆ **banco de arena** banco di sabbia
banda ['banda] f **1.** banda f **2.** *(cinta)* nastro m **3.** ● **banda sonora** colonna f sonora
bandeja [ban'dexa] f vassoio m
bandera [ban'dera] f **1.** bandiera f **2.** ● **bandera blanca** bandiera bianca
banderilla [bande'riʎa] f *(en toros)* banderilla f **2.** *(para comer)* stuzzichino per aperitivo
banderín [bande'rin] m gagliardetto m
bandido [ban'diðo] m **1.** bandito m **2.** *(fam) (pillo)* furfante m
bando ['bando] m **1.** *(partido)* fazione f **2.**

(de alcalde) bando *m*
banjo ['banxo] *m* banjo *m inv*
banquero [baŋ'kero] *m* banchiere *m*
banqueta [baŋ'keta] *f* 1. *(para sentarse)* panchina *f* 2. *(Méx) (acera)* marciapiede *m*
banquina [baŋ'kina] *f (RP)* argine *m*
bañadera [baɲa'ðera] *f (Arg)* vasca *f* da bagno
bañador [baɲa'ðor] *m (Esp)* costume *m* da bagno
bañar [ba'ɲar] *vt* 1. *(en el baño)* ● **bañar a alguien** fare il bagno a qn 2. *(suj: luz)* inondare 3. *(suj: mar)* bagnare ● **bañarse** *vp (Esp)* farsi il bagno
bañera [ba'ɲera] *f* vasca *f* da bagno
bañista [ba'ɲista] *mf (Esp)* bagnante *mf*
baño ['baɲo] *m* 1. *(Esp)* bagno *m* 2. *(de pintura)* velatura *f* 3. *(de chocolate)* strato *m* 4. ● **al baño maría** a bagnomaria ● **darse un baño** farsi il bagno
bar ['bar] *m* bar *m inv* ● **bar musical** piano-bar *m inv*
baraja [ba'raxa] *f* mazzo di carte
barajar [bara'xar] *vt* 1. *(naipes)* mischiare 2. *(posibilidades)* vagliare 3. *(datos, números)* maneggiare
baranda [ba'randa] *f* ringhiera *f*
barandilla [baran'diʎa] *f* ringhiera *f*
barata [ba'rata] *f (Méx) (venta)* svendita *f*
baratija [bara'tixa] *f* cianfrusaglia *f*
barato, ta [ba'rato, ta] ◇ *adj* económico(a) ◇ *adv* a buon mercato
barba ['barβa] *f* barba *f* ● **por barba** a testa

barbacoa [barβa'koa] *f* 1. *(parrilla)* griglia *f* 2. *(comida)* grigliata *f* ● **a la barbacoa alla griglia**
barbaridad [barβari'ðað] *f* 1. *(crueldad)* atrocità *f inv* 2. *(disparate)* assurdità *f inv* ● **una barbaridad** una marea ● **¡qué barbaridad! incredibile!**
barbarie [bar'βarje] *f* barbarie *f inv*
bárbaro, ra ['barβaro, ra] *adj* 1. barbaro(a) 2. *(fam) (estupendo)* bestiale
barbería [barβe'ria] *f* negozio *m* di barbiere
barbero [bar'βero] *m* barbiere *m*
barbilla [bar'βiʎa] *f* mento *m*
barbudo, da [bar'βuðo, ða] *adj* barbuto(a)
barca ['barka] *f* barca *f* ● **barca de pesca** barca da pesca
barcaza [bar'kaθa] *f* chiatta *f*
Barcelona [barθe'lona] *f* Barcellona *f*
barco ['barko] *m* nave *f* ● **barco de vapor** piroscafo *f* a vapore ● **barco de vela** barca *f* a vela
bareto [ba'reto] *m (fam)* localino *m*, *(despec)* baretto *m*
barítono [ba'ritono] *m* baritono *m*
barman ['barman] *m* barista *mf*
barniz [bar'niθ] *m (pl* -ces*)* 1. *(para madera)* vernice *f* 2. *(para loza, cerámica)* smalto *m*
barnizado, da [barni'θaðo, ða] *adj* verniciato(a)
barnizar [barni'θar] *vt* 1. *(madera)* verniciare 2. *(loza, cerámica)* smaltare
barómetro [ba'rometro] *m* barometro *m*

ba

barquillo [bar'kiʎo] m cialda f
barra ['bara] f 1. *(listón alargado)* sbarra f 2. *(de bar, café, restaurante)* banco m 3. *(de turrón, helado, etc)* stecca f ◆ **barra de pan** filone m di pane
barraca [ba'raka] f 1. *(chabola)* baracca f 2. *(para feria)* baraccone m
barranco [ba'raŋko] m burrone m
barrendero [baren'dero] m spazzino m
barrer [ba'rer] vt spazzare
barrera [ba'rera] f 1. barriera f 2. *(de paso a nivel)* sbarra f 3. *(en toros)* barriera di separazione tra arena e gradinata
barriada [bari'aða] f quartiere m
barriga [ba'riɣa] f pancia f
barril [ba'ril] m barile m
barrio ['barjo] m 1. quartiere m 2. *(Amér) (suburbio)* borgata f ◆ **barrio chino** quartiere mafamoto ◆ **barrio comercial** quartiere commerciale
barro ['baro] m 1. *(fango)* fango m 2. *(en cerámica)* terracotta f
barroco, ca [ba'roko, ka] ◇ adj barocco(a) ◇ m barocco m
bártulos ['bartulos] mpl ◆ **liar los bártulos** portarsi via le proprie cose
barullo [ba'ruʎo] m confusione f
basarse [ba'sarse] ◆ **basarse en** v + prep basarsi su
bascas ['baskas] fpl nausea f
báscula ['baskula] f bilancia f
base ['base] f 1. base f 2. ◆ **a base de** per mezzo di ◆ **base de datos** database m inv
básico, ca ['basiko, ka] adj basilare

basta ['basta] interj basta!
bastante [bas'tante] adv & adj abbastanza
bastar [bas'tar] vi ◆ **bastar (con)** bastare ◆ **bastarse** vp ◆ **bastarse (para)** essere autosufficiente (per)
bastardo, da [bas'tarðo, ða] adj bastardo(a)
bastidores [basti'ðores] mpl ◆ **entre bastidores** dietro le quinte
basto, ta ['basto, ta] adj 1. *(vulgar, bruto)* rozzo(a) 2. *(rugoso)* ruvido(a) ◆ **bastos** mpl bastoni mpl
bastón [bas'ton] m bastone m
basura [ba'sura] f spazzatura f
basurero, ra [basu'rero, ra] ◇ m,f spazzino m, -a f ◇ m discarica f
bata ['bata] f 1. *(de casa)* vestaglia f 2. *(de trabajo)* camice m
batalla [ba'taʎa] f battaglia f ◆ **de batalla** da battaglia
batería [bate'ria] f 1. batteria f 2. ◆ **batería de cocina** batteria da cucina
batido [ba'tiðo] m frullato m
batidora [bati'ðora] f frullatore m
batín [ba'tin] m vestaglia f
batir [ba'tir] vt 1. *(huevos)* sbattere 2. *(marca, récord)* battere
batuta [ba'tuta] f bacchetta f *(del direttore d'orchestra)*
baúl [ba'ul] m 1. baule m 2. *(Col & CSur) (maletero)* bagagliaio m
bautismo [bau'tizmo] m battesimo m
bautizar [bauti'θar] vt battezzare
bautizo [bau'tiθo] m battesimo m
baya ['baja] f bacca f

bayeta [ba'jeta] f strofinaccio m
bayoneta [bajo'neta] f baionetta f
bazar [ba'θar] m bazar m inv
beato, ta [be'ato, ta] adj **1.** (santo) beato(a) **2.** (piadoso) devoto(a)
beba ['beβa] f (CSur & Méx) (fam) neonata f
bebe [be'βe] m (CSur & Méx) (fam) neonato m
bebé [be'βe] m bebè m inv
beber [be'βer] vt & vi bere
bebida [be'βiða] f **1.** (líquido) bevanda f **2.** (vicio) bere m
bebido, da [be'βiðo, ða] adj brillo(a)
bebito, ta [be'βito, ta] m,f (Amér) bebè m inv
beca ['beka] f borsa f di studio
becario, ria [be'karjo, rja] m,f borsista f
becerro, rra [be'θero, ra] m,f manzo m
bechamel [betʃa'mel] f besciamella f
bedel [be'ðel] m bidello m, -a f
begonia [be'γonja] f begonia f
beige ['beiʃ] adj inv beige
béisbol ['beizβol] m baseball m inv
belén [be'len] m presepio m
belga ['belγa] adj & mf belga
Bélgica ['belxika] f Belgio m
bélico, ca ['beliko, ka] adj bellico(a)
belleza [be'ʎeθa] f bellezza f
bello, lla ['beʎo, ʎa] adj bello(a)
bellota [be'ʎota] f ghianda f
bencina [ben'θina] f (Chile) benzina f
bencinera [benθi'nera] f (Chile) distributore m di benzina
bendecir [bende'θir] vt benedire
bendición [bendi'θjon] f benedizione f

bendito, ta [ben'dito, ta] ◇ adj **1.** (bendecido) benedetto(a) **2.** (alabado, loado) lodato(a) ◇ m,f fesso m, -a f
beneficencia [benefi'θenθja] f **1.** beneficenza f **2.** (institución) istituto m di beneficenza
beneficiar [benefi'θjar] vt beneficiare ● **beneficiarse de** v + prep beneficiare di
beneficio [bene'fiθjo] m beneficio m ● **a beneficio de** in favore di
benéfico, ca [be'nefiko, ka] adj benefico(a)
benevolencia [beneβo'lenθja] f benevolenza f
benévolo, la [be'neβolo, la] adj benevolo(a)
bengala [ben'gala] f bengala m inv
berberechos [berβe'retʃos] mpl vongole fpl
berenjena [beren'xena] f melanzana f ● **berenjenas rellenas** melanzane ripiene
bermudas [ber'muðas] mpl bermuda mpl
berrinche [be'rintʃe] m **1.** (llanto infantil) bizza f **2.** (disgusto) stizza f
berza ['berθa] f verza f
besar [be'sar] vt baciare ● **besarse** vp baciarsi
beso ['beso] m bacio m ● **dar un beso** dare un bacio
bestia ['bestja] ◇ adj **1.** (bruto) bruto **2.** (ignorante) rozzo(a) ◇ mf bestia f ◇ f (animal) bestia f
besugo [be'suγo] m pagello m
betabel [beta'βel] m (Méx) barbabietola f

betarraga [beta'raγa] *f* (*Andes*) barbabietola *f*

betún [be'tun] *m* **1.** (*para calzado*) lucido *m* da scarpe **2.** (*Chile & Méx*) (*para pastel*) glassa *f*

biberón [biβe'ron] *m* biberon *m inv*

Biblia ['biβlia] *f* Bibbia *f*

bibliografía [biβlioɣra'fia] *f* bibliografia *f*

biblioteca [biβlio'teka] *f* biblioteca *f*

bibliotecario, ria [biβliote'karjo, rja] *m,f* bibliotecario *m*, -a *f*

bicarbonato [bikarβo'nato] *m* bicarbonato *m*

bíceps ['biθeps] *m inv* bicipiti *mpl*

bicho ['bitʃo] *m* **1.** (*animal pequeño*) bestiola *f* **2.** (*pillo*) birbante *m*

bici ['biθi] *f* (*fam*) bici *f inv*

bicicleta [biθi'kleta] *f* bicicletta *f* ● **montar en bicicleta** montare in bicicletta

bicolor [biko'lor] *adj* bicolore

bidé [bi'ðe] *m* bidè *m inv*

bidón [bi'ðon] *m* bidone *m*

bien [bjen]
◇ *adv* **1.** (*como es debido, correcto*) bene ● **has actuado bien** hai agito bene ● **habla bien inglés** parla bene inglese **2.** (*expresa opinión favorable*) bene ● **estar bien** (*de salud, comodidad*) stare bene; (*de aspecto, calidad*) essere bello(a) **3.** (*suficiente*) ● **estar bien** andare bene **4.** (*muy*) ben ● **quiero un vaso de agua bien fría** vorrei un bicchiere d'acqua ben fredda **5.** (*vale, de acuerdo*) va bene
◇ *adj inv* (*barrio, gente, niño*) per bene
◇ *conj* **1.** ● **bien... bien sia... che...** ● **entrega el vale bien a mi padre, bien a mi madre** consegna pure l'assegno sia a mio padre che a mia madre **2.** (*en locuciones*) ● **más bien** piuttosto ● **¡está bien!** va bene! ● **¡muy bien!** benissimo!
◇ *m* **1. bene** *m* ● **el bien y el mal** il bene e il male ● **hacer el bien** fare del bene **2.** (*calificación*) buono *m* ● **bienes** *mpl* ● **bienes de consumo** beni di consumo ● **bienes inmuebles** o **raíces/muebles** beni immobili/mobili

bienal [bje'nal] ◇ *adj* biennale ◇ *f* biennale *f*

bienestar [bjenes'tar] *m* benessere *m*

bienvenida [bjembe'niða] *f* benvenuto *m*

bienvenido, da [bjembe'niðo, ða] ◇ *adj* benvenuto(a) ◇ *interj* benvenuto(a)!

bife ['bife] *m* (*Andes & CSur*) bistecca *f*

bifocal [bifo'kal] *adj* bifocale

bigote [bi'γote] *m* baffi *mpl*

bigotudo, da [biγo'tuðo, ða] *adj* baffuto(a)

bilingüe [bi'lingwe] *adj* bilingue

billar [bi'ʎar] *m* **1.** biliardo *m* **2.** ● **billar americano** biliardo americano

billete [bi'ʎete] *m* **1.** biglietto *m* **2.** (*de dinero*) banconota *f* **3.** ● **billete de ida y vuelta** (*Esp*) biglietto di andata e ritorno ● **billete sencillo** (*Esp*) biglietto di sola andata

billetero [biʎe'tero] *m* portafoglio *m*

billón [bi'ʎon] *m* bilione *m*

bingo ['bingo] *m* bingo *m inv*

biodegradable [bioðeɣraˈðaβle] *adj* biodegradabile

biografía [bioɣraˈfia] *f* biografia *f*

biográfico, ca [bioˈɣrafiko, ka] *adj* biografico(a)

biología [bioloˈxia] *f* biologia *f*

biopsia [ˈbi̯opsi̯a] *f* biopsia *f*

bioquímica [bioˈkimika] *f* biochimica *f*

biquini [biˈkini] *m* bikini *m inv*

birria [ˈbirja] *f* 1. (*fam*) (*persona*) sgorbio *m* 2. (*cosa*) catorcio *m* 3. (Méx) (*carne para barbacoa*) carne *f* per la grigliata

birrioso, sa [biˈrjoso, sa] *adj* (*fam*) malfatto(a), orribile

bisabuelo, la [bisaˈβu̯elo, la] *m,f* bisnonno *m*, -a *f*

bisexual [bisekˈsu̯al] *adj* bisessuale

bisnieto, ta [bizˈni̯eto, ta] *m,f* pronipote *mf*

bisonte [biˈsonte] *m* bisonte *m*

bistec [bisˈtek] *m* bistecca *f* ◆ **bistec de ternera** bistecca *f* di vitello ◆ **bistec a la plancha** bistecca alla piastra

bisturí [bistuˈri] *m* bisturi *m inv*

bisutería [bisuteˈria] *f* bigiotteria *f*

bizco, ca [ˈbiθko, ka] *adj* strabico(a)

bizcocho [biθˈkotʃo] *m* pan *m inv* di Spagna

blanca [ˈblanka] *f* ◆ **estar sin blanca** (*Esp*) (*fam*) essere al verde

blanco, ca [ˈblanko, ka] ◇ *adj* bianco(a) ◇ *m,f* bianco *m*, -a *f* ◇ *m* 1. (*color*) bianco *m* 2. (*diana*) bersaglio *m* 3. (*objetivo*) scopo *m*; **dar en el blanco** colpire nel segno ◆ **en blanco** (*sin dormir*) in bianco; (*sin memoria*) nel pallone

blando, da [ˈblando, da] *adj* 1. (*cama, etc*) soffice 2. (*persona, cera*) molle 3. (*carne, etc*) tenero(a)

blanquear [blankeˈar] *vt* 1. (*pared*) imbiancare 2. (*ropa*) candeggiare

blindado, da [blinˈdaðo, ða] *adj* blindato(a)

blindar [blinˈdar] *vt* blindare

bloc [ˈblok] *m* 1. (*de notas*) bloc-notes *m inv* 2. (*de dibujo*) album *m inv* da disegno

bloque [ˈbloke] *m* blocco *m* ◆ **bloque de pisos** condominio *m*

bloquear [blokeˈar] *vt* bloccare ◆ **bloquearse** *vp* bloccarsi

bloqueo [bloˈkeo] *m* blocco *m*

blusa [ˈblusa] *f* camicetta *f*

bobada [boˈβaða] *f* fesseria *f* ◆ **decir bobadas** dire fesserie

bobina [boˈβina] *f* 1. (*de automóvil*) bobina *f* 2. (*de hilo*) rocchetto *m*

bobo, ba [ˈboβo, βa] *adj* sciocco(a)

boca [ˈboka] *f* bocca *f* ◆ **boca a boca** bocca a bocca ◆ **boca de incendios** idrante *m* ◆ **boca de metro** entrata *f* della metropolitana ◆ **boca abajo** bocconi ◆ **boca arriba** supino

bocacalle [bokaˈkaʎe] *f* 1. (*entrada de calle*) imboccatura *f* 2. (*calle*) traversa *f*

bocadillería [bokaðiʎeˈria] *f* paninería *f*

bocadillo [bokaˈðiʎo] *m* panino *m*

bocado [boˈkaðo] *m* 1. (*comida*) boccone *m* 2. (*mordisco*) morso *m*

bocata [boˈkata] *m* (*Esp*) (*fam*) panino *m*

boceto [boˈθeto] *m* 1. (*de cuadro, dibujo,*

edificio) bozzetto m **2.** (*de texto*) abbozzo m

bochorno [bo't∫orno] m **1.** (*calor*) afa f **2.** (*vergüenza*) vergogna f

bochornoso, sa [bot∫or'noso, sa] *adj* **1.** (*caluroso*) afoso(a) **2.** (*vergonzoso*) vergognoso(a)

bocina [bo'θina] f **1.** (*de coche*) clacson m inv **2.** (*Amér*) (*de teléfono*) cornetta f **3.** (*Méx*) (*bafle*) amplificatore m

boda [bo'ða] f matrimonio m ● **bodas de oro** nozze fpl d'oro ● **bodas de plata** nozze fpl d'argento

bodega [bo'ðeɣa] f **1.** (*para vinos*) cantina f **2.** (*tienda, bar*) enoteca f **3.** (*Amér*) (*almacén*) negozio m di alimentari

bodegón [boðe'ɣon] m natura f morta

bodrio [bo'ðrjo] m schifezza f

bofetada [bofe'taða] f schiaffo m

bohemio, mia [bo'emjo, mja] *adj* sregolato(a)

bohío [bo'io] m (*CAm, Col & Ven*) capanna f

boicot [boj'kot] m (pl **boicots**) m boicottaggio m ● **hacer el boicot** boicottare

boicotear [bojkote'ar] *vt* boicottare

boina [bojna] f basco m (*copricapo*)

bola [bo'la] f **1.** (*cuerpo esférico*) palla f **2.** (*fam*) (*mentira*) balla f **3.** (*Amér*) (*fam*) (*rumor*) diceria f **4.** (*Amér*) (*fam*) (*lío*) confusione f ● **hacerse uno bolas** (*Amér*) (*fam*) confondersi

bolear [bole'ar] *vt* **1.** (*Méx*) (*embetunar*) incatramare **2.** (*fig*) (*enredar*) coinvolgere

bolera [bo'lera] f bowling m inv

bolero [bo'lero] m bolero m

boleta [bo'leta] f **1.** (*Amér*) (*recibo*) ricevuta f **2.** (*CSur*) (*multa*) multa f **3.** (*Méx & RP*) (*voto*) scheda f di voto

boletería [bolete'ria] f (*Amér*) biglietteria f

boletín [bole'tin] m **1.** (*de información*) bollettino m **2.** (*de suscripción*) modulo m

boleto [bo'leto] m (*Amér*) biglietto m

bolígrafo [bo'liɣrafo] m penna f

bolillo [bo'liʎo] m (*Méx*) pane m di frumento

Bolivia [bo'liβja] f Bolivia f

boliviano, na [boli'βjano, na] *adj & m,f* boliviano(a)

bollería [boʎe'ria] f pasticceria f

bollo [bo'ʎo] m **1.** (*dulce*) pasta f **2.** (*de pan*) focaccia f

bolos [bolos] mpl birilli mpl

bolsa [bolsa] f **1.** (*de plástico, papel, tela, etc*) sacchetto m **2.** (*para invertir*) borsa f ● **bolsa de basura** sacco m dell'immondizia ● **bolsa de viaje** borsa da viaggio

bolsillo [bol'siʎo] m tasca f ● **de bolsillo** tascabile

bolso [bolso] m borsa f

boludez [bolu'ðeθ] f (*RP*) scemenza f

boludo, da [bo'luðo, ða] m,f (*RP*) scemo m, -a f

bomba [bomba] f **1.** (*explosivo*) bomba f **2.** (*máquina*) pompa f ● **bomba atómica** bomba atomica ● **bomba de agua** pompa d'acqua

bombardear [bombarðeˈar] vt bombardare

bombardeo [bombarˈðeo] m bombardamento m

bombero [bomˈbero] m pompiere m

bombilla [bomˈbiʎa] f lampadina f

bombillo [bomˈbiʎo] m (CAm, Col & Ven) lampadina f

bombita [bomˈbita] f (RP) lampadina f

bombo [ˈbombo] m 1. (de lotería, rifa, sorteo) urna f 2. (tambor) grancassa f ● **a bombo y platillo** con un gran baccano

bombón [bomˈbon] m 1. caramella f 2. (fam) (persona) perla f

bombona [bomˈbona] f bombola f ● **bombona de butano** bombola del gas

bombonería [bomboneˈria] f pasticceria f

bonanza [boˈnanθa] f 1. (de tiempo, mar) bonaccia f 2. (prosperidad) prosperità f inv

bondad [bonˈdað] f bontà f inv ● **tenga la bondad de** (formal) faccia la cortesia di

bondadoso, sa [bonðaˈðoso, sa] adj buono(a)

bonificación [bonifikaˈθjon] f bonifico m

bonificar [bonifiˈkar] vt bonificare

bonito, ta [boˈnito, ta] adj bello(a) ● m sgombro m ● **bonito con tomate** sgombro al pomodoro

bono [ˈbono] m buono m

bonobús [bonoˈβus] m (Esp) abbonamento m dell'autobus

bonometro [boˈnometro] m titolo di viaggio valido per dieci corse in metropolitana o autobus

boñiga [boˈɲiɣa] f letame m

boquerones [bokeˈrones] mpl alici fpl

boquete [boˈkete] f crepa f

boquilla [boˈkiʎa] f 1. bocchino m 2. ● **de boquilla** a parole

borda [ˈborða] f bordo m

bordado, da [borˈðaðo, ða] adj ricamato(a) ● m ricamo m ● **salir bordado** riuscire a meraviglia

bordar [borˈðar] vt 1. ricamare 2. ● **bordar un papel** fare un'ottima interpretazione

borde [ˈborðe] ◇ m bordo m ◇ adj (Esp) (despec) rozzo(a) ● **al borde de** sull'orlo di

bordear [borðeˈar] vt fiancheggiare

bordillo [borˈðiʎo] m bordo m

bordo [ˈborðo] m ● **a bordo (de)** a bordo (di)

borla [ˈborla] f 1. (adorno) nappa f 2. (para maquillaje) piumino m

borra [ˈbora] f borra f

borrachera [boraˈtʃera] f sbornia f

borracho, cha [boˈratʃo, tʃa] adj & m,f ubriaco(a)

borrador [boraˈðor] m 1. (de texto) bozze fpl 2. (para pizarra) cancellino m

borrar [boˈrar] vt cancellare

borrasca [boˈraska] f burrasca f

borrón [boˈron] m macchia f ● **hacer borrón y cuenta nueva** girare pagina

borroso, sa [boˈroso, sa] adj confuso(a)

bosque [ˈboske] m bosco m

bostezar [bosteˈθar] vi sbadigliare

bostezo [bos'teθo] *m* sbadiglio *m*
bota ['bota] *f* 1. *(calzado)* stivale *m* 2. *(de vino)* otricello *m* ● **botas de agua** stivali di gomma
botana [bo'tana] *f (Méx)* stuzzichino *m*
botánica [bo'tanika] *f* botanica *f*
botar [bo'tar] ◇ *vt* 1. far rimbalzare 2. *(Amér) (echar algo que no sirve)* gettare ◇ *vi* rimbalzare
bote ['bote] *m* 1. *(recipiente)* barattolo *m* 2. *(embarcación)* scialuppa *f* 3. *(salto)* balzo *m* ● **tener a alguien en el bote** tenere qn in pugno
botella [bo'teʎa] *f* bottiglia *f*
botijo [bo'tixo] *m* giara *f*
botín [bo'tin] *m* 1. *(calzado)* stivaletto *m* 2. *(de robo, guerra, etc)* bottino *m*
botiquín [boti'kin] *m* cassetta *f* del pronto soccorso
botón [bo'ton] *m* bottone *m* ● **botones** *m inv* facchino *m*
boutique [bu'tik] *f* boutique *f inv*
bóveda ['boβeða] *f* volta *f*
bovino, na [bo'βino, na] *adj* bovino(a)
box ['boks] *m (Amér)* pugilato *m*
boxear [bokse'ar] *vi* fare pugilato
boxeo [bok'seo] *m* pugilato *m*
boya ['boja] *f* boa *f*
bragas ['braɣas] *fpl* mutande *fpl*
braguета [braɣ'eta] *f* brachetta *f*
bramar [bra'mar] *vi* bramire
brandada [bran'daða] *f* brandada de bacalao ● baccalà *m* mantecato
brandy ['brandi] *m* brandy *m inv*
brasa ['brasa] *f* brace *f* ● **a la brasa** alla brace

brasero [bra'sero] *m* braciere *m*
brasier [bra'sjer] *m (Carib, Col & Méx)* reggiseno *m*
Brasil [bra'sil] *m* Brasile *m*
brasileño, ña [brasi'leɲo, ɲa], **brasilero, ra** [brasi'lero, ra] *(RP) adj & m,f* brasiliano(a)
bravo, va ['braβo, βa] ◇ *adj* 1. *(toro)* bravo(a) 2. *(persona)* coraggioso(a) 3. *(mar)* mosso(a) ◇ *interj* bravo!
braza ['braθa] *f* rana *f*
brazalete [braθa'lete] *m* braccialetto *m*
brazo ['braθo] *m* 1. braccio *m* 2. *(de sofá, silla; etc)* bracciolo *m* 3. ● **con los brazos abiertos** a braccia aperte ● **de brazos cruzados** a braccia incrociate ● **brazo de gitano** rotolo di pan di Spagna farcito
brebaje [bre'βaxe] *m* beveraggio *m*
brecha ['bretʃa] *f* 1. *(abertura)* breccia *f* 2. *(herida)* ferita *f*
brécol ['brekol] *m* broccolo *m*
breve ['breβe] *adj* breve ● **en breve** in breve
brevedad [breβe'ðað] *f* brevità *f inv*
brevemente [breβe'mente] *adv* brevemente
brevet [bre'βet] *m* 1. *(Chile) (de avión)* brevetto *m* 2. *(Perú) (de automóvil)* patente *f* 3. *(RP) (de velero)* patente *f*
brezo ['breθo] *m* erica *f*
bricolaje [briko'laxe] *m* bricolage *m inv*
brida ['briða] *f* briglia *f*
brigada [bri'ɣaða] ◇ *f* brigata *f* ◇ *m* brigadiere *m*

brillante [bri'ʎante] ◇ *adj* brillante ◇ *m* brillante *m*
brillantina [briʎan'tina] *f* brillantina *f*
brillar [bri'ʎar] *vi* 1. *(astro)* risplendere 2. *(material)* brillare
brillo ['briʎo] *m* splendore *m* ● **sacar brillo** lucidare
brilloso, sa [bri'ʎoso, sa] *adj* (*Amér*) brillante
brindar [brin'dar] ◇ *vi* brindare ◇ *vt* offrire ● **brindarse a hacer algo** offrirsi di fare qc
brindis ['brindis] *m* brindisi *m*
brío ['brio] *m* brio *m*
brisa ['brisa] *f* brezza *f*
británico, ca [bri'taniko, ka] *adj & m,f* britannico(a)
brizna ['briθna] *f* fibra *f*
broca ['broka] *f* punta *f* del trapano
brocal [bro'kal] *m* parapetto *m* del pozzo
brocha ['brotʃa] *f* 1. *(para pintar)* pennellessa *f* 2. *(para afeitarse)* pennello *m* da barba
broche ['brotʃe] *m* 1. *(joya)* spilla *f* 2. *(de vestido)* fibbia *f*
brocheta [bro'tʃeta] *f* spiedino *m*
broma ['broma] *f* scherzo *m* ● **ir en broma** scherzare ● **tomar a broma** prendere per scherzo ● **broma pesada** scherzo pesante
bromear [brome'ar] *vi* scherzare
bromista [bro'mista] *adj & mf* mattacchione(a)
bronca ['bronka] *f* 1. *(discusión, riña)* alterco *m* 2. *(reprensión)* sgridata *f*
bronce ['bronθe] *m* bronzo *m*

bronceado [bronθe'aðo] *m* abbronzatura *f*
bronceador [bronθea'ðor] *m* abbronzante *m*
broncearse [bronθe'arse] *vp* abbronzarsi
bronquios ['bronkjos] *mpl* bronchi *mpl*
bronquitis [bron'kitis] *f inv* bronchite *f*
brotar [bro'tar] *vi* 1. *(plantas)* germogliare 2. *(lágrimas, agua)* sgorgare
brote ['brote] *m* 1. *(de planta)* germoglio *m* 2. *(de enfermedad)* scoppio *m*
bruja ['bruxa] *f* *(fig)* strega *f* > **brujo**
brujería [bruxe'ria] *f* stregoneria *f*
brujo, ja ['bruxo, xa] *m,f* stregone *m*, strega *f*
brújula ['bruxula] *f* bussola *f*
brusco, ca ['brusko, ka] *adj* brusco(a)
brusquedad [bruske'ðað] *f* bruschezza *f*
brutal [bru'tal] *adj* 1. brutale 2. *(fam) (enorme)* bestiale
brutalidad [brutali'ðað] *f* brutalità *f inv*
bruto, ta ['bruto, ta] *adj* 1. *(ignorante)* rozzo(a) 2. *(violento)* bruto(a) 3. *(rudo)* grezzo(a) 4. *(peso, precio, sueldo)* lordo(a)
bucear [buθe'ar] *vi* fare sub
buche [butʃe] *m* esofago *m* d'uccello
bucle ['bukle] *m* 1. *(de cabello)* boccolo *m* 2. *(de cinta, cuerda)* fiocco *m*
bucólico, ca [bu'koliko, ka] *adj* bucolico(a)
bueno, na ['bueno, na] *(mejor es el comparativo y el superlativo de bueno)* ◇ *adj* 1. buono(a) 2. *(saludable)* ● **es bueno hacer deporte** fa bene praticare

bu

dello sport ◇ *adv* va bene ◇ *interj* (Méx) (al teléfono) pronto! ● **¡buenas!** salve!
buey ['buei] *m* bue ● **buey de mar** paguro *m*
búfalo ['bufalo] *m* bufalo *m*
bufanda [bu'fanda] *f* sciarpa *f*
bufete [bu'fete] *m* studio *m*
buffet [bu'fet] *m* ● **buffet (libre)** buffet *m inv* (libero)
buhardilla [buar'ðiʎa] *f* **1.** (desván) mansarda *f* **2.** (ventana) abbaino *m*
búho ['buo] *m* gufo *f*
buitre ['buitre] *m* avvoltoio *m*
bujía [bu'xia] *f* candela *f*
bula ['bula] *f* bolla *f*
bulbo ['bulβo] *m* bulbo *m*
bulevar [bule'βar] *m* boulevard *m inv*
Bulgaria [bul'yarja] *f* Bulgaria *f*
búlgaro, ra ['bulgaro, ra] ◇ *adj* & *m,f* bulgaro(a) ◇ *m* bulgaro *m*
bulla ['buʎa] *f* confusione *f*
bullicio [bu'ʎiθjo] *m* chiasso *m*
bullicioso, sa [buʎi'θjoso, sa] *adj* chiassoso(a)
bulto ['bulto] *m* **1.** (paquete) pacco *m* **2.** (en superficie, piel) gonfiore *m* ▼ **(un solo) bulto de mano** (un solo) bagaglio a mano
bumerang [bume'ran] *m* boomerang *m inv*
bungalow [bunga'lo] *m* bungalow *m inv*
buñuelo [bu'nuelo] *m* frittella *f*
buque ['buke] *m* nave *f*
burbuja [bur'βuxa] *f* **1.** bolla *f* **2.** (flotador) galleggiante *m*
burdel [bur'ðel] *m* bordello *m*

burgués, esa [bur'ɣes, esa] *adj* & *m,f* borghese
burguesía [burɣe'sia] *f* borghesia *f*
burla ['burla] *f* burla *f*
burlar [bur'lar] *vt* eludere ● **burlarse** *vp* ● **burlarse (de)** burlarsi (di)
buró [bu'ro] *m* (Méx) comodino *m*
burrada [bu'raða] *f* stupidaggine *f*
burrito [bu'rito] *m* (Méx) frangetta *f*
burro, rra ['buro, ra] *m,f* asino *m*, -a *f*
buscar [bus'kar] *vt* cercare ● **ir a buscar** (personas) andare a prendere; (cosas) andare a comprare
busto ['busto] *m* busto *m*
butaca [bu'taka] *f* poltrona *f*
butano [bu'tano] *m* butano *m*
butifarra [buti'fara] *f* salsiccia catalana ● **butifarra con judías** salsiccia con fagioli
buzo ['buθo] *m* **1.** (persona) sommozzatore *m* **2.** (traje) tuta *f*
buzón [bu'θon] *m* cassetta *f* delle lettere

cC

c/ ➤ **calle** ➤ **cuenta**
cabalgada [kaβal'yaða] *f* cavalcata *f*
cabalgar [kaβal'yar] *vi* cavalcare
cabalgata [kaβal'yata] *f* ● **la cabalgata de los Rayes Magos** sfilata dei carri dei Re Magi per festeggiare l'Epifania
caballa [ka'βaʎa] *f* sgombro *m*
caballería [kaβaʎe'ria] *f* **1.** (cuerpo mi-

litar) cavalleria *f* **2.** *(animal)* animale *m* da monta

caballero [kaβa'ʎero] *m* **1.** signore *m* **2.** ▼ **caballeros** uomini

caballete [kaβa'ʎete] *m* cavalletto *m*

caballito [kaβa'ʎito] *m* **caballito de mar** cavalluccio *m* marino ◆ **caballitos** *mpl* giostra *f*

caballo [ka'βaʎo] *m* cavallo *m* ◆ **montar a caballo** montare a cavallo

cabaña [ka'βaɲa] *f* capanna *f*

cabaret [kaβa'ret] *m* cabaret *m inv*

cabecear [kaβeθe'ar] *vi* **1.** *(negando, afirmando)* scuotere la testa **2.** *(durmiéndose)* ciondolare la testa

cabecera [kaβe'θera] *f* **1.** *(de la cama)* testiera *f* **2.** *(en un periódico, libro, lista)* testata *f*

cabecilla [kaβe'θiʎa] *mf* capo *m*

cabellera [kaβe'ʎera] *f* capigliatura *f*

cabello [ka'βeʎo] *m* capello *m* ◆ **cabello de ángel** *conserva di canditi alla julienne*

caber [ka'βer] *vi* **1.** *(haber espacio para)* starci **2.** *(pasar por, entrar)* passare **3.** *(ser bastante ancho)* entrare **4.** *(ser posible)* essere possibile ◆ **no cabe duda** non c'è dubbio

cabestrillo [kaβes'triʎo] *m* benda *f (per sostenere un braccio ingessato)*

cabeza [ka'βeθa] *f* **1.** testa *f* **2.** *(de grupo, familia)* capo *m* **3.** *(de escrito, carta)* intestazione *f* ◆ **por cabeza** a testa ◆ **ir de cabeza** buttarsi a capofitto ◆ **perder la cabeza** perdere la testa ◆ **sentar la cabeza** mettere la testa a posto ◆ **traer de cabeza** fare impazzire ◆ **cabeza de ajos** testa d'aglio ◆ **cabeza de familia** capofamiglia *m* ◆ **cabeza rapada** skinhead *m inv*

cabezada [kaβe'θaða] *f* ◆ **dar una cabezada** dare una capocciata

cabida [ka'βiða] *f* ◆ **tener cabida** avere posto *m*

cabina [ka'βina] *f* cabina *f* ◆ **cabina telefónica** cabina telefonica

cable ['kaβle] *m* cavo *m* ◆ **por cable** via cavo ◆ **cable eléctrico** cavo elettrico

cabo ['kaβo] *m* **1.** capo *m* **2.** ◆ **al cabo de** nel giro di ◆ **atar cabos** trarre conclusioni ◆ **cabo suelto** questione *f* in sospeso ◆ **de cabo a rabo** da cima a fondo ◆ **llevar algo a cabo** concludere

cabra [ka'βra] *f* capra *f* ◆ **estar como una cabra** essere pazzo(a)

cabrear [kaβre'ar] *vt (vulg)* far incazzare ◆ **cabrearse** *vp (vulg)* incazzarsi

cabreo [ka'βreo] *m (vulg)* incazzatura *f*

cabrito [ka'βrito] *m* capretto *m*

cabrón [ka'βron] *m (vulg)* stronzo *m*

cabronada [kaβro'naða] *f (vulg)* carognata *f*

caca ['kaka] *f (fam)* cacca *f*

cacahuete [kaka'wete], **cacahuate** [kaka'wate] *(Méx) m* arachide *f*

cacao [ka'kao] *m* **1.** cacao *m* **2.** *(fam) (jaleo)* casino *m*

cacarear [kakare'ar] *vi* chiocciare

cacería [kaθe'ria] *f* battuta *f* di caccia

cacerola [kaθe'rola] *f* casseruola *f*

cachalote [katʃa'lote] *m* capodoglio *m*

cacharro [ka'tʃaro] *m* **1.** utensile *m* **2.**

(fam) (trasto) aggeggio m **3.** (fam) (coche) catorcio m
cachear [katʃe'ar] vt perquisire
cachemir [katʃe'mir] m cachemire m inv
cachetada [katʃe'taða] f (Amér) (fam) schiaffo m
cachete [ka'tʃete] m schiaffo m
cachivache [katʃi'βatʃe] m aggeggio m
cacho [ka'tʃo] m **1.** (trozo) pezzo m **2.** (Andes & Ven) (cuerno) corno m
cachorro [ka'tʃoro] m cucciolo m
cacique [ka'θike] m boss m inv locale
cactus ['kaktus] m inv cactus m inv
cada [ka'ða] adj **1.** ogni **2.** ● **cada vez más** sempre più ● **cada uno** ognuno
cadáver [ka'ðaβer] m cadavere m
cadena [ka'ðena] f **1.** (de piezas metálicas) catena f **2.** (de televisión, radio) rete f **3.** (de música) stereo m ● **en cadena** in catena
cadencia [ka'ðenθja] f cadenza f
cadera [ka'ðera] f anca f ● **ser ancho de caderas** avere i fianchi larghi
cadete [ka'ðete] m cadetto m
caducar [kaðu'kar] vi **1.** (alimentos) scadere **2.** (ley, documento, etc) cadere in prescrizione
caducidad [kaðuθi'ðað] f **1.** (de producto, alimento) scadenza f **2.** (de ley, documento) prescrizione f
caduco, ca [ka'ðuko, ka] adj **1.** caduco(a) **2.** (persona) decrepito(a)
caer [ka'er] vi **1.** cadere **2.** (estar situado) trovarsi ● **caer bien/mal** trovare simpatico/antipatico qn ● **caer en** v + prep **1.** capire **2.** ● **mi cumpleaños cae en martes** il mio compleanno cade di martedì ● **caer en la cuenta** accorgersi ● **¡ah, ya caigo!** ah, adesso capisco! ● **caerse** vp cadere
café [ka'fe] m **1.** caffè m inv **2.** ● **café descafeinado** caffè decaffeinato ● **café con leche** caffellatte m ● **café molido** caffè macinato ● **café solo** caffè m inv

café

Il *café solo* è l'espresso semplice, mentre quello macchiato si chiama *cortado*. Il *café con leche* si serve in una tazza grande con molto latte. Il *carajillo* è corretto con anice, cognac o rum, mentre il *café de olla* è un caffè speziato che si beve in America Latina.

cafebrería [kafeβre'ria] f caffè-libreria f
cafeína [kafe'ina] f caffeina f
cafetera [kafe'tera] f caffettiera f
cafetería [kafete'ria] f caffetteria f
cagar [ka'ɣar] vi (vulg) cagare ◇ vt (CSur) (vulg) (estropear, equivocarse) fare una cazzata
caída [ka'iða] f caduta f
caído, da [ka'iðo, ða] adj abbattuto(a) ● **los caídos** i caduti
caimán [kai'man] m caimano m
caja [ka'xa] f **1.** cassa f **2.** ● **caja de ahorros** cassa di risparmio ● **caja de herramientas** cassetta f degli attrezzi ● **caja rápida** cassa rapida ● **caja regis-**

tradora registratore *m* di cassa
cajero, ra [ka'xero, ra] *m,f* cassiere *m,* -*a f* ♦ **cajero automático** sportello *m* automatico
cajetilla [kaxe'tiʎa] *f* tabacchiera *f*
cajón [ka'xon] *m* cassetto *m* ♦ **cajón de sastre** ricettacolo *m*
cajonera [kaxo'nera] *f* cassettiera *f*
cajuela [ka'xwela] *f (Méx)* portabagagli *m*
cal ['kal] *f* calce *f*
cala ['kala] *f* cala *f*
calabacín [kalaβa'θin] *m* zucchina *f*
calabacines rellenos zucchine ripiene
calabaza [kala'βaθa] *f* zucca *f*
calabozo [kala'βoθo] *m* cella *f* d'isolamento
calada [ka'laða] *f* boccata *f*
calamar [kala'mar] *m* calamaro *m* ♦ **calamares a la plancha** calamari alla griglia ♦ **calamares en su tinta** calamari al nero
calambre [ka'lambre] *m* **1.** *(de un músculo)* crampo *m* **2.** *(descarga eléctrica)* scarica *f*
calamidad [kalami'ðað] *f* calamità *f inv* ♦ **ser una calamidad** essere un disastro
calar [ka'lar] *vt* **1.** *(empapar)* inzuppare ♦ **calar en v + prep** fare breccia in
calarse *vp* **1.** *(con líquido)* inzupparsi *f (sombrero)* calcarsi
calato, ta [ka'lato, ta] *adj (Andes & Csur)* nudo/a
calaveras [kala'βeras] *fpl (Méx)* luci posteriori dell'automobile
calcar [kal'kar] *vt* **1.** ricalcare **2.** ♦ valutare

calcar a alguien calcare le orme di qn
calcáreo, a [kal'kareo, a] *adj* calcareo(a)
calcetín [kalθe'tin] *m* calzino *m*
calcio ['kalθjo] *m* calcio *m*
calcomanía [kalkoma'nia] *f* decalcomania *f*
calculador, ra [kalkula'ðor, ra] *adj* calcolatore(trice)
calculadora [kalkula'ðora] *f* calcolatrice *f*
calcular [kalku'lar] *vt* calcolare
cálculo ['kalkulo] *m* calcolo *m*
caldear [kalde'ar] *vt* riscaldare
caldera [kal'dera] *f* caldaia *f*
calderilla [kalde'riʎa] *f* spiccioli *mpl*
caldo ['kaldo] *m* brodo *m* ♦ **caldo gallego** zuppa di cavolo, fagioli, ortaggi e carne
calefacción [kalefak'θjon] *f* **1.** riscaldamento *m* **2.** ♦ **calefacción central** riscaldamento centralizzato
calefactor [kalefak'tor] *m* radiatore *m*
calendario [kalen'darjo] *m* calendario *m*
calentador [kalenta'ðor] *m* scaldabagno *m*
calentamiento [kalenta'mjento] *m* riscaldamento *m*
calentar [kalen'tar] *vt* **1.** riscaldare **2.** *(fig) (pegar)* picchiare **3.** *(fig) (incitar, provocar)* accendere ♦ **calentarse** *vp*
calesitas [kale'sitas] *fpl (CSur)* giostra *f*
calibrar [kali'βrar] *vt* **1.** calibrare **2.** *(fig)* ♦ valutare

calibre [ka'liβre] *m* calibro *m*

calidad [kali'ðað] *f* qualità *f inv* ● **de calidad** di qualità ● **en calidad de** in qualità di

cálido, da ['kaliðo, ða] *adj* caldo(a)

caliente [ka'ljente] *adj* caldo(a) ● **en caliente** a caldo

calificación [kalifika'θjon] *f* **1.** *(de prueba, acto)* qualificazione *f* **2.** *(de alumno)* valutazione *f*

calificar [kalifi'kar] *vt* valutare ● **calificar a alguien de** qualificare qn come

caligrafía [kaliɣra'fia] *f* calligrafia *f*

cáliz ['kaliθ] *m* calice *m*

callado, da [ka'ʎaðo, ða] *adj* **1.** *(sin hablar)* zitto(a) **2.** *(tímido, reservado)* riservato(a)

callar [ka'ʎar] *vi & vt* tacere ● **callarse** *vp* tacere

calle [ˈkaʎe] *f* **1.** *(de población)* via *f* **2.** *(de autopista, carretera)* strada *f* **3.** *(en piscina)* corsia *f* ● **dejar a alguien en la calle** mettere qn in mezzo a una strada ● **calle abajo/arriba** in cima/in fondo alla strada

callejero, ra [kaʎe'xero, ra] ◇ *adj* di strada ◇ *m* stradario *m*

callejón [kaʎe'xon] *m* **1.** vicolo *m* **2.** *(en toros)* spazio circolare tra gli spalti e l'arena ● **callejón sin salida** vicolo cieco

callejuela [kaʎe'xwela] *f* stradina *f*

callo ['kaʎo] *m* callo *m*

calloso, sa [ka'ʎoso, sa] *adj* calloso(a)

calma ['kalma] *f* calma *f*

calmado, da [kal'maðo, ða] *adj* calmo(a)

calmante [kal'mante] *m* calmante *m*

calmar [kal'mar] *vt* calmare ● **calmarse** *vp* calmarsi

calor [ka'lor] *m o f* **1.** *(sensación)* calore *m* **2.** *(temperatura elevada)* caldo *m* **3.** ● **hacer calor** fare caldo ● **tener calor** avere caldo

caloría [kalo'ria] *f* caloria *f*

calumnia [ka'lumnja] *f* calunnia *f*

calumniador, ra [kalumnja'ðor, ra] *adj* calunniatore(trice)

calumniar [kalum'njar] *vt* calunniare

calumnioso, sa [kalum'njoso, sa] *adj* calunnioso(a)

caluroso, sa [kalu'roso, sa] *adj* caloroso(a)

calva ['kalβa] *f* pelata *f* ⊳ **calvo**

calvario [kal'βarjo] *m* calvario *m*

calvicie [kal'βiθje] *f* calvizie *f inv*

calvo, va ['kalβo, βa] *adj & m,f* calvo(a)

calzada [kal'θaða] *f* carreggiata *f* ▼ **calzada irregular** strada dissestata

calzado [kal'θaðo] *m* calzatura *f*

calzador [kalθa'ðor] *m* calzascarpe *m*

calzar [kal'θar] *vt* calzare ● **calzarse** *vp* infilarsi

calzoncillos [kalθon'θiʎos] *mpl* mutande *fpl*

calzones [kal'θones] *mpl* *(Amér)* mutande *fpl*

cama ['kama] *f* letto *m* ● **guardar cama** stare a letto ● **cama de matrimonio** letto matrimoniale

camaleón [kamale'on] *m* camaleonte *m*

cámara¹ [ˈkamara] *f* **1.** *(para filmar)* cinepresa *f* **2.** *(de diputados, senadores)* camera *f* **3.** *(de neumático)* camera *f* d'aria ● **cámara fotográfica** macchina *f* fotografica ● **cámara de vídeo** videocamera *f*

cámara² [ˈkamara] *m* cameraman *m inv*

camarada [kamaˈraða] *mf* compagno *m*, -a *f*

camarero, ra [kamaˈrero, ra] *m,f* cameriere *m*, -a *f*

camarón [kamaˈron] *m (Amér)* gambero *m*

camarote [kamaˈrote] *m* cabina *f*

camastro [kaˈmastro] *m* giaciglio *m*

cambiar [kamˈbjar] ◇ *vt* **1.** cambiare **2.** *(ideas, impresiones, etc)* scambiare ◇ *vi* cambiare ● **cambiar de** *v + prep* cambiare ● **cambiarse** *vp* cambiarsi ● **cambiarse de** *v + prep* cambiarsi

cambio [ˈkambjo] *m* **1.** cambio *m* **2.** *(de ideas, propuestas, etc)* scambio *m* **3.** *(moneda pequeña)* resto *m* **4.** ● **en cambio** invece ● **cambio de marchas** cambio di marcia ▼ **cambio (de moneda)** cambio *(valuta)* ● **devuelve cambio dà il resto** ● **cambio de sentido** inversione di marcia ● **quédese con el cambio** tenga pure il resto

camello [kaˈmeʎo] *m* cammello *m*

camellón [kameˈʎon] *m (Col & Méx)* viale *m*

camembert [ˈkamember] *m* camembert *m inv*

camerino [kameˈrino] *m* camerino *m*

camilla [kaˈmiʎa] *f* barella *f*

camillero, ra [kamiˈʎero, ra] *m,f* portantino *m*, -a *f*

caminante [kamiˈnante] *mf* viandante *mf*

caminar [kamiˈnar] ◇ *vi* camminare ◇ *vt* percorrere

caminata [kamiˈnata] *f* camminata *f*

camino [kaˈmino] *m* **1.** *(recorrido, medio)* cammino *m* **2.** *(via)* strada *f* **3.** ● **camino de** in direzione di ● **ir por buen/mal camino** essere sulla buona/cattiva strada ● **ponerse en camino** incamminarsi

Camino de Santiago

La rotta del pellegrinaggio che termina alla cattedrale di Santiago de Compostela inizia in Navarra e conta 31 tappe. La tradizione del pellegrinaggio è cominciata nel Medioevo, ha perso importanza intorno al -XVII secolo e oggi ha riacquistato forza sia come percorso religioso che culturale e turistico.

camión [kamiˈon] *m* **1.** *(para mercancías)* camion *m inv* **2.** *(CAm & Méx) (para personas)* autobus *m inv*

camionero, ra [kaˈmjonero, ra] *m,f* camionista *f*

camioneta [kamjoˈneta] *f* camioncino *m*

camisa [kaˈmisa] *f* camicia *f*

camisería [kamiseˈria] *f* camiceria *f*

camisero, ra [kamiˈsero, ra] *adj* con il colletto

ca

camiseta [kami'seta] *f* maglietta *f*
camisola [kami'sola] *f* (*Amér*) camicia *f* da notte
camisón [kami'son] *m* camicia *f* da notte
camomila [kamo'mila] *f* camomilla *f*
camorra [ka'mora] *f* camorra *f*
camote [ka'mote] *m* (*Andes, CAm & Méx*) patata *f* dolce
campamento [kampa'mento] *m* accampamento *m*
campana [kam'pana] *f* **1.** campana *f* **2.** (*de chimenea, de cocina*) cappa *f*
campanario [kampa'narjo] *m* campanile *m*
campaña [kam'paɲa] *f* campagna *f*
campechano, na [kampe't∫ano, na] *adj* cordiale
campeón, ona [kampe'on, ona] *m,f* campione *m*, -essa *f*
campeonato [kampeo'nato] *m* campionato *m* ● **ser de campeonato** (*fam*) essere la fine *f* del mondo
campera [kam'pera] *f* (*RP*) giubbotto *m*
campesino, na [kampe'sino, na] *m,f* contadino *m*, -a *f*
campestre [kam'pestre] *adj* campestre
camping ['kampin] *m* campeggio *m*
campista [kam'pista] *mf* campeggiatore *m*, -trice *f*
campo [kampo] *m* **1.** campo *m* **2.** (*terreno, extensión*) campagna *f* **3.** ● **campo de deportes** campo sportivo ● **dejar el campo libre** lasciare libero il campo
campus ['kampus] *m* campus *m inv*

camuflar [kamu'flar] *vt* camuffare
Canadá [kana'ða] *m* ● **(el) Canadá** (il) Canada
canadiense [kana'ðjense] *adj & mf* canadese
canal [ka'nal] *m* canale *m*
canalla [ka'naʎa] *mf* canaglia *f*
canapé [kana'pe] *m* tartina *f*
Canarias [ka'narjas] *fpl* ● **(las islas) Canarias** (le isole) Canarie
canario, ria [ka'narjo, rja] ◇ *adj* delle isole Canarie ◇ *m,f* abitante delle isole Canarie ◇ *m* canarino *m*
canasta [ka'nasta] *f* **1.** (*cesta*) cesta *f* **2.** (*en baloncesto*) canestro *m*
canastilla [kanas'tiʎa] *f* corredino *m*
cancela [kan'θela] *f* cancello *m*
cancelación [kanθela'θjon] *f* annullamento *m*
cancelar [kanθe'lar] *vt* cancellare
cáncer [kanθer] *m* cancro *m* ● **Cáncer** *m inv* Cancro *m inv*
cancerígeno, na [kanθe'rixeno, na] *adj* cancerogeno(a)
cancha ['kant∫a] *f* campo *m*
canciller [kanθi'ʎer] *m* cancelliere *m*
cancillería [kanθiθe'ria] *f* cancelleria *f*
canción [kan'θjon] *f* canzone *f*
cancionero [kanθjo'nero] *m* canzoniere *m*
candado [kan'daðo] *m* lucchetto *m*
candela [kan'dela] *f* (*Amér*) candela *f*
candelabro [kande'laβro] *m* candelabro *m*
candidato, ta [kandi'ðato, ta] *m,f*

candidato (a) candidato *m*, -a *f* (a)
candidatura [kandiða'tura] *f* candidatura *f*
candil [kan'dil] *m* (*Méx*) lampadario *m*
candilejas [kandi'lexas] *fpl* luci *fpl* della ribalta
caneca [ka'neka] *f* (*Col*) pattumiera *f*
canela [ka'nela] *f* cannella *f*
canelones [kane'lones] *mpl* cannelloni *mpl*
cangrejo [kan'grexo] *m* granchio *m*
canguro [kan'guro] *m* canguro *m*
caníbal [ka'nißal] *mf* cannibale *mf*
canica [ka'nika] *f* biglia *f* ◆ **canicas** *fpl* biglie *fpl*
canijo, ja [ka'nixo, xa] *adj* smilzo(a)
canilla [ka'niʎa] *f* (*CSur*) **1.** (*grifo*) rubinetto *m* **2.** (*pierna*) tibia *f*
canjeable [kanxe'aßle] *adj* scambiabile
canjear [kanxe'ar] *vt* scambiare ◆ **canjear algo por algo** scambiare qc con qc
canoa [ka'noa] *f* canoa *f*
canoso, sa [ka'noso, sa] *adj* canuto(a)
cansado, da [kan'saðo, ða] *adj* stanco(a) ◆ **estar cansado (de)** essere stanco (di)
cansador, ra [kansa'ðor, ra] *adj* (*CSur*) stancante(e)
cansancio [kan'sanθjo] *m* stanchezza *f*
cansar [kan'sar] *vi* stancare ◆ **cansarse** *vp* stancarsi ◆ **cansarse de** *v* + *prep* stancarsi di
cantábrico, ca [kan'taßriko, ka] *adj* cantabro(a) ◆ **Cantábrico** *m* el Cantábrico il Mar di Cantabria

cantaleta [kan'taleta] *f* (*Amér*) cantilena *f*
cantante [kan'tante] *mf* cantante *mf*
cantar [kan'tar] ◇ *vt* **1.** (*fig*) cantare **2.** (*premio*) annunciare ◇ *vi* cantare
cántaro ['kantaro] *m* anfora *f* ◆ **llover a cántaros** piovere a catinelle
cantautor, ra [kantau'tor, ra] *m,f* cantautore *m*, -trice *f*
cante ['kante] *m* ◆ **cante flamenco** canto *m* flamenco ◆ **cante jondo** canto popolare andaluso
cantera [kan'tera] *f* **1.** (*de piedra*) cava *f* **2.** (*de profesionales, jugadores*) vivaio *m*
cántico ['kantiko] *m* cantico *m*
cantidad [kanti'ðað] ◇ *f* quantità *f inv* ◇ *adv* (*fam*) un sacco ◆ **en cantidad** in gran quantità
cantimplora [kantim'plora] *f* borraccia *f*
cantina [kan'tina] *f* cantina *f*
canto ['kanto] *m* **1.** (*arte, canción*) canto *m* **2.** (*filo, esquina*) spigolo *m* ◆ **de canto** di fianco
canturrear [kanture'ar] *vt* & *vi* canticchiare
caña ['kaɲa] *f* **1.** canna *f* **2.** (*de cerveza*) bicchiere *m* di birra ◆ **caña de azúcar** canna da zucchero ◆ **caña de pescar** canna da pesca
cáñamo ['kaɲamo] *m* canapa *f*
cañaveral [kaɲaße'ral] *m* canneto *m*
cañería [kaɲe'ria] *f* tubatura *f*
caño ['kaɲo] *m* **1.** tubo *m* **2.** (*Perú*) (*grifo*) rubinetto *m*
cañón [ka'ɲon] *m* **1.** (*arma*) cannone *m*

2. (de fusil) canna f **3.** (entre montañas) canyon m inv

cañonazo [kaɲo'naθo] m cannonata f

caoba [ka'oβa] f mogano m

caos ['kaos] m inv caos m inv

caótico, ca [ka'otiko, ka] adj caotico(a)

capa [kapa] f **1.** cappa f **2.** (de la tierra) strato m **3.** (de la sociedad) classe f **4.** capa de ozono cappa di ozono ● **capa y espada** a spada tratta ● **de capa caída** in declino

capacidad [kapaθi'ðað] f capacità f inv

capacitado, da [kapaθi'taðo, ða] adj estar capacitado para essere qualificato per

caparazón [kapara'θon] m corazza f

capataz [kapa'taθ] (pl **-ces**) mf caposquadra mf

capaz [ka'paθ] (pl **-ces**) adj capace ● ser capaz de essere capace di

capazo [ka'paθo] m sporta f

capellán [kape'ʎan] m cappellano m

capicúa [kapi'kua] adj inv bifronte

capilar [kapi'lar] m & adj capillare

capilla [ka'piʎa] f cappella f

capital¹ [kapi'tal] adj & m capitale

capital² [kapi'tal] f **1.** (de estado) capitale f **2.** (de provincia, región) capoluogo m

capitalismo [kapita'lizmo] m capitalismo m

capitalista [kapita'lista] adj & mf capitalista

capitán, ana [kapi'tan, ana] m,f capitano m

capitanía [kapita'nia] f capitaneria f

capitel [kapi'tel] m capitello m

capítulo [ka'pitulo] m capitolo m

capó [ka'po] m cofano m

capón [ka'pon] m **1.** (animal) cappone m **2.** (golpe) nocchino m

capota [ka'pota] f cappotta f

capote [ka'pote] m cappa f

capricho [ka'pritʃo] m capriccio m ● darse un capricho levarsi uno sfizio

caprichoso, sa [kapri'tʃoso, sa] adj capriccioso(a)

Capricornio [kapri'kornjo] m inv Capricorno m inv

cápsula ['kapsula] f capsula f

captar [kap'tar] vt **1.** captare **2.** (explicación, idea, etc) afferrare

capturar [kaptu'rar] vt catturare

capucha [ka'putʃa] f cappuccio m

capuchino, na [kaput'tʃino, na] ◊ adj & m,f cappuccino ◊ m cappuccino m

capullo [ka'puʎo] m **1.** (de flor) bocciolo m **2.** (de gusano) bozzolo m

cara ['kara] f **1.** faccia f **2.** (apariencia) aspetto m **3.** cara a cara faccia a faccia ● **de cara a** di fronte a ● **a cara o cruz** a testa o croce ● **dar la cara** rispondere in prima persona ● **echar en cara** rinfacciare ● **plantar cara** sfidare ● **tener (mucha) cara** avere la faccia tosta

carabela [kara'βela] f caravella f

carabina [kara'βina] f **1.** carabina f **2.** (fam) (persona) chaperon m

caracol [kara'kol] m chiocciola f

caracola [kara'kola] f conchiglia f

caracolada [karako'laða] f lumache con salse varie

carácter [kaˈrakter] *m* carattere *m* ♦ **tener mal/buen carácter** avere un brutto/buon carattere ♦ **tener mucho/poco carácter** avere molto/poco carattere

característica [karakteˈristika] *f* caratteristica *f*

característico, ca [karakteˈristiko, ka] *adj* caratteristico(a)

caracterizar [karakteriˈθar] *vt* caratterizzare ♦ **caracterizarse por** *v + prep* distinguersi per

caradura [karaˈðura] *adj inv* sfacciato(a)

carajillo [karaˈxiʎo] *m* caffè *m inv* corretto

caramba [kaˈramba] *interj* accidenti!

carambola [karamˈbola] *f* carambola *f* ♦ **de carambola** *(de casualidad)* per caso; *(de rebote)* di rimbalzo

caramelo [karaˈmelo] *m* 1. *(golosina)* caramella *f* 2. *(azúcar fundido)* caramello *m*

carátula [kaˈratula] *f* 1. *(de libro, revista)* copertina *f* 2. *(de disco, casete, vídeo)* custodia *f*

caravana [karaˈβana] *f* 1. *(en carretera)* coda *f* 2. *(para acampar)* roulotte *f inv* ♦ **hacer caravana** procedere in coda

caray [kaˈraj] *interj* accidenti!

carbón [karˈβon] *m* carbone *m*

carboncillo [karβonˈθiʎo] *m* carboncino *m*

carbono [karˈβono] *m* carbonio *m*

carburador [karβuraˈðor] *m* carburatore *m*

carburante [karβuˈrante] *m* carburante *m*

carcajada [karkaˈxaða] *f* risata *f* ♦ **a carcajadas** a crepapelle

cárcel [ˈkarθel] *f* carcere *m*

carcoma [karˈkoma] *f* tarlo *m*

cardenal [karðeˈnal] *m* 1. *(religioso)* cardinale *m* 2. *(señal)* livido *m*

cardíaco, ca [karˈðiako, ka] *adj* cardiaco(a)

cardinal [karðiˈnal] *adj* cardinale

cardiólogo, ga [karˈðjoloɣo, ɣa] *m,f* cardiologo *m*, -a *f*

cardo [ˈkarðo] *m* 1. *(planta)* cardo *m* 2. *(fam) (persona)* scorbutico *m*, -a *f*

carecer [kareˈθer] ♦ **carecer de** *v + prep* essere privo di

carencia [kaˈrenθja] *f* carenza *f*

careta [kaˈreta] *f* maschera *f*

carey [kaˈrej] *m* tartaruga *f*

carga [ˈkarɣa] *f* 1. carico *m* 2. *(para bolígrafo, mechero, pluma, de batería)* ricarica *f* 3. *(de arma, explosivo)* carica *f* 4. ▽ **carga y descarga** consegne

cargado, da [karˈɣaðo, ða] *adj* 1. carico(a) 2. **cargado de** carico di

cargador, ra [karɣaˈðor, ra] ◇ *m,f* scaricatore *m*, -trice *f* ◇ *m* 1. *(de arma)* caricatore *m* 2. *(de batería)* batteria *f*

cargar [karˈɣar] ◇ *vt* 1. caricare 2. *(batería, condensador)* ricaricare 3. *(factura, letra, deudas)* addebitare ◇ *vi* accollare ♦ **cargar algo de algo** riempire qc di qc ♦ **cargar contra** *v + prep* caricare ♦ **cargar con** *v + prep* 1. accollarsi 2. *(paquete)* portare ♦ **cargarse** *vp* 1. *(fam)* *(estropear)* scassare **2.** *(fam) (matar)* far fuori **3.** *(fam) (suspender)* bocciare **4.** *(ambiente)* diventare soffocante ◆ **cargarse de** *v + prep* caricarsi di

cargo [ˈkarɣo] *m* **1.** *(empleo, función)* posto *m* **2.** *(en cuenta)* addebito *m* ● **a cargo de** a carico di ● **hacerse cargo de** *(responsabilidad)* farsi carico di; *(comprender)* comprendere

cargoso, sa [karˈɣoso, sa] *adj* (CSur) pesante

cariado, da [kaˈrjaðo, ða] *adj* cariato(a)

caricatura [karikaˈtura] *f* caricatura *f*

caricia [kaˈriθja] *f* carezza *f*

caridad [kariˈðað] *f* carità *f inv*

caries [ˈkarjes] *f inv* carie *f inv*

cariño [kaˈriɲo] *m* **1.** *(afecto)* affetto *m* **2.** *(cuidado)* cura *f* **3.** *(apelativo)* tesoro *m*

cariñoso, sa [kariˈɲoso, sa] *adj* affettuoso(a)

carisma [kaˈrizma] *m* carisma *m*

caritativo, va [karitaˈtiβo, βa] *adj* caritatevole

cariz [kaˈriθ] *m* aspetto *m*

carmín [karˈmin] *m* rossetto *m*

carnal [karˈnal] *adj* carnale

Carnaval [karnaˈβal] *m* Carnevale *m*

Carnaval

Sia in Spagna che in America Latina corrisponde ai tre giorni che precedono il *miércoles de ceniza*, giorno di inizio della cuaresima. In passato la gente si travestiva e partecipava a feste popolari, balli, ecc. Oggi lo festeggiano solo i bambini, ma *El Carnaval de Tenerife* è molto spettacolare.

carne [ˈkarne] *f* **1.** carne *f* **2.** *(de fruta)* polpa *f* ● **carne asada** carne arrosto ● **carne picada** carne macinata ● **carne de cerdo** carne di maiale ● **carne de cordero** carne di agnello ● **carne de ternera** carne di vitello ● **carne de gallina** carne di gallina

carné [karˈne] *m* tessera *f* ● **carné de conducir** patente *f* di guida ● **carné de identidad** carta *f* d'identità

carnero [karˈnero] *m* montone *m*

carnicería [karniθeˈria] *f* **1.** *(tienda)* macelleria *f* **2.** *(matanza)* carneficina *f*

carnicero, ra [karniˈθero, ra] *m,f* macellaio *m, -a f*

carnitas [karˈnitas] *fpl* (Méx) carne di maiale per farcire i tacos messicani

caro, ra [ˈkaro, ra] ◊ *adj* caro(a) ◊ *adv* caro

carpa [ˈkarpa] *f* **1.** *(de circo, para fiestas)* tendone *m* **2.** *(pescado)* carpa *f*

carpeta [karˈpeta] *f* cartella *f*

carpintería [karpinteˈria] *f* falegnameria *f*

carpintero, ra [karpinˈtero, ra] *m,f* falegname *m*

carrera [kaˈrera] *f* **1.** *(competición)* corsa *f* **2.** *(estudios)* corso *m* di studi **3.** *(profesión)* carriera *f* **4.** *(en medias, calcetines)* smagliatura *f* ● **a la carrera** di gran carriera

carrerilla [kare'riɲa] *f* corsa *f* • **de carrerilla** *(fam)* di corsa
carreta [ka'reta] *f* carretta *f*
carrete [ka'rete] *m* **1.** *(de fotografías)* rullino *m* **2.** *(de hilo)* rocchetto *m*
carretera [kare'tera] *f* strada *f* • **carretera de cuota** *(Méx)* autostrada *f*
carretilla [kare'tiʎa] *f* carriola *f* **1.** *(de carretera, autopista)* corsia *f* **2.** *(de tren)* rotaia *f*
carril [ka'ril] *m*
carrito [ka'rito] *m* **1.** *(de la compra)* carrello *m* **2.** *(para bebés)* passeggino *m*
carro ['karo] *m* **1.** *(carruaje)* carro *m* **2.** *(Andes, RP, CAm, Carib & Méx)* (coche) automobile *f* • **carro de la compra** carrello *m* della spesa • **carro comedor** *(Amér)* (en un tren) vagone *m* ristorante
carrocería [karoθe'ria] *f* carrozzeria *f*
carromato [karo'mato] *m* carriaggio *m*
carroña [ka'roɲa] *f* carogna *f*
carroza [ka'roθa] *f* cocchio *m*
carruaje [karua'xe] *m* carro *m*
carrusel [karu'sel] *m* carosello *m*
carta [ˈkarta] *f* **1.** *(escrito)* lettera *f* **2.** *(de restaurante, bar, etc)* menù *m inv* **3.** *(de la baraja)* carta *f*

carta

En la correspondencia comercial o administrativa nos dirigiremos al destinatario con el formal *Egregio/ Egregia...* (*Egregio Direttore, Egregia Signora Coltri,*). *Caro/Cara...* y el nombre (*Cara Luisa*), o el parentesco o relación (*Cari zii, Caro amico*), se emplea en un contexto más informal, con familiares y amigos. Todas estas expresiones van seguidas de una coma y no de dos puntos como en español. Una carta se termina siempre con una fórmula de despedida como *Con affetto* o *Un grosso abbraccio* si se escribe a amigos o familiares, y *Distinti saluti* o *Cordialmente* en un contexto más formal. A continuación el remitente firma; en la correspondencia profesional o administrativa, la firma irá precedida de una antefirma, o sea, el nombre y apellido así como el cargo ocupado.

cartabón [karta'βon] *m* squadra *f*
cartearse [karte'arse] *vp* corrispondere
cartel [kar'tel] *m* cartello *m*
cartelera [karte'lera] *f* **1.** *(de espectáculos)* pagina *f* degli spettacoli **2.** *(tablón)* cartellone *m*
cartera [kar'tera] *f* **1.** *(para dinero)* portafoglio *m* **2.** *(para documentos, libros, etc)* cartella *f*
carterista [karte'rista] *mf* borsaiolo *m*, -a *f*
cartero, ra [kar'tero, ra] *m,f* postino *m*, -a *f*
cartilla [kar'tiʎa] *f* abbecedario *m* • **cartilla de ahorros** libretto *m* di risparmio • **cartilla de la Seguridad Social** libretto *m* sanitario
cartón [kar'ton] *m* **1.** *(material)* cartone *m* **2.** *(de cigarrillos)* stecca *f*
cartucho [kar'tutʃo] *m* cartuccia *f*

cartulina [kartu'lina] *f* cartoncino *m*

casa ['kasa] *f* casa *f* ● **en casa** a casa ● **ir a casa** andare a casa ● **limpiar la casa** fare le pulizie domestiche ● **casa adosada** casa *f* a schiera ● **casa de campo** casa di campagna ● **casa de huéspedes** pensione *f*

Casa Rosada

È la residenza ufficiale del presidente della Repubblica Argentina e la sede del governo a Buenos Aires. Il nome proviene dal colore della facciata, voluto dal presidente Sarmiento. Il palazzo si affaccia sulla Plaza de Mayo, teatro degli avvenimenti che hanno segnato la storia del paese.

casadero, ra [kasa'ðero, ra] *adj* in età da matrimonio
casado, da [ka'saðo, ða] *adj* sposato(a)
casamiento [kasa'mjento] *m* matrimonio *m*
casar [ka'sar] *vt* sposare ● **casarse** *vp* sposarsi
cascabel [kaska'βel] *m* sonaglio *m*
cascada [kas'kaða] *f* cascata *f*
cascanueces [kaska'nweθes] *m inv* schiaccianoci *m inv*
cascar [kas'kar] *vt* 1. spaccare 2. *(fam)* pestare
cáscara ['kaskara] *f* 1. *(de huevo, frutos secos, etc)* guscio *m* 2. *(de plátanos, de naranja, etc)* buccia *f*
casco ['kasko] *m* 1. *(para la cabeza)* casco *m* 2. *(envase)* bottiglia *f* 3. *(de caballo)* zoccolo *m* 4. *(de barco)* scafo *m* ● **casco antiguo** centro *m* storico ● **casco urbano** centro *m* urbano ● **cascos azules** caschi blu
caserío [kase'rio] *m* casolare *m*
caserita [kase'rita] *f* (Amér) casalinga *f*
casero, ra [ka'sero, ra] ◇ *adj* 1. *(hecho en casa)* casereccio(a) 2. *(hogareño)* casalingo(a) ◇ *m,f* proprietario *m*, -a *f*
caseta [ka'seta] *f* 1. *(de feria)* tenda *f* 2. *(para perro)* cuccia *f* 3. *(en la playa)* cabina *f* ● **caseta de cobro** (Méx) cassa *f* ● **caseta telefónica** (Méx) cabina telefonica
casete [ka'sete] ◇ *m* registratore *m* ◇ *m o f* cassetta *f*
casi ['kasi] *adv* quasi ● **casi nada** quasi niente ● **casi nunca** quasi mai
casilla [ka'siʎa] *f* 1. *(de impreso, tablero, juego)* casella *f* 2. *(de mueble, caja, armario, etc)* scomparto *m* ● **casilla de correos** (Andes & RP) casella postale
casillero [kasi'ʎero] *m* 1. *(mueble)* classificatore *m* 2. *(casilla)* scomparto *m*
casino [ka'sino] *m* casinò *m inv*
caso ['kaso] *m* 1. caso *m* 2. ● **en caso de** in caso di ● **en todo caso** in ogni caso ● **en cualquier caso** comunque ● **hacer caso** dare retta ● **ser un caso** *(fam)* essere un caso patologico ● **venir al caso** capitare a proposito
caspa ['kaspa] *f* forfora *f*
casquete [kas'kete] *m* cuffia *f* ● **casquete polar** calotta *f* polare
casquillo [kas'kiʎo] *m* 1. *(de bala)*

bossolo m 2. (de lámpara) portalampada f

casta ['kasta] f casta f
castaña [kas'taɲa] f 1. castagna f 2. (fam) botta f
castaño, ña [kas'taɲo, ɲa] ◇ adj castano(a) ◇ m castagno m
castañuelas [kasta'ɲuelas] fpl nacchere fpl
castellano, na [kaste'ʎano, na] ◇ adj & m,f castigliano(a) ◇ m castigliano m
castidad [kasti'ðað] f castità f inv
castigar [kasti'ɣar] vt castigare
castigo [kas'tiɣo] m castigo m
castillo [kas'tiʎo] m castello m
castizo, za [kas'tiθo, θa] adj autentico(a)
casto, ta ['kasto, ta] adj casto(a)
castor [kas'tor] m castoro m
castrar [kas'trar] vt castrare
casualidad [kaswali'ðað] f casualità f inv
● **por casualidad** per caso
catacumbas [kata'kumbas] fpl catacombe fpl
catalán, ana [kata'lan, ana] ◇ adj & m,f catalano(a) ◇ m catalano m
catálogo [ka'taloɣo] m catalogo m
Cataluña [kata'luɲa] f Catalogna f
catamarán [katama'ran] m catamarano m
catar [ka'tar] vt assaggiare
catarata [kata'rata] f (gen pl) 1. (de agua) cascata f 2. (en los ojos) cataratta f
catarro [ka'taro] m catarro m
catástrofe [ka'tastrofe] f catastrofe f

catastrófico, ca [katas'trofiko, ka] adj catastrofico(a)
catecismo [kate'θizmo] m catechismo m
cátedra ['kateðra] f cattedra f
catedral [kate'ðral] f cattedrale f
catedrático, ca [kate'ðratiko, ka] m,f 1. (de universidad) ordinario m, -a f 2. (de enseñanza secundaria) professore m, -essa f titolare di cattedra
categoría [kateɣo'ria] f categoria f ● **de categoría** di livello
catequesis [kate'kesis] f inv catechesi f inv
cateto, ta [ka'teto, ta] ◇ adj (despec) zoticone(a) ◇ m cateto m
catire, ra [ka'tire, ra] adj (Carib & Col) biondo(a)
catolicismo [katoli'θizmo] m cattolicesimo m
católico, ca [ka'toliko, ka] adj & m,f cattolico(a)
catorce [ka'torθe] núm quattordici ➤ seis
catre ['katre] m branda f
cauce ['kauβe] m letto m (del fiume)
caucho ['kautʃo] m caucciù m inv
caudal [kau'ðal] m 1. (de un río) portata f 2. (dinero) patrimonio m
caudaloso, sa [kauða'loso, sa] adj ● **río caudaloso** fiume con grande portata d'acqua
caudillo [kau'ðiʎo] m caudillo m
causa ['kausa] f 1. causa f 2. ● **a causa de** a causa di
causante [kau'sante] m (Amér) contribuente m

causar [kau'sar] vt causare

cáustico, ca [ˈkaustiko, ka] adj caustico(a)

cautela [kau'tela] f cautela f ● **con cautela** con cautela

cautivador, ra [kautiβaˈðor, ra] adj seducente

cautivar [kauti'βar] vt sedurre

cautiverio [kauti'βerjo] m cattività f ● **en cautiverio** in cattività

cautivo, va [kau'tiβo, βa] m,f prigioniero m, -a f

cauto, ta [ˈkauto, ta] adj cauto(a)

cava [ˈkaβa] ◊ f cantina f ◊ m spumante prodotto in Catalogna e fermentato con il metodo champenois

cavar [ka'βar] vt zappare

caverna [ka'βerna] f caverna f

caviar [kaβi'ar] m caviale m

cavidad [kaβi'ðað] f cavità f inv

cavilar [kaβi'lar] vi cavillare

caza [ˈkaθa] ◊ f **1.** caccia f **2.** (presa) cacciagione f ● **andar** o **ir a la caza de** dare la caccia a ● **dar caza** catturare

cazador, ra [kaθaˈðor, ra] m,f cacciatore m, -trice f

cazar [ka'θar] vt **1.** cacciare **2.** (explicación, indirecta) abbindolare

cazo [ˈkaθo] m **1.** (cucharón) mestolo m **2.** (vasija) pentolino m

cazuela [ka'θwela] f tegame m ● **a la cazuela** al tegame

c/c [ˈθeˈθe] (abr de cuenta corriente) cc

CD f [θeˈðe] (abr de compact disk) CD

CE f (abr de Comunidad Europea) CE f

cebar [θe'βar] vt alimentare ● **cebarse en** v + prep accanirsi contro

cebo [ˈθeβo] m esca f

cebolla [θeˈβoʎa] f cipolla f

cebolleta [θeβoˈʎeta] f cipollotto m

cecear [θeθeˈar] vi pronunciare la 's' come la 'z'

ceder [θe'ðer] ◊ vt cedere ◊ vi **1.** cedere **2.** (viento, lluvia, etc) cessare

cedilla [θeˈðiʎa] f cediglia f

cedro [ˈθeðro] m cedro m

cédula [ˈθeðula] f cedola f ● **cédula de identidad** carta f di identità

cegato, ta [θe'ɣato, ta] adj (fam) orbo(a)

ceguera [θe'ɣera] f cecità f inv

ceja [ˈθexa] f ciglia f ● **meterse algo entre ceja y ceja** avere un chiodo fisso

celda [ˈθelda] f cella f

celdilla [θelˈðiʎa] f cella f

celebración [θeleβra'θjon] f festeggiamento m

celebrar [θeleˈβrar] vt **1.** (cumpleaños, acontecimiento) festeggiare **2.** (asamblea, reunión) svolgere **3.** (misa) celebrare

célebre [ˈθeleβre] adj celebre

celebridad [θeleβriˈðað] f celebrità f inv ● **ser una celebridad** essere una celebrità

celeste [θe'leste] adj celeste

celestial [θeles'tjal] adj celestiale

celo [ˈθelo] m **1.** (cinta adhesiva) nastro m adesivo **2.** (en el trabajo, etc) zelo m ● **estar en celo** essere in calore ◆ **celos** mpl **1.** gelosia f **2.** ● **tener celos** essere geloso

celofán ® [θelo'fan] *m* cellofan *m inv*
celoso, sa [θe'loso, sa] *adj* geloso(a)
célula ['θelula] *f* cellula *f*
celular [θelu'lar] *adj* cellulare
celulitis [θelu'litis] *f inv* cellulite *f*
cementerio [θemen'terjo] *m* cimitero *m*
  ● **cementerio de coches** cimitero *m* di automobili
cemento [θe'mento] *m* cemento *m* ● **cemento armado** cemento armato
cena ['θena] *f* cena *f*
cenar [θe'nar] ◇ *vt* mangiare (*cena*) ◇ *vi* cenare
cencerro [θen'θero] *m* sonaglio *m* ● **estar como un cencerro** essere matto da legare
cenefa [θe'nefa] *f* orlo ricamato con disegni geometrici ripetuti
cenicero [θeni'θero] *m* portacenere *m*
ceniza [θe'niθa] *f* cenere *f* ● **cenizas** *fpl* ceneri *fpl*
censado, da [θen'saðo, ða] *adj* censito(a)
censar [θen'sar] *vt* censire
censo ['θenso] *m* censo *m* ● **censo electoral** corpo *m* elettorale
censor [θen'sor] *m* censore *m*
censura [θen'sura] *f* censura *f*
censurar [θensu'rar] *vt* censurare
centena [θen'tena] *f* centinaio *m*
centenar [θente'nar] *m* centinaio *m*
centenario, ria [θente'narjo, rja] ◇ *adj* centenario(a) ◇ *m* centenario *m*
centeno [θen'teno] *m* segale *f*
centésimo, ma [θen'tesimo, ma] *núm* centesimo *m* ➤ **sexto**

centígrado, da [θenti'γraðo, ða] *adj* centigrado(a)
centímetro [θenti'metro] *m* centimetro *m*
céntimo ['θentimo] *m* centesimo *m* ● **no tener un céntimo** non avere un centesimo
centinela [θenti'nela] *mf* sentinella *f*
centollo [θen'toʎo] *m* granceveola *f*
centrado, da [θen'traðo, ða] *adj* **1.** centrato(a) **2.** ● **centrado en** concentrato(a) su
central [θen'tral] ◇ *adj* centrale ◇ *f* centrale *f* ● **central eléctrica** centrale *f*
centralismo [θentra'lizmo] *m* centralismo *m*
centralita [θentra'lita] *f* centralino *m*
centrar [θen'trar] *vt* centrare ● **centrarse** *vp* **centrarse (en)** concentrarsi (su)
céntrico, ca ['θentriko, ka] *adj* centrale
centrifugar [θentrifu'γar] *vt* centrifugare
centro ['θentro] *m* **1.** centro *m* **2.** ● **en el centro de** al centro di ● **ser el centro de** essere il centro di ● **centro (comercial)** centro (commerciale) ● **centro juvenil** centro giovanile ● **centro social** centro sociale ● **centro turístico** centro turistico ● **centro urbano** centro urbano
Centroamérica [ˌθentroa'merika] *f* America *f* Centrale
ceñido, da [θe'niðo, ða] *adj* attillato(a)
ceñir [θe'nir] *vt* **1.** (*ajustar*) stringere **2.** (*rodear*) cingere ● **ceñirse a** *v* + *prep* limitarsi a

ceño ['θeɲo] m broncio m
cepa ['θepa] f vite f
cepillar [θepi'ʎar] vt 1. (pelo, traje, etc) spazzolare 2. (fam) (elogiar) adulare
cepillo [θe'piʎo] m 1. spazzola f 2. • cepillo de dientes spazzolino m da denti
cepo ['θepo] m 1. (de animales) trappola f 2. (de coches) ganasce fpl
cera ['θera] f cera f
cerámica [θe'ramika] f ceramica f
ceramista [θera'mista] mf ceramista mf
cerca ['θerka] ◇ f recinzione f ◇ adv 1. vicino 2. • cerca de (casi) circa • de cerca da vicino
cercanías [θerka'nias] fpl vicinanze fpl
cercano, na [θer'kano, na] adj vicino(a)
cercar [θer'kar] vt 1. (vallar) recintare 2. (rodear) circondare
cerco ['θerko] m cerco m
cerda ['θerða] f setola f ➤ **cerdo**
cerdo, da ['θerðo, ða] ◇ m,f 1. (animal) maiale m, scrofa f 2. (despec) (persona) porco m, -a f ◇ adj (despec) (persona) ispido(a) ◇ m (carne) maiale m
cereal [θere'al] m cereale m ◆ **cereales** mpl cereali mpl
cerebro [θe'reβro] m 1. cervello m 2. (persona) cervellone m, -a f 3. • cerebro electrónico cervello elettronico
ceremonia [θere'monja] f cerimonia f
ceremonioso, sa [θeremo'njoso, sa] adj cerimonioso(a)
cereza [θe'reθa] f ciliegia f
cerezo [θe'reθo] m ciliegio m
cerilla [θe'riʎa] f cerino m

cerillo [θe'riʎo] m (CAm & Méx) candelina f
cero ['θero] núm zero m • bajo cero sotto zero • partir de cero partire da zero • sobre cero sopra lo zero • ser un cero a la izquierda non valere uno zero ≽ seis
cerquillo [θer'kiʎo] m (Amér) frangia f
cerrado, da [θe'raðo, ða] adj 1. chiuso(a) 2. (intransigente) ottuso(a) 3. • cerrado por vacaciones chiuso per ferie
cerradura [θera'ðura] f serratura f
cerrajería [θeraxe'ria] f negozio m di ferramenta
cerrajero, ra [θera'xero, ra] m,f fabbro m
cerrar [θe'rar] ◇ vt 1. chiudere 2. (pacto, trato) concludere ◇ vi chiudere ◆ **cerrarse** vp chiudersi ◆ **cerrarse a** v + prep chiudersi a
cerro ['θero] m colle m
cerrojo [θe'roxo] m chiavistello m
certamen [θer'tamen] m concorso m
certeza [θer'teθa] f certezza f • tener la certeza de avere la certezza di
certidumbre [θerti'ðumbre] f certezza f
certificado, da [θertifi'kaðo, ða] adj raccomandato(a) ◆ m certificato m
certificar [θertifi'kar] vt 1. (documento) autenticare 2. (carta, paquete, etc) inviare per raccomandata
cervecería [θerβeθe'ria] f birreria f
cerveza [θer'βeθa] f birra f • cerveza sin alcohol/negra birra analcolica/scura
cesar [θe'sar] vi cessare • cesar a

alguien de licenziare qn da ● **(no) cesar de (non)** smettere di ● **sin cesar** senza fermarsi
cesárea [θe'sarja] f cesareo m
cese ['θese] m **1.** (de empleo, cargo, etc) fine f **2.** (de actividad) cessazione f
cesión [θe'sjon] f cessione f
césped ['θespeð] m prato m
cesta ['θesta] f **1.** (recipiente) cesta f **2.** (en baloncesto) canestro m ● **cesta de la compra** borsa f della spesa
cesto ['θesto] m cesto m
cetro ['θetro] m scettro m
cg (abr de centigramo) cg
chabacano, na [tʃaβa'kano, na] ◇ adj grossolano(a) ◇ m **1.** (fruto) albicocca **2.** (Méx) (árbol) albicocco m
chacarero, a [tʃaka'rero, ra] m,f (Andes & RP) agricoltore m
chacha ['tʃatʃa] f **1.** (fam) (criada) domestica f **2.** (niñera) bambinaia f
cháchara ['tʃatʃara] f chiacchiera f
chacra ['tʃakra] f (Andes & RP) podere m
chafar [tʃa'far] vt **1.** (objetos) schiacciare **2.** (plan, proyecto, etc) spianare
chal [tʃal] m scialle m
chalado, da [tʃa'laðo, ða] adj fuori di testa ● **estar chalado por** (fam) essere cotto(a) di
chalé [tʃa'le] m chalet m inv
chaleco [tʃa'leko] m gilè m inv ● **chaleco salvavidas** giubbotto m salvagente
chamaco, ca [tʃa'mako, ka] m,f (CAm & Méx) ragazzo m, -a f

chamba ['tʃamba] f (Méx & Ven) (fam) lavoro m
chambear [tʃambe'ar] vi (Méx & Ven) (fam) lavorare
champán [tʃam'pan] m champagne m inv
champiñón [tʃampi'ɲon] m fungo m coltivato ● **champiñones con jamón** funghi al prosciutto
champú [tʃam'pu] m shampoo m inv
chamuscado, da [tʃamus'kaðo, ða] adj bruciacchiato(a)
chamuscarse [tʃamus'karse] vp bruciacchiarsi
chamusquina [tʃamus'kina] f ● **oler a chamusquina** esserci puzza di bruciato
chance ['tʃanθe] f (Amér) (fam) chance f inv
chanchada [tʃan'tʃaða] f **1.** (Andes & CSur) (fig) (grosería) volgarità f inv **2.** (porquería) bastardata f
chancho ['tʃantʃo] m (Andes, CAm & CSur) maiale m
chancla [tʃan'kla] f ciabatta f
chancleta [tʃan'kleta] f ciabatta f
chanclo [tʃanklo] m zoccolo m
chándal [tʃandal] m (Esp) tuta f (da ginnastica)
changarro [tʃan'garo] m (Méx) bottega f
chanquete [tʃan'kete] m bianchetto m
chantaje [tʃan'taxe] m ricatto m
chantajista [tʃanta'xista] mf ricattatore m, -trice f
chapa ['tʃapa] f **1.** (de metal, madera, etc) lamina f **2.** (de botella) tappo m **3.**

(Amér) (cerradura) serratura f
chapado, da [tʃa'paðo, ða] adj placcato(a) • chapado a la antigua all'antica
chapar [tʃa'par] vt placcare
chaparrón [tʃapa'ron] m acquazzone m
chapopote [tʃapo'pote] m (Carib & Méx) catrame m
chapucería [tʃapuθe'ria] f raffazzonatura f
chapucero, ra [tʃapu'θero, ra] adj 1. (trabajo, obra, etc) raffazzonato(a) 2. (persona) pasticcione(a)
chapuza [tʃa'puθa] f pasticcio m
chaqueta [tʃa'keta] f giacca f
chaquetilla [tʃake'tiʎa] f giacchetta f
chaquetón [tʃake'ton] m giaccone m
charca [tʃarka] f stagno m
charco [tʃarko] m pozzanghera f
charcutería [tʃarkute'ria] f salumeria f
charla [tʃarla] f 1. (conversación) chiacchierata f 2. (conferencia) dibattito m
charlar [tʃar'lar] vi chiacchierare
charlatán, ana [tʃarla'tan, ana] adj chiacchierone(a)
charol [tʃa'rol] m 1. (piel) vernice f 2. (Andes, RP & Ven) (bandeja) vassoio m • de charol di vernice
charola [tʃa'rola] f (Méx) vassoio m
charro [tʃaro] ◇ adj (Méx) di cultura messicana ◇ m (Méx) contadino tipico messicano

charros

In Messico sono gli specialisti dell'addomesticamento e della monta dei cavalli e incarnano la tradizione rurale messicana. Portano abiti vistosi e colorati, ampio sombrero, pantaloni attillati e giacca corta. Il *charro de agua dulce* è colui che prova invano a imitare i *charros*.

chárter ['tʃarter] m inv charter m inv
chasco [tʃasko] m 1. (decepción) delusione f 2. (broma) beffa f
chasis [tʃasis] m inv telaio m
chatarra [tʃa'tara] f 1. (metal) rottame m 2. (objetos, piezas) ferri mpl vecchi
chatarrero, ra [tʃata'rero, ra] m,f rottamaio m
chato, ta [tʃato, ta] ◇ adj 1. (persona) tozzo(a) 2. (nariz) schiacciato ◇ m,f (apelativo) tesoro ◇ m (de vino) bicchierino m
chau [tʃau] interj (Andes & RP) (fam) ciao!
chavo, va [tʃaβo, βa] m,f (Méx) (fam) ragazzo m, -a f
che [tʃe] interj (RP) (despec) dài!
chef [tʃef] m chef m inv
cheque [tʃeke] m assegno m • cheque de viaje traveller's cheque m inv
chequeo [tʃe'keo] m check-up m inv
chequera [tʃe'kera] f (Amér) libretto m degli assegni
chévere [tʃeβere] adj (Andes & Carib) (fam) stupendo(a) • estar algo chévere essere stupendo
chic [tʃik] adj chic
chica [tʃika] f domestica f > **chico**
chicha [tʃitʃa] f 1. (fam) (de persona, para

comer) ciccia f **2.** (Andes) (bebida alcohólica) bevanda alcolica ottenuta dalla fermentazione del mais

chícharo ['tʃitʃaro] m (CAm & Méx) pisello m

chicharrones [tʃitʃaˈrones] mpl **1.** ciccioli mpl **2.** (Méx & RP) (timbre) campanello m

chichón [tʃiˈtʃon] m bernoccolo m

chicle ['tʃikle] m cicca f

chico, ca ['tʃiko, ka] ◇ adj piccolo(a) ◇ m,f ragazzo m, -a f

chicote [tʃiˈkote] m (Amér) frusta f

chifa ['tʃifa] f (Perú) (fam) ristorante m cinese

chiflado, da [tʃiˈflaðo, ða] adj (fam) matto(a)

chiflar [tʃiˈflar] vi **1.** (fam) far diventare matto **2.** (Amér) (aves) cantare **3.** (Amér) (silbar) fischiare ◆ **chiflarse** vp impazzire

chiflido [tʃiˈfliðo] m (Amér) fischio m

Chile ['tʃile] m Cile m

chileno, na [tʃiˈleno, na] adj & m,f cileno(a)

chillar [tʃiˈʎar] vi strillare

chillido [tʃiˈʎiðo] m strillo m

chillón, ona [tʃiˈʎon, ona] adj **1.** (voz, sonido, etc) stridente **2.** (color) sgargiante

chimenea [tʃimeˈnea] f camino m

chimpancé [tʃimpanˈθe] m scimpanzè m inv

china ['tʃina] f sassolino m ● **tocar la china** essere iellato(a)

China ['tʃina] f ● **(la) China** la Cina

chinche ['tʃintʃe] ◇ f cimice f ◇ adj scocciatore(trice)

chincheta [tʃinˈtʃeta] f puntina f da disegno

chinchín [tʃinˈtʃin] interj cin cin!

chingado, da [tʃinˈgaðo, ða] ◇ adj (Méx) (vulg) fottuto(a) ◇ f (Méx) (fam) ● **¡vete a la chingada!** vaffanculo!

chingar [tʃinˈgar] vt (Méx) (vulg) scopare

chino, na ['tʃino, na] ◇ adj & m,f cinese ◇ m **1.** (lengua) cinese m **2.** (Méx) (rizo) ricciolo

chip ['tʃip] m chip m inv

chipirón [tʃipiˈron] m calamaretto m ◆ **chipirones en su tinta** calamaretti al nero

chiquear [tʃiˈkear] vt (Méx) coccolare

chirimoya [tʃiriˈmoja] f frutto del chirimoyo

chisme ['tʃizme] m **1.** (habladuría) pettegolezzo m **2.** (fam) (objeto, aparato) aggeggio m

chismoso, sa [tʃizˈmoso, sa] adj pettegolo(a)

chispa ['tʃispa] f **1.** scintilla f **2.** (pizca) pizzico m

chiste ['tʃiste] m barzelletta f ◆ **chiste verde** barzelletta sporca

chistoso, sa [tʃisˈtoso, sa] adj spiritoso(a)

chivarse [tʃiˈβarse] vp fare la spia

chivatazo [tʃiβaˈtaðo] m soffiata f

chivato, ta [tʃiˈβato, ta] m,f (fam) spione m, -a f

chocar [tʃo'kar] *vi* **1.** scontrarsi con **2.** *(sorprender)* sciocare ◇ *vt* **1.** *(manos)* battere **2.** *(copas, vasos)* toccare

chocho, cha ['tʃotʃo, tʃa] *adj* rimbambito(a)

choclo ['tʃoklo] *m (CSur & Perú)* pannocchia *f* di mais

chocolate [tʃoko'late] *m* **1.** *(alimento)* cioccolato *m* **2.** *(bebida)* cioccolata *f*

chocolatería [tʃokolate'ria] *f* cioccolateria *f*

chocolatina [tʃokola'tina] *f* cioccolatino *m*

chófer ['tʃofer] *m* autista *mf*

chollo ['tʃoʎo] *m (fam)* bicocca *f*

chomba, chompa ['tʃomba, 'tʃompa] *f (Andes)* abito *m*

chongo ['tʃongo] *m (Méx)* chignon *m inv*

chopo ['tʃopo] *m* pioppo *m*

choque ['tʃoke] *m* scontro *m*

chorizo [tʃo'riθo] *m* **1.** salame *m* **2.** *(Esp) (fam)* ladro *m*, -a *f*

choro ['tʃoro] *m (Andes)* cozza *f*

chorrear [tʃore'ar] *vi (fam)* sgocciolare

chorro ['tʃoro] *m* sgocciolio *m* • **a chorros** a secchi

choza ['tʃoθa] *f* capanna *f*

chubasco [tʃu'βasko] *m* acquazzone *m*

chubasquero [tʃuβas'kero] *m* impermeabile *m*

chúcaro, ra ['tʃukaro, ra] *adj (Andes & RP)* selvatico(a)

chuchería [tʃutʃe'ria] *f* **1.** *(golosina)* chicca *f* **2.** *(trivialidad)* bagatella *f*

chucho ['tʃutʃo, tʃa] *m* cane *m*

chueco, ca ['tʃueko, ka] *adj* storto(a)

chufa ['tʃufa] *f* cipero *m* dolce

chuleta [tʃu'leta] *f* braciola *f* • **chuleta de cerdo** braciola di maiale • **chuleta de ternera** braciola di manzo

chuletón [tʃule'ton] *m* costoletta *f*

chulo, la ['tʃulo, la] *adj* **1.** spaccone(a) **2.** *(bonito)* bello(a)

chumbera [tʃum'bera] *f* fico *m* d'India

chupado, da [tʃu'paðo, ða] *adj* **1.** *(fig)* smunto(a) **2.** *(fácil)* molto facile • **está chupado** *(fam)* è molto facile

chupar [tʃu'par] *vt* **1.** *(caramelo, fruta, etc)* succhiare **2.** *(esponja, papel, etc)* assorbire

chupe ['tʃupe] *m (Andes & Arg)* intingolo a base di patate, brodo di carne, ecc. • **chupe de camarones** stufato a base di patate, brodo di carne, ecc.

chupete [tʃu'pete] *m* **1.** *(de bebé)* succhiotto *m* **2.** *(de biberón)* tettarella *f*

chupito [tʃu'pito] *m* gocetto *m*

churrasco [tʃu'rasko] *m* carne *f* di manzo alla brace

churrería [tʃure'ria] *f* negozio dove si vendono dolci fritti

churro ['tʃuro] *m* dolce fritto a forma di bastoncino

---

churros

Queste frittelle a forma cilindrica e allungata, scanalati e spolverati di zucchero si consumano spesso sbandoli in grandi tazze di cioccolata calda. Si vendono nelle *churrerías* e anche in alcuni bar. In Argentina vengono riempiti di *dulce de leche* mentre in Messico sono spolverati di cannella.

chusma [ˈtʃuzma] *f* gentaglia *f*
chutar [tʃuˈtar] *vt* tirare
chute [ˈtʃute] *m* pungiglione *m*
Cía [ˈθia] (*abr de* compañía) C.
cibercafé [θiberkaˈfe] *m* cybercafé *f*, internet bar *m*
cicatriz [θikaˈtriθ] *m* (*pl* **-ces**) cicatrice *f*
cicatrizar [θikatriˈθar] *vi* cicatrizzare
cicatrizarse *vp* cicatrizzarsi
ciclismo [θiˈklizmo] *m* ciclismo *m*
ciclista [θiˈklista] *mf* ciclista *mf*
ciclo [ˈθiklo] *m* ciclo *m*
ciclomotor [θiklomoˈtor] *m* ciclomotore *m*
ciclón [θiˈklon] *m* ciclone *m*
ciego, ga [ˈθjeɣo, ɣa] *m, f* & *adj* cieco(a) ◆ **ciego de accecato(a) da**
cielo [ˈθjelo] *m* 1. cielo *m* 2. (*de casa, habitación, boca*) soffitto *m* 3. (*apelativo*) tesoro *m* ◆ **como llovido del cielo** (*fig*) piovuto dal cielo ◆ **¡cielos!** santo cielo!
ciempiés [θjemˈpjes] *m inv* millepiedi *m inv*
cien [ˈθjen] = ciento
ciencia [ˈθjenθja] *f* scienza *f* ◆ **ciencias económicas** scienze economiche ◆ **ciencias naturales** scienze naturali ◆ **ciencia ficción** fantascienza *f*
científico, ca [θjenˈtifiko, ka] ◇ *adj* scientifico(a) ◇ *m, f* scienziato *m*, -a *f*
ciento [ˈθjento] *núm* cento ◆ **por ciento** per cento ➢ **seis**
cierre [ˈθjerre] *m* chiusura *f* ◆ **cierre relámpago** (*Amér*) chiusura lampo
cierto, ta [ˈθjerto, ta] *adj* 1. certo(a) 2. (*seguro, verdadero*) vero(a) 3. ◆ **por cierto** a proposito
ciervo [ˈθjerβo, βa] *m* cervo *m*
cifra [ˈθifra] *f* cifra *f*
cigala [θiˈɣala] *f* scampo *m*
cigarra [θiˈɣarra] *f* cicala *f*
cigarrillo [θiɣaˈrriʎo] *m* sigaretta *f*
cigarro [θiˈɣarro] *m* sigaro *m*
cigüeña [θiˈɣweɲa] *f* cicogna *f*
cilindrada [θilinˈdraða] *f* cilindrata *f*
cilíndrico, ca [θiˈlindriko, ka] *adj* cilindrico(a)
cilindro [θiˈlindro] *m* cilindro *m*
cima [ˈθima] *f* cima *f*
cimiento [θiˈmjento] *m* 1. (*de edificio*) fondamenta *fpl* 2. (*principio, raíz*) fondamento *m*
cinco [ˈθinko] *núm* cinque ➢ **seis**
cincuenta [θinˈkwenta] *núm* cinquanta ➢ **seis**
cine [ˈθine] *m* cinema *m inv*
cineasta [θineˈasta] *mf* cineasta *mf*
cinematografía [θinematoɣraˈfia] *f* cinematografia *f*
cinematográfico, ca [θinematoˈɣrafiko, ka] *adj* cinematografico(a)
cínico, ca [ˈθiniko, ka] *adj* cinico(a)
cinismo [θiˈnizmo] *m* cinismo *m*
cinta [ˈθinta] *f* nastro *m* ◆ **cinta aislante** nastro isolante ◆ **cinta magnética** nastro magnetico ◆ **cinta métrica** metro *m*

cintura [θin'tura] *f* vita *f*
cinturón [θintu'ron] *m* cintura *f* • **apretarse el cinturón** (*fig*) stringere la cinghia • **cinturón de seguridad** cintura di sicurezza
ciprés [θi'pres] *m* cipresso *m*
circo ['θirko] *m* circo *m*
circuito [θir'kuito] *m* circuito *m* • **circuito eléctrico** circuito elettrico
circulación [θirkula'θjon] *f* circolazione *f*
circular [θirku'lar] *adj* & *f* circolare ◆ *vi* circolare
círculo ['θirkulo] *m* 1. (*figura*) cerchio *m* 2. (*de amigos, compañeros*) cerchia *f* 3. (*asociación*) circolo *m* • **círculo polar** circolo *m* polare
circunferencia [θirkunfe'renθja] *f* circonferenza *f*
circunscribir [θirkunskri'βir] *vt* circunscribir algo a algo circoscrivere qc a qc
circunstancia [θirkuns'tanθja] *f* circostanza *f*
circunstancial [θirkunstan'θjal] *adj* circostanziale
cirio ['θirjo] *m* cero *m*
cirrosis [θi'rrosis] *f inv* cirrosi *f inv*
ciruela [θi'rwela] *f* prugna *f*
ciruelo [θi'rwelo] *m* pruno *m*
cirugía [θiru'xia] *f* chirurgia *f* • **cirugía plástica** chirurgia plastica
cirujano, na [θiru'xano, na] *m,f* chirurgo *m*
cisma ['θizma] *m* scisma *m*
cisne ['θizne] *m* cigno *m*

cisterna [θis'terna] *f* cisterna *f*
cita ['θita] *f* 1. appuntamento *m* 2. (*nota*) citazione *f*
citación [θita'θjon] *f* citazione *f*
citar [θi'tar] *vt* citare • **citarse** *vp* darsi appuntamento
cítrico, ca ['θitriko, ka] *adj* citrico(a) ◆ **cítricos** *mpl* agrumi *mpl*
ciudad [θju'ðað] *f* città *f inv*
ciudadanía [θjuðaða'nia] *f* cittadinanza *f*
ciudadano, na [θjuða'ðano, na] *m,f* & *adj* cittadino(a)
cívico, ca ['θiβiko, ka] *adj* 1. (*de la ciudad, ciudadano*) civico(a) 2. (*educado, cortés*) civile
civil [θi'βil] *adj* civile
civilización [θiβiliθa'θjon] *f* 1. (*desarrollo*) incivilimento *m* 2. (*cultura, costumbres*) civiltà *f*
civilizado, da [θiβili'θaðo, ða] *adj* 1. (*pueblo, comunidad, etc*) civilizzato(a) 2. (*educado*) civile
civismo [θi'βizmo] *m* educazione *f* civica
cl (*abr de centilitro*) cl
clan ['klan] *m* clan *m inv*
clara ['klara] *f* albume *m*
claraboya [klara'βoja] *f* lucernario *m*
clarear [klare'ar] *vt, vi* & *vi* schiarire
claridad [klari'ðað] *f* chiarezza *f*
clarinete [klari'nete] *m* clarinetto *m*
clarividencia [klariβi'ðenθja] *f* chiaroveggenza *f*
claro, ra ['klaro, ra] *adj* 1. chiaro(a) 2. (*sonido, voz, etc*) límpido(a) 3. (*sincero,*

franco) schietto(a) ◆ *m* radura *f* ◇ *adv* chiaro ◇ *interj* chiaro! ● **poner en claro** mettere in chiaro ● **sacar en claro** mettere in chiaro
clase [ˈklase] *f* **1.** classe *f* **2.** *(enseñanza, lección)* lezione *f* **3.** ● **de primera clase** di prima classe ● **primera clase** prima classe ● **clase media** ceto *m* medio ● **clase preferente** business class *f inv* ● **clase turista** classe turistica
clásico, ca [ˈklasiko, ka] *adj* classico(a)
clasificación [klasifikaˈθjon] *f* classificazione *f*
clasificador, ra [klasifikaˈðor, ra] ◇ *adj* classificatore(trice) ◇ *m* classificatore *m*
clasificar [klasifiˈkar] *vt* classificare ●
clasificarse *vp* classificarsi
claudicar [klauðiˈkar] *vi* cedere
claustro [ˈklaustro] *m* **1.** chiostro *m* **2.** ● **claustro de profesores** consiglio *m* accademico
claustrofobia [klaustrofoˈβja] *f* claustrofobia *f*
cláusula [ˈklausula] *f* clausola *f*
clausura [klauˈsura] *f* **1.** *(de acto, curso)* chiusura *f* **2.** *(en convento)* clausura *f*
clausurar [klausuˈrar] *vt* chiudere
clavado, da [klaˈβaðo, ða] *adj* preciso(a) ● **clavado a** *(fam)* identico(a) a
clavar [klaˈβar] ◇ *vt* **1.** *(clavo, palo, etc)* inchiodare **2.** *(ojos, mirada)* fissare ◇ *vi (fam)* fregare
clave [ˈklaβe] *adj inv* & *f* chiave
clavel [klaˈβel] *m* garofano *m*
clavícula [klaˈβikula] *f* clavicola *f*

clavija [klaˈβixa] *f* spina *f*
clavo [ˈklaβo] *m* chiodo *m* ● **dar en el clavo** colpire nel segno
claxon [ˈklakson] *m* clacson *m inv*
cleptomanía [kleptomaˈnia] *f* cleptomania *f*
clérigo [ˈkleriɣo] *m* chierico *m*
clero [ˈklero] *m* clero *m*
clicar [kliˈkar], **cliquear** [kliˈkear] *vi* cliccare, fare clic ● **para salir del programa, clica en "cerrar"** per uscire dal programma, cliccare su "chiudere"
cliché [kliˈtʃe] *m* cliché *m inv*
cliente, ta [kliˈente] *m* & *f* cliente *mf*
clima [ˈklima] *m* clima *m*
climático, ca [kliˈmatiko, ka] *adj* climatico(a)
climatizado, da [klimatiˈθaðo, ða] *adj* climatizzato(a)
climatología [klimatoloˈxia] *f* climatologia *f*
clínica [ˈklinika] *f* clinica *f*
clínico, ca [ˈkliniko, ka] *adj* clinico(a)
clip [ˈklip] *m* **1.** *(para papeles)* clip *f inv* **2.** *(para pelo)* fermaglio *m*
cliquear [kliˈkear] = **clicar**
cloaca [kloˈaka] *f* fogna *f*
clonación [klonaˈθjon] *f* clonazione *f*
cloro [ˈkloro] *m* cloro *m*
clorofila [kloroˈfila] *f* clorofilla *f*
clóset [ˈkloset] *m (pl* **clósets***) (Amér)* armadio *m* a muro
club [ˈkluβ] *m* club *m inv*
cm *(abr de* centímetro*)* cm
coacción [koakˈθjon] *f* costrizione *f*

coaccionar [koakθjo'nar] vt costringere
coartada [koar'taða] f alibi m inv
coba ['koβa] f ◆ **dar coba** adulare
cobarde [ko'βarðe] ◇ adj vile ◇ mf vigliacco m, -a f
cobardía [koβar'ðia] f viltà f
cobertizo [koβer'tiθo] m tettoia f
cobija [ko'βixa] f (Amér) coperta f
cobijar [koβi'xar] vt 1. (albergar) ospitare 2. (proteger) coprire ◆ **cobijarse** vp rifugiarsi
cobra ['koβra] f cobra m inv
cobrador, ra [koβra'ðor, ra] m,f esattore m, -trice f
cobrar [ko'βrar] vt riscuotere
cobre ['koβre] m 1. rame m 2. (Amér) (dinero) soldi mpl ◆ **no tener un cobre** non avere una lira
cobro ['koβro] m riscossione f ◆ **a cobro revertido** a carico del destinatario
coca ['koka] f coca f
cocaína [koka'ina] f cocaina f
cocainómano, na [kokai'nomano, na] m,f cocainomane mf
cocción [kok'θjon] f cottura f
cocear [koθe'ar] vi scalciare
cocer [ko'θer] vt & vi cuocere ◆ **cocerse** vp (fig) cuocere in pentola
coche ['kotʃe] m 1. macchina f 2. (de tren) vagone m ◆ **coche cama** vagone letto ◆ **coche de alquiler** auto f inv a noleggio ◆ **coche restaurante** vagone ristorante
cochinillo [kotʃi'niʎo] m ◆ **cochinillo al horno** maialino m al forno
cochino, na [ko'tʃino, na] ◇ adj 1. sporco(a) 2. (despec) sporcaccione(a) ◇ m maiale m
cocido, da [ko'θiðo, ða] adj cotto(a) m stufato m
cocina [ko'θina] f cucina f ◆ **cocina de gas** cucina a gas ◆ **cocina de butano** cucina a butano ◆ **cocina eléctrica** cucina elettrica
cocinar [koθi'nar] vt & vi cucinare
cocinero, ra [koθi'nero, ra] m,f cuoco m, -a f
coco ['koko] m 1. (fruto) noce m di cocco 2. (árbol) cocco m 3. (fam) (cabeza) testa f
cocodrilo [koko'ðrilo] m coccodrillo m
cocotero [koko'tero] m palma f del cocco
cóctel ['koktel] m cocktail m inv
coctelera [kokte'lera] f shaker m inv
codazo [ko'ðaθo] m gomitata f
codiciar [koðiθ'jar] vt bramare
codificado, da [koðifi'kaðo, ða] adj in codice
código ['koðiɣo] m codice m ◆ **código de barras** codice a barre ◆ **código penal** codice penale ◆ **código postal** codice postale
codo ['koðo] m gomito m ◆ **codo a codo** gomito a gomito
codorniz [koðor'niθ] (pl **-ces**) f quaglia f
coeficiente [koefi'θjente] m coefficiente m ◆ **coeficiente intelectual** coefficiente intellettivo
coetáneo, a [koe'taneo, a] adj coetaneo(a)

coexistencia [koeksis'tenθja] f coesistenza f

coexistir [koeksis'tirkon] vi coesistere

cofia ['kofja] f cuffia f

cofradía [kofra'ðia] f confraternita f

cofre ['kofre] m baule m

coger [ko'xer] ◇ vt **1.** prendere **2.** (captar, entender) cogliere ◇ vi **1.** (arraigar) prendere **2.** (caber) starci **3.** (Amér) (vulg) (joder) scopare ◆ **cogerse** vp aggrapparsi

cogida [ko'xiða] f cornata f

cogollos [ko'ɣoʎos] mpl lattuga f

cogote [ko'ɣote] m nuca f

cohabitar [koaβi'tar] vi convivere

coherencia [koe'renθja] f coerenza f

coherente [koe'rente] adj coerente

cohete [ko'ete] m razzo m

COI ['koi] m (abr de Comité Olímpico Internacional) COI m

coima ['koima] f (Andes & RP) (fam) mazzetta f

coincidencia [koinθi'ðenθja] f coincidenza f

coincidir [koinθi'ðir] vi **1.** (en lugar) trovarsi **2.** (ser igual) coincidere

coincidir con v + prep **1.** (en opinión) concordare con **2.** (en el tiempo) coincidere con

coito ['koito] m coito m

cojear [koxe'ar] vi zoppicare

cojín [ko'xin] m cuscino m

cojo, ja ['koxo, xa] ◇ adj **1.** (persona, animal) zoppo **2.** (mesa, silla, etc) zoppicante ◇ m,f zoppo m, -a f

cojón [ko'xon] m (vulg) coglione ◆

cojones interj cazzo!

cojudez [koxu'ðeθ] f (Andes) stupidaggine f

cojudo, da [ko'xuðo, ða] adj (Andes) stupido(a)

col ['kol] f cavolo m

cola ['kola] f **1.** coda f **2.** (para pegar) colla f **3.** (bebida) cola f ● **hacer cola** fare la coda ● **cola de caballo** coda di cavallo ● **traer cola** (fig) avere un seguito

colaboración [kolaβora'θjon] f collaborazione f

colaborador, ra [kolaβora'ðor, ra] m,f collaboratore m, -trice f

colaborar [kolaβo'rar] vi colaborar (en ○ con) collaborare (a ○ con)

colador [kola'ðor] m colino m

colar [ko'lar] ◇ vt **1.** (líquido) colare **2.** (lo falso, lo ilegal, etc) far passare ◇ vi (mentira) snocciolare ◆ **colarse** vp **1.** (en cine, metro, etc) imbucarsi **2.** (equivocarse) sbagliarsi

colcha ['koltʃa] f coperta f

colchón [kol'tʃon] m materasso m

colchoneta [koltʃo'neta] f materassino m

colección [kolek'θjon] f collezione f

coleccionar [kolekθjo'nar] vt collezionare

coleccionista [kolekθjo'nista] mf collezionista mf

colecta [ko'lekta] f colletta f

colectivo, va [kolek'tiβo, βa] ◇ adj collettivo(a) ◇ m **1.** collettivo m **2.** (Andes) (taxi) pullmino m

colega [ko'leɣa] mf collega mf
colegiado, da [kole'xjaðo, ða] m,f collegiato m, -a f
colegial, la [kole'xjal, la] m,f studente m, -essa f
colegio [ko'lexjo] m 1. *(de estudiantes)* scuola f 2. *(de profesionales)* albo m
cólera[1] ['kolera] m colera m inv
cólera[2] ['kolera] f collera f
colérico, ca [ko'leriko, ka] adj collerico(a)
colesterol [koleste'rol] m colesterolo m
coleta [ko'leta] f codino m
colgador [kolɣa'ðor] m attaccapanni m
colgar [kol'ɣar] vt 1. *(ropa, cuadro, etc)* appendere 2. *(ahorcar)* impiccare 3. *(fam) (abandonar)* mollare
coliflor [koli'flor] f cavolfiore m
colilla [ko'liʎa] f mozzicone m
colina [ko'lina] f collina f
colirio [ko'lirjo] m collirio m
colitis [ko'litis] f inv colite f
collage [ko'ʎaxe] m collage m inv
collar [ko'ʎar] m 1. *(joya)* collana f 2. *(para animales)* collare m
collarín [koʎa'rin] m collare m
colmar [kol'mar] vt colmare ◆ **colmar a alguien de (algo)** colmare qn di
colmena [kol'mena] f alveare m
colmillo [kol'miʎo] m 1. *(de persona)* canino m 2. *(de elefante)* zanna f
colmo ['kolmo] m ◆ **ser el colmo (de)** essere il colmo (di)
colocación [koloka'θjon] f collocazione f
colocar [kolo'kar] vt collocare ◆ **colocar a alguien** sistemare qn ◆ **colocarse** vp *(fam) (con drogas)* farsi
Colombia [ko'lombja] f Colombia f
colombiano, na [kolom'bjano, na] adj & m,f colombiano(a)
colonia [ko'lonja] f 1. colonia f 2. *(Méx)* quartiere m ◆ **colonia proletaria** *(Méx)* quartiere povero
colonización [koloniθa'θjon] f colonizzazione f
colonizar [koloni'θar] vt colonizzare
colono, na [ko'lono, na] m,f colono m, -a f
coloquial [koloki'al] adj colloquiale
coloquio [ko'lokjo] m colloquio m
color [ko'lor] m 1. colore m 2. *(colorante)* tinta m 3. ◆ **en color** a colori
colorado, da [kolo'raðo, ða] adj rosso(a) ◆ **ponerse colorado** arrossire
colorante [kolo'rante] m colorante m
colorete [kolo'rete] m fard m inv
colorido [kolo'riðo] m colorito m
colosal [kolo'sal] adj colossale
columna [ko'lumna] f colonna f ◆ **columna vertebral** colonna vertebrale
columpiarse [kolum'pjarse] vp dondolarsi
columpio [ko'lumpjo] m altalena f
coma[1] ['koma] f virgola f
coma[2] ['koma] m ◆ **estar en coma** essere in coma
comadre [ko'maðre] f *(CAm & Méx)* amica f
comadreja [koma'ðrexa] f donnola f
comadrona [koma'ðrona] f levatrice f
comal [ko'mal] m *(CAm & Méx)* piatto

di terracotta per cuocere torte di mais e tostare caffè o cacao

comandante [koman'dante] *mf* comandante *m*

comando [ko'mando] *m* MIL commando *m inv*

comarca [ko'marka] *f* regione *f*

combate [kom'bate] *m* combattimento *m*

combatir [komba'tir] *vi* & *vt* combattere

combinación [kombina'θjon] *f* **1.** combinazione *f* **2.** *(de transportes)* coincidenza *f* **3.** *(prenda femenina)* completo *m*

combinado [kombi'naðo] *m* mix *m inv*

combinar [kombi'nar] ◇ *vt* combinare ◇ *vi* stare bene insieme ● **combinar algo con algo** conciliare qc con qc

combustible [kombus'tiβle] *m* combustibile *m*

combustión [kombus'tjon] *f* combustione *f*

comedia [ko'meðja] *f* commedia *f* ● **hacer comedia** *(fam)* fare la commedia

comediante [kome'ðjante] *mf* commediante *mf*

comedor [kome'ðor] *m* **1.** *(habitación)* sala *f* da pranzo **2.** *(muebles)* mobilio *m* della sala da pranzo

comensal [komen'sal] *mf* commensale *mf*

comentar [komen'tar] *vt* commentare

comentario [komen'tarjo] *m* commento *m*

comentarista [komenta'rista] *mf* commentatore *m*, -trice *f*

comenzar [komen'θar] *vt* & *vi* cominciare ● **comenzara hacer algo** cominciare a fare qc

comer [ko'mer] *vt* & *vi* mangiare

comercial [komer'θjal] ◇ *adj* commerciale ◇ *m* *(Amér)* spot *m inv*

comercializar [komerθjali'θar] *vt* commercializzare

comerciante [komer'θjante] *mf* commerciante *mf*

comerciar [komer'θjar] *vi* ● **comerciar (con)** commerciare (con)

comercio [ko'merθjo] *m* **1.** *(negocio)* attività *f* commerciale **2.** *(tienda)* negozio *m*

comestible [komes'tiβle] *adj* commestibile ● **comestibles** *mpl* **1.** *(alimentos)* cibo *m* **2.** *(tienda)* alimentari *mpl*

cometa [ko'meta] ◇ *m* cometa *f* ◇ *f* aquilone *m*

cometer [kome'ter] *vt* commettere

cometido [kome'tiðo] *m* commissione *f*

cómic ['komik] *m* fumetto *m*

comicios [ko'miθjos] *mpl (formal)* comizi *mpl*

cómico, ca ['komiko, ka] *adj* & *m,f* comico(a)

comida [ko'miða] *f* **1.** *(alimento)* cibo *m* **2.** *(almuerzo)* pranzo *m* ● **comida rápida** cucina *f* rapida ● **comidas caseras** cucina *f* casereccia ● **comidas para llevar** cibo da portare via

comienzo [ko'mjenθo] *m* inizio *m* ● **a comienzos de** all'inizio di

comillas [ko'miʎas] *fpl* virgolette *fpl* ● **entre comillas** tra virgolette

comilón, ona [komi'lon, ona] *adj* (*CSur & Esp*) (*fam*) mangione(a)

comilona [komi'lona] *f* (*fam*) abbuffata *f*

comino [ko'mino] *m* cumino *m* ♦ **importar un comino** (*fam*) non importare un fico secco

comisaría [komisa'ria] *f* commissariato *m*

comisario, ria [komi'sarjo, rja] *m,f* **1.** (*de policía*) commissario *m* **2.** (*de exposición, museo*) ispettore *m*, -trice *f*

comisión [komi'sjon] *f* commissione *f*

comisura [komi'sura] *f* commessura *f*

comité [komi'te] *m* comitato *m*

comitiva [komi'tiβa] *f* comitiva *f*

como ['komo] ◇ *adv* come ◇ *conj* siccome ♦ **tan...como...** (così)... come ♦ **como si** come se

cómo ['komo] ◇ *adv* come ◇ *m* **el cómo y el porqué** il perché e il percome ♦ **¿cómo?** come? ♦ **¡cómo no!** come no!

cómoda ['komoða] *f* comò *m inv*

cómodamente [,komoða'mente] *adv* comodamente

comodidad [komoði'ðað] *f* comodità *f inv* ♦ **comodidades** *fpl* agi *mpl*

comodín [komo'ðin] *m* jolly *m inv*

cómodo, da ['komoðo, ða] *adj* comodo(a)

comodón, ona [komo'ðon, ona] *adj* pigrone(a)

compacto, ta [kom'pakto, ta] *adj* compatto(a)

compadecer [kompaðe'θer] *vt* compatire ♦ **compadecerse de** *v + prep* compatire

compadre [kom'paðre] *m* (*CAm & Méx*) amico *m*

compadrear [kompaðre'ar] *vi* (*RP*) (*fam*) fare lo sbruffone

compadreo [kompa'ðreo] *m* (*RP*) (*fam*) combutta *f*

compaginar [kompaxi'nar] *vt* ♦ **compaginar algo con algo** conciliare qc con qc

compañerismo [kompaɲe'rizmo] *m* cameratismo *m*

compañero, ra [kompa'ɲero, ra] *m,f* compagno *m*, -a *f*

compañía [kompa'ɲia] *f* compagnia *f* ♦ **de compañía** di compagnia ♦ **hacer compañía** fare compagnia

comparación [kompara'θjon] *f* confronto *m*

comparar [kompa'rar] *vt* **1.** (*examinar, analizar*) confrontare **2.** (*equiparar*) paragonare ♦ **compararse con** *v + prep* paragonarsi a

comparsa [kom'parsa] ◇ *f* **1.** compagnia di persone mascherate che sfilano per le vie in occasione di certe festività **2.** (*de teatro*) comparsa *f* ◇ *mf* comparsa *f*

compartir [kompar'tir] *vt* condividere ♦ **compartir algo con alguien** condividere qc con qn

compás [kom'pas] *m* **1.** (*instrumento*) compasso *m* **2.** (*ritmo*) ritmo *m*

compasión [kompa'sjon] *f* compassione *f*

compasivo, va [kompa'siβo, βa] *adj* compassionevole

compatible [kompa'tiβle] *adj* compatibile ◆ **compatible con** compatibile con

compatriota [kompa'trjota] *mf* compatriota *mf*

compenetrarse [kompene'trarse] *vp* ◆ **compenetrarse (con)** identificarsi (con)

compensación [kompensa'θjon] *f* compensazione *f*

compensar [kompen'sar] *vt* compensare ◆ **compensar algo con algo** compensare qc con qc

competencia [kompe'tenθja] *f* **1.** *(rivalidad)* concorrenza *f* **2.** *(incumbencia)* incombenza *f* **3.** *(aptitud)* competenza *f* **4.** *(Amér) (de deporte)* gara *f*

competente [kompe'tente] *adj* competente

competición [kompeti'θjon] *f* gara *f*

competir [kompe'tir] *vi* gareggiare

competitivo, va [kompeti'tiβo, βa] *adj* competitivo(a)

complacer [kompla'θer] *vt & vi* compiacere ◆ **complacerse en** *v + prep* compiacersi di

complaciente [kompla'θjente] *adj* compiacente

complejidad [komplexi'ðað] *f* complessità *f inv*

complejo, ja [kom'plexo, xa] ◇ *adj* complesso(a) ◇ *m* complesso *m*

complementar [komplemen'tar] *vt* completare ◆ **complementarse** *vp* completarsi

complementario, ria [komplemen'tarjo, rja] *adj* complementare

complemento [komple'mento] *m* **1.** *(accesorio)* accessorio *m* **2.** *(en gramática)* complemento *m*

completamente [kom,pleta'mente] *adv* completamente

completar [komple'tar] *vt* completare

completo, ta [kom'pleto, ta] *adj* completo(a) ◆ **por completo** completamente ◆ **completo** al completo

complexión [komplek'sjon] *f* costituzione *f*

complicación [komplika'θjon] *f* complicazione *f*

complicado, da [kompli'kaðo, ða] *adj* complicato(a)

complicar [kompli'kar] *vt* complicare ◆ **complicar a alguien en** coinvolgere qn in ◆ **complicarse** *vp* complicarsi

cómplice ['kompliθe] *mf* complice *mf*

complot [kom'plot] *m* complotto *m*

componente [kompo'nente] *m* componente *m*

componer [kompo'ner] *vt* **1.** comporre **2.** *(lo roto, desordenado)* ricomporre ◆ **componerse** *vp* (Amér) *(mejorarse)* rimettersi ◆ **componerse de** *v + prep* comporsi di ◆ **componérselas** arrangiarsi

comportamiento [komporta'mjento] *m* comportamento *m*

comportar [kompor'tar] *vt* comportare ◆ **comportarse** *vp* comportarsi

composición [komposi'θjon] *f* composizione *f*

compositor, ra [komposi'tor, ra] *m,f* compositore *m*, -trice *f*

compostura [kompos'tura] *f* portamento *m*

compota [kom'pota] *f* composta *f*

compra ['kompra] *f* **1.** acquisto *m* **2.** ● hacer la compra fare la spesa *f* ● ir de compras fare acquisti

comprador, ra [kompra'ðor, ra] *m,f* acquirente *mf*

comprar [kom'prar] *vt* comprare

comprender [kompren'der] *vt* comprendere

comprensible [kompren'siβle] *adj* comprensibile

comprensión [kompren'sjon] *f* comprensione *f*

comprensivo, va [kompren'siβo, βa] *adj* comprensivo(a)

compresa [kom'presa] *f* **1.** *(para uso médico)* compressa *f* **2.** *(para higiene femenina)* assorbente *m*

compresor [kompre'sor] *m* compressore *m*

comprimido, da [kompri'miðo, ða] ⋄ *adj* compresso(a) ⋄ *m* compresso *f*

comprimir [kompri'mir] *vt* comprimere

comprobación [komproβa'θjon] *f* verifica *f*

comprobar [kompro'βar] *vt* verificare

comprometer [komprome'ter] *vt* compromettere ● **comprometerse** *vp* impegnarsi ● comprometerse con algo/ alguien impegnarsi in qc/con qn ● comprometerse a hacer algo impegnarsi a fare qc

comprometido, da [komprome'tiðo, ða] *adj* impegnato(a)

compromiso [kompro'miso] *m* **1.** *(obligación)* impegno *m* **2.** *(acuerdo)* compromesso *m* **3.** *(apuro)* difficoltà *f inv* ● sin compromiso senza impegni

compuerta [kom'pwerta] *f* chiusa *f*

compuesto, ta [kom'pwesto, ta] ⋄ *adj* **1.** *(por varios elementos)* composto(a) **2.** *(reparado)* aggiustato(a) ⋄ *m* composto *m*

compungido, da [kompun'xiðo, ða] *adj* compunto(a)

comulgar [komul'ɣar] *vi* comunicare ● **comulgar con** *v + prep* condividere con

común [ko'mun] *adj* comune

comuna [ko'muna] *f* comune *f*

comunicación [komunika'θjon] *f* **1.** comunicazione *f* **2.** *(por carretera, tren, etc)* collegamento *m* ● cortar la comunicación cadere la linea

comunicado, da [komuni'kaðo, ða] ⋄ *adj* comunicato(a) ⋄ *m* comunicato *m* ● bien/mal comunicato ben/mal collegato(a)

comunicar [komuni'kar] ⋄ *vt* comunicare ⋄ *vi* essere occupato

comunicativo, va [komunika'tiβo, βa] *adj* comunicativo(a)

comunidad [komuni'ðað] *f* comunità *f inv* ● comunidad autónoma regione a statuto autonomo ● Comunidad Europea Comunità Europea

---

comunidad autónoma

La *comunidad autónoma* in Spagna è un organo territoriale, composto da una o diverse province, che gode di autonomia legislativa, di alcune funzioni esecutive e possiede un tribunale superiore di giustizia. Alle 17 comunità, istituite nel 1978, si aggiungono le enclavi di Ceuta e Melilla sulla costa mediterranea del Marocco.

comunión [komu'njon] *f* comunione *f*

comunismo [komu'nizmo] *m* comunismo *m*

comunista [komu'nista] *mf* comunista *mf*

comunitario, ria [komuni'tarjo, rja] *adj* comunitario(a)

con [kon] *prep* **1.** *(modo, medio)* con ♦ lo ha conseguido con su esfuerzo c i è riuscito con il suo impegno; clavó el clavo con el martillo ha piantato il chiodo con il martello **2.** *(compañía)* con ♦ trabaja con su padre lavora con suo padre **3.** *(que contiene)* con ♦ le robaron la cartera con varios documentos gli hanno rubato il portafoglio con alcuni documenti **4.** *(a pesar de)* malgrado ♦ con lo aplicado que es lo han suspendido malgrado il suo impegno, lo hanno bocciato ♦ con todo iremos a su casa malgrado tutto andremo a casa sua **5.** *(condición)* ♦ con salir a las cinco será suficiente basta uscire alle cinque **6.** *(en locuciones)* ♦ con (tal) que a patto che

conato [ko'nato] *m* conato *m*

cóncavo, va [ˈkonkaβo, βa] *adj* concavo(a)

concebir [konθe'βir] *vt* concepire

conceder [konθe'ðer] *vt* concedere

concejal, la [konθe'xal, la] *mf* consigliere *m*, -a *f* comunale

concentración [konθentra'θjon] *f* concentrazione *f*

concentrado, da [konθen'traðo, ða] *adj* concentrato(a) ◊ *m* concentrato *m*

concentrar [konθen'trar] *vt* **1.** *(interés, atención)* concentrare **2.** *(lo desunido)* raccogliere ♦ **concentrarse** *vp* ♦ concentrarse **(en)** *(estudio, trabajo, etc)* concentrarsi (su); *(lugar)* concentrarsi (in)

concepción [konθep'θjon] *f* concezione *f*

concepto [kon'θepto] *m* concetto *m* ♦ en concepto de a titolo di

concernir [konθer'nir] *vi* **1.** riguardare **2.** ♦ concernir a alguien hacer algo spettare a qn di fare qc

concertación [konθerta'θjon] *f* concertazione *f*

concertado, da [konθer'taðo, ða] *adj* concertato(a)

concertar [konθer'tar] *vt* fissare

concesión [konθe'sjon] *f* concessione *f*

concesionario, ria [konθesjo'narjo, rja] *adj* concessionario(a) ◊ *m* concessionario *m*

concha [ˈkontʃa] *f* **1.** *(caparazón)* conchiglia *f* **2.** *(material)* tartaruga *f*

conciencia [konˈθjenθja] *f* coscienza *f* ♦ a conciencia coscienziosamente ♦ tener conciencia de essere consapevole di

concienzudo, da [konθjenˈθuðo, ða] *adj* coscienzioso(a)

concierto [konˈθjerto] *m* **1.** concerto *m*

2. *(convenio)* accordo *m*
conciliación [konθilja'θjon] *f* conciliazione *f*
conciliar [konθi'ljar] *vt* conciliare ♦ **conciliarse** *vp* ♦ **conciliarse (con)** accattivarsi
concisión [konθi'sjon] *f* concisione *f*
conciso, sa [kon'θiso, sa] *adj* conciso(a)
concluir [konylu'ir] *vt* concludere
conclusión [konklu'sjon] *f* conclusione *f*
concordancia [konkor'ðanθja] *f* concordanza *f*
concordar [konkor'ðar] *vt* concordare ♦ **concordar en** *v + prep* concordare in ♦ **concordar con** *v + prep* concordare con
concordia [kon'korðja] *f* concordia *f*
concretar [konkre'tar] *vt* concretare
concreto, ta [kon'kreto, ta] ♦ *adj* concreto(a) ♦ *m* ♦ **concreto armado** *(Amér)* cemento *m* armato
concubina [konku'βina] *f* concubina *f*
concurrencia [konku'renθja] *f* **1.** *(público)* affluenza *f* **2.** *(de hechos)* coincidenza *f*
concurrente [konku'rente] *adj* concorrente
concurrido, da [konku'riðo, ða] *adj* frequentato(a)
concurrir [konku'rir] *vi* **1.** *(asistir)* partecipare **2.** *(coincidir)* coincidere
concursante [konkur'sante] *mf* concorrente *mf*
concursar [konkur'sar] *vi* concorrere
concurso [kon'kurso] *m* concorso *m*
condado [kon'daðo] *m* contea *f*

condal [kon'dal] *adj* comitale
conde, desa ['konde, 'desa] *m,f* conte *m*
condecoración [kondekora'θjon] *f* decorazione *f*
condena [kon'dena] *f* condanna *f*
condenado, da [konde'naðo, ða] *adj* & *m,f* condannato(a)
condenar [konde'nar] *vt* condannare
condensación [kondensa'θjon] *f* condensazione *f*
condensar [konden'sar] *vt* **1.** *(abreviar)* sintetizzare **2.** *(espesar)* condensare
condición [kondi'θjon] *f* **1.** condizione *f* **2.** *(modo de ser)* indole *f* ♦ **condiciones** *fpl* condizioni *fpl* ♦ **estar en buenas/malas condiciones** essere in buone/cattive condizioni
condicional [kondiθjo'nal] *adj* condizionale
condimentar [kondimen'tar] *vt* condire
condimento [kondi'mento] *m* condimento *m*
condominio [kondo'minjo] *m* *(Méx)* condominio *m*
conducción [konduk'θjon] *f* **1.** *(de vehículos)* guida *f* **2.** *(cañerías)* conduttura *f*
conducir [kondu'θir] *vt* & *vi* **1.** *(vehículo)* guidare **2.** *(debate)* condurre
conducta [kon'dukta] *f* condotta *f*
conducto [kon'dukto] *m* **1.** *(tubo)* condotto *m* **2.** *(vía)* via *f*
conductor, ra [konduk'tor, ra] *m,f* **1.** *(de vehículo)* autista *mf* **2.** *(transmisor)* conduttore *m*, -trice *f*

conectar [konek'tar] vt collegare ◇ vi ● **conectar (con)** (contactar con) contattare; (entenderse) andare d'accordo

conejera [kone'xera] f tana f

conejo, ja [ko'nexo, xa] m,f coniglio m, -a f

conexión [konek'sjon] f collegamento m

confección [konfek'θjon] f confezione f ● **confecciones** fpl atelier m inv

confederación [konfeðera'θjon] f confederazione f

conferencia [konfe'renθja] f 1. (disertación) conferenza f 2. (por teléfono) telefonata f interurbana

conferenciante [konferen'θjante] mf conferenziere m, -a f

confesar [konfe'sar] vt confessare ● **confesarse** vp confessarsi

confesión [konfe'sjon] f confessione f

confesionario [konfesjo'narjo] m confessionale m

confesor [konfe'sor] m confessore m

confeti [kon'feti] m coriandoli mpl

confiado, da [kon'fjaðo, ða] adj fiducioso(a)

confianza [kon'fjanθa] f 1. fiducia f 2. (trato familiar) confidenza f

confiar [konfi'ar] vt 1. (secreto) confidare 2. (persona, cosa) affidare ● **confiar en** v + prep 1. (persona) confidare in 2. (suerte, futuro) sperare in ● **confiarse** vp essere troppo sicuri di sé

confidencia [konfi'ðenθja] f confidenza f

confidencial [konfiðen'θjal] adj confidenziale

confidente [konfi'ðente] mf confidente mf

configuración [konfiɣura'θjon] f configurazione f

configurar [konfiɣu'rar] vt configurare

confirmación [konfirma'θjon] f 1. (afirmación) conferma f 2. (sacramento) cresima f

confirmar [konfir'mar] vt confermare

confiscar [konfis'kar] vt confiscare

confitado, da [konfi'taðo, ða] adj candito(a)

confite [kon'fite] m confetto m

confitería [konfite'rja] f 1. (tienda) confetteria f 2. (CSur) (café) bar m inv

confitura [konfi'tura] f confettura f

conflictivo, va [konflik'tiβo, βa] adj conflittuale

conflicto [kon'flikto] m conflitto m

confluencia [kon'flwenθja] f confluenza f

confluir [konflu'ir] ● **confluir en** v + prep confluire in

conformarse [konfor'marse] vp ● **conformarse (con)** accontentarsi (di)

conforme [kon'forme] ◇ adj (de acuerdo) conforme ◇ adv 1. (como) appena 2. (según) secondo ● **conforme a** secondo ● **conforme con** d'accordo con

conformidad [konformi'ðað] f ● **dar la conformidad** dare il consenso a

conformismo [konfor'mizmo] m conformismo m

conformista [konfor'mista] mf conformista mf

confort [kon'for] m comfort m inv

confortable [konfor'taβle] *adj* confortevole

confrontación [konfronta'θjon] *f* confronto *m*

confundir [konfun'dir] *vt* confondere ✦ **confundir algo/a alguien con** confondere qc/qn con ✦ **confundirse** *vp* sbagliarsi ✦ **confundirse con** *v* + *prep* confondersi con

confusión [konfu'sjon] *f* confusione *f*

confuso, sa [kon'fuso, sa] *adj* confuso(a)

congelación [konxela'θjon] *f* congelamento *m*

congelado, da [konxe'laðo, ða] *adj* 1. *(alimentos, productos, etc)* congelato(a) 2. *(persona)* assiderato(a) ✦ **congelados** *mpl* surgelati *mpl*

congelador [konxela'ðor] *m* congelatore *m*

congelar [konxe'lar] *vt* 1. *(líquido)* congelare 2. *(alimentos)* surgelare ✦ **congelarse** *vp* assiderarsi

congeniar [konxe'njarkon] *vp* ✦ **congeniar (con)** simpatizzare (con)

congénito, ta [kon'xenito, ta] *adj* congenito(a)

congestión [konxes'tjon] *f* congestione *f*

conglomerado [konglome'raðo] *m* agglomerato *m*

congregar [kongre'yar] *vt* radunare ✦ **congregarse** *vp* radunarsi

congresista [kongre'sista] *mf* congressista *mf*

congreso [kon'greso] *m* 1. *(de especialistas)* congresso *m* 2. *(en política)* Camera *f*

conjetura [konxe'tura] *f* congettura *f*

conjugación [konxuya'θjon] *f* 1. *(de verbos)* coniugazione *f* 2. *(de colores, estilos, etc)* combinazione *f*

conjugar [konxu'yar] *vt* coniugare

conjunción [konxun'θjon] *f* GRAM congiunzione *f*

conjuntamente [kon,xunta'mente] *adv* insieme

conjuntivitis [konxunti'βitis] *f inv* congiuntivite *f*

conjunto [kon'xunto] *m* 1. *(de personas, cosas)* complesso *m* 3. *(ropa)* completo *m* ✦ **en conjunto** nell'insieme

conmemoración [kommemora'θjon] *f* commemorazione *f*

conmemorar [kommemo'rar] *vt* commemorare

conmigo [kom'miyo] *pron* con me

conmoción [kommo'θjon] *f* turbamento *m* ✦ **conmoción cerebral** commozione *f* cerebrale

conmover [kommo'βer] *vt* commuovere

conmutador [kommuta'ðor] *m* 1. *(de electricidad)* commutatore *m* 2. *(Amér) (de teléfonos)* centralino *m*

cono ['kono] *m* cono *m*

conocer [kono'θer] *vt* 1. conoscere 2. *(distinguir)* riconoscere ✦ **conocerse** *vp* 1. conoscersi 2. *(reconocerse)* riconoscersi

conocido, da [kono'θiðo, ða] *adj* conosciuto(a) ✦ *m,f* conoscente *mf*

conocimiento [konoθi'mjento] m conoscenza f ● **conocimientos** mpl conoscenza f

conque [konke] conj dunque

conquista [kon'kista] f conquista f

conquistador, ra [konkista'ðor, ra] m conquistatore m, -trice f

conquistar [konkis'tar] vt **1.** conquistare **2.** (puesto, trabajo, etc) conseguire

consagrado, da [konsa'ɣraðo, ða] adj consacrato(a)

consagrar [konsa'ɣrar] vt consacrare

consciente [kons'θjente] adj conscio(a) ● **ser consciente de** essere consapevole di

consecuencia [konse'kwenθja] f conseguenza f ● **en consecuencia** di conseguenza

consecuente [konse'kwente] adj **1.** (persona) coerente **2.** (hecho) conseguente

consecutivo, va [konseku'tiβo, βa] adj consecutivo(a)

conseguir [konse'ɣir] vt **1.** ● **conseguir algo** ottenere qc **2.** ● **conseguir hacer algo** riuscire a fare qc

consejo [kon'sexo] m consiglio m

consenso [kon'senso] m consenso m

consentido, da [konsen'tiðo, ða] adj viziato(a)

consentir [konsen'tir] vt consentire

conserje [kon'serxe] mf custode mf

conserjería [konserxe'ria] f portineria f

conserva [kon'serβa] f conserva f ● **en conserva** in conserva

conservador, ra [konserβa'ðor, ra] adj conservatore(trice)

conservadurismo [konserβaðu'rizmo] m conservatorismo m

conservante [konser'βante] m conservante m

conservar [konser'βar] vt conservare ● **conservarse** vp conservarsi

conservatorio [konserβa'torjo] m conservatorio m

considerable [konsiðe'raβle] adj considerevole

consideración [konsiðera'θjon] f considerazione f ● **de consideración** di tutto rispetto

considerar [konsiðe'rar] vt considerare

consigna [kon'siɣna] f **1.** (orden) ordine m **2.** (depósito) deposito m bagagli ● **en consigna** in deposito

consignación [konsiɣna'θjon] f deposito m

consigo [kon'siɣo] pron con sé

consiguiente [konsiɣi'ente] ● **por consiguiente** adv quindi

consistencia [konsis'tenθja] f consistenza f

consistente [konsis'tente] adj consistente

consistir [konsis'tir] ● **consistir en** v + prep **1.** (componerse de) consistere di **2.** (estar fundado en) consistere in ● **su trabajo consiste en responder al teléfono** il suo lavoro consiste nel rispondere al telefono

consistorio [konsis'torjo] m (ayuntamiento) municipio m

consola [kon'sola] f mensola f inv

consolar [konso'lar] vt consolare ●

consolarse vp consolarsi
consolidación [konsoliða'θjon] f consolidamento m
consolidar [konsoli'ðar] vt consolidare
consomé [konso'me] m consommé m inv ◆ **consomé al jerez** consommé allo sherry
consonante [konso'nante] f consonante f
consorcio [kon'sorθjo] m consorzio m
consorte [kon'sorte] mf consorte mf
conspiración [konspira'θjon] f cospirazione f
conspirar [konspi'rar] vi cospirare
constancia [kons'tanθja] f costanza f
constante [kons'tante] adj costante
constantemente [kons,tante'mente] adv costantemente
constar [kons'tar] vi ◆ **constar (en)** risultare (da) ◆ **constar de** v + prep constare di ◆ **me consta que** mi risulta che ◆ **que conste que** si tenga presente che
constelación [konstela'θjon] f costellazione f
constipado [konsti'paðo] m (formal) raffreddore m
constiparse [konsti'parse] vp (formal) raffreddarsi
constitución [konstitu'θjon] f costituzione f
constitucional [konstituθjo'nal] adj costituzionale
constituir [konstitu'ir] vt costituire ◆ **constituirse** vp costituirsi ◆ **constituirse de** v + prep essere costituito da

construcción [konstruk'θjon] f costruzione f
constructivo, va [konstruk'tiβo, βa] adj costruttivo(a)
constructor [konstruk'tor] m costruttore m
constructora [konstruk'tora] f impresa f edile
construir [konstru'ir] vt costruire
consuelo [kon'swelo] m 1. (sentimiento) consolazione f 2. (remedio) rimedio m
cónsul ['konsul] mf console m
consulado [konsu'laðo] m consolato m
consulta [kon'sulta] f 1. consultazione f 2. ◆ **consulta (médica)** consultorio m
consultar [konsul'tar] vt consultare
consultorio [konsul'torjo] m 1. (de médico) consultorio m 2. (de revista, de radio, etc) angolo m della posta
consumición [konsumi'θjon] f (Esp) consumazione f 2. ◆ **consumición obligatoria** consumazione obbligatoria
consumidor, ra [konsumi'ðor, ra] m,f consumatore m, -trice f
consumir [konsu'mir] ◇ vt 1. (gastar) consumare 2. (acabar totalmente) dilapidare ◇ vi spendere ◆ **consumirse** vp consumarsi
consumismo [konsu'mizmo] m consumismo m
consumo [kon'sumo] m consumo m
contabilidad [kontaβili'ðað] f contabilità f inv
contable [kon'taβle] mf (Esp) contabile mf
contacto [kon'takto] m 1. contatto m 2.

● **ponerse en contacto con** metterси in contatto con

contador, dora [konta'ðor, ra] ◇ m,f (*Amér*) contabile mf ◇ m (*de luz, gas, teléfono*) contatore m

contagiar [konta'xjar] vt contagiare

contagio [kon'taxjo] m contagio m ● **por contagio** per contagio

contagioso, sa [konta'xjoso, sa] adj contagioso(a)

container [kontai'ner] m **1.** (*de mercacías*) container m inv **2.** (*de basuras*) cassonetto m dell'immondizia

contaminación [kontamina'θjon] f inquinamento m

contaminado, da [kontami'naðo, ða] adj inquinato(a)

contaminar [kontami'nar] vt inquinare ◆ **contaminarse** vp inquinarsi

contar [kon'tar] ◇ vt **1.** contare **2.** (*explicar*) raccontare ◇ vi contare ● **contar con** v + prep contare su ● **contar con alguien** contare su qn

contemplaciones [kontempla'θjones] fpl riguardi mpl ● **sin contemplaciones** senza riguardi

contemplar [kontem'plar] vt osservare

contemporáneo, a [kontempo'raneo, a] adj contemporaneo(a)

contenedor [kontene'ðor] m contenitore m ● **contenedor de basura** cassonetto m dell'immondizia

contener [konte'ner] vt **1.** (*llevar*) contenere **2.** (*impedir*) trattenere ◆ **contenerse** vp trattenersi

contenido, da [konte'niðo, ða] ◇ adj contenuto(a) ◇ m contenuto m

contentar [konten'tar] vt accontentare ◆ **contentarse con** v + prep accontentarsi di

contento, ta [kon'tento, ta] adj contento(a)

contestación [kontesta'θjon] f risposta f

contestador [kontesta'ðor] m ● **contestador automático** segreteria f telefonica

contestar [kontes'tar] ◇ vt (*responder*) rispondere ◇ vi **1.** (*responder mal*) contestare **2.** (*responder*) rispondere

contexto [kon'teksto] m contesto m

contigo [kon'tiɣo] pron con te

contiguo, gua [kon'tiɣwo, ɣwa] adj contiguo(a)

continental [kontinen'tal] adj continentale

continente [konti'nente] m continente m

continuación [kontinwa'θjon] f continuazione f ● **a continuación** di seguito

continuamente [kon'tinwa'mente] adv continuamente

continuar [kontinu'ar] ◇ vt continuare ◇ vi **1.** (*permanecer*) persistere **2.** (*extenderse*) continuare

continuo, nua [kon'tinwo, nwa] adj continuo(a)

contorno [kon'torno] m contorno m

contra [‘kontra] ◇ prep contro ◇ m contro m ● **en contra** contro ● **en contra de** contro ● **los pros y los contras** i pro e i contro

contrabajo [kontra'βaxo] *m* contrabbasso *m*

contrabandista [kontraβan'dista] *mf* contrabbandiere *m*, -a *f*

contrabando [kontra'βando] *m* contrabbando *m*

contracorriente [ˌkontrako'rjente] *f* controcorrente *f* ● **a contracorriente** controcorrente

contradecir [kontraðe'θir] *vt* contraddire ● **contradecirse** *vp* contraddirsi

contradicción [kontraðik'θjon] *f* contraddizione *f*

contradictorio, ria [kontraðik'torjo, rja] *adj* contraddittorio(a)

contraer [kontra'er] *vt* contrarre ● **contraer matrimonio** contrarre matrimonio

contraindicado, da [ˌkontrajndi'kaðo, ða] *adj* controindicato(a)

contraluz [kontra'luθ] *m* controluce *m inv* ● **a contraluz** in controluce

contrapartida [ˌkontrapar'tiða] *f* contropartita *f* ● **en contrapartida** come contropartita

contrapelo [kontra'pelo] *m* ● **a contrapelo** contropelo *m*

contrapeso [kontra'peso] *m* contrappeso *m*

contrariar [kontrari'ar] *vt* contrariare

contrario, ria [kon'trarjo, rja] ◇ *adj* contrario(a) ◇ *m,f* avversario *m*, -a *f* ● **al contrario** al contrario ● **por el contrario** al contrario ● **llevar la contraria** contraddire

contraseña [kontra'seɲa] *f* password *f inv*

contrastar [kontras'tar] ◇ *vt* **1.** *(comparar)* confrontare **2.** *(comprobar)* verificare ◇ *vi* contrastare

contraste [kon'traste] *m* contrasto *m*

contratar [kontra'tar] *vt* contrattare

contratiempo [kontra'tjempo] *m* contrattempo *m*

contrato [kon'trato] *m* contratto *m*

contribuir [kontriβu'ir] *vi* ● **contribuir (a o con)** contribuire (a o con)

contrincante [kontrin'kante] *mf* rivale *mf*

control [kon'trol] *m* controllo *m* ● **control de pasaportes** controllo passaporti

controlar [kontro'lar] *vt* controllare ● **controlarse** *vp* controllarsi

contusión [kontu'sjon] *f* contusione *f*

convalidar [kombali'ðar] *vt* convalidare

convencer [komben'θer] *vt* & *vi* convincere

convención [komben'θjon] *f* convenzione *f*

convencional [kombenθjo'nal] *adj* convenzionale

conveniente [kombe'njente] *adj* conveniente

convenio [kon'benjo] *m* accordo *m*

convenir [kombe'nir] *vt* & *vi* convenire

convento [kon'bento] *m* convento *m*

conversación [kombersa'θjon] *f* conversazione *f* ● **dar conversación a alguien** chiacchierare con qn

conversar [komber'sar] *vi* conversare

convertir [komber'tir] *vt* ● **convertir algo/a alguien en algo** trasformare qc/

qn in qc ● **convertirse en** v + prep diventare ● **convertirse a** v + prep convertirsi a

convicción [kombik'θjon] f convinzione f ● **convicciones** fpl principi mpl

convincente [kombin'θente] adj convincente

convivencia [kombi'βenθja] f convivenza f

convivir [kombi'βir] ● **convivir con** v + prep convivere con

convocar [kombo'kar] vt convocare

convocatoria [komboka'torja] f 1. convocazione f 2. (para concurso) bando m di concorso 3. (de examen) appello m

convulsión [kombul'sjon] f 1. (de espasmo) convulsione f 2. (conmoción, revolución) agitazione f

cónyuge ['konʝuxe] mf coniuge mf

coñac [ko'nak] m cognac m inv

coño [ko'ɲo] m (vulg) figa f ◇ interj (vulg) cazzo!

cooperar [koope'rar] vi cooperare

cooperativa [koopera'tiβa] f cooperativa f

coordinación [koorðina'θjon] f 1. (de ideas, movimientos) coordinazione m 2. (de esfuerzos, medios) coordinamento m

coordinar [koorði'nar] vt coordinare

copa ['kopa] f 1. (para beber) bicchiere m 2. (trofeo) coppa f 3. (de árbol) chioma f ● **invitar a una copa** offrire da bere ● **tomar una copa** bere qualcosa ● **ir de copas** fare il giro di diversi locali per bere qualcosa ● **copas** fpl (de la baraja) coppe fpl

copia ['kopja] f copia f

copiar [ko'pjar] vt copiare

copiloto [kopi'loto] m copilota mf

copioso, sa [ko'pjoso, sa] adj copioso(a)

copla ['kopla] f 1. (estrofa) strofa f 2. (canción) canzone f popolare

copo ['kopo] m fiocco m di neve

coquetear [kokete'ar] vi civettare

coqueto, ta [ko'keto, ta] adj civettuolo(a)

coraje [ko'raxe] m 1. (enfado) rabbia f 2. (valor) coraggio m

coral [ko'ral] m corallo m ◇ m corale f

coraza [ko'raθa] f armatura f

corazón [kora'θon] m cuore m ● **corazones** mpl (de la baraja) cuori mpl

corbata [kor'βata] f cravatta f

corchete [kor'tʃete] m 1. (cierre) gancio m 2. (signo) parentesi f inv. quadra

corcho [kor'tʃo] m sughero m

cordel [kor'ðel] m spago m

cordero [kor'ðero, ra] m agnello m ● **cordero asado** agnello alla brace

cordial [kor'ðjal] adj cordiale

cordialmente [kor'ðjalmente] adv cordialmente

cordillera [korði'ʎera] f cordigliera f

cordón [kor'ðon] m 1. (de zapato) laccio m 2. (cable eléctrico) cavo m ● **cordón umbilical** cordone m ombelicale

Corea [ko'rea] f Corea f ● **Corea del Norte** Corea del Nord ● **Corea del Sur** Corea del Sud

coreografía [koreoɣra'fia] f coreografia f

corista [ko'rista] *mf* corista *mf*

cornada [kor'naða] *f* cornata *f*

cornamenta [korna'menta] *f* cornatura *f*

córnea ['kornea] *f* cornea *f*

corneja [kor'nexa] *f* cornacchia *f*

córner ['korner] *m* calcio *m* d'angolo

corneta [kor'neta] *f* **1.** *(instrumento)* cornetta *f* **2.** *(Ven) (claxon)* clacson *m inv*

cornflakes ['konfleks] *mpl* cornflakes *mpl*

cornisa [kor'nisa] *f* cornicione *m*

coro ['koro] *m* coro *m* ◆ **a coro** in coro

corona [ko'rona] *f (fig)* corona *f*

coronar [koro'nar] *vt (rey)* incoronare

coronel [koro'nel] *m* colonnello *m*

coronilla [koro'niʎa] *f* cocuzzolo *m* ◆ **estar hasta la coronilla** averne fin sopra i capelli

corporal [korpo'ral] *adj* corporeo(a)

corpulento, ta [korpu'lento, ta] *adj* corpulento(a)

Corpus ['korpus] *m* Corpus *m* Domini

corral [ko'ral] *m* aia *f*

correa [ko'rea] *f* **1.** *(tira)* cinghia *f* **2.** *(de animal)* guinzaglio *m*

corrección [korek'θjon] *f* **1.** *(de errores)* correzione *f* **2.** *(de comportamiento)* correttezza *f*

correctamente [ko,rekta'mente] *adv* correttamente

correcto, ta [ko'rekto, ta] *adj* corretto(a)

corredor, ra [kore'ðor, ra] *m,f* **1.** *(en deporte)* corridore *m*, -trice *f* **2.** *(intermediario)* mediatore *m*, -trice *f* ◇ *m* corridoio *m*

corregir [kore'xir] *vt* correggere ◆ **corregirse** *vp* correggersi

correo [ko'reo] *m* posta *f* ◆ **correo aéreo** posta aerea ◆ **correo certificado** posta raccomandata ◆ **correo electrónico** e-mail ◆ **correo urgente** posta urgente ◆ **Correos** *mpl* Poste *fpl* ▼ **Correos y Telégrafos** Poste e Telegrafi

correo electrónico

Los correos electrónicos o "emilios" se pueden empezar y terminar con las mismas fórmulas que se utilizarían en el correo tradicional. Sin embargo no son sistemáticamente necesarias una introducción y una conclusión. En la respuesta, incluso en el marco profesional, es muy frecuente no emplear ninguna fórmula, para evitar tener que estar poniendo una cada vez.

correr [ko'rer] ◇ *vi* **1.** correre **2.** *(río)* scorrere ◇ *vt* **1.** *(desplazar)* spostare **2.** *(deslizar)* far scorrere ◆ **dejar correr algo** lasciar correre qc ◆ **correrse** *vp* **1.** *(tintas, colores)* colare **2.** *(Amér) (medias)* sfilarsi

correspondencia [korespon'denθja] *f* corrispondenza *f*

correspondencia profesional

En la correspondencia profesional, comercial o administrativa, las señas del remitente van arriba a la izquierda, mientras que ligeramente más abajo y a la derecha aparecen las del destinatario. Si se conoce el nombre de la persona que recibirá la carta, éste se precederá de (alla) CA por *alla cortese attenzione di. Roma, 22 marzo 2006* o *Firenze, il 12/02/2006* son dos maneras de indicar el lugar y la fecha del envío. En la correspondencia formal es frecuente indicar también el *oggetto* o asunto, y puede comportar una referencia a una o más cartas anteriores. *Ns. rif.* para *nostro riferimento* y *Vs. rif.* para *vostro riferimento*.

corresponder [korespon'der] *vi* 1. ricambiare 2. (*incumbir*) spettare
correspondiente [korespon'djente] *adj* corrispondente
corresponsal [korespon'sal] *mf* corrispondente *mf*
corrida [ko'riða] *f* corrida *f*
corriente [ko'rjente] ◇ *adj* comune ◇ *f* corrente *f* • **estar al corriente de una cosa** essere al corrente di una cosa • **ponerse al corriente de** informarsi su • **corriente (eléctrica)** corrente (elettrica)
corro ['koro] *m* circolo *m*
corromper [korom'per] *vt* corrompere
corrupción [korup'θjon] *f* corruzione *f*
corsé [kor'se] *m* corsetto *m*
corsetería [korsete'ria] *f* corsetteria *f*
cortacésped [korta'θespeð] *m* tosaerba *m* o *f inv*
cortado, da [kor'taðo, ða] ◇ *adj* 1. (*salsa*) impazzato(a) 2. (*labios, manos*) screpolato(a) 3. (*fam*) (*persona*) bloccato(a) ◇ *m* caffè *m* macchiato • **cortado descafeinado** caffè macchiato decaffeinato
cortante [kor'tante] *adj* tagliente
cortar [kor'tar] *vt* 1. tagliare 2. (*conversación*) interrompere • **cortarse** *vp* 1. (*con cuchillo, etc*) tagliarsi 2. (*persona*) imbarazzarsi 3. (*leche*) cagliarsi 4. (*salsa*) impazzare 5. (*piel*) screpolarsi
cortaúñas [korta'uɲas] *m inv* tagliaunghie *m inv*
corte ['korte] *m* 1. taglio *m* 2. (*fam*) (*vergüenza*) imbarazzo *f* • **corte y confección** taglio e cucito • **corte de pelo** taglio di capelli
Cortes ['kortes] *fpl* • **Las Cortes** Parlamento Spagnolo
cortés [kor'tes] *adj* cortese
cortesía [korte'sia] *f* cortesia *f*
corteza [kor'teθa] *f* 1. (*de árbol*) corteccia *f* 2. (*de pan, queso, etc*) crosta *f*
cortijo [kor'tixo] *m* fattoria *f* (*andalusa*)
cortina [kor'tina] *f* tenda *f*
corto, ta ['korto, ta] *adj* 1. corto(a) 2. (*fam*) (*tonto*) tardo(a) 3. • **corto de vista** corto di vista • **quedarse corto** essere stretto (*parsimonia*)
cortometraje [ˌkorto'metraxe] *m* cortometraggio *m*
cosa ['kosa] *f* cosa *f* • **ser cosa de alguien** essere affare di qn • **como si tal cosa** come se niente fosse
coscorrón [kosko'ron] *m* scappellotto *m*
cosecha [ko'setʃa] *f* 1. raccolta *f* 2. (*de vino*) annata *f*

cosechar [koseˈtʃar] ◊ *vt* raccogliere ◊ *vi* fare la raccolta

coser [koˈser] *vt* & *vi* cucire

cosmopolita [kozmopoˈlita] *adj* cosmopolita

cosmos [ˈkozmos] *m* cosmo *m*

cosquillas [kosˈkiʎas] *fpl* solletico *m* ● **hacer cosquillas** fare il solletico ● **tener cosquillas** soffrire il solletico

coso [ˈkoso] *m* (CSur) (chisme) coso *m*

cosquilleo [koskiˈʎeo] *m* solletico *m*

costa [ˈkosta] *f* costa *f* ● **a costa de a forza di**

costado [kosˈtaðo] *m* fianco *m*

costanera [kostaˈnera] *f* (CSur) lungomare *m*

costar [kosˈtar] *vi* costare

Costa Rica [ˈkostaˈrika] *f* Costa Rica *f*

costarriqueño, ña [kostarriˈkeɲo, ɲa] costaricano(a)

costarricense [kostarriˈkense] *adj* & *m,f* costaricano(a)

coste [ˈkoste] *m* (Esp) costo *m*

costera [kosˈtera] *m* (Méx) lungomare *m*

costero, ra [kosˈtero, ra] *adj* costiero(a)

costilla [kosˈtiʎa] *f* costola *f* ● **costillas de cordero** costolette *f* di agnello

costo [ˈkosto] *m* costo *m*

costoso, sa [kosˈtoso, sa] *adj* costoso(a)

costra [ˈkostra] *f* crosta *f*

costumbre [kosˈtumbre] *f* abitudine *f* ● **tener la costumbre de** avere l'abitudine di

costura [kosˈtura] *f* 1. (labor) cucito *m* 2. (de vestido, pantalón) cucitura *f*

costurera [kostuˈrera] *f* sarta *f*

costurero [kostuˈrero] *m* cestino *m* da lavoro (cucito)

cota [ˈkota] *f* quota *f*

cotejo [koˈtexo] *m* confronto *m*

cotidiano, na [kotiˈðjano, na] *adj* quotidiano(a)

cotillón [kotiˈʎon] *m* cotillon *m inv*

cotización [kotiθaˈθjon] *f* quotazione *f*

cotizar [kotiˈθar] *vt* 1. (en Bolsa) quotare 2. (en SS) versare i contributi

coto [ˈkoto] *m* riserva *f* ● **coto (privado) de caza** riserva di caccia

cotorra [koˈtorra] *f* 1. cocorita *m* 2. (fam) chiacchierone *m*

COU [ˈkou] *m* (Esp) (abr de curso de orientación universitaria) anno integrativo delle scuole superiori, preparatorio all'università, secondo l'antica normativa

coyuntura [kojunˈtura] *f* congiuntura *f*

coz [ˈkoθ] *f* calcio *m*

cráneo [ˈkraneo] *m* cranio *m*

cráter [ˈkrater] *m* cratere *m*

crawl [ˈkrol] *m* = crol

creación [kreaˈθjon] *f* creazione *f*

creador, ra [kreaˈðor, ra] *m,f* creatore *m*, -trice *f*

crear [kreˈar] *vt* creare

creatividad [kreatiβiˈðað] *f* creatività *f*

creativo, va [kreaˈtiβo, βa] *adj* creativo(a)

crecer [kreˈθer] *vi* crescere

crecimiento [kreθiˈmjento] *m* crescita *f*

credencial [kreðenˈθjal] *f* credenziale *f*

crédito [ˈkreðito] *m* credito *m*

credo [ˈkreðo] *m* credo *m*

creencia [kre'enθja] *f* **1.** *(en religión)* credenza *f* **2.** *(convicción)* convinzione *f*
creer [kre'er] *vt* credere ● ¡ya lo creo! lo credo bene! ◆ **creer en** *v + prep* credere a ● **creer en/Dios** credere in Dio
creído, da [kre'iðo, ða] *adj* presuntuoso(a)
crema ['krema] *f* **1.** *(de leche)* panna *f* **2.** *(betún)* lucido *m* **3.** *(cosmético)* crema *f* ● **crema de belleza** crema di bellezza
crema pastelera crema pasticciera
crema catalana crème *f inv* brûlé
crema de cangrejos crema di granchio ● **crema de espárragos** crema di asparagi ● **crema de gambas** crema di gamberi ● **crema de marisco** crema ai frutti di mare
cremallera [krema'ʎera] *f* cerniera *f*
crepa ['krepa] *f* *(Méx)* crêpe *f inv*
crepe ['krep] *f* crêpe *f inv*
cresta ['kresta] *f* cresta *f*
cretino, na [kre'tino, na] *adj* cretino(a)
creyente [kre'jente] *mf* credente *mf*
cría ['kria] *f* **1.** *(de ganado)* allevamento *m* **2.** *(hijo de animal)* cucciolo *m* ◆ **crío**
criadero [krja'ðero] *m* allevamento *m*
criadillas [krja'ðiʎas] *fpl* testicoli *mpl*
criado, da [kri'aðo, ða] *m,f* domestico *m*, -a *f*
crianza [kri'anθa] *f* **1.** *(de animales)* allevamento *m* **2.** *(de hijos)* educazione *f* **3.** *(de vino)* invecchiamento *m*
criar [kri'ar] ◇ *vt* **1.** *(animales)* allevare **2.** *(hijos)* crescere ◇ *vi* avere figli
criatura [kria'tura] *f* creatura *f*

cricket ['kriket] *m* cricket *m inv*
crimen ['krimen] *m* **1.** crimine *m* **2.** *(fig)* enormità *f inv*
criminal [krimi'nal] *mf* criminale *mf*
crío, a ['krio, a] *m,f* bimbo *m*, -a *f*
criollo, lla [kri'oʎo, ʎa] *m,f* creolo *m*, -a *f*
crisis ['krisis] *f inv* crisi *f inv*
cristal [kris'tal] *m* vetro *m*
cristalería [kristale'ria] *f* vetreria *f*
cristalino, na [krista'lino, na] ◇ *adj* cristallino(a) ◇ *m* cristallino *m*
cristianismo [kristja'nizmo] *m* cristianesimo *m*
cristiano, na [kris'tjano, na] *m,f* cristiano *m*, -a *f*
Cristo ['kristo] *m* Cristo *m*
criterio [kri'terjo] *m* criterio *m*
crítica ['kritika] *f* critica *f* ➢ **crítico**
criticar [kriti'kar] *vt* & *vi* criticare
crítico, ca ['kritiko, ka] *adj* & *m,f* critico(a)
croar [kro'ar] *vi* gracidare
croissant [krua'san] *m* cornetto *m* *(pasta)*
crol ['krol] *m* stile *m* libero
cromo ['kromo] *m* figurina *f*
crónica ['kronika] *f* cronaca *f*
cronometrar [kronome'trar] *vt* cronometrare
cronómetro [kro'nometro] *m* cronometro *m*
croqueta [kro'keta] *f* crocchetta *f*
croquis ['krokis] *m inv* schizzo *m*
cros ['kros] *m inv* cross *m inv*
cruce ['kruθe] *m* **1.** *(de calles, caminos)*

incrocio m **2.** (en el teléfono) interferenza f

crucero [kru'θero] m **1.** crociera f **2.** (Méx) (de carreteras) incrocio m

crucial [kru'θjal] adj cruciale

crucifijo [kruθi'fixo] m crocifisso m

crucigrama [kruθi'ɣrama] m cruciverba m inv

crudo, da ['kruðo, ða] adj **1.** crudo(a) **2.** (novela, película) scabroso(a) **3.** (clima) duro(a)

cruel [kru'el] adj crudele

crueldad [kruel'daθ] f crudeltà f inv

crujido [kru'xiðo] m scricchiolio m

crujiente [kru'xjente] adj croccante

crustáceo [krus'taθeo] m crostaceo m

cruz ['kruθ] f (fig) croce f

cruzada [kru'θaða] f crociata f

cruzar [kru'θar] vt attraversare ♦ **cruzarse** vp ♦ **cruzarse de brazos** (fig) incrociare le braccia ♦ **cruzarse con** v + prep incrociare qn

cta. (abr de cuenta) c.

cte. (abr de corriente) c.

cuaderno [kwa'ðerno] m quaderno m

cuadra ['kwaðra] f **1.** (establo) stalla f **2.** (conjunto de caballos) scuderia f **3.** (Amér) (esquina) angolo m **4.** (Amér) (manzana de casas) isolato m

cuadrado, da [kwa'ðraðo, ða] adj quadrato(a)

cuadriculado, da [kwaðriku'laðo, ða] adj quadrettato(a)

cuadrilla [kwa'ðriʎa] f banda f

cuadro ['kwaðro] m quadro m ♦ **a cuadros** a quadri ♦ **de cuadros** de quadri

cuajada [kwa'xaða] f cagliata f ♦ **cuajada con miel** cagliata con miele

cual ['kwal] pron ♦ **el/la cual** il/la quale ♦ **lo cual** il che ♦ **sea cual sea** qualunque sia

cuál ['kwal] pron quale

cualidad [kwali'ðaθ] f qualità f inv

cualquier [kwal'kjer] adj = cualquiera

cualquiera [kwal'kjera] ◇ adj qualunque ◇ pron chiunque ◇ mf ♦ **es un cualquiera** è un tipo qualunque ♦ **un día cualquiera** un giorno qualunque ♦ **cualquier día iré a verte** un giorno o l'altro verrò a trovarti

cuando ['kwando] ◇ adv quando ◇ prep ♦ **cuando la guerra** durante la guerra ◇ conj ♦ **cuando tú lo dices será verdad** se lo dici tu sarà vero ♦ **de cuando en cuando** ogni tanto ♦ **de vez en cuando** ogni tanto

cuándo ['kwando] adv quando

cuantía [kwan'tia] f ammontare m

cuanto, ta ['kwanto, ta] ◇ adj **1.** (expresa cantidades) quanto ♦ **cuantas más mentiras digas, menos te creerán** più bugie dici, meno sarai creduto ♦ **cuanto menos trabajo hagas, peor te irá** meno lavorerai, peggio ti andrà **2.** (expresa ponderación) ♦ **despilfarra cuanto dinero gana** sperpera tutto quel che guadagna

◇ pron **1.** (de personas) tutti quelli che ♦ **dio las gracias a todos cuantos le ayudaron** ha ringraziato tutti quelli che lo hanno aiutato **2.** *(todo lo que)* quanto ● **come cuanto/cuantos quieras** mangia quanto vuoi ● **todo cuanto dijo era verdad** tutto quello che ha detto era vero **3.** *(compara cantidades)* quanto ● **cuanto más se tiene, más se quiere** quanto più si ha, tanto più si vorrebbe avere **4.** *(en locuciones)* ● **cuanto antes** quanto prima ● **en cuanto llegues, avísame** non appena arrivi, chiamami ● **en cuanto a** per quanto riguarda ● **en cuanto a tu petición, todavía no se ha decidido nada** per quanto riguarda la tua richiesta, non è stato ancora deciso nulla

cuánto, ta [ˈkwanto, ta] ◇ *adj* quanto(a) ◇ *pron* quanto(a)

cuarenta [kwaˈrenta] *núm* quaranta ➤ **seis**

cuaresma [kwaˈrezma] *f* Quaresima *f*

cuartel [kwarˈtel] *m* caserma *f* ● **cuartel de la Guardia Civil** ≃ caserma dei carabinieri

cuartelazo [kwarteˈlaθo] *m* (*Amér*) colpo *m* di stato

cuarteto [kwarˈteto] *m* quartetto *m*

cuartilla [kwarˈtiʎa] *f* foglio *m* in quarto

cuarto, ta [ˈkwarto, ta] ◇ *núm* quarto(a) ◇ *m* **1.** *(habitación)* stanza *f* **2.** *(cuarta parte)* quarto *m* ● **cuarto de baño** bagno *m* ● **cuarto de hora** quarto d'ora ● **las tres y cuarto** le tre e un quarto ● **un cuarto de kilo** due etti *mpl* e mezzo ➤ **sexto**

cuarzo [ˈkwarθo] *m* quarzo *m*

cuate, ta [ˈkwate, ta] *mf inv* (*CAm & Méx*) (*fam*) amico *m*, -a *f*

cuatro [ˈkwatro] *núm* quattro ➤ **seis**

cuatrocientos, tas [kwatroˈθjentos, tas] *núm* quattrocento ➤ **seis**

Cuba [ˈkuβa] *f* Cuba *f*

cubalibre [kuβaˈliβre] *m* cuba libre *m inv*

cubano, na [kuˈβano, na] *adj & m,f* cubano(a)

cubertería [kuβerteˈria] *f* servizio *m* di posate

cubeta [kuˈβeta] *f* (*Amér*) secchio *m*

cúbico, ca [ˈkuβiko, ka] *adj* cubico(a)

cubierta [kuˈβjerta] *f* **1.** *(de libro)* copertina *f* **2.** *(de barco)* coperta *f*

cubierto, ta [kuˈβjerto, ta] ◇ *adj (tapado)* coperto(a) ◇ *m* **1.** *(para comer)* coperto *m* **2.** *(techo)* copertura *m* ● **a cubierto al coperto**

cubito [kuˈβito] *m* cubito de hielo cubetto *m*

cúbito [ˈkuβito] *m* gomito *m*

cubo [ˈkuβo] *m* **1.** *(recipiente)* secchio *m* **2.** *(en geometría, matemáticas)* cubo *m* ● **cubo de la basura** secchio della spazzatura

cubrir [kuˈβrir] *vt* coprire ● **cubrirse** *vp* coprirsi

cucaracha [kukaˈratʃa] *f* scarafaggio *m*

cuchara [kuˈtʃara] *f* cucchiaio *m*

cucharada [kutʃaˈraða] *f* cucchiaiata *f*

cucharilla [kutʃaˈriʎa] *f* cucchiaino *m*

cucharón [kutʃaˈron] *m* mestolo *m*

cuchilla [kuˈtʃiʎa] *f* lama *f* ● **cuchilla de afeitar** rasoio *m*

cuchillo [ku'tʃiʎo] m coltello m
cuclillas [ku'kliʎas] fpl ● **en cuclillas** coccoloni mpl
cucurucho [kuku'rutʃo] m cono m
cuello ['kweʎo] m **1.** (del cuerpo) collo m **2.** (de la camisa) colletto m
cuenca ['kwenka] f bacino m
cuenco ['kwenko] m ciotola f
cuenta ['kwenta] f **1.** conto m **2.** (de collar) perlina f ● **caer en la cuenta** rendersi conto ● **darse cuenta de** rendersi conto di ● **tener en cuenta** tener conto di f
cuentagotas [kwenta'ɣotas] m inv contagocce m inv ● **en cuentagotas** col contagocce
cuentakilómetros [ˌkwentaki'lometros] m inv contachilometri m inv
cuento ['kwento] m **1.** (relato) racconto m **2.** (mentira) fandonia f
cuerda ['kweɾða] f corda f ● **cuerdas vocales** corde vocali
cuerno ['kwerno] m corno m
cuero ['kwero] m cuoio m ● **en cueros** nudo(a) ● **cuero cabelludo** cuoio capelluto
cuerpo ['kwerpo] m corpo m
cuervo ['kwerβo] m corvo m
cuesta ['kwesta] f pendio m ● **cuesta arriba** in salita ● **cuesta abajo** in discesa ● **a cuestas** sulle spalle
cuestión [kwes'tjon] f **1.** (asunto) questione f **2.** (pregunta) domanda f ● **ser cuestión de** essere questione di
cuestionario [kwestjo'narjo] m questionario m

cueva ['kweβa] f caverna f
cuidado [kui'ðaðo] ◇ m **1.** (esmero) cura f **2.** (vigilancia) attenzione f ◇ interj attenzione! ● **cuidado con** attento(a) a ● **de cuidado** da stare attenti ● **estar al cuidado de** essere a carico di ● **tener cuidado** fare attenzione
cuidadosamente [kuiðaˌðosa'mente] adv scrupolosamente
cuidadoso, sa [kuiða'ðoso, sa] adj scrupoloso(a)
cuidar [kui'ðar] vt badare a ● **cuidar de** v + prep badare a ● **cuidarse** vp riguardarsi ● **cuidarse de** v + prep **1.** (asistir) badare a **2.** (encargarse de) incaricarsi di
culata [ku'lata] f **1.** (de arma) calcio m **2.** (de motor) testata f
culebra [ku'leβra] f biscia f
culo ['kulo] m culo m
culpa ['kulpa] f colpa f ● **tener la culpa** avere colpa
culpabilidad [kulpaβili'ðað] f colpevolezza f
culpable [kul'paβle] adj & mf colpevole ● **culpable de** colpevole di
culpar [kul'par] vt incolpare ● **culpar a algo/a alguien de algo** incolpare qc/qn di qc
cultivar [kulti'βar] vt coltivare
cultivo [kul'tiβo] m coltivazione f
culto, ta ['kulto, ta] ◇ adj colto(a) ◇ m culto m
cultura [kul'tura] f cultura f
cultural [kultu'ral] adj culturale
culturismo [kultu'rizmo] m culturismo m

cumbre ['kumbre] f 1. *(de montaña)* vetta f 2. *(reunión)* summit m
cumpleaños [kumple'aɲos] m inv compleanno m ● **¡feliz cumpleaños!** buon compleanno!
cumplido [kum'pliðo] m complimento m
cumplir [kum'plir] ◇ vt 1. *(ley, reglamento)* osservare 2. *(orden, condena)* eseguire 3. *(años)* compiere ◇ vi scadere ● **cumplir con** v + prep adempiere a
cúmulo ['kumulo] m cumulo m
cuna ['kuna] f culla f
cuneta [ku'neta] f cunetta f
cuña ['kuɲa] f 1. *(calza)* cuneo m 2. *(en radio, televisión)* spot m pubblicitario
cuñado, da [ku'ɲaðo, ða] m,f cognato m, -a f
cuota ['kwota] f quota m
cuplé [ku'ple] m canzonetta da varietà
cupo ['kupo] m 1. *(cantidad máxima)* quota f massima 2. *(cantidad proporcional)* quota f percentuale
cupón [ku'pon] m 1. tagliando m 2. *(de sorteo, lotería)* biglietto m
cúpula ['kupula] f cupola f
cura¹ ['kura] m prete m
cura² ['kura] f 1. guarigione f 2. *(tratamiento)* cura f ● **cura de reposo** periodo m di riposo
curandero, ra [kuran'dero, ra] m,f guaritore m, -trice f
curar [ku'rar] vt 1. curare 2. *(carne, pescado)* stagionare 3. *(pieles)* conciare ◆ **curarse** vp guarire
curiosidad [kurjosi'ðað] f curiosità f inv

● **tener curiosidad por** essere curioso(a) di
curioso, sa [ku'rjoso, sa] adj & m,f curioso(a)
curita [ku'rita] f *(Amér)* cerotto m
curry ['kuri] m curry m inv ● **al curry** al curry
cursi ['kursi] adj pacchiano(a)
cursillo [kur'siʎo] m 1. corso m breve 2. *(de conferencias)* breve ciclo di conferenze
curso ['kurso] m corso m ● **en curso** in corso
cursor [kur'sor] m cursore m
curva ['kurβa] f curva f
curvado, da [kur'βaðo, ða] adj curvo(a)
custodia [kus'toðja] f custodia f
cutis ['kutis] m inv cute f
cuy ['kuj] m *(Amér)* porcellino m d'India
cuyo, ya ['kujo, ja] adj cui

dD

D. ➢ don
dado ['daðo] m dado m
daga ['daya] f daga f
dalia ['dalja] f dalia f
dama ['dama] f *(formal)* signora f ◆ **damas** fpl *(juego)* dama f ▽ **damas** signore fpl

da

damasco [da'masko] *m* (*Amér*) albicocca *f*

danés, esa [da'nes, esa] ◇ *adj* & *m,f* danese ◆ *m* danese *m*

danza [ˈdanθa] *f* danza *f*

danzar [danˈθar] *vt* & *vi* danzare

dañar [daˈɲar] *vt* danneggiare

dañino, na [daˈɲino, na] *adj* 1. (*sustancia*) nocivo(a) 2. (*animal*) dannoso(a)

daño [ˈdaɲo] *m* 1. (*dolor*) male *m* 2. (*perjuicio*) danno *m* ● **hacer daño** far male

dar [ˈdar]

◇ *vt* 1. dare 2. (*suj: reloj*) battere ● **el reloj ha dado las diez** l'orologio ha battuto le dieci 3. (*espectáculo*) fare ● **en la 2 dan una película muy buena** sul secondo fanno un bel film 4. ● **no le quieren dar trabajo** non gli vogliono dare lavoro 5. ● **me da alegría mi rende felice** ● **me da pena/gusto/miedo** mi fa tristezza/piacere/paura ● **me da vergüenza/sueño/risa** mi fa vergognare/dormire/ridere 6. ● **me dio un consejo de amigo** mi diede un consiglio da amico 7. (*mostrar*) mostrare ● **su aspecto daba señales de cansancio** il suo aspetto mostrava segni di stanchezza 8. (*explicar*) impartire ● **da clases/conferencias en la universidad** impartisce lezioni/conferenze all'università 9. (*decir*) ● **me dio las gracias** mi ringraziò ● **me dio los buenos días** mi augurò buon giorno 10. ● **le dieron tres puñaladas** gli diedero tre pugnalate ● **dar un grito** lanciare un grido ● **dar un susto** spaventare ● **dar celos** ingelosire 11. (*celebrar*) fare ● **van a dar una fiesta para su aniversario** faranno una festa per il loro anniversario 12. (*considerar*) ● **dar a alguien por** dare qn per ● **dar a alguien por muerto** dare qn per morto ● **dar algo por acabado** considerare qc concluso ● **dar el trabajo por acabado** considerare concluso il lavoro 13. (*en locuciones*) ● **esta tela da mucho de sí** questa stoffa rende molto ● **esta historia no da mucho de sí** non c'è altro da aggiungere

◇ *vi* 1. (*horas*) scoccare ● **han dado las tres en el reloj** sono scoccate le tre 2. (*golpear con*) colpire ● **le dieron en la cabeza** lo colpirono in testa ● **la piedra dio contra el cristal** la pietra colpì il vetro 3. (*sobrevenir*) venire ● **le dio un ataque** gli è venuto un colpo 4. (*estar orientado*) ● **dar a** dare 5. (*proporcionar*) ● **dar de** dare da 6. (*alcanzar*) ● **dar en** colpire 7. (*en locuciones*) ● **dar que hablar** far parlare ● **dar que pensar** dare da pensare ● **dar igual** lo stesso ● **dar lo mismo** lo stesso ● **¡qué más da!** che importa!

● **dar a** *v* + *prep* azionare

● **dar con** *v* + *prep* trovare

● **darse** *vp* (*suceder*) darsi; (*dilatarse*) sformarsi; (*golpearse*) sbattere ● **dársele bien/mal algo a alguien** essere/non essere portati per qc ● **darse prisa** affrettarsi ● **dárselas de** darsi delle arie da ● **darse por** darsi per

● **darse a** *v* + *prep* darsi a

dardo ['darðo] *m* dardo *m* ◆ **dardos** *mpl* freccette *fpl*

dátil ['datil] *m* dattero *m*

dato ['dato] *m* dato *m* ◆ **datos personales** generalità *fpl*

dcha. ➢ **derecha**

de [de] *prep* **1.** *(posesión, pertenencia)* di ● el coche de mi padre/mis padres la macchina di mio padre/dei miei genitori ● el título del libro il titolo del libro ● la casa es de ella la casa è sua **2.** *(materia)* di ● un vaso de cristal un bicchiere di vetro ● un reloj de oro un orologio d'oro **3.** *(contenido)* di ● bebió un gran vaso de agua ha bevuto un bicchiere pieno d'acqua ● cogió una bolsa de patatas prese un pacchetto di patate **4.** *(en descripciones)* di ● de fácil manejo di facile uso ● la señora de verde la signora in verde **5.** *(asunto)* di ● hábleme de ti parlami di te ● libros de historia libri di storia **6.** *(uso)* da ● una bici de carreras una bicicletta da corsa ● bolsa de deporte sacca da sport **7.** *(en calidad de)* come ● trabaja de bombero lavora come pompiere **8.** *(desde)* da ● trabaja de nueve a cinco lavora dalle nove alle cinque; *(durante)* di ● trabaja de noche y duerme de día lavora di notte e dorme di giorno **9.** *(momento)* a ● a las tres de la tarde alle tre del pomeriggio ● llegamos de madrugada siamo arrivati di mattina presto ● de pequeña comía golosinas da piccola mangiavo dolciumi **10.** *(procedencia, distancia)* da ● vengo de mi casa vengo da casa mia ● soy de Zamora sono di Zamora ● del metro a casa voy a pie dalla metropolitana a casa vado a piedi **11.** *(causa, modo)* di ● morirse de frío morire di freddo ● llorar de alegría piangere di gioia ● de una (sola) vez una buona volta **12.** *(con superlativos)* di ● el mejor de todos il migliore di tutti **13.** *(cantidad)* di ● más/menos de più/meno di **14.** *(condición)* se ● de querer ayudarme, lo haría se volesse aiutarmi, lo farebbe **15.** *(después de adj y antes de infinitivo)* da ● fácil de hacer facile da fare ● difícil de creer difficile da credere

debajo [de'βaxo] *adv* sotto ● **debajo de** sotto

debate [de'βate] *m* dibattito *m*

debatir [deβa'tir] *vt* dibattere

deber [de'βer]
◇ *m* dovere *m*
◇ *vt* dovere ● **debes dominar tus impulsos** devi controllare i tuoi impulsi ● **debemos ir a casa a las diez** dobbiamo tornare a casa alle dieci ● **le debes un respeto a tu padre** devi rispettare tuo padre ● **me debes 200 euros** mi devi 200 euro ● **nos debe una explicación** ci deve una spiegazione ● **¿cuánto o qué le debo?** quanto ci devo? ● **debido a** *(causa)* dovuto a ● **deber de** *v + prep* dovere *(probabilità)* ● **deberse a** *v + prep* *(ser consecuencia)* essere dovuto/a ● **nuestros problemas se deben a una falta de previsión** i nostri problemi sono dovuti a un

errore di calcolo; *(dedicarse)* dedicarsi ● los padres se deben a sus hijos si genitori si dedicano ai propri figli ● **deberes** [de'βeɾes] *mpl* compiti *mpl*

debido, da [de'βiðo, ða] *adj* dovuto(a) ● **debido a** dovuto a

débil ['deβil] *adj* debole

debilidad [deβili'ðað] *f* debolezza *f*

debilitar [deβili'taɾ] *vt* indebolire

debut [de'βut] *m* debutto *m*

década ['dekaða] *f* decennio *m*

decadencia [deka'ðenθja] *f* decadenza *f*

decadente [deka'ðente] *adj* decadente

decaer [deka'eɾ] *vi* **1.** *(fuerza, energía)* deperire **2.** *(ánimos, esperanzas)* affievolire **3.** *(país)* decadere

decaído, da [deka'iðo, ða] *adj* abbattuto(a)

decano, na [de'kano, na] *m,f* **1.** *(de universidad)* preside *mf* **2.** *(el más antiguo)* decano *m*, -a *f*

decena [de'θena] *f* decina *f*

decente [de'θente] *adj* decente

decepción [deθep'θjon] *f* delusione *f*

decepcionar [deθepθjo'naɾ] *vt* deludere ● **decepcionarse** *vp* essere deluso(a)

decidido, da [deθi'ðiðo, ða] *adj* deciso(a)

decidir [deθi'ðiɾ] *vt* decidere ● **decidir hacer algo** decidere di fare qc ● **decidirse** *vp* decidersi ● **decidirse a fare qc** ● **decidirse por algo** optare per

decimal [deθi'mal] *adj* decimale

décimo, ma ['deθimo, ma] ◇ *núm* decimo(a) ◇ *m (en lotería)* biglietto della lotteria che vale un decimo del biglietto intero ➣ **sexto**

decir [de'θiɾ] *vt* dire ● **¿diga(me)? pronto?** ● **es decir** cioè ● **se dice... si dice...**

decisión [deθi'sjon] *f* decisione *f*

declaración [deklaɾa'θjon] *f* dichiarazione *f* ● **prestar declaración** deporre ● **tomar declaración** interrogare ● **declaración de renta** dichiarazione dei redditi

declarado, da [dekla'ɾaðo, ða] *adj* dichiarato(a)

declarar [dekla'ɾaɾ] ◇ *vt* dichiarare ◇ *vi* deporre ● **declararse** *vp* **1.** dichiararsi **2.** *(incendio, epidemia, etc)* scoppiare

declinar [dekli'naɾ] *vt & vi* declinare

decoración [dekoɾa'θjon] *f* **1.** *(de casa, habitación, etc)* arredamento *m* **2.** *(adornos)* decorazione *f*

decorado [deko'ɾaðo] *m* scenario *m*

decorar [deko'ɾaɾ] *vt* **1.** *(casa, habitación)* arredare **2.** *(escenario)* montare la scenografia

decretar [dekɾe'taɾ] *vt* decretare

decreto [de'kɾeto] *m* decreto *m*

dedal [de'ðal] *m* ditale *m*

dedicación [deðika'θjon] *f* dedizione *f*

dedicar [deði'kaɾ] *vt* dedicare ● **dedicarse a** *v* + *prep* dedicarsi a

dedo ['deðo] *m* dito *m* ● **hacer dedo** *(fam)* fare l'autostop ● **dedo anular** anulare *m* ● **dedo corazón** medio *m* ● **dedo índice** indice *m* ● **dedo meñique** mignolo *m* ● **dedo gordo** ◇ pulgar *(de* *mano)* pollice *m*; *(de pie)* alluce *m*

deducción [deðuk'θjon] *f* deduzione *f*

deducir [deðu'θir] *vt* **1.** *(concluir)* dedurre **2.** *(restar)* detrarre

defecar [defe'kar] *vi (formal)* defecare

defecto [de'fekto] *m* difetto *m*

defender [defen'der] *vt* difendere ◆ **defenderse** *vp* difendersi ◆ **defenderse (de)** difendersi (da)

defensa [de'fensa] *f* difesa *f* ◆ **en defensa de algo/alguien** in difesa di qc/qn

defensor, ra [defen'sor, ra] *m,f* difensore *m*, -a *f*

deficiencia [defi'θjenθja] *f* **1.** *(defecto)* difetto *m* **2.** *(falta, ausencia)* deficienza *f*

deficiente [defi'θjente] *adj* difettoso(a)

déficit ['defiθit] *m inv* deficit *m inv* ◆ **déficit fiscal** deficit fiscale

definición [defini'θjon] *f* definizione *f*

definir [defi'nir] *vt* definire ◆ **definirse** *vp (fig)* prendere posizione

definitivo, va [defini'tiβo, βa] *adj* definitivo(a) ◆ **en definitiva** in definitiva

deformación [deforma'θjon] *f* deformazione *f*

deformar [defor'mar] *vt* deformare

defraudar [defrau'ðar] *vt* **1.** defraudare **2.** *(estafar)* frodare

defunción [defun'θjon] *f* decesso *m*

degenerado, da [dexene'raðo, ða] *m,f* degenerato *m*, -a *f*

degenerar [dexene'rar] *vi* degenerare

degustación [deɣusta'θjon] *f* degustazione *f*

dejadez [dexa'ðeθ] *f* trascuratezza *f*

dejar [de'xar]
◇ *vt* **1.** lasciare ◆ **deja lo que no quieras** lascia quello che non vuoi ◆ **deja un poco de café para mí** lasciami un po' di caffè ◆ **dejaré la llave a la portera** lascerò la chiave alla portinaia ◆ **deja el abrigo en la percha** metti il cappotto sull'attaccapanni ◆ **deja aquí su compra** depositi qui i suoi acquisti ◆ **dejó su casa en busca de aventuras** lasciò la sua casa in cerca di avventura ◆ **ha dejado sus estudios** ha lasciato gli studi ◆ **en vacaciones dejo el perro a mi madre** durante le vacanze lascio il cane a mia madre ▼ **deje salir antes de entrar** lasciare uscire prima di entrare ◆ **sus gritos no me dejaron dormir** le sue grida non mi hanno lasciato dormire **2.** *(producir)* ◆ **ha dejado buena impresión** ha fatto una buona impressione ◆ **este perfume deja mancha en la ropa** questo profumo macchia gli abiti **3.** *(omitir)* tralasciare ◆ **dejar algo por** o **sin hacer** lasciare in sospeso qc **4.** *(olvidar, prescindir de)* lasciare (+ *infinito*) ◆ **déjalo, que se fastidie** lascialo perdere, che s'arrangi ◆ **deja tus preocupaciones para otro día** metti da parte le tue preoccupazioni per un altro momento **5.** *(no molestar)* lasciare in pace ◆ **¡déjame!, que tengo trabajo** lasciami in pace, devo lavorare! **6.** *(esperar)* ◆ **dejó que acabara de llover para salir** aspettò che spiovesse per uscire **7.** *(en locuciones)* ◆ **dejar algo/a alguien**

aparte non considerare qc/qn ● **dejar algo/a alguien atrás** lasciare indietro qc/qn ● **dejar caer algo** far capire qc ◇ vi **1.** (parar) ● **dejar de hacer algo** smettere di fare qc **2.** (no olvidar) ● **no dejar de hacer algo** non dimenticare di fare qc

del [del] > de, el

delantal [delan'tal] m grembiule m

delante [de'lante] adv davanti ● **delante de davanti a** ● **por delante de** davanti a

delantera [delan'tera] f davanti m ● **tomar la delantera** sorpassare

delantero, ra [delan'tero, ra] ◇ adj anteriore ◇ m attaccante m

delatar [dela'tar] vt **1.** denunciare m (suj: gesto, acto) tradire

delco ® [ˈdelko] m spinterogeno m

delegación [deleɣa'θjon] f **1.** delegazione f **2.** (Méx) (de municipio) distretto m municipale **3.** (Méx) (de policía) commissariato m

delegado, da [dele'ɣaðo, ða], m,f delegato m, -a f

delegar [dele'ɣar] vt delegare

deletrear [deletre'ar] vt sillabare

delfín [del'fin] m delfino m

delgado, da [del'ɣaðo, ða] adj **1.** magro(a) **2.** (fino) sottile

deliberadamente [deliβe,raða'mente] adv deliberatamente

deliberado, da [deliβe'raðo, ða] adj deliberato(a)

deliberar [deliβe'rar] vt deliberare

delicadeza [delika'ðeθa] f delicatezza f

delicado, da [deli'kaðo, ða] adj delicato(e)

delicia [de'liθja] f delizia f

delicioso, sa [deli'θjoso, sa] adj delizioso(a)

delincuencia [delinˈkwenθja] f delinquenza f

delincuente [delinˈkwente] mf delinquente m ● **delincuente común** delinquente comune

delirante [deli'rante] adj delirante

delirar [deli'rar] vi delirare

delirio [de'lirjo] m delirio m

delito [de'lito] m delitto m

delta [ˈdelta] m delta m inv

demanda [de'manda] f **1.** domanda f **2.** (en un juicio) querela f

demandar [deman'dar] vt **1.** domandare **2.** (en un juicio) querelare

demás [de'mas] pron ● **los/las demás** gli altri/le altre ● **lo demás** il resto ● **por lo demás** per il resto

demasiado, da [dema'sjaðo, ða] ◇ adj troppo(a) ◇ adv troppo

demencia [de'menθja] f demenza f

demente [de'mente] adj (formal) demente

democracia [demoˈkraθja] f democrazia f

demócrata [de'mokrata] adj & mf democratico(a)

democráticamente [demo,kratika'mente] adv democraticamente

democrático, ca [demo'kratiko, ka] adj democratico(a)

demoledor, ra [demole'ðor, ra] adj demolitore(trice)

demoler [demo'ler] vt demolire
demonio [de'monjo] m demonio m ● ¿qué demonios...? che diavolo...?
demora [de'mora] f ritardo m
demorar [demo'rar] vt & vi ritardare ● demorar en hacer algo tardare nel fare qc ● **demorarse** vp **1.** *(ir despacio)* indugiare **2.** *(llegar tarde)* tardare
demostración [demostra'θjon] f dimostrazione f
demostrar [demos'trar] vt **1.** *(probar)* dimostrare **2.** *(indicar)* mostrare
denominación [denomina'θjon] f denominación de origen denominazione f d'origine
densidad [densi'ðað] f densità f inv
denso, sa ['denso, sa] adj denso(a)
dentadura [denta'ðura] f dentatura f ● dentadura postiza dentiera f
dentífrico [den'tifriko] m dentifricio m
dentista [den'tista] mf dentista mf
dentro ['dentro] adv dentro ● **dentro de** *(en espacio)* dentro; *(en tiempo)* tra
denunciante [denun'θjante] mf denunciatore m, -trice f
denunciar [denun'θjar] vt denunciare
departamento [departa'mento] m **1.** *(de organismo)* dipartimento m **2.** *(de empresa)* reparto m **3.** *(Amér)* *(apartamento)* appartamento m
dependencia [depen'denθja] f **1.** dipendenza f **2.** *(habitación)* dépendance f inv **3.** *(sección, organismo)* filiale f
depender [depen'der] ● **depender de** v + prep dipendere da
dependiente, ta [depen'djente, ta] m,f commesso m, -a f
depilarse [depi'larse] vp depilarsi
depilatorio, ria [depila'torjo, rja] adj depilatorio(a)
deporte [de'porte] m sport m inv ● hacer deporte fare dello sport ● deportes de invierno sport invernali
deportista [depor'tista] mf sportivo m, -a f
deportivo, va [depor'tiβo, βa] ◇ adj sportivo(a) ◇ m automobile f sportiva
depositar [deposi'tar] vt **1.** *(en un lugar)* posare **2.** *(en el banco)* depositare
depósito [de'posito] m **1.** deposito m **2.** *(recipiente)* serbatoio m ● depósito de agua serbatoio f dell'acqua ● depósito de gasolina serbatoio della benzina
depresión [depre'sjon] f depressione f
depresivo, va [depre'siβo, βa] adj depresso(a)
deprimido, da [depri'miðo, ða] adj depresso(a)
deprimir [depri'mir] vt deprimere ● **deprimirse** vp deprimersi
deprisa [de'prisa] adv in fretta
depuradora [depura'ðora] f depuratore m
depurar [depu'rar] vt depurare
derecha [de'retʃa] f ● la derecha la destra ● a la derecha a destra ● ser de derechas essere di destra
derecho, cha [de'retʃo, tʃa] ◇ adj **1.** *(lado, mano, pie)* destro(a) **2.** *(línea)* dritto(a) ◇ m **1.** diritto m **2.** *(estudios)* giurisprudenza f ◇ adv **1.** *(directamente)* direttamente **2.** *(erguido)* diritto ● todo

derecho sempre dritto • **¡ no hay derecho!** non è giusto!

derivar [deri'βar] **• derivar de** *v* + *prep* derivare da **• derivar en** *v* + *prep* finire in

dermoprotector, ra [ˌdermoprotek'tor, ra] *adj* dermoprotettore(trice)

derramar [dera'mar] *vt* spargere **• derramarse** *vp* spargersi

derrame [de'rame] *m* spargimento *m* **• derrame cerebral** emorragia *f* cerebrale

derrapar [dera'par] *vi* slittare

derretir [dere'tir] *vt* sciogliere **• derretirse** *vp* sciogliersi

derribar [deri'βar] *vt* **1.** (*casa, muro*) demolire **2.** (*rival, enemigo*) sconfiggere

derrochar [dero'tʃar] *vt* **1.** (*dinero*) sperperare **2.** (*esfuerzo*) sprecare **3.** (*simpatía*) sprizzare

derroche [de'rotʃe] *m* spreco *m*

derrota [de'rota] *f* sconfitta *f*

derrotar [dero'tar] *vt* sconfiggere

derrumbar [derum'bar] *vt* demolire **• derrumbarse** *vp* crollare

desabrochar [desaβro'tʃar] *vt* **1.** (*nudo, lazo*) slacciare **2.** (*botones*) sbottonare **• desabrocharse** *vp* **1.** (*nudo, lazo*) slacciarsi **2.** (*botones*) sbottonarsi

desacreditar [desakreði'tar] *vt* screditare

desacuerdo [desa'kyerðo] *m* disaccordo *m*

desafiar [desafi'ar] *vt* sfidare **• desafiar a alguien a hacer algo** sfidare qn a fare qc

desafinar [desafi'nar] *vi* stonare **• desafinarse** *vp* (*instrumento*) scordarsi

desafío [desa'fio] *m* sfida *f*

desafortunadamente [desafortuˌnaða'mente] *adv* sfortunatamente

desafortunado, da [desafortu'naðo, ða] *adj* **1.** (*sin suerte*) sfortunato(a) **2.** (*inoportuno*) inopportuno(a)

desagradable [desaɣra'ðaβle] *adj* sgradevole

desagradecido, da [desaɣraðe'θiðo, ða] *adj* ingrato(a)

desagüe [de'saɣwe] *m* scolo *m*

desahogarse [desao'ɣarse] *vp* sfogarsi

desaire [de'saire] *m* disprezzo *m*

desajuste [desa'xuste] *m* **• desajuste horario** differenza *f* d'orario

desaliñado, da [desali'ɲaðo, ða] *adj* sciatto(a)

desalojar [desalo'xar] *vt* evacuare **• desalojar a alguien de** sfrattare qn da

desamparado, da [desampa'raðo, ða] *adj* abbandonato(a)

desangrarse [desaŋ'grarse] *vp* dissanguarsi

desanimar [desani'mar] *vt* scoraggiare **• desanimarse** *vp* scoraggiarsi

desaparecer [desapare'θer] *vi* scomparire

desaparecido, da [desapare'θiðo, ða] *m*, *f* **1.** disperso *m*, -a *f* **2.** (*bajo régimen dictatorial*) desaparecido *m*, -a *f*

desaparición [desapari'θjon] *f* scomparsa *f*

desapercibido, da [desaperθi'βiðo, ða] *adj* **• pasar desapercibido** passare inosservato(a)

desaprovechar [desaproβe'tʃar] vt sprecare

desarmador [desarma'ðor] m (Méx) cacciavite m

desarrollado, da [desaro'ʎaðo, ða] adj sviluppato(a)

desarrollar [desaro'ʎar] vt 1. (país, economía) sviluppare 2. (tema, materia) svolgere ⋄ **desarrollarse** vp 1. svilupparsi 2. (suceder, ocurrir) svolgersi

desarrollo [desa'roʎo] m 1. sviluppo m 2. (de tema) svolgimento m

desasosiego [desaso'sjeɣo] m inquietudine f

desastre [de'sastre] m 1. disastro m 2. (desgracia) sciagura f

desatar [desa'tar] vt 1. (nudo) sciogliere 2. (cuerda, zapato) slacciare 3. (animal) slegare 4. (sentimiento) scatenare

desatino [desa'tino] m sproposito m

desatornillar [desator'niʎar] vt scaricare = **destornillar**

desavenencia [desaβe'nenθja] f disaccordo m

desayunar [desaju'nar] ⋄ vt mangiare (a colazione) ⋄ vi fare colazione

desayuno [desa'juno] m colazione f

desbarajuste [dezβara'xuste] m scompiglio m

desbaratar [dezβara'tar] vt mandare all'aria

desbordarse [dezβor'ðarse] vp 1. (río, lago) straripare 2. (sentimiento, pasión) traboccare

descabellado, da [deskaβe'ʎaðo, ða] adj strampalato(a)

descafeinado, da [deskafej'naðo] adj decaffeinato(a)

descalificar [deskalifi'kar] vt 1. (jugador) squalificare 2. (desacreditar) screditare

descalzarse [deskal'θarse] vp scalzarsi

descalzo, za [des'kalθo, θa] adj scalzo(a) ⋄ **ir descalzo** camminare scalzo

descampado [deskam'paðo] m terreno m non edificato

descansar [deskan'sar] vi riposare

descansillo [deskan'siʎo] m pianerottolo m

descanso [des'kanso] m 1. pausa f 2. (alivio) sollievo m

descapotable [deskapo'taβle] m cabriolet m inv

descarado, da [deska'raðo, ða] adj sfacciato(a)

descarga [des'karɣa] f scarico m ⋄ **descarga eléctrica** scarica f elettrica

descargar [deskar'ɣar] vt scaricare ⋄ **descargarse** vp 1. scaricarsi 2. (desahogarse) sfogarsi

descaro [des'karo] m sfacciataggine f

descarrilar [deskari'lar] vi deragliare

descartar [deskar'tar] vt scartare

descendencia [desθen'denθja] f discendenza f

descender [desθen'der] vi 1. (bajar) scendere 2. (disminuir) calare

descendiente [desθen'djente] mf discendente m

descenso [des'θenso] m discesa f

descifrar [desθi'frar] vt decifrare

descolgar [deskol'ɣar] ⋄ vt 1. (cortina) togliere 2. (ropa) ritirare 3. (cuadro)

staccare ⋄ vi alzare la cornetta
descolorido, da [deskolo'riðo, ða] *adj* scolorito(a)
descomponer [deskompo'ner] *vt* (Méx) guastare ● **descomponerse** *vp* **1.** (Méx) (averiarse) guastarsi **2.** (RP) (enfermarse) ammalarsi
descomposición [deskomposi'θjon] *f* decomposizione *f* ● **descomposición (de vientre)** (formal) diarrea *f*
descompuesto, ta [deskom'pŭesto, ta] *adj* (Méx) guasto(a)
desconcertante [deskonθer'tante] *adj* sconcertante
desconcertar [deskonθer'tar] *vt* sconcertare
desconfianza [deskon'fjanθa] *f* sfiducia *f*
desconfiar [deskonfi'arðe] *vi* ● **desconfiar (de)** diffidare (di)
descongelar [deskonxe'lar] *vt* scongelare ● **descongelarse** *vp* scongelarsi
descongestionarse [deskonxestjo'narse] *vp* decongestionarsi
desconocer [deskono'θer] *vt* **1.** (no conocer) non conoscere **2.** (no saber) ignorare
desconocido, da [deskono'θiðo, ða] *m,f* sconosciuto *m*, -a *f*
desconocimiento [deskonoθi'mjento] *m* ignoranza *f*
desconsiderado, da [deskonsiðe'raðo, ða] *adj* sconsiderato(a)
desconsolado, da [deskonso'laðo, ða] *adj* sconsolato(a)
desconsuelo [deskon'sŭelo] *m* sconforto *m*
descontar [deskon'tar] *vt* scontare
descrédito [des'kreðito] *m* discredito *m*
describir [deskri'βir] *vt* descrivere
descripción [deskrip'θjon] *f* descrizione *f*
descuartizar [deskŭarti'θar] *vt* squartare
descubierto, ta [desku'βjerto, ta] *adj* scoperto(a) ● **al descubierto** (al aire libre) all'aperto; (en evidencia) allo scoperto
descubrimiento [deskuβri'mjento] *m* scoperta *f*
descubrir [desku'βrir] *vt* scoprire
descuento [des'kŭento] *m* sconto *m*
descuidado, da [deskŭi'ðaðo, ða] *adj* **1.** (persona, aspecto) trascurato(a) **2.** (lugar) abbandonato(a)
descuidar [deskŭi'ðar] *vt* trascurare ● **descuidarse de** *v* + *prep* scordarsi di
descuido [des'kŭiðo] *m* **1.** (imprudencia) disattenzione *f* **2.** (error) negligenza *f*
desde [dezðe] *prep* da ● **desde luego** naturalmente ● **desde que** da quando
desdén [dez'ðen] *m* disdegno *m*
desdentado, da [dezðen'taðo, ða] *adj* sdentato(a)
desdicha [dez'ðitʃa] *f* sfortuna *f*
desdoblar [dezðo'βlar] *vt* spiegare
desear [dese'ar] *vt* desiderare ● **te deseo mucha suerte** ti auguro buona fortuna
desechable [dese'tʃaβle] *adj* **1.** usa e getta **2.** (jeringuilla) monouso
desechar [dese'tʃar] *vt* rifiutare
desecho [de'setʃo] *m* rifiuto *m*

desembarcar [desembar'kar] *vi* sbarcare

desembocadura [desemboka'ðura] *f* **1.** *(de río)* foce *f* **2.** *(de calle)* sbocco *m*

desembocar [desembo'kar] ♦ **desembocar en** *v + prep* (río, problema) sfociare in; *(calle)* sboccare in

desempeñar [desempe'ɲar] *vt* **1.** *(papel, funciones)* svolgere **2.** *(objeto empeñado)* disimpegnare

desempleo [desem'pleo] *m* disoccupazione *f*

desencadenar [desenkaðe'nar] *vt* scatenare ♦ **desencadenarse** *vi* scatenarsi

desencajarse [desenka'xarse] *vp* **1.** *(piezas)* disgiungersi **2.** *(rostro)* alterarsi

desencanto [desen'kanto] *m* delusione *f*

desenchufar [desentʃu'far] *vt* staccare

desenfadado, da [desenfa'ðaðo, ða] *adj* spigliato(a)

desenfrenado, da [desenfre'naðo, ða] *adj* sfrenato(a)

desengañar [desenga'ɲar] *vt* disilludere ♦ **desengañarse** *vp* ♦ **desengañarse (de)** ravvedersi (di)

desengaño [desen'gaɲo] *m* delusione *f*

desenlace [desen'laθe] *m* finale *m*

desenmascarar [desemmaska'rar] *vt* smascherare

desenredar [desenre'ðar] *vt* **1.** districare **2.** *(ovillo)* sbrogliare

desentenderse [desenten'derse] *vp* ♦ **desentenderse (de)** disinteressarsi (di)

desenvolver [desembol'βer] *vt* (paquete, regalo) scartare ♦ **desenvolverse** *vp* cavarsela

deseo [de'seo] *m* desiderio *m*

desequilibrado, da [desekili'βraðo, ða] *adj (formal)* squilibrato(a)

desesperación [desespera'θjon] *f* disperazione *f*

desesperarse [desespe'rarse] *vp* disperarsi

desfachatez [desfatʃa'teθ] *f* sfacciataggine *f*

desfallecer [desfaʎe'θer] *vi* venire meno

desfigurarse [desfiɣu'rarse] *vp* scomporsi

desfiladero [desfila'ðero] *m* gola *f* di montagna

desfile [des'file] *m* **1.** *(de modelos)* sfilata *f* **2.** *(de militares)* parata *f*

desgana [dez'ɣana] *f* **1.** *(falta de apetito)* inappetenza *f* **2.** *(falta de interés)* svogliatezza *f*

desgastar [dezɣas'tar] *vt* consumare

desgracia [dez'ɣraθja] *f* **1.** *(contrariedad)* sventura *f* **2.** *(tragedia)* disgrazia *f* ♦ **por desgracia** purtroppo

desgraciadamente [dezɣraθjaða'mente] *adv* purtroppo

desgraciado, da [dezɣra'θjaðo, ða] *m,f* disgraziato *m*, -a *f*

desgraciar [dezɣra'θjar] *vt* rovinare

desgreñado, da [dezɣre'ɲaðo, ða] *adj* arruffato(a) ♦ **ir desgreñado** avere i capelli arruffati

deshacer [desa'θer] *vt* **1.** *(lo hecho)* disfare **2.** *(destruir)* distruggere **3.** *(disolver)*. sciogliere ♦ **deshacerse** *vp* **1.** *(disolverse)* sciogliersi **2.** *(destruirse)* disfarsi ♦ **deshacerse de** v + prep disfarsi di

deshecho, cha [de'setʃo, tʃa] adj 1. (sin hacer) disfatto(a) 2. (estropeado) rotto(a) 3. (triste, abatido) distrutto(a)

desheredar [desere'ðar] vt diseredare

deshidratarse [desiðra'tarse] vp disidratarsi

deshielo [dez'jelo] m disgelo m

deshonesto, ta [deso'nesto, ta] adj disonesto(a)

deshonra [de'sonra] f disonore m

deshuesar [dezwe'sar] vt 1. (carne) disossare 2. (fruta) snocciolare

desierto, ta [de'sjerto, ta] ◇ adj deserto(a) ◇ m deserto m

designar [desiɣ'nar] vt designare

desigual [desi'ɣwal] adj disuguale

desigualdad [desiɣwal'daδ] f disuguaglianza f

desilusión [desilu'sjon] f delusione f

desilusionar [desilusjo'nar] vt disilludere

desinfectante [desinfek'tante] m disinfettante m

desinfectar [desinfek'tar] vt disinfettare

desinflar [desin'flar] vt sgonfiare

desintegración [desinteɣra'θjon] f disintegrazione f

desinterés [desinte'res] m disinteresse m

desinteresado, da [desintere'saδo, δa] adj disinteressato(a)

desistir [desis'tir] vi ♦ **desistir (de)** desistere (da)

desliz [dez'liθ] (pl **-ces**) m scivolone m

deslizar [dezli'θar] vt far scivolare ♦ **deslizarse** vp scivolare

deslumbrar [dezlum'brar] vt abbagliare

desmadrarse [dezma'δrarse] vp (fam) scatenarsi

desmaquillador [dezmakiʎa'ðor] m latte m detergente

desmaquillarse [dezmaki'ʎarse] vp struccarsi

desmayarse [dezma'jarse] vp svenire

desmayo [dez'majo] m svenimento m

desmentir [dezmen'tir] vt smentire

desmesurado, da [dezmesu'raðo, ða] adj smisurato(a)

desmontar [dezmon'tar] vt & vi smontare

desmoralizar [dezmorali'θar] vt demoralizzare

desnatado, da [dezna'taðo, δa] adj (Esp) scremato(a)

desnivel [dezni'βel] m dislivello m

desnudar [deznu'ðar] vt spogliare ♦ **desnudarse** vp spogliarsi

desnudo, da [dez'nuðo, δa] adj nudo(a)

desnutrición [deznutri'θjon] f denutrizione f

desobedecer [desoβeδe'θer] vt disubbidire

desobediente [desoβe'δjente] adj disubbidiente

desodorante [desoðo'rante] m deodorante m

desorden [de'sorðen] m disordine m ♦ **en desorden** in disordine

desordenar [desorðe'nar] vt disordinare

desorganización [desorγaniθa'θjon] f disorganizzazione f

desorientar [desorjen'tar] vt disorientare ◆ **desorientarse** vp disorientarsi

despachar [despa'tʃar] vt 1. (cliente) servire 2. (empleado) licenziare

despacho [des'patʃo] m 1. ufficio m 2. (escritorio) scrivania f

despacio [des'paθjo] ◇ adv lentamente ◇ interj piano!

despampanante [despampa'nante] adj sensazionale

desparpajo [despar'paxo] m disinvoltura f

despecho [des'petʃo] m dispetto m

despectivo, va [despek'tiβo, βa] adj dispregiativo(a)

despedida [despe'ðiða] f commiato m

despedir [despe'ðir] vt 1. (decir adiós) salutare 2. (del trabajo) licenziare 3. (lava) eruttare 4. (calor, aire, etc) emettere ◆ **despedirse** vp 1. (decir adiós) accomiatarsi 2. (del trabajo) licenziarsi

despegar [despe'γar] ◇ vt staccare ◇ vi decollare

despegue [des'peγe] m decollo m

despeinarse [despei'narse] vp spettinarsi

despejado, da [despe'xaðo, ða] adj 1. (cielo, día, noche) sereno(a) 2. (persona) sveglio(a) 3. (lugar) spazioso(a)

despejar [despe'xar] vt 1. (lugar) sgomberare 2. (incógnita, dudas) chiarire ◆ **despejarse** vp 1. (cielo, día, noche) rasserenarsi 2. (persona) svegliarsi

despensa [des'pensa] f dispensa f

despeñadero [despeɲa'ðero] m precipizio m

desperdiciar [desperði'θjar] vt sprecare

desperdicio [desper'ðiθjo] m spreco m ◆ **desperdicios** mpl rifiuti mpl

desperezarse [despere'θarse] vp sgranchirsi

desperfecto [desper'fekto] m danno m

despertador [desperta'ðor] m sveglia f

despertar [desper'tar] vt 1. svegliare 2. (sentimiento) suscitare ◆ **despertarse** vp svegliarsi

despido [des'piðo] m licenziamento m

despierto, ta [des'pjerto, ta] adj sveglio(a)

despistado, da [despis'taðo, ða] adj distratto(a)

despistarse [despis'tarse] vp distrarsi

despiste [des'piste] m distrazione f

desplazarse [despla'θarse] vp 1. spostarsi 2. (viajar) trasferirsi

desplegar [desple'γar] vt 1. spiegare 2. (cualidad) dimostrare

desplomarse [desplo'marse] vp crollare

despojos [des'poxos] mpl 1. (de animal) frattaglie fpl 2. (de persona) spoglie fpl 3. (sobras) avanzi mpl

despreciar [despre'θjar] vt 1. (persona, cosa) disprezzare 2. (posibilidad, propuesta, etc) disdegnare

desprecio [des'preθjo] m disprezzo m

desprender [despren'der] vt 1. (desenganchar) staccare 2. (soltar) emanare ◆ **desprenderse** vp staccarsi ◆ **desprenderse de** v + prep 1. (deshacerse de) sbarazzarsi di **2.** *(deducirse de)* desumere da

desprendimiento [desprendi'mjento] *m* smottamento *m*

despreocuparse [despreoku'parse] *vp* despreocuparse (de) disinteressarsi (di)

desprevenido, da [despreβe'niðo, ða] *adj* impreparato(a)

desproporcionado, da [desproporθjo'naðo, ða] *adj* sproporzionato(a)

después [des'pwes]
◊ *adv* **1.** *(en el tiempo)* dopo • decídete, después será demasiado tarde decíditi, dopo sarà troppo tardi • yo voy después dopo ci sono io • poco/mucho después poco/molto dopo **2.** *(en el espacio)* dopo • ¿qué calle viene después? che via c'è dopo • hay una farmacia y después está mi casa c'è una farmacia e dopo c'è casa mia **3.** *(en una lista)* poi • Juan está primero, después vas tú prima c'è Juan, poi vieni tu **4.** *(en locuciones)* • después de dopo • después de que dopo che • después de todo dopotutto
◊ *adj* • llegó años después arrivò anni dopo

destacar [desta'kar] ◊ *vt* evidenziare ◊ *vi* risaltare

destajo [des'taxo] *m* • a destajo a cottimo

destapador [desta'paðor] *m (Amér)* apribottiglie *m inv*

destapar [desta'par] *vt* **1.** *(botella)* stappare **2.** *(caja)* aprire

destello [des'teʎo] *m* bagliore *m*

destemplado, da [destem'plaðo, ða] *adj* febbricitante

desteñir [deste'ɲir] ◊ *vt* stingere ◊ *vi* stingersi

desterrar [deste'rar] *vt* **1.** *(persona)* esiliare **2.** *(pensamiento, sentimiento)* scacciare

destierro [des'tjero] *m* esilio *m*

destilación [destila'θjon] *f* distillazione *f*

destilar [desti'lar] *vt* distillare

destilería [destile'ria] *f* distilleria *f*

destinar [desti'nar] *vt* destinare

destinatario, ria [destina'tarjo, rja] *m,f* destinatario *m*, -a *f*

destino [des'tino] *m* **1.** *(azar)* destino *m* **2.** *(de viaje)* destinazione *f* **3.** *(finalidad)* scopo *m* **4.** *(trabajo)* posto *m* • con destino a con destinazione

destornillador [destorniʎa'ðor] *m* cacciavite *m*

destornillar [destorni'ʎar] *vt* svitare

destrozar [destro'θar] *vt* distruggere

destrucción [destruk'θjon] *f* distruzione *f*

destruir [destru'ir] *vt* **1.** distruggere **2.** *(plan, proyecto)* demolire

desuso [de'suso] *m* disuso *m* • caer en desuso cadere in disuso

desvalijar [desβali'xar] *vt* svaligiare

desván [des'βan] *m* soffitta *f*

desvanecimiento [desβaneθi'mjento] *m* svenimento *m*

desvariar [desβari'ar] *vi* delirare

desvelar [desβe'lar] *vt* **1.** *(persona)* togliere il sonno a **2.** *(secreto, misterio)* svelare ♦ **desvelarse** *vp* **1.** soffrire d'insonnia **2.** (*CAm & Méx*) (*trasnochar*) fare le ore piccole

desventaja [desβen'taxa] *f* svantaggio *m*

desvergonzado, da [desβerɣon'θaðo, ða] *adj* svergognato(a)

desvestirse [desβes'tirse] *vp* svestirsi

desviar [desβi'ar] *vt* deviare ♦ **desviarse** *vp* ♦ **desviarse (de)** allontanarsi (da)

desvío [des'βio] *m* deviazione *f*

detallar [deta'ʎar] *vt* dettagliare

detalle [de'taʎe] *m* **1.** particolare *m* **2.** (*delicadeza*) pensierino *m* ♦ **al detalle** al dettaglio

detallista [deta'ʎista] *adj* pignolo(a)

detectar [detek'tar] *vt* scoprire

detective [detek'tiβe] *mf* investigatore *m*, -trice *f*

detener [dete'ner] *vt* **1.** fermare **2.** (*arrestar*) arrestare ♦ **detenerse** *vp* fermarsi

detenido, da [dete'niðo, ða] *adj, m,f* detenuto *m*, -a *f*

detergente [deter'xente] *m* (*para platos, ropa, suelo, etc*) detersivo *m*

determinación [determina'θjon] *f* ♦ **tomar una determinación** prendere una decisione

determinado, da [determi'naðo, ða] *adj* **1.** determinato(a) **2.** (*en gramática*) determinativo(a)

determinante [determi'nante] *adj & m* determinante

determinar [determi'nar] *vt* stabilire

detestable [detes'taβle] *adj* detestabile

detestar [detes'tar] *vt* detestare

detrás [de'tras] *adv* **1.** (*en el espacio*) dietro **2.** (*en el orden*) dopo ♦ **detrás de** dietro ♦ **por detrás de** dietro

deuda ['deuða] *f* debito *m* ♦ **contraer deudas** contrarre debiti

devaluación [deβalua'θjon] *f* svalutazione *f*

devaluar [deβalu'ar] *vt* svalutare

devoción [deβo'θjon] *f* **1.** (*a santos, Dios, etc*) devozione *f* **2.** (*a trabajo, familia, etc*) dedizione *f*

devolución [deβolu'θjon] *f* **1.** (*de dinero*) rimborso *m* **2.** (*de objetos*) restituzione *f*

devolver [deβol'βer] *vt* **1.** restituire **2.** (*cambio*) dare **3.** (*vomitar*) rimettere

devorar [deβo'rar] *vt* divorare

devoto, ta [de'βoto, ta] *adj* **1.** (*en religión*) devoto(a) **2.** (*aficionado*) appassionato(a)

dg (*abr de decigramo*) dg

día ['dia] *m* giorno *m* ♦ **es de día** è giorno ♦ **de día** di giorno ♦ **al día siguiente** il giorno dopo ♦ **del día de hoy** di oggi ♦ **¡buen día!** (*Amér*) buongiorno! ♦ **¡buenos días!** buongiorno! ♦ **el día seis** il giorno sei ♦ **por día** al giorno ♦ **¿qué día hace?** che tempo fa? ♦ **todos los días** ogni giorno ♦ **día del espectador** *giorno di riduzione delle tariffe cinematografiche* ♦ **día festivo/laborable** giorno festivo/feriale ♦ **Día de los Inocentes** ≃ primo aprile ♦ **día libre** giorno libero ♦ **Día de los Muertos** giorno dei morti ♦ **día del santo**

onomastico m ● **quince días** quindici giorni

Día de los Inocentes

Il 28 dicembre si commemora il massacro dei bambini ordinato da Erode dopo la nascita di Gesù. In questo giorno, sia in Spagna che in America Latina, adulti e bambini fanno scherzi chiamati *inocentadas*, simili al "pesce d'aprile". Anche i media posso diffondere notizie false che smentiscono il giorno dopo.

Día de los Muertos

Una delle feste più importanti del Messico, tra il 1 e il 2 novembre, celebra l'arrivo delle anime dei morti in visita ai vivi. Le famiglie decorano le tombe, allestiscono ricchi *altares* in casa e accendono candele per guidare le anime. I pasticceri preparano *calaveras* e il *pan de muerto*.

diabetes [dja'βetes] *f inv* diabete *m*
diabético, ca [dja'βetiko, ka] *m,f* diabetico *m*, -a *f*
diablo [dja'βlo] *m* diavolo *m*
diablura [dja'βlura] *f* birichinata *f*
diabólico, ca [djaˈβoliko, ka] *adj* diabolico(a)
diadema [dja'ðema] *f* diadema *m*
diagnosticar [djaɣnosti'kar] *vt* diagnosticare

diagnóstico [djaɣ'nostiko] *m* diagnosi *f inv*
dialecto [dja'lekto] *m* dialetto *m*
diálogo [di'aloɣo] *m* dialogo *m*
diamante [dia'mante] *m* diamante *m* ● **diamantes** *mpl* (palo de la baraja) quadri *mpl*
diana ['djana] *f* bersaglio *m*
diapositiva [djaposi'tiβa] *f* diapositiva *f*
diario, ria [di'arjo, rja] ◇ *adj* quotidiano(a) ◇ *m* quotidiano *m* ● **a diario** quotidianamente
diarrea [dja'rea] *f* diarrea *f*
dibujar [diβu'xar] *vt* disegnare
dibujo [di'βuxo] *m* disegno *m* ● **dibujos animados** cartoni *mpl* animati
diccionario [dikθjo'narjo] *m* dizionario *m* ● **diccionario de bolsillo** dizionario tascabile
dicha ['ditʃa] *f* gioia *f*
dicho ['ditʃo] *m* detto *m* ● **dicho y hecho** detto fatto ● **mejor dicho** per meglio dire ➢ **decir**
diciembre [di'θjembre] *m* dicembre *m* ➢ **septiembre**
dictado [dik'taðo] *m* dettato *m*
dictador [dikta'ðor] *m* dittatore *m*
dictadura [dikta'ðura] *f* dittatura *f*
dictamen [dik'tamen] *m* dettame *f*
dictar [dik'tar] *vt* dettare
dictatorial [diktato'rjal] *adj* dittatoriale
diecinueve [djeθi'nweβe] *núm* diciannove ➢ **seis**
dieciocho [dje'θjotʃo] *núm* diciotto ➢ **seis**
dieciséis [djeθi'seis] *núm* sedici ➢ **seis**

diecisiete [djeθi'sjete] *núm* diciassette ➤ **seis**

diente ['djente] *m* dente ● **diente de ajo** spicchio *m* d'aglio ● **diente de leche** dente di latte

diéresis ['djeresis] *f inv* dieresi *f inv*

diesel ['djesel] *m inv* diesel *m inv*

diestro, tra ['djestro, tra] ◇ *adj* **1.** (*diyno, na*) destro(a) **2.** (*experto*) abile ◇ *m* torero *m*

dieta ['djeta] *f* dieta *f* ● **dietas** *fpl* onorario *m*

dietética [dje'tetika] *f* dietetica *f*

diez ['djeθ] *núm* dieci ➤ **seis**

diferencia [dife'renθja] *f* **1.** differenza *f* **2.** (*discrepancia*) divergenza *f* **3.** ● **a diferencia de** a differenza di

diferenciar [diferen'θjar] *vt* differenziare

diferente [dife'rente] ◇ *adj* differente ◇ *adv* diversamente

diferido, da [dife'riðo, ða] *adj* ● **en diferido** in differita

diferir [dife'rir] *vt* differire ● **diferir de** *v* + *prep* non essere d'accordo con

difícil [di'fiθil] *adj* difficile

dificultad [difikul'tað] *f* difficoltà *f inv*

difundir [difun'dir] *vt* diffondere

difunto, ta [di'funto, ta] *m,f* defunto *m*, -a *f*

difusión [difu'sjon] *f* diffusione *f*

digerir [dixe'rir] *vt* digerire

digestión [dixes'tjon] *f* digestione *f* ● **hacer la digestión** digerire

digital [dixi'tal] *adj* digitale

dígito ['dixito] *m* cifra *f*

dignarse [diɣ'narse] *vp* ● **dignarse a hacer algo** degnarsi di fare qc

dignidad [diɣni'ðað] *f* dignità *f*

digno, na ['diɣno, na] *adj* **1.** (*merecedor, apropiado*) degno(a) **2.** (*honrado*) per bene

dilema [di'lema] *m* dilemma *m*

diligente [dili'xente] *adj* diligente

diluviar [dilu'βjar] *vi* diluviare

diluvio [di'luβjo] *m* diluvio *m*

dimensión [dimen'sjon] *f* dimensione *f*

diminuto, ta [dimi'nuto, ta] *adj* minuto(a)

dimitir [dimi'tir] ◇ *vt* abbandonare ◇ *vi* dimettersi ● **dimitir de** dimettersi da

Dinamarca [dina'marka] *f* Danimarca *f*

dinámico, ca [di'namiko, ka] *adj* dinamico(a)

dinamita [dina'mita] *f* dinamite *f*

dinastía [dinas'tia] *f* dinastia *f*

dinero [di'nero] *m* soldi *mpl* ● **dinero suelto** spiccioli *mpl*

diócesis ['djoθesis] *f inv* diocesi *f inv*

dios, sa ['djos, sa] *m,f* dio *m*, dea *f* ● **Dios** *m* Dio *m* ● **como Dios manda** come Dio comanda ● **¡Dios mío!** mio Dio! ● **¡por Dios!** per Dio!

diploma [di'ploma] *m* diploma *m*

diplomacia [diplo'maθja] *f* diplomazia *f*

diplomado, da [diplo'maðo, ða] *m,f* diplomato *m*, -a *f*

diplomarse [diplo'marse] *vp* ● **diplomarse (en)** diplomarsi (in)

diplomático, ca [diplo'matiko, ka] *adj* & *m,f* diplomatico(a)

diplomatura [diploma'tura] *f* diploma *m*

diptongo [dip'tongo] *m* dittongo *m*
diputación [diputa'θjon] *f* Provincia *f*
diputación provincial Giunta *f* provinciale
diputado, da [dipu'taðo, ða] *m,f* deputato *m, -a f*
dique ['dike] *m* diga *f*
dirección [direk'θjon] *f* **1.** direzione *f* **2.** *(domicilio)* indirizzo *m* **3.** ● **dirección asistida** servosterzo *m* ● **dirección de correo electrónico** indirizzo e-mail ● **Dirección General de Tráfico** Ufficio pubblico per la gestione del traffico

direcciones

Las direcciones italianas se componen de: nombre y apellido; a continuación el nombre de la calle, plaza o tipo de vía seguido del número; luego el código postal, la localidad y la provincia. Si el destinatario vive en casa de alguien, después de su nombre y apellido se indica el nombre completo de la persona en casa de la cual se aloja precedido de c/o.

direccionales [direkθjo'nales] *mpl* *(Amér)* frecce *fpl*
directa [di'rekta] *f (en el coche)* quinta *f*
directo, ta [di'rekto, ta] *adj* diretto(a) ● **en directo** in diretta
director, ra [direk'tor, ra] *m,f* **1.** direttore *m*, -trice *f* **2.** *(de cine y teatro)* regista *mf*
directorio [direk'torjo] *m* directory *f inv* ● **directorio telefónico** *(Amér)* rubrica *f* telefonica
dirigente [diri'xente] *mf* dirigente *mf*
dirigir [diri'xir] *vt* **1.** *(gobernar)* dirigere **2.** *(destinar)* indirizzare **3.** *(conducir, llevar)* guidare **4.** *(enfocar)* rivolgere **5.** ● **dirigirle la palabra a alguien** rivolgere la parola a qn ● **dirigirse a** *v + prep* **1.** *(ir, marchar)* dirigersi verso **2.** *(hablar a)* rivolgersi a
discar [dis'kar] *vt (Andes & RP)* comporre *(il numero)*
disciplina [disθi'plina] *f* disciplina *f*
discípulo, la [dis'θipulo, la] *m,f* discepolo *m, -a f*
disco ['disko] *m* disco *m* ● **disco compacto** compact disc *m inv*
disconformidad [diskonformi'ðað] *f* disaccordo *m*
discoteca [disko'teka] *f* discoteca *f*
discreción [diskre'θjon] *f* discrezione *f*
discrepancia [diskre'panθja] *f* discrepanza *f*
discreto, ta [dis'kreto, ta] *adj* discreto(a)
discriminación [diskrimina'θjon] *f* discriminazione *f*
discriminar [diskrimi'nar] *vt* discriminare
disculpa [dis'kulpa] *f* scusa *f* ● **pedir disculpas** chiedere scusa
disculpar [diskul'par] *vt* scusare ● **disculparse** *vp* scusarsi ● **disculparse por algo** scusarsi di qc

disculparse

Si tropezamos con un transeúnte o pisamos a un pasajero en el autobús, nos podemos disculpar diciendo *Mi scusi, le ho fatto male?* y, si realmente le hemos hecho daño, añadiremos *Guardi, sono davvero mortificato(a)*. Cuando nos piden información pero no estamos en condiciones de darla, nos excusaremos explicando el motivo *Mi dispiace, ma non conosco bene questo quartiere*.

discurrir [disku'rrir] *vi* ragionare
discurso [dis'kurso] *m* discorso *m*
discusión [disku'sjon] *f* **1.** discussione *f* **2.** *(riña)* litigio *m*
discutible [disku'tiβle] *adj* discutibile
discutir [disku'tir] ◆ *vt* discutere ◆ *vi* litigare
disecar [dise'kar] *vt* disseccare
diseñador, ra [diseɲa'ðor, ra] *m,f* disegnatore *m*, -trice *f*
diseñar [dise'ɲar] *vt* disegnare
diseño [di'seɲo] *m* design *m inv* ◆ **de diseño** firmato(a)
disfraz [dis'fraθ] *(pl* -ces*) m* costume *m*
disfrazar [disfra'θar] *vt* travestire
disfrazarse de *v + prep* travestirsi da
disfrutar [disfru'tar] *vi* godere ◆ **disfrutar de** *v + prep* godere di
disgustar [dizɣus'tar] *vt* dispiacere
disgustarse *vp* dispiacersi

disgusto [diz'ɣusto] *m* dispiacere *m*
disidente [disi'ðente] *mf* dissidente *mf*
disimular [disimu'lar] ◆ *vt* fingere ◆ *vi* far finta di niente
disminución [dizminu'θjon] *f* diminuzione *f*
disminuir [dizminu'ir] *vt* diminuire
disolvente [disol'βente] *m* solvente *m*
disolver [disol'βer] *vt* sciogliere
disparar [dispa'rar] *vt & vi* sparare
dispararse *vp* **1.** *(actuar precipitadamente)* lanciarsi **2.** *(aumentar)* salire
disparate [dispa'rate] *m* sproposito *m*
disparo [dis'paro] *m* sparo *m*
dispensar [dispen'sar] *vt* ◆ **dispensar a alguien de hacer algo** esonerare qn dal fare qc
dispersar [disper'sar] *vt* disperdere
disponer [dispo'ner] *vt* **1.** *(colocar)* disporre **2.** *(preparar)* preparare **3.** *(mandar)* ordinare ◆ **disponer de** *v + prep* disporre di ◆ **disponerse a** *v + prep* prepararsi a
disponible [dispo'niβle] *adj* disponibile
disposición [disposi'θjon] *f* disposizione *f* ◆ **a disposición de** a disposizione di
dispositivo [disposi'tiβo] *m* dispositivo *m*
dispuesto, ta [dis'pwesto, ta] *adj* pronto(a) ◆ **dispuesto a** pronto a
disputa [dis'puta] *f* disputa *f*
disputar [dispu'tar] *vt* disputare ◆ *vi* litigare ◆ **disputarse** *vp* disputarsi
disquete [dis'kete] *m* dischetto *m*
disquetera [diske'tera] *f* dischettiera *f*

distancia [dis'tanθja] f 1. distanza f 2. (frialdad) distacco m ◆ ¿a qué distancia está? quanto dista?
distanciarse [distan'θjarse] vp distanziarsi
distante [dis'tante] adj distante
distinción [distin'θjon] f distinzione f
distinguido, da [distin'giðo, ða] adj distinto(a)
distinguir [distin'gir] vt distinguere ◆ **distinguirse** vp distinguersi
distintivo [distin'tiβo] m distintivo m
distinto, ta [dis'tinto, ta] adj distinto(a)
distracción [distrak'θjon] f distrazione f
distraer [distra'er] vt distrarre ◆ **distraerse** vp distrarsi
distraído, da [distra'iðo, ða] adj distratto(a)
distribución [distriβu'θjon] f distribuzione f
distribuir [distriβu'ir] vt distribuire
distrito [dis'trito] m distretto m ◆ **distrito postal** codice m postale
disturbio [dis'turβjo] m tumulto m
diurno, na [di'urno, na] adj diurno(a)
diva ['diβa] f diva f
diván [di'βan] m divano m
diversidad [diβersi'ðað] f diversità f inv
diversión [diβer'sjon] f diversione f
diverso, sa [di'βerso, sa] adj diverso(a)
divertido, da [diβer'tiðo, ða] adj divertente
divertirse [diβer'tirse] vp divertirsi
dividir [diβi'ðir] vt dividere
divino, na [di'βino, na] adj divino(a)
divisar [diβi'sar] vt scorgere
divisas [di'βisas] fpl valuta f
división [diβi'sjon] f divisione f
divorciado, da [diβor'θjaðo, ða] m,f divorziato m, -a f
divorciarse [diβor'θjarse] vp divorziare
divorcio [di'βorθjo] m divorzio m
divulgar [diβul'ɣar] vt divulgare
DNI ['de'ene'i] m (Esp) (abr de documento nacional de identidad) ≃ Carta f d'Identità
dobladillo [doβla'ðiʎo] m orlo m
doblaje [do'βlaxe] m doppiaggio m
doblar [do'βlar] vt 1. (tela, papel, brazo, etc) piegare 2. (sueldo, cantidad) raddoppiare 3. (en cine) doppiare
doble ['doβle] ◇ adj doppio(a) ◇ mf 1. (persona idéntica) sosia m inv 2. (en cine) controfigura f ◇ m ◆ **el doble** (il) doppio (di) ◆ **dobles** mpl (en tenis) doppio m
doce [do'θe] núm dodici ➢ **seis**
docena [do'θena] f dozzina f
docente [do'θente] adj docente
dócil ['doθil] adj docile
doctor, ra [dok'tor, ra] m,f dottore m, -essa f
doctorado [dokto'raðo] m dottorato m
doctorarse [dokto'rarse] vp dottorarsi
doctrina [dok'trina] f dottrina f
documentación [dokumenta'θjon] f documentazione f ◆ **documentación del coche** libretto m di circolazione
documental [dokumen'tal] m documentario m
documento [doku'mento] m documento m

dogma ['doɣma] *m* dogma *m*
dogmático, ca [doɣ'matiko, ka] *adj* dogmatico(a)
dólar ['dolar] *m* dollaro *m*
doler [do'ler] *vi* 1. *(sentir dolor, daño)* fare male 2. *(sentir pena)* dispiacersi ● **me duele... mi fa male...**
dolor [do'lor] *m* 1. *(daño)* dolore *m* 2. *(pena)* dispiacere *m* ● **tener dolor de** avere mal di ● **dolor de cabeza** mal *m* di testa
doloroso, sa [dolo'roso, sa] *adj* doloroso(a)
domador, ra [doma'ðor, ra] *m,f* domatore *m*, -trice *f*
domar [do'mar] *vt* domare
domesticar [domesti'kar] *vt* addomesticare
doméstico, ca [do'mestiko, ka] *adj* domestico(a)
domicilio [domi'θiljo] *m* domicilio *m* ● **a domicilio** a domicilio
dominante [domi'nante] *adj* dominante
dominar [domi'nar] ◇ *vt* 1. dominare 2. *(idioma)* padroneggiare 3. *(sobresalir de)* predominare ◇ *vi* predominare ● **dominarse** *vp* dominarsi
domingo [do'miŋgo] *m* domenica *f* ● **domingo de Pascua** domenica di Pasqua ● **domingo de Ramos** domenica delle Palme ● **sábado**
dominguero, ra [domiŋ'gero, ra] *m,f (fam)* guidatore *m*, -trice *f* da strapazzo
dominical [domini'kal] *adj* domenicale
dominio [do'minjo] *m* 1. dominio *m* 2. *(de idioma)* padronanza *f* 3. *(ámbito)* possedimento *m*
dominó [domi'no] *m* domino *m*
don ['don] *m* 1. *(regalo, talento)* dono *m* 2. *(tratamiento)* signor *m*
donante [do'nante] *mf* donante *mf*
donativo [dona'tiβo] *m* donazione *f*
donde ['donde]
◇ *adv* dove ● **el bolso aún está donde lo dejaste** la borsa è ancora dove l'hai lasciata ● **de/desde donde** da dove ● **por donde** dove
◇ *pron* dove ● **esta es la casa donde nací** questa è la casa dove sono nato ● **la ciudad de donde vengo está muy lejos** la città da cui vengo è molto lontana ● **por donde** dove
dónde ['donde] *adv* dove ● **¿de dónde vienes?** da dove vieni? ● **¿por dónde empezamos?** da dove cominciamo? ● **no sé por dónde anda** non so dov'è andato a finire
donut ['donut] *m* ciambella *f*
dopaje [do'paxe] *m* doping *m inv*
doparse [do'parse] *vp* doparsi
dorado, da [do'raðo, ða] *adj* dorato(a)
dormir [dor'mir] ◇ *vi* dormire ◇ *vt* dormire ● **dormir con alguien** dormire con qn ● **dormirse** *vp* addormentarsi
dormitorio [dormi'torjo] *m* camera *f* da letto
dorsal [dor'sal] *adj* dorsale
dorso ['dorso] *m* dorso *m*
dos ['dos] *núm* due ● **cada dos por tres** in continuazione ➢ **seis**
doscientos [dos'θjentos] *núm* duecento ➢ **seis**

dosis ['dosis] f inv **1.** (de medicamento) dosaggio m **2.** (cantidad indefinida) dose f
dotado, da [do'taðo, ða] adj dotato(a) ● **dotado de** dotato di
dotar [do'tar] vt dotare
Dr. (abr de doctor) Dott.
Dra. (abr de doctora) Dott.ssa
dragón [dra'ɣon] m drago m
drama ['drama] m dramma m
dramático, ca [dra'matiko, ka] adj drammatico(a)
dramaturgo, ga [drama'turɣo, ɣa] m, f drammaturgo m, -a f
droga ['droɣa] f droga f
drogadicción [droɣaðik'θjon] f tossicodipendenza f
drogadicto, ta [droɣa'ðikto, ta] adj & m,f tossicodipendente mf
droguería [droɣe'ria] f drogheria f
dto. ➤ descuento
dual [du'al] adj duale
ducha ['dutʃa] f doccia f ● **darse una ducha** farsi una doccia
ducharse [du'tʃarse] vp farsi la doccia
duda ['duða] f dubbio m ● **sin duda** senz'altro
dudar [du'ðar] vi dubitare ● **dudar de** v + prep dubitare di
duelo ['duelo] m **1.** (pelea, en deporte) duello m **2.** (pena) dispiacere m
duende ['duende] m **1.** folletto m **2.** (gracia, encanto) incanto m ● **tener duende** avere fascino
dueño, ña ['dueno, na] m,f padrone m, -a f
dulce [dulθe] adj & m dolce ● **dulce de leche** dolce a base di latte condensato ● **dulce de membrillo** cotognata f
dulzura [dul'θura] f dolcezza f
duna ['duna] f duna f
dúo ['duo] m duetto m
dúplex ['dupleks] m inv appartamento m su due piani
duplicar [dupli'kar] vt duplicare
duración [dura'θjon] f durata f
durante [du'rante] prep durante
durar [du'rar] vi durare
durazno [du'raθno] m (Amér) pesca f
durex ® ['dureks] m (Amér) scotch ® m inv
dureza [du'reθa] f durezza f
duro, ra ['duro, ra] ◇ adj duro(a) ◇ adv duro
DVD [dibi'di] m **1.** (de Digital Video Disc o Digital Versatile Disc) DVD m **2.** (aparato) lettore m di DVD

E

ébano ['eβano] m ebano m
ebrio, bria ['eβrjo, βrja] adj (formal) ebbro(a)
ebullición [eβuʎi'θjon] f ebollizione f
echado, da [e'tʃaðo, ða] adj coricato(a)
echar [e'tʃar]
◇ vt **1.** (cable, cuerda, red, etc) lanciare ● **echó la pelota** ha lanciato la palla **2.** (vino, agua, azúcar, etc) mettere ● **echa sal a la sopa, está sosa** metti il sale

nella minestra, è insipida **3.** *(sermón, discurso)* pronunciare ● **nos echó un discurso al llegar** all'arrivo ci ha fatto un discorso ● **me echaron la buenaventura** mi hanno predetto la sorte **4.** *(carta, postal, paquete)* imbucare **5.** *(persona)* cacciare ● **lo echaron del colegio** lo hanno cacciato dalla scuola ● **lo han echado a la calle** l'hanno sbattuto in mezzo alla strada **6.** *(humo, vapor, etc)* mandare ● **echar humo** fare fumo **7.** *(accionar)* ● **echar la llave** girre la chiave ● **echar el cerrojo** mettere il catenaccio ● **echar el freno** tirare il freno **8.** *(flores, hojas)* ● **la planta está echando flores** la pianta sta germogliando **9.** *(en sofá, cama)* ● **echa al niño en el sofá para que duerma** corica il bambino sul divano per farlo dormire **10.** *(calcular)* dare ● **¿cuántos años me echas?** quanti anni mi dai? **11.** *(en locuciones)* ● **echar abajo** buttare giù; *(gobierno)* fare cadere; *(proyecto)* mandare a monte ● **echar de menos** sentire la mancanza di
◇ *vi* **1.** *(dirigirse)* incamminarsi ● **nos echamos a la carretera de buena mañana** ci siamo messi per strada di mattino presto ● **echó por el camino más corto** si è incamminato per la strada più breve **2.** *(empezar)* ● **echar a hacer algo** mettersi a fare qc ● **echar a correr** mettersi a correre
● **echarse** *vp (lanzarse)* gettarsi; *(acostarse)* coricarsi ● **echarse a llorar/reír** mettersi a piangere/ridere

eclesiástico, ca [ekle'sjastiko, ka] *adj* ecclesiastico(a)
eclipse [e'klipse] *m* eclisse *f*
eco ['eko] *m* eco *f*
ecología [ekolo'xia] *f* ecologia *f*
ecológico, ca [eko'loxiko, ka] *adj* ecologico(a)
economía [ekono'mia] *f* economia *f* ●
economías *sfpl* economia *f*
económico, ca [eko'nomiko, ka] *adj* economico(a)
economista [ekono'mista] *mf* economista *m*
ecosistema [ekosis'tema] *m* ecosistema *m*
ecotasa [eko'tasa] *f* ecotassa *f*
ecu ['eku] *m* ecu *m inv*
ecuación [ekua'θjon] *f* equazione *f*
ecuador [ekua'ðor] *m* equatore *m*
Ecuador [ekua'ðor] *m* ● **(el) Ecuador** (l')Ecuador
ecuatoriano, na [ekuato'rjano, na] *adj & m,f* ecuadoriano(a)
edad [e'ðað] *f* età *f inv* ● **edad media** medioevo *m* ● **tercera edad** terza età
edición [eði'θjon] *f* edizione *f*
edificante [eðifi'kante] *adj* edificante
edificar [eðifi'kar] *vt* costruire
edificio [eði'fiθjo] *m* edificio *m*
editor, ra [eði'tor, ra] *m,f* editore *m*, -trice *f*
editorial [eðito'rjal] *f* casa *f* editrice
edredón [eðre'ðon] *m* trapunta *f*
educación [eðuka'θjon] *f* educazione *f*
educado, da [eðu'kaðo, ða] *adj* educa-

to(a) ● **bien/mal educado** ben/mal educato

educar [eðu'kar] vt educare

educativo, va [eðuka'tiβo, βa] adj educativo(a)

EEUU (abr de Estados Unidos) USA

efectivo [efek'tiβo] m contanti mpl ● **en efectivo** in contanti

efecto [e'fekto] m effetto m ● **en efecto** effettivamente ● **efectos personales** effetti personali ● **efectos secundarios** effetti secondari

efectuar [efektu'ar] vt effettuare

eficacia [efi'kaθja] f efficacia f

eficaz [efi'kaθ] (pl **-ces**) adj efficace

eficiente [efi'θjente] adj 1. (medicamento, solución, etc) efficace 2. (trabajador) efficiente

EGB ['e.xeβe] f (Esp) (abr de Enseñanza General Básica) primo e secondo ciclo della scuola dell'obbligo, secondo l'antica normativa

Egipto [e'xipto] m Egitto m

egoísmo [eyo'izmo] m egoismo m

egoísta [eyo'ista] adj egoista

egresado, da [eyre'saðo, ða] m,f (Amér) diplomato m, -a f

egresar [eyre'sar] vi (Amér) diplomarsi

ej. (abr de ejemplo) es

eje ['exe] m asse m

ejecución [exeku'θjon] f esecuzione f

ejecutar [exeku'tar] vt 1. (realizar) eseguire 2. (matar) giustiziare

ejecutivo, va [exeku'tiβo, βa] m,f dirigente mf

ejemplar [exem'plar] ◇ adj esemplare ◇ m 1. (prototipo) prototipo m 2. (de libro, escrito, etc) esemplare m

ejemplo [e'xemplo] m esempio m ● **poner un ejemplo** fare un esempio ● **por ejemplo** per esempio

ejercer [exer'θer] vt esercitare

ejercicio [exer'θiθjo] m esercizio m ● **ejercicio físico** esercizio fisico

ejército [e'xerθito] m (fig) esercito m

ejote [e'xote] m (CAm & Méx) fagiolino m verde

el, la [el, la] (pl **los, las**) art 1. (gen) il(la) ● **el coche** l'automobile ● **las niñas** le bambine ● **el agua, el hacha, el águila** l'acqua, l'ascia, l'aquila ● **el amor** l'amore ● **la vida** la vita ● **los celos** la gelosia ● **se rompió la pierna** si ruppe la gamba ● **tiene el pelo oscuro** ha i capelli scuri ● **vuelven el sábado** tornano sabato 2. (antes de adj) quello(quella) 3. (en locuciones) ● **el de** quello(a) di ● **el que** quello(a) che

él, ella [el, 'eʎa] (pl **ellos, ellas**) pron 1. (sujeto, predicado, persona) lui(lei) ● **mi hermano es él** mio fratello è lui ● **ella es una amiga de la familia** lei è un'amica di famiglia ● **él me despierta con sus chillidos** lui mi sveglia con i suoi strilli 2. **voy a de vacaciones con ellos** vado in vacanza con loro 3. (posesivo) **de él/ella** suo

elaborar [elaβo'rar] vt elaborare

elasticidad [elastiθi'ðað] f elasticità f inv

elástico, ca [e'lastiko, ka] ◇ adj elástico(a) ◇ m elastico m

elección [elek'θjon] f 1. (de regalo)

vestido, etc) scelta f **2.** (*de presidente, jefe, etc*) elezione f ♦ **elecciones** fpl elezioni fpl

electricidad [elektri θi'ðað] f elettricità f inv

electricista [elektri'θista] mf elettricista mf

eléctrico, ca [e'lektriko, ka] adj elettrico(a)

electrocutar [elektroku'tar] vt uccidere con la sedia elettrica

electrodoméstico [elektroðo'mestiko] m elettrodomestico m

electrónica [elek'tronika] f elettronica f

electrónico, ca [elek'troniko, ka] adj elettronico(a)

elefante [ele'fante] m elefante m

elegancia [ele'γanθja] f eleganza f

elegante [ele'γante] adj elegante

elegir [ele'xir] vt **1.** (*reloj, vestido, etc*) scegliere **2.** (*en votación*) eleggere

elemental [elemen'tal] adj elementare

elemento [ele'mento] m elemento m ♦ **elementos** mpl elementi mpl

elevación [eleβa'θjon] f **1.** (*de terreno*) elevazione f **2.** (*de nivel, altura*) altezza f

elevado, da [ele'βaðo, ða] adj elevato(a)

elevador [eleβa'ðor] m (*Andes, CAm & Méx*) ascensore m

elevadorista [eleβaðo'rista] mf (*Andes, CAm & Méx*) ascensorista mf

elevar [ele'βar] vt **1.** alzare **2.** (*persona, cualidad*) elevare ♦ **elevarse** vp elevarsi

eliminación [elimina'θjon] f eliminazione f

eliminar [elimi'nar] vt eliminare

élite ['elite] f élite f inv

ella ['eʎa] → **él**

ello ['eʎo] pron neutro ciò

ellos, ellas ['eʎos, 'eʎas] pron pl **1.** (*personas*) loro **2.** (*animales*) essi **3.** ♦ **de ellos/ellas** loro

elocuencia [elo'kwenθja] f eloquenza f

elocuente [elo'kwente] adj eloquente

elogiar [elo'xjar] vt lodare

elogio [e'loxjo] m elogio m

elote [e'lote] m (*Méx & CAm*) pannocchia f di mais

El Salvador [elsalβa'ðor] m El Salvador

eludir [elu'ðir] vt **1.** (*obligaciones, compromisos, etc*) eludere **2.** (*persona*) evitare

emancipado, da [emanθi'paðo, ða] adj emancipato(a)

emanciparse [emanθi'parse] vp emanciparsi

embajada [emba'xaða] f ambasciata f

embajador, ra [embaxa'ðor, ra] m,f ambasciatore m, -trice f

embalar [emba'lar] vt imballare ♦ **embalarse** vp partire in quarta

embalsamar [embalsa'mar] vt imbalsamare

embalse [em'balse] m stagno m

embarazada [embara'θaða] adj ♦ **estar embarazada** essere incinta

embarazo [emba'raθo] m **1.** gravidanza f **2.** (*dificultad*) intralcio m

embarcación [embarka'θjon] f imbarcazione f

embarcadero [embarka'ðero] m imbarcadero m

embarcar [embarˈkar] vi imbarcare ◆ **embarcarse** vp imbarcarsi

embargar [embarˈɣar] vt sequestrare

embargo [emˈbarɣo] m blocco m • **sin embargo** tuttavia

embarque [emˈbarke] m imbarco m

embestir [embesˈtir] vt assalire

emblema [emˈblema] m emblema m

emborracharse [emborraˈtʃarse] vp ubriacarsi

emboscada [embosˈkaða] f imboscata f

embotellado, da [emboteˈʎaðo, ða] adj **1.** (de vino, licor, etc) imbottigliato(a) **2.** (calle, circulación) intasato(a)

embotellamiento [emboteʎaˈmjento] m **1.** (de vino, agua, etc) imbottigliamento m **2.** (de tráfico) ingorgo m

embotellar [emboteˈʎar] vt imbottigliare

embrague [emˈbraɣe] m frizione f

embrión [embriˈon] m embrione m

embrujar [embruˈxar] vt stregare

embudo [emˈbuðo] m imbuto m

embustero, ra [embusˈtero, ra] m,f bugiardo m, -a f

embutidos [embuˈtiðos] mpl salumi mpl

emergencia [emerˈxenθja] f emergenza f

emigración [emiɣraˈθjon] f **1.** (de familia, pueblo) emigrazione f **2.** (de animales) migrazione f

emigrante [emiˈɣrante] mf emigrante mf

emigrar [emiˈɣrar] vi **1.** (persona, pueblo) emigrare **2.** (animal) migrare

eminente [emiˈnente] adj eminente

emisión [emiˈsjon] f **1.** (de sonido, mensaje, etc) emissione f **2.** (en radio, televisión) trasmissione f **3.** (de juicio, opinión, etc) espressione f

emisor, ra [emiˈsor, ra] adj emittente

emisora [emiˈsora] f emittente f > **emisor**

emitir [emiˈtir] vt **1.** (palabras, sonido, etc) emettere **2.** (programa, música, etc) trasmettere **3.** (juicio, opinión, etc) esprimere

emoción [emoˈθjon] f emozione f

emocionado, da [emoθjoˈnaðo, ða] adj emozionato(a)

emocionante [emoθjoˈnante] adj emozionante

emocionarse [emoθjoˈnarse] vp emozionarsi

empacar [empaˈkar] vi (Amér) fare le valigie

empacho [emˈpatʃo] m indigestione f

empanada [empaˈnaða] f focaccia f ripiena

empapado, da [empaˈpaðo, ða] adj inzuppato(a)

empapar [empaˈpar] vt inzuppare ◆ **empaparse** vp inzupparsi

empapelar [empapeˈlar] vt incartare

empaquetar [empakeˈtar] vt impacchettare ▼ **empaquetado para regalo** confezione regalo

empastar [empasˈtar] vt fare un'otturazione

empaste [emˈpaste] m otturazione f

empatar [empaˈtar] ⋄ vi pareggiare ⋄ vt (Andes & Ven) (empalmar) unire

empate [emˈpate] m **1.** pareggio m **2.**

(Andes & Ven) (empalme) unione *f* ● **empate a cero** zero a zero

empeñar [empe'ɲar] *vt* impegnare ● **empeñarse** *vp* indebitarsi ● **empeñarse en hacer algo** ostinarsi a fare qc

empeño [em'peɲo] *m* ostinazione *f*

empeorar [empeo'rar] *vt & vi* peggiorare

emperador, triz [empera'ðor, 'triθ] *(fpl -ces)* ◇ *m,f* imperatore *m*, -trice *f* ◇ *m* pesce *m* spada

empezar [empe'θar] *vt & vi* cominciare ● **empezar a hacer algo** cominciare a fare qc

empinado, da [empi'naðo, ða] *adj* ripido(a)

empleado, da [emple'aðo, ða] *m,f* dipendente *m,f*

emplear [emple'ar] *vt* 1. impiegare 2. *(objeto, herramienta)* adoperare ● **emplearse en v + prep** lavorare in

empleo [em'pleo] *m* impiego *m*

empotrado, da [empo'traðo, ða] *adj* murato(a)

emprender [empren'der] *vt* intraprendere

empresa [em'presa] *f* azienda *f*

empresario, ria [empre'sarjo, rja] *m,f* 1. imprenditore *m*, -trice *f* 2. *(de teatro)* impresario *m*, -a *f*

empujar [empu'xar] *vt* spingere ● **empujar a alguien a hacer algo** spingere qualcuno a fare qc

empujón [empu'xon] *m* spintone *m* ● **a empujones** a spintoni

en *prep* 1. *(lugar en el interior)* in ● **viven en la capital** vivono nella capitale 2. *(sobre la superficie)* su ● **en el plato/la mesa** sul piatto/sulla tavola 3. *(punto concreto)* in ● **en casa** in casa ● **en el trabajo** nel lavoro 4. *(dirección)* in ● **el avión cayó en el mar** in aereo cadde in mare ● **entraron en la habitación** entrarono nella stanza 5. *(tiempo)* ● **llegará en mayo/Navidades** arriverà in maggio/a Natale ● **nació en 1940** nacque nel 1940 ● **nació en sábado** nacque di sabato ● **en un par de días** *(dentro de)* tra un paio di giorni 6. *(medio de transporte)* in ● **ir en coche/tren/avión/barco** viaggiare in macchina/treno/aereo/nave 7. *(modo)* ● **lo dijo en inglés** lo disse in inglese ● **todo se lo gasta en ropa** spende tutto in vestiti ● **en voz baja** a voce bassa 8. *(precio)* in ● **las ganancias se calculan en millones** gli utili si calcolano in milioni ● **te lo dejo en 50 euros** te lo lascio per 50 euro 9. *(tema)* in ● **es un experto en matemáticas** è un esperto in matematica ● **es doctor en medicina** è dottore in medicina 10. *(cualidad)* in ● **rápido en actuar** veloce nell'agire ● **le supera en inteligencia** lo supera per intelligenza

enaguas [e'naɣwas] *fpl* sottoveste *f*

enamorado, da [enamo'raðo, ða] *adj* enamorado *m* innamorato(a)(di)

enamorarse [enamo'rarse] *vp* ● **enamorarse (de)** innamorarsi (di)

enano, na [e'nano, na] *adj & m,f* nano(a)

encabezar [enkaβe'θar] vt **1.** (lista, grupo) capitanare **2.** (carta, escrito) intestare

encadenar [enkaðe'nar] vt **1.** (atar) incatenare **2.** (enlazar) concatenare ◆ **encadenarse** vp concatenarsi

encajar [enka'xar] ◇ vt **1.** (meter) incastrare **2.** (aceptar) far combaciare ◇ vi **1.** (caber) entrarci **2.** (cuadrar) combaciare

encaje [en'kaxe] m pizzo m

encalar [enka'lar] vt imbiancare

encantado, da [enkan'taðo, ða] adj **1.** felice **2.** (fam) (distraído, embrujado) incantato(a) ◆ interj piacere

encantador, ra [enkanta'ðor, ra] adj affascinante

encantar [enkan'tar] ◇ vt (hechizar) stregare ◇ vi (gustar) piacere ● **¡me encanta!** mi piace da morire!

encanto [en'kanto] m **1.** (atractivo) incanto m **2.** (hechizo) incantesimo m

encapotado, da [enkapo'taðo, ða] adj coperto(a)

encapricharse [enkapri'tʃarse] vp incapricciarsi

encaramarse [enkara'marsea] vp arrampicarsi

encarar [enka'rar] vt affrontare ◆ **encararse** vp affrontare

encarcelar [enkarθe'lar] vt incarcerare

encarecer [enkareθer] vt rincarare

encargado, da [enkar'ɣaðo, ða] m,f gerente mf

encargar [enkar'ɣar] vt ● **encargar algo a alguien** incaricare qn di qc ◆ **encargarse** vp ● **encargarse de algo/de hacer algo** incaricarsi di qc/di fare qc

encargo [en'karɣo] m **1.** (pedido) ordinazione f **2.** (tarea) incarico m **3.** (recado) commissione f

encariñarse [enkari'ɲarse] ◆ **encariñarse con** v + prep affezionarsi a

encarnado, da [enkar'naðo, ða] adj **1.** (rojo) rosso(a) **2.** (personificado) incarnato(a)

encausar [enkau'sar] vt querelare

encendedor [enθende'ðor] m accendino m ● **encendedor de cocina** accendigas m inv

encender [enθen'der] vt accendere

encendido [enθen'diðo] m accensione f

encerado [enθe'raðo] m **1.** (pizarra) tela cerata **2.** (del suelo) inceratura f

encerrar [enθe'rrar] vt **1.** (meter dentro) rinchiudere **2.** (contener) racchiudere ◆ **encerrarse** vp rinchiudersi

encestar [enθes'tar] vi fare canestro

enchilarse [entʃi'larse] vp **1.** (Méx) (con chile) condire con peperoncino rosso **2.** (fig) (enfadarse) arrabbiarsi

enchinar [entʃi'nar] vt (Amér) arricciare

enchufar [entʃu'far] vt **1.** (electricidad) attaccare **2.** (fam) (persona) raccomandare

enchufe [en'tʃufe] m **1.** (clavija) spina f **2.** (fam) (recomendación) raccomandazione f

encía [en'θia] f gengiva f

enciclopedia [enθiklo'peðja] f enciclopedia f

encierro [en'θjerro] m **1.** (de personas) ritiro m **2.** (de toros) recinto m

encima [en'θima] adv **1.** (arriba) sopra **2.**

(además) oltretutto 3. (sobre sí) addosso **encima de** sopra a ◆ **por encima en passant** ◆ **por encima de** (más arriba de) al di sopra di; (más que) sopra
encimera [enθi'mera] *f piano m* cottura
encina [en'θina] *f* leccio *m*
encinta [en'θinta] *adj* ◆ **estar encinta** essere incinta
encoger [enko'xer] ◇ *vt* contrarre ◇ *vi* restringersi ◆ **encogerse** *vp* **1.** (tejido, ropa) restringersi **2.** (persona) stringersi
encolar [enko'lar] *vt* incollare
encolerizarse [enkoleri'θarse] *vp* incollerirsi
encomienda [enkomi'enða] *f* (*Amér*) pacchetto *m*
encontrar [enkon'trar] *vt* trovare ◆ **encontrarse** *vp* trovarsi ◆ **encontrarse (con)** incontrare
encrespado, da [enkres'paðo, ða] *adj* **1.** (pelo) crespo(a) **2.** (mar) increspato(a)
encrucijada [enkruθi'xaða] *f* **1.** (de caminos) incrocio *m* **2.** (dilema) bivio *m*
encuadernar [enkwaðer'nar] *vt* rilegare
encuadre [en'kwaðre] *m* inquadratura *f*
encubrir [enku'βrir] *vt* coprire
encuentro [en'kwentro] *m* incontro *m*
encuesta [en'kwesta] *f* inchiesta *f*
encuestador, ra [enkwesta'ðor, ra] *m,f* intervistatore *m*, -trice *f*
enderezar [endere'θar] *vt* raddrizzare
endeudado, da [endeu̯'ðaðo, ða] *adj* indebitato(a)
endivia [en'diβia] *f* indivia *f* ◆ **endivias al roquefort** ≃ indivia al gorgonzola
enemigo, ga [ene'miɣo, ɣa] *m,f* nemico

m, -a *f* ◆ **enemigo de** nemico di
energía [ener'xia] *f* energia *f*
enérgico, ca [e'nerxiko, ka] *adj* energico(a)
enero [e'nero] *m* gennaio *m* ➢ **septiembre**
enfadado, da [enfa'ðaðo, ða] *adj* arrabbiato(a)
enfadarse [enfa'ðarse] *vp* arrabbiarsi
enfado [en'faðo] *m* rabbia *f*
enfermar [enfer'mar] *vi* ammalarsi
enfermarse *vp* (*Amér*) ammalarsi
enfermedad [enferme'ðað] *f* malattia *f*
enfermería [enferme'ria] *f* infermeria *f*
enfermero, ra [enfer'mero, ra] *m,f* infermiere *m*, -a *f*
enfermizo, za [enfer'miθo, θa] *adj* **1.** (de poca salud) malaticcio(a) **2.** (obsesivo) malato(a)
enfermo, ma [en'fermo, ma] *adj & m,f* malato(a) ◆ **ponerse enfermo** ammalarsi
enfocar [enfo'kar] *vt* mettere a fuoco
enfoque [en'foke] *m* **1.** (de cámara de fotos, vídeo) zoom *m inv* **2.** (de tema, cuestión, problema) impostazione *f*
enfrentamiento [enfrenta'miento] *m* scontro *m*
enfrentarse [enfren'tarse] *vp* **1.** scontrarsi **2.** (en deportes) affrontarsi
enfrente [en'frente] *adv* di fronte ◆ **enfrente de** di fronte a
enfriamiento [enfria'miento] *m* raffreddamento
enfriarse [enfri'arse] *vp* raffreddarsi
enganchar [engan'tʃar] *vt* **1.** (objeto,

papel) attaccare **2.** *(caballos, caravana, coche)* agganciare ◆ **engancharse** *vp* attaccarsi

enganche [en'gantʃe] *m (Méx) (paga y señal)* acconto *m*

engañar [enga'ɲar] *vt* **1.** ingannare **2.** *(timar)* imbrogliare ◆ **engañarse** *vp* ingannarsi

engaño [en'gaɲo] *m* **1.** inganno *m* **2.** *(timo)* imbroglio *m*

engañoso, sa [enga'ɲoso, sa] *adj* ingannevole

engendrar [enxen'drar] *vt* generare

englobar [englo'βar] *vt* inglobare

engordar [engor'ðar] *vi* ingrassare ◆ **engordarse** *vp* ingrassare

engranaje [engra'naxe] *m* ingranaggio *m*

engrapadora [engrapa'ðora] *f (Amér)* graffatrice *f*

engrapar [engra'par] *f (Amér)* graffare

engrasar [engra'sar] *vt* ungere

engreído, da [engre'iðo, ða] *adj* superbo(a)

enhorabuena [enora'βuena] ◇ *f* complimenti *mpl* ◇ *interj* complimenti! ◆ **dar la enhorabuena** fare i complimenti

enigma [e'niɣma] *m* enigma *m*

enjabonar [enxaβo'nar] *vt (fig)* insaponare ◆ **enjabonarse** *vp* insaponarsi

enjuagar [enxwa'ɣar] *vt* sciacquare ◆ **enjuagarse** *vp* sciacquarsi

enlace [en'laθe] ◇ *m* **1.** *(de trenes, carreteras)* allaccio *m* **2.** *(formal) (matrimonio)* vincolo *m* ◇ *mf* intermediario *m, -a f*

enlazar [enla'θar] *vt* **1.** *(conectar)* allacciare **2.** *(relacionar)* legare

enlosar [enlo'sar] *vt* lastricare

enmendar [emmen'dar] *vt* emendare ◆ **enmendarse** *vp* correggersi

enmienda [em'mjenda] *f* **1.** *(corrección)* correzione *f* **2.** *(de ley)* emendamento *m*

enmudecer [emmuðe'θer] *vi* **1.** *(por enfermedad)* diventare muto **2.** *(por disgusto, susto, etc)* ammutolire

enojado, da [eno'xaðo, ða] *adj* arrabbiato(a)

enojar [eno'xar] *vt* far arrabbiare ◆ **enojarse** *vp* arrabbiarsi

enojo [e'noxo] *m* **1.** *(enfado)* rabbia *f* **2.** *(molestia)* sdegno *m*

enorme [e'norme] *adj* enorme

enredadera [enreða'ðera] *f* rampicante *m*

enredar [enre'ðar] *vt* **1.** *(lana, hilo, pelo, etc)* ingarbugliare **2.** *(fam) (engañar)* irretire ◆ **enredar a alguien en** coinvolgere qn in

enredo [en'reðo] *m* **1.** *(de lana, hilo, pelo)* trama *f* **2.** *(situación)* imbroglio *m* **3.** *(desorden)* pasticcio *m*

enriquecer [enrike'θer] *vt* arricchire ◆ **enriquecerse** *vp* arricchirsi

enrojecer [enroxe'θer] ◇ *vt* tingere di rosso ◇ *vi* arrossire

enrollar [enro'ʎar] *vt* arrotolare ◆ **enrollarse** *vp* **1.** *(Esp) (fam) (hablar mucho)* dilungarsi **2.** *(fam) (ligar)* mettersi con qn

ensalada [ensa'laða] *f* insalata *f* ◆

ensalada china insalata cinese • **ensalada de lechuga** insalata di lattuga • **ensalada mixta** insalata mista • **ensalada del tiempo** insalata di stagione • **ensalada de fruta** insalata di frutta • **ensalada verde** insalata verde
ensaladera [ensala'ðera] f insalatiera f
ensanchar [ensan'tʃar] vt allargare
ensayar [ensa'jar] vt provare
ensayo [en'sajo] m 1. saggio m 2. (de mecanismo, invento) prova f
enseguida [ense'γiða] adv subito
ensenada [ense'naða] f insenatura f
enseñanza [ense'ɲaɲθa] f insegnamento m
enseñar [ense'ɲar] vt 1. (en escuela, universidad) insegnare 2. (indicar, mostrar) mostrare
enseres [en'seres] mpl attrezzi mpl
ensopar [enso'par] vt (Amér) inzuppare
ensuciar [ensu'θjar] vt sporcare • **ensuciarse** vp sporcarsi
ente ['ente] m ente m
entender [enten'der] vt & vi capire • **entender de** v + prep intendersi di • **entenderse** vp 1. capirsi 2. (fam) (estar liado con) intendersela • **entenderse bien/mal con alguien** andare/non andare d'accordo con qn
entendido, da [enten'diðo, ða] m,f intenditore m, -trice f • **entendido** in intenditore di
enterarse [ente'rarseðe] vp • **enterarse (de)** sapere; (fam) (darse cuenta de) rendersi conto (di)
entero, ra [en'tero, ra] adj 1. intero(a) 2. (firme) integro(a) 3. • **por entero** interamente
enterrar [ente'rrar] vt 1. (cadáver) seppellire 2. (objeto) sotterrare
entidad [enti'ðað] f 1. entità f inv 2. (institución) ente m
entierro [en'tjerro] m sepoltura f
entonces [en'tonθes] adv 1. allora 2. • **desde entonces** da allora
entrada [en'traða] f 1. ingresso m 2. • **entrada libre** ingresso libero ▼ **entrada por la otra puerta** entrata dall'altra porta • **de entrada** in linea di massima

entrañable [entra'ɲaβle] adj caro(a)
entrañas [en'traɲas] fpl viscere fpl
entrar [en'trar]
◇ vt 1. (introducir) • **están entrando el carbón** stanno portando dentro il carbone • **ya puedes entrar el coche en el garaje** adesso puoi mettere la macchina in garage 2. INFORM inviare
◇ vi 1. (gen) entrare • **la pelota entró por la ventana** la palla entrò dalla finestra • **entramos en el bar de la esquina** entriamo nel bar d'angolo • **el pájaro entró en la jaula** l'uccello entrò nella gabbia • **entra frío por la ventana** entra del freddo dalla finestra • **para entrar has de hacer un test** per entrare devi fare un test • **entró en el partido en abril** entrò nel partito in aprile • **entrar de** entrare come • **entró de secretaria** entrò in qualità di segretaria • **entrar en** entrare in • **el enchufe no entra** la spina non entra •

la bala le entró por la ingle la pallottola gli entrò dall'inguine ● **el clavo ha entrado en la pared** il chiodo è entrato nella parete **2.** *(caber)* ● **este anillo no te entra** questo anello ti sta stretto ● **en el garaje entran dos coches** nel garage c'è posto per due macchine **3.** *(entender)* **entrare in testa** ● **no me entra la geometría** la geometria non gli entra in testa ● **no me entra que tú quieras** non capisco come tu possa ancora amarlo ● *(estado físico o de ánimo)* venire ● **me entró mucha pena** mi venne una gran tristezza ● **me entraron ganas de hablar** mi venne voglia di parlare **5.** *(estar incluido)* rientrare ● **la consumición no entra en la consumación** non è compresa ● **esto no entraba en mis cálculos** questo non rientrava nei miei calcoli **6.** *(cantidad)* ● **¿cuántas peras entran en un kilo?** quante pere ci vogliono per arrivare a un chilo? **7.** *AUTO* ingranare ● **no entra la quinta** la quinta non ingrana **8.** *(empezar)* entrar a iniziare a ● **entró a trabajar en la fábrica en mayo** iniziò a lavorare in fabbrica a maggio

entre [ˈentre] *prep* **1.** *(en medio de dos términos)* tra, fra ● **aparcar entre dos coches** parcheggiare tra due macchine ● **vendré entre las tres y las cuatro** verrò tra le tre e le quattro ● **era un color entre verde y azul** era un colore tra il verde e il blu **2.** *(en medio de muchos)* tra, fra ● **estaba entre los asistentes** era fra i presenti ● **entre hombres, mujeres y niños somos cien** tra uomini, donne e bambini siamo in cento **3.** *(participación, cooperación)* ● **entre todos lo conseguiremos** tutti insieme ci riusciremo ● **lo haremos entre tú y yo** lo faremo noi due ● **entre nosotros** tra noi **4.** *(lugar)* tra, fra ● **encontré tu carta entre los libros** ho trovato la tua lettera fra i libri; *(Amér) (cuanto)* ● **entre más estudies, más sabrás** quanto più studi, tanto più saprai

entreacto [entreˈakto] *m* intermezzo *m*

entrecejo [entreˈθexo] *m* fronte *f*

entrecot [entreˈkot] *m* costata *f* ● **entrecot a la pimienta verde** costata al peperone verde ● **entrecot al roquefort** ≃ costata al gorgonzola

entrega [enˈtreɣa] *f* **1.** consegna *f* **2.** *(dedicación)* dedizione *f* **3.** *(fascículo)* fascicolo *m*

entregar [entreˈɣar] *vt* consegnare ● **entregarse a** *v + prep* **1.** *(rendirse)* consegnarsi a **2.** *(abandonarse)* abbandonarsi a **3.** *(dedicarse)* dedicarsi a

entrelazar [entrelaˈθar] *vt* intrecciare

entremés [entreˈmes] *m* antipasto *m*

entrenador, ra [entrenaˈðor, ra] *m,f* allenatore *m*, -trice *f*

entrenamiento [entrenaˈmjento] *m* allenamento *m*

entrenar [entreˈnar] *vt* allenare ● **entrenarse** *vp* allenarsi

entrepierna [entreˈpjerna] *f* sottoscio *m*

entresuelo [entre'swelo] *m* pianterreno *m*

entretanto [entre'tanto] *adv* intanto

entretecho [entre'tetʃo] *m* (*Chile*) soffitta *f*

entretener [entrete'ner] *vt* **1.** (*divertir*) divertire **2.** (*hacer retrasar*) trattenere ◆ **entretenerse** *vp* **1.** (*divertirse*) divertirsi **2.** (*retrasarse*) trattenersi

entretenido, da [entrete'niðo, ða] *adj* **1.** (*divertido*) divertente **2.** (*que requiere atención*) pesante

entretenimiento [entreteni'mjento] *m* intrattenimento *m*

entretiempo [entre'tjempo] *m* ◆ **de entretiempo** di mezza stagione

entrever [entre'βer] *vt* intravedere

entrevista [entre'βista] *f* **1.** (*reunión*) colloquio *m* **2.** (*en radio, TV, prensa*) intervista *f*

entrevistador, ra [entreβista'ðor, ra] *m,f* intervistatore *m*, -trice *f*

entrevistar [entreβis'tar] *vt* intervistare

entristecer [entriste'θer] *vt* rattristare ◆ **entristecerse** *vp* rattristarsi

entrometerse [entrome'terse] *vp* intromettersi

entusiasmado, da [entusjaz'maðo, ða] *adj* entusiasta

entusiasmar [entusjaz'mar] *vi* entusiasmare ◆ **entusiasmarse** *vp* entusiasmarsi

entusiasmo [entu'sjazmo] *m* entusiasmo *m*

entusiasta [entu'sjasta] *adj* entusiasta

envasar [emba'sar] *vt* imballare

envase [em'base] *m* recipiente *m* ◆ **envase sin retorno** vuoto a perdere

envejecer [embexe'θer] *vi* invecchiare

envenenamiento [embenena'mjento] *m* avvelenamento *m*

envenenar [embene'nar] *vt* avvelenare

envergadura [emberyа'ðura] *f* (*importancia*) importanza *f*

enviar [embi'ar] *vt* **1.** mandare **2.** (*lanzar*) tirare

envidia [em'biðja] *f* invidia *f*

envidiar [embi'ðjar] *vt* invidiare

envidioso, sa [embi'ðjoso, sa] *adj* invidioso(a)

envío [em'bio] *m* invio *m*

enviudar [embiu'ðar] *vi* restare vedovo(a)

envolver [embol'βer] *vt* avvolgere

enyesar [enje'sar] *vt* **1.** (*pared, muro*) intonacare **2.** (*pierna, brazo, etc*) ingessare

epidemia [epi'ðemja] *f* epidemia *f*

epidermis [epi'ðermis] *f inv* epidermide *f*

episodio [epi'soðjo] *m* episodio *m*

época ['epoka] *f* epoca *f*

equilibrado, da [ekili'βraðo, ða] *adj* equilibrato(a)

equilibrar [ekili'βrar] *vt* equilibrare

equilibrio [ekili'βrjo] *m* equilibrio *m*

equilibrista [ekili'βrista] *mf* equilibrista *mf*

equipaje [eki'paxe] *m* bagaglio *m* ◆ **equipaje de mano** bagaglio a mano ◆ **facturar el equipaje** passare al check-in

equipar [eki'par] *vt* equipaggiare

equipo [e'kipo] *m* 1. squadra *f* 2. *(objetos, prendas)* coordinato *m*
equitación [ekita'θjon] *f* equitazione *f*
equivalente [ekiβa'lente] *adj & m* equivalente
equivaler [ekiβa'ler] ♦ **equivaler a** *v + prep* equivalere a
equivocación [ekiβoka'θjon] *f* sbaglio *m*
equivocado, da [ekiβo'kaðo, ða] *adj* sbagliato(a) ♦ **estar equivocado** sbagliarsi
equivocar [ekiβo'kar] *vt* confondere ♦ **equivocarse** *vp* sbagliarsi ♦ **equivocarse de** *v + prep* sbagliarsi di
era ['era] *f* 1. *(época)* era *f* 2. *(del campo)* aia *f*
erguido, da [er'γiðo, ða] *adj* eretto(a)
erizo [e'riθo] *m* riccio *m*
ermita [er'mita] *f* eremo *m*
erótico, ca [e'rotiko, ka] *adj* erotico(a)
erotismo [ero'tizmo] *m* erotismo *m*
errante [e'rrante] *adj* errante
errar [e'rrar] *vi* sbagliarsi
erróneo, a [e'rroneo, a] *adj* erroneo(a)
error [e'rror] *m* errore *m*
eructar [eruk'tar] *vi* ruttare
eructo [e'rrukto] *m* rutto *m*
erudito, ta [eru'ðito, ta] *m,f* erudito *m*, -a *f*
erupción [erup'θjon] *f* eruzione *f*
esbelto, ta [ez'βelto, ta] *adj* snello(a)
esbozo [ez'βoθo] *m* 1. *(dibujo)* schizzo *m* 2. *(resumen, guión)* abbozzo *m*
escabeche [eska'βetʃe] *m* ♦ **en escabeche** marinato(a)
escala [es'kala] *f* 1. scala *f* 2. *(de barco, avión)* scalo *m* 3. ♦ **a gran escala** *(fam)* su vasta scala ♦ **escala musical** scala musicale
escalador, ra [eskala'ðor, ra] *m,f* scalatore *m*, -trice *f*
escalar [eska'lar] *vt* scalare
escalera [eska'lera] *f* scala *f* ♦ **escalera de caracol** scala a chiocciola ♦ **escalera mecánica** scala mobile ♦ **escaleras** *fpl* scale *fpl*
escalerilla [eskale'riʎa] *f* scaletta *f*
escalofrío [eskalo'frio] *m* brivido *m*
escalón [eska'lon] *m* gradino *m*
escalope [eska'lope] *m* cotoletta *f*
escalopín [eskalo'pin] *m* ♦ **escalopines de ternera** scaloppine *f* di vitello
escama [es'kama] *f* squama *f*
escampar [eskam'par] *vi (cielo)* schiarirsi
escandalizar [eskandali'θar] *vt* scandalizzare ♦ **escandalizarse** *vp* scandalizzarsi
escándalo [es'kandalo] *m* 1. *(alboroto)* baraonda *f* 2. *(inmoralidad)* scandalo *m*
escaño [es'kaɲo] *m* seggio *m*
escapar [eska'par] *vi (huir)* scappare ♦ **escapar (de)** *(encierro)* scappare (da); *(peligro)* scampare ♦ **escaparse** *vp* 1. *(persona)* scappare 2. *(líquido, gas)* fuoriuscire
escaparate [eskapa'rate] *m* vetrina *f*
escape [es'kape] *m* fuga *f* ♦ **a escape** in tutta fretta
escarabajo [eskara'βaxo] *m* scarabeo *m*
escarbar [eskar'βar] *vt* raspare
escarcha [es'kartʃa] *f* brina *f*

escarmentar [eskarmen'tar] ◇ vt castigare ◇ vi ravvedersi

escarola [eska'rola] f scarola f

escasear [eskase'ar] vi scarseggiare

escasez [eska'seθ] f scarsità f inv

escaso, sa [es'kaso, sa] adj 1. scarso(a) 2. (poco) poco(a)

escayola [eska'jola] f (Esp) gesso m

escena [es'θena] f scena f

escenario [esθe'narjo] m 1. (de teatro) palcoscenico m 2. (de suceso) scenario m

escepticismo [esθepti'θizmo] m scetticismo m

escéptico, ca [es'θeptiko, ka] adj scettico(a)

esclavitud [esklaβi'tuð] f schiavitù f inv

esclavo, va [es'klaβo, βa] m,f schiavo m, -a f

esclusa [es'klusa] f chiusa f

escoba [es'koβa] f scopa f

escobilla [esko'βiʎa] f 1. scopino m 2. (Andes) (cepillo) spazzola f

escocer [esko'θer] vi bruciare

Escocia [es'koθja] f Scozia f

escoger [esko'xer] vt scegliere

escolar [esko'lar] ◇ adj scolastico(a) ◇ mf scolaro m, -a f

escolaridad [eskolari'ðað] f periodo m scolastico

escollo [es'koʎo] m scoglio m

escolta [es'kolta] f scorta f

escombros [es'kombros] mpl macerie fpl

esconder [eskon'der] vt nascondere

esconderse vp nascondersi

escondite [eskon'dite] m 1. (lugar) nascondiglio m 2. (juego) nascondino m

escopeta [esko'peta] f fucile m

escorpión [eskor'pjon] m scorpione m

Escorpión [eskor'pjon] m inv Scorpione m inv

escotado, da [esko'taðo, ða] adj scollato(a)

escote [es'kote] m scollatura f

escotilla [esko'tiʎa] f boccaporto m

escribir [eskri'βir] vt & vi scrivere • escribir a mano/máquina scrivere a mano/macchina • **escribirse** vp scriversi

escrito [es'krito] m scritto m

escritor, ra [eskri'tor, ra] m,f scrittore m, -trice f

escritorio [eskri'torjo] m scrivania f

escritura [eskri'tura] f scrittura f

escrúpulo [es'krupulo] m scrupolo m • **escrúpulos** mpl • sin escrúpulo senza scrupoli

escuadra [es'kwaðra] f 1. (en dibujo, del ejército) squadra f 2. (de barcos) flotta f

escuchar [esku'tʃar] vt & vi ascoltare

escudo [es'kuðo] m scudo m

escuela [es'kwela] f scuola f • escuela pública/privada scuola pubblica/privata • escuela universitaria istituto superiore universitario

esculpir [eskul'pir] vt scolpire

escultor, ra [eskul'tor, ra] m,f scultore m, -trice f

escultura [eskul'tura] f scultura f

escupir [esku'pir] vt & vi sputare

escurrir [esku'rir] vt 1. (platos) scolare 2.

(ropa) strizzare **3.** *(deslizar)* scivolare ◆ **escurrirse** *vp (deslizarse)* scivolare

ese, sa ['ese, sa] *adj* **1.** *(cercano)* questo(a) **2.** *(algo alejado)* quello(la)

ése, sa ['ese, sa] *pron* **1.** *(cercano)* questo(a) **2.** *(algo alejado)* quello(la)

esencia [e'senθja] *f* essenza *f*

esencial [esen'θjal] *adj* essenziale

esfera [es'fera] *f* **1.** sfera *f* **2.** *(del reloj)* quadrante *m*

esférico, ca [es'feriko, ka] *adj* sferico(a)

esforzarse [esfor'θarse] *vp* sforzarsi

esfuerzo [es'fŭerθo] *m (sacrificio)* sforzo *m*

esfumarse [esfu'marse] *vp* svanire

esgrima [ez'ɣrima] *f* scherma *f*

esguince [ez'ɣinθe] *m* slogatura *f*

eslabón [ezla'βon] *m* anello *m (di catena)*

eslálom [ez'lalom] *m* slalom *m inv*

esmalte [ez'malte] *m* smalto *m* ◆ **esmalte de uñas** smalto per unghie

esmeralda [ezme'ralda] *f* smeraldo *m*

esmerarse [ezme'rarse] *vp* sforzarsi

esmero [ez'mero] *m* accuratezza *f*

esmoquin [ez'mokin] *m* smoking *m inv*

esnob [ez'noβ] *(pl* **esnobs***) mf* snob *mf inv*

eso ['eso] *pron neutro* ciò ◆ **a eso de** verso ◆ **y eso que** e meno male che

ESO *(abr de Enseñanza Secundaria Obligatoria) f (Esp)* ciclo di studi obbligatorio dai 12 ai 16 anni

esos, sas ['esos, sas] *adj pl* > **ese**

espacial [espa'θjal] *adj* spaziale

espacio [es'paθjo] *m* **1.** spazio *m* **2.** *(de tiempo)* lasso *m* di tempo

espacioso, sa [espa'θjoso, sa] *adj* spazioso(a)

espada [es'paða] *f* spada *f* ◆ **espadas** *fpl (palo de la baraja)* spade *fpl*

espagueti [espa'ɣeti] *mpl* spaghetti *mpl*

espalda [es'palda] ◇ *f* **1.** *(de persona)* schiena *f* **2.** *(de animal)* dorso *m* ◇ *f inv (en natación)* dorso *m* ◆ **a espaldas de** alle spalle di

espantapájaros [espanta'paxaros] *m inv* spaventapasseri *m inv*

espanto [es'panto] *m* spavento *m*

espantoso, sa [espan'toso, sa] *adj* spaventoso(a)

España [es'paɲa] *f* Spagna *f*

español, la [espa'ɲol, la] ◇ *adj* & *m,f* spagnolo(a) ◇ *m* spagnolo *m*

esparadrapo [espara'ðrapo] *m* cerotto *m*

esparcir [espar'θir] *vt* spargere

espárrago [es'paraɣo] *m* asparago *m*

espasmo [es'pazmo] *m* spasmo *m*

espátula [es'patula] *f* spatola *f*

especie [es'peθje] *f* spezie *f*

especial [espe'θjal] *adj* **1.** speciale **2.** *(sabor, gusto, color, etc)* particolare **3.** *(fam) (persona)* particolare

especialidad [espeθjali'ðað] *f* **1.** specialità *f inv* **2.** *(en educación)* specializzazione *f*

especialista [espeθja'lista] *mf* specialista *mf*

especializado, da [espeθjali'θaðo, ða] *adj* specializzato(a)

especializarse [espeθjali'θarsen] *vp* ◆

especializarse (en) specializzarsi (in)
especialmente [espe,θjal'mente] *adv* in particolare
especie [es'peθje] *f* (*fig*) specie *f inv* ● **en especie** in natura ● **especie protegida** specie protetta
especificar [espeθifi'kar] *vt* specificare
específico, ca [espe'θifiko, ka] *adj* specifico(a)
espectáculo [espek'takulo] *m* spettacolo *m*
espectador, ra [espekta'ðor, ra] *m,f* spettatore *m*, -trice *f*
especulación [espekula'θjon] *f* speculazione *f*
espejismo [espe'xizmo] *m* miraggio *m*
espejo [es'pexo] *m* specchio *m*
espera [es'pera] *f* attesa *f* ● **a la espera de** in attesa di
esperanza [espe'ranθa] *f* speranza *f*
esperar [espe'rar] ◇ *vt* **1.** aspettare **2.** (*confiar*) sperare ◇ *vi* aspettare ● **¡eso espero!** spero bene! ● **¡espera y verás!** aspetta e vedrai! ● **esperar sentado campa caballo che l'erba cresce**
esperarse *vp* aspettarsi
esperma [es'perma] *m* sperma *m*
espeso, sa [es'peso, sa] *adj* **1.** spesso(a) **2.** (*bosque*) fitto(a)
espesor [espe'sor] *m* **1.** (*grosor*) spessore *m* **2.** (*densidad*) densità *f inv*
espía [es'pia] *mf* spia *f*
espiar [espi'ar] *vt* spiare
espiga [es'piya] *f* spiga *f*
espina [es'pina] *f* **1.** (*de las plantas*) spina *f* **2.** (*de los peces*) lisca *f*

espinacas [espi'nakas] *fpl* spinaci *mpl*
espinilla [espi'niʎa] *f* **1.** (*de pierna*) stinco *m* **2.** (*en piel*) punto *m* nero
espionaje [espio'naxe] *m* spionaggio *m*
espiral [espi'ral] *f* spirale *f* ● **en espiral** a spirale
espirar [espi'rar] *vi* espirare
espiritismo [espiri'tizmo] *m* spiritismo *m*
espíritu [es'piritu] *m* spirito *m*
espiritual [espiritu'al] *adj* spirituale
espléndido, da [es'plendido, ða] *adj* **1.** (*magnífico*) splendido(a) **2.** (*generoso*) munifico(a)
esplendor [esplen'dor] *m* splendore *m*
espliego [es'pljeyo] *m* lavanda *f*
esponja [es'ponxa] *f* **1.** spugna *f* **2.** (*animal*) spongia *f*
esponjoso, sa [espon'xoso, sa] *adj* spugnoso(a)
espontaneidad [espontanej'ðað] *f* spontaneità *f inv*
espontáneo, a [espon'taneo, a] ◇ *adj* spontaneo(a) ◇ *m* spettatore che s'improvvisa torero
esposas [es'posas] *fpl* manette *fpl*
esposo, sa [es'poso, sa] *m,f* sposo *m*, -a *f*
espray [es'praj] *m* spray *m inv*
esprint [es'print] *m* sprint *m inv*
esprínter [es'printer] *mf* sprinter *mf inv*
espuma [es'puma] *f* spuma *f* ● **espuma para el pelo** schiuma *f*
squash [es'kwaʃ] *m* squash *m inv*
esqueleto [eske'leto] *m* scheletro *m*
esquema [es'kema] *m* schema *m*
esquematizar [eskemati'θar] *vt* schematizzare

esquí [es'ki] *m* sci *m inv* ● **esquí acuático** sci d'acqua
esquiador, ra [eskia'ðor, ra] *m,f* sciatore *m*, -trice *f*
esquiar [eski'ar] *vi* sciare
esquilar [eski'lar] *vt* tosare
esquimal [eski'mal] *adj & mf* eschimese
esquina [es'kina] *f* angolo *m* ● **doblar la esquina** girare l'angolo
esquivar [eski'βar] *vt* schivare
estabilidad [estaβili'ðað] *f* stabilità *f inv*
estable [es'taβle] *adj* stabile
establecer [estaβle'θer] *vt* stabilire ● **establecerse** *vp* stabilirsi
establecimiento [estaβleθi'mjento] *m* stabilimento *m*
establo [es'taβlo] *m* stalla *f*
estaca [es'taka] *f* palo *m*
estación [esta'θjon] *f* 1. *(de tren, autobús, radio, etc)* stazione *f* 2. *(del año, temporada, época)* stagione *f* ● **estación de servicio** stazione di rifornimento
estacionamiento [estaθjona'mjento] *m* stazionamento *m* ● **estacionamiento limitado** sosta limitata ● **estacionamiento indebido** sosta vietata
estacionar [estaθjo'nar] *vt* parcheggiare ● **estacionarse** *vp* stazionare
estadía [esta'ðia] *f (Amér)* soggiorno *m*
estadio [es'taðjo] *m* stadio *m*
estadística [esta'ðistika] *f* statistica *f*
estado [es'taðo] *m* stato *m* ● **estar en estado** essere in stato interessante ● **en buen/mal estado** in buono/cattivo stato ● **estado civil** stato civile ● **estado de ánimo** stato d'animo ● **estado físico** stato fisico ● **Estado** *m* el Estado lo Stato
Estados Unidos [es'taðosu'niðos] *mpl* (los) Estados Unidos (gli) Stati Uniti
estadounidense [es,taðouni'ðense] *adj & mf* statunitense
estafa [es'tafa] *f* truffa *f*
estafador, ra [estafa'ðor, ra] *m,f* truffatore *m*, -trice *f*
estafar [esta'far] *vt* 1. *(robar)* frodare 2. *(engañar)* truffare
estalactita [estalak'tita] *f* stalattite *f*
estalagmita [estalay'mita] *f* stalagmite *f*
estallar [esta'ʎar] *vi* scoppiare
estallido [esta'ʎiðo] *m* scoppio *m*
estambre [es'tambre] *m* stame *m*
estampado, da [estam'paðo, ða] ◇ *adj* stampato(a) ● *m* stampato *m*
estampida [estam'piða] *f* fuga *f* di bestiame
estampilla [estam'piʎa] *f* 1. *(Amér) (sello)* francobollo *m* 2. *(cromo)* adesivo *m* adesivo
estancado, da [estan'kaðo, ða] *adj* 1. *(agua, río, etc)* stagnante 2. *(mecanismo)* stagno(a)
estancarse [estan'karse] *vp* 1. *(agua, río, etc)* ristagnare 2. *(mecanismo)* stagnarsi
estancia [es'tanθja] *f* 1. *(tiempo)* soggiorno *m* 2. *(habitación)* stanza *f* 3. *(CSur) (hacienda)* tenuta *f*
estanco [es'tanko] *m* tabaccheria *f*
estándar [es'tandar] *adj* standard
estanque [es'tanke] *m* stagno *m (d'acqua)*

estante [es'tante] m scaffale m
estantería [estante'ria] f libreria f
estaño [es'taɲo] m stagno m (metallo)
estar [es'tar]
◇ vi **1.** (hallarse) esserci ● ¿está Juan? c'è Juan? ● la señora no está la signora non c'è ● estaré allí a la hora convenida sarò lì all'ora stabilita **2.** (con fechas) essere ● ¿a qué estamos hoy? quanti ne abbiamo oggi? ● hoy estamos a martes 13 de julio oggi è martedì 13 luglio ● estamos en febrero/primavera siamo in febbraio/primavera **3.** (quedarse) restare ● estaré un par de horas y me iré resterò un paio d'ore e poi me ne andrò ● han estado en París todo el verano sono rimasti a Parigi tutta l'estate ● estuvo toda la tarde en casa è restato a casa tutto il pomeriggio **4.** (hallarse listo) essere pronto ● la comida estará a las tres il pranzo sarà pronto alle tre ● ¿aún no está ese trabajo? non è ancora pronto questo lavoro? **5.** (expresa duración) stare ● están golpeando la puerta stanno bussando alla porta ● estuvieron trabajando día y noche hanno lavorato giorno e notte **6.** (expresa valores, grados) ● estar a essere a **7.** (servir) ● estar para esserci per ● por eso están los amigos gli amici ci sono per questo ● el vino está para beber il vino è per essere bevuto **8.** (faltar) ● estar por non essere ancora ● lo mejor está por llegar il bello non è ancora arrivato ● aún está por descubrir non è ancora stato scoperto; (hallarse a punto de) stare per
◇ v cop **1.** (expresa cualidad, estado) essere, stare ● ¿cómo estás? come stai? ● esta calle está sucia questa strada è sporca ● estar bien/mal stare bene/male ● estar bueno/malo essere buono/cattivo ● estar con/sin essere con/senza **2.** (expresa actitud) ● el jefe está que muerde il capo è furibondo ● el asunto está que arde la faccenda è scottante **3.** (expresa ocupación) ● estar como lavorare come ● está como cajera en un supermercado fa la cassiera in un supermercato **4.** (expresa situación) ● estar de essere ● está de secretaria en una oficina fa la segretaria in un ufficio **5.** (acción) ● estar de stare ● estar de viaje/veraneo è in viaggio/villeggiatura **6.** (expresa permanencia) ● estar en essere ● estar en guardia essere in guardia ● estar en paro essere disoccupato **7.** (consistir) ● estar en ● el problema está en la fecha **8.** (en locuciones) ● ¿estamos? ci siamo?
● **estarse** vp stare
estárter [es'tarter] m starter m inv
estático, ca [es'tatiko, ka] adj statico(a)
estatua [es'tatwa] f statua f
estatura [esta'tura] f statura f
estatus [es'tatus] m status m inv
estatuto [esta'tuto] m statuto m
este¹, ta ['este, ta] adj questo(a)
este² ['este] m est m

● **Este** *m* ● **el Este** l'Est
éste, ta [ˈeste, ta] *pron* questo(a)
estera [esˈtera] *f* stuoia *f*
estéreo [esˈtereo] *m* stereo *m*
estéril [esˈteril] *adj* sterile
esterilizar [esteriliˈθar] *vt* sterilizzare
esternón [esterˈnon] *m* sterno *m*
estética [esˈtetika] *f* estetica *f*
estibador, ra [estiβaˈðor, ra] *m,f* stivatore *m*, -trice *f*
estiércol [esˈtjerkol] *m* **1.** (*excremento*) sterco *m* **2.** (*abono*) letame *m*
estilo [esˈtilo] *m* stile *m* ● **algo por el estilo** qualcosa di simile
estilográfica [estiloˈɣrafika] *f* stilografica *f*
estima [esˈtima] *f* stima *f*
estimación [estimaˈθjon] *f* stima *f*
estimado, da [estiˈmaðo, ða] *adj* **1.** (*querido*) caro(a) **2.** (*valorado*) stimato(a)
estimulante [estimuˈlante] *adj* & *m* stimolante
estimular [estimuˈlar] *vt* stimolare
estímulo [esˈtimulo] *m* stimolo *m*
estirado, da [estiˈraðo, ða] *adj* (*orgulloso*) altezzoso(a)
estirar [estiˈrar] ◇ *vt* **1.** (*cable, cuerda, etc*) tirare **2.** (*brazos, piernas, etc*) stirare ◇ *vi* tirare ● **estirarse** *vp* stirarsi
estirpe [esˈtirpe] *f* stirpe *f*
esto [ˈesto] *pron neutro di* questo
estofado [estoˈfaðo] *m* stufato *m*
estoicismo [estojˈθizmo] *m* stoicismo *m*
estoico, ca [esˈtojko, ka] *adj* stoico(a)
estómago [esˈtomaɣo] *m* stomaco *m*
estorbar [estorˈβar] *vt* & *vi* **1.** (*obstaculizar*) ostacolare **2.** (*molestar*) infastidire
estorbo [esˈtorβo] *m* impiccio *m*
estornudar [estornuˈðar] *vi* starnutire
estornudo [estorˈnuðo] *m* starnuto *m*
estos, tas [ˈestos, tas] *adj pl* questi(e)
éstos, tas [ˈestos, tas] *pron pl* questi(e)
estrafalario, ria [estrafaˈlarjo, rja] *adj* (*fam*) strampalato(a)
estrangulador, ra [estranɣulaˈðor, ra] *m,f* strangolatore *m*, -trice *f*
estrangular [estranɣuˈlar] *vt* strangolare
estrategia [estraˈtexja] *f* strategia *f*
estratégico, ca [estraˈtexiko, ka] *adj* strategico(a)
estrechar [estreˈtʃar] *vt* **1.** (*camino, ropa*) restringere **2.** (*mano, amistad*) stringere ● **estrecharse** *vp* stringersi
estrecho, cha [esˈtretʃo, tʃa] ◇ *adj* stretto(a) ◇ *m* stretto *m* ● **estar estrecho** stare stretto
estrella [esˈtreʎa] *f* stella *f* ● **estrella de cine** stella del cinema ● **estrella de mar** stella marina ● **estrella fugaz** stella cadente
estrellarse [estreˈʎarse] *vp* schiantarsi
estremecerse [estremeˈθerse] *vp* estremecerse de tremare di
estrenar [estreˈnar] *vt* **1.** (*coche*) inaugurare **2.** (*ropa*) sfoggiare **3.** (*espectáculo*) ● **hoy se estrena su película** oggi c'è la prima del suo film
estreno [esˈtreno] *m* (*de espectáculo*) prima *f*
estreñimiento [estreɲiˈmjento] *m* stitichezza *f*

estrepitoso, sa [estrepi'toso, sa] *adj* fragoroso(a)

estrés [es'tres] *m* stress *m inv*

estría [es'tria] *f* smagliatura *f*

estribillo [estri'βiʎo] *m* ritornello *m*

estribo [es'triβo] *m* **1.** *(de montura)* staffa *f* **2.** *(de automóvil)* predellino *m* ◆ **perder los estribos** perdere le staffe

estribor [estri'βor] *m* tribordo *m*

estricto, ta [es'trikto, ta] *adj* **1.** *(exacto, ajustado)* stretto(a) **2.** *(severo)* rigido(a)

estrofa [es'trofa] *f* strofa *f*

estropajo [estro'paxo] *m* strofinaccio *m*

estropeado, da [estrope'aðo, ða] *adj* guasto(a)

estropear [estrope'ar] *vt* **1.** *(proyecto, plan, comida, etc)* rovinare **2.** *(máquina, aparato, etc)* rompere ◆ **estropearse** *vp* guastarsi

estructura [estruk'tura] *f* struttura *f*

estuario [es'twarjo] *m* estuario *m*

estuche [es'tutʃe] *m* astuccio *m*

estudiante [estu'ðjante] *mf* studente *m*, -essa *f*

estudiar [estu'ðjar] *vt & vi* studiare

estudio [es'tuðjo] *m* **1.** studio *m* **2.** *(de artista)* atelier *m inv* **3.** *(piso)* monolocale *m* ◆ **estudios** *mpl* studi *mpl*

estudioso, sa [estu'ðjoso, sa] *adj* studioso(a)

estufa [es'tufa] *f* stufa *f*

estupefacto, ta [estupe'fakto, ta] *adj* stupefatto(a)

estupendo, da [estu'pendo, da] ◇ *adj* stupendo(a) ◇ *interj* fantastico!

estupidez [estupi'ðeθ] *f* **1.** *(calidad)* stupidità *f inv* **2.** *(acto)* stupidaggine *f*

estúpido, da [es'tupiðo, ða] *adj* stupido(a)

ETA ['eta] *f* *(abr de Euskadi ta Askatasuna) gruppo politico eversivo basco*

etapa [e'tapa] *f* tappa *f*

etarra [e'tara] *mf* membro dell'ETA

etc. *(abr de etcétera)* ecc.

etcétera [et'θetera] *adv* eccetera

eternidad [eterni'ðað] *f* *(fam)* eternità *f*

eterno, na [e'terno, na] *adj* **1.** *(perpetuo)* eterno(a) **2.** *(fam) (que dura mucho)* interminabile **3.** *(fam) (que se repite)* continuo(a)

ética ['etika] *f* etica *f*

ético, ca ['etiko, ka] *adj* etico(a)

etimología [etimolo'xia] *f* etimologia *f*

etiqueta [eti'keta] *f* **1.** etichetta *f* **2.** ◆ **de etiqueta** di gala

étnico, ca ['eðniko, ka] *adj* etnico(a)

ETS *f* **1.** *(abr de Escuela Técnica Superior) istituto tecnico superiore che fa parte di ununiversità* **2.** *(abr de enfermedad de transmisión sexual)* MST *f*

eucalipto [euka'lipto] *m* eucalipto *m*

eucaristía [eukaris'tia] *f* eucarestia *f*

eufemismo [euɸe'mizmo] *m* eufemismo *m*

eufórico, ca [eu'foriko, ka] *adj* euforico(a)

euro ['euro] *m* euro *m inv*

Europa [eu'ropa] *f* Europa *f*

europeo, a [euro'peo, a] *adj & m,f* europeo(a)

Euskadi [eus'kaði] *m* Paesi *mpl* Baschi
euskera [eus'kera] ◇ *adj* basco(a) ◇ *m* basco *m*
eutanasia [euta'nasja] *f* eutanasia *f*
evacuación [eβakua'θjon] *f* evacuazione *f*
evacuar [eβa'kµar] *vt* evacuare
evadir [eβa'ðir] *vt* eludere ♦ **evadirse de** *v* + *prep* evadere
evaluación [eβalµa'θjon] *f* valutazione *f*
eva!uar [eβalu'ar] *vt* valutare
evangelio [eβan'xeljo] *m* **1.** vangelo *m* **2.** *(fam) (verdad indiscutible)* vangelo *m*
evangelización [eβanxeliθa'θjon] *f* evangelizzazione *f*
evaporarse [eβapo'rarse] *vp* evaporare
evasión [eβa'sjon] *f* **1.** evasione *f* **2.** *(de dinero)* fuga *f* ♦ **evasión de capitales** fuga di capitali
eventual [eβen'tµal] *adj* eventuale
eventualidad [eβentµali'ðað] *f* eventualità *f inv*
evidencia [eβi'ðenθja] *f* evidenza *f*
evidente [eβi'ðente] *adj* evidente
evidentemente [eβi,ðente'mente] *adv* evidentemente
evitar [eβi'tar] *vt* evitare
evocar [eβo'kar] *vt* evocare
evolución [eβolu'θjon] *f* evoluzione *f*
evolucionar [eβoluθjo'nar] *vi* **1.** evolvere **2.** *(hacer movimientos)* fare evoluzioni
exactamente [ek,sakta'mente] *adv* esattamente
exactitud [eksakti'tuð] *f* esattezza *f*

exacto, ta [e'ksakto, ta] *adj* esatto(a)
exageración [eksaxera'θjon] *f* esagerazione *f*
exagerado, da [eksaxe'raðo, ða] *adj* esagerato(a)
exagerar [eksaxe'rar] *vt* & *vi* esagerare
exaltarse [eksal'tarse] *vp* esaltarsi
examen [ek'samen] *m (prueba, ejercicio)* esame *m*
examinar [eksami'nar] *vt* esaminare ♦ **examinarse** *vp* ♦ **examinarse (de)** fare un esame (di)
excavación [ekskaβa'θjon] *f* scavo *m*
excavadora [ekskaβa'ðora] *f* scavatrice *f*
excavar [ekska'βar] *vt* scavare
exceder [eksθe'ðer] *vt* eccedere ♦ **excederse** *vp* eccedere
excelencia [eksθe'lenθja] *f* **1.** *(calidad superior)* eccellenza *f* **2.** *(tratamiento)* Eccellenza *f* ♦ **por excelencia** per eccellenza
excelente [eksθe'lente] *adj* eccellente
excentricidad [eksθentriθi'ðað] *f* eccentricità *f inv*
excéntrico, ca [eks'θentriko, ka] *m,f* eccentrico *m*, -a *f*
excepción [eksθep'θjon] *f* eccezione *f* ♦ **a** o **con excepción de** a eccezione di ♦ **de excepción** d'eccezione
excepcional [eksθepθjo'nal] *adj* eccezionale
excepto [eks'θepto] *adv* tranne
excesivo, va [eksθe'siβo, βa] *adj* eccessivo(a)
exceso [eks'θeso] *m* eccesso *m* ♦ **exceso**

de eccesso di ◆ **en exceso** in eccesso
exceso de peso eccedenza f di peso ◆
excesos mpl eccessi mpl

excitar [eksi'tar] vt eccitare ◆ **excitarse** vp eccitarsi

exclamación [eksklama'θjon] f esclamazione f

excluir [eksklu'ir] vt escludere

exclusiva [eksklu'siβa] f esclusiva f ◆ **en exclusiva** in esclusiva ➢ **exclusivo**

exclusivo, va [eksklu'siβo, βa] adj esclusivo(a)

excursión [ekskur'sjon] f gita f

excusa [eks'kusa] f scusa f

excusar [eksku'sar] vt scusare ◆ **excusarse** vp scusarsi

exento, ta [ek'sento, ta] adj esente

exhaustivo, va [eksaus'tiβo, βa] adj esauriente

exhibición [eksiβi'θjon] f esibizione f

exhibir [eksi'βir] vt esibire

exigencia [eksi'xenθja] f esigenza f

exigente [eksi'xente] adj esigente

exigir [eksi'xir] vt **1.** (pedir) esigere **2.** (requerir) richiedere

exiliar [eksi'ljar] vt esiliare ◆ **exiliarse** vp esiliarse

exilio [ek'siljo] m esilio m

existencia [eksis'tenθja] f esistenza f ◆ **existencias** fpl giacenze fpl

existir [eksis'tir] vi esistere

éxito ['eksito] m successo m ◆ **tener éxito** avere successo

exitoso, sa [eksi'toso, sa] adj di successo

exótico, ca [ek'sotiko, ka] adj esotico(a)

expedición [ekspeði'θjon] f **1.** spedizione f **2.** (de carné) rilascio m

expediente [ekspe'ðjente] m **1.** (de trabajador, empleado, etc) rapporto m **2.** (documentación) documentazione f **3.** (de escuela) pagella f **4.** (de universidad) libretto m

expedir [ekspe'ðir] vt **1.** (paquete, mercancía, etc) spedire **2.** (documento) rilasciare

expendedor, ra [ekspende'ðor, ra] m,f venditore m, -trice f ◆ **expendedor automático** distributore m automatico

expensas [eks'pensas] fpl ◆ **a expensas de** a spese di

experiencia [ekspe'rjenθja] f esperienza f

experimentado, da [eksperimen'taðo, ða] adj esperto(a)

experimental [eksperimen'tal] adj sperimentale

experimentar [eksperimen'tar] vt **1.** sperimentare **2.** (sensación, sentimiento) provare

experimento [eksperi'mento] m esperimento m

experto, ta [eks'perto, ta] m,f esperto m, -a f ◆ **experto en** esperto in

expirar [ekspi'rar] vi (formal) (morir) spirare

explicación [eksplika'θjon] f spiegazione f

explicar [ekspli'kar] vt spiegare ◆ **explicarse** vp spiegarsi

explícito, ta [eks'pliθito, ta] adj esplicito(a)

explorador, ra [eksplora'ðor, ra] *m,f* esploratore *m*, -trice *f*
explorar [eksplo'rar] *vt* esplorare
explosión [eksplo'sjon] *f* esplosione *f*
explosivo, va [eksplo'siβo, βa] ◇ *adj* esplosivo(a) ◇ *m* esplosivo *m*
explotación [eksplota'θjon] *f* 1. *(de petróleo)* impianto *m* d'estrazione 2. *(de negocio)* gestione *f* 3. *(de campo, suelo)* coltivazione *f* 4. *(de trabajador, obrero)* sfruttamento *m*
explotar [eksplo'tar] ◇ *vi (bomba)* esplodere ◇ *vt* 1. sfruttare 2. *(negocio)* far fruttare
exponente [ekspo'nente] *m* esponente *m*
exponer [ekspo'ner] *vt* 1. esporre 2. *(arriesgar)* mettere a repentaglio ◆ **exponerse** *vp* ◆ **exponerse a** (a) esporsi (a)
exportación [eksporta'θjon] *f* esportazione *f*
exportar [ekspor'tar] *vt* esportare
exposición [eksposi'θjon] *f* 1. esposizione *f* 2. *(de pintura)* mostra *f* ● **exposición de arte** mostra d'arte
expositor, ra [eksposi'tor, ra] ◇ *m,f (persona)* espositore *m*, -trice *f* ◇ *m (mueble)* vetrina *f*
exprés [eks'pres] *adj* espresso
expresar [ekspre'sar] *vt* esprimere ◆ **expresarse** *vp* esprimersi
expresión [ekspre'sjon] *f* espressione *f*
expresivo, va [ekspre'siβo, βa] *adj* espressivo(a)
expreso, sa [eks'preso, sa] ◇ *adj* 1. *(claro)* esplicito(a) 2. *(tren)* espresso ◇ *m (tren)* espresso *m*
exprimidor [eksprimi'ðor] *m* spremiagrumi *m inv*
exprimir [ekspri'mir] *vt* spremere
expuesto, ta [eks'puesto, ta] *adj* ● **estar expuesto a** essere esposto(a) a
expulsar [ekspul'sar] *vt* espellere
expulsión [ekspul'sjon] *f* espulsione *f*
exquisito, ta [ekski'sito, ta] *adj* squisito(a)
éxtasis ['ekstasis] *m inv* estasi *f*
extender [eksten'der] *vt* 1. *(alas, mapa, etc)* distendere 2. *(noticias)* diffondere 3. *(documento)* redigere ◆ **extenderse** *vp* 1. *(ocupar)* estendersi 2. *(durar)* durare 3. *(hablar mucho)* dilungarsi 4. *(difundirse)* propagarsi
extensión [eksten'sjon] *f* 1. *(en espacio)* estensione *f* 2. *(en tiempo)* durata *f* 3. *(alcance)* portata *f*
extenso, sa [eks'tenso, sa] *adj* 1. *(espacio)* esteso(a) 2. *(duración)* lungo(a)
exterior [ekste'rjor] ◇ *adj* 1. *(de fuera)* esterno(a) 2. *(extranjero)* estero(a) ◇ *m (parte exterior)* esterno *m*
exterminar [ekstermi'nar] *vt* sterminare
externo, na [eks'terno, na] ◇ *adj (exterior)* esterno(a) ◇ *m,f (alumno)* esterno *m*, -a *f*
extinguirse [ekstin'girse] *vp* estinguersi
extintor [ekstin'tor] *m* estintore *m*
extirpar [ekstir'par] *vt (formal)* asportare
extra ['ekstra] ◇ *adj* extra ◇ *m* 1. *(de*

dinero, de menú) extra m **2.** *(en cine)* comparsa f
extracción [ekstrak'θjon] f *(formal)* estrazione f
extracto [eks'trakto] m estratto m
extractor [ekstrak'tor] m estrattore m
extradición [ekstraði'θjon] f estradizione f
extraer [ekstra'er] vt estrarre
extranjero, ra [ekstran'xero, ra] ◇ adj & m,f straniero(a) ◇ m estero m
extrañar [ekstra'ɲar] vt **1.** *(echar de menos)* sentire la mancanza di **2.** *(sorprender)* stupire ● **extrañarse** vp *(de)* stupirsi *(di)*
extrañeza [ekstra'ɲeθa] f stranezza f
extraño, ña [eks'traɲo, ɲa] ◇ adj **1.** *(raro)* strano(a) **2.** *(no propio)* estraneo(a) ◇ m,f estraneo m, -a f
extraordinario, ria [ekstraorði'narjo, rja] adj straordinario(a)
extraterrestre [ekstrate'rrestre] mf extraterrestre mf
extravagante [ekstraβa'ɣante] adj stravagante
extraviar [ekstraβi'ar] vt *(formal)* smarrire ● **extraviarse** vp *(formal)* smarrirsi
extremar [ekstre'mar] vt esagerare
extremaunción [ekstremaun'θjon] f estrema f unzione
extremidades [ekstremi'ðaðes] fpl estremità fpl
extremista [ekstre'mista] mf estremista mf
extremo, ma [eks'tremo, ma] ◇ adj **1.** *(último)* estremo(a) **2.** *(persona, actitud)* estremista **3.** *(ideología)* radicale **4.** *(frío, calor)* intenso(a) ◇ m **1.** *(final)* estremo m **2.** *(punto máximo)* culmine m ● **en extremo** estremamente
extrovertido, da [ekstroβer'tiðo, ða] adj estroverso(a)

fabada [fa'βaða] f zuppa f di fagioli ● **fabada asturiana** *minestra di fagioli, lardo, ecc. tipica della regione asturiana*
fábrica [ˈfaβrika] f fabbrica f
fabricante [faβri'kante] mf fabbricante mf
fabricar [faβri'kar] vt fabbricare
fábula [ˈfaβula] f favola f
fabuloso, sa [faβu'loso, sa] adj favoloso(a)
faceta [fa'θeta] f **1.** *(aspecto)* aspetto m **2.** *(de piedra preciosa)* faccetta f
fachada [fa'tʃaða] f facciata f
fácil [ˈfaθil] adj **1.** *(problema, trabajo)* facile **2.** *(persona)* semplice
facilidad [faθili'ðað] f **1.** *(aptitud)* predisposizione f **2.** *(sencillez)* facilità f inv ● **tener facilidad para** avere predisposizione per ● **facilidades de pago** agevolazioni fpl per il pagamento
facilitar [faθili'tar] vt **1.** *(hacer fácil)*

fa

facilitare 2. *(proporcionar)* fornire
factor [fak'tor] *m* fattore *m*
factura [fak'tura] *f* fattura *f*
facturación [faktura'θjon] *f* **1.** *(de equipaje)* check-in *m* **2.** *(de empresa)* fatturazione *f*
facturar [faktu'rar] *vt* **1.** *(equipaje)* fare il check-in **2.** *(cobrar)* fatturare
facultad [fakul'tað] *f* facoltà *f* • **facultad de ciencias/letras** facoltà di scienze/lettere
faena [fa'ena] *f* **1.** lavoro *m* **2.** *(en toros) insieme di azioni durante la corrida*
faisán [fai'san] *m* fagiano *m*
faja ['faxa] *f* **1.** *(ropa interior)* ventriera *f* **2.** *(para cintura)* fascia *f*
fajo ['faxo] *m* • **fajo de billetes** mazzetta *f* di banconote
falange [fa'lanxe] *f* *(hueso)* falange *f*
falda ['falda] *f* **1.** gonna *f* **2.** *(de montaña)* falda *f*
falla ['faʎa] *f* faglia *f*

---

fallas de San José

La festa tradizionale di Valenzia si celebra il 19 marzo. Ogni quartiere costruisce le *fallas*, figure in legno e cartapesta a carattere satirico. Il 15 marzo si espongono sulle *plantá* e la notte di San Giuseppe (patrono della città) vengono bruciate nella *cremà*, tra petardi e fuochi d'artificio.

---

fallar [fa'ʎar] *vi* **1.** *(equivocarse)* sbagliare **2.** *(fracasar)* fallire **3.** *(dejar de funcionar)* guastarsi

fallecer [faʎe'θer] *vi* *(formal)* decedere
fallo ['faʎo] *m* **1.** *(equivocación)* sbaglio *m* **2.** *(omisión)* difetto *m* **3.** *(sentencia)* verdetto *m*
falsedad [false'ðað] *f* falsità *f inv*
falsete [fal'sete] *m* falsetto *m*
falsificar [falsifi'kar] *vt* falsificare
falso, sa ['falso, sa] *adj* falso(a)
falta ['falta] *f* **1.** mancanza *f* **2.** *(error)* errore *m* **3.** *(de asistencia, puntualidad)* assenza *f* **4.** *(infracción)* infrazione *f* • **echar en falta** sentire la mancanza • **hace falta** c'è bisogno di • **falta de educación** mancanza d'educazione
faltar [fal'tar] *vi* mancare • **faltar a clase** non andare a lezione • **¡no faltaba más!** ci mancava solo questa! • **faltar a** v + prep **1.** mancare a **2.** *(ofender)* mancare di rispetto a
fama ['fama] *f* fama *f*
familia [fa'milja] *f* famiglia *f* • **familia numerosa** famiglia numerosa
familiar [fami'ljar] *adj & m* familiare
familiarizarse [familjari'θarseʁon] *vp* **familiarizarse (con)** familiarizzarsi (con)
famoso, sa [fa'moso, sa] *adj* famoso(a)
fanatismo [fana'tizmo] *m* fanatismo *m*
fandango [fan'dango] *m* **1.** *(baile, danza)* fandango *m* **2.** *(juerga)* casino *m*
fanfarrón, ona [fanfa'ron, ona] *m,f* fanfarone *m*, -a *f*
fantasía [fanta'sia] *f* fantasia *f*
fantasma [fan'tazma] *m* **1.** *(aparición)* fantasma *m* **2.** *(fam) (persona presuntuosa)* spaccone *m*

fantástico, ca [fan'tastiko, ka] *adj* **1.** fantastico(a) **2.** *(imaginativo)* fantasioso(a)

farmacéutico, ca [farma'θeutiko, ka] *m,f* farmacista *mf*

farmacia [far'maθja] *f* farmacia ▼

farmacia de guardia farmacia di guardia

faro ['faro] *m* faro *m* ◆ **faros** *mpl (de coche)* fari *mpl*

farol [fa'rol] *m* **1.** *(lámpara)* lanterna *f* **2.** *(en los toros) figura che il torero esegue con la cappa*

farola [fa'rola] *f* lampione *m*

farolillo [faro'liʎo] *m* lampioncino *m*

farsa ['farsa] *f* farsa *f*

farsante [far'sante] *adj* commediante

fascismo [fas'θismo] *m* fascismo *m*

fascista [fas'θista] *mf* fascista *mf*

fase ['fase] *f* fase *f*

fastidiar [fasti'ðjar] *vi* infastidire

fastidiarse *vp* **1.** *(fam) (persona)* infastidirsi **2.** *(plan, proyecto)* sfumare

fastidio [fas'tiðjo] *m* **1.** *(molestia)* fastidio *m* **2.** *(aburrimiento)* noia *f*

fatal [fa'tal] ◇ *adj* **1.** fatale **2.** *(malo)* orribile ◇ *adv (fam)* malissimo

fatalidad [fatali'ðað] *f* **1.** *(desgracia)* fatalità *f inv* **2.** *(destino, suerte)* fato *m*

fatiga [fa'tiɣa] *f* fatica *f*

fatigarse [fati'ɣarse] *vp* affaticarsi

fauna ['fauna] *f* fauna *f*

favor [fa'βor] *m* favore *m* ◆ **estar a favor de** essere a favore di ◆ **hacer/pedir un favor** fare/chiedere un favore ◆ **por favor** per favore

favorable [faβo'raβle] *adj* favorevole

favorecer [faβore'θer] *vt* **1.** *(quedar bien)* donare **2.** *(beneficiar)* favorire

favorito, ta [faβo'rito, ta] *adj* favorito(a)

fax ['faks] *m* fax *m inv*

fayuquero [faju'kero] *m (CAm & Méx)* contrabbandiere *m*

fe ['fe] *f* fede *f* ◆ **de buena fe** *(fig)* in buona fede ◆ **de mala fe** *(fig)* in malafede

fealdad [feal'dað] *f* bruttezza *f*

febrero [fe'βrero] *m* febbraio *m* ▶ **septiembre**

fecha ['fetʃa] *f* data *f* ◆ **fecha de caducidad/nacimiento** data di scadenza/nascita ◆ **fechas** *fpl* epoca *f*

fechar [fe'tʃar] *vt* datare

fecundo, da [fe'kundo, da] *adj* fertile

federación [feðera'θjon] *f* federazione *f*

felicidad [feliθi'ðað] *f* **1.** *(estado de ánimo)* felicità *f inv* **2.** *(contento)* gioia *f* ◆ **felicidades** *interj* auguri!

felicitación [feliθita'θjon] *f* **1.** *(de palabra)* augurio *m* **2.** *(tarjeta)* biglietto *m* d'auguri ◆ **felicitaciones** *fpl* auguri *mpl*

felicitar [feliθi'tar] *vt* fare gli auguri

feligrés, esa [feli'ɣres, esa] *m,f* fedele *mf*

feliz [fe'liθ] *adj* felice

felpudo [fel'puðo] *m* zerbino *m*

femenino, na [feme'nino, na] *adj* femminile

feminismo [femi'nismo] *m* femminismo *m*

feminista [femi'nista] *mf* femminista *mf*

fémur ['femur] *m* femore *m*

fenomenal [fenome'nal] *adj (fam)* eccezionale
fenómeno [fe'nomeno] ◇ *m (fam)* fenomeno *m* ◇ *adv (fam)* benissimo
feo, a ['feo, a] *adj* brutto(a)
féretro ['feretro] *m* feretro *m*
feria ['ferja] *f* fiera *f* ● **feria de muestras** fiera campionaria ● **ferias** *fpl* sagra *f*

feria de abril

La più famosa di Spagna si tiene a Siviglia per una settimana, 15 giorni dopo Pasqua. In un recinto all'aria aperta si distribuiscono le *casetas* di diverse associazioni dove si mangiano *tapas*, si ballano le *sevillanas* e si assiste a vari spettacoli.

feriado [fe'rjaðo] *m (Amér)* festivo *m*
fermentación [fermenta'θjon] *f* fermentazione *f*
feroz [fe'roθ] *(pl* **-ces)** *adj* feroce
ferretería [ferete'ria] *f* ferramenta *f*
ferrocarril [feroka'ril] *m* ferrovia *f*
ferroviario, ria [fero'βjarjo, rja] *adj* ferroviario(a)
ferry ['feri] *m* traghetto *m*
fértil ['fertil] *adj* fertile
fertilidad [fertili'ðað] *f* fertilità *f inv*
festival [festi'βal] *m* festival *m inv* ● **festival de cine** festival del cinema
festividad [festiβi'ðað] *f* festività *f inv*
festivo, va [fes'tiβo, βa] *adj* **1.** festivo(a) **2.** *(humorístico)* spiritoso(a) ▼ **excepto festivos** escluso festivi
feto ['feto] *m* feto *m*
fiambre ['fjambre] *m* salume *m*
fianza ['fjanθa] *f* **1.** *(de alquiler, venta)* caparra *f* **2.** *(de preso)* cauzione *f*
fiar [fi'ar] *vt* **1.** *(avalar)* garantire **2.** *(dar crédito)* far credito ● **fiarse** *vp* ● **fiarse (de)** fidarsi (di)
fibra ['fiβra] *f* fibra *f*
ficción [fik'θjon] *f* finzione *f*
ficha ['fitʃa] *f* **1.** *(de datos)* scheda *f* **2.** *(de casino)* fiche *f inv* **3.** *(de dominó, parchís, etc)* tessera *f*
fichar [fi'tʃar] ◇ *vt* **1.** *(trabajador, jugador)* assumere **2.** *(delincuente)* schedare ◇ *vi* timbrare il cartellino
fichero [fi'tʃero] *m* schedario *m*
ficticio, cia [fik'tiθjo, θja] *adj* fittizio(a)
fidelidad [fiðeli'ðað] *f* fedeltà *f inv*
fideos [fi'ðeos] *mpl* spaghettini *mpl* corti
fiebre ['fjeβre] *f* febbre *f*
fiel ['fjel] *adj & mf* fedele
fieltro ['fjeltro] *m* feltro *m*
fiera ['fjera] *f* fiera *f*
fiero, ra ['fjero, ra] *adj* fiero(a)
fierro ['fjero] *m (Amér)* ferro *m*
fiesta ['fjesta] *f* festa *f* ● **fiesta mayor** festa del santo patrono

fiestas patrias

In America Latina questo nome indica la festa nazionale in memoria dell'indipendenza dalla corona spagnola. È la festa più importante per ogni paese e dura normalmente due giorni.

fiestas patronales

Ogni centro abitato di Spagna celebra il proprio santo patrono. Per l'occasione si organizzano manifestazioni culturali, religiose, sportive, corride, feste e balli e i festeggiamenti durano da due a sette giorni.

figura [fi'γura] *f* figura *f*
figurar [fiγu'rar] ◇ *vt* **1.** *(representar)* raffigurare **2.** *(simular)* fingere ◇ *vi* **1.** *(constar)* figurare **2.** *(ser importante)* fare figura • **figurarse** *vp (imaginarse)* figurarsi
figurativo, va [fiγura'tiβo, βa] *adj* figurativo(a)
figurín [fiγu'rin] *m* figurino *m*
fijador [fixa'ðor] *m* fissatore *m*
fijar [fi'xar] *vt* fissare • **fijarse** *vp* prestare attenzione • **fijarse (en)** notare
fijo, ja [fi'xo, xa] *adj* fisso(a)
fila [ˈfila] *f* fila *f*
filatelia [fila'telja] *f* filatelia *f*
filete [fi'lete] *m* filetto *m* • **filete de ternera** filetto di vitello • **filete de lenguado** filetto di sogliola
filiación [filja'θjon] *f* **1.** *(datos personales)* generalità *fpl* **2.** *(procedencia)* derivazione *f*
filial [fi'ljal] *adj & f* filiale
Filipinas [fili'pinas] *fpl* • **(las) Filipinas** le Filippine
filmar [fil'mar] *vt & vi* filmare
filoso, sa [fi'loso, sa] *adj (Amér)* affilato(a)

filosofar [filoso'far] *vi (fam)* filosofeggiare
filosofía [filoso'fia] *f* **1.** filosofia *f* **2.** *(fam) (paciencia)* filosofia *f*
filósofo, fa [fi'losofo, fa] *m,f* filosofo *m*, -a *f*
filtrar [fil'trar] *vt* filtrare
filtro [ˈfiltro] *m* **1.** filtro *m* **2.** • **filtro solar** filtro solare
fin [ˈfin] *m* **1.** *(final)* fine *f* **2.** *(objetivo)* scopo *m* • **a fines de** al fine di • **en fin** insomma • **por fin** infine • **fin de semana** fine *m* settimana • **a fin de que** affinché ▼ **fin zona de estacionamiento** fine sosta autorizzata
final [fi'nal] ◇ *adj* finale ◇ *m* fine *f* ◇ *f* finale *f*
finalidad [finali'ðað] *f* scopo *m*
finalista [fina'lista] *mf* finalista *mf*
finalizar [finali'θar] *vt & vi* finire
financiación [finanθja'θjon] *f* finanziamento *m*
financiar [finan'θjar] *vt* finanziare
financista [finan'θista] *mf (Amér)* finanziere *m*, -a *f*
finanzas [fi'nanθas] *fpl* finanze *fpl*
finca [ˈfinka] *f* proprietà *f inv (immobiliare)*
fingir [fin'xir] *vt* fingere
finlandés, esa [finlan'des, esa] ◇ *adj & m,f* finlandese ◇ *m* finlandese *m*
Finlandia [fin'landja] *f* Finlandia *f*
fino, na [ˈfino, na] ◇ *adj* **1.** fine **2.** *(esbelto)* snello(a) **3.** *(de calidad)* puro(a) **4.** *(sutil)* sottile ◇ *m* vino bianco secco di Jérez • **finas hierbas** fini erbe

fiordo ['fjorðo] *m* fiordo *m*
firma ['firma] *f* **1.** *(de persona)* firma *f* **2.** *(empresa)* ditta *f*
firmar [fir'mar] *vt* firmare
firme ['firme] *adj* **1.** fermo(a) **2.** *(definitivo)* definitivo(a)
firmemente [,firme'mente] *adv* fermamente
firmeza [fir'meθa] *f* **1.** *(solidez)* solidità *f inv* **2.** *(constancia)* fermezza *f*
fiscal [fis'kal] ◇ *adj* fiscale ◇ *mf (abogado)* procuratore *m* della Repubblica
fiscalía [fiska'lia] *f* **1.** *(oficio)* procura *f* **2.** *(oficina)* ufficio *m* fiscale
física ['fisika] *f fisika* ➤ **físico**
físico, ca ['fisiko, ka] ◇ *adj & mf* fisico(a) ◇ *m* físico *m*
fisioterapeuta [fisjotera'peuta] *mf* fisioterapista *mf*
fisonomía [fisono'mia] *f* fisionomia *f*
fisonomista [fisono'mista] *adj* fisionomista
flaco, ca ['flako, ka] *adj* magro(a)
flamante [fla'mante] *adj* **1.** *(llamativo)* sgargiante **2.** *(nuevo)* fiammante
flamenco, ca [fla'menko, ka] ◇ *adj & mf* fiammingo(a) ◇ *m* **1.** *(ave)* fenicottero *m* **2.** *(canto andaluz)* flamenco *m* **3.** *(lengua)* fiammingo *m*

flamenco

Arte tipica andalusa, si manifesta nel canto, nel ballo e nella musica. Ha origini antiche ma incerte e mostra influenze arabe, ebree, greche, ecc. Nel periodo 1860–1910 attraversa il momento più ricco, quando si delinea lo stile *jondo* classico. Le piccole performance private che meglio esprimono lo spirito si chiamano *juergas flamencas*.

flan ['flan] *m* budino *m*
flaqueza [fla'keθa] *f* debolezza *f*
flash ['flas] *m* flash *m inv*
flauta ['flauta] *f* flauto *m*
flecha ['fletʃa] *f* freccia *f*
fleco ['fleko] *m* frangia *f* ♦ **flecos** *mpl* bordi *mpl* sfilacciati
flemón [fle'mon] *m* ascesso *m* gengivale
flequillo [fle'kiʎo] *m* frangia *f*
flexibilidad [fleksiβili'ðað] *f* flessibilità *f inv*
flexible [flek'siβle] *adj* flessibile
flexión [flek'sjon] *f* flessione *f*
flojera [flo'xera] *f (fam)* fiacchezza *f*
flojo, ja ['floxo, xa] *adj* **1.** *(cuerda, clavo)* allentato(a) **2.** *(carácter, persona)* moscio(a) **3.** *(de poca calidad)* mediocre
flor ['flor] *f* fiore *m*
flora ['flora] *f* flora *f*
florecer [flore'θer] *vi* fiorire
florero [flo'rero] *m* vaso *m (da fiori)*
florido, da [flo'riðo, ða] *adj* fiorito(a)
florista [flo'rista] *mf* fioraio *m*, -a *f*
floristería [floriste'ria] *f* fioreria *f*
flota [flo'ta] *f* flotta *f*
flotador [flota'ðor] *m* salvagente *m*
flotar [flo'tar] *vi* galleggiare
flote ['flote] ♦ **a flote** *adv* a galla ● **salir flote** *(fig)* cavarsela

fluido, da ['fluiðo, ða] ◇ adj **1.** (líquido, gas) fluido(a) **2.** (lenguaje, estilo) scorrevole ◇ m fluido m

fluir [flu'ir] vi fluire

flúor ['fluor] m fluoro m

FM [efe'eme] f (abr de frecuencia modulada) FM f

foca ['foka] f foca f

foco ['foko] m **1.** (lámpara) faretto m **2.** (en óptica) fuoco m **3.** (de infección, epidemia) focolaio m **4.** (Andes & Méx) (bombilla) lampadina f

foja ['foxa] f (Amér) (folio) foglio m

folio ['foljo] m foglio m

folklore [fol'klore] m folclore m

folklórico, ca [fol'kloriko, ka] adj folcloristico(a)

follaje [fo'ʎaxe] m fogliame m

folleto [fo'ʎeto] m opuscolo m

fomentar [fomen'tar] vt fomentare

fonda ['fonda] f locanda f (pensione)

fondo ['fondo] m **1.** fondo m **2.** (de mar, río) fondale m **3.** (de dibujo, fotografía) sfondo m **4.** (dimensión) profondità f inv ● **a fondo** andare a fondo ● **al fondo de** in fondo a ● **fondos** mpl fondi mpl

fontanero, ra [fonta'nero, ra] m,f idraulico m, -a f

footing ['futin] m footing m inv

forastero, ra [foras'tero, ra] m,f forestiero m, -a f

forense [fo'rense] mf medico m legale

forestal [fores'tal] adj forestale

forjar [for'xar] vt forgiare

forma ['forma] f **1.** (figura externa) forma f **2.** (modo, manera) modo m ● **en forma de** a forma di ● **estar en forma** essere in forma ● **formas** fpl (modales) modi mpl

formación [forma'θjon] f formazione f ● **formación profesional** formazione professionale

formal [for'mal] adj formale

formalidad [formali'ðað] f **1.** (seriedad) serietà f inv **2.** (requisito) formalità f inv

formar [for'mar] vt formare ● **formarse** vp formarsi

formidable [formi'ðaβle] adj formidabile

fórmula ['formula] f formula f

formular [formu'lar] vt formulare

formulario [formu'larjo] m modulo m

forrar [fo'rar] vt (recubrir) foderare ● **forrarse** vp (fam) diventare ricco sfondato

forro ['foro] m fodera f

fortaleza [forta'leθa] f **1.** (fuerza) forza f **2.** (recinto) fortezza f

fortuna [for'tuna] f fortuna f

forzado, da [for'θaðo, ða] adj forzato(a)

forzar [for'θar] vt forzare ● **forzar a alguien a hacer algo** forzare qn a fare qc

forzosamente [for,θosa'mente] adv forzatamente

fósforo ['fosforo] m **1.** (cerilla) fiammifero m **2.** (química) fosforo m

fósil ['fosil] m fossile m

foso ['foso] m **1.** (de castillo) fosso m **2.** (de orquesta) sottopalco m

foto ['foto] f (fam) foto f inv

fotocopia [foto'kopja] f fotocopia f

fotocopiadora [fotokopja'ðora] *f* fotocopiatrice *f*
fotocopiar [fotoko'pjar] *vt* fotocopiare
fotografía [fotoɣra'fia] *f* fotografia *f*
fotografiar [fotoɣrafi'ar] *vt* fotografare
fotográfico, ca [foto'ɣrafiko, ka] *adj* fotografico(a)
fotógrafo, fa [fo'toɣrafo, fa] *m,f* fotografo *m*, -a *f*
fotomatón [ˌfotoma'ton] *m* cabina *f* per foto istantanee
fra. (*abr de* factura) fatt.
fracasar [fraka'sar] *vi* fallire
fracaso [fra'kaso] *m* fallimento *m*
fracción [frak'θjon] *f* frazione *f*
fractura [frak'tura] *f* frattura *f*
frágil ['fraxil] *adj* fragile
fragmento [fraɣ'mento] *m* frammento *m*
fraile ['fraile] *m* frate *m*
frambuesa [fram'bwesa] *f* lampone *m*
francamente [ˌfranka'mente] *adv* francamente
francés, esa [fran'θes, esa] ◇ *adj & m,f* francese ◇ *m* francese *m*
Francia ['franθja] *f* Francia *f*
franco, ca ['franko, ka] ◇ *adj* **1.** franco(a) **2.** (*CSur*) (*día*) libero(a) ◇ *m* franco *m* ● **franco belga** franco belga ● **franco francés** franco francese ● **franco suizo** franco svizzero
francotirador, ra [ˌfrankotira'ðor, ra] *m,f* franco *m* tiratore
franela [fra'nela] *f* flanella *f*
franqueo [fran'keo] *m* affrancatura *f*
frasco ['frasko] *m* flacone *m*
frase ['frase] *f* frase *f*
fraternal [frater'nal] *adj* fraterno(a)
fraternidad [fraterni'ðað] *f* fratellanza *f*
fraude ['frauðe] *m* frode *f*
fray [fraj] *m* fra' *m*
frazada [fra'θaða] *f* (*Amér*) coperta *f* ● **frazada eléctrica** coperta elettrica
frecuencia [fre'kwenθja] *f* frequenza *f*
frecuente [fre'kwente] *adj* frequente
fregadero [freɣa'ðero] *m* lavandino *m*
fregado, da [fre'ɣaðo, ða] *adj* (*Amér*) (*fam*) seccante
fregar [fre'ɣar] *vt* **1.** (*limpiar*) lavare **2.** (*frotar*) strofinare **3.** (*Amér*) (*fam*) (*molestar*) infastidire
fregona [fre'ɣona] *f* (*mujer*) sguattera *f*
freír [fre'ir] *vt* friggere
frenar [fre'nar] *vt* frenare
frenazo [fre'naθo] *m* frenata *f*
frenético, ca [fre'netiko, ka] *adj* frenetico(a)
freno ['freno] *m* freno *m* ● **freno de mano** freno a mano ● **freno de urgencia** freno di emergenza
frente¹ ['frente] *m* fronte *m* ● **estar al frente de** essere al comando di
frente² ['frente] *f* fronte *f* ● **de frente** (*delante*) di fronte; (*con valentía*) faccia a faccia ● **frente a** di fronte a ● **frente a frente** faccia a faccia
fresa ['fresa] *f* fragola *f*
fresco, ca ['fresko, ka] ◇ *adj* **1.** fresco(a) **2.** (*desvergonzado*) sfacciato(a) ◇ *m,f* sfacciato *m*, -a *f* ◇ *m* **1.** (*frío suave*) fresco *m* **2.** (*pintura*) affresco *m*
fresno ['freznο] *m* frassino *m*

fresón [fre'son] m fragolone m
frigorífico [friyo'rifiko] m (Esp) frigorifero m
frijol [fri'xol] m fagiolo m
frío, a ['frio, a] ◇ adj freddo(a) ◇ m freddo m ● **pelarse de frío** (fam) morire di freddo
fritada [fri'taða] f frittura f ● **fritada de pescado** frittura di pesce
frito, ta ['frito, ta] adj fritto(a)
fritura [fri'tura] f frittura f
frívolo, la ['friβolo, la] adj frivolo(a)
frondoso, sa [fron'doso, sa] adj frondoso(a)
frontera [fron'tera] f frontiera f
fronterizo, za [fronte'riθo, θa] adj limitrofo(a)
frontón [fron'ton] m (juego) pelota f
frotar [fro'tar] vt strofinare
frustración [frustra'θjon] f 1. (decepción) frustrazione f 2. (de plan, proyecto) aborto m
frustrarse [fru'strarse] vp 1. (persona) frustrarsi 2. (plan, proyecto) andare a monte
fruta ['fruta] f frutta f ● **fruta del tiempo** frutta di stagione
frutal [fru'tal] m frutteto m
frutería [frute'ria] f frutteria f
frutero, ra [fru'tero, ra] m,f fruttivendolo m, -a f ◇ m fruttiera f
frutilla [fru'tiʎa] f (Andes & RP) fragola f
fruto ['fruto] m frutto m ● **frutos secos** frutta f secca
fuego ['fueγo] ◇ m fuoco m ◇ interj al fuoco! ● **¿tienes fuego?** hai da accendere? ● **fuegos artificiales** fuochi d'artificio
fuelle ['fueʎe] m soffietto m
fuente ['fuente] f 1. (manantial, origen) fonte f 2. (en la calle) fontana f 3. (recipiente) vassoio m 4. ● **fuente de soda** (Col, Méx & Ven) bar m inv
fuera ['fuera] ◇ adv fuori ◇ interj fuori! ● **por fuera** dal di fuori ● **fuera borda** fuori bordo ● **fuera de** all'infuori di
fuerte ['fuerte] ◇ adj 1. forte 2. (resistente) resistente ◇ m 1. (fortaleza) fortezza f 2. (afición) forte m ◇ adv forte
fuerza ['fuerθa] f forza f ● **a fuerza de** a forza di ● **a la fuerza** per forza ● **por fuerza** per forza
fuga ['fuγa] f fuga f
fugarse [fu'γarse] vp fuggire
fugaz [fu'γaθ] (pl **-ces**) adj fugace
fugitivo, va [fuxi'tiβo, βa] m,f fuggitivo m, -a f
fulana [fu'lana] f baldracca f ➢ **fulano**
fulano, na [fu'lano, na] m,f tizio m, -a f ● **fulano y mengano** Tizio e Caio
fulminante [fulmi'nante] adj 1. fulmineo(a) 2. (enfermedad) fulminante
fumador, ra [fuma'ðor, ra] m,f fumatore m, -trice f ▼ **(no) fumadores** (non) fumatori
fumar [fu'mar] vt & vi fumare ▼ **no fumar** vietato fumare
función [fun'θjon] f 1. funzione f 2. (de teatro) rappresentazione f
funcionar [funθjo'nar] vi funzionare
funcionario, ria [funθjo'narjo, rja] m,f impiegato m, -a f statale

funda ['funda] f federa f
fundación [funda'θjon] f **1.** fondazione f **2.** (de edificio) fondamento f
fundador, ra [funda'ðor, ra] m,f fondatore m, -trice f
fundamental [fundamen'tal] adj fondamentale
fundamento [funda'mento] m fondamento m ◆ **fundamentos** mpl rudimenti mpl
fundar [fun'dar] vt fondare ◆ **fundarse en** v + prep fondarsi su
fundición [fundi'θjon] f **1.** (de metal) fusione f **2.** (fábrica) fonderia f
fundir [fun'dir] vt **1.** fondere **2.** (gastar) dilapidare ◆ **fundirse** vp (derretirse) fondersi
funeral [fune'ral] m funerale m
fungir [fun'xir] ◆ **fungir de** v + prep (Amér) fungere da
funicular [funiku'lar] m **1.** (por tierra) funicolare f **2.** (por aire) funivia f
furgón [fur'ɣon] m **1.** (coche grande) furgone m **2.** (vagón de tren) vagone m merci
furgoneta [furɣo'neta] f furgoncino m
furia ['furja] f (fam) furia f
furioso, sa [fu'rjoso, sa] adj **1.** (persona) furioso(a) **2.** (sentimiento, sensación) terribile
furor [fu'ror] m furore m ◆ **hacer furor** (fam) fare furore
fusible [fu'siβle] m fusibile m
fusil [fu'sil] m fucile m
fusilar [fusi'lar] vt fucilare
fusión [fu'sjon] f fusione f

fustán [fus'tan] m **1.** (Perú & Ven) (enaguas) sottoveste f **2.** (faldas) gonna f
fútbol ['fuðβol] m calcio m ◆ **fútbol sala** calcetto m
futbolín [fuðβo'lin] m calcio-balilla m inv
futbolista [fuðβo'lista] mf calciatore m, -trice f
futuro, ra [fu'turo, ra] ◇ adj futuro(a) ◇ m futuro m

g G

g (abr de gramo) g.
g/ ⇒ **giro**
gabán [ga'βan] m cappotto m
gabardina [gaβar'ðina] f impermeabile m
gabinete [gaβi'nete] m **1.** (sala) studio m **2.** (gobierno) gabinetto m
gafas ['gafas] fpl occhiali mpl ◆ **gafas de sol** occhiali da sole
gaita ['gaita] f cornamusa f
gala ['gala] f serata f di gala ◆ **de gala** (de etiqueta) di gala ◆ **galas** fpl vestiti mpl eleganti
galán [ga'lan] m **1.** (hombre atractivo) gentiluomo m **2.** (actor) amoroso m ◆ **galán de noche** servo m muto
galaxia [ga'laksja] f galassia f
galería [gale'rja] f **1.** (balcón) veranda f **2.** (de excavación) galleria f ◆ **galería de**

arte galleria d'arte • **galerías** *fpl* centro *m* commerciale
Gales ['gales] *m* Galles *m*
Galicia [ga'liθja] *f* Galizia *f*
gallego, ga [ga'ʎeɣo, ɣa] ◇ *adj & m,f* galiziano(a) ◇ *m* galiziano *m*
galleta [ga'ʎeta] *f* biscotto *m*
gallina [ga'ʎina] ◇ *f* gallina *f* ◇ *mf* fifone *m, -a f* • **gallina ciega** mosca *f* cieca
gallinero [gaʎi'nero] *m* **1.** (*corral*) pollaio *m* **2.** (*de teatro*) loggione *m*
gallo ['gaʎo] *m* **1.** (*ave*) gallo *m* **2.** (*pescado*) limanda *f* **3.** (*fam*) (*nota falsa*) stecca *f*
galopar [galo'par] *vi* galoppare
galope [ga'lope] *m* galoppo *m*
gama ['gama] *f* gamma *f*
gamba ['gamba] *f* (*Esp*) gambero *m*
gamuza [ga'muθa] *f* **1.** (*para limpiar*) strofinaccio *m* **2.** (*piel*) pelle *f* scamosciata
gana ['gana] *f* voglia *f* • **de buena gana** volentieri • **de mala gana** malvolentieri • **no darle la gana de hacer algo** non aver voglia di fare qc • **ganas** *fpl* voglia *f* • **tener ganas de** aver voglia di
ganadería [ganaðe'ria] *f* allevamento *m*
ganadero, ra [gana'ðero, ra] *m,f* allevatore *m, -trice f*
ganado [ga'naðo] *m* bestiame *m*
ganador, ra [gana'ðor, ra] *m,f* vincitore *m, -trice f*
ganancias [ga'nanθjas] *fpl* utili *mpl*
ganar [ga'nar] ◇ *vt* **1.** guadagnare **2.** (*vencer*) vincere ◇ *vi* **1.** (*ser vencedor*) vincere **2.** (*mejorar*) guadagnare • **ganarse** *vp* guadagnarsi
ganchillo [gan'tʃiʎo] *m* uncinetto *m*
gancho ['gantʃo] *m* **1.** (*para colgar*) gancio *m* **2.** (*atractivo*) esca *f* **3.** (*CAm, Méx & Ven*) (*percha*) stampella *f*
gandul, la [gan'dul, la] *adj* fannullone(a)
ganga ['ganga] *f* occasione *f*
ganso, sa ['ganso, sa] *m* oca *f*
garabato [gara'βato] *m* scarabocchio *m*
garaje [ga'raxe] *m* garage *m inv*
garantía [garan'tia] *f* garanzia *f*
garbanzo [gar'βanθo] *m* cecio *m*
garfio ['garfjo] *m* uncino *m*
garganta [gar'ɣanta] *f* gola *f*
gargantilla [garɣan'tiʎa] *f* girocollo *m*
gárgaras ['garɣaras] *fpl* gargarismi *mpl*
garra ['gara] *f* artiglio *m*
garrafa [ga'rafa] *f* fiasco *m*
garrapata [gara'pata] *f* zecca *f*
garúa [ga'rua] *f* (*Amér*) pioggerella *f*
gas [gas] *m* gas *m inv* • **gases** *mpl* flatulenza *f*
gasa ['gasa] *f* garza *f*
gaseosa [gase'osa] *f* gassosa *f*
gaseoso, sa [gase'oso, sa] *adj* gassoso(a)
gasfitería [gasfite'ria] *f* (*Chile, Ecuad & Perú*) idraulica *f*
gasfitero [gasfi'tero] *m* (*Chile, Ecuad & Perú*) idraulico *m*
gasóleo [ga'soleo] *m* gasolio *m*
gasolina [gaso'lina] *f* benzina *f* • **gasolina normal** benzina normale • **gasolina sin plomo** benzina senza

piombo • **gasolina súper** benzina super

gasolinera [gasoli'nera] f pompa f di benzina

gastar [gas'tar] vt 1. (dinero) spendere 2. (usar) usare 3. (acabar) consumare

gastarse vp consumarsi

gasto ['gasto] m spesa f • **gastos** mpl spese fpl

gastritis [gas'tritis] f inv gastrite f

gastronomía [gastrono'mia] f gastronomia f

gastronómico, ca [gastro'nomiko, ka] adj gastronomico(a)

gatear [gate'ar] vi gattonare

gatillo [ga'tiʎo] m grilletto m

gato, ta ['gato, ta] m, f gatto m, -a f • m (para el coche) cric m inv • **andar a gatas** camminare gattoni

gaucho ['gautʃo] m gaucho m

gaucho

La figura emblematica dell'America Latina è il cowboy delle pianure della *pampa*, uno spirito libero e malinconico, ribelle e spesso arrogante, vestito con un *poncho*, un *facón* (pugnale), un *rebenque* (frusta) e le *bombachas* (ampi pantaloni). Scomparsi nel XX secolo, hanno combattuto nelle guerre di indipendenza del XIX secolo.

gavilán [gaβi'lan] m sparviero m

gaviota [ga'βjota] f gabbiano m

gazpacho [gaθ'patʃo] m gazpacho m • **gazpacho andaluz** gazpacho andaluso

gel ['xel] m bagnoschiuma m

gelatina [xela'tina] f gelatina f

gemelo, la [xe'melo, la] ◇ adj & m,f gemello(a) ◇ m polpaccio m • **gemelos** mpl 1. (botones) gemelli mpl 2. (anteojos) binocolo m

gemido [xe'miðo] m gemito m

Géminis ['xeminis] m inv Gemelli mf inv

gemir [xe'mir] vi gemere

generación [xenera'θjon] f generazione f

generador [xenera'ðor] m generatore m

general [xene'ral] adj & m generale m • **en general** in generale • **por lo general** in genere

generalizar [xenerali'θar] vt & vi generalizzare

generalmente [xeneral'mente] adv generalmente

generar [xene'rar] vt generare

género ['xenero] m genere m ▼ **géneros de punto** articoli di maglieria

generosidad [xenerosi'ðað] f generosità f inv

generoso, sa [xene'roso, sa] adj generoso(a)

genial [xe'njal] adj 1. (con talento) geniale 2. (estupendo) fantastico(a)

genio ['xenjo] m 1. genio m 2. (carácter) carattere m 3. (mal carácter) malumore m 4. • **tener mal genio** avere un caratteraccio m

genitales [xeni'tales] mpl genitali mpl

gente ['xente] f 1. gente f 2. (fam) (familia) • **llevaré a mi gente al cine** porterò la mia famiglia al cinema

gentil [xen'til] *adj* **1.** (*cortés*) gentile **2.** (*gracioso*) simpatico(a)
gentileza [xenti'leθa] *f* **1.** (*cortesía*) gentilezza *f* **2.** (*gracia*) simpatia *f*
genuino, na [xe'nuino, na] *adj* genuino(a)
geografía [xeoɣra'fia] *f* geografia *f*
geometría [xeome'tria] *f* geometria *f*
geométrico, ca [xeo'metriko, ka] *adj* geometrico(a)
geranio [xe'ranjo] *m* geranio *m*
gerente [xe'rente] *mf* amministratore *mf*
germen ['xermen] *m* **1.** (*de semilla*) germe *m* **2.** (*de un ser*) embrione *m*
gestión [xes'tjon] *f* gestione *f*
gestionar [xestjo'nar] *vt* trattare
gesto ['xesto] *m* gesto *m*
gestor, ra [xes'tor, ra] *m,f* **1.** (*de gestoría*) commercialista *mf* **2.** (*de empresa*) amministratore, -trice *f*
gestoría [xesto'ria] *f* **1.** (*establecimiento*) studio *f* del commercialista **2.** (*actividad*) amministrazione *f*
Gibraltar [xiβral'tar] *m* Gibilterra *f*
gigante [xi'ɣante] ◇ *adj* (*fam*) gigante *mf* (*fam*) gigante *m*, -essa *f* ◇ *m* (*ser fabuloso*) gigante *m*
gigantesco, ca [xiɣan'tesko, ka] *adj* gigantesco(a)
gimnasia [xim'nasja] *f* ginnastica *f*
gimnasio [xim'nasjo] *m* palestra *f*
gimnasta [xim'nasta] *mf* ginnasta *mf*
ginebra [xi'neβra] *f* gin *m inv*
ginecólogo, ga [xine'koloyo, ɣa] *m,f* ginecologo *m*, -a *f*

gira ['xira] *f* **1.** (*viaje*) tour *m inv* **2.** (*actuación*) tournée *f inv*
girar [xi'rar] ◇ *vt* **1.** (*dirección, sentido, etc*) girare **2.** (*letra, cheque*) emettere **3.** (*por correo*) spedire ◇ *vi* girare
girasol [xira'sol] *m* girasole *m*
giro ['xiro] *m* **1.** giro *m* **2.** (*aspecto*) piega *f* **3.** (*de letra, cheque*) bonifico *m* **4.** (*expresión, dicho*) espressione *f* ● **giro postal** vaglia *f* postale ● **giro urgente** vaglia *m* telegrafico
gis [xis] *m* (Méx) gesso *m*
gitano, na [xi'tano, na] *adj & mf* gitano(a)
glaciar [gla'θjar] *m* ghiacciaio *m*
gladiolo [gla'ðjolo] *m* gladiolo *m*
glándula ['glandula] *f* ghiandola *f*
global [glo'βal] *adj* globale
globalización [gloβaliθja'θjon] *f* globalizzazione *f*
globo ['gloβo] *m* **1.** globo *m* **2.** (*para jugar*) palloncino *m* **3.** (*para volar*) mongolfiera *f* **4.** ● **globo terráqueo** globo terracqueo
glóbulo ['gloβulo] *m* globulo *m*
gloria ['glorja] *f* **1.** gloria *f* **2.** (*fam*) (*placer*) piacere *m*
glorieta [glo'rjeta] *f* **1.** (*plaza*) piazzetta *f* **2.** (*de jardín*) pergolato *m*
glorioso, sa [glo'rjoso, sa] *adj* glorioso(a)
glucosa [glu'kosa] *f* glucosio *m*
gluten ['gluten] *m* glutine *m*
gobernador, ra [goβerna'ðor, ra] *m,f* governatore *m*, -trice *f*
gobernante [goβer'nante] *m,f* governante *mf*

gobernar [goβer'nar] *vt* governare
gobierno [go'βjerno] *m* governo *m*
goce ['goθe] *m* piacere *m*
gol ['gol] *m* goal *m inv*
goleador, ra [golea'ðor, ra] *m,f* cannoniere *m*, -a *f*
golf ['golf] *m* golf *m inv*
golfa ['golfa] *f* battona *f* ➤ **golfo**
golfo, fa [golfo, fa] ◇ *m, f* **1.** (*gamberro*) furfante *mf* **2.** (*pillo*) teppista *mf* ◇ *m* golfo *m*
golondrina [golon'drina] *f* rondine *f*
golosina [golo'sina] *f* leccornia *f*
goloso, sa [go'loso, sa] *adj* goloso(a)
golpe ['golpe] *m* **1.** (*desgracia, atraco, asalto*) colpo *m* **2.** (*choque, puñetazo*) botta *f* **3.** (*gracia*) battuta *f* ◆ **de golpe** di colpo
golpear [golpe'ar] ◇ *vt* colpire ◇ *vi* battere
golpiza [gol'piθa] *f* (*Amér*) bastonata *f*
goma ['goma] *f* gomma *f* ◆ **goma de borrar** gomma per cancellare
gomina [go'mina] *f* gommina *f*®
gordo, da [gorðo, ða] ◇ *adj* **1.** (*obeso*) grasso(a) **2.** (*grueso, importante*) grosso(a) **3.** (*grave*) grave ◇ *m,f* grasso *m*, -a *f* ◇ *m* **el gordo** il primo premio della lotteria
gordura [gor'ðura] *f* grassezza *f*
gorila [go'rila] *m* (*fam*) gorilla *m inv*
gorjeo [gor'xeo] *m* gorgheggio *m*
gorra ['gora] *f* coppola *f* ◆ **de gorra** a scrocco
gorrión [go'rjon] *m* passero *m*
gorro ['goro] *m* berretto *m*

gota ['gota] *f* **1.** goccia *f* **2.** (*enfermedad*) gotta *f* ◆ **ni gota** affatto ◆ **gotas** *fpl* gocce *fpl*
gotera [go'tera] *f* **1.** (*de agua*) perdita *f* **2.** (*grieta*) crepa *f* **3.** (*mancha*) infiltrazione *f*
gótico, ca [gotiko, ka] ◇ *adj* gotico(a) ◇ *m* gotico *m*
gozar [go'θar] *vt & vi* godere ◆ **gozar de** *v + prep* godere di
gozo ['goθo] *m* gioia *f*
gr (*abr de grado*) gr
grabación [graβa'θjon] *f* registrazione *f*
grabado [gra'βaðo] *m* incisione *f*
grabar [gra'βar] *vt* **1.** (*joya, objeto*) incidere **2.** (*canción, voz, imágenes, etc*) registrare **3.** (*fig*) (*en la memoria*) imprimere
gracia [gra'θja] *f* **1.** (*humor*) spirito *m* **2.** (*atractivo*) bellezza *f* **3.** (*don*) dono *m* **4.** (*chiste*) arguzia *f* ◆ **hacer gracia** fare grazia ◆ **gracias** *interj* grazie ◆ **dar las gracias a** ringraziare ◆ **gracias a** grazie a ◆ **gracias por** grazie per ◆ **muchas gracias** grazie mille
gracioso, sa [gra'θjoso, sa] *adj* **1.** (*que hace reír*) simpatico(a) **2.** (*con encanto*) grazioso(a)
grada [gra'ða] *f* **1.** (*de estadio, plaza de toros*) gradinata *f* **2.** (*peldaño*) gradino *m*
gradería [graðe'ria] *f* **1.** (*de estadio, plaza de toros*) gradinata *f* **2.** (*público*) pubblico *m*
grado ['graðo] *m* grado *m* ◆ **de buen grado** di buon grado
graduación [graðua'θjon] *f* **1.** (*de bebida*)

gradación f **2.** (de militar) grado m **3.** (acto) laurea f

graduado, da [graˈðuaðo, ða] ◇ adj **1.** (persona) laureato(a) **2.** (regla, termómetro) graduato(a) ◇ m,f laureato m, -a f ◇ m titolo m di studi ● **graduado escolar** ≃ licenza f media

gradual [graˈðual] adj graduale

gradualmente [graˈðualˈmente] adv gradualmente

graduar [graˈðuar] vt **1.** (calefacción, calentador) regolare **2.** (regla, termómetro) graduare ● **graduarse** vp **1.** ottenere una promozione ● **graduarse (en)** laurearsi (in)

graffiti [graˈfiti] m graffito m

grafía [graˈfia] f grafia f

gráfica [ˈgrafika] f grafico m ➞ **gráfico**

gráfico, ca [ˈgrafiko, ka] ◇ adj grafico(a) ◇ m grafico m

gragea [graˈxea] f pasticca f

gramática [graˈmatika] f grammatica f

gramatical [gramatiˈkal] adj grammaticale

gramo [ˈgramo] m grammo m

gran [ˈgran] adj ➞ **grande**

granada [graˈnaða] f **1.** (fruto) melograno m **2.** (proyectil) granata f m

granadilla [granaˈðiʎa] f (Amér) frutta f della passione

granate [graˈnate] adj inv granata(a) ◇ m granato m

Gran Bretaña [ˈgrambreˈtaɲa] f Gran Bretagna f

grande [ˈgrande] adj & mf grande mf ● **irle grande algo a alguien** andare grande qc a qn ● **hoy ha sido un gran día** oggi è stato un gran giorno

grandeza [granˈdeθa] f grandezza f

grandioso, sa [granˈdjoso, sa] adj grandioso(a)

granel [graˈnel] ● **a granel** adv alla rinfusa

granero [graˈnero] m granaio m

granito [graˈnito] m granito m

granizada [graniˈθaða] f grandinata f

granizado [graniˈθaðo] m granita f

granizar [graniˈθar] vi grandinare

granja [ˈgranxa] f fattoria f

granjero, ra [granˈxero, ra] m,f fattore m, -a f

grano [ˈgrano] m **1.** (de cereal) grano m **2.** (de la piel) brufolo m **3.** (de fruto, planta) chicco m ● **ir al grano** (fam) andare al sodo

granuja [graˈnuxa] mf furfante m

grapa [ˈgrapa] f graffetta f

grapadora [grapaˈðora] f spillatrice f

grapar [graˈpar] vt spillare

grasa [ˈgrasa] f **1.** grasso m **2.** (mugre) unto m

grasiento, ta [graˈsjento, ta] adj **1.** (piel, pelo) unto(a) **2.** (persona, aspecto) untuoso(a)

graso, sa [ˈgraso, sa] adj grasso(a)

gratificar [gratifiˈkar] vt gratificare ● **se gratificará** ricompensa

gratinado [gratiˈnaðo] m gratin m inv

gratinar [gratiˈnar] vt gratinare

gratis [ˈgratis] adv & adj gratis

gratitud [gratiˈtuð] f gratitudine f

grato, ta [ˈgrato, ta] adj grato(a).

gratuito, ta [gratu'ito, ta] *adj* gratuito(a)

grave ['graβe] *adj* grave

gravedad [graβe'ðað] *f* gravità *f inv*

gravilla [gra'βiʎa] *f* brecciolino *m*

Grecia ['greθja] *f* Grecia *f*

gremio ['gremjo] *m* corporazione *f*

greña ['greɲa] *f* zazzera *f*

griego, ga ['grjeɣo, ɣa] ◇ *adj* & *m,f* greco(a) ◇ *m* greco *m*

grieta ['grjeta] *f* 1. *(de pared, techo)* crepa *f* 2. *(de piel)* ragade *f*

grifero, ra [gri'fero, ra] *m,f (Perú)* benzinaio *m*, -a *f*

grifo ['grifo] *m* 1. *(Esp) (de agua)* rubinetto *m* 2. *(Perú) (gasolinera)* pompa *f* di benzina

grill ['gril] *m* 1. *(de horno)* grill *m inv* 2. *(parrilla)* griglia *f*

grillo ['griʎo] *m* grillo *m*

gripa ['gripa] *f (Col & Méx)* influenza *f*

gripe ['gripe] *f* influenza *f*

gris ['gris] ◇ *adj* ◇ *m* grigio *m*

gritar [gri'tar] *vi* gridare

grito ['grito] *m* grido *m* • **a gritos** a gran voce

grosella [gro'seʎa] *f* 1. *(fruto)* ribes *m inv* 2. *(bebida)* sciroppo *m* di ribes

grosería [grose'ria] *f* 1. *(dicho)* volgarità *f inv* 2. *(acto)* scortesia *f*

grosero, ra [gro'sero, ra] *adj* 1. *(poco refinado)* volgare 2. *(maleducato)* villano(a)

grosor [gro'sor] *m* spessore *m*

grotesco, ca [gro'tesko, ka] *adj* grottesco(a)

grúa ['grua] *f* 1. *(máquina)* gru *f inv* 2. *(vehículo)* carro *m* attrezzi

grueso, sa ['grueso, sa] ◇ *adj* 1. *(persona)* grasso(a) 2. *(objeto)* grosso(a) ◇ *m* 1. *(espesor, volumen)* spessore *m* 2. *(parte principal)* grosso *m*

grumo ['grumo] *m* grumo *m*

gruñido [gru'ɲiðo] *m* grugnito *m*

gruñir [gru'ɲir] *vi* grugnire

grupa ['grupa] *f* groppa *f*

grupo ['grupo] *m* gruppo *m* • **en grupo** in gruppo • **grupo de riesgo** gruppo a rischio • **grupo sanguíneo** gruppo sanguigno

gruta ['gruta] *f* grotta *f*

guacamole [guaka'mole] *m* insalata *f* di avocado, pomodoro, cipolla e peperoncino

guachimán [guatʃi'man] *m (Amér)* guardiano *m*

guagua ['guaɣua] *f* 1. *(Carib) (fam) (autobús)* autobus *m inv* 2. *(Andes) (bebé)* neonato *m*

guante ['guante] *m* guanto *m*

guantera [guan'tera] *f* vano *m* portaoggetti

guapo, pa ['guapo, pa] *adj* 1. *(fam) (bello)* bello(a) 2. *(fam) (espectáculo)* forte

guardabarros [guarða'βarros] *m inv* parafango *m*

guardacoches [guarða'kotʃes] *m inv* parcheggiatore *m*

guardaespaldas [ˌguarðaes'paldas] *m inv* guardaspalle *m inv*

guardameta [guarða'meta] *m* portiere *m (sport)*

guardapolvo [guarða'polβo] m 1. *(prenda)* spolverino m 2. *(funda)* federa f
guardar [guar'ðar] vt 1. *(en un lugar)* mettere 2. *(conservar, cuidar)* tenere 3. *(cumplir)* rispettare ♦ **guardarse de** v + prep guardarsi da
guardarropa [guarða'ropa] m guardaroba m
guardería [guarðe'ria] f asilo m
guardia ['guarðja] ♦ mf guardia ♦ f *(vigilancia, turno)* guardia f ● **guardia civil** *carabinieri spagnoli* ● **guardia de seguridad** guardia di sicurezza ● **guardia urbano** vigile m urbano ● **guardia municipal** guardia municipale ● **de guardia** di guardia ● **Guardia Civil** f ≃ Carabinieri mpl
guardián, ana [guar'ðjan, ana] m,f guardiano m, -a f
guarida [gua'riða] f tana f
guarnición [guarni'θjon] f 1. *(de comida)* contorno m 2. *(del ejército)* guarnigione f
guarro, rra ['guaro, ra] adj *(Esp)* (despect) porco/a
guarura [gua'rura] m *(Méx)* guardia f del corpo
guasa [gu'asa] f *(fam)* ironia f
Guatemala [guate'mala] f Guatemala m
guatemalteco, ca [guatemal'teko, ka] adj, & m,f guatemalteco/a
guayaba [gua'jaβa] f *(Amér)* guaiava f
guayabo [gua'jaβo] m *(Amér)* guaiava f
güero, ra ['guero, ra] adj *(Méx)* (fam) biondo/a
guerra ['gera] f guerra f ● **guerra civil** guerra civile ● **guerra mundial** guerra mondiale
guerrera [ge'rera] f giubba f ➤ **guerrero**
guerrero, ra [ge'rero, ra] m,f guerriero m, -a f
guerrilla [ge'riʎa] f 1. *(del ejército)* franchi mpl tiratori 2. *(de civiles)* guerriglia f
guerrillero, ra [geri'ʎero, ra] m,f guerrigliero m, -a f
guía ['gia] ♦ mf guida ♦ f guida f ● **guía telefónica** elenco m telefonico ● **guía turística** guida turistica
guiar [gi'ar] vt guidare ♦ **guiarse por** v + prep orientarsi attraverso
guijarro [gi'xaro] m ciottolo m
guillotina [giʎo'tina] f 1. ghigliottina f 2. *(para papel)* taglierina f
guinda ['ginda] f amarena f
guindilla [gin'diʎa] f peperoncino m piccante
guiñar [gi'nar] vt ● **guiñar un ojo** strizzare un occhio
guiñol [gi'nol] m baracca f dei burattini
guión [gi'on] m 1. *(argumento)* copione m 2. *(esquema)* scaletta f 3. *(en gramática)* trattino m
guionista [gjo'nista] mf sceneggiatore m, -trice f
guiri [giri] mf *(Esp)* (fam) straniero m, -a f
guirnalda [gir'nalda] f ghirlanda f
guisado [gi'saðo] m umido m ● **guisado de ternera** vitello in umido
guisante [gi'sante] m *(Esp)* pisello m

guisar [gi'sar] vt & vi cucinare
guiso ['giso] m stufato m
guitarra [gi'tara] f chitarra f
guitarrista [gita'rista] mf chitarrista mf
gusano [gu'sano] m verme m
gustar [gus'tar] vi piacere
gusto ['gusto] m **1.** *(sentido, capacidad para elegir)* gusto m **2.** *(sabor)* sapore m **3.** *(placer, voluntad)* piacere m • sentirse a gusto sentirsi a proprio agio • al gusto a piacere • mucho gusto molto piacere

hH

h. *(abr de hora)* h.
ha. *(abr de hectárea)* ha
haba ['aβa] f fava f
habano [a'βano] m avana m inv
haber [a'βer]
◇ m avere m • tiene tres pisos en su haber ha tre appartamenti in avere
◇ v aux avere • los niños ya han comido i bambini hanno già mangiato • los turistas habían desayunado antes i turisti avevano fatto colazione prima • lo he/había hecho lo ho/avevo fatto • haber venido antes se solo fossi venuto prima • ¡haberlo dicho! te l'avessi detto!
◇ vi **1.** *(gen)* esserci • ¿qué hay hoy para comer? che c'è da mangiare oggi? • había/hubo muchos problemas c'erano/ci sono stati parecchi problemi • ¿no hay nadie en casa? c'è nessuno in casa? • el jueves no habrá reparto giovedì non ci saranno consegne • ha habido una pelea c'è stato un litigio **2.** *(expresa obligación)* • hay que hacer algo bisogna fare qc **3.** *(en locuciones)* • habérselas con alguien prendersela con qn • ¡hay que ver! è da vedere! • no hay de qué non c'è di che

◆ **haber de** v + prep dovere
habichuela [aβi'tʃwela] f fagiolo m
hábil ['aβil] adj abile
habilidad [aβili'ðað] f **1.** *(destreza)* abilità f inv **2.** *(astucia)* ingegno m
habiloso, sa [aβi'loso, sa] adj *(Chile)* ingegnoso(a)
habitación [aβita'θjon] f **1.** *(cuarto)* stanza f **2.** *(dormitorio)* camera f
habitación doble camera doppia
habitación individual camera singola
habitante [aβi'tante] mf abitante mf
habitar [aβi'tar] vi & vt abitare
hábito ['aβito] m **1.** *(costumbre)* abitudine f **2.** *(traje)* abito m
habitual [aβitu'al] adj abituale
habitualmente [aβitu.al'mente] adv **1.** *(generalmente)* di solito **2.** *(siempre)* abitualmente
hablador, ra [aβla'ðor, ra] adj parlatore(trice)
habladurías [aβlaðu'rias] fpl pettegolezzi mpl

hablar [a'βlar] *vt & vi* parlare • **hablar por hablar** parlare tanto per parlare • **¡ni hablar!** neanche a parlarne! • **hablar de** *v + prep* parlare di ◆ **hablarse** *vp* parlarsi

hacer [a'θer]
◇ *vt* **1.** *(gen)* fare • **hacer planes/vestido** fare progetti/vestito • **hacer un poema** fare una poesia • **hacer una película** fare un film • **para hacer la carne/la comida** per fare la carne/da mangiare • **la carretera hace una curva** la strada fa una curva • **el fuego hace humo** il fuoco fa fumo • **el árbol hace sombra** l'albero fa ombra • **el niño hizo un gesto de dolor** il bambino ha fatto una smorfia di dolore • **le hice una señal con la mano** gli ho fatto un cenno con la mano • **el reloj hace tic-tac** l'orologio fa tic-tac • **deberías hacer deporte** dovresti fare dello sport • **hace ballet desde pequeña** fa danza fin da piccola • **hicimos muchas fotografías del viaje** abbiamo fatto molte foto del viaggio • **hacer un viaje** fare un viaggio • **hoy hago guardia** oggi è di guardia • **hace primero de ESO** fa la prima media • **en vacaciones haremos una excursión** durante le vacanze faremo una gita • **hacer la colada** fare il bucato • **hizo las camas antes de salir** ha rifatto i letti prima di uscire • **llegar tarde hace mal efecto** arrivare in ritardo fa brutta impressione • **hizo arrancar los árboles del jardín** ha fatto togliere tutti gli alberi del giardino • **haré que tiñan el traje** farò tingere l'abito • **hacer el tonto** fare lo stupido • **no me hagas reír/llorar** non farmi ridere/piangere • **éste hace cien** questo fa cento **2.** *(construir)* costruire • **han hecho un edificio nuevo** hanno costruito un nuovo edificio **3.** *(dar aspecto)* far sembrare • **este traje te hace más delgado** quest'abito ti snellisce **4.** *(transformar)* rendere • **la mili no le hizo un hombre** il servizio militare non l'ha reso uomo • **hizo pedazos el papel** fece a pezzetti il foglio • **hacer feliz a alguien** rendere felice qn **5.** *(en cine y teatro)* interpretare • **hacer el papel de reina** fare la parte della regina
◇ *vi* **1.** *(intervenir)* • **déjame hacer a mí** lascia fare a me **2.** *(en cine y teatro)* • **hacer de** fare il/la **3.** *(trabajar, actuar)* • **hacer de** fare il/la **4.** *(aparentar)* • **hacer como** far finta di
◇ *v impers* **1.** *(tiempo meteorológico)* fare • **hoy hace sol** oggi c'è il sole • **hacer frío/calor/fresco** fare freddo/caldo/fresco • **hacer buen/mal tiempo** fare bello/brutto **2.** *(tiempo transcurrido)* • **hace un año que no lo veo** è un anno che non lo vedo • **no nos hablamos desde hace un año** non ci parliamo da un anno

hacerse *vp (convertirse)* diventare; *(formarse)* formarsi; *(desarrollarse, crecer)* farsi; *(cocerse)* cuocere; *(resultar)* diventare; *(mostrarse)* farsi

hacerse a *v + prep* abituarsi a

ha

● **hacerse con** v + prep *(quedarse)* ottenere; *(apropiarse)* impadronirsi di ● **hacerse de** v + prep *(Amér)* impossessarsi di
hacha ['atʃa] f ascia f
hachís [xa'tʃis] m haschish m inv
hacia [a'θja] prep verso
hacienda [a'θjenda] f **1.** *(finca)* podere m **2.** *(bienes)* finanze fpl ● **Hacienda** f Ministero m delle Finanze
hacker ['xaker] mf hacker m
hada [aða] f fata f
Haití [aj'ti] m Haiti m
hala ['ala] interj dài!
halago [a'layo] m lusinga f
halcón [al'kon] m falco m
hall ['xol] m hall f inv
hallar [a'ʎar] vt trovare ● **hallarse** vp trovarsi
halógeno, na [a'loxeno, na] adj alogeno(a)
halterofilia [altero'filja] f sollevamento m pesi
hamaca [a'maka] f amaca f
hambre ['ambre] f fame f ● **tener hambre** avere fame
hambriento, ta [am'brjento, ta] adj affamato(a)
hamburguesa [ambur'ɣesa] f hamburger m inv
hamburguesería [amburɣese'ria] f paninoteca f
hámster ['xamster] m criceto m
hangar [an'gar] m hangar m inv
hardware [xar'war] m hardware m inv
harina [a'rina] f farina f

hartar [ar'tar] vt **1.** *(saciar)* saziare **2.** *(cansar)* stufare ● **hartarse de** vp **1.** *(hacer en exceso)* saziarsi di **2.** *(cansarse de)* stufarsi di
harto, ta ['arto, ta] adj **1.** *(saciado)* sazio(a) **2.** *(cansado)* stufo(a) ● **estar harto de** essere stufo di
hasta ['asta] ◇ prep fino a ◇ adv *(incluso)* perfino ● **hasta luego** a dopo ● **hasta pronto** a presto ● **hasta que** finché
haya ['aja] f faggio m
haz [a'θ] (pl **-ces**) m fascio m
hazaña [a'θaɲa] f gesta fpl
hebilla [e'βiʎa] f fibbia f
hebra ['eβra] f fibra f
hebreo, a [e'βreo, a] ◇ adj & m,f ebreo(a) ◇ m ebreo m
hechizo [e'tʃiθo] m **1.** *(embrujo)* incantesimo m **2.** *(fascinación)* fascino m
hecho, cha ['etʃo, tʃa] ◇ adj **1.** *(ropa)* confezionato(a) **2.** *(carne)* cotto(a) ◇ m fatto m ● **muy hecho** ben cotto ● **hecho poco cotto** ● **hecho de** fatto di ● **de hecho** in effetti
hectárea [ek'tarea] f ettaro m
helada [e'laða] f gelata f
heladería [elaðe'ria] f gelateria f
helado, da [e'laðo, ða] ◇ adj **1.** *(muy frío)* gelato(a) **2.** *(pasmado)* di pietra ◇ m gelato m ● **helados variados** gelati per tutti i gusti
helar [e'lar] vi & vt gelare ● **helarse** vp congelarsi
hélice ['eliθe] f elica f
helicóptero [eli'koptero] m elicottero m

hematoma [ema'toma] *m* ematoma *m*
hembra ['embra] *f* **1.** *(de animal)* femmina *f* **2.** *(de enchufe)* presa *f*
hemorragia [emo'raxja] *f* emorragia *f*
heno ['eno] *m* fieno *m*
hepatitis [epa'titis] *f inv* epatite *f*
herboristería [erβoriste'ria] *f* erboristeria *f*
heredar [ere'ðar] *vt* ereditare
heredero, ra [ere'ðero, ra] *m,f* ereditiere *m*, -a *f*
hereje [e'rexe] *mf* eretico *m*, -a *f*
herejía [ere'xia] *f* eresia *f*
herencia [e'renθja] *f* eredità *f inv*
herida [e'riða] *f* ferita *f* ● **herido**
herido, da [e'riðo, ða] *adj & m,f* ferito(a)
herir [e'rir] *vt* ferire ● **herirse** ferirsi
hermanastro, tra [erma'nastro, tra] *m,f* fratellastro *m*, sorellastra *f*
hermano, na [er'mano, na] *m,f* **1.** fratello *m*, sorella *f* **2.** *(religioso)* frate *m*, suora *f*
hermético, ca [er'metiko, ka] *adj* ermetico(a)
hermoso, sa [er'moso, sa] *adj* bello(a)
hermosura [ermo'sura] *f* bellezza *f*
héroe [e'roe] *m* **1.** *(de hazaña)* eroe *m* **2.** *(protagonista)* protagonista *m*
heroico, ca [e'rojko, ka] *adj* eroico(a)
heroína [ero'ina] *f* **1.** *(de hazaña, droga)* eroina *f* **2.** *(de novela, película)* protagonista *f*
heroinómano, na [eroi'nomano, na] *m,f* eroinomane *mf*
heroísmo [ero'izmo] *m* eroismo *m*

herradura [era'ðura] *f* ferro *m* di cavallo
herramienta [era'mjenta] *f* ferramenta *f*
herrería [ere'ria] *f (taller)* officina *f* del fabbro
herrero [e'rero] *m* fabbro *m*
hervir [er'βir] *vt & vi* bollire
heterosexual [eteroseksu'al] *m,f* eterosessuale *mf*
hidalgo [i'ðalɣo] *m* gentiluomo *m*
hidratante [iðra'tante] *adj* idratante
hidratar [iðra'tar] *vt* idratare
hiedra ['jeðra] *f* edera *f*
hielo ['jelo] *m* ghiaccio *m*
hiena ['jena] *f* iena *f*
hierba ['jerβa] *f* erba *f*
hierbabuena [jerβa'βuena] *f* menta *f*
hierro ['jero] *m* ferro *m*
hígado ['iɣaðo] *m* fegato *m*
higiene [i'xjene] *f* igiene *f*
higiénico, ca [i'xjeniko, ka] *adj* igienico(a)
higo ['iɣo] *m* fico *m*
higuera [i'ɣera] *f* fico *m*
hijastro, tra [i'xastro, tra] *m,f* figliastro *m*, -a *f*
hijo, ja ['ixo, xa] *m,f* figlio *m*, -a *f* ● **hijo de la chingada** *(Amér) (vulg)* figlio di puttana ● **hijo de puta** *(vulg)* figlio di puttana ● **hijo político** genero *m* ● **hija política** nuora *f* ● **hijos** *mpl* figli *mpl*
hilera [i'lera] *f* fila *f*
hilo ['ilo] *m* **1.** filo *m* **2.** *(tejido)* lino *m*
hilvanar [ilβa'nar] *vt* imbastire
hincapié [iŋka'pje] *m* ● **hacer hincapié en** insistere su

hinchado, da [in'tʃaðo, ða] *adj* gonfio(a)
hinchar [in'tʃar] *vt* gonfiare ◆ **hincharse** *vp* gonfiarsi ◆ **hincharse de** *v + prep* riempirsi di
hinchazón [intʃa'θon] *f* gonfiore *m*
híper ['iper] *m (fam)* ipermercato *m*
hipermercado [ipermer'kaðo] *m* ipermercato *m*
hipermetropía [ipermetro'pia] *f* presbiopia *f*
hipertensión [iperten'sjon] *f* ipertensione *f*
hipertenso, sa [iper'tenso, sa] *adj* iperteso(a)
hípica ['ipika] *f* ippica *f*
hipnotizar [ipnoti'θar] *vt* ipnotizzare
hipo ['ipo] *m* singhiozzo *m*
hipocresía [ipokre'sia] *f* ipocrisia *f*
hipócrita [i'pokrita] *adj* ipocrita
hipódromo [i'poðromo] *m* ippodromo *m*
hipopótamo [ipo'potamo] *m* ippopotamo *m*
hipoteca [ipo'teka] *f* ipoteca *f*
hipótesis [i'potesis] *f inv* ipotesi *f inv*
hipotético, ca [ipo'tetiko, ka] *adj* ipotetico(a)
hippy ['xipi] *mf* hippy *mf inv*
hispánico, ca [is'paniko, ka] *adj* ispanico(a)
hispano, na [is'pano, na] *adj* ispano(a)
Hispanoamérica [is,panoa'merika] *f* America Latina
hispanoamericano, na [is,panoameri'kano, na] *adj* e *m,f* ispano-americano(a)
hispanohablante [is,panoa'βlante] *mf* ispanofono *m*, -a *f*
histeria [is'terja] *f* isteria *f*
histérico, ca [is'teriko, ka] *adj* isterico(a)
historia [is'torja] *f* storia *f*
histórico, ca [is'toriko, ka] *adj* storico(a)
historieta [isto'rjeta] *f* storiella *f*
hobby ['xoβi] *m* hobby *m inv*
hocico [o'θiko] *m* muso *m*
hockey ['xokei] *m* hockey *m inv*
hogar [o'γar] *m* casa *f*
hogareño, ña [oγa'reɲo, ɲa] *adj* casalingo(a)
hoguera [o'γera] *f* falò *m inv*
hoja [o'xa] *f* **1.** *(de planta)* foglia *f* **2.** *(de papel)* foglio *m* **3.** *(de cuchillo)* lama *f* ◆ **hoja de afeitar** lama del rasoio
hojalata [oxa'lata] *f* latta *f*
hojaldre [o'xaldre] *m* pasta *f* sfoglia
hola ['ola] *interj* ciao!
Holanda [o'landa] *f* Olanda *f*
holandés, desa [olan'des, esa] ◇ *adj* & *m* olandese ◇ *m* olandese *m*
holgado, da [ol'γaðo, ða] *adj* agiato(a)
holgazán, ana [olγa'θan, ana] *adj* pigro(a)
hombre ['ombre] ◇ *m* uomo *m* ◇ *interj* accidenti! ◆ **hombre de negocios** uomo d'affari
hombrera [om'brera] *f* spallina *f*
hombro ['ombro] *m* spalla *f* ◆ **arrimar el hombro** *(fam & fig)* dare una mano ◆ **encogerse de hombros** fare spallucce
homenaje [ome'naxe] *m* omaggio *m*

en homenaje in omaggio
homeopatía [omeopa'tia] f omeopatia f
homicida [omi'θiða] mf omicida mf
homicidio [omi'θiðjo] m omicidio m
homosexual [omoseksu'al] mf omosessuale mf
hondo, da ['ondo, da] adj profondo(a)
Honduras [on'duras] f Honduras m
honestidad [onesti'ðað] f onestà f inv
honesto, ta [o'nesto, ta] adj onesto(a)
hongo ['ongo] m fungo m
honor [o'nor] m onore m ● **en honor de** in onore di
honorario [ono'rarjo] adj onorario(a)
honorarios mpl onorario m
honra ['onra] f onore m ● **¡a mucha honra!** ne sono fiero(a)!
honradez [onra'ðeθ] f onestà f inv
honrado, da [on'raðo, ða] adj onorato(a)
honrar [on'rar] vt onorare
hora ['ora] f ora f ● **¿a qué hora?** a che ora? ● **¿qué hora es?** che ora è? ● **pedir hora para** prendere un appuntamento con ● **tener hora avere** un appuntamento ● **a última hora** all'ultimo minuto ● **media hora** mezz'ora ● **hora punta** ora di punta ● **horas convenidas** ore stabilite
horario [o'rarjo] m orario m ▼ **horario comercial** orario commerciale
horca ['orka] f **1.** (de ejecución) forca f **2.** (en agricultura) forcone m
horchata [or'tʃata] f orzata f
horizontal [oriθon'tal] adj orizzontale
horizonte [ori'θonte] m (fig) orizzonte m

horma ['orma] f forma f (per calzature)
hormiga [or'miɣa] f formica f
hormigón [ormi'ɣon] m cemento m ● **hormigón armado** cemento armato
hormigonera [ormiɣo'nera] f betoniera f
hormiguero [ormi'ɣero] m formicaio m
hormona [or'mona] f ormone m
hornear [orne'ar] vt infornare
horno ['orno] m forno m ● **al horno** al forno
horóscopo [o'roskopo] m oroscopo m
horquilla [or'kiʎa] f forcina f
horrible [o'rriβle] adj orribile
horror [o'rror] m orrore m ● **¡qué horror!** che orrore!
horrorizar [orrori'θar] vt terrorizzare
horroroso, sa [orro'roso, sa] adj orribile
hortaliza [orta'liθa] f ortaggio m
hortelano, na [orte'lano, na] m,f ortolano, -a f
hortensia [or'tensja] f ortensia f
hospedarse [ospe'ðarse] vp alloggiare
hospital [ospi'tal] m ospedale m
hospitalario, ria [ospita'larjo, rja] adj ospitale
hospitalidad [ospitali'ðað] f ospitalità f inv
hospitalizar [ospitali'θar] vt ricoverare
hostal [os'tal] m pensione f
hostelería [ostele'ria] f industria f alberghiera
hostia ['ostja] ◊ f **1.** (en religión) ostia f **2.** (Esp) (vulg) (golpe, tortazo) sberla f ◊ interj (Esp) accidenti!
hostil [os'til] adj ostile

hotel [o'tel] *m* hotel *m inv* ● **hotel de lujo** hotel di lusso

hotelero, ra [ote'lero, ra] *adj* alberghiero(a)

hoy ['oi] *adv* oggi ● **hoy en día** oggigiorno ● **hoy por hoy** per ora

hoyo ['ojo] *m* **1.** (*en la tierra*) fossa *f* **2.** (*en golf*) buca *f*

hoz [oθ] *f* falce *f*

huachafo, fa [wa'tʃafo, fa] *adj* (*Perú*) (*fam*) rozzo(a)

hueco, ca ['weko, ka] ◇ *adj* vuoto(a) ◇ *m* buco *m*

huelga ['welɣa] *f* sciopero *m*

huella ['weʎa] *f* impronta *f* ● **huellas dactilares** impronte digitali

huérfano, na ['werfano, na] *m, f* orfano *m, -a f*

huerta ['werta] *f* campo *f*

huerto ['werto] *m* orto *m*

hueso ['weso] *m* **1.** (*del esqueleto*) osso *m* **2.** (*de una fruta*) nocciolo *m*

huésped, da ['wespeð, ða] *m, f* ospite *mf*

huevada [we'βaða] *f* (*Andes*) (*vulg*) stronzata *f*

huevear [weβe'ar] *vi* (*Chile & Perú*) (*fam*) perdere il tempo

huevo [we'βo] *m* uovo *m* ● **huevo de la copa** *o* **tibio** (*Amér*) uovo in camicia ● **huevo duro** uovo sodo ● **huevo estrellado** (*Amér*) uovo all'occhio di bue ● **huevo frito** uovo all'occhio di bue ● **huevo revuelto** uovo strapazzato

huevón [we'βon] *m* **1.** (*Andes & Ven*) (*vulg*) coglione *m*, -a *f* **2.** (*Méx*) (*vulg*) pigro *m*, -a *f*

huida [u'iða] *f* fuga *f*

huir [u'ir] *vi* fuggire ● **huir de algo/alguien** fuggire da qc/qn

humanidad [umani'ðað] *f* umanità *f inv* ● **humanidades** *fpl* discipline *fpl* umanistiche

humanitario, ria [umani'tarjo, rja] *adj* umanitario(a)

humano, na [u'mano, na] ◇ *adj* umano(a) ◇ *m* essere *m* umano

humareda [uma'reða] *f* fumata *f*

humedad [ume'ðað] *f* umidità *f inv*

humedecer [umeðe'θer] *vt* inumidire

húmedo, da ['umeðo, ða] *adj* umido(a)

humilde [u'milde] *adj* umile

humillación [umiʎa'θjon] *f* umiliazione *f*

humillante [umi'ʎante] *adj* umiliante

humillar [umi'ʎar] *vt* umiliare

humo ['umo] *m* fumo *m* ● **humos** *mpl* subirsele los humos a alguien darsi *o* un sacco di arie

humor [u'mor] *m* umore *m* ● **mal humor** malumore *m* ● **buen humor** buonumore *m*

humorismo [umo'rizmo] *m* umorismo *m*

humorista [umo'rista] *mf* umorista *m*

humorístico, ca [umo'ristiko, ka] *adj* umoristico(a)

hundir [un'dir] *vt* **1.** (*barco*) affondare **2.** (*edificio, techo*) demolire **3.** (*persona*) far crollare ● **hundirse** *vp* **1.** (*barco*) affondare **2.** (*edificio, techo, persona*) crollare

húngaro, ra ['ungaro, ra] ◇ *adj* & *m* ungherese ◇ *m* ungherese *m*

Hungría [un'gria] f Ungheria f
huracán [ura'kan] m uragano m
hurtadillas [urta'ðiʎas] ◆ **a hurtadillas** adv di soppiatto
hurto ['urto] m furto m

ibérico, ca [i'βeriko, ka] adj iberico(a)
Ibiza [i'βiθa] f Ibiza f
iceberg [iθe'βer] m iceberg m inv
icono [i'kono] m icona f
ida ['iða] f andata f ◆ **ida y vuelta** andata e ritorno
idea [i'ðea] f idea f ◆ **ni idea** neanche per sogno
ideal [iðe'al] adj & m ideale
idealismo [iðea'lizmo] m idealismo m
idealista [iðea'lista] mf idealista mf
idéntico, ca [i'ðentiko, ka] adj identico(a)
identidad [iðenti'ðað] f identità f inv
identificación [iðentifika'θjon] f identificazione f
identificar [iðentifi'kar] vt identificare ◆ **identificarse** vp fornire le proprie generalità
ideología [iðeolo'xia] f ideologia f
idilio [i'ðiljo] m idillio m
idioma [i'ðjoma] m lingua f
idiota [i'ðjota] adj (despec) idiota
ídolo ['iðolo] m idolo m
idóneo, a [i'ðoneo, a] adj idoneo(a)

iglesia [i'ɣlesja] f chiesa f
ignorancia [iɣno'ranθja] f ignoranza f
ignorante [iɣno'rante] adj **1.** (que desconoce) ignaro(a) **2.** (inculto) ignorante **3.** (fam) (tonto) ignorante
ignorar [iɣno'rar] vt ignorare
igual [i'ɣual] ◇ adj uguale ◇ adv come ◆ **dar igual** non importare ◆ **es igual** è lo stesso ◆ **al igual que** così come ◆ **por igual** allo stesso modo
igualado, da [iɣua'laðo, ða] adj uguagliato(a)
igualdad [iɣual'dað] f uguaglianza f
igualmente [i,ɣual'mente] adv ◆ **igualcias, igualmente!** grazie, altrettanto!
ilegal [ile'ɣal] adj illegale
ilegítimo, ma [ile'xitimo, ma] adj illegittimo(a)
ileso, sa [i'leso, sa] adj illeso(a)
ilimitado, da [ilimi'taðo, ða] adj illimitato(a)
ilógico, ca [i'loxiko, ka] adj illogico(a)
iluminación [ilumina'θjon] f illuminazione f
iluminar [ilumi'nar] vt illuminare
ilusión [ilu'sjon] f **1.** (alegría) piacere m **2.** (esperanza) speranza f ◆ **hacerse ilusiones** farsi delle illusioni
ilusionarse [ilusjo'narse] vp illudersi
ilustración [ilustra'θjon] f illustrazione f
ilustrar [ilus'trar] vt **1.** (obra escrita) illustrare **2.** (charla, conferencia) commentare
ilustre [i'lustre] adj illustre
imagen [i'maxen] f immagine f

imaginación [imaxina'θjon] f immaginazione f

imaginar [imaxi'nar] vt immaginare ●

imaginarse vp immaginarsi

imaginario, ria [imaxi'narjo, rja] adj immaginario(a)

imaginativo, va [imaxina'tiβo, βa] adj fantasioso(a)

imán [i'man] m calamita f

imbécil [im'beθil] adj (despec) imbecille

imitación [imita'θjon] f imitazione f

imitar [imi'tar] vt imitare

impaciencia [impa'θjenθja] f impazienza f

impaciente [impa'θjente] adj impaziente ● **impaciente por** impaziente di

impar [im'par] adj dispari

imparable [impa'raβle] adj inarrestabile

imparcial [impar'θjal] adj imparziale

impasible [impa'siβle] adj impassibile

impecable [impe'kaβle] adj impeccabile

impedimento [impeði'mento] m impedimento m

impedir [impe'ðir] vt impedire

impensable [impen'saβle] adj impensabile

imperativo [impera'tiβo] m imperativo m

imperceptible [imperθep'tiβle] adj impercettibile

imperdible [imper'ðiβle] m spilla f da balia

imperdonable [imperðo'naβle] adj imperdonabile

imperfecto, ta [imper'fekto, ta] ◇ adj imperfetto(a) ◇ m imperfetto m

imperial [impe'rjal] adj imperiale

imperio [im'perjo] m 1. (territorio) impero m 2. (dominio) dominio m

impermeable [imperme'aβle] adj & m impermeabile

impersonal [imperso'nal] adj impersonale

impertinencia [imperti'nenθja] f 1. (insolencia) impertinenza f 2. (inconveniencia) inopportunità f

impertinente [imperti'nente] adj impertinente

ímpetu ['impetu] m impeto m

implicar [impli'kar] vt 1. (persona) coinvolgere 2. (comportar) implicare

implícito, ta [im'pliθito, ta] adj implicito(a)

imponer [impo'ner] vt & vi imporre

importación [importa'θjon] f importazione f

importancia [impor'tanθja] f importanza f

importante [impor'tante] adj importante

importar [impor'tar] ◇ vt (mercancías) importare ◇ vi 1. (interesar) importare 2. (tener inconveniente) dispiacere ● no importa non importa

importe [im'porte] m importo m ● **importe del billete** importo del biglietto

imposibilidad [imposiβili'ðað] f impossibilità f inv

imposible [impo'siβle] ◇ adj 1. impossi

bile 2. (fam) (inaguantable) impossibile ◇ m impossibile m ◇ interj impossibile!
impostor, ra [impos'tor, ra] m,f impostore m, -a f
impotencia [impo'tenθja] f impotenza f
impotente [impo'tente] adj impotente
impreciso, sa [impre'θiso, sa] adj impreciso(a)
impregnar [impreɣ'nar] vt impregnare
imprenta [im'prenta] f 1. (arte) stampa f 2. (taller) tipografia f
imprescindible [impresθin'diβle] adj imprescindibile
impresión [impre'sjon] f 1. impressione f 2. (de libro) stampa f
impresionante [impresjo'nante] adj impressionante
impresionar [impresjo'nar] vi impressionare
impreso [im'preso] m modulo m
impresora [impre'sora] f stampante f
imprevisto [impre'βisto] m imprevisto m
imprimir [impri'mir] vt stampare
improvisación [improβisa'θjon] f improvvisazione f
improvisado, da [improβi'saðo, ða] adj improvvisato(a)
improvisar [improβi'sar] vt improvvisare
imprudente [impru'ðente] adj imprudente
impuesto [im'pwesto] m imposta f
impulsar [impul'sar] vt spingere ● impulsar a alguien a hacer algo spingere qn a fare qc

impulsivo, va [impul'siβo, βa] adj impulsivo(a)
impulso [im'pulso] m impulso m
impuro, ra [im'puro, ra] adj impuro(a)
inaceptable [inaθep'taβle] adj inaccettabile
inadecuado, da [inaðe'kwaðo, ða] adj inadeguato(a)
inadmisible [inaðmi'siβle] adj inammissibile
inaguantable [inaɣwan'taβle] adj insopportabile
inauguración [inauɣura'θjon] f inaugurazione f
inaugurar [inauɣu'rar] vt inaugurare
incapacidad [inkapaθi'ðað] f incapacità f inv
incapaz [inka'paθ] (pl -ces) adj incapace ● ser incapaz de essere incapace di
incendio [in'θendjo] m incendio m ● contra incendios anti incendio
incentivo [inθen'tiβo] m incentivo m
incidente [inθi'ðente] m 1. (hecho inesperado) accidente m 2. (riña) contesa f
incineradora [inθinera'ðora] f inceneritore m
incinerar [inθine'rar] vt incenerire
incitar [inθi'tar] vt incitare
inclinación [inklina'θjon] f 1. (tendencia, afecto) inclinazione f 2. (saludo) inchino m
inclinar [inkli'nar] vt piegare ● inclinarse vp chinarsi ● inclinarse por v + prep inclinarsi verso

incluido, da [inklu'iðo, ða] *adj* compreso(a)

incluir [inklu'ir] *vt* **1.** *(adjuntar)* includere **2.** *(contener)* comprendere

inclusive [inklu'siβe] *adv* compreso

incluso [in'kluso] *adv* perfino

incógnita [in'koɣnita] *f* incognita *f*

incoherente [inkoe'rente] *adj* incoerente

incoloro, ra [inko'loro, ra] *adj* incolore

incómodo, da [in'komoðo, ða] *adj* scomodo(a)

incomparable [inkompa'raβle] *adj* incomparabile

incompatibilidad [inkompatiβili'ðað] *f* incompatibilità *f inv* ◆ **incompatibilidad de caracteres** incompatibilità di carattere

incompetente [inkompe'tente] *adj* incompetente

incomprensible [inkompren'siβle] *adj* incomprensibile

incomunicado, da [inkomuni'kaðo, ða] *adj* isolato(a)

incondicional [inkondiθjo'nal] *adj* incondizionato(a)

inconfundible [inkonfun'diβle] *adj* inconfondibile

inconsciencia [inkons'θjenθja] *f* incoscienza *f*

inconsciente [inkons'θjente] *adj* **1.** *(sin conocimiento)* inconsapevole **2.** *(insensato)* incosciente

incontable [inkon'taβle] *adj* innumerevole

inconveniente [inkombe'njente] *m* inconveniente *m*

incorporación [inkorpora'θjon] *f* incorporazione *f*

incorporar [inkorpo'rar] *vt* **1.** *(agregar)* incorporare **2.** *(levantar)* alzare ◆ **incorporarse** *vp* **1.** alzarsi **2.** ◆ **incorporarse (a)** incorporarsi (a o in)

incorrecto, ta [inko'rekto, ta] *adj* scorretto(a)

incorregible [inkore'xiβle] *adj* incorreggibile

incrédulo, la [in'kreðulo, la] *adj* incredulo(a)

increíble [inkre'iβle] *adj* incredibile

incremento [inkre'mento] *m* incremento *m*

incubadora [inkuβa'ðora] *f* incubatrice *f*

incubar [inku'βar] *vt* incubare

inculpado, da [inkul'paðo, ða] *m,f* accusato *m*, -a *f*

inculto, ta [in'kulto, ta] *adj* incolto(a)

incumbir [inkum'bir] *vi* incombere

incurable [inku'raβle] *adj* incurabile

incurrir [inku'rir] ◆ **incurrir en** *v + prep* incorrere in

indecente [inde'θente] *adj* indecente

indeciso, sa [inde'θiso, sa] *adj* indeciso(a)

indefenso, sa [inde'fenso, sa] *adj* indifeso(a)

indefinido, da [indefi'niðo, ða] *adj* indefinito(a)

indemnización [indemniθa'θjon] *f* indennizzo *m*

indemnizar [indemni'θar] *vt* indennizzare

independencia [indepen'denθja] f indipendenza f

independiente [indepen'djente] adj indipendente

independizarse [independi'θarseðe] vp ♦ **independizarse (de)** rendersi indipendente (da)

indeterminado, da [indetermi'naðo, ða] adj indeterminato(a)

India ['indja] f ♦ **(la) India** l'India f

indicación [indika'θjon] f indicazione f ♦ **indicaciones** fpl indicazioni fpl

indicador [indika'ðor] m indicatore m ♦ **indicador de dirección** freccia f

indicar [indi'kar] vt indicare

indicativo, va [indika'tiβo, βa] adj indicativo(a)

índice ['indiθe] m indice m

indicio [in'diθjo] m indizio m

indiferencia [indife'renθja] f indifferenza f

indiferente [indife'rente] adj indifferente

indígena [in'dixena] mf indigeno m, -a f

indigestión [indixes'tjon] f indigestione f

indigesto, ta [indi'xesto, ta] adj indigesto(a)

indignación [indiɣna'θjon] f indignazione f

indignado, da [indiɣ'naðo, ða] adj indignato(a)

indignante [indiɣ'nante] adj indignante

indio, dia ['indjo, dja] adj & m,f **1.** (de América del Norte, India) indiano(a) **2.** (de Sudamérica) indio(a)

indirecta [indi'rekta] f insinuazione f

indirecto, ta [indi'rekto, ta] adj indiretto(a)

indiscreto, ta [indis'kreto, ta] adj indiscreto(a)

indiscriminado, da [indiskrimi'naðo, ða] adj indiscriminato(a)

indiscutible [indisku'tiβle] adj indiscutibile

indispensable [indispen'saβle] adj indispensabile

indispuesto, ta [indis'puesto, ta] adj indisposto(a)

individual [indiβi'ðual] adj individuale

individuo [indi'βiðuo] m (despec) individuo m

índole ['indole] f indole f

Indonesia [indo'nesja] f Indonesia f

indudablemente [indu,ðaβle'mente] adv indubbiamente

indumentaria [indumen'tarja] f abbigliamento m

industria [in'dustrja] f industria f

industrial [indus'trjal] adj & mf industriale

industrializado, da [industrjali'θaðo, ða] adj industrializzato(a)

inédito, ta [i'neðito, ta] adj inedito(a)

inepto, ta [i'nepto, ta] adj inetto(a)

inequívoco, ca [ine'kiβoko, ka] adj inequivocabile

inesperado, da [inespe'raðo, ða] adj inaspettato(a)

inestable [ines'taβle] adj instabile

inevitable [ineβi'taβle] adj inevitabile

in

inexperto, ta [ineks'perto, ta] *adj* inesperto(a)
infalible [infa'lible] *adj* infallibile
infancia [in'fanθja] *f* infanzia *f*
infanta [in'fanta] *f* infanta *f*
infantería [infante'ria] *f* fanteria *f*
infantil [infan'til] *adj (despec)* infantile
infarto [in'farto] *m* infarto *m*
infección [infek'θjon] *f* infezione *f*
infeccioso, sa [infek'θjoso, sa] *adj* infettivo(a)
infectar [infek'tar] *vt* infettare ◆ **infectarse** *vp* infettarsi
infelicidad [infeliθi'ðað] *f* infelicità *f inv*
infeliz [θes] (*pl* **-ces**) *adj & mf* infelice
inferior [infe'rjor] ◇ *adj* inferiore ◇ *mf* subordinato *m*, -a *f*
inferioridad [inferjori'ðað] *f* inferiorità *f inv*
infidelidad [infiðeli'ðað] *f* infedeltà *f inv*
infiel [in'fjel] *adj & mf* infedele
infierno [in'fjerno] *m (fig)* inferno *m*
ínfimo, ma ['infimo, ma] *adj* infimo(a)
infinito, ta [infi'nito, ta] ◇ *adj* infinito(a) ◇ *m* infinito *m*
inflación [infla'θjon] *f* inflazione *f*
inflar [in'flar] *vt* gonfiare ◆ **inflarse de** *v + prep* gonfiarsi di
inflexible [inflek'sible] *adj* inflessibile
influencia [influ'enθja] *f* influenza *f* ◆ **tener influencia** avere influenza
influenciar [influen'θjar] *vt* influenzare
influir [influ'ir] ◆ **influir en** *v + prep* influire su
influjo [in'fluxo] *m* influsso *m*
influyente [influ'jente] *adj* influente

información [informa'θjon] *f* informazione *f* ▼ **información** informazioni

pedir información

Para pedir algo a un transeúnte, se puede llamar su atención diciendo *Scusi, avrei bisogno di un'informazione. Saprebbe dirmi...?* o bien *Mi scusi, signora, potrebbe aiutarmi? Sto cercando...* Para dar las gracias hay las fórmulas *La ringrazio, è stato davvero gentile*, así como *Grazie mille per le indicazioni. Mi è stata di grande aiuto.*

informal [infor'mal] *adj* informale
informalidad [informali'ðað] *f* mancanza *f* di formalità
informar [infor'mar] *vt* informare ◆ **informarse** *vp* informarsi
informática [infor'matika] *f* informatica *f* ➢ **informático**
informático, ca [infor'matiko, ka] *m,f* programmatore *m*, -trice *f*
informativo, va [informa'tiβo] *m* **1.** (*en televisión*) telegiornale *m* **2.** (*en radio*) giornale *m* radio
informe [in'forme] *m* rapporto *m* ◆ **informes** *mpl* referenze *fpl*
infracción [infrak'θjon] *f* infrazione *f*
infundir [infun'dir] *vt* infondere
infusión [infu'sjon] *f* infusione *f*
ingeniería [inxenje'ria] *f* ingegneria *f*
ingeniero, ra [inxe'njero, ra] *m,f* ingegnere *m*
ingenio [in'xenjo] *m* **1.** (*agudeza*) ingeg-

no *m* **2.** *(máquina)* congegno *m* **3.** *(Amér) (refinería)* fabbrica *f*
ingenioso, sa [inxe'njoso, sa] *adj* ingegnoso(a)
ingenuidad [inxenwi'ðað] *f* ingenuità *f inv*
ingenuo, nua [in'xenwo, nwa] *adj* ingenuo(a)
Inglaterra [ingla'tera] *f* Inghilterra *f*
ingle ['ingle] *f* inguine *m*
inglés, esa [in'gles, esa] ◆ *adj* & *m,f* inglese ◆ *m* inglese *m*
ingrato, ta [in'grato, ta] *adj* ingrato(a)
ingrediente [ingre'ðjente] *m* ingrediente *m*
ingresar [ingre'sar] ◆ *vt (dinero)* versare ◆ *vi* **1.** *(en hospital)* essere ricoverato(a) **2.** *(en sociedad, escuela, etc)* entrare
ingreso [in'greso] *m* **1.** *(de dinero)* versamento *m* **2.** *(en hospital)* ricovero *m* **3.** *(en sociedad, escuela, etc)* ingresso *m*
inhabitable [inaβi'taβle] *adj* inabitabile
inhalar [ina'lar] *vt* inalare
inhibición [iniβi'θjon] *f* inibizione *f*
inhumano, na [inu'mano, na] *adj* disumano(a)
iniciación [iniθja'θjon] *f* iniziazione *f*
inicial [ini'θjal] *adj* & *f* iniziale
iniciar [ini'θjar] *vt* iniziare ◆ **iniciarse en** *v* + *prep* iniziarsi a
iniciativa [iniθja'tiβa] *f* iniziativa *f* ◆ **tener iniciativa** avere iniziativa
inicio [i'niθjo] *m* inizio *m*
inimaginable [inimaxi'naβle] *adj* inimmaginabile
injerto [in'xerto] *m* innesto *m*

injusticia [inxus'tiθja] *f* ingiustizia *f*
injusto, ta [in'xusto, ta] *adj* ingiusto(a)
inmaduro, ra [imma'ðuro, ra] *adj* immaturo(a)
inmediatamente [imme'ðjata'mente] *adv* immediatamente
inmediato, ta [imme'ðjato, ta] *adj* immediato(a) ◆ **de inmediato** subito
inmejorable [immexo'raβle] *adj* impareggiabile
inmenso, sa [im'menso, sa] *adj* immenso(a)
inmigración [immiγra'θjon] *f* immigrazione *f*
inmigrante [immi'γrante] *mf* immigrante *mf*
inmigrar [immi'γrar] *vi* immigrare
inmobiliaria [immoβi'ljarja] *f* agenzia *f* immobiliare
inmoral [immo'ral] *adj* immorale
inmortal [immor'tal] *adj* immortale
inmóvil [im'moβil] *adj* immobile
inmovilizar [immoβili'θar] *vt* immobilizzare
inmueble [im'mweβle] *m* immobile *m*
inmune [im'mune] *adj* immune
inmunidad [immuni'ðað] *f* immunità *f inv*
innato, ta [in'nato, ta] *adj* innato(a)
innecesario, ria [inneθe'sarjo, rja] *adj* innecessario(a)
innovación [innoβa'θjon] *f* innovazione *f*
inocencia [ino'θenθja] *f* innocenza *f*
inocentada [inoθen'taða] *f* **1.** *(bobada)* sciocchezza *f* **2.** *(broma)* ≃ pesce *m* d'Aprile

inocente [ino'θente] *adj* innocente

inofensivo, va [inofen'siβo, βa] *adj* inoffensivo(a)

inolvidable [inolβi'ðaβle] *adj* indimenticabile

inoportuno, na [inopor'tuno, na] *adj* inopportuno(a)

inoxidable [inoksi'ðaβle] *adj* inossidabile

inquietarse [inkje'tarse] *vp* inquietarsi

inquieto, ta [in'kjeto, ta] *adj* inquieto(a)

inquietud [inkje'tuð] *f* inquietudine *f*

inquilino, na [inki'lino, na] *m,f* inquilino *m*, -a *f*

Inquisición [inkisi'θjon] ● **la Inquisición** l'Inquisizione

insaciable [insa'θjaβle] *adj* insaziabile

insalubre [insa'luβre] *adj* insalubre

insatisfacción [insatisfak'θjon] *f* insoddisfazione *f*

insatisfecho, cha [insatis'fetʃo, tʃa] *adj* insoddisfatto(a)

inscribirse [inskri'βirse] *vp* ● **inscribirse (en)** iscriversi (a)

inscripción [inskrip'θjon] *f* iscrizione *f*

insecticida [insekti'θiða] *m* insetticida *f*

insecto [in'sekto] *m* insetto *m*

inseguridad [inseɣuri'ðað] *f* insicurezza *f*

inseguro, ra [inse'ɣuro, ra] *adj* insicuro(a)

insensato, ta [insen'sato, ta] *adj* insensato(a)

insensible [insen'siβle] *adj* **1.** *(persona)* insensibile **2.** *(aumento, subida, bajada)* insignificante

inseparable [insepa'raβle] *adj* inseparabile

insertar [inser'tar] *vt* inserire ● **insertar algo en** inserire qc in

inservible [inser'βiβle] *adj* inservibile

insignia [in'siɣnja] *f* **1.** distintivo *m* **2.** *(estandarte)* insegna *f*

insignificante [insiɣnifi'kante] *adj* insignificante

insinuar [insinu'ar] *vt* insinuare ● **insinuarse** *vp* fare delle avances

insípido, da [in'sipiðo, ða] *adj* **1.** *(sin sabor)* insipido(a) **2.** *(sin gracia)* anodino(a)

insistencia [insis'tenθja] *f* insistenza *f*

insistir [insis'tir] *vi* insistere ● **insistir en hacer algo** insistere nel fare qc

insolación [insola'θjon] *f* insolazione *f* ● **pillar una insolación** *(fam)* prendere una insolazione

insolencia [inso'lenθja] *f* insolenza *f*

insolente [inso'lente] *adj* **1.** *(desconsiderado)* insolente **2.** *(orgulloso)* arrogante

insólito, ta [in'solito, ta] *adj* insolito(a)

insolvente [insol'βente] *adj* insolvente

insomnio [in'somnjo] *m* insonnia *f*

insonorización [insonoriθa'θjon] *f* insonorizzazione *f*

insoportable [insopor'taβle] *adj* insopportabile

inspeccionar [inspekθjo'nar] *vt* ispezionare

inspector, ra [inspek'tor, ra] *m,f* ispettore *m*, -trice *f*

inspiración [inspira'θjon] *f* **1.** *(de aire)* inspirazione *f* **2.** *(de un artista)* ispirazione *f*

inspirar [inspi'rar] vt **1.** (aire) inspirare **2.** (dar ideas) ispirare ◆ **inspirarse** vp ◆ inspirarse (en) ispirarsi (a)

instalación [instala'θjon] f **1.** (acto) installazione f **2.** (equipo) impianto m ◆ instalación eléctrica impianto elettrico ◆ **instalaciones** fpl impianti mpl ◆ instalaciones deportivas impianti sportivi

instalar [insta'lar] vt **1.** (teléfono, antena, etc) installare **2.** (gimnasio, biblioteca, etc) allestire ◆ **instalarse** vp stabilirsi

instancia [ins'tanθja] f istanza f

instantánea [instan'tanea] f istantanea f

instantáneo, a [instan'taneo, a] adj istantaneo(a)

instante [ins'tante] m istante m ◆ al instante subito

instintivo, va [instin'tiβo, βa] adj istintivo(a)

instinto [ins'tinto] m istinto m

institución [institu'θjon] f istituzione f ◆ **instituciones** fpl istituzioni fpl

institucional [instituθjo'nal] adj istituzionale

instituir [institu'ir] vt istituire

instituto [insti'tuto] m istituto m

institutriz [institu'triθ] (pl -ces) f istitutrice f

instrucción [instruk'θjon] f istruzione f ◆ **instrucciones** fpl istruzioni fpl

instruir [instru'ir] vt istruire

instrumental [instrumen'tal] m strumentario m

instrumento [instru'mento] m (fig) strumento m

insuficiente [insufi'θjente] adj insufficiente

insufrible [insu'friβle] adj insopportabile

insultante [insul'tante] adj oltraggioso(a)

insultar [insul'tar] vt insultare ◆ **insultarse** vp insultarsi

insulto [in'sulto] m **1.** (de palabra) insulto m **2.** (de acción) oltraggio m

insuperable [insupe'raβle] adj insuperabile

intacto, ta [in'takto, ta] adj intatto(a)

integración [inteɣra'θjon] f integrazione f

integrarse [inte'ɣrarseen] vp ◆ integrarse (en) integrarsi (a)

íntegro, gra ['inteɣro, ɣra] adj integro(a)

intelectual [intelektu'al] mf intellettuale mf

inteligencia [inteli'xenθja] f intelligenza f

inteligente [inteli'xente] adj intelligente

intemperie [intem'perje] f ◆ a la intemperie alle intemperie

intención [inten'θjon] f intenzione f ◆ con la intención de con l'intenzione di ◆ tener la intención de avere intenzione di

intencionado, da [intenθjo'naðo, ða] adj intenzionato(a)

intensivo, va [inten'siβo, βa] adj intensivo(a)

intenso, sa [in'tenso, sa] adj intenso(a)

intentar [inten'tar] *vt* tentare
intento [in'tento] *m* **1.** *(propósito)* intenzione *f* **2.** *(tentativa)* tentativo *m*
intercalar [interka'lar] *vt* intercalare
intercambio [inter'kambjo] *m* scambio *m*
interceder [interθe'ðer] ♦ **interceder por** *v + prep* intercedere per
interceptar [interθep'tar] *vt* intercettare
interés [inte'res] *m* interesse *m* ♦ **intereses** *mpl* interessi *mpl*
interesado, da [intere'saðo, ða] *adj* interessato-a
interesante [intere'sante] *adj* interessante
interesar [intere'sar] *vi* interessare ♦ **interesarse en** *v + prep* interessarsi a ♦ **interesarse por** *v + prep* interessarsi di
interferencia [interfe'renθja] *f* interferenza *f*
interina [inte'rina] *f* *(Esp)* domestica *f*
interino, na [inte'rino, na] *adj* interino(a)
interior [inte'rjor] ◊ *adj* **1.** *(espacio)* interno(a) **2.** *(vida, pensamiento, etc)* interiore ◊ *m* **1.** *(parte de dentro)* interno *m* **2.** *(fig) (mente)* ● **una voz en su interior le reprochaba sus acciones** una voce interna gli rinfacciava le sue azioni **3.** *(en deporte)* mezzala *f*
interlocutor, ra [interloku'tor, ra] *m,f* interlocutore *m*, -trice *f*
intermediario, ria [interme'ðjarjo, rja] *m,f* intermediario *m*, -a *f*
intermedio, dia [inter'meðjo, ðja] ◊ *adj* intermedio(a) ◊ *m* intermezzo *m*
interminable [intermi'naβle] *adj* interminabile
intermitente [intermi'tente] *m* freccia *f*
internacional [internaθjo'nal] *adj* internazionale
internacionalmente [internaθjonal'mente] *adv* internazionalmente
internado [inter'naðo] *m* collegio *m*
Internet [inter'net] *f* Internet *m inv* ● **en Internet** su Internet
interno, na [in'terno, na] ◊ *adj* interno(a) ◊ *m,f* **1.** *(en colegio, etc)* convittore *m*, -trice *f* **2.** *(hospital, etc)* interno *m*, -a *f*
interponerse [interpo'nerse] *vp* frapporsi
interpretación [interpreta'θjon] *f* **1.** *(en teatro, cine, etc)* interpretazione *f* **2.** *(traducción)* interpretariato *f*
interpretar [interpre'tar] *vt* **1.** *(en teatro, cine, etc)* interpretare **2.** *(traducir)* fare l'interprete
intérprete [in'terprete] *mf* interprete *mf*
interrogación [interoɣa'θjon] *f* interrogazione *f*
interrogante [intero'ɣante] *m o f* punto *m* interrogativo
interrogar [intero'ɣar] *vt* interrogare
interrogatorio [interoɣa'torjo] *m* interrogatorio *m*
interrumpir [interum'pir] *vt* interrompere
interrupción [interup'θjon] *f* interruzione *f*
interruptor [interup'tor] *m* interruttore *m*

interurbano, na [interur'βano, na] *adj* interurbano(a)
intervalo [inter'βalo] *m* intervallo *m*
intervención [interβen'θjon] *f* intervento *m* ● **intervención quirúrgica** intervento chirurgico
intervenir [interβe'nir] *vt* **1.** *(en medicina)* operare **2.** *(confiscar)* sequestrare ◇ *vi* ● **intervenir (en)** intervenire (in)
interviú [inter'βju] *f* intervista *f*
intestino [intes'tino] *m* intestino *m*
intimidad [intimi'ðað] *f* intimità *f inv*
íntimo, ma ['intimo, ma] *adj* intimo(a)
intocable [into'kaβle] *adj* intoccabile
intolerable [intole'raβle] *adj* intollerabile
intolerante [intole'rante] *adj* intollerante
intoxicación [intoksika'θjon] *f* intossicazione *f*
intoxicarse [intoksi'karse] *vp* intossicarsi
intranet [intra'net] *f* intranet *f*
intranquilo, la [intran'kilo, la] *adj* inquieto(a)
intransigente [intransi'xente] *adj* intransigente
intransitable [intransi'taβle] *adj* intransitabile
intrépido, da [in'trepiðo, ða] *adj* intrepido(a)
intriga [in'triɣa] *f* intrigo *m*
intrigar [intri'ɣar] *vt* & *vi* intrigare
introducción [introðuk'θjon] *f* introduzione *f*
introducir [introðu'θir] *vt* introdurre

introvertido, da [introβer'tiðo, ða] *adj* introverso(a)
intruso, sa [in'truso, sa] *m,f* intruso *m*, -a *f*
intuición [intui'θjon] *f* intuizione *f*
inundación [inunda'θjon] *f* inondazione *f*
inundar [inun'dar] *vt* inondare
inusual [inusu'al] *adj* inconsueto(a)
inútil [i'nutil] *adj* **1.** inutile **2.** *(torpe)* inetto(a) **3.** *(inválido)* inabile
invadir [imba'ðir] *vt* invadere
inválido, da [im'baliðo, ða] *m,f* invalido *m*, -a *f*
invasión [imba'sjon] *f* invasione *f*
invasor, ra [imba'sor, ra] *m,f* invasore *m*, invaditrice *f*
invención [imben'θjon] *f* **1.** *(invento)* invenzione *f* **2.** *(mentira)* fandonia *f*
inventar [imben'tar] *vt* inventare
inventario [imben'tarjo] *m* inventario *m*
invento [im'bento] *m* **1.** *(aparato)* invenzione *f* **2.** *(engaño)* trovata *f* **3.** *(fam)* *(idea)* idea *f*
invernadero [imberna'ðero] *m* serra *f*
inversión [imber'sjon] *f* **1.** *(de dinero)* investimento *m* **2.** *(de orden)* inversione *f*
inverso, sa [im'berso, sa] *adj* inverso(a) ● **a la inversa** al contrario
invertir [imber'tir] *vt* **1.** *(dinero, tiempo)* investire **2.** *(orden)* invertire
investigación [imbestiɣa'θjon] *f* **1.** *(de delito, crimen)* indagine *f* **2.** *(en ciencia)* ricerca *f*

investigador, ra [imbestiǥa'ðor, ra] *m,f* ricercatore *m*, -trice *f*

investigar [imbesti'yar] *vt* **1.** *(delito, crimen)* indagare **2.** *(en universidad, empresa)* ricercare

invidente [imbi'ðente] *mf* non vedente *mf*

invierno [im'bjerno] *m* inverno *m* ● **en invierno** d'inverno

invisible [imbi'sißle] *adj* invisibile

invitación [imbita'θjon] *f* invito *m*

invitado, da [imbi'taðo, ða] *m,f* invitato *m*, -a *f*

invitar [imbi'tar] *vt* **1.** *(a fiesta, boda, etc)* invitare **2.** *(a café, copa, etc)* ● **te invito a un café** ti offro un caffè ● **invitar a alguien a hacer algo** invitare qn a fare qc

---

invitar

Para proponer a alguien hacer algo existen distintas fórmulas como: *ti andrebbe di...?* ¿te apetecería...? (*Stasera ti andrebbe di fare una passeggiata sul lungomare?*); *perché non...?* ¿por qué no...? (*Perché non vieni con noi domani?*); *che ne dici di...?* ¿qué te parece (la idea de)...? (*Che ne dici di una pizza per cena?*); o *ti va se facciamo...?* ¿qué te parece si...? (*Ti va se invece di andare a casa in autobus prendiamo il metro?*), entre otras.

---

involucrar [imbolu'krar] *vt* coinvolgere ● **involucrarse** *vp* ● **involucrarse (en)** essere coinvolto (in)

invulnerable [imbulne'raßle] *adj* invulnerabile

inyección [injek'θjon] *f* iniezione *f*

ir [ir] *vi* **1.** *(moverse)* andare ● **fuimos andando** andammo a piedi ● **iremos en coche/autobús/tren** andremo in macchina/autobus/treno ● **vamos al sur** andiamo a sud ● **¡vamos!** andiamo! ● **nunca va a las juntas** non va mai ai consigli ● **todavía va al colegio** va ancora a scuola ● **le va bien en su trabajo** il lavoro gli va bene ● **los negocios van mal** gli affari vanno male ● **¿cómo te va?** come va? ● **la televisión no va** la televisione non funziona ● **la manivela va floja** la manovella è allentata **2.** *(extenderse)* arrivare ● **la carretera va hasta Valencia** la strada arriva fino a Valenza **3.** *(vestir)* essere ● **iba en calzoncillos y con corbata** era in mutande e cravatta ● **ir de azul/de uniforme** era in blu/in divisa **4.** *(tener aspecto físico)* ● **hecho un pordiosero** sembrava un pezzente ● **tal como voy no puedo entrar** così come sono messo ora non posso entrare **5.** *(valer)* costare ● **los mariscos van carísimos** i frutti di mare sono carissimi ● **ir a venire** ● **¿cuánto va el pollo?** quanto viene il pollo? **6.** *(expresa duración gradual)* stare ● **ir haciendo algo** stare facendo qc ● **voy mejorando mi italiano** sto migliorando il mio italiano **7.** *(sentar, convenir)* stare ● **le va fatal el color negro** il nero gli sta malissimo ● **le irían bien unas vaca-**

ciones gli farebbero bene un po' di ferie • no le va la actitud de cínico atteggiarsi a cinico non fa per lui **8.** (*referirse*) **ir por** o **con alguien** riguardare qn **9.** (*en locuciones*) fue y dijo que... andò e disse che... • ni me va ni me viene (*fam*) non mi riguarda ¡qué va! ma va!, dai! • no te preocupes, no llores dài, non preoccuparti, non piangere • **ir bien** o **para andare bene per** • **¿vamos bien para Madrid?** andiamo bene per Madrid? • **ir a** v + prep **voy a decírselo a tu padre** lo dirò a tuo padre • **ir de** v + prep **parlare di**; (*fig*) (*persona*) **fare** • **va de listo** fa il furbo • **ir por** v + prep **andare a prendere** • **fue por tu hermana** è andato a prendere tua sorella; (*alcanzar*) **va por la cuarta copa** è al quarto bicchiere • **irse** *vp* **andarsene** • **irse abajo** (*edificio*) crollare; (*negocio*) fallire; (*proyecto*) **andare a monte**
ira [ˈira] f ira f
Irak [iˈrak] m Iraq m
Irán [iˈran] m Iran m
Irlanda [irˈlanda] f Irlanda f • **Irlanda del Norte** Irlanda del Nord
irlandés, esa [irlanˈdes, esa] adj & m,f irlandese
ironía [iroˈnia] f ironia f
irónico, ca [iˈroniko, ka] adj ironico(a)
IRPF [ˈiˈere'peˈefe] m (*abr de* impuesto sobre la Renta de las Personas Físicas) IRPEF f
irracional [iraθjoˈnal] adj irrazionale
irrecuperable [irekupeˈraβle] adj irrecuperabile
irregular [ireɣuˈlar] adj **1.** irregolare **2.** (*persona*) illegale
irregularidad [ireɣulariˈðað] f irregolarità f inv
irresistible [iresisˈtiβle] adj irresistibile
irresponsable [iresponˈsaβle] adj irresponsabile
irreversible [ireβerˈsiβle] adj irreversibile
irrigar [iriˈɣar] vt irrigare
irritable [iriˈtaβle] adj irritabile
irritación [iritaˈθjon] f irritazione f
irritante [iriˈtante] adj irritante
irritar [iriˈtar] vt irritare • **irritarse** vp irritarsi
isla [ˈisla] f isola f
Islam [izˈlam] m Islam m
islandés, esa [izlanˈdes, esa] adj & m,f islandese m islandese f
Islandia [izˈlandja] f Islanda f
islote [izˈlote] m isolotto m
Israel [izraˈel] m Israele m
istmo [ˈizðmo] m istmo m
Italia [iˈtalja] f Italia f
italiano, na [itaˈljano, na] adj & m,f italiano m italiana f
IVA [ˈiβa] m **1.** (*abr de* impuesto sobre el valor añadido) IVA f **2.** (*Amér*) (*abr de* impuesto sobre el valor agregado) IVA f
izda [izˈða] = izquierda
izquierda [iθˈkjerða] f • **la izquierda** la sinistra • **a la izquierda** a sinistra • **ser de izquierdas** essere di sinistra

izquierdo, da [iθ'kjerðo, ða] *adj* sinistro(a)

jabalí [xaβa'li] *m* cinghiale *m*
jabalina [xaβa'lina] *f* giavellotto *m*
jabón [xa'βon] *m* sapone *m*
jabonera [xaβo'nera] *f* portasapone *m*
jacuzzi® [ja'kusi] *m* Jacuzzi® *f*
jade ['xaðe] *m* giada *f*
jaguar [xa'γuar] *m* giaguaro *m*
jaiba ['xajβa] *f* (*CAm, Carib & Méx*) granchio *m*
jalar [xa'lar] *vt* (*Amér*) (*tirar hacia sí*) tirare
jalea [xa'lea] *f* gelatina *f* ● **jalea real** pappa *f* reale
jaleo [xa'leo] *m* casino *m* (*caos*)
Jamaica [xa'majka] *f* Giamaica *f*
jamás [xa'mas] *adv* mai
jamón [xa'mon] *m* prosciutto *m* ● **jamón serrano** prosciutto crudo ● **jamón York** prosciutto cotto
Japón [xa'pon] *m* Giappone *m*
japonés, esa [xapo'nes, esa] ◇ *adj* & *n* giapponese ◇ *m* giapponese *m*
jarabe [xa'raβe] *m* sciroppo *m*
jardín [xar'ðin] *m* giardino *m* ● **jardín botánico** giardino botanico ● **jardín de infancia** asilo *m* nido ● **jardín público** giardino pubblico
jardinera [xarði'nera] *f* fioriera *f* ➤

jardinero
jardinero, ra [xarði'nero, ra] *m,f.* giardiniere *m*, -a *f* ● **a la jardinera** alla giardiniera
jarra ['xara] *f* caraffa *f* ● **en jarras** con le mani sui fianchi
jarro ['xaro] *m* brocca *f*
jarrón [xa'ron] *m* vaso *m*
jaula ['xaųla] *f* gabbia *f*
jazmín [xaθ'min] *m* gelsomino *m*
jazz ['jas] *m* jazz *m inv*
a. de J.C. (*abr de* antes de Jesucristo) a.C.
d. de J.C. (*abr de* después de Jesucristo) d.C.
jefatura [xefa'tura] *f* direzione *f* ● **jefatura de policía** questura *f*
jefe, fa ['xefe, fa] *m,f* capo *m* ● **jefe de gobierno** capo del governo
jerez [xe'reθ] *m* sherry *m inv*

jerez

Questo tipo di vino bianco secco ad alta gradazione, si produce nella zona di Jerez de la Frontera, in Andalusia nella provincia di Cadice. Il vino *fino* e l'*amontillado* sono secchi e chiari, mentre l'*oloroso* è più scuro e profumato.

jerga ['xerγa] *f* gergo *m*
jeringuilla [xerin'giλa] *f* siringa *f*
jeroglífico [xero'γlifiko] *m* rebus *m inv* a.C.
jersey ['xersej] *m* **1.** (*Esp*) (*suéter*) maglione *m* **2.** (*Amér*) (*tela*) jersey *m inv*

Jesucristo [xesu'kristo] m Gesù Cristo
jesús [xe'sus] interj 1. (después de estornudo) salute! 2. (de asombro) Madonna!
jícama ['xikama] f (CAm & Méx) tubero commestibile
jinete [xi'nete] m 1. (persona a caballo) cavaliere m 2. (en equitación) fantino m
jirafa [xi'rafa] f giraffa f
jirón [xi'ron] m (Perú) stradone m
jitomate [xito'mate] m (CAm & Méx) pomodoro m
JJOO • juegos olímpicos
joder [xo'ðer] ◆ vt (vulg) (fastidiar) rompere le palle ◆ vi (copular) scopare ◆ interj (Esp) cazzo!
Jordania [xor'ðanja] f Giordania f
jornada [xor'naða] f giornata f
jornal [xor'nal] m diaria f
jornalero, ra [xorna'lero, ra] m,f braciante m,f
jota ['xota] f (baile) danza aragonese
joven ['xoßen] ◆ adj 1. (persona) giovane 2. (vino) novello ◆ m giovane m,f
jóvenes mpl • los jóvenes i giovani
joya ['xoja] f 1. gioiello m 2. (fig) (persona) amore m
joyería [xoje'ria] f gioielleria f
joyero, ra [xo'jero, ra] m,f gioielliere m, -a f ◆ m portagioielli m inv
joystick ['joistik] m joystick m inv
jubilación [xußila'θjon] f pensione f
jubilado, da [xußi'laðo, ða] m,f pensionato m, -a f
jubilarse [xußi'larse] vp andare in pensione
judaísmo [xuða'izmo] m giudaismo m

judía [xu'ðia] f fagiolo m • judías verdes fagiolini mpl ➤ **judío**
judío, a [xu'ðio, a] adj & m,f ebreo(a)
judo [xuðo] m judo m inv
juego ['xweɣo] m 1. gioco m 2. (de tazas, cubiertos, mantelería) servizio m 3. (de cuchillos de cocina) set m inv 4. (de cama) coordinato m 5. • juego de azar gioco d'azzardo • juego de manos gioco di destrezza • juegos de sociedad giochi di società • juegos olímpicos giochi olimpici
juerga ['xwerɣa] f baldoria f
jueves ['xweßes] m inv giovedì m inv • jueves Santo Giovedì Santo
juez [xweθ] (pl -ces) mf 1. giudice m,f 2. • juez de línea guardalinee m
jugador, ra [xuɣa'ðor, ra] m,f giocatore m, -trice f
jugar [xu'ɣar] vi & vt giocare • jugar a v + prep giocare a • jugar con v + prep prendersi gioco di • **jugarse** vp giocarsi • jugársela giocarsi tutto
jugo ['xuɣo] m succo m
jugoso, sa [xu'ɣoso, sa] adj succoso(a)
juguete [xu'ɣete] m giocattolo m
juguetería [xuɣete'ria] f negozio m di giocattoli
juguetón, ona [xuɣe'ton, ona] adj giocherellone(a)
juicio ['xwiθjo] m giudizio m • a mi juicio a mio avviso
julio ['xuljo] m luglio m ➤ **septiembre**
junco ['xunko] m giunco m
jungla ['xungla] f giungla f
junio ['xunjo] m giugno m ➤ septiem-

bre
junta ['xunta] *f* **1.** consiglio *m* **2.** *(organismo)* comitato *m*
juntar [xun'tar] *vt* **1.** *(aproximar)* accostare **2.** *(reunir)* attaccare **3.** *(acumular)* accumulare ◆ **juntarse** *vp* **1.** *(aproximarse)* accostarsi **2.** *(reunirse)* attaccarsi **3.** *(pareja)* mettersi insieme
junto, ta ['xunto, ta] ◇ *adj* unito(a) ◇ *adv* insieme ● **junto a** vicino a ● **todo junto** tutto insieme
jurado [xu'raðo] *m* giuria *f*
jurar [xu'rar] ◇ *vt* giurare ◇ *vi* blasfemare
jurídico, ca [xu'riðiko, ka] *adj* giuridico(a)
justicia [xus'tiθja] *f* giustizia *f*
justificación [xustifika'θjon] *f* giustificazione *f*
justificar [xustifi'kar] *vt* giustificare ◆ **justificarse** *vp* giustificarsi
justo, ta ['xusto, ta] ◇ *adj* **1.** giusto(a) **2.** *(exacto)* esatto(a) **3.** *(apretado)* attillato(a) ◇ *adv* proprio
juvenil [xuβe'nil] *adj* giovanile
juventud [xuβen'tuð] *f* gioventù *f inv*
juzgado [xuθ'γaðo] *m* **1.** *(tribunal)* tribunale *m* **2.** *(edificio, sala)* pretura *f* **3.** *(territorio)* giurisdizione *f*
juzgar [xuθ'γar] *vt* giudicare

kK

karaoke [kara'oke] *m* karaoke *m inv*
kárate ['karate] *m* karatè *m inv*
kg *(abr de kilogramo)* kg
kilo ['kilo] *m* *(fam)* chilo *m* ● **medio kilo de** mezzo chilo di
kilogramo [kilo'γramo] *m* chilogrammo *m*
kilómetro [ki'lometro] *m* chilometro *m* ● **kilómetros por hora** chilometri all'ora
kimono [ki'mono] *m* kimono *m*
kiwi ['kiwi] *m* *(fruto)* kiwi *m inv*
kleenex ® ['klineks] *m inv* kleenex ® *m*
km *(abr de kilómetro)* km; *(abr de kilómetro cuadrado)*
KO ['kao] *m* *(abr de knock-out)* KO *m inv*

lL

l *(abr de litro)* l
la [la] *(pl* **las**) ≻ **el, lo**
laberinto [laβe'rinto] *m* labirinto *m*

labio ['laβjo] *m* labbro *m* ◆ **labios** *mpl* **1.** *(de boca)* labbra *fpl* **2.** *(de herida)* labbri *mpl*

labor [la'βor] *f* **1.** lavoro *m* **2.** *(de bordado)* ricamo *m*

laborable [laβo'raβle] *adj* ◆ **día laborable** giorno feriale ▼ **sólo laborables** solo feriali

laboral [laβo'ral] *adj* lavorativo(a)

laboratorio [laβora'torjo] *m* laboratorio *m* ◆ **laboratorio fotográfico** laboratorio fotografico

laborioso, sa [laβo'rjoso, sa] *adj* laborioso(a)

labrador, ra [laβra'ðor, ra] *m,f* agricoltore *m*, -trice *f*

labrar [la'βrar] *vt* **1.** *(tierra)* coltivare **2.** *(madera, piedra, etc)* lavorare

laca ['laka] *f* lacca *f*

lacio, cia ['laθjo, θja] *adj* liscio(a) *(capelli)*

lacón [la'kon] *m* spalla *f* di maiale

lácteo, a ['lakteo, a] *adj* latteo(a)

ladera [la'ðera] *f* pendio *m*

lado ['laðo] *m* **1.** lato *m* **2.** *(cara)* faccia *f* **3.** *(sur, norte, etc)* parte *f* ◆ **al lado de** accanto a ◆ **al otro lado de** dall'altra parte di ◆ **de lado** di fianco ◆ **el lado bueno/malo de algo** o **alguien** il lato positivo/negativo di qc o qn

ladrar [la'ðrar] *vi* abbaiare

ládrido [la'ðriðo] *m* latrato *m*

ladrillo [la'ðriʎo] *m* mattone *m*

ladrón, ona [la'ðron, ona] *m,f* ladro *m*, -a *f* ◇ *m* spina *f* multipla

lagartija [laɣar'tixa] *f* lucertola *f*

lagarto [la'ɣarto] *m* lucertola *f*

lago ['laɣo] *m* lago *m*

lágrima ['laɣrima] *f* lacrima *f*

laguna [la'ɣuna] *f* **1.** *(de agua)* laguna *f* **2.** *(de memoria)* lacuna *f*

lamentable [lamen'taβle] *adj* **1.** *(triste)* deplorevole **2.** *(estropeado)* malconcio(a)

lamentar [lamen'tar] *vt (sentir)* ◆ **lamentar algo** dispiacersi per qc ◆ **lamentarse** *vp* ◆ **lamentarse de** lamentarsi di

lamer [la'mer] *vt* leccare

lámina ['lamina] *f* **1.** *(de papel, metal, etc)* lamina *f* **2.** *(dibujo)* stampa *f*

lámpara ['lampara] *f* lampada *f*

lana ['lana] *f* **1.** lana *f* **2.** *(Amér) (fam) (dinero)* grana *f*

lancha ['lantʃa] *f (embarcación)* lancia *f* ◆ **lancha motora** motovedetta *f*

langosta [laŋ'gosta] *f* **1.** *(crustáceo)* aragosta *f* **2.** *(insecto)* cavalletta *f*

langostino [langos'tino] *m* scampo *m* ◆ **langostino a la plancha** scampi ai ferri ◆ **langostinos al ajillo** scampi all'aglio

lanza ['lanθa] *f* lancia *f*

lanzar [lan'θar] *vt* lanciare ◆ **lanzarse** *vp* **1.** *(al mar, piscina, etc)* buttarsi **2.** *(en afirmación, decisión)* lanciarsi

lapa ['lapa] *f* patella *f*

lapicera [lapi'θera] *f (CSur)* penna *f*

lapicero [lapi'θero] *m* **1.** *(lápiz)* matita *f* **2.** *(Andes) (bolígrafo)* penna *f*

lápida ['lapiða] *f* lapide *f*

lápiz ['lapiθ] *m (pl -ces) m* matita *f* ◆ **lápiz de labios** matita per le labbra ◆

lápiz de ojos eye-liner m inv
largavistas [larγa'bistas] m inv (Amér) cannocchiale m
largo, ga ['larγo, γa] ◇ adj lungo(a) ◇ m lunghezza f ● **a la larga** alla lunga ● **a lo largo de** (playa, carretera, etc) lungo; (en el transcurso de) durante ● **de largo recorrido** a lunga percorrenza
largometraje [larγome'traxe] m lungometraggio m
laringe [la'rinxe] f laringe f
lástima ['lastima] f **1.** (compasión) pena f **2.** (disgusto, pena) peccato m ● **¡qué lástima!** che peccato!
lata ['lata] f **1.** (envase) lattina f **2.** (lámina metálica) latta f ● **ser una lata** (fam) (aburrimiento) essere una lagna; (estorbo) essere uno scocciatore(trice) ● **lata de conserva** scatola f di conserva
latido [la'tiðo] m battito m
látigo ['latiγo] m frusta f
latín [la'tin] m latino m
Latinoamérica [latinoa'merika] f America f Latina
latinoamericano, na [la,tinoameri'kano, na] adj & m,f latinoamericano(a)
latir [la'tir] vi battere
laurel [lau'rel] m alloro m
lava ['laβa] f lava f
lavabo [la'βaβo] m **1.** (cuarto de baño) bagno m **2.** (pila) lavandino m
lavadero [laβa'ðero] m lavatoio m
lavado [la'βaðo] m **1.** (de coche) lavaggio m **2.** (de ropa) bucato m ● **lavado automático** lavaggio automatico
lavadora [laβa'ðora] f lavatrice f ● **lavadora automática** lavabiancheria f
lavanda [la'βanda] f lavanda f
lavandería [laβande'ria] f lavanderia f
lavaplatos [laβa'platos] ◇ m (máquina) lavastoviglie f inv ◇ mf inv (persona) lavapiatti mf inv
lavar [la'βar] vt lavare ● **lavarse** vp lavarsi
lavavajillas [,laβaβa'xiʎas] m inv **1.** (máquina) lavastoviglie f inv **2.** (detergente) detersivo m per piatti
laxante [lak'sante] m lassativo m
lazo ['laθo] m **1.** (nudo) nodo m **2.** (de vestido) fiocco m **3.** (para animales) lazo m **4.** (vínculo) legame m
le [le] (pl **les**) (a él) gli (a ella, usted) le
leal [le'al] adj leale
lealtad [leal'taθ] f lealtà f inv
lección [lek'θjon] f lezione f
lechal [le'tʃal] adj da latte
leche ['letʃe] ◇ f **1.** latte m **2.** (vulg) (golpe) botta f ◇ interj cazzo! ● **leche condensada** latte condensato ● **leche descremada** latte scremato ● **leche entera** latte intero ● **leche frita** crema densa impanata con uova e fritta ● **leche limpiadora** latte detergente
lechera [le'tʃera] f lattiera f → **lechero**
lechería [letʃe'ria] f latteria f
lechero, ra [le'tʃero, ra] m,f lattaio m, -a f
lecho ['letʃo] m **1.** (cama) letto m **2.** (de río) alveo m
lechuga [le'tʃuγa] f lattuga f
lechuza [le'tʃuθa] f civetta f

lector, ra [lek'tor, ra] *m,f* lettore *m*, -trice *f* ● *m* lettore *m*
lectura [lek'tura] *f* lettura *f*
leer [le'er] *vt & vi* leggere
legal [le'yal] *adj* legale
legalidad [leyali'ðað] *f* **1.** *(cualidad)* legalità *f inv* **2.** *(conjunto de leyes)* legislazione *f*
legible [le'xiβle] *adj* leggibile
legislación [lexiθla'θjon] *f* legislazione *f*
legislatura [lexizla'tura] *f* legislatura *f*
legítimo, ma [le'xitimo, ma] *adj* **1.** *(legal)* legittimo(a) **2.** *(auténtico)* autentico(a)
legumbre [le'yumbre] *f* legume *m*
lejano, na [le'xano, na] *adj* lontano(a)
lejía [le'xia] *f* candeggina *f*
lejos [lexos] *adv* **1.** lontano **2.** ● **lejos de** lontano da ● **a lo lejos** di lontano ● **de lejos** da lontano
lencería [lenθe'ria] *f* **1.** *(ropa interior)* lingerie *f intima* **2.** *(tienda)* negozio *m* di biancheria intima
lengua ['lengwa] *f* lingua *f* ● **lengua de gato** lingua di gatto ● **lengua materna** lingua materna ● **lengua oficial** lingua ufficiale

lenguas amerindias

Español è il nome della lingua ufficiale dei paesi ispanici americani, ma alcuni paesi contano una popolazione indigena molto numerosa che ha conservato la propria lingua, come il *náhuatl* in Messico e Salvador, il *aymara* in Bolivia e Perú, e il *quechua* parlato in Bolivia, Perú e Ecuador.

lenguas oficiales

In Spagna esistono quattro lingue ufficiali: il *castellano* o *español*, comune a tutta la nazione, il *catalán* in Catalugna, Isole Baleari e Valenzia, il *gallego* in Galizia e il *vasco* (o *euskera*) nel Paese Basco (o Euskadi) e in Navarra. Nel mondo ispanico la lingua ufficiale si chiama *español*.

lenguado [len'gwaðo] *m* sogliola *f* ● **lenguado menier** sogliola alla mugnaia
lenguaje [len'gwaxe] *m* linguaggio *m*
lengüeta [len'gweta] *f* linguetta *f*
lentamente [,lenta'mente] *adv* lentamente
lente ['lente] *m o f* lente *f* ● **lentes de contacto** lenti a contatto ● **lentes** *mpl* *(formal)* occhiali *mpl*
lenteja [len'texa] *f* lenticchia *f*
lentitud [lenti'tuð] *f* lentezza *f*
lento, ta ['lento, ta] *adj* lento(a) *adv* lentamente
leña ['leɲa] *f* legna *f*
leñador, ra [leɲa'ðor, ra] *m,f* boscaiolo *m*, -a *f*
leño ['leɲo] *m* ceppo *m*
Leo ['leo] *m inv* Leone *m inv*
león, ona [le'on, 'ona] *m,f* leone *m*, -essa *f*
leopardo [leo'parðo] *m* leopardo *m*

lesbiana [lezˈβjana] f lesbica f
lesión [leˈsjon] f lesione f
letal [leˈtal] adj letale
letra [ˈletra] f 1. (signo) lettera f 2. (escritura) calligrafia f 3. (de canción) parole fpl ◆ **letra de cambio** cambiale f ◆ **letras** fpl lettere fpl
letrero [leˈtrero] m cartello m
levantamiento [leβantaˈmjento] m insurrezione f ◆ **levantamiento de pesas** sollevamento pesi
levantar [leβanˈtar] vt 1. (mano, brazo, etc) alzare 2. (caja, peso, persona, etc) sollevare 3. (palo, poste, etc) rizzare 4. (edificio, pared, etc) erigere 5. (prohibición, pena, castigo, etc) eliminare 6. (ánimos, esperanzas, etc) risollevare ◆ **levantarse** vp 1. alzarsi 2. (sublevarse) insorgere
levante [leˈβante] m levante m
léxico [ˈleksiko] m lessico m
ley [lej] f legge f
leyenda [leˈjenda] f leggenda f
liar [liˈar] vt 1. (paquete) legare 2. (cigarrillo) arrotolare 3. (fam) (persona) coinvolgere ◆ **liarse** vp mettersi con qn ◆ **liarse a** attaccare a
Líbano [ˈliβano] m Libano m
libélula [liˈβelula] f libellula f
liberal [liβeˈral] adj liberale
liberar [liβeˈrar] vt 1. (preso, secuestrado, etc) liberare 2. (de responsabilidad) esentare
libertad [liβerˈtað] f libertà f inv ◆ **libertades** fpl libertà fpl
libertador, ra [liβertaˈðor, ra] m,f liberatore m, -trice f

Libia [ˈliβja] f Libia f
libra [ˈliβra] f (unidad de peso) libbra f ◆ **media libra** mezza libbra ◆ **libra esterlina** lira sterlina
Libra [ˈliβra] f Bilancia f
librar [liˈβrar] vt liberare ◆ vi avere il giorno libero ◆ **librarse** vp ◆ **librarse (de)** (peligro) schivare; (obligación) liberarsi (di)
libre [ˈliβre] adj 1. libero(a) 2. (soltero) single ◆ **libre de** esente da ◆ **libre (en taxi)** libero
librería [liβreˈria] f libreria f
librero [liˈβrero] m (CAm & Méx) scaffale m
libreta [liˈβreta] f quaderno m ◆ **libreta cuadriculada** quaderno a quadretti
libro [ˈliβro] m libro m ◆ **libro de bolsillo** libro tascabile ◆ **libro de reclamaciones** registro dei reclami
licencia [liˈθenθja] f licenza f ◆ **licencia de conducir** o **manejar** (Amér) patente f di guida
licenciado, da [liθenˈθjaðo, ða] m,f laureato m, -a f
licenciarse [liθenˈθjarse] vp 1. (en universidad) laurearsi 2. (de servicio militar) congedarsi
licenciatura [liθenθjaˈtura] f laurea f
liceo [liˈθeo] m (CSur & Ven) liceo m
licor [liˈkor] m liquore m
licorería [likoreˈria] f liquoreria f
licuadora [likwaˈðora] f centrifuga f (per succhi)
líder [ˈliðer] mf leader mf inv
lidia [ˈliðja] f corrida f

liebre ['ljeβre] f lepre f
lienzo ['ljenθo] m tela f
liga ['liɣa] f **1.** lega f **2.** (en deporte) campionato m **3.** (para medias) giarrettiera f
ligar [li'ɣar] vt legare ◇ vi (fam) ● ha ligado con él en la discoteca lo ha rimorchiato in discoteca
ligeramente [li,xera'mente] adv leggermente
ligero, ra [li'xero, ra] adj **1.** leggero(a) **2.** (rápido, ágil) veloce **3.** (leve) lieve **4.** ● a la ligera alla leggera
light [lait] adj **1.** (comida) leggero(a) **2.** (bebida, cigarrillo) light
ligue [li'ɣe] m (fam) flirt m inv
liguero [li'ɣero] m reggicalze m inv
lija ['lixa] f carta f vetrata
lijar [li'xar] vt cartavetrare
lila ['lila] ◇ adj inv lilla ◇ f lillà m inv
lima ['lima] f (herramienta, fruto) lima f
● **lima para uñas** limetta f per unghie
límite ['limite] m **1.** limite m **2.** (de país, terreno) confine m
limón [li'mon] m limone m
limonada [limo'naða] f limonata f
limonero [limo'nero] m limone m (albero)
limosna [li'mozna] f elemosina f
limpiabotas [limpja'βotas] m inv lustrascarpe m inv
limpiador, ra [limpja'ðor, ra] m,f pulitore m, -trice f
limpiaparabrisas [,limpjapara'βrisas] ◇ m inv tergicristallo m ◇ m,f lavavetri m,f inv

limpiar [lim'pjar] vt **1.** (quitar suciedad) pulire **2.** (fam) (robar) ripulire
limpieza [lim'pjeθa] f **1.** pulizia f **2.** (destreza) precisione f **3.** (honradez) onestà f inv ● **hacer la limpieza** fare le pulizie
limpio, pia ['limpjo, pja] adj **1.** pulito(a) **2.** (puro) puro(a) **3.** (correcto) retto(a) **4.** ● **en limpio** (escrito) in bella copia
linaje [li'naxe] m lignaggio m
lince ['linθe] m lince f
lindo, da ['lindo, da] adj carino(a) ● **de lo lindo** moltissimo
línea ['linea] f **1.** linea f **2.** (de texto) riga f **3.** (hilera) fila f **4.** ● **línea aérea** linea aerea ● **línea telefónica** linea telefonica
lingote [lin'gote] m lingotto m ● **lingote de oro** lingotto d'oro
lingüística [lin'gwistika] f linguistica f
lingüístico, ca [lin'gwistiko, ka] adj linguistico(a)
lino ['lino] m lino m
linterna [lin'terna] f (lámpara de bolsillo) pila f
lío ['lio] m **1.** (hatillo) fagotto m **2.** (embrollo) pasticcio m **3.** (fam) (desorden) casino m **4.** (fam) (relación) storia f ● **hacerse un lío** fare casino
lionesa [ljo'nesa] f bignè m inv
liquidación [likiða'θjon] f liquidazione f ● **liquidación total** liquidazione totale
liquidar [liki'ðar] vt **1.** liquidare **2.** (fam) (matar) liquidare
líquido [li'kiðo] m liquido m
lira ['lira] f lira f ● **lira (italiana)** lira (italiana)

lirio ['lirjo] *m* iris *f inv*

liso, sa ['liso, sa] *adj* **1.** *(superficie, pelo)* liscio(a) **2.** *(vestido)* semplice **3.** *(color)* tinta unita

lista ['lista] *f* **1.** *(enumeración)* elenco *m* **2.** *(de tela)* riga *f* ● **lista de boda** lista *f* di nozze ● **lista de correos** fermo posta ● **lista de espera** lista d'attesa ● **lista de precios** listino *m* prezzi ● **lista de vinos** carta *f* dei vini

listín [lis'tin] *m* elenco *m* ● **listín telefónico** elenco telefonico

listo, ta ['listo, ta] *adj* **1.** *(inteligente)* sveglio(a) **2.** *(astuto)* furbo(a) ◇ *interj* fatto! ● **estar listo** essere pronto

listón [lis'ton] *m* **1.** *(de madera, en deporte)* asticella *f* **2.** *(fig) (objetivo)* parametro *m*

lisura [li'sura] *f (Perú)* parolaccia *f*

literal [lite'ral] *adj* letterale

literario, ria [lite'rarjo, rja] *adj* letterario(a)

literas [lite'ras] *fpl* **1.** *(de tren, barco)* cuccetta *f* **2.** *(en casa)* letto *m* a castello

literatura [litera'tura] *f* letteratura *f*

litro ['litro] *m* litro *m*

llaga ['ʎaɣa] *f* piaga *f*

llama ['ʎama] *f* **1.** *(de fuego)* fiamma *f* **2.** *(animal)* lama *m*

llamada [ʎa'maða] *f* chiamata *f* ● **llamada automática** servizio telefonico diretto ● **llamada interurbana** telefonata interurbana ● **llamada telefónica** telefonata ▼ **última llamada** ultimo avviso

llamar [ʎa'mar] ◇ *vt* chiamare ◇ *vi* **1.** *(a la puerta)* bussare **2.** *(al timbre)* ● **llamar al timbre** suonare il campanello ● **llamarse** *vp* chiamarsi

llano, na ['ʎano, na] *adj* **1.** *(superficie, terreno)* piano(a) **2.** *(carácter)* semplice ◇ *m (terreno)* pianura *f*

llanta ['ʎanta] *f* **1.** *(de rueda)* cerchione *m* **2.** *(Amér) (rueda de coche, camión, etc)* copertone *f*

llanura [ʎa'nura] *f* pianura *f*

llave ['ʎaβe] *f* **1.** chiave *f* **2.** *(signo ortográfico)* parentesi *f* graffa ● **llave de contacto** chiave d'accensione ● **llave de paso** chiavetta *f* ● **llave inglesa** chiave inglese ● **llave maestra** chiave universale

llegada [ʎe'ɣaða] *f* **1.** *(de viaje, trayecto, etc)* arrivo *m* **2.** *(en deporte)* traguardo *m* ● **llegadas** *fpl* arrivi *mpl* ▼ **llegadas internacionales** arrivi internazionali ▼ **próximas llegadas** arrivi

llegar [ʎe'ɣar] ◇ *vi* **1.** *(fecha, momento)* giungere **2.** *(tener suficiente)* bastare ◇ *v aux* **1.** *(expresa conclusión)* giungere **2.** *(expresa esfuerzo)* riuscire **a** ● **llegar a** + *prep* **1.** *(en espacio)* arrivare a **2.** *(posición, fin, etc)* diventare **3.** *(altura, temperatura, etc)* raggiungere ● **llegar a ser** diventare ● **llegar a conocer** riuscire a conoscere ● **llegar de** *v + prep* venire da

llenar [ʎe'nar] *vt* **1.** *(recipiente, espacio)* riempire **2.** *(espacio)* compilare ● **llenarse de** *v + prep* **1.** *(lugar)* riempirsi **2.** *(hartarse)* rimpinzarsi **3.** *(cubrirse)* coprirsi

lleno, na [ˈʎeno, na] ◇ *adj* pieno(a) ◇ *m* (en espectáculo) pienone *m* • **de lleno** in pieno

llevar [ʎeˈβar] *vt* 1. (transportar) trasportare 2. (acompañar) portare 3. (prenda, objeto personal) portare 4. (coche) guidare 5. (ocuparse, dirigir) condurre 6. (tener) avere 7. (soportar) sopportare 8. (pasarse tiempo) essere da 9. (ocupar tiempo) metterci 10. (sobrepasar) superare di 11. (dirigirse) portare 12. (haber) • **llevo leída media novela** ho letto metà del romanzo • **lo llevo dicho hace tiempo** è da tanto che lo dico 13. (estar) stare • **el barco lleva carga y pasajeros** la nave trasporta merci e passeggeri • **llevó al niño a casa de la abuela** ha portato il bambino a casa della nonna • **me llevaron en coche** mi hanno portato in macchina • **lleva gafas** porta gli occhiali • **no llevamos dinero** non abbiamo denaro con noi • **llevar el caballo** andare a cavallo • **llevar a alguien a** portare qn a • **lleva la contabilidad** tiene la contabilità • **lleva muy bien sus estudios** gestisce benissimo i suoi studi • **llevar el pelo largo** avere i capelli lunghi • **llevas las manos sucias** hai le mani sporche • **lleva mal la soledad** non sopporta la solitudine • **lleva tres semanas de viaje** in viaggio da tre settimane • **me llevo mucho tiempo hacer el trabajo** ci ho messo molto tempo per concludere il lavoro • **te llevo seis puntos** ti supero di sei punti • **me lleva tres centímetros** mi supera di tre centimetri • **le lleva seis años** ha sei anni più di lui • **este camino lleva a Madrid** questa strada porta a Madrid • **lleva viniendo cada día** sta venendo tutti i giorni

• **llevarse** *vp* 1. (coger, conseguir) portarsi via 2. (recibir) (- disgusto, alegría, sorpresa) provare 3. (- castigo) ricevere 4. (- susto) prendere 5. (estar de moda) essere di moda 6. (en matemáticas) riportare • **llevarse bien/mal (con)** andare/non andare d'accordo (con)

llorar [ʎoˈrar] *vi* & *vt* piangere

llorón, ona [ʎoˈron, ona] *m,f* piagnucolone *m*, -a *f*

llover [ʎoˈβer] *vi* & *vi* piovere • **llover a cántaros** piovere a dirotto • **le llueven los contratos** i contratti piovono addosso da tutte le parti

llovizna [ʎoˈβiθna] *f* pioggerella *f*

lloviznar [ʎoβiθˈnar] *vi* piovigginare

lluvia [ˈʎuβja] *f* (fig) pioggia *f*

lluvioso, sa [ʎuˈβjoso, sa] *adj* piovoso(a)

lo, la [lo, la] ◇ *pron* 1. (a él, ella) lo(la) 2. (usted) lo(la) ◇ *pron neutro* lo ◇ *art* il • **lo siento de tu padre** mi dispiace per quello che è successo a tuo padre • **lo que** ciò che

lobo, ba [ˈloβo, βa] *m,f* lupo *m*, -a *f*

local [loˈkal] ◇ *adj* locale ◇ *m* locale *m*

localidad [lokaliˈðað] *f* 1. (pueblo, ciudad) località *f inv* 2. (asiento) posto *m* 3. (entrada) biglietto *m*

localización [lokaliθaˈθjon] *f* localizzazione *f*

localizar [lokali'θar] *vt* **1.** *(encontrar)* localizzare **2.** *(delimitar)* situare ◆ **localizarse** *vp* trovarsi
loción [lo'θjon] *f* lozione *f* ◆ **loción para el cabello** lozione per capelli
loco, ca ['loko, ka] ◇ *adj* **1.** *(chiflado)* matto(a) **2.** *(insensato, imprudente)* pazzo(a) **3.** *(excesivo)* pazzesco(a) ◇ *m,f* folle *mf* ◆ **estar loco por** andare matto per ◆ **a lo loco** allegramente ◆ **volver loco a alguien** far impazzire qn
locomotora [lokomo'tora] *f* locomotiva *f*
locura [lo'kura] *f* follia *f*
locutor, ra [loku'tor, ra] *m,f* annunciatore *m*, -trice *f*
locutorio [loku'torjo] *m* **1.** *(de emisora)* cabina *f* telefonica **2.** *(de convento)* parlatorio *m*
lodo ['loðo] *m* fango *m*
lógica ['loxika] *f* logica *f*
lógico, ca ['loxiko, ka] *adj* logico(a)
logrado, da [lo'γraðo, ða] *adj* riuscito(a)
lograr [lo'γrar] *vt* riuscire a
logro ['loγro] *m* risultato *m*
lombriz [lom'briθ] *f (pl* **-ces***)* lombrico *m*
lomo ['lomo] *m* **1.** dorso *m* **2.** *(carne)* lombata *f* **3.** ◆ **lomo de cerdo** lombata di maiale ◆ **lomo embuchado** salsiccia di lombata di maiale affumicata ◆ **lomo ibérico** lonza della zona iberica ◆ **lomos de merluza** filetti di merluzzo
lona ['lona] *f* olona *f*
loncha ['lont∫a] *f* fetta *f*
lonche ['lont∫e] *m* spuntino *f*

Londres ['londres] *m* Londra *f*
longaniza [longa'niθa] *f* salsiccia *f*
longitud [lonxi'tuð] *f* lunghezza *f*
lonja ['lonxa] *f* **1.** *(edificio)* Borsa *f* **2.** *(loncha)* fetta *f*
loro ['loro] *m* pappagallo *m*
lote ['lote] *m* lotto *m*
lotería [lote'ria] *f* lotteria *f* ◆ **lotería primitiva** (Esp) lotto spagnolo
lotero, ra [lo'tero, ra] *m,f* lottista *mf*
loza [lo'θa] *f* **1.** *(material)* maiolica *f* **2.** *(vajilla)* stoviglie *fpl*
ltda. *(abr de* limitada*)* srl
lubina [lu'βina] *f* branzino *m*
lubricante [luβri'kante] *m* lubrificante *m*
lucha ['lut∫a] *f* lotta *f* ◆ **lucha libre** lotta libera
luchador, ra [lut∫a'ðor, ra] *m,f* lottatore *m*, -trice *f*
luchar [lu't∫ar] *vi* lottare ◆ **luchar por** *v* + *prep* lottare per
luciérnaga [lu'θjernaγa] *f* lucciola *f*
lucir [lu'θir] ◇ *vt* sfoggiare ◇ *vi* **1.** brillare **2.** *(Amér) (verse bien)* avere un bell'aspetto ◆ **lucirse** *vp* **1.** *(quedar bien)* fare bella figura **2.** *(exhibirse)* pavoneggiarsi **3.** *(fam) (hacer el ridículo)* fare una figuraccia
lucro ['lukro] *m* lucro *m*
lúdico, ca ['luðiko, ka] *adj* ludico(a)
luego ['lweγo] ◇ *adv* **1.** *(más tarde)* dopo **2.** *(pronto)* presto ◇ *conj* quindi ◆ **desde luego** *(sin duda)* senz'altro; *(para reprochar)* per la verità ◆ **luego luego** *(Amér) (inmediatamente después)* súbito dopo
lugar [lu'γar] *m* **1.** *(sitio, localidad)* luogo

m 2. (posición) posto m 3. ● tener lugar avere luogo ● en lugar de invece di
lujo ['luxo] m lusso m ● de lujo di lusso
lujoso, sa [lu'xoso, sa] adj lussuoso(a)
lujuria [lu'xurja] f lussuria f
lumbago [lum'bayo] m colpo m della strega
luminoso, sa [lumi'noso, sa] adj luminoso(a)
luna ['luna] f 1. (astro) luna f 2. (de vidrio) vetrina f
lunar [lu'nar] ◇ adj lunare ◇ m neo m
lunares mpl pois m inv
lunes ['lunes] m inv lunedì m → **sábado**
luneta [lu'neta] f lunotto m
lupa ['lupa] f lente f d'ingrandimento
lustrabotas [lustra'βotas] m inv (Amér) lustrascarpe m inv
lustrador [lustra'ðor] m (Amér) lustrascarpe m inv
luto ['luto] m lastra f di retro
luz [luθ] (pl **-ces**) f luce f ● **luz solar** luce solare ● **dar a luz** dare alla luce
● **luces** fpl fari mpl
lycra ® ['likra] f lycra ® f

mM

m (abr de metro) m
macanudo [maka'nuðo] adj (CSur & Perú) (fam) eccezionale
macarrones [maka'rones] mpl penne fpl (pasta)
macedonia [maθe'ðonja] f macedonia f ● **macedonia de frutas** macedonia di frutta
maceta [ma'θeta] f vaso m
machacar [matʃa'kar] vt schiacciare
machismo [ma'tʃizmo] m maschilismo m
machista [ma'tʃista] mf maschilista mf
macho ['matʃo] adj & m maschio
macizo, za [ma'θiθo, θa] ◇ adj massiccio(a) m 2. (de montañas) massiccio m 2. (de flores) aiuola m
macramé [makra'me] m macramè m inv
macuto [ma'kuto] m bisaccia f
madeja [ma'ðexa] f matassa f
madera [ma'ðera] f legno m ● **de madera** di legno
madrastra [ma'ðrastra] f matrigna f
madre ['maðre] f madre f ● **madre política** suocera f ● **¡madre mía!** mamma mia f
madreselva [maðre'selβa] f caprifoglio m
Madrid [ma'ðrið] m Madrid f
madriguera [maðri'ɣera] f tana f
madrileño, ña [maðri'leɲo, ɲa] adj & m,f madrileno(a)
madrina [ma'ðrina] f madrina f
madrugada [maðru'ɣaða] f 1. (después de medianoche) notte f 2. (al salir el sol) alba f
madrugador, ra [maðruɣa'ðor, ra] adj mattiniero(a)
madrugar [maðru'ɣar] vi alzarsi presto
madurar [maðu'rar] vt & vi maturare
madurez [maðu'reθ] f maturità f inv

maduro, ra [ma'ðuro, ra] *adj* maturo(a)

maestría [maes'tria] *f* maestria *f*

maestro, tra [ma'estro, tra] *m,f* **1.** maestro *m*, -a *f* **2.** *(de oficio)* maestro *m*

mafia ['mafja] *f* mafia *f*

magdalena [mayða'lena] *f* maddalena *f*

magia ['maxja] *f* magia *f*

mágico, ca ['maxiko, ka] *adj* magico(a)

magistrado [a (maxis'traðo, ða] *m,f* magistrato *m*, -a *f*

magistratura [maxistra'tura] *f* magistratura *f*

magnate [may'nate] *m* magnate *m*

magnesio [may'nesjo] *m* magnesio *m*

magnético, ca [may'netiko, ka] *adj* magnetico(a)

magnetófono [mayne'tofono] *m* magnetofono *m*

magnífico, ca [may'nifiko, ka] *adj* magnifico(a)

magnitud [mayni'tuð] *f* grandezza *f*

magnolia [may'nolja] *f* magnolia *f*

mago, ga ['mayo, ya] *m,f* mago *m*, -a *f*

magro, gra ['mayro, yra] *adj* magro(a)

maicena [maj'θena] *f* maizena *f*

maillot [ma'ʎot] *m* **1.** *(de ballet)* body *m inv* **2.** *(de deporte)* maglia *f*

maíz [ma'iθ] *m* mais *m inv*

majestuoso, sa [maxes'twoso, sa] *adj* maestoso(a)

majo, ja ['maxo, xa] *adj* *(Esp)* *(fam)* carino(a)

mal ['mal] ◇ *adj* = **malo** ◇ *m* & *adv* male ● **el mal** il male ● **encontrarse mal** sentirsi male ● **oir/ver mal** sentire/vedere male ● **oler mal** puzzare ● **saber mal** avere un cattivo sapore ● **sentar mal** *(comida)* non digerire; *(ropa)* stare male ● **ir de mal en peor** andare di male in peggio

Malasia [ma'lasja] *f* Malesia *f*

malcriar [malkri'ar] *vt* viziare

maldad [mal'daθ] *f* cattiveria *f*

maldición [maldi'θjon] *f* maledizione *f*

maldito, ta [mal'dito, ta] *adj* maledetto(a) ● **¡maldita sea!** maledizione!

maleable [male'aβle] *adj* malleabile

malecón [male'kon] *m* **1.** *(muralla)* diga *f* **2.** *(rompeolas)* molo *m* **3.** *(Amér)* *(paseo marítimo)* lungomare *m*

maleducado, da [maleðu'kaðo, ða] *adj* maleducato(a)

malentendido [ˌmalenten'diðo] *m* malinteso *m*

malestar [males'tar] *m* malessere *m*

maleta [ma'leta] *f* valigia *f* ● **hacer las maletas** fare le valigie

maletero [male'tero] *m* bagagliaio *m*

maletín [male'tin] *m* valigetta *f*

malformación [ˌmalforma'θjon] *f* malformazione *f*

malgastar [malyas'tar] *vt* sprecare

malhablado, da [malaˈβlaðo, ða] *adj* sboccato(a)

malhechor, ra [male'tʃor, ra] *adj* malvivente

malhumorado, da [ˌmalumo'raðo, ða] *adj* di cattivo umore

malicia [ma'liθja] *f* malizia *f*

malintencionado, da [ˌmalintenθjo-

'naðo, ða] adj malintenzionato(a)
malla ['maʎa] f maglia ♦ **mallas** fpl fuseaux mpl
Mallorca [ma'ʎorka] f Maiorca f
malo, la ['malo, la] (peor es el comparativo y el superlativo de malo) adj cattivo(a) ● estar malo stare male ● estar de malas essere di cattivo umore ● por las malas con le cattive
malograr [malo'ɣrar] vt (Andes) rovinare ● **malograrse** vp (Andes) rovinarsi
malpensado, da [malpen'saðo, ða] adj,m,f diffidente mf
maltratar [maltra'tar] vt maltrattare
mamá [ma'ma] f (fam) mamma f ● mamá grande (Amér) (abuela) nonna f
mamadera [mama'ðera] f 1. (CSur & Perú) (biberón) biberon m inv 2. (tetilla) succhiotto m
mamar [ma'mar] ◇ vt allattare ◇ vi poppare
mamífero [ma'mifero] m mammifero m
mamila [ma'mila] f (Méx) biberon m inv
mampara [mam'para] f paravento m
manada [ma'naða] f branco m
mánager ['manaxer] m manager m inv
manantial [manan'tjal] m sorgente f
mancha ['mantʃa] f macchia f
manchar [man'tʃar] vt macchiare ● **mancharse** vp macchiarsi
manco, ca ['manko, ka] adj monco(a)
mandar [man'dar] vt 1. (ordenar) comandare 2. (dirigir) dirigere 3. (enviar) mandare 4. (avisar) avvisare

mandarina [manda'rina] f mandarino m
mandíbula [man'diβula] f mandibola f
mando ['mando] m comando m ● mando a distancia telecomando m
manecilla [mane'θiʎa] f lancetta f
manejable [mane'xaβle] adj maneggevole
manejar [mane'xar] vt 1. maneggiare 2. (persona) manipolare 3. (Amér) (conducir) guidare
manejo [ma'nexo] m manipolazione f
manera [ma'nera] f maniera f ● de cualquier manera (mal) alla carlona; (de todos modos) ad ogni modo ● de esta manera in questo modo ● de manera que in modo da ● **maneras** fpl maniere fpl
manga ['manga] f 1. (de vestido) manica f 2. (manguera) poma f 3. (de campeonato) manche f inv
mango ['mango] m 1. (asa) manico m 2. (fruto) mango m
manguera [man'gera] f pompa f dell'acqua
maní [ma'ni] m (Andes, CAm & RP) arachide f
manía [ma'nia] f 1. mania f 2. (antipatía) antipatia f
maníatico, ca [mani'atiko, ka] adj 1. (con obsesiones) maniaco(a) 2. (muy aficionado) fissato(a)
manicomio [mani'komjo] m manicomio m
manicura [mani'kura] f manicure f inv ● hacerse la manicura farsi la manicure

ma

manifestación [manifesta'θjon] f manifestazione f

manifestante [manifes'tante] mf manifestante mf

manifestar [manifes'tar] vt manifestare ◆ **manifestarse** vp manifestare

manifiesto, ta [mani'fjesto, ta] ◇ adj manifesto(a) ◇ m manifesto m

manillar [mani'ʎar] m (Esp) manubrio m

maniobra [ma'njoβra] f manovra f

manipular [manipu'lar] vt manipolare

maniquí [mani'ki] ◇ m manichino m ◇ mf modello m, -a f

manivela [mani'βela] f manovella f

mano[1] ['mano] f 1. mano f 2. ● **a mano derecha** a destra ● **a mano** (manualmente) a mano; (cerca) a portata di mano ● **de segunda mano** di seconda mano ● **dar la mano a alguien** dare la mano a qn ● **mano de obra** manodopera f ● **echar una mano a alguien** dare una mano a qn

mano[2] ['mano] m (CAm & Méx) compagno m

manopla [ma'nopla] f manopola f

manosear [manose'ar] vt palpare

mansión [man'sjon] f villa f

manso, sa ['manso, sa] adj 1. (animal) docile 2. (persona) mite

manta ['manta] f coperta f

manteca [man'teka] f (de animal) strutto m ● **manteca de cacao** burro m di cacao

mantel [man'tel] m tovaglia f

mantelería [mantele'ria] f tovagliato m

mantener [mante'ner] vt 1. mantenere 2. (conservar) conservare 3. (sujetar) sostenere 4. (relación, correspondencia) tenere ◆ **mantenerse** vp mantenersi

mantenimiento [manteni'mjento] m 1. (de persona) mantenimento m 2. (de edificio, coche) manutenzione f

mantequería [manteke'ria] f latteria f

mantequilla [mante'kiʎa] f burro m

mantilla [man'tiʎa] f mantellina f

mantón [man'ton] m scialle m

manual [ma'nwal] adj & m manuale

manuscrito [manus'krito] m manoscritto m

manzana [man'θana] f 1. (fruto) mela f 2. (de casas) isolato m ● **manzana al horno** mele fpl al forno

manzanilla [manθa'niʎa] f 1. (infusión) camomilla f 2. (vino) manzanilla f (vino)

manzano [man'θano] m melo m

mañana [ma'ɲana] m & adv domani ● **pasado mañana** dopodomani

mañana[2] [ma'ɲana] f mattina f ● **de la mañana** di mattina ● **por la mañana** di mattina

mapa ['mapa] m cartina f

maqueta [ma'keta] f plastico m

maquillaje [maki'ʎaxe] m trucco m

maquillar [maki'ʎar] vt truccare ◆ **maquillarse** vp truccarsi

máquina ['makina] f 1. macchina f 2. ● **a máquina** a macchina ● **máquina de afeitar** rasoio m ● **máquina de coser/escribir** macchina da cucire/scrivere ● **máquina fotográfica** macchina fotografica

maquinaria [maki'naɾja] f macchinari mpl

maquinilla [maki'niʎa] f rasoio m

maquinista [maki'nista] mf macchinista mf

mar ['mar] m o f mare m

maracas [ma'rakas] fpl maracas fpl

maratón [mara'ton] m o f (fig) maratona f

maravilla [maraβiʎa] f meraviglia f

maravilloso, sa [maraβiʎoso, sa] adj meraviglioso(a)

marc ['mark] m ● **marc de champán** distillato di vinacce di uve da spumante

marca ['marka] f 1. segno m 2. (nombre registrado) marca f 3. (en deporte) primato m ● **de marca** di marca ● **marca registrada** marchio m registrato

marcado, da [mar'kaðo, ða] adj evidenziato(a)

marcador [marka'ðor] m 1. (panel) tabellone m 2. (rotulador) evidenziatore m

marcapasos [marka'pasos] m inv pace maker m inv

marcar [mar'kar] vt 1. segnare 2. (número de teléfono) comporre 3. (pelo) fare a messa in piega 4. (con el precio) battere 5. (texto, escrito) evidenziare

marcha [martʃa] f 1. (partida) partenza f 2. (de vehículo) movimento m 3. (desarrollo) andamento m 4. (animación) animazione f 5. (pieza musical) marcia f ● **poner en marcha** mettere in moto

marchar [mar'tʃar] vi 1. (aparato, mecanismo) funzionare 2. (asunto, negocio) procedere 3. (soldado) marciare ● **marcharse** vp andarsene ● **marcharse a** v + prep andarsene a o in ● **marcharse de** v + prep andarsene da

marchitarse [martʃi'tarse] vp marcire

marciano, na [mar'θjano, na] m,f marziano m, -a f

marco ['marko] m 1. cornice f 2. (límite) ambito m ● **marco (alemán)** marco m (tedesco)

marea [ma'rea] f marea f ● **marea negra** marea nera

mareado, da [mare'aðo, ða] adj ● **estar mareado** avere un capogiro

marearse [mare'arse] vp avere la nausea

marejada [mare'xaða] f mareggiata m

marejadilla [marexa'ðiʎa] f maretta f

maremoto [mare'moto] m maremoto m

mareo [ma'reo] m 1. (de estómago) nausea f 2. (de cabeza) capogiro m

marfil [mar'fil] m avorio m

margarina [marɣa'rina] f margarina f

margarita [marɣa'rita] f margherita f

margen ['marxen] m 1. margine m 2. (de camino, río) bordo m

marginación [marxina'θjon] f emarginazione f

marginado, da [marxi'naðo, ða] m,f emarginato m, -a f

mariachi [ma'rjatʃi] m (Méx) orchestra di musica popolare messicana

---

mariachis

Musicisti e cantanti messicani, interpretano canzoni nelle feste popolari, per la strada e nei ristoranti e spesso vengono invitati ad animare le feste di compleanno e di matrimonio. Vestono abiti tradizionali, pantaloni neri, camice decorate e un grande sombrero.

maricón [mari'kon] *m* (*vulg e despec*) frocio *m*

marido [ma'riðo] *m* marito *m*

marihuana [mari'wana] *f* marijuana *f inv*

marina [ma'rina] *f* marina *f*

marinero, ra [mari'nero, ra] ◇ *adj* marinaro(-a) ◇ *m* marinaio *m* • **a la marinera** alla marinara

marino [ma'rino] *m* marinaio *m*

marioneta [marjo'neta] *f* marionetta *f*

marionetas *fpl* marionette *fpl*

mariposa [mari'posa] *f* farfalla *f*

mariquita [mari'kita] *f* coccinella *f*

mariscada [maris'kaða] *f* piatto a base di frutti di mare

marisco [ma'risko] *m* frutto *m* di mare

marisma [ma'rizma] *f* maremma *f*

marítimo, ma [ma'ritimo, ma] *adj* marittimo(-a)

mármol ['marmol] *m* marmo *m*

marqués, esa [mar'kes, sa] *m*,*f* marchese *m*, -a *f*

marquesina [marke'sina] *f* pensilina *f*

marrano, na [ma'rrano, na] ◇ *adj* **1.** (*sucio*) sporcaccione(-a) **2.** (*poco fiable*) marrano(-a) ◇ *m* maiale *m*

marrón [ma'rron] *adj* marrone *m*

marroquí [maro'ki] *adj* & *mf* marocchino(-a)

Marruecos [ma'ryekos] *m* Marocco *m*

martes ['martes] *m inv* martedì *m inv* ➤ **sábado**

martillo [mar'tiʎo] *m* martello *m*

mártir ['martir] *mf* martire *mf*

marzo ['marθo] *m* marzo *m* ➤ **septiembre**

más [mas]

◇ *adv* **1.** (*comparativo*) più • Pepe es más alto/ambicioso Pepe è più alto/più ambizioso • **más de/que** più di/che • **más... que...** più...di/che... • **de más** in più **2.** (*superlativo*) • **el/la más il/la** più **3.** (*de cantidad*) • tengo más hambre ho ancora fame • no necesitas más trabajo non hai bisogno di altro lavoro **4.** (*con pron interrogativos o indefinidos*) altro • ¿quién más? chi altri? • ¿qué más? che altro? • no vino nadie más non è venuto nessun altro **5.** (*indica intensidad*) • ¡qué día más bonito! che bella giornata! • no lo soporto, ¡es más tonto! non lo reggo, è così scemo! **6.** (*indica suma*) più • dos más dos igual a cuatro due più due fa quattro **7.** (*indica preferencia*) • valer más essere meglio • más vale que te quedes en casa è meglio che resti a casa **8.** (*en locuciones*) • poco más poco più • no estoy contento, es más, estoy enfadado non sono contento, anzi, sono arrabbiato • más o menos più o meno • por más que per quanto • por más que lo intente no lo conseguirá per quanto ci provi, non ci riuscirà • ¿qué más da? che importa?

◇ *m inv* più *m* • **tener sus más y sus**

menos avere i propri alti e bassi

masa ['masa] *f* **1.** massa *f* **2.** *(de pan, bizcocho)* impasto *m*

masaje [ma'saxe] *m* massaggio *m*

masajista [masa'xista] *mf* massaggiatore *m*, -trice *f*

mascar [mas'kar] *vt* masticare

máscara ['maskara] *f* maschera *f*

mascarilla [maska'riʎa] *f* **1.** *(crema, loción)* maschera *f* **2.** *(para nariz, boca)* mascherina *f*

mascota [mas'kota] *f* mascotte *f inv*

masculino, na [masku'lino, na] *adj* maschile

masía [ma'sia] *f* casale *m*

masticar [masti'kar] *vt* masticare

mástil ['mastil] *m* albero *m*

matadero [mata'ðero] *m* macello *m*

matador [mata'ðor] *m* matador *m inv*

matambre [ma'tambre] *m (RP) rifreddo di vitello guarnito con uova e verdure*

matamoscas [mata'moskas] *m inv* scacciamosche *m inv*

matanza [ma'tanθa] *f* **1.** *(de personas, animales)* strage *f* **2.** *(de cerdo)* macellazione *f*

matar [ma'tar] *vt* **1.** *(persona, animal)* uccidere **2.** *(suj: dolor)* ammazzare **3.** *(suj: cosa molesta)* sfinire **4.** *(brillo, color)* smorzare ◆ **matarse** *vp* ammazzarsi

matarratas [mata'ratas] *m inv* **1.** *(sustancia)* veleno *m* per topi **2.** *(fam) (bebida)* intruglio *m*

matasellos [mata'seʎos] *m inv* timbro *m* postale

mate ['mate] ◇ *adj* opaco(a) ◇ *m* **1.** *(en ajedrez)* scacco *m* matto **2.** *(planta, infusión)* mate *m inv*

mate

Lo stesso termine indica l'erba, l'infuso e il recipiente che la contiene ed è un fenomeno tipicamente argentino. La bevanda si sorseggia con una cannuccia particolare che filtra l'erba. *Cebar el mate* indica il versare l'acqua bollente nel recipiente pieno di erba e zucchero.

matemáticas [mate'matikas] *fpl* matematica *f*

matemático, ca [mate'matiko, ka] *adj* matematico(a)

materia [ma'terja] *f* **1.** materia *f* **2.** *(tema, asunto)* argomento *m* **3.** ● **materia prima** materia prima

material [mate'rjal] *adj & m* materiale

maternidad [materni'ðað] *f* maternità *f inv*

materno, na [ma'terno, na] *adj* materno(a)

matinal [mati'nal] *adj* mattutino(a)

matiz [ma'tiθ] *m (pl* **-ces***)* sfumatura *f*

matizar [mati'θar] *vt* sfumare

matón [ma'ton] *m* scagnozzo *m*

matorral [mato'ral] *m* **1.** *(lugar)* fratta *f* **2.** *(arbusto)* cespuglio *m*

matrícula [ma'trikula] *f* **1.** *(de colegio, universidad)* iscrizione *f* **2.** *(de vehículo)* targa *f*

matricular [matriku'lar] *vt* immatrico-

lare ◆ **matricularse** *vp* iscriversi
matrimonio [matri'monjo] *m* **1.** *(pareja)* coppia *f* sposata **2.** *(ceremonia)* matrimonio *m*
matutino, na [matu'tino, na] *adj* mattutino(a)
maullar [mau'ʎar] *vi* miagolare
maullido [mau'ʎiðo] *m* miagolio *m*
máxima ['maksima] *f* massima *f*
máximo, ma ['maksimo, ma] ◇ *adj* massimo(a) ◆ *m* massimo *m* ◆ **como máximo** al massimo
maya ['maja] ◇ *adj* & *mf* maya *mf* ◆ *m* maya *m inv*
mayo ['majo] *m* maggio *m* ➤ **septiembre**
mayonesa [majo'nesa] *f* maionese *f*
mayor [ma'jor] ◇ *adj* maggiore *m* ◆ **el/la mayor** il/la maggiore ◆ **al por mayor** all'ingrosso ◆ **mayor de edad** maggiorenne *mf*
mayores *mpl* ◆ **los mayores** *(adultos)* gli adulti; *(ancianos)* gli anziani
mayoreo [majo'reo] *m (Amér)* ingrosso *m*
mayoría [majo'ria] *f* maggioranza *f*
mayúscula [ma'juskula] *f* maiuscolo *m* ◆ **en mayúsculas** in maiuscolo
mazapán [maθa'pan] *m* marzapane *m*
mazo [ˈmaθo] *m* **1.** *(de madera)* mazza *f* **2.** *(Amér) (de cartas)* mazzo *m*
me [me] *pron* mi
mear [me'ar] *vi (fam)* pisciare
mecánica [me'kanika] *f* meccanica *f*
mecánico, ca [me'kaniko, ka] ◇ *adj* meccanico(a) ◆ *m* meccanico *m*

mecanismo [meka'nizmo] *m* meccanismo *m*
mecanografía [mekanoɣra'fia] *f* dattilografia *f*
mecanógrafo, fa [meka'noɣrafo, fa] *m,f* dattilografo *m*, -a *f*
mecedora [meθe'ðora] *f* sedia *f* a dondolo
mecer [me'θer] *vt* cullare
mecha ['metʃa] *f* **1.** *(de vela, explosivo)* miccia *f* **2.** *(de pelo)* ciocca *f* **3.** *(de tocino)* lardello *m*
mechero [me'tʃero] *m (Esp)* accendino *m*
mechón [me'tʃon] *m* ciuffo *m*
medalla [me'ðaʎa] *f* medaglia *f*
medallón [meða'ʎon] *m* medaglione *m* ◆ **medallones de rape** medaglioni di coda di rospo
media [ˈmeðja] *f* **1.** *(calcetín)* calza *f* **2.** *(calceta)* ◆ **hacer media** lavorare a maglia **3.** *(promedio)* media *f* ◆ **medias** *fpl* calze *fpl*
mediado, da [me'ðjaðo, ða] *adj* ◆ **a mediados de** a metà di
mediana [me'ðjana] *f* mezzeria *f*
mediano, na [me'ðjano, na] *adj* medio(a)
medianoche [meðja'notʃe] *f* mezzanotte *f*
mediante [me'ðjante] *prep* mediante
mediar [me'ðjar] *vi (interceder)* mediare
medicamento [meðika'mento] *m* medicina *f*
medicina [meði'θina] *f* medicina *f*
medicinal [meðiθi'nal] *adj* medicinale

médico, ca ['meðiko, ka] m,f medico m ● **médico de guardia** medico di guardia
medida [me'ðiða] f misura f ● **tomar medidas** prendere le misure ● **medidas de seguridad** misure di sicurezza ● **a medida que** man mano che ● **sin medida** senza misura
medieval [meðje'βal] adj medievale
medio, dia ['meðjo, ðja] ◇ adj 1. mezzo(a) 2. (general, intermedio) medio(a) ◇ m 1. mezzo m 2. (entorno, ambiente) ambiente m ◇ adv mezzo ● **en medio de** in mezzo a ● **a medias** a metà ● **medio ambiente** ambiente m ● **media docena/libra (de)** mezza dozzina/libbra (di) ● **medios** mpl mezzi mpl
mediocre [me'ðjokre] adj mediocre
mediocridad [meðjokri'ðað] f mediocrità f inv
mediodía [meðjo'ðia] m mezzogiorno m
mediopensionista [ˌmeðjopensjo'nista] mf semiconvittore m, -trice f
medir [me'ðir] vt misurare
meditar [meði'tar] vt e vi meditare
mediterráneo, a [meðite'rraneo, a] adj mediterraneo(a) ● **Mediterráneo** ● **el (mar) Mediterráneo** il (mar) Mediterraneo
médium ['meðjum] mf inv medium mf inv
medusa [me'ðusa] f medusa f
megáfono [me'ɣafono] m megafono m
mejilla [me'xiʎa] f guancia f
mejillón [mexi'ʎon] m cozza f ● **mejillones a la marinera** cozze alla marinara
mejor [me'xor] ◇ adj migliore ◇ adv meglio ◇ interj meglio ● **el/la mejor** il/la migliore ● **a lo mejor** forse
mejora [me'xora] f 1. (de edificio, local) restauro m 2. (de sueldo) aumento m
mejorar [mexo'rar] vt e vi migliorare
mejorarse vp migliorare
mejoría [mexo'ria] f miglioramento m
melancolía [melanko'lia] f malinconia f
melancólico, ca [melan'koliko, ka] adj malinconico(a)
melena [me'lena] f 1. (de persona) capigliatura f 2. (de león) criniera f
mella ['meʎa] f 1. (en arma, herramienta) sbeccatura f 2. (en diente, muela) buco m ● **hacer mella** colpire
mellizo, za [me'ʎiθo, θa] adj gemello(a) ● **mellizos** mpl gemelli mpl
melocotón [meloko'ton] m pesca f ● **melocotón en almíbar** pesca f sciroppata
melocotonero [melokoto'nero] m (Esp) pesco m
melodía [melo'ðia] f melodia f
melodrama [melo'ðrama] m melodramma m
melodramático, ca [meloðra'matiko, ka] adj melodrammatico(a)
melón [me'lon] m melone m ● **melón con jamón** prosciutto e melone
membrillo [mem'briʎo] m cotogna f
memorable [memo'raβle] adj memorabile
memoria [me'morja] f 1. memoria f 2. (estudio) tesi f 3. (informe) resoconto m ● **de memoria** a memoria ● **memorias** fpl memorie fpl

me

memorizar [memori'θar] *vt* memorizzare

menaje [me'naxe] *m* utensili *mpl* da cucina

mención [men'θjon] *f* menzione *f*

mencionar [menθjo'nar] *vt* menzionare

mendigo, ga [men'diyo, ya] *m,f* mendicante *mf*

menestra [me'nestra] *f* ● **menestra de verduras** verdure *fpl* miste saltate

menor [me'nor] ◇ *adj* minore ◇ *mf* minore *mf* ● **el/la menor** il/la minore ● **menor de edad** minorenne

Menorca [me'norka] *f* Minorca *f*

menos ['menos] ◇ *adv* meno ◇ *m inv* meno *m* ● **está menos gordo/agresivo** è meno grasso/aggressivo ● **ya tengo menos hambre** ho meno fame ● **menos manzanas/aire** meno mele/aria ● **menos de** o **que** meno di ● **menos... que...** meno... di o che... ● **de menos** di meno ● **el/la menos** il/la meno ● **acudieron todos menos él** vennero tutti tranne lui ● **todo menos eso** tutto tranne questo ● **tres menos dos igual a uno** tre meno due fa uno ● **son las cuatro menos diez** sono le quattro meno dieci ● **a menos que a menos che** ● **poco menos** un po' meno ● **¡menos mal!** meno male! ● **es lo de menos** è il meno ● **al o por lo menos** almeno

menospreciar [menospre'θjar] *vt* **1.** *(despreciar)* disprezzare **2.** *(apreciar poco)* sottovalutare

menosprecio [menos'preθjo] *m* **1.** *(desprecio)* disprezzo *m* **2.** *(poco aprecio)* sottovalutazione *f*

mensaje [men'saxe] *m* messaggio *m*

mensajero, ra [mensa'xero, ra] *m,f* **1.** *(de paquetes, cartas)* pony express *mf inv* **2.** *(de comunicados)* messaggero *m*, -a *f*

menstruación [menstrwa'θjon] *f* mestruazione *f*

mensual [men'swal] *adj* mensile

menta ['menta] *f* **1.** *(planta)* menta *f* **2.** *(infusión)* infuso *m* di menta ● **a la menta** alla menta

mental [men'tal] *adj* mentale

mente ['mente] *f* mente *f*

mentir [men'tir] *vi* mentire

mentira [men'tira] *f* bugia *f*

mentiroso, sa [menti'roso, sa] *m,f* bugiardo *m*, -a *f*

mentón [men'ton] *m* mento *m*

menú [me'nu] *m* menù *m inv* ● **menú de degustación** menù degustazione

menudeo [menu'ðeo] *m (Amér)* vendita *f* al dettaglio

menudo, da [me'nuðo, ða] *adj* **1.** *(persona)* minuto *m* **2.** *(objeto, cosa)* piccolo(a) ● **a menudo** spesso

meñique [me'ɲike] *adj (dedo)* meñique mignolo *m*

mercadillo [merka'ðiʎo] *m* mercatino *n*

mercado [mer'kaðo] *m* mercato *m*

mercancía [merkan'θia] *f* merce *f*

mercantil [merkan'til] *adj* mercantile

mercería [merθe'ria] *f* merceria *f*

mercurio [mer'kurjo] *m* mercurio *n*

merecer [mere'θer] *vt* meritare ◆ **merecerse** *vp* meritarsi

merendar [meren'dar] *vt* mangiare a merenda ◆ *vi* fare merenda

merendero [meren'dero] *m* baretto *f*

merengue [me'renge] *m* meringa *f*

meridiano, na [meri'ðjano, na] *adj* 1. *(evidente)* illuminante 2. *(del mediodía)* meridiano ◆ *m* meridiano *m*

meridional [meriðjo'nal] *adj* meridionale

merienda [me'rjenda] *f* merenda *f*

mérito ['merito] *m* merito *m*

merluza [mer'luθa] *f* nasello *m* ● **merluza a la plancha** nasello ai ferri

mermelada [merme'laða] *f* marmellata *f*

mero ['mero] *m* cernia *f* ● **mero a la plancha** cernia ai ferri

mes [mes] *m* mese *m* ● **en el mes de** nel mese di

mesa ['mesa] *f* 1. *(mueble)* tavolo *m* 2. *(en elecciones, asamblea)* tavola *f* ● **poner la mesa** apparecchiare ● **quitar la mesa** sparecchiare

mesero, ra [me'sero, ra] *m,f* (*Amér*) cameriere *m*, -a *f*

meseta [me'seta] *f* altopiano *m*

mesilla [me'siʎa] *f* ● **mesilla de noche** comodino *m*

mesón [me'son] *m* locanda *f*

mestizo, za [mes'tiθo, θa] *m,f* meticcio *m*, -a *f*

meta ['meta] *f* 1. meta *f* 2. *(de carrera)* riguardo *m*

metáfora [me'tafora] *f* metafora *f*

metal [me'tal] *m* metallo *m*

metálico, ca [me'taliko, ka] *adj* metallico(a) ◆ *m* moneta *f* ● **en metálico** in contanti

meteorito [meteo'rito] *m* meteorite *m* o *f*

meteorología [meteorolo'xia] *f* meteorologia *f*

meter [me'ter] *vt* 1. *(fam)* mettere 2. *(fam)* *(hacer soportar, imponer)* appioppare 3. *(fam)* *(echar)* mettere ● **le metieron una bronca por llegar tarde** gli fecero una scenata per essere arrivato tardi 4. *(en locuciones)* ● **meter la pata** *(fam)* fare una gaffe ● **meter algo/a alguien en** mettere qc/qn in ● **lo han metido en la cárcel** lo hanno messo in prigione ● **voy a meter 500 en el banco** metterò 500 in banca ● **he metido mis ahorros en esa empresa** ho messo i miei risparmi in questa società ● **meter a alguien en algo** mettere qn in qc ● **meter miedo a alguien** mettere paura a qn ● **meter prisa a alguien** mettere fretta a qn ● **no metas ruido** non fare rumore ● **nos meterá su discurso** ci appiopperà il suo discorso ● **me han metido una multa** mi hanno appioppato una multa

◆ **meterse** *vp* 1. *(entrar)* ficcarsi 2. *(estar)* mettersi 3. *(entrometerse)* intromettersi ● **meterse a** diventare ● **meterse a hacer algo** mettersi a fare qc ● **meterse en** ficcarsi in

◆ **meterse con** *v + prep* attaccare briga con

método [me'toðo] *m* metodo *m*

metralla [me'traʎa] *f* mitraglia *f*

metro ['metro] *m* 1. metro *m* 2. *(transporte)* metropolitana *f*
metrópoli [me'tropoli] *f* metropoli *f*
mexicano, na [mexi'kano, na] *adj* & *m,f* messicano(a)
México [me'xiko] *m* Messico *m*
mezcla [meθ'kla] *f* 1. *(de cosas diversas)* miscuglio *m* 2. *(masa)* miscela *f*
mezclar [meθ'klar] *vt* 1. mischiare *f* 2. *(dos o más cosas)* mescolare 3. *(en negocio, asunto)* coinvolgere ● **mezclar a alguien en algo** coinvolgere qn in qc
mezclarse en *v + prep* immischiarsi
mezquino, na [meθ'kino, na] *adj* meschino(a)
mezquita [meθ'kita] *f* moschea *f*
mg *(abr de miligramo)* mg
mi [mi] *(pl* **mis)** *adj* mio(a)
mí [mi] *pron* me ● **¡a mí qué!** e a me che importa? ● **por mí...** per me...
mico ['miko] *m* scimmia *f*
microbio [mi'kroβjo] *m* microbo *m*
microbús [mikro'βus] *m* 1. minibus *f inv* 2. *(Méx) (taxi)* taxi *m inv*
micrófono [mi'krofono] *m* microfono *m*
microondas [mikro'ondas] *m inv* forno *m* a microonde
microscopio [mikros'kopjo] *m* microscopio *m*
miedo ['mjeðo] *m* paura *f* ● **tener miedo de** avere paura di
miedoso, sa [mje'ðoso, sa] *adj* pauroso(a)
miel [mjel] *f* miele *m*
miembro ['mjembro] *m* membro *m*
mientras ['mjentras] *conj* 1. *(hasta que)* finché 2. *(a la vez)* mentre ● **mientras (que)** mentre ● **mientras (tanto)** intanto
miércoles ['mjerkoles] *m inv* mercoledì *m inv* ➤ **sábado**
mierda ['mjerða] ◇ *f* merda *f* ◇ *interj* merda!
mies ['mjes] *f* 1. *(cereal)* messe *f* 2. *(siega)* mietitura *f*
miga ['miγa] *f* 1. *(de pan)* mollica *f* 2. *(trocito pequeño)* briciola *f* 3. *(parte sustanciosa)* sostanza *f* ● **migas** *fpl* mollica raffermà bagnata e fritta con aglio
migaja [mi'γaxa] *f* briciola *f*
migra [mi'γra] *f (Amér) (fam)* polizia per l'immigrazione al sud degli USA
mil [mil] *núm (numeral)* mille ➤ **seis**
milagro [mi'laγro] *m* miracolo *m* ● **de milagro** per un pelo
milenario, ria [mile'narjo, rja] ◇ *adj* millenario ◇ *m* millenario *m*
milenio [mi'lenjo] *m* millennio *m*
milésimo, ma [mi'lesimo, ma] *adj* millesimo(a)
miligramo [mili'γramo] *m* milligrammo *m*
mililitro [mili'litro] *m* millilitro *m*
milímetro [mili'metro] *m* millimetro *m*
militante [mili'tante] *adj* & *m* militante *mf*
militar [mili'tar] *adj* & *m* militare
milla ['miʎa] *f* miglio *m*
millar [mi'ʎar] *m* migliaio *m*
millón [mi'ʎon] *núm* milione *m* ➤ **seis**
millonario, ria [miʎo'narjo, rja] *m* miliardario *m*, -a *f*

mimado, da [mi'maðo, ða] *adj* viziato(a)
mimar [mi'mar] *vt* viziare
mímica ['mimika] *f* mimica *f*
mimosa [mi'mosa] *f* mimosa *f*
min (*abr de* minuto) m
mina ['mina] *f* 1. (*yacimiento*) miniera *f* 2. (*explosivo, de lápiz*) mina *f*
mineral [mine'ral] *adj & m* minerale
minero, ra [mi'nero, ra] *m,f* minatore *m*, -trice *f*
miniatura [minja'tura] *f* miniatura *f* ● **en miniatura** in miniatura
minifalda [mini'falda] *f* minigonna *f*
mínimo, ma ['minimo, ma] ◇ *adj* mínimo(a) ◇ *m* minimo *m* ● **como mínimo** come minimo
ministerio [minis'terjo] *m* ministero *m*
ministro, tra [mi'nistro, tra] *m,f* ministro *m*, -a *f*
minoría [mino'ria] *f* minoranza *f*
minoritario, ria [minori'tarjo, rja] *adj* minoritario(a)
minucioso, sa [minu'θjoso, sa] *adj* minuzioso(a)
minúscula [mi'nuskula] *f* minuscolo *m* ● **en minúsculas** in minuscolo
minúsculo, la [mi'nuskulo, la] *adj* minuscolo(a)
minusválido, da [minuz'βaliðo, ða] *m,f* invalido *m*, -a *f*
minutero [minu'tero] *m* lancetta *f* dei minuti
minuto [mi'nuto] *m* minuto *m*
mío, mía ['mio, 'mia] ◇ *adj* mio(a) ◇ *pron* ● **el mío/la mía** il mio/la mia ● **lo mío es la literatura** sono forte in letteratura
miope [mi'ope] *adj* miope
miopía [mio'pia] *f* miopia *f*
mirada [mi'raða] *f* sguardo *m*
mirador [mira'ðor] *m* belvedere *m*
mirar [mi'rar] ◇ *vt* 1. (*observar*) guardare 2. (*vigilar*) fare attenzione 3. (*considerar*) considerare ◇ *vi* guardare ● **mirarse** *vp* guardarsi
mirilla [mi'riʎa] *f* spioncino *m*
mirlo ['mirlo] *m* merlo *m*
mirón, ona [mi'ron, ona] *m,f* guardone *m*, -a *f*
misa ['misa] *f* messa *f* ● **misa del gallo** messa di mezzanotte
miserable [mise'raβle] *adj* miserabile
miseria [mi'serja] *f* miseria *f*
misericordia [miseri'korðja] *f* misericordia *f*
misil [mi'sil] *m* missile *m*
misión [mi'sjon] *f* missione *f*
misionero, ra [misjo'nero, ra] *m,f* missionario *m*, -a *f*
mismo, ma ['mizmo, ma] ◇ *adj* stesso(a) ◇ *pron* ● **el mismo/la misma** lo stesso/la stessa ● **ahora mismo** in questo momento ● **lo mismo (que)** la stessa cosa (di o che) ● **dar lo mismo** essere indifferente
misterio [mis'terjo] *m* mistero *m*
misterioso, sa [miste'rjoso, sa] *adj* misterioso(a)
mitad [mi'tað] *f* metà *f inv*
mitin ['mitin] *m* meeting *m inv*
mito ['mito] *m* mito *m*

mitología [mitolo'xia] f mitologia f
mixto, ta ['miksto, ta] ◇ adj misto(a) ◇ m panino caldo farcito con prosciutto e formaggio
ml (abr de mililitro) ml
mm (abr de milímetro) mm
mobiliario [moβi'ljarjo] m mobilio m
mocasín [moka'sin] m mocassino m
mochila [mo'tʃila] f zaino m
mochuelo [mo'tʃwelo] m allocco m
moco ['moko] m moccio m
moda ['moða] f moda f ● **a la moda** alla moda ● **estar de moda** essere di moda ● **pasado de moda** fuori moda
modalidad [moðali'ðað] f 1. (variante) modalità f inv 2. (en deporte) specialità f inv
modelo [mo'ðelo] ◇ m modello m ◇ mf modello m, -a f
módem (pl **módems**), **modem** ['moðem] m modem m inv
moderno, na [mo'ðerno, na] adj moderno(a)
modestia [mo'ðestja] f modestia f
modesto, ta [mo'ðesto, ta] adj modesto(a)
modificación [moðifika'θjon] f modifica f
modificar [moðifi'kar] vt modificare
modisto, ta [mo'ðisto, ta] m, f stilista mf
modo ['moðo] m modo m ● **de modo que** in modo che ● **de ningún modo** in nessun modo ● **de todos modos** comunque ● **en cierto modo** in un certo senso
moflete [mo'flete] m guanciona f

moho ['moo] m muffa f
mojado, da [mo'xaðo, ða] adj bagnato(a)
mojar [mo'xar] vt 1. (ropa) bagnare 2. (pan) inzuppare ◆ **mojarse** vp bagnarsi
molde ['molde] m stampo m
moldeado [molde'aðo] m messa f in piega
moldear [molde'ar] vt 1. (dar forma) modellare 2. (en peluquería) fare la messa in piega
mole ['mole] m (Méx) salsa speziata a base di peperoncino e pomodoro
molestar [moles'tar] ◇ vt (incordiar) infastidire ◇ vi 1. (disgustar) seccarsi 2. (doler) fare male ◆ **molestarse** vp 1. (enfadarse, ofenderse) irritarsi 2. (darse trabajo) disturbarsi
molestia [mo'lestja] f 1. (fastidio) fastidio m 2. (dolor) disturbo m
molesto, ta [mo'lesto, ta] adj fastidioso(a) ● **estar molesto** essere irritato(a)
molino [mo'lino] m mulino m ● **molino de viento** mulino a vento
molusco [mo'lusko] m mollusco m
momento [mo'mento] m momento m ● **hace un momento** un momento fa ● **por el momento** per il momento ● **al momento** sul momento ● **de un momento a otro** da un momento all'altro ● **¡un momento!** un momento!
momia ['momja] f mummia f
monada [mo'naða] f 1. (fam) (cosa) gioiello m 2. (persona) tesoro m
monaguillo [mona'ɣiʎo] m chierichetto m

monarca [mo'narka] m monarca m
monarquía [monar'kia] f monarchia f
monasterio [monas'terjo] m monastero m
Moncloa [mon'kloa] f ● La Moncloa residenza ufficiale del presidente del governo spagnolo

Palacio de la Moncloa

Sede del governo e residenza ufficiale del primo ministro dal 1977, si trova a nordovest Madrid. Nel 1977-78 qui furono firmati importanti accordi tra governo e sindacati noti come *pactos de la Moncloa*. Per estensione, *la Moncloa* indica anche il governo spagnolo.

moneda [mo'neða] f moneta f ▼ introducir monedas inserire moneta

Palacio de la Moneda

La residenza ufficiale del presidente della Repubblica cilena e del governo prende il nome dalla funzione originaria del palazzo, di zecca di stato. Costruito tra il 1780 e il 1812, venne distrutto durante il golpe del 1973 e riportato alla luce nel 1983. Comunemente viene chiamato *La Moneda*.

monedero [mone'ðero] m portamonete m
monitor, ra [moni'tor, ra] m,f istruttore m, -trice f ◊ m monitor m inv

monja ['monxa] f suora f
monje ['monxe] m frate m
mono, na ['mono, na] ◊ adj carino(a) m,f scimmia f ◊ m tuta f ¡qué mono! che carino!
monólogo [mo'noloγo] m monologo m
monopatín [,monopa'tin] m monopattino m
monopolio [mono'poljo] m monopolio m
monótono, na [mo'notono, na] adj monotono(a)
monstruo ['monstruo] m mostro m
montacargas [monta'karγas] m inv montacarichi m inv
montaje [mon'taxe] m 1. montaggio m 2. (de espectáculo) allestimento m
montaña [mon'taɲa] f montagna f ▼ montaña rusa montagne fpl russe
montañismo [monta'nizmo] m alpinismo m
montañoso, sa [monta'noso, sa] adj montagnoso(a)
montar [mon'tar] vt & vi montare
monte ['monte] m monte m
montera [mon'tera] f berretta del Torero
montón [mon'ton] m 1. mucchio m 2. (fam) (gran cantidad) sacco m
montura [mon'tura] f 1. (de gafas) montatura f 2. (caballo, burro, etc) sella f
monumental [monumen'tal] adj monumentale
monumento [monu'mento] m monumento m
moño ['moɲo] m crocchia f

mora ['mora] f mora f ➤ **moro**

morado, da [mo'raðo, ða] ◊ adj viola ◆ m 1. (color) viola m inv 2. (herida) livido m

moral [mo'ral] adj & f morale

moraleja [mora'lexa] f morale f della favola

moralista [mora'lista] mf moralista m

morcilla [mor'θiʎa] f sanguinaccio m

mordaza [mor'ðaθa] f bavaglio m

mordedura [morðe'ðura] f morso m

morder [mor'ðer] vt mordere

mordida [mor'ðiða] f (Méx) (fam) tangente f

mordisco [mor'ðisko] m morso m

moreno, na [mo'reno, na] adj 1. (piel, pelo) bruno(a) 2. (bronceado) abbronzato(a)

moribundo, da [mori'βundo, da] adj moribondo(a)

morir [mo'rir] vi morire ◆ **morirse** vp (fig) morire

moro, ra ['moro, ra] adj & m,f (despec) arabo(a)

morocho, cha [mo'rotʃo, tʃa] adj 1. (Andes & RP) (fam) (robusto) robusto(a) 2. (moreno) bruno(a)

moroso, sa [mo'roso, sa] m,f moroso m, -a f

morralla [mo'raʎa] f (Méx) spiccioli mpl

morro ['moro] m (de animal) muso m ◆ **por el morro** (fam) gratis ◆ **tener morro** (fam) avere una faccia tosta

morsa ['morsa] f morsa f

mortadela [morta'ðela] f mortadella f

mortal [mor'tal] adj (fig) mortale

mortero [mor'tero] m mortaio m

mosaico [mo'sajko] m mosaico m

mosca ['moska] f mosca f ◆ **por si las moscas** per ogni eventualità

moscatel [moska'tel] m moscatello m

mosquito [mos'kito] m zanzara f

mostaza [mos'taθa] f senape f

mostrador [mostra'ðor] m banco m

mostrar [mos'trar] vt mostrare ◆ **mostrarse** vp mostrarsi

motel [mo'tel] m motel m inv

motivación [motiβa'θjon] f motivazione f

motivar [moti'βar] vt motivare

motivo [mo'tiβo] m motivo m ◆ **con motivo de** in occasione di

moto ['moto] f moto f inv ◆ **moto acuática** moto d'acqua

motocicleta [motoθi'kleta] f motocicletta f

motociclismo [ˌmotoθi'klizmo] m motociclismo m

motociclista [ˌmotoθi'klista] mf motociclista mf

motocross [moto'kros] m inv motocross m

motoneta [moto'neta] f (Amér) vespa® f

motor [mo'tor] m motore m

motora [mo'tora] f motrice f

motorista [moto'rista] mf motociclista mf

mountain bike ['mountajn'bajk] f mountain bike f inv

mousse ['mus] f mousse f inv ◆ **mousse de chocolate** mousse al cioccolato

mousse de limón mousse al limone
mover [mo'βer] *vt* **1.** muovere **2.** (*cambiar de lugar*) spostare • **moverse** *vp* muoversi
movida [mo'βiða] *f* (*fam*) vita *f*

movida madrileña

Movimento di rinascita culturale e artistica basato sulla provocazione, iniziò a Madrid negli anni '80 come reazione alla dittatura di Franco e si estese a tutto il paese. Figure chiave del movimento sono il regista Pedro Almodóvar, il cantante ed attore Miguel Bosé, e i gruppi Alaska e Mecano.

movido, da [mo'βiðo, ða] *adj* vitale
móvil ['moβil] ◇ *adj* mobile ◇ *m* **1.** (*motivo*) movente *m* **2.** (*teléfono*) cellulare *m*
movimiento [moβi'mjento] *m* movimento *m*
mozo, za ['moθo, θa] *m,f* ragazzo *m*, -a *f* ◇ *m* **1.** (*de hotel, estación*) facchino *m* **2.** (*recluta*) recluta *f* **3.** (*Perú & RP*) (*camarero*) cameriere *m*
MP3 ['emmepi'θri] *m* (*formato*) MP3 *m*
mucamo, ma [mu'kamo, ma] *m,f* (*Amér*) domestico *m*, -a *f*
muchacha [mu'tʃatʃa] *f* (*fam*) (*criada*) domestica *f* • **muchacho**
muchachada [mutʃa'tʃaða] *f* (*Amér*) gioventù *f inv*
muchacho, cha [mu'tʃatʃo, tʃa] *m,f* ragazzo *m*, -a *f*

muchedumbre [mutʃe'ðumbre] *f* moltitudine *f*
mucho, cha ['mutʃo, tʃa] ◇ *adj* molto(a) ◇ *adv* molto • como mucho a dir molto • ni mucho menos manco a dirlo • por mucho que per quanto • **muchos, chas** *pron* • muchos piensan como tú molti la pensano come te
mudanza [mu'ðanθa] *f* trasloco *m*
mudarse [mu'ðarse] *vp* **1.** (*de casa*) trasferirsi **2.** (*de ropa*) cambiarsi
mudo, da ['muðo, ða] *adj & m,f* muto(a)
mueble ['mweβle] *m* mobile *m*
mueca ['mweka] *f* smorfia *f*
muela ['mwela] *f* molare *m*
muelle ['mweʎe] *m* **1.** (*de colchón*) molla *f* **2.** (*de puerto*) molo *m*
muerte ['mwerte] *f* morte *f*
muerto, ta ['mwerto, ta] *adj & m,f* morto(a) • estar muerto de frío morire dal freddo
muestra ['mwestra] *f* **1.** (*de mercancía*) campione *m* **2.** (*demostración, manifestación*) dimostrazione *f* **3.** (*exposición*) mostra *f*
mugido [mu'xiðo] *m* muggito *m*
mugir [mu'xir] *vi* muggire
mujer [mu'xer] *f* **1.** donna *f* **2.** (*esposa*) moglie *f*
mulato, ta [mu'lato, ta] *adj & m,f* mulatto *m*, -a *f*
muleta [mu'leta] *f* **1.** (*bastón*) stampella *f* **2.** (*toreo*) palo del torero che regge il drappo rosso
mulo, la ['mulo, la] *m,f* mulo *m*, -a *f*
multa ['multa] *f* multa *f*

multar [mul'tar] vt multare
multicine [multi'θine] m cinema m inv multisala
multinacional [ˌmultinaθjo'nal] f multinazionale f
múltiple ['multiple] adj molteplice
multiplicación [multiplika'θjon] f moltiplicazione f
multiplicar [multipli'kar] vt moltiplicare ◆ **multiplicarse** vp moltiplicarsi
múltiplo ['multiplo] m multiplo m
multitud [multi'tuð] f moltitudine f
mundial [mun'djal] adj mondiale
mundo ['mundo] m mondo m • todo el mundo tutti • hombre/mujer de mundo uomo/donna di mondo
munición [muni'θjon] f munizione f
municipal [muniθi'pal] adj municipale ◇ m,f vigile m
municipio [muni'θipjo] m municipio m
muñeca [mu'ɲeka] f polso m
muñeco, ca [mu'ɲeko, ka] m,f pupazzo m, bambola f
muñequera [muɲe'kera] f polsino m
mural [mu'ral] m murale m
muralla [mu'raʎa] f muraglia f
murciélago [mur'θjelaɣo] m pipistrello m
muro ['muro] m muro m
musa ['musa] f musa f
músculo ['muskulo] m muscolo m
museo [mu'seo] m museo m
musgo ['muzɣo] m muschio m
música [mu'sika] f musica f • **música ambiental** musica d'atmosfera • **música clásica** musica classica • **música pop** musica pop ➢ **músico**
musical [musi'kal] adj musicale
musicalmente [musikal'mente] adv musicalmente
músico, ca ['musiko, ka] m,f musicista m,f
muslo ['muzlo] m coscia f • **muslo de pollo** coscia di pollo
musulmán, ana [musul'man, ana] adj & m,f musulmano(a)
mutilado, da [muti'laðo, ða] m,f mutilato m, -a f
mutua ['mutwa] f mutua f
mutuo, tua ['mutwo, twa] adj mutuo(a)
muy ['mwi] adv molto

nN

n° (abr de número) n.
nabo ['naβo] m raviczone m
nacer [na'θer] vi nascere
nacimiento [naθi'mjento] m 1. (de persona, animal, vegetal) nascita f 2. (de río, arroyo) sorgente f 3. (belén) natività f
nación [na'θjon] f nazione f
nacional [naθjo'nal] adj nazionale
nacionalidad [naθjonali'ðað] f nazionalità f inv
nada ['naða] ◆ pron nulla ◆ adv per niente • **gracias - de nada** grazie - di niente • **nada más** nient'altro
nadador, ra [naða'ðor, ra] m,f nuotatore m, -trice f

nadar [na'ðar] vi nuotare
nadie ['naðje] pron nessuno
nailon ['najlon] m nylon ® m inv
naipe ['najpe] m carta f da gioco
nalga ['nalɣa] f natica f ◆ **nalgas** fpl sedere m
nana ['nana] f 1. ninna nanna f 2. (Amér) (niñera) bambinaia f
naranja [na'ranxa] ◇ adj inv & m inv arancione ◇ f arancia f ◆ **naranja exprimida** spremuta f d'arancia
naranjada [naran'xaða] f aranciata f
naranjo [na'ranxo] m arancio m (albero)
narcotraficante [ˌnarkotrafi'kante] mf narcotrafficante mf
narcotráfico [narko'trafiko] m narcotraffico m
nariz [na'riθ] f (pl -ces) naso m
narración [nara'θjon] f narrazione f
narrador, ra [nara'ðor, ra] m, f narratore m, -trice f
narrar [na'rar] vt narrare
narrativa [nara'tiβa] f narrativa f
nata ['nata] f (Esp) panna f
natación [nata'θjon] f nuoto m
natillas [na'tiʎas] fpl zabaione m
nativo, va [na'tiβo, βa] m, f nativo m, -a f
natural [natu'ral] adj naturale ◆ **natural de** nativo de
naturaleza [naturaˈleθa] f natura f ◆ **por naturaleza** per natura
naufragar [naufra'ɣar] vi naufragare
naufragio [nau'fraxjo] m naufragio m
náuseas ['nauseas] fpl nausea f ◆ **tener náuseas** avere la nausea

náutico, ca ['nautiko, ka] adj nautico(a)
navaja [na'βaxa] f coltello m
naval [na'βal] adj navale
nave ['naβe] f 1. (barco) nave f 2. (de iglesia) navata f 3. (de fábrica) capannone m ◆ **nave espacial** astronave f
navegable [naβe'ɣaβle] adj navigabile
navegar [naβe'ɣar] vi navigare
Navidad [naβi'ðað] m Natale m ◆ **¡feliz Navidad!** Buon Natale! ◆ **Navidades** fpl 1. (vacaciones) vacanze fpl di Natale 2. (fiestas) feste fpl natalizie
nazareno [naθa'reno] m penitente m in processione
neblina [ne'βlina] f nebbiolina f
necedad [neθe'ðað] f 1. (cualidad) stupidità f 2. (acto) stupidaggine f
necesario, ria [neθe'sarjo, rja] adj necessario(a)
neceser [neθe'ser] m nécessaire m inv
necesidad [neθesi'ðað] f bisogno m ◆ **de primera necesidad** di prima necessità ◆ **necesidades** fpl 1. (apuros) necessità fpl 2. (excrementos) bisogni mpl ◆ **hacer sus necesidades** fare i propri bisogni ◆ **pasar necesidades** trovarsi in stato di bisogno
necesitar [neθesi'tar] vt avere bisogno di ◆ **se necesita...** cercasi...
necio, cia ['neθjo, θja] adj stupido(a)
necrológicas [nekro'loxikas] fpl necrologi mpl
negación [neɣa'θjon] f negazione f
negado, da [ne'ɣaðo, ða] adj negato(a)
negar [ne'ɣar] vt negare ◆ **negarse** vp ◆ **negarse a hacer algo** rifiutarsi di fare qc

negativa [neɣa'tiβa] f rifiuto m
negativo, va [neɣa'tiβo, βa] ◇ adj negativo(a) ◇ m negativo m
negociable [neɣo'θjaβle] adj negoziabile
negociación [neɣoθja'θjon] f negoziazione f
negociador, ra [neɣoθja'ðor, ra] m,f negoziatore m, -trice f
negociar [neɣo'θjar] ◇ vt **1.** (problema, asunto) negoziare **2.** (letra) scontare ◇ vi (comerciar) negoziare
negocio [ne'ɣoθjo] m **1.** affare m **2.** (local) negozio m • hacer negocios fare affari
negro, gra ['neɣro, ɣra] ◇ adj & m,f (fig) nero(a) ◇ m nero m
nene, na ['nene, na] m,f (fam) bimbo m, -a f
nenúfar [ne'nufar] m ninfea f
nervio ['nerβjo] m **1.** nervo m **2.** (vigor) nerbo m • **nervios** mpl nervi mpl
nerviosismo [nerβjo'sizmo] m nervosismo m
nervioso, sa [ner'βjoso, sa] adj nervoso(a)
neto, ta ['neto, ta] adj netto(a)
neumático [neu̯'matiko] m pneumatico m
neurosis [neu̯'rosis] f inv nevrosi f inv
neutral [neu̯'tral] adj neutrale
neutro, tra ['neu̯tro, tra] adj neutro(-tra)
nevada [ne'βaða] f nevicata f
nevado, da [ne'βaðo, ða] adj innevato(a)
nevar [ne'βar] vi nevicare
nevera [ne'βera] f frigorifero m
ni [ni] ◇ conj • no... ni... non..., né... • no es alto ni bajo non è alto né basso • no es rojo ni verde non è rosso né verde • ni mañana ni pasado mañana né domani né dopodomani • no me quedaré ni un minuto más non resterò neanche un minuto di più • ni siquiera lo ha probado non l'ha neanche provato • ¡ni que yo fuera tonto! manco fossi stupido! ◇ adv • está tan atareado que ni come è così indaffarato che neppure mangia
Nicaragua [nika'raɣu̯a] f Nicaragua m
nicaragüense [nikara'ɣu̯ense] adj & mf nicaraguense
nicho ['nitʃo] m nicchia f
nido ['niðo] m nido m
niebla ['njeβla] f nebbia f
nieto, ta ['njeto, ta] m,f nipote mf
nieve ['njeβe] f neve f
NIF [nif] m (abr de número de identificación fiscal) CF
ningún [nin'gun] adj > ninguno
ninguno, na [nin'guno, na] ◇ adj nessuno(a) ◇ pron nessuno(a) • ningún día nessun giorno
niña ['niɲa] f pupilla f > niño
niñera [ni'ɲera] f bambinaia f
niñez [ni'ɲeθ] f infanzia f
niño, ña ['niɲo, ɲa] m,f bambino m, -a f
níquel ['nikel] m nichel m inv
níspero ['nispero] m **1.** (árbol) nespolo m **2.** (fruto) nespola f
nítido, da ['nitiðo, ða] adj nitido(a)

nitrógeno [ni'troxeno] m nitrogeno m
nivel [ni'βel] m livello m ■ **al nivel de a** livello di ■ **nivel de vida** livello di vita
no [no] adv 1. no 2. **¿cómo no?** come no? ■ **eso sí que no** questo no ■ **¡qué no!** ho detto di no! ■ **no veo nada** non vedo niente
noble [noβle] adj & mf nobile
nobleza [no'βleθa] f nobiltà f inv
noche ['notʃe] f notte f ■ **por la noche** di notte ■ **de la noche** di sera f ■ **¡buenas noches!** buona notte!
Nochebuena [notʃe'βwena] f Vigilia f di Natale
Nochevieja [notʃe'βjexa] f Capodanno m

Nochevieja

In Spagna alla vigilia di Capodanno esiste la tradizione della *uvas de la suerte*, che consiste nel mangiare un acino d'uva ad ogni rintocco della mezzanotte dell'orologio di Puerta del Sol a Madrid, dove molti si riuniscono per l'occasione. Dopo la mezzanotte si tengono normalmente delle feste.

noción [no'θjon] f nozione f ■ **nociones** fpl nozioni fpl
nocivo, va [no'θiβo, βa] adj nocivo(a)
noctámbulo, la [nok'tambulo, la] m,f nottambulo m, -a f
nocturno, na [nok'turno, rna] adj notturno(a)
nogal [no'ɣal] m noce m (albero)
nómada ['nomaða] mf nomade mf
nombrar [nom'brar] vt nominare
nombre ['nombre] m nome m ■ **a nombre de** a nome di ■ **nombre de pila** nome di battesimo ■ **nombre y apellidos** nome e cognome
nomeolvides [nomeol'βiðes] m inv nontiscordardime m inv
nómina ['nomina] f 1. *(lista de empleados)* elenco m 2. *(sueldo)* stipendio m
nórdico, ca ['norðiko, ka] adj nordico(a)
noreste [no'reste] m nordest m inv
noria ['norja] f noria f
norma ['norma] f norma f
normal [nor'mal] adj normale
normalmente [normal'mente] adv normalmente
noroeste [noro'este] m nordovest m inv
norte ['norte] m nord m inv
Norteamérica [nortea'merika] f América f del Nord
norteamericano, na [norteameri'kano, na] adj & m,f nordamericano(a)
Noruega [no'rweɣa] f Norvegia f
noruego, ga [no'rweɣo, ɣa] ◇ adj & m,f norvegese ◇ m norvegese m
nos [nos] pron ci
nosotros, tras [no'sotros, tras] pron noi ■ **nosotros nos vamos** noi ce ne andiamo ■ **ven con nosotros** vieni con noi
nostalgia [nos'talxja] f nostalgia f
nostálgico, ca [nos'talxiko, ka] adj nostalgico(a)
nota ['nota] f 1. nota f 2. *(calificación*

escolar) voto m 3. ● **tomar nota** prendere nota
notable [no'taβle] ◇ adj notevole ◇ m buono m
notar [no'tar] vt notare
notario, ria [no'tarjo, rja] m,f notaio m
noticia [no'tiθja] f notizia f ● **noticias** fpl telegiornale m
novatada [noβa'taða] f ≃ festa f delle matricole
novato, ta [no'βato, ta] m,f principiante mf
novecientos, tas [noβe'θjentos, tas] núm novecento > **seis**
novedad [noβe'ðað] f novità f inv ● **novedades** novità
novela [no'βela] f romanzo m ● **novela de aventuras** romanzo m d'avventura ● **novela policíaca** romanzo giallo ● **novela rosa** romanzo rosa
novelesco, ca [noβe'lesko, ka] adj romanzesco(a)
novelista [noβe'lista] mf romanziere m, -a f
noveno, na [no'βeno, na] núm nono > **sexto**
noventa [no'βenta] núm novanta > **seis**
noviazgo [no'βjaθγo] m fidanzamento m
noviembre [no'βjembre] m novembre m > **septiembre**
novillada [noβi'ʎaða] f corrida f di vitelli
novillero [noβi'ʎero] m torero delle corride di vitelli
novillo, lla [no'βiʎo, ʎa] m,f vitello destinato alla corrida
novio, via [no'βjo, βja] m,f fidanzato m, -a f ● **novios** mpl sposi mpl
nubarrón [nuβa'ron] m nuvolone m
nube [nu'βe] f nube f
nublado, da [nu'βlaðo, ða] adj nuvoloso(a)
nublarse [nu'βlarse] vi rannuvolarsi
nubosidad [nuβosi'ðað] f nuvolosità f inv
nuboso, sa [nu'βoso, sa] adj nuvoloso(a)
nuca [nuka] f nuca f
nuclear [nukle'ar] adj nucleare
núcleo [nukleo] m nucleo m
nudillos [nu'ðiʎos] mpl nocca f
nudismo [nu'ðizmo] m nudismo m
nudista [nu'ðista] mf nudista mf
nudo [nu'ðo] m nodo m
nuera [nuera] f nuora f
nuestro, tra ['nuestro, tra] ◇ adj nostro(a) ◇ pron ● **el nuestro/la nuestra** il nostro/la nostra ● **el camping no es lo nuestro** il campeggio non fa per noi
nuevamente [nueβa'mente] adv nuovamente
Nueva Zelanda ['nueβaðe'landa] f Nuova Zelanda f
nueve ['nueβe] núm nove > **seis**
nuevo, va ['nueβo, βa] adj nuovo(a) ● **de nuevo** di nuovo
nuez ['nueθ] (pl **-ces**) f 1. (fruto) noce f 2. (del cuello) pomo m d'Adamo
nulidad [nuli'ðað] f nullità f inv
nulo, la ['nulo, la] adj nullo(a)

núm. (*abr de* **número**) n
numerado, da [nume'raðo, ða] *adj* numerato(a)
número ['numero] *m* numero *m* ● **número de teléfono** numero di telefono
numeroso, sa [nume'roso, sa] *adj* numeroso(a)
numismática [numiz'matika] *f* numismatica *f*
nunca ['nunka] *adv* mai
nupcial [nup'θjal] *adj* nuziale
nupcias ['nupθjas] *fpl* nozze *fpl*
nutria ['nutrja] *f* lontra *f*
nutrición [nutri'θjon] *f* nutrizione *f*
nutritivo, va [nutri'tiβo, βa] *adj* nutriente

ñandú [nan'du] *m* nandù *m inv*
ñato, ta ['nato, ta] *adj* (*Amér*) schiacciato(a)
ñoñería [noɲe'ria] *f* meschinità *f inv*
ñoño, ña ['nono, na] *adj* 1. (*remilgado*) affettato(a) 2. (*quejica*) piagnucolone(a) 3. (*soso*) insipido(a)
ñoqui ['noki] *m* gnocco *m*

oO

o [o] *conj* o ● **o sea** ossia
oasis [o'asis] *m inv* oasi *f inv*
obedecer [oβeðe'θer] *vt* & *vi* ubbidire ● **obedecer a** *v + prep* (*ser motivado por*) rispondere
obediencia [oβe'ðjenθja] *f* ubbidienza *f*
obediente [oβe'ðjente] *adj* ubbidiente
obesidad [oβesi'ðað] *f* obesità *f inv*
obeso, sa [o'βeso, sa] *adj* obeso(a)
obispo [o'βispo] *m* vescovo *m*
objeción [oβxe'θjon] *f* obiezione *f*
objetividad [oβxetiβi'ðað] *f* obiettività *f inv*
objetivo, va [oβxe'tiβo, βa] *adj* 1. (*imparcial*) obiettivo(a) 2. (*no subjetivo*) oggettivo(a) ● *m* obiettivo
objeto [oβ'xeto] *m* 1. oggetto *m* 2. (*finalidad*) scopo *m* ● **con el objeto de** allo scopo di ▼ **objetos perdidos** oggetti smarriti
obligación [oβliɣa'θjon] *f* 1. (*deber*) obbligo *m* 2. (*de una empresa*) obbligazione *f*
obligar [oβli'ɣar] *vt* obligar a alguien a hacer algo obbligare qn a fare qc
obligatorio, ria [oβliɣa'torjo, rja] *adj* obbligatorio(a)
obra ['oβra] *f* 1. opera *f* 2. (*construcción*) lavoro *m* ● **obra de caridad** opera di carità ● **obra de teatro** opera di teatro

- **obras** [fpl] lavori mpl
- **obrador** [oβra'ðor] m officina f
- **obrero, ra** [o'βrero, ra] m,f operaio m, -a f
- **obsequiar** [oβse'kjar] vt ossequiare
- **obsequio** [oβ'sekjo] m ossequio m
- **observación** [oβserβa'θjon] f osservazione f
- **observador, ra** [oβserβa'ðor, ra] adj osservatore(trice)
- **observar** [oβser'βar] vt 1. osservare 2. (darse cuenta de) notare
- **observatorio** [oβserβa'torjo] m osservatorio m
- **obsesión** [oβse'sjon] f ossessione f
- **obsesionar** [oβsesjo'nar] vt ossessionare ◆ **obsesionarse** vp essere ossessionato
- **obstáculo** [oβs'takulo] m ostacolo m
- **obstante** [oβs'tante] ◆ **no obstante** conj tuttavia
- **obstinado, da** [oβsti'naðo, ða] adj ostinato(a)
- **obstruir** [oβs'truir] vt ostruire ◆ **obstruirse** vp ostruirsi
- **obtener** [oβte'ner] vt ottenere
- **obvio, via** [o'βvjo, βja] adj ovvio(a)
- **oca** ['oka] f oca f
- **ocasión** [oka'sjon] f occasione f ● **de ocasión** d'occasione
- **ocasional** [okasjo'nal] adj occasionale
- **ocaso** [o'kaso] m (fig) tramonto m
- **occidental** [okθiðen'tal] adj occidentale
- **occidente** [okθi'ðente] m occidente m ● **Occidente** [okθi'ðente] m Occidente m
- **océano** [o'θeano] m oceano m
- **ochenta** [o'tʃenta] núm ottanta ➢ seis
- **ocho** ['otʃo] núm otto ➢ seis
- **ochocientos, tas** [otʃo'θjentos, tas] núm ottocento ➢ seis
- **ocio** [o'θjo] m 1. (tiempo libre) ozio m 2. (diversión) tempo m libero
- **ocioso, sa** [o'θjoso, sa] adj ozioso(a)
- **ocre** [o'kre] adj inv ocra
- **octavo, va** [ok'taβo, βa] núm ottavo(a) ➢ sexto
- **octubre** [ok'tuβre] m ottobre m ➢ septiembre
- **oculista** [oku'lista] mf oculista mf
- **ocultar** [okul'tar] vt nascondere
- **oculto, ta** [o'kulto, ta] adj nascosto(a)
- **ocupación** [okupa'θjon] f occupazione f
- **ocupado, da** [oku'paðo, ða] adj occupato(a) ▼ **ocupado** (en taxi) occupato
- **ocupar** [oku'par] vt occupare ◆ **ocuparse de** v + prep occuparsi di
- **ocurrir** [oku'rir] vi succedere ● **ocurrírsele algo a alguien** venire in mente qc a qn
- **odiar** [o'ðjar] vt odiare
- **odio** [o'ðjo] m odio m
- **oeste** [o'este] m ovest m inv
- **ofensiva** [ofen'siβa] f offensiva f
- **oferta** [o'ferta] f offerta f
- **oficial** [ofi'θjal] adj & m,f ufficiale
- **oficina** [ofi'θina] f ufficio m ● **oficina de correos** ufficio postale ● **oficina de objetos perdidos** ufficio oggetti smarriti ● **oficina de turismo** ufficio turistico
- **oficinista** [ofiθi'nista] mf impiegato m, -a f

oficio [o'fiθjo] *m* **1.** *(profesión)* mestiere *m* **2.** *(misa)* ufficio *m*

ofrecer [ofre'θer] *vt* offrire ● **ofrecerse** *vp* offrirsi

oftalmología [oftalmolo'xia] *f* oftalmologia *f*

ogro ['oɣro] *m (fam)* orco *m*

oído [o'iðo] *m* udito *m* ● **al oído** nell'orecchio

oír [o'ir] *vt* sentire ● **¡oiga!** senta!

ojal [o'xal] *m* occhiello *m*

ojalá [oxa'la] *interj* magari!

ojeras [o'xeras] *fpl* occhiaie *fpl*

ojo ['oxo] ◇ *m* occhio *m* ◇ *interj* attenzione! ● **ojo de buey** oblò *m inv* ● **a ojo** *(fig)* a occhio

OK [o'kej] *interj* OK!

ola ['ola] *f* **1.** *(de agua)* onda *f* **2.** *(avalancha)* ondata *f* ● **ola de calor/frío** ondata di calore/freddo

ole ['ole] *interj* viva!

oleaje [ole'axe] *m* mareggio *m*

óleo ['oleo] *m* olio *m*

oler [o'ler] ◇ *vt* annusare ◇ *vi* ● **el bebén** ha un buon odore ● **olermal** puzza ● **olerse** *vp* sospettare

olfato [ol'fato] *m* **1.** *(sentido)* olfatto *m* **2.** *(astucia)* naso *m*

olimpiadas [olim'pjaðas] *fpl* olimpiadi *fpl*

olímpico, ca [o'limpiko, ka] *adj* olimpico(a)

oliva [o'liβa] *f* oliva *f*

olivo [o'liβo] *m* ulivo *m*

olla ['oʎa] *f* pentola *f* ● **olla a presión** pentola a pressione

olmo ['olmo] *m* olmo *m*

olor [o'lor] *m* odore *m*

olvidar [olβi'ðar] *vt* dimenticare ● **olvidarse** *de* v + *prep* dimenticarsi *di*

olvido [ol'βiðo] *m* dimenticanza *f*

ombligo [om'bliɣo] *m (fig)* ombelico *m*

omitir [omi'tir] *vt* omettere

once ['onθe] *núm* undici ➤ **seis**

ONCE ['onθe] *f (Esp)* Organizzazione Nazionale Ciechi Spagnoli

ONCE

Fondata nel 1938 in Spagna per aiutare i non-vedenti, oggi l'organizzazione si occupa anche di altre malattie e si sostiene in gran parte con il gioco della lotteria. Il sorteggio del venerdì ha un valore più alto e per questo viene chiamato *cuponazo*.

onda ['onda] *f* onda *f*

ondulado, da [ondu'laðo, ða] *adj* ondulato(a)

ONU ['onu] *f* ONU *f*

opaco, ca [o'pako, ka] *adj* opaco(a)

opción [op'θjon] *f* scelta *f* ● **tener opción a** avere diritto di ◊ a ◊

ópera ['opera] *f* opera *f*

operación [opera'θjon] *f* operazione *f* ● **operación retorno/salida** operazione rientro/partenza

operadora [opera'ðora] *f* centralinista *f*

operar [ope'rar] *vt* operare

operario, ria [ope'rarjo, rja] *m,f* operaio *m*, -a *f*

opinar [opi'nar] vt & vi pensare

opinión [opi'njon] f opinione f • **la opinión pública** l'opinione pubblica

oponer [opo'ner] vt opporre ◆ **oponerse** vp ◆ **oponerse (a)** opporsi (a)

oportunidad [oportuni'ðað] f opportunità f inv ◆ **oportunidades** occasioni f

oportuno, na [opor'tuno, na] adj opportuno(a)

oposición [oposi'θjon] f 1. (resistencia) opposizione f 2. (impedimento) impedimento m • **la oposición** l'opposizione ◆ **oposiciones** fpl concorso m

oprimir [opri'mir] vt 1. (apretar) schiacciare 2. (reprimir) opprimere

optar [op'tar] ◆ **optar a** v + prep aspirare a ◆ **optar por** v + prep scegliere

optativo, va [opta'tiβo, βa] adj facoltativo(a)

óptica ['optika] f ottica f

optimismo [opti'mizmo] m ottimismo m

optimista [opti'mista] adj ottimista

opuesto, ta [o'pŭesto, ta] adj opposto(a) • **opuesto a** opposto a

oración [ora'θjon] f 1. (rezo) preghiera f 2. (frase) orazione f

orador, ra [ora'ðor, ra] m,f oratore m, -trice f

oral [o'ral] adj orale

órale ['orale] interj (Amér) d'accordo!

orangután [orangu'tan] m orango m inv

oratoria [ora'torja] f oratoria f

órbita [or'βita] f orbita f

orca ['orka] f orca f

orden¹ [or'ðen] m ordine m • **en orden** in ordine

orden² [or'ðen] f ordine m

ordenación [orðena'θjon] f ordinazione f

ordenado, da [orðe'naðo, ða] adj ordinato(a)

ordenador [orðena'ðor] m (Esp) computer m inv

ordenar [orðe'nar] vt ordinare

ordeñar [orðe'ɲar] vt mungere

ordinario, ria [orði'narjo, rja] adj ordinario(a)

orégano [o'reɣano] m origano m

oreja [o'rexa] f orecchio m

orgánico, ca [or'ɣaniko, ka] adj orgánico(a)

organillo [orɣa'niʎo] m organetto m

organismo [orɣa'nizmo] m organismo m

organización [orɣaniθa'θjon] f organizzazione f

organizador, ra [orɣaniθa'ðor, ra] m,f organizzatore m, -trice f

organizar [orɣani'θar] vt organizzare

órgano ['orɣano] m organo m

orgullo [or'ɣuʎo] m orgoglio m

orgulloso, sa [orɣu'ʎoso, sa] adj orgoglioso(a) • **orgulloso de** orgoglioso di

oriental [orjen'tal] adj & m & f orientale

orientar [orjen'tar] vt orientare ◆ **orientarse** vp orientarsi

oriente [o'rjente] m oriente m ◆ **Oriente** m Oriente m

orificio [ori'fiθjo] m orifizio m

origen [o'rixen] m origine f

original [orixi'nal] adj originale

originario, ria [orixi'narjo, rja] adj

originario(a) ♦ originario de originario di

orilla [o'riʎa] f 1. (de mar, río, lago) sponda f 2. (borde) bordo m

orillarse [ori'ʎarse] vp (Col, Méx & Ven) (apartarse) scostarsi

orina [o'rina] f urina f

orinal [ori'nal] m orinale m

orinar [ori'nar] vi urinare

oro ['oro] m oro m ♦ oros mpl (de la baraja) denari mpl

orquesta [or'kesta] f orchestra f

orquestar [orkes'tar] vt orchestrare

orquídea [or'kiðea] f orchidea f

ortiga [or'tiɣa] f ortica f

ortodoxo, xa [orto'ðokso, sa] adj ortodosso(a)

oruga [o'ruɣa] f 1. (larva) bruco m 2. (para rueda) catena f

os [os] pron vi

oscilar [osθi'lar] vi oscillare ♦ oscilar entre v + prep andare da... a...

oscuridad [oskuri'ðað] f buio m

oscuro, ra [os'kuro, ra] adj 1. (sin luz) buio(a) 2. (color, nublado) scuro(a) 3. (confuso) oscuro(a) 4. ♦ a oscuras al buio

oso ['oso, sa] m (animal) orso m, -a f ♦ oso hormiguero formichiere m

osobuco [oso'βuko] m ossobuco m

ostra ['ostra] f ostrica f

OTAN ['otan] f NATO f

otoño [o'toɲo] m autunno m

otorrino, na [oto'rino, na] m,f (fam) otorino m, -a f

otro, tra ['otro, tra] adj & pron altro(a) ♦ el otro día l'altro giorno ♦ la otra tarde/noche l'altra sera/notte

ovalado, da [oβa'laðo, ða] adj ovale

ovario [o'βarjo] m ovaia f

oveja [o'βexa] f pecora f

ovni ['oβni] m Ufo m inv

óxido ['oksiðo] m 1. (en química) ossido m 2. (de metales) ruggine f

oxígeno [ok'sixeno] m ossigeno m

oyente [o'jente] mf uditore m, -trice f

ozono [o'θono] m ozono m

p. (abr de página) p.

pabellón [paβe'ʎon] m 1. padiglione m 2. (tienda de campaña) tenda f

pacer [pa'θer] vi pascolare

pacharán [patʃa'ran] m liquore m di prugnola

paciencia [pa'θjenθja] f pazienza f ♦ perder la paciencia perdere la pazienza ♦ tener paciencia avere pazienza

paciente [pa'θjente] adj & mf paziente

pacificación [paθifika'θjon] f pacificazione f

pacífico, ca [pa'θifiko, ka] adj pacifico(a) ♦ Pacífico ♦ el pacífico il Pacifico

pacifismo [paθi'fizmo] m pacifismo m

pacifista [paθi'fista] mf pacifista mf

pack ['pak] m pacchetto m

pacto ['pakto] m patto m

padecer [paðe'θer] *vt* **1.** *(sufrir)* soffrire **2.** *(soportar)* subire ◇ *vi (sufrir)* soffrire ◆
padecer de *v + prep* soffrire di
padrastro [pa'ðrastro] *m* **1.** *(pariente)* patrigno *m* **2.** *(pellejo)* pipita *f*
padre ['paðre] ◇ *m* padre *m* ◇ *adj (Méx) (fam)* stupendo(a) ● **estar padre** *(Méx) (fam)* essere stupendo ◆ **padres** *mpl* genitori *mpl*
padrino [pa'ðrino] *m* **1.** *(de boda)* testimone *mf* **2.** *(de bautizo)* padrino *m* ◆ **padrinos** *mpl* padrini *mpl*
padrísimo [pa'ðrisimo] *adj (Méx) (fam)* stupendo(a)
paella [pa'eʎa] *f* paella *f*
pág. *(abr de* página*)* p.
paga ['paɣa] *f* paga *f*

paga extraordinaria

Il salario della maggior parte dei dipendenti spagnoli si calcola in base a 14 mensilità dello stesso importo. A giugno e a dicembre si riceve un salario doppio che aiuta ad affrontare le spese del periodo estivo e di quello natalizio.

pagadero, ra [paɣa'ðero, ra] *adj* ● **pagadero a fattura a**
pagado, da [pa'ɣaðo, ða] *adj* **1.** *(deuda, cuenta, etc)* pagato(a) **2.** *(correspondido)* corrisposto(a)
pagano, na [pa'ɣano, na] *m,f* pagano *m*, -a *f*
pagar [pa'ɣar] *vt* **1.** pagare **2.** *(corresponder)* corrispondere **3.** ▼ **pague en caja antes de retirar su vehículo** pagare alla cassa prima di ritirare l'auto
página ['paxina] *f* pagina *f*
pago [paɣo] *m* **1.** pagamento *m* **2.** *(recompensa)* ricompensa *f*
país [pa'is] *m* paese *m (nazione)*
paisaje [pai'saxe] *m* paesaggio *m*
paisano, na [pai'sano, na] *m,f (del mismo país, ciudad, etc)* compaesano *m*, -a *f* ● **de paisano** in borghese
Países Bajos [pa'isez'βaxos] *mpl* ● **los Países Bajos** i Paesi Bassi
País Vasco [pa'iz'βasko] *m* ● **el País Vasco** i Paesi Baschi
paja ['paxa] *f* **1.** paglia *f* **2.** *(para sorber)* cannuccia *f* **3.** *(fig) (parte desechable)* minuzia *f*
pajarita [paxa'rita] *f* farfallino *m*
pajarita de papel uccellino *m* di carta
pájaro ['paxaro] *m* uccellino *m*
paje [pa'xe] *m* paggio *m*
pala [pal'a] *f* pala *f*
palabra [pa'laβra] *f* parola *f* ◆ **palabras** *fpl* parole *fpl*
palacio [pa'laθjo] *m* palazzo *m*
palacio municipal *(Amér)* municipio *m*
paladar [pala'ðar] *m* palato *m*
paladear [palaðe'ar] *vt* assaporare
palanca [pa'lanka] *f* leva *f*
palangana [palan'gana] *f* bacinella *f*
palco ['palko] *m* palco *m*
paleta [pa'leta] *f* **1.** *(de albañil)* cazzuola *f* **2.** *(de cocina)* mestolo *m* **3.** *(de pintor)* tavolozza *f* **4.** *(Méx) (helado)* ghiacciolo *m*

paletilla [pale'tiʎa] f scapola f
paletilla de cordero spalla f d'agnello
pálido, da ['palido, da] adj pallido(a)
palillo [pa'liʎo] m 1. (para dientes) stuzzicadente m 2. (para tambor) bacchetta f
paliza [pa'liθa] f 1. (zurra) botte fpl 2. (esfuerzo) macello m 3. (fam) (derrota) batosta f
palma ['palma] f 1. (de mano) palmo m 2. (palmera) palma f 3. (hoja de palmera) foglia f di palma ● **palmas** fpl applauso m ● **dar palmas** battere le mani
palmada [pal'maða] f 1. (golpe) manata f 2. (ruido) battimano m
palmera [pal'mera] f palma f
palmitos [pal'mitos] mpl cuori mpl di palma ● **palmitos a la vinagreta** cuori di palma sottaceto
palo ['palo] m 1. (de madera) bastone m 2. (golpe) bastonata f 3. (de barco) albero m 4. (en naipes) seme m
paloma [pa'loma] f colomba f
palomar [palo'mar] m colombaia f
palomitas [palo'mitas] fpl pop corn mpl
palpitar [palpi'tar] vi palpitare
palta ['palta] f (Andes & RP) avocado m inv
pamela [pa'mela] f pamela f
pampa ['pampa] f pampa f
pan ['pan] m pane m ● **pan de molde** pan m inv carré ● **pan de muerto** (Méx) pane m al latte preparato per il giorno di Ognissanti ● **pan dulce** (Amér) pandolce m ● **pan tostado** pane tostato

● **panadería** [panaðe'ria] f panetteria f
panadero, ra [pana'ðero, ra] m,f panettiere m, -a f
panal [pa'nal] m favo m
Panamá [pana'ma] m Panama m
panameño, ña [pana'meɲo, ɲa] adj & m,f panamense
Panamericana [panameri'kana] f sistema stradale che collega l'Alaska e la Patagonia

La Panamericana

La *Carretera Panamericana* è un sistema stradale che collega l'Alaska e la Patagonia. L'unica interruzione è tra Panama e Colombia chiamato *Tapón de Darién*, un tratto di 87 km^2 di foresta. La deforestazione necessaria alla costruzione della strada sarebbe una minaccia per l'ambiente e per le popolazioni locali.

pancarta [pan'karta] f striscione m
panderata [pande'reta] f tamburello m
pandilla [pan'diʎa] f combriccola f
panecillo [pane'θiʎo] m panino m
panel [pa'nel] m pannello m
panera [pa'nera] f 1. (cesta) paniera f 2. (caja) dispensa f del pane
pánico ['paniko] m panico m
panorama [pano'rama] m panorama m
panorámica [pano'ramika] f panoramica f
panorámico, ca [pano'ramiko, ka] adj panoramico(a)

pa

pantaletas [panta'letas] *fpl* (CAm & Ven) culottes *fpl*

pantalla [pan'taʎa] *f* **1.** *(de cine, televisión)* schermo *m* **2.** *(de lámpara)* paralume *m*

pantalones [panta'lones] *mpl* pantaloni *mpl* ◆ **pantalones cortos** pantaloncini *mpl* ◆ **pantalones vaqueros** jeans *mpl*

pantano [pan'tano] *m* **1.** *(embalse)* bacino *m* idrico **2.** *(ciénaga)* pantano *m*

pantanoso, sa [panta'noso, sa] *adj* pantanoso(a)

pantera [pan'tera] *f* pantera *f*

pantimedias [panti'meðjas] *fpl* (Méx) collant *mpl*

pantorrilla [panto'riʎa] *f* polpaccio *m*

pantys ['pantis] *mpl* collant *mpl*

pañal [pa'ɲal] *m* pannolone *m* ◆ **pañales higiénicos** assorbente *m* igienico

paño ['paɲo] *m* **1.** *(trapo)* strofinaccio *m* **2.** *(tejido)* panno *m* ◆ **paño de cocina** canovaccio *m*

pañuelo [pa'ɲuelo] *m* fazzoletto *m*

papa ['papa] *f* (Amér) patata *f* ◆ **papas fritas** patate fritte

Papa ['papa] *m* ◆ **el Papa** il Papa

papá ['papa] *m* **1.** *(fam)* papà *m* ◆ **papá grande** (Amér) nonno *m* ◆ **papás** *mpl* (fam) genitori *mpl*

papagayo [papa'γajo] *m* pappagallo *m*

papel [pa'pel] *m* **1.** *(para escribir, envolver)* carta *f* **2.** *(hoja)* foglio *m* **3.** *(de actor, función)* ruolo *m* **4.** ◆ **papel higiénico** carta igienica ◆ **papel pintado** carta da parati ◆ **papeles** *mpl* documenti *mpl*

papeleo [pape'leo] *m* incartamento *m*

papelera [pape'lera] *f* **1.** *(cesto)* cestino *m* **2.** *(fábrica)* cartiera *f*

papelería [papele'ria] *f* cartoleria *f*

papeleta [pape'leta] *f* **1.** *(de votación)* scheda *f* **2.** *(de examen)* affisso con risultati d'esame **3.** *(fig) (asunto difícil)* rogna *f*

paperas [pa'peras] *fpl* orecchioni *mpl*

papilla [pa'piʎa] *f* pappa *f*

paquete [pa'kete] *m* pacchetto *m*

Paquistán [pakis'tan] *m* ◆ **(el) Paquistán** (il) Pakistan

paquistaní [pakista'ni] *adj & mf* pachistano(a)

par [par] ◆ *adj* pari ◇ *m* paio *m* ◆ **de par en par** spalancato ◆ **sin par** senza pari ◆ **un par de...** un paio di...

para ['para] *prep* **1.** *(finalidad)* per **2.** *(motivación)* per **3.** *(dirección)* a **4.** *(tiempo)* per **5.** *(de examen)* rispetto a **6.** *(comparación)* rispetto a **7.** *(inminencia, propósito)* per ● **lo he comprado para ti** l'ho comprato per ● **esta agua no es buena para beber** quest'acqua non è buona da bere ● **te lo repetiré para que te enteres** te lo ripeterò per fartelo capire ● **lo he hecho para agradarte** l'ho fatto per farti piacere ● **ir para casa** andare verso casa ● **salir para el aeropuerto** andare all'aeroporto ● **lo tendré acabado para mañana** per domani l'avrò finito ● **la ceremonia se ha fijado para el día cinco** la cerimonia è fissata per il cinque ● **está muy delgado para lo que come** rispetto a quello che mangia è molto magro ● **la comida está lista para servir** il pranzo è pronto per essere servito

parabrisas [para'βrisas] *m inv* parabrezza *m inv*

paracaídas [paraka'iðas] *m inv* paracadute *m inv*

parachoques [para'tʃokes] *m inv* paraurti *m inv*

parada [pa'raða] *f* **1.** *(detención)* arresto *m* **2.** *(estación)* fermata *f* ➤ **parada de autobús** fermata dell'autobus ● **parada de taxis** posteggio *m* di taxi ➤ **parado**

paradero [para'ðero] *m* *(Andes)* fermata *f* d'autobus

parado, da [pa'raðo, ða] *adj* **1.** *(coche, máquina, etc)* fermo(a) **2.** *(desempleado)* disoccupato(a) **3.** *(tímido)* impacciato(a) **4.** *(Amér)* *(de pie)* in piedi ◇ *m,f* disoccupato *m*, -a *f*

paradoja [para'ðoxa] *f* paradosso *m*

paradójico, ca [para'ðoxiko, ka] *adj* paradossale

parador [para'ðor] *m* locanda *f* ● **parador nacional** albergo dello *Stato spagnolo sito in monumenti nazionali*

parador nacional

Sono alberghi di prima categoria situati in edifici di grande valore storico e artistico in Spagna. Gestiti dal *Ministerio del Turismo*, nacquero nel 1910 da un'idea del re Alfonso XIII per sfruttare i grandi palazzi monumentali. I ristoranti dei *paradores* propongono piatti della tradizione gastronomica locale.

paraguas [pa'raɣwas] *m inv* ombrello *m*

Paraguay [para'ɣwai] *m* Paraguay *m*

paraguayo, ya [para'ɣwajo, ja] *adj & m,f* paraguaiano(a)

paraíso [para'iso] *m (fig)* paradiso *m*

paraje [pa'raxe] *m* paraggio *m*

paralelas [para'lelas] *fpl* parallele *fpl*

paralelo, la [para'lelo, la] ◇ *adj* parallelo(a) ◇ *m* parallelo *m*

parálisis [pa'ralisis] *f inv* paralisi *f inv*

paralítico, ca [para'litiko, ka] *m,f* paralitico *m*, -a *f*

paralizar [parali'θar] *vt* **1.** paralizzare **2.** *(detener)* bloccare

parapente [para'pente] *m* parapendio *m*

parar [pa'rar] *vt* fermare ◇ *vi* **1.** smettere **2.** *(Amér) (hacer huelga)* sospendere **3.** *(Amér) (levantar)* alzare ● **sin parar** senza sosta ▼ **para en todas las estaciones** ferma in tutte le stazioni ➤ **pararse** *vp* **1.** fermarsi **2.** *(Amér) (ponerse de pie)* alzarsi

pararrayos [para'rajos] *m inv* parafulmini *m inv*

parasol [para'sol] *m* ombrellone *m*

parchís [par'tʃis] *m inv* pachisi *m (gioco)*

parcial [par'θjal] ◇ *adj* parziale ◇ *m* esame *m* parziale

pardo, da [ˈparðo, ða] *adj* bruno(a)

parecer [pare'θer] ◇ *m* **1.** *(opinión)* parere *m* **2.** *(aspecto)* aspetto *m* ◇ *v cop*

sembrare ◇ *vi* **1.** (*dar la sensación de*) sembrare **2.** (*tener aspecto de*) parere ◆
parecerse *vp* assomigliarsi
parecido, da [pare'θiðo, ða] ◇ *adj* somigliante ◇ *m* somiglianza *f*
pared [pa'reð] *f* parete *f*
pareja [pa'rexa] *f* **1.** (*de casados, novios*) coppia *f* **2.** (*compañero*) partner *mf inv*
parentesco [paren'tesko] *m* parentela *f*
paréntesis [pa'rentesis] *m inv* parentesi *f inv* ● **entre paréntesis** fra parentesi
pareo [pa'reo] *m* pareo *m*
pariente, ta [pa'rjente, ta] *m,f* parente *mf*
parking ['parkin] *m* (*Esp*) parcheggio *m*
parlamentario, ria [parlamen'tarjo, rja] *m,f* parlamentare *mf*
parlamento [parla'mento] *m* **1.** (*asamblea legislativa*) parlamento *m* **2.** (*discurso*) discorso *m*
parlanchín, ina [parlan'tʃin, ina] *adj* chiacchierone(a)
paro ['paro] *m* **1.** (*desempleo*) disoccupazione *f* **2.** (*parada*) arresto *m* **3.** (*huelga*) sospensione *f* del lavoro ● **estar en paro** essere disoccupato(ta)
parpadear [parpaðe'ar] *vi* sbattere le palpebre
párpado ['parpaðo] *m* palpebra *f*
parque ['parke] *m*. **1.** (*jardín*) parco *m* **2.** (*de niños*) box *m* **3.** (*de automóviles*) parco *m* automobilistico ● **parque acuático** parco acquatico ● **parque de atracciones** luna-park *m inv* ● **parque de bomberos** (*Esp*) caserma *f* dei pompieri ● **parque infantil** parco gio-

chi ● **parque nacional** parco nazionale ● **parque natural** parco naturale ● **parque zoológico** giardino *m* zoologico

parque nacional

Le aree protette sono gestite dallo stato e regolate da leggi per il rispetto della flora e della fauna. I parchi principali in Spagna sono il *Coto de Doñana* (Huelva) e il *Teide* (Santa Cruz de Tenerife). In America Latina ricordiamo *los Glaciares* in Argentina e *Canaima* in Venezuela.

parqué [par'ke] *m* parquet *m inv*
parquear [parke'ar] *vt* (*Col*) parcheggiare
parquímetro [par'kimetro] *m* parchimetro *m*
parra ['para] *f* vite *f* rampicante
párrafo ['parafo] *m* paragrafo *m*
parrilla [pa'riʎa] *f* **1.** griglia *f* **2.** (*Amér*) (*de coche*) portapacchi *m* ● **a la parrilla** alla griglia
parrillada [pari'ʎaða] *f* grigliata *f* ● **parrillada de carne** carne alla griglia ● **parrillada de pescado** pesce alla griglia
parroquia [pa'rokja] *f* **1.** parrocchia *f* **2.** (*fig*) (*clientela*) clientela *f*
parte ['parte] ◇ *f* parte *f* ◇ *m* rapporto *m* ● **dar parte** notificare ● **de parte de** da parte *f* ● **¿de parte de quién?** (*en el teléfono*) chi lo desidera? ● **en alguna parte** da qualche parte ● **en otra parte** altrove ● **en parte** in parte ● **en todas**

partes dappertutto ● **la mayor parte** la maggior parte ● **por otra parte** d'altra parte ● **por todas partes** dappertutto
participación [partiθipa'θjon] *f* **1.** partecipazione *f* **2.** *(en lotería)* quota *f* di biglietto
participar [partiθi'par] *vt* partecipare ● **participar en** *v* + *prep* partecipare a
partícula [par'tikula] *f* particella *f*
particular [partiku'lar] *adj* **1.** *(coche, negocio, terreno, etc)* privato(a) **2.** *(sabor, olor, etc)* particolare **3.** *(persona, actitud, etc)* speciale ● **en particular** in particolare
partida [par'tiða] *f* **1.** partita *f* **2.** *(marcha)* partenza *f* **3.** ● **partida de nacimiento** certificato *m* di nascita
partidario, ria [parti'ðarjo, rja] *m*, *f* sostenitore *m*, -trice *f* ● **partidario de** sostenitore di
partidista [parti'ðista] *adj* di parte
partido [par'tiðo] *m* **1.** *(en política)* partito *m* **2.** *(en deporte)* partita *f* ● **sacar partido** trarre vantaggio *m* ● **partido de ida** partita d'andata ● **partido de vuelta** partita di ritorno
partir [par'tir] ◇ *vt* **1.** *(tierras, fortuna, etc)* dividere **2.** *(objeto)* spaccare **3.** *(ganancias, trabajo, etc)* ripartire ◇ *vi* partire ● **a partir de** a partire da ● **partir de** *v* + *prep* partire da
partitura [parti'tura] *f* partitura *f*
parto ['parto] *m* parto *m*
parvulario [parβu'larjo] *m* asilo *m*
pasable [pa'saβle] *adj* passabile

pasada [pa'saða] *f* **1.** *(con escoba, trapo)* passata *f* **2.** *(de pintura, barniz, etc)* mano *f* **3.** *(en labores de punto)* punto *m* ● **de pasada** en passant
pasado, da [pa'saðo, ða] ◇ *adj* **1.** *(semana, mes, etc)* scorso(a) **2.** *(costumbres)* vecchio(a) **3.** *(tejido)* logoro(a) **4.** *(alimento)* scaduto(a) **5.** *(piel, flores)* sfiorito(a) ◇ *m* passato *m*
pasaje [pa'saxe] *m* **1.** *(de avión, barco)* biglietto *m* **2.** *(calle)* stradina *f* **3.** *(conjunto de pasajeros)* passeggeri *mpl* **4.** *(de novela, ópera, etc)* passaggio *m* ● **pasaje particular** strada privata
pasajero, ra [pasa'xero, ra] *adj* & *m*,*f* passeggero(a) ▼ **pasajeros sin equipaje** passeggeri senza bagaglio
pasamanos [pasa'manos] *m inv* corrimano *m*
pasaporte [pasa'porte] *m* passaporto *m*
pasar [pa'sar] ◇ *vt* **1.** *(gen)* passare **2.** *(cruzar)* attraversare **3.** *(contagiar)* attaccare **4.** *(llevar adentro)* far passare **5.** *(admitir)* far passare **6.** *(consentir)* tollerare **7.** *(sobrepasar)* superare **8.** *(emplear tiempo)* trascorrere **9.** *(padecer)* attraversare **10.** *(adelantar)* superare **11.** *(aprobar)* rivedere **12.** *(omitir)* saltare **13.** *(revisar)* rivedere **14.** *(en locuciones)* ● **pasar lista** fare l'appello ● **pasar visita** visitare **15.** *(en cine)* proiettare ◇ *vi* **1.** *(gen)* passare **2.** *(entrar)* entrare **3.** *(poder entrar)* passarci **4.** *(suceder)* succedere **5.** *(terminarse)* ● **vendré cuando pase el verano** verrò quando sarà finita

l'estate 6. *(cambiar de acción)* pasar a passare a 7. *(servir)* servire 8. *(fam) (prescindir)* pasar de fregarsene di 9. *(tolerar)* pasar por sopportare ● me pasó la mano por el pelo mi passò la mano tra i capelli ● ¿me pasas la sal? mi passi il sale? ● pasar algo por passare qc al ● no pases el semáforo en rojo non passare col semaforo rosso ● ayúdame a pasar la calle aiutami ad attraversare la strada ● pasé el río a nado attraversai il fiume a nuoto ● me has pasado tos tos mi hai attaccato la tosse ● pasar algo a *(trasladar)* trasferire qc a ● el criado nos pasó al salón il domestico ci fece passare nel salotto ● no podemos pasar estos ejercicios non possiamo lasciar passare questi esercizi ● ha pasado muchas bromas y tú no aguantas nada ho tollerato molti dei tuoi scherzi e tu non sopporti nulla ● ya ha pasado los veinticinco ha già superato i venticinque ● mi hijo me pasa dos centímetros mio figlio mi supera di due centimetri ● pasó dos años en Roma trascorse due anni a Roma ● hemos pasado un buen rato juntos abbiamo trascorso insieme un bel periodo ● pasar un coche/a un rival superare una macchina/un rivale ● ya he pasado el examen ho già superato l'esame ● el pájaro pasó a otra rama l'uccello saltò su un altro ramo ● pasar de... a... passare da...a... ● el autobús pasa por mi casa l'autobus passa sotto casa mia ● pasó por mi lado mi passò accanto ● el Manzanares pasa por Madrid il Manzanares attraversa Madrid ● pasar de largo girare al largo ● pasar por mi oficina/por tu casa passerò del mio ufficio/da casa tua ● il tiempo pasa muy deprisa il tempo passa velocissimo ● pasarlo bien divertirsi ● pasarlo mal stare male ● ¡pase! avanti! ● déjame más sitio que no paso spostati che non entro ● ¿qué te pasa? che ti succede? ● ¿qué pasa aquí? cosa succede qui? ● pase lo que pase qualsiasi cosa succeda, puede pasar può andare ▼ no pasar vietato entrare ▼ pasen por casa passate da casa

● **pasarse** *vp* 1. passare 2. *(estropearse)* scadere 3. *(flores)* appassire 4. *(arroz)* scuocersi 5. *(olvidarse)* dimenticarsi di 6. *(no fijarse)* sfuggire 7. *(fam) (propasarse)* esagerare 8. *(sentirse)* pasár(se)lo bien divertirsi ● pasár(se)lo mal soffrire ● pasarse a passare a

pasarela [pasaˈrela] *f* passerella *f*

pasatiempo [pasaˈtjempo] *m* passatempo *m*

Pascua [ˈpaskwa] *f* Pasqua *f* ● **Pascuas** *fpl* 1. Natale *m* 2. ¡felices Pascuas! Buon Natale!

pase [ˈpase] *m* 1. *(permiso)* lasciapassare *m* 2. *(en toros)* mossa eseguita con muleta per far muovere il toro

pasear [paseˈar] ⬦ *vt* portare a passeggio ⬦ *vi* passeggiare

paseíllo [paseˈiʎo] *m* entrata del torero e

del suo seguito nell'arena
paseo [pa'seo] m 1. (*caminata*) passeggiata f 2. (*calle ancha*) corso m 3. (*distancia corta*) giro m ● **dar un paseo** fare una passeggiata ● **ir de paseo** andare a passeggio
pasillo [pa'siʎo] m corridoio m
pasión [pa'sjon] f passione f
pasiva [pa'siβa] f passiva f
pasividad [pasiβi'ðað] f passività f inv
pasivo, va [pa'siβo, βa] ◇ adj passivo(a) ◇ m passivo m
paso ['paso] m 1. passo m 2. (*acción de pasar*) transito m 3. (*manera de andar*) andatura f 4. ● **de paso** en passant ● **a dos pasos** a due passi ● **paso a nivel** passaggio a livello ● **paso de peatones** passaggio pedonale ● **paso de cebra** strisce pedonali ▼ **ceda el paso** dare la precedenza
pasodoble [paso'ðoβle] m paso m inv doble
pasta ['pasta] f 1. pasta f 2. (*Esp*) pasticcino m 3. (*Esp*) (*fam*) (*dinero*) grana f ● **pasta de dientes** dentifricio m
pastel [pas'tel] m 1. (*tarta*) torta m 2. (*en pintura*) pastello m
pastelería [pastele'ria] f pasticceria f
pastelero, ra [paste'lero, ra] m,f pasticciere m, -a f
pastilla [pas'tiʎa] f 1. (*medicamento*) pastiglia f 2. (*caramelo*) caramella f
pastor, ra [pas'tor, ra] m,f pastore m, -a f
pastoreo [pasto'reo] m pascolo m

pata¹ ['pata] m (*Perú*) compagno m
pata² ['pata] f 1. zampa f 2. (*fam*) (*de persona*) zampa f ● **estar patas arriba** (*fig*) essere sottosopra ● **meter la pata** fare una gaffe f inv ● **tener mala pata** (*fig*) essere sfortunato
patada [pa'taða] f calcio m
patata [pa'tata] f (*Esp*) patata f ● **patatas bravas** patate arrosto in salsa piccante ● **patatas fritas** patate fritte
paté [pa'te] m patè m
patente [pa'tente] ◇ adj palese ◇ f 1. brevetto m 2. (*CSur*) (*matrícula*) targa f
patera [pa'tera] f imbarcazione di fortuna utilizzata dai clandestini che partono dal Nord Africa per attraversare il Mediterraneo
paterno, na [pa'terno, na] adj paterno(a)
patilla [pa'tiʎa] f 1. (*de pelo*) basetta f 2. (*de gafas*) stanghetta f
patín [pa'tin] m 1. pattino m 2. ● **patín de pedales** pedalò m
patinaje [pati'naxe] m pattinaggio m ● **patinaje sobre hielo** pattinaggio su ghiaccio
patinar [pati'nar] vi 1. (*con patines*) pattinare 2. (*resbalar*) slittare 3. (*fam*) (*equivocarse*) fare una gaffe
patinazo [pati'naθo] m 1. (*resbalón*) scivolone m 2. (*fam*) (*equivocación*) gaffe f inv
patineta [pati'neta] f (*CSur, Méx & Ven*) monopattino m
patinete [pati'nete] m monopattino m
patio ['patjo] m cortile m ● **patio**

pa 220

interior cortile interno
pato ['pato, ta] *m* anatra *f* ● **pato a la naranja** anatra all'arancia ● **pato confitado** confit de canard
patoso, sa [pa'toso, sa] *adj* (*Esp*) (*fam*) imbranato(a)
patria ['patrja] *f* patria *f*
patriota [pa'trjota] *mf* patriota *mf*
patriótico, ca [pa'trjotiko, ka] *adj* patriottico(a)
patrocinador, ra [patroθina'ðor, ra] *m,f* patrocinatore *m*, -trice *f*
patrón, ona [pa'tron, ona] *m,f* **1.** (*jefe*) principale *mf* **2.** (*santo*) patrono *m*, -a *f* ◊ *m* **1.** (*de barco*) capitano *m* **2.** (*en costura*) cartamodello *m* **3.** (*fig*) (*modelo*) modello *m*
patronal [patro'nal] *f* associazione dei datori di lavoro
patrono, na [pa'trono, na] *m,f* **1.** (*jefe*) datore *m* di lavoro **2.** (*protector*) patrono *m*, -a *f*
patrulla [pa'truʎa] *f* pattuglia *f* ● **patrulla urbana** pattuglia urbana
pausa ['pausa] *f* pausa *f*
pauta ['pauta] *f* norma *f*
pavada [pa'βaða] *f* (*Perú* & *RP*) scemenza *f*
pavimento [paβi'mento] *m* **1.** (*de carretera*) manto *m* stradale **2.** (*de calle*) selciato *m*
pavo ['paβo, βa] *m* tacchino *m* ● **pavo real** pavone *m*
payaso, sa [pa'jaso, sa] *m,f* **1.** (*del circo*) pagliaccio *m*, -a *f* **2.** (*fam*) (*persona graciosa*) buffone *m*, -a *f*

paz [paθ] (*pl* **-ces**) *f* pace *f* ● **dejar en paz** lasciare in pace ● **hacer las paces** fare pace ● **que en paz descanse** che riposi in pace
PC ['pe'θe] *m* (*abr de personal computer*) PC *m*
PD (*abr de posdata*) P.S.
peaje [pe'axe] *m* pedaggio *m*
peatón [pea'ton] *m* pedone *m*
peatonal [peato'nal] *adj* pedonale
peca ['peka] *f* lentiggine *f*
pecado [pe'kaðo] *m* peccato *m*
pecador, ra [peka'ðor, ra] *m,f* peccatore *m*, -trice *f*
pecar [pe'kar] *vi* peccare
pecera [pe'θera] *f* acquario *m*
pecho ['petʃo] *m* **1.** petto *m* **2.** (*de mujer*) seno *m*
pechuga [pe'tʃuɣa] *f* petto *m*
pecoso, sa [pe'koso, sa] *adj* lentigginoso(a)
peculiar [peku'ljar] *adj* peculiare
pedagogía [peðaɣo'xia] *f* pedagogia *f*
pedagogo, ga [peða'ɣoɣo, ɣa] *m,f* pedagogo *m*, -a *f*
pedal [pe'ðal] *m* pedale *m*
pedalear [peðale'ar] *vi* pedalare
pedante [pe'ðante] *adj* pedante
pedazo [pe'ðaθo] *m* pezzo *m* ● **hacer pedazos** fare a pezzi
pedestal [peðes'tal] *m* piedistallo *m*
pediatra [pe'ðjatra] *mf* pediatra *mf*
pedido [pe'ðiðo] *m* ordinazione *f*
pedir [pe'ðir] ◊ *vt* **1.** (*poner precio*) chiedere **2.** (*rogar*) pregare **3.** (*en restau-*

rante, bar) ordinare **4.** (*exigir*) esigere ◇ *vi* pregare ● **pedir prestado** chiedere in prestito
pedo ['peðo] *m* (*fam*) scoreggia *f*
pedregoso, sa [peðre'yoso, sa] *adj* sassoso(a)
pedrisco [pe'ðrisko] *m* grandine *f*
pega ['peya] *f* **1.** (*pegamento*) colla *f* **2.** (*fam*) (*inconveniente*) difficoltà *f inv* ● **poner pegas** creare difficoltà
pegajoso, sa [peya'xoso, sa] *adj* (*fig*) appiccicoso(a)
pegamento [peya'mento] *m* colla *f*
pegar [pe'yar] ◇ *vt* **1.** (*adherir, unir*) incollare **2.** (*golpear*) picchiare **3.** (*contagiar*) attaccare **4.** (*arrimar*) accostare **5.** (*hacer*) ● **pegar un grito** lanciare un grido ● **pegar un salto** spiccare un salto ◇ *vi* **1.** (*sol*) picchiare **2.** (*armonizar*) intonare ● **pegarse** *vp* **1.** (*golpearse*) picchiarsi **2.** (*chocar*) urtare **3.** (*adherirse*) attaccarsi **4.** (*a una persona*) appiccicarsi
peinado [pei'naðo] *m* pettinatura *f*
peinador, dora [peina'ðor, ðora] *m, -a f* (*Méx & RP*) parrucchiere *m, -a f*
peinar [pei'nar] *vt* pettinare ● **peinarse** *vp* pettinarsi
peine ['peine] *m* pettine *m*
peineta [pei'neta] *f* pettinino *m*
p.ej. (*abr de por ejemplo*) p. es.
peladilla [pela'ðiʎa] *f* confetto *m*
pelar [pe'lar] *vt* **1.** (*patatas, fruta, etc*) pelare **2.** (*ave*) spennare
peldaño [pel'daɲo] *m* gradino *m*
pelea [pe'lea] *f* litigio *m*
pelear [pele'ar] *vi* lottare ● **pelearse** *vp* litigare
peletería [pelete'ria] *f* pellicceria *f*
pelícano [pe'likano] *m* pellicano *m*
película [pe'likula] *f* (*en cine*) film *m inv*
peligro [pe'liɣro] *m* pericolo *m* ● **correr peligro** correre pericolo
peligroso, sa [peli'ɣroso, sa] *adj* pericoloso(a)
pelirrojo, ja [peli'roxo, xa] *adj* dai capelli rossi
pellejo [pe'ʎexo] *m* **1.** (*de animal*) pelle *f* **2.** (*de fruta*) buccia *f*
pellizcar [peʎiθ'kar] *vt* pizzicare
pellizco [pe'ʎiθko] *m* pizzicotto *m*
pelo ['pelo] *m* **1.** (*de persona*) capelli *mpl* **2.** (*de animal*) pelo *m* ● **con pelos y señales** per filo e per segno ● **por un pelo** per un pelo ● **tomar el pelo a alguien** prendere in giro qn ● **pelo rizado** capelli ricci
pelota [pe'lota] ◇ *f* **1.** (*balón*) pallone *m* **2.** (*juego*) palla ◇ *mf* (*fam*) leccapiedi *m* ● **jugar a la pelota** giocare a palla ● **hacer la pelota** adulare
pelotari [pelo'tari] *mf* pelotaro *m, -a f*
pelotón [pelo'ton] *m* **1.** (*de gente*) folla *f* **2.** (*de soldados*) plotone *m*
pelotudo, da [pelo'tuðo, ða] *adj* (*RP*) (*fam*) idiota
peluca [pe'luka] *f* parrucca *f*
peludo, da [pe'luðo, ða] *adj* peloso(a)
peluquería [peluke'ria] *f* **1.** negozio *m* del parrucchiere *f* **2.** ▼ **peluquería-estética** acconciature e salone di bellezza
peluquero, ra [pelu'kero, ra] *m, f* parrucchiere *m, -a f*

pelvis ['pelβis] *f inv* bacino *m*
pena ['pena] *f* 1. pena *f* 2. (*CAm, Carib, Col, Méx & Ven*) (*vergüenza*) vergogna *f* ● **a duras penas** a fatica ● **valer la pena** valere la pena ● **¡qué pena!** che peccato!
penalti, penalty [pe'nalti] *m* rigore *m*
pendiente[pen'djente] ◇ *adj* sospeso(a) ◇ *m* (*Esp*) orecchino *m* ● **llevar pendientes** portare gli orecchini
pendiente[pen'djente] *f* pendio *m*
péndulo['pendulo] *m* pendolo *m*
pene ['pene] *m* pene *m*
penetrar [pene'traren] *vi* 1. penetrare 2. (*meterse en*) addentrarsi
penicilina [peniθi'lina] *f* penicillina *f*
península [pe'ninsula] *f* penisola *f*
peninsular [peninsu'lar] *adj* peninsulare
penitencia [peni'tenθja] *f* penitenza *f* ● **hacer penitencia** fare penitenza
penitente [peni'tente] *m* penitente *m*
penoso, sa [pe'noso, sa] *adj* 1. penoso(a) 2. (*dificultoso*) faticoso(a)
pensador, ra [pensa'ðor, ra] *m,f* pensatore *m*, -trice *f*
pensamiento [pensa'mjento] *m* pensiero *m*
pensar [pen'sar] *vt & vi* pensare ● **pensar en** pensare a
pensativo, va [pensa'tiβo, βa] *adj* pensieroso(a)
pensión [pen'sjon] *f* pensione *f* ● **media pensión** mezza pensione ● **pensión completa** pensione completa
peña ['peɲa] *f* 1. (*roca*) rupe *f* 2. (*de amigos*) circolo *m*
peñasco [pe'ɲasko] *m* rupe *f*
peón [pe'on] *m* manovale *m*
peonza [pe'onθa] *f* trottola *f*
peor[pe'or] ◇ *adj* peggiore ◇ *adv* peggio ● **es el peor alumno de la clase** è l'alunno peggiore della classe ● **tanto peor** tanto peggio ● **peor para él** peggio per lui
pepino [pe'pino] *m* cetriolo *m* ● **me importa un pepino** non mi importa un fico secco
pepita [pe'pita] *f* 1. (*de fruta*) seme *m* 2. (*de oro*) pepita *f*
pequeño, ña [pe'keɲo, ɲa] *adj* 1. piccolo(a) 2. (*cantidad*) modesto(a)
pera ['pera] *f* pera *f*
peral [pe'ral] *m* pero *m*
percebe [per'θeβe] *m* lepade *f*
percha ['pertʃa] *f* gruccia *f*
perchero [per'tʃero] *m* attaccapanni *m inv*
percibir [perθi'βir] *vt* percepire
perdedor, ra [perðe'ðor, ra] *m,f* perdente *mf*
perder [per'ðer] *vt & vi* perdere ●
perderse *vp* perdersi
pérdida ['perðiða] *f* perdita *f*
perdigón [perði'ɣon] *m* pallino *m*
perdiz [per'ðiθ] *f* (*pl* **-ces**) *f* pernice *f*
perdón [per'ðon] ◇ *m* perdono *m* ◇ *interj* chiedo scusa!
perdonar [perðo'nar] *vt* 1. (*castigo, ofensa*) perdonare 2. (*obligación*) dispensare 3. (*una deuda*) condonare
peregrinación [pereɣrina'θjon] *f* pellegrinazione

grinaggio m
peregrino, na [pere'ɣrino, na] m.f peregrino m, -a f
perejil [pere'xil] m prezzemolo m
pereza [pe'reθa] f pigrizia f
perezoso, sa [pere'θoso, sa] adj pigro(a)
perfección [perfek'θjon] f perfezione f
perfeccionista [perfekθjo'nista] mf perfezionista mf
perfectamente [per,fekta'mente] adv perfettamente
perfecto, ta [per'fekto, ta] adj perfetto(a)
perfil [per'fil] m profilo m ● **de perfil** di profilo
perforación [perfora'θjon] f perforazione f
perforar [perfo'rar] vt perforare
perfumar [perfu'mar] vt profumare ● **perfumarse** vp profumarsi
perfume [per'fume] m profumo m
perfumería [perfume'ria] f profumeria f ▼ **perfumería-cosmética** profumeria e prodotti di bellezza
pergamino [perɣa'mino] m pergamena f
pérgola [peɾɣola] f pergola f
periferia [peri'ferja] f periferia f
periódico, ca [pe'rjoðiko, ka] ◇ adj periodico(a) ◇ m giornale m
periodismo [perjo'ðizmo] m giornalismo m
periodista [perjo'ðista] mf giornalista mf
período [pe'rioðo] m 1. (espacio de tiempo) periodo m 2. (menstruación) ciclo m
periquito [peri'kito] m parrocchetto m
peritaje [peri'taxe] m perizia f
perito, ta [pe'rito, ta] m,f perito m
perjudicar [perxuði'kar] vt danneggiare
perjuicio [per'xwiθjo] m danno m
perla ['perla] f perla f ● **ir de perlas** andare a pennello
permanecer [permane'θer] vi rimanere ● **permanecer en** v + prep rimanere in
permanencia [perma'nenθja] f permanenza f
permanente [perma'nente] adj & f permanente
permiso [per'miso] m 1. (autorización) permesso m 2. (de soldado) licenza f ● **permiso de conducir** patente f di guida
permitir [permi'tir] vt 1. permettere 2. (tolerar) consentire
pernoctar [pernok'tar] vi pernottare
pero [pero] conj 1. (adversativa) ma 2. (enfática) però
perpendicular [perpendiku'lar] adj & f perpendicolare ● **perpendicular a** perpendicolare a
perpetuo, tua [per'petuo, tua] adj perpetuo(a)
perplejo, ja [per'plexo, xa] adj perplesso(a)
perra ['pera] f 1. (rabieta) bizza f 2. (fam) (dinero) quattrino m ➢ **perro**
perrito [pe'rito] m ● **perrito caliente** hot-dog m inv
perro, rra ['pero, ra] m,f cane m, cagna f
persa ['persa] adj & mf persiano(a)
persecución [perseku'θjon] f inseguí-

mento m
perseguir [perse'ɣir] vt 1. (seguir) inseguire 2. (querer lograr) perseguire
persiana [per'sjana] f persiana f
persona [per'sona] f persona f ● **en persona** in persona
personaje [perso'naxe] m personaggio m
personal [perso'nal] ◇ adj personale ◇ m 1. (gente) persone fpl 2. (empleados) personale m ▼ **sólo personal autorizado** riservato ai soli addetti ai lavori
personalidad [personali'ðað] f personalità f inv
perspectiva [perspek'tiβa] f prospettiva f
persuadir [perswa'ðir] vt persuadere
persuasión [perswa'sjon] f persuasione f
pertenecer [pertene'θer] vi appartenere ● **pertenecer a** v + prep 1. fare parte di 2. (ser miembro de) appartenere
perteneciente [pertene'θjente] adj appartenente ● **perteneciente a** appartenente a
pertenencias [perte'nenθjas] fpl oggetti mpl personali
pértiga ['pertiɣa] f pertica f
Perú [pe'ru] m ● **(el) Perú** (il) Perù
peruano, na [pe'rwano, na] adj & m,f peruviano(a)
pesa ['pesa] f 1. (para pesar) peso m 2. (del reloj) contrappeso m ● **pesas** fpl pesi mpl
pesadez [pesa'ðeθ] f pesantezza f
pesadilla [pesa'ðiʎa] f (fig) incubo m

pesado, da [pe'saðo, ða] adj pesante
pesadumbre [pesa'ðumbre] f 1. (disgusto) dispiacere m 2. (pena) pena f
pésame ['pesame] m ● **dar el pésame** fare le condoglianze
pesar [pe'sar] ◇ m dispiacere m ◇ vi 1. pesare 2. (sentir disgusto) dispiacere ◇ vt pesare ● **a pesar de** malgrado
pesca ['peska] f pesca f
pescadería [peskaðe'ria] f pescheria f
pescadero, ra [peska'ðero, ra] m,f pescivendolo m, -a f
pescadilla [peska'ðiʎa] f merlango m
pescado [pes'kaðo] m pesce m
pescador, ra [peska'ðor, ra] m,f pescatore m, -trice f
pescar [pes'kar] vt 1. pescare 2. (fam) (pillar) beccare
pesebre [pe'seβre] m 1. (establo) mangiatoia f 2. (belén) presepio m
pesero [pe'sero] m (CAm & Méx) minibus m inv pubblico
peseta [pe'seta] f peseta f
pesimismo [pesi'mizmo] m pessimismo m
pesimista [pesi'mista] adj pessimista
pésimo, ma ['pesimo, ma] adj pessimo(a)
peso ['peso] m peso m
pesquero, ra [pes'kero, ra] ◇ adj peschereccio(a) ◇ m peschereccio m
pestañas [pes'taɲas] fpl ciglia fpl
peste ['peste] f 1. (mal olor) puzza f 2. (enfermedad) peste f
pesticida [pesti'θiða] m pesticida m
pestillo [pes'tiʎo] m paletto m

pétalo ['petalo] *m* petalo *m*
petanca [pe'tanka] *f* bocce *fpl*
petardo [pe'tarðo] *m* petardo *m*
petición [peti'θjon] *f* richiesta *f*
peto ['peto] *m* salopette *f inv*
petróleo [pe'troleo] *m* petrolio *m*
petrolero, ra [petro'lero, ra] ◇ *adj* petrolifero(a) ◇ *m* petroliera *f*
petrolífero, ra [petro'lifero, ra] *adj* petrolifero(a)
petulancia [petu'lanθja] *f* **1.** *(atrevimiento)* arroganza *f* **2.** *(vanidad)* petulanza *f*
petulante [petu'lante] *adj* petulante
petunia [pe'tunja] *f* petunia *f*
pez [peθ] *f (pl* -ces*) m* pesce *m* ● **pez espada** pesce spada
pezón [pe'θon] *m* capezzolo *f*
pezuña [pe'θuɲa] *f* zoccolo *m*
pianista [pja'nista] *mf* pianista *mf*
piano ['pjano] *m* piano *m* ● **piano bar** ● piano-bar *m inv*
piar [pi'ar] *vi* pigolare
pibe, ba ['piβe, βa] *m,f (RP) (fam)* ragazzo *m,* -a *f*
picador, ra [pika'ðor, ra] *m,f (en toros)* picador *m inv*
picadora [pika'ðora] *f* tritatutto *m inv* ● trinciatore *m*
picadura [pika'ðura] *f* **1.** *(de insecto)* puntura *f* **2.** *(de reptil)* morso *m* **3.** *(de tabaco)* trinciato *m*
picante [pi'kante] *adj* piccante
picar [pi'kar] ◇ *vt* **1.** *(suj: insecto)* pungere **2.** ◇ *vi: reptil)* mordere **3.** *(suj: pez)* abboccare **4.** *(toro)* ferire il toro con la picca **5.** *(piedra)* rompere **6.** *(comida)* tritare ◇ *vi* **1.** *(comer un poco)* spilluzzicare **2.** *(sal, pimienta, pimiento)* pizzicare **3.** *(piel)* prudere **4.** *(sol)* picchiare ●
picarse *vp* **1.** *(muela)* cariarsi **2.** *(fam) (persona)* offendersi
pícaro, ra [pi'karo, ra] *adj* scaltro(a)
picas ['pikas] *fpl* picche *fpl*
pichón [pi'tʃon] *m* piccione *m*
picnic ['piknik] *m* picnic *m inv*
pico ['piko] *m* **1.** *(de ave)* becco *m* **2.** *(de montaña)* cima *f* **3.** *(herramienta)* gravina *f* ● **y pico** e rotti
picor [pi'kor] *m* prurito *m*
picoso, sa [pi'koso, sa] *adj (Méx)* piccante
pie ['pje] *m* **1.** piede *m* **2.** *(de escrito)* in calce *m* ● **a pie** a piedi ● **en pie** in piedi ● **estar de pie** stare in piedi ● **hacer pie** toccare ● **pies de cerdo** piedi di maiale
piedad [pje'ðað] *f* pietà *f inv*
piedra ['pjeðra] *f* **1.** *(roca)* pietra *f* **2.** *(granizo)* grandine *f* **3.** *(de riñón)* calcolo *m* ● **piedra preciosa** pietra preziosa
piel [pjel] *f* **1.** pelle *f* **2.** *(de fruta)* buccia *f*
pierna [pjer'na] *f* **1.** *(de persona)* gamba *f* **2.** *(de animal)* coscia *f* ● **estirar las piernas** sgranchirsi le gambe ● **pierna de cordero** cosciotto di angello
pieza ['pjeθa] *f* **1.** pezzo *m* **2.** *(de tela)* pezza *f* **3.** *(en música)* brano *m* ● **pieza de recambio** pezzo di ricambio
pijama [pi'xama] *m* pigiama *m*
pila ['pila] *f* **1.** pila *f* **2.** *(fregadero)* lavello *m* ● **pila alcalina** pila alcalina
pilar [pi'lar] *m* pilastro *m*

píldora [pil'dora] *f* pillola *f*
pillar [pi'ʎar] *vt* **1.** *(agarrar)* pigliare **2.** *(aprisionar)* schiacciarsi **3.** *(fam)* *(sorprender)* beccare
pilotar [pilo'tar] *vt* pilotare
piloto [pi'loto] *mf* **1.** *(persona)* pilota *mf* **2.** *(luz de coche)* fanalino *m* ● **piloto automático** pilota automatico
pimentón [pimen'ton] *m* paprica *f*
pimienta [pi'mjenta] *f* pepe *m* ● **a la pimienta verde** al pepe verde
pimiento [pi'mjento] *m* peperone *m* ● **pimientos del piquillo** *peperoni rossi a punta serviti in genere grigliati* ● **pimientos asados** peperoni arrosto
pin [pin] *m* spilletta *f*
pincel [pin'θel] *m* pennello *m*
pinchar [pin'tʃar] *vt* **1.** *(con aguja, pinchos, etc)* pungere **2.** *(rueda)* forare **3.** *(persona)* punzecchiare **4.** *(fam)* *(con inyección)* fare un'iniezione ● **pincharse** *vp* bucarsi
pinchazo [pin'tʃaθo] *m* **1.** *(de rueda)* foratura *f* **2.** *(en piel)* puntura *f*
pinche [pin'tʃe] *adj* (Méx) *(fam)* dannato(a)
pincho [pin'tʃo] *m* spiedino *m*
ping-pong® [pim'pon] *m* ping-pong® *m inv*
pingüino [pin'gwino] *m* pinguino *m*
pino [pi'no] *m* pino *m* ● **los Pinos** *residenza ufficiale del presidente messicano*

Los Pinos

È la residenza ufficiale del presidente e del governo del Messico dal 1935, quando Lázaro Cárdenas rifiutò di occupare il tradizionale *Castillo de Chapultepec* e scelse questo palazzo noto come il *Rancho La Hormiga*, ribattezzato in nome del luogo in cui il presidente si era innamorato della moglie.

pintada [pin'taða] *f* faraona *f*
pintado, da [pin'taðo, ða] *adj* **1.** *(coloreado)* dipinto(a) **2.** *(maquillado)* truccato(a) ▼ **recién pintado** pittura fresca
pintalabios [pinta'laβjos] *m inv* rossetto *m*
pintar [pin'tar] *vt* **1.** *(cuadro)* dipingere **2.** *(pared)* pitturare **3.** *(fig)* *(describir)* descrivere ● **pintarse** *vp* truccarsi
pintor, ra [pin'tor, ra] *m,f* **1.** *(de cuadros)* pittore *m*, -trice *f* **2.** *(de paredes)* imbianchino *m*, -a *f*
pintoresco, ca [pinto'resko, ka] *adj* pittoresco(a)
pintura [pin'tura] *f* **1.** *(arte, sustancia)* pittura *f* **2.** *(cuadro)* dipinto *m*
pinzas ['pinθas] *fpl* **1.** *(de ropa)* mollette *f* **2.** *(instrumento)* pinza *f* **3.** *(pliegue)* pinces *fpl* **4.** *(de cangrejo)* chela *f*
piña ['pina] *f* **1.** *(del pino)* pigna *f* **2.** *(ananás)* ananas *m inv* **3.** *(fam)* *(de gente)* folla *f* ● **piña americana** ananas *m* ● **piña en almíbar** ananas sciroppato ● **piña natural** ananas al naturale
piñata [pi'nata] *f* *recipiente con dolciumi che i bambini spaccano per prelevarne il contenuto*
piñón [pi'non] *m* pinolo *m*

piojo ['pjoxo] *m* pidocchio *m*

pipa ['pipa] *f* pipa *f* • **fumar en pipa** fumare la pipa

pipí [pi'pi] *m (fam)* pipì *f inv* • **hacer pipí** fare la pipì

pique ['pike] *m (fam)* rancore *m* • **irse a pique** andare a picco

piragua [pi'raɣwa] *f* piroga *f*

piragüismo [pira'ɣwizmo] *m* canottaggio *f*

pirámide [pi'ramiðe] *f* piramide *f*

piraña [pi'raɲa] *f* piranha *m inv*

pirata [pi'rata] *adj & m (fig)* pirata

piratear [pirate'ar] *vt* rubare

Pirineos [piri'neos] *mpl* • **los Pirineos** i Pirenei

pirómano, na [pi'romano, na] *m,f* piromane *mf*

piropo [pi'ropo] *m* complimento *m*

pirueta [pi'rweta] *f* piroetta *f*

pisada [pi'saða] *f* 1. *(huella)* impronta *f* 2. *(ruido)* passo *m*

pisar [pi'sar] *vt* 1. *(suelo)* calpestare 2. *(aplastar)* schiacciare

piscina [pis'θina] *f* piscina *f*

Piscis [pis'θis] *m inv* Pesci *mpl*

pisco ['pisko] *m (Chile & Perú)* acquavite *f* di Pisco • **pisco sour** *(Chile & Perú)* cocktail *m* a base di pisco

piso ['piso] *m* 1. *(suelo)* suolo *m* 2. *(edificio)* piano *m* 3. *(Esp) (vivienda)* appartamento *m* • **piso bajo** pianoterra *m*

pisotón [piso'ton] *m* pestone *m*

pista ['pista] *f* pista *f* • **pista de tenis** campo *m* da tennis

pistacho [pis'tatʃo] *m* pistacchio *m*

pistola [pis'tola] *f* pistola *f*

pistolero [pisto'lero] *m* bandito *m*

pitar [pi'tar] *vi* fischiare • **salir pitando** partire in quarta

pitillera [piti'ʎera] *f* portasigarette *m*

pitillo [pi'tiʎo] *m* sigaretta *f*

pito ['pito] *m* fischio *m*

pitón [pi'ton] *m* 1. *(del toro)* corna *fpl* 2. *(de botijo, jarra)* beccuccio *m* 3. *(serpiente)* pitone *m*

pizarra [pi'θara] *f* lavagna *f*

pizarrón [piθa'ron] *m (Amér)* lavagna *f*

pizza ['piðsa] *f* pizza *f*

pizzería [piðse'ria] *f* pizzeria *f*

placa ['plaka] *f* 1. targa *f* 2. *(Méx) (matrícula)* targa *f*

placer [pla'θer] *m* piacere *m* • **es un placer** è un piacere

plan ['plan] *m* 1. piano *m* 2. *(intención)* progetto *m* • **hacer planes** fare progetti

plancha ['plantʃa] *f* 1. *(de metal, etc)* lastra *f* 2. *(para planchar)* ferro *m* da stiro 3. *(para cocinar)* piastra *f* 4. *(fam) (error)* gaffe *f inv* • **a la plancha** ai ferri

planchar [plan'tʃar] *vt* stirare

planeta [pla'neta] *m* pianeta *m*

plano, na ['plano, na] *adj* piano(a) ◇ *m* 1. piano *m* 2. *(mapa)* pianta *f*

planta ['planta] *f* 1. pianta *f* 2. *(edificio)* piano *m* 3. *(fábrica)* impianto *m* • **planta baja** pianoterra *m* • **segunda planta** secondo piano

plantar [plan'tar] *vt* piantare • **plantarse** *vp* 1. *(ponerse firme)* ostinarsi 2. *(en* *naipes)* passare

planteamiento [plantea'mjento] *m* **1.** *(explicación)* presentazione *f* **2.** *(perspectiva)* impostazione *f*

plantear [plante'ar] *vt* **1.** *(plan, proyecto)* progettare **2.** *(problema, cuestión)* impostare ● **plantearse** *vp* porsi

plantilla [plan'tiʎa] *f* **1.** *(de zapato)* soletta *f* **2.** *(patrón)* sagoma *f*

plástico ['plastiko] *m* plastica *f* ● **de plástico** di plastica

plastificar [plastifi'kar] *vt* plastificare

plastilina® [plasti'lina] *f* plastilina® *f*

plata ['plata] *f* **1.** argento *m* **2.** *(Amér) (fam) (dinero)* soldi *mpl* ● **de plata** d'argento

plataforma [plata'forma] *f* **1.** *(tarima)* podio *m* **2.** *(de tren, autobús, etc)* piattaforma *f*

plátano ['platano] *m* **1.** *(árbol)* platano *m* **2.** *(fruta)* banana *f*

platea [pla'tea] *f* platea *f*

plateresco, ca [plate'resko, ka] *adj* plateresco(a)

plática ['platika] *f (CAm & Méx)* conversazione *f*

platicar [plati'kar] *vi (CAm & Méx)* conversare

platillo [pla'tiʎo] *m* **1.** *(plato pequeño)* piattino *m* **2.** *(de balanza)* piatto *m* ● **platillos** *mpl* piatti *mpl*

plato [ˈplato] *m* piatto *m* ● **plato combinado** piatto unico ● **plato principal** piatto principale ● **plato del día** piatto del giorno ● **platos caseros** cucina casalinga

platudo, da [pla'tuðo, ða] *adj (Amér) (fam)* ricco(a)

playa ['plaja] *f* spiaggia *f* ● **playa de estacionamiento** *(CSur & Perú)* parcheggio *m*

playeras [pla'jeras] *fpl* sandali *mpl* infradito

plaza ['plaθa] *f* **1.** posto *m* **2.** *(en población)* piazza *f* **3.** *(Esp) (mercado)* mercato *m* ● **plaza de toros** arena *f*

plazo ['plaθo] *m* **1.** *(de tiempo)* termine *m* **2.** *(pago)* rata *f* ● **a corto plazo** a breve termine ● **a largo plazo** a lungo termine ● **a plazos** a rate

plegable [ple'ɣaβle] *adj* pieghevole

pleito ['plejto] *m* processo *m*

plenamente [ˌplena'mente] *adv* pienamente

plenitud [pleni'tuð] *f* culmine *m*

pleno, na ['pleno, na] ◇ *adj* pieno(a) ◇ *m* plenum *m inv*

pliegue ['pljeɣe] *m* piega *f*

plomería [plome'ria] *f (Amér)* idraulica *f*

plomero [plo'mero] *m (Amér)* idraulico *m*

plomo ['plomo] *m* **1.** *(metal)* piombo *m* **2.** *(bala)* pallottola *f* **3.** *(fam) (persona)* mattone *m*

pluma ['pluma] *f* **1.** *(de ave)* piuma *f* **2.** *(para escribir)* penna *f* ● **pluma estilográfica** o **fuente** *(Amér)* penna stilografica

plumaje [plu'maxe] *m* **1.** *(de ave)* piumaggio *m* **2.** *(adorno)* pennacchio

plumero [plu'mero] *m* **1.** *(para polvo)* piumino *m* **2.** *(adorno)* pennacchio *m*
plumier [plu'mjer] *(pl* **plumiers)** *m* astuccio *m*
plumilla [plu'miʎa] *f* pennino *m*
plumón [plu'mon] *f* piumone *m*
plural [plu'ral] *adj* & *m* plurale *m*
pluralidad [plurali'ðað] *f* pluralità *f inv*
plusmarca [pluz'marka] *f* record *m inv*
plusmarquista [pluzmar'kista] *mf* primatista *mf*
p.m. ['pe'eme] *(abr de* post meridiem*)* p.m.
PM *(abr de* policía militar*)* P.M.
p.n. *(abr de* peso neto*)* peso netto
p.o. *(abr de* por orden*)* per c/
población [poβla'θjon] *f* **1.** *(habitantes)* popolazione *f* **2.** *(ciudad)* città *f inv*
poblado, da [po'βlaðo, ða] *adj* popolato(a) ◆ *m* paese *m*
poblar [po'βlar] *vt* popolare
pobre ['poβre] *adj* & *mf* povero(a)
pobreza [po'βreθa] *f* povertà *f inv*
pocilga [po'θiʎa] *f (fig)* porcile *m*
pocillo [po'θiʎo] *m (Amér)* tazzina *f*
poco, ca ['poko, ka] *adj* poco(a) ◆ *adv* **poco** ● **por poco** per poco ● **un poco (de)** un po' (di) ● **dentro de poco** tra poco ● **hace poco** poco fa ● **poco a poco** poco a poco ● **pocos, cas** *pron* pochi(e)
poda ['poða] *f* potatura *f*
podar [po'ðar] *vt* potare
poder [po'ðer]
◇ *m* potere *m*
◇ *aux* potere
◇ *vi* può darsi
◇ *vt* essere più forte ● **tiene poder para convencer a los demás** ha il dono di convincere gli altri ● **poder adquisitivo** potere d'acquisto ● **estar en el poder** essere al potere ● **hacerse con el poder** impossessarsi del potere ● **estar en poder de alguien** essere in potere di qn ● **puedo levantar esta piedra** posso sollevare questa pietra ● **¿se puede fumar aquí?** si può fumare qui? ● **no puedo salir por la noche** non posso uscire la sera ● **no podemos abandonarlo** non possiamo abbandonarlo ● **puedo ir en barco o en avión** posso prendere la nave o l'aereo ● **podías haber cogido el tren** avresti potuto prendere il treno ● **podría ser más discreto** potrebbe essere più discreto ● **¡hubiera podido invitarnos!** avrebbe potuto invitarci! ● **a** o **hasta más no poder** a più non posso ● **no poder más** non poterne più ● **¿se puede?** si può? ● **puede ser que llueva** può darsi che piova ● **no puede ser verdad** non può essere vero ● **¿vendrás mañana? - puede** verrai domani? - può darsi ● **no hay quien me pueda** nessuno mi può battere
● **poder con** *v + prep* **1.** *(rival)* sconfiggere **2.** *(enfermedad)* vincere **3.** *(tarea, problema)* farcela ◆ *(soportar)* sopportare
poderoso, sa [poðe'roso, sa] *adj* potente
podio ['poðjo] *m* podio *m*
podrido, da [po'ðriðo, ða] *adj* mar-

cio(a)

poema [po'ema] *m* poesia *f*

poesía [poe'sia] *f* poesia *f*

poeta [po'eta] *mf* poeta *m*, -essa *f*

poético, ca [po'etiko, ka] *adj* poetico(a)

polar [po'lar] *adj* polare

polaroid ® [pola'roið] *f* polaroid ® *f inv*

polea [po'lea] *f* puleggia *f*

polémica [po'lemika] *f* polemica *f*

polémico, ca [po'lemiko, ka] *adj* polemico(a)

polen ['polen] *m* polline *m*

polichinela [politʃi'nela] *m* pulcinella *m*

policía [poli'θia] *f* polizia *f* ◆ *mf* poliziotto *m*, -a *f* ◆ **policía municipal/urbana** vigili *mpl* urbani ◆ **policía nacional** polizia *f*

policíaco, ca [poli'θiako, ka] *adj* poliziesco(a)

polideportivo [poliðepor'tiβo] *m* polisportiva *f*

poliéster [po'ljester] *m* poliestere *m*

políglota [po'liɣlota] *mf* poliglotta *m* o *f*

polígono [po'liɣono] *m* poligono *m*

politécnica [poli'teɣnika] *f* politecnico *m*

política [po'litika] *f* politica *f* ▶ **político**

político, ca [po'litiko, ka] ◆ *adj* **1.** *(de política)* politico(a) **2.** *(pariente)* ◆ **padre político** suocero *m* ◆ **madre política** suocera *f* ◆ **familia política** famiglia acquisita ◆ *m, f* politico *m*, -a *f*

póliza ['poliθa] *f* **1.** *(de seguros)* polizza *f* **2.** *(sello)* marca *f* da bollo

pollito [po'ʎito] *m* pulcino *m*

pollo ['poʎo] *m* **1.** pollo *m* **2.** ◆ **pollo a la plancha** pollo alla griglia ◆ **pollo al ajillo** pollo all'aglio ◆ **pollo al curry** pollo al curry ◆ **pollo asado** pollo alla brace

polluelo [po'ʎwelo] *m* pulcino *m*

polo ['polo] *m* **1.** polo *m* **2.** *(jersey)* polo *f inv*

Polonia [po'lonja] *f* Polonia *f*

Polo Norte ['polo'norte] *m* ◆ **el Polo Norte** il Polo Nord

Polo Sur ['polo'sur] *m* ◆ **el Polo Sur** il Polo Sud

polución [polu'θjon] *f* inquinamento *m*

polvera [pol'βera] *f* portacipria *m*

polvo ['polβo] *m* polvere *f* ◆ **polvos** *mpl (en cosmética, medicina)* polvere *f* ◆ **polvos de talco** borotalco *m*

pólvora ['polβora] *f* polvere *f* da sparo

polvoriento, ta [polβo'rjento, ta] *adj* polveroso(a)

polvorón [polβo'ron] *m* dolcetto natalizio di pasta sablée

pomada [po'maða] *f* pomata *f*

pomelo [po'melo] *m* pompelmo *m*

pomo ['pomo] *m* **1.** *(de puerta, cajón)* pomolo *m* **2.** *(de espada)* impugnatura *f*

pómulo ['pomulo] *m* zigomo *m*

ponchar [pon'tʃar] *vt (CAm & Méx)* bucare ◆ **poncharse** *vp (CAm & Méx)* bucarsi

poner [po'ner] *vt* **1.** mettere **2.** *(vestir)* ◆ **poner algo a alguien** mettere qc a qn **3.** ◆ **poner algo de mi/tu, parte** fare qc da parte mia/tua **4.** *(hacer estar de cierta manera)* mettere **5.** *(precio, medida, pes-*

stabilire; *(multa, deberes)* dare **6.** *(telegrama, fax)* inviare; *(conferencia)* chiamare *(in teleselezione)* **7.** *(radio, televisión, etc)* accendere **8.** *(lavavajillas, lavadora, etc)* mettere in funzione **9.** *(en cine, teatro, TV)* ◆ **poner una película** mandare un film **10.** *(exponer)* ◆ **poner algo/a alguien a** mettere qc/qn a **11.** *(tienda, comercio)* aprire **12.** *(decorar)* arredare **13.** *(llamar)* ◆ **le pusieron Mario al niño** l'hanno chiamato Mario, il bambino ◆ **¿qué nombre le han puesto?** che nome gli hanno dato? **14.** *(suj: ave)* deporre ◆ **me pones de mal humor** mi metti di cattivo umore ◆ **le has puesto colorado** l'hai fatto arrossire ◆ **por:erse** *vp* **1.** mettersi **2.** *(estar de cierta manera)* diventare **3.** *(vestirse)* vestirsi **4.** *(iniciar acción)* ◆ **ponerse a hacer algo** mettersi a fare qc **5.** *(de salud)* ◆ **ponerse malo** o **enfermo** ammalarsi ◆ **ponerse bien** guarire **6.** *(llenarse)* ◆ **ponerse de algo** riempirsi di qc **7.** *(suj: astro)* tramontare

poniente [po'njente] *m* ponente *m*

popa ['popa] *f* poppa *f*

popote [pe'pote] *m (Méx)* cannuccia *f*

popular [popu'lar] *adj* popolare

popularidad [populari'ðað] *f* popolarità *f inv*

póquer ['poker] *m* poker *m inv*

por [por] *prep* **1.** *(causa)* per ◆ **se enfadó por tu comportamiento** si arrabbiò per come ti sei comportato **2.** *(finalidad)* per ◆ **lo hizo por complacerte** l'ha fatto per farti piacere ◆ **lo compro por ti** te lo compro per te **3.** *(medio, modo)* per ◆ **por mensajero/fax** per corriere/fax ◆ **por escrito** per iscritto; *(agente)* ◆ **el récord fue batido por el atleta** il record fu battuto dall'atleta **4.** *(tiempo aproximado)* verso ◆ **creo que la boda será por abril** credo che le nozze si celebranno verso aprile **5.** *(tiempo concreto)* di ◆ **por la mañana/tarde/noche** di mattina/pomeriggio/sera ◆ **por unos días** per alcuni giorni **6.** *(aproximadamente en)* ◆ **está por ahí** è lì da qualche parte ◆ **¿por dónde vive?** da che parte abita? **7.** *(a través de)* da ◆ **pasar por la aduana** passare dalla dogana ◆ **entramos en Francia por Irún** siamo entrati in Francia passando da Irun **8.** *(a cambio, en lugar de)* per ◆ **cambio el coche por la moto** cambio la macchina per la moto ◆ **él lo hará por mí** lo farà al mio posto **9.** *(distribución)* a ◆ **cien euros por unidad** cento euro al pezzo ◆ **20 km por hora** 20 km all'ora **10.** *(en matemáticas)* per ◆ **dos por dos igual a cuatro** due per due fa quattro

porcelana [porθe'lana] *f* porcellana *f*

porcentaje [porθen'taxe] *m* percentuale *f*

porche ['portʃe] *m* portico *m*

porción [por'θjon] *f* porzione *f*

porno ['porno] *adj (fam)* porno *inv*

pornografía [pornoɣra'fia] *f* pornografia *f*

pornográfico, ca [porno'ɣrafiko, ka] *adj* pornografico(a)

porque ['porke] *conj* perché

porqué [por'ke] *m* perché *m inv*
porrón [po'ron] *m* caraffa *f*
portaaviones [,portaaβi'ones] *m inv* portaerei *f inv*
portada [por'taða] *f* copertina *f*
portador, ra [porta'ðor, ra] *m,f* portatore *m*, -trice *f* ● **al portador** al portatore
portaequipajes [,portaeki'paxes] *m inv* portabagagli *m inv*
portafolios [porta'foljos] *m inv* portadocumenti *m inv*
portal [por'tal] *m* portone *m*
portalámparas [porta'lamparas] *m inv* portalampada *f*
portarse [por'tarse] *vp* comportarsi ● **portarse bien/mal** comportarsi bene/male
portátil [por'tatil] *adj* portatile
portavoz [porta'βoθ] (*pl* **-ces**) *mf* portavoce *mf*
portazo [por'taðo] *m* ● **dar un portazo** sbattere la porta
portería [porte'ria] *f* **1.** (*en edificio*) portineria *f* **2.** (*en deporte*) porta *f*
portero, ra [r'rpoteo, ra] *m,f* **1.** (*en edificio*) portinaio *m*, -a *f* **2.** (*en deporte*) portiere *m*, -a *f* ● **portero automático** citofono *m*
Portugal [portu'ɣal] *m* Portogallo *m*
portugués, esa [r'rtuɣes, esa] *adj* & *m,f* portoghese ◇ *m* portoghese *m*
porvenir [porβe'nir] *m* avvenire *m*
posada [po'saða] *f* locanda *f*
posarse [po'sarse] *vp* posarsi
posavasos [posa'βasos] *m inv* sottobicchiere *m*
posdata [pozˈðata] *f* poscritto *m*
pose [ˈpose] *f* posa *f*
poseedor, ra [posee'ðor, ra] *m,f* proprietario *m*, -a *f*
poseer [pose'er] *vt* possedere
posesión [pose'sjon] *f* possesso *m* ● **posesiones** *fpl* possedimenti *mpl*
posesivo, va [pose'siβo, βa] ◇ *adj* possessivo(a) ◇ *m* possessivo *m*
posgrado [posˈɣraðo] *m* ≃ laurea specialistica
posibilidad [posiβili'ðað] *f* possibilità *f inv*
posible [po'siβle] *adj* possibile
posición [posi'θjon] *f* posizione *f*
positivamente [posi,tiβa'mente] *adv* positivamente
positivo, va [posi'tiβo, βa] ◇ *adj* positivo(a) ◇ *m* positiva *f*
posmoderno, na [pozmo'ðerno, na] *adj* postmoderno(a)
poso ['poso] *m* sedimento *m*
postal [pos'tal] *f* cartolina *f*
poste ['poste] *m* palo *m*
póster ['poster] *m* poster *m inv*
posterior [poste'rjor] *adj* **1.** posteriore **2.** (*en orden*) successivo(a)
postre ['postre] *m* dolce *m* ● **postre de la casa** dolce della casa
póstumo, ma ['postumo, ma] *adj* postumo(a)
postura [pos'tura] *f* posizione *f*
potable [po'taβle] *adj* **1.** potabile **2.** (*fam*) (*aceptable*) accettabile
potaje [po'taxe] *m* verdure *fpl* in umido ● **potaje de garbanzos** stufato *m* di ceci

potencia [po'tenθja] f potenza f
potenciar [poten'θjar] vt potenziare
potro ['potro] m 1. (caballo) puledro m 2. (en gimnasia) cavallo m
pozo ['poθo] m pozzo m
p.p. (abr de por poder) p. p.
práctica ['praktika] f 1. pratica f 2. (de actividad) tirocinio m ◆ **prácticas** fpl lezioni fpl pratiche
practicante [prakti'kante] mf 1. praticante mf 2. ◆ **practicante** (ambulatorio) aiuto m infermiere
practicar [prakti'kar] ◇ vt praticare ◇ vi fare pratica
práctico, ca ['praktiko, ka] adj pratico(a)
pradera [pra'ðera] f prateria f
prado ['praðo] m prato m
pral. principal
precario, ria [pre'karjo, rja] adj precario(a)
precaución [prekau'θjon] f precauzione f
precintado, da [preθin'taðo, ða] adj sigillato(a)
precio ['preθjo] m prezzo m ◆ **precio fijo/de coste** prezzo fisso/di costo **tener un precio** avere un prezzo
preciosidad [preθjosi'ðað] f bellezza f
precioso, sa [pre'θjoso, sa] adj 1. (bonito) bello(a) 2. (valioso) prezioso(a)
precipicio [preθi'piθjo] m precipizio m
precipitación [preθipita'θjon] f precipitazione f
precipitado, da [preθipi'taðo, ða] adj precipitoso(a)

precipitarse [preθipi'tarse] vp 1. (actuar sin pensar) precipitarsi 2. (por un barranco) precipitare
precisamente [preθisa'mente] adv proprio
precisar [preθi'sar] vt 1. (especificar) precisare 2. (necesitar) avere bisogno di
preciso, sa [pre'θiso, sa] adj 1. (exacto) preciso(a) 2. (imprescindible) necessario(a)
precoz [pre'koθ] adj precoce
predicar [preði'kar] vt predicare
predilecto, ta [preði'lekto, ta] adj prediletto(a)
predominar [preðomi'nar] vt predominare
preescolar [preesko'lar] adj prescolastico(a)
preferencia [prefe'renθja] f preferenza f
preferible [prefe'riβle] adj preferibile
preferir [prefe'rir] vt preferire
prefijo [pre'fixo] m prefisso m
pregón [pre'ɣon] m discorso m celebrativo
pregonar [preɣo'nar] vt 1. (noticia) divulgare 2. (secreto) sbandierare
pregonero [preɣo'nero] m banditore m
pregunta [pre'ɣunta] f domanda f ◆ **hacer una pregunta** fare una domanda
preguntar [preɣun'tar] vt 1. (duda, cuestión, etc) domandare 2. chiedere ◆ **preguntar por** v + prep chiedere di ◆ **preguntarse** vp chiedersi
prehistórico, ca [preis'toriko, ka] adj preistorico(a)
prejuicio [pre'xwiθjo] m pregiudizio m

prematuro, ra [prema'turo, ra] *adj* prematuro(a)
premeditación [premeðita'θjon] *f* premeditazione *f*
premiar [pre'mjar] *vt* premiare
premio ['premjo] *m* premio *m* ◆ **premio gordo** primo premio ◆ **ganar un premio** vincere un premio
prenatal [prena'tal] *adj* prenatale
prenda ['prenda] *f* 1. *(vestido)* indumento *m* 2. *(garantía)* caparra *f*
prensa ['prensa] *f* 1. *(para comprimir)* pressa *f* 2. *(para imprimir)* tipografia *f* ◆ **la prensa** la stampa
preocupación [preokupa'θjon] *f* preoccupazione *f*
preocupado, da [preoku'paðo, ða] *adj* ◆ **estar preocupado** essere preoccupato(a)
preocupar [preoku'par] *vi* preoccupare ◆ **preocuparse por** preoccuparsi per ◆ **preocuparse de** v + prep preoccuparsi di
preparación [prepara'θjon] *f* preparazione *f*
preparar [prepa'rar] *vt* preparare
prepararse *vp* prepararsi
preparativos [prepara'tiβos] *mpl* preparativi *mpl*
preparatoria [prepara'torja] *f* (*Méx*) triennio finale delle scuole secondarie propedeutico all'Università

preparatoria

In Messico sono i tre anni di studio propedeutici all'università. Gli studenti cominciano la *prepa* a 16 anni e finiscono a 19.

preponderante [preponde'rante] *adj* preponderante
preposición [preposi'θjon] *f* preposizione *f*
prepotente [prepo'tente] *adj* prepotente
presa ['presa] *f* 1. *(de animal)* preda *f* 2. *(embalse)* bacino *m* ◆ **preso**
presbiterio [prezβi'terjo] *m* presbiterio *m*
prescindir [presθin'dir] ◆ **prescindir de** v + prep prescindere da
presencia [pre'senθja] *f* presenza *f*
presenciar [presen'θjar] *vt* presenziare
presentable [presen'taβle] *adj* presentabile
presentación [presenta'θjon] *f* presentazione *f*
presentador, ra [presenta'ðor, ra] *m,f* presentatore *m*, -trice *f*
presentar [presen'tar] *vt* presentare
presentarse *vp* presentarsi ◆ **presentarse a** v + prep presentarsi a

presentarse

Para presentarse en circunstancias informales basta con decir el nombre y se puede tutear al interlocutor, *Ciao, io sono Claudia. Tu come ti chiami?* En un contexto más formal es mejor hacerlo con el nombre y apellido, y tratar de usted a quien se halla enfrente, *Mi presento, sono Pietro Anania*. Al presentar a alguien, a veces se especifica la relación que nos une con la persona e incluso se añade información acerca de su profesión, *Anna, questo è mio marito Paolo* o *Professore, posso presentarle il mio collega Andrea Peverini?* Al presentarse, los italianos se dan la mano y a menudo acompañan este gesto con un *Piacere*, al que se puede responder con un deferente *Il piacere è tutto mio*.

presente [pre'sente] ◇ *adj* presente ◇ *m* presente *m* ● **tener presente** avere presente ● **los presentes** i presenti

presentimiento [presenti'mjento] *m* presentimento *m*

preservar [preser'βar] *vt* preservare

preservativo [preserβa'tiβo] *m* preservativo *m*

presidencia [presi'ðenθja] *f* presidenza *f*

presidencial [presiðen'θjal] *adj* presidenziale

presidente, ta [presi'ðente, ta] *m, f* presidente *m*, -essa *f*

presidiario, ria [presi'ðjarjo, rja] *m, f* detenuto *m*, -a *f*

presidir [presi'ðir] *vt* 1. (*ser presidente de*) presiedere 2. (*predominar*) predominare

presión [pre'sjon] *f* pressione *f* ● **presión sanguínea** pressione sanguigna

preso, sa ['preso, sa] *m, f* prigioniero *m*, -a *f*

préstamo ['prestamo] *m* prestito *m*

prestar [pres'tar] *vt* 1. prestare 2. (*silencio, atención*) fare ● **prestarse a** *v* + *prep* prestarsi a

prestigio [pres'tixjo] *m* prestigio *m*

presumido, da [presu'miðo, ða] *adj* presuntuoso(a)

presumir [presu'mir] *vi* ● **presumir (de)** vantarsi (di)

presunción [presun'θjon] *f* 1. (*suposición*) supposizione *f* 2. (*vanidad*) presunzione *f*

presunto, ta [pre'sunto, ta] *adj* presunto(a)

presuntuoso, sa [presuntu'oso, sa] *adj* presuntuoso(a)

presupuesto [presu'pwesto] *m* preventivo *m*

pretencioso, sa [preten'θjoso, sa] *adj* pretenzioso(a)

pretender [preten'der] *vt* 1. (*intentar*) pretendere 2. (*aspirar a*) aspirare a 3. (*hacer creer*) affermare

pretendiente [preten'djente] *mf* (*al trono*) pretendente *mf*

pretensión [preten'sjon] *f* pretesa *f*

pretexto [pre'teksto] *m* pretesto *m*

prever [pre'βer] *vt* prevedere

previo, via ['preβjo, βja] *adj* previo(a)

previsor, ra [preβi'sor, ra] *adj* previdente

previsto, ta [pre'βisto, ta] *adj* previsto(a)

primaria [pri'marja] *f* (*enseñanza*) elementari *fpl*

primario, ria [pri'marjo, rja] *adj* primario(a)

primavera [prima'βera] *f* primavera *f*

primer [pri'mer] *núm* = primero

primera [pri'mera] f prima f • **primero**
primero, ra [pri'mero,¹ ra] ◇ *núm* primo(a) ◇ *m,f* primo *m*, -a f ◇ *adv* in primo luogo • **lo primero** la prima cosa • **a primeros de** ai primi di • **sexto**
primo, ma ['primo, ma] *m,f* cugino *m*, -a f
primogénito, ta [primo'xenito, ta] *m,f* primogenito *m*, -a f
princesa [prin'θesa] f principessa f
principado [prinθi'paðo] *m* principato *m*
principal [prinθi'pal] *adj* principale • *m* mezzanino *m*
príncipe ['prinθipe] *m* principe *m*
principiante [prinθi'pjante] *m* principiante *m*
principio [prin'θipjo] *m* principio *m* • **a principios de** agli inizi di • **al principio** all'inizio • **en principio** in linea di massima • **por principios** per principio
pringoso, sa [prin'goso, sa] *adj* appiccicoso(a)
prioridad [priori'ðað] f priorità f inv
prisa ['prisa] f fretta f • **darse prisa** far in fretta • **tener prisa** avere fretta
prisión [pri'sjon] f prigione f
prisionero, ra [prisjo'nero, ra] *m,f* prigioniero *m*, -a f
prisma ['prizma] *m* prisma *m*
prismáticos [priz'matikos] *mpl* binocolo *m*
privado, da [pri'βaðo, ða] *adj* privato(a) • **en privado** in privato

privar [pri'βar] • **privar de** *v + prep* privare di • **privarse** *vp* • **privarse (de)** privarsi (di)
privilegiado, da [priβile'xjaðo, ða] *adj* privilegiato(a)
privilegio [priβi'lexjo] *m* privilegio *m*
proa ['proa] f prua f
probabilidad [proβaβili'ðað] f probabilità f inv
probable [pro'βaβle] *adj* probabile
probador [proβa'ðor] *m* camerino *m*
probar [pro'βar] *vt & vi* provare • **probarse** *vp* provarsi
probeta [pro'βeta] f provetta f
problema [pro'βlema] *m* problema *m*
problemático, ca [proβle'matiko, ka] *adj* problematico(a)
procedencia [proθe'ðenθja] f 1. (origen, fuente) origine f 2. (de un tren, barco) provenienza f
procedente [proθe'ðente] *adj* 1. (originario) proveniente 2. (oportuno) adeguato(a) • **procedente de** proveniente da
proceder [proθe'ðer] ◇ *m* comportamento *m* ◇ *vi* 1. (actuar) agire 2. (ser oportuno) essere giusto(a) • **proceder de** *v + prep* 1. (provenir) derivare 2. (de un lugar) provenire
procedimiento [proθeði'mjento] *m* procedimento *m*
procesado, da [proθe'saðo, ða] *m,f* imputato *m*, -a f
procesar [proθe'sar] *vt* processare
procesión [proθe'sjon] f processione f
proceso [pro'θeso] *m* 1. processo *m* 2.

(de tiempo) corso *m*
proclamación [proklama'θjon] *f* proclamazione *f*
proclamar [prokla'mar] *vt* 1. proclamare 2. *(aclamar)* acclamare ◆ **proclamarse** *vp* proclamarsi
procurar [proku'rar] *vt* tentare ◆ **he procurado evitarlo** ho cercato di evitarlo
prodigarse [prodi'γarse] *vp* prodigarsi
producción [produk'θjon] *f* produzione *f*
producir [produ'θir] *vt* produrre ◆ **producirse** *vp* prodursi
productividad [produktiβi'ðað] *f* produttività *f inv*
productivo, va [produk'tiβo, βa] *adj* 1. *(que produce)* produttivo(a) 2. *(que da beneficio)* redditizio(a)
producto [pro'ðukto] *m* 1. prodotto *m* 2. *(beneficios)* ricavato *m*
productor, ra [produk'tor, ra] *m,f* produttore *m*, -trice *f*
productora [produk'tora] *f* casa *f* di produzione
profecía [profe'θia] *f* profezia *f*
profesión [profe'sjon] *f* professione *f*
profesional [profesjo'nal] ◇ *adj* professionale ◇ *mf* professionista *m*
profesionista [profesjo'nista] *mf* (Méx) professionista *mf*
profesor, ra [profe'sor, ra] *m,f* professore *m*, -essa *f*
profeta [pro'feta] *m* profeta *m*
profiteroles [profite'roles] *mpl* profite-

roles *m inv*
profundidad [profundi'ðað] *f* profondità *f inv*
profundo, da [pro'fundo, da] *adj* profondo(a)
programa [pro'γrama] *m* programma *m*
programación [proγrama'θjon] *f* programmazione *f*
programador, ra [proγrama'ðor, ra] *m,f* programmatore *m*, -trice *f*
programar [proγra'mar] *vt* programmare
progresar [proγre'sar] *vi* progredire
progresivo, va [proγre'siβo, βa] *adj* progressivo(a)
progreso [pro'γreso] *m* progresso *m*
prohibición [proiβi'θjon] *f* proibizione *f*
prohibido, da [proi'βiðo, da] *adj* proibito(a) ▼ **prohibido aparcar** divieto di sosta ▼ **prohibido el paso** divieto di accesso ▼ **prohibido el paso a personas ajenas a la obra** vietato l'ingresso ai non addetti ▼ **prohibido fijar carteles** affissione vietata ▼ **prohibido fumar** vietato fumare ▼ **prohibida la entrada** ingresso vietato ▼ **prohibida la entrada a menores** ingresso vietato ai minori
prohibir [proi'βir] *vt* proibire
prójimo ['proximo] *m* prossimo *m*
proliferación [prolifera'θjon] *f* proliferazione *f*
prólogo ['proloγo] *m* prologo *m*
prolongar [prolon'gar] *vt* prolungare ◆ **prolongarse** *vp* dilungarsi
promedio [pro'meðjo] *m* media *f*

promesa [pro'mesa] f promessa f
prometer [prome'ter] vt & vi prometere ◆ **prometerse** vp fidanzarsi
prometido, da [prome'tiðo, ða] m,f fidanzato m, -a f
promoción [promo'θjon] f promozione f ◆ **promoción de ventas** promozione delle vendite
promocionar [promoθjo'nar] vt promuovere ◆ **promocionarse** vp farsi pubblicità
promotor, ra [promo'tor, ra] m,f motore f, -trice f
pronóstico [pro'nostiko] m 1. (predicción) pronostico m 2. (en medicina) prognosi f inv ◆ **pronóstico del tiempo** previsioni fpl del tempo
pronto ['pronto] adv presto ◆ **de pronto** all'improvviso ◆ **tan pronto como** non appena
pronunciación [pronunθja'θjon] f pronuncia f
pronunciar [pronun'θjar] vt pronunciare
propaganda [propa'γanda] f propaganda f
propensión [propen'sjon] f propensión a propensione a
propenso, sa [pro'penso, sa] adj ◆ **ser propenso a** essere propenso a
propicio, cia [pro'piθjo, θja] adj propizio m, -a f
propiedad [propje'ðað] f proprietà f inv
propietario, ria [propje'tarjo, rja] m,f proprietario m, -a f
propina [pro'pina] f mancia f

propina

In Spagna il servizio è incluso nella *cuenta* e la mancia non è obbligatoria né al bar, né al ristorante. Non si usa lasciare la mancia neanche ai tassisti.

propio, pia ['propjo, pja] adj 1. (de propiedad) proprio(a) 2. (apropiado) appropriato(a) ◆ **lo vi con mis propios ojos** l'ho visto coi miei occhi ◆ **me lo dijo su propia madre** me l'ha detto sua madre ◆ **este comportamiento es propio de Juan** questo comportamento è tipico di Juan
proponer [propo'ner] vt proporre ◆ **proponerse** vp proporsi
proporcionado, da [proporθjo'naðo, ða] adj proporzionato(a)
proporcionar [proporθjo'nar] vt fornire
proposición [proposi'θjon] f proposta f
propósito [pro'posito] m proposito m ◆ **lo hizo a propósito** l'ha fatto apposta ◆ **a propósito de** a proposito di
propuesta [pro'pwesta] f proposta f
prórroga [proroγa] f proroga f
prorrogar [proro'γar] vt prorogare
prosa ['prosa] f prosa f
proscrito, ta [pros'krito, ta] m,f proscritto m, -a f
prospecto [pros'pekto] m 1. (folleto) opuscolo m 2. (de medicamento) foglio m delle avvertenze

próspero, ra ['prospero, ra] *adj* prospero(a)
prostíbulo [pros'tiβulo] *m* postribolo *m*
prostitución [prostitu'θjon] *f* prostituzione *f*
prostituta [prosti'tuta] *f* prostituta *f*
protagonista [protaɣo'nista] *mf* protagonista *m*
protección [protek'θjon] *f* protezione *f*
proteger [prote'xer] *vt* proteggere ◆ **protegerse** *vp* proteggersi
protegido, da [prote'xiðo, ða] *m,f* protetto *m*, -a *f*
proteína [prote'ina] *f* proteina *f*
protesta [pro'testa] *f* protesta *f*
protestante [protes'tante] *mf* protestante *mf*
protestar [protes'tar] *vi* protestare
protocolo [proto'kolo] *m* protocollo *m*
provecho [pro'βetʃo] *m* **1.** *(beneficio)* vantaggio *m* **2.** *(rendimiento)* profitto *m* ◆ **buen provecho** buon appetito
provechoso, sa [proβe'tʃoso, sa] *adj* utile
provenir [proβe'nir] ◆ **provenir de** *v + prep* provenire da
proverbio [pro'βerβjo] *m* proverbio *m*
provincia [pro'βinθja] *f* provincia *f*
provisional [proβisjo'nal] *adj* provvisorio(a)
provocación [proβoka'θjon] *f* provocazione *f*
provocar [proβo'kar] ◇ *vt* provocare ◇ *vi (Amér) (apetecer)* piacere
provocativo, va [proβoka'tiβo, βa] *adj* provocatorio(a)

próximo, ma ['proksimo, ma] *adj* prossimo(a)
proyección [projek'θjon] *f* proiezione *f*
proyectar [projek'tar] *vt* **1.** proiettare **2.** *(idear)* progettare
proyecto [pro'jekto] *m* progetto *m*
proyector [projek'tor] *m* proiettore *m*
prudencia [pru'ðenθja] *f* prudenza *f*
prudente [pru'ðente] *adj* prudente
prueba ['prueβa] *f* prova *f*
psicoanálisis [sikoa'nalisis] *m inv* psicoanalisi *f inv*
psicología [sikolo'xia] *f* psicologia *f*
psicológico, ca [siko'loxiko, ka] *adj* psicologico(a)
psicólogo, ga [si'koloɣo, ɣa] *m,f* psicologo *m*, -a *f*
psicópata [si'kopata] *mf* psicopatico *m*, -a *f*
psiquiatra [si'kjatra] *mf* psichiatra *mf*
psiquiátrico [si'kjatriko] *m* ospedale *m* psichiatrico
psíquico, ca [si'kikiko, ka] *adj* psichico(a)
pta. ➢ peseta
púa ['pua] *f* **1.** *(pincho)* spina *f* **2.** *(de peine)* dente *m*
pub [puβ] *m* pub *m inv*
pubertad [puβer'tað] *f* pubertà *f inv*
pubis ['puβis] *m inv* pube *m*
publicación [puβlika'θjon] *f* pubblicazione *f*
públicamente [ˌpuβlika'mente] *adv* pubblicamente
publicar [puβli'kar] *vt* pubblicare
publicidad [puβliθi'ðað] *f* pubblicità *f inv*

publicitario, ria [puβliθi'tarjo, rja] *adj* pubblicitario(a)

público, ca ['puβliko, ka] ◇ *adj* pubblico(a) ◇ *m* pubblico *m* • **en público** in pubblico

pucha ['putʃa] *interj (Andes & RP)* porca miseria!

pudor [pu'ðor] *m* pudore *m*

pudrir [pu'ðrir] *vt* marcire • **pudrirse** *vp* marcire

pueblo ['pweβlo] *m* 1. *(nación, gente)* popolo *m* 2. *(población, localidad)* paese *m*

puente ['pwente] *m* ponte *m* • **hacer puente** fare il ponte • **puente aéreo** ponte aereo

puerco, ca ['pwerko, ka] ◇ *adj* sporco(a) ◇ *m, f* 1. *(cerdo)* maiale *m*, scrofa *f* 2. *(persona)* porco *m*, -a *f* 3. *(Méx) (carne)* maiale *m*

puerro ['pwero] *m* porro *m*

puerta ['pwerta] *f* porta *f* • **puerta de embarque** porta d'imbarco • **puerta principal** porta principale

puerto ['pwerto] *m* 1. *(de mar)* porto *m* 2. *(de montaña)* valico *m*

Puerto Rico ['pwerto'riko] *m* Portorico *m*

pues [pwes] *conj* allora

puesta ['pwesta] *f* • **puesta de sol** tramonto *m*

puesto, ta ['pwesto, ta] ◇ *adj* in ghingheri ◇ *m* 1. posto *m* 2. *(tienda pequeña)* bancarella *f* 3. • **puesto que** dato che

pulga ['pulɣa] *f* pulce *f*

pulidora [puli'ðora] *f* lucidatrice *f*

pulir [pu'lir] *vt* 1. *(suavizar)* levigare 2. *(dar brillo)* lucidare 3. *(perfeccionar)* rifinire

pulmón [pul'mon] *m* polmone *m*

pulmonía [pulmo'nia] *f* polmonite *f*

pulpa ['pulpa] *f* polpa *f*

pulpo ['pulpo] *m* polpo *m*

pulque ['pulke] *m (CAm & Méx)* pulque *m*

pulquería [pulke'ria] *f (CAm & Méx)* osteria *f*

pulsar [pul'sar] *vt* 1. *(timbre, botón)* premere 2. *(cuerdas de un instrumento)* pizzicare

pulsera [pul'sera] *f* bracciale *m*

pulso ['pulso] *m* polso *m*

puma ['puma] *m* puma *m inv*

puna ['puna] *f (Andes & Arg)* mal *m* di montagna

punk [pank] *mf* punk *mf inv*

punta ['punta] *f* punta *f* • **en la punta de** sulla punta di

puntapié [punta'pje] *m* calcio *m*

puntera [pun'tera] *f* pedata *f*

puntería [punte'ria] *f* mira *f*

puntiagudo, da [puntja'ɣuðo, ða] *adj* appuntito(a)

puntilla [pun'tiʎa] *f* merletto *m*

punto ['punto] *m* punto *m* • **a punto de** sul punto di • **en punto** *(hora)* in punto • **punto de encuentro** punto d'incontro • **punto de vista** punto di vista • **punto y aparte** punto e a capo • **punto y coma** punto e virgola • **punto y seguido** punto • **puntos suspensivos** puntini di sospensione

puntuación [puntua'θjon] *f* **1.** *(en gramática)* punteggiatura *f* **2.** *(en competición, examen)* punteggio *m*
puntual [puntu'al] *adj* puntuale
puntualidad [puntuali'ðað] *f* puntualità *f inv*
puntualización [puntualiθa'θjon] *f* puntualizzazione *f*
puntualizar [puntuali'θar] *vt* puntualizzare
puntuar [puntu'ar] *vt* **1.** *(texto)* punteggiare **2.** *(examen)* valutare
punzón [pun'θon] *m* punzone *m*
puñado [pu'ɲaðo] *m* manciata *f*
puñal [pu'ɲal] *m* pugnale *m*
puñalada [puɲa'laða] *f* pugnalata *f*
puñetazo [puɲe'taðo] *m* pugno *m*
puñetero, ra [puɲe'tero, ra] *adj (fam)* scocciante
puño ['puɲo] *m* **1.** *(mano cerrada)* pugno *m* **2.** *(de camisa)* polsino *m* **3.** *(de bastón, paraguas)* manico *m*
pupa ['pupa] *f* sfogo *m*
pupitre [pu'pitre] *m* banco *m*
puré [pu're] *m* purè *m inv* ◆ **puré de patatas** purè di patate
puritano, na [puri'tano, na] *adj* puritano(a)
puro, ra ['puro, ra] ◇ *adj* puro(a) ◇ *m* sigaro *m*
puta ['puta] *f (vulg)* puttana *f*
puzzle [pu'θle] *m* puzzle *m inv*
PVP *m (abr de precio venta al público)* prezzo di vendita al pubblico
pza. *(abr de plaza)* pzza.

*q*Q

que [ke]
◇ *pron* **1.** *(sujeto, complemento directo)* che • **ese es el hombre que me lo compró** ecco l'uomo che me l'ha comprato • **la moto que me gusta es muy cara** la moto che piace a me è molto cara • **el hombre que conociste ayer es Juan** l'uomo che hai conosciuto ieri è Juan • **no ha leído el libro que le regalé** non ha letto il libro che gli ho regalato **2.** *(complemento indirecto)* • **al/a la que al/alla quale 3.** *(complemento circunstancial)* cui • **la playa a la que fui es preciosa** la spiaggia dove sono stato è bellissima • **la mujer con la que hablas es mi novia** la donna con cui stai parlando è la mia fidanzata **4.** *(complemento de régimen)* • **del/de la que** di cui • **la persona de la que te hablo es médico** la persona di cui ti sto parlando è medico
◇ *conj* **1.** *(gen)* che • **es importante que me escuches** è bene che mi ascolti • **tanto me lo pidió que se lo di** me lo chiese con tale insistenza che glielo diedi • **ven aquí que te vea** vieni qui a farti vedere • **espero que te diviertas** spero che tu ti diverta • **quiero que lo hagas** voglio che tu lo faccia • **quieras que no, harás lo que yo te mande** che tu voglia o no, farai quel che io ti ordino

2. (con oraciones de complemento) di, che ● **me ha confesado que me quiere** ha confessato di avermi **3.** (comparativo) di, che ● **es más rápido que tú** è più veloce di te ● **antes morir que vivir la guerra** meglio morire che sperimentare la guerra **4.** (expresa causa) perché ● **hemos de esperar que todavía no es la hora** dobbiamo attendere perché non è ancora ora **5.** (expresa hipótesis) forse ● **¿que no quieres hacerlo? pues no pasa nada** forse non vuoi farlo? va bene, non fa nulla **6.** (en oraciones exclamativas) ● **¡que te diviertas!** divertiti! **¡qué sí/no!** ma sì/no!

qué [ke] *adj* che, quale ◇ *pron* che cosa ◇ *adv* che ● **¿qué? ¿cómo?** come? ● **¿por qué?** perché?

quebrado [ke'βraðo] *m* frazione *f*

quebrar [ke'βrar] *vi* fallire

quedar [ke'ðar] *vi* **1.** (permanecer) rimanere **2.** (haber suficiente) restare **3.** (faltar) mancare **4.** (llegar a ser, resultar) riuscire ● **quedar bien/mal un vestido** stare bene/male un vestito ● **esa calle queda muy lejos** questa strada è molto lontana ● **quedar en ridículo** mettersi in ridicolo ● **lo que queda por hacer** ciò che resta da fare ● **quedar bien/mal con alguien** fare una bella/brutta figura con qn ● **quedar en nada** non accordarsi

◆ **quedar con** *v* + *prep* darsi appuntamento con

◆ **quedar en** *v* + *prep* mettersi d'accordo per

◆ **quedarse** *vp* (permanecer) rimanere ● **me quedo el vestido y la chaqueta** mi tengo il vestito e la giacca

◆ **quedarse con** *v* + *prep* **1.** (preferir) preferire **2.** (fam) (burlarse de) prendere in giro

quehacer [kea'θer] *m* occupazione *f*

quejarse [ke'xarse] *vp* lamentarsi ● **quejarse por/de** lamentarsi per/di

quejido [ke'xiðo] *m* lamento *m*

quemadura [kema'ðura] *f* bruciatura *f*

quemar [ke'mar] ◇ *vt* bruciare ◇ *vi* scottare ◆ **quemarse** *vp* **1.** scottarsi **2.** (lesionarse) bruciarsi

querer [ke'rer] ◇ *m* amore *m* ◇ *vt* **1.** (gen) volere **2.** (amar) amare **3.** (requerir) aver bisogno ● **el niño quiere una bicicleta** il bambino vuole una bicicletta ● **queremos que las cosas vayan bien** vogliamo che vada tutto bene ● **quiero fumar** voglio fumare ● **¿cuánto quiere por el coche?** quanto vuole per la macchina? ● **tal vez él quiera acompañarme** forse vorrà accompagnarti ● **quisiera hacer obras en verano** vorrei fare dei lavori in estate ● **me dijo: te quiero** mi disse: ti amo ● **quiere mucho a su hijo** ama molto suo figlio ● **esta habitación quiere más luz** questa stanza ha bisogno di maggior illuminazione

◇ *vi* volere ● **ven cuando quieras** vieni quando vuoi ● **estoy aquí porque quiero** sono qui perché lo voglio

- **quererse** *vp* amarsi
- **querido, da** [ke'riðo, ða] *adj* caro(a)
- **queso** ['keso] *m* formaggio *m* • **queso manchego** formaggio della Mancia
- **queso rallado** formaggio grattugiato
- **queso de bola** formaggio olandese
- **quiebra** ['kjeβra] *f* fallimento *m*
- **quien** [kjen] *pron* **1.** *(relativo - sujeto, compl. directo)* che **2.** *(interrogativo - complemento indirecto)* cui **3.** *(indefinido)* chi
- **quién** ['kjen] *pron* **1.** *(interrogativo - sujeto)* chi **2.** *(interrogativo - complemento)* chi **3.** *(exclamativo)* chi • **¿quién es?** chi è?
- **quieto, ta** ['kjeto, ta] *adj* quieto(a)
- **quilla** ['kiʎa] *f* chiglia *f*
- **quilo** ['kilo] *m* = kilo
- **química** ['kimika] *f* chimica *f*
- **químico, ca** ['kimiko, ka] *m,f* chimico *m, -a f*
- **quince** ['kinθe] *núm* quindici ➢ **seis**
- **quincena** [kin'θena] *f* quindicina *f*
- **quiniela** [ki'njela] *f* totocalcio *m*
- **quinientos, tas** [ki'njentos, tas] *núm* cinquecento ➢ **seis**
- **quinqué** [kin'ke] *m* lanterna *f* a petrolio
- **quinteto** [kin'teto] *m* **1.** *(en música)* quintetto *m* **2.** *(estrofa)* strofa *f* pentastica
- **quinto, ta** ['kinto, ta] *núm* quinto(a) ➢ **sexto**
- **quiosco** [ki'osko] *m* **1.** chiosco *m* **2.** *(de periódicos)* edicola *f*
- **quirófano** [ki'rofano] *m* sala *f* operatoria
- **quisquilla** [kis'kiʎa] *f* gamberetto *m*
- **quisquilloso, sa** [kiski'ʎoso, sa] *adj* permaloso(a)
- **quitamanchas** [kita'mantʃas] *m inv* smacchiatore *m*
- **quitar** [ki'tar] *vt* **1.** togliere **2.** *(robar)* rubare • **quitarse** *vp* togliersi
- **quizá** [ki'θa] *adv* forse

rR

- **rábano** ['raβano] *m* rapa *f*
- **rabia** ['raβja] *f* rabbia *f*
- **rabieta** [ra'βjeta] *f* capricci *mpl*
- **rabioso, sa** [ra'βjoso, sa] *adj* rabbioso(a)
- **rabo** ['raβo] *m* coda *f*
- **racha** ['ratʃa] *f* **1.** raffica *f* **2.** *(fam)* • **una racha de buena suerte** un periodo fortunato
- **racial** [ra'θjal] *adj* razziale
- **racimo** [ra'θimo] *m* grappolo *m*
- **ración** [ra'θjon] *f* porzione *f*
- **racismo** [ra'θizmo] *m* razzismo *m*
- **racista** [ra'θista] *mf* razzista *mf*
- **radar** [ra'ðar] *m* radar *m inv*
- **radiación** [raðja'θjon] *f* radiazione *f*
- **radiador** [raðja'ðor] *m* radiatore *m*
- **radiante** [ra'ðjante] *adj (fig)* raggiante
- **radiar** [ra'ðjar] *vt* **1.** irradiare **2.** *(en la radio)* emettere
- **radical** [raði'kal] *adj (fig)* radicale
- **radio** ['raðjo] *m* **1.** raggio *m* **2.** *(hueso)* radio *m*

radio² ['raðjo] *f* radio *f inv* ● escuchar laradio ascoltare la radio

radioaficionado, da [ˌraðjoafiθjo'naðo, ða] *m,f* radioamatore *m*, -trice *f*

radiocasete [ˌraðjoka'sete] *m o f* radioregistratore *m*

radiodespertador [ˌraðjoðesperta'ðor] *m* radiosveglia *f*

radiodifusión [ˌraðjoðifu'sjon] *f* radiodiffusione *f*

radiodifusora [ˌraðjoðifu'sora] *f* (*Amér*) stazione *f* radio

radiografía [ˌraðjoɣra'fia] *f* radiografia *f*

radiólogo, ga [ra'ðjoloɣo, ɣa] *m* radiologo *f*, -a *f*

radionovela [ˌraðjono'βela] *f* sceneggiato *m* radiofonico

radiorreloj [ˌraðjorre'lox] *m* radiosveglia *f*

radioyente [ˌraðjo'jente] *mf* radioascoltatore *m*, -trice *f*

ráfaga ['rafaɣa] *f* 1. raffica *f* 2. (*de luz*) lampo *m*

rafia ['rafja] *f* rafia *f*

rafting ['raftin] *m* rafting *m inv*

raíl [ra'il] *m* rotaia *f*

raíz [ra'iθ] *f* radice *f* ● a raíz de a causa di ● raíz cuadrada radice quadrata

raja ['raxa] *f* 1. (*grieta*) crepa *f* 2. (*porción*) fetta *f*

rajatabla [ˌraxa'taβla] ● a rajatabla *adv* ad ogni costo

rallador [raʎa'ðor] *m* grattugia *f*

rallar [ra'ʎar] *vt* grattugiare

rally ['rali] *m* (*pl* **rallys**) rally *m inv*

rama ['rama] *f* ramo *m*

rambla ['rambla] *f* viale *m*

ramo ['ramo] *m* 1. (*de flores*) mazzo *m* 2. (*de actividad*) ramo *m*

rampa ['rampa] *f* rampa *f*

rana ['rana] *f* rana *f*

ranchera [ran'tʃera] *f* (*Méx*) canzone *f* popolare messicana

rancho ['rantʃo] *m* 1. (*granja*) fattoria *f* 2. (*comida*) rancio *m*

rancio, cia ['ranθjo, θja] *adj* 1. (*vino*) acido(a) 2. (*mantequilla*) rancido(a)

rango ['rango] *m* rango *m*

ranura [ra'nura] *f* scanalatura *f*

rape ['rape] *m* coda *f* di rospo ● rape a la marinera coda di rospo alla marinara ● rape a la plancha coda di rospo alla piastra

rápidamente [ˌrapiða'mente] *adv* rapidamente

rapidez [rapi'ðeθ] *f* rapidità *f inv*

rápido, da ['rapiðo, ða] *adj* 1. (*veloz*) veloce *m* 2. (*que dura poco*) rapido(a) ◇ *m* (*de río*) rapida *f*

raptar [rap'tar] *vt* rapire

raqueta [ra'keta] *f* racchetta *f*

raramente [ˌrara'mente] *adv* raramente

raro, ra ['raro, ra] *adj* 1. (*poco frecuente, escaso*) raro(a) 2. (*extraño, extravagante*) strano(a)

rascacielos [ˌraska'θjelos] *m inv* grattacielo *m*

rascador [raska'ðor] *m* raspa *f*

rascar [ras'kar] *vt* grattare

rasgar [ras'ɣar] *vt* strappare

rasgo ['rasɣo] *m* 1. (*de rostro*) lineamento *m* 2. (*característica*) aspetto *m* 3. (*trazo*) tratto *m*

raso, sa ['raso, sa] *adj* **1.** *(superficie)* liscio(a) **2.** *(cucharada, etc)* raso(a) ● **al raso** all'aperto

rastrillo [ras'triλo] *m* **1.** *(instrumento)* rastrello *m* **2.** *(Méx) (cuchilla de afeitar)* rasoio *m*

rastro ['rastro] *m* **1.** *(huella)* traccia *f* **2.** *(mercadillo)* mercato *m* delle pulci

rastro

I *rastros* sono i mercati lungo le strade o nelle piazze nei quali si vende ogni tipo di merce, dai mobili antichi alla merce nuova. Il più famoso, *El Rastro di Madrid*, vicino alla Plaza Mayor, raggiunge il suo massimo splendore la domenica mattina.

rata ['rata] *f* ratto *m*

ratero, ra [ra'tero, ra] *m,f* ladruncolo *m, -a f*

rato ['rato] *m* momento *m* ● **a ratos** a volte ● **pasar un buen rato** divertirsi ● **pasar un mal rato** passare un brutto momento ● **ratos libres** momenti liberi

ratón [ra'ton] *m* **1.** topo *m* **2.** INFORM mouse *m inv*

raya ['raja] *f* **1.** riga *f* **2.** *(pez)* razza *f* ● **a rayas** a righe ● **de rayas** a righe

rayo ['rajo] *m* **1.** raggio *m* **2.** *(de tormenta)* fulmine *m* ● **rayos-X** raggi X

rayuela [ra'juela] *f* campana *f (gioco)*

raza ['raθa] *f* razza *f* ● **de raza** di razza

razón [ra'θon] *f* ragione *f* ● **dar la razón** dare ragione ● **entrar en razón** convincersi ● **tener razón** avere ragione ● **no tener razón** avere torto ● **se vende piso: razón portería** vendesi appartamento: per informazioni rivolgersi alla portineria

razonable [raθo'naβle] *adj* ragionevole

razonamiento [raθona'mjento] *m* **1.** *(demostración)* argomentazione *f* **2.** *(pensamiento)* ragionamento *m*

razonar [raθo'nar] *vt* argumentare ◇ *vi* ragionare

reacción [reak'θjon] *f* reazione *f*

reaccionar [reakθjo'nar] *vi* reagire

reactor [reak'tor] *m* **1.** *(avión)* aviogetto *m* **2.** *(motor)* reattore *m*

real [re'al] *adj* reale

realeza [rea'leθa] *f* famiglia *f* reale

realidad [reali'ðað] *f* realtà *f inv* ● **en realidad** in realtà

realismo [rea'lizmo] *m* realismo *m*

realización [realiθa'θjon] *f* **1.** realizzazione *f* **2.** *(de tarea, trabajo)* esecuzione *f*

realizar [reali'θar] *vt* **1.** realizzare **2.** *(tarea, trabajo)* eseguire

realmente [re,al'mente] *adv* effettivamente

realquilado, da [realki'laðo, ða] *m,f* subaffittuario *m, -a f*

realquilar [realki'lar] *vt* subaffittare

reanimación [reanima'θjon] *f* **1.** *(de fuerzas, energía)* recupero *m* **2.** *(de enfermo)* rianimazione *f* **3.** *(del ánimo)* incoraggiamento *m*

rebaja [re'βaxa] *f* **1.** *(de precio)* sconto *m* **2.** *(de altura, nivel, etc)* abbassamento *m*.

◆ **rebajas** *fpl* saldi *mpl*
rebajado, da [reβa'xaðo, ða] *adj* ribassato(a)
rebajar [reβa'xar] *vt* **1.** *(precio)* scontare **2.** *(altura, nivel, etc)* abbassare **3.** *(humillar)* umiliare
rebanada [reβa'naða] *f* fetta *f* di pane
rebanar [reβa'nar] *vt* **1.** *(cortar)* recidere **2.** *(pan)* affettare
rebaño [re'βaɲo] *m* gregge *m*
rebelarse [reβe'larse] *vp* ribellarsi
rebelde [re'βelde] *adj & mf* ribelle
rebeldía [reβel'dia] *f* ribellione *f*
rebelión [reβe'ljon] *f* ribellione *f*
rebozado, da [reβo'θaðo, ða] *adj* impanato(a)
rebozo [re'βoθo] *m* *(Amér)* scialle *m*
recado [re'kaðo] *m* messaggio *m*
recaer [reka'er] *vi* ricadere
recalcar [rekal'kar] *vt* sottolineare
recalentar [rekalen'tar] *vt* **1.** *(volver a calentar)* riscaldare **2.** *(calentar demasiado)* surriscaldare ◆ **recalentarse** *vp* surriscaldarsi
recámara [re'kamara] *f* *(CAm, Col & Méx)* camera *f*
recamarera [rekama'rera] *f* *(CAm, Col & Méx)* cameriera *f* al piano
recambio [re'kambjo] *m* ricambio *m*
recargar [rekar'ɣar] *vt* **1.** ricaricare **2.** *(cargar demasiado)* sovraccaricare **3.** *(impuesto)* maggiorare
recato [re'kato] *m* **1.** *(pudor)* pudore *m* **2.** *(prudencia)* prudenza *f*
recepción [reθep'θjon] *f* **1.** *(de hotel, empresa, etc)* reception *f inv* **2.** *(fiesta, ceremonia)* ricevimento *m*
recepcionista [reθepθjo'nista] *mf* receptionist *mf inv*
receptor [reθep'tor] *m* **1.** *(de radio)* apparecchio *m* ricevente **2.** *(de teléfono)* cornetta *f*
recesión [reθe'sjon] *f* recessione *f*
receta [re'θeta] *f* ricetta *f* ◆ **receta médica** ricetta medica ◆
recetar [reθe'tar] *vt* prescrivere
rechazar [retʃa'θar] *vt* **1.** *(no aceptar)* respingere **2.** *(repeler)* rigettare **3.** *(denegar)* rifiutare
rechazo [re'tʃaθo] *m* **1.** rifiuto *m* **2.** *(de material, órgano, etc)* rigetto *m*
recibidor [reθiβi'ðor] *m* ingresso *m*
recibimiento [reθiβi'mjento] *m* accoglienza *f*
recibir [reθi'βir] *vt* ricevere ◆ **recibirse** *vp* *(Amér)* laurearsi
recibo [re'θiβo] *m* ricevuta *f*
reciclado, da [reθi'klaðo, ða] *adj* riciclato(a)
reciclaje [reθi'klaxe] *m* riciclaggio *m*
reciclar [reθi'klar] *vt* riciclare ◆ **reciclarse** *vp* aggiornarsi
recién [re'θjen] *adv* appena ◆ **recién hecho** appena fatto ◆ **recién nacido** neonato ▼ **recién pintado** pittura fresca
reciente [re'θjente] *adj* recente
recientemente [reθjente'mente] *adv* recentemente
recinto [re'θinto] *m* recinto *m*
recipiente [reθi'pjente] *m* recipiente *m*
recital [reθi'tal] *m* recital *m inv* ◆

recital de música recital di musica
recitar [reθi'tar] vt recitare
reclamación [reklama'θjon] f 1. (queja) reclamo m 2. (petición) petizione f ▸ **reclamaciones** reclami
reclamar [rekla'mar] vt 1. (exigir) reclamare 2. (necesitar) richiedere
recluir [reklu'ir] vt rinchiudere
reclusión [reklu'sjon] f reclusione f
recobrar [reko'βrar] vt 1. (joya, cartera, etc) recuperare 2. (alegría, esperanza, etc) ritrovare
recogedor [rekoxe'ðor] m paletta f
recoger [reko'xer] vt 1. (papeles, libros, etc) raccogliere 2. (ropa, etc) ritirare 3. (fondos, dinero, etc) raccogliere 4. (niños, pobres, animales) accogliere ◆ **recogerse** vp 1. (retirarse) ritirarsi 2. (acostarse) coricarsi
recogida [reko'xiða] f 1. (de objetos, basura, etc) raccolta f 2. (de frutos) raccolto m
recolección [rekolek'θjon] f raccolto m
recomendar [rekomen'dar] vt 1. (persona, libro, película, etc) consigliare 2. (alumno, trabajador, etc) raccomandare
recompensa [rekom'pensa] f ricompensa f
recompensar [rekompen'sar] vt 1. (premiar) ricompensare 2. (pagar) risarcire
reconocer [rekono'θer] vt 1. (persona, lugar, delito, defecto) riconoscere 2. (favor, ayuda) essere riconoscente per 3. (enfermo) visitare 4. (documento) esaminare 5. (territorio) perlustrare
reconocimiento [rekonoθi'mjento] m 1. (agradecimiento) riconoscenza f 2. (de méritos, talento, etc) riconoscimento m 3. (examen) verifica f 4. (en medicina) visita f
reconquista [rekon'kista] f riconquista f
récord ['rekor] m record m inv
recordar [rekor'ðar] vt ricordare ◆ **me recuerdas mucho a tu hermano** mi ricordi molto tuo fratello
recorrer [reko'rer] vt percorrere
recorrido [reko'riðo] m percorso m
recortar [rekor'tar] vt 1. tagliare 2. (falda) accorciare 3. (papel, tela, etc) ritagliare
recostarse [rekos'tarse] vp sdraiarsi
recreo [re'kreo] m 1. (diversión) svago m 2. (de escolares) ricreazione f
recta f ['rekta] f retta f
rectangular [rektangu'lar] adj rettangolare
rectángulo [rek'tangulo] m rettangolo m
rectitud [rekti'tuð] f 1. (honradez) rettitudine f 2. (severidad) rigore m
recto, ta f ['rekto, ta] adj 1. retto(a) 2. (camino) dritto(a) ◆ **todo recto** sempre dritto
rector, ra [rek'tor, ra] m, f rettore m, -trice f
recuerdo [re'kuerðo] m ricordo m ▸ **recuerdos** mpl saluti mpl ◆ **dar recuerdos** salutare
recuperación [rekupera'θjon] f 1. recupero m 2. (de enfermedad, etc) guarigione f 3. (de desechos) riciclaggio m
recuperar [rekupe'rar] vt 1. recuperare

2. *(desechos)* riciclare ✦ **recuperarse** *vp* riprendersi ● **recuperarse (de)** riprendersi (da)
recurrir [reku'rir] *vi* ricorrere
recurso [re'kurso] *m* **1.** *(medio)* mezzo *m* **2.** *(reclamación)* ricorso *m* ✦ **recursos** *mpl* risorse *fpl* ● **recursos humanos** risorse umane
red [reð] *f* **1.** rete *f* **2.** *(de pelo)* retina *f*
redacción [reðak'θjon] *f* **1.** *(acción)* redazione *f* **2.** *(ejercicio escolar)* tema *m*
redactar [reðak'tar] *vt* redigere
redactor, ra [reðak'tor, ra] *m,f* redattore *m*, -trice *f*
redil [re'ðil] *m* stabbio *m*
redondeado, da [reðonde'aðo, ða] *adj* **1.** *(material, forma, etc)* tondeggiante **2.** *(precio, cantidad, etc)* arrotondato(a)
redondel [reðon'del] *m* cerchio *m*
redondo, da [re'ðondo, da] *adj* **1.** *(pelota, bola, etc)* rotondo(a) **2.** *(precio, número, cantidad)* tondo(a) **3.** *(perfecto)* perfetto(a)
reducción [reðuk'θjon] *f* riduzione *f*
reducir [reðu'θir] *vt* ridurre ✦ **reducirse a** *v + prep* ridursi a
reembolsar [reembol'sar] *vt* **1.** *(gastos)* rimborsare **2.** *(deuda)* estinguere
reembolso [reem'bolso] *m* **1.** *(de gastos)* rimborso *f* **2.** *(de deuda)* estinzione *f* ● **contra reembolso** contrassegno
reemplazar [reempla'θar] *vt* sostituire
reestrenar [reestre'nar] *vt* replicare
reestreno [rees'treno] *m* replica *f*
reestructurar [reestruktu'rar] *vt* ristrutturare
refacción [refak'θjon] *f* **1.** *(Chile & Méx) (recambio)* ricambio *m* **2.** *(Amér) (reparación)* riparazione *f*
refaccionar [refakθjo'nar] *vt* *(Amér)* riparare
referencia [refe'renθja] *f* **1.** riferimento *m* **2.** *(nota)* rimando *m* ✦ **referencias** *fpl* referenze *fpl*
referéndum [refe'rendum] *m* referendum *m inv*
referente [refe'rente] *adj* ● **referente a** relativo(a) a
referirse [refe'rirse] ✦ **referirse a** *v + prep* riferirsi a
refinería [refine'ria] *f* raffineria *f*
reflector [reflek'tor] *m* riflettore *m*
reflejarse [refle'xarse] *vp* riflettersi
reflejo, ja [re'flexo, xa] *adj* riflesso(a) ✦ *m* riflesso *m* ✦ **reflejos** *mpl* riflessi *mpl* ● **hacerse reflejos** farsi i colpi di luce ● **tener reflejos** avere riflessi
reflexión [reflek'sjon] *f* riflessione *f*
reflexionar [refleksjo'nar] *vi* riflettere
reforma [re'forma] *f* **1.** *(de ley, proyecto)* riforma *f* **2.** *(de casa, edificio)* restauro *m* ● **hacer reformas** restaurare
reformar [refor'mar] *vt* **1.** *casa, edificio)* ristrutturare **2.** *(ley, proyecto)* riformare **3.** *(persona, delincuente)* rieducare ✦ **reformarse** *vp* migliorarsi
reforzar [refor'θar] *vt* rafforzare
refrán [re'fran] *m* detto *m*
refrescante [refres'kante] *adj* rinfrescante
refresco [re'fresko] *m* bibita *f*
refrigerado, da [refrixe'raðo, ða] *adj* refrigerato(a)

refrigerador [refrixera'ðor] *m* impianto *m* di refrigerazione

refugiado, da [refu'xjaðo, ða] *m,f* profugo *m, -a f*

refugiar [refu'xjar] *vt* dare rifugio a ◆ **refugiarse** *vp* rifugiarsi

refugio [re'fuxjo] *m* 1. rifugio *m* 2. *(de pobres, mendigos)* asilo *m* 3. *(de mujeres maltratadas)* casa *f* della donna

regadera [reɣa'ðera] *f* 1. *(para plantas)* innaffiatoio *m* 2. *(Col, Méx & Ven) (ducha)* doccia *f*

regadío [reɣa'ðio] *m* terreno *m* irrigato

regalar [reɣa'lar] *vt* regalare

regaliz [reɣa'liθ] *(pl* **-ces***) f* liquirizia *f*

regalo [re'ɣalo] *m* regalo *m*

regañar [reɣa'ɲar] ◇ *vt* sgridare ◇ *vi* litigare

regar [re'ɣar] *vt* 1. *(campos)* irrigare 2. *(plantas)* annaffiare 3. *(suj: río)* attraversare ● **el Ebro riega Navarra** l'Ebro attraversa la Navarra

regata [re'ɣata] *f* regata *f*

regatear [reɣate'ar] ◇ *vt* 1. *(precio)* mercanteggiare 2. *(esfuerzos, ayuda, elogios)* lesinare ◇ *vi (en deporte)* dribblare

regazo [re'ɣaθo] *m* grembo *m*

regenerar [rexene'rar] *vt* 1. *(cosa)* rigenerare 2. *(persona)* migliorare ◆ **regenerarse** *vp* rigenerarsi

régimen ['reximen] *m* 1. *(de alimentación)* dieta *f* 2. *(de normas)* regolamentazione *f* 3. *(de gobierno)* regime *m*

región [re'xjon] *f* regione *f*

regional [rexjo'nal] *adj* regionale

regir [re'xir] ◇ *vt* reggere ◇ *vi* vigere

registrar [rexis'trar] *vt* 1. registrare 2. *(inspeccionar, cachear)* perquisire ◆ **registrarse** *vp* verificarsi

registro [re'xistro] *m* 1. *(libro)* registro *m* 2. *(oficina)* ufficio *m* del registro 3. *(inspección)* perquisizione *f* 4. *(de luz, agua, etc)* controllo *m* ● **registro civil** registro civile

regla ['reɣla] *f* 1. *(norma)* regola *f* 2. *(instrumento)* righello *m* 3. *(menstruación)* mestruazioni *fpl* ● **en regla** in regola ● **por regla general** di regola

reglamento [reɣla'mento] *m* regolamento *m*

regresar [reɣre'sar] ◇ *vi* ritornare ◇ *vt (Amér) (devolver)* restituire ◆ **regresarse** *vp (Amér) (volver)* ritornare

regreso [re'ɣreso] *m* ritorno *m*

regular [reɣu'lar] ◇ *adj* 1. regolare 2. *(costumbres, hábitos)* regolato(a) 3. *(comportamiento)* normale 4. *(servicio, vuelo, trayecto)* abituale 5. *(ejercicio, examen, día)* discreto(a) ◇ *vt* regolare ◇ *adv* sufficientemente

regularidad [reɣulari'ðað] *f* regolarità *f inv*

rehabilitar [reaβili'tar] *vt* 1. *(local, casa etc)* ristrutturare 2. *(persona)* riabilitare

rehén [re'en] *mf* ostaggio *m*

rehogar [reo'ɣar] *vt* soffriggere

reina ['rejna] *f (en la baraja)* donna *f*

reinado [rej'naðo] *m* regno *m*

reinar [rej'nar] *vi* regnare

reincorporar [rejŋkorpo'rar] *vt* reintegrare ◆ **reincorporarse** *vp* **reincorporarse (a)** reintegrarsi (in)

reino ['rejno] m regno m
Reino Unido [ˌrejnoʊ'niðo] m ♦ el Reino Unido (il) Regno Unito
reintegro [rejn'teɣro] m rimborso m
reír [re'ir] vi & vt ridere ♦ **reírse de** v + prep deridere
reivindicación [rejβindika'θjon] f rivendicazione f
reivindicar [rejβindi'kar] vt rivendicare
reja ['rexa] f grata f
rejilla [re'xiʎa] f 1. (para obertura) rete f metallica 2. (de horno) griglia f 3. (de silla) impagliatura f
rejuvenecer [rexuβene'θer] vt & vi ringiovanire
relación [rela'θjon] f 1. relazione f 2. (enumeración) lista f 3. (narración) resoconto m ♦ **relaciones** fpl relazioni fpl
relacionar [relaθjo'nar] vt mettere in rapporto ♦ **relacionarse** vp 1. (ideas, objetos, etc) essere in relazione 2. (personas) avere relazione
relajación [relaxa'θjon] f rilassamento m
relajar [rela'xar] vt rilassare ♦ **relajarse** vp rilassarsi
relajo [re'laxo] m (Amér) casino m
relámpago [re'lampaɣo] m lampo m
relampaguear [relampaɣe'ar] vi lampeggiare
relatar [rela'tar] vt narrare
relativo, va [rela'tiβo, a] adj relativo(a) ♦ relativo a relativo a
relato [re'lato] m racconto m
relevo [re'leβo] m 1. (sustitución) cambio m 2. (en deporte) staffetta f ♦ **relevos** mpl corsa f a staffetta
relieve [re'ljeβe] m rilievo m
religión [reli'xjon] f religione f
religioso, sa [reli'xjoso, sa] adj & m,f religioso(a)
relinchar [relin'tʃar] vi nitrire
relincho [re'lintʃo] m nitrito m
rellano [re'ʎano] m pianerottolo m
rellenar [reʎe'nar] vt 1. riempire 2. (pollo) farcire 3. (almohada) imbottire 4. (formulario, documento) compilare
relleno, na [re'ʎeno, na] adj colmo(a) ♦ m 1. (de almohada, colchón, etc) imbottitura f 2. (de pastel, pollo, etc) farcitura f
reloj [re'lox] m orologio m ♦ **reloj de arena** clessidra f ♦ **reloj de pared** orologio m da parete ♦ **reloj de pulsera** orologio da polso
relojería [reloxe'ria] f orologeria f
relojero, ra [relo'xero, ra] m,f orologiaio m, -a f
remar [re'mar] vi remare
remediar [reme'ðjar] vt 1. (solucionar) rimediare 2. (socorrer) soccorrere
remedio [re'meðjo] m 1. (solución) rimedio m 2. (auxilio) aiuto m 3. (para enfermedad) cura f ♦ **no quedar más remedio** non c'è altra scelta ♦ **no tener más remedio que...** non avere altra scelta che... ♦ **sin remedio** inevitabilmente
remendar [remen'dar] vt rammendare
remite [re'mite] m mittente m
remitente [remi'tente] m,f mittente mf
remitir [remi'tir] vt spedire ♦ **remitirse**

a v + prep attenersi a
remo ['remo] m remo m
remojar [remo'xar] vt mettere in ammollo
remojo [re'moxo] m ♦ **en remojo** in ammollo
remolacha [remo'latʃa] f barbabietola f
remolcador [remolka'ðor] m **1.** (embarcación) rimorchiatore m **2.** (camión) camion m con rimorchio
remolcar [remol'kar] vt rimorchiare
remolque [re'molke] m rimorchio m
remontar [remon'tar] vt risalire ♦ **remontarse** a v + prep risalire a
remordimiento [remorði'mjento] m rimorso m
remoto, ta [re'moto, ta] adj remoto(a)
remover [remo'βer] vt **1.** (café, sopa) mescolare **2.** (tierra) smuovere **3.** (recuerdos) rievocare
remuneración [remunera'θjon] f rimunerazione f
renacuajo [rena'kuaxo] m girino m
rencor [reŋ'kor] m rancore m
rendición [rendi'θjon] f resa f
rendimiento [rendi'mjento] m rendimento m
rendir [ren'dir] vt & vi rendere ♦ **rendirse** vp arrendersi
RENFE ['renfe] f (Esp) ≃ FS
reno ['reno] m renna f
renovación [renoβa'θjon] f rinnovo m
renovar [reno'βar] vt **1.** rinnovare **2.** (amistad, relación) rinsaldare
renta ['renta] f **1.** (beneficio) profitto m **2.** (alquiler) affitto m **3.** (ingresos) reddito m

rentable [ren'taβle] adj redditizio(a)
rentar [ren'tar] vt (Amér) affittare
renunciar [renun'θjar] vi ♦ **renunciar a** (prescindir de) rinunciare a; (declinar) rifiutare
reñir [re'ɲir] ◇ vt rimproverare ◇ vi **1.** (pelearse) litigare **2.** (romper relaciones) rompere
reo, a ['reo, a] m,f reo m, -a f
reparación [repara'θjon] f riparazione f
reparar [repa'rar] vt riparare ♦ **reparar en** v + prep accorgersi
repartidor, ra [reparti'ðor, ra] m,f distributore m, -trice f
repartir [repar'tir] vt **1.** (dividir) ripartire **2.** (distribuir) distribuire
reparto [re'parto] m **1.** (de bienes, dinero, etc) ripartizione f **2.** (de mercancías, periódico, etc) distribuzione f **3.** (de actores) cast m inv
repasar [repa'sar] vt **1.** (revisar) controllare **2.** (releer) ripassare **3.** (remendar) rammendare ♦ **repasar apuntes** rileggere appunti
repaso [re'paso] m **1.** (de lección, discurso, etc) ripasso m **2.** (de examen, trabajo, etc) scorsa f **3.** (fam) (reprensión) lavata f di capo
repelente [repe'lente] adj **1.** (repugnante) ripugnante **2.** (fam) (antipático) petulante
repente [re'pente] ♦ **de repente** adv all'improvviso
repentino, na [repen'tino, na] adj repentino(a)

repercusión [reperku'sjon] f ripercussione f
repertorio [reper'torjo] m repertorio m
repetición [repeti'θjon] f ripetizione f
repetidor, ra [repeti'ðor, ra] ◇ m,f ripetente mf ◇ m ripetitore m
repetir [repe'tir] ◇ vt ripetere ◇ vi ritornare
réplica ['replika] f replica f
replicar [repli'kar] vt & vi replicare
repoblación [repoβla'θjon] f **1.** *(de ciudad, región, etc)* ripopolamento m **2.** *(de bosque, campos, etc)* rimboschimento m
• **repoblación forestal** riforestazione f
repoblar [repo'βlar] vt **1.** *(ciudad, región, etc)* ripopolare **2.** *(bosque, campos, etc)* rimboschire
reponer [repo'ner] vt **1.** *(colocar de nuevo)* riporre **2.** *(sustituir)* rinnovare **3.** *(película, obra de teatro, etc)* replicare ◇ **reponerse** vp riprendersi
reportaje [repor'taxe] m reportage m inv
reportar [repor'tar] vt *(Méx)* informare
• **reportarse** vp *(Andes, CAm & Méx)* presentarsi
reporte [re'porte] m *(Méx)* reporte m
reportero, ra [repor'tero, ra] m,f giornalista mf
reposo [re'poso] m **1.** riposo m **2.** • **en reposo** a riposo
repostería [reposte'ria] f pasticceria f
repostería de la casa pasticceria propria
representación [representa'θjon] f **1.** rappresentazione f **2.** *(grupo de personas)* rappresentanza f **3.** • **en repre-**

sentación de in rappresentanza di
representante [represen'tante] mf **1.** *(de actor, cantante, etc)* agente mf **2.** *(vendedor)* rappresentante mf
representar [represen'tar] vt **1.** rappresentare **2.** *(edad)* dimostrare **3.** *(importar)* significare
representativo, va [representa'tiβo, βa] adj rappresentativo(a)
represión [repre'sjon] f repressione f
reprimir [repri'mir] vt reprimere
• **reprimirse** vp reprimersi
reprochar [repro'tʃar] vt rinfacciare
reproche [re'protʃe] m rimprovero m
reproducción [reproðuk'θjon] f riproduzione f
reproducir [reproðu'θir] vt riprodurre
• **reproducirse** vp riprodursi
reptar [rep'tar] vi strisciare
• **reptil** [rep'til] m rettile m
república [re'puβlika] f repubblica f
República Dominicana [re'puβlikaðomini'kana] f • **la República Dominicana** la Repubblica Dominicana
republicano, na [repuβli'kano, na] adj repubblicano(a)
repuesto [re'puesto] m pezzo m di ricambio • **de repuesto** di scorta
repugnar [repuɣ'nar] vt ripugnare
reputación [reputa'θjon] f reputazione f
requerir [reke'rir] vt richiedere
requesón [reke'son] m ricotta f
res ['res] f **1.** capo m di bestiame **2.** *(Col Méx & Ven) (carne)* carne f
resaca [re'saka] f **1.** *(del mar)* risacca f **2.**

(de borrachera) postumi mpl dell'ubriacatura

resbalada [rezβa'laða] f (Amér) scivolone m

resbaladizo, za [rezβala'ðiθo, θa] adj scivoloso(a)

resbalar [rezβa'lar] vi **1.** scivolare **2.** (equivocarse) sbagliarsi ◆ **resbalarse** vp scivolare

rescatar [reska'tar] vt riscattare

rescate [res'kate] m riscatto m

resentimiento [resenti'mjento] m risentimento m

reserva [re'serβa] f **1.** riserva f **2.** (de habitación, asiento, etc) prenotazione f **3.** (cautela) riserbo m ◆ (comedimiento) riservatezza f ◆ **de reserva** di riserva ◆ **reserva natural** riserva naturale ◆ **reservas hoteles y pensiones** prenotazioni alberghiere

reservación [reserβa'θjon] f (Amér) prenotazione f

reservado, da [reser'βaðo, ða] ◇ adj **1.** (asiento, mesa, etc) prenotato(a) **2.** (persona) riservato(a) ◇ m separé m inv

reservar [reser'βar] vt **1.** (asiento, billete, etc) prenotare **2.** (opinión, noticia) tenere per sé **3.** (dinero, objetos, alimentos) mettere da parte **4.** (fuerzas) serbare

resfriado, da [res'frjaðo, ða] ◇ adj raffreddato(a) ◇ m raffreddore m ◆ **pillar un resfriado** (fam) beccarsi un raffredore

resfriarse [res'frjarse] vp raffreddarsi

resfrío [res'frio] m (Amér) raffreddore m

resguardar [rezɣwar'ðar] vt proteggere ◆ **resguardarse** vp ◆ **resguardarse (de)** proteggersi (da)

resguardo [rez'ɣwarðo] m ricevuta f

residencia [resi'ðenθja] f **1.** residenza f **2.** (de comunidad) pensionato m **3.** (pensión) residence m inv

residuo [re'siðuo] m residuo m ◆ **residuos** mpl rifiuti mpl

resignarse [resiɣ'narse] vp rassegnarsi

resistencia [resis'tenθja] f resistenza f

resistente [resis'tente] adj resistente

resistir [resis'tir] ◇ vt sopportare ◇ vi resistere ◆ **resistirse** vp ◆ **resistirse (a)** rifiutarsi (di)

resolver [resol'βer] vt risolvere

resonancia [reso'nanθja] f risonanza f

resorte [re'sorte] m molla f

respaldo [res'paldo] m schienale m

respectivo, va [respek'tiβo, βa] adj rispettivo(a)

respecto [res'pekto] m ◆ **respecto a** al respecto di al riguardo ◆ **con respecto a** rispetto a

respetable [respe'taβle] adj rispettabile

respetar [respe'tar] vt rispettare

respeto [res'peto] m rispetto m

respiración [respira'θjon] f respirazione f

respirar [respi'rar] vi respirare

respiro [res'piro] m respiro m ◆ **darse un respiro** riprendere fiato

resplandor [resplan'dor] m splendore m

responder [respon'der] vt & vi rispondere ◆ **responder a** rispondere a ◆ **responder de** v + prep rispondere di

responder por v + prep rispondere per
responsabilidad [responsaβili'ðað] f responsabilità f inv
responsable [respon'saβle] adj responsabile ◆ **responsable de** responsabile di
respuesta [res'pwesta] f risposta f
resta ['resta] f sottrazione f
restar [res'tar] vt 1. *(quitar)* togliere 2. *(en matemáticas)* sottrarre
restauración [restaura'θjon] f 1. *(de pintura, edificio, etc)* restauro m 2. *(de ley, régimen, etc)* restaurazione f 3. *(en hostelería)* ristorazione f
restaurado, da [restau'raðo, ða] adj restaurato(a)
restaurador, ra [restaura'ðor, ra] m,f 1. *(de pintura, escultura, etc)* restauratore m, -trice f 2. *(en hostelería)* ristoratore m, -trice f
restaurante [restau'rante] m ristorante m
restaurar [restau'rar] vt restaurare
resto ['resto] m resto m ◆ **restos** mpl 1. *(indicios)* tracce fpl 2. *(de persona)* resti mpl
restricción [restrik'θjon] f restrizione f
resucitar [resuθi'tar] vt & vi risuscitare
resuelto, ta [re'swelto, ta] adj deciso(a)
resultado [resul'taðo] m risultato m
resultar [resul'tar] vi 1. *(acabar en)* rivelarsi 2. *(tener éxito)* riuscire 3. *(ser)* essere
resumen [re'sumen] m riassunto m
resumir [resu'mir] vt riassumere
retablo [re'taβlo] m retablo m
retal [re'tal] m scampolo m

retención [reten'θjon] f 1. *(de tráfico)* ingorgo m 2. *(de líquidos, grasas)* ritenzione f
retirado, da [reti'raðo, ða] adj 1. *(apartado)* ritirato(a) 2. *(jubilado)* pensionato(a)
retirar [reti'rar] vt 1. ritirare 2. *(retractarse de)* ritrattare ◆ **retirarse** vp ritirarsi
reto ['reto] m sfida f
retocar [reto'kar] vt ritoccare
retorcer [retor'θer] vt 1. *(brazo)* torcere 2. *(ropa)* strizzare ◆ **retorcerse de** v + prep contorcersi da
retórica [re'torika] f retorica f
retornable [retor'naβle] adj vuoto a rendere
retorno [re'torno] m 1. *(regreso)* ritorno m 2. *(de ordenador)* invio m
retransmisión [retranzmi'sjon] f trasmissione f
retransmitir [retranzmi'tir] vt trasmettere
retrasado, da [retra'saðo, ða] adj 1. *(trabajo, reloj, etc)* in ritardo 2. *(no actual)* arretrato(a) 3. *(persona)* ritardato(a)
retrasar [retra'sar] vt 1. *(viaje, proyecto, boda, etc)* rimandare 2. *(reloj)* spostare indietro 3. *(hacer más lento)* rallentare ◆ **retrasarse** vp 1. *(persona, tren, avión)* ritardare 2. *(reloj)* essere indietro 3. *(en el pago)* essere in ritardo
retraso [re'traso] m 1. ritardo m 2. *(de pueblo, cultura, etc)* arretratezza f 3. **con retraso** in ritardo ◆ **llevar retraso** essere in ritardo

retratar [retra'tar] vt ritrarre
retrato [re'trato] m ritratto m
retrete [re'trete] m gabinetto m
retroceder [retroθe'ðer] vi retrocedere
retrospectivo, va [retrospek'tiβo, βa] adj retrospettivo/a
retrovisor [retroβi'sor] m retrovisore m
reuma ['reuma] m o f reumatismo m
reunión [reu'njon] f riunione f
reunir [reu'nir] vt 1. *(personas)* riunire 2. *(dinero, fondos)* raccogliere 3. *(condiciones)* possedere ◆ **reunirse** vp riunirsi
revancha [re'βantʃa] f rivincita f
revelado [reβe'laðo] m sviluppo m ◆ **revelado en color/blanco y negro** sviluppo a colori/in bianco e nero
revelar [reβe'lar] vt 1. *(secreto, noticia, etc)* rivelare 2. *(fotografía)* sviluppare
reventar [reβen'tar] vi scoppiare ◆ vt 1. *(cansar)* sfiancare 2. *(estallar)* esplodere 3. *(fam) (fastidiar)* scocciare 4. *(fam) (morir)* crepare ◆ **reventarse** vp spaccarsi
reventón [reβen'ton] m scoppio m
reverencia [reβe'renθja] f riverenza f
reversa [re'βersa] f (Méx) retromarcia f
reversible [reβer'siβle] adj double-face
reverso [re'βerso] m rovescio m
revés [re'βes] m 1. rovescio m 2. *(golpe)* manrovescio m 3. ◆ **al revés** *(en orden contrario)* alla rovescia; *(al contrario)* al contrario
revestimiento [reβesti'mjento] m rivestimento m
revisar [reβi'sar] vt 1. *(corregir)* riesaminare 2. *(repasar)* revisionare 3. *(Amér) (examinar)* visitare
revisión [reβi'sjon] f revisione f
revista [re'βista] f rivista f ◆ **pasar revista** passare in rassegna f
revistero [reβis'tero] m portariviste m inv
revolcarse [reβol'karse] vp rotolarsi
revoltillo [reβol'tiʎo] m 1. *(confusión)* gazzarra f 2. *(guiso)* uova fpl strapazzate
revoltoso, sa [reβol'toso, sa] adj 1. *(travieso)* vivace 2. *(rebelde)* ribelle
revolución [reβolu'θjon] f rivoluzione f
revolucionario, ria [reβoluθjo'narjo, rja] m,f rivoluzionario m, -a f
revolver [reβol'βer] vt 1. *(mezclar)* mestare 2. *(desordenar)* mettere a soqquadro
revólver [re'βolβer] m rivoltella f
revuelta [re'βuelta] f rivolta f
revuelto, ta [re'βuelto, ta] adj 1. *(desordenado)* sottosopra 2. *(turbio)* torbido/a 3. *(tiempo)* instabile 4. *(mar)* burrascoso/a 5. *(alborotado)* turbolento/a ◆ m uova mpl strapazzate
rey [rej] m re m ◆ **los Reyes Magos** i Re Magi ◆ **Reyes** mpl Epifania f

---

Reyes Magos

I bambini spagnoli ricevono i doni il 6 gennaio dai *Reyes Magos* (non da Babbo Natale). La mattina i bambini buoni trovano i regali nelle scarpe, mentre i cattivi trovano il carbone. Il dolce tipico del *día de Reyes* è il *roscón de reyes*.

rezar [re'θar] ◇ *vt* recitare ◇ *vi* pregare
rezo ['reθo] *m* preghiera *f*
ría ['ria] *f* ria *f*
riachuelo [ria'tʃwelo] *m* ruscello *m*
riada [ri'aða] *f* inondazione *f*
ribera [ri'βera] *f* **1.** *(orilla)* riva *f* **2.** *(terreno)* riviera *f*
ribete [ri'βete] *m* filettatura *f*
rico, ca ['riko, ka] *adj* **1.** ricco(a) **2.** *(sabroso)* squisito(a) **3.** *(fam) (simpático)* carino(a) **4.** *(excelente)* ottimo(a) **5.** *(Amér) (agradable)* gradevole
ridículo, la [ri'ðikulo, la] ◇ *adj* ridicolo(a) ◇ *m* ridicolo *m* ◆ **hacer el ridículo** fare una figuraccia
riego ['rjeɣo] *m* **1.** *(de tierra, campos, etc)* irrigazione *f* **2.** *(cantidad de agua)* irrorazione *f*
rienda ['rjenda] *f* redine *f*
riesgo ['rjezɣo] *m* rischio *m* ◆ **a todo riesgo** a copertura totale
riesgoso, sa ['rjezɣoso, sa] *adj (Amér)* rischioso(a)
rifar [ri'far] *vt* sorteggiare
rigidez [rixi'ðeθ] *f* rigidità *f inv*
rígido, da [ri'xiðo, ða] *adj* rigido(a)
rigor [ri'ɣor] *m* rigore *m* ◆ **de rigor** di rigore
riguroso, sa [riɣu'roso, sa] *adj* rigoroso(a)
rima ['rima] *f* rima *f*
rímel ['rimel] *m* mascara *f*
rincón [rin'kon] *m* angolo *m*
ring ['rin] *m* ring *m inv*
rinoceronte [rinoθe'ronte] *m* rinoceronte *m*

riña ['riɲa] *f* **1.** *(discusión)* alterco *m* **2.** *(pelea)* rissa *f*
riñón [ri'ɲon] *m* rene *m* ◆ **riñones** *mpl* reni *fpl* ◆ **riñones al jerez** rognoni *mpl* allo sherry
riñonera [riɲo'nera] *f* marsupio *m*
río ['rio] *m* fiume *m*
rioja [ri'oxa] *m* vino rosso prodotto nella regione della Rioja
RIP ['rip] *(abr de* requiescat in pace*)* R.I.P.
riqueza [ri'keθa] *f* ricchezza *f*
risa ['risa] *f* riso *m*
ristra ['ristra] *f* resta *f*
ritmo ['riðmo] *m* ritmo *m*
rito ['rito] *m* rito *m*
ritual [ritu'al] *m* rituale *m*
rival [ri'βal] *mf* rivale *mf*
rizado, da [ri'θaðo, ða] *adj* **1.** *(pelo)* riccio(a) **2.** *(papel, tela, etc)* crespo(a) **3.** *(mar)* mosso(a)
rizo ['riθo] *m* ricciolo *m*
RNE *(abr de* Radio Nacional de España*)* radio nazionale spagnola
robar [ro'βar] *vt* **1.** *(quitar)* rubare **2.** *(cobrar demasiado)* spennare **3.** *(en naipes, dominó)* pescare
roble ['roβle] *m* **1.** *(árbol)* quercia *f* **2.** *(madera)* rovere *m*
robo ['roβo] *m* rapina *f*
robot [ro'βot] *m* robot *m inv*
robusto, ta [ro'βusto, ta] *adj* robusto(a)
roca ['roka] *f* roccia *f*
roce ['roθe] *m* **1.** *(acción)* sfregamento *m* **2.** *(desgaste)* logoramento *m* **3.** *(trato)* approccio *m* **4.** *(discusión)* attrito *f*

rociar [roθi'ar] *vt* spruzzare
rocío [ro'θio] *m* rugiada *f*
rock ['rok] *m* rock *m inv*
rocoso, sa [ro'koso, sa] *adj* roccioso(a)
rodaballo [roða'βaʎo] *m* rombo *m*
rodaje [ro'ðaxe] *m* **1.** *(de película)* riprese *fpl* **2.** *(de vehículo)* rodaggio *m*
rodar [ro'ðar] ◇ *vt* **1.** *(película)* girare **2.** *(vehículo)* rodare ◇ *vi* **1.** *(bola, pelota, etc)* rotolare **2.** *(coche)* circolare **3.** *(por escalera, pendiente)* ruzzolare **4.** *(deambular)* girare
rodeado, da [roðe'aðo, ða] *adj* circondato(a) ◆ **rodeado de** circondato da
rodear [roðe'ar] *vt* **1.** *(cercar)* circondare **2.** *(dar la vuelta a)* fare il giro di ◆ **rodearse** *v* + *prep* circondarsi di
rodeo [ro'ðeo] *m* giro *m* ◆ **dar rodeos** tergiversare
rodilla [ro'ðiʎa] *f* ginocchio *m* ◆ **de rodillas** in ginocchio
rodillo [ro'ðiʎo] *m* **1.** *(de máquina)* rullo *m* **2.** *(de cocina)* mattarello *m*
roedor [roe'ðor] *m* roditore *m*
roer [ro'er] *vt* **1.** *(raspar)* rodere **2.** *(desgastar)* consumare **3.** *(fig) (atormentar)* tormentare
rogar [ro'ɣar] *vt* pregare
rojo, ja ['roxo, xa] *adj* rosso(a) ◇ *m,f* rosso *m*, -a *f* ◇ *m* rosso *m*
rollito [ro'ʎito] *m* involtino *m*
rollo ['roʎo] *m* **1.** *(cilindro)* rotolo *m* **2.** *(película fotográfica)* rullino *m* **3.** *(Esp & Méx) (fam) (actividad)* storia *f* ◆ **cortar el rollo** dare un taglio

romana [ro'mana] *f* ◆ **a la romana** alla romana
románico, ca [ro'maniko, ka] ◇ *adj* **1.** *(lengua)* romanzo(a) **2.** *(en arquitectura)* romanico(a) ◇ *m* romanico *m*
romano, na [ro'mano, na] *adj* & *m,f* romano(a)
romántico, ca [ro'mantiko, ka] *adj* romantico(a)
rombo ['rombo] *m* rombo *m*
romería [rome'ria] *f festa popolare celebrata presso i santuari nel giorno del rispettivo patrono*
romero [ro'mero] *m* rosmarino *m*
romo, ma ['romo, ma] *adj* smussato(a)
rompecabezas [,rompeka'βeθas] *m inv* **1.** *(juego)* puzzle *m inv* **2.** *(asunto complicado)* rompicapo *m*
rompeolas [rompe'olas] *m inv* frangiflutti *m inv*
romper [rom'per] ◇ *vt* **1.** rompere **2.** *(papel, tela)* stracciare ◇ *vi* **1.** *(olas)* frangere **2.** *(día)* erompere ◆ **romper con alguien** rompere con qn ◆ **romper a hacer algo** mettersi a fare qc ◆ **romperse** *vp* **1.** *(partirse)* spezzarsi **2.** *(desgarrarse)* sdrucirsi
ron [ron] *m* rum *m inv*
roncar [ron'kar] *vi* **1.** *(persona)* russare **2.** *(mar, viento, etc)* mugghiare
ronco, ca ['ronko, ka] *adj* rauco(a)
ronda ['ronda] *f* **1.** *(paseo)* passeggiata *f* **2.** *(vigilancia)* ronda *f* **3.** *(grupo de personas)* cerchia *f* **4.** *(de copas, tapas, etc)* bicchierata *f* **5.** *(camino)* strada *f* rurale perimetrale

ronquido [ronˈkiðo] *m* 1. *(de persona)* ronfamento *m* 2. *(de motor, máquina)* rombo *m*

ronronear [ronroneˈar] *vi* ronfare

ronroneo [ronroˈneo] *m* 1. *(de gato)* fusa *fpl* 2. *(de motor, máquina, etc)* rombo *m*

ropa [ˈropa] *f* 1. *(tela)* biancheria *f* 2. *(prenda de vestir)* abbigliamento *m* ● **ropa interior** biancheria intima ● **lavar la ropa** fare il bucato ● **quitarse la ropa** togliersi i vestiti

roquefort [rokeˈfor] *m* roquefort *m inv* ● **al roquefort** al roquefort

rosa [ˈrosa] ◇ *f* rosa *f* ◇ *adj inv* rosa *inv*

rosa de los vientos rosa dei venti

rosado, da [roˈsaðo, ða] *adj* 1. *(color)* rosato(a) 2. *(vino)* rosé

rosal [roˈsal] *m* rosaio *m*

rosario [roˈsarjo] *m* rosario *m*

roscón [rosˈkon] *m* ciambella *f*

rosetón [roseˈton] *m* rosone *m*

rosquilla [rosˈkiʎa] *f* ciambellina *f*

rostro [ˈrostro] *m* volto *m*

roto, ta [ˈroto, ta] ◇ *adj* rotto(a) ◇ *m* strappo *m*

rotonda [roˈtonda] *f* rotonda *f*

rotulador [rotulaˈðor] *m* (*Esp*) pennarello *m*

rótulo [ˈrotulo] *m* cartello *m*

rotundo, da [roˈtundo, da] *adj* categorico(a)

rozar [roˈθar] *vt* sfiorare ● **rozarse** *vp* logorarsi

r.p.m. *(abr de* revoluciones por minuto*)* g./min.

Rte. *(abr de* remitente*)* Mitt.

RTVE [ˈerteˈuβeˈe] *(abr de* Radiotelevisión Española*)* Radiotelevisione spagnola

rubí [ruˈβi] *m* rubino *m*

rubio, bia [ˈruβjo, βja] *adj* biondo(a)

rubor [ruˈβor] *m* 1. *(enrojecimiento)* rossore *m* 2. *(vergüenza)* vergogna *f*

ruborizarse [ruβoriˈθarse] *vp* vergognarsi

rudimentario, ria [ruðimenˈtarjo, rja] *adj* rudimentale

rudo, da [ˈruðo, ða] *adj* 1. *(basto)* grezzo(a) 2. *(descortés)* rozzo(a) 3. *(violento)* rude

rueda [ˈrweða] *f* ruota *f* ● **rueda de prensa** conferenza *f* stampa ● **rueda de repuesto** o **de recambio** ruota di scorta

ruedo [ˈrweðo] *m* 1. *(plaza de toros)* arena *f* 2. *(límite exterior)* bordo *m*

ruego [ˈrweɣo] *m* supplica *f*

rugby [ˈruɣβi] *m* rugby *m inv*

rugido [ruˈxiðo] *m* ruggito *m*

rugir [ruˈxir] *vi* ruggire

rugoso, sa [ruˈɣoso, sa] *adj* rugoso(a)

ruido [ˈrwiðo] *m* rumore *m*

ruidoso, sa [rwiˈðoso, sa] *adj* rumoroso(a)

ruin [ˈrwin] *adj* 1. *(malo)* vile 2. *(avaro)* spilorcio

ruina [ˈrwina] *f* rovina *f* ● **ruinas** *fpl* rovine *fpl*

ruinoso, sa [rwiˈnoso, sa] *adj* 1. *(edificio, casa, puente)* fatiscente 2. *(negocio, trabajo)* disastroso(a)

ruiseñor [rwiseˈnor] *m* usignolo *m*

ruleta [ruˈleta] f roulette f inv
rulo [ˈrulo] m **1.** (rizo) ricciolo m **2.** (objeto) bigodino m
ruma [ˈruma] f (Andes) mucchio m
rumba [ˈrumba] f rumba f
rumbo [ˈrumbo] f rotta f ● **rumbo a** in direzione di
rumiante [ruˈmjante] adj & m ruminante
rumiar [ruˈmjar] vt **1.** ruminare **2.** (fig) (reflexionar) rimuginare
rumor [ruˈmor] m **1.** (chisme) diceria f **2.** (ruido) rumore m
ruptura [rupˈtura] f rottura f
rural [ruˈral] adj rurale
Rusia [ˈrusja] f Russia f
ruso, sa [ˈruso, sa] ◇ adj & m,f russo(a) ◇ m russo m
ruta [ˈruta] f itinerario m
rutina [ruˈtina] f routine f inv

S s

s (abr de segundo) sec.
S (abr de San) S.
SA [ˈesˈa] f (abr de sociedad anónima) S.p.A. f
sábado [ˈsaβaðo] m sabato m ● **cada sábado, todos los sábados** ogni sabato ● **caer en sábado** cadere di sabato ● **el próximo sábado, el sábado que viene** sabato prossimo ● **el sábado** il sabato ● **el sábado pasado** sabato scorso ● **el sábado por la mañana/tarde/noche** sabato mattina/pomeriggio/notte ● **este sábado** (pasado) sabato scorso; (próximo) sabato prossimo ● **los sábados** di sabato
sábana [ˈsaβana] f lenzuolo m
sabañón [saβaˈɲon] m gelone m
saber [saˈβer] ◇ m sapere m ◇ vt & vi sapere ● **saber algo de** sapere qc di ● **saber bien/mal** avere un sapore buono/cattivo ● **saber mal a alguien** dispiacere a qn ● **saber a** v + prep sapere di
sabiduría [saβiðuˈria] f **1.** (prudencia) saggezza f **2.** (conocimiento profundo) sapienza f
sabio, bia [ˈsaβjo, βja] ◇ adj **1.** (prudente) saggio(a) **2.** (con conocimientos profundos) sapiente ◇ m,f sapiente mf
sable [ˈsaβle] m sciabola f
sabor [saˈβor] m sapore m ● **sabor a** sapore di
saborear [saβoreˈar] vt assaggiare
sabotaje [saβoˈtaxe] m sabotaggio m
sabroso, sa [saˈβroso, sa] adj **1.** (comida) saporito(a) **2.** (comentario, noticia, etc) interessante
sacacorchos [sakaˈkortʃos] m inv cavatappi m inv
sacapuntas [sakaˈpuntas] m inv temperamatite m inv
sacar [saˈkar] ◇ vt **1.** tirare fuori **2.** (de paseo, al cine) portare fuori **3.** (premio) avere **4.** (en el juego) prendere **5.** (ensanchar) allargare **6.** (pecho, barriga, músculo) gonfiare **7.** (modelo, moda,

canción, etc) produrre **8.** (copia, foto) fare **9.** (ganar) ● el Valencia ya le saca diez puntos al Atlétic il Valencia ha un vantaggio di dieci punti sull'Atlétic ◇ vi rimettere ● **sacar a bailar** invitare a ballare ● **sacar billetes** fare i biglietti ● **sacar brillo** lucidare ● **sacar dinero** prelevare soldi ● **sacar fotos** fare fotografie ● **sacar la lengua** fare linguaccia ● **sacar nota** prendere un voto ● **sacar buenas/malas notas** prendere buoni/cattivi voti ● **sacarse** vp (carné, permiso) prendere

sacarina [saka'rina] f saccarina f
sacerdote [saθer'ðote] m sacerdote m
saciar [sa'θjar] vt saziare
saco ['sako] m **1.** sacco m **2.** (Amér) (chaqueta) giacca f ● **saco de dormir** sacco a pelo
sacramento [sakra'mento] m sacramento m
sacrificar [sakrifi'kar] vt sacrificare ● **sacrificarse** vp **sacrificarse (por)** sacrificarsi (per)
sacrificio [sakri'fiθjo] m sacrificio m
sacristán [sakris'tan] m sagrestano m
sacudida [saku'ðiða] f **1.** (movimiento brusco) scossone m **2.** (terremoto) scossa f
sacudir [saku'ðir] ◇ vt **1.** (agitar) scuotere **2.** (pegar) picchiare ◇ vi (CSur & Méx) (limpiar polvo) spolverare
safari [sa'fari] m **1.** (expedición) safari m inv **2.** (parque zoológico) giardino m zoologico
Sagitario [saxi'tarjo] m inv Sagittario m inv

sagrado, da [sa'yraðo, ða] adj sacro(a)
sal ['sal] f **1.** (condimento) sale m **2.** (fig) (gracia) simpatia f ● **sales** fpl sali mpl
sala ['sala] f **1.** (habitación) sala f **2.** (tribunal) aula f ● **sala de espera** sala d'attesa ● **sala de estar** soggiorno m ● **sala de fiestas** balera f ● **sala de juegos** sala giochi ● **salas climatizadas, precio reducido, confort** ambienti climatizzati, prezzo conveniente, confort
salado, da [sa'laðo, ða] adj **1.** salato(a) **2.** (Amér) (persona) iellato(a)
salamandra [sala'mandra] f salamandra f
salar [sa'lar] vt **1.** (comida) salare **2.** (para conservar) mettere sotto sale
salario [sa'larjo] m salario m
salchicha [sal'tʃitʃa] f salsiccia f
salchichón [saltʃi'tʃon] m salsiccia f
saldo ['saldo] m saldo m
salero [sa'lero] m **1.** (recipiente) saliera f **2.** (gracia) simpatia f
salida [sa'liða] f **1.** (de lugar) uscita f **2.** (excursión) gita f **3.** (de tren) partenza f **4.** (ocurrencia) battuta f **5.** (recurso) via f d'uscita **6.** (de productos) mercato m ▼ **salida sin compra** uscita senza acquisti ▼ **salida de socorro** ● **emergencia** uscita di soccorso o di sicurezza ▼ **salidas internacionales** partenze internazionali
salina [sa'lina] f salina f ● **salinas** fpl saline fpl
salir [sa'lir] vi **1.** (gen) uscire **2.** (marcharse) partire **3.** (ser novios) stare **4.** (separarse) ● **el tapón sale poco a poco**

il tappo esce lentamente • **el anillo no le sale del dedo** l'anello non le si sfila dal dito **5.** *(resultar)* essere **6.** *(en sorteo)* • **mi número ha salido premiado** il mio numero è stato premiato **7.** *(resolver)* venire **8.** *(proceder)* • **salir de** venire da **9.** *(surgir - luna, estrellas, sol)* sorgere; *(- dientes, plantas, flor)* spuntare **10.** *(aparecer)* • **ha salido una nueva revista** è uscita una nuova rivista • **¡qué bien sales en la foto!** come sei venuto bene nella foto • **en la película sale tu actor favorito** nel film c'è il tuo attore preferito **11.** *(presentarse)* presentarsi **12.** *(costar)* venire a costare **13.** *(sobresalir)* sporgere **14.** *(librarse)* • **salir de** uscire da **15.** *INFORM* uscire **16.** *(superar un obstáculo)* • **salir adelante** farcela • **salió a la calle** è uscito in strada • **¡sal aquí fuera!** esci fuori! • **el tren sale muy temprano** il treno parte di buon'ora • **él ha salido para Madrid** è partito per Madrid • **Juan y María salen juntos** Juan e María stanno insieme • **Mónica sale con Juan** Mónica sta con Juan • **ha salido muy estudioso** è venuto fuori molto studioso • **salió elegida mejor actriz del año** è stata eletta miglior attrice dell'anno • **ha salido perjudicado en el reparto** è stato danneggiato nell'assegnazione • **salir bien/mal** riuscire bene/male • **este problema no me sale** questo problema non mi viene • **me ha salido la división** mi è venuta la divisione • **ya ha salido el sol** il sole è già sorto • **me salió un empleo en una oficina** mi si è presentato un lavoro in un ufficio • **la comida le ha salido por 100 euros** il pranzo gli è venuto a costare 100 euro • **esta esquina sale mucho** questo spigolo è molto sporgente

• **salirse** *vp* **1.** *(marcharse)* uscire **2.** *(rebosar)* fuoriuscire **3.** *(desviarse)* uscire • **salirse de** *(fig)* *(escaparse)* uscire da

saliva [sa'liβa] *f* saliva *f*

salmón [sal'mon] *m* salmone *m* • **salmón ahumado/fresco** salmone affumicato/fresco

salmonete [salmo'nete] *m* triglia *f*

salpicón [salpi'kon] *m* pietanza fredda di carne o pesce • **salpicón de marisco** insalata *f* di mare

salpicadera [salpika'ðera] *f (Méx)* parafango *m*

salpicadero [salpika'ðero] *m* cruscotto *m*

salpicar [salpi'kar] *vt & vi* schizzare

salpimentar [salpimen'tar] *vt* salare e pepare

salsa [salsa] *f* **1.** *salsa* **2.** *(gracia)* simpatia *f* **3.** • **salsa bechamel** besciamella *f* • **salsa rosa/verde** salsa rosa/verde • **salsa de tomate** sugo di pomodoro • **salsa vinagreta** vinaigrette

salsera [sal'sera] *f* salsiera *f*

saltamontes [salta'montes] m inv cavalletta f

saltar [sal'tar] ◇ vi **1.** saltare **2.** (responder mal) scattare **3.** (desprenderse) staccarsi **4.** (explotar, enfadarse) scoppiare ◇ vt saltare ◆ **saltarse** vp **1.** (omitir) saltare **2.** (no hacer caso) non rispettare

salteado, da [salte'aðo, ða] adj **1.** (discontinuo) discontinuo(a) **2.** (frito) saltato(a)

saltear [salte'ar] vt far saltare

salto ['salto] m **1.** salto m **2.** (palpitación) tuffo m **3.** (en el tiempo) balzo m **4.** (cambio brusco) sbalzo m ◆ **salto de agua** cascata f ◆ **salto de cama** vestaglia f

salud [sa'luð] f salute f ◆ **tener buena/ mala salud** godere di buona/cattiva salute ◆ **estar bien/mal de salud** stare bene/male in salute ◆ **¡(a su) salud!** alla (sua) salute!

saludable [salu'ðaβle] adj **1.** salutare **2.** (sano) salubre

saludar [salu'ðar] vt salutare ◆ **saludarse** vp salutarsi

saludo [sa'luðo] m saluto m ◆ **saludos** mpl saluti mpl

salvación [salβa'θjon] f salvezza f

salvadoreño, ña [salβaðo'reɲo, ɲa] adj & m,f salvadoregno(a)

salvaje [sal'βaxe] adj **1.** (planta, animal) selvatico(a) **2.** (terreno) selvaggio(a)

salvamanteles [salβaman'teles] m inv sottopentola m inv

salvar [sal'βar] vt **1.** salvare **2.** (peligro, dificultad, obstáculo) schivare **3.** (distancia, espacio) superare ◆ **salvarse** vp salvarsi

salvaslip [salβas'lip] m salvaslip m inv

salvavidas [salβa'βiðas] m inv salvagente m inv

salvo ['salβo] adv salvo ◆ **a salvo** in salvo

san [san] adj > san

sanatorio [sana'torjo] m clinica f

sanción [san'θjon] f sanzione f

sancochar [sanko'tʃar] vt (Amér) scottare

sandalia [san'dalja] f sandalo m

sandía [san'dia] f cocomero m

sandwich ['sanwitʃ] m sandwich m inv

sanfermines [sanfer'mines] mpl festeggiamenti di Pamplona, in onore di San Fermín

sanfermines

La festa più famosa di Pamplona si tiene dal 6 al 14 luglio in onore del patrono. Le diverse manifestazioni tradizionali è l'*encierro*: si liberano sei tori per le strada e il pubblico corre davanti a loro per 800 metri fino al *teri* dell'arena.

sangrar [san'grar] vi sanguinare

sangre ['sangre] f sangue m ◆ **sangre azul/fría** sangue blu/freddo

sangría [san'gria] f sangria f inv

sangriento, ta [san'grjento, ta] adj **1.** (con sangre) sanguinante **2.** (cruel) sanguinario(a)

sanidad [sani'ðað] f **1.** (servicios) sanità f

2. (higiene) salubrità f
sanitario, ria [sani'tarjo, rja] adj & m,f sanitario(a) • **sanitarios** mpl sanitari mpl
sano, na ['sano, na] adj sano(a) • **sano y salvo** sano e salvo
santiguarse [santi'ɣwarse] vp segnarsi
santo, ta ['santo, ta] ◇ adj & m,f santo(a) ◇ m onomastico m

santo

L'onomastico è una festività ancora molto celebrata in Spagna, soprattutto per i nomi più conosciuti (Juan, José, Pedro, Jaime, Jorge, María...). Normalmente i festeggiati offrono da bere a amici e colleghi e ricevono piccoli regali.

santuario [santu'arjo] m santuario m
sapo ['sapo] m rospo m
saque ['sake] m rimessa f in gioco
saquear [sake'ar] vt saccheggiare
sarampión [saram'pjon] m morbillo m
sarcástico, ca [sar'kastiko, ka] adj sarcastico(a)
sardina [sar'ðina] f sardina f • **sardinas a la plancha** sardine ai ferri
sargento [sar'xento] m sergente m
sarna ['sarna] f scabbia f
sarpullido [sarpu'ʎiðo] m orticaria f
sarro ['saro] m (de dientes) tartaro m
sartén [sar'ten] f padella f
sastre ['sastre] m sarto m
sastrería [sastre'ria] f sartoria f
satélite [sa'telite] m satellite m

sátira ['satira] f satira f
satírico, ca [sa'tiriko, ka] adj satirico(a)
satisfacción [satisfak'θjon] f soddisfazione f
satisfacer [satisfa'θer] vt **1.** soddisfare **2.** (deuda) saldare
satisfecho, cha [satis'fetʃo, tʃa] adj soddisfatto(a)
sauce ['sauθe] m salice m
sauna ['sauna] f sauna f
saxofón [sakso'fon] m sassofono m
sazonar [saθo'nar] vt insaporire
se [se] pron **1.** (gen) si • **el niño se lava los dientes** il bambino si lava i denti • **enfadándose no conseguirán nada** arrabbiandosi non otterranno nulla • **se aman con pasión** si amano appassionatamente • **se escriben semanalmente** si scrivono ogni settimana • **las cosas se guardan en su sitio** le cose vanno rimesse al loro posto • **se ha suspendido la reunión** la riunione è stata sospesa ▼ **se habla inglés** si parla inglese ▼ **se prohíbe fumar** è proibito fumare • **se dice que** si dice ch **2.** (complemento indirecto) gli, vi • **cojo las carteras de los niños, yo se las daré** prendo le cartelle dei bambini, gliele darò io • **dame el regalo de Juan, yo se lo daré** dammi il regalo di Juan, gliele darò io • **no utilicen sus hojas, yo se las daré** non usate i vostri fogli, ve li darò io
secador [seka'ðor] m asciugatore m • **secador de cabello** asciugacapelli m inv
secadora [seka'ðora] f asciugatrice f

secano [se'kano] *m* terreno *m* non irrigato

secar [se'kar] *vt* 1. *(ropa, cabello, superficie)* asciugare 2. *(planta)* seccare

secarse *vp* 1. *(planta)* seccarsi 2. *(ropa, cabello, superficie)* asciugarsi

sección [sek'θjon] *f* 1. *(de empresa, oficina)* reparto *m* 2. *(dibujo)* sezione *f* 3. *(división)* settore *m*

seco, ca ['seko, ka] *adj* 1. *(no húmedo)* secco(a) 2. *(no mojado)* asciutto(a) • **a secas** in assoluto • **en seco** improvvisamente

secreción [sekre'θjon] *f* secrezione *f*

secretaría [sekreta'ria] *f* 1. segreteria *f* 2. *(Méx) (ministerio)* ministero *m*

secretariado [sekreta'rjaðo] *m* 1. *(estudios)* corso *m* di segretaria d'azienda 2. *(profesión)* segreteria *f*

secretario, ria [sekre'tarjo, rja] *m,f* 1. segretario *m*, -a *f* 2. *(Méx) (de ministerio)* ministro *m*

secreto, ta [se'kreto, ta] ◇ *adj* segreto(a) ◇ *m* 1. segreto *m* 2. *(reserva)* discrezione *f* • **en secreto** in segreto

secta ['sekta] *f* setta *f*

sector [sek'tor] *m* settore *m*

secuestrador, ra [sekuestra'ðor, ra] *m,f* 1. sequestratore *m*, -trice *f* 2. *(de persona)* rapitore *m*, -trice *f*

secuestrar [sekues'trar] *vt* 1. sequestrare 2. *(persona)* rapire

secuestro [se'kuestro] *m* 1. sequestro *m* 2. *(de persona)* rapimento *m*

secundario, ria [sekun'darjo, rja] *adj* secondario(a)

sed ['seð] *f (fig)* sete *f* • **dar/tener sed** mettere/avere sete

seda ['seða] *f* seta *f*

sedante [se'ðante] *m* sedativo *m*

sede ['seðe] *f* sede *f*

sedentario, ria [seðen'tarjo, rja] *adj* sedentario(a)

sediento, ta [se'ðjento, ta] *adj* assetato(a)

seductor, ra [seðuk'tor, ra] *m,f* seduttore *m*, -trice *f*

segador, ra [seya'ðor, ra] *m,f* mietitore *m*, -trice *f*

segar [se'yar] *vt* mietere

segmento [sey'mento] *m* 1. *(de población)* settore *m* 2. *(de circunferencia, de recta)* segmento *f*

seguido, da [se'yiðo, ða] ◇ *adj* continuo(a) ◇ *adv* 1. *(frecuentemente)* di continuo 2. *(Amér)* dritto 2. • **en seguida** subito • **todo seguido** di seguito

seguir [se'yir] ◇ *vt* 1. seguire 2. *(delincuente)* inseguire 3. *(camino)* proseguire ◇ *vi* 1. *(soltero, enfermo)* continuare 2. *(por camino)* proseguire • **seguir a algo** venire dopo qc

según [se'yun] ◇ *prep* 1. *(de acuerdo con)* secondo 2. *(dependiendo de)* a seconda di ◇ *adv* 1. *(como)* come 2. *(a medida que)* man mano • **según yo/tú** secondo me/te

segundero [seyun'dero] *m* lancetta *f* dei secondi

segundo, da [se'yundo, da] ◇ *núm* ≥ *m,f* secondo(a) ◇ *m* secondo *m* > **sexto**

seguramente [se,yu'armente] *adv* 1.

(con seguridad) sicuramente **2.** (probablemente) probabilmente

seguridad [seɣuri'ðað] *f* sicurezza *f* • **Seguridad Social** *f* ≃ Previdenza *f* Sociale

seguro, ra [se'ɣuro, ra] ◇ *adj* sicuro(a) ◇ *m* **1.** assicurazione *f* **2.** (CAm & Méx) (imperdible) spilla *f* da balia ◇ *adv* certamente • **estar seguro** essere sicuro • **Seguro Social** (Amér) ≃ Previdenza *f* Sociale

seis [sejs] ◇ *adj inv* & *m* sei ◇ *mpl* (grupo) sei ◇ *fpl* **las seis** le sei ◇ *fpl* **doscientos seis** duecentosei • **treinta y seis** trentasei • **de seis en seis** in gruppi di sei • **empatados a seis** pari • **somos seis** siamo in sei • **seis a cero** sei a zero

seiscientos, tas [sejs'θjentos] *núm* seicento • **seis**

selección [selek'θjon] *f* **1.** selezione *f* **2.** DEP Nazionale *f*

seleccionador, ra [selekθjona'ðor, ra] ◇ *f* selezionatore *m*, -trice *f*

seleccionar [selekθjo'nar] *vt* selezionare

selectividad [selektiβi'ðað] *f* ≃ maturità *f inv*

selecto, ta [se'lekto, ta] *adj* scelto(a)

selector [selek'tor] *m* selettore *m*

self-service [self'serβis] *m* self-service *m inv*

sello [se'ʎo] *m* **1.** (de correos) francobollo *m* **2.** (tampón) timbro *m*

selva [ˈselβa] *f* selva *f*

semáforo [se'maforo] *m* semaforo *m*

semana [se'mana] *f* settimana *f* • **Semana Santa** *f* Settimana *f* Santa

Semana Santa

In Spagna e in America Latina in occasione dell'ultima settimana di quaresima si commemora la passione e la risurrezione di Cristo con varie *procesiones* generalmente caratterizzate dai *penitentes*, vestiti con tuniche bianche, e dai *pasos*, sculture religiose trasportate dai fedeli. Una delle manifestazioni più famose è quella di Siviglia.

semanal [sema'nal] *adj* settimanale

semanario [sema'narjo] *m* settimanale *m*

sembrar [sem'brar] *vt* seminare

semejante [seme'xante] ◇ *adj* **1.** (parecido) somigliante **2.** (despec) (ese) simile ◇ *m* simile *m*

semejanza [seme'xanθa] *f* somiglianza *f*

semen ['semen] *m* seme *m*

semestre [se'mestre] *m* semestre *m*

semidesnatado, da [semideʒna'tado, ða] *adj* parzialmente scremato(a)

semidirecto, ta [semiði'rekto, ta] *adj* rapido(a)

semifinal [semifi'nal] *f* semifinale *f*

semilla [se'miʎa] *f* seme *m*

sémola [ˈsemola] *f* semola *f*

Senado [se'nado] *m* • **el Senado** il Senato

senador, ra [sena'ðor, ra] *m,f* senatore *m*, -trice *f*

sencillo, lla [sen'θiλo, λa] ◊ *adj* semplice ◊ *m* (*Amér*) (*dinero*) spiccioli *mpl*

sendero [sen'dero] *m* sentiero *m*

seno ['seno] *m* seno *m*

sensación [sensa'θjon] *f* sensazione *f*

sensacional [sensaθjo'nal] *adj* sensazionale

sensacionalismo [sensaθjona'lizmo] *m* sensazionalismo *m*

sensacionalista [sensaθjona'lista] *adj* sensazionalista

sensato, ta [sen'sato, ta] *adj* sensato(a)

sensibilidad [sensiβili'ðað] *f* sensibilità *f inv*

sensible [sen'siβle] *adj* sensibile

sensual [sen'sual] *adj* sensuale

sentado, da [sen'taðo, ða] *adj* assennato(a) ● **dar por sentado** dare per scontato

sentar [sen'tar] ◊ *vt* basare ◊ *vi* ● **sentar bien/mal a alguien** (*comida, bebida*) fare bene/male a qn; (*ropa, zapatos, joyas*) stare bene/male a qn ● **esa broma le ha sentado mal** l'ha preso male, quello scherzo ● **sentarse** *vp* sedersi

sentencia [sen'tenθja] *f* 1. (*de juez, tribunal*) sentenza *f* 2. (*frase corta*) motto *m*

sentenciar [senten'θjar] *vt* condannare

sentido [sen'tiðo] *m* 1. senso *m* 2. (*entendimiento*) ragione *f* 3. ● **sentido común** buon senso

sentimental [sentimen'tal] *adj* sentimentale

sentimiento [senti'mjento] *m* 1. sentimento *m* 2. (*pena*) ● **le acompaño en el sentimiento** le porgo le mie condoglianze

sentir [sen'tir] *vt* 1. sentire 2. (*lamentar*) dispiacersi 3. ● **lo siento** mi dispiace

sentirse *vp* sentirsi ● **sentirse bien/mal** sentirsi bene/male

seña ['sena] *f* cenno *m* ● **señas** *fpl* 1. (*domicilio*) recapito *m* 2. (*características*) caratteristiche *fpl* ● **señas personales** segni particolari

señal [se'nal] *f* 1. segnale *m* 2. (*distintivo*) distintivo *m* 3. (*signo, representación*) segno *m* 4. (*fianza*) acconto *m* 5. (*huella*) segno *m* 6. ● **señal de tráfico** segnale stradale

señalado, da [sena'laðo, ða] *adj* 1. (*fecha, día*) importante 2. (*persona*) illustre

señalar [sena'lar] ◊ *vt* 1. indicare 2. (*poner marca*) segnalare ◊ *vi* fare cenni

señor, ra [se'nor, ra] ◊ *adj* (*gran*) signore(a) ◊ *m* 1. (*hombre*) signore *m* 2. (*tratamiento*) signor *m* 3. (*dueño*) padrone *m* 4. (*caballero*) gran signore ● **muy señor mío** egregio signore

señora [se'nora] *f* 1. signora *f* 2. (*dueña*) padrona *f* ● **muy señora mía** gentile signora

señorita [seno'rita] *f* signorina *f*

señorito, ta [seno'rito, ta] ◊ *adj* (*despec*) signorino(a) ◊ *m* signorino *m*

separación [separa'θjon] *f* 1. (*de personas*) separazione *f* 2. (*espacio, distancia*) distanza *f*

separado, da [sepa'raðo, ða] *adj* separato(a)

separar [sepa'rar] *vt* **1.** separare **2.** *(apartar)* ● ¿has separado los libros que quieres? hai messo da parte i libri che vuoi? ● separa la silla de la pared sposta la sedia dalla parete ● **separarse** *vp* separarsi

sepia ['sepja] *f* seppia *f* ● sepia a la plancha seppia ai ferri

septentrional [septentrjo'nal] *adj* settentrionale

septiembre [sep'tjembre] *m* settembre *m* ● a principios de septiembre all'inizio di settembre ● a mediados de septiembre a metà di settembre ● a finales de septiembre alla fine di settembre ● el nueve de septiembre il nove settembre ● el pasado/próximo (mes de) septiembre lo scorso/il prossimo (mese di) settembre ● en septiembre a settembre ● este (mes de) septiembre a settembre ● para septiembre per settembre

séptimo, ma ['septimo, ma] *núm* settimo(a) ● sexto

sepulcro [se'pulkro] *m* sepolcro *m*

sequía [se'kia] *f* siccità *f inv*

ser [ser]
◇ *v copulativo* **1.** essere ● ser humano/vivo essere umano/vivente
◇ *v* = ex *(forma la voz pasiva)* essere ● el atracador fue visto por un testigo il rapinatore è stato visto da un testimone
◇ *v cop* **●** mi abrigo es lila il mio cappotto è viola ● este señor es alto/gracioso questo signore è alto/spiritoso ● son estudiantes sono studenti ● su mujer es abogado sua moglie è avvocato ● el gato es un mamífero il gatto è un mammifero ● el edificio es un monumento nacional l'edificio è un monumento nazionale; *(indica materia, procedencia)* ● el reloj es de oro l'orologio è d'oro ● estos libros eran de mi abuela questi libri erano di mia nonna; *(ser miembro de)* ● mi tío es del tribunal mio zio fa parte della commissione **2.** *(tener parecido)* ● ser como essere come
◇ *vi* **1.** essere ● esta belleza no es de este mundo questa bellezza non è di questo mondo ● ser o no ser essere o non essere ● ¿cuánto es? - son doscientas quant'è? - sono duecento ● mañana será martes domani è martedì ● hoy es San José oggi è San Giuseppe ● ¿qué hora es? che ore sono? ● son las tres de la tarde sono le tre di pomeriggio ● el negocio fue su ruina quell'affare è stato la sua rovina **2.** *(suceder, ocurrir)* aver luogo ● el eclipse fue ayer l'eclissi è stata ieri ● la riña ha sido en la calle la rissa ha avuto luogo per strada **3.** *(en locuciones)* ● sea como sea o como sea ● a menos que o sea cioè
◇ *vi* essere ● ser de día/de noche essere giorno/notte ● es muy tarde para ir es molto tardi per andare
◇ *v aux v + prep* essere per

serenar [sere'nar] *vt* rasserenare ● **serenarse** *vp* **1.** rasserenarsi **2.** *(mar)* calmarsi

serenidad [sereni'ðað] *f* serenità *f inv*

sereno, na [se'reno, na] *adj* **1.** sereno(a) **2.** *(mar)* calmo(a)
serie ['serje] *f* serie *f*
seriedad [serje'ðað] *f* serietà *f inv*
serio, ria ['serjo, rja] *adj* serio(a) ● **en serio** sul serio ● **ir en serio** fare sul serio ● **tomar en serio** prendere sul serio
sermón [ser'mon] *m* sermone *m*
serpentina [serpen'tina] *f* stella *f* filante
serpiente [ser'pjente] *f* serpente *m*
serrar [se'rar] *vt* segare
serrín [se'rin] *m* segatura *f*
serrucho [se'rutʃo] *m* sega *f*
servicio [ser'βiθjo] *m* **1.** servizio *m* **2.** *(retrete)* servizi *mpl* **3.** ● **estar de servicio** essere in servizio ● **servicio militar** servizio militare ● **servicios mínimos** servizi minimi garantiti ● **servicio público/urgente** servizio pubblico/urgente ● **servicio de revelado rápido** sviluppo *m* rapido ▼ **fuera de servicio** fuori servizio ● **servicios** servizi *mpl*
servidumbre [serβi'ðumbre] *f* servitù *f inv*
servilleta [serβi'ʎeta] *f* tovagliolo *m*
servir [ser'βir] ◇ *vt* **1.** servire **2.** *(mercancía)* fornire ◇ *vi* **1.** servire **2.** *(ayudar)* essere di aiuto **3.** *(soldado)* fare il militare ● **servir de algo** servire a qc ● **servirse** *vp* servirsi ● **sírvase usted mismo** self-service ● **servirse de** *v* + *prep* servirsi di
sesenta [se'senta] *núm* sessanta ➢ **seis**
sesión [se'sjon] *f* **1.** *(de cine, teatro)* spettacolo *m* **2.** *(de asamblea, tribunal)* seduta *f* **3.** *(de trabajo)* sessione *f* ● **sesión continua** programmazione *f* continua
sesos ['sesos] *mpl* cervello *m*
seta ['seta] *f* fungo *m* ● **setas al ajillo** funghi all'aglio ● **setas con gambas** funghi con gamberi
setecientos, tas [sete'θjentos, tas] *núm* settecento ➢ **seis**
setenta [se'tenta] *núm* settanta ➢ **seis**
setiembre [se'tjembre] *m* = **septiembre**
seto ['seto] *m* siepe *f*
severidad [seβeri'ðað] *f* severità *f inv*
severo, ra [se'βero, ra] *adj* severo(a)
Sevilla [se'βiʎa] *f* Siviglia *f*
sexismo [sek'sismo] *m* sessismo *m*
sexista [sek'sista] *mf* sessista *mf*
sexo ['sekso] *m* sesso *m*
sexto, ta ['seksto, ta] ◇ *adj* sesto(a) ◇ *m,f* ● **el sexto, la sexta** il sesto, la sesta ● **capítulo sexto** capitolo sesto ● **el sexto día** il sesto giorno ● **en sexto lugar, en sexta posición** al sesto posto, in sesta posizione ● **la sexta parte** la sesta parte
sexual [sek'sual] *adj* sessuale
sexualidad [seksuali'ðað] *f* sessualità *f inv*
shorts ['tʃors] *mpl* shorts *mpl*
show ['tʃow] *m* show *m inv*
si [si] *conj* se
sí [si] *(pl* **síes**) ◇ *adv* sì ◇ *pron* sé ● **sí mismo**
sida ['siða] *m* (*abr de* síndrome de

inmunodeficiencia adquirida) AIDS *m inv*

sidecar [si'ðe'kar] *m* sidecar *m inv*

sidra ['siðra] *f* sidro *m*

siega ['sjeɣa] *f* mietitura *f*

siembra ['sjembra] *f* semina *f*

siempre ['sjempre] *adv* **1.** sempre **2.** (*Amér*) (*todavía*) ancora ● **desde siempre** da sempre

sien ['sjen] *f* tempia *f*

sierra ['sjera] *f* **1.** (*herramienta*) sega *f* **2.** (*de montañas*) catena *f*

siesta ['sjesta] *f* siesta *f inv* ● **echar una siesta** fare la siesta

siete ['sjete] *núm* sette > seis

sifón [si'fon] *m* sifone *m*

sigla ['siɣla] *f* sigla *f*

siglo ['siɣlo] *m* **1.** secolo *m* **2.** (*fam*) *'periodo muy largo*) secolo *m*

El Siglo de Oro

Fra il XVI e il XVII secolo la Spagna raggiunse il massimo splendore. La scoperta dell'America rese il paese la prima potenza europea, mentre geni come Lope de Vega e Calderón de la Barca portarono la letteratura al massimo splendore. La sconfitta della *Armada Invencible* nel 1588 segnò l'inizio del declino.

significado [siɣnifi'kaðo] *m* significato *m*

significar [siɣnifi'kar] *vt* significare

significativo, va [siɣnifika'tiβo, βa] *adj* significativo(a)

signo ['siɣno] *m* segno *m* ● **signo de admiración/interrogación** punto *m* esclamativo/interrogativo

siguiente [si'ɣjente] ◇ *adj* seguente ◇ *mf* ● **el siguiente** il prossimo

silbar [sil'βar] ◇ *vi* fischiare ◇ *vt* fischiettare

silbato [sil'βato] *m* fischietto *m*

silbido [sil'βiðo] *m* fischio *m*

silenciador [silenθja'ðor] *m* silenziatore *m*

silencio [si'lenθjo] *m* silenzio *m* ● **guardar silencio** fare silenzio

silenciosamente [silen,θjosa'mente] *adv* silenziosamente

silencioso, sa [silen'θjoso, sa] *adj* silenzioso(a)

silicona [sili'kona] *f* silicone *m*

silla ['siʎa] *f* sedia *f* ● **silla de montar** sella *f*

sillín [si'ʎin] *m* sellino *m*

sillón [si'ʎon] *m* poltrona *f*

silueta [si'lweta] *f* **1.** sagoma *m* **2.** (*cuerpo*) silhouette *f inv*

silvestre [sil'βestre] *adj* silvestre

símbolo ['simbolo] *m* simbolo *m*

simétrico, ca [si'metriko, ka] *adj* simmetrico(a)

similar [simi'lar] *adj* simile

similitud [simili'tuð] *f* similitudine *f*

simpatía [simpa'tia] *f* simpatia *f*

simpático, ca [sim'patiko, ka] *adj* simpatico(a)

simpatizante [simpati'θante] *mf* simpatizzante *mf*

simpatizar [simpati'θar] *vi* simpatizzare
● **simpatizar con** simpatizzare con
simple ['simple] ◇ *adj* semplice ◇ *m* singolo *m*
simplicidad [simpliθi'ðað] *f* semplicità *f inv*
simular [simu'lar] *vt* simulare
simultáneo, a [simul'taneo, a] *adj* simultaneo(a)
sin [sin] *prep* senza
sinagoga [sina'ɣoɣa] *f* sinagoga *f*
sinceridad [sinθeri'ðað] *f* sincerità *f inv*
sincero, ra [sin'θero, ra] *adj* sincero(a)
sincronizar [sinkroni'θar] *vt* sincronizzare
sindicato [sindi'kato] *m* sindacato *m*
sinfonía [sinfo'nia] *f* sinfonia *f*
sinfónico, ca [sin'foniko, ka] *adj* sinfonico(a)
singular [singu'lar] *adj* & *m* singolare
siniestro, tra [si'njestro, tra] ◇ *adj* sinistro(a) ◇ *m* sinistro *m*
sinnúmero [sin'numero] *m* ● **un sinnúmero de** un'infinità di
sino [sino] *conj* **1.** *(para contraponer)* ma **2.** *(excepto)* ● **no quiero sino que se haga justicia** voglio solo che sia fatta giustizia
sinónimo [si'nonimo] *m* sinonimo *m*
síntesis ['sintesis] *f* sintesi *f inv*
sintético, ca [sin'tetiko, ka] *adj* sintetico(a)
sintetizador [sintetiθa'ðor] *m* sintetizzatore *m*
síntoma ['sintoma] *m* sintomo *m*
sintonía [sinto'nia] *f* sintonia *f*
sintonizar [sintoni'θar] *vt* sintonizzare
sinvergüenza [simber'ɣwenða] *mf* sfacciato *m*, -a *f*
siquiera [siki'era] *adv* almeno ● **ni siquiera** nemmeno
sirena [si'rena] *f* sirena *f*
sirviente, ta [sir'βjente, ta] *m,f* domestico *m*, -a *f*
sisa ['sisa] *f* giromanica *m*
sistema [sis'tema] *m* sistema *m* ● **por sistema** sistematicamente

sistema educativo

In Spagna l'*educación primaria* inizia a 6 anni, a 12 parte la *educación secundaria obligatoria* e a 16 si sceglie tra un percorso generale (*bachillerato*) o tecnico (*formación profesional*) di due anni. L'accesso all'università è vincolato dal superamento degli esami di *selectividad* e in Messico dai tre anni di *preparatoria*.

sitiar [si'tjar] *vt* assediare
sitio ['sitjo] *m* **1.** posto **2.** *(de ciudad, pueblo)* assedio *m* **3.** *(Méx)* **(de taxis)** zona riservata ai taxi ● **en otro sitio** altrove ● **hacer sitio** fare posto
situación [situa'θjon] *f* **1.** situazione *f* **2.** *(localización)* ubicazione *f*
situar [situ'ar] *vt* collocare ● **situarse** collocarsi
skin head [es'kin'xeð] *mf* skin head *mf inv*
SL [ese'ele] *f (abr de sociedad limitada)* Srl *f*

SM (*abr de* Su Majestad) Sua Maestà

SMS ['ese'eme'ese] (*abr de* Short Message System) *m* (*mensaje*) SMS *m* ● enviar un SMS inviare un SMS

s/n (*abr de* sin número) s.n.

sobaco [so'βako] *m* ascella *f*

sobado, da [so'βaðo, ða] *adj* **1.** (*libro, vestido*) logoro(a) **2.** (*chiste, broma*) ritrito(a)

soberbia [so'βerβja] *f* superbia *f*

soberbio, bia [so'βerβjo, βja] *adj* superbo(a)

soborno [so'βorno] *m* corruzione *f*

sobrar [so'βrar] *vi* **1.** avanzare **2.** (*estar de más*) essere di troppo

sobras [so'βras] *fpl* avanzi *mpl*

sobre¹ [so'βre] *prep* sopra ● sobre todo soprattutto

sobre² [so'βre] *m* busta *f*

sobrecarga [so'βre'karɣa] *f* sovraccarico *m*

sobredosis [soβre'ðosis] *f inv* overdose *f inv*

sobrehumano, na [soβreu'mano, na] *adj* sovrumano(a)

sobremesa [soβre'mesa] *f* conversazione dopo i pasti ● hacer la sobremesa restare seduti a tavola a chiacchierare

sobrenombre [soβre'nombre] *m* soprannome *m*

sobrepasar [soβrepa'sar] *vt* **1.** (*exceder*) oltrepassare **2.** (*aventajar*) superare

sobreponer [soβrepo'ner] *vt* sovrapporre ● **sobreponerse** *vp* ● **sobreponerse a** superare

sobrepuesto, ta [soβre'pwesto, ta] *adj* sovrapposto(a)

sobresaliente [soβresa'ljente] ◇ *adj* eccellente ◇ *m* ottimo *m*

sobresalir [soβresa'lir] *vi* spiccare

sobresalto [soβre'salto] *m* soprassalto *m*

sobrevivir [soβreβi'βir] *vi* sopravvivere

sobrevolar [soβreβo'lar] *vt* sorvolare

sobrino, na [so'βrino, na] *m,f* nipote *mf*

sobrio, bria ['soβrjo, βrja] *adj* sobrio(a)

sociable [so'θjaβle] *adj* socievole

social [so'θjal] *adj* sociale

socialista [soθja'lista] *mf* socialista *mf*

sociedad [soθje'ðað] *f* società *f inv*

socio, cia ['soθjo, θja] *m,f* socio *m*, -a *f*

sociología [soθjolo'xia] *f* sociologia *f*

sociólogo, ga [so'θjoloɣo, ɣa] *m,f* sociologo *m*, -a *f*

socorrer [soko'rer] *vt* soccorrere

socorrismo [soko'rizmo] *m* pronto soccorso *m*

socorrista [soko'rista] *mf* infermiere *m*, -a *f* del pronto soccorso

socorro [so'koro] ◇ *m* soccorso *m* ◇ *interj* aiuto!

soda ['soða] *f* soda *f*

sofá [so'fa] *m* divano *m*

sofisticado, da [sofisti'kaðo, ða] *adj* sofisticato(a)

sofocante [sofo'kante] *adj* soffocante

sofoco [so'foko] *m* **1.** (*ahogo*) soffocamento *m* **2.** (*disgusto*) dispiacere *m* **3.** (*vergüenza*) vampata *f*

sofrito [so'frito] *m* soffritto *m*

software [sofwar] *m* software *m inv*

sol ['sol] *m* **1.** sole *m* **2.** (*de plaza de toros*) zona dell'arena esposta al sole ● el Sol

il Sole ● **tomar el sol** prendere il sole
solamente [ˌsola'mente] *adv* soltanto
solapa [so'lapa] *f* risvolto *m*
solar [so'lar] ◇ *adj* solare ◇ *m* area *f* edificabile
solárium [so'larjum] *m* solarium *m inv*
soldado [sol'daðo] *m* soldato *m* ● **soldado raso** soldato semplice
soldador, ra [solda'ðor, ra] ◇ *m,f* saldatore *m*, -trice *f* ◇ *m* saldatrice *f*
soldar [sol'dar] *vt* saldare
soleado, da [sole'aðo, ða] *adj* soleggiato(a)
soledad [sole'ðað] *f* solitudine *f*
solemne [so'lemne] *adj* solenne
solemnidad [solemni'ðað] *f* solennità *f inv*
soler [so'ler] *vi* **suele ir a trabajar por la tarde** di solito va a lavorare di pomeriggio ● **suelo ir a cenar con mis amigos** di solito vado a cena con i miei amici
solicitar [soliθi'tar] *vt* richiedere
solicitud [soliθi'tuð] *f* richiesta *f*
solidaridad [soliðari'ðað] *f* solidarietà *f inv*
sólido, da ['soliðo, ða] ◇ *adj* solido(a) ◇ *m* solido *m*
solista [so'lista] *mf* solista *mf*
solitario, ria [soli'tarjo, rja] ◇ *adj* & *m,f* solitario(a) ◇ *m* solitario *m*
sollozar [soʎo'θar] *vi* singhiozzare
sollozo [so'ʎoθo] *m* singhiozzo *m*
solo, la ['solo, la] *adj* **1.** solo(a) **2.** *(sin añadidos)* liscio(a) **3.** *(vacío)* vuoto(a) ● **a solas** da solo(a)

sólo ['solo] *adv* solo
solomillo [solo'miʎo] *m* filetto *m*
● **solomillo a la parrilla** filetto alla brace
● **solomillo de ternera** filetto di vitello
soltar [sol'tar] *vt* **1.** *(de la mano)* lasciare
2. *(amarras)* sciogliere **3.** *(pájaro, prisionero)* liberare **4.** *(cuerda, cable)* allentare
5. *(taco, discurso)* mollare **6.** *(estornudo, grito, carcajada)* fare
soltero, ra [sol'tero, ra] ◇ *adj* single ◇ *m,f* celibe *m*, nubile *f*
solterón, ona [solte'ron, ona] *m,f* scapolo *m*, zitella *f*
soltura [sol'tura] *f* scioltezza *f* ● **con soltura** *(fácilmente)* con scioltezza; *(con agilidad)* agilmente
solución [solu'θjon] *f* soluzione *f*
solucionar [soluθjo'nar] *vt* risolvere
solvente [sol'βente] *adj* solvente
sombra ['sombra] *f* **1.** ombra *f* **2.** *(de plaza de toros)* zona dell'arena all'ombra
3. ● **a la sombra** all'ombra ● **dar sombra** fare ombra
sombrero [som'brero] *m* cappello *m*
sombrilla [som'briʎa] *f* parasole *m*
someter [some'ter] *vt* sottomettere
● **someter a alguien a algo** sottoporre qn a qc ● **someterse** *vp* sottomettersi
somier [so'mjer] *m* rete *f*
somnífero [som'nifero] *m* sonnifero *m*
sonajero [sona'xero] *m* sonaglio *m*
sonar [so'nar] ◇ *vi* **1.** *(teléfono, timbre)* suonare **2.** *(cara, persona)* essere familiare **3.** *(letra)* pronunciarsi ◇ *vt* soffiare
● **sonar a** *v + prep* sembrare ● **sonarse** *vp* soffiarsi

sonido [so'niðo] *m* suono *m*
sonoro, ra [so'noro, ra] *adj* sonoro(a)
sonreír [sonre'ir] *vi* sorridere ◆ **sonreírse** *vp* sorridere
sonriente [sonri'ente] *adj* sorridente
sonrisa [son'risa] *f* sorriso *m*
sonrojarse [sonro'xarse] *vp* arrossire
sonso, sa ['sonso, sa] *adj* (*Amér*) (*fam*) scemo(a)
soñar [so'ɲar] *vi & vt* sognare ◆ **soñar con** *v + prep* sognare
sopa ['sopa] *f* zuppa *f* ◆ **sopa de cebolla/marisco/pescado** zuppa di cipolle/frutti di mare/pesce
sopera [so'pera] *f* zuppiera *f*
soplar [so'plar] *vi & vt* 1. soffiare 2. (*fam*) (*respuesta*) suggerire
soplete [so'plete] *m* cannello *m*
soplido [so'pliðo] *m* soffio *m*
soplo [so'plo] *m* 1. soffio *m* 2. (*fam*) (*chivatazo*) soffiata *f*
soportales [sopor'tales] *mpl* portici *mpl*
soportar [sopor'tar] *vt* sopportare
soporte [so'porte] *m* supporto *m*
soprano [so'prano] *f* soprano *f*
sorber [sor'βer] *vt* 1. (*beber*) sorbire 2. hacer ruido risucchiare 3. (*absorber*) assorbire
sorbete [sor'βete] *m* sorbetto *m* ◆ **sorbete de frambuesa/limón** sorbetto al champone/limone
sordo, da ['sorðo, ða] *adj & m,f* sordo(a)
sordomudo, da [sorðo'muðo, ða] *adj & m,f* sordomuto *m,* -a *f*
soroche [so'rotʃe] *m* (*Andes*) mal *m* di montagna

sorprendente [sorpren'dente] *adj* sorprendente
sorprender [sorpren'der] *vt* sorprendere ◆ **sorprenderse** *vp* stupirsi
sorpresa [sor'presa] *f* sorpresa *f* ◆ **por sorpresa** di sorpresa
sorpresivo, va [sorpre'siβo, βa] *adj* (*Amér*) improvviso(a)
sortear [sorte'ar] *vt* 1. (*rifar*) sorteggiare 2. (*evitar*) scansare
sorteo [sor'teo] *m* sorteggio *m*
sortija [sor'tixa] *f* anello *m*
SOS ['ese'o'ese] *m* (*abr de save our souls*) SOS *m*
sosiego [so'sjeɣo] *m* tranquillità *f inv*
soso, sa ['soso, sa] *adj* 1. (*comida, alimento*) insipido(a) 2. (*persona*) scialbo(a)
sospechar [sospe'tʃar] *vt* sospettare ◆ **sospechar de** *v + prep* sospettare
sospechoso, sa [sospe'tʃoso, sa] ⋄ *adj* sospetto(a) ⋄ *m,f* persona *f*, sospetta *f*
sostén [sos'ten] *m* 1. (*apoyo*) sostegno *m* 2. (*prenda femenina*) reggiseno *m*
sostener [soste'ner] *vt* 1. sostenere 2. (*mantener, alimentar*) mantenere ◆ **sostenerse** *vp* 1. (*sujetarse*) sostenersi 2. (*tenerse en pie*) stare in piedi
sota ['sota] *f* (*en naipes*) fante *m*
sotana [so'tana] *f* sottana *f*
sótano ['sotano] *m* cantina *f*
squash [es'kuaʃ] *m* = **esquash**
Sr. (*abr de señor*) Sig.
Sra. (*abr de señora*) Sig.ra
Sres. (*abr de señores*) Sigg.
Srta. (*abr de señorita*) Sig.na

SSMM (abr de Sus Majestades) Le Loro Maestà
Sta. (abr de santa) S.
Sto. (abr de santo) S.
stock [es'tok] m stock m inv
stop [es'top] m stop m inv
su [su] (pl **sus**) adj **1.** (de él, ella, usted) suo(a) **2.** (de ellos, ellas) loro **3.** (de ustedes) vostro(a)
suave ['suaβe] adj **1.** (piel, tela) morbido(a) **2.** (superficie) liscio(a) **3.** (clima, pendiente, viento) mite
suavidad [suaβi'ðað] f **1.** (al tacto) morbidezza f **2.** (moderación) moderazione f
suavizante [suaβi'θante] m ammorbidente m
subasta [su'βasta] f asta f
subcampeón, ona [suβkampe'on, 'ona] m,f secondo m classificato, seconda classificata f
subconsciente [suβkons'θjente] m subconscio m
subdesarrollado, da [suβðesaro'ʎaðo, ða] adj sottosviluppato(a)
subdesarrollo [suβðesa'roʎo] m sottosviluppo m
subdirector, ra [suβðirek'tor, ra] m,f vicedirettore m, -trice f
súbdito, ta ['suβðito, ta] m,f suddito f, -a f
subida [su'βiða] f **1.** aumento m **2.** (pendiente, cuesta) salita f
subir [su'βir] ◊ vt **1.** alzare **2.** (pendiente, montaña) scalare **3.** (llevar arriba) sollevare **4.** (precio) aumentare ◊ vi salire ◆ **subir a** v + prep **1.** salire su **2.** (coche) salire in **3.** (bicicleta) montare in **4.** (caballo) montare a **5.** (cuenta, factura) ammontare a ◆ **subir de** v + prep (categoría) essere promosso da... a...
súbito, ta ['suβito, ta] adj improvviso(a)
subjetivo, va [suβxe'tiβo, βa] adj soggettivo(a)
subjuntivo [suβxun'tiβo] m congiuntivo m
sublevar [suβle'βar] vt sollevare
sublevarse vp ribellarsi
sublime [su'βlime] adj sublime
submarinismo [suβmari'nizmo] m sub m inv
submarinista [suβmari'nista] mf sommozzatore m, -trice f
submarino [suβma'rino] m sommergibile m
subrayar [suβra'jar] vt sottolineare
subsidio [suβ'siðjo] m sussidio m
subsistencia [suβsis'tenθja] f sussistenza f
subsuelo [suβ'suelo] m sottosuolo m
subterráneo, a [suβte'rraneo, a] ◊ adj sotterraneo(a) ◊ m sottopassaggio m
subtitulado, da [suβtitu'laðo, ða] adj sottotitolato(a)
subtítulo [suβ'titulo] m sottotitolo m
suburbio [su'βurβjo] m periferia f
subvención [suββen'θjon] f sovvenzione f
sucedáneo [suθe'ðaneo] m succedaneo m
suceder [suθe'ðer] ◊ vi succedere ◊ v.

(en un cargo) subentrare 2. (al trono) succedere ♦ **suceder a** v + prep venire dietro a
sucesión [suθe'sjon] f 1. successione f 2. (descendencia) discendenza f 3. (herencia) eredità f
sucesivo, va [suθe'siβo, βa] adj 1. (siguiente) successivo(a) 2. (consecutivo) seguente
suceso [su'θeso] m vicenda f ♦ **sucesos** mpl cronaca f nera
sucesor, ra [suθe'sor, ra] m,f erede mf
suciedad [suθje'ðað] f 1. (calidad) sporcizia f 2. (cosa sucia) porcheria f
sucio, cia [su'θjo, θja] ◇ adj 1. (con suciedad) sporco(a) 2. (que puede ensuciarse) ● **el blanco es un color muy sucio** il bianco è un colore molto delicato ◇ adv sporco
suculento, ta [suku'lento, ta] adj succulento(a)
sucumbir [sukum'bir] vi soccombere
sucursal [sukur'sal] f succursale f
sudadera [suða'ðera] f felpa f
Sudamérica [suða'merika] f America f del Sud
sudamericano, na [suðameri'kano, na] adj & m,f sudamericano(a)
sudar [su'ðar] vi 1. (persona) sudare 2. (pared, recipiente) trasudare
sudeste [su'ðeste] m sudest m
sudoeste [suðo'este] m sudovest m
sudor [su'ðor] m sudore m
Suecia [su'eθja] f Svezia f
sueco, ca ['sweko, ka] ◇ adj & m,f svedese ◇ m svedese m

suegro, gra ['sweγro, γra] m,f suocero m, -a f
suela ['swela] f suola f
sueldo ['sweldo] m stipendio m
suelo ['swelo] m 1. (piso) pavimento m 2. (terreno) suolo m ● **en el suelo** per terra
suelto, ta ['swelto, ta] ◇ adj 1. (pelo, cabellera) sciolto(a) 2. (perro) slegato(a) 3. (calcetín, guante) spaiato(a) 4. (arroz, etc) separato(a) 5. (vestido, ropa) largo(a) ◇ m spiccioli mpl
sueño ['sweɲo] m 1. sonno m 2. (imagen mental, deseo) sogno m 3. ● **coger el sueño** prendere sonno
suero ['swero] m siero m
suerte ['swerte] ◇ f 1. (azar) caso m 2. (fortuna) fortuna f 3. (casualidad) combinazione f 4. (futuro) sorte f 5. (en el toreo) denominazione delle fasi della corrida ◇ interj buona fortuna! ● **por suerte** per fortuna ● **tener suerte** avere fortuna
suéter ['sweter] m maglia f
suficiente [sufi'θjente] adj & m sufficiente
sufragio [su'fraxjo] m suffragio m
sufrido, da [su'friðo, ða] adj 1. (persona) rassegnato(a) 2. (color) resistente
sufrimiento [sufri'mjento] m sofferenza f
sufrir [su'frir] ◇ vt 1. (accidente, caída) subire 2. (color) soffrire ◇ vi soffrire ♦ **sufrir de** v + prep soffrire di
sugerencia [suxe'renθja] f suggerimento f

sugerir [suxe'rir] vt **1.** suggerire **2.** (evocar) ricordare

suicidio [sui'θiðjo] m suicidio m

suite [suit] f suite f inv

Suiza [sui̯θa] f Svizzera f

suizo, za ['sui̯θo, θa] ◇ adj & m,f svizzero(a) ◇ m brioche f inv

sujetador [suxeta'ðor] m (Esp) reggiseno m

sujetar [suxe'tar] vt **1.** (agarrar) tenere fermo **2.** (asegurar, aguantar) fissare ♦ **no sujetar las puertas** non appoggiarsi alle porte ♦ **sujetarse** vp reggersi

sujeto, ta [su'xeto, ta] ◇ adj fermo(a) ◇ m (despec) soggetto m

suma ['suma] f somma f

sumar [su'mar] vt sommare

sumario [su'marjo] m **1.** (resumen) sommario m **2.** (de juicio) istruttoria f

sumergible [sumer'xiβle] adj subacqueo(a)

sumergirse [sumer'xirse] vp immergersi

suministrar [suminis'trar] vt somministrare

suministro [sumi'nistro] m **1.** (acción) somministrazione f **2.** (abasto, víveres) fornitura f

sumiso, sa [su'miso, sa] adj sottomesso(a)

súper ['super] ◇ adj (fam) super ◇ m (fam) (supermercado) supermercato m ◇ f (gasolina) super f inv

superación [supera'θjon] f superamento m

superar [supe'rar] vt superare ♦ **superarse** vp superare sè stessi

superficial [superfi'θjal] adj superficiale

superficie [super'fiθje] f superficie f

superfluo, flua [su'perfluo, flua] adj superfluo(a)

superior [supe'rjor] ◇ adj **1.** (de arriba) superiore **2.** (excepcional) eccellente ◇ mf superiore m ♦ **superior a** superiore a

supermercado [supermer'kaðo] m supermercato m

superponer [superpo'ner] vt sovrapporre

superstición [supersti'θjon] f superstizione f

supersticioso, sa [supersti'θjoso, sa] adj superstizioso(a)

superviviente [superβi'βjente] mf superstite mf

suplemento [suple'mento] m supplemento m

suplente [su'plente] adj sostituto(a)

supletorio [suple'torjo] m telefono m addizionale

súplica [suplika] f supplica f

suplir [su'plir] vt supplire

suponer [supo'ner] vt **1.** (creer) supporre **2.** (representar, implicar) presupporre **3.** (imaginar) pensare

suposición [suposi'θjon] f supposizione f

supositorio [suposi'torjo] m supposta f

suprema [su'prema] f ♦ **supremas de merluza** filetti mpl di merluzzo

suprimir [supri'mir] vt **1.** (eliminar) sop-

primere 2. (anular) abolire 3. (borrar) cancellare
supuesto, ta [su'puesto, ta] ◊ *adj* 1. (presunto) presunto 2. (falso) supposto(a) ◊ *m* ipotesi *f* ● **por supuesto** certamente
sur ['sur] *m* 1. sud *m inv* 2. (viento) austro *m*
surco ['surko] *m* 1. solco *m* 2. (de piel) ruga *f*
sureño, ña [su'reno, ɲa] *adj* meridionale
surf ['surf] *m* surf *m inv*
surfista [sur'fista] *mf* surfer *mf inv*
surgir [sur'xir] *vi* sorgere
surtido, da [sur'tiðo, ða] ◊ *adj* assortito(a) ◊ *m* assortimento *m*
surtidor [surti'ðor] *m* 1. (de agua) zampillo *m* 2. (de gasolina) pompa *f*
susceptible [susθep'tiβle] *adj* suscettibile ● **susceptible de** suscettibile di
suscribir [suskri'βir] *vt* 1. (escrito) sottoscrivere 2. (opinión) condividere ●
suscribirse a *v + prep* abbonarsi a
suscripción [suskrip'θjon] *f* 1. (a una publicación) abbonamento *m* 2. (pago) sottoscrizione *f*
suspender [suspen'der] *vt* 1. (interrumpir) sospendere 2. (anular) annullare 3. (en examen) bocciare 4. (colgar) appendere
suspense [sus'pense] *m* (Esp) suspense *f inv*
suspenso [sus'penso] *m* insufficiente *m*
suspirar [suspi'rar] *vi* sospirare ● **suspirar por** *v + prep* struggersi per
suspiro [sus'piro] *m* sospiro *m*

sustancia [sus'tanθja] *f* sostanza *f*
sustancial [sustan'θjal] *adj* sostanziale
sustantivo [sustan'tiβo] *m* sostantivo *m*
sustituir [sustitu'ir] *vt* sostituire ● **sustituir algo por algo** sostituire qc con qc ● **sustituir alguien por alguien** sostituire qn con qn
susto ['susto] *m* spavento *m* ● **¡qué susto!** che spavento!
sustracción [sustrak'θjon] *f* sottrazione *f*
sustraer [sustra'er] *vt* sottrarre
susurrar [susu'rar] *vi & vt* sussurrare
suyo, ya ['sujo, ʝa] ◊ *adj* 1. (de él, de ella) suo(a) 2. (de usted) Suo(a) 3. (de ellos, de ellas) loro 4. (de ustedes) Vostro(a) ◊ *pron* ● **el suyo/la suya** (de él, de ella) il suo/la sua; (de usted) il Suo/la Sua; (de ellos, de ellas) il loro/la loro; (de ustedes) il Vostro/la Vostra ● **lo suyo** il suo forte

t. (*abr de* tonelada) t.
tabaco [ta'βako] *m* 1. (cigarrillo) sigarette *fpl* 2. (planta) tabacco *m*
tábano ['taβano] *m* tafano *m*
tabasco [ta'βasko] *m* tabasco *m*
taberna [ta'βerna] *f* taverna *f*
tabique [ta'βike] *m* tramezzo *m*

tabla ['taβla] f 1. *(de madera)* tavola f 2. *(de metal)* lastra f 3. *(lista)* tabella f 4. *(de navegar, surf)* tavola f 5. *(de multiplicar)* tabellina f 6. *(en arte)* tavola f

tablas fpl 1. *(en juego)* patta f 2. *(escenario)* palcoscenico m

tablao [ta'βlao] m ◆ **tablao flamenco** locale m di flamenco

tablero [ta'βlero] m 1. *(de juegos)* tabellone m 2. *(tabla)* tavola f

tableta [ta'βleta] f 1. *(de chocolate)* tavoletta f 2. *(medicamento)* pastiglia f

tablón [ta'βlon] m asse f ◆ **tablón de anuncios** tabellone m pubblicitario

tabú [ta'βu] m tabù m inv

taburete [taβu'rete] m sgabello m

tacaño, ña [ta'kaɲo, ɲa] adj taccagno(a)

tachar [ta'tʃar] vt depennare

tacho ['tatʃo] m *(CSur)* secchio m dell'immondizia

tácito, ta [ta'θito, ta] adj tacito(a)

taco ['tako] m 1. *(para pared)* tassello m 2. *(de billar)* stecca f 3. *(de jamón, queso)* dado m 4. *(de papel)* blocco m 5. *(fam) (palabrota)* parolaccia f 6. *(fam) (lío)* baraonda f 7. *(CAm & Méx) (tortilla)* piadina f di farina di mais farcita con carne

tacón [ta'kon] m tacco m

tacto ['takto] m 1. tatto m 2. *(textura)* tocco m

taekwondo [tae'kwondo] m tae-kwondo m inv

Taiwán [tai'wan] m Taiwan m

tajada [ta'xaða] f 1. fetta m 2. *(fam) (borrachera)* sbronza f

tal [tal] ◇ adj tale ◇ pron tale ◆ **tal vez** forse

taladradora [talaðra'ðora] f trapano m

taladrar [tala'ðrar] vt trapanare

taladro [ta'laðro] m trapano m

talco ['talko] m talco m

talento [ta'lento] m 1. *(aptitud)* talento m 2. *(inteligencia)* ingegno m

talla ['taʎa] f 1. taglia f 2. *(de calzado)* numero f 3. *(de piedra preciosa)* sfaccettatura f 4. *(escultura)* scultura f lignea

tallarines [taʎa'rines] mpl linguine fpl

taller [ta'ʎer] m 1. *(de coches)* officina f 2. *(de trabajo manual)* laboratorio m

tallo ['taʎo] m stelo m

talón [ta'lon] m 1. *(de pie)* tallone m 2. *(de zapato, calcetín)* calcagno m 3. *(cheque)* assegno m

talonario [talo'narjo] m libretto m degli assegni

tamal [ta'mal] m *(CAm & Méx)* involtini di carne in foglie di mais o banano

tamaño [ta'maɲo] m dimensione f

también [tam'bjen] adv anche ◆ **también dijo que...** disse anche che... ◆ **yo también** anch'io

tambor [tam'bor] m 1. *(instrumento)* tamburo m 2. *(de detergente)* fustino m 3. *(de lavadora)* cestello m

tampoco [tam'poko] adv neanche ◆ **yo tampoco neanch'io** ◆ **si a ti no te gusta a mi tampoco** se non piace a te, non piace neppure a me

tampón [tam'pon] m 1. *(sello)* tampone

m **2.** *(para menstruación)* assorbente *m* interno

tan [tan] *adv* ➤ tanto

tanda ['tanda] *f* **1.** *(turno)* turno *m* **2.** *(serie)* serie *f inv*

tándem ['tandem] *m* tandem *m inv*

tanga ['tanga] *m* tanga *m inv*

tango ['tango] *m* tango *m*

tanque ['tanke] *m* **1.** *(vehículo cisterna)* autobotte *f* **2.** *(de guerra)* carro *m* armato

tanto, ta ['tanto, ta] *(delante de adj tan)*
◇ *adj* **1.** *(gran cantidad)* tanto(a) **2.** *(cantidad indeterminada)* un tot di **3.** *(en comparaciones)* ● tanto...como (tanto)...quanto ● hay tantas peras como manzanas ci sono tante pere quante mele ● tiene tanta suerte como tú ha (tanta) fortuna quanto te
◇ *pron* **1.** *(gran cantidad)* tanto **2.** *(igual cantidad)* tanto **3.** *(cantidad indeterminada)* tanto **4.** *(en locuciones)* ● **(a) las tantas** molto tardi ● **ser uno de tantos** essere uno dei tanti
◇ *m* **1.** *(punto)* punto *m* **2.** *(cantidad indeterminada)* ● **un tanto** un tanto ● **tanto por ciento** tanto per cento
◇ *adv* **1.** *(gran cantidad)* tanto **2.** *(en comparaciones)* ● tanto...como (tanto)...quanto ● **es tan alto como tu padre** è (tanto) alto quanto suo padre ● **sabe tanto como yo** ne sa (tanto) quanto me **3.** *(en locuciones)* ● **por (lo) tanto** pertanto ● **tanto (es así) que** tant'è vero che ● **es muy rico, tiene tanto dinero** è ricchissimo, ha tanti soldi ● **no quiero tanta sopa** non voglio tanta zuppa ● **tanto...que** talmente tanto...che ● **nos dieron tantos euros al día** ci dettero un tot di euro al giorno ● **y tantos e rotti** ● **yo tengo muchas posibilidades, él no tantas** io ho molte possibilità, lui non tante ● **había mucha gente allí, aquí no tanta** lì c'era molta gente, qui non tanta ● **supongamos que vengan tantos, ¿cómo los alojaremos?** mettiamo che vengano in tanti, come li sistemiamo? ● **a tantos de** il tal giorno del mese di ● **consiguieron el tanto de la victoria** ottennero il punto della vittoria ● **marcar un tanto** segnare un punto ● **no merece la pena disgustarse tanto** non vale la pena di irritarsi tanto ● **tanto que** così tanto che ● **es tan guapa que me vuelve loco** è così bella che mi fa impazzire ● **come tanto que va a reventar** mangia così tanto che finirà per scoppiare

tapa ['tapa] *f* **1.** *(de recipiente)* coperchio *m* **2.** *(de libro)* copertina *f* **3.** *(Esp) (de comida)* stuzzichino che accompagna l'aperitivo **4.** *(de zapato)* tacco *m* ● **tapas variadas** *(Esp)* assortimento di stuzzichini

tapas

Sono piatti piccoli o antipasti (olive, affettati, formaggio, polipo, calamari, ecc.) serviti come aperitivo o la sera. *Ir de tapas* consiste nel visitare vari bar provando diverse specialità accompagnate da un *chato* (bicchiere di rosso), al banco o al tavolo. In America si chiamano *botanas*.

tapadera [tapa'ðera] *f* **1.** *(de recipiente)* coperchio *m* **2.** *(para encubrir)* copertura *f*

tapar [ta'par] *vt* **1.** *(cofre, caja, etc)* chiudere **2.** *(olla)* coprire **3.** *(botella)* tappare **4.** *(estafa, robo)* nascondere **5.** *(en la cama, con ropa)* coprire ◆ **taparse** *vp* coprirsi

tapete [ta'pete] *m* tappetino *m*

tapia ['tapja] *f* muro *m* di cinta

tapicería [tapiθe'ria] *f* tappezzeria *f*

tapiz [ta'piθ] *f* (*pl* **-ces**) *m* arazzo *f*

tapizado [tapi'θaðo] *m* tappezzeria *f*

tapizar [tapi'θar] *vt* tappezzare

tapón [ta'pon] *m* tappo *m*

taquería [take'ria] *f* (Méx) locale tipico messicano in cui si servono 'tacos'

taquería

In Messico la *taquería* è un ristorante che offre piatti tradizionali, come i *tacos*, una sfoglia di mais ripiena di pollo, maiale o manzo, salsa di pomodoro (come la salsa cruda), *guindillas picantes*, *frijoles fritti* e *guacamole*. Dagli anni '80 le *taquerías* sono diventati famosi anche all'estero, soprattutto negli USA.

taquigrafía [takiγra'fia] *f* stenografia *f*

taquilla [ta'kiʎa] *f* **1.** *(de cine, teatro, tren)* biglietteria *f* **2.** *(armario)* casellario *m* **3.** *(recaudación)* incasso *m*

taquillero, ra [taki'ʎero, ra] ◇ *adj* di cassetta ◆ *m, f* biglietaio *m*, -a *f*

tara [ˈtara] *f* tara *f*

tardar [tar'ðar] *vi* **1.** *(llevar tiempo)* metterci **2.** *(retrasarse)* tardare

tarde ['tarðe] ◇ *f* pomeriggio *f* ◇ *adv* tardi **2.** **de la tarde** del pomeriggio ▪ **por la tarde** di pomeriggio ▪ **buenas tardes** buonasera

tarea [ta'rea] *f* **1.** *(trabajo)* lavoro *m* **2.** *(deberes escolares)* compiti *mpl*

tarifa [ta'rifa] *f* tariffa *f* ▪ **tarifas de metro** tariffe della metropolitana

tarima [ta'rima] *f* podio *m*

tarjeta [tar'xeta] *f* **1.** *(de persona, empresa)* biglietto *m* da visita. **2.** *(de invitación)* biglietto *m* d'invito ▪ **tarjeta de crédito** carta di credito ▪ **tarjeta de embarque** carta d'imbarco ▪ **tarjeta postal** cartolina postale ▪ **tarjetas admitidas** si accettano carte di credito

tarro ['taro] *m* barattolo *m*

tarta ['tarta] *f* torta *f* ▪ **tarta de la casa** dolce *m* della casa ▪ **tarta de chocolate** torta di cioccolata ▪ **tarta helada** torta gelato ▪ **tarta de Santiago** torta di mandorle, specialità della Galizia ▪ **tarta al whisky** semifreddo al whisky

tartamudo, da [tarta'muðo, ða] *m, f* balbuziente *mf*

tasa ['tasa] *f* prezzo *m* ufficiale

tasca ['taska] f taverna f
tatuaje [tatu'axe] m tatuaggio m
taurino, na [tau'rino, na] adj taurino(a)
Tauro ['tauro] m inv Toro m inv
tauromaquia [tauro'makja] f tauromachia f
taxi ['taksi] m taxi m inv
taxímetro [tak'simetro] m tassametro m
taxista [tak'sista] mf tassista mf
taza [ta'θa] f tazza f
tazón [ta'θon] m scodella f
te [te] pron ti
té [te] m tè m inv
teatral [tea'tral] adj teatrale
teatro [te'atro] m teatro m
tebeo [te'βeo] m fumetto m
techo ['tetʃo] m **1.** tetto m **2.** (de edificio, habitación) soffitto m **3.** (de avión) tangenza f
tecla ['tekla] f tasto m
teclado [te'klaðo] m tastiera f
teclear [tekle'ar] vt & vi digitare
técnica ['teɣnika] f tecnica f
técnico, ca ['teɣniko, ka] adj tecnico(a)
tecnología [teɣnolo'xia] f tecnologia f
tecnológico, ca [teɣno'loxiko, ka] adj tecnologico(a)
teja ['texa] f tegola f
tejado [te'xaðo] m tetto m
tejanos [te'xanos] mpl blue-jeans mpl
tejer [te'xer] vt **1.** (jersey, labor) lavorare a maglia **2.** (tela) tessere
tejido [te'xiðo] m tessuto m
tejo ['texo] m gioco m delle murielle
tel. (abr de **teléfono**) tel.

tela ['tela] f **1.** tela f **2.** (materia) argomenti mpl **3.** (fam) (dinero) grana f
telaraña [tela'raɲa] f ragnatela f
tele ['tele] f (fam) tele f inv
telearrastre [telea'rastre] m sciovia f
telecabina [teleka'βina] f funivia f
telecomunicación [telekomunika'θjon] f telecomunicazione f
telediario [tele'ðjarjo] m telegiornale m
teledirigido, da [teleðiri'xiðo, ða] adj telecomandato(a)
telefax [tele'faks] m inv telefax m inv
teleférico [tele'feriko] m teleferica f
telefonazo [telefo'naθo] m colpo m di telefono
telefonear [telefone'ar] vi telefonare
telefonía [telefo'nia] f telefonia f ● **telefonía fija** telefonia fissa ● **telefonía móvil** telefonia cellulare
telefónico, ca [tele'foniko, ka] adj telefonico(a)
telefonista [telefo'nista] mf telefonista mf
teléfono [te'lefono] m telefono m ● **colgar el teléfono** riappendere ● **hablar por teléfono** parlare per telefono ● **llamar por teléfono** telefonare ● **teléfono móvil** cellulare m

al teléfono

Al descolgar el teléfono, quien recibe la llamada exclama *Pronto!* Luego el que llama se presenta y dice con quién quiere hablar, *Salve, sono Lucía, vorrei parlare con Stefano.* Si se trata de la persona que ha descolgado, ésta responderá *Ciao Lucia, sono io*; pero si no es así, entonces dirá *Te lo/Gliela passo subito* si el interlocutor deseado puede ponerse al teléfono o bien *Mi dispiace, ma Stefano non è in casa/in ufficio* si no está o no puede ponerse. En este caso podemos pedir que le digan que hemos llamado *Puoi/Può dirgli che ho chiamato, per favore?* o que le dejen un recado *Potresti/Potrebbe dirgli che passerò a prenderlo alle 18?* Si nos hemos equivocado al marcar un número, nos disculparemos diciendo *Mi scusi, ho sbagliato numero.* Si, en cambio, respondemos a la llamada de alguien que se ha equivocado de número, le diremos *Mi dispiace, credo abbia sbagliato numero*.

telégrafo [te'leɣrafo] *m* telegrafo *m*
telegrama [tele'ɣrama] *m* telegramma *m* ♦ **poner un telegrama** inviare un telegramma
telenovela [teleno'βela] *f* telenovela *f*
teleobjetivo [teleoβxe'tiβo] *m* teleobiettivo *m*
telepatía [telepa'tia] *f* telepatia *f*
telescopio [teles'kopjo] *m* telescopio *m*
telesilla [tele'siʎa] *f* seggiovia *f*
telespectador, ra [telespekta'ðor, ra] *m,f* telespettatore *m*, -trice *f*
telesquí [teles'ki] *m* ski-lift *m inv*
teletexto [tele'teksto] *m* televideo *m*
teletipo [tele'tipo] *m* telescrivente *f*

televidente [teleβi'ðente] *mf* telespettatore *m*, -trice *f*
televisado, da [teleβi'saðo, ða] *adj* teletrasmesso(a)
televisión [teleβi'sjon] *f* televisione *f*
televisor [teleβi'sor] *m* televisore *m*
télex ['teleks] *m inv* telex *m inv*
telón [te'lon] *m* sipario *m*
tema ['tema] *m* **1.** tema *m* **2.** (*melodía, canción*) motivo *m*
temática [te'matika] *f* tematica *f*
temático, ca [te'matiko, ka] *adj* tematico(a)
temblar [tem'blar] *vi* tremare
temblor [tem'blor] *m* **1.** (*de persona*) tremore *m* **2.** (*de suelo*) scossa *f*
temer [te'mer] *vt* temere ♦ **temer por** *v* + *prep* temere per ♦ **temerse** *vp* avere paura
temor [te'mor] *m* timore *m*
temperamento [tempera'mento] *m* temperamento *m*
temperatura [tempera'tura] *f* temperatura *f*
tempestad [tempes'tað] *f* tempesta *f*
templado, da [tem'plaðo, ða] *adj* temperato(a)
templo ['templo] *m* tempio *m*
temporada [tempo'raða] *f* **1.** (*periodo concreto*) stagione *f* **2.** (*de actividad*) periodo *m* ♦ **de temporada** di stagione
temporal [tempo'ral] ◇ *adj* temporaneo(a) ◇ *m* temporale *m*
temporario, ria [tempo'rarjo, a] *adj* (*Amér*) temporaneo(a)

temprano, na [tem'prano, na] ◇ *adj* primaticcio(a) ◇ *adv* presto
tenazas [te'naθas] *fpl* tenaglie *fpl*
tendedero [tende'ðero] *m* stenditoio *m*
tendencia [ten'denθja] *f* tendenza *f*
tender [ten'der] *vt* **1.** (*gen*) stendere **2.** (*tumbar*) sdraiare **3.** (*colocar*) tendere **4.** (*entregar*) passare ● **tender la cama** (*Amér*) rifare il letto ● **tender a** *v + prep* tendere a ● **tenderse** *vp* sdraiarsi
tenderete [tende'rete] *m* bancarella *f*
tendero, ra [ten'dero, ra] *m,f* negoziante *mf*
tendón [ten'don] *m* tendine *m*
tenedor [tene'ðor] *m* forchetta *f*
tener [te'ner]
◇ *vt* **1.** (*gen*) avere **2.** (*medir*) essere **3.** (*sujetar, coger*) tenere **4.** (*valorar, considerar*) ● **tener algo/a alguien por o como** considerare qc/qn come ● **ten por seguro que lloverá** sta' certo che pioverà ● **le tienen por informal** lo considerano una persona informale **5.** (*haber de*) **tener que** dovere ● **tengo mucho que contaros del viaje** ho molte cose da raccontarvi del viaggio ● **tenemos que estar a las ocho** dobbiamo essere lì alle otto **6.** (*Amér*) (*llevar*) ● **tengo tres años aquí** sto qui da tre anni **7.** (*en locuciones*) ● **tener lugar** avere luogo ● **la reunión tendrá lugar el jueves** la riunione avrà luogo giovedì ◇ *v aux* **1.** (*haber*) avere ● **me tienes loca con tus tonterías** mi fai impazzire con le tue sciocchezze ● **tiene mucho dinero** ha molti soldi ● **la casa tiene cuatro habitaciones** la casa ha quattro stanze ● **México tiene varios millones de habitantes** il Messico ha diversi milioni d'abitanti ● **tener fiebre/dolor de muelas** avere la febbre/mal di denti ● **tenía una enfermedad grave** aveva una grave malattia ● **tengo dos hijos** ho due figli ● **tengo un hermano mayor** ho un fratello maggiore ● **¿cuántos años tiene?** quanti anni ha? ● **ya tiene diez años** ha già dieci anni ● **tener frío/calor** avere freddo/caldo ● **tener hambre/sed** avere fame/sete ● **tener miedo/sueño** avere paura/sonno ● **tiene los ojos azules/el pelo rubio** ha gli occhi azzurri/i capelli biondi ● **nos tiene cariño** è affezionato a noi ● **le tiene lástima** ne ha compassione ● **hemos tenido una discusión** abbiamo avuto una discussione ● **tuvieron una pelea en la calle** hanno litigato per strada ● **tener un niño** avere un bambino ● **espero que tengas un buen viaje** ti auguro di fare buon viaggio! ● **que tengan unas felices fiestas** buone feste! ● **hoy tengo clase** oggi ho lezione ● **el médico no tiene consulta hoy** oggi il medico non visita ● **la sala tiene cuatro metros de largo** la sala è lunga quattro metri ● **ten el libro que me pediste** tieni il libro che mi hai chiesto ● **tiene la olla por las asas** tiene la pentola per i manici ● **teníamos pensado ir a cenar** avevamo pensato di andare a cena ● **tiene**

alquilada una casa en la costa ha una casa in affitto sulla costa
teniente [te'njente] m tenente m
tenis ['tenis] m tenis m inv ● **tenis de mesa** ping-pong ® m inv
tenista [te'nista] mf tennista mf
tenor [te'nor] m tenore m
tensión [ten'sjon] f 1. tensione f 2. (de la sangre) pressione f
tenso, sa ['tenso, sa] adj teso(a)
tentación [tenta'θjon] f tentazione f
tentáculo [ten'takulo] m tentacolo m
tentempié [tentem'pje] m 1. (bebida, comida) spuntino m 2. (juguete) misirizzi m inv
tenue ['tenue] adj 1. (color, luz) tenue 2. (tela, cortina) sottile
teñir [te'ɲir] vt tingere
teología [teolo'xia] f teologia f
teoría [teo'ria] f teoria f ● **en teoría** in teoria
terapeuta [tera'peuta] mf terapista mf
tercermundista [ter,θermun'dista] adj terzomondista
tercero, ra [ter'θero, ra] ◇ núm terzo(a) ◇ m terzo m ◇ f sexto f
tercio ['terθjo] m 1. terzo m (1/3) 2. (de corrida de toros) denominazione delle tre fasi della corrida
terciopelo [terθjo'pelo] m velluto m
terco, ca ['terko, ka] adj testardo(a)
tergal ® [ter'ɣal] m tergal m
termas ['termas] fpl terme fpl
terminado, da [termi'naðo, ða] adj concluso(a)
terminal [termi'nal] ◇ adj terminale ◇ m (de ordenador) terminale m ◇ f (de tren, autobús) capolinea m
terminar [termi'nar] vt & vi terminare ● **terminar en** v + prep finire con ● **terminar por** v + prep finire per
término ['termino] m 1. termine m 2. (límite) confine m 3. (Col, Méx & Ven) (de carne) punta f ● **términos** mpl 1. (condiciones) termini mpl 2. (supuestos) condizioni fpl
terminología [terminolo'xia] f terminologia f
termita [ter'mita] f termite f
termo ['termo] m thermos m inv
termómetro [ter'mometro] m termometro m
termostato [termos'tato] m termostato m
ternera [ter'nera] f carne f di vitello m
ternera asada vitello arrosto
ternero, ra [ter'nero, ra] m, f vitello m, -a f
terno ['terno] m (Amér) completo m
ternura [ter'nura] f tenerezza m
terraplén [tera'plen] m 1. (pendiente) terrapieno m 2. (barranco) burrone m
terrateniente [terate'njente] mf possidente mf
terraza [te'raθa] f 1. (de casa, piso) terrazza f 2. (de bar, restaurante) tavolini mpl all'aperto 3. (de cultivo) terrazzamento m
terremoto [tere'moto] m terremoto m
terreno [te'reno] m 1. terreno m 2. (fig) (ámbito) campo m
terrestre [te'restre] adj terrestre

terrible [te'riβle] *adj* terribile
territorio [teri'torjo] *m* territorio *m*
terrón [te'ron] *m (de azúcar)* zolletta *f*
terror [te'ror] *m* terrore *m*
terrorismo [tero'rizmo] *m* terrorismo *m*
terrorista [tero'rista] *mf* terrorista *mf*
tertulia [ter'tulja] *f* **1.** *(personas)* cenacolo *m* **2.** *(lugar)* circolo *m*
tesis ['tesis] *f inv* tesi *f inv*
tesoro [te'soro] *m* **1.** *(botín)* tesoro *m* **2.** *(hacienda pública)* erario *m*
test ['tes] *m* test *m inv*
testamento [testa'mento] *m* testamento *m*
testarudo, da [testa'ruðo, ða] *adj* testardo(a)
testículo [tes'tikulo] *m* testicolo *m*
testigo [tes'tiyo] *m* testimone *m*
testimonio [testi'monjo] *m* **1.** *(prueba)* testimonianza *f* **2.** *(declaración)* deposizione *f*
teta ['teta] *f* tetta *f*
tetera [te'tera] *f* teiera *f*
tetrabrick [tetra'βrik] *m* tetrabrick *m inv*
textil [teks'til] *adj* tessile
texto ['teksto] *m* **1.** testo *m* **2.** *(pasaje, fragmento)* brano *m*
textura [teks'tura] *f* ordito *m*
ti [ti] *pron* te
tianguis ['tjangis] *(Méx)* mercato *m*
tibia ['tiβja] *f* tibia *f*
tibio, bia ['tiβjo, βja] *adj* tiepido(a)
tiburón [tiβu'ron] *m* squalo *m*
ticket ['tiket] *m* scontrino *m*

tiempo ['tjempo] *m* **1.** tempo *m* **2.** *(edad)* età *f* **3.** • **a tiempo** in tempo • **al mismo tiempo que** al tempo stesso che • **con tiempo** con calma • **del tiempo** *(bebida)* a temperatura ambiente; *(fruta)* di stagione • **en otros tiempos** in altri tempi • **hace tiempo** tempo fa • **tener tiempo** avere tempo • **todo el tiempo** *(todo el rato)* tutto il tempo; *(siempre)* sempre • **tiempo libre** tempo libero
tienda ['tjenda] *f* **1.** *(establecimiento)* negozio *m* **2.** *(para acampar)* tenda *m* • **tienda de campaña** tenda da campeggio • **tienda de comestibles** negozio di alimentari • **tienda de confecciones** negozio d'abbigliamento
tierno, na ['tjerno, na] *adj* tenero(a)
tierra ['tjera] *f* **1.** terra *f* **2.** *(patria)* paese *m* • **tierra adentro** entroterra *m* • **Tierra** *f* • **la Tierra** la Terra
tieso, sa ['tjeso, sa] *adj* **1.** rigido(a) **2.** *(antipático)* presuntuoso(a)
tiesto ['tjesto] *m* vaso *m*
tigre ['tiyre, esa] *m* tigre *f*
tijeras [ti'xeras] *fpl* forbici *fpl*
tila ['tila] *f* tisana *f* di tiglio
tilde ['tilde] *f* tilde *f*
timbal [tim'bal] *m* timpano *m*
timbre ['timbre] *m* **1.** timbro *m* **2.** *(aparato)* campanello *m*
tímido, da ['timiðo, ða] *adj* timido(a)
timo ['timo] *m* truffa *f*
timón [ti'mon] *m* **1.** *(fig)* timone *m* **2.** *(Andes) (volante)* volante *m*
tímpano ['timpano] *m* timpano *m*

tina ['tina] f 1. (vasija) mastello m 2. (bañera) tinozza f

tino ['tino] m 1. (acierto) fiuto m 2. (moderación) moderazione f

tinta ['tinta] f 1. (para escribir) inchiostro m 2. (para dibujar) china f 3. (de calamar) nero m ● **en su tinta** al nero

tintero [tin'tero] m calamaio m

tinto ['tinto] m vino m rosso

tintorería [tintore'ria] f lavanderia f

tío, a ['tio, a] m,f 1. zio m, -a f 2. (fam) (compañero, amigo) amico m 3. (fam) (persona) tizio m, -a f

tiovivo [ˌtio'βiβo] m giostra f

típico, ca ['tipiko, ka] adj típico(a)

tipo ['tipo] m 1. tipo m 2. (figura) personale m 3. (fam) (individuo) tipo m 4. (despec) (persona extraña) tizio m ● **tipo de cambio** tasso m di cambio

tipografía [tipoɣra'fia] f tipografia f

tiquet ['tiket] m scontrino m

tira ['tira] f striscia f

tirabuzón [tiraβu'θon] m tirabaci m

tirada [ti'raða] f 1. (número de ejemplares) tiratura f 2. (en juegos) tiro m 3. (distancia grande) distanza f

tiradero [tira'ðero] m (Méx) confusione f

tirador [tira'ðor] m maniglia f

tiranía [tira'nia] f tirannia f

tirano, na [ti'rano, na] m,f tiranno m, -a f

tirante [ti'rante] adj teso(a) ◆ **tirantes** mpl bretelle fpl

tirar [ti'rar] ◇ vt 1. (piedra, a la basura) tirare 2. (casa, edificio) demolire 3. (vaso, jarrón) rovesciare 4. (ropa, comida) buttare via 5. (cohete, tiro) sparare 6. (foto) scattare 7. (ahorros, herencia) sperperare 8. (vida) sprecare ◇ vi 1. (atraer) attirare 2. (desviarse) voltare 3. (fam) (durar) tirare avanti 4. (en juegos) tirare ● **ir tirando** tirare avanti ◆ **tirar a** v + prep 1. (tender a) tendere a 2. (parecerse) assomigliare a ◆ **tirar de** v + prep 1. (cuerda) tirare 2. (caja, peso) trasportare

tirarse vp 1. (abalanzarse) lanciarsi 2. (arrojarse) gettarsi 3. (tumbarse) buttarsi 4. (tiempo) passare

tirita ® [ti'rita] f cerotto m

tiritar [tiri'tar] vi tremare

tiro ['tiro] m 1. tiro m 2. (de chimenea) tiraggio m

tirón [ti'ron] m 1. (estirón) strappo m 2. (robo) scippo m

tisú [ti'su] m broccato m

títere ['titere] m burattino m ◆ **títeres** mpl baracca f dei burattini

titular [titu'lar] ◇ adj titolare ◇ m titolo m ◇ vt intitolare ◆ **titularse** vp 1. (libro, obra, etc) intitolarsi 2. (en estudios) diplomarsi

título ['titulo] m titolo m

tiza ['tiθa] f gesso m

tlapalería [tlapale'ria] f (Méx) negozio m di colori

toalla [to'aʎa] f asciugamano m ● **toalla de ducha** telo m da bagno ● **toalla de manos** asciugamano m

tobillo [to'βiʎo] m caviglia f

tobogán [toβo'ɣan] m 1. (atracción) scivolo m 2. (trineo) slitta f

tocadiscos [toka'ðiskos] *m inv* giradischi *m inv*

tocador [toka'ðor] *m* **1.** *(mueble)* toilette *f inv* **2.** *(habitación)* spogliatoio *m*

tocar [to'kar] ◇ *vt* **1.** toccare **2.** *(instrumento musical, timbre, campana)* suonare **3.** *(texto, trabajo, etc)* ritoccare ◇ *vi* **1.** toccare **2.** *(en lotería, sorteo)* vincere **3.** *(a la puerta, timbre)* suonare **4.** *(estar próximo)* essere vicino ● **no tocar el género** non toccare la merce

tocino [to'θino] *m* pancetta *f*

todavía [toða'βia] *adv* **1.** *(aún)* ancora **2.** *(con todo)* ● **llega tarde él y todavía me echa la bronca a mí** arriva tardi lui per giunta se la prende con me

todo, da ['toðo, ða] ◇ *adj* tutto(a) **2.** *(cualquier)* ogni ◇ *pron* **1.** tutto **2.** ● **ante todo** anzitutto ● **sobre todo** soprattutto ◇ *m* tutto *m*

toga ['toγa] *f* toga *f*

toldo ['toldo] *m* tendone *m*

tolerado, da [tole'raðo, ða] *adj* autorizzato(a)

tolerancia [tole'ranθja] *f* tolleranza *f*

tolerante [tole'rante] *adj* tollerante

tolerar [tole'rar] *vt* **1.** tollerare **2.** *(persona)* sopportare

toma ['toma] *f* **1.** *(de leche)* ingestione *f* **2.** *(de agua, gas)* bocca *f* **3.** *(de luz)* presa *f*

tomar [to'mar] *vt* **1.** prendere **2.** *(oferta, trabajo)* accettare **3.** *(cuadro)* storcere ◇ *vi* provare **4.** *(baño, ducha)* fare **5.** ● **tomar a alguien por** prendere qn per ● **tomar a mal** prendersela ● **tomar algo** prendere qc ● **tomar el fresco** prendere il fresco ● **tomar el sol** prendere il sole ● **tomar prestado** prendere in prestito

tomate [to'mate] *m* pomodoro *m*

tómbola ['tombola] *f* tombola *f*

tomillo [to'miʎo] *m* timo *m*

tomo ['tomo] *m* volume *m*

tonel [to'nel] *m* barile *m*

tonelada [tone'laða] *f* tonnellata *f*

tónica ['tonika] *f* acqua *f* tonica

tónico, ca ['toniko, ka] ◇ *adj* tonico(a) ◇ *m* tonico *m*

tono ['tono] *m* **1.** tono *m* **2.** *(de color)* tonalità *f inv*

tontería [tonte'ria] *f* **1.** *(estupidez)* stupidaggine *f* **2.** *(cosa sin valor)* inezia *f*

tonto, ta ['tonto, ta] *adj* **1.** stupido(a) **2.** *(inútil)* inutile

tope ['tope] *m* **1.** *(punto máximo)* cima *f* **2.** *(pieza)* respingente *m*

tópico, ca ['topiko, ka] ◇ *adj* topico(a) ◇ *m* **1.** *(tema recurrente)* luogo *m* comune **2.** *(frase muy repetida)* stereotipo *m*

topo ['topo] *m* talpa *f*

tórax ['toraks] *m* torace *m*

torbellino [torβe'ʎino] *m* **1.** *(de viento)* mulinello *m* **2.** *(de sucesos, preguntas, etc)* turbine *m* **3.** *(fig)* *(persona inquieta)* terremoto *m*

torcer [tor'θer] ◇ *vt* **1.** piegare **2.** *(volante)* girare **3.** *(cuadro)* storcere ◇ *vi* voltare ● **torcerse** *vp* **1.** *(tobillo, brazo)* slogarsi *f* **2.** *(negocio, proyecto)* andare a monte

torcido, da [tor'θiðo, ða] *adj* **1.** *(dobla-*

do) piegato(a) **2.** *(inclinado)* storto(a)
tordo ['torðo] *m* tordo *m*
torear [tore'ar] ◇ *vt* **1.** toreare **2.** *(fig) (evitar)* glissare **3.** *(fig) (burlarse)* prendere in giro ◇ *vi* toreare
torera [to'rera] *f* bolero *m (giacchetto)*
torero, ra [to'rero, ra] *m,f* torero *m*, -a *f*
tormenta [tor'menta] *f* tempesta *f*
tormentoso, sa [tormen'toso, sa] *adj* **1.** *(día, cielo, etc)* temporalesco(a) **2.** *(persona, carácter)* turbolento(a)
torneo [tor'neo] *m* torneo *m*
tornillo [tor'niʎo] *m* vite *f*
torniquete [torni'kete] *m* laccio *m* emostatico
toro ['toro] *m* toro *m* ◆ **toros** *mpl* corrida *f*

toros

Nel combattimento tra tori e torero *(corrida* o *lidia)* si alternano varie fasi e diverse figure: il *tercio de varas* con il *picador* a cavallo, il *tercio de banderillas*, nel quale il *banderillero* colpisce con le *banderillas*, e il *tercio de muerte*, nel quale il *matador* termina il toro.

torpe ['torpe] *adj* **1.** *(poco ágil)* maldestro(a) **2.** *(poco inteligente)* ottuso(a) **3.** *(lento)* torpido(a)
torpedo [tor'peðo] *m* siluro *m*
torpeza [tor'peθa] *f* **1.** *(falta de agilidad)* goffaggine *f* **2.** *(falta de inteligencia)* ottusità *f inv* **3.** *(lentitud)* lentezza *f*
torre ['tore] *f* **1.** *(de castillo)* torre *m* **2.** *(de iglesia)* campanile *m* **3.** *(edificio)* villa *f*
torrente [to'rente] *m* torrente *m*
torrija [to'rixa] *f* dolce *m* di pane bagnato in un miscuglio di latte, vino e uovo, e poi fritto
torta ['torta] *f* **1.** *(fam) (bofetada)* sberla *f* **2.** *(fam) (golpe)* botta *f* **3.** *(Amér) (de verduras, de carne)* torta *f* salata **4.** *(CSur* & *Ven) (pastel)* torta *f* **5.** *(Méx) (sandwich)* tramezzino *m*
tortazo [tor'taθo] *m* **1.** *(fam) (bofetada)* ceffone *m* **2.** *(golpe fuerte)* botta *f*
tortilla [tor'tiʎa] *f* **1.** frittata *f* **2.** *(Méx) (de maíz)* piadina *f* di mais ● **tortilla (a la) francesa** omelette *f inv* ● **tortilla de champiñón** frittata con funghi ● **tortilla española** frittata di patate ● **tortilla de espárragos** frittata con asparagi ● **tortilla de gambas** frittata con gamberetti ● **tortilla de jamón** frittata con prosciutto
tórtola ['tortola] *f* tortora *f*
tortuga [tor'tuɣa] *f* tartaruga *f*
torturar [tortu'rar] *vt* torturare
tos ['tos] *f* tosse *f*
toser [to'ser] *vi* tossire
tostada [tos'taða] *f* toast *m inv*
tostador [tosta'ðor] *m* tostapane *m*
tostar [tos'tar] *vt* tostare ◆ **tostarse** *vp* abbronzarsi
total [to'tal] ◇ *adj* totale ◇ *m* totale *m* ◇ *adv* insomma
totalidad [totali'ðað] *f* ● **la totalidad de** la totalità di
tóxico, ca ['toksiko, ka] *adj* tossico(a)

toxicomanía [toksikoma'nia] f tossicomania f

toxicómano, na [toksi'komano, na] m,f tossicomane mf

trabajador, ra [traβaxa'ðor, ra] adj & m,f lavoratore(trice)

trabajar [traβa'xar] vi & vt lavorare ◆ **trabajar + prep** lavorare come ◆ trabajar de niñera fare la baby sitter

trabajo [tra'βaxo] m 1. lavoro m 2. (esfuerzo) fatica f 3. ◆ encontrar trabajo trovare lavoro ◆ **trabajos manuales** lavori manuali

trabalenguas [traβa'lenguas] m inv scioglilingua m inv

tractor [trak'tor] m trattore m

tradición [traði'θjon] f tradizione f

tradicional [traðiθjo'nal] adj tradizionale

tradicionalmente [traðiθjonal'mente] adv tradizionalmente

traducción [traðuk'θjon] f traduzione f

traducir [traðu'θir] vt tradurre

traductor, ra [traðuk'tor, ra] m,f traduttore m, -trice f

traer [tra'er] vt 1. portare 2. (provocar, ocasionar) arrecare 3. (contener) riportare 4. (llevar puesto) indossare ◆ me trajo un regalo de Cuba mi ha portato un regalo da Cuba ◆ ¿qué traes ahí? cos'hai portato? ◆ este asunto le trajo graves consecuencias questa faccenda gli arrecò gravi conseguenze ◆ el periódico trae una gran noticia il giornale riporta una gran notizia ◆ hoy trae un abrigo muy bonito oggi indossa un bellissimo cappotto ◆ **traerse** vp ◆ traérselas (fam) non essere da poco

traficante [trafi'kante] mf trafficante mf

traficar [trafi'kar] vi trafficare

tráfico ['trafiko] m traffico m

tragar [tra'ɣar] ◇ vt 1. inghiottire 2. (consumir) bere ◇ vi rassegnarsi ◆ no tragar a alguien (fam) non sopportare qn ◆ **tragarse** vp 1. (fam) (creer) bersi 2. (disimular) mascherare

tragedia [tra'xeðja] f tragedia f

trágico, ca ['traxiko, ka] adj tragico(a)

tragicomedia [traxiko'meðja] f tragicommedia f

trago ['traɣo] m 1. sorso m 2. (fam) (copa) goccetto m 3. (disgusto) momentaccio m

traición [trai'θjon] f tradimento m

traje ['traxe] m 1. abito m 2. (de región, época, etc) costume m ◆ **traje de chaqueta** tailleur m inv ◆ **traje de baño** costume da bagno ◆ **traje de luces** abito ricamato indossato dal torero

trama ['trama] f trama f

tramar [tra'mar] vt tramare

tramitar [trami'tar] vt inoltrare

tramo ['tramo] m 1. (de camino, calle) tratto m 2. (de escalera) rampa f

tramontana [tramon'tana] f tramontana f

tramoya [tra'moja] f macchinario m teatrale

tramoyista [tramo'jista] mf macchinista mf

trampa ['trampa] f 1. (para cazar) trappola f 2. (engaño) tranello m 3. (en

juego, competición) imbroglio *m* **4.** (*puerta*) trabocchetto *m* ● **hacer trampa** imbrogliare
trampolín [trampo'lin] *m* trampolino *m*
trance ['tranθe] *m* **1.** (*momento difícil*) impasse *m inv* **2.** (*estado hipnótico*) trance *f inv*
tranquilidad [trankili'ðað] *f* tranquillità *f inv*
tranquilo, la [tran'kilo, la] *adj* tranquillo(a)
transbordador [tranzβorða'ðor] *m* traghetto *m*
transbordo [tranz'βorðo] *m* **1.** trasbordo *m* **2.** (*de tren*) coincidenza *f* ● **hacer transbordo** prendere una coincidenza
transcurrir [transku'rir] *vi* trascorrere
transeúnte [transe'unte] *mf* passante *m*
transferencia [transfe'renθja] *f* giroconto *m*
transformación [transforma'θjon] *f* trasformazione *f*
transformador [transforma'ðor] *m* trasformatore *m*
transformar [transfor'mar] *vt* trasformare ● **transformar algo/a alguien en** trasformare qc/qn in ● **transformarse** *vp* trasformarsi ● **transformarse en** trasformarsi in
transfusión [transfu'sjon] *f* trasfusione *f*
transición [transi'θjon] *f* transizione *f*
transigir [transi'xir] *vi* transigere
transistor [transis'tor] *m* transistor *m inv*
tránsito ['transito] *m* circolazione *f*
translúcido, da [tranz'luθiðo, ða] *adj* traslucido(a)
transmitir [tranzmi'tir] *vt* trasmettere
transparente [transpa'rente] *adj* trasparente
transportar [transpor'tar] *vt* trasportare
transporte [trans'porte] *m* trasporto *m*
● **transporte privado** trasporto privato
● **transporte público** trasporto pubblico
transversal [tranzβer'sal] *adj* trasversale
tranvía [tram'bia] *m* tram *m inv*
trapear [trape'ar] *vt* (*Amér*) pulire (*pavimento*)
trapecio [tra'peθjo] *m* trapezio *m*
trapecista [trape'θista] *mf* trapezista *mf*
trapo ['trapo] *m* straccio *m*
tráquea ['trakea] *f* trachea *f*
tras [tras] *prep* **1.** (*detrás de*) dietro **2.** (*después de*) dopo
trasero, ra [tra'sero, ra] ◇ *adj* posteriore ◇ *m* (*fam*) (*nalgas*) sedere *m*
trasladar [trazla'ðar] *vt* **1.** (*cosas, objetos*) spostare **2.** (*empleado, trabajador*) trasferire **3.** (*reunión, trabajo*) rimandare ● **trasladarse** *vp* **1.** (*desplazarse*) trasferirsi **2.** (*mudarse*) traslocare
traslado [traz'laðo] *m* **1.** (*de muebles, libros, etc*) spostamento *m* **2.** (*de puesto, cargo, etc*) trasferimento *m*
traspasar [traspa'sar] *vt* **1.** attraversare **2.** (*suj: líquido*) filtrare **3.** (*negocio*) cedere
traspiés [tras'pjes] *m inv* scivolone *m*
trasplantar [trasplan'tar] *vt* trapiantare

trasplante [tras'plante] m trapianto m

traste ['traste] m (CSur) (nalgas) sedere m ● **trastes** mpl (Andes, CAm & Méx) cianfrusaglie fpl ● **lavar los trastes** lavare i piatti

trasto ['trasto] m 1. (objeto inútil) cianfrusaglia f 2. (fig) (persona) impiccio m

tratado [tra'taðo] m 1. (acuerdo) accordo m 2. (escrito) trattato m

tratamiento [trata'mjento] m 1. trattamento m 2. (título) titolo m di rispetto

tratar [tra'tar] vt 1. trattare 2. (tema) discutere di 3. (persona) frequentare ● **tratar de** v + prep 1. trattare di 2. (intentar) cercare di ● **tratarse** vp trattarsi

tratativas [trata'tiβas] fpl (CSur) trattative fpl

trato ['trato] m 1. trattamento m 2. (acuerdo) ¡trato hecho! affare fatto! ● **cumplir un trato** rispettare un patto

trauma ['trauma] m trauma m

través [tra'βez] ● **a través de** prep (en tiempo) nel corso di; (en espacio) attraverso

travesaño [traβe'saɲo] m traversa f (trave)

travesía [traβe'sia] f 1. (calle) traversa f 2. (viaje) traversata f

travesti [tra'βesti] m travestito m

travieso, sa [tra'βjeso, sa] adj 1. (revoltoso) turbolento (a) 2. (vivo) vivace

trayecto [tra'jekto] m 1. tragitto m 2. (ruta) percorso m

trayectoria [trajek'torja] f 1. (recorrido) traiettoria f 2. (desarrollo) evoluzione f

trazado [tra'θaðo] m 1. (de carretera, canal) tracciato m 2. (de edificio) progetto m

trazar [tra'θar] vt 1. (línea, dibujo) tracciare 2. (proyecto, plan) progettare

trazo [tra'θo] m 1. tratto m 2. (de la cara) lineamento m

trébol ['treβol] m 1. (planta) trifoglio m 2. (en naipes) fiori fpl

trece ['treθe] núm tredici ● **seis**

tregua ['treɣwa] f 1. (en guerra, conflicto) tregua f 2. (en trabajo, estudios) pausa f

treinta ['treinta] núm trenta ● **seis**

tremendo, da [tre'mendo, da] adj 1. tremendo (a) 2. (muy grande) enorme

tren [tren] m treno m ● **tren de cercanías** treno locale ● **tren de largo recorrido** treno a lunga percorrenza ● **tren de lavado** impianto di autolavaggio

trenza ['trenθa] f treccia f

trepar [tre'par] vi arrampicarsi

tres [tres] núm tre ● **seis**

tresillo [tre'siʎo] m insieme di divano più due poltrone

trial [tri'al] m trial m inv

triangular [trjangu'lar] adj triangolare

triángulo [tri'angulo] m triangolo m

tribu ['triβu] f tribù f inv

tribuna [tri'βuna] f tribuna f

tribunal [triβu'nal] m 1. tribunale m 2. (en examen, oposición) commissione f esaminatrice

triciclo [tri'θiklo] m triciclo m

trigo ['triɣo] m grano m

trilladora [triʎa'ðora] f trebbiatrice f

trillar [tri'ʎar] vt trebbiare

trillizos, zas [tri'ʎiθos, θas] m,f pl tre gemelli mpl, -e

trimestral [trimes'tral] adj trimestrale

trimestre [tri'mestre] m trimestre m

trinchante [trin'tʃante] m trinciante m

trineo [tri'neo] m slitta f

trío ['trio] m trio m

tripa ['tripa] f 1. *(barriga)* pancia f 2. *(intestino)* intestino m ◆ **tripas** fpl interiora fpl

triple ['triple] ◇ adj triplice ◇ m canestro m da tre (punti) ● **el triple de** il triplo di

trípode ['tripoðe] m treppiede m

tripulación [tripula'θjon] f equipaggio m

tripulante [tripu'lante] mf membro m dell'equipaggio

triste ['triste] adj 1. triste 2. *(insignificante, insuficiente)* magro(a)

tristeza [tris'teθa] f tristezza f

triturar [tritu'rar] vt tritare

trizas ['triθas] fpl pezzettini mpl ● **hacer trizas algo** fare a pezzi qc

trofeo [tro'feo] m trofeo m

trombón [trom'bon] m trombone m

trompa ['trompa] f 1. tromba f 2. *(de elefante)* proboscide f 3. *(fam) (borrachera)* sbornia f

trompazo [trom'paθo] m urto m

trompeta [trom'peta] f tromba f

tronar [tro'nar] ◇ vi tuonare ◇ vi *(Méx) (fam)* fallire

tronco ['tronko] m tronco m

trono ['trono] m trono m

tropa ['tropa] f truppa f ◆ **tropas** fpl truppe fpl

tropezar [trope'θar] ● **tropezar con** v + prep inciampare in; *(con persona)* imbattersi in

tropezón [trope'θon] m 1. *(golpe)* inciampata f 2. *(de jamón, pan)* pezzetto m 3. *(equivocación)* passo m falso

tropical [tropi'kal] adj tropicale

trópico ['tropiko] m tropico m

tropiezo [tro'pjeθo] m 1. *(golpe)* inciampo m 2. *(dificultad)* contrattempo m 3. *(equivocación)* sbaglio m

trotar [tro'tar] vi trottare

trote ['trote] m 1. *(de caballo)* trotto m 2. *(trabajo, esfuerzo)* strapazzo m

trozo ['troθo] m pezzo m ● **a trozos** a pezzi ● **un trozo de** un pezzo di

trucaje [tru'kaxe] m effetto m speciale

trucha ['trutʃa] f trota f

truco ['truko] m trucco m

trueno ['trweno] m 1. *(durante tormenta)* tuono m 2. *(de arma)* detonazione f

trufa ['trufa] f tartufo m ● **trufas heladas** tartufi gelato

trusa ['trusa] f *(Perú)* slip m inv

tu [tu] *(pl* **tus)** adj tuo(a)

tú [tu] pron tu ● **hablar** o **tratar de tú** dare del tu

tuberculosis [tuβerku'losis] f inv tubercolosi f

tubería [tuβe'ria] f tubatura f

tubo ['tuβo] m **1.** (de agua, gas) tubo m **2.** (recipiente) tubetto m ● **tubo de escape** tubo di scappamento

tuerca ['tuerka] f dado m

tuerto, ta ['tuerto, ta] adj guercio(a)

tul ['tul] m tulle m inv

tulipán [tuli'pan] m tulipano m

tullido, da [tu'ʎiðo, ða] adj invalido(a)

tumba ['tumba] f tomba f

tumbar [tum'bar] vt **1.** (derribar) abbattere **2.** (fam) (suspender) bocciare ● **tumbarse** vp coricarsi

tumbona [tum'bona] f sedia f a sdraio

tumor [tu'mor] m tumore m

tumulto [tu'multo] m tumulto m

tuna ['tuna] f **1.** gruppo musicale universitario ambulante **2.** (Andes, RP, CAm & Méx) fico m d'India

tuna

La parola definisce un gruppo o una piccola orchestra di studenti della stessa facoltà. Suonano strumenti classici e sono vestiti di nero, con mantello e cinture colorate. Cantano normalmente in strada per accattivarsi la simpatia delle ragazze o per guadagnare qualche spicciolo.

túnel ['tunel] m tunnel m inv

Túnez ['tuneθ] m Tunisi f

túnica ['tunika] f tunica f

tupido, da [tu'piðo, ða] adj fitto(a)

turbina [tur'βina] f turbina f

turbio, bia ['turβjo, βja] adj torbido(a)

turbulencia [turβu'lenθja] f **1.** turbolenza f **2.** (confusión) tumulto m

turco, ca ['turko, ka] ◇ adj & m,f turco(a) ◇ m turco m

turismo [tu'rizmo] m **1.** turismo m **2.** (coche) automobile f (privata)

turista [tu'rista] mf turista mf

turistear [turiste'ar] vi (Andes & Méx) fare turismo

turístico, ca [tu'ristiko, ka] adj turistico(a)

turno ['turno] m turno m ▼ **su turno** prendere il numero

Turquía [tur'kia] f Turchia f

turrón [tu'ron] m torrone m

tutear [tute'ar] vt dare del tu ● **tutearse** vp darsi del tu

tuteo

Si usa per rivolgersi alle persone che preferiscono il *tú* invece di *usted*, molto più formale. Oggi in Spagna l'uso del *tu* è molto più diffuso, anche tra sconosciuti, mentre l'*usted* è sempre più limitato a occasioni molto formali o per sottolineare una forma di rispetto.

tutor, ra [tu'tor, ra] m,f tutore m, -trice f

tuyo, ya ['tujo, ja] ◇ adj tuo(a) ◇ pron ● **el tuyo, la tuya** il tuo, la tua ● **lo tuyo** il tuo forte

TV ['te'uβe] (abr de **televisión**) TV

u U

UCI ['uθi] f (abr de unidad de cuidados intensivos) rianimazione f (reparto)
Ud. ⇒ usted
Uds. ⇒ ustedes
UE f (abr de Unión Europea) UE f
úlcera ['ulθera] f ulcera f
último, ma ['ultimo, ma] adj 1. ultimo(a) 2. (definitivo) definitivo(a) 3. (escondido) remoto(a) ● a últimos de alla fine di ● por último infine ▼ última llamada ultimo avviso
ultramarinos [ultrama'rinos] mpl negozio m di alimentari
ultravioleta [ultraβjo'leta] adj ultravioletto(a)
umbral [um'bral] m soglia f
un, una [un, 'una] ◇ art un(una) ◇ adj = uno
unánime [u'nanime] adj unanime
únicamente [,unika'mente] adv unicamente
único, ca [uniko, ka] adj unico(a)
unidad [uni'ðað] f unità f inv
unido, da [u'niðo, ða] adj unito(a)
unifamiliar [unifami'ljar] adj monofamiliare
unificación [unifika'θjon] f unificazione f
uniforme [uni'forme] m uniforme f
unión [u'njon] f 1. unione f 2. (asociación, grupo) associazione f ● **la Unión Europea** l'Unione Europea
unir [u'nir] vt 1. unire 2. (comunicar) collegare ● **unirse** vp riunirsi
unisex [uni'seks] adj inv unisex inv
universal [uniβer'sal] adj universale
universidad [uniβersi'ðað] f università f inv
universitario, ria [uniβersi'tarjo, rja] m,f universitario m, -a f
universo [uni'βerso] m universo m
uno, una ['uno, una]
◇ adj 1. (indefinido) un, uno(a) ● **uno día volveré un giorno tornerò** ● **en la calle había unos coches mal aparcados** per strada c'erano delle macchine parcheggiate male ● **he conocido a unas chicas muy simpáticas** ho conosciuto delle ragazze molto simpatiche 2. (para expresar cantidades) ● **tienes treinta y un días para decidirte** hai trentun giorni per decidersi ● **había unas cincuenta y una mujeres** c'erano cinquantun donne 3. (aproximadamente) all'incirca ● **había unas doce personas** c'erano all'incirca dodici di persone
◇ pron 1. (indefinido) uno(a) ● **los bombones están muy buenos, coge uno** i cioccolatini sono buonissimi, assaggiane uno ● **tienes muchas manzanas, dame unas** hai molte mele, dammene un po' ● **uno/una de uno/una de** ● **uno de ellos me dijo la verdad** uno di loro mi disse la verità ● **uno... otro uno...** l'altro ● **uno habla, el otro calla** uno parla, l'altro tace ● **ayer**

hablé con uno que te conoce ieri ho parlato con uno che ti conosce **3.** **ya una está acostumbrada a eso** una ormai ci è abituata **4.** *(en locuciones)* **de uno en uno** uno alla volta ◆ **una a uno** uno alla volta ◆ **uno por uno** uno alla volta ◆ **más de uno** più di uno ◆ **uno más uno** in più ➤ **seis**

untar [un'tar] *vt* **1.** *(pan, tostada)* spalmare **2.** *(ropa, manos, etc)* ungere ◆ **untarse** *vp* **1.** *(mancharse)* ungersi **2.** *(con crema, pomada)* spalmarsi

uña [ˈuɲa] *f* **1.** unghia *f* **2.** *(de caballo, vaca)* zoccolo *m* ◆ **hacer las uñas** fare la manicure

uralita ® [uraˈlita] *f* eternit ®

uranio [uˈranjo] *m* uranio *m*

urbanización [urβaniθaˈθjon] *f* **1.** *(acción)* urbanizzazione *f* **2.** *(lugar)* quartiere *m* residenziale

urbano, na [urˈβano, na] ◇ *adj* urbano(a) ◇ *m,f* vigile *mf*

urgencia [urˈxenθja] *f* urgenza *f* ◆ **Urgencias** *fpl* Pronto Soccorso

urgente [urˈxente] *adj* urgente ▼ **urgente urgente**

urgentemente [urˌxenteˈmente] *adv* urgentemente

urinario [uriˈnarjo] *m* vespasiano *m*

urna [ˈurna] *f* **1.** urna *f* **2.** *(de museo)* teca *f*

urraca [uˈraka] *f* gazza *f*

urticaria [urtiˈkarja] *f* orticaria *f*

Uruguay [uruˈɣwaj] *m* Uruguay *m*

uruguayo, ya [uruˈɣwajo, ja] *adj & m,f* uruguaiano(a)

usado, da [uˈsaðo, ða] *adj* usato(a)

usar [uˈsar] *vt* **1.** *(utilizar)* usare **2.** *(llevar)* portare

uso [ˈuso] *m* uso *m*

usted [usˈteð] *(pl* **-des**) *pron* Lei

usual [uˈswal] *adj* usuale

usuario, ria [uˈswarjo, rja] *m,f* utente *mf*

utensilio [utenˈsiljo] *m* utensile *m*

útero [ˈutero] *m* utero *m*

útil [ˈutil] ◇ *adj* utile ◇ *m* utensile *m*

utilidad [utiliˈðað] *f* utilità *f inv*

utilitario [utiliˈtarjo] *m* utilitaria *f*

utilizar [utiliˈθar] *vt* **1.** *(objeto, aparato)* utilizzare **2.** *(persona)* usare

uva [ˈuβa] *f* uva *f* ◆ **uvas de la suerte** dodici chicchi d'uva che si mangiano durante i 12 rintocchi di campana la notte del 31 dicembre come simbolo augurale di buon anno

v V

vaca [ˈbaka] *f* **1.** *(animal)* mucca *f* **2.** *(carne)* manzo *m*

vacaciones [bakaˈθjones] *fpl* vacanze *fpl* ◆ **estar de vacaciones** essere in vacanza ◆ **ir de vacaciones** andare in vacanza

vacante [baˈkante] *f* posto *m* vacante

vaciar [baˈθjar] *vt* **1.** svuotare **2.** *(verter)* versare

vacilar [baθiˈlar] *vi* **1.** *(dudar)* esitare **2.** *(tambalearse)* vacillare

va

vacío, a [ba'θio, a] *adj* vuoto(a) ◆ *m* vuoto *m* ◆ **al vacío** sotto vuoto

vacuna [ba'kuna] *f* vaccino *m*

vacunación [bakuna'θjon] *f* vaccinazione *f*

vacunar [baku'nar] *vt* vaccinare

vado [ba'ðo] *m* 1. *(en la calle)* passo *m* carraio 2. *(de río)* guado *m* ▼ **vado permanente** divieto di sosta permanente

vagabundo, da [baɣa'βundo, da] *m,f* vagabondo *m*, -a *f*

vagamente [,baɣa'mente] *adv* vagamente

vagina [ba'xina] *f* vagina *f*

vago, ga [ba'ɣo, ɣa] *adj* 1. *(perezoso)* pigro(a) 2. *(impreciso)* vago(a)

vagón [ba'ɣon] *m* vagone *m*

vagoneta [baɣo'neta] *f* vagoncino *m*

vaho [ba'o] *m* 1. *(vapor)* vapore *m* 2. *(aliento)* alito *m* ◆ **vahos** *mpl* suffumigi *mpl*

vaina ['bajna] *f* bacello *m*

vainilla [baj'niʎa] *f* vaniglia *f*

vajilla [ba'xiʎa] *f* stoviglie *fpl*

vale [bale] ◆ *m* 1. *(recibo)* buono *m* 2. *(Ven) (compañero, amigo)* compagno *m* ◆ *interj* va bene

Valencia [ba'lenθja] *f* Valenza *f*

valentía [balen'tia] *f* coraggio *m*

valer [ba'ler] ◆ *m* valore *m* ◆ *vt* 1. valere 2. *(costar)* costare ◆ *vi* 1. *(cosa)* servire 2. *(persona)* essere in gamba 3. *(palabra, firma, etc)* valere 4. **¿vale?** va bene?

valerse de *v + prep* avvalersi di

valeriana [bale'rjana] *f* valeriana *f*

validez [bali'ðeθ] *f* validità *f inv*

válido, da [ba'liðo, ða] *adj* valido(a)

valiente [ba'ljente] *adj* coraggioso(a)

valioso, sa [ba'ljoso, sa] *adj* prezioso(a)

valla [ba'ʎa] *f* 1. *(cercado)* recinto *m* 2. *(muro)* muro *m* di cinta 3. *(de publicidad)* cartellone *m* pubblicitario 4. *(en deporte)* ostacolo *m*

valle [ba'ʎe] *m* valle *f*

valor [ba'lor] *m* 1. valore *m* 2. *(valentía)* coraggio *m*

valoración [balora'θjon] *f* valutazione *f*

valorar [balo'rar] *vt* valutare

vals [bals] *m inv* valzer *m inv*

válvula [bal'βula] *f* valvola *f*

vanguardista [baŋɡwar'ðista] *adj* avanguardista

vanidad [bani'ðað] *f* vanità *f inv*

vanidoso, sa [bani'ðoso, sa] *adj* vanitoso(a)

vano, na [bano, na] *adj* ◆ **en vano** invano

vapor [ba'por] *m* 1. *(de líquido, sólido)* vapore *m* 2. *(barco)* piroscafo *m* ◆ **al vapor** al vapore

vaporizador [baporiθa'ðor] *m* nebulizzatore *m*

vaquero, ra [ba'kero, ra] *adj* di jeans ◆ **vaqueros** *mpl* blue jeans *mpl*

vara ['bara] *f* 1. *(de árbol, arbusto)* ramoscello *m* 2. *(de mando)* bacchetta *f*

variable [bari'aβle] *adj* 1. *(opinión)* mutevole 2. *(clima)* variabile 3. *(persona)* scostante

variado, da [bari'aðo, ða] *adj* assortito(a)

variar [bari'ar] *vt* 1. *(cambiar)* cambiare 2. *(dar variedad)* variare ◆ **variar de** *v* + *prep* mutare di

varicela [bari'θela] *f* varicella *f*

varices [ba'riθes] *fpl* vene *fpl* varicose

variedad [barie'ðað] *f* varietà *f inv*

variedades *fpl* varietà *mpl*

varios, rias ['barjos, rjas] *adj pl* 1. *(diversos)* diversi(e) 2. ▼ **varios** varia

varón [ba'ron] *m* maschio *m*

varonil [baro'nil] *adj* 1. *(de varón)* maschile 2. *(valiente, fuerte)* virile

vasallo, lla [ba'saʎo, ʎa] *m,f* vassallo *m*, -a *f*

vasco, ca ['basko, ka] ◇ *adj & m,f* basco(a) ◇ *m* basco *m* ● **a la vasca** alla basca

vasija [ba'sixa] *f* vaso *m*

vaso ['baso] *m* bicchiere *m*

vasto, ta ['basto, ta] *adj* vasto *m*

Vaticano [bati'kano] *m* ● **El Vaticano** Il Vaticano

vaya ['baja] *interj* 1. *(sorpresa)* caspita! 2. *(admiración)* però!

Vda. *(abr de viuda)* V.ª

Vdo. *(abr de viudo)* V.º

vecindad [beθin'dað] *f* 1. *(vecindario)* vicinato *m* 2. *(alrededores)* dintorni *mpl* 3. *(Méx) (pensión)* pensione *f*

vecindario [beθin'darjo] *m* vicinato *m*

vecino, na [be'θino, na] ◇ *adj* vicino(a) ◇ *m,f* 1. *(de casa)* vicino *m*, -a *f* 2. *(de pueblo, ciudad)* abitante *mf*

vegetación [bexeta'θjon] *f* vegetazione *f*

vegetal [bexe'tal] ◇ *adj* vegetale ◇ *m* vegetale *m*

vegetariano, na [bexeta'rjano, na] *m,f* vegetariano *m*, -a *f*

vehículo [be'ikulo] *m* veicolo *m*

veinte ['bejnte] *núm* venti ➞ **seis**

vejez [be'xeθ] *f* vecchiaia *f*

vejiga [be'xiɣa] *f* vescica *f*

vela ['bela] *f* 1. *(cirio)* candela *f* 2. *(de barco)* vela *f* 3. *(vigilia)* veglia *f* ● **en vela** in bianco

velcro® ['belkro] *m* velcro® *m*

velero [be'lero] *m* veliero *m*

veleta [be'leta] *f* banderuola *f*

vello ['beʎo] *m* peli *mpl*

velo ['belo] *m* 1. *(tela)* voile *m inv* 2. *(prenda)* velo *m*

velocidad [beloθi'ðað] *f* 1. velocità *f inv* 2. ▼ **velocidad controlada por radar** controllo radar della velocità

velódromo [be'loðromo] *m* velodromo *m*

velomotor [belomo'tor] *m* ciclomotore *m*

velorio [be'lorjo] *m* *(Amér)* veglia *f* funebre

veloz [be'loθ] *adj* veloce

vena ['bena] *f* 1. vena *f* 2. *(de mineral)* filone *m* 3. *(de agua)* sorgente *f*

venado [be'naðo] *m* cervo *m* maschio

vencedor, ra [benθe'ðor, ra] *m,f* vincitore *m*, -trice *f*

vencejo [ben'θexo] *m* rondone *m*

vencer [ben'θer] ◇ *vt* vincere ◇ *vi* 1. *(ganar)* vincere 2. *(caducar)* scadere

vencido, da [ben'θiðo, ða] *adj* vinto(a)

- darse por vencido darsi per vinto
vencimiento [benθi'mjento] m scadenza f
venda ['benda] f benda f
vendaje [ben'daxe] m fasciatura f
vendar [ben'dar] vt bendare
vendaval [benda'βal] m vento m forte
vendedor, ra [bende'ðor, ra] m,f venditore m, -trice f
vender [ben'der] vt vendere
vendimia [ben'dimja] f vendemmia f
vendimiador, ra [bendimja'ðor, ra] m,f vendemmiatore m, -trice f
vendimiar [bendi'mjar] vt vendemmiare
veneno [be'neno] m veleno m
venenoso, sa [bene'noso, sa] adj velenoso(a)
venezolano, na [beneθo'lano, na] adj & m,f venezuelano(a)
Venezuela [bene'θwela] f Venezuela f
venganza [ben'ganθa] f vendetta f
vengarse [ben'garse] v vendicarsi
venida [be'niða] f ritorno m
venir [be'nir] vi 1. (gen) venire 2. (llegar) arrivare 3. (suceder) capitare 4. (hallarse, estar) • su foto viene en la primera página la sua foto è in prima pagina • el texto viene en inglés il testo è in inglese 5. (ropa, zapatos) stare • vino de visita ayer por la tarde è venuto a farci visita ieri pomeriggio • vino a verme apenas llegó non appena arrivato è venuto a trovarmi • el año que viene iremos a París l'anno che viene andremo a Parigi • ahora viene la escena más divertida adesso viene la scena più divertente • ¿a qué viene esto? che c'entra? • ya vienen los turistas ecco che arrivano i turisti • el vino a las doce è arrivato alle dodici • le vino una desgracia inesperada gli è piombata addosso una disgrazia improvvisa • vino la guerra è giunta la guerra • venir de venire da • el abrigo le viene pequeño il cappotto gli sta stretto • tus zapatos no me vienen non c'entro nelle tue scarpe

- **venirse** vp (llegar) venire • **venirse abajo** (edificio, persona) crollare; (proyecto) andare a monte
venta ['benta] f 1. vendita f 2. (hostal) locanda f ▼ **venta al detalle** vendita al dettaglio ▼ **venta al mayor** vendita all'ingrosso ▼ **venta anticipada** prevendita ▼ **en venta** in vendita ▼ **venta de billetes** vendita di biglietti ▼ **venta de boletos** (Amér) vendita di biglietti
ventaja [ben'taxa] f vantaggio m
ventana [ben'tana] f finestra f
ventanilla [benta'niʎa] f 1. (de oficina) sportello m 2. (de cine) botteghino m 3. (de coche) finestrino m
ventilación [bentila'θjon] f ventilazione f
ventilador [bentila'ðor] m ventilatore m
ventisca [ben'tiska] f tormenta f di neve
ventosa [ben'tosa] f ventosa f
ventoso, sa [ben'toso, sa] adj ventoso(a)

ventrílocuo, cua [ben'trilokuo, kua] *m,f* ventriloquo *m*, -a *f*

ver [ber]
◇ *vt* **1.** (*gen*) vedere • desde casa vemos el mar da casa vediamo il mare • ver la televisión/una película vedere la televisione/un film • ¿no ves que no funciona la máquina? non vedi che la macchina non funziona? • ya veo que estás de mal humor vedo che sei di cattivo umore • ya han venido ya vado a vedere se sono già arrivati • ayer lo vi en el parque ieri l'ho visto al parco • yo no lo veo tan mal a me non sembra che sia proprio un male • esta es tu manera de ver las cosas è questa la tua maniera di vedere le cose **2.** (*visitar*) trovare • fui a ver a unos amigos sono andato a trovare alcuni amici **3.** (*entender*) capire • ya veo lo que pretendes ora capisco cosa vuoi **4.** (*en locuciones*) • hay que ver bisogna vedere • por lo visto, por lo que se ve a quanto pare • ver mundo viaggiare
◇ *vi* (*tener vista*) vederci • los ciegos no ven i ciechi non ci vedono • ver bien/mal vederci bene/male **5.** (*en locuciones*) • a ver vediamo un po'
• **verse** *vp* vedersi • verse con frequentare

veraneante [berane'ante] *mf* villeggiante *mf*

veranear [berane'ar] *vi* villeggiare

veraneo [bera'neo] *m* villeggiatura *f*

veraniego, ga [bera'nieɣo, ɣa] *adj* estivo(a)

verano [be'rano] *m* estate *f* • en verano d'estate

veras [de'beras] *fpl* • de veras davvero

verbena [ber'βena] *f* **1.** (*fiesta*) popolare notturna in celebrazione di un santo patrono **2.** (*planta*) verbena *f*

verbo [ber'βo] *m* verbo • verbo auxiliar verbo ausiliare

verdad [ber'ðað] *f* verità *f inv* • de verdad (*en serio*) davvero; (*auténtico*) doc • ¿verdad? vero?

verdadero, ra [berða'ðero, ra] *adj* vero(a)

verde [ber'ðe] ◇ *adj* **1.** verde **2.** (*fruta*) acerbo **3.** (*sin experiencia*) immaturo(a) **4.** (*obsceno*) sporcaccione(a) • *verde m* • los Verdes i Verdi

verdulería [berðule'ria] *f* negozio *m* di frutta e verdura

verdulero, ra [berðu'lero, ra] *m,f* frutti-vendolo *m*, -a *f*

verdura [ber'ðura] *f* verdura *f* • verdura con patatas verdura con patate

vereda [be'reða] *f* (*CSur & Perú*) marciapiede *m*

veredicto [bere'ðikto] *m* verdetto *m*

vergonzoso, sa [berɣon'θoso, sa] *adj* **1.** (*persona*) timido(a) **2.** (*acción*) vergognoso(a)

vergüenza [ber'ɣwenθa] *f* **1.** vergogna *f* **2.** (*dignidad*) dignità *f inv* **3.** (*pudor*) pudore *m*

verificar [berifi'kar] *vt* verificare

verja ['berxa] *f* inferriata *f*

vermut [ber'mut] m vermut m inv
verosímil [bero'simil] adj verosimile
verruga [be'ruɣa] f verruca f
versión [ber'sjon] f versione f
versión original versione originale
verso ['berso] m **1.** (en rima) verso m **2.** (poema) poesia f
vertedero [berte'ðero] m discarica f
verter [ber'ter] vt **1.** (contenido, líquido) versare **2.** (recipiente) rovesciare
vertical [berti'kal] adj verticale
vértice ['bertiθe] m vertice m
vertido [ber'tiðo] m residuo m
vertiente [ber'tjente] f **1.** (de montaña) versante m **2.** (de tejado) spiovente m
vértigo ['bertiɣo] m vertigine f
vestíbulo [bes'tiβulo] m atrio m
vestido [bes'tiðo] m vestito m
vestimenta [besti'menta] f vestiti mpl
vestir [bes'tir] ◇ vt **1.** (con ropa) vestire **2.** (llevar puesto) indossare **3.** (mantener) mantenere ◇ vi vestire ◆ **vestirse** vp vestirsi
vestuario [bestu'arjo] m **1.** (ropa) abbigliamento m **2.** (de teatro) camerino m **3.** (de gimnasio) spogliatoio m ◆ **vestuarios** spogliatoi mpl
veterano, na [bete'rano, na] m,f veterano m, -a f
veterinario, ria [beteri'narjo, rja] m,f veterinario m, -a f
vez ['beθ] (pl -ces) f **1.** volta f **2.** (turno) turno m ● **a veces** a volte ● **alguna vez** talvolta ● **de vez en cuando** ogni tanto ● **dos veces** due volte ● **en vez de** invece di ● **muchas veces** spesso ● **otra vez** di nuovo ● **pocas veces** di rado ● **tres veces por día** tre volte al giorno ● **una vez** una volta ● **unas veces** qualche volta

VHF [uβe'atʃe'efe] m (abr de very high frequency) VHF f
VHS [uβe'atʃe'ese] m (abr de video home system) VHS f
vía ['bia] f **1.** via f **2.** (rail) rotaia f **3.** (andén) binario m **4.** ● **en vías de** in via di
viaducto [bja'ðukto] m viadotto m
viajar [bja'xar] vi viaggiare
viaje ['bjaxe] m **1.** viaggio m **2.** ● **ir de viaje** fare un viaggio ● **viaje de novios** viaggio di nozze ● **¡buen viaje!** buon viaggio!
viajero, ra [bja'xero, ra] m,f viaggiatore m, -trice f
víbora ['biβora] f vipera f
vibrar [bi'βrar] vi vibrare
vicepresidente, ta [biθepresi'ðente, ta] m,f vicepresidente mf
vichyssoise [bitʃi'suas] f crema f di porri e patate
viciarse [bi'θjarse] vp prendere il vizio
vicio ['biθjo] m vizio m
vicioso, sa [bi'θjoso, sa] adj vizioso(a)
víctima ['biktima] f vittima f ● **ser víctima de** essere vittima di
victoria [bik'torja] f vittoria f
vid ['bið] f vite f
vida ['biða] f vita f ● **buena vida** bella vita ● **de toda la vida** di sempre ● **mala vida** malavita ● **vida familiar** vita familiare ● **ganarse la vida** guadagnarsi la vita

vidente [bi'ðente] *mf* veggente *mf*
vídeo ['biðeo] *m* video *m inv*
videocámara [,biðeo'kamara] *f* videocamera *f*
videocasete [,biðeoka'sete] *m* videocassetta *f*
videojuego [,biðeo'xweɣo] *m* videogioco *m*
vidriera [bi'ðrjera] *f* vetrata *f*
vidrio ['biðrjo] *m* vetro *m*
vieira ['bjeira] *f* capasanta *f*
viejo, ja ['bjexo, xa] *adj* vecchio(a) ◆ *m, f* 1. (*anciano*) vecchio *m*, -a *f* 2. (RP & Ven) (*compañero, amigo*) amico *m*, -a *f* 3. (*Amér*) (*padre y madre*) genitori *mpl* ◆ *f* (Col & Méx) (*fam*) (*mujer*) cara *f*
viento ['bjento] *m* vento *m*
vientre ['bjentre] *m* ventre *m*
viernes ['bjernes] *m inv* venerdì *m inv*
Viernes Santo *m* Venerdì Santo ➢ **sábado**
Vietnam [bjeð'nam] *m* ● **Vietnam del Norte** Vietnam *m* del Nord ● **Vietnam del Sur** Vietnam *m* del Sud
viga ['biɣa] *f* trave *f*
vigencia [bi'xenθja] *f* vigore *m*
vigente [bi'xente] *adj* vigente
vigilante [bixi'lante] *mf* vigilante *mf*
vigilar [bixi'lar] *vt* sorvegliare
vigor [bi'ɣor] *m* vigore *m* ● **en vigor** in vigore
vigoroso, sa [biɣo'roso, sa] *adj* vigoroso(a)
vil [bil] *adj* vile
villancico [biʎan'θiko] *m* canto *m* natalizio

vinagre [bi'naɣre] *m* aceto *m*
vinagreras [bina'ɣreras] *fpl* oliera *f*
vinagreta [bina'ɣreta] *f* vinaigrette *f inv* ● **a la vinagreta** alla vinaigrette
vinculación [binkula'θjon] *f* vincolo *m*
vincular [binku'lar] *vt* vincolare
vino [bino] *m* vino *m* ● **vino de la casa** vino della casa ● **vino blanco** vino bianco ● **vino corriente** vino comune ● **vino de mesa** vino da tavola ● **vino rosado** vino rosé ● **vino tinto** vino rosso
viña ['biɲa] *f* vigna *f*
violación [biola'θjon] *f* 1. violazione *f* 2. (*sexual*) stupro *m*
violador, ra [biola'ðor, ra] *m, f* stupratore *m*, -trice *f*
violar [bio'lar] *vt* 1. violare 2. (*sexualmente*) violentare
violencia [bio'lenθja] *f* 1. violenza *f* 2. (*incomodidad*) imbarazzo *m*
violento, ta [bio'lento, ta] *adj* 1. violento(a) 2. (*incómodo*) imbarazzante
violeta [bio'leta] *f* viola *f* ◆ *adj* viola ◆ *m* viola *m*
violín [bio'lin] *m* violino *m*
violinista [bioli'nista] *mf* violinista *mf*
violoncelo [biolon'tʃelo] *m* violoncello *m*
VIP ['bip] *m* (*abr de* very important person) VIP *m*
virgen ['birxen] *adj* vergine ● **Virgen** *f* **la virgen** la Madonna
Virgo ['birɣo] *m inv* Vergine *f inv*
virtud [bir'tuð] *f* virtù *f inv* ● **en virtud de** in virtù di

viruela [bi'ruela] *f* vaiolo *m*
virus ['birus] *m inv* virus *m inv*
viruta [bi'ruta] *f* truciolo *m*
visa [bisa] *f* (*Amér*) visto *m*
visado [bi'saðo] *m* visto *m*
víscera ['bisθera] *f* viscere *fpl*
viscosa [bis'kosa] *f* viscosa *f*
visera [bi'sera] *f* visiera *f*
visible [bi'siβle] *adj* visibile
visillos [bi'siλos] *mpl* tendine *fpl*
visita [bi'sita] *f* 1. visita *f* 2. **hacer una visita** fare una visita
visitante [bisi'tante] *mf* visitatore *m*, -trice *f*
visitar [bisi'tar] *vt* 1. visitare 2. (*ir a ver*) andare a trovare
vislumbrar [bizlum'brar] *vt* scorgere
víspera ['bispera] *f* vigilia *f*
vista ['bista] *f* 1. vista *f* 2. (*ojos*) occhi *mpl* 3. (*perspicacia, astucia*) fiuto *m* 4. (*juicio*) dibattimento *m* ◇ **a primera vista** a prima vista ◇ **a simple vista** a prima vista ◇ **¡hasta la vista!** arrivederci!
vistazo [bis'taθo] *m* occhiata *f*
visto, ta [bisto, ta] *adj* antiquato(a) ◇ **estar bien/mal visto** essere ben/mal visto ◇ **por lo visto** a quanto pare
vistoso, sa [bis'toso, sa] *adj* vistoso(a)
vital [bi'tal] *adj* vitale
vitalidad [bitali'ðað] *f* vitalità *f inv*
vitamina [bita'mina] *f* vitamina *f*
vitrina [bi'trina] *f* 1. vetrina *f* 2. (*Amér*) (*escaparate*) vetrina *f*
viudo, da ['bjuðo, ða] *m,f* vedovo *m*, -a *f*

viva [biβa] *interj* viva!
víveres ['biβeres] *mpl* viveri *mpl*
vivienda [bi'βjenda] *f* alloggio *m*
vivir [bi'βir] *vi & vt* vivere ◇ **vivir de** vivere di
vivo, va ['biβo, βa] *adj* 1. vivo(a) 2. (*listo, perspicaz*) sveglio(a) 3. (*ágil, enérgico*) vitale
vocabulario [bokaβu'larjo] *m* vocabolario *m*
vocación [boka'θjon] *f* vocazione *f*
vocal [bo'kal] *f* vocale *f*
vodka ['boðka] *m* vodka *f inv*
vol. (*abr de volumen*) vol.
volador, ra [bola'ðor, ra] *adj* volante
volante [bo'lante] *adj* 1. (*que vuela*) volante 2. (*móvil*) pendente ◆ *m* 1. (*de coche*) volante *m* 2. (*adorno*) volant *m inv*
volar [bo'lar] ◇ *vt* far esplodere ◇ *vi* 1. volare 2. (*desaparecer*) volatilizzarsi
volcán [bol'kan] *m* vulcano *m*
volcánico, ca [bol'kaniko, ka] *adj* vulcanico(a)
volcar [bol'kar] ◇ *vt* rovesciare ◇ *vi* 1. (*recipiente*) rovesciarsi 2. (*camión, coche*) ribaltarsi 3. (*barco*) capovolgersi
voleibol [bolei'βol] *m* pallavolo *f*
voley [bo'le] *m* (*fam*) volley *m*
voley-playa beach-volley *m*
volquete [bol'kete] *m* autocarro *m* ribaltabile
voltaje [bol'taxe] *m* voltaggio *m*
voltear [bolte'ar] *vt* 1. (*Andes & Méx*) (*dar la vuelta*) capovolgere 2. (*Amér*) (*derribar*) abbattere 3. (*Amér*) (*volcar*)

rovesciare ◆ **voltearse** *vp* **1.** *(Andes & Méx) (darse la vuelta)* rigirarsi **2.** *(Amér) (volcarse)* rovesciarsi

voltereta [bolte'reta] *f* capriola *f*

volumen [bo'lumen] *m* volume *m*

voluntad [bolun'tað] *f* **1.** volontà *f inv* **2.** *(intención)* proposito *m*

voluntario, ria [bolun'tarjo, rja] ◇ *adj* & *m,f* volontario(a) ◇ *m (soldado)* volontario *m*

voluntarioso, sa [bolunta'rjoso, sa] *adj* volenteroso(a)

volver [bol'ber]
◇ *vt* **1.** girare **2.** *(convertir)* far diventare
◇ *vi* **1.** *(regresar)* tornare **2.** *(de nuevo)* ritornare **3.** *(reanudar)* ricominciare a ritornare a **4.** *(antes de infin)* (hacer otra vez) ● no vuelvas a pronunciar esa palabra non ripetere mai più quella parola ● ya vuelve a llover ricomincia a piovere ● no vuelvas a pedirme un favor non chiedermi mai più un altro favore **5.** *(en locuciones)* ● volver en sí riprendere i sensi ● lo volvió tonto el fece diventare scemo ● vas a volver tonto al niño farai diventare scemo il bambino

◆ **volverse** *vp* **1.** *(darse la vuelta)* girarsi **2.** *(regresar)* ritornare **3.** *(convertirse)* diventare ● **volverse atrás** *(desdecirse)* farsi indietro ● **volverse algo/alguien contra alguien** rivoltarsi qc/qn contro qn

vomitar [bomi'tar] *vt* vomitare

vos ['bos] *pron (Andes, CAm, Carib & RP)* tu

vosotros, tras [bo'sotros, tras] *pron* voi

votación [bota'θjon] *f* votazione *f*

votante [bo'tante] *mf* votante *mf*

votar [bo'tar] *vt & vi* votare

voto ['boto] *m* voto *f*

voz [boθ] *(pl* **-ces**) *f* voce *f* ● **en voz alta** a voce alta ● **en voz baja** sottovoce

VPO *(abr de* **vivienda de protección oficial)** *f* abitazioni di qualità gestite dall'amministrazione locale

vuelo ['buelo] *m* **1.** volo *m* **2.** *(de vestido, falda)* ampiezza *f* ● **vuelos nacionales** voli nazionali

vuelta ['buelta] *f* **1.** giro *m* **2.** *(cambio)* svolta *f* **3.** *(regreso)* ritorno *m* **4.** *(de monedas)* resto *m* **5.** ● **dar una vuelta** fare un giro ● **dar vueltas** girare ● **darse la vuelta** girarsi ● **estar de vuelta** essere di ritorno ● **a la vuelta** al ritorno ● **a la vuelta de la esquina** girato l'angolo ● **a vuelta de correo** a giro di posta ● **vuelta al colegio** ritorno a scuola

vuelto ['buelto] *m (Amér)* resto *m*

vuestro, tra ['buestro, tra] *adj* vostro(a) ◇ *pron* ● **el vuestro/la vuestra** il vostro/la vostra ● **lo vuestro** il vostro forte

vulgar [bul'ɣar] *adj* **1.** *(grosero)* volgare **2.** *(popular)* ordinario(a) **3.** *(no técnico)* corrente

Ww

walkman® ['walman] *m* walkman® *m inv*
wáter ['bater] *m* water *m inv*
waterpolo [bater'polo] *m* pallanuoto *f*
WC *m* (abr de water closet) WC *m inv*
web ['weß] *f* ● la web il Web ● una (página) web una pagina *f* web
webmaster [weß'master] *mf* webmaster *mf*
whisky ['wiski] *m* whisky *m inv*
windsurf ['winsurf] *m* windsurf *m inv* ● hacer windsurf praticare il windsurf

Xx

xenofobia [seno'foβja] *f* xenofobia *f*
xenófobo, ba [se'nofoβo, βa] *adj* xenofobo(a)
xilófono [si'lofono] *m* xilofono *m*

Yy

y [i] *conj* 1. e 2. *(pero)* eppure
ya ['ja] ◆ *adv* 1. *(en presente)* ora 2. *(en pasado)* già 3. *(en futuro)* poi ◆ *interj* già! ● ya lo sé lo so ● ya dato che ● ya veo vedo ● ya era hora era ora! ● ya me lo habías contado me l'avevi già raccontato ● ya...ya... o... o... ● ya que
yacimiento [jaθi'mjento] *m* giacimento *m*
yanqui ['janki] *mf (despec)* yankee *mf*
yate ['jate] *m* yacht *m inv*
yegua ['jeɣwa] *f* giumenta *f*
yema ['jema] *f* 1. *(de huevo)* tuorlo *m* 2. *(de dedo)* polpastrello *m* 3. *(de planta)* gemma *f* 4. *(dulce)* latte *m* di gallina
yen ['jen] *m* yen *m inv*
yerbatero [jerβa'tero] *m (Andes)* erborista *mf*
yerno ['jerno] *m* genero *m*
yeso ['jeso] *m* gesso *m*
yo ['jo] *pron io* ● yo de ti fossi in te ● yo que tú/él, etc fossi in te/lui, etc
yodo ['joðo] *m* iodio *m*
yoga ['joɣa] *m* yoga *m inv*
yogur [jo'ɣur] *m* yogurt *m inv*
Yugoslavia [juɣoz'laβja] *f* Iugoslavia *f*
yunque ['junke] *m* incudine *f*

zz

zafiro [θa'firo] *m* zaffiro *m*
zafra ['θafra] *f* raccolta *f*
zaguán [θa'ɣuan] *m* atrio *m*
zambullida [θambu'ʎiða] *f* tuffo *m*
zambullirse [θambu'ʎirse] *vp* tuffarsi
zanahoria [θana'orja] *f* carota *f*
zancadilla [θanka'ðiʎa] *f* sgambetto *m*
zanco ['θanko] *m* trampolo *m*
zancudo [θan'kuðo] *m* (*Amér*) zanzara *f*
zanja ['θanxa] *f* fosso *m*
zapateado [θapate'aðo] *m* danza flamenca il cui ritmo si accompagna con i piedi
zapatería [θapate'ria] *f* **1.** (*tienda*) calzoleria *f* **2.** (*industria*) calzaturificio *m*
zapatero, ra [θapa'tero, ra] ◇ *m,f* calzolaio *m,* -a *f* ◇ *m* (*mueble*) portascarpe *m*
zapatilla [θapa'tiʎa] *f* pantofola *f* ▸ **zapatilla de deporte** scarpetta *f*
zapato [θa'pato] *m* scarpa *f* ▸ **zapatos de caballero/señora** calzature *fpl* per uomo/donna
zarandear [θarande'ar] *vt* scuotere
zarpar [θar'par] *vi* salpare
zarpazo [θar'paθo] *m* unghiata *f*
zarza ['θarθa] *f* rovo *m*
zarzuela [θar'θwela] *f* **1.** (*obra musical*) zarzuela *f* operetta spagnola **2.** (*guiso*) zuppa di pesce e frutti di mare

Palacio de la Zarzuela

L'attuale residenza del re di Spagna si trova a nordovest di Madrid. Costruito tra il 1634 e il 1638 sotto Felipe IV, in un'area chiamata la Zarzuela, era una residenza di campagna. Nel secolo XVIII fu ricostruito in stile rococò ma la struttura è in stile neoclassico.

zenit [θe'nit] *m* zenit *m inv*
zinc ['θink] *m* zinco *m*
zíper ['θiper] *m* (*CAm, Carib & Méx*) zip *m inv*
zócalo [θokalo] *m* **1.** (*del edificio*) basamento *m* **2.** (*de muro, pared*) zoccolo *m*
zodíaco [θo'ðiako] *m* zodiaco *m*
zona ['θona] *f* zona *f* ▸ **zona azul** parcheggio a pagamento ▸ **zona verde** parcheggio riservato ai residenti ▾ **zona de estacionamiento limitado y vigilado** zona di sosta regolamentata e sorvegliata

zona azul/zona verde

La *zona azul* è una zona di parcheggio a pagamento. Normalmente si paga in un parchimetro e il biglietto dev'essere ben esposto dietro al parabrezza. Nella *zona verde* il parcheggio è riservato ai residenti che vivono in un raggio di 500/1.000 metri di distanza e pagano tariffe agevolate.

zonzo, za ['θonθo, θa] *adj (Amér)* scemo(a) ● **hacerse el zonzo** fare lo scemo
zoo ['θoo] *m* zoo *m inv*
zoologia [θoolo'xia] *f* zoologia *f*
zoológico, ca [θoo'loxiko, ka] ◇ *adj* zoologico(a) ◇ *m* zoo *m inv*
zopenco, ca [θo'penko, ka] *adj* mentecatto(a)
zorra ['θora] *f (vulg)* puttana *f* ➢ **zorro**
zorro, rra ['θoro, ra] ◇ *m,f (fig)* volpe *f* ◇ *m (piel)* volpe *f*

zueco ['θueko] *m* **1.** *(de madera)* zoccolo *m* **2.** *(de piel)* socco *m*
zumbar [θum'bar] ◇ *vt (fam)* picchiare ◇ *vi* ronzare
zumbido [θum'biðo] *m* ronzio *m*
zumo ['θumo] *m (Esp)* succo *m* ● **zumo de naranja** spremuta *f* d'arancia
zurcir [θur'θir] *vt* rammendare
zurdo, da ['θurðo, ða] *adj & m,f* mancino(a)
zurrar [θu'rar] *vt* picchiare

CONJUGACIÓN DE LOS VERBOS ESPAÑOLES

acertar:
pres ind: acierto, acertamos, etc. • *pres subj:* acierte, acertemos, etc. • *imperat:* acierta, acertemos, acertad, etc.

adquirir:
pres ind: adquiero, adquirimos, etc. • *pres subj:* adquiera, adquiramos, etc. • *imperat:* adquiere, adquiramos, adquirid, etc.

amar:
pres ind: amo, amas, ama, amamos, amáis, aman • *imperf ind:* amaba, amabas, amaba, amábamos, amabais, amaban • *pret indef:* amé, amaste, amó, amamos, amasteis, amaron • *fut:* amaré, amarás, amará, amaremos, amaréis, amarán • *cond:* amaría, amarías, amaría, amaríamos, amaríais, amarían • *pres subj:* ame, ames, ame, amemos, améis, amen • *imperf subj:* amara, amaras, amara, amáramos, amarais, amaran • *imperat:* ama, ame, amemos, amad, amen • *ger:* amando • *partic:* amado, -da

andar:
pret indef: anduve, anduvimos, etc. • *imperf subj:* anduviera, anduviéramos, etc.

avergonzar:
pres ind: avergüenzo, avergonzamos, etc. • *pret indef:* avergoncé, avergonzó, avergonzamos, etc. • *pres subj:* avergüence, avergoncemos, etc. • *imperat:* avergüenza, avergüence, avergoncemos, avergonzad, etc.

caber:
pres ind: quepo, cabe, cabemos, etc. • *pret indef:* cupe, cupimos, etc. • *fut:* cabré, cabremos, etc. • *cond:* cabría, cabríamos, etc. • *pres subj:* quepa, quepamos, etc. • *imperf subj:* cupiera, cupiéramos, etc. • *imperat:* cabe, quepa, quepamos, cabed, etc.

caer:
pres ind: caigo, cae, caemos, etc. • *pret indef:* cayó, caímos, cayeron, etc. • *pres subj:* caiga, caigamos, etc. • *imperf subj:* cayera, cayéramos, etc. • *imperat:* cae, caiga, caigamos, caed, etc. • *ger:* cayendo

conducir:
pres ind: conduzco, conduce, conducimos, etc. • *pret indef:* conduje, condujimos, etc. • *pres subj:* conduzca, conduzca-

CONJUGACIÓN

mos, etc. • *imperf subj*: condujera, condujéramos, etc. • *imperat*: conduce, conduzca, conduzcamos, conducid, etc.

conocer:
pres ind: conozco, conoce, conocemos, etc. • *pres subj*: conozca, conozcamos, etc. • *imperat*: conoce, conozca, conozcamos, etc.

dar:
pres ind: doy, da, damos, etc. • *pret indef*: di, dio, dimos, etc. • *pres subj*: dé, demos, etc. • *imperf subj*: diera, diéramos, etc. • *imperat*: da, dé, demos, dad, etc.

decir:
pres ind: digo, dice, decimos, etc. • *pret indef*: dije, dijimos, etc. • *fut*: diré, diremos, etc.
• *cond*: diría, diríamos, etc. • *pres subj*: diga, digamos, etc. • *imperf subj*: dijera, dijéramos, etc. • *imperat*: di, diga, digamos, decid, etc. • *ger*: diciendo • *partic*: dicho, -cha

discernir:
pres ind: discierno, discernimos, etc. • *pres subj*: discierna, discernamos, etc. • *imperat*: discierne, discierna, discernamos, discernid, etc.

dormir:
pres ind: duermo, dormimos, etc. • *pret indef*: durmió, dormimos, durmieron, etc. • *pres subj*: duerma, durmamos, etc. • *imperf subj*: durmiera, durmiéramos, etc. • *imperat*: duerme, duerma, durmamos, dormid, etc. • *ger*: durmiendo

errar:
pres ind: yerro, erramos, etc. • *pres subj*: yerre, erremos, etc. • *imperat*: yerra, yerre, erremos, errad, etc.

estar:
pres ind: estoy, estás, está, estamos, estáis, están • *imperf ind*: estaba, estabas, estaba, estábamos, estabais, estaban • *pret indef*: estuve, estuviste, estuvo, estuvimos, estuvisteis, estuvieron • *fut*: estaré, estarás, estará, estaremos, estaréis, estarán • *cond*: estaría, estarías, estaría, estaríamos, estaríais, estarían • *pres subj*: esté, estés, esté, estemos, estéis, estén • *imperf subj*: estuviera, estuvieras, estuviera, estuviéramos, estuvierais, estuvieran • *imperat*: está, esté, estemos,

estad, estén • *ger:* estando • *partic:* estado

haber:
pres ind: he, has, ha, hemos, habéis, han • *imperf ind:* había, habías, había, habíamos, habíais, habían • *pret indef:* hube, hubiste, hubo, hubimos, hubisteis, hubieron • *fut:* habré, habrás, habrá, habremos, habréis, habrán • *cond:* habría, habrías, habría, habríamos, habríais, habrían • *pres subj:* haya, hayas, haya, hayamos, hayáis, hayan • *imperf subj:* hubiera, hubieras, hubiera, hubiéramos, hubierais, hubieran • *imperat:* he, haya, hayamos, habed, hayan • *ger:* habiendo • *partic:* habido, -da

hacer:
pres ind: hago, hace, hacemos, etc. • *pret indef:* hice, hizo, hicimos, etc. • *fut:* haré, haremos, etc. • *cond:* haría, haríamos, etc. • *pres subj:* haga, hagamos, etc. • *imperf subj:* hiciera, hiciéramos, etc. • *imperat:* haz, haga, hagamos, haced, etc. • *partic:* hecho, -cha

huir:
pres ind: huyo, huimos, etc. • *pret indef:* huyó, huimos, huyeron, etc. • *pres subj:* huya, huyamos, etc. • *imperf subj:* huyera, huyéramos, etc. • *imperat:* huye, huya, huyamos, huid, etc. • *ger:* huyendo

ir:
pres ind: voy, vamos, etc. • *pret indef:* fui, fue, fuimos, etc. • *pres subj:* vaya, vayamos, etc. • *imperf subj:* fuera, fuéramos, etc. • *imperat:* ve, vaya, vayamos, id, etc. • *ger:* yendo

leer:
pret indef: leyó, leímos, leyeron, etc. • *imperf subj:* leyera, leyéramos • *ger:* leyendo

lucir:
pres ind: luzco, luce, lucimos, etc. • *pres subj:* luzca, luzcamos, etc. • *imperat:* luce, luzca, luzcamos, lucid, etc.

mover:
pres ind: muevo, movemos, etc. • *pres subj:* mueva, movamos, etc. • *imperat:* mueve, mueva, movamos, moved, etc.

nacer:
pres ind: nazco, nace, nacemos, etc. • *pres subj:* nazca, nazcamos, etc.

CONJUGACIÓN

• *imperat:* nace, nazca, nazcamos, naced, etc.

oír:
pres ind: oigo, oye, oímos, etc. • *pret indef:* oyó, oímos, oyeron, etc. • *pres subj:* oiga, oigamos, etc. • *imperf subj:* oyera, oyéramos, etc. • *imperat:* oye, oiga, oigamos, oíd, etc. • *ger:* oyendo

oler:
pres ind: huelo, olemos, etc. • *pres subj:* huela, olamos, etc. • *imperat:* huele, huela, olamos, oled, etc.

parecer:
pres ind: parezco, parece, parecemos, etc. • *pres subj:* parezca, parezcamos, etc. • *imperat:* parece, parezca, parezcamos, pareced, etc.

partir:
pres ind: parto, partes, parte, partimos, partís, parten • *imperf ind:* partía, partías, partía, partíamos, partíais, partían • *pret indef:* partí, partiste, partió, partimos, partisteis, partieron • *fut:* partiré, partirás, partirá, partiremos, partiréis, partirán • *cond:* partiría, partirías, partiría, partiríamos, partiríais, partirían • *pres subj:* parta, partas, parta, partamos, partáis, partan • *imperf subj:* partiera, partieras, partiéramos, partierais, partieran • *imperat:* parte, parta, partamos, partid, partan • *ger:* partiendo • *partic:* partido, -da

pedir:
pres ind: pido, pedimos, etc. • *pret indef:* pidió, pedimos, pidieron, etc. • *pres subj:* pida, pidamos, etc. • *imperf subj:* pidiera, pidiéramos, etc. • *imperat:* pide, pida, pidamos, pedid, etc. • *ger:* pidiendo

poder:
pres ind: puedo, podemos, etc. • *pret indef:* pude, pudimos, etc. • *fut:* podré, podremos, etc. • *cond:* podría, podríamos, etc. • *pres subj:* pueda, podamos, etc. • *imperf subj:* pudiera, pudiéramos, etc. • *imperat:* puede, pueda, podamos, poded, etc. • *ger:* pudiendo

poner:
pres ind: pongo, pone, ponemos, etc. • *pret indef:* puse, pusimos, etc. • *fut:* pondré, pondremos, etc. • *cond:* pondría,

pondríamos, etc. • *pres subj*: ponga, pongamos, etc. • *imperf subj*: pusiera, pusiéramos, etc. • *imperat*: pon, ponga, pongamos, poned, etc. • *partic*: puesto, -ta

querer:
pres ind: quiero, queremos, etc. • *pret indef*: quise, quisimos, etc. • *fut*: querré, querremos, etc. • *cond*: querría, querríamos, etc. • *pres subj*: quiera, queramos, etc. • *imperf subj*: quisiera, quisiéramos, etc. • *imperat*: quiere, quiera, queramos, quered, etc.

reír:
pres ind: río, reímos, etc. • *pret indef*: rio, reímos, rieron, etc. • *pres subj*: ría, riamos, etc. • *imperf subj*: riera, riéramos, etc. • *imperat*: ríe, ría, riamos, reíd, etc. • *ger*: riendo

saber:
pres ind: sé, sabe, sabemos, etc. • *pret indef*: supe, supimos, etc. • *fut*: sabré, sabremos, etc. • *cond*: sabría, sabríamos, etc. • *pres subj*: sepa, sepamos, etc. • *imperf subj*: supiera, supiéramos, etc. • *imperat*: sabe, sepa, sepamos, sabed, etc.

salir:
pres ind: salgo, sale, salimos, etc. • *fut*: saldré, saldremos, etc. • *cond*: saldría, saldríamos, etc. • *pres subj*: salga, salgamos, etc. • *imperat*: sal, salga, salgamos, salid, etc.

sentir:
pres ind: siento, sentimos, etc. • *pret indef*: sintió, sentimos, sintieron, etc. • *pres subj*: sienta, sintamos, etc. • *imperf subj*: sintiera, sintiéramos, etc. • *imperat*: siente, sienta, sintamos, sentid, etc. • *ger*: sintiendo

ser:
pres ind: soy, eres, es, somos, sois, son • *imperf ind*: era, eras, era, éramos, erais, eran • *pret indef*: fui, fuiste, fue, fuimos, fuisteis, fueron • *fut*: seré, serás, será, seremos, seréis, serán • *cond*: sería, serías, sería, seríamos, seríais, serían • *pres subj*: sea, seas, sea, seamos, seáis, sean • *imperf subj*: fuera, fueras, fuera, fuéramos, fuerais, fueran • *imperat*: sé, sea, seamos, sed, sean • *ger*: siendo • *partic*: sido, -da

sonar:
pres ind: sueno, sonamos, etc. • *pres subj*: suene, sonemos, etc. • *imperat*: suena, suene, sonemos, sonad, etc.

CONJUGACIÓN

temer :

pres ind: temo, temes, teme, tememos, teméis, temen ● *imperf ind*: temía, temías, temía, temíamos, temíais, temían ● *pret indef*: temí, temiste, temió, temimos, temisteis, temieron ● *fut*: temeré, temerás, temerá, temeremos, temeréis, temerán ● *cond*: temería, temerías, temería, temeríamos, temeríais, temerían ● *pres subj*: tema, temas, tema, temamos, temáis, teman ● *imperf subj*: temiera, temieras, temiera, temiéramos, temierais, temieran ● *imperat*: teme, tema, temamos, temed, teman ● *ger*: temiendo ● *partic*: temido, -da

tender :

pres ind: tiendo, tendemos, etc. ● *pres subj*: tienda, tendamos, etc. ● *imperat*: tiende, tendamos, etc.

tener :

pres ind: tengo, tiene, tenemos, etc. ● *pret indef*: tuve, tuvimos, etc. ● *fut*: tendré, tendremos, etc. ● *cond*: tendría, tendríamos, etc. ● *pres subj*: tenga, tengamos, etc. ● *imperf subj*: tuviera, tuviéramos, etc. ● *imperat*: ten, tenga, tengamos, tened, etc.

traer :

pres ind: traigo, trae, traemos, etc. ● *pret indef*: traje, trajimos, etc. ● *pres subj*: traiga, traigamos, etc. ● *imperf subj*: trajera, trajéramos, etc. ● *imperat*: trae, traiga, traigamos, traed, etc. ● *ger*: trayendo

valer :

pres ind: valgo, vale, valemos, etc. ● *fut*: valdré, valdremos, etc. ● *cond*: valdría, valdríamos, etc. ● *pres subj*: valga, valgamos, etc. ● *imperat*: vale, valga, valgamos, valed, etc.

venir :

pres ind: vengo, viene, venimos, etc. ● *pret indef*: vine, vinimos, etc. ● *fut*: vendré, vendremos, etc. ● *cond*: vendría, vendríamos, etc. ● *pres subj*: venga, vengamos, etc. ● *imperf subj*: viniera, viniéramos, etc. ● *imperat*: ven, venga, vengamos, venid, etc. ● *ger*: viniendo

ver :

pres ind: veo, ve, vemos, etc. ● *pret indef*: vi, vio, vimos, etc. ● *imperf subj*: viera, viéramos, etc. ● *imperat*: ve, vea, veamos, ved, etc. ● *ger*: viendo, etc. ● *partic*: visto, -ta

CONIUGAZIONE DEI VERBI ITALIANI

amare :

pr ind: amo, ami, ama, amiamo, amate, amano ● *imperf*: amavo, amavi, amava, amavamo, amavate, amavano ● *fut*: amerò, amerai, amerà, ameremo, amerete, ameranno ● *pr cond*: amerei, ameresti, amerebbe, ameremmo, amereste, amerebbero ● *pr cong*: ami, ami, ami, amiamo, amiate, amino ● *pr imperat*: ama, ami, amiamo, amate ● *ger*: amando ● *pp*: amato

andare :

pr ind: vado, vai, va, andiamo, andate, vanno ● *imperf*: andavo, andavi, andava, andavamo, andavate, andavano ● *fut*: andrò ● *pr cond*: andrei ● *pr cong*: vada, vada, vada, andiamo, andiate, vadano ● *pr imperat*: va', vada, andate ● *ger*: andando ● *pp*: andato

aprire :

pr ind: apro ● *pr cong*: apra ● *pp*: aperto

avere :

pr ind: ho, hai, ha, abbiamo, avete, hanno ● *imperf*: avevo ● *fut*: avrò ● *pr cond*: avrei ● *pr cong*: abbia ● *pr imperat*: abbi, abbia, abbiate ● *ger*: avendo ● *pp*: avuto

bere :

pr ind: bevo ● *imperf*: bevevo ● *fut*: berrò ● *pr cond*: berrei ● *pr cong*: beva ● *pr imperat*: bevi, beva, bevete ● *ger*: bevendo ● *pp*: bevuto

cadere :

fut: cadrò

correre :

pp: corso

cuocere :

pr ind: cuocio, cuoci, cuoce, cuociamo, cuocete, cuociono ● *pp*: cotto

dare :

pr ind: do, dai, dà, diamo, date, danno ● *fut*: darò ● *pr cong*: dia ● *pr imperat*: da', dia, date

dire :

pr ind: dico, dici, dice, diciamo, dite, dicono ● *imperf*: dicevo ● *fut*: dirò ● *pr cong*: dica, dica, dica, diciamo, diciate, dicano ● *pr imperat*: di', dica, dite ● *ger*: dicendo ● *pp*: detto

dovere :

pr ind: devo, devi, deve, dobbiamo, dovete, devono ● *fut*: dovrò ● *pr cond*: dovrei ● *pr cong*: deva, deva, deva, dobbiamo, dobbiate, devano

essere :

pr ind: sono, sei, è, siamo, siete, sono

VERBI ITALIANI

VERBI ITALIANI

• *imperf*: ero, eri, era, eravamo, eravate, erano • *fut*: sarò • *pr cond*: sarei • *pr cong*: sia • *pr imperat*: sii, sia, siate • *ger*: essendo • *pp*: stato

fare:
pr ind: faccio, fai, fa, facciamo, fate, fanno • *imperf*: facevo • *pr cong*: faccia • *pr imperat*: fai, faccia, fate • *ger*: facendo • *pp*: fatto

finire:
pr ind: finisco, finisci, finisce, finiamo, finite, finiscono • *imperf*: finivo, finivi, finiva, finivamo, finivate, finivano • *fut*: finirò, finirai, finirà, finiremo, finirete, finiranno • *pr cond*: finirei, finiresti, finirebbe, finiremmo, finireste, finirebbero • *pr cong*: finisca, finisca, finisca, finiamo, finiate, finiscano • *pr imperat*: finisci, finisca, finite • *ger*: finendo • *pp*: finito

gungere:
pp: giunto

leggere:
pp: letto

mettere:
pp: messo

morire:
pr ind: muoio, muori, muore, moriamo, muorite, muoiono • *fut*: morirò • *pr cong*: muoia • *pr imperat*: muori, muoia, morite • *pp*: morto

muovere:
pp: mosso

nascere:
pp: nato

piacere:
pr ind: piaccio, piaci, piace, piacciamo, piacete, piacciono • *pr cong*: piaccia • *pp*: piaciuto

porre:
pr ind: pongo, poni, pone, poniamo, ponete, pongono • *imperf*: ponevo • *fut*: porrò • *pr cond*: porrei • *pr cong*: ponga • *pr imperat*: poni, ponga, ponete • *ger*: ponendo • *pp*: posto

potere:
pr ind: posso, puoi, può, possiamo, potete, possono • *fut*: potrò • *pr cong*: possa

prendere:
pp: preso

ridurre:
pr ind: riduco • *imperf*: riducevo • *fut*: ridurrò • *pr cong*: riduca • *ger*: riducendo • *pp*: ridotto

riempire:
pr ind: riempio, riempi, riempie, riempiamo, riempite, riempiono • *ger*: riempiendo

rimanere:
pr ind: rimango, rimani, rimane, ri-

maniamo, rimanete, rimangono • *fut*: rimarrò • *pr cong*: rimanga • *pp*: rimasto

rispondere:
pp: risposto

salire:
pr ind: salgo, sali, sale, saliamo, salite, salgono • *pr cong*: salga

sapere:
pr ind: so, sai, sa, sappiamo, sapete, sanno • *fut*: saprò • *pr cong*: sappia • *pr imperat*: sappi, sappia, sappiate

scegliere:
pr ind: scelgo, scegli, sceglie, scegliamo, scegliete, scelgono • *pr cong*: scelga • *pr imperat*: scegli, scelga, scegliete • *pp*: scelto

sciogliere:
pr ind: sciolgo, sciogli, scioglie, sciogliamo, sciogliete, sciolgono • *pr cong*: sciolga • *pr imperat*: sciogli, sciolga, sciogliete • *pp*: sciolto

scrivere:
pp: scritto

sedere:
pr ind: siedo, siedi, siede, siediamo, siedete, siedono • *pr cong*: sieda

servire:
pr ind: servo, servi, serve, serviamo, servite, servono • *imperf*: servivo, servivi, serviva, servivamo, servivate, servivano • *fut*: servirò, servirai, servirà, serviremo, servirete, seriranno • *pr cond*: servirei, serviresti, servirebbe, serviremmo, servireste, servirebbero • *pr cong*: serva, serva, serva, serviamo, serviate, servano • *pr imperat*: servi, serva, servite • *ger*: servendo • *pp*: servito

spegnere:
pr ind: spengo, spegni, spegne, spegnamo, spegnete, spengono • *pr cong*: spenga • *pp*: spento

stare:
pr ind: sto, stai, sta, stiamo, state, stanno • *fut*: starò • *pr cong*: stia • *pr imperat*: sta, stia, state • *pp*: stato

tacere:
pr ind: taccio, taci, tace, tacciamo, tacete, tacciono • *pr cong*: taccia • *pp*: taciuto

temere:
pr ind: temo, temi, teme, temiamo, temete, temono • *imperf*: temevo, temevi, temeva, temevamo, temevate, temevano • *fut*: temerò, temerai, temerà, temeremo, temerete, temeranno • *pr cond*: temerei, temeresti,

temere : temerebbe, temeremmo, temereste, temerebbero • *pr cong* : tema, tema, tema, temiamo, temiate, temano • *pr imperat* : temi, tema, temete • *ger* : temendo • *pp* : temuto

tenere :
pr ind : tengo, tieni, tiene, teniamo, tenete, tengono • *fut* : terrò • *pr cong* : tenga

togliere :
pr ind : tolgo, togli, toglie, togliamo, togliete, tolgono • *pr cong* : tolga • *pr imperat* : togli, tolga, togliete • *pp* : tolto

trarre :
pr ind : traggo, trai, trae, traiamo, traete, traggono • *fut* : trarrò • *pr cong* : tragga • *pr imperat* : trai, tragga, traete • *ger* : traendo • *pp* : tratto

uscire :
pr ind : esco, esci, esce, usciamo, uscite, escono • *pr cong* : esca

vedere :
fut : vedrò • *pp* : visto

venire :
pr ind : vengo, vieni, viene, veniamo, venite, vengono • *fut* : verrò • *pr cong* : venga • *pp* : venuto

vivere :
pp : vissuto

volere :
pr ind : voglio, vuoi, vuole, vogliamo, volete, vogliono • *fut* : vorrò • *pr cond* : vorrei • *pr cong* : voglia

ITALIANO-SPAGNOLO

ITALIANO-ESPAÑOL

aA

a [a] *prep* **1.** *(gen)* a ◆ dare qc a qn dar algo a alguien ◆ chiedere qc a qn pedir algo a alguien ◆ pensare a pensar en ◆ andiamo a letto vamos a la cama ◆ torno a Roma vuelvo a Roma ◆ mi porti allo stadio? ¿me llevas al estadio? ◆ c'è un volo alle 8.30 hay un vuelo a las 8.30 ◆ a domani! ¡hasta mañana! ◆ al mattino por la mañana ◆ alla sera por la tarde ◆ un pasto all'italiana una comida a la italiana ◆ alla perfezione a la perfección ◆ a piedi a pie ◆ comprare qc a metà prezzo comprar algo a mitad de precio ◆ a 3.000 m di altitudine a 3.000 m de altura ◆ a due chilometri dalla stazione a dos kilómetros de la estación ◆ 50 chilometri all'ora 50 kilómetros por hora ◆ una volta al mese una vez al mes **2.** *(stato in luogo)* en ◆ a Torino vivo en Turín ◆ stiamo a casa estamos en casa **3.** *(per caratteristica)* de ◆ camicia a maniche corte camisa de manga corta ◆ finestra a doppi vetri ventana con doble cristal ◆ riscaldamento a gas calefacción a gas

A *(abbr di autostrada)* A

abbacchio [abˈbakkjo] *sm* lechal *m* ◆ abbacchio alla romana cordero lechal preparado con un sofrito de carne variada, tomate y vino de Marsala

abbaglianti [abbaʎˈʎanti] *smpl* ◆ accendere gli abbaglianti poner las largas *fpl*

abbagliare [abbaʎˈʎare] *vt* deslumbrar

abbaiare [abbaˈjare] *vi* ladrar

abbandonare [abbandoˈnare] *vt* abandonar

abbandono [abbanˈdono] *sm* abandono ◆ lasciare qc in stato di abbandono dejar algo abandonado(da), dejar algo descuidado(da) *(Amér)*

abbassare [abbasˈsare] *vt* bajar ◆ **abbassarsi** *vr* **1.** *(chinarsi)* agacharse ◆ abbassarsi a fare qc rebajarse a hacer algo

abbasso [abˈbasso] *esclam* ◆ abbasso la scuola! ¡abajo la escuela!

abbastanza [abbasˈtantsa] *avv* bastante ◆ averne abbastanza di estar harto(ta) de

abbattere [abˈbattere] *vt* derribar, tumbar *(Amér)* ◆ **abbattersi** *vr (fig)* abatirse

abbattuto, a [abbatˈtuto, a] *agg* abatido(da)

abbazia [abbatsˈtsia] *sf* abadía *f*

abbeverare [abbeveˈrare] *vt* abrevar

abbeverarsi *vr* saciarse *(de bebida)*

abbiente [abˈbjente] *agg* acomodado(da), sobornado(da) *(Arg)*

abbigliamento [abbiʎʎaˈmento] *sm* ropa *f* ◆ abbigliamento donna ropa de señora ◆ abbigliamento sportivo ropa deportiva ◆ abbigliamento uomo ropa de caballero

abbinare [abbiˈnare] *vt* ◆ abbinare qc (a qc) unir algo (con algo)

ab

abboccare [abbok'kare] *vi* morder el anzuelo
abboccato [abbok'kato] *agg* abocado
abbonamento [abbona'mento] *sm* **1.** *(a spettacoli)* abono *m* **2.** *(a riviste, giornali)* suscripción *f* ◆ **fare l'abbonamento (a qc)** *(spettacoli)* sacar el abono (de algo); *(riviste, giornali)* suscribirse (a algo)
abbonarsi [abbo'narsi] *vr (spettacoli)* abonarse (a); *(riviste, giornali)* suscribirse (a)
abbonato, a [abbo'nato, a] *agg & sm,f* **1.** *(a spettacoli)* abonado(da) **2.** *(a riviste, giornali)* suscrito(ta)
abbondante [abbon'dante] *agg* abundante
abbondanza [abbon'dantsa] *sf* abundancia *f*
abbordabile [abbor'dabile] *agg* asequible
abbottonare [abbotto'nare] *vt* abrochar ◆ **abbottonati il cappotto** abróchate el abrigo
abbottonatura [abbottona'tura] *sf* botonadura *f*
abbozzare [abbots'tsare] *vt* esbozar
abbozzo [ab'bottso] *sm* esbozo *m*
abbracciare [abbrat∫'t∫are] *vt* abrazar
abbracciarsi *vr* abrazarse
abbraccio [ab'brat∫∫o] *sm* abrazo *m*
abbreviare [abbre'vjare] *vt* abreviar
abbreviazione [abbrevjats'tsjone] *sf* abreviatura *f*
abbronzante [abbron'dzante] *agg* bronceador(ra) ◇ *sm* bronceador *m*
abbronzare [abbron'dzare] *vt* broncear

◆ **abbronzarsi** *vr* ponerse moreno(na), broncearse *(Amér)*
abbronzato, a [abbron'dzato] *agg* moreno(na) *(por el sol)*
abbronzatura [abbrondza'tura] *sf* bronceado *m*
abbrustolire [abbrusto'lire] *vt* tostar
abdicare [abdi'kare] *vi* abdicar
abete [a'bete] *sm* abeto *m*
abile [a'bile] *agg* hábil, habiloso(sa) *(Chile)* ◆ **abile a qc** apto(ta) (para algo)
abilità [abili'ta] *sf* habilidad *f*
abilmente [abil'mente] *avv* hábilmente
abisso [a'bisso] *sm* abismo *m*
abitacolo [abi'takolo] *sm* **1.** *(di auto)* habitáculo *m* **2.** *(di aereo)* cabina *f*
abitante [abi'tante] *smf* habitante *mf*
abitare [abi'tare] ◇ *vt* habitar ◇ *vi* vivir ◆ **dove abita?** ¿dónde vive? ◆ **abito a Roma** vivo en Roma ◆ **abito in Italia** vivo en Italia
abitato, a [abi'tato, a] ◇ *agg* habitado ◇ *sm* población *f (sitio poblado)*
abitazione [abitats'tsjone] *sf* vivienda *f*
abito [a'bito] *sm* **1.** *(da donna)* vestido *m* **2.** *(da uomo)* traje *m*, terno *m (Amér)* ◆ **abito da sera** traje de noche ◆ **abiti** *smpl* vestuario *m*
abituale [abitu'ale] *agg* habitual
abitualmente [abitual'mente] *avv* habitualmente
abituare [abitu'are] *vt* ◆ **abituare qn a fare qc** acostumbrar a alguien a hacer algo ◆ **abituarsi** *vr* acostumbrarse, amañarse *(PRico)* ◆ **abituarsi (a)** acostumbrarse (a) ◆ **abituarsi a fare qc**

acostumbrarse a hacer algo
abitudine [abi'tudine] *sf* costumbre *f* ● **aver l'abitudine di fare qc** tener la costumbre de hacer algo ● **per abitudine** por costumbre
abolire [abo'lire] *vt* 1. *(annullare)* abolir 2. *(eliminare)* suprimir
aborigeno, a [abo'ridʒeno] *sm,f* aborigen *mf*
abortire [abor'tire] *vi* abortar
aborto [a'bɔrto] *sm* aborto *m* ● **aborto spontaneo** aborto espontáneo
abrogare [abro'gare] *vt* derogar
Abruzzo [a'bruttso] *sm* ● **l'Abruzzo** Abruzzo *m*
absìde ['abside] *sf* ábside *m*
abusare [abu'zare] ● **abusare di** *v + prep* abusar de
abusivo, a [abu'zivo, a] ◇ *agg* abusivo(va), ◇ *sm,f* profesional *mf* sin licencia
abuso [ab'uzo] *sm* abuso *m*
a.C. *(abbr di* avanti Cristo) a.C.
accademia [akka'dɛmja] *sf* academia *f* ● **accademia di belle arti** academia de bellas artes
accadere [akka'dere] *vi* suceder, pasar
accaduto [akka'duto] *sm* ● **raccontare l'accaduto** contar lo sucedido
accalcarsi [akkal'karsi] *vr* amontonarse
accampamento [akkampa'mento] *sm* campamento *m*
accampare [akkam'pare] *vt* 1. *(truppe)* acampar 2. *(richieste, diritti)* alegar
accamparsi *vr* 1. *(in tende)* acampar 2. *(in alloggio)* instalarse
accanimento [akkani'mento] *sm* 1. *(tenacia)* empeño *m* 2. *(odio)* ensañamiento *m*

accanito, a [akka'nito, a] *agg* 1. *(odio)* furioso(sa) 2. *(fumatore)* empedernido(da)
accanto [ak'kanto] ◇ *avv* al lado ◇ *agg inv* de al lado ◇ *prep* ● **accanto a** al lado de
accaparrare [akkapar'rare] *vt* acaparar
● **accaparrarsi qc** acaparar algo
accappatoio [akkappa'tojo] *sm* albornoz *m*
accarezzare [akkarets'tsare] *vt* (fig) acariciar, acariñar (*Arg*)
accattone, a [akkat'tone, a] *sm,f* pordiosero *m*, -ra *f*
accavallare [akkaval'lare] *vt* cruzar
accavallarsi *vr* agolparse
accecare [attʃe'kare] *vt* cegar
accèdere [at'tʃɛdere] ● **accedere a** *v + prep* acceder a
accelerare [attʃele'rare] *vi* acelerar
accelerato, a [attʃele'rato] *agg* acelerado(da) ◇ *sm* tren *m* de cercanías
acceleratore [attʃelera'tore] *sm* acelerador *m*
accèndere [at'tʃɛndere] *vt* 1. encender, prender *(Amér)* 2. *(suscitare)* encender ● **scusi, ha da accendere?** disculpe, ¿tiene fuego o encendedor *(Amér)*?
accendersi *vr* encenderse, prenderse *(Amér)*
accendigas [attʃendi'gas] *sm* encendedor *m* de cocina
accendino [attʃen'dino] *sm* encendedor *m*, yesquero *m (Ven)*
accennare [attʃen'nare] *vt* 1. *(menzionare)* aludir a 2. *(saluto, sorriso)* esbozar

3. *(porta, uscita)* señalar ◇ *vi* hacer señas ♦ **accennare a** *v* ♦ *prep* **1.** *(menzionare)* aludir a **2.** *(dare segno di)* dar señales de

accensione [atʃtʃen'sjone] *sf* encendido *m*, suiche *m* (Ven)

accentare [atʃtʃen'tare] *vt* acentuar, marcar (Amér)

accento [atʃ'tʃɛnto] *sm* acento *m* • **mettere l'accento su qc** poner el acento en algo

accentuare [atʃtʃentu'are] *vt* acentuar

accentuarsi *vr* acentuarse

accerchiare [atʃtʃer'kjare] *vt* vallar

accertamento [atʃtʃerta'mento] *sm* comprobación *f*

accertare [atʃtʃer'tare] *vt* comprobar

accertarsi di asegurarse de

acceso, a [atʃ'tʃezo, a] *agg* **1.** encendido(da), prendido(da) (Amér) **2.** *(colore)* vivo(va)

accessibile [atʃtʃes'sibile] *agg* **1.** *(luogo)* accesible **2.** *(prezzo)* asequible (Esp), accesible (Amér)

accesso [atʃ'tʃɛsso] *sm* acceso *m*

accessori [atʃtʃes'sori] *smpl* complementos *mpl*

accettare [atʃtʃet'tare] *vt* aceptar • **accettare di fare qc** aceptar hacer algo ♦ **accettazione bagagli** facturación *f* o chequeo *m* (Amér) de equipaje

accettazione [atʃtʃettats'tsjone] *sf* admisión *f* o chequeo *m* (Amér) de equipaje

acchiappare [akkjap'pare] *vt* atrapar, tomar (Arg), agarrar (Amér)

acciacco [atʃ'tʃakko] *(pl* **-chi)** *sm* achaque *m*

acciaio [atʃ'tʃajo] *sm* acero *m* • **acciaio inossidabile** acero inoxidable

accidentale [atʃtʃiden'tale] *agg* accidental

accidentalmente [atʃtʃiden'tale] *avv* accidentalmente

accidentato, a [atʃtʃiden'tato] *agg* accidentado(da)

accidenti [atʃtʃi'dɛnti] *esclam* ¡ostras! (Esp), ¡pucha! (Chile), ¡cónchale! (Ven)

acciuffare [atʃtʃuf'fare] *vt* agarrar

acciuga [atʃ'tʃuga] *(pl* **-ghe)** *sf* **1.** *(fresca)* boquerón *m* **2.** *(in salamoia)* anchoa *f* • **acciughe al limone** boquerones al limón

acclamare [akkla'mare] *vt* **1.** *(applaudire)* aclamar **2.** *(eleggere)* proclamar

accludere [ak'kludere] *vt* incluir

accogliente [akkoʎ'ʎɛnte] *agg* acogedor(ra)

accoglienza [akkoʎ'ʎɛntsa] *sf* acogida *f*, acogienza *f* (CAm)

accogliere [ak'kɔʎʎere] *vt* acoger

accoltellare [akkoltel'lare] *vt* acuchillar

accomodare [akkomo'dare] *vt* arreglar ♦ **accomodarsi** *vr* **1.** *(sedersi)* sentarse **2.** *(venire avanti)* entrar • **s'accomodi!** *(si sieda)* ¡tome asiento!; *(venga avanti)* ¡entre!, ¡pase!

accompagnamento [akkompaɲɲa'mento] *sm* acompañamiento *m*

accompagnare [akkompaɲ'ɲare] *vt* acompañar

accompagnatore, trice [akkompaɲɲa'tore, tritʃe] *sm,f* acompañante *mf* • **accompagnatore turistico** guía turístico *m*, -ca *f*

acconsentire [akkonsen'tire] *vi* • **acconsentire (a qc)** consentir (algo)

accontentare [akkonten'tare] *vt* contentar ♦ **accontentarsi** *vr* conformarse ♦ **accontentarsi di** conformarse con

acconto [ak'konto] *sm* anticipo *m* ● **dare un acconto** dar un anticipo ● **in acconto** a cuenta

accorciare [akkor'tʃare] *vt* acortar

accordare [akkor'dare] *vt* **1.** *(strumento)* afinar **2.** *(concedere)* acordar **3.** *(colori)* combinar ♦ **accordarsi** *vr* ponerse de acuerdo

accordo [ak'kɔrdo] *sm* **1.** *(patto)* acuerdo *m*, trato *m* (Amér) **2.** *(armonia)* acorde *m* ● **mettersi d'accordo con qn** *(trovare un accordo)* ponerse de acuerdo con alguien; *(per appuntamento)* quedar en algo con alguien ● **d'accordo!** ¡de acuerdo! ● **andare d'accordo con qn** llevarse bien con alguien ● **essere d'accordo con** estar de acuerdo con alguien

accorgersi [ak'kɔrdʒersi] ♦ **accorgersi di** *v* + *prep* darse cuenta de

accorrere [ak'korrere] *vi* acudir *(en ayuda)*

accorto, a [ak'kɔrto, a] ◊ *pp* → **accorgersi** ◊ *agg* espabilado(da)

accostare [akkos'tare] ◊ *vt* **1.** *(persona)* acercar **2.** *(porta)* entornar ◊ *vi* (nave) acostar ● **accostare qc a qc** acercar algo a algo ● **accostare l'auto al marciapiede** arrimar el coche a la acera

accreditare [akkredi'tare] *vt* acreditar

accrescere [ak'kreʃʃere] *vt* acrecentar

accrescersi *vr* acrecentarse

accucciarsi [akkut'tʃarsi] *vr* acurrucarse, agazaparse (Arg)

accudire [akku'dire] *vt* cuidar ♦ **accudire a** *v* + *prep* ocuparse de

accumulare [akkumu'lare] *vt* acumular, amontonar (Arg)

accurato, a [akku'rato, a] *agg* **1.** *(persona)* cuidadoso(sa) **2.** *(cosa)* cuidado *m*

accusa [ak'kuza] *sf* acusación *f*

accusare [akku'zare] *vt* acusar ● **accusare qn (di qc)** acusar a alguien (de algo)

acerbo, a [a'tʃɛrbo, a] *agg (frutto)* verde

acero [a'tʃero] *sm* arce *m*

aceto [a'tʃeto] *sm* vinagre *m*

acetone [atʃe'tone] *sm* acetona *f*

ACI ['atʃi] *sm (abbr* di **Automobile Club d'Italia)** ≃ RACE *m*

acidità [atʃidi'ta] *sf* ● **acidità di stomaco** acidez *f* o griera *f* (Arg) de estómago

acido, a [a'tʃido, a] ◊ *agg* ácido(da) ◊ *sm* ácido *m*

acino [a'tʃino] *sm* grano *m* de uva

acne [a'kne] *sf* acné *m*

acqua ['akkwa] *sf* **1.** agua *f* **2.** *(acquazzone)* aguacero *m* ● **acqua in bocca!** ¡punto en boca! ● **sott'acqua** en agua ● **acqua corrente** agua corriente ● **acqua dolce** agua dulce ● **acqua minerale (gassata/naturale)** agua mineral (con/sin gas) ● **acqua ossigenata** agua oxigenada ● **acqua potabile** agua potable ● **acqua del rubinetto** agua del grifo ● **acqua salata** agua salada ● **acqua tonica** agua tónica ● **acque termali** aguas termales ● **acque territoriali** aguas territoriales

---

acqua alta

Se habla de *acqua alta* cuando la marea invade los puntos más bajos de la ciudad de Venecia, en particular algunas zonas del centro histórico como la plaza San Marcos. Unas horas antes se oyen las sirenas y los venecianos instalan en las calles pasarelas para desplazarse. El fenómeno es más frecuente en los meses de octubre, noviembre y diciembre.

acquaforte [akkwa'fɔrte] (*pl* **acqueforti**) *sf* aguafuerte *m*

acquaio [ak'kwajo] *sm* fregadero *m*

acquamarina [akkwama'rina] (*pl* **acquemarine**) *sf* aguamarina *f*

acquaragia [akkwa'radʒa] *sf* aguarrás *m inv*

acquario [ak'kwarjo] *sm* acuario *m* ♦ **Acquario** *sm* Acuario *m inv*

acquasanta [akkwa'santa] *sf* agua *f* bendita

acquatico, a, ci, che [ak'kwatiko, a, tʃi, ke] *agg* acuático(ca)

acquavite [akkwa'vite] *sf* aguardiente *m*

acquazzone [akkwats'tsone] *sm* aguacero *m*, aguaje *m* (*Col & Andes*)

acquedotto [akkwe'dɔtto] *sm* acueducto *m*

acqueo, a [ak'kweo, a] *agg* ➤ **vapore**

acquerello [akkwe'rɛllo] *sm* acuarela *f*

acquirente [akkwi'rɛnte] *smf* comprador *m*, -ra *f*

acquisire [akkwi'zire] *vt* adquirir

acquistare [akkwis'tare] *vt* **1.** (*comperare*) comprar **2.** (*ottenere*) adquirir

acquisto [ak'kwisto] *sm* compra *f* ♦ **fare acquisti** ir de compras

acquolina [akkwo'lina] *sf* ♦ **far venire l'acquolina in bocca (a qn)** hacérsele la boca agua (a alguien)

acquoso, a [ak'kwozo, a] *agg* acuoso(sa)

acrilico, a, ci, che [a'kriliko, a, tʃi, ke] ◊ *agg* acrílico(ca) ♦ *sm* acrílico *m*

acrobata [a'krɔbata] *smf* acróbata *mf*

acrobazia [akrobats'tsia] *sf* acrobacia *f*

acropoli [a'krɔpoli] *sf* acrópolis *f inv*

aculeo [a'kuleo] *sm* **1.** (*di animale*) aguijón *m* **2.** (*di pianta*) espina *f*

acume [a'kume] *sm* agudeza *f*

acústico, a, ci, che [a'kustiko, a, tʃi, ke] *agg* acústico(ca)

acuto, a [a'kuto, a] *agg* **1.** agudo(da) **2.** (*appuntito*) punzante

ad [ad] > **a**

adagio [a'dadʒo] *avv* despacio

adattamento [adatta'mento] *sm* adaptación *f*

adattare [adat'tare] *vt* adaptar ♦ **adattarsi** *vr* adaptarse ♦ **adattarsi (a qc)** adaptarse (a algo)

adatto, a [a'datto, a] *agg* ♦ **adatto (a)** adecuado(da) (para) ♦ **adatto a fare qc** adecuado para hacer algo

addebitare [addebi'tare] *vt* adeudar

addestramento [addestra'mento] *sm* adiestramiento *f*

addestrare [addes'trare] *vt* adiestrar

addetto, a [ad'detto, a] ◊ *agg* encargado(da) ◊ *sm,f* ♦ **addetto stampa** secretario *m* de prensa ♦ **gli addetti ai lavori** el personal autorizado

addio [ad'dio] *esclam* ¡adiós!, ¡chao! (*Amér*)

addirittura [addirit'tura] ◊ *avv* **1.** (*perfino*) incluso **2.** (*direttamente*) directamente ◊ *esclam* ¡no me digas!

addirsi [ad'dirsi] ◆ **addirsi a** ser propio(pia) de
additivo [addi'tivo] *sm* aditivo *m*
addizionale [additstsjo'nale] *agg* adicional
addizione [addits'tsjone] *sf* adición *f*
addobbo [ad'dɔbbo] *sm* adorno *m* ◆ **addobbi natalizi** adornos navideños
addolcire [addol'tʃire] *vt* endulzar
addolorare [addolo'rare] *vt* apenar ◆ **addolorarsi** apenarse, achipolarse (Méx)
addome [ad'dome] *sm* abdomen *m*
addomesticare [addomesti'kare] *vt* domesticar
addormentare [addormen'tare] *vt* dormir ◆ **addormentarsi** *vr* dormirse
addossare [addos'sare] *vt* **1.** (appoggiare) cargar **2.** (attribuire) achacar, cargosear (Arg)
addosso [ad'dɔsso] ◆ *avv* encima ◆ *prep* ◆ **addosso a** (su) encima de; (contro) contra ◆ **mettersi qc addosso** ponerse algo encima ◆ **dare addosso a** llevar la contraria a ◆ **uno addosso all'altro** uno encima de otro
adeguare [ade'gware] *vt* ◆ **adeguare qc a qc** adecuar algo a algo ◆ **adeguarsi** *vr* ◆ **adeguarsi a qc** adaptarse a algo
adeguato, a [ade'gwato, a] *agg* adecuado(da)
adempiere [a'dempjere] *vt* cumplir
adenoidi [ade'nɔidi] *sfpl* adenoides *fpl*
aderente [ade'rɛnte] *agg* **1.** (attillato) ajustado(da), apretado(da) (Amér) **2.** (adesivo) adherente
aderire [ade'rire] *vi* ◆ **aderire (a)** adherirse (a); (richiesta) aceptar
adesivo, a [ade'zivo, a] ◇ *agg* adhesivo(va) ◇ *sm* adhesivo *m*
adesso [a'dɛsso] *avv* ahora, ahorita (Amér)
adiacente [adja'tʃɛnte] *agg* adyacente
adibire [adi'bire] *vt* ◆ **adibire qc a qc** destinar algo a algo
Adige [ˈaːdidʒe] *sm* ◆ **l'Adige** el Adigio
adirarsi [adi'rarsi] *vr* enfadarse, amolarse (Arg & Méx)
adocchiare [adok'kjare] *vt* **1.** (con compiacenza) echar el ojo a **2.** (guardare) mirar
adolescente [adoleʃ'ʃɛnte] *agg & smf* adolescente
adolescenza [adoleʃ'ʃɛntsa] *sf* adolescencia *f*
adoperare [adope'rare] *vt* emplear
adorabile [ado'rabile] *agg* adorable
adorare [ado'rare] *vt* adorar
adottare [adot'tare] *vt* adoptar
adottivo, a [adot'tivo, a] *agg* adoptivo(va)
adozione [adots'tsjone] *sf* adopción *f*
adriatico, a, ci, che [adri'atiko, a, tʃi, ke] *agg* adriático(ca)
Adriatico *sm* ◆ **l'Adriatico** el Adriático
adulterio [adul'tɛrjo] *sm* adulterio *m*
adulto, a [a'dulto, a] *agg & sm,f* (fig) adulto(ta)
aerare [ae'rare] *vt* airear, ventilar (Amér)
aereo, a [a'ɛreo, a] ◇ *agg* aéreo(a) ◇ *sm* ◆ **aereo da turismo** avión *m* de pasajeros
aerobica [ae'rɔbika] *sf* aeróbic *m*

aeronautica [aero'nawtika] *sf (aviazione)* aeronáutica *f*

aeroplano [aero'plano] *sm* aeroplano *m*

aeroporto [aero'pɔrto] *sm* aeropuerto *m*

aerosol [aero'sɔl] *sm* aerosol *m*, espray *m (Amér)*

A.F. *(abbr di Alta Frequenza)* AF

afa ['afa] *sf* bochorno *m*, calorón *m (Amér)*

affabile [af'fabile] *agg* afable

affacciarsi [affatt'tʃarsi] *vr* asomarse

affacciarsi su asomarse **a**

affamato, a [affa'mato, a] *agg* hambriento(ta), hambreado(da) *(Amér)*

affannare [affan'nare] *vt* sofocar ◆ **affannarsi** *vr* **1.** *(stancarsi)* fatigarse **2.** *(agitarsi)* preocuparse

affanno [af'fanno] *sm* **1.** *(di respiro)* ahogo *m* **2.** *(ansia)* afán *m*

affare [af'fare] *sm* **1.** *(commerciale)* negocio *m* **2.** *(faccenda)* asunto *m* **3.** *(occasione)* ganga *f* **4.** *(fam) (cosa)* asunto *m* ● **è un affare** es una ganga ● **gli affari** los negocios ● **per affari** por negocios ● **fare affari con** hacer negocios con ● **Affari esteri** Asuntos exteriores

affascinante [affaʃʃi'nante] *agg* fascinante

affascinare [affaʃʃi'nare] *vt* fascinar

affaticarsi [affati'karsi] *vr* cansarse

affatto [af'fatto] *avv* absolutamente ● **non ... affatto**: non mi piace affatto no me gusta nada ● **niente affatto** en absoluto

affermare [affer'mare] *vt* afirmar ◆

affermarsi *vr* afirmarse

affermativo, a [afferma'tivo, a] *agg* afirmativo(va)

affermazione [affermats'tsjone] *sf* afirmación *f*

afferrare [affer'rare] *vt* **1.** *(prendere)* agarrar, pillar *(Arg)* **2.** *(capire)* comprender ◆ **afferrarsi a** agarrarse a

affettare [affet'tare] *vt* rebanar

affettato, a [affet'tato, a] ◊ *agg* **1.** *(a fette)* rebanado(da) **2.** *(artificioso)* afectado(da), artificioso(sa) *(Amér)* ◊ *sm* embutido *m (en lonchas)*

affetto, a [af'fɛtto, a] ◊ *agg* afectado(da), lastimado(da) *(Arg)* ◊ *sm* afecto *m* ● **essere affetto da** estar afectado(da) de

affettuoso, a [affet'twozo, a] *agg* afectuoso(sa), cariñoso(sa)

affezionarsi [affettsjo'narsi] *vr* encariñarse ● **affezionarsi a** encariñarse con

affezionato, a [affettsjo'nato] *agg* aficionado(da)

affidamento [affida'mento] *sm* **1.** DIR custodia *f* **2.** *(fiducia)* ● **fare affidamento su** confiar en

affidare [affi'dare] *vt* confiar ● **affidare qn/qc a** confiar algo/a alguien a

affiggere [af'fidʒdʒere] *vt* pegar

affilare [affi'lare] *vt* afilar

affilato, a [affi'lato, a] *agg* afilado(da), filoso(sa) *(Arg, CAm, Méx & Ven)*

affinché [affin'ke] *cong* a fin de que

affinità [affini'ta] *sf inv* **1.** *(somiglianza)* afinidad *f*, parecido *m (Amér)* **2.** *(parentela)* parentesco *m*

affissióne [affis'sjone] *sf* fijación *f (de carteles)*
affisso [af'fisso] ◆ *pp* ◆ **affiggere** ◆ *sm* cartel *m*, afiche *m (Arg, RP & Ven)*
affittare [affit'tare] *vt* alquilar, rentar *(Amér)* ◆ **affittarsi** se alquila o arrienda *(Amér)*
affitto [af'fitto] *sm* alquiler *m* ◆ **in affitto** alquilar ◆ **prendere in affitto** alquilar
affliggere [af'fliddʒere] *vt* afligir, mortificar *(Amér)* ◆ **affliggersi** *vr* afligirse, achucuyarse *(Andes & Col)*
afflitto, a [af'flitto] *agg* afligido(da), achucuyado(da) *(Andes & Col)*
affluente [afflu'ɛnte] *sm* afluente *m*
affluire [afflu'ire] *vi* afluir
affogare [affo'gare] *vt* & *vi* ahogarse ◆ *vt* ahogar
affogato [affo'gato] *sm* helado rociado de licor, chocolate, café o jarabes
affollato, a [affol'lato, a] *agg* lleno(na)
affondare [affon'dare] *vi* & **affondarsi** *vr* hundirse ◆ *vt* hundir
affrancare [affran'kare] *vt* franquear
affrancatura [affranka'tura] *sf* franqueo *m*
affresco [af'fresko] *(pl* **-schi**) *sm* fresco *m*
affrettare [affret'tare] *vt* apresurar, apurar *(Amér)* ◆ **affrettarsi** *vr* apresurarse, apurarse *(Amér)*
affrontare [affron'tare] *vt* **1.** *(nemico)* enfrentarse a **2.** *(spesa)* afrontar **3.** *(argomento)* tratar
affronto [af'fronto] *sm* ofensa *f*
affumicato, a [affumi'kato, a] *agg* ahumado(da)

afóso, a [a'fozo, a] *agg* bochornoso(sa), caluroso(sa) *(Ven)*
Africa ['afrika] *sf* l'Africa África *f*
africáno, a [afri'kano, a] *agg* & *sm.f* africano(na)
afta ['afta] *sf* afta *f*
agènda [a'dʒɛnda] *sf* agenda *f*
agènte [a'dʒɛnte] *sm* agente *mf* ◆ **agente di polizia** agente de policía ◆ **gli agenti atmosferici** los agentes atmosféricos
agenzìa [adʒen'tsia] *sf* agencia *f* ◆ **agenzia di cambio** agencia de cambio ◆ **agenzia immobiliare** agencia inmobiliaria ◆ **agenzia di viaggi** agencia de viajes
agevolare [adʒevo'lare] *vt* agilizar
agevolazióne [adʒevolats'tsjone] *sf* agilización *f*
aggéggio [adʒ'dʒeddʒo] *sm (fam)* chisme *m*
aggettìvo [adʒʒet'tivo] *sm* adjetivo *m*
agghiacciànte [aggjat'tʃante] *agg* espeluznante
aggiornare [addʒor'nare] *vt* poner al día ◆ **aggiornarsi** *vr* ponerse al día
aggiornato, a [addʒor'nato, a] *agg* puesto(ta) al día
aggirare [addʒi'rare] *vt (fig)* sortear ◆ **aggirarsi** *vr* merodear, roncear *(Arg, Bol, Col & Cuba)* ◆ **aggirarsi su** ascender a *(cantidad)*
aggiudicare [addʒudi'kare] *vt* adjudicar ◆ **aggiudicarsi** *vr* adjudicarse
aggiùngere [adʒ'dʒundʒere] *vt* añadir
aggiùnta [adʒ'dʒunta] *sf* ◆ **in aggiunta** por añadidura

aggiunto, a [adʒˈdʒunto, a] *pp* > aggiungere

aggiustare [adʒdʒusˈtare] *vt* arreglar • **aggiustarsi** *vr* amoldarse

agglomerato [aggloməˈrato] *sm* • **agglomerato urbano** urbanización *f*

aggrapparsi [aggrapˈparsi] *vr* agarrarse • **aggrapparsi a** agarrarse a

aggravare [aggraˈvare] *vt* agravar, empeorar (*Amér*) • **aggravarsi** *vr* agravarse, empeorarse (*Amér*)

aggredire [aggreˈdire] *vt* agredir

aggressione [aggresˈsjone] *sf* agresión *f*

aggressivo, a [aggresˈsivo, a] *agg* agresivo(va), peleón(ona) (*Col & Méx*)

agguato [agˈgwato] *sm* emboscada *f*

agile [ˈadʒile] *agg* ágil

agio [ˈadʒo] *sm* • **essere a proprio agio** estar cómodo/da • **mettersi a proprio agio** ponerse cómodo/da, acomodarse (*Amér*)

agire [aˈdʒire] *vi* actuar • **agire da** actuar como

agitare [adʒiˈtare] *vt* agitar • **agitarsi** *vr* agitarse, alebrestarse (*Col, Méx & Ven*), acalorarse (*Arg & RP*)

agitato, a [adʒiˈtato, a] *agg* agitado(da), alebrestado(da) (*Col, Méx & Ven*), acalorado(da) (*Arg & RP*)

agitazione [adʒitatˈsjone] *sf* agitación *f*

agli [ˈaʎʎi] = **a** + **gli**; > **a**

aglio [ˈaʎʎo] *sm* ajo *m*

agnello [aɲˈɲɛllo] *sm* cordero *m*

agnolotti [aɲɲoˈlɔtti] *smpl* tipo de raviolis de mayor tamaño

ago [ˈago] (*pl* **aghi**) *sm* aguja *f*

agonia [agoˈnia] *sf* agonía *f*, angustia *f* (*Arg*)

agopuntura [agopunˈtura] *sf* acupuntura *f*

agosto [aˈgosto] *sm* agosto *m*

agricolo, a [aˈgrikolo, a] *agg* agrícola

agricoltore [agrikolˈtore] *sm* **1.** (*contadino*) campesino *m*, campero *m* (*Arg & Urug*) **2.** (*imprenditore*) agricultor *m*

agricoltura [agrikolˈtura] *sf* agricultura *f*

agriturismo [agrituˈrizmo] *sm* agroturismo *m*

agrodolce [agroˈdoltʃe] *agg* agridulce

agrume [aˈgrume] *sm* cítrico *m*

aguzzare [agutsˈtsare] *vt* **1.** (*stimolare*) aguzar **2.** (*appuntire*) afilar • **aguzzare le orecchie** aguzar el oído

aguzzo, a [aˈgutstso] *agg* puntiagudo(da), puyón(ona) (*Méx*)

ahi [ˈaj] *esclam* ¡ay!

ai [ˈai] = **a** + **i**; > **a**

Aia [ˈaja] *sf* • **l'Aia** La Haya

AIDS [ajdsˈɛsse o ˈaids] *sm* o *sf* SIDA *m*

A.I.G. (*abbr di Associazione Italiana Alberghi per la Gioventù*) Red italiana de albergues juveniles

air-terminal [airˈtɛrminal] *sm inv* terminal *f* aérea

aiuola [aˈjwola] *sf* parterre *m*

aiutante [ajuˈtante] *smf* ayudante *mf*

aiutare [ajuˈtare] *vt* ayudar • **aiutare qn (a fare qc)** ayudar a alguien (a hacer algo)

aiuto [aˈjuto] *sm* **1.** (*soccorso*) ayuda *f* **2.** (*assistente*) ayudante *mf* • **aiuto!** ¡socorro! • **chiedere aiuto** pedir ayuda

essere di aiuto a qn ayudar a alguien ● **venire in aiuto di qn** socorrer a alguien
al [al] = **a + il**; ⊳ **a**
ala ['ala] (pl **ali**) sf **1.** ala f **2.** SPORT extremo m
alano [a'lano] sm alano m
alba ['alba] sf alba f ● **all'alba** al alba
albanese [alba'nese] agg & smf albanés(esa)
Albania [alba'nia] sf l'Albania Albania f
albergatore, trice [alberga'tore, 'tritʃe] sm,f hotelero m, -ra f
albergo [al'bergo] (pl **-ghi**) sm hotel m ● **albergo diurno** centro m de día ● **albergo per la gioventù** albergue m juvenil
albero ['albero] sm **1.** árbol m **2.** (di nave) mástil m ● **albero genealogico** árbol genealógico ● **albero di Natale** árbol de Navidad
albicocca [albi'kɔkka] (pl **-che**) sf albaricoque m
albino, a [al'bino, a] agg & sm,f albino(na)
album ['album] sm inv álbum m
albume [al'bume] sm clara f (de huevo)
alcol ['alkol] = **alcool**
alcolico, a, ci, che [al'kɔliko, a, tʃi, ke] ⋄ agg alcohólico(ca) ⋄ sm bebida f alcohólica
alcolizzato, a [alkolidz'dzato, a] sm,f alcohólico m, -ca f
alcool ['alkol] sm alcohol m
alcuno, a [al'kuno, a] agg sing non ho fatto alcuno male no he hecho ningún daño ● **alcuni, e** ⋄ agg pl algunos(nas) ⋄ pron pl algunos(nas) ● **alcuni di** algunos(nas) de
aldilà [aldi'la] sm l'aldilà el más allá
alfabeto [alfa'bɛto] sm alfabeto m
alfiere [al'fjere] sm **1.** (portabandiera) alférez m **2.** (negli scacchi) alfil m
alga ['alga] (pl **-ghe**) sf alga f
algebra ['aldʒebra] sf álgebra f
Algeria [aldʒe'ria] sf l'Algeria Argelia f
aliante [ali'ante] sm planeador m
alibi ['alibi] sm inv coartada f
alice [a'litʃe] sf anchoa f
alienazione [aljenat'tsjone] sf enajenación f, alineación (Amér)
alieno, a [a'ljeno, a] sm,f alienígena mf, extraterrestre mf (Amér)
alimentare [alimen'tare] ⋄ agg alimenticio(cia), nutritivo(va) (Amér) ⋄ vt (fig) alimentar ● **alimentari** smpl comestibles mpl ● **negozio di alimentare** colmado m, abarrotes mpl (CAm & Méx), almacén m (Amér), bodega f (Ven)
alimentazione [alimentats'tsjone] sf alimentación f
alimento [ali'mento] sm alimento m ● **alimenti** smpl pensión alimenticia f
aliscafo [alis'kafo] sm aliscafo m
alito ['alito] sm aliento m
all' [al'] = **a + l'**; ⊳ **a**
alla ['alla] sm = **a + la**; ⊳ **a**
allacciare [allat'tʃare] vt **1.** (scarpe) atar, amarrar (Amér) **2.** (cintura, vestito) abrochar **3.** (telefono, gas) dar de alta
allacciarsi vr abrocharse

allagare [alla'gare] *vt* inundar ◆ **allagarsi** *vr* inundarse

allargare [allar'gare] *vt* **1.** *(ampliare)* ensanchar **2.** *(aprire)* extender ◆ **allargarsi** *vr* expandirse

allarmare [allar'mare] *vt* alarmar

allarme [al'larme] *sm* alarma *f* ◆ **allarme d'incendio** alarma contra incendios ◆ **dare l'allarme** dar la alarma

allattare [allat'tare] *vt* amamantar

alle ['alle] = **a** + **le**; > **a**

alleanza [alle'antsa] *sf* alianza *f*

allearsi [alle'arsi] *vr* aliarse

allegare [alle'gare] *vt* adjuntar

alleggerire [alledʒdʒe'rire] *vt* **1.** *(rendere leggero)* aligerar **2.** *(alleviare)* aliviar

allegria [alle'gria] *sf* alegría *f*

allegro, a [al'legro, a] ◇ *agg* alegre ◇ *sm* allegro *m*

allenamento [allena'mento] *sm* entrenamiento *m* ◆ **tenersi in allenamento** mantenerse en forma

allenare [alle'nare] *vt* entrenar ◆ **allenarsi** *vr* entrenarse

allenatore, trice [allena'tore, 'tritʃe] *sm,f* entrenador *m*, -ra *f*

allentare [allen'tare] *vt* **1.** *(vite, nodo)* aflojar **2.** *(sorveglianza, disciplina)* relajar

allentarsi *vr* aflojarse

allergia [aller'dʒia] *sf* alergia *f*

allergico, a, ci, che [al'lɛrdʒiko, a, tʃi, ke] *agg* alérgico(ca) ◆ **essere allergico a qc** ser alérgico a algo

allestire [alles'tire] *vt* montar

allevamento [alleva'mento] *sm* cría *f*

allevare [alle'vare] *vt* criar

allibratore [allibra'tore] *sm* corredor *m* de apuestas

allievo, a [al'ljevo, a] *sm,f* alumno *m*, -na *f*

alligatore [alliga'tore] *sm* caimán *m*, yacaré *m* *(Arg)*

allineare [alline'are] *vt* alinear ◆ **allinearsi** *vr* ponerse en fila

allo [al'lo] = **a** + **lo**; > **a**

allodola [al'lɔdola] *sf* alondra *f*

alloggiare [allodʒ'dʒare] *vi* alojarse, hospedarse *(Amér)*

alloggio [al'lɔdʒdʒo] *sm* alojamiento *m*, hospedaje *m* *(Amér)*

allontanare [allonta'nare] *vt* alejar ◆ **allontanarsi** *vr* alejarse

allora [al'lora] *avv* & *cong* entonces ◆ **da allora** desde entonces

alloro [al'lɔro] *sm* laurel *m*

alluce [al'lutʃe] *sm* dedo *m* gordo del pie

allucinante [allutʃi'nante] *agg* alucinante

allucinazione [allutʃinats'tsjone] *sf* alucinación *f*

alludere [al'ludere] ◆ **alludere a** *v + prep* aludir a

alluminio [allu'minjo] *sm* aluminio *m*

allungare [allun'gare] *vt* **1.** alargar **2.** *(gambe, collo)* estirar ◆ **allungarsi** *vr* **1.** alargarse **2.** *(distendersi)* estirarse

allusione [allu'zjone] *sf* alusión *f* ◆ **fare allusioni** hacer alusiones

alluvione [allu'vjone] *sf* inundación *f*

almeno [al'meno] *avv* al o por lo menos

Alpi ['alpi] *sfpl* ◆ **le Alpi** los Alpes *mpl*

alpinismo [alpi'nizmo] *sm* alpinismo *m*

alpinista, i, e [alpi'nista, i, e] *smf* alpinista *mf*

alpino, a [al'pino, a] *agg* alpino(na)

alquanto [al'kwanto] *avv* bastante

alt [alt] *esclam* ¡alto!

altalena [alta'lena] *sf* columpio *m*

altare [al'tare] *sm* altar *m*

alterare [alte'rare] *vt* alterar ♦ **alterarsi** *vr* 1. *(merce)* estropearse 2. *(persona)* alterarse

alternativa [alterna'tiva] *sf* alternativa *f*

alternare [alter'nare] *vt* alternar ♦ alternare qc a qc alternar algo con algo ♦ **alternarsi** *vr* alternarse

alternato, a [alter'nato, a] *agg* alterno(na)

alterno, a [al'terno, a] *agg* alterno(na)

altezza [al'tettsa] *sf* 1. *(di persona, di cosa)* altura *f* 2. *(altitudine)* altitud *f*

altezzoso, a [altets'tsoso, a] *agg* altanero(ra), alzado(da) (Ven)

altipiano [alti'pjano] = **altopiano**

alto, a [alto, a] *agg* alto(ta) ◇ *sm* alto *m* ◇ *avv* alto ◆ è alto due metri mide dos metros ◆ **ad alta voce** en voz alta ◆ **dall'alto in basso** de arriba a abajo ◆ **alta moda** alta costura ◆ **alti e bassi** altibajos ◆ **in alto** arriba

altoparlante [altopar'lante] *sm* altavoz *m* (Esp), altoparlante *m* (Amér)

altopiano [alto'pjano] (*pl* altipiani) *sm* meseta *f*

altrettanto, a [altret'tanto] ◇ *agg* otro tanto(ta) ◇ *pron* lo mismo ◆ **auguri! - grazie, altrettanto! ** ¡felicidades! - ¡gracias, igualmente!

altrimenti [altri'menti] *avv* 1. *(se no)* si no 2. *(diversamente)* de otro modo

altro, a [altro, a]
◇ *agg* 1. *(diverso, supplementare)* otro(tra) ◆ **ha un altro modello?** ¿tiene otro modelo? ◆ **avevo capito un'altra cosa** había entendido otra cosa ◆ **d'altra parte por otra parte** ◆ **un altro caffè?** ¿otro café? 2. *(rimanente)* demás ◆ **gli altri passeggeri sono pregati di restare al loro posto** se ruega a los demás pasajeros que se queden en sus asientos 3. *(nel tempo)* ◆ **l'altr'anno** el año pasado ◆ **l'altro giorno** el otro día ◆ **l'altro ieri** anteayer ◆ **domani l'altro** pasado mañana
◇ *pron* ◆ **gli altri** los otros ◆ **è tutt'altro che sciocco** no es tonto, sino todo lo contrario ◆ **l'uno o l'altro** uno u otro ◆ **se non altro** por lo menos ◆ **senz'altro** sin duda ◆ **tra l'altro** entre otras cosas

altroché [altro'ke] *esclam* ¡cómo no!

altronde [al'tronde] ◆ **d'altronde** *avv* por otra parte

altrove [al'trove] *avv* en otra parte

altrui [al'trui] *agg inv* ajeno(na)

altruista, i, e [altru'ista, i, e] *agg & smf* altruista

altura [al'tura] *sf* altura *f*

alunno, a [a'lunno, a] *sm,f* alumno *m*, -na *f*

alveare [alve'are] *sm* colmena *f*, panal *m* (Amér)

alzare [al'tsare] *vt* 1. levantar 2. *(aumentare)* subir ◆ **alzarsi** *vr* 1. levantarse, pararse (Amér) 2. *(aumentare)* subir

amaca [a'maka o 'amaka] (*pl* -che) *sf* hamaca *f*

amalgamare [amalga'mare] *vt* amalgamar ♦ **amalgamarsi** *vr* mezclarse

amante [a'mante] *agg & smf* amante ♦ amante di qc amante de algo

amare [a'mare] *vt* amar ♦ ama la musica le encanta la música

amareggiato, a [amared3'd3ato, a] *agg* amargado(da)

amarena [ama'rena] *sf* guinda *f*

amaretto [ama'retto] *sm* **1.** *(biscotto)* galleta a base de almendras amargas **2.** *(liquore)* licor de almendras amargas

amarezza [ama'rettsa] *sf* amargura *f*, resquemor *m (Amér)*

amaro, a [a'maro, a] *agg* amargo(ga)

ambasciata [amba∫'∫ata] *sf* embajada *f*

ambasciatore, trice [amba∫∫a'tore, 'tritʃe] *sm,f* embajador *m*, -ra *f*

ambedue [ambe'due] *agg inv & pron* ambos(bas)

ambientare [ambjen'tare] *vt* ambientar ♦ **ambientarsi** *vr* ambientarse

ambiente [am'bjente] *sm* ambiente *m*

ambiguo, a [am'bigwo, a] *agg* ambiguo(gua)

ambizione [ambits'tsjone] *sf* ambición *f*

ambizioso, a [ambits'tsjozo, a] *agg* ambicioso(sa)

ambo ['ambo] *sm* dos aciertos en la lotería primitiva y en una línea de bingo

ambra ['ambra] *sf* ámbar *m*

ambulante [ambu'lante] *agg* ambulante

ambulanza [ambu'lantsa] *sf* ambulancia *f*

ambulatorio [ambula'tɔrjo] *sm* ambulatorio *m*

America [a'merika] *sf* ♦ **l'America** América *f*

americano, a [ameri'kano, a] *agg & sm,f* americano(na)

amianto [a'mjanto] *sm* amianto *m*

amichevole [ami'kevole] *agg* **1.** *(persona)* amigable **2.** *(partita)* amistoso(sa)

amicizia [ami'tʃittsja] *sf* amistad *f* ♦ **fare amicizia (con qn)** hacer amistad (con alguien)

amico, a, ci, che [a'miko, a, tʃi, ke] *sm,f* amigo *m*, -ga *f* ♦ **amico del cuore** amigo del alma

amido ['amido] *sm* almidón *m*

ammaccare [ammak'kare] *vt* magullar, rasmillar *(Chile & Perú)*

ammaccatura [ammakka'tura] *sf* magulladura *f (Esp)*, magullón *m (Arg, Chile & CAm)*

ammaestrare [ammaes'trare] *vt* amaestrar

ammainare [ammai'nare] *vt* amainar

ammalarsi [amma'larsi] *vr* enfermar

ammalato, a [amma'lato, a] *agg & sm,f* enfermo(ma)

ammassare [ammas'sare] *vt* amasar

ammazzare [ammats'tsare] *vt* matar ♦ **ammazzarsi** *vr* matarse ♦ **ammazzarsi di lavoro** matarse a trabajar

ammenda [am'menda] *sf* multa *f*

ammesso, a [am'messo, a] *pp* > **ammettere**

ammettere [am'mettere] *vt* admitir

amministrare [amminis'trare] *vt* administrar

amministratore [amministra'tore] *sm* administrador *m*, -ra *f* ♦ **amministratore delegato** gerente *mf*

ammirare [ammi'rare] *vt* admirar

ammiratore, trice [ammira'tore, 'tritʃe] *sm f* admirador *m*, -ra *f*

ammirazione [ammirats'tsjone] *sf* admiración *f*

ammissione [ammis'sjone] *sf* admisión *f*

ammobiliato, a [ammobi'ljato, a] *agg* amueblado(da) ● **non ammobiliato** sin amueblar

ammollo [am'mɔllo] ● **mettere in ammollo** remojo *m* ● **lasciare qc in ammollo** dejar en remojo

ammoniaca [ammo'niaka] *sf* amoníaco *m*

ammonire [ammo'nire] *vt* amonestar, regañar (*Amér*)

ammonizione [ammonits'tsjone] *sf* amonestación *f*, regaño *m* (*Amér*)

ammontare [ammon'tare] ● **ammontare a** *v + prep* ascender a (*cantidad*)

ammorbidente [ammorbi'dɛnte] *sm* suavizante *m*

ammorbidire [ammorbi'dire] *vt* suavizar

ammortizzatore [ammortidzdza'tore] *sm* amortiguador *m*

ammucchiare [ammuk'kjare] *vt* amontonar, apilar (*Amér*)

ammuffito, a [ammuf'fito] *agg* enmohecido(da)

ammutinamento [ammutina'mento] *sm* motín *m*

amnistia [amnis'tia] *sf* amnistía *f*

amo ['amo] *sm* anzuelo *m*

amore [a'more] *sm* amor *m* ● **fare l'amore (con qn)** hacer el amor o acostarse (con alguien) ● **amor proprio** amor propio

ampio, a ['ampjo, a] *agg* amplio(plia)

ampliare [am'pljare] *vt* ampliar

amplificatore [amplifika'tore] *sm* amplificador *m*

amputare [amputare] *vt* amputar

amuleto [amu'leto] *sm* amuleto *m*

anabbaglianti [anabbaʎ'ʎanti] *smpl* luces *fpl* de cruce

anagrafe [a'nagrafe] *sm* registro *m*

analcolico, a, ci [anal'kɔliko, a, tʃi, ke] ◇ *agg* sin alcohol ◇ *sm* bebida *f* sin alcohol

analfabeta, i, e [analfa'beta, i, e] *agg & smf* analfabeto(ta)

analisi [a'nalizi] *sf inv* análisis *m* ● **analisi del sangue** análisis de sangre

analista, i, e [ana'lista, i, e] *smf* **1.** INFORM analista *mf* **2.** (*psicanalista*) psicoanalista *mf*

analizzare [analidz'dzare] *vt* analizar

analogo, a, ghi, ghe [a'nalogo, a, gi, ge] *agg* análogo(ga)

ananas ['ananas] *sm inv* piña *f*

anarchia [anar'kia] *sf* anarquía *f*

A.N.A.S. (*abbr* di Azienda Nazionale Autonoma delle Strade) ≃ Dirección *f* general de carreteras

anatomia [anato'mia] *sf* anatomía *f*

anatomico, a, ci, che [ana'tɔ miko, a, tʃi, ke] *agg* anatómico(ca)

anatra ['anatra] *sf* pato *m*

anca [aŋka] *sf* (*pl* **-che**) cadera *f*

anche [aŋke] *cong* **1.** (*pure*) también **2.** (*persino*) incluso

ancora ['aŋkora] *sf* ancla *f*

ancora [aŋ'kora] *avv* **1.** aún **2.** (*di nuovo*) otra vez **3.** (*di più*) más ● **ancora più**

bello aún más bonito ● **ancora un po'** un poco más ● **ancora una volta** una vez más ● **non ancora** aún no
andare [an'dare]
◇ *vi* **1.** *(gen)* ir ● **scusi, per andare alla stazione?** disculpe, ¿para ir a la estación? ● **andare a Napoli** ir a Nápoles ● **andare avanti** avanzar ● **andare indietro** retroceder ● **andare in vacanza** ir de vacaciones **2.** *(indica uno stato)* ● **come va? - bene, grazie** ¿cómo estás? - bien, gracias **3.** *(piacere)* ● **ti va di andare al cinema?** ¿te apetece ir al cine? **4.** *(con participio passato)* ● **questa tassa va pagata** hay que pagar este impuesto **5.** *(in espressioni)* ● **andare via** marcharse ● **il latte è andato a male** la leche se ha estropeado ● **andare d'accordo** llevarse bien ● **va' a quel paese!** ¡vete a la porra! ● **andare di moda** estar de moda
◇ *sm* ● **a lungo andare** a la larga
◆ **andarsene** *vr* irse

andata [an'data] *sf* ida *f* ● **all'andata** a la ida ● **andata e ritorno** ida y vuelta

andatura [anda'tura] *sf* porte *m*

andirivieni [andiri'vjɛni] *sm* vaivén *m*

anello [a'nello] *sm* **1.** *(da dito)* anillo *m*, sortija *f* (Ven), argolla *f* (Col) **2.** *(di catena)* eslabón *m*

anemia [ane'mia] *sf* anemia *f*

anestesia [aneste'zia] *sf* anestesia *f*

anestetico [anes'tɛtiko] *(pl* **-ci)** *sm* anestésico *m*

anfiteatro [anfite'atro] *sm* anfiteatro *m*

ànfora ['anfora] *sf* ánfora *f*, urna *f* (Méx)

ángelo ['andʒelo] *sm* ángel *m*

angina [an'dʒina] *sf* angina *f* ● **angina pectoris** angina de pecho

angolo ['angolo] *sm* **1.** *(di strada)* esquina *f* **2.** *(di stanza, di località)* rincón *m* **3.** *ángulo m* **4.** *(spigolo)* canto *m* ● **all'angolo** en la esquina ● **angolo cottura** cocina *f* americana ● **angolo retto** ángulo recto

angora ['angora] *sf* ● **d'angora** de angora

angoscia [an'goʃʃa] *sf* angustia *f*

anguilla [an'gwilla] *sf* anguila *f*

anguria [an'gurja] *sf* sandía *f*, patilla *f* (Ven)

anice ['anitʃe] *sm* anís *m*

anidride [ani'dride] *sf* ● **anidride carbonica** anhídrido *m* carbónico

ánima ['anima] *sf* (fig) alma *f*

animale [ani'male] ◇ *agg* animal ◇ *sm* animal *m* ● **animale domestico** animal *m* doméstico

animatore, trice [anima'tore, 'tritʃe] *sm,f* ● **animatore turistico** animador turístico *m*, animadora turística *f*

ánimo ['animo] *sm* ánimo *m* ● **perdersi d'animo** desanimarse

anitra ['anitra] *sf* anatra

annaffiare [annaf'fjare] *vt* regar

annaffiatoio [annaffja'tojo] *sm* regadera *f*

annata [an'nata] *sf* cosecha *f*

annegare [anne'gare] ◇ *vi* ahogarse ◇ *vt* ahogar ◆ **annegarsi** *vr* ahogarse

anniversario [anniver'sarjo] *sm* aniversario *m*

anno ['anno] *sm* año *m* ● **buon anno!**

¡feliz año! • **quanti anni hai?** ¿cuantos años tienes? • **ho 21 anni tengo 21 años** • **un bambino di tre anni** un niño de tres años • **anno accademico** año académico • **anno bisestile** año bisiesto • **anno scolastico** año escolar

annodare [anno'dare] *vt* anudar

annoiare [anno'jare] *vt* aburrir • **annoiarsi** *vr* aburrirse, fastidiarse (*Amér*)

annotare [anno'tare] *vt* anotar

annuale [annu'ale] *agg* anual

annuario [annu'arjo] *sm* anuario *m*

annuire [annu'ire] *vi* asentir

annullare [annul'lare] *vt* 1. anular 2. *(biglietto)* picar 3. *(francobollo)* franquear

annunciare [annun'tʃare] *vt* anunciar

annunciatore, trice [annuntʃa'tore, 'tritʃe] *sm/f* 1. *(televisivo)* presentador *m*, -ra *f* 2. *(radiofonico)* locutor *m*, -ra *f*

Annunciazione [annuntʃats'tsjone] *sf* l'Annunciazione la Anunciación

annuncio [an'nuntʃo] *sm* anuncio *m*, aviso *m* (*Amér*) • **annuncio pubblicitario** anuncio publicitario, propaganda (*Amér*) • **annunci economici** anuncios económicos

annuo, a [an'nwo, a] *agg* anual

annusare [annu'zare] *vt* oler

annuvolamento [annuvola'mento] *sm* nubosidad *f*

ano ['ano] *sm* ano *m*

anomalo, a [a'nomalo, a] *agg* anómalo(a)

anonimo, a [a'nonimo, a] *agg* anónimo(ma)

anoressia [anores'sia] *sf* anorexia *f*

anormale [anor'male] *agg* & *smf* anormal

A.N.S.A. *sf* (*abbr di* Agenzia Nazionale Stampa Associata) ≃ ANP *f*

ansia ['ansja] *sf* ansia *f*

ansimare [ansi'mare] *vi* jadear

ansioso, a [an'sjozo, a] *agg* ansioso(sa) • **ansioso di fare qc** ansioso por hacer algo

anta ['anta] *sf* 1. *(di finestra)* hoja *f* 2. *(di armadio)* puerta *f*

antagonista, i, e [antago'nista, i, e] *smf* antagonista *m*

antartico, a, ci, che [an'tartiko, a, tʃi, ke] *agg* antártico(ca)

Antartide [an'tartide] *sf* • l'Antartide la Antártida

anteguerra [ante'gwerra] *sm* anteguerra *f*

antenato, a [ante'nato, a] *sm/f* antepasado *m*, -da *f*

antenna [an'tenna] *sf* antena *f* • **antenna parabolica** antena parabólica

anteprima [ante'prima] *sf* preestreno *m* • **in anteprima** de estreno

anteriore [ante'rjore] *agg* anterior

antiabbaglianti [antjabbaʎ'ʎanti] *smpl* anabbaglianti

antibiotico, ci [anti'bjɔtiko, tʃi] *sm* antibiótico *m*

anticamera [anti'kamera] *sf* antesala *f*

antichità [antiki'ta] *sf inv* antigüedad *f*

anticipare [antitʃi'pare] *vt* anticipar

anticipo [an'titʃipo] *sm* 1. *(di tempo)* antelación *f* 2. *(di denaro)* anticipo *m* • **in anticipo** con antelación

antico, a, chi, che [an'tiko] *agg* antiguo(gua), viejo(ja) (*Amér*)

anticoncezionale [antikontʃetstsjo'nale] ◇ *agg* anticonceptivo(va) ◇ *sm* anticonceptivo *m*

anticonformista, i, e [antikonfor'mista, i, e] *agg & smf* inconformista

anticorpo [anti'korpo] *sm* anticuerpo *m*

antidoto [an'tidoto] *sm* antídoto *m*

antifascista, i, e [antifaʃ'ʃista, i, e] *agg & smf* antifascista

antifurto [anti'furto] ◇ *agg inv* antirrobo *inv* ◇ *sm* antirrobo *m*

antigelo [anti'dʒelo] *sm inv* anticongelante *m*

Antille [an'tille] *sfpl* • le Antille las Antillas

antimafia [anti'mafja] *agg inv* antimafia *inv*

antincendio [antin'tʃendjo] *agg inv* contraincendios *inv*

antinebbia [anti'nebbja] ◇ *agg inv* antiniebla *inv* ◇ *sm inv* luces *fpl* antiniebla

antiorario, a [antjo'rarjo, a] *agg que se mueve en sentido contrario a las agujas del reloj*

antipasto [anti'pasto] *sm* entremés *m*, entrada *f* (*Amér*)

antipatia [antipa'tia] *sf* antipatía *f*, incordia *f* (*Col*)

antipatico, a, ci, che [anti'patiko, a, tʃi, ke] *agg* antipático(ca), entonado(da) (*Amér*), chocante (*Col, CRica, Méx & Perú*)

antiquariato [antikwa'rjato] *sm* 1. (*commercio*) anticuario *m* 2. (*raccolta*) antigüedades *fpl*

antiquario, a [anti'kwarjo, a] *sm,f* anticuario *m*, -ria *f*

antiquato, a [anti'kwato, a] *agg* anticuado(da), anticuco(ca) (*CAm & CRica*)

antiruggine [anti'rudʒdʒine] *agg inv* antioxidante

antirughe [anti'ruge] *agg inv* antiarrugas *inv*

antisettico, a, ci, che [anti'settiko, a, tʃi, ke] ◇ *agg* antiséptico(ca) ◇ *sm* antiséptico *m*

antitetanica [antite'tanika] *sf* antitetánica *f*

antivipera [anti'vipera] *agg inv* antivenenoso(sa) • **siero antivipera** suero antivenenoso

antivirus [anti'virus] *sm inv* INFORM antivirus *m inv*

antologia [antolo'dʒia] *sf* antología *f*

anulare [anu'lare] *agg & sm* anular

anzi ['antsi] *cong* 1. (*al contrario*) al contrario 2. (*o meglio*) mejor

anziano, a [an'tsjano, a] ◇ *agg* 1. (*di età*) anciano(na), viejón(ona) (*Arg, Col & Méx*) 2. (*di carica*) antiguo(a) ◇ *sm,f* anciano *m*, -na *f*

anziché [antsi'ke] *cong* en vez de

anzitutto [antsi'tutto] *avv* antes de nada

apatia [apa'tia] *sf* apatía *f*

apatico, a, ci, che [a'patiko, a, tʃi, ke] *agg* apático(ca)

ape ['ape] *sf* abeja *f*

aperitivo [aperi'tivo] *sm* aperitivo *m*, abrebocas *m inv* (*Col*)

aperto, a [a'perto, a] ◇ *pp* = **aprire** ◇ *agg* abierto(ta) ◇ *sm* • **all'aperto** al aire libre

apertura [aper'tura] *sf* 1. apertura *f* 2.

(fenditura) abertura *f*, hendija *f* (*Amér*), raja *f* (*Ven*)

apice ['apitʃe] *sm* ápice *m* ♦ **essere all'apice di qc** estar en el apogeo de algo

apicoltura [apikol'tura] *sf* apicultura *f*

apnea [ap'nɛa] *sf* ♦ **in apnea** en apnea

apolide [a'polide] *agg* & *smf* apátrida

apostolo [a'postolo] *sm* apóstol *m*

apostrofare [apostro'fare] *vt* 1. (*rimproverare*) increpar 2. (*mettere l'apostrofo*) poner un apóstrofo a

apostrofo [a'postrofo] *sm* apóstrofo *m*

appagare [appa'gare] *vt* satisfacer, matar (*Amér*)

appannare [appan'nare] *vt* 1. empañar 2. (*fig*) (*vista, mente*) nublar ♦ **appannarsi** *vr* 1. empañarse 2. (*fig*) (*vista, mente*) nublarse

apparato [appa'rato] *sm* aparato *m*

apparecchiare [apparek'kjare] *vt* ♦ **apparecchiare la tavola** poner la mesa

apparecchio [appa'rekkjo] *sm* 1. aparato *m* 2. (*per i denti*) aparato *m*, frenillo *m* (*Amér*) 3. ♦ **apparecchio acustico** aparato auditivo

apparente [appa'rɛnte] *agg* aparente

apparentemente [apparente'mente] *avv* aparentemente

apparenza [appa'rɛntsa] *sf* ♦ **in apparenza** en apariencia

apparire [appa'rire] *vi* 1. (*mostrarsi*) aparecer 2. (*sembrare*) parecer

appariscente [appariʃ'ʃɛnte] *agg* llamativo(va)

appartamento [apparta'mento] *sm* piso *m*, departamento *m* (*Amér*)

appartenere [apparte'nere] ♦ **appartenere a** *v* + *prep* pertenecer a

appassionato, a [appassjo'nato, a] *agg* & *sm,f* apasionado(da) ♦ **essere appassionato di qc** ser un apasionado de algo

appello [ap'pɛllo] *sm* 1. (*chiamata*) llamada *f* 2. *DIR* apelación *f* ♦ **fare appello a** recurrir a ♦ **fare l'appello** pasar lista

appena [ap'pena] ♦ *avv* 1. apenas 2. (*da poco*) acabo de ◊ *cong* en cuanto ♦ **ti sento appena** casi no te oigo ♦ **non appena mi vide, scappò** en cuanto me vio, huyó

appendere [ap'pendere] *vt* colgar

appendice [appen'ditʃe] *sf* apéndice *m*

appendicite [appendi'tʃite] *sf* apendicitis *f inv*

Appennini [appen'nini] *smpl* ♦ **gli Appennini** los Apeninos

appetito [appe'tito] *sm* apetito *m* ♦ **buon appetito!** ¡buen provecho!

appetitoso, a [appeti'tozo, a] *agg* apetitoso(sa), rico(ca) (*Amér*)

appezzamento [appettsa'mento] *sm* parcela *f*, lote *m* (*Amér*)

appiattire [appjat'tire] *vt* aplanar, aplanchar (*CAm*) ♦ **appiattirsi** *vr* 1. (*al suolo, contro il muro*) aplastarse 2. (*diventare piatto*) aplanarse

appiccare [appik'kare] *vt* ♦ **appiccare il fuoco a qc** pegar fuego a algo, meter candela a algo (*Carib*)

appiccicare [appittʃi'kare] *vt* pegar (*con pega*) ♦ **appiccicarsi** *vr* pegarse (*con pega*)

appiccicoso, a [appit∫tʃiˈkozo, a] *agg* **1.** pegajoso(sa) **2.** *(fig) (persona)* pegajoso(sa), pegoste *(Andes)*, pegote *(RP)*
appigliarsi [appiʎˈʎarsi] ♦ **appigliarsi a** *v + prep (fig)* agarrarse a
appiglio [apˈpiʎʎo] *sm (fig)* agarradero *m*
appisolarsi [appizoˈlarsi] *vr* adormilarse, apolillarse *(RP)*
applaudire [applawˈdire] *vt* aplaudir
applauso [apˈplawzo] *sm* aplauso *m*
applicare [appliˈkare] *vt* **1.** *(etichette)* pegar **2.** *(regola, principio)* aplicar ♦ **applicarsi** *vr* aplicarse
applicazione [applikatsˈtsjone] *sf* aplicación *f*
appoggiare [appodʒˈdʒare] *vt* apoyar ♦ **appoggiare qc a** o **contro qc** apoyar algo en o contra algo ♦ **appoggiarsi a** apoyarse en
appoggiatesta [appodʒdʒaˈtɛsta] = **poggiatesta**
apporre [apˈporre] *vt* ♦ **apporre la data/firma** poner la fecha/firma
appositamente [appozitaˈmente] *avv* expresamente
apposito, a [apˈpozito, a] *agg* pertinente
apposta [apˈposta] *avv* aposta ♦ **fare qc apposta** hacer algo adrede
apprendere [apˈprɛndere] *vt* **1.** *(imparare)* aprender **2.** *(notizia)* enterarse de
apprendista, i, e [apprenˈdista, i, e] *smf* aprendiz *m*, -za *f*, chapetón *m*, -ona *f (Arg, Bol & CRica)*
apprensivo, a [apprenˈsivo, a] *agg* aprensivo(va)

appretto [apˈpretto] *sm* apresto *m*
apprezzamento [apprettsaˈmento] *sm* apreciación *f*
apprezzare [apprettsˈtsare] *vt* apreciar
approccio [apˈprɔttʃo] *sm* aproximación *f*
approdare [approˈdare] *vi* **1.** *(di nave)* atracar **2.** *(riuscire, arrivare)* llegar **3.** ♦ **non approdare a niente** no llegar a nada
approdo [apˈprɔdo] *sm* **1.** *(atto)* atraque *m* **2.** *(fig) (punto d'arrivo)* meta *f*
approfittare [approfitˈtare] ♦ **approfittare di** *v + prep* **1.** *(occasione)* aprovechar **2.** *(persona)* aprovecharse de
approfondire [approfonˈdire] *vt* profundizar en
appropriarsi [approˈprjarsi] ♦ **appropriarsi di** *v + prep* apropiarse de
approssimativo, a [approssimaˈtivo, a] *agg* aproximado(da)
approvare [approˈvare] *vt* aprobar
approvazione [approvatsˈtsjone] *sf* aprobación *f*
appuntamento [appuntaˈmento] *sm* cita *f* ♦ **dare (un) appuntamento a un amico** quedar con un amigo ♦ **prendere un appuntamento con** o **dal parrucchiere** pedir hora en la peluquería ♦ **avere un appuntamento con il dentista** tener hora con el dentista
appuntare [appunˈtare] *vt* **1.** *(fissare)* prender **2.** *(annotare)* apuntar, anotar *(Amér)*
appunto [apˈpunto] ◇ *sm* **1.** *(annotazione)* nota *f* **2.** *(rimprovero)* reproche *m* ◇ *avv* precisamente

apribottiglie [apribot'tiʎʎe] *sm inv* abre-botellas *f inv*, destapador *m* (*Amér*)
aprile [a'prile] *sm inv* abril ➤ settembre
aprire [a'prire] *vt* abrir ✦ **aprirsi** *vr* **1.** abrirse **2.** ● **aprirsi con qn** abrirse con alguien
apriscatole [apris'katole] *sm inv* abrelatas *m inv*
aquila ['akwila] *sf* **1.** águila *f* **2.** (*fig*) ● **non è un aquila** no es ninguna lumbrera
aquilone [akwi'lone] *sm* cometa *f*, papalote *m* (*Méx*), volador *m* (*Carib*), pelona *f* (*Cuba*)
Arabia Saudita [arabjasau'dita] *sf* ● **l'Arabia Saudita** Arabia *f* Saudita
arabo, a ['arabo, a] ◇ *agg & sm.f* árabe ◇ *sm* árabe *m*
arachide [a'rakide] *sf* cacahuete *m*
aragosta [ara'gosta] *sf* langosta *f*
arancia [a'rantʃa] (*pl* **-ce**) *sf* naranja *f*
aranciata [aran'tʃata] *sf* naranjada *f*, jugo *m* de naranja (*Arg & Ven*)
arancio [a'rantʃo] *sm* naranjo *m*
arancione [aran'tʃone] ◇ *agg* anaranjado(da) ◇ *sm* **1.** (*colore*) naranja *m* **2.** (*membro di setta*) Hare Krishna *mf inv* **3.** ● **gli aranciani** los Hare Krishna
arare [a'rare] *vt* arar
aratro [a'ratro] *sm* arado *m*
arazzo [a'rattso] *sm* tapiz *m*
arbitrario, a [arbi'trarjo, a] *agg* arbitrario(ria)
arbitro ['arbitro] *sm* árbitro *m*, réferi *m* (*Amér*)
arbusto [ar'busto] *sm* arbusto *m*

archeologia [arkeolo'dʒia] *sf* arqueología *f*
archeologico, a, ci, che [arkeo'lɔdʒiko, a, tʃi, ke] *agg* arqueológico(ca)
architetto [arki'tetto] *sm* arquitecto *m*
architettura [arkitet'tura] *sf* arquitectura *f*
archivio [ar'kivjo] *sm* archivo *m*
arcipelago [artʃi'pɛlago] (*pl* **-ghi**) *sm* archipiélago *m*
arcivescovo [artʃi'veskovo] *sm* arzobispo *m*
arco [ar'ko] (*pl* **-chi**) *sm* **1.** (*volta, arma*) arco *m* **2.** (*durata*) ● **nell'arco dei mesi** en un lapso de dos meses
arcobaleno [arkoba'leno] *sm* arco *m* iris
ardere ['ardere] ◇ *vt* quemar ◇ *vi* arder
ardesia [ar'dezja] *sf* pizarra *f*
ardire [ar'dire] ◇ *vi* atreverse ◇ *sm* atrevimiento *m*
ardore [ar'dore] *sm* ardor *m*
area ['area] *sf* **1.** área *f* **2.** ● **area di servizio** área de servicio
arena [a'rena] *sf* anfiteatro *m*
arenarsi [are'narsi] *vr* encallar
argenteria [ardʒente'ria] *sf* **1.** (*oggetti*) plata *f* **2.** (*negozio*) platería *f* ● **pulire l'argenteria** limpiar la plata
Argentina [ardʒen'tina] *sf* ● **l'Argentina** Argentina *f*
argentino, a [ar'dʒentino, a] *agg & sm.f* argentino(na)
argento [ar'dʒɛnto] *sm* plata *f* ● **d'argento** de plata ● **argento dorato** plata *f* dorada
argilla [ar'dʒilla] *sf* arcilla *f*
argine ['ardʒine] *sm* dique *m*

argomento [argo'mento] *sm* **1.** *(tema)* argumento *m*, tema *m* (*Amér*) **2.** *(ragionamento)* argumento *m*, razonamiento *m* (*Amér*)

arguto, a [ar'guto, a] *agg* agudo(da)

aria ['arja] *sf* **1.** aire *m* **2.** *(di opera)* aria *f* **3.** ♦ l'avevo già visto, ha l'aria familiare ya lo había visto, me es familiar **4.** ♦ cambiare aria cambiar de aires **5.** ♦ all'aria aperta al aire libre **6.** ♦ mandare all'aria qc echar a rodar algo **7.** ♦ aria condizionata aire acondicionado **8.** ♦ darsi delle arie darse familiar

arido, a ['arido, a] *agg* **1.** árido(da) **2.** *(fig) (persona, cuore)* adusto(ta)

ariete [a'rjete] *sm* carnero *m* ♦ **Ariete** *sm* Aries *m inv*

aringa, ghe [a'ringa, ge] *sf* arenque *m*

arista ['arista] *sf* arista *f*

aristocratico, a, ci, che [aristo'kratiko, a, tʃi, ke] *agg* aristocrático(ca) ◊ *sm,f* aristócrata *mf*

aritmetica [arit'metika] *sf* aritmética *f*

arma ['arma] *sf* arma *f* ♦ arma da fuoco arma de fuego

armadio [ar'madjo] *sm* armario *m* ♦ armadio a muro armario empotrado, clóset *m* (*Amér*)

armato, a [ar'mato, a] *agg* armado(da)

armatore [arma'tore] *sm* armador *m*

armatura [arma'tura] *sf* armadura *f*, peto *m* (*Amér*)

armonia [armo'nia] *sf* armonía *f*

arnese [ar'neze] *sm* **1.** *(attrezzo)* utensilio *m*. **2.** *(fam) (oggetto)* trasto *m*

arnia ['arnja] *sf* colmena *f*, apiario *m* (*Amér*)

Arno ['arno] *sm* ♦ l'Arno el Arno

aroma [a'rɔma] *(pl -i) sm* aroma *m*

arpa ['arpa] *sf* arpa *f*

arpione [ar'pjone] *sm* arpón *m*

arrabbiarsi [arrab'bjarsi] *vr* enfadarse, enojarse (*Amér*)

arrabbiato, a [arrab'bjato, a] *agg* enfadado(da), enojado(da) (*Amér*)

arrampicarsi [arrampi'karsi] *vr* **1.** *(su albero)* trepar **2.** *(su pendio)* subir

arrangiarsi [arran'dʒarsi] *vr* **1.** apañarse, arreglárselas (*Amér*) **2.** ♦ arrangiati! ¡apáñate!, ¡arréglatelas! (*Amér*)

arredamento [arreda'mento] *sm* decoración *f*

arredare [arre'dare] *vt* decorar

arrendersi [ar'rendersi] *vr* rendirse

arrestare [arres'tare] *vt* detener

arresto [ar'resto] *sm* **1.** *(cattura)* detención *f* **2.** *(fermata)* parada *f* ♦ arresto cardiaco paro *m* cardíaco

arretrato, a [arre'trato, a] *agg* **1.** *(lavoro, pagamento)* pendiente **2.** *(giornale, paese, mentalità)* atrasado(da) **3.** *(credito)* atrasos *mpl* **4.** *(debito)* deuda *f* ♦ **arretrati** *smpl* atrasos *mpl*

arricchire [arrik'kire] ◊ *vt* enriquecer ◊ *vi* hacerse rico ♦ **arricchirsi** *vr* enriquecerse

arricciacapelli [arrittʃaka'pelli] *sm* rizador *m*

arricciare [arrit'tʃare] *vt* **1.** rizar **2.** *(fig) (in disapprovazione)* ♦ arricciare il naso fruncir el ceño, arrugar la cara (*Andes & Carib*)

arrivare [arri'vare] *vi* **1.** llegar **2.** ♦ arriverò a Firenze alle due llegaré a

Florencia a las dos ● **arrivare a** v + prep **1.** llegar a **2.** ● **arrivare a fare qc** llegar a hacer algo

arrivederci [arrive'dertʃi] *esclam* ¡adiós!, ¡chao! (*CSur*), ¡chau! (*Andes & RP*)

arrivederla [arrive'derla] *esclam* ¡adiós!, ¡chao! (*CSur*), ¡chau! (*Andes & RP*)

arrivista, i e [arri'vista, i, e] *smf* arribista *mf*

arrivo [ar'rivo] *sm* **1.** llegada *f* **2.** (*nello sport*) meta *f* **3.** ● **essere in arrivo** estar a punto de llegar **4.** ▼ **Arrivi** Llegadas

arrogante [arro'gante] *agg* arrogante, gallito(ta) (*Amér*)

arrossire [arros'sire] *vi* ruborizarse

arrostire [arros'tire] *vt* asar

arrosto [ar'rosto] *sm* asado *m*

arrotolare [arroto'lare] *vt* enrollar

arrotondare [arroton'dare] *vt* redondear

arruolarsi [arwo'larsi] *vr* alistarse, enrolarse (*Amér*)

arsenale [arse'nale] *sm* **1.** (*di armi*) arsenal *m* **2.** (*cantiere*) astillero *m*, obras *fpl* (*Amér*)

arte ['arte] *sf* arte *f*

arteria [ar'terja] *sf* arteria *f*

artico, a, ci, che ['artiko, a, tʃi, ke] *agg* ártico(ca)

articolazione [artikolats'tsjone] *sf* articulación *f*

articolo [ar'tikolo] *sm* artículo *m* ● **articoli da regalo** artículos de regalo

Artide ['artide] *sf* ● **l'Artide** el Ártico

artificiale [artifi'tʃale] *agg* artificial

artigianato [artidʒa'nato] *sm* artesanía *f*

artigiano, a [arti'dʒano, a] *sm & sf* artesano(na)

artiglio [ar'tiʎʎo] *sm* garra *f*

artista, i e [ar'tista, i, e] *smf* artista *mf*

artistico, a, ci, che [ar'tistiko, a, tʃi, ke] *agg* artístico(ca)

arto ['arto] *sm* extremidad *f*

artrite [ar'trite] *sf* artritis *f inv*

artrosi [ar'trozi] *sf* artrosis *f inv*

ascella [aʃ'ʃɛlla] *sf* axila *f*

ascendente [aʃʃen'dɛnte] *sm* ascendiente *m*

Ascensione [aʃʃen'sjone] *sf* ● **l'Ascensione** la Ascensión

ascensore [aʃʃen'sore] *sm* ascensor *m*

ascesso [aʃ'ʃɛsso] *sm* absceso *m*

ascia ['aʃʃa] (*pl* **asce**) *sf* hacha *f*

asciugacapelli [aʃʃugaka'pelli] *sm inv* secador *m* de pelo

asciugamano [aʃʃuga'mano] *sm* toalla *f*, paño *m* (*Ven*)

asciugare [aʃʃu'gare] *vt* secar ● **asciugarsi** *vr* secarse

asciutto, a [aʃ'ʃutto, a] *agg* **1.** (*secco, scortese*) seco(ca) **2.** (*magro*) seco(ca), filsutrino(na) (*CAm*)

ascoltare [askol'tare] *vt* escuchar

ascoltatore, trice [askolta'tore, 'tritʃe] *sm,f* oyente *m*

ascolto [as'kolto] *sm* escucha *f* ● **dare** o **prestare ascolto a** prestar atención a ● **essere** o **stare in ascolto** estar a la escucha

asfaltato, a [asfal'tato] *agg* asfaltado(da)

asfalto [as'falto] *sm* asfalto *m*

asfissia [asfis'sia] *sf* asfixia *f*

asfissiare [asfis'sjare] *v* t **1.** asfixiar **2.** (*fig*) (*infastidire*) agobiar, cansar (*Amér*) atornillar (Amér) ◊ vi asfixiarse

Asia ['azja] sf **l'Asia** Asia f

asiàtico, a, ci, che [a'zjatiko, a, tʃi, ke] agg & sm.f asiático(ca)

asilo [a'zilo] sm **1.** parvulario m **2.** ● **asilo nido** ≃ guardería f, ≃ kínder m (Andes & Méx) **3.** ● **asilo político** asilo m político

àsino ['asino] sm asno m, burro m (Amér)

asma ['azma] sf asma f

asola ['azola] sf ojal m

asparago [as'parago] (pl **-gi**) sm espárrago m

aspettare [aspet'tare] vt esperar

aspettativa [aspetta'tiva] sf **1.** (previsione) expectativa f **2.** (congedo) excedencia f

aspetto [as'petto] sm aspecto m

aspirapolvere [aspira'polvere] sm inv aspiradora f

aspirare [aspi'rare] vt aspirar ◆ **aspirare a** v + prep aspirar a

aspiratore [aspira'tore] sm aspirador m

aspirina® [aspi'rina] sf aspirina ® f

aspro ['aspro, a] agg áspero(ra)

assaggiare [assadʒ'dʒare] vt probar

assai [as'sai] avv mucho

assalire [assa'lire] vt (fig) asaltar

assassinare [assassi'nare] vt asesinar

assassinio [assas'sinjo] sm asesinato m

assassino, a [assas'sino, a] sm.f asesino m, -na f

asse ['asse] ◊ sf tabla f ◊ sm eje m ● **asse da stiro** tabla de planchar

assedio [as'sedjo] sm asedio m

assegnare [assen'nare] vt asignar

assegno [as'senno] sm **1.** (bancario) cheque m **2.** (sussidio) pensión f ● **assegno a vuoto** cheque sin fondos ● **assegno circolare** cheque a la vista ● **assegno di viaggio** o **turistico** cheque de viaje ● **assegno scoperto** cheque sin fondos ● **contro assegno** contra reembolso

assemblea [assem'blea] sf asamblea f

assente [as'sente] agg & sm.f ausente

assenza [as'sentsa] sf ausencia f

assetato, a [asses'tato, a] agg sediento(ta)

assicurare [assiku'rare] vt asegurar ◆ **assicurarsi** vr **1.** asegurarse **2.** *(cerciorarse de)* asegurarse de

assicurato, a [assiku'rato, a] agg asegurado(da)

assicurazione [assikurats'tsjone] sf seguro m ● **assicurazione sulla vita** seguro de vida

assillare [assil'lare] vt agobiar, fastidiar (Amér) ● **assillare qn di domande** acosar a alguien con preguntas

Assisi [as'sizi] sf Asís m

assistente [assis'tente] sm.f ayudante mf ● **assistente di volo** auxiliar mf de vuelo ● **assistente sociale** asistente mf o trabajador m, -ra f (Amér) social

assistenza [assis'tentsa] sf asistencia f

assistere [assis'tere] vt atender ◆ **assistere (a)** v + prep asistir (a)

asso ['asso] sm **1.** (carta) as m **2.** ● **piantare in asso** dejar plantado(da)

associare [asso'tʃare] vt asociar ● **associare qn/qc a** asociar algo/a alguien con ◆ **associarsi** vr asociarse ● **associarsi (a** o **con)** asociarse (con)

associarsi a qc hacerse socio de algo
associazione [assotʃatsˈtsjone] *sf* asociación *f*
assolto, a [asˈsɔlto, a] *pp* ➢ assolvere
assolutamente [assolutaˈmente] *avv* absolutamente • **devo assolutamente vincere** tengo que ganar como sea • **assolutamente no!** ¡ni hablar!
assoluto, a [assoˈluto, a] *agg* absoluto(ta)
assoluzione [assoluts'tsjone] *sf* absolución *f*
assolvere [asˈsɔlvere] *vt* 1. *(accusato, penitente)* absolver 2. *(compito)* cumplir
assomigliare [assomiʎˈʎare] *vt* parecer • **assomigliare a** v + prep parecerse a
assonnato, a [assonˈnato, a] *agg* somnoliento(ta)
assorbente [assorˈbɛnte] ◇ *agg* secante ◇ *sm* • **assorbente (igienico)** compresa *f*, toalla *f* sanitaria *(Amér)* • **assorbente interno** tampón *m*
assorbire [assorˈbire] *vt* absorber
assordante [assorˈdante] *agg* ensordecedor(ra)
assortimento [assortiˈmento] *sm* surtido *m*
assortito, a [assorˈtito, a] *agg* surtido(da)
assumere [asˈsumere] *vt* 1. *(impegno)* asumir 2. *(personale)* contratar 3. *(atteggiamento)* adoptar
assunto, a [asˈsunto, a] *pp* ➢ assumere
assurdità [assurdiˈta] *sf inv* disparate *m*
assurdo, a [asˈsurdo, a] *agg* absurdo(da)
asta [ˈasta] *sf* 1. *(bastone)* asta *f* 2. *(vendita)* subasta *f*
astemio, a [asˈtɛmjo, a] *agg* abstemio(mia), temperante *(CAm, Chile & Méx)*
astenersi [asteˈnersi] *vr* abstenerse • **astenersi da** abstenerse de
asterisco [asteˈrisko] *(pl* **-schi***) sm* asterisco *m*
astigmatico, a, ci, che [astigˈmatiko, a, tʃi, ke] *agg* astigmático(ca)
astratto, a [asˈtratto, a] *agg* abstracto(ta)
astrologia [astroloˈdʒia] *sf* astrología *f*
astronauta, i, e [astroˈnawta, i, e] *smf* astronauta *mf*
astronomia [astronoˈmia] *sf* astronomía *f*
astuccio [asˈtuttʃo] *sm* estuche *m*
astuto, a [asˈtuto, a] *agg* astuto(ta)
astuzia [asˈtutstsja] *sf* astucia *f*, ranada *f (Arg)*
A.T. *(abbr di* Alta Tensione*)* AT
ateo, a [ˈateo, a] *sm, f* ateo *m*, -a *f*
A.T.I. *(abbr di* AeroTrasporti Italiani*)* sociedad estatal italiana de transportes aéreos
atlante [aˈtlante] *sm* atlas *m inv*
atlantico, a, ci, che [aˈtlantiko, a, tʃi, ke] *agg* atlántico(ca)
Atlantico [aˈtlantiko] *sm* • **l'(Oceano) Atlantico** el (Océano) Atlántico
atleta, i, e [aˈtlɛta, i, e] *smf* atleta *mf*
atletica [aˈtlɛtika] *sf* atletismo *m*
atletico, a, ci, che [aˈtlɛtiko, a, tʃi, ke] *agg* atlético(ca)
atmosfera [atmosˈfɛra] *sf* atmósfera *f*
atmosferico, a, ci, che [atmosˈfɛriko, a, tʃi, ke] *agg* atmosférico(ca)
atomico, a, ci, che [aˈtɔmiko, a, tʃi, ke] *agg* atómico(ca)

atomo ['atomo] *sm* átomo *m*
atroce [a'trotʃe] *agg* atroz
attaccante [attak'kante] *sm* SPORT delantero *m*
attaccapanni [attakka'panni] *sm inv* perchero *m* (*Esp*), gancho *m* (*CAm, Méx & Ven*)
attaccare [attak'kare] *vt* **1.** (*unire, trasmettere*) pegar **2.** (*appendere*) colgar **3.** (*assalire*) atacar ◆ **mi ha attaccato il raffreddore me ha pegado el resfriado** ◆ **attaccarsi** *vr* **1.** (*aderire*) pegarse **2.** (*fam*) (*affezionarsi*) encariñarse
attacco [at'takko] (*pl* **-chi**) *sm* ataque *m*
atteggiamento [atteddʒdʒa'mento] *sm* aptitud *f*
attendere [at'tendere] *vt* esperar
attentato [atten'tsjone] *sm* atentado *m*
attento, a [at'tento, a] *agg* atento(ta) ◆ **stare attento (a)** estar atento (a)
attenzione [atten'tsjone] *sf* **1.** atención *f* **2.** ◆ **attenzione!** ¡cuidado! ◆ **attrarre l'attenzione di qn** atraer la atención de alguien ◆ **fare attenzione (a)** prestar atención (a)
atterraggio [atter'raddʒo] *sm* aterrizaje *m*
atterrare [atter'rare] *vi* aterrizar
attesa [at'teza] *sf* espera *f* ◆ **essere in attesa di** estar a la espera de
attestato [attes'tato] *sm* certificado *m*
attico [at'tiko] (*pl* **-ci**) *sm* ático *m*, entretecho *m* (*Chile*)
attillato, a [attil'lato, a] *agg* ceñido(da), apretado(da) (*Ven*)
attimo ['attimo] *sm* momento *m*
attirare [atti'rare] *vt* atraer

attitudine [atti'tudine] *sf* actitud *f*
attività [attivi'ta] *sf inv* actividad *f*
attivo, a [at'tivo, a] ◇ *agg* activo(va) ◇ *sm* activo *m*
atto ['atto] *sm* **1.** acto *m* **2.** (*documento*) acta *f* ◆ **mettere in atto** llevar a la práctica
attonito, a [at'tonito, a] *agg* atónito(ta)
attorcigliare [attortʃiʎ'ʎare] *vt* enrollar
attore, trice [at'tore, 'tritʃe] *sm* actor *m*
attorno [at'torno] *av* alrededor
attracco [at'trakko] (*pl* **-chi**) *sm* atraque *m*
attraente [attra'ente] *agg* atractivo(va)
attrarre [at'trarre] *vt* atraer
attrattiva [attrat'tiva] *sf* atractivo *m*
attraversamento [attraversa'mento] *sm* cruce *m* ◆ **attraversamento pedonale** paso *m* de peatones
attraversare [attraver'sare] *vt* **1.** (*paese, periodo*) atravesar **2.** (*strada*) cruzar
attraverso [attra'verso] *prep* a través de
attrazione [attrats'tsjone] *sf* atracción *f*
attrezzatura [attretstsa'tura] *sf* equipamiento *m*
attrezzo [at'tretstso] *sm* utensilio *m*
attribuire [attribu'ire] ◆ **attribuire a** *v + prep* atribuir a
attrice [at'tritʃe] ➤ **attore**
attrito [at'trito] *sm* (*fig*) roce *m*
attuale [attu'ale] *agg* actual
attualità [attwali'ta] *sf inv* actualidad *f* ◆ **d'attualità** de actualidad
attualmente [attwal'mente] *avv* actualmente
attuare [attu'are] *vt* realizar
attutire [attu'tire] *vt* amortiguar

audace [au'datʃe] *agg* audaz
audacia [au'datʃa] *sf* audacia *f*
audiovisivo, a [awdiovi'zivo, a] *agg* audiovisual
auditorio [audi'tɔrjo] *sm* auditorio *m*
audizione [awdits'tsjone] *sf* casting *m*
augurare [awgu'rare] *vt* 1. ● augurare qc a qn desear algo a alguien 2. ● augurarsi di fare qc esperar hacer algo 3. ● mi auguro che tutto vada bene espero que todo vaya bien
augurio [aw'gurjo] *sm* deseo *m* ● **auguri** *smpl* felicidades *fpl* ● fare gli auguri a qn felicitar a alguien ● (tanti) auguri! ¡(muchas) felicidades!
aula ['awla] *sf* aula *f*
aumentare [awmen'tare] *vt & vi* aumentar
aumento [aw'mento] *sm* aumento *m*
aureola [au'rɛola] *sf* aureola *f*
auricolare [awrico'lare] *sm* auricular *m*
aurora [au'rɔra] *sf* 1. aurora *f* 2. ● aurora boreale aurora *f* boreal
ausiliare [awzi'ljare] *agg & sm* auxiliar
austero, a [aws'tɛro, a] *agg* austero(ra)
Australia [aws'tralja] *sf* ● l'Australia Australia *f*
australiano, a [awstra'ljano, a] *agg & sm,f* australiano(na)
Austria ['awstrja] *sf* ● l'Austria Austria *f*
austriaco, a, ci, che [aws'triako, a, tʃi, ke] *agg & sm,f* austríaco(ca)
autenticare [awtenti'kare] *vt* autentificar
autentico, a, ci, che [aw'tɛntiko, a, tʃi, ke] *agg* 1. *(firma, quadro)* auténtico(ca) 2. *(fatto)* real ● è un autentico cretino es un verdadero idiota
autista, i, e [aw'tista, i] *smf* 1. *(conducente)* conductor *m*, -ra *f* 2. *(affetto da autismo)* autista *mf*
auto ['awto] *sf inv* auto *m*, máquina *f* *(Cuba, PRico & Urug)*
autoabbronzante [awtoabbron'dzante] *agg* autobronceador(ra)
autoadesivo, a [awtoade'zivo, a] ◇ *agg* autoadhesivo(va) ◇ *sm* autoadhesivo *m*
autoambulanza [awtoambu'lantsa] *sf* ambulancia *f*
autobiografia [awtobjogra'fia] *sf* autobiografía *f*
autobus ['awtobus] *sm inv* autobús *m*
autocarro [awto'karro] *sm* camión *m*
autocisterna [awtotʃis'tɛrna] *sf* camión *m* cisterna
autocontrollo [awtokon'trɔllo] *sm* autocontrol *m*
autodidatta, i, e [awtodi'datta, i, e] *smf* autodidacto *m*, -ta *f*
autodromo [aw'tɔdromo] *sm* circuito *m*
autogol [awto'gɔl] *sm inv* autogol *m*
autografo [aw'tɔgrafo] *sm* autógrafo *m*
autogrill® [awto'gril] *sm inv* restaurante en las áreas de servicio de las autopistas
autolinea [awto'linea] *sf* línea regular de autobuses
automa [aw'tɔma] *(pl* **-i***) sm* autómata *m*
automatico, a, ci, che [awto'matiko, a, tʃi, ke] *agg* automático(ca)

automazione [awtomats'tsjone] *sf* automatización *f*

automezzo [awto'meddzo] *sm* vehículo *m*

automobile [awto'mɔbile] *sf* automóvil *m*

automobilismo [awtomobi'lizmo] *sm* automovilismo *m*

automobilista, i, e [awtomobi'lista, i, e] *smf* automovilista *mf*

autonoleggio [awtono'leddʒo] *sm* alquiler *m* de coches

autonomia [awtono'mia] *sf* autonomía *f*

autonomo, a [aw'tɔnomo, a] *agg* autónomo(ma)

autopsia [aw'tɔpsja] *sf* autopsia *f*

autoradio [awto'radjo] *sf inv* autorradio *f*

autore, trice [aw'tore, 'tritʃe] *sm,f* autor *m*, -ra *f*

autorevole [awto'revole] *agg* autorizado(da)

autorimessa [awtori'messa] *sf* garaje *m*

autorità [awtori'ta] *sf inv* autoridad *f*

autoritario, a [awtori'tarjo, a] *agg* autoritario(ria)

autorizzare [awtoridz'dzare] *vt* autorizar

autorizzazione [awtoriddzats'tsjone] *sf* autorización *f*

autoscatto [awtos'katto] *sm* disparador *m* automático

autoscontro [awtos'kontro] *sm* autos *mpl* de choque

autoscuola [awtos'kwɔla] *sf* autoescuela *f*

autoservizio [awtoser'vittsjo] *sm* estación *f* de servicio

autostop [awtos'tɔp] *sm inv* autoestop *m* ● **fare l'autostop** hacer autoestop

autostoppista, i, e [awtostop'pista, i, e] *smf* autoestopista *mf*

autostrada [awto'strada] *sf* autopista *f*

autostradale [awtostra'dale] *agg* de autopista

autoveicolo [awtove'ikolo] *sm* vehículo *m*

autovettura [awtovet'tura] *sf* coche *m*, carro *m* (Andes, CAm, Carib & Méx)

autunno [aw'tunno] *sm* otoño *m*

avambraccio [avam'brattʃo] *sm* antebrazo *m*

avanguardia [avan'gwardja] *sf.* d'avanguardia de vanguardia ● **essere all'avanguardia** estar a la vanguardia

avanti [a'vanti] *avv* delante ● **a delante o l'orologio è avanti di cinque minuti** el reloj va cinco minutos adelantado ● **il giorno avanti** el día anterior ● **avanti!** (invito a entrare) ¡adelante! ● **avanti il prossimo** que pase el siguiente ● **andare avanti** seguir adelante ● **andare avanti e indietro** ir de un sitio para otro ● **essere avanti** estar adelantado(da) ● **farsi avanti** avanzar ▼ **avanti!** (al semaforo) señal luminosa que indica a los peatones que ya pueden cruzar la calle

avanzare [avan'tsare] ◇ *vt* avanzar ◇ *vi* **1.** (procedere) avanzar **2.** (restare) quedar, sobrar

avanzo [a'vantso] *sm* **1.** (di cibo) sobras

fpl, raspa *f* (Més) **2.** *(di stoffa)* retal *m*, retazos *mpl* (Amér)

avaria [ava'ria] *sf* avería *f*

avariato, a [ava'rjato, a] *agg* averiado (da)

avaro, a [a'varo, a] *agg & sm,f* avaro(ra)

avena [a'vena] *sf* avena *f*

avere [a'vere]
◊ *vt* **1.** *(gen)* tener ● **ha due fratelli** tiene dos hermanos ● **non ho più soldi** no tengo más dinero ● **avere capelli scuri** tener el pelo negro ● **avere molta immaginazione** tener mucha imaginación ● **quanti anni hai?** ¿cuántos años tienes? ● **ho 18 anni** tengo 18 años ● **hai da accendere?** ¿tienes fuego? ● **avere caldo/freddo** tener calor/frío ● **avere sonno** tener sueño ● **avere fame** tener hambre ● **ho mal di testa** tener dolor de cabeza **2.** *(ottenere, ricevere)* ● **posso avere un bicchiere d'acqua** ¿puede darme un vaso de agua? ● **ho niente a che fare** no tiene nada que ver con ● **non ne ho per molto** no me falta mucho ● **avere da fare** estar ocupado(da) ● **avercela con** tenerla tomada con alguien ● **quanti ne abbiamo oggi?** ¿a cuánto estamos hoy?
◊ *v aus* haber ● **non ho capito** no he entendido ● **abbiamo prenotato un tavolo** hemos reservado una mesa
◆ **averi** *smpl* bienes *mpl*

aviazione [avjats'tsjone] *sf* aviación *f*

avido, a [a'vido, a] *agg* ávido(da), avariento(ta) (Amér)

A.V.I.S. *sf* (abbr di Associazione Volontari Italiani del Sangue) Asociación Italiana de Donantes de Sangre

avo ['avo] *sm* antepasado *m*

avocado [avo'kado] *sm inv* aguacate *m*, palta *f* (Andes & RP)

avorio [a'vorjo] *sm* marfil *m*

avvallamento [avvalla'mento] *sm* hondonada *f*

avvantaggiare [avvantad3'd3are] *vt* favorecer ◆ **avvantaggiarsi** *vr* **1.** *(beneficiare)* beneficiarse **2.** *(avanzare)* superarse **3.** *(prevalere)* aventajar

avvantaggiarsi di sacar provecho de

avvelenamento [avvelena'mento] *sm* envenenamiento *m*

avvelenare [avvele'nare] *vt* envenenar

avvenente [avve'nɛnte] *agg* atractivo(va)

avvenimento [avveni'mento] *sm* acontecimiento *m*

avvenire [avve'nire] ◊ *sm inv* porvenir *m*
◊ *vi* suceder

avventarsi [avven'tarsi] *vr* ◆ **avventarsi su** *o* **contro** arremeter contra

avventato, a [avven'tato, a] *agg* precipitado(da)

avventura [avven'tura] *sf* aventura *f*

avventurarsi [avventu'rarsi] *vr* aventurarse

avventuroso, a [avventu'rozo, a] *agg* **1.** *(persone)* aventurero(ra) **2.** *(viaggio)* de aventuras

avverarsi [avve'rarsi] *vr* cumplirse

avverbio [av'vɛrbjo] *sm* adverbio *m*

avversario, a [avver'sarjo, a] *agg & sm,f* adversario(ria)

avvertenza [avver'tentsa] *sf* advertencia *f* ◆ **avvertenze** *sfpl* instrucciones *fpl*

avvertimento [avverti'mento] *sm* aviso *m*

avvertire [avver'tire] *vt* advertir

avviamento [avvja'mento] *sm* **1.** *(di motore)* arranque *m*, suiche *m* (*Amér*) **2.** COMM fondo *m* de comercio

avviare [avvi'are] *vt* **1.** *(iniziare)* iniciar **2.** *(indirizzare)* orientar ● **ha avviato suo figlio alla musica** ha orientado a su hijo hacia la música ◆ **avviarsi** *vr* encaminarse

avvicinare [avvitʃi'nare] *vt* acercar ◆ **avvicinarsi** *vr* ◆ **avvicinarsi (a)** acercarse (a)

avvilire [avvi'lire] *vt* humillar ◆ **avvilirsi** *vr* desmoralizarse, aplancharse (*Col*)

avvincente [avvin'tʃente] *agg* cautivador(ra)

avvisare [avvi'zare] *vt* avisar

avviso [av'vizo] *sm* aviso *m* ● **a mio avviso** en mi opinión

avvistare [avvis'tare] *vt* divisar

avvitare [avvi'tare] *vt* **1.** *(girare)* enroscar **2.** *(fissare con viti)* atornillar

avvizzire [avvits'tsire] *vi* marchitar

avvocato [avvo'kato] *smf* abogado *m*, -da *f*

avvolgere [av'voldʒere] *vt* **1.** *(arrotolare)* enrollar **2.** *(avviluppare)* envolver ◆ **avvolgersi** *vr* envolverse

avvolgibile [avvol'dʒibile] *sm* persiana *f* enrollable

avvoltoio [avvol'tojo] *sm* buitre *m*

azalea [adzdza'lea] *sf* azalea *f*

azienda [adz'dzjenda] *sf* empresa *f* ● **azienda agricola** explotación *f* agrícola

azionare [atstsjo'nare] *vt* accionar

azione [ats'tsjone] *sm* acción *f*

azionista, i, e [atstsjo'nista, i, e] *smf* accionista *mf*

azoto [adz'dzɔto] *sm* nitrógeno *m*

azzannare [adzdzan'nare] *vt* adentellar

azzardare [adzdzar'dare] *vt* arriesgar ◆ **azzardarsi** *vr* ◆ **azzardarsi a fare qc** arriesgarse a hacer algo

azzardo [adz'dzardo] *sm* azar *m*

azzeccare [adzdzek'kare] *vt* acertar

azzuffarsi [adzdzuf'farsi] *vr* pegarse, fajarse (*Amér*)

azzurro, a [adz'dzurro, a] *agg* & *sm* azul ● **Azzurri** *smpl* **gli Azzurri** SPORT jugadores de la selección nacional italiana

bB

babà [ba'ba] *sm inv* bizcocho *m* borracho, queque *m* borracho (*Andes* & *CAm*)

babbo ['babbo] *sm* **1.** papá *m* **2.** ● **Babbo Natale** Papá *m* Noel

baby-sitter [bebi'sitter] *smf inv* canguro *mf* (*Esp*), baby-sitter *mf*

bacca ['bakka] (*pl* **-che**) *sf* baya *f*

baccalà [bakka'la] *sm inv* bacalao *m*

bacheca [ba'kɛka] (*pl* **-che**) *sf* tablón *m* de anuncios

baciare [ba'tʃare] vt besar ● **baciarsi** vr besarse, besotearse (Méx)
bacinella [batʃi'nella] sf barreño m
bacino [ba'tʃino] sm **1.** (catino) palangana f **2.** ANAT pelvis f **3.** GEO cuenca f
bacio ['batʃo] sm beso m
badante [ba'dante] smf auxiliar mf de clínica
badare [ba'dare] vi **badare a** (prendersi cura di) ocuparse de; (fare attenzione a) tener cuidado con ● **non badare a spese** no reparar en gastos
badia [ba'dia] sf abadía f
baffi ['baffi] smpl bigote m
bagagliaio [bagaʎ'ʎajo] sm maletero m
bagaglio [ba'gaʎʎo] (pl **bagagli**) sm equipaje m ● **bagaglio a mano** equipaje m de mano
bagliore [baʎ'ʎore] sm resplandor m, resolana f (Arg & Méx)
bagnare [baɲ'ɲare] vt **1.** (tovaglia, labbra, viso) mojar **2.** (piante, città) bañar **3.** (sog: fiume) bañar ● **bagnarsi** vr **1.** (fare il bagno) bañarse **2.** (di pioggia, spruzzi) mojarse
bagnato, a [baɲ'ɲato, a] agg mojado (da) ● **bagnato fradicio** empapado (da)
bagnino, a [baɲ'ɲino, a] sm,f socorrista mf
bagno ['baɲɲo] sm **1.** baño m **2.** **bagno pubblico** casa f de baños ● **fare il bagno** bañarse ● **bagni** smpl baños mpl
bagnomaria [baɲɲoma'ria] sm ● **cuocere a bagnomaria** calentar al baño maría
bagnoschiuma [baɲɲos'kjuma] sm inv gel m de baño

baia ['baja] sf bahía f
baita ['bajta] sf refugio m alpino
balaustra [bala'ustra] sf barandilla f
balbettare [balbet'tare] vi balbucear
balcone [bal'kone] sm balcón m
balena [ba'lena] sf ballena f
balla ['balla] sf **1.** (fam) (bugia) trola f, cuento m (Amér) **2.** (pacco) fardo m, bojote m (Carib & Ven)
ballare [bal'lare] vi bailar
ballerina [balle'rina] sf **1.** (danzatrice) bailarina f **2.** (scarpa) manoletinas fpl
balletto [bal'letto] sm ballet m
ballo ['ballo] sm baile m ● **essere in ballo** estar en juego ● **tirare in ballo** poner de por medio
balneare [balne'are] agg balneario(ria)
balneazione [balneats'tsjone] sf baño m ● **divieto di balneazione** prohibido bañarse
balsamo ['balsamo] sm **1.** (per capelli) suavizante m **2.** (fig) (conforto, sollievo) bálsamo m
Baltico ['baltiko] sm ● **il (Mar) Baltico** el (Mar) Báltico
balzare [bal'tsare] vi saltar
bambinaia [bambi'naja] sf niñera f, chachalaca f (CAm), manejadora f (Cuba)
bambino, a [bam'bino] sm,f niño m, -ña f
bambola ['bambola] sf muñeca f
banale [ba'nale] agg banal
banana [ba'nana] sf plátano m, banana f (Perú & RP), cambur m (Ven)
banca ['banka] sf banco m ● **banca dati** banco de datos

bancarella [banka'rella] *sf* tenderete *m*
bancario, a [ban'karjo, a] *agg* bancario(a) ◇ *sm,f* empleado *m*, -da *f* de banca
bancarrotta [bankar'rotta] *sf* bancarrota *f*
banchina [ban'kina] *sf* **1.** *(di porto)* muelle *m* **2.** *(di stazione)* andén *m*
banco, chi ['banko] *sm* **1.** *(di scuola)* pupitre *m* **2.** *(di negozio)* mostrador *m* **3.** *(di bar)* barra *f* **4.** *(di mercato)* puesto *m* **5.** *(banca)* banco *m* **6.** ● **banco di nebbia** banco de niebla ● **banco di sabbia** banco de arena
bancomat ® [banko'mat] *sm inv* **1.** *(sistema)* cajero *m* automático **2.** *(tessera)* tarjeta *f*
bancone [ban'kone] *sm* **1.** *(di negozio)* mostrador *m* **2.** *(di bar)* barra *f*
banconota [banko'nɔta] *sf* billete *m*
banda ['banda] *sf* **1.** *(complesso, striscia, di malviventi)* banda *f* **2.** *(compagnia)* banda *f*, **bandada** *(Amér)*
bandiera [ban'djera] *sf* bandera *f*

bandiera italiana

El tricolor, la bandera nacional italiana con franjas verticales rojo, blanca y roja, se remonta a 1946, año en que el país se convierte en una república. Existen distintas interpretaciones en relación con el origen y el significado de estos colores; en cualquier caso, el verde evoca las colinas de Italia, el blanco, la nieve de las cumbres italianas, y el rojo, la sangre de los caídos por la patria.

bandito [ban'dito] *sm* bandido *m*
bando ['bando] *sm* bando *m* ● **bando alle chiacchiere!** ¡basta ya de charla! ● **bando di concorso** convocatoria *f*
bar [bar] *sm inv* bar *m* ● **bar-tabacchi** bar y estanco en un solo establecimiento
bara ['bara] *sf* ataúd *m*, cajón *m* (*Arg, Chile & Ven*), cuja *f* (*Perú*)
baracca [ba'rakka] (*pl* **-che**) *sf* **1.** barraca *f* **2.** (*spreg*) (*casa*) cuchitril *m* **3.** ● **mandare avanti la baracca** (*fam*) sacar adelante la casa
baraccone [barak'kone] *sm* barraca *f* (*de feria*)
barare [ba'rare] *vi* hacer trampas
baratro [baratro] *sm* abismo *m*
barattolo [ba'rattolo] *sm* tarro *m*, frasco *m* (*Ven*)
barba ['barba] *sf* barba *f* ● **farsi la barba** afeitarse ● **che barba!** ¡qué lata!
barbaro, a ['barbaro, a] *agg & sm,f* bárbaro(a)
barbecue [barbe'kju] *sm inv* barbacoa *f*
barbiere [bar'bjere] *sm* barbero *m*
barbone, a [bar'bone, a] *sm,f* vagabundo *m*, -da *f*
barca ['barka] (*pl* **-che**) *sf* barca *f* ● **barca a remi** barca de remo ● **barca a vela** barca de vela
barcollare [barkol'lare] *vi* tambalearse
barella [ba'rella] *sf* camilla *f*
barista, i, e [ba'rista, i, e] *sm,f* camarero *m*, -ra *f*, mesero *m*, -ra *f* (*Méx*), mozo *m*, -za *f* (*RP*)
barman ['barman] *sm inv* barman *m*
barra ['barra] *sf* barra *f*
barricare [barri'kare] *vt* atrancar ●

barricarsi vr atrincherarse
barriera [bar'rjera] sf barrera f
basare [ba'zare] vt basar • **basarsi su** basarse en
base ['baze] sf base f • **alla base di qc** en el origen de algo • **in base a qc** en base a algo
baseball ['bejzbol] sm inv béisbol m
basetta [ba'zetta] sf patilla f, balcarrota f (Col)
basilica [ba'zilika] (pl -**che**) sf basílica f
basilico [ba'ziliko] sm albahaca f
basso, a ['basso, a] ◇ agg bajo(ja) ◇ sm 1. bajo m 2. (abitazione a Napoli) bajos mpl • **in basso** abajo
basta ['basta] esclam ¡basta!
bastare [bas'tare] vi & v impers bastar • **basta che** con tal de que • **basta così** ya está
bastone [bas'tone] sm bastón m • **bastone da passeggio** bastón m
battaglia [bat'taʎʎa] sf batalla f
battello [bat'tello] sm bote m, lancha f (Ven)
battere ['battere] ◇ vt 1. (colpire) azotar 2. (percorrere) recorrer 3. (vincere) batir ◇ vi 1. (pulsare) latir 2. (cadere con insistenza) • **la pioggia batte sui vetri** la lluvia repiquetea en los cristales • **il sole batte sulla terrazza** el sol pega fuerte en la terraza 3. (urtare) chocar • **battere il tempo** marcar el compás • **battere le ore** tocar las horas • **battere contro** o **in qc** chocar con o contra algo • **battere i denti** castañetear los dientes • **battere a macchina** escribir a máquina • **battere le mani** aplaudir • **in un batter d'occhio** en un abrir y cerrar de ojos • **battersi** vr (fig) luchar
battesimo [bat'tezimo] sm 1. bautismo m 2. • **nome di battesimo** nombre de pila
battezzare [batted'dzare] vt bautizar
battigia [bat'tidʒa] sf rompiente m
battistrada [battis'trada] sm inv banda f de rodadura
battito ['battito] sm 1. (cardiaco) latido m 2. (di pioggia) repiqueteo m 3. (di orologio) tic-tac m
battuta [bat'tuta] sf 1. (spiritosaggine) ocurrencia f 2. (teatrale) réplica f 3. (di tennis) servicio m 4. (di caccia) batida f
baule [ba'ule] sm baúl m
bavaglino [bavaʎ'ʎino] sm babero m
bavaglio [ba'vaʎʎo] sm mordaza f
bavarese [bava'reze] sf bavarois m inv
bavero ['bavero] sm cuello m (de chaqueta)
bazzecola [badz'dzekola] sf bagatela f (Esp), banalidad f (Amér)
beauty-case [bjuti'kejs] sm inv neceser m
beccare [bek'kare] vt 1. picotear 2. (fam) (sorprendere) pillar • **beccarsi** vr (fam) • **beccarsi un raffreddore** pillar un resfriado
becco ['bekko] (pl -**chi**) sm pico m
Befana [be'fana] sf 1. (personaggio) bruja que reparte regalos a los niños la noche de Reyes 2. (festa) Epifanía f

La Befana

Según la tradición, esta bondadosa y anciana bruja estaba demasiado ocupada cuando pasaron los Reyes Magos hacia el pesebre de Belén y la invitaron a ir con ellos, por lo que se perdió tan maravillosa oportunidad. Cada año, en la noche del 5 al 6 de enero, los niños italianos cuelgan un calcetín y la Befana, que va de casa en casa buscando al niño Jesús, deja caramelos, juguetes y regalos.

beffa ['beffa] *sf* burla *f*
beffarsi [bef'farsi] *vr* burlarse ● **beffarsi di** burlarse de
begli ['beʎʎi] ► bello
bei ['bei] ► bello
beige [bɛʒ] *agg inv* beige
bel [bɛl] ► bello
belga, gi, ghe ['bɛlga, dʒi, ge] *agg & smf* belga
Belgio ['bɛldʒo] *sm* ● **il Belgio** Bélgica *f*
bella ['bɛlla] *sf* **1.** SPORT final *f* **2.** (giochi di carte) desempate *m*
bellezza [bel'lettsa] *sf* belleza *f* ● **che bellezza!** ¡qué maravilla!
bello, a [bɛllo, a]
◇ *agg* **1.** (gen) bueno(na) **2.** (d'aspetto) bello(lla) ● **farsi bello** ponerse guapo(pa) ● **le belle arti** bellas artes **3.** (cifra, spesa) grande **4.** (rafforzativo) ● **non capisco un bel niente** no entiendo nada en absoluto ● **un bel giorno...** un buen día... ● **è bell'e fatto** ya está hecho y rehecho
◇ *sm (bellezza)* ● **il bello è che...** lo mejor es que... ● **sul più bello** en el mejor momento
belva ['bɛlva] *sf* fiera *f*
belvedere [bɛlve'dere] *sm inv* mirador *m*, miradero *m (Col)*
benché [ben'ke] *cong* aunque
benda ['bɛnda] *sf* venda *f*
bendare [ben'dare] *vt* vendar
bene ['bene]
◇ *avv* **1.** (gen) bien **2.** (rafforzativo) ● **lo spero bene!** ¡espero que así sea! ● **lo credo bene!** no me cabe la menor duda ● **gliel'ho detto ben cinque volte!** ¡se lo he dicho hasta cinco veces! **3.** (*in espressioni*) ● **è bene che lo sappia prima** es mejor que lo sepa antes ● **va bene!** ¡vale!
◇ *esclam* ¡bien!
◇ *sm* bien *m* ● **beni mobili** DIR bienes *mpl* muebles
benedire [bene'dire] *vt* bendecir
benedizione [benedits'tsjone] *sf* bendición *f*
beneducato, a [benedu'kato, a] *agg* bien educado(da)
beneficenza [benefi't∫entsa] *sf* beneficencia *f*
benessere [be'nessere] *sm* **1.** (salute) salud *f* **2.** (ricchezza) bienestar *m*
benestante [bene'stante] *agg* acomodado(da)
benevolo, a [be'nɛvolo, a] *agg* benévolo(la), bonachón(ona) *(Arg & Urug)*
beninteso [benin'tezo] *avv* por supuesto
benvenuto, a [bɛnve'nuto, a] ◇ *agg*

bienvenido(da) *sm* bienvenida *f* ● **dare il benvenuto a qn** dar la bienvenida a alguien ● **benvenuti a Roma! ¡bienvenidos a Roma!**
benzina [ben'dzina] *sf* gasolina *f* (*Esp & Méx*), nafta *f* (*RP*) ● **fare benzina** echar gasolina (*Esp, Méx*) o nafta (*RP*)
benzinaio, a [bendzi'najo, a] *sm,f* empleado *m*, -a *f* de gasolinera
bere ['bere] *vt* **1. beber, tomar** (*Amér*) **2.** (*fig*) (*credere*) tragarse **3.** ● **bevi qualcosa? ¿quieres tomar algo?** ● **da bere para beber** ● **offrire da bere** invitar a una copa
bermuda [ber'muda] *smpl* bermudas *mpl*
bernoccolo [ber'nɔkkolo] *sm* chichón *m*
bersaglio [ber'saʎʎo] *sm* (*fig*) blanco *m* (*diana*)
besciamella [beʃʃa'mella] *sf* bechamel *f*
bestemmiare [bestem'mjare] *vi* blasfemar
bestia ['bɛstja] *sf* bestia *f* ● **andare in bestia** ponerse negro
bestiame [bes'tjame] *sm* ganado *m*
bevanda [be'vanda] *sf* bebida *f*
biancheria [bianke'ria] *sf* ropa *f* blanca ● **biancheria intima** ropa *f* interior
bianchetto [bian'ketto] *sm* líquido *m* corrector
bianco, a, chi, che ['bjanko, a, ki, ke] *agg & sm & sf* blanco(ca) *m* ● **1. bianco m 2.** ● **in bianco** de régimen ● **in bianco e nero** en blanco y negro
biasimare [bjazi'mare] *vt* reprobar
Bibbia ['bibbja] *sf* Biblia *f*
biberon [bibe'rɔn] *sm inv* biberón *m*,

mamila *f* (*Més*), madera *f* (*CSur & Perú*)
bibita ['bibita] *sf* refresco *m*
biblioteca [bibljo'tɛka] (*pl* **-che**) *sf* biblioteca *f*
bicarbonato [bikarbo'nato] *sm* ● **bicarbonato (di sodio)** bicarbonato *m*
bicchiere [bik'kjere] *sm* vaso *m*
bici ['bitʃi] *sf inv* (*fam*) bici *f*
bicicletta [bitʃi'kletta] *sf* bicicleta *f* ● **andare in bicicletta** ir en bicicleta
bidè [bi'dɛ] *sm inv* bidé *m*, bañera *f* (*Amér*)
bidone [bi'done] *sm* **1. bidón** *m* **2.** (*fam*) (*imbroglio*) timo *m* (*Esp*), engaño *m* (*Amér*) ● **fare un bidone a qn** dar plantón a alguien
biennale [bien'nale] *agg* bienal ● **Biennale** *sf* ● **la Biennale (di Venezia)** la Bienal de Venecia

La Biennale di Venezia

Creada en 1895, la Bienal de Venecia es probablemente la más prestigiosa exposición de arte contemporáneo y una cita indispensable para observar las nuevas tendencias artísticas tanto en el ámbito de las artes visuales, la arquitectura, el cine y el teatro como de la danza y la música.

bifocarsi [bifor'karsi] *vr* bifurcarse
B.I.G.E. *sm* (*abbr di* Biglietto Individuale Gruppo Studenti) billete de tren individual con un descuento para grupos de estudiantes

bigiotteria [bidʒotte'ria] *sf* bisutería *f*

biglia ['biʎʎa] = **bilia**

bigliardo [biʎ'ʎardo] = **biliardo**

bigliettaio, a [biʎʎet'tajo, a] *sm,f* taquillero *m*, -ra *f*

biglietteria [biʎʎette'ria] *sf* taquilla *f* • **biglietteria automatica** taquilla automática

biglietto [biʎ'ʎetto] *sm* **1.** *(scontrino)* tíquet *m* **2.** *(messaggio)* nota *f*, mensaje *m (Amér)* **3.** *(banconota)* billete *m (Esp)*, boleto *m (Amér)* • **fare il biglietto** comprar el billete • **biglietto d'andata e ritorno** billete de ida y vuelta • **biglietto d'auguri** tarjeta *f* de felicitación • **biglietto collettivo** entrada *f* colectiva • **biglietto cumulativo** tarjeta *f* multiviaje • **biglietto gratuito** billete gratuito • **biglietto intero** billete entero • **biglietto ridotto** medio billete • **biglietto di (sola) andata** billete de ida • **biglietto da visita** tarjeta *f* de visita

bignè [biɲ'ɲe] *sm inv* buñuelo *m* de viento, picarón *m (Chile, Méx & Perú)*

bigodino [bigo'dino] *sm* bigudí *m*

bikini® [bi'kini] *sm inv* biquini *m*

bilancia [bi'lantʃa] *(pl* -ce*)* *sf* balanza *m*, pesada *f (Arg & Urug)* • **Bilancia** *sf* Libra *f inv*

bilancio [bi'lantʃo] *sm* COMM balance *m* • **bilancio preventivo** presupuesto *m* económico

bilia ['bilja] *sf* **1.** *(di vetro)* canica *f* **2.** *(da biliardo)* bola *f* de billar

biliardo [bi'ljardo] *sm* billar *m*

bilico ['biliko] *sm* **1.** vilo *m* **2.** • **in bilico** en vilo

bilingue [bi'lingwe] *agg* bilingüe

bimbo, a ['bimbo, a] *sm,f* niño *m*, -ña *f*, bebito *m*, -a *f (Amér)*, bebe *m*, -ba *f (Arg & CSur)*

binario [bi'narjo] *sm* **1.** *(rotaie)* vía *f* **2.** *(marciapiede)* andén *m* • **ai binari** acceso a las vías

binocolo [bi'nɔkolo] *sm* prismáticos *mpl*

biologia [biolo'dʒia] *sf* biología *f*

biondo, a ['bjondo, a] *agg* rubio(bia), catire(ra) *(Carib, Col & Ven)*, güero(ra) *(Méx)*

bioterrorismo [bioterro'rizmo] *sm* bioterrorismo *m*

birichino, a [biri'kino, a] *sm,f* pícaro *m*, -ra *f*, vivo *m*, -va *f (Amér)*

birillo [bi'rillo] *sm* bolo *m*

biro® [ˈbiro] *sf inv* bolígrafo *m*

birra ['birra] *f* cerveza *f* • **birra chiara** cerveza rubia • **birra scura** cerveza negra • **birra alla spina** cerveza de barril

birreria [birre'ria] *sf* cervecería *f*

bis [bis] ◇ *avv* bis ◇ *esclam* bis

bisbigliare [bizbiʎ'ʎare] *vi & vt* cuchichear, tallar *(Arg, Chile & RP)*

bisessuale [bisessu'ale] *agg & smf* bisexual

biscotto [bis'kɔtto] *sm* galleta *f*

bisestile *agg* bisiesto

bisnonno, a [biz'nɔnno, a] *sm,f* bisabuelo *m*, -la *f*

bisognare [bizoɲ'ɲare] *v impers* ser necesario • **bisogna dirglielo subito** hay que decírselo en seguida

bisogna che tu venga tienes que venir ● **non bisogna studiare questa lezione** no hace falta estudiar esta lección

bisogno [bi'zoɲɲo] *sm* necesidad *f* ● **aver bisogno di** necesitar ● **c'è bisogno di** hace falta

bistecca [bis'tekka] *(pl* **-che)** *sf* **1.** bistec *m*, bife *m* (RP) **2.** ● **bistecca al sangue** bistec poco hecho

bisticciare [bistit'tʃare] *vi* altercar

bitter ['bitter] *sm inv* bíter *m*, amargo *m* (Arg, Méx, Perú & Ven)

bivio ['bivjo] *sm* cruce *m*

bizza ['biddza] *sf* berrinche *m*

bizzarro, a [bid'dzarro, a] *agg* extravagante

bloccare [blok'kare] *vt* **1.** bloquear, atorar (Amér) **2.** *(prezzi)* congelar ●
bloccarsi *vr* bloquearse, atorarse (Amér)

blocchetto [blok'ketto] *sm* bloc *m*, libreta *f* (Ven)

blocco ['blɔkko] *(pl* **-chi)** *sm* **1.** *(di cemento, ghiaccio, marmo)* bloque *m* **2.** *(quaderno)* bloc *m* **3.** *(di meccanismo, attività)* bloqueo *m* **4.** ● **blocco stradale** detención *f* del tráfico **5.** ● **in blocco** en bloque o masa (Amér)

blu [blu] *agg inv* & *sm inv* azul

blue-jeans [blu'dʒins] *smpl* pantalón *m* vaquero (Esp), jeans *mpl* (Amér)

blusa [bluza] *sf* blusa *f*

boa ['bɔa] ◇ *sf* boya *f* ◇ *sm inv* **1.** boa *f* **2.** ● **boa di struzzo** boa de pluma

bobina [bo'bina] *sf* **1.** *(di auto)* bobina *f* **2.** *(di pellicola)* carrete *m*

bocca ['bokka] *(pl* **-che)** *sf* **1.** *(di persona, animale)* boca *f* **2.** GEO ● **bocca di fiume** boca de río ● **bocca di grotta** boca de gruta **3.** ● **in bocca al lupo!** ¡suerte!

boccaccia [bok'kattʃa] *(pl* **-ce)** *sf* ● **fare le boccacce** hacer muecas, monear (Arg, Chile, Méx & Urug)

boccale [bok'kale] *sm* jarra *f*

boccia ['bɔttʃa] *(pl* **-ce)** *sf* **1.** *(palla)* bocha *f* **2.** *(recipiente)* jarra *f* **3.** ● **giocare a bocce** jugar a bochas

bocciare [bot'tʃare] *vt* **1.** *(studente)* suspender **2.** *(proposta, progetto)* rechazar, desechar (Amér)

boccone [bok'kone] *sm* bocado *m* ● **mangiare un boccone** comer un bocado

boconi [bok'koni] *avv* boca abajo

boicottare [bojkot'tare] *vt* boicotear

bolla ['bolla] *sf* **1.** *(vescica)* vejiga *f* **2.** *(di sapone, di vapore, di aria)* pompa *f*, bloa *f* (Amér) **3.** *(documento)* recibo *m*

bollente [bol'lente] *agg* hirviendo

bolletta [bol'letta] *sf* **1.** *(ricevuta)* recibo *m* **2.** *(conto)* resguardo *m*

bollettino [bollet'tino] *sm* **1.** boletín *m* **2.** ● **bollettino meteorologico** parte *m* meteorológico

bollire [bol'lire] ◇ *vt* hervir ◇ *vi* hervir, sancochar (Amér)

bollito, a [bol'lito] ◇ *agg* hervido(da) ◇ *sm* cocido *m*, sancocho *m* (Ven), puchero *m* (Chile)

bollitore [bolli'tore] *sm* hervor *m*

bollo ['bollo] *sm* sello *m*, estampilla *f* (Amér)

Bologna [bo'loɲɲa] *sf* Bolonia *f*

bolognese [boloɲ'ɲeze] *(pl* **-i)** *agg* boloñés(esa)

bomba ['bomba] *sf* bomba *f*
bombardare [bombar'dare] *vt* bombardear, bombear (*Amér*)
bombola ['bombola] *sf* bombona *f*
bombolone [bombo'lone] *sm* bollo *m*
bonaccia [bo'nattʃa] *sf* bonanza *f*
bonario, a [bo'narjo, a] *agg* afable
bontà [bon'ta] *sf* bondad *f*
bora ['bora] *sf* ● **la bora** viento frío procedente del norte

la bora

La *bora* es un viento frío procedente del norte que sopla en Trieste sobre todo en invierno. Se habla de *bora chiara* si el cielo está sereno, mientras que nubes y lluvia caracterizan la *bora scura*. Puede alcanzar una velocidad de 150 km/h, por lo que en las aceras del centro de Trieste hay cuerdas y cadenas para que los transeúntes puedan circular en los días de *bora* intensa.

borbottare [borbot'tare] *vi* mascullar
bordeaux [bor'do] *agg inv* & *sm inv* burdeos *inv*
bordo ['bordo] *sm* 1. (*orlo*) borde *m* 2. (*guarnizione*) dobladillo *m* 3. (*di nave*) ● **a bordo di** a bordo de
borghese [bor'geze] *agg* & *smf* burgués(esa) ● **in borghese** de paisano
borghesia [borge'zia] *sf* burguesía *f*
borgo ['borgo] (*pl* **-ghi**) *sm* aldea *f*
borotalco ® [boro'talko] *sm* talco *m*
borraccia [bor'rattʃa] (*pl* **-ce**) *sf* cantimplora *f*, bocio *m* (*CAm*), caramayola *f* (*Chile, Méx* & *RP*)
borsa ['borsa] *sf* bolsa *f* ● **borsa dell'acqua calda** bolsa del agua caliente ● **borsa del ghiaccio** bolsa del hielo ● **borsa della spesa** bolsa de la compra ● **borsa di studio** beca *f* ● **Borsa** *sf* Bolsa *f*
borsaiolo, a [borsa'jolo, a] *sm,f* carterista *mf*, bolsista *mf* (*CAm* & *Méx*)
borsellino [borsel'lino] *sm* monedero *m*
borsetta [bor'setta] *sf* bolso *m*, bolsito *m* (*Amér*)
bosco ['bosko] (*pl* **-schi**) *sm* bosque *m*
Bosnia ['bɔznja] *sf* ● **la Bosnia** Bosnia *f*
botanico, a, ci, che [bo'taniko, a, tʃi, ke] *agg* & *sm,f* botánico(ca)
botta ['bɔtta] *sf* 1. golpe *m* 2. ● **fare a botte** pegarse
botte ['botte] *sf* barril *m*
bottega [bot'tega] (*pl* **-ghe**) *sf* 1. (*negozio*) tienda *f*, negocio *m* (*Amér*) 2. (*laboratorio*) taller *m*, bodega *f* (*Amér*)
bottegaio, a [botte'gajo] *sm,f* pulpero *m*, -ra *f* (*Amér*)
bottiglia [bot'tiʎʎa] *sf* botella *f*
bottiglione [bottiʎ'ʎone] *sm* botellón *m*
botto ['botto] *sm* detonación *f*
bottone [bot'tone] *sm* botón *m* ● **attaccare un bottone a qn** dar la paliza a alguien
boutique [bu'tik] *sf inv* boutique *f*
box [bɔks] *sm inv* 1. (*garage*) garaje *m* 2. (*per bambini*) parque *m* 3. (*per animali*) cercado *m*
boxe [bɔks] *sf inv* boxeo *m*, box *m* (*Amér*)
boy-scout *sm inv* boy-scout *m*

braccetto [bratˈtʃetto] *sm* bracete *m* ● **a braccetto** *avv* del brazo
bracciale [bratˈtʃale] *sm* 1. *(gioiello, di orologio)* pulsera *f* 2. *(di stoffa)* brazal *m*
braccialetto [brattʃaˈletto] *sm* pulsera *f*
braccio [ˈbrattʃo] *(fpl* **braccia**, *mpl* **bracci***) sm* 1. *(fpl:* braccia*) (arto)* brazo *m* 2. *(mpl:* bracci*) (di gru, di bilancia, di lampada)* brazo *m* 3. GEO ● **braccio di mare** brazo de mar ● **sotto braccio** del brazo ● **braccio di ferro** pulso *m*
bracciolo [bratˈtʃɔlo] *sm* 1. *(di poltrona)* brazo *m* 2. *(salvagente)* flotador *m* para brazos
brace [ˈbratʃe] *sf* brasa *f* ● **alla brace** a la brasa
braciola [braˈtʃɔla] *sf* chuleta *f*
braille *sm inv* braille *m*
branco [ˈbranko] *(pl* -**chi***) sm* 1. manada *f* 2. *(spreg) (di persone)* hatajo *m*
branda [ˈbranda] *sf* catre *m*, catrera *f (Arg)*
brasato [braˈzato] *sm* estofado *m (Esp)*, guiso *m (Amér)*
Brasile [braˈzile] *sm* ● **il Brasile** Brasil *m*
bravo, a [ˈbravo, a] *agg* 1. *(abile)* capaz 2. *(buono)* bueno(na) ● **bravo!** ¡muy bien! ● **essere bravo a fare qc** competente en una actividad ● **bravo in qc** cualificado(da)
bretella [breˈtella] *sf* 1. *(per calzoni)* tirante *m* 2. *(autostradale)* enlace *m*
breve [ˈbrɛve] *agg* breve ● **in breve** resumiendo ● **tra breve** en breve
brevetto [breˈvetto] *sm* 1. *(di invenzione)* patente *f* 2. *(di pilota)* licencia *f*, brevet *m (Chile)*

brezza [ˈbreddza] *sf* brisa *f*
bricco [ˈbrikko] *sm* cafetera *f (para servir)*
briciola [ˈbritʃola] *sf* miga *f*
briciolo [ˈbritʃolo] *sm* ● **un briciolo di qc** una pizca de algo
brillante [brilˈlante] *agg & sm* brillante *m*
brillare [brilˈlare] *vi* brillar
brillo, a [ˈbrillo, a] *agg* achispado (da), algo borracho(cha) *(Amér)*
brindisi [ˈbrindizi] *sm inv* brindis *m inv* ● **fare un brindisi** a brindar por
brioche [briˈɔʃ] *sf inv* bollo *m*, pan *m* dulce *(Col & Ven)*
britannico, a, ci, che [briˈtanniko, a, tʃi, ke] *agg* británico(ca)
brivido [ˈbrivido] *sm* escalofrío *m*, repelús *m (Amér)*
brocca [ˈbrɔkka] *sf* jarra *f*
brodo [ˈbrɔdo] *sm* caldo *m*, caldillo *m (Méx)* ● **in brodo** con caldo
bronchite [bronˈkite] *sf* bronquitis *f inv*
brontolare [brontoˈlare] *vi* 1. refunfuñar 2. *(stomaco)* gruñir 3. *(tuono)* retumbar
bronzo [ˈbrondzo] *sm* bronce *m*, alarife *m (Arg)* ● **faccia di bronzo** caradura *mf (Esp)*, descarado(da) *(Amér)*
bruciapelo [brutʃaˈpelo] *sm* ● **a bruciapelo** *avv* a bocajarro, a quemarropa *(Amér)*
bruciare [bruˈtʃare] ◇ *vt (distruggere col fuoco)* quemar ◇ *vi* 1. *(ardere)* arder 2. *(scottare)* quemar 3. *(produrre bruciore)* escocer ● **bruciarsi** *vr* quemarse, chamusquearse *(Amér)*
bruciato, a [bruˈtʃato, a] *agg* quemado(da)

bruciatura [brutʃa'tura] *sf* quemadura *f*
bruno, a ['bruno, a] *agg* moreno(na)
bruschetta [brus'ketta] *sf* pan tostado con ajo, aceite y sal
brusio [bru'zio] *sm* murmullo *m*
brutale [bru'tale] *agg* brutal
brutto, a ['brutto, a] *agg* **1.** *(di aspetto)* feo(a) **2.** *(tempo, giornata, stagione)* malo(la) **3.** *(momento, situazione, sorpresa, etc)* desagradable **4.** *(rafforzativo)* • brutto cretino! ¡pedazo de idiota!
Bruxelles [bruk'sɛl] *sf* Bruselas *f*
buca ['buka] *sf* **1.** *(fossa)* hoyo *m*, hueco *m (Col & Ven)* **2.** *(apertura)* hoyo *m* **3.** • buca delle lettere buzón *m*
bucare [bu'kare] *vt* agujerear • bucare una gomma pinchar o ponchar *(CAm & Méx)* una rueda • **bucarsi** *vr* **1.** agujerearse *(Col & Ven)* **2.** *(pungersi)* pincharse, puyarse *(Col & Ven)* **3.** *(fam) (drogarsi)* pincharse
bucato [bu'kato] *sm* **1.** *(lavaggio)* colada *f* **2.** *(panni)* ropa *f* lavada
buccia ['buttʃa] *(pl* **-ce)** *sf* cáscara *f*
buco ['buko] *(pl* **-chi)** *sm* agujero *m* • il buco dell'ozono el agujero de la capa de ozono
budino [bu'dino] *sm* flan *m*
bufera [bu'fɛra] *sf* tempestad *f*
buffet [buf'fe] *sm inv* **1.** *(tavola, ristorante)* bufé *m* **2.** *(mobile)* aparador *m*
buffo, a ['buffo, a] *agg* cómico(ca)
buffet [buf'fe] *sm inv* **1.** *(tavola, ristorante)* bufé *m* **2.** *(mobile)* aparador *m*
bug [bag] *sf* error *m*
bugiardo, a [bu'dʒardo, a] *agg & sm,f* mentiroso(sa)

buio, a ['bujo, a] *agg* oscuro(ra) ◇ *sm* oscuridad *f* • far buio anochecer
Bulgaria [bulga'ria] *sf* • la Bulgaria Bulgaria *f*
bulgaro, a ['bulgaro, a] *agg* búlgaro(ra) ◇ *sm* piel *f* de Rusia
bullone [bul'lone] *sm* perno *m*
buonanotte [bwɔna'nɔtte] *esclam* ¡buenas noches! • buonanotte al secchio! ¡sanseacabó!
buonasera [bwɔna'sera] *esclam* ¡buenas tardes!
buongiorno [bwɔn'dʒorno] *esclam* ¡buenos días!
buongustaio, a [bwɔŋgus'tajo, a] *sm,f* gourmet *mf*
buono, a ['bwɔno, a]
◇ *agg* **1.** *(gen)* bueno(na) **2.** *(in espressioni)* • essere buono a nulla no servir para nada • con le buone o con le cattive por las buenas o por las malas • a buon mercato barato
◇ *sm* **1.** *(aspetto positivo)* lo bueno **2.** *(tagliando)* bono *m* **3.** *(sostituto di rimborso)* vale *m*
buonsenso [bwɔn'sɛnso] *sm* sentido *m* común
buonumore [bwɔnu'more] *sm* buen humor *m*
burattino [burat'tino] *sm* marioneta *f*
burla ['burla] *sf* burla *f*
burocrazia [burokrat'tsia] *sf* burocracia *f*
burrasca [bur'raska] *(pl* **-che)** *sf* borrasca *f (Esp)*, tempestad *f (Amér)*
burro ['burro] *sm* mantequilla *f* • burro di cacao crema *f* de cacao

burrone [bur'rone] *sm* barranco *m*

bus [bus] *sm inv* (*abbr di autobus*) bus *m*, autobús *m* (*Amér*)

bussare [bus'sare] *vi* llamar o tocar (*Amér*) a la puerta

bussola ['bussola] *sf* brújula *f* ● **perdere la bussola** perder la chaveta

busta ['busta] *sf* **1.** (*involucro*) sobre *m* **2.** (*di plastica*) estuche *m* ● **busta paga** nómina *f*

scrivere/leggere una busta

Per le lettere formali il nome del destinatorio è preceduto da un titolo (*Sr.* o *Sra.*). Il nome della via o della piazza precede il numero civico; segue il numero del piano, della porta, il codice postale, la città e spesso anche la provincia: *c/ Trapiche n° 177 5° 2ª, 29600 Marbella, MÁLAGA*. I dati del mittente seguono lo stesso ordine. Si scrivono sul lato anteriore, in alto a sinistra, per le lettere formali, altrimenti sul retro della busta.

bustarella [busta'rella] *sf* soborno *m*, coima *f* (*Andes & RP*), mordida *f* (*Méx*)

busto ['busto] *sm* **1.** (*tronco, scultura*) busto *m* **2.** (*guaina*) corsé *m*

butano [bu'tano] *sm* butano *m*

buttafuori [butta'fwori] *sm inv* gorila *m*

buttare [but'tare] *vt* echar ● **buttare all'aria qc** arrojar algo por los aires ● **buttare fuori qn** echar a alguien ● **buttare giù** (*abbattere*) derribar; (*inghiottire*) echar un bocado/un trago ● **buttare (via)** (*gettare*) tirar (*a la basura*); (*sprecare*) desperdiciar ◆ **buttarsi** *vr* **1.** (*gettarsi*) tirarse, aventarse (*Col & Méx*) **2.** (*tentare*) lanzarse

by-pass [baj'pas] *sm inv* bypass *m inv*

cabina [ka'bina] *sf* cabina *f* ● **cabina telefonica** cabina telefónica

cabrio ['kabrjo] *agg inv* descapotable ◇ *sm o sf inv* descapotable

cacao [ka'kao] *sm* cacao *m*

caccia ['kattʃa] *sf* caza *f* ● **caccia al tesoro** caza del tesoro

cacciare [kat'tʃare] *vt* **1.** (*animale*) cazar **2.** (*mandar via*) echar, botar (*Col & Ven*) **3.** ● **cacciare fuori qn** echar a alguien ◆ **cacciarsi** *vr* **1.** meterse **2.** ● **cacciarsi nei guai** meterse en líos

cacciatora [kattʃa'tora] *sf* ● **alla cacciatora** a la cazadora

cacciavite [kattʃa'vite] *sm inv* destornillador *m*

caccuccio [kat'tʃukko] *sm* sopa de pescado con cebolla, ajo, pimienta y vino, típica de Livorno

cachemire ['kaʃmir] *sm inv* cachemira *f*

cacio ['katʃo] *sm* queso *m*

cadavere [ka'davere] *sm* cadáver *m*

cadere [ka'dere] *vi* caer

caduta [ka'duta] *sf* **1.** caída *f* **2.** • la caduta dei capelli la caída del cabello

caffè [kaf'fɛ] *sm inv* **1.** *(bevanda)* café *m* **2.** *(locale)* cafetería *f*, fuente *f* de soda *(Col, Méx & Ven)* • **prendere un caffè** tomar un café • **caffè corretto** carajillo *m* • **caffè macchiato** cortado *m*

caffè

Para los italianos cualquier momento del día es bueno para tomar un café. A menos que pidamos un *caffè lungo* si lo queremos largo de agua, el *caffè espresso* servido en los establecimientos italianos es generalmente corto y fuerte. El cortado es un *macchiato* y el carajillo un *corretto*. El *cappuccino* lleva espuma de leche y se sirve espolvoreado de cacao.

caffeina [kaffe'ina] *sf* cafeína *f*
caffellatte, caffelatte [kaffel'latte] *sm inv* café *m* con leche
caffettiera [kaffet'tjɛra] *sf* cafetera *f*
cagna ['kaɲɲa] *sf* perra *f*
C.A.I. *(abbr di* Club Alpino Italiano*)* ≃ FEDME
cala ['kala] *sf* cala *f* *(Esp)*, ensenada *f* *(Amér)*
calabrone [kala'brone] *sm* moscardón *m*, guanquero *m* *(Arg)*
calamaretto [kalama'retto] *sm* chipirón *m*
calamaro [kala'maro] *sm* calamar *m*
calamita [kala'mita] *sf* imán *m*
calare [ka'lare] ◆ *vi* bajar **1.** *(prezzo, peso, etc)* bajar **2.** *(sole)* ponerse

calca ['kalka] *sf* gentío *m*
calcagno [kal'kaɲɲo] *sm* talón *m*
calce ['kaltʃe] ◆ *sf* cal *f* ◆ *avv* • **in calce** a pie de página • **in calce a** un documento al pie de un documento
calciatore, trice [kaltʃa'tore, 'tritʃe] *sm,f* futbolista *mf*
calcio ['kaltʃo] *sm* **1.** *(pedata)* patada *f* **2.** *(gioco)* fútbol *m* **3.** *(elemento chimico)* calcio *m* **4.** *(di arma)* culata *f* • **dare un calcio a** dar una patada a • **prendere a calci** pegar patadas
calcolare [kalko'lare] *vt* calcular
calcolatrice [kalkola'tritʃe] *sf* calculadora *f*
calcolo ['kalkolo] *sm* cálculo *m* • **calcolo al rene, alla cistifellea** cálculo en el riñón, en la vesícula
caldaia [kal'daja] *sf* caldera *f*, calefón *m* *(Arg)*
caldo, a ['kaldo, a] ◆ *agg* **1.** *(di temperatura)* caliente **2.** *(persona, discorso, saluto)* ardiente ◆ *sm* calor *m* • **avere caldo** tener calor • **fare caldo** hacer calor
calendario [kalen'darjo] *sm* **1.** *(almanacco)* calendario *m*, almanaque *m* *(Amér)* **2.** *(programma)* calendario *m*, programa *m* *(Amér)*
call center [kol'senter] *sm* centro *m* de atención telefónica
calma ['kalma] ◆ *sf* **1.** *(tranquillità)* calma *f*, tranquilidad *f* *(Amér)* **2.** *(bonaccia)* calma *f* ◆ *esclam* ¡calma!
calmante [kal'mante] *sm* calmante *m*
calmare [kal'mare] *vt* calmar • **calmarsi** *vr* **1.** *(persona, mare)* calmarse *m* **2.** *(vento)* aplacarse

calmo, a ['kalmo, a] *agg* **1.** apacible, tranquilo(la) (*Amér*) **2.** (*mare*) calmo(ma) (*Esp*), calmado(da) (*Amér*)

calore [ka'lore] *sm* (*fig*) calor *m*

caloria [kalo'ria] *sf* caloría *f*

calorifero [kalo'rifero] *sm* radiador *m*

caloroso, a [kalo'rozo, a] *agg* cálido(da)

calpestare [kalpes'tare] *vt* pisar

calunnia [ka'lunnja] *sf* calumnia *f*

calvizie [kal'vittsje] *sf inv* calvicie *f*

calvo, a ['kalvo, a] *agg* calvo(va), pelado(da) (*Arg, Chile & RP*), pelón(ona) (*Ven*)

calza ['kaltsa] *sf* **1.** (*da donna*) media *f* **2.** (*da uomo*) calcetín *m*, media *f* (*Amér*) ◆ **fare la calza** hacer calceta

calzamaglia [kaltsa'maʎʎa] *sf* (*pl* **calzamaglie**) leotardos *mpl*

calzante [kal'tsante] *sm* calzador *m*

calzare [kal'tsare] ◇ *vt* calzar ◇ *vi* (*fig*) (*cadere a proposito*) ser oportuno(na)

calzatura [kaltsa'tura] *sf* calzado *m*

calzettone [kaltset'tone] *sm* calcetín largo de lana

calzino [kal'tsino] *sm* calcetín *m*

calzolaio [kaltso'lajo] *sm* zapatero *m*

calzoleria [kaltsole'ria] *sf* zapatería *f*

calzoncini [kaltson'tʃini] *smpl* pantalón *m* corto, short *m* (*Amér*)

calzone [kal'tsone] *sm* pizza en forma de empanada; **calzoni** *smpl* pantalón *m*

camaleonte [kamale'onte] *sm* camaleón *m*

cambiale [kam'bjale] *sf* letra *f* de cambio

cambiamento [kambja'mento] *sm* cambio *m*

cambiare [kam'bjare] ◇ *vt* **1.** cambiar **2.** (*treno, autobus*) hacer transbordo **3.** (*pettinatura, arredamento*) cambiar de ◇ *vi* cambiar ◆ **cambiare la marcia** cambiar la marcha ◆ **cambiare un biglietto da cento** cambiar un billete de cien ◆ **cambiarsi** *vr* cambiarse

cambio ['kambjo] *sm* cambio *m* ◆ **dare il cambio a qn** reemplazar a alguien ◆ **fare cambio (con qn)** hacer un trueque (con alguien) ◆ **in cambio di qc** cambio de algo ◆ **cambio automatico** cambio automático

camera ['kamera] *sf* **1.** (*stanza*) habitación *f*, recámara *f* (*CAm, Col & Méx*) **2.** (*ente*) cámara *f* ◆ **camera ardente** capilla *f* ardiente ◆ **camera blindata** cámara blindada ◆ **camera con bagno** habitación con baño ◆ **camera con doccia** habitación con ducha ◆ **camera d'aria** cámara de aire ◆ **camera da letto** dormitorio *m* ◆ **camera degli ospiti** cuarto *m* de invitados ◆ **camera doppia** habitación doble ◆ **camera matrimoniale** habitación de matrimonio ◆ **camera oscura** cámara oscura ◆ **camera per due persone** habitación para dos personas ◆ **camera per una persona** habitación para una persona ◆ **camera singola** habitación individual ◆ **Camera dei Deputati** *sf* Cámara *f* de Diputados

cameriere, a [kame'rjere, a] *sm,f* camarero *m*, -ra *f*, mesero *m*, -ra *f* (*Méx*), mozo *m*, -za *f* (*RP*)

camice ['kamitʃe] *sm* bata *f*

camicetta [kami'tʃetta] *sf* blusa *f*

camicia [ka'mitʃa] (pl **-cie**) sf 1. (da uomo) camisa f 2. (da donna) blusa f • camicia da notte camisón m, camisola f (Amér)

caminetto [kami'netto] sm chimenea f

camino [ka'mino] sm chimenea f

camion ['kamjon] sm inv camión m

camioncino [kamjon'tʃino] sm camioneta f

cammello [kam'mɛllo] sm 1. (animale) camello m 2. (tessuto) piel f de camello

cammeo [kam'mɛo] sm camafeo m

camminare [kammi'nare] vi 1. (procedere) andar (Esp), caminar (Amér) 2. (funzionare) andar

camminata [kammi'nata] sf caminata f

cammino [kam'mino] sm camino m • mettersi in cammino ponerse en camino

camomilla [kamo'milla] sf manzanilla f

camorra [ka'mɔrra] sf Camorra f

camoscio [ka'mɔʃʃo] sm 1. (animale) gamuza f 2. (pelle) ante m

campagna [kam'paɲɲa] sf 1. (luogo) campo m 2. (propaganda, guerra) campaña f • vivere in campagna vivir en el campo

campana [kam'pana] sf campana f • sentire tutte e due le campane oír las dos versiones • sordo come una campana sordo como una tapia

campanello [kampa'nɛllo] sm timbre m • suonare il campanello tocar el timbre

campanile [kampa'nile] sm campanario m

campare [kam'pare] vi vivir

campato, a [kam'pato] agg • campato in aria sin fundamento

campeggiare [kampedʒ'dʒare] vi 1. (fare un campeggio) acampar 2. (risaltare) destacar

campeggiatore, trice [kampedʒdʒa'tore, 'tritʃe] sm,f campista mf, acampador m, -ra f (Amér)

campeggio [kam'pedʒdʒo] sm cámping m

camper ['kamper] sm inv autocaravana f (Esp), casa f con ruedas (Amér)

Campidoglio [kampi'dɔʎʎo] sm Capitolio m

camping ['kemping] sm inv cámping m, campamento m

campionario [kampjo'narjo] ◇ agg de muestras ◇ sm muestrario m, catálogo m (Ven)

campionato [kampjo'nato] sm campeonato m

campione, essa [kam'pjone, essa] ◇ sm,f campeón m, -ona f ◇ sm muestra f

campo ['kampo] sm 1. campo m 2. (accampamento) campamento m • campo da tennis campo de tenis • campo di golf campo de golf • campo profughi campo de refugiados • campo di concentramento campo de concentración

camposanto [kampo'santo] (pl **camposanti**) sm camposanto m

Canada ['kanada] sm • il Canada Canadá m

canadese [kana'dese] agg & smf canadiense

canaglia [ka'naʎʎa] sf canalla mf

canale [ka'nale] *sm* canal *m* ● **il primo, il secondo canale TV** el primer, el segundo canal de televisión ● **canale navigabile** canal navegable

canapa ['kanapa] *sf* cáñamo *m*

canarino [kana'rino] *sm* **1.** *(uccello)* canario *m* **2.** *(colore)* amarillo *m* canario

canasta [ka'nasta] *sf* canasta *f*, canasto *m* (Amér)

cancellare [kantʃel'lare] *vt* **1.** *(con gomma)* borrar **2.** *(con penna)* tachar **3.** *(appuntamento)* cancelar

cancelleria [kantʃelle'ria] *sf* **1.** *(materiale)* material *m* de oficina **2.** *(ufficio)* cancillería *f*

cancello [kan'tʃello] *sm* verja *f*, reja *f* (Amér)

cancerogeno, a [kantʃe'rɔdʒeno, a] *agg* cancerígeno(na)

cancrena [kan'krɛna] *sf* gangrena *f*, cangrena *f* (Amér)

cancro ['kankro] *sm* cáncer *m* ● **Cancro** *sm* Cáncer *m inv*

candeggina [kanded'dʒina] *sf* lejía *f*

candela [kan'dela] *sf* **1.** *(cero)* vela *f* **2.** *(di motore)* bujía *f*

candelabro [kande'labro] *sm* candelabro *m*

candeliere [kande'ljɛre] *sm* candelero *m*

candidato, a [kandi'dato, a] *sm,f* candidato *m*, -ta *f*

candido, a ['kandido, a] *agg* **1.** *(bianco)* inmaculado(da) **2.** *(ingenuo)* cándido(da)

candito, a [kan'dito, a] ◇ *agg* confitado(da) ◇ *sm* confitura *f*, chanchaca *f* (CAm & RP)

cane ['kane] *sm* **1.** *(animale)* perro *m* **2.** *(di pistola)* percutor *m* ● **cane da guardia** perro guardián ● **cane guida** perro guía ● **cane lupo** perro lobo ● **cane poliziotto** perro policía ● **non c'era un cane** no había un alma ● **solo come un cane** completamente solo (la), solo como un perro ● **vita/tempo da cani** vida/tiempo de perros

canestro [ka'nɛstro] *sm* **1.** SPORT canasta *f* **2.** *(recipiente)* cesto *m*

cangiante [kan'dʒante] *agg* tornasolado(da), cambiante (Amér)

canguro [kan'guro] *sm* canguro *m*

canicola [ka'nikola] *sf* canícula *f*

canile [ka'nile] *sm* **1.** *(cuccia)* caseta *f* para perros **2.** *(municipale)* perrera *f* **3.** *(allevamento)* criadero *m* de perros

canino [ka'nino] *sm* diente *m* canino

canna ['kanna] *sf* **1.** *(pianta)* caña *f* **2.** *(di fucile)* cañón *m* **3.** *(di bicicletta)* barra *f* **4.** *(fam) (droga)* porro *m* **5.** ● **canna fumaria** chimenea *f* **6.** ● **canna da pesca** caña de pescar **7.** ● **canna da zucchero** caña de azúcar

cannella [kan'nɛlla] *sf* **1.** *(spezia)* canela *f* **2.** *(rubinetto)* espita *f*

cannello [kan'nello] *sm* tubo *m*

cannelloni [kannel'loni] *smpl* canelones *mpl*

cannibale [kan'nibale] *smf* caníbal *mf*

cannocchiale [kannok'kjale] *sm* catalejo *m*

cannolo [kan'nɔlo] *sm* **1.** ● **cannolo alla crema** caña *f* de crema **2.** ● **cannolo alla siciliana** caña rellena de requesón, azúcar, trozos de fruta confitada, chocolate y pistachos

cannone [kan'none] *sm* cañón *m*

cannuccia [kan'nuttʃa] (*pl* **-ce**) *sf* pajita *f*, popote *m* (*Méx*)

canoa [ka'nɔa] *sf* canoa *f*, piragua *f* (*Amér*)

canone [ka'none] *sm* **1.** (*quota*) cuota *f* **2.** (*regola*) canon *m*, regla *f* (*Amér*)

canottaggio [kanot'taddʒo] *sm* piragüismo *m*

canottiera [kanot'tjera] *sf* camiseta *f* de tirantes

canotto [ka'nɔtto] *sm* bote *m* • **canotto di salvataggio** bote salvavidas

cantante [kan'tante] *smf* cantante *mf*

cantare [kan'tare] *vt & vi* cantar

cantautore, trice [kantaw'tore, 'tritʃe] *sm,f* cantautor *m*, -ra *f*, cantor *m*, -ra *f* (*Amér*)

cantiere [kan'tjere] *sm* **1.** (*edile*) obra *f* **2.** (*navale*) astillero *m*

cantina [kan'tina] *sf* **1.** (*seminterrato*) sótano *m* **2.** (*per il vino*) bodega *f*, cantina *f* (*Amér*) **3.** • **cantina sociale** bodega cooperativa

canto ['kanto] *sm* **1.** canto *m* **2.** • **d'altro canto** por otro lado

cantonata [kanto'nata] *sf* esquina *f* • **prendere una cantonata** pifiarla

Canton Ticino [kantontiˈtʃino] *sm* • **il Canton Ticino** el Cantón Ticino

cantuccio [kan'tuttʃo] *sm* rincón *m*

cantucci *smpl* galletas hechas con harina, azúcar y clara de huevo

canzonare [kantso'nare] *vt* burlarse de, empavar (*Perú*)

canzone [kan'tsone] *sf* canción *f*

caos ['kaos] *sm* caos *m inv*, bochinche *m* (*Bol, Chile, Perú & Ven*)

C.A.P. *abbr* (*abbr di* **codice di avviamento postale**) ≃ CP

capace [ka'patʃe] *agg* **1.** (*esperto*) capaz **2.** (*ampio*) amplio(plia) **3.** • **essere capace di fare** qc ser capaz de hacer algo • **essere capace di tutto** ser capaz de cualquier cosa

capacità [kapatʃi'ta] *sf inv* capacidad *f*

capanna [ka'panna] *sf* cabaña *f*, choza *f* (*Amér*)

capannone [kapan'none] *sm* **1.** (*industriale*) nave *f* (*Esp*), galpón *m* (*Amér*) **2.** (*agricolo*) cobertizo *m*

caparbio, a [ka'parbjo, a] *agg* testarudo(da)

caparra [ka'parra] *sf* paga *f* y señal

capello [ka'pello] *sm* pelo *m* • **capelli** pelo *m* • **averne fin sopra i capelli** estar hasta la coronilla

capezzolo [ka'petstsolo] *sm* pezón *m*

capillare [kapil'lare] *sm* capilar *m*

capire [ka'pire] *vt* **1.** entender **2.** (*rendersi conto*) darse cuenta de • **non capisco** no entiendo • **si capisce!** está claro • **capirsi** *vr* entenderse

capitale [kapi'tale] ◇ *sf* capital *f* ◇ *sm* capital *m* ◇ *agg* capital

capitaneria [kapitaneˈria] *sf* • **capitaneria di porto** comandancia *f* de marina

capitano [kapi'tano] *sm* capitán *m*

capitare [kapi'tare] *vi* capitar • **sono cose che capitano** son cosas que pasan • **capitare a qn** pasarle a alguien •

capitare a proposito venir muy bien
capitello [kapi'tɛllo] *sm* capitel *m*
capitolino, a [kapito'lino, a] *agg* capitolino(na)
capitolo [ka'pitolo] *sm* capítulo *m*
capitone [kapi'tone] *sm* anguila *f*
capitombolo [kapi'tombolo] *sm* resbalón *m*
capo ['kapo] *sm* **1.** *(testa)* cabeza *f* **2.** *(principale)* jefe *m* **3.** *(di popolo, gruppo)* líder *m* **4.** *(estremità)* punta *f* ● **capo di vestiario** prenda *f* de vestir ● **andare a capo** punto y aparte ● **venire a capo di qc** llevar a cabo algo ● **da capo** desde el principio ● **da un capo all'altro** de una punta a otra ● **in capo a un mese** al cabo de un mes
Capodanno [kapo'danno] *sm* Fin *m* de Año
capofitto [kapo'fitto] ● **a capofitto** *avv* de cabeza
capolavoro [kapola'voro] *(pl* **-i)** *sm* obra *f* maestra
capolinea [kapo'linea] *(pl* **capilinea)** *sm* terminal *f*
capolino [kapo'lino] *sm* cabecita *f* ● **fare capolino** asomar la cabeza
capoluogo [kapo'lwɔgo] *(pl* **capoluoghi** *o* **capiluoghi)** *sm* ● **capoluogo di provincia** capital *f* de provincia ● **capoluogo di regione** capital *f* de región
capostazione [kapostats'tsjone] *(mpl* **capistazione)** *smf* jefe *m*, -fa *f* de estación
capotavola [kapo'tavola] *(mpl* **capitavola)** *sm* cabecera *f* de la mesa ● **a capotavola** en la cabecera de la mesa
capoufficio [kapouf'fitʃo] *(mpl* **capiuffici)** *smf* jefe *m*, -fa *f*
capoverso [kapo'vɛrso] *(pl* **-i)** *sm* párrafo *m*
capovolgere [kapo'voldʒere] *vt* **1.** volcar **2.** *(fig) (situazione)* invertir ● **capovolgersi** *vr* **1.** volcarse **2.** *(fig) (situazione)* invertirse
capovolto, a [kapo'vɔlto, a] *pp* ➢ **capovolgere**
cappa ['kappa] *sf* **1.** *(di camino)* campana *f* **2.** *(mantello)* capa *f*
cappella [kap'pella] *sf* **1.** *(di chiesa)* capilla *f* **2.** *(di fungo)* sombrero *m*
cappello [kap'pello] *sm* sombrero *m* ● **cappello di paglia** sombrero de paja *m* huachacano (Perú), carrete *m* (Méx)
cappero ['kappero] *sm* alcaparra *f*
cappone [kap'pone] *sm* capón *m*
cappotto [kap'pɔtto] *sm* abrigo *m*, sobretodo *m* (Arg & Méx)
cappuccino [kapput'tʃino] *sm* capuchino *m*
cappuccio [kap'puttʃo] *sm* **1.** *(copricapo)* capucha *f* **2.** *(di penna)* capuchón *m*, tapa *f* (Amér)
capra ['kapra] *sf* cabra *f*
capretto [ka'pretto] *sm* **1.** cabrito *m*, chivo *m* (Amér) **2.** *(pelle)* cabritilla *f*
Capri ['kapri] *sf* Capri *m*
capriccio [ka'prittʃo] *sm* capricho *m* ● **fare i capricci** coger un berrinche
capriccioso, a [kaprit'tʃozo, a] *agg* caprichoso(sa)
Capricorno [kapri'kɔrno] *sm* Capricornio *m*
capriola [kapri'ɔla] *sf* **1.** *(salto)* cabriola *f*

2. (capitombolo) voltereta f
capriolo [kapri'ɔlo] sm corzo m
capro ['kapro] sm macho m cabrío
capro espiatorio (fig) chivo m expiatorio
capsula ['kapsula] sf **1.** (di farmaco, bottiglia) cápsula f **2.** (di dente) funda f, cápsula f (Amér)
carabiniere [karabi'njere] sm ≃ guardia m civil, ≃ carabineros mpl (Amér) • **l'Arma dei Carabinieri** el Cuerpo de la Guardia Civil o carabineros (Amér)
caraffa [ka'raffa] sf garrafa f
caramella [kara'mɛlla] sf caramelo m
carato [ka'rato] sm quilate m
carattere [ka'rattere] sm carácter m
caratteristica [karatte'ristika] sf característica f
caratteristico, a, ci, che [karatte'ristiko, a, tʃi, ke] agg característico(ca)
caratterizzare [karatteridd'dzare] vt caracterizar
carboidrato [karboi'drato] sm carbohidrato m
carbone [kar'bone] sm **1.** carbón m **2.** carbón m
carburante [karbu'rante] sm carburante m
carburatore [karbura'tore] sm carburador m
carcassa [kar'kassa] sf **1.** (di animale) osamenta f **2.** (di vettura) carcasa f
carcerato, a [kartʃe'rato, a] sm,f preso m, -sa f
carcere ['kartʃere] sm (fpl **carceri**) cárcel m
carciofo [kar'tʃɔfo] sm alcachofa f •

carciofo alla romana alcachofas grandes al horno, rellenas de perejil, menta y ajo
cardiaco, a, ci, che [kar'diako, a, tʃi, ke] agg cardíaco(ca)
cardinale [kardi'nale] ◆ agg ➤ **punto** ◆ sm cardenal m
cardine ['kardine] sm bisagra f
cardo ['kardo] sm cardo m
carenza [ka'rɛntsa] sf carencia f
carestia [kares'tia] sf carestía f
carezzare [karets'tsare] vt acariciar
carezza [ka'rettsa] sf caricia f
carica ['karika] (pl -**che**) sf **1.** (incarico, militare) cargo m **2.** (elettrica, di arma) carga f **3.** (di orologio, di sveglia) cuerda f • **essere in carica** ocupar un cargo o puesto (Amér)
caricare [kari'kare] vt **1.** cargar **2.** cargar qn/qc de qc cargar algo o alguien de algo
carico, a, chi, che [ˈkariko, a, ki, ke] ◆ sm (fig) (merce) carga f ◆ agg **1.** cargado(da) **2.** (colore) subido(da) • **carico di qc** cargado de algo • **a carico di qn** a cargo de alguien
carie ['karje] sf inv caries f inv
carino, a [ka'rino, a] agg **1.** (grazioso) majo(ja) (Esp), agradable (Amér) **2.** (gentile) majo(ja) (Esp), amable (Amér)
carminio [kar'minjo] sm carmín m
carnagione [karna'dʒone] sf cutis m inv • **carnagione chiara** piel f clara • **carnagione scura** piel f oscura
carne ['karne] (pl **carni**) sf **1.** (alimento) carne f, res f (Col, Méx & Ven) **2.** ANAT carne f **3.** • **carne di maiale** carne de

cerdo o cochino (*Amér*) ● **carne di vitello** carne de ternera ● **carne macinata** o **tritata** carne picada (*Esp*) o triturada

carneficina [karnefi'tʃina] *sf* matanza *f*

carnevale [karne'vale] *sm* carnaval *m*

carnevale

El carnaval es el periodo de celebraciones que precede al miércoles de ceniza, en el que empieza la cuaresma. Grandes y pequeños se disfrazan y lo celebran con fiestas populares en la calle, comparsas, bailes y mascaradas. Los más conocidos tienen lugar en Venecia, Viareggio, Ivrea y Putignano.

caro, a ['karo, a] *agg* 1. caro(ra) 2. Caro Luca Querido Lucas ● costare caro costar caro

carogna [ka'roɲɲa] *sf* 1. carroña *f* 2. (*fig*) (*persona*) canalla *mf*

carota [ka'rɔta] *sf* zanahoria *f*

carovita [karo'vita] *sm* carestía *f* de la vida

carpire [kar'pire] *vt* **carpire qc a qn** sonsacar algo a alguien

carponi [kar'poni] *avv* a gatas

carrabile [kar'rabile] *agg* = **passo**

carraio [kar'rajo] *agg* = **passo**

carreggiata [karred'dʒata] *sf* calzada *f* ● **uscire dalla carreggiata** (*fig*) descarriarse

carrello [kar'rɛllo] *sm* 1. (*portavivande, della spesa*) carrito *m* 2. (*per bagagli*) carretilla *f*

carriera [kar'rjɛra] *sf* 1. carrera *f* 2. **far carriera** hacer carrera

carro ['karro] *sm* carro *m* ● **carro armato** tanque *m* ● **carro attrezzi** grúa *f*

carrozza [kar'rɔttsa] *sf* 1. (*vagone*) vagón *m* 2. (*cocchio*) carroza *f*

carrozzeria [karrottse'ria] *sf* 1. carrocería *f* 2. carrocería *f*

carrozziere [karrots'tsjere] *sm* carrocero *m*

carrozzina [karrots'tsina] *sf* cochecito *m*

carta ['karta] *sf* 1. (*materiale*) papel *m* 2. (*tessera*) tarjeta *f* ● **alla carta** a la carta ● **carta d'argento** ≃ tarjeta rosa ● **carta assorbente** papel secante ● **carta da bollo** papel timbrado o sellado (*Amér*) ● **carta da lettera** papel de carta ● **carta da pacchi** papel de embalar o embalaje (*Amér*) ● **carta da parati** papel pintado o tapiz (*Amér*) ● **carta dei vini** carta *f* de vinos ● **carta di credito** tarjeta de crédito ● **carta d'identità** carnet *m* de identidad ● **carta d'imbarco** tarjeta de embarque ● **carta geografica** mapa *m* geográfico ● **carta stradale** mapa *m* de carreteras ● **carta verde** carta con descuento en billetes de tren para jóvenes menores de 26 años. ● **carta carbone** papel carbón ● **carte da gioco** cartas *fpl* de juego

cartaccia [kar'tattʃa] *sf* (*pl* **-ce**) papelote *m*, volantín *m* (*Méx*)

cartapesta [karta'pesta] *sf* cartón *m* piedra

cartella [kar'tɛlla] *sf* 1. (*per scolari, di professionista*) cartera *f* 2. (*raccoglitore*) carpeta f 3. (scheda) ficha f ● **cartella clinica** historial m clínico

cartello [kar'tɛllo] sm 1. cartel m 2. (insegna) letrero m 3. ● **cartello stradale** señal f de tráfico

cartellone [kartel'lone] sm 1. (teatrale) cartelera f 2. (manifesto) cartel m ● **cartellone pubblicitario** valla f publicitaria

cartina [kar'tina] sf 1. (mappa) mapa m 2. (per sigarette) papel m de fumar 3. ● **cartina geografica** mapa geográfico ● **cartina stradale** mapa de carreteras

cartoccio [kar'tɔttʃo] sm cucurucho m ● **al cartoccio** a la papillote

cartoleria [kartole'ria] sf papelería f

cartolibreria [kartolibre'ria] sf papelería y librería

cartolina [karto'lina] sf postal f ● **cartolina postale** tarjeta postal

cartone [kar'tone] sm 1. cartón m 2. ● **cartone animato** dibujo m animado

casa ['kaza] o 'kasa] sf casa f ● **casa editrice** editorial f ● **andare a casa** irse a casa ● **essere a o in casa** estar en casa ● **fatto in casa** hecho en casa ● **casa di cura** sanatorio m

casalinga [kasa'linga] (pl **-ghe**) sf ama f de casa

casalingo, a, ghi, ghe [kasa'lingo, a, gi, ge] agg casero(ra) ● **casalinghi** smpl artículos mpl para el hogar ● **negozio di casalingo** tienda de artículos para el hogar

cascare [kas'kare] vi caer

cascata [kas'kata] sf cascada f

cascina [kaʃ'ʃina] sf granja f, hato m (Amér)

casco ['kasko] (pl **-schi**) sm 1. casco m 2. (di banane) racimo m

casella [ka'sɛlla] sf casilla f ● **casella postale** apartado m de correos o postal (Amér)

casello [ka'sɛllo] sm peaje m

caserma [ka'sɛrma] sf cuartel m

casino [ka'zino] sm (fam) jaleo m, lío m (Amér)

casinò [kazi'nɔ] sm inv casino m

caso ['kazo] sm 1. (combinazione) casualidad f 2. (eventualità, vicenda, med) caso m 3. (sorte) destino m ● **fare caso a** hacer caso a ● **non è il caso di (fare qc)** no es oportuno (hacer algo) ● **a caso** al azar ● **in caso contrario** de lo contrario ● **in ogni caso** en cualquier caso ● **in questo caso** en este caso ● **nel caso che** en caso de que ● **per caso** por casualidad ● **in tutti i casi** en cualquier caso ● **in nessun caso** bajo ningún concepto ● **por si acaso**

cassa ['kassa] sf 1. caja f 2. (amplificatore) bafle m, amplicador m (Amér) 3. ● **cassa automatica prelievi** cajero m automático 4. ● **cassa continua** cajero m automático ● **cassa integrazione (salari)** fondo m de garantía salarial ● **cassa toracica** caja torácica o toráxica (Amér)

casalinga [kasa'linga] (pl **-ghe**) sf caja f fuerte

cassaforte [kassa'fɔrte] (pl **casseforti**) sf caja f fuerte

cassata [kas'sata] sf 1. (dolce) tarta hecha con requesón y trozos de corteza y de fruta confitada, típica de Sicilia 2. (gelato) helado de nata con fruta confitada 3. ● **cassata siciliana** cassata siciliana

casseruola [kasse'rwɔla] *sf* cazuela *f*
cassetta [kas'setta] *sf* **1.** *(contenitore)* caja *f* **2.** *(nastro registrato)* casete *m* o *f*, cinta *f* (*Amér*) ● **cassetta delle lettere** buzón *m* ● **cassetta di sicurezza** caja de caudales o seguridad (*Amér*)
cassetto [kas'setto] *sm* cajón *m*
cassettone [kasset'tone] *sm* cómoda *f*
cassiere, a [kas'sjere, a] *sm,f* cajero *m*, -ra *f*
cassonetto [kasso'netto] *sm* contenedor *m*, caneca *f* (*Col*), tacho *m* (*CSur*), pipote *m* (*Ven*)
castagna [kas'taɲɲa] *sf* castaña *f*
castagnaccio [kastaɲ'nattʃo] *sm* pan *m* de castañas
castagno [kas'taɲɲo] *sm* castaño *m*
castano, a [kas'tano, a] *agg* castaño(ña)
castello [kas'tello] *sm* castillo *m* ● **far castelli in aria** hacer castillos en el aire
castigo [kas'tigo] (*pl* **-ghi**) *sm* castigo *m* ● **mettere qn in castigo** castigar a alguien
castoro [kas'tɔro] *sm* castor *m*
castrare [kast'rare] *vt* castrar
castrato *sm* cordero *m* capón o capado (*Amér*)
casual ['kɛzwal] *agg inv* deportivo(va)
casuale [ka'zwale] *agg* casual, fortuito(-ta) (*Amér*)
catacomba [kata'komba] *sf* catacumba *f*
catalogare [katalo'gare] *vt* catalogar
catalogo [ka'talogo] (*pl* **-ghi**) *sm* catálogo *m*
catamarano [katama'rano] *sm* catamarán *m*
catarifrangente [katarifran'dʒɛnte] ◇

agg reflectante ◇ *sm* dispositivo *m* reflectante
catarro [ka'tarro] *sm* catarro *m*
catasta [ka'tasta] *sf* pila *f*
catastrofe [ka'tastrofe] *sf* catástrofe *f*
categoria [katego'ria] *sf* categoría *f*
catena [ka'tena] *sf* **1.** cadena *f* **2.** ● **catena di montaggio** cadena de montaje ● **a catena** en cadena ● **catene** *(da neve)* cadenas
catinella [kati'nella] *sf* palangana *f*, jofaina *f* (*Arg*) ● **piovere a catinelle** llover a cántaros
catino [ka'tino] *sm* palangana *f*
catrame [ka'trame] *sm* alquitrán *m*
cattedra [ka'ttedra] *sf* cátedra *f*
cattedrale [katte'drale] *sf* catedral *f*
cattiveria [katti'verja] *sf* maldad *f*
cattività [kattivi'ta] *sf* cautividad *f*
cattivo, a [kat'tivo, a] *agg* malo(la)
cattolico, a, ci, che [kat'tɔliko, a, tʃi, ke] *agg* & *sm,f* católico(ca)
cattura [kat'tura] *sf* captura *f*
catturare [kattu'rare] *vt* **1.** *(persona, animal)* capturar **2.** *(attrarre)* captar
cauccíù [kautʃ'tʃu] *sm inv* caucho *m*
causa ['kawza] *sf* causa *f* ● **a o per causa di** o **por causa de**
causare [kaw'zare] *vt* causar
cautela [kaw'tela] *sf* cautela *f*
cautelare [kawte'lare] *vt* cautelar ● **cautelarsi da** cautelarse de
cauto, a [ˈkawto, a] *agg* cauto(ta)
cauzione [kawts'tsjone] *sf* fianza *f*
cava ['kava] *sf* cantera *f*
cavalcare [kaval'kare] *vt* cabalgar, montar (*Amér*)

ca

cavalcavia [kavalka'via] *sm inv* puente *m (de carretera)*

cavalcioni [kaval'tʃoni] *avv* • **a cavalcioni** a horcajadas ◊ caballito *(Amér)*

cavaliere [kava'ljɛre] *sm* 1. *(chi cavalca)* jinete *m* 2. *(medioevale, titolo)* caballero *m* 3. *(in balli)* acompañante *m*

cavalleria [kavalle'ria] *sf* 1. MIL caballería *f* 2. *(cortesia)* caballerosidad *f*

cavallerizzo, a [kavalle'rittso] *sm, f* 1. *(di equitazione)* profesor *m*, -ra *f* 2. *(di circo)* domador *m*, -ra *f*

cavalletta [kaval'letta] *sf* saltamontes *m inv*

cavalletto [kaval'letto] *sm* 1. *(per quadro)* caballete *m* 2. *(per macchina fotografica)* trípode *m*

cavallo [ka'vallo] *sm* 1. *(animale, negli scacchi)* caballo *m* 2. *(di pantaloni)* tiro *m* • **andare a cavallo** montar a caballo • **cavallo a dondolo** caballo balancín • **cavallo (vapore)** caballo de vapor

cavallone [kaval'lone] *sm* oleada *f*

cavare [ka'vare] *vt* sacar • **cavarsi** *vr* cavarsela salir bien librado(da) • cavarsela per un pelo librarse por los pelos

cavatappi [kava'tappi] *sm inv* sacacorchos *m inv*

caverna [ka'vɛrna] *sf* caverna *f*

cavia [ˈkavja] *sf* conejillo *m* de Indias • **fare da cavia** *(fig)* hacer de conejillo de Indias

caviale [ka'vjale] *sm* caviar *m*

caviglia [ka'viʎʎa] *sf* tobillo *m*, canilla *f (Amér)*

cavità [kavi'ta] *sf inv* cavidad *f*

cavo, a [ˈkavo, a] ◊ *agg* hueco(ca) ◊ *sm* 1. *(elettrico, telefonico)* cable *m* 2. *(corda)* cabo *m*

cavolfiore [kavol'fjore] *sm* coliflor *f*

cavolo [ˈkavolo] *sm* col *f* • **che cavolo vuole?** *(fam)* ¿qué diablos quiere? • **non capire un cavolo** *(fam)* no entender ni jota

cazzotto [kats'tsɔtto] *sm (fam)* castañazo *m*

CC ➤ **Carabinieri**

c/c *(abbr di Conto Corrente)* c/c

cc [tʃit'tʃi] *(abbr di Centimetro Cubico)* cc

CD [tʃid'di] *sm inv* CD *m*

CD-ROM [tʃidi'rɔm] *sm inv* CD-ROM *m*

ce [tʃe] ➤ **ci**

cece [ˈtʃetʃe] *sm* garbanzo *m*

cedere [ˈtʃedere] *vt & vi* ceder • **cedere qc** *(a qlcu)* ceder algo *(a alguien)* • **cedere (a qc)** ceder *(a algo)*

cedola [ˈtʃedola] *sf* cédula *f*

cedro [ˈtʃedro] *sm* cedro *m*

ceffone [tʃef'fone] *sm* cachete *m*

celare [tʃe'lare] *vt* celar

celebrare [tʃele'brare] *vt* celebrar

celebre [ˈtʃelebre] *agg* célebre

celebrità [tʃelebri'ta] *sf inv* celebridad *f*

celeste [tʃe'lɛste] ◊ *agg* celeste ◊ *sm* celeste *m*

celibe [ˈtʃelibe] *agg & sm* soltero

cella [ˈtʃɛlla] *sf* celda *f*

cellophane ® [ˈtʃɛllofan] *sm* celofán *m*

cellula [ˈtʃɛllula] *sf* célula *f* • **cellula fotoelettrica** célula fotoeléctrica

cellulare [tʃellu'lare] *sm* 1. *(telefono)*

móvil m, celular m (Amér) **2.** (furgone) coche m celular

cemento [tʃe'mento] sm cemento m ● cemento armato cemento armado

cena ['tʃena] sf cena f

cenare [tʃe'nare] vi cenar

cencio ['tʃentʃo] sm trapo m ● **cenci** smpl pastas fritas hechas con huevo, típicas de Toscana

cenere ['tʃenere] sf ceniza f

cenno ['tʃenno] sm **1.** (con la mano, gli occhi) ademán m **2.** (col capo) seña f **3.** (allusione) alusión f **4.** ● **fare cenno a qn** avisar a alguien ● **fare cenno di sì** asentir ● **fare cenno di no** negar

cenone [tʃe'none] sm banquete m

censimento [tʃensi'mento] sm censo m

censura [tʃen'sura] sf censura f

centenario, a [tʃente'narjo, a] agg & sm,f centenario(ria)

centerbe [tʃen'tɛrbe] sm inv licor de hierbas aromáticas, típico de los Abruzzos

centesimo, a [tʃen'tezimo, a] agg num centésimo(ma) ◇ sm num centésimo m

centigrado [tʃen'tigrado] agg & sm ● centígrado

centimetro [tʃen'timetro] sm centímetro m

centinaio [tʃenti'najo] (fpl **centinaia**) sm ● **un centinaio (di)** un centenar (de)

cento ['tʃento] num **1.** cien **2.** ● **cento per cento** cien por cien ➢ **sei**

centomila [tʃento'mila] num cien mil ➢ **sei**

centotredici [tʃento'treditʃi] sm ≃ 091

centrale [tʃen'trale] ◇ agg central ◇ sf central f ● **centrale elettrica** central f eléctrica ● **centrale di polizia** central de policía

centralinista, i, e [tʃentrali'nista, i, e] smf telefonista mf

centralino [tʃentra'lino] sm centralita f

centrare [tʃen'trare] vt centrar

centrifuga [tʃen'trifuga] (pl **-ghe**) sf centrifugadora f

centro ['tʃentro] sm **1.** (punto, nucleo) centro m, medio m (Amér) **2.** POL (istituto, di città) centro m **3.** ● **fare centro** (colpire) dar en el blanco; (fig) (risolvere) dar en el clavo **4.** ● **centro abitato** centro de población **5.** ● **centro commerciale** centro comercial **6.** ● **centro storico** casco antiguo

ceppo ['tʃeppo] sm **1.** (di albero) cepa f **2.** (ciocco) tronco m, troncho m (Andes)

cera ['tʃera] sf cera f, vela f (Méx)

ceramica [tʃe'ramika] sf cerámica f

cerbiatto [tʃer'bjatto] sm cervatillo m

cerca ['tʃerka] (pl **-che**) sf ● **essere in cerca di qc** ir en busca de algo

cercare [tʃer'kare] ◇ vt **1.** buscar **2.** ● **buscar** ◇ vi ● **cercare di fare qc** intentar hacer algo

cerchio ['tʃerkjo] (pl **-chi**) sm círculo m ● **mettersi in cerchio** (intorno a) ponerse en círculo (alrededor de)

cereale [tʃere'ale] sm cereal m

cerimonia [tʃeri'monja] sf ceremonia f

cerino [tʃe'rino] sm cerilla f, cerillo m (Andes, Cuba & Méx), fósforo m (Ven)

cernia ['tʃɛrnja] sf mero m

cerniera [tʃer'njɛra] sf bisagra f ●

cerniera lampo cremallera *f*, cierre *m* relámpago (*Amér*.), zíper *m* (*CAm*, *Carib* & *Méx*)

cerotto [tʃeˈrɔtto] *sm* tirita® *f*

certamente [tʃertaˈmente] *avv* ciertamente

certezza [tʃerˈtettsa] *sf* certeza *f* ◆ **sapere qc con certezza** saber algo con certeza

certificato [tʃertifiˈkato] *sm* certificado *m* ◆ **certificato medico** certificado médico ◆ **certificato di nascita** partida *f* de nacimiento

certo, a [ˈtʃɛrto, a]
◇ *agg* **1.** (*gen*) cierto(ta) ◆ **ha un certo intuito** tiene una cierta intuición ◆ **certa gente non ha scrupoli** ciertas personas no tienen ningún escrúpulo ◆ **ha certe idee!** ¡tiene cada idea! **2.** (*convinto*) seguro(ra) ◆ **sono certo di aver prenotato** estoy seguro(ra) de haber hecho la reserva **3.** (*indefinito*) tal ◆ **un certo signor Rossi** un tal señor Rossi ◆ **ho certe cose da fare** tengo algunas cosas que hacer **4.** (*accrescitivo*) ◆ **ha certi occhi azzurri!** ¡tiene unos ojos azules!
◇ *avv* seguro ◆ **di certo** seguro
◇ *esclam* ¡claro! ◆ **vieni anche tu? - certo!** ¿vienes tú también? - ¡claro! ◆ **certi** *pron* (*alcune persone*) algunos(nas) ◆ **certi dicono che...** algunos dicen que...

certosa [tʃerˈtoza] *sf* **1.** (*monastero*) cartuja *f* **2.** (*formaggio*) queso lombardo suave y graso

cervello [tʃerˈvɛllo] *sm* cerebro *m*

Cervino [tʃerˈvino] *sm* ◆ **il Cervino** el monte Cervino

cervo [ˈtʃɛrvo] *sm* ciervo *m* ◆ **cervo volante** cometa *f*

cesoia [tʃeˈzoja] *sf* cizalla *f*

cespuglio [tʃesˈpuʎʎo] *sm* mata *f*

cessare [tʃesˈsare] *vi* cesar ◆ **cessare di** *v* + *prep* cesar de

cesso [ˈtʃɛsso] *sm* (*volg*) wáter *m*

cesta [ˈtʃesta] *sf* canasta *f* (*Amér*) ➢ **cesto**

cestino [tʃesˈtino] *sm* **1.** (*contenitore*) cesta *f* **2.** (*per cartacce*) papelera *f* ◆ **cestino da viaggio** cesta de picnic

cesto [ˈtʃesto] *sm* cesto *m*

ceto [ˈtʃɛto] *sm* clase *f* ◆ **nivel** *m* (*Amér*) social

cetriolo [tʃetriˈɔlo] *sm* pepino *m*

C.G.I.L. *sf* (*abbr di* Confederazione Generale Italiana del Lavoro) ≃ CGT

champagne [ʃamˈpaɲ] *sm inv* champán *m*

charter [ˈtʃarter] *agg inv* chárter *m*

chattare [tʃatˈtare] *vi* chatear, charlar

che [ke]
◇ *pron rel* **1.** (*soggetto*) que ◆ **il dottore che mi ha visitato** el doctor que me ha visitado ◆ **il che** lo que (lo cual) (*valor neutro*) **2.** (*complemento oggetto*) que ◆ **il treno che abbiamo perso** el tren que hemos perdido
◇ *pron interr* qué ◆ **che ne pensi?** ¿qué opinas? ◆ **che ti succede?** ¿qué te pasa? ◆ **grazie! - non c'è di che!** ¡gracias! - ¡no hay de qué!
◇ *agg* qué ◆ **che ore sono?** ¿qué hora es? ◆ **che strana idea!** ¡qué ocurren-

cia! ● che film hai visto? ¿qué película has visto?

◇ cong 1. *(dichiarativo)* que ● è difficile che venga no creo que venga ● sai che non è vero sabes que no es verdad 2. *(consecutivo)* que ● sono così stanca che non mi reggo in piedi estoy tan cansada que no me tengo en pie 3. *(temporale)* ● sono uscito che erano le sette he salido que eran las siete ● è già un anno che è partito hace ya un año que se fue 4. *(comparativo)* que ● è più furbo che intelligente es más listo que inteligente ● è più in forma che mai está más en forma que nunca 5. *(introduce alternativa)* tanto si ● che tu venga o no, io ci vado tanto si vienes como si no, yo voy

check-in [tʃɛk'kin] *sm inv* facturación *f* de equipajes

check-point [tʃɛk'point] *sm inv* control *m*

chewing-gum ['tʃuingam] *sm inv* chicle *m*, pastilla *f* (Méx)

chi [ki]

◇ *pron rel* 1. *(colui che)* quien ● chi finisce prima vince quien acabe antes gana ● chi si impegna riesce quien lo sigue la consigue ● dillo a chi vuoi díselo a quien quieras 2. *(qualcuno che)* quien ● bisogna trovare chi se ne occupi hay que encontrar a quien se ocupe de esto 3. *(chiunque)* quien ● esco con chi mi pare salgo con quien quiero ● entra chi vuole entra quien quiere

◇ *pron interr* quién ● con chi parti? ¿con quién te vas? ● chi è stato? ¿quién ha sido? ● a chi lo dici! ¡a quién se lo vas a decir! ● non so chi no sé quién ● guarda chi si vede! ¡mira quién está aquí!

chiacchiera ['kjakkjera] *sf pl* 1. *(conversazione)* charla *f* 2. *(pettegolezzi)* cotilleo *m* (Esp), chismorreo *m* (Amér), tijereteo *m* (Méx) ● fare due o quattro chiacchiere charlar un rato, platicar (Méx)

chiacchierare [kjakkje'rare] *vi* 1. *(conversare)* charlar 2. *(spettegolare)* cotillear (Esp), chismear (Amér)

chiacchierone, a [kjakkje'rone, a] *agg* 1. *(loquace)* charlatán(ana) 2. *(pettegolo)* cotilla, chisme *m* (Amér)

chiamare [kja'mare] *vt* llamar ● **chiamarsi** *vr* llamarse ● come ti chiami? ¿cómo te llamas? ● mi chiamo... me llamo...

chiamata [kja'mata] *sf* llamada *f*, telefonazo *m* (Col, Méx & Ven)

chiarezza [kja'rettsa] *sf* claridad *f*

chiarire [kja'rire] *vt* aclarar ● **chiarirsi** *vr* aclararse

chiaro, a ['kjaro, a] *agg* claro(ra)

chiasso ['kjasso] *sm* bullicio *m*, bulla *f* (Amér)

chiassoso, a [kjas'sozo, a] *agg* bullicioso(sa)

chiave ['kjave] *sf* llave *f* ● chiudere a chiave cerrar con llave ● chiave d'accensione llave de contacto ● chiave inglese llave inglesa

chiavetta [kja'vetta] *sf* 1. *(dell'acqua, del gas)* llave *f* 2. *(d'accensione)* llave *f* de contacto

chic [ʃik] *agg inv* chic
chicco ['kikko] (*pl* chicchi) *sm* grano *m*
chiedere [kjɛdere] *vt* **1.** (*per sapere*) preguntar **2.** (*per avere*) pedir ◆ **chiedere qc a qn** pedir algo a alguien ◆ **chiedere di** *v* + *prep* preguntar por
chiesa ['kjeza] *sf* iglesia *f*
chiesto, a ['kjesto, a] *pp* ➢ chiedere
chiglia ['kiʎʎa] *sf* quilla *f*
chilo ['kilo] *sm* kilo *m* ◆ **mezzo chilo di** medio kilo de
chilogrammo [kilo'grammo] *sm* kilogramo *m*
chilometro [ki'lometro] *sm* kilómetro *m*
chimica ['kimika] *sf* química *f*
chimico, a, ci, che ['kimiko, a, tʃi, ke] *agg* & *sm,f* químico(ca)
chinarsi [ki'narsi] *vr* agacharse
chinotto [ki'nɔtto] *sm* quina *f*
chiocciola ['kjottʃola] *sf* **1.** (*animale*) caracol *m* **2.** INFORM arroba *f*
chiodo ['kjɔdo] *sm* clavo *m* ◆ **chiodo fisso** idea *f* fija ◆ **chiodi di garofano** clavo *m* (de especia)
chioma ['kjɔma] *sf* **1.** (*capigliatura*) cabellera *f* **2.** (*di albero*) copa *f*
chiosco ['kjɔsko] (*pl* -schi) *sm* quiosco *m*
chiostro ['kjɔstro] *sm* claustro *m*
chiromante [kiro'mante] *smf* quiromántico *m*, -ca *f*
chirurgia [kirur'dʒia] *sf* cirugía *f* ◆ **chirurgia estetica** cirugía estética
chissà [kis'sa] *avv* quién sabe
chitarra [ki'tarra] *sf* guitarra *f*
chiudere ['kjudere] *vt* cerrar ◆ **chiudersi** *vr* **1.** cerrarse **2.** ◆ **chiudere qc a chiave** cerrar algo con llave **3.** ◆ **chiudersi in casa** encerrarse en casa
chiunque [ki'unkwe] *pron* **1.** (*indefinito*) cualquiera **2.** (*relativo*) cualquiera que ◆ **chiunque sia** quienquiera qué sea
chiuso, a ['kjuzo, a] *pp* ➢ chiudere ◆ *agg* cerrado(da) ◆ **chiuso per ferie** cerrado por vacaciones
chiusura ['kjuzura] *sf* **1.** cierre *m* **2.** (*d'anno scolastico, discorso*) clausura *f*
ci [tʃi] (*diventa* ce *se precede* lo, la, li, le, ne)
◇ *pron* nos ◆ **ci stanno guardando** nos están mirando ◆ **ci stiamo lavando** nos estamos lavando ◆ **ci vediamo stasera** nos vemos esta tarde ◆ **ci può fare un favore?** ¿nos puede hacer un favor?
◇ *pron*. **1.** (*a ciò*) ◆ **ci penso io** (*de esto*) ya me ocupo yo **2.** (*in ciò*) ◆ **mettici un po' di entusiasmo!** ¡ponle un poco de entusiasmo! **3.** (*su ciò*) ◆ **quella sedia è vuota: posso appoggiarci la borsa?** aquella silla está libre: ¿puedo dejar el bolso encima?
◇ *avv* **1.** (*stato in luogo*) ◆ **qui c'è un libro** aquí hay un libro ◆ **ci sono due persone che ti cercano** dos personas preguntan por ti ◆ **ci restiamo una sola notte** no nos quedaremos sólo una noche **2.** (*moto a luogo*) allí ◆ **ci si può andare a piedi** se puede ir andando (allí) ◆ **ci vado io voy yo** (allí) **3.** (*in espressioni*) ◆ **ci vuole un po'** (*di tempo*) hace falta un poco (de tiempo) ◆ **ci sto** no estoy de acuerdo ◆ **non ci sento** no oigo ◆ **non ci vedo** no veo

ciabatta [tʃa'batta] *sf* **1.** *(pantofola)* zapatilla *f*, chancla *f* (Col & Méx) **2.** *(pane)* chapata *f*
cialda ['tʃalda] *sf* barquillo *m*
ciambella [tʃam'bɛlla] *sf* **1.** *(dolce)* rosca *f*, dona *f* (CAm & Méx) **2.** *(salvagente)* flotador *m* **3.** • **ciambella di salvataggio** flotador *m*
ciao ['tʃao] *esclam* **1.** *(all'incontro)* ¡hola! **2.** *(di commiato)* ¡adiós!, ¡chao! (CSur), ¡chau! (Andes & RP)
ciascuno, a [tʃas'kuno, a] ◇ *agg* cada ◇ *pron* cada uno(na) • **ciascuno di noi** cada uno de nosotros
cibo ['tʃibo] *sm* comida *f*
cicala [tʃi'kala] *sf* cigarra *f*, cigarrón *m* (Amér)
cicalino [tʃika'lino] *sm* timbre *m*
cicatrice [tʃika'tritʃe] *sf* cicatriz *f*
cicca ['tʃikka] *sf* **1.** *colilla f* **2.** *(fam)* *(gomma da masticare)* chicle *m*
ciccione, a [tʃitʃ'tʃone, a] *sm,f* (fam) gordinflón *m*, -ona *f*
cicerone [tʃitʃe'rone] *sm* cicerone *mf*, baquiano *m*, baquiana *f* (Amér)
ciclabile [tʃi'klabile] *agg* • **pista ciclabile** carril *m* bici
ciclamino [tʃikla'mino] *sm* ciclamen *m*
ciclismo [tʃi'klizmo] *sm* ciclismo *m*
ciclista [tʃi'klista] *smf* ciclista *mf*
ciclo ['tʃiklo] *sm* ciclo *m*
ciclomotore [tʃiklomo'tore] *sm* ciclomotor *m*
ciclone [tʃi'klone] *sm* ciclón *m*
cicogna [tʃi'koɲɲa] *sf* cigüeña *f*
cieco, a, chi, che ['tʃeko, a, ki, ke] *agg & sm,f* ciego(ga)

cielo ['tʃɛlo] *sm* cielo *m*
cifra ['tʃifra] *sf* **1.** *(numero)* cifra *f* **2.** *(di denaro)* suma *f* • **cifra tonda** número redondo
ciglio ['tʃiʎʎo] *sm* *(fpl* cigli**a**) *sm* **1.** *(di palpebra)* pestaña *f* **2.** *(sopracciglio)* ceja *f* **3.** *(margine)* borde *m*
cigno ['tʃiɲɲo] *sm* cisne *m*
cigolare [tʃigo'lare] *vi* chirriar
Cile ['tʃile] *sm* • **il Cile** Chile *m*
cilecca [tʃi'lekka] *sf* • **fare cilecca** dar (el) gatillazo
ciliegia [tʃi'ljɛdʒa] *sf* *(pl* **-gie** o **-ge**) *sf* cereza *f*
cilindro [tʃi'lindro] *sm* **1.** cilindro *m* **2.** *(cappello)* sombrero *m* de copa
cima ['tʃima] *sf* **1.** cima *f* **2.** *(estremità)* extremo *m* • **in cima (a qc)** en la parte más alta (de algo) • **da cima a fondo** de arriba abajo
cimice ['tʃimitʃe] *sf* **1.** chinche *f* **2.** *(microspia)* micrófono para intervenir un teléfono
ciminiera [tʃimi'njera] *sf* chimenea *f*
cimitero [tʃimi'tɛro] *sm* cementerio *m*
Cina ['tʃina] *sf* • **la Cina** China *f*
cin cin ['tʃintʃin] *esclam* ¡chin chin! *m*
Cinecittà [tʃinetʃit'ta] *sf* estudio cinematográfico situado en las afueras de Roma

Cinecittà

Cinecittà es uno de los estudios más emblemáticos de la historia del cine. Creado en 1937, sus 400 km² situados en la periferia de Roma acogen todas las infraestructuras necesarias para la realización de películas. Entre los directores que han producido allí su obra cinematográfica destacan, entre otros, los legendarios Rossellini, Bertolucci, De Sica, Fellini, Visconti, Pasolini, Scola y Benigni.

cinema ['tʃinema] *sm inv* cine *m*
cinepresa [tʃine'preza] *sf* cámara *f* de cine
cinese [tʃi'neze] ◊ *agg & smf* chino(na) ◊ *sm* chino *m*
cingere ['tʃindʒere] *vt* ceñir, apretar (*Amér*)
cinghia ['tʃingja] *sf* 1. (*cintura*) cinturón *m* 2. (*nastro*) correa *f*
cinghiale [tʃin'gjale] *sm* jabalí *m*, báquiro (*Amér*)
cinguettare [tʃingwet'tare] *vi* gorjear
cinico, a, ci, che ['tʃiniko, a, tʃi, ke] *agg* cínico(ca)
ciniglia [tʃi'niʎʎa] *sf* felpa *f*
cinquanta [tʃin'kwanta] *num* cincuenta ➤ **sei**
cinquantesimo, a [tʃinkwan'tezimo, a] *agg* quincuagésimo(ma) ➤ **sei**
cinquantina [tʃinkwan'tina] *sf* • **essere sulla cinquantina** tener unos cincuenta años • **una cinquantina (di)** unos/unas cincuenta
cinque ['tʃinkwe] *num* cinco ➤ **sei**
cinquecento [tʃinkwe'tʃento] *num* quinientos(tas) • **il Cinquecento** ≃ el siglo XVI ➤ **sei**
cinta ['tʃinta] *sf* cinturón *m* (*de murallas*)
cinto ['tʃinto] *sm* 1. cinto *m*, faja *f* (*Amér*) 2. • **cinto erniario** braguero *m* (*Esp*), faja para ernias (*Amér*)
cintura [tʃin'tura] *sf* 1. (*vestiario*) cinturón *m* 2. (*punto vita*) talle *m* • **cintura di sicurezza** cinturón de seguridad ▼ **allacciare le cinture di sicurezza** abróchense los cinturones (de seguridad)
ciò [tʃɔ] *pron* 1. eso 2. • **ciò nonostante** a pesar de ello • **ciò che** lo que
cioccolata [tʃokko'lata] *sf* chocolate *m*
cioccolatino [tʃokkola'tino] *sm* chocolatina *f*
cioccolato [tʃokko'lato] *sm* chocolate *m*
cioè [tʃo'ɛ] *avv* o sea
ciondolo [tʃondolo] *sm* colgante *m*, dije *m* (*Amér*)
ciotola ['tʃɔtola] *sf* cuenco *m*
cipolla [tʃi'polla] *sf* cebolla *f*
cipria ['tʃiprja] *sf* polvos *mpl (de maquillaje)*
cipresso [tʃi'presso] *sm* ciprés *m*
circa ['tʃirka] ◊ *avv* aproximadamente ◊ *prep* acerca de
circo, chi ['tʃirko] *sm* circo *m* • **circo equestre** circo ecuestre
circolare [tʃirko'lare] ◊ *agg* circular ◊ *sf* 1. línea *f* de circunvalación 2. (*avviso*) circular *f* ◊ *vi* 1. circular 2. (*sangue*) circular, correr (*sangre*)
circolazione [tʃirkolats'tsjone] *sf* 1. circulación *f* 2. • **mettere in circolazione** poner en circulación 3. • **circolazione sanguigna** circulación sanguínea 4. • **circolazione stradale** circulación viaria
circolo [tʃirkolo] *sm* círculo *m*
circondare [tʃirkon'dare] *vt* rodear

circonferenza [tʃirkonfe'rentsa] *sf* circunferencia *f*
circonvallazione [tʃirkonvallats'tsjone] *sf* circunvalación *f*
circoscrizione [tʃirkoskrits'tsjone] *sf* circunscripción *f*
circostante [tʃirkos'tante] *agg* circunstante
circostanza [tʃikos'tantsa] *sf* 1. circunstancia *f* 2. ◆ **date le circostanze** dadas las circunstancias
circuito [tʃir'kujto] *sm* circuito *m*
cisterna [tʃis'tɛrna] *sf* cisterna *f*
cisti ['tʃisti] *sf* quiste *m*
citare [tʃi'tare] *vt* citar
citofono [tʃi'tɔfono] *sm* interfono *m*
città [tʃit'ta] *sf* ciudad *f* ◆ **Città del Vaticano** Ciudad del Vaticano
cittadinanza [tʃittadi'nantsa] *sf* 1. DIR nacionalidad *f* 2. (*abitanti*) ciudadanía *f*
cittadino, a [tʃitta'dino, a] *agg* & *sm* & *f* ciudadano(na)
ciuco, chi ['tʃuko, ki] *sm* mula *f*, burro *m* (*Amér*)
ciuffo ['tʃuffo] *sm* 1. (*ciocca*) mechón *m* 2. (*cespuglio*) mata *f*
civetta [tʃi'vetta] *sf* 1. lechuza *f* 2. (*fig*) (*donna*) mujer *f* coqueta, garatusa *f* (*Méx*)
civico, a, ci, che ['tʃiviko, a, tʃi, ke] *agg* cívico(ca)
civile [tʃi'vile] ◆ *agg* 1. (*borghese, del cittadino*) civil 2. (*civilizzato*) civilizado(da) ◇ *sm* civil *m*
civiltà [tʃivil'ta] *sf* civilización *f*
clacson [klakson] *sm inv* claxon *m*
clamoroso, a [klamo'roso, a] *agg* clamoroso(sa)

clandestino, na [klandes'tino, a] *agg* & *sm.f* clandestino(na)
classe ['klasse] *sf* 1. clase *f* 2. (*anno*) curso *m* 3. ◆ **classe turistica** clase turista ◆ **prima/seconda classe** primera/segunda clase
classico, a, ci, che ['klassiko, a, tʃi, ke] *agg* clásico(ca) ◆ **leggere i classici** leer a los clásicos
classifica [klas'sifika] (*pl* **-che**) *sf* 1. (*sportiva*) clasificación *f* 2. (*d'esame*) nota *f* 3. (*musicale*) lista *f* de éxitos
classificare [klassifi'kare] *vt* clasificar ◆ **classificarsi** *vr* clasificarse
clausola ['klawzola] *sf* cláusula *f*
clavicola [kla'vikola] *sf* clavícula *f*
claxon ['klakson] *sm inv* claxon *m*
clero ['klɛro] *sm* clero *m*
cliccare [klik'kare] *vi* clicar
cliente [kli'ɛnte] *smf* cliente *m*, -ta *f*
clientela [klien'tela] *sf* clientela *f*
clima ['klima] (*pl* **-i**) *sm* (*fig*) clima *m*
clinica ['klinika] (*pl* **-che**) *sf* clínica *f*
cloro [kloro] *sm* cloro *m*
club [kleb] *sm inv* club *m*
cm (*abbr di centimetro*) cm
coagulare [koagu'lare] *vt* 1. (*sangue*) coagular 2. (*latte*) cuajar ◆ **coagularsi** *vr* 1. (*sangue*) coagularse 2. (*latte*) cuajarse
coca ['kɔka] *sf* (*fam*) coca *f*
Coca-Cola® [koka'kola] *sf* Coca-Cola® *f*
cocaina [koka'ina] *sf* cocaína *f*, merca *f* (*Arg*), perico *m* (*Ven*)
coccinella [kottʃi'nella] *sf* mariquita *f*
coccio ['kɔttʃo] *sm* 1. (*terracotta*) cerá-

mica f **2.** *(frammento)* añico m de cerámica

cocciuto, a [kotˈtʃuto, a] *agg* tozudo(-da), empecinado(da) *(Amér)*

cocco [ˈkɔkko] *(pl* **-chi)** *sm* **1.** *(albero)* cocotero m **2.** *(frutto)* coco m **3.** *(fig) (prediletto)* niño m mimado ● **cocco di mamma** niño m de mamá

coccodrillo [kokkoˈdrillo] *sm* cocodrilo m

coccolare [kokkoˈlare] *vt* mimar

cocomero [koˈkomero] *sm* sandía f

coda [ˈkoda] *sf* cola f ● **fare la coda** hacer cola ● **mettersi in coda** ponerse a la cola ● **coda (di cavallo)** cola (de caballo)

codardo, a [koˈdardo, a] *agg* cobarde, ratón *(Arg)*

codesto, a [koˈdesto, a] ◇ *agg* ese(esa) ◇ *pron* ése(ésa)

codice [ˈkɔditʃe] *sm* código m ● **codice (di avviamento) postale** código postal ● **codice fiscale** ≃ NIF m ● **codice della strada** código de circulación

coerente [koeˈrɛnte] *agg* coherente

coetaneo, a [koeˈtaneo, a] *agg* coetáneo(a)

cofano [ˈkɔfano] *sm* **1.** *(di auto)* capó m **2.** *(mobile)* cofre m

cogliere [ˈkɔʎʎere] *vt* coger

cognac [koɲˈnak] *sm inv* coñac m

cognato, a [koɲˈnato, a] *sm,f* cuñado m, -da f

cognome [koɲˈnome] *sm* apellido m

coi [ˈkoi] = **con + i;** > **con**

coincidenza [kointʃiˈdɛntsa] *sf* **1.** *(caso)* coincidencia f **2.** *(di aerei, treni)* transbordo m

coincidere [kointˈʃidere] *vi* ● **coincidere (con qc)** coincidir (con algo)

coinvolgere [koinˈvɔldʒere] *vt* implicar ● **coinvolgere qn in qc** implicar a alguien en algo

coinvolto, a [koinˈvɔlto, a] *pp* > **coinvolgere**

col [kol] = **con + il;** > **con**

colapasta [kolaˈpasta] > **scolapasta**

colare [koˈlare] ◇ *vt* colar, desaguar *(CAm)* ◇ *vi* **1.** chorrear **2.** *(affondare)* hundirse ● **colare a picco** irse a pique

colazione [kolatsˈtsjone] *sf* **1.** desayuno m **2.** *(pranzo)* almuerzo m ● **(prima) colazione** desayuno m ● **fare colazione** desayunar

colera [koˈlɛra] *sm* cólera m *(enfermedad)*

colica [ˈkɔlika] *(pl* **-che)** *sf* cólico m

colino [koˈlino] *sm* colador m, escurridor m *(Amér)*

colla [ˈkɔlla] *sf* cola f

collaborare [kollaboˈrare] *vi* colaborar ● **collaborare a un progetto** colaborar en un proyecto

collaboratore, trice [kollaboraˈtore, ˈtritʃe] *sm,f* colaborador m, -ra f

collana [kolˈlana] *sf* **1.** *(gioiello)* collar m **2.** *(serie)* colección f

collant [kolˈlan] *sm pl* pantis *mpl*, pantimedias *fpl (Méx)*

collare [kolˈlare] *sm (per cani)* collar m de perro

collasso [kolˈlasso] *sm* colapso m

collaudo [kolˈlawdo] *sm* prueba f

colle [ˈkɔlle] *sm* cerro m

collega, ghi, ghe [kolˈlega, gi, ge] *smf* colega *mf*

collegare [kolle'gare] *vt* **1.** *(fili)* conectar **2.** *(stanze)* comunicar **3.** *(idee, fatti)* relacionar ● **collegarsi con** comunicarse por

collegio [kol'lɛdʒo] *sm* **1.** *(professionale)* colegio *m* **2.** *(convitto)* internado *m*

collera ['kɔllera] *sf* cólera *f* ● **essere in collera** montar en cólera

colletta [kol'letta] *sf* colecta *f*

collettivo, a [kollet'tivo, a] *agg* colectivo(a)

colletto [kol'letto] *sm* cuello *m*

collezionare [kolletsjo'nare] *vt* coleccionar

collezione [kollets'tsjone] *sf* colección *f* ● **fare collezione di qc** hacer colección de algo

collina [kol'lina] *sf* colina *f*

collirio [kol'lirjo] *sm* colirio *m*

collisione [kolli'zjone] *sf* colisión *f*

collo [kɔllo] *sm* **1.** cuello *m* **2.** *(pacco)* paquete *m*, encomienda *f* (*Amér*)

collocamento [kolloka'mento] *sm* colocación *f*

collocare [kollo'kare] *vt* colocar

colloquio [kol'lɔkwjo] *sm* **1.** *(conversazione)* coloquio *m* **2.** *(esame)* examen *m* oral ● **colloquio di lavoro** entrevista de trabajo

colmo, a ['kolmo, a] *agg* colmado(da) ◇ *sm* **1.** colmo *m* **2.** ● **colmo (di) qc** colmado de algo *m* ● **è il colmo!** ¡es el colmo!

colomba [ko'lomba] *sf* **1.** *(uccello)* paloma *f* **2.** *(dolce)* pastel en forma de paloma que se come en Semana Santa

Colombia [ko'lombja] *sf* ● **la Colombia** Colombia *f*

colonia [ko'lɔnja] *sf* colonia *f* ● *(acqua di)* **Colonia** (agua de) colonia

colonna [ko'lɔnna] *sf* columna *f* ● **colonna vertebrale** columna vertebral ● **colonna sonora** banda *f* sonora

colorante [kolo'rante] *sm* colorante *m*

colorare [kolo'rare] *vt* colorear

colore [ko'lore] *sm* color *m* ● **di che colore?** ¿de qué color? ● **di colore** de color ● **a colori** o **en** (*Amér*) **colores**

Colosseo [kolos'sɛo] *sm* ● **il Colosseo** el Coliseo

colpa ['kolpa] *sf* culpa *f* ● **dare la colpa (di qc) a qn** echar la culpa (de algo) a alguien ● **per colpa di** por culpa de

colpire [kol'pire] *vt* **1.** *(con pugno)* golpear **2.** *(con arma)* ● **lo ha colpito al cuore** le ha dado en el corazón **3.** *(impressionare)* impresionar **4.** *(sog: malattia)* afectar

colpo ['kolpo] *sm* **1.** golpe *m* **2.** *(sparo)* tiro *m* **3.** *(fam)* *(infarto)* patatús *m* **4.** *(fam)* *(rapina)* golpe *m* **5.** *(azione veloce)* ● **colpo di forbici** tijeretazo *m* **6.** ● **darsi un colpo di pettine** peinarse en un momento ● **di colpo** de golpe ● **fare colpo (su qn)** impresionar (a alguien) ● **colpo di fulmine** flechazo *m* ● **colpo di scena** golpe de efecto ● **colpo di sole** insolación *f* ● **colpo di Stato** golpe de Estado ● **colpo di telefono** telefonazo *m* ● **colpo di testa** locura *f* ● **colpo di vento** ráfaga *f* de viento

coltello [kol'tello] *sm* cuchillo *m*

coltivare [kolti'vare] *vt* cultivar

colto, a [ˈkolto, a] ◇ *pp* ◇ **cogliere** ◇ *agg* culto(ta)

coma [ˈkɔma] *sm inv* coma *m*

comandante [komanˈdante] *sm* comandante *mf*

comandare [komanˈdare] *vi* mandar (dar órdenes)

comando [koˈmando] *sm* **1.** *(ordine)* orden *f* **2.** *(potere, congegno)* mando *m*

combaciare [kombaˈtʃare] *vi* encajar

combattere [komˈbattere] *vt & vi* combatir

combinare [kombiˈnare] *vt* **1.** *(accordare)* combinar **2.** *(organizzare)* concertar **3.** *(fam) (fare)* ● **hai combinato un casino** has armado un lío

combinazione [kombinatˈtsjone] *sf* **1.** *(caso)* casualidad *f* **2.** *(accostamento, di cassaforte)* combinación *f* ● **per combinazione** por casualidad

combustibile [kombusˈtibile] *agg & sm* combustible

come [ˈkome]
◇ *avv* **1.** *(comparativo)* como ● **ho dormito come un ghiro** he dormido como un lirón ● **come me** como yo ● **come sempre** como siempre **2.** *(interrogativo)* cómo ● **non so come fare** no sé qué hacer ● **come sarebbe?** ¿cómo es? ● **come stai?** ¿cómo estás? ● **come no?** ¿cómo no? **3.** *(in qualità di)* como ● **è stato scelto come rappresentante** ha sido elegido como representante ● **viaggiare come turista** viajar como turista **4.** *(in esclamazioni)* cómo ● **come mi dispiace!** ¡cuánto lo siento! ● **come sei bella!** ¡qué guapa eres! **5.** *(per esempio)* como ● **mi piacciono i colori accesi come il rosso** me gustan los colores fuertes como el rojo
◇ *cong* **1.** *(nel modo in cui)* como ● **spiegami come si fa** explícame cómo se hace **2.** *(comparativo)* tan... como ● **non è caldo come si fa tan caliente como creía** **3.** *(quanto)* como ● **sai come mi piace il cioccolato** sabes como me gusta el chocolate

cometa [koˈmeta] *sf* cometa *m*

comfort [ˈkɔmfort] *sm inv* confort *m*

comico, a, ci, che [ˈkɔmiko, a, tʃi, ke]
◇ *agg* **1.** *(buffo)* cómico(ca), chacotero(ra) *(Chile)* **2.** *(genere)* cómico(ca) ◇ *sm, f* cómico *m*, -ca *f*

cominciare [kominˈtʃare] *vt & vi* empezar ● **cominciare a fare qc** empezar a hacer algo ● **cominciare col fare qc** empezar haciendo algo

comitiva [komiˈtiva] *sf* comitiva *f*

comizio [koˈmittsjo] *sm* mitin *m*

commedia [komˈmɛdja] *sf* comedia *f*

commemorare [kommemoˈrare] *vt* conmemorar

commentare [kommenˈtare] *vt* comentar

commento [komˈmento] *sm* comentario *m*

commerciale [kommerˈtʃale] *agg (spreg)* comercial

commerciante [kommerˈtʃante] *smf* comerciante *mf*

commerciare [kommerˈtʃare] *vi* comerciar ● **commerciare in cereali** comerciar con cereales

commercio [kom'mertʃo] *sm* comercio *m* • **essere fuori commercio** no estar en venta • **essere in commercio** estar en venta

commesso, a [kom'messo, a] ◇ *pp* ⇒ **commettere** ◆ *sm,f* dependiente *m*, -ta *f*

commestibile [kommes'tibile] *agg* comestible ◆ **commestibili** *smpl* comestibles *mpl*

commettere [kom'mettere] *vt* cometer

commissario [kommis'sarjo] *sm* **1.** *(di polizia)* comisario *m*, -a *f* **2.** *(d'esami)* miembro *m* de un tribunal **3.** *(sportivo)* juez *m* de línea

commissione [kommis'sjone] *sf* comisión *f* ◆ **commissioni** *sfpl* compras *fpl*

commosso, a [kom'mɔsso, a] *pp* ⇒ **commuovere**

commovente [kommo'vɛnte] *agg* conmovedor(ra)

commozione [kommots'tsjone] *sf* conmoción *f* • **commozione cerebrale** conmoción cerebral

commuovere [kom'mwɔvere] *vt* conmover ◆ **commuoversi** *vr* conmoverse

comò *sm inv* cómoda *f*

comodino [komo'dino] *sm* mesilla *f* de noche, velador *m* *(Chile)*

comodità [komodi'ta] *sf inv* **1.** comodidad *f* **2.** *(opportunità)* oportunidad *f*

comodo, a ['kɔmodo, a] ◇ *agg* cómodo(da) ◆ *sm* comodidades *fpl* • **fare comodo** venir bien • **fare il proprio comodo** ir a lo suyo • **con comodo** sin prisas

compact-disc ['kompakt'disk] *sm inv* compact-disc *m*

compagnia [kompaɲ'ɲia] *sf* compañía *f* • **fare compagnia a qn** hacer compañía a alguien • **compagnia aerea** compañía aérea • **compagnia d'assicurazione** compañía de seguros

compagno, a [kom'paɲɲo, a] *sm,f* **1.** *(di attività)* compañero *m*, -ra *f*, compinche *mf* *(Chile)* **2.** *(convivente)* compañero *m*, -ra *f* • **compagno di scuola** compañero de colegio

comparire [kompa'rire] *vi* **1.** *(mostrarsi)* aparecer **2.** *DIR* comparecer

compartimento [komparti'mento] *sm* compartimento *m*

compasso [kom'passo] *sm* compás *m*

compatibile [kompa'tibile] *agg* compatible

compatire [kompa'tire] *vt* **1.** *(aver compassione di)* compadecer **2.** *(scusare)* perdonar

compatto, a [kom'patto, a] *agg* **1.** compacto(ta) **2.** *(fig) (solidale)* unánime

compensare [kompen'sare] *vt* compensar

compenso [kom'penso] *sm* compensación *f* • **in compenso** a cambio

comperare [kompe'rare] = **comprare**

compere [ˈkompere] *sfpl* • **far compere** ir de compras

competente [kompe'tɛnte] *agg* competente

competere [kom'pɛtere] *vi* competir • **competere a** *v + prep* competer a

competizione [kompetits'tsjone] *sf* **1.** *(gara)* competición *f* **2.** *(tra aziende)* competencia *f* **3.** *(tra persone)* rivalidad *f*

compiacere [kompja'tʃere] *vt* complacer ◆ **compiacersi** *vr* ◆ **compiacersi di** o **per una notizia** celebrar una noticia ◆ **compiacersi con qn** felicitar a alguien

compiaciuto [kompja'tʃuto] *pp* ➤ **compiacere**

compiere ['kompjere] *vt* cumplir

compilare [kompi'lare] *vt* rellenar

compito ['kompito] *sm* 1. *(incarico)* tarea *f* 2. *(dovere)* deber *m* 3. *(in classe)* control *m* ◆ **compiti** *smpl* 1. deberes *mpl* 2. ◆ **fare i compiti** hacer los deberes

compleanno [komple'anno] *sm* cumpleaños *m inv* ◆ **buon compleanno!** ¡feliz cumpleaños!

complessivo [komples'sivo] *agg* global

complesso, a [kom'plesso, a] ◇ *agg* complejo(ja), enrevesado(da), enrollado(da) *(Chile)* ◇ *sm* 1. *(psicologico, industriale)* complejo *m* 2. *(musicale)* grupo *m* ◆ **in** o **nel complesso** en conjunto

completamente [kompleta'mente] *avv* completamente

completare [komple'tare] *vt* completar

completo, a [kom'pleto, a] ◇ *agg* completo(ta) ◇ *sm* 1. *(vestiario)* traje *m* 2. *(di oggetti)* juego *m* ◆ *(pieno)* *(hotel, aereo)* completo; *(tutti presenti)* al completo

complicare [kompli'kare] *vt* complicar, revesar *(Amér)* ◆ **complicarsi** *vr* complicarse

complicato, a [kompli'kato, a] *agg* complicado(da)

complicazione [komplikats'tsjone] *sf* complicación *f*

complice ['komplitʃe] *smf* cómplice *mf*

complimentare [komplimen'tare] *vt* felicitar ◆ **complimentarsi con** felicitar

complimento [kompli'mento] *sm* cumplido *m* ◆ **complimenti!** ¡felicidades! ◆ **fare complimenti** quedar bien ◆ **non fare complimenti** dejarse de cumplidos ◆ **senza complimenti** sin formalidades

componente [kompo'nente] *smf* componente *mf*

componibile [kompo'nibile] *agg* 1. *(mobile, cucina)* modular 2. *(gioco)* desmontable, armable *(Amér)*

comporre [kom'porre] *vt* 1. *(musica, poesia, parola)* componer 2. *(numero di telefono)* marcar

comportamento [komporta'mento] *sm* comportamiento *m*

comportare [kompor'tare] *vt* comportar ◆ **comportarsi** *vr* comportarse

compositore, trice [kompozi'tore, 'tritʃe] *sm,f* compositor *m*, -ra *f*

composizione [kompozits'tsjone] *sf* composición *f*

composto, a [kom'posto, a] ◇ *pp* ➤ **comporre** ◇ *agg* compuesto(ta) ◇ *sm* compuesto *m* ◆ **composto da** compuesto por

comprare [kom'prare] *vt* comprar

comprendere [kom'prendere] *vt* comprender

comprensione [kompren'sjone] *sf* comprensión *f*

comprensivo, a [kompren'sivo, a] *agg* 1. *(tollerante)* comprensivo(va) 2. *(inclusivo)* que incluye

compreso, a [kom'preso, a] ◇ *pp*

comprendere ◇ *agg* incluido(da)
compreso nel prezzo incluido en el precio
compressa [kom'pressa] *sf* **1.** (*pastiglia*) comprimido *m*, gragea *f* (*Amér*) **2.** (*pezzuola calda o fredda*) compresa *f*
compromesso [kompro'messo] *sm* compromiso *m*
compromettere [kompro'mettere] *vt* comprometer
computer [kom'pjuter] *sm inv* ordenador *m*, computadora *f* (*Amér*)
comunale [komu'nale] *agg* municipal
comune [ko'mune] ◇ *agg* común ◇ *sm* **1.** (*edificio*) ayuntamiento *m* **2.** (*area*) ● **avere qc in comune (con qn)** tener algo en común (con alguien) ● **mettere qc in comune** poner algo en común ● **fuori del comune** fuera de lo común, fuera de este mundo (*Amér*)

---

comune denuclearizzato

En los letreros a la entrada de algunas poblaciones italianas se puede leer la inscripción *comune denuclearizzato*. En lo años 80 algunos municipios prohibieron la instalación de centrales nucleares y la presencia de desechos radiactivos en su territorio. Tras el referendo de 1987 por el que se decidió el cierre de todas las centrales nucleares en Italia, esta inscripción ya no tiene razón de ser, pero muchos municipios la conservan.

---

comunicare [komuni'kare] *vt* & *vi* comunicar
comunicazione [komunikats'tsjone] *sf* comunicación *f* ● **mezzi di comunicazione** medios *m* de comunicación
comunione [komu'njone] *sf* comunión *f* ● **comunione dei beni** comunidad *f* de bienes
comunismo [komu'nizmo] *sm* comunismo *m*
comunista, i, e [komu'nista, i, e] *agg* & *smf* comunista
comunità [komuni'ta] *sf inv* comunidad *f*, cuartería *f* (*Cuba*)
comunque [ko'munkwe] ◇ *avv* en cualquier caso ◇ *cong* **1.** (*tuttavia*) de todos modos **2.** (*in qualsiasi modo*) comoquiera que
con [kon] *prep* con ● **con piacere!** ¡con mucho gusto!
concavo, a ['kɔnkavo, a] *agg* cóncavo(-va)
concedere [kon'tʃedere] *vt* **1.** conceder **2.** ● **concedersi** entregarse ● **concedere di fare qc** permitir hacer algo
concentrare [kontʃen'trare] *vt* concentrar ● **concentrarsi** *vr* concentrarse
concentrato, a [kontʃen'trato, a] ◇ *agg* concentrado(da) ◇ *sm* concentrado *m*
concentrazione [kontʃentrats'tsjone] *sf* concentración *f*
concepimento [kontʃepi'mento] *sm*
concepire [kontʃe'pire] *vt* concebir
concerto [kon'tʃɛrto] *sm* concierto *m*
concessionario, a [kontʃessjo'narjo, a] *sm,f* concesionario *m*, -ria *f*

concetto [kon'tʃetto] *sm* concepto *m*
conchiglia [kon'kiʎʎa] *sf* concha *f*
conciliare [kontʃi'ljare] *vt* **1.** conciliar **2.** *(impegni, attività)* compaginar
concime [kon'tʃime] *sm* abono *m*
concludere [kon'kludere] *vt* **1.** concluir **2.** *(dedurre)* llegar a una conclusión sobre ◆ **concludersi** *vr* concluirse
conclusione [konklu'zjone] *sf* conclusión *f* ● **in conclusione** en conclusión
concordare [konkor'dare] *vt & vi* concordar
concorde [kon'korde] *agg* acorde
concorrente [konkor'rente] *smf* **1.** *(in gara)* participante *mf* **2.** *(in affari)* competidor *m*, -ra *f* **3.** *(ad un concorso)* concursante *mf*
concorrenza [konkor'rentsa] *sf* competencia *f*
concorso [kon'korso] *sm* **1.** *(a premi)* concurso *m* **2.** *(sportivo)* competición *f* **3.** *(esame)* oposiciones *fpl*
concreto, a [kon'krεto, a] *agg* concreto(ta)
condanna [kon'danna] *sf* condena *f*
condannare [kondan'nare] *vt* condenar
condimento [kondi'mento] *sm* condimento *m*, sazón *f*
condire [kon'dire] *vt* sazonar
condividere [kondi'videre] *vt* compartir
condizionale [kondittsjo'nale] *agg & sf* condicional
condizionatore [kondittsjona'tore] *sm* acondicionador *m*
condizione [kondit'tsjone] *sf* condición *f* ● **a condizione che** a condición de que

condoglianze [kondoʎ'ʎantse] *sfpl* pésame *m* ● **fare le condoglianze** dar el pésame
condominio [kondo'minjo] *sm* **1.** *(edificio)* bloque *m* **2.** *(comproprietà)* comunidad *f* de vecinos
condotta [kon'dotta] *sf* conducta *f*
condotto [kon'dotto] *◊ pp* ◆ **condurre** *◊ sm* conducto *m*
conducente [kondu'tʃente] *smf* conductor *m*, -ra *f* ● **non parlare al conducente** no distraigan al conductor
condurre [kon'durre] *vt* **1.** llevar **2.** *(calore, elettricità)* conducir
conduttore, trice [kondut'tore, 'tritʃe] *◊ sm, f* conductor *m*, -ra *f*, chofer *m* (Amér) *◊ sm (di calore, elettricità)* conductor *m*
confarsi [kon'farsi] ● **confarsi a** adaptarse a
confederazione [konfederats'tsjone] *sf* confederación *f*
conferenza [konfe'rentsa] *sf* conferencia *f* ● **conferenza stampa** rueda *f* de prensa
conferire [konfe'rire] *vt* ● **conferire qc a qn** conferir algo a alguien
conferma [kon'ferma] *sf* confirmación *f*
confermare [konfer'mare] *vt* confirmar
confessare [konfes'sare] *vt* confesar, cantar *(Chile)* ◆ **confessarsi** *vr* confesarse ● **confessarsi colpevole** confesarse culpable
confessione [konfes'sjone] *sf* confesión *f*
confetto [kon'fetto] *sm* **1.** *(dolciume)* peladilla *f* **2.** *(pastiglia)* gragea *f*

confezionare [konfetstsjo'nare] *vt* **1.** *(pacco, merce)* envolver **2.** *(vestiario)* confeccionar

confezione [konfets'tsjone] *sf* **1.** *(involucro)* envoltorio *m* **2.** *(di vestiario)* confección *f* ● **confezione regalo** paquete *m* de regalo

confidare [konfi'dare] *vt* confiar qc a qn confiar o confidenciar *(Chile)* algo a alguien ● **confidare in** *v + prep* confiar en ● **confidarsi** *vr* confiarsi con qn confiarse a alguien

confidenziale [konfiden'tsjale] *agg* confidencial

confinare [konfi'nare] ◇ *vi* limitar ◇ *vt* confinar ● **confinare in** confinarse en

confine [kon'fine] *sm* **1.** *(frontiera)* frontera *f* **2.** *(limite)* límite *m*

confiscare [konfis'kare] *vt* confiscar

conflitto [kon'flitto] *sm* conflicto *m*

confondere [kon'fondere] *vt* confundir ● **confondere le idee a qn** confundir las ideas a alguien ● **confondersi** *vr* confundirse

conformità [konformi'ta] *sf* conformidad *f* ● **in conformità con** conforme a

confortare [konfor'tare] *vt* reconfortar

confortevole [konfor'tevole] *agg* confortable

confrontare [konfron'tare] *vt* comparar

confronto [kon'fronto] *sm* comparación *f* ● **in confronto (a)** en comparación (con) ● **nei miei confronti** respecto a mí

confusione [konfu'zjone] *sf* **1.** *(caos)* confusión *f*, quilombo *m* (Arg), despiche *m* (CAm), bolate *m* (Col) **2.** *(chiasso)* alboroto *m*, bulla *f* (Ven) ● **far confusione** *(confondersi)* confundirse; *(fare rumore)* armar alboroto

confuso, a [kon'fuzo, a] ◇ *pp* > **confondere** ◇ *agg* confuso(sa)

congedare [kondʒe'dare] *vt* **1.** *(lasciar andare)* despedir, botar (Amér) **2.** MIL licenciar ● **congedarsi** *vr* **1.** *(andar via)* despedirse **2.** MIL licenciarse

congedo [kon'dʒedo] *sm* **1.** *(permesso)* permiso *f* **2.** MIL licencia *m* **3.** *(commiato)* despedida *f* ● **essere in congedo per malattia** estar de baja por enfermedad

congegno [kon'dʒeɲɲo] *sm* mecanismo *m*

congelare [kondʒe'lare] *vt* congelar

congelarsi *vr* *(fig)* congelarse

congelato, a [kondʒe'lato, a] *agg* congelado(da)

congelatore [kondʒela'tore] *sm* congelador *m*

congeniale [kondʒe'njale] *agg* adecuado(da)

congenito, a [kon'dʒenito, a] *agg* congénito(ta)

congestione [kondʒes'tjone] *sf* congestión *f*

congettura [kondʒet'tura] *sf* conjetura *f*

congiungere [kon'dʒundʒere] *vt* juntar ● **congiungersi** *vi* confluir

congiuntivo [kondʒun'tivo] *sm* subjuntivo *m*

congiunto, a [kon'dʒunto, a] ◇ *pp* > **congiungere** ◇ *sm,f* pariente *m*, -ta *f*

congiunzione [kondʒun'tsjone] *sf* conjunción *f*

congiura [kon'dʒura] *sf* conjura *f*

congratularsi [kongratu'larsi] *vr* • congratularsi con qn per qc congratularse con alguien por algo

congratulazioni [kongratulats'tsjoni] *sfpl* felicitaciones *fpl*

congresso [kon'gresso] *sm* congreso *m*

coniglio [ko'niʎʎo] *sm* conejo *m*

coniugato, a [konju'gato, a] *agg* casado(da)

coniuge [ˈkɔnjudʒe] *smf* cónyuge *mf*

connazionale [konnattsjo'nale] *smf* compatriota *mf*

connettere [kon'nettere] *vt* conectar

connotati [konno'tati] *smpl* señas *fpl* personales

cono [ˈkɔno] *sm* cono *m* • cono gelato cucurucho *m* (*Esp*), barquilla *f* (*Amér*)

conoscente [konoʃˈʃente] *smf* conocido *m*, -da *f*

conoscenza [konoʃˈʃentsa] *sf* 1. (*il sapere*) conocimiento *m* 2. (*persona*) conocido *m*, -da *f* 3. • perdere conoscenza perder el conocimiento

conoscere [ko'noʃʃere] *vt* conocer

conosciuto, a [konoʃˈʃuto, a] *pp* → conoscere ◇ *agg* conocido(da)

conquista [kon'kwista] *sf* conquista *f*

conquistare [konkwis'tare] *vt* conquistar

consanguineo, a [konsaŋˈgwineo, a] *sm,f* consanguíneo *m*, -a *f*

consapevole [konsa'pevole] *agg* consciente • consapevole di qc consciente de algo

conscio, a, sci, sce [ˈkɔnʃo, a, ʃi, ʃe] *agg* • conscio di qc consciente de algo

consegna [kon'seɲɲa] *sf* 1. (*recapito*) entrega *f* 2. (*custodia*) cuidado *m*

consegnare [konseɲˈɲare] *vt* entregar

conseguenza [konseˈgwentsa] *sf* consecuencia *f* • di conseguenza en consecuencia

conseguire [konseˈgwire] ◇ *vt* conseguir ◇ *vi* deducirse

consenso [kon'senso] *sm* consenso *m*

consentire [konsen'tire] *vt* consentir • consentire a v + prep acceder a

conserva [kon'serva] *sf* conserva *f* • conserva di frutta fruta *f* en conserva • conserva di pomodoro tomate *m* en conserva

conservante [konser'vante] *sm* conservante *m*

conservare [konser'vare] *vt* conservar • conservare in frigo conservar en el frigorífico • conservarsi *vr* conservarse

conservatore, trice [konserva'tore, 'tritʃe] *sm,f* conservador *m*, -ra *f*

considerare [konside'rare] *vt* considerar • considerarsi *vr* considerarse

considerazione [konsiderats'tsjone] *sf* • prendere in considerazione tomar en consideración *f*

considerevole [konside'revole] *agg* considerable

consigliare [konsiʎˈʎare] *vt* aconsejar • consigliare a qn di fare qc aconsejar a alguien que haga algo • consigliarsi con consultar con

consigliere [konsiʎˈʎere] *sm* consejero *m*, -ra *f*

consiglio [kon'siʎʎo] *sm* 1. consejo *m* 2. • consiglio d'amministrazione consejo de administración 3. • Consiglio dei

Ministri Consejo de Ministros ● **dare un consiglio a qn** dar un consejo a alguien
consistènte [konsis'tente] *agg* consistente
consistere [konsis'tere] ● **consistere in** *v + prep* consistir en
consolare [konso'lare] *vt* consolar ● **consolarsi** *vr* consolarse
consolato [konso'lato] *sm* consulado *m*
console ['konsole] *sm* cónsul *m*
consonante [konso'nante] *sf* consonante *f*
constatare [konsta'tare] *vt* constatar
consueto, a [konsu'ɛto, a] *agg* habitual
consulènte [konsu'lɛnte] *smf* asesor *m*, -ra *f*
consultare [konsul'tare] *vt* consultar
consultarsi *vr* 1. intercambiar opiniones 2. ● **consultarsi con** consultar con
consultorio [konsul'tɔrjo] *sm* consultorio *m*
consumare [konsu'mare] *vt* 1. (*usare, mangiare, bere*) consumir 2. (*logorare*) gastar, botar (*Amér*) ● **consumarsi** *vr* gastarse
consumatore [konsuma'tore] *sm* consumidor *m*, -ra *f*
consumazione [konsumats'tsjone] *sf* 1. consumición *f* 2. ● **consumazione obbligatoria** consumición obligatoria ● **consumazione al tavolo** consumición en la mesa
consumismo [konsu'mizmo] *sm* consumismo *m*
consumo [kon'sumo] *sm* consumo *m*
contàbile [kon'tabile] *smf* contable *mf*
contabilità [kontabili'ta] *sf* contabilidad *f*
contachilòmetri [kontaki'lɔmetri] *sm inv* cuentakilómetros *m inv*
contadino, a [konta'dino, a] *sm,f* campesino *m*, -na *f*
contagiare [konta'dʒare] *vt* contagiar
contagio [kon'tadʒo] *sm* contagio *m*
contagócce [konta'gottʃe] *sm inv* cuentagotas *m inv*
contante [kon'tante] ◊ *agg* contante ◊ *sm* efectivo *m* ● **pagare in contanti** pagar en efectivo
contare [kon'tare] *vt & vi* contar ● **avere i soldi contati** andar escaso de dinero ● **contare di** *v + prep* 1. ● **contare di fare qc** contar con hacer algo *m* 2. ● **contare su** contar con
contatore [konta'tore] *sm* contador *m*
contattare [kontat'tare] *vt* contactar con
contatto [kon'tatto] *sm* contacto *m*
conte, essa ['konte, essa] *sm,f* conde *m*, -sa *f*
contegno [kon'teɲɲo] *sm* actitud *f*
contemplare [kontem'plare] *vt* contemplar
contemporaneamente [kontemporanea'mente] *avv* al mismo tiempo
contemporàneo, a [kontempo'raneo] *agg* contemporáneo(a)
contèndere [kon'tendere] *vt* ● **contendere qc a qn** disputar algo a alguien
contenere [konte'nere] *vt* contener
contenersi *vr* contenerse
contenitore [konteni'tore] *sm* recipiente *m*

contento, a [kon'tento, a] *agg* **1.** contento(ta) **2.** ● **contento (di)** contento (con)

contenuto [konte'nuto] *sm* contenido *m*

contestare [kontes'tare] *vt* rebatir, replicar (*Amér*)

contestazione [kontestats'tsjone] *sf* **1.** (*obiezione*) réplica *f* **2.** (*protesta*) protesta *f*

contesto [kon'testo] *sm* contexto *m*

contiguo, a [kon'tigwo, a] *agg* ● **contiguo (a qc)** contiguo(gua)(a algo)

continentale [kontinen'tale] *agg* continental

continente [konti'nɛnte] *sm* continente *m*

contingente [kontin'dʒɛnte] *sm* contingente *m*

continuamente [kontinwa'mente] *avv* continuamente

continuare [konti'nware] *vt & vi* continuar ● **continuare a fare qc** continuar haciendo algo

continuazione [kontinwats'tsjone] *sf* continuación *f*

continuo, a [kon'tinwo, a] *agg* continuo(nua) ● **di continuo** continuamente

conto ['konto] *sm* cuenta *f* ● **mi porta il conto, per favore?** ¿me trae la cuenta, por favor? ● **fare conto su** contar con ● **rendersi conto di qc** darse cuenta de algo ● **tenere conto di qc** tener en cuenta algo ● **conto corrente** cuenta corriente ● **conto alla rovescia** cuenta atrás ● **per conto di qn** por cuenta de alguien ● **fare i conti con qn** pedir cuentas a alguien ● **in fin dei conti** a fin de cuentas

contorno [kon'torno] *sm* **1.** (*di pietanza*) guarnición *f* **2.** (*linea*) contorno *m*

contrabbando [kontrab'bando] *sm* contrabando *m*

contrabbasso [kontrab'basso] *sm* contrabajo *m*

contraccambiare [kontrakkam'bjare] *vt* devolver

contraccettivo, a [kontrattʃet'tivo] *agg* anticonceptivo(va) ◇ *sm* anticonceptivo *m*

contraccolpo [kontrak'kolpo] *sm* rebote *m*

contraddire [kontrad'dire] *vt* contradecir ● **contraddirsi** *vr* contradecirse, enredarse (*Amér*)

contraddizione [kontraddits'tsjone] *sf* contradicción *f*

contraffare [kontraf'fare] *vt* falsificar

contrapporre [kontrap'porre] *vt* contraponer

contrariamente [kontrarja'mente] *avv* contrariamente a

contrario, a [kon'trarjo, a] ◇ *agg* contrario(ria) ◇ *sm* contrario *m* ● **essere contrario a qc** ser contrario a algo ● **avere qualcosa in contrario** tener algo en contra ● **al contrario** al contrario

contrarre [kon'trarre] *vt* contraer ● **contrarsi** *vr* contraerse

contrassegno [kontras'seɲɲo] *sm* marca *f* ● **spedire qc (per) contrassegno** enviar algo contra reembolso

contrastare [kontras'tare] ◇ *vt* obstaculizar ◇ *vi* contrastare (con) discutir (con)

contrasto [kon'trasto] *sm* **1.** contraste *m* **2.** *(opinione, esigenza)* • **esser in contrasto con qc** estar en desacuerdo con algo
contrattare [kontrat'tare] *vt* contratar
contrattempo [kontrat'tɛmpo] *sm* contratiempo *m*
contratto, a [kon'tratto, a] ◊ *pp* > **contrarre** ◊ *sm* contrato *m*
contravvenzione [kontravven'tsjone] *sf* infracción *f*
contribuire [kontribu'ire] • **contribuire a** *v* + *prep* contribuir a
contributo [kontri'buto] *sm* contribución *f*
contro ['kontro] *prep* contra • **contro di me** contra mí
controfigura [kontrofi'gura] *sf* doble *m (actor)*
controllare [kontrol'lare] *vt* controlar • **controllarsi** *vr* controlarse
controllo [kon'trɔllo] *sm* control *m* • **perdere il controllo** perder el control • **controllo doganale** control de aduanas • **controllo passaporti** control de pasaportes
controllore [kontrol'lore] *sm (di autobus, treni)* revisor *m*, -ra *f* • **controllore di volo** controlador *m* aéreo
contromano [kontro'mano] *avv* contra dirección
controproducente [kontroprodu'tʃɛnte] *agg* contraproducente
controsenso [kontro'sɛnso] *sm* contrasentido *m*
controvoglia [kontro'vɔʎʎa] *avv* a regañadientes
contusione [kontu'zjone] *sf* contusión *f*

convalescenza [konvaleʃ'ʃɛntsa] *sf* convalecencia *f*
convalidare [konvali'dare] *vt* **1.** *(biglietto)* validar **2.** *(dubbio, sospetto)* confirmar
convegno [kon'veɲɲo] *sm* congreso *m*
convenevoli [konve'nevoli] *smpl* formalidades *fpl*
conveniente [konve'njɛnte] *agg* conveniente
convenire [konve'nire] *vi* • **conviene fare qc** conviene hacer algo • **convenire a** *v* + *prep* ser conveniente para
convento [kon'vɛnto] *sm* convento *m*
convenzionale [konventsjo'nale] *agg* convencional
convenzione [konven'tsjone] *sf* convención *f*
conversazione [konversats'tsjone] *sf* conversación *f*, plática *f* (CAm)
convertire [konver'tire] *vt* convertir • **convertirsi a qc** convertirsi (a algo)
convincere [kon'vintʃere] *vt* • **convincere qn di qc** convencer a alguien de algo • **convincere qn a fare qc** convencer a alguien para hacer algo
convinto, a [kon'vinto, a] ◊ *pp* > **convincere** ◊ *agg* convencido(da)
convivenza [konvi'vɛntsa] *sf* convivencia *f*
convocare [konvo'kare] *vt* convocar
convoglio [kon'vɔʎʎo] *sm* convoy *m*
convulsioni [konvul'sjoni] *sfpl* convulsiones *fpl*
cookie ['kuki] *sm inv* cookie *m*
cooperativa [koopera'tiva] *sf* cooperativa *f*

coordinare [koordi'nare] *vt* coordinar
coperchio [ko'perkjo] *sm* **1.** *(di pentola)* tapadera *f* **2.** *(di cassa, scatola)* tapa *f*
coperta [ko'perta] *sf* **1.** *(da letto)* manta *f* **2.** *(di nave)* cubierta *f* ● **mettersi sotto le coperte** meterse en la cama
copertina [koper'tina] *sf* portada *f*
coperto, a [ko'perto, a] ◇ *pp* → **coprire** ◇ *agg* **1.** *(piscina, campo, cielo)* cubierto(ta) **2.** *(vestito)* tapado(da) ◇ *sm* **1.** cubierto *m* **2.** ● **coperto de qc** cubierto(ta) de algo ● **al coperto a** cubierto
copertone [koper'tone] *sm* cubierta *f*
copia ['kopja] *sf* copia *f* ● **bella copia** en limpio ● **brutta copia** borrador *m*
copiare [ko'pjare] *vt* **1.** *(riprodurre)* copiar, calcar *(Amér)* **2.** *(imitare, a scuola)* copiar
copione [ko'pjone] *sm* guión *m*
coppa ['kɔppa] *sf* **1.** copa *f* **2.** *(salume)* embutido hecho con cuello de cerdo, salado y aromatizado **3.** ● **coppa dell'olio** cárter *m*
coppia ['kɔppja] *sf* pareja *f* ● **a coppie** por parejas
copricostume [koprikos'tume] *sm inv* blusón *m* playero
coprifuoco [kopri'fwɔko] *sm* toque *m* de queda
copriletto [kopri'letto] *sm inv* colcha *f*, cobija *f (Amér)*
coprire [ko'prire] *vt* **1.** cubrir, tapar *(pentola)* tapar ● **coprire qn di baci** cubrir a alguien de besos ● **coprirsi** *vi* **1.** *(con indumenti)* taparse **2.** *(riempirsi)* cubrirse
coraggio [ko'raddʒo] ◇ *sm* **1.** *(forza d'animo)* valor *m* **2.** *(impudenza)* descaro *m* **3.** ● **non ha avuto il coraggio di reagire** le faltó valor para reaccionar ● **hai il coraggio di insultarmi?** ¿tienes el descaro de insultarme? ◇ *esclam* ● **coraggio!** ¡ánimo!
coraggioso, a [koradʒ'dʒozo, a] *agg* valiente
corallo [ko'rallo] *sm* **1.** coral *m* **2.** ● **i coralli** coral *m*
Corano [ko'rano] *sm* ● **il Corano** el Corán
corazza [ko'rattsa] *sf* **1.** *(armatura)* coraza *f* **2.** *(di animale)* caparazón *m*, concha *f (Amér)*
corda ['kɔrda] *sf* **1.** *(fune)* cuerda *f*, cabuya *f (CAm & Méx)* **2.** *(spago, di strumenti musicali)* cuerda *f* ● **tagliare la corda** ahuecar el ala ● **corde vocali** cuerdas vocales ● **dare corda a qualcuno** aflojar las tuercas a alguien
cordiale [kor'djale] ◇ *agg (affettuoso)* cordial, amable *(Amér)* ◇ *sm* reconstituyente *m*
cordialmente [kordjal'mente] *avv* cordialmente, amablemente *(Amér)*
cordone [kor'done] *sm* cordón *m* ● **cordone ombelicale** cordón umbilical
coreografia [koreogra'fia] *sf* coreografía *f*
coriandolo [ko'rjandolo] *sm* coriandro *m* ● **coriandoli** *smpl* confeti *m*
coricarsi [kori'karsi] *vr* acostarse
cornamusa [korna'muza] *sf* gaita *f*
cornetta [kor'netta] *sf* auricular *m*
cornetto [kor'netto] *sm* **1.** *(pasta)* croissant *m*, media luna *f (Amér)* **2.** *(gelato)*

cucurucho m (Esp), barquilla f (Amér)
cornice [kor'nitʃe] sf marco m
cornicione [korni'tʃone] sm cornisa f
corno ['korno] (**corni** fpl **corna**) sm **1.** (fpl: **corna**) (di animale) cuerno m **2.** (mpl: **corni**) (strumento) cuerno m • **facciamo le corna!** (fam & fig) ¡toquemos madera! • **fare o mettere le corna a qn** (fam & fig) poner los cuernos a alguien, m
coro ['kɔro] sm coro m
corona [ko'rona] sf **1.** (regale) corona f, diadema f (Amér) **2.** (di fiori) corona f
corpo ['kɔrpo] sm cuerpo m • **corpo insegnante** cuerpo m docente • **corpo a corpo** cuerpo a cuerpo
corporatura [korpora'tura] sf complexión f
corporeo, a [kor'pɔreo, a] agg corpóreo(a)
corredare [korre'dare] vt • **corredare qc di qc** dotar algo de algo
corredo [kor'rɛdo] sm **1.** (da sposa) ajuar m **2.** (attrezzatura) equipamiento m
correggere [kor'reddʒere] vt corregir
corrente [kor'rɛnte] ◇ agg corriente ◇ sf corriente f ◇ sm • **essere al corrente (di qc)** estar al corriente (de algo) • **mettere (qn) al corrente (di qc)** poner (a alguien) al corriente (de algo) • **corrente alternata** corriente alterna • **corrente continua** corriente continua
correntemente [korrente'mente] avv corrientemente
correre [kor'rere] vt & vi correr • **correre dietro a qn** correr detrás de alguien
corretto, a [kor'retto, a] ◇ pp ➤ **correggere** ◇ agg correcto(ta)
correzione [korrets'tsjone] sf corrección f
corridoio [korri'dojo] sm pasillo m
corridore [korri'dore] sm corredor m
corriera [kor'rjera] sf autocar m de línea
corriere [kor'rjere] sm mensajero m
corrimano [korri'mano] sm barandilla f
corrispondente [korrispon'dɛnte] ◇ agg correspondiente ◇ smf corresponsal mf
corrispondenza [korrispon'dɛntsa] sf correspondencia f
corrispondere [korris'pondere] vt corresponder • **corrispondere a** v + prep corresponder a
corrodere [kor'rodere] vt corroer
corrompere [kor'rompere] vt corromper
corroso, a [kor'rozo, a] pp ➤ **corrodere**
corrotto, a [kor'rotto, a] ◇ pp ➤ **corrompere** ◇ agg **1.** corrompido(da) **2.** (disonesto) corrupto(ta)
corruzione [korruts'tsjone] sf corrupción f
corsa ['korsa] sf **1.** (movimento, gara) carrera f **2.** (di mezzo pubblico) trayecto m **3.** • **fare una corsa** ir corriendo • **di corsa** corriendo • **corse dei cavalli** carreras de caballos
corsia [kor'sia] sf **1.** (di strada) carril m **2.** (di ospedale) sala m • **corsia di sorpasso** carril de adelantamiento • **corsia di emergenza** arcén • **corsia preferenziale** carril bus/taxi
Corsica ['kɔrsika] sf • **la Corsica** Córcega f

corso ['kɔrso] ◇ pp ➤ **correre** ◇ sm 1. avere un peso sulla coscienza tener un cargo de conciencia ● curso m 2. (strada) avenida f ● seguire un corso (di qc) hacer un curso (de algo) ● corso accelerato curso intensivo ● corso d'acqua curso de agua ● corsi estivi cursos de verano ● corsi serali clases fpl nocturnas ● in corso en curso ● fuori corso fuera de circulación

corte ['kɔrte] sf corte f ● fare la corte a qn hacer la corte a alguien

corteccia [kor'tettʃa] (pl **-ce**) sf corteza f

corteggiare [korted'dʒare] vt cortejar

corteo [kor'tɛo] sm 1. (manifestazione) cortejo m 2. (processione) cortejo m, procesión f (Amér)

cortese [kor'teze] agg cortés, amable (Amér)

cortesia [korte'zia] sf 1. (qualità) cortesía f 2. (atto) favor m, cumplimiento m (Amér) ● per cortesia por favor

cortile [kor'tile] sm patio m

corto, a ['kɔrto, a] agg corto(ta) ● essere a corto di quattrini no tener un duro

cortocircuito [kortotʃir'kujto] sm cortocircuito m

corvo ['kɔrvo] sm cuervo m

cosa ['kɔza o 'kɔsa] sf cosa f ● cosa? ¿qué? ● cosa c'è? ¿qué pasa? ● per prima cosa en primer lugar

coscia ['kɔʃʃa] (pl **-sce**) sf 1. (di uomo, pollo) muslo m 2. (di agnello) pierna f

cosciente [koʃ'ʃɛnte] agg consciente ● cosciente di qc consciente de algo

coscienza [koʃ'ʃɛntsa] sf conciencia f ● avere un peso sulla coscienza tener un cargo de conciencia

coscio ['kɔʃʃo] sm pierna f

così [ko'si]
◇ avv 1. (in questo modo) así, de este modo ● così facendo, finirai per rimetterci si sigues así, acabarás perdiendo ● per così dire por decir ● meglio così mejor así ● proprio così! ¡exactamente! ● e così via etcétera 2. (per descrivere misure) así ● una scatola larga così e lunga così una caja así de ancha y así de larga 3. (talmente) tan ● è ancora così presto! ¡es tan pronto todavía! ● così poco tan poco ● non ne voglio così tanto no quiero tanto ● non costa così tanto no cuesta tanto 4. (conclusivo) así ● così, non hai ancora deciso así que no te has decidido aún
◇ cong 1. (perciò) así que 2. (a tal punto) tan ● così... che tan ..que ● il divano è così grande che non ci sta el sofá es tan grande que no cabe ● ho così fame che mangerei qualsiasi cosa tengo tanta hambre que me comería cualquier cosa ● così... da tan... que ● è così sciocco da dire di no is so stupid que dirá que no 3. ● così che ● così che (affinché) de modo que ● diglielo, così che lo sappia díselo, para que lo sepa
◇ agg inv así ● è meglio non frequentare gente così es mejor no ir con gente así

cosicché [kosik'ke] cong ➤ così

cosiddetto, a [kosid'detto, a] agg llamado(da)

cosmético [koz'metiko] (*pl* **-ci**) *sm* cosmético *m*

coso ['kɔzo o 'koso] *sm* (*fam*) chisme *m*

cospargere [kos'pardʒere] *vt* ▸ **cospargere qc di qc** esparcir algo en o por algo

cosparso, **a** [kos'parso] *pp* ➣ cospargere

cospicuo, **a** [kos'pikwo, a] *agg* considerable

cospirare [kospi'rare] *vi* conspirar

costa [kos'ta] *sf* **1.** (*riva*) costa *f* **2.** MED (*osso del costato*) costilla *f*

costante [kos'tante] *agg* **1.** (*stabile, durevole*) constante **2.** (*persona*) constante, porfiado(a) (*Amér*)

costare [kos'tare] *vi* costar • **quanto costa?** ¿cuánto vale? • **costare caro** costar caro

costata [kos'tata] *sf* chuleta *f*

costeggiare [kosted'dʒare] *vt* costear

costellazione [kostellat'tsjone] *sf* constelación *f*

costernato, **a** [koster'nato, a] *agg* consternado(a)

costiero, **a** [kos'tjero, a] *agg* costero(ra)

costituire [kostitu'ire] *vt* constituir

costituirsi *vr DIR* constituirse

costituzione [kostitut'tsjone] *sf* **1.** constitución *f* **2.** • **la Costituzione italiana** la Constitución italiana

costo ['kɔsto] *sm* coste *m* • **a tutti i costi** a toda costa

costola [kos'tola] *sf* costilla *f*

costoletta [kosto'letta] *sf* chuleta *f*

costoso, **a** [kos'toso, a] *agg* costoso(sa)

costretto, **a** [kos'tretto, a] *agg pp* ➣ costringere

costringere [kos'trindʒere] *vt* obligar • **costringere qn (a fare qc)** obligar a alguien (a hacer algo)

costruire [kostru'ire] *vt* construir

costruzione [kostrut'tsjone] *sf* construcción *f*

costume [kos'tume] *sm* **1.** (*uso*) costumbre *f* **2.** (*abito*) traje *m* • **costume da bagno** bañador *m*

cotechino [kote'kino] *sm* (*insaccato*) especie de salami hecho de carne de cerdo que se come hervido

cotoletta [koto'letta] *sf* chuleta *f* • **cotoletta alla milanese** chuleta *f* a la milanesa

cotone [ko'tone] *sm* algodón *m* • **cotone idrofilo** algodón *m* hidrófilo

cotta [kotta] *sf* • **prendersi una cotta per qn** (*fam*) estar colado(da) por alguien

cotto, **a** [kɔtto, a] ◊ *pp* ➣ cuocere ◊ *agg* **1.** cocido(da), cocinado(da) (*Amér*) **2.** (*fam*) (*innamorato*) colado(da) • **ben cotto** bien hecho

cottura [kot'tura] *sf* cocción *f*

coupon [ku'pɔn] *sm inv* cupón *m*

cozza ['kɔttsa] *sf* mejillón *m*, choro *m* (*Chile*) • **cozze alla marinara** mejillones a la marinera

C.P. = **Casella Postale**

cracker ['kreker] *sm inv* cracker *m*

crampo ['krampo] *sm* calambre *m*

cranio ['kranjo] *sm* cráneo *m*

cratere [kra'tɛre] *sm* cráter *m*

cravatta [kra'vatta] *sf* corbata *f* • **cravatta a farfalla** pajarita *f*

creare [kre'are] *vt* crear

creativo, a [krea'tivo, a] *agg* creativo(va)
creatore, trice [krea'tore, 'tritʃe] *sm,f* creador *m*, -ra *f* ● **il Creatore** el Creador
creatura [krea'tura] *sf* criatura *f*
credente [kre'dɛnte] *smf* creyente *mf*
credenza [kre'dɛntsa] *sf* **1.** *(convinzione)* creencia *f* **2.** *(mobile)* aparador *m*
credere [kre'dere] *vt* creer ● **credo di sì/no** creo que sí/no ● **credo (che) sia vero** creo que es verdad ● **credo di fare la cosa giusta** creo que hago lo adecuado ● **credere a** *v* + *prep* creer ● **non ci credo!** ¡no me lo creo! ● **credere in** *v* + *prep* creer en ● **credere in Dio** creer en Dios ● **credersi** *vr* considerarse
credito [ˈkredito] *sm* crédito *m*
crema [ˈkrema] *sf* **1.** *(dolce, cosmetico, colore)* crema *f* **2.** *(panna)* nata *f* **3.** *(minestra)* crema *f*, sopa *f* (*Amér*) ● **crema depilatoria** crema depilatoria ● **crema solare** crema solar ● **alla crema** de crema
crematorio [kremaˈtɔrjo] *sm* crematorio *m*
cremazione [krematsˈtsjone] *sf* cremación *f*
crème caramel [krɛm karaˈmɛl] *sm o sf inv* flan *m*
cremisi [ˈkremizi] *agg inv* carmesí
cremoso, a [kreˈmoso, a] *agg* cremoso(sa)
crepaccio [kreˈpattʃo] *sm* grieta *f*
crepapelle [krepaˈpelle] ● **a crepapelle** *avv* a más no poder ● **ridere a crepapelle** partirse de risa
crepare [kreˈpare] *vi* (*fam*) palmarla (*Esp*), morir (*Amér*) ● **crepare dal ridere** morirse de risa
crêpe [krɛp] *sf inv* crepe *f*
crepuscolo [kreˈpuskolo] *sm* crepúsculo *m*
crescere [ˈkreʃʃere] ◇ *vi* crecer ◇ *vt* criar
crescita [ˈkreʃʃita] *sf* crecimiento *m*
cresima [ˈkrezima o ˈkresima] *sf* confirmación *f (sacramento)*
crespo, a [ˈkrespo, a] *agg (capelli)* encrespado(da), crespo(pa) *(Amér)*
cresta [ˈkresta] *sf* cresta *f*
creta [ˈkreta] *sf* arcilla *f*
cretino, a [kreˈtino, a] *agg* estúpido(da)
C.R.I. *sf (abbr di Croce Rossa Italiana)* Cruz Roja Italiana
cric [krik] *sm inv* gato *m (de coche)*
criminale [krimiˈnale] *agg & smf* criminal
crimine [ˈkrimine] *sm* crimen *m*
criniera [kriˈnjera] *sf* **1.** *(di cavallo)* crin *f* **2.** *(di leone)* melena *f*
cripta [ˈkripta] *sf* cripta *f*
crisi [ˈkrizi] *sf* **1.** *(fase difficile)* crisis *f inv* **2.** *(attacco)* ataque *m* ● **in crisi** en crisis
cristallo [krisˈtallo] *sm* cristal *m*
cristianesimo [kristjaˈnezimo] *sm* cristianismo *m*
cristiano, a [krisˈtjano, a] *agg & sm,f* cristiano(na)
Cristo [ˈkristo] *sm* Cristo *m*
criterio [kriˈtɛrjo] *sm* criterio *m*
critica [ˈkritika] (*pl* **-che**) *sf* crítica *f*
criticare [kritiˈkare] *vt* criticar
critico, a, ci, che [ˈkritiko, a, tʃi, ke] *agg & sm,f* crítico(ca)

Croazia [kro'atstsja] *sf* ◆ **la Croazia** Croacia *f*
croccante [krok'kante] ◇ *agg* crujiente ◇ *sm* guirlache *m*
crocchetta [krok'ketta] *sf* croqueta *f*
croce ['krotʃe] *sf* cruz *f* ◆ **la Croce Rossa** *sf* la Cruz Roja
crocevia [krotʃe'via] *sm inv* encrucijada *f*
crociera [kro'tʃɛra] *sf* crucero *m*
crocifisso [krotʃi'fisso] *sm* crucifijo *m*
crollare [krol'lare] *vi* (fig) derrumbarse
crollo ['krɔllo] *sm* 1. (di edificio, monte) hundimiento *m*, derrumbe *m* (Amér) 2. (di prezzi) caída *f*
cronaca ['krɔnaka] *sf* (pl **-che**) crónica *f* ◆ **cronaca nera** crónica de sucesos
cronico, a, ci, che ['krɔniko, a, tʃi, ke] *agg* crónico(ca)
cronista, i, e [kro'nista, i, e] *smf* cronista *mf*
cronologico, a, ci, che [krono'lɔdʒiko, a, tʃi, ke] *agg* cronológico(ca)
crosta ['krɔsta] *sf* 1. (di pane, formaggio) corteza *f* 2. (di ferita) costra *f* 3. (fig) (quadro, dipinto) pintarrajo *m* 4. ◆ **crosta terrestre** corteza terrestre
crostaceo [kros'tatʃeo] *sm* crustáceo *m*
crostata [kros'tata] *sf* tarta de hojaldre horneada y cubierta de mermelada
crostino [kros'tino] *sm* picatoste *m*
croupier [kru'pje] *sm inv* crupier *mf*
cruciale [kru'tʃale] *agg* crucial
cruciverba [krutʃi'vɛrba] *sm inv* crucigrama *m*
crudele [kru'dɛle] *agg* cruel
crudo, a ['krudo, a] *agg* crudo(da)

crusca ['kruska] *sf* salvado *m*
cruscotto [krus'kɔtto] *sm* salpicadero *m* (Esp), cuadro *m* (Amér)
Cuba ['kuba] *sf* Cuba *f*
cubo ['kubo] *sm* cubo *m*
cuccetta [kut'tʃetta] *sf* 1. (di treno) litera *f* 2. (di nave) litera *f*, doble cama *f* (Amér)
cucchiaiata [kukkja'jata] *sf* cucharada *f*
cucchiaino [kukkja'ino] *sm* cucharilla *f*, cucharita *f* (Amér)
cucchiaio [kuk'kjaio] *sm* cuchara *f*
cuccia ['kuttʃa] *sf* (pl **-ce**) 1. caseta *f* (para el perro) 2. ◆ **a cuccia!** ¡quieto!
cucciolo, a [kut'tʃɔlo, a] *sm,f* cachorro *m*, -rra *f*
cucina [ku'tʃina] *sf* cocina *f* ◆ **cucina casalinga** cocina casera ◆ **cucina a gas** cocina de gas
cucinare [kutʃi'nare] *vt* cocinar, preparar (Amér)
cucire [ku'tʃire] *vt* coser
cucitura [kutʃi'tura] *sf* costura *f*
cuculo [kukulo o ku'kulo] *sm* cuco *m*
cuffia ['kuffja] *sf* 1. (copricapo, da bagno) gorro *m* 2. (per l'ascolto) auricular *m* 3. (di cuoca, infermiera) cofia *f*
cugino, a [ku'dʒino, a] *sm,f* primo *m*, -ma *f*
cui ['kui] *pron rel* 1. (in complementi indiretti: persona) el(la) que ◆ **la ragazza con cui esco** la chica con la que salgo ◆ **il dottore al cui vado** el doctor al que voy ◆ **l'amico di cui ti ho parlato** el amigo del que te he hablado 2. (in complementi indiretti: cosa) el(la) que ◆ **i film a cui mi riferisco** la película a la

que me refiero ● **l'appartamento in cui vivo** el apartamento en el que vivo ● **il motivo per cui ti chiamo** el motivo por el que te llamo **3.** *(tra articolo e nome)* cuyo(ya) ● **la città il cui nome mi sfugge** la ciudad cuyo nombre no recuerdo ● **la persona alla cui domanda rispondo** la persona a cuya pregunta respondo ◆ **per cui** *cong* por lo que ● **sono stanco, per cui vado a letto** estoy cansado, así que me voy a la cama

c**u**lla ['kulla] *sf* cuna *f*

c**u**lmine ['kulmine] *sm* cumbre *f*, punta *f* (*Amér*)

c**u**lo ['kulo] *sm* (*volg*) culo *m*

c**u**lto ['kulto] *sm* culto *m*

cult**u**ra [kul'tura] *sf* cultura *f*

cultur**i**smo [kultu'rizmo] *sm* culturismo *m*

cumulat**i**vo [kumula'tivo] *agg* > **biglietto**

cun**e**tta [ku'netta] *sf* cuneta *f*

cu**o**cere ['kwɔtʃere] *vt & vi* cocer

cu**o**co, a, chi, che ['kwɔko, a, ki, ke] *sm,f* cocinero *m*, -ra *f*

cu**o**io ['kwɔjo] *sm* cuero *m* ● **cuoio capelluto** cuero cabelludo

cu**o**re *sm* corazón *m* ● **avere a cuore** querer mucho

c**u**po, a ['kupo, a] *agg* **1.** (*scuro*) oscuro(ra) **2.** (*profondo*) profundo(da) **3.** (*voce*) cavernoso(sa) **4.** (*atteggiamento, carattere*) taciturno(na)

c**u**pola ['kupola] *sf* cúpula *f*

c**u**ra ['kura] *sf* **1.** (*trattamento, terapia*) tratamiento *m* **2.** (*accuratezza, interessamento*) cuidado *m* **3.** ● **avere cura di** cuidar de ● **prendersi cura di** hacerse cargo de ● **cura dimagrante** cura de adelgazamiento

cur**a**re [ku'rare] *vt* cuidar

c**u**rcuma ['kurkuma] *sf* cúrcuma *f*

curios**a**re [kurjo'zare] *vi* curiosear

curiosit**à** [kurjosi'ta] *sf inv* curiosidad *f*

curi**o**so, a [ku'rjozo, a] *agg* curioso(sa)

c**u**rva ['kurva] *sf* curva *f* ● **in curva** en las curvas

curv**a**re [kur'vare] ◇ *vi* torcer ◇ *vt* doblar

c**u**rvo, a ['kurvo, a] *agg* **1.** (*linea*) curvo(va) **2.** (*persona, spalle*) encorvado(da)

cuscin**e**tto [kuʃʃi'netto] *sm* **1.** TECNOL cojinete *m* **2.** (*per timbri*) tampón *m*

cusc**i**no [kuʃ'ʃino] *sm* **1.** (*da divano*) cojín *m* **2.** (*guanciale*) almohada *f* ● **cuscino di piuma** almohada de plumas

cust**o**de [kus'tɔde] *smf* vigilante *mf*, guachimán *m* (*Amér*)

cust**o**dia [kus'tɔdja] *sf* **1.** (*cura, controllo*) custodia *f* **2.** (*astuccio*) estuche *m*

custod**i**re [kusto'dire] *vt* **1.** (*assistere*) custodiar **2.** (*conservare*) custodiar vigilar

c**u**te ['kute] *sf* cutis *m inv*

cyberspazio, ciberspazio [tʃiberspat'tsjo] *sm* ciberespacio *m*

dD

da [da] *prep* **1.** *(con verbo passivo)* por ● il viaggio è pagato dalla ditta el viaje está pagado por la empresa **2.** *(stato in luogo)* en casa de ● abito da una zia vivo en casa de una tía **3.** *(moto a luogo)* a ● andare dal medico ir al médico **4.** *(moto per luogo)* por ● sono entrato dall'ingresso principale he entrado por la puerta principal **5.** *(indica l'origine, la provenienza: moto da luogo)* de ● venire da Roma venir de Roma ● ricevere una lettera da un amico recibir la carta de un amigo **6.** *(indica la durata)* desde ● aspetto da ore estoy esperando desde hace horas ● lavoro dalle 9 alle 5 trabajo de 9 a 5 **7.** *(temporale)* ● da giovane era un grande atleta cuando era joven era un gran atleta **8.** *(indica la causa)* de ● tremare dal freddo temblar de frío **9.** *(indica una caratteristica)* de ● la ragazza dagli occhi verdi la chica de los ojos verdes **10.** *(indica il fine)* de ● occhiali da sole gafas de sol ● preparare qualcosa da mangiare preparar algo para comer **11.** *(indica separazione)* de ● vedere da lontano/vicino ver de lejos/cerca ● essere lontano da casa estar lejos de casa ● la piscina è a tre chilometri da qui la piscina está a tres quilómetros de aquí ● mettere qc da parte poner algo aparte **12.** *(indica prezzo, misura)* de ● stanza da 200 euro a notte habitación de 200 euros la noche ● bottiglia da un litro botella de un litro **13.** *(indica modo)* ● trattare qn da amico tratar a alguien como a un amigo ● non è cosa da te! ¡no es propio de ti! **14.** *(indica la conseguenza)* ● ho riso da non poterne più me he reído a más no poder ● essere stanco da morire estar muerto de cansancio

daccapo [dak'kapo] *avv* desde el principio

dado ['dado] *sm* **1.** *(gioco)* dado *m* **2.** *(estratto)* cubito *m* **3.** *(per vite)* tuerca *f*

dagli ['daʎʎi] = da + gli; ▷ da

dai¹ ['dai] = da + i; ▷ da

dai² ['dai] *esclam* ¡venga! ● ma dai! ¡venga!

daino ['dajno] *sm* **1.** *(animale)* gamo *m* *(Esp)*, venado *m* *(Amér)* **2.** *(pelle)* ante *m*

dal ['dal] = da + il; ▷ da

dalla ['dalla] = da + la; ▷ da

dalle ['dalle] = da + le; ▷ da

dallo ['dallo] = da + lo; ▷ da

daltonico, a, ci, che [dal'toniko, a, tʃi, ke] *agg* daltónico(ca)

dama ['dama] *sf* **1.** *(gioco)* dama *f* **2.** *(nel ballo)* compañera *f* de baile

damigiana [dami'dʒana] *sf* damajuana *f*

danaro [da'naro] = denaro

dancing ['densing] *sm inv* sala *f* de baile

danese [da'nese] ▷ *agg & smf* danés(esa)

Da   80

◇ sm **1.** (lingua) danés m **2.** (cane) gran danés m

Danimarca [dani'marka] sf • la Danimarca Dinamarca f

danneggiare [danned'dʒare] vt dañar

danno ['danno] sm daño m • i danni DIR daños y perjuicios

dannoso, a [dan'noso, a] agg dañino(na)

Danubio [da'nubjo] sm • il Danubio Danubio

danza ['dantsa] sf danza f

dappertutto [dapper'tutto] avv por todas partes

dappoco [dap'pɔko] agg inv **1.** (persona) incapaz **2.** (questione) irrelevante

dapprima [dap'prima] avv en un primer momento

dare ['dare] vt dar • dare qc a qn dar algo a alguien • dare fastidio a qn molestar a alguien • dare la mano a qn dar la mano a alguien • dare la buonanotte a qn dar las buenas noches a alguien • dare da bere a qn dar de beber a alguien • lo davano per morto le daban por muerto • dare qc per scontato dar algo por descontado • darsi il cambio turnarse • gli ha dato alla testa se le ha subido a la cabeza ◆ **dare** su + prep dar a ◆ **darsi a** dedicarse a

data ['data] sf fecha f • data di nascita fecha de nacimiento

dato, a ['dato, a] ◇ pp ▶ **dare** ◇ agg dado(da) ◇ sm dato m • dato che dado que • un dato di fatto una prueba

datore, trice [da'tore, 'tritʃe] sm,f **datore di lavoro** jefe m, -fa f

dattero ['dattero] sm dátil m

davanti [da'vanti] ◇ avv delante ◇ agg inv delantero(ra) ◇ sm parte f delantera ◇ prep • **davanti a** delante de

davanzale [davan'tsale] sm alféizar m

davvero [dav'vero] avv **1.** (molto) realmente **2.** (sul serio) de verdad • davvero? ¿de verdad?

d.C. (abbr di dopo Cristo) d.C.

dea ['dɛa] sf diosa f

debito ['debito] sm deuda f

debole ['debole] agg **1.** (gracile) débil, pachucho(cha) (Amér) **2.** (carattere, volontà, persona) débil **3.** • avere un debole per tener debilidad por

debolezza [debo'lettsa] sf (fig) debilidad f

debuttare [debut'tare] vi debutar

decaffeinato, a [dekaffei'nato, a] agg descafeinado(da)

decapitare [dekapi'tare] vt decapitar

decappottabile [dekappot'tabile], **decapotabile** [dekapot'tabile] ◇ agg descapotable ◇ sf descapotable m

deceduto, a [detʃe'duto, a] agg fallecido(da)

decennio [de'tʃennjo] sm década f

decente [de'tʃente] agg decente

decesso [de'tʃɛsso] sm (form) defunción f

decidere [de'tʃidere] vt & vi decidir ◆ **decidere di** v + prep **1.** decidir **2.** • decidere di fare qc decidir hacer algo ◆ **decidersi** vr decidirse • decidersi (a fare qc) decidirse (a hacer algo)

decimale [detʃi'male] agg decimal

decimo, a ['dɛtʃimo, a] *num* décimo (ma) ➤ **sesto**

decina [de'tʃina] *sf* decena *f* ● **una decina (di)** una decena (de)

decisione [detʃi'zjone] *sf* 1. decisión *f* 2. ● **prendere una decisione** tomar una decisión

deciso, a [de'tʃizo, a] ◇ *pp* ➤ **decidere** ◇ *agg* 1. decidido(da) 2. ● **deciso a fare qc** decidido a hacer algo

decollare [dekol'lare] *vi* despegar

decollo [de'kɔllo] *sm* despegue *m*

decorare [deko'rare] *vt* 1. (*ornare*) decorar 2. (*dare una medaglia*) condecorar

decotto [de'kɔtto] *sm* tisana *f*

decreto [de'kreto] *sm* 1. decreto *m* 2. ● **decreto legge** decreto ley

dedica ['dɛdika] (*pl* **-che**) *sf* dedicatoria *f*

dedicare [dedi'kare] *vt* ● **dedicare qc a qn** (*fig*) dedicar algo a alguien ◇ **dedicarsi a** dedicarse a

dedurre [de'durre] *vt* detraer

dedito, a ['dedito, a] *agg* ● **dedito a qc** (*studio*) entregado(da) a algo; (*droga, alcool*) adicto(ta) a algo

dedotto, a [de'dotto, a] *pp* ➤ **dedurre**

deduzione [deduts'tsjone] *sf* deducción *f*

deficiente [defi'tʃɛnte] *agg* (*spreg*) imbécil

deficit ['dɛfitʃit] *sm inv* déficit *m*

definire [defi'nire] *vt* definir

definitivo, a [defini'tivo, a] *agg* definitivo(va)

definizione [definits'tsjone] *sf* definición *f*

deformare [defor'mare] *vt* (*fig*) deformar ● **deformarsi** *vr* deformarse

defunto, a [de'funto, a] *sm,f* difunto *m*, -ta *f*, finado *m*, -da *f* (*Amér*)

degente *smf* hospitalizado *m*, -da *f*

degenerare [dedʒene'rare] *vi* degenerar

degli ['deʎʎi] = **di + gli**; ➤ **di**

degnarsi [deɲ'narsi] *vr* ● **degnarsi di fare qc** dignarse a hacer algo

degno, a ['deɲɲo, a] *agg* ● **degno di** digno(na)

degradare [degra'dare] *vt* degradar

degustazione [degustats'tsjone] *sf* 1. (*assaggio*) degustación *f* 2. (*negozio*) bodega *f*

dei ['dei] = **di + i**; ➤ **di**

delegare [dele'gare] *vt* ● **delegare qn (a fare qc)** delegar en alguien (para que haga algo) ● **delegare qc a qn** delegar algo en alguien

delegazione [delegats'tsjone] *sf* delegación *f*

delfino [del'fino] *sm* delfín *m*

delicatezza [delika'tettsa] *sf* delicadeza *f*

delicato, a [deli'kato, a] *agg* delicado(da)

delineare [deline'are] *vt* 1. delinear 2. (*fig*) (*descrivere*) esbozar ● **delinearsi** *vr* perfilarse

delinquente [delin'kwɛnte] *smf* delincuente *mf*

delirio [de'lirjo] *sm* delirio *m*

delitto [de'litto] *sm* delito *m*

delizioso, a [delits'tsjoso, a] *agg* 1. (*cibo*) delicioso(sa), rico(ca) (*Amér*) 2. (*gradevole*) delicioso(sa)

della ['della] = **di + la**; ➤ **di**

delta ['dɛlta] *sm inv* delta *m*

deltaplano [dɛlta'plano] *sm* aladelta *m*, deltaplano *m* (*Amér*)

deludere [de'ludere] *vt* decepcionar

delusione [delu'zjone] *sf* desilusión *f*

deluso, a [de'luzo, a] ◇ *pp* > **deludere** ◇ *agg* decepcionado(da)

democratico, a, ci, che [demo'kratiko, a, tʃi, ke] *agg* democrático(ca)

democrazia [demokrats'tsia] *sf* democracia *f*

demolire [demo'lire] *vt* **1.** (*edificio*) demoler, tumbar (*Amér*) **2.** (*fig*) (*teoria*) desmontar

demonio [de'mɔnjo] *sm* demonio *m*

demoralizzare [demoralidz'dzare] *vt* desmoralizar • **demoralizzarsi** *vr* desmoralizarse

denaro [de'naro] *sm* dinero *m*, plata *f* (*Amér*) • **denaro contante** dinero en efectivo, morralla *f* (*Méx*)

denigrare [deni'grare] *vt* denigrar

denominare [denomi'nare] *vt* denominar

denominazione [denominats'tsjone] *sf* denominación *f* • **denominazione d'origine controllata** denominación de origen

densità [densi'ta] *sf* densidad *f*

denso, a ['dɛnso, a] *agg* denso(sa)

dente ['dɛnte] *sm* **1.** púa *f* **2.** (*di pettine*) púa *f* • **dente da latte** diente de leche • **dente del giudizio** muela del juicio • **al dente** al dente • **mettere qc sotto i denti** darle al diente • **armato fino ai denti** armado hasta los dientes

dentiera [den'tjera] *sf* dentadura *f*

dentifricio [denti'fritʃo] *sm* pasta *f* de dientes

dentista, i, e [den'tista, i, e] *smf* dentista *mf*

dentro ['dentro] ◇ *avv* dentro ◇ *prep* dentro • **darci dentro** dedicarse a fondo • **dentro di sé** para sus adentros • **qui/là dentro** aquí/allí dentro • **dal di dentro** desde dentro • **in dentro** hacia adentro

denuncia [de'nuntʃa] (*pl* **-ce** *o* **-cie**) *sf* denuncia *f* • **sporgere denuncia** poner una denuncia • **denuncia dei redditi** declaración *f* de la renta

denunciare [denun'tʃare] *vt* denunciar

deodorante [deodo'rante] *sm* **1.** (*per il corpo*) desodorante *m* **2.** (*per ambiente*) ambientador *m*

deperibile [depe'ribile] *agg* deteriorable • **merci deperibili** mercancías frágiles

depilazione [depilats'tsjone] *sf* depilación *f*

dépliant [depli'an] *sm inv* folleto *m*, folletín *m* (*Amér*)

deplorevole [deplo'revole] *agg* deplorable

depositare [depozi'tare] *vt* depositar

deposito [de'pozito] *sm* **1.** depósito *m* **2.** ▼ **deposito bagagli** consigna *f*

depravato, a [depra'vato, a] *agg* & *sm,f* depravado(da)

depressione [depres'sjone] *sf* (*fig*) depresión *f*

depresso, a [de'presso, a] ◇ *pp* > **deprimere** ◇ *agg* deprimido(da)

deprimente [depri'mente] *agg* deprimente

deprimere [de'primere] vt deprimir ◆ **deprimersi** vr (fig) deprimirse

deputato, a [depu'tato, a] smf diputado m, -da f

deriva [de'riva] sf ◆ **andare alla deriva** ir a la deriva

derivare [deri'vare] ◆ **derivare da** v + prep derivar de

dermatologo, a, gi o ghi, ghe [derma'tɔlogo, a, dʒi o gi, ge] smf dermatólogo m, -ga f

derubare [deru'bare] vt robar

descritto, a [des'kritto, a] pp → **descrivere**

descrivere [des'krivere] vt describir

descrizione [deskrits'tsjone] sf descripción f

deserto, a [de'zɛrto, a] agg desierto(-ta) ◇ sm desierto m

desiderare [deside'rare] vt 1. desear 2. **desidera? ¿**qué desea? ◆ **desiderare fare qc** desear hacer algo ◆ **lasciare a desiderare** dejar mucho que desear

desiderio [desi'dɛrjo] sm deseo m

desideroso, a [deside'roso, a] agg ◆ **desideroso di fare qc** deseoso(-sa) de hacer algo

designare [desin'nare] vt designar

desistere [de'sistere] vi (form) desistir ◆ **desistere da** v + prep desistir de

destinare [desti'nare] vt 1. (assegnare, riservare) destinar 2. (indirizzare) dirigir

destinatario, a [destina'tarjo, a] smf destinatario m, -ria f

destinazione [destinats'tsjone] sf destino m ◆ **arrivare a destinazione** llegar a su destino

destino [des'tino] sm destino m

destra ['dɛstra] sf 1. derecha f 2. **di destra** POL de derechas; (dal lato destro) de la derecha ◆ **la destra** POL la derecha ◆ **tenere la destra** ceñirse a la derecha

destreggiarsi [destredʒ'dʒarsi] vr (fig) manejarse

destro, a ['dɛstro, a] agg derecho(-cha)

detenuto, a [dete'nuto, a] smf detenido m, -da f, arrestado m, -da f (Amér)

detenzione [deten'tsjone] sf detención f

detergente [deter'dʒɛnte] ◇ agg limpiador(-ra) ◇ sm 1. (cosmetico) limpiador m 2. (detersivo) detergente m

deteriorare [deterjo'rare] vt (fig) deteriorar ◆ **deteriorarsi** vr 1. (merce, sostanza) echarse a perder 2. (fig) (rapporto) deteriorarse

determinante [determi'nante] agg determinante

determinare [determi'nare] vt determinar

determinazione [determinats'tsjone] sf determinación f

detersivo [deter'sivo] sm detergente m

detestare [detes'tare] vt detestar

detrarre [de'trarre] vt

dettagliato, a [dettaʎ'ʎato, a] agg detallado(-da)

dettaglio [det'taʎʎo] sm detalle m ◆ **al dettaglio** al por menor

dettare [det'tare] vt dictar

dettato [det'tato] sm dictado m

detto, a ['detto, a] ◇ pp → **dire** ◇ agg llamado(-da) ◇ sm dicho m

devastare [devas'tare] vt (fig) devastar

deviare [de'vjare] ◇ *vt* desviar ◇ *vi* desviarse

deviazione [devjats'tsjone] *sf* desviación *f*

devoto, a [de'voto, a] *agg* devoto(ta)

di [di] *prep* **1.** *(indica appartenenza)* de ● la casa dei miei genitori la casa de mis padres ● questo libro è di Marco este libro es de Marco **2.** *(indica l'autore)* de ● un quadro di Giotto un cuadro de Giotto **3.** *(partitivo)* ● bevi dell'acqua bebe agua ● ho incontrato degli amici me he encontrado a unos amigos ● alcuni di noi algunos de nosotros **4.** *(indica paragone)* que ● sono più alto di te soy más alto que tú **5.** *(indica argomento)* ● un libro di storia un libro de historia ● dir bene/male di qn hablar bien/mal de alguien ● parlare di hablar de **6.** *(temporale)* d'estate en verano ● di mattina por la mañana ● di notte por la noche **7.** *(indica provenienza)* de ● sono di Messina soy de Messina **8.** *(con nomi propri)* de ● la città di Palermo la ciudad de Palermo **9.** *(indica l'età)* de ● un bambino di tre anni un niño de tres años **10.** *(indica la materia)* de ● statua di marmo estatua de mármol **11.** *(indica misura)* de ● una torre di 40 m una torre de 40 m **12.** *(indica la causa)* de ● soffrire di mal di testa padecer de jaquecas **13.** *(con frase dichiarativa)* ● pensavo di uscire pensaba salir ● capita di sbagliare uno se puede equivocar ● mi sembra di sognare me parece un sueño **14.** *(in espressioni)* ● a causa di a causa de ● di modo che de modo que ● dare del bugiardo a qn tratar a alguien como a un ladrón ● darsi del tu/lei tratarse de tú (tutearse)/usted

diabete [dja'bete] *sm* diabetes *f*

diabetico, a, ci, che [dja'bɛtiko, a, tʃi, ke] *agg* diabético(ca)

diaframma [dja'framma] *(pl* **-i***) sm* diafragma *m*

diagnosi [di'aɲɲosi] *sf* diagnóstico *m*

diagonale [djago'nale] ◇ *agg* diagonal ◇ *sf* diagonal *f*

diagramma [dja'gramma] *(pl* **-i***) sm* diagrama *m*

dialetto [dja'lɛtto] *sm* dialecto *m*

dialetti

En Italia, además del *italiano*, lengua oficial y hablada por la gran mayoría, existen numerosos dialectos regionales e incluso locales, cuyo uso se limita al registro informal y a la comunicación oral. Algunos derivan del latín; otros tienen orígenes germánicos, ladinos o eslavos. El italiano actual se basa en el dialecto toscano. Unos 65 millones de personas en el mundo hablan esta lengua romance.

dialisi [di'alizi] *sf* diálisis *f inv*

dialogo [di'alogo] *(pl* **-ghi***) sm* diálogo *m*

diamante [dja'mante] *sm* diamante *m*

diametro [di'ametro] *sm* diámetro *m*

diamine ['djamine] *esclam* ¡pero si está claro! ● che diamine stai facendo? ¿qué caray estás haciendo?

diapositiva [djapozi'tiva] *sf* diapositiva *f*
diario [di'arjo] *sm* 1. (*quaderno*) diario *m* 2. (*registro*) dietario *m* 3. (*a scuola*) agenda *f*
diarrea [diar'rɛa] *sf* diarrea *f*
diavolo ['djavolo] *sm* diablo *m* ◇ *esclam* 1. ¡demonios! 2. ● **al diavolo** (*fam*) al diablo ● **che diavolo vuole?** ¿qué diablos quiere?
dibattere [dibat'tito] *sm* debate *m*
dicembre [di'tʃɛmbre] *sm* diciembre *m* ➤ **settembre**
diceria [ditʃe'ria] *sf* habladuría *f*
dichiarare [dikja'rare] *vt* declarar
dichiarazione [dikjarats'tsjone] *sf* declaración *f*
diciannove [ditʃan'nɔve] *num* diecinueve ➤ **sei**
diciannovesimo, a [ditʃanno've'zimo, a] *agg* decimonono(na) ➤ **sesto**
diciassette [ditʃas'sɛtte] *num* diecisiete ➤ **sei**
diciassettesimo, a [ditʃasset'tɛzimo, a] *num* decimoséptimo(ma) ➤ **sesto**
diciottesimo, a [ditʃot'tɛzimo, a] *num* decimoctavo(va) ➤ **sesto**
diciotto [di'tʃɔtto] *num* dieciocho ➤ **sei**
dieci ['djɛtʃi] *num* diez ➤ **sei**
decina [de'tʃina] := **decina**
diesel ['dizel] ◇ *agg inv* diesel, gasoil (*Amér*) ◇ *sm inv* diesel *m*
dieta ['djɛta] *sf* dieta *f* ● **essere a dieta** estar a dieta ● **dieta in bianco** comida de régimen (*hervidos*)
dietetico, a, ci, che [djɛ'tɛtiko, a, tʃi, ke] *agg* dietético(ca)

dietro ['djɛtro] ◇ *avv* detrás ◇ *prep* 1. detrás de 2. ● **di dietro** por detrás 3. ● **qui/lì dietro** aquí/allí atrás 4. ● **dietro pagamento** contra reembolso ● **dietro (a)** detrás (de) ● **dietro di me** detrás mío
difatti [di'fatti] *cong* de hecho
difendere [di'fɛndere] *vt* defender ◆ **difendersi** *vr* defenderse
difensore [difen'sore] *sm* 1. (*avvocato*) defensor *m*, -ra *f* 2. SPORT defensa *mf*
difesa [di'feza] *sf* defensa *f*
difeso [di'fezo, a] *pp* ➤ **difendere**
difetto [di'fɛtto] *sm* defecto *m* ● **difetto di fabbricazione** defecto de fábrica
difettoso [difet'tozo, a] *agg* defectuoso(sa)
diffamare [diffa'mare] *vt* difamar
differente [diffe'rɛnte] *agg* diferente
differenza [diffe'rɛntsa] *sf* diferencia *f* ● **non fare differenza** no tener preferencias ● **a differenza di** a diferencia de
difficile [dif'fitʃile] *agg* difícil ● **è difficile che** es improbable que
difficoltà [diffikol'ta] *sf inv* dificultad *f*
diffidare [diffi'dare] ● **diffidare di** *v* + *prep* desconfiar de
diffidente [diffi'dɛnte] *agg* desconfiado(da)
diffondere [dif'fondere] *vt* difundir ◆ **diffondersi** *vr* difundirse
diffusione [diffu'zjone] *sf* difusión *f*
diffuso [dif'fuzo, a] *pp* ➤ **diffondere** ◇ *agg* difundido(da)
diga ['diga] (*pl* **-ghe**) *sf* dique *m*
digeribile [didʒe'ribile] *agg* digerible
digerire [didʒe'rire] *vt* (*fig*) digerir

non posso digerire Mario no trago o lo paso (*Amér*) a Mario

digestione [didʒes'tjone] *sf* digestión *f*

digestivo, a [didʒes'tivo, a] ◇ *agg* digestivo(va) ◇ *sm* digestivo *m*

digitale [didʒi'tale] *agg* digital

digitare [didʒi'tare] *vt* teclear, pasar (*Amér*)

digiunare [didʒu'nare] *vi* ayunar

digiuno, a [di'dʒuno, a] ◇ *agg* 1. en ayunas 2. (*fig*) (*privo di, mancante di nozioni*) carente ◇ *sm* ayuno *m* **essere digiuno** estar en ayunas **a digiuno** en ayunas

dignità [diɲɲi'ta] *sf* dignidad *f*

dignitoso, a [diɲɲi'toso, a] *agg* digno(na)

dilagare [dila'gare] *vi* 1. desbordarse 2. (*fig*) (*fenomeno, corruzione*) extenderse

dilaniare [dila'njare] *vt* 1. destrozar 2. (*fig*) (*dal dubbio, dal rimorso*) atormentar

dilapidare [dilapi'dare] *vt* dilapidar

dilatare [dila'tare] *vt* dilatar **dilatarsi** *vr* dilatarse

dilazionare [dilattsjo'nare] *vt* aplazar

dilemma [di'lemma] (*pl* -i) *sm* dilema *m*

dilettante [dilet'tante] *smf* (*spreg*) aficionado *m*, -da *f*

diligente [dili'dʒente] *agg* 1. (*persona*) diligente 2. (*lavoro*) esmerado(da)

diluire [dilu'ire] *vt* diluir

dilungarsi [dilun'garsi] *vr* extenderse **dilungarsi in** extenderse en

diluvio [di'luvjo] *sm* diluvio *m*, chaparrón *m* (*Amér*)

dimagrire [dima'grire] *vi* adelgazar

dimenare [dime'nare] *vt* menear **dimenarsi** *vr* 1. revolverse 2. (*fig*) (*darsi da fare*) ajetrearse

dimensione [dimen'sjone] *sf* dimensión *f*

dimenticanza [dimenti'kantsa] *sf* olvido *m*

dimenticare [dimenti'kare] *vt* olvidar **dimenticare qc** olvidar algo **dimenticarsi di** olvidarse de **dimenticarsi di fare qc** olvidarse de hacer algo

dimesso, a [di'messo, a] ◇ *pp* ◇ *agg* 1. (*trasandato*) descuidado(da) 2. (*modesto*) modesto(ta)

dimestichezza [dimesti'kettsa] *sf* 1. (*familiarità*) familiaridad *f* 2. (*esperienza*) práctica *f*

dimettere [di'mettere] *vt* dar el alta

dimettersi *vr* dimitir

dimezzare [dimed'dzare] *vt* reducir a la mitad

diminuire [diminu'ire] *vt & vi* disminuir

diminuzione [diminuts'tsjone] *sf* disminución *f*

dimissione [dimis'sjone] *sf* dimisión *f*, renuncia *f* (*Amér*) **dare le dimissioni** presentar la dimisión o renuncia (*Amér*)

dimostrare [dimos'trare] *vt* 1. (*manifestare*) demostrar 2. (*provare*) probar 3. (*mostrare*) enseñar 4. (*rivelare*) aparentar **dimostra meno di vent'anni** aparenta menos de veinte años **dimostrarsi** *vr* demostrarse

dimostrazione [dimostrats'tsjone] *sf* 1. demostración *f* 2. (*protesta*) manifestación *f*

dinamico, a, ci, che [di'namiko, a, tʃi, ke] *agg* dinámico(ca)

dinamite [dina'mite] *sf* dinamita *f*
dinamo ['dinamo] *sf inv* dinamo *f*
dinanzi, dinnanzi [di'nantsi] *prep* ● dinanzi a delante de
dinosauro [dino'sawro] *sm* dinosaurio *m*
dintorni [din'tɔrni] *smpl* alrededores *mpl* ● **nei dintorni di** en los alrededores de
dio ['dio] (*pl* **dei**) *sm* dios *m* ● **Dio** Dios
diocesi [di'ɔtʃezi] *sf inv* diócesis *f inv*
dipartimento [diparti'mento] *sm* departamento *m*
dipendente [dipen'dɛnte] ◇ *agg* subordinado(da) ◇ *smf* **1.** (*statale*) funcionario *m*, -ria *f* **2.** (*di una ditta*) empleado *m*, -da *f*
dipendenza [dipen'dɛntsa] *sf* dependencia *f* ● **essere alle dipendenze di qn** trabajar para alguien
dipendere [di'pɛndere] *vi* depender ● **dipende** depende
dipingere [di'pindʒere] *vt* pintar
dipinto, a [di'pinto, a] ◇ *pp* ➤ **dipingere** ◇ *sm* pintura *f*
diploma [di'plɔma] (*pl* **-i**) *sm* diploma *m*
diplomarsi [diplɔ'marsi] *vr* diplomarse, recibirse (*Amér*)
diplomatico, a, ci, che [diplo'matiko, a, tʃi, ke] ◇ *agg* diplomático(ca) ◇ *sm* **1.** diplomático *m*, -ca *f* **2.** (*dolce*) postre hecho de láminas de hojaldre rellenas de crema con licor
diplomazia [diplomats'tsia] *sf* diplomacia *f*

diradare [dira'dare] *vt* espaciar ● **diradarsi** *vr* despejarse
dire ['dire]
◇ *vt* **1.** (*gen*) decir ● **dire la verità** decir la verdad ● **dica pure** diga ● **dimmi tutto** cuentamelo todo **2.** (*ordinare*) ● **dire a qn di fare qc** decir a alguien que haga algo ● **dice che non è vero** dice que no es verdad **3.** (*tradurre*) ● **come si dice "scusi" in francese?** ¿cómo se dice "scusi" en francés? **4.** ● **che ne dite di ...?** ¿qué me decís de...? ● **e dire che ...!** ¡y pensar que...! **4.** (*sembrare*) ● **si direbbe che...** se diría que... **5.** (*in espressioni*) ● **non c'è che dire** no hay más que hablar ● **diciamo che...** digamos que... ● **a dire il vero...** a decir verdad,... ● **vuol dire che...** quiere decir que... ◇ *v impers* ● **si dice che...** se dice que... ● **si direbbe che...** se diría que... ◇ *vi* ● **dico davvero** ● **sul serio** hablo en serio ● **a dir poco** como mínimo ● **a dir tanto** como mucho ● **volevo ben dire!** ¡ya lo decía yo! ◇ *sm* ● **ha un bel dire, ma...** le dirá lo que quiera, pero...
direttamente [diretta'mente] *avv* directamente
direttissimo [diret'tissimo] *sm* tren *m* expreso
diretto, a [di'retto, a] ◇ *pp* ➤ **dirigere** ◇ *agg* **1.** directo(ta) **2.** (*aereo, passeggero*) ir directo(ta) a; (*indirizzato*) ir dirigido(da) a ◇ *sm* directo *m*
direttore, trice [diret'tore, 'tritʃe] *sm,f* director *m*, -ra *f* ● **direttore d'orchestra** director de orquesta

direzione [direts'tsjone] *sf* dirección *f*
dirigente [diri'dʒɛnte] *smf* directivo *m*, -va *f*
dirigere [di'ridʒere] *vt* dirigir ◆ **dirigersi** *vr* dirigirse
dirimpetto [dirim'petto] *avv* enfrente
diritto, a [di'ritto, a] ◇ *agg* recto(ta) ◇ *avv* recto ◇ *sm* **1.** derecho *m* **2.** SPORT derecha *f* **3.** ● tirare diritto seguir recto **4.** ● sempre diritto todo recto **5.** ● avere diritto a qc tener derecho a algo
dirittura [dirit'tura] *sf* ● **dirittura d'arrivo** recta *f* final
diroccato, a [dirok'kato, a] *agg* derruido(da)
dirottare [dirot'tare] ◇ *vt* desviar ◇ *vi* desviarse
dirotto [di'rotto] *agg* abundante ● piovere a dirotto llover a mares ● piangere a dirotto llorar a lágrima viva
dirupo [di'rupo] *sm* precipicio *m*, guindo *m* (Amér), barranco *m* (Ven)
disabitato, a [dizabi'tato, a] *agg* deshabitado(da), desierto(ta) (Amér)
disaccordo [dizak'kɔrdo] *sm* desacuerdo *m*
disadattato, a [dizadat'tato, a] *agg & smf* inadaptado(da)
disagio [di'zadʒo] *sm* incomodidad *f* ● essere a disagio sentirse a disgusto
disapprovare [dizappro'vare] *vt* desaprobar, desautorizar (Amér)
disarmare [dizar'mare] *vt* (*fig*) desarmar
disarmo [di'zarmo] *sm* desarme *m*
disastro [di'zastro] *sm* **1.** (*fig*) desastre

m **2.** (*catastrofe*) desastre *m*, acabose *m* (Amér)
disastroso, a [dizas'trozo, a] *agg* desastroso(sa)
disattento, a [dizat'tɛnto, a] *agg* desatento(ta), descomedido(da) (Amér & Méx)
disavanzo [diza'vantso] *sm* déficit *m*
disavventura [dizavven'tura] *sf* desventura *f*
discapito [dis'kapito] *sm* ● **a discapito di** en detrimento de
discarica [dis'karika] (*pl* -che) *sf* descarga *f*
discendente [diʃʃen'dɛnte] *smf* descendiente *mf*
discepolo, a [diʃ'ʃɛpolo] *sm,f* discípulo *m*, -la *f*
discesa [diʃ'ʃesa] *sf* **1.** bajada *f* **2.** SPORT (*sci*) descenso *m* ● **in discesa** en declive ● **discesa libera** descenso libre
dischetto [dis'ketto] *sm* disquete *m*
disciplina [diʃʃi'plina] *sf* disciplina *f*
disciplinato, a [diʃʃipli'nato, a] *agg* disciplinado(da)
disc-jockey [dis'dʒɔkei] *smf inv* disc-jockey *mf*
disco ['disko] (*pl* -schi) *sm* disco *m*
discolpare [diskol'pare] *vt* disculpar ◆ **discolparsi** *vr* disculparse
discorde [dis'kɔrde] *agg* discorde
discorrere [dis'korrere] *vi* hablar ● **discorrere di** *v + prep* hablar de
discorso [dis'kɔrso] *sm* discurso *m*
discoteca [disko'tɛka] (*pl* -che) *sf* **1.** (*locale*) discoteca *f*, boliche *m* (Arg) **2.** (*raccolta*) discoteca *f*

discount [dis'kaunt] *sm inv* **1.** *(riduzione del prezzo)* descuento *m*, rebaja *f* **2.** *(negozio)* discount *m*

discretamente [diskreta'mente] *avv* discretamente

discreto, a [dis'kreto, a] *agg* discreto(ta)

discrezione [diskrets'tsjone] *sf* discreción *f*

discriminare [diskrimi'nare] *vt* discriminar

discussione [diskus'sjone] *sf* discusión *f*

discusso, a [dis'kusso, a] *pp* ➤ discutere

discutere [dis'kutere] *vt & vi* discutir • **discutere di** ○ **su discutir de** ○ **sobre**

disdire [dis'dire] *vt* anular

disegnare [disen'nare] *vt* **1.** *(fig)* diseñar **2.** *(raffigurare)* dibujar, pintar *(Amér)*

disegno [di'senno] *sm* **1.** *(rappresentazione, motivo)* dibujo *m* **2.** *(progetto)* proyecto *m*

diseredare [dizere'dare] *vt* desheredar

disertare [dizer'tare] *vi* desertar

disertore [dizer'tore] *sm* desertor *m*

diserzione [dizer'tsjone] *sf* deserción *f*

disfare [dis'fare] *vt* deshacer • **disfarsi di** deshacerse de

disgelo [diz'dʒelo] *sm (fig)* deshielo *m*

disgrazia [diz'grattsja] *sf* desgracia *f*

disgraziato, a [dizgrats'tsjato, a] *agg & sm,f* desgraciado(da)

disguido [diz'gwido] *sm* contratiempo *m*

disgustare [dizgus'tare] *vt* **1.** *(nauseare)* desagradar **2.** *(infastidire)* disgustar

disgusto [diz'gusto] *sm* **1.** *(nausea)* asco *m* **2.** *(avversione)* disgusto *m*

disgustoso, a [dizgus'toso, a] *agg* **1.** *(sapore, odore)* desagradable **2.** *(riprovevole)* repugnante

disidratare [dizidra'tare] *vt* deshidratar • **disidratarsi** *vr* deshidratarse

disinfettare [dizinfet'tare] *vt* desinfectar

disinfettante [dizinfet'tante] ○ *agg* desinfectante ○ *sm* desinfectante *m*

disinibito, a [dizini'bito, a] *agg* deshinibido(da)

disintegrare [dizinte'grare] *vt* desintegrar

disinteressarsi [dizinteres'sarsi] • **disinteressarsi di** desinteresarse de ○ por

disinteresse [dizinte'resse] *sm* **1.** *(indifferenza)* desdén *m* **2.** *(generosità)* desinterés *m*

disintossicare [dizintossi'kare] *vt* desintoxicar • **disintossicarsi** *vr* desintoxicarse

disintossicazione [dizintossikats'tsjone] *sf* desintoxicación *f*

disinvolto, a [dizin'vɔlto, a] *agg* **1.** desenvuelto(ta) **2.** *(spreg) (sfacciato)* descarado(da)

disinvoltura [dizinvol'tura] *sf* **1.** *(naturalezza)* desenvoltura *f* **2.** *(sfacciataggine)* descaro *m*

dislivello [dizli'vello] *sm (fig)* desnivel *m*

disoccupato, a [dizokku'pato] *agg & sm,f* parado(da), desempleado(da) *(Amér)*

disoccupazione [dizokkupats'tsjone] *sf* paro *m*, desempleo *m (Amér)*

disonesto, a [dizo'nesto,a] *agg* deshonesto(ta)

disordinato, a [dizordi'nato, a] *agg* **1.** *(persona, stanza)* desordenado(da) **2.** *(vita, racconto)* desordenado(da), despelotado(da) *(Arg)*

disordine [di'zordine] *sm* **1.** *(materiale)* desorden *m*, despelote *m* *(Arg)* **2.** MED *(mentale)* desorden *m* **3.** ● sono accaduti gravi disordini se produjeron graves desórdenes

disorganizzazione [dizorganiddzats'tsjone] *sf* desorganización *f*

disorientato, a [dizorjen'tato, a] *agg* desorientado(da)

disossare [dizos'sare] *vt* deshuesar

disotto [di'sotto] *avv* ➢ sotto

dispari [dispari] *agg* impar

disparte [dis'parte] *avv* tenersi/starsene in disparte quedarse al margen

dispendioso, a [dispen'djozo] *agg* dispendioso(sa)

dispensa [dis'pensa] *sf* **1.** despensa *f* **2.** *(fascicolo)* dossier *m*

disperatamente [disperata'mente] *avv* desesperadamente

disperato, a [dispe'rato, a] *agg* desesperado(da)

disperazione [disperats'tsjone] *sf* desesperación *f*

disperdere [dis'perdere] *vt* dispersar

disperso, a [dis'perso, a] *pp* ➢ disperdere ◇ *sm,f* desaparecido *m*, -da *f*

dispetto [dis'petto] *sm* **1.** *(atto)* desaire *m* **2.** *(stizza)* despecho *m* ● fare un dispetto a qn hacerle un desaire a alguien ● fare qc per dispetto hacer algo por despecho ● a dispetto di pesar de

dispiacere [dispja't∫ere] ◇ *sm* disgusto *m* ◇ *vi* ● dispiacere a qn disgustar a alguien ● le dispiace se aspetto qui? ¿le molesta si espero aquí? ● mi dispiace di non potermi trattenere lamento no poder entretenerme

dispiaciuto, a [dispja't∫uto, a] *pp* ➢ dispiacere

disponibile [dispo'nibile] *agg* **1.** *(stanza, posto)* disponible **2.** *(persona)* disponible

disponibilità [disponibili'ta] *sf* disponibilidad *f*

disporre [dis'porre] *vt* ordenar *(poner en orden)* ● disporre di *v + prep* disponer de

dispositivo [dispozi'tivo] *sm* dispositivo *m*

disposizione [dispozits'tsjone] *sf* **1.** posición *f* **2.** ● essere a disposizione di qn estar a disposición de alguien ● mettere qc a disposizione di qn poner algo a disposición de alguien ● dare le disposizioni per qc dar instrucciones para algo

disposto, a [dis'posto, a] ◇ *pp* ➢ disporre ◇ *agg* dispuesto(ta)

disprezzare [dispret'tsare] *vt* despreciar, denigrar *(Amér)*

disprezzo [dis'prettso] *sm* desprecio *m*

disputa [dis'puta] *sf* disputa *f*

dissanguare [dissan'gware] *vt* *(fig)* *(privare)* desangrar

disseminare [dissemi'nare] *vt* diseminar

dissenso [dis'senso] *sm* 1. *(disapprovazione)* desaprobación *f* 2. *(contrasto)* disentimiento *m*
dissenteria [dissente'ria] *sf* disentería *f*
disservizio [disser'vittsjo] *sm* ineficiencia *f*
dissestato, a [disses'tato, a] *agg* en mal estado
dissidente [dissi'dɛnte] *smf* disidente *mf*
dissidio [dis'sidjo] *sm* discrepancia *f*
dissimile *agg* distinto(ta)
dissimulare [dissimu'lare] *vt* disimular
dissoluto, a [disso'luto, a] *agg & sm,f* disoluto(ta)
dissolvere [dis'sɔlvere] *vt* disolver
dissuadere [disswa'dere] *vt* disuadir ◆ **dissuadere qn dal fare qc** disuadir a alguien de hacer algo
dissuaso, a [dis'swazo, a] *pp* ➤ **dissuadere**
distaccare [distak'kare] *vt* 1. *(oggetti)* arrancar 2. *(persone)* separar 3. SPORT destacar ◆ **distaccarsi da** apartarse de
distacco [dis'takko] *(pl -chi) sm* 1. *(separazione)* alejamiento *m* 2. *(indifferenza)* despego *m*
distante [dis'tante] ◇ *agg* (fig) distante ◇ *avv* lejos ◆ **distante da** lejos de
distanza [dis'tantsa] *sf* distancia *f* ◆ **tenere le distanze** mantener las distancias
distanziare [distan'tsjare] *vt* 1. *(separare)* distanciar 2. SPORT aventajar
distare [dis'tare] *vi* distar (de)
distendere [dis'tɛndere] *vt* 1. *(gamba, mano)* estirar 2. *(tovaglia)* desplegar ◆ **distendersi** *vr* 1. *(sdraiarsi)* tenderse 2. *(rilassarsi)* distenderse
distesa [dis'tesa] *sf* extensión *f*
disteso, a [dis'teso, a] *pp* ➤ **distendere**
distillato, a [distil'lato, a] *agg* destilado(da) ◆ *sm* destilado *m*
distilleria [distille'ria] *sf* destilería *f*
distinguere [dis'tingwere] *vt* distinguir
distintivo, a [distin'tivo, a] ◇ *agg* distintivo(va) ◇ *sm* distintivo *m*
distinta [dis'tinta] *sf* hoja *f* de ingreso
distinto, a [dis'tinto, a] *pp* ➤ **distinguere** ◆ *agg* 1. *(persona)* distinguido(da) 2. *(diverso, immagine)* distinto(ta) 3. ◆ **distinti saluti** cordiales saludos
distinzione [distin'tsjone] *sf* distinción *f*
distogliere [dis'tɔʎʎere] *vt* apartar ◆ **distogliere da** apartar de
distolto, a [dis'tɔlto, a] *pp* ➤ **distogliere**
distorsione [distor'sjone] *sf* distorsión *f*
distrarre [dis'trarre] *vt* distraer ◆ **distrarsi** *vr* distraerse
distratto, a [dis'tratto, a] *pp* ➤ **distrarre** ◆ *agg* distraído(da)
distrazione [distrats'tsjone] *sf* distracción *f*
distretto [dis'tretto] *sm* 1. DIR distrito *m* 2. MIL caja *f* de recluta
distribuire [distribu'ire] *vt* 1. *(assegnare)* distribuir 2. *(posta, giornali)* repartir
distributore [distribu'tore] *sm* ◆ **distributore automatico** máquina *f* ◆ **distributore (di benzina)** gasolinera *f*
distribuzione [distributs'tsjone] *sf* 1. distribución *f* 2. *(consegna)* reparto *m*

distruggere [dis'trudʒdʒere] *vt* (*fig*) destruir

distrutto, a [dis'trutto, a] *pp* ➢ **distruggere**

distruzione [distruts'tsjone] *sf* destrucción *f*

disturbare [distur'bare] *vt* 1. (*persona*) molestar, fregar (*Amér*) 2. (*lezione, lettura*) interrumpir ♦ **disturbarsi** *vr* molestarse ▼ **non avrebbe dovuto disturbare!** ¡no tendría que haberse molestado!

disturbo [dis'turbo] *sm* 1. (*fastidio, malessere*) molestia *f* 2. (*di comunicazione*) interferencia *f*

disubbidiente [dizubbi'djɛnte] *agg* desobediente

disubbidire [dizubbi'dire] *vi* ▼ **disubbidire (a qn)** desobedecer (a alguien)

disumano, a [dizu'mano, a] *agg* inhumano(na)

disuso [di'zuzo] *sm* ▼ **in disuso** en desuso ▼ **cadere in disuso** caer en desuso

ditale [di'tale] *sm* 1. (*per cucire*) dedal *m* 2. (*pasta*) tipo de pasta en forma de pequeños cilindros

ditalini [dita'lini] *smpl* tipo de pasta en forma de cilindros diminutos

dito ['dito] (*pl* **dita**) *sm* dedo *m*

ditta ['ditta] *sf* empresa *m*

dittatura [ditta'tura] *sf* dictadura *f*

dittongo [dit'tongo] (*pl* **-ghi**) *sm* diptongo *m*

diuretico ◇ *agg* diurético(ca) ◇ *sm* diurético *m*

diurno, a [di'urno, a] *agg* diurno(na)

diva ['diva] ➢ **divo**

divampare [divam'pare] *vi* estallar

divano [di'vano] *sm* sofá *m* ▼ **divano letto** sofá-cama

divaricare [divari'kare] *vt* abrir

divenire [dive'nire] ◇ *sm inv* devenir *m* ◇ *vi* volverse

diventare [diven'tare] *vi* 1. (*grande, medico*) hacerse 2. (*buono, antipatico*) volverse 3. (*rosso, bianco*) ponerse

diversificare [diversifi'kare] *vt* diversificar

diversità [diversi'ta] *sf inv* diversidad *f*

diversivo [diver'sivo] *sm* distracción *f*

diverso, a [di'verso, a, e] *agg* diverso(sa) 2. (*differente*) ▼ **diverso da** diferente de o a ▼ **essere diverso da** ser diferente de o a

divertente [diver'tɛnte] *agg* divertido(da)

divertimento [diverti'mento] *sm* diversión *f*, vacilón *m* (*CAm, Col & Cuba*)

divertire [diver'tire] *vt* divertir ♦ **divertirsi** *vr* divertirse, vacilar (*Amér*)

dividere [di'videre] *vt* 1. (*fare in parti, spartire*) dividir 2. (*separare*) separar 3. (*condividere*) compartir ♦ **dividersi** *vr* 1. (*ripartirsi*) dividirse 2. (*divorziare*) separarse

divieto [di'vjɛto] *sm* prohibición *f* ▼ **divieto di sosta** prohibido aparcar o estacionar (*Amér*) ▼ **divieto di transito** prohibido circular

divinità [divini'ta] *sf inv* divinidad *f*

divino, a [di'vino, a] *agg* (*fig*) divino(na)

divisa [di'viza] *sf* 1. (*uniforme*) uniforme *m* 2. FIN divisa *f*

divisione [divi'tsjone] *sf* división *f*
diviso, a [di'vizo, a] *pp* ➤ **dividere**
divisorio, a *agg* divisorio(ria)
divo, a ['divo, a] *sm,f* divo *m*, -va *f*
divorare [divo'rare] *vt* devorar ◆ **divorato dal fuoco** devorado por el fuego ◆ **i rimorsi lo divoravano** (fig) los remordimientos lo consumían
divorziare [divor'tsjare] *vi* divorciarse
divorziato, a [divor'tsjato, a] *sm,f* divorciado *m*, -da *f*
divorzio [di'vortsjo] *sm* divorcio *m*
divulgare [divul'gare] *vt* divulgar
dizionario [dittsjo'narjo] *sm* diccionario *m*
D.J. ➤ **disc-jockey**
DNA [dienne'a] *sm inv* (*abbr di* Acido DesossiriboNucleico) DNA *m*
do [dɔ] *sm* do *m*
D.O.C. (*abbr di* Denominazione di Origine Controllata) DO
doccia ['dɔttʃa] *sf* (*pl* -**ce**) ducha *f*, regadera *f* (*Col, Méx & Ven*) ◆ **fare la doccia** ducharse, bañarse (*Arg, Col & Perú*)
docente [do'tʃɛnte] *agg & smf* docente
docile ['dɔtʃile] *agg* **1.** (*persona*) dócil **2.** (*animale*) manso(sa)
documentare [dokumen'tare] *vt* documentar ◆ **documentarsi** *vr* documentarse
documentario [dokumen'tarjo] *sm* documental *m*
documento [doku'mento] *sm* documento *m* ◆ **documento d'identità** documento de identidad ◆ **documento di riconoscimento** documento personal ◆

documenti *smpl* documentación *f*
dodicesimo, a [dodi'tʃezimo] *agg* décimo segundo(da) ➤ **sesto**
dodici ['doditʃi] *num* doce ➤ **sei**
dogana [do'gana] *sf* aduana *f* ◆ **passare la dogana** pasar la aduana
doganale [doga'nale] *agg* aduanero(ra)
doganiere [doga'njɛre] *sm* aduanero *m*, despachante *m* (*Arg & Urug*)
dolce ['doltʃe] ◇ *agg* **1.** dulce **2.** (*non ripido*) suave ◇ *sm* dulce *m*
dolcezza [dol'tʃettsa] *sf* dulzura *f*
dolcificante [doltʃifi'kante] *sm* edulcorante *m*
dolciumi [dol'tʃumi] *smpl* dulces *mpl*
dolere [do'lere] *vi* doler ◆ **dolersi di** *vr* dolerse de
dollaro ['dɔllaro] *sm* dólar *m*
dolo ['dolo] *sm* premeditación *f*
Dolomiti [dolo'miti] *sfpl* ◆ **le Dolomiti** los Dolomitas
dolore [do'lore] *sm* dolor *m*
doloroso, a [dolo'roso, a] *agg* doloroso(sa)
domanda [do'manda] *sf* **1.** (*per sapere*) pregunta *f* **2.** (*per ottenere*) solicitud *f* **3.** *DIR* demanda *f* ◆ **fare una domanda a qn** hacer una pregunta a alguien ◆ **fare domande** hacer preguntas
domandare [doman'dare] *vt* **1.** (*per sapere*) preguntar **2.** (*per ottenere*) pedir ◆ **domandarsi** *vr* preguntarse
domani [da'mani] *avv* **1.** mañana **2.** ◆ **a domani!** ¡hasta mañana! ◆ **domani l'altro** pasado mañana ◆ **domani mattina** mañana por la mañana ◆ **domani notte** mañana por la noche

domani pomeriggio mañana por la tarde ● **domani sera** mañana por la tarde ● **sì, domani!** (fam) (ironico) ¡sí, mañana!

domare [do'mare] vt 1. (animale) domar 2. (rivolta, incendio) dominar

domattina [domat'tina] avv mañana por la mañana

domenica [do'menika] (pl **-che**) sf domingo m ● **sabato**

domestico, a, ci, che [do'mestiko, tʃi, ke] ◇ agg doméstico(ca) ◇ sm,f criado m, -da f

domicilio [domi'tʃiljo] sm domicilio m ● **a domicilio** a domicilio

dominante [domi'nante] agg dominante

dominare [domi'nare] vt & vi dominar

dominarsi vr dominarse

dominio [do'minjo] sm dominio m ● **essere di dominio pubblico** ser del dominio público

domino [do'mino] sm dominó m

donare [do'nare] ◇ vt donar ◇ vi favorecer ● **questo colore ti dona** este color te favorece

donatore, trice [dona'tore, 'tritʃe] sm,f donante mf

dondolare [dondo'lare] vt columpiar

dondolarsi vr balancearse

dondolo [ˈdondolo] sm columpio m

donna [ˈdɔnna] sf 1. (persona) mujer f 2. (nelle carte) reina f, dama f ● **donna di servizio** mujer de la limpieza ● **da donna** de mujer

dono [ˈdɔno] sm 1. (oggetto) regalo m 2. (atto) don m

doping [ˈdɔpiŋ] sm inv doping m

dopo [ˈdopo] ◇ avv después ◇ prep después de ◇ cong después de ◇ agg inv después inv ● **a dopo!** ¡hasta luego! ● **dopo di me** después que yo ● **dopo aver fatto qc** después de hacer algo

dopobarba [dopo'barba] sm inv after shave m inv

dopodiché [dopodi'ke] avv desde entonces

dopodomani [dopodo'mani] avv pasado mañana

dopoguerra [dopo'gwɛrra] sm inv posguerra f

dopopranzo [dopo'prandzo] avv por la tarde

doposcì [dopo'ʃʃi] sm descansos mpl

doposcuola [dopos'kwɔla] sm inv clases fpl de repaso

dopotutto [dopo'tutto] avv después de todo

doppiaggio [dop'pjaddʒo] sm doblaje m

doppiare [dop'pjare] vt doblar

doppiato, a [dop'pjato, a] agg doblado(da)

doppio, a [ˈdɔppjo, a] ◇ agg doble ◇ sm doble m

doppione [dop'pjone] sm copia f

doppiopetto [doppjo'petto] sm ● **giacca a doppiopetto** chaqueta f cruzada

dorato, a [do'rato, a] agg dorado(da)

dormiglione [dormiʎ'ʎone] sm,f dormilón m, -ona f

dormire [dor'mire] vi 1. dormir 2. (essere tranquillo) ● **i campi dormono sotto la**

dormitorio [dormi'tɔrjo] *sm* dormitorio *m*

dorso ['dɔrso] *sm* **1.** (schiena, di mano, piede) dorso *m* **2.** (di montagna) cima *f* **3.** (di libro) lomo *m* **4.** (nuoto) espalda *f*

dosaggio [do'zaddʒo] *sm* dosificación *f*

dosare [do'zare] *vt* dosificar

dose ['dɔze] *sf* dosis *f inv*

dosso ['dɔsso] *sm* **1.** (di montagna) cima *f* **2.** (di strada) cambio *m* de rasante ● **togliersi / levarsi qc di dosso** quitarse algo de encima

dotare [do'tare] *vt* ● **dotare qc di qc** dotar algo de algo

dotato, a [do'tato, a] *agg* dotado(da)

dote ['dɔte] *sf* dote *f*

Dott. *sm* (abbr di Dottore) Dr

dottore, essa [dot'tore, essa] *sm, f* **1.** (medico) doctor *m*, -ra *f* **2.** (laureato) licenciado *m*, -da *f*

dottrina [dot'trina] *sf* doctrina *f*

dove ['dove] *avv* **1.** (interrogativo) dónde **2.** (relativo, in cui) donde ● **da dove vieni?** ¿de dónde vienes? ● **di dove sei?** ¿de dónde eres? ● **dove?** ¿dónde? ● **dov'è?** ¿dónde está? ● **dove vai?** ¿adónde vas?

dovere [do'vere]
◇ *vt* **1.** (essere debitore di) ● **dovere qc a qn** deber algo a alguien **2.** (aver l'obbligo di) ● **dovere fare qc** tener que hacer algo ● **comportarsi come si deve** comportarse como se debe **3.** (aver bisogno di) ● **dovere fare qc** tener que hacer algo ● **deve sapere che...** debe saber que... **4.** (bisognare) ● **avreste dovuto pensarci prima** deberíais haberlo pensado antes **5.** (per suggerire) ● **dovrebbe prendersi delle vacanze** debería cogerse unas vacaciones **6.** (esprime convinzione) ● **devono essere già le sette** ya deben de ser las siete **7.** (esprime intenzione) ● **dovevo venire, ma...** tenía que venir, pero...
◇ *sm* (obbligo) deber *m*; ● **avere dei doveri verso qn** tener un deber hacia alguien; (ciò che compete) ● **fare il proprio dovere** cumplir con el deber

dovunque [do'vunkwe] *avv* **1.** (in qualunque luogo) dondequiera **2.** (dappertutto) en todas partes

dozzina [dodz'dzina] *sf* docena *f* ● **una dozzina di** una docena de

drago ['drago] (*pl* -**ghi**) *sm* dragón *m*

dramma ['dramma] (*pl* -**i**) *sm* drama *m*

drammatico, a, ci, che [dram'matiko, a, tʃi, ke] *agg* dramático(ca)

drastico, a, ci, che [drastiko, a, tʃi, ke] *agg* drástico(ca)

drenaggio [dre'naddʒo] *sm* drenaje *m*

drenare [dre'nare] *vt* drenar

dritto, a ['dritto, a] *ag* = **diritto**

drizzare [drits'tsare] *vt* **1.** (raddrizzare) enderezar **2.** (bandiera, antenna, muro) levantar ● **drizzarsi (in piedi)** ponerse de pie, pararse (*Amér*)

droga ['drɔga] (*pl* -**ghe**) *sf* **1.** (stupefacente) droga *f* **2.** (spezia) especia *f*

drogare [dro'gare] *vt* drogar ● **drogarsi** *vr* drogarse

drogato, a [dro'gato, a] *sm, f* drogadicto *m*, -ta *f*

drogheria [droge'ria] *sf* colmado *m*, bodega *f (Amér)*

droghiere, a [dro'gjɛre] *sm,f* tendero *m*, -ra *f*

dromedario [drome'darjo] *sm* dromedario *m*

dubbio, a ['dubbjo, a] ◇ *agg* dudoso(sa) ◇ *sm* duda *f* • **mettere in dubbio qc** poner algo en duda • **essere in dubbio** dudar • **senza dubbio** sin duda

dubbioso, a [dub'bjoso] *agg* dudoso(sa)

dubitare [dubi'tare] *vi* dudar ♦ **dubitare di** *v + prep* dudar de • **dubito che venga** dudo que venga

duca, chessa, chi, chesse ['duka, kessa, ki, kesse] *sm,f* duque *m*, duquesa *f*

due ['due] *num* dos ♦ **sei**

duecento [due'tʃɛnto] *num* **1.** doscientos **2.** doscientas ♦ **sei** • **il Duecento** el siglo XIII

duemila [due'mila] *num* dos mil

duepezzi, due pezzi [due'petstsi] *sm inv* dos piezas *m pl*

duetto [du'etto] *sm* dúo *m*

duna ['duna] *sf* duna *f*

dunque ['dunkwe] ◇ *cong* **1.** *(perciò)* luego **2.** *(allora)* pues ◇ *sm* punto *m* clave • **venire al dunque** ir al grano

duo ['duɔ] *sm inv* dúo *m*

duomo ['dwɔmo] *sm* catedral *f*

duplicato [dupli'kato] *sm* duplicado *m*

duplice ['duplitʃe] *agg* doble • **in duplice copia** por duplicado

durante [du'rante] *prep* durante

durare [du'rare] *vi* durar

durata [du'rata] *sf* duración *f*

durezza [du'retstsa] *sf* dureza *f*

duro, a ['duro, a] ◇ *agg* **1.** duro(ra) **2.** *(fam) (ostinato)* tozudo(da), empecinado(da) *(Amér)* ◇ *sm,f (fam)* duro *m*, -ra *f* • **tenere duro** no dar su brazo a torcer

durone [du'rone] *sm* dureza *f*

eE

e [e] *cong* **1.** *(aggiuntiva)* y **2.** *(esortativo)* pues • **e io?** ¿y yo?

E [e] *(abbr di Est)* E

ebano ['ebano] *sm* ébano *m*

ebbene [eb'bene] *cong* **1.** *(allora)* pues bien **2.** *(dunque)* y bien

ebbrezza, ebrezza [eb'bretstsa] *sf* embriaguez *f*

ebete ['ebete] *agg* obtuso(sa), tapado(-da) *(Arg)*

ebollizione [ebollits'tsjone] *sf* ebullición *f*

ebraico, a, ci, che [e'brajko, a, tʃi, ke] ◇ *agg* hebreo(a) ◇ *sm* hebreo *m*

ebreo, a [e'brɛo, a] *agg* & *sm,f* judío(a)

ecc. *(abbr di eccetera)* etc

eccedenza [etʃtʃe'dɛntsa] *sf* excedencia *f*

eccedere [etʃ'tʃɛdere] *vt* exceder ♦ **eccedere in** *v + prep* exceder en • **eccedere nel fare qc** exceder en algo

eccellente [etʃtʃel'lɛnte] *agg* excelente, chévere *(Amér)*

eccellenza [etʃtʃel'lɛntsa] *sf* **1.** *(superiori-*

tá) excelencia f **2.** (título) Excelencia f
eccèntrico, a, ci, che [etʃˈtʃɛntriko, a, tʃi, ke] *agg* excéntrico(ca)
eccessivo, a [etʃtʃesˈsivo, a] *agg* excesivo(va)
eccèsso [etʃˈtʃɛsso] *sm* exceso m ● **eccesso di velocità** exceso de velocidad ● **all'eccesso** hasta el extremo ● **in eccesso** en exceso
eccètera [etʃˈtʃɛtera] *avv* etcétera f
eccètto [etʃˈtʃɛtto] *prep* excepto
eccezionale [etʃtʃetsjoˈnale] *agg* excepcional
eccezione [etʃtʃetˈtsjone] *sf* excepción f ● **a eccezione di** a excepción de ● **d'eccezione** de excepción ● **senza eccezioni** sin excepciones ● **salvo eccezioni** salvo excepciones
eccìdio [etʃˈtʃidjo] *sm* masacre f
eccitante [etʃtʃiˈtante] ◊ *agg* excitante ◊ *sm* estimulante m
eccitare [etʃtʃiˈtare] *vt* excitar, provocar (Amér) ● **eccitarsi** *vr* excitarse
eccitazione [etʃtʃitatsˈtsjone] *sf* excitación f
ecclesiàstico, a, ci, che [ekkleˈzjastiko, a, tʃi, ke] ◊ *agg* eclesiástico(ca) ◊ *sm* eclesiástico m
ècco [ˈɛkko] *avv* aquí está ● **ecco a lei** aquí tiene ● **ecco fatto!** ¡ya está! ● **eccolo!** ¡aquí lo tienes! ● **eccone uno!** ¡aquí tienes uno!
eccome [ekˈkome] *avv* pues claro
E.C.G. (*abbr di* ElettroCardioGramma) ECG m
eclissi [eˈklissi] *sf* eclipse m
èco [ˈɛko] (*mpl* echi) *sm & sf* eco m

ecologìa [ekoloˈdʒia] *sf* ecología m
ecològico, a, ci, che [ekoˈlɔdʒiko, a, tʃi, ke] *agg* ecológico(ca)
ecòlogo, a, gi, ge [eˈkɔlogo, a, dʒi, ge] *sm,f* ecólogo m, -ga f
e-commercio [ikomˈmertʃo] *sm* comercio m electrónico
economìa [ekonoˈmia] *sf* economía f ● **fare economia** hacer economías
econòmico, a, ci, che [ekoˈnɔmiko, a, tʃi, ke] *agg* económico(ca)
economista, i, e [ekonoˈmista, i, e] *smf* economista mf
ecosistema [ekosiˈstɛma] (*pl* -i) *sm* ecosistema m
ecstasy [ekˈstazi] *sf inv* éxtasis m
eczema [ekˈdzema] (*pl* -i) *sm* eccema m
ed [ed] *cong* y
èdera [ˈɛdera] *sf* hiedra f
edìcola [eˈdikola] *sf* quiosco m
edificare [ediˈfikare] *vt* edificar
edifìcio [ediˈfitʃo] *sm* edificio m
edile [eˈdile] *agg* constructor(ra)
editore, trice [ediˈtore, ˈtritʃe] ◊ *agg* editor(ra) ◊ *sm* editor m
editorìa [ediˈtoria] *sf* industria f editorial
editoriale [ediˈtorjale] ◊ *agg* editorial ◊ *sm* editorial m
edizione [editsˈtsjone] *sf* edición f ● **edizione speciale** edición especial
educare [eduˈkare] *vt* educar
educato, a [eduˈkato, a] *agg* educado(da)
educazione [edukatsˈtsjone] *sf* educación f ● **educazione física** educación física

effeminato [effemi'nato] *agg* afeminado(da)

effervescente [efferveʃ'ʃente] *agg* efervescente

effettivamente [effettiva'mente] *avv* efectivamente

effettivo, a [effet'tivo, a] *agg* **1.** *(vero)* efectivo(va) **2.** *(impiegato, professore)* titular

effetto [ef'fetto] *sm* efecto *m* ● **in effetti** en efecto

effettuare [effettu'are] *vt* efectuar

efficace [effi'katʃe] *agg* eficaz

efficacia [effi'katʃa] *sf* eficacia *f*

efficiente [effi'tʃente] *agg* eficiente

efficienza [effi'tʃentsa] *sf* eficiencia *f*

effimero, a [ef'fimero] *agg* efímero(ra)

Egeo [e'dʒεo] *sm* ● **l'Egeo** el Egeo ● **il Mare Egeo** el mar Egeo

Egitto [e'dʒitto] *sm* ● **l'Egitto** Egipto *m*

egiziano, a [edʒits'tsjano, a] *agg & sm,f* egipcio(cia)

egli ['eʎʎi] *pron* él ● **egli stesso** él mismo ● **essi** *pron pl* ellos

egocentrico, a, ci, che [ego'tʃentriko, a, tʃi, ke] *agg* egocéntrico(ca)

egoismo [ego'izmo] *sm* egoísmo *m*

egoista, i, e [ego'ista, i, e] *agg* egoísta

egr. ➢ egregio

egregio, a, gi, gie [e'grεdʒo, a, dʒi, dʒe] *agg* distinguido(da) ● **egregio signore** distinguido señor

eguagliare [egwaʎ'ʎare] = uguagliare

ehi ['ei] *esclam* **1.** *(per richiamo)* ¡eh! **2.** *(per protesta)* ¡ah!

E.I. *(abbr di Esercito Italiano)* ejército *m* italiano

elaborare [elabo'rare] *vt* elaborar

elaborato, a [elabo'rato, a] *agg* elaborado(da)

elaborazione [elaborats'tsjone] *sf* ● **elaborazione dati** elaboración *f* de datos

elasticità [elastitʃi'ta] *sf* **1.** elasticidad *f* **2.** *(di mente)* flexibilidad *f*

elasticizzato, a [elastitʃidz'dzato] *agg* elástico(ca)

elastico, a, ci, che [e'lastiko, a, tʃi, ke] ◇ *agg* **1.** elástico(ca) **2.** *(mente)* flexible ◇ *sm* goma *f*

Elba ['εlba] *sf* ● **l'(isola d')Elba** (la isla de) Elba

elefante, essa [ele'fante, essa] *sm,f* elefante *m*, -ta *f*

elegante [ele'gante] *agg* elegante

eleganza [ele'gantsa] *sf* elegancia *f*

eleggere [e'lɛddʒere] *vt* elegir

elementare [elemen'tare] *agg* elemental

elemento [ele'mento] *sm* elemento *m*

elemosina [ele'mɔzina] *sf* limosna *f* ● **chiedere/fare l'elemosina** pedir/dar limosna

elencare [elen'kare] *vt* enumerar

elenco [e'lεnko] *sm* (*pl* **-chi**) *sm* lista *f* ● **elenco telefonico** listín *m*, guía *f* telefónica *(Amér)*

eletto, a [e'letto, a] *pp* ➢ eleggere

elettorale [eletto'rale] *agg* electoral

elettore, trice [elet'tore, 'tritʃe] *sm,f* elector *m*, -ra *f*

elettrauto [elet'trawto] *sm inv* **1.** *(officina)* taller *m* de electromecánica **2.** *(persona)* electromecánico *m*, -ca *f*

elettricista, i, e [elettri'tʃista, i, e] *smf* electricista *mf*

elettricità [elettritʃi'ta] *sf* electricidad *f*

elettrico, a, ci, che [e'lɛttriko, a, tʃi, ke] *agg* eléctrico(ca)

elettrocardiogramma [elettrokardjo'gramma] (*pl* **-i**) *sm* electrocardiograma *m*

elettrodomestico [elettrodo'mestiko] (*pl* **-ci**) *sm* electrodoméstico *m*

elettroencefalogramma [elettroentsefalo'gramma] (*pl* **-i**) *sm* electroencefalograma *m*

elettronica [elet'tronika] *sf* electrónica *f*

elettronico, a, ci, che [elet'troniko, a, tʃi, ke] *agg* electrónico(ca)

elezione [elets'tsjone] *sf* elección *f* ♦ **le elezioni** las elecciones

elica ['elika] (*pl* **-che**) *sf* hélice *f*

elicottero [eli'kɔttero] *sm* helicóptero *m*

eliminare [elimi'nare] *vt* eliminar

eliminatoria [elimina'tɔrja] *sf* eliminatoria *f*

ella ['ella] *pron* ella *f*

elmo ['elmo] *sm* yelmo *m*

elogio [e'lɔdʒo] *sm* elogio *m*

eloquente [elo'kwente] *agg* elocuente

eludere [e'ludere] *vt* eludir

elusivo, a [elu'zivo, a] *agg* evasivo(va)

elvetico, a, ci, che [el'vetiko, a, tʃi, ke] *agg* helvético(ca)

emaciato, a [ema'tʃato, a] *agg* demacrado(da), jalado(da) (*CAm*)

e-mail [i'meil] *sf inv* **1**. *sf* correo *m* electrónico **2**. (*fam*) emilio *m*

e-mail

Le e-mail si chiamano anche *emilio*. Per messaggi più formali si usano le stesse formule delle lettere: *Sra. Caravaca:*, *Estimado Sr. Hernández:*. Per amici e conoscenti si usano forme come *Querido Gustavo:*, *Hola, Carmen:*, *¿Qué tal, Pedro?* Usando la funzione 'rispondi' si può omettere l'intestazione. Per concludere si usano formule molto brevi, dalle più formali come *Cordialmente*, alle più informali come *Saludos*, *Abrazos*, *Hasta pronto*, *Besos*. Si possono utilizzare anche le stesse formule della posta cartacea, ma in questo caso non esistono regole fisse.

emanare [ema'nare] ◊ *vt* **1**. (*luce, calore*) emanar **2**. (*legge*) promulgar ◊ *vi* emanar

emancipare *vt* emancipar ♦ **emanciparsi** *vr* emanciparse

emancipato, a [emantʃi'pato, a] *agg* emancipado(da)

emancipazione [emantʃipats'tsjone] *sf* emancipación *f*

emarginato, a [emardʒi'nato, a] *sm,f* marginado *m*, -da *f*

emarginazione [emardʒinats'tsjone] *sf* marginación *f*

ematoma [ema'tɔma] (*pl* **-i**) *sm* hematoma *m*

emblema [em'blema] (*pl* **-i**) *sm* escudo *m*

L'emblema della Repubblica Italiana

El escudo de la República Italiana contiene una estrella de cinco puntas situada en el centro (personificación de Italia) sobre una rueda dentada de acero también en el centro (símbolo del trabajo), ambas circundadas por ramas de olivo a la izquierda (símbolo de la voluntad de paz de la nación) y de encina a la derecha (encarnación de la fuerza y la dignidad del pueblo italiano), atadas por un lazo en el que se lee la inscripción *Repubblica Italiana*.

embolia [embo'lia] *sf* embolia *f*
embrione [embri'one] *sm* embrión *m*
emergenza [emer'dʒentsa] *sf* emergencia *f*
emergere [e'mɛrdʒere] *vi* emerger ◆ **emergere da** *v + prep* emerger de
emicrania [emi'krania] *sf* migraña *f*
emigrante [emi'grante] *smf* emigrante *mf*
emigrare [emi'grare] *vi* emigrar
emiliano, a [emi'ljano, a] ◇ *agg* de Emilia ◇ *sm,f* (*abitante*) habitante de Emilia ◇ *sm* (*dialetto*) dialecto hablado en Emilia
Emilia Romagna [e'milja ro'maɲɲa] *sf* l'Emilia Romagna Emilia-Romaña *f*
emisfero [emis'fɛro] *sm* hemisferio *m*
emissione [emis'sjone] *sf* emisión *f*
emittente [emit'tente] ◇ *agg* emisor(ra) ◇ *sf* emisora *f* ◆ **emittente locale** emisora local
emorragia [emorra'dʒia] *sf* hemorragia *f*
emozionante [emottsjo'nante] *agg* emocionante
emozione [emots'tsjone] *sf* emoción *f*
emulsionare *vt* emulsionar

enciclopedia [entʃiklope'dia] *sf* enciclopedia *f*
E.N.E.L. (*abbr di* Ente Nazionale per l'Energia Elettrica) ≃ ENHER
energia [ener'dʒia] *sf* energía *f* ◆ **energia elettrica** energía eléctrica
enfasi ['enfazi] *sf* énfasis *m*
enigma [e'nigma] (*pl* -i) *sm* enigma *m*
ennesimo, a [en'nezimo, a] *agg* enésimo(ma)
enorme [e'nɔrme] *agg* enorme
enoteca [eno'tɛka] (*pl* -che) *sf* 1. (*raccolta, negozio*) bodega *f* 2. (*bar*) bodega *f*, boliche *m* (*Amér*)
ente ['ɛnte] *sm* entidad *f*
entrambi, e [en'trambi, e] *agg pl & pron pl* ambos(as)
entrare [en'trare] *vi* entrar ◆ **entrare in** entrar en ◆ **questo non c'entra niente** esto no tiene nada que ver ◆ **far entrare qn** dejar pasar a alguien
entrata [en'trata] *sf* entrada *f* ◆ **entrate** *sfpl* entradas *fpl*
entro ['entro] *prep* dentro de ◆ **entro il 15 ottobre** hasta el 15 de octubre (inclusive)
entusiasmare [entuzjaz'mare] *vt* entusiasmar ◆ **entusiasmarsi (per qc)** *vr* entusiasmarse o alebrestarse (*Méx*) (con algo)
entusiasmo [entu'zjazmo] *sm* entusiasmo *m*
entusiasta, i, e [entu'zjasta, i, e] *agg* entusiasta
enunciare [enun'tʃare] *vt* enunciar
Eolie [e'ɔlje] *sfpl* ◆ **le (isole) Eolie** las (islas) Eolias

epatite [epa'tite] *sf* hepatitis *f inv*
epidemia [epide'mia] *sf* epidemia *f*
epidermide [epi'dɛrmide] *sf* epidermis *f inv*
Epifania [epifa'nia] *sf* • l'Epifania la Epifanía
epilessia [epiles'sia] *sf* epilepsia *f*
episodio [epi'zɔdjo] *sm* **1.** *(vicenda)* episodio *m* **2.** *(puntata)* episodio *m*, capítulo *m (Amér)*
epoca ['epoka] *sf (pl -che) sf* época *f* • d'epoca de época
eppure [ep'pure] *cong* sin embargo
equatore [ekwa'tore] *sm* ecuador *m*
equazione [ekwats'tsjone] *sf* ecuación *f*
equestre [e'kwɛstre] *agg* ecuestre
equilibrare [ekwili'brare] *vt* equilibrar
equilibrato, a [ekwili'brato, a] *agg* equilibrado(da)
equilibrio [ekwi'librjo] *sm* equilibrio *m* • perdere l'equilibrio perder el equilibrio
equipaggiamento [ekwipadʤa'mento] *sm* equipamiento *m*
equipaggio [ekwi'padʤo] *sm* tripulación *f*
equitazione [ekwitats'tsjone] *sf* equitación *f*
equivalente [ekwiva'lɛnte] ◇ *agg* equivalente ◇ *sm* equivalente *m*
equivalere [ekwiva'lere] *vi* **1.** equivaler **2.** • equivalere a equivaler a
equivoco, a, ci, che [e'kwivoko, a, tʃi, ke] ◇ *agg* equívoco(ca) ◇ *sm* equívoco *m*
era ['ɛra] *sf* era *f*
erba ['ɛrba] *sf* **1.** hierba *f* **2.** *(fam) (marijuana)* hierba *f* • erbe aromatiche hierbas aromáticas
erboristeria [erboriste'ria] *sf* herboristería *f*, yerbatería *f (Amér)*
erede [e'rɛde] *smf* heredero *m*, -ra *f*
eredità [eredi'ta] *sf* herencia *f* • lasciare in eredità dejar en herencia
ereditare [eredi'tare] *vt* heredar
ereditario, a [eredi'tarjo, a] *agg* hereditario(ria)
eremo ['ɛremo] *sm* retiro *m*
eresia [ere'zia] *sf* herejía *f*
eretico, a, ci, che [e'rɛtiko, a, tʃi, ke] *sm,f* hereje *mf*
eretto, a [e'rɛtto, a] *pp* > **erigere** ◇ *agg* erecto(ta)
ergastolo [er'gastolo] *sm* cadena *f* perpetua
erigere [e'ridʒere] *vt (fig)* erigir
ernia ['ɛrnja] *sf* hernia *f*
eroe [e'rɔe] *sm* héroe *m*
erogare [ero'gare] *vt* suministrar
eroico, a, ci, che [e'rɔjko, a, tʃi, ke] *agg* heroico(ca)
eroina [ero'ina] *sf* heroína *f*
erotico, a, ci, che [e'rɔtiko, a, tʃi, ke] *agg* erótico(ca)
errare [er'rare] *vi* errar
errore [er'rore] *sm* error *m* • per errore por error
eruzione [eruts'tsjone] *sf* erupción *f*
esagerare [ezadʒe'rare] *vt* & *vi* exagerar
esagerato, a [ezadʒe'rato, a] *agg* exagerado(da)
esalazione [ezalats'tsjone] *sf* exhalación *f*
esaltare [ezal'tare] *vt* exaltar • esaltarsi *vr* exaltarse

esame [e'zame] *sm* examen *m* ● **fare** o **dare un esame** hacer un examen ● **esame del sangue** análisis de sangre

esaminare [ezami'nare] *vt* examinar

esattamente [ezatta'mente] ◊ *avv* exactamente ◊ *esclam* ¡exactamente!

esattezza [ezat'tettsa] *sf* exactitud *f*

esatto, a [e'zatto, a] ◊ *agg* exacto(ta) ◊ *esclam* ¡exacto!

esattore [ezat'tore] *sm* recaudador *m*

esauriente [ezaw'rjɛnte] *agg* exhaustivo(va)

esaurimento [ezawri'mento] *sm* agotamiento *m* ● **esaurimento (nervoso)** estrés *m*

esaurire [ezaw'rire] *v* agotar ● **esaurirsi** *vr* agotarse

esaurito, a [ezaw'rito, a] *agg* agotado(da) ● **tutto esaurito** entradas agotadas

esausto, a [e'zawsto, a] *agg* exhausto(ta), chato(ta) (*Chile*)

esca ['eska] (*pl* **esche**) *sf* cebo *m*, carnada *f* (*Amér*)

escandescenza [eskande'ʃɛntsa] *sf* ● **dare in escandescenze** montar en cólera

eschimese [eski'mese] *agg & smf* esquimal

esclamare [eskla'mare] *vi* exclamar, exclamarse

esclamazione [esklamats'tsjone] *sf* exclamación *f*

escludere [es'kludere] *vt* excluir

esclusiva [esklu'ziva] *sf* exclusiva *f*

esclusivo, a [esklu'zivo, a] *agg* exclusivo(va)

escluso, a [es'kluzo, a] *pp* ➤ escludere

escogitare [eskodʒi'tare] *vt* idear

escursione [eskur'sjone] *sf* excursión *f* ● **escursione termica** oscilación *f* climatológica

esecutivo, a [ezeku'tivo, a] ◊ *agg* ejecutivo(va) ◊ *sm* ejecutivo *m*, -va *f*

esecuzione [ezekuts'tsjone] *sf* ejecución *f*

eseguire [ese'gwire] *vt* 1. (*lavoro*) realizar 2. (*ordini, mus*) ejecutar

esempio [e'zɛmpjo] *sm* ejemplo *m* ● **ad** o **per esempio** por ejemplo ● **fare un esempio** poner un ejemplo

esentare [ezen'tare] *vt* ● **esentare qn da qc** eximir a alguien de algo

esente [e'zɛnte] *agg* **esente da** exento(ta) de

esequie [e'zɛkwje] *sfpl* (*form*) exequias *fpl*

esercitare [ezertʃi'tare] *vt* 1. (*allenare*) ejercitar 2. (*professione, adoperare*) ejercer ● **esercitarsi** *vr* ejercitarse

esercito [e'zɛrtʃito] *sm* ejército *m*

esercizio [ezer'tʃittsjo] *sm* 1. (*allenamento, di professione, potere*) ejercicio *m* 2. (*azienda*) establecimiento *m* 3. (*funzionamento*) funcionamiento *m* 4. ● **essere fuori esercizio** no estar en forma ● **in esercizio** en funcionamiento ● **fuori esercizio** fuera de servicio

esibire [ezi'bire] *vt* exhibir ● **esibirsi** *vr* exhibirse, mostrarse (*Amér*)

esigente [ezi'dʒɛnte] *agg* exigente

esigenza [ezi'dʒɛntsa] *sf* exigencia *f*

esigere [e'zidʒere] *vt* exigir

esile ['ezile] *agg* 1. (*sottile*) fino(na) 2. (*persona*) delgado(da)

esilio [e'ziljo] *sm* exilio *m*
esistente [ezis'tɛnte] *agg* existente
esistenza [ezis'tɛntsa] *sf* existencia *f*
esistere [e'zistere] *vi* existir
esitare [ezi'tare] *vi* titubear ● esitare a fare qc titubear en hacer algo
esitazione [ezitats'tsjone] *sf* vacilación *f*
esito ['ɛzito] *sm* resultado *m*
esorbitante [ezorbi'tante] *agg* exorbitante
esorcismo [ezor'tʃizmo] *sm* exorcismo *m*
esordio [e'zɔrdjo] *sm* exordio *m*
esortare [ezor'tare] *vt* ● esortare qn a fare qc exhortar a alguien a hacer algo
esotico, a [e'zɔtiko, a, tʃi, ke] *agg* exótico(ca)
espandere [es'pandere] *vt* expandir ●
espandersi *vr* expandirse
espansione [espan'sjone] *sf* expansión *f*
espansivo, a [espan'sivo, a] *agg* expansivo(va), abierto(ta) (*Amér*)
espediente [espe'djɛnte] *sm* expediente *m*
espellere [es'pɛllere] *vt* **1.** (*da scuola*) expulsar, correr (*CAm & Méx*), botar (*Ven*) **2.** (*catarro*) expulsar
esperienza [espe'rjɛntsa] *sf* experiencia *f*
esperimento [esperi'mento] *sm* experimento *m*
esperto, a [es'pɛrto, a] ◊ *agg* experto(ta) ◊ *sm* experto *m*
espiare [espi'are] *vt* espiar, roncear (*Méx*)
esplicito, a [es'plitʃito, a] *agg* explícito(ta)
esplodere [es'plɔdere] ◊ *vi* explotar ◊ *vt* disparar, balacear (*Amér*)
esplorare [esplo'rare] *vt* explorar
esploratore, trice [esplora'tore, 'tritʃe] *sm,f* explorador *m*, -ra *f*
esplosione [esplo'zjone] *sf* explosión *f*
esplosivo, a [esplo'zivo, a] ◊ *agg* explosivo(va) ◊ *sm* explosivo *m*
esploso, a [es'plɔzo, a] ◊ *pp* ➞ esplodere
esporre [es'porre] *vt* exponer
esportare [espor'tare] *vt* exportar
esportazione [esportats'tsjone] *sf* exportación *f*
esposizione [espozits'tsjone] *sf* exposición *f*
esposto, a [es'posto, a] ◊ *pp* ➞ esporre ◊ *agg* expuesto(ta) ◊ *sm* **1.** informe *m* **2.** ● esposto a Sud orientado(da) al sur
espressione [espres'sjone] *sf* expresión *f*
espressivo, a [espres'sivo, a] *agg* expresivo(va)
espresso, a [es'prɛsso, a] ◊ *pp* ➞ esprimere ◊ *sm* **1.** (*treno*) expreso *m* **2.** (*caffè*) exprés *m* **3.** (*lettera*) carta *f* urgente
esprimere [es'primere] *vt* expresar
esprimersi *vr* expresarse
essenziale [essen'tsjale] *agg* esencial
essere ['ɛssere]
◊ *vi* **1.** (*per descrivere*) ser ● sono italiano soy italiano ● siamo di Parma somos de Parma ● qualcuno di voi è medico? ¿alguno de vosotros es médico? **2.** (*trovarsi*) estar ● dove siete stati? ¿dónde habéis estado? ● il museo è in centro el museo está en el centro **3.** (*esistere*) ● c'è hay ● c'è un'altra

possibilità hay otra posibilidad ● ci sono due possibilità hay dos posibilidades ● ci sono vari alberghi hay varios hoteles 4. *(con data, ora)* ser ● oggi è martedì hoy es martes ● che ora è?, che ore sono? ¿qué hora es? ● è l'una es la una ● sono le due son las dos 5. *(con prezzo, peso)* ● quant'è? - (sono) 10 euro ¿cuánto es? - (son) 10 euros ● sono due chili e mezzo hace dos quilos y medio 6. *(indica appartenenza)* ● essere di ser de ● questa macchina è di Paolo este coche es de Pablo 7. *(indica obbligo)* ● la traduzione è da consegnare domani la traducción debe entregarse mañana

◇ *v impers* ser ● è vero che... es verdad que... ● oggi è freddo hoy hace frío ● è meglio telefonare es mejor llamar por teléfono ● è così es así

◇ *v aus* 1. *(in tempi passati)* haber ● sono tornato questa mattina he regresado esta mañana ● erano già usciti ya habían salido 2. *(in passivi)* estar ● questo oggetto è fatto a mano este objeto está hecho a mano

◇ *sm (creatura)* ser *m* ● essere umano ser humano ● gli esseri viventi los seres vivos

essi [ˈessi, e] ➤ **esso, a**

esso, a [ˈesso, a] *pron* él(ella) ● **essi, e** *pron pl* ellos(ellas)

est [ɛst] *sm inv* este *m* ● **a est di Milano** al este de Milán

estate [esˈtate] *sf* verano *m*

estendere [esˈtɛndere] *vt* extender

esteriore [esteˈrjore] *agg* exterior

esterno, a [esˈtɛrno, a] *agg* externo(na) ◇ *sm* 1. exterior *m* 2. ● all'esterno afuera

estero, a [ˈɛstero, a] *agg* exterior ◇ *sm* ● l'estero el extranjero ● all'estero en el extranjero

esteso, a [esˈteso, a] *pp* ➤ **estendere** ◇ *agg* extenso(sa)

estetista, i, e [esteˈtista, i, e] *smf* esteticien *mf*

estinguere [esˈtingwere] *vt* extinguir

estinguersi *vr* extinguirse

estintore [estinˈtore] *sm* extintor *m*

estivo, a [esˈtivo, a] *agg* veraniego(ga)

Estonia [esˈtɔnja] *sf* ● l'Estonia Estonia *f*

estorcere [esˈtɔrtʃere] *vt* extorsionar

estraneo, a [esˈtraneo, a] *agg* ajeno(na) ◇ *sm,f* extraño *m*, -ña *f*

estrarre [esˈtrarre] *vt* extraer

estratto, a [esˈtratto, a] *pp* ➤ **estrarre** ◇ *sm* extracto *m* ● **estratto conto** extracto de cuenta bancaria

estrazione [estratˈtsjone] *sf* extracción *f* ● **estrazione a sorte** extracción de números premiados ● **estrazione sociale** estrato *m* social

estremità [estremiˈta] *sf inv* extremo *m* ◇ *sfpl* extremidades *fpl*

estremo, a [esˈtremo, a] *agg* 1. extremo(ma) 2. *(destino, tentativo)* último(ma) ◇ *sm (fig) (limite)* extremo *m* ● **estremi** *smpl* 1. *(di documento)* datos *mpl* personales 2. ● essere agli estremi estar en las últimas

estroverso, a [estroˈvɛrso, a] *agg* extrovertido(da)

estuario [estu'arjo] *sm* estuario *m*
esuberante [ezube'rante] *agg* exuberante, despampanante (*Amér*)
età [e'ta] *sf inv* edad *f* **2.** abbiamo la stessa età tenemos la misma edad **3.** la maggiore età la mayoría de edad **4.** di mezza età de mediana edad **5.** la terza età la tercera edad
etere ['etere] *sm* éter *m*
eternità [eterni'ta] *sf inv* eternidad *f*
eterno, a [e'terno, a] *agg* eterno(a)
eterogeneo, a [etero'dʒeneo, a] *agg* heterogéneo(a)
eterosessuale [eterosessu'ale] *agg & sm,f* heterosexual
etica ['etika] *sf* ética *f*
etichetta [eti'ketta] *sf* etiqueta *f*
Etna ['etna] *sm* l'Etna el Etna
etrusco, a, schi, sche [e'trusko, a, ski, ske] *agg* etrusco(ca) • **gli Etruschi** *smpl* los etruscos
ettaro ['ettaro] *sm* hectárea *f*
etto ['etto] *sm* ettogramo
ettogrammo [etto'grammo] *sm* **1.** hectogramo *m* **2.** un ettogrammo e mezzo di prosciutto 150 gramos de jamón
Eucarestia [ewkares'tia] *sf* l'Eucarestia la Eucaristía
euforia [ewfo'ria] *sf* euforia *f*
E.U.R. *sm* complejo urbanístico construido para la Exposición universal de Roma de 1942
euro ['ewro] *sm inv* euro *m*
Eurolandia [ewro'landja] *sf* Eurolandia *f*
Europa [ew'rɔpa] *sf* l'Europa Europa *f*
europeo, a [ewro'pɛo, a] *agg & sm,f* europeo(a)

eurovisione [ɛwrovi'zjone] *sf* in eurovisione en eurovisión
eutanasia [ewtana'zia] *sf* eutanasia *f*
evacuare [eva'kware] *vt* evacuar
evacuazione [evakwats'tsjone] *sf* evacuación *f*
evadere [e'vadere] ◇ *vt* **1.** (*la corrispondenza*) despachar **2.** (*tasse, fisco*) evadir ◇ *vi* **evadere (da qc)** (*fig*) evadirse (de algo)
evaporare [evapo'rare] *vi* evaporarse
evasione [eva'zjone] *sf* evasión *f* • **evasione fiscale** evasión fiscal • **d'evasione** (*film, romanzo*) de evasión
evasivo, a [eva'zivo, a] *agg* evasivo(va)
evaso, a [e'vazo, a] ◇ *pp* = **evadere** ◇ *sm,f* fugitivo *m*, -va *f*
evenienza [eve'njentsa] *sf* **per ogni evenienza** para cualquier eventualidad
evento [e'vɛnto] *sm* acontecimiento *m*
eventuale [eventu'ale] *agg* eventual
eventualità [eventwali'ta] *sf* eventualidad *f*
eventualmente [eventwal'mente] *avv* en todo caso
evidente [evi'dɛnte] *agg* evidente
evidenza [evi'dɛntsa] *sf* evidencia *f* • **mettere in evidenza** poner en evidencia
evitare [evi'tare] *vt* evitar • **evitare di fare qc** evitar hacer algo • **evitare qc a qn** evitar algo a alguien
evocare [evo'kare] *vt* evocar
evoluto, a [evo'luto, a] *agg* **1.** (*tecnica, paese*) desarrollado(da) **2.** (*persona*) progresista
evoluzione [evoluts'tsjone] *sf* evolución *f*

evviva [ev'viva] esclam ¡viva!
ex [ɛks] prep 1. ● **l'ex presidente** el expresidente 2. ● **la sua ex moglie** su exmujer 3. ● **ex voto** exvoto m
extra ['ɛkstra] ◇ agg inv extra ◇ sm ● **gli extra** los extras
extracomunitario, a [ɛkstrakomuni'tarjo, a] agg & smf extracomunitario(ria)
extraconiugale [ɛkstrakonʤu'gale] agg extraconyugal
extraterrestre [ɛkstrater'rɛstre] smf extraterrestre mf

fa [fa] ◇ avv 1. ● **fare** 2. hace 3. ● **un anno fa** hace un año 4. ● **tempo fa** hace tiempo ◇ sm ● **fa**
fabbisogno [fabbi'zoɲɲo] sm necesidades fpl
fabbrica ['fabbrika] (pl **-che**) sf fábrica f
fabbricare [fabbri'kare] vt fabricar
faccenda [fat'tʃɛnda] sf asunto m ● **faccende** sfpl 1. tareas fpl 2. ● **faccende (domestiche)** tareas fpl del hogar
facchino [fak'kino] sm 1. (di stazione, porto) mozo m 2. (d'albergo) botones m
faccia ['fattʃa] (pl **-ce**) sf 1. cara f 2. ● **di faccia a** de cara a 3. ● **faccia a faccia** cara a cara 4. ● **che faccia tosta!** (fam) ¡qué caradura!
facciata [fat'tʃata] sf 1. (di edificio) fachada f 2. (di pagina) cara f 3. (fig) ● **salvare la facciata** salvar las apariencias
facile ['fatʃile] agg inv 1. fácil 2. ● **è facile che sia in ritardo** es probable que se retrase
facilità [fatʃili'ta] sf inv facilidad f
facilitare [fatʃili'tare] vt facilitar
facoltà [fakol'ta] sf inv facultad f
facoltativo, a [fakolta'tivo, a] agg facultativo(va)
facsimile [fak'simile] sm inv facsímil m
fagiano [fa'ʤano] sm faisán m
fagiolino [faʤo'lino] sm judía f verde, ejote m (Méx)
fagiolo [fa'ʤɔlo] sm judía f (Esp), frijol m (Amér)
fagotto [fa'gɔtto] sm 1. (involto, sacco) fardo m, andullo m (Andes) 2. (strumento) fagot m ● **far fagotto** liar los bártulos
fai da te [fajda'te] sm inv bricolaje m
falange [fa'lanʤe] sf falange f
falciare [fal'tʃare] vt 1. (erba) segar 2. (fig) (uccidere) ● **l'epidemia falciò molte vite** la epidemia acabó con muchas vidas 3. (mitragliare) acribillar
falda ['falda] sf 1. (di cappello) ala f 2. (di vestito) faldón m 3. (di monte) falda f ● **(acquifera)** capa f acuífera
falegname [faleɲ'ɲame] sm carpintero m
falla ['falla] sf 1. (buco) falla f 2. (di nave) vía f de agua
fallimento [falli'mento] sm 1. (insuccesso) fracaso m 2. DIR quiebra f

fallire [fal'lire] vi 1. *(colpo, bersaglio)* fallar 2. *DIR* quebrar ● **fallire (in)** fallar (en)

fallo ['fallo] sm 1. *SPORT (errore)* falta f 2. *(pene)* falo m

falò [fa'lɔ] sm hoguera f

falsificare [falsifi'kare] vt falsificar

falso, a ['falso, a] ◇ agg falso(sa) ● sm 1. *(notizia, supposizione)* falsedad f 2. *(copia)* falsificación f

fama ['fama] sf fama f

fame ['fame] sf hambre f ● **aver fame** tener hambre ● **la fame nel mondo** el hambre en el mundo

famiglia [fa'miʎʎa] sf familia f

familiare [fami'ljare] agg familiar ● **familiari** smpl familiares mpl

famoso, a [fa'moso, a] agg famoso(sa)

fanale [fa'nale] sm faro m

fanatico, a, ci, che [fa'natiko, a, tʃi, ke] agg fanático(ca)

fango ['fango] *(pl* -**ghi***)* sm 1. barro m 2. ● **fare i fanghi** hacer fangoterapia

fanno ['fanno] → fare

fannullone, a [fannul'lone] sm/f vago m, -ga f

fantascienza [fantaʃ'ʃɛntsa] sf ciencia f ficción

fantasia [fanta'zia] ◇ agg inv 1. *(tessuto)* estampado(da) 2. *(bigiotteria)* de fantasía ◇ sf fantasía f

fantasma [fan'tazma] *(pl* -**i***)* sm fantasma m

fantastico, a, ci, che [fan'tastiko, a, tʃi, ke] agg fantástico(ca)

fantino [fan'tino] sm jockey m

fantoccio [fan'tɔttʃo] sm muñeco m

farabutto [fara'butto] sm bribón m

faraglione [faraʎ'ʎone] sm farallón m

faraona [fara'ona] sf gallina f de Guinea, gallineta f *(Arg, Chile & Col)*

farcito, a [far'tʃito, a] agg relleno(na)

fard [fard] sm inv colorete m

fare [fare]

◇ vt 1. *(creare, costruire)* hacer 2. *(gen)* hacer ● **fare un viaggio** hacer un viaje ● **cosa fai stasera?** ¿qué haces esta noche? ● **fa il meccanico** es mecánico ● **farsi i fatti propri** ocuparse de los propios asuntos ● **abbiamo già fatto 100 km** ya hemos hecho 100 km ● **che strada facciamo per rientrare?** ¿qué camino cogemos para volver? ● **fare lo scemo** hacer el tonto ● **far credere qc a qn** hacer creer algo a alguien ● **far vedere qc a qn** hacer ver algo a alguien 3. *(suscitare)* dar ● **poverino, mi fa pena** pobrecito, me da pena ● **non fa niente** *(non importa)* no pasa nada ● **farsi male** hacerse daño ● **fare paura** dar miedo 4. *(indica il risultato)* ● **due più due fa quattro** dos más dos son cuatro ● **quanto fa?** ¿cuánto es? 5. *(credere)* creer ● **ti facevo più furbo** te creía más listo 6. *(acquisire)* ● **farsi degli amici** hacerse amigos ● **farsi la macchina nuova** hacerse con un coche nuevo 7. *(in espressioni)* ● **fare il bagno** *(nella vasca)* darse un baño; *(al mare)* bañarse ● **non fare caso a** no hacer caso de ● **fare coraggio a qn** dar ánimos a alguien ● **fare le ore piccole** trasnochar ● **fare un sogno** tener un sueño ● **non farcela (più)** no poder (más) ● **far del bene**

qn hacer el bien a alguien ● **far male a qn** hacer daño a alguien ● **mi fa male un dente** me duela una muela
◊ *vi* **1.** *(agire)* hacer ● **come si fa a uscire?** ¿cómo se sale? ● **fai come ti pare** haz lo que te parezca ● **non fa che ripetere le stesse cose** no hace más que repetir las mismas cosas ● **darsi da fare** moverse **2.** *(fam) (dire)* decir ● **non fare il mio nome** no digas mi nombre
◊ *v impers* hacer ● **fa bello/brutto tempo** hace buen/mal tiempo ● **fa caldo/freddo** hace calor/frío
◆ **farsi** *vr* ● **farsi grande** hacerse mayor ● **fatti furbo!** *(fam)* ¡no seas tan tonto!

farfalla [farˈfalla] *sf* mariposa *f*

farina [faˈrina] *sf* harina *f* ● **far in a gialla** harina de maíz

faringite [farinˈdʒite] *sf* faringitis *f*

farmacia [farmaˈtʃia] *sf* farmacia *f* ▼ **farmacia di turno** farmacia de guardia

farmacista, i, e [farmaˈtʃista, i, e] *smf* farmacéutico m, -ca *f*

farmaco [ˈfarmako] *(pl -ci) sm* fármaco *m*

faro [ˈfaro] *sm* faro *m*

farsa [ˈfarsa] *sf* farsa *f*

fascia [ˈfaʃʃa] *sf (pl -sce)* **1.** *(striscia)* faja *f* **2.** *(medica)* venda *f* **3.** *(di territorio)* franja *f* **4.** *(di popolazione)* capa *f* **5.** *(di luce)* haz *m* ● **fascia elastica** venda elástica **6.** ▼ **fascia oraria** franja horaria

fasciare [faʃˈʃare] *vt* vendar

fasciatura [faʃʃaˈtura] *sf* vendaje *m*

fascicolo [faʃˈʃikolo] *sm* **1.** *(di rivista)* fascículo *m* **2.** *(di documenti)* expediente *m*

fascino [ˈfaʃʃino] *sm* atractivo *m*

fascio [ˈfaʃʃo] *sm* **1.** *(d'erba, di fiori)* manojo *m* **2.** *(di luce)* haz *m*

fascismo [faʃˈʃizmo] *sm* fascismo *m*

fascista, i, e [faʃˈʃista, i, e] *agg & smf* fascista

fase [ˈfaze] *sf* fase *f*

fast food [fasˈfud] *sm inv* fast food *m inv*

fastidio [fasˈtidjo] *sm* molestia *f* ● **le dà fastidio se fumo?** ¿le molesta si fumo?

fastidioso, a [fastiˈdjoso, a] *agg* molesto(ta), molestoso(sa) *(Col & Ven)*, cargoso(ta) *(CSur)*

fastoso, a [fasˈtoso, a] *agg* fastuoso(sa)

fasullo, a [faˈzullo, a] *agg* falso(sa)

fata [ˈfata] *sf* hada *f*

fatale [faˈtale] *agg* fatal

fatalità [fataliˈta] *sf inv* fatalidad *f*

fatica [faˈtika] *sf (pl -che)* **1.** fatiga *f* **2.** ● **fare fatica a fare qc** costar trabajo hacer algo **3.** ● **a fatica** a duras penas

faticoso, a [fatiˈkoso, a] *agg* **1.** *(pesante)* pesado(da) **2.** *(difficile)* difícil

fatidico, a, ci, che [faˈtidiko, a, tʃi, ke] *agg* fatídico(ca)

fato [ˈfato] *sm* destino *m*

fatto, a [ˈfatto, a] ◊ *pp* ► **fare** ◊ *agg* **1.** ● **fatto a mano** hecho(cha) a mano **2.** ● **fatto in casa** casero(ra) ◊ *sm* **1.** hecho *m* **2.** ● **il fatto è che ...** el hecho es que... **3.** ● **cogliere qn sul fatto** coger a alguien in fraganti **4.** ● **in fatto di vini** en materia de vinos **5.** ● **sono fatti miei** es asunto mío

fattoria [fatto'ria] *sf* granja *f*, estancia *f* (Arg, Chile & Perú)

fattorino [fatto'rino] *sm* chico *m* de los recados, recadero *m* (Amér)

fattura [fat'tura] *sf* **1.** (*documento*) factura *f* **2.** (*anello*) hechizo *m* **3.** (*lavorazione*) confección *f*

fauna ['fawna] *sf* fauna *f*

favola ['favola] *sf* **1.** cuento *m* **2.** (*morale*) fábula *f* • **da favola** de fábula

favoloso, a [favo'loso, a] *agg* fabuloso(-sa)

favore [fa'vore] *sm* favor *m* • **per favore** por favor

favorevole [favo'revole] *agg* favorable

favorire [favo'rire] *vt* **1.** favorecer **2.** **vuoi favorire?** ¿gustas?

favorito, a [favo'rito, a] *agg* favorito(ta)

fax [faks] *sm inv* fax *m*

fazzoletto [fattso'letto] *sm* **1.** (*da naso*) pañuelo *m* **2.** (*per la testa*) pañuelo *m*, bandana *f* (Amér)

febbraio [feb'brajo] *sm* **1.** febrero *m* **2.** **settembre**

febbre ['febbre] *sf* **1.** (*fig*) fiebre *f* • **avere la febbre** tener fiebre

feci ['fetʃi] *sfpl* heces *fpl*

fecondazione [fekondats'tsjone] *sf* fecundación *f*

fede ['fede] *sf* **1.** fe *f* **2.** (*anello*) alianza *f* • **aver fede in** tener fe en • **essere in buona/cattiva fede** tener buena/mala fe

fedele [fe'dele] *agg* & *smf* fiel

fedeltà [fedel'ta] *sf* fidelidad *f* • **alta fedeltà** alta fidelidad

federa ['federa] *sf* funda *f* de almohada

federazione [federats'tsjone] *sf* federación *f*

fegato ['fegato] *sm* **1.** hígado *m* **2.** (*fig*) (*coraggio*) agallas *fpl*

felice [fe'litʃe] *agg* feliz

felicità [felitʃi'ta] *sf* felicidad *f*

felicitarsi [felitʃi'tarsi] *vr* • **felicitarsi con qn per qc** felicitar a alguien por algo

felino, a [fe'lino, a] *agg* felino(na) ◇ *sm* felino *m*

felpa ['felpa] *sf* **1.** (*maglia*) sudadera *f*, suéter *m* de algodón (Amér) **2.** (*tessuto*) felpa *f*

femmina ['femmina] *sf* **1.** (*animale*) hembra *f* **2.** (*figlia*) niña *f*

femminile [femmi'nile] ◇ *agg* femenino(na) ◇ *sm* femenino *m*

femminismo [femmi'nizmo] *sm* feminismo *m*

fenomenale [fenome'nale] *agg* fenomenal

fenomeno [fe'nomeno] *sm* **1.** fenómeno *m* **2.** **quel ragazzo è un fenomeno** ese chico es un fenómeno

feriale [fe'rjale] *agg* laborable

ferie ['ferje] *sfpl* vacaciones *fpl* • **andare in ferie** ir de vacaciones • **essere in ferie** estar de vacaciones

ferire [fe'rire] *vt* herir • **ferirsi** *vr* herirse

ferita [fe'rita] *sf* herida *f*

ferito, a [fe'rito, a] *agg* & *sm,f* herido(-da)

fermaglio [fer'maʎʎo] *sm* **1.** (*di gioiello*) broche *m* **2.** (*per capelli*) pasador *m* **3.** (*per documenti*) clip *m*

fermare [fer'mare] ◊ vt 1. parar 2. (sospetto) detener ◊ vi parar ● **fermarsi** vr 1. (arrestarsi) pararse 2. (sostare) quedarse ● fermarsi a fare qc pararse a hacer algo

fermata [fer'mata] sf 1. parada f 2. ● fermata dell'autobus parada de autobús

fermento [fer'mento] sm (fig) (agitazione) efervescencia f

fermo, a [ˈfermo, a] agg 1. parado(da) 2. (mano, voce, carattere) firme ● stare fermo estarse quieto

fermoposta [fermoˈposta] ◊ avv ● spedire una lettera fermoposta enviar una carta a un apartado de correos ◊ sm inv apartado m de correos

feroce [feˈrotʃe] agg feroz

ferragosto [ferraˈgosto] sm festividad del 15 de agosto

ferragosto

Del latín *feriae augustae*, vacaciones de agosto, este término se refiere al 15 de agosto, día de la Asunción de la Virgen. Con ocasión de la fiesta litúrgica, casi todos los italianos gozan de un día de festivo. Dada la temperatura en esta época del año, muchos aprovechan para salir y pasar un día en el mar, al borde de un lago, en la montaña o en el campo con familiares y amigos.

ferramenta [ferraˈmenta] sf ferretería f

ferro [ˈferro] sm 1. hierro m 2. ● toccare ferro tocar madera ● ferro battuto hierro forjado ● ferro da calza aguja f de media ● ferro da stiro plancha f ● bistecca ai ferri bistec m a la plancha

ferrovia [ferroˈvia] sf 1. (strada) vía f férrea 2. (servizio) ferrocarril m 3. ● Ferrovie dello Stato ≃ RENFE f

ferroviario, a [ferroˈvjarjo, a] agg ferroviario(ria)

fertile [ˈfertile] agg fértil

fervido, a [ˈfervido, a] agg ferviente

fesso, a [ˈfesso, a] agg (fam) tonto(ta), pendejo(ja) (Amér)

fessura [fesˈsura] sf 1. (apertura) rendija f 2. (spaccatura) grieta f

festa [ˈfesta] sf 1. fiesta f 2. (ricorrenza) ● la festa della mamma el Día de la Madre 3. ● far festa hacer fiesta ● buone feste! ¡felices fiestas! ● fare la festa a qc dar buena cuenta de algo ● fare la festa a qn linchar a alguien

La festa della donna

El 8 de marzo se celebra el Día Internacional de la Mujer. Esta fecha se ha convertido en una buena ocasión para organizar encuentros, conferencias y debates acerca de la condición femenina. Es tradición regalar a las mujeres un ramito de mimosa.

festeggiare [festedˈdʒare] vt 1. (ricorrenza) celebrar 2. (persona) agasajar

festival [ˈfestival] sm inv festival m

Festival di Sanremo

El *Festival di Sanremo* celebrado cada año en la ciudad de San Remo, en Liguria, es desde 1951 uno de los eventos musicales más esperados por los italianos. Las más importantes cadenas televisivas y emisoras radiofónicas italianas transmiten en directo este concurso musical, que constituye un auténtico espectáculo de variedades cuya estrella es la música ligera.

Festival di Spoleto

El prestigioso *Festival di Spoleto* (en Umbría, centro de Italia), conocido también como *festival de los Dos Mundos*, fue creado en 1958. Tiene lugar cada año entre junio y julio, y propone conciertos, espectáculos de danza y de ópera, representaciones teatrales, así como citas dedicadas al cine y a la artes visuales en que participan artistas de fama internacional.

Festivalbar [fɛstival'bar] *sm inv* manifestación musical

Festivalbar

Esta manifestación musical creada en 1964 consiste en una gran gira veraniega por toda la península en la que participan los artistas más famosos del momento, y que es muy seguida por los jóvenes. Al final de cada edición se concede un premio al cantante o al grupo que ha cosechado un mayor éxito. Eros Ramazzotti, Umberto Tozzi, Zucchero y Miguel Bosé, entre otros, han ganado el *Festivalbar*.

festivo, a [fes'tivo, a] *agg* festivo(va)
festone [fes'tone] *sm* guirnalda *f*
festoso, a [fes'toso] *agg* alegre
feto ['fɛto] *sm* feto *m*
fetta ['fetta] *sf* **1.** *(di pane)* rebanada *f* **2.** *(di torta)* trozo *m* **3.** *(di prosciutto)* loncha *f*, lonja *f* (Arg & Chile)
fettuccine [fettut'tʃine] *sfpl* fettuccini *mpl*
fiaba ['fjaba] *sf* **1.** cuento *m* **2.** *(morale)* fábula *f*
fiaccola ['fjakkola] *sf* antorcha *f*
fiamma ['fjamma] *sf* **1.** llama *f* **2.** *dare alle fiamma* prender fuego
fiammifero [fjam'mifero] *sm* cerilla *f*
fiancheggiare [fjankedʒ'dʒare] *vt* flanquear
fianco ['fjanko] *(pl* **-chi)** *sm* **1.** *(del corpo)* costado *m* **2.** *(lato)* lado *m* ♦ *di fianco (a)* al lado (de)
fiasco ['fjasko] *(pl* **-schi)** *sm* **1.** *(recipiente)* frasco *m* **2.** *(fallimento)* fiasco *m*
fiato ['fjato] *sm* aliento *m* ♦ *avere il fiato grosso* jadear
fibbia ['fibbja] *sf* hebilla *f*
fibra ['fibra] *sf* fibra *f*
ficcanaso [fikka'naso] *smf inv* entrometido *m*, -da *f*, averiguador *m*, -ra *f* (Méx & PRico)
ficcare [fik'kare] *vt* meter ♦ *ficcarsi vr* meterse

fico ['fiko] (pl **-chi**) sm 1. (frutto) higo m 2. (albero) higuera f • **fico d'India** higo chumbo

fidanzamento [fidantsa'mento] sm noviazgo m

fidanzarsi [fidan'tsarsi] vr comprometerse

fidanzato, a [fidan'tsato] ◇ agg prometido(da) ◇ sm,f novio m, -via f

fidarsi [fi'darsi] vr **fidarsi (di)** fiarse (de)

fidato, a [fi'dato] agg de confianza

fiducia [fi'dutʃa] sf confianza f

fiducioso, a [fidu'tʃoso, a] agg confiado(da)

fieno ['fjɛno] sm heno m

fiera ['fjɛra] sf 1. (mostra) feria f 2. (animale) fiera f • **Fiera Campionaria** Feria f de muestras

fiero, a ['fjɛro, a] agg orgulloso(sa)

fifa ['fifa] sf (fam) canguelo m, escame m (Méx), julepe m (Chile & PRico)

fifone, a [fi'fone, a] sm,f (fam) miedica mf (Esp), miedoso m, -sa f (Amér)

figlio, a ['fiʎʎo, a] sm,f hijo m, -ja f • **figlio illegittimo/unico** hijo ilegítimo/único

figura [fi'gura] sf figura f • **fare bella/brutta figura** quedar bien/mal

figurare [figu'rare] ◇ vi figurar ◇ vt **figurarsi qc** figurarse algo • **figurati!** ¡imagínate!

figurina [figu'rina] sf cromo m

fila ['fila] sf 1. (di macchine, posti) fila f (coda) cola f 3. (serie) serie f • **fare la fila** hacer cola • **di fila** seguido(da)

filare [fi'lare] ◇ vt hilar ◇ vi 1. (formaggio) fundirse (formando hilos) 2. (baco, ragno) hilar 3. (discorso) fluir 4. (fam) (andarsene) largarse • **fila!** ¡lárgate!, ¡andate! (Arg) • **filare diritto** comportarse como es debido

filastrocca [filas'trɔkka] (pl **-che**) sf rima f infantil

filatelia [filate'lia] sf filatelia f

file ['fail] sm inv INFORM archivo m

film ['film] sm inv película f

filo ['filo] sm 1. (cordicella, tessile) hilo m 2. (cavo) cable m 3. (di lama, rasoio) filo m 4. • **filo d'erba** brizna f de hierba 5. • **filo spinato** alambre m de espino 6. • **fil di ferro** alambre m 7. • **per filo e per segno** con pelos y señales

filobus ['filobus] sm inv trolebús m

filone [fi'lone] sm 1. (di minerale) filón m 2. (di pane) barra f

filosofia [filozo'fia] sf filosofía f

filtrare [fil'trare] ◇ vt filtrar, colar (Amér) ◇ vi filtrarse

filtro ['filtro] sm filtro m

fin [fin] > **fino**

finale [fi'nale] ◇ agg final ◇ sm final m ◇ sf SPORT final f

finalmente [final'mente] avv por fin

finanza [fi'nantsa] sf finanzas fpl • **finanze** sfpl 1. finanzas fpl 2. • **la Finanza** Hacienda f

finanziere [finan'tsjere] sm 1. (banchiere) financiero m 2. (guardia) inspector m de hacienda

finché [fin'ke] cong 1. (per tutto il tempo) mientras 2. (fino a quando) hasta que

fine ['fine] ◇ agg fino(na) ◇ sf fin m ◇ sm inv 1. • **fine settimana** m

de semana **2. ♦ alla fine** al final ♦ **lieto fine** final *m* feliz
finestra [fi'nεstra] *sf* ventana *f*
finestrino [fines'trino] *sm* ventanilla *f*
fingere ['findʒere] *vt* fingir ♦ **fingere di fare qc** fingir hacer algo ♦ **fingersi** *vr* ♦ **fingersi malato** fingirse enfermo
finimondo [fini'mondo] *sm* desastre *m*
finire [fi'nire] *vt* acabar ◊ *vi* **1.** *(aver fine, esaurirsi)* acabarse **2.** *(avere esito)* acabar **3.** *(cacciarsi)* ir a parar ♦ **finire col fare qc** acabar por hacer algo ♦ **finire di fare qc** acabar de hacer algo
finlandese [finlan'dese] ◊ *agg & smf* finlandés(esa) ◊ *sm* finlandés *m*
Finlandia [fin'landja] *sf* ♦ **la Finlandia** Finlandia *f*
fino, a ['fino, a] ◊ *agg* fino(na) ◊ *prep* hasta ♦ **fino a** hasta ♦ **fino da** desde ♦ **fino qui/lì** hasta aquí/allí
finocchio [fi'nɔkkjo] *sm* **1.** *(verdura)* hinojo *m* **2.** *(fam) (pederasta)* marica *m*
finora [fi'nora] *avv* hasta ahora
finta ['finta] *sf* **1.** *(finzione)* simulación *f* **2.** SPORT finta *f* ♦ **fare finta di fare qc** fingir hacer algo
finto, a ['finto, a] ◊ *pp* ➢ **fingere** ◊ *agg* falso(sa)
fiocco ['fjɔkko] *sm (pl* **-chi**) **1.** *(di nastro)* lazo *m* **2.** *(di neve)* copo *m* **3.** ♦ **coi fiocchi** *(fig)* (ottimo) excelente
fiocina ['fjɔtʃina] *sf* arpón *m*
fioco, a, chi, che ['fjɔko, a, ki, ke] *agg* tenue
fioraio, a [fjo'rajo, a] *sm,f* florista *mf*
fiore ['fjore] *sm* flor *f* ♦ **a fior d'acqua** a flor de agua ♦ **a fiori** de flores
fiorentino, a [fjoren'tino, a] *agg & sm,f* florentino(na)
fiorire [fjo'rire] *vi* florecer
fiorista, e, i [fjo'rista] *smf* = **fioraio**
Firenze [fi'rεntse] *sf* Florencia *f*
firma ['firma] *sf* firma *f*
firmare [fir'mare] *vt* firmar
fiscale [fis'kale] *agg* fiscal
fischiare [fis'kjare] ◊ *vi* silbar, chiflar *(Amér)* ◊ *vt* silbar
fischio ['fiskjo] *sm* silbido *m*, chiflido *m (Amér)*
fisco ['fisko] *sm* fisco *m*
fisica ['fizika] *sf* física *f*
fisico, a, ci, che ['fiziko, a, tʃi, ke] ◊ *agg & sm,f* físico(ca) ◊ *sm* físico *m*
fisionomia [fizjono'mia] *sf* fisonomía *f*
fissare [fis'sare] *vt* **1.** *(guardare)* mirar fijamente **2.** *(rendere fisso)* fijar **3.** *(camera, volo)* reservar ♦ **fissarsi** *vr* obstinarse, entercarse *(Chile)*
fisso, a ['fisso, a] ◊ *agg* fijo(ja) ◊ *avv* ♦ **guardare fisso** mirar fijamente
fitta ['fitta] *sf* punzada *f*, puntada *f (Amér)*
fitto, a ['fitto, a] *agg* **1.** *(bosco)* espeso(sa) **2.** *(tessuto)* tupido(da) **3.** *(pioggia, nebbia)* denso(sa)
fiume ['fjume] *sm* río *m*
fiutare [fju'tare] *vt* **1.** *(sog: cane)* olfatear **2.** *(tabacco)* oler **3.** *(fig) (accorgersi di)* olerse
flacone [fla'kone] *sm* frasco *m*
flagrante [fla'grante] *agg* ♦ **cogliere qn in flagrante** coger a alguien en fraganti
flash [flεʃ] *sm inv* flash *m*
flessibile [fles'sibile] *agg* flexible

flessione [fles'sjone] *sf* **1.** *SPORT* flexión *f* **2.** (calo) disminución *f*
flesso ['flɛsso] *pp* ➤ **flettere**
flettere ['flɛttere] *vt* flexionar
flipper ['flipper] *sm inv* millón *m*
f.lli (*abbr di* **fratelli**) hnos
flop [flɔp] *sm inv* fracaso *m*
flora ['flɔra] *sf* flora *f*
flotta ['flɔtta] *sf* flota *f*
fluido, a ['fluido, a] *agg* fluido(da) ◇ *sm* fluido *m*
fluire [flu'ire] *vi* fluir
flusso ['flusso] *sm* flujo *m*
fluttuare [fluttu'are] *vi* fluctuar
FM (*abbr di* Frequency Modulation) FM *f*
foca ['fɔka] *sf* foca *f*
focaccia [fo'kattʃa] (*pl* **-ce**) *sf* **1.** (pane) panecillo muy plano condimentado con aceite de oliva y otros ingredientes **2.** (dolce) torta *f*
foce ['fotʃe] *sf* desembocadura *f*
focolare [foko'lare] *sm* (fig) hogar *m*
fodera ['fɔdera] *sf* forro *m*
foglia ['fɔʎʎa] *sf* hoja *f* (de planta)
foglio ['fɔʎʎo] *sm* **1.** (di carta, di metallo, documento) hoja *f* **2.** (banconota) billete *m* **3.** ◆ **foglio rosa** permiso de conducción provisional ◆ **foglio di via** documento oficial mediante el cual las autoridades expulsan del país a un extranjero
fogna ['foɲɲa] *sf* cloaca *f*, sumidero *m* (Perú)
fognatura [foɲɲa'tura] *sf* alcantarillado *m*
folclore [fol'klɔre] *sm* folclore *m*
folcloristico, a, ci, che [folklo'ristiko, a, tʃi, ke] *agg* folclórico(ca)
folder ['folder] *sm inv INFORM* carpeta *f*
folgorare [folgo'rare] *vt* fulminar
folla ['fɔlla] *sf* muchedumbre *f*, apretadera *f* (Méx & Perú)
folle ['fɔlle] *agg* **1.** (pazzo) loco(ca) **2.** *TECNOL* desembragado(da) ◆ **in folle** en punto muerto
folletto [fol'letto] *sm* duende *m*
follia [fol'lia] *sf* locura *f*
folto, a ['folto, a] *agg* espeso(sa)
fon [fɔn] *sm inv* secador *m* de pelo
fondale [fon'dale] *sm* fondo *m*
fondamentale [fondamen'tale] *agg* fundamental
fondamento [fonda'mento] *sm* fundamento *m* ◆ **fondamenta** *sfpl* cimientos *mpl*
fondare [fon'dare] *vt* fundar ◆ **fondare qc su** fundamentar algo en ◆ **fondarsi** su fundarse en
fondazione [fondats'tsjone] *sf* fundación *f*
fondere ['fondere] *vt* **1.** fundir **2.** (unire) fusionar ◆ **fondersi** *vr* fundirse
fondo, a ['fondo, a] *agg* hondo(da) ◇ *sm* **1.** (di recipiente, sfondo, sport) fondo *m* **2.** (di strada, pagina) final *m* **3.** (rimasuglio) poso *m* **4.** (proprietà) finca *f* **5.** ◆ **andare a fondo** irse a pique **6.** ◆ **conoscere a fondo** conocer a fondo **7.** ◆ **in fondo** (fig) al fin y al cabo **8.** ◆ **andare fino in fondo (a qc)** profundizar (en algo) **9.** ◆ **in fondo (a qc)** al final (de algo) ◆ **fondi** *smpl* fondos *mpl*
fonetica [fo'nɛtika] *sf* fonética *f*
fontana [fon'tana] *sf* fuente *f*

fonte ['fonte] ◇ sf fuente f • sm • **fonte battesimale** pila f bautismal o de bautizo (Amér)
foraggio [fo'raddʒo] sm forraje m
forare [fo'rare] vt **1.** (praticare in foro) agujerear **2.** (gomma) pinchar, ponchar (CAm & Méx) **3.** (pallone) pinchar, puyar (CAm & Méx) **4.** (biglietto) picar
forbici ['fɔrbitʃi] sfpl tijeras fpl
forca ['fɔrka] (pl **-che**) sf horca f
forchetta [for'ketta] sf tenedor m
forcina [for'tʃina] sf horquilla f
foresta [fo'rɛsta] sf selva f
forestiero, a [fores'tjero, a] agg & sm,f forastero(ra)
forfora ['forfora] sf caspa f
forma ['forma] sf **1.** forma f **2.** (buone maniere) formas fpl • **essere in forma** estar en forma • **a forma di** en forma de • **forme** sfpl (del corpo) formas fpl
formaggino [formad'dʒino] sm quesito m
formaggio [for'maddʒo] sm queso m
formale [for'male] agg formal
formalità [formali'ta] sf inv formalidad f
formare [for'mare] vt formar • **formarsi** vr formarse
format [format] sm inv formato m
formato [for'mato] sm formato m
formattare [format'tare] vt formatear
formazione [formats'tsjone] sf **1.** (costituzione, istruzione) formación f **2.** SPORT alineación f • **formazione professionale** formación profesional
formica®[1] [for'mika] sf fórmica ® f
formica[2] [for'mika] (pl **-che**) sf (insetto) hormiga f

formicolio [formi'kɔljo] sm hormigueo m
formidabile [formi'dabile] agg formidable
formula ['formula] sf **1.** fórmula f • **Formula Uno** Fórmula Uno
fornaio, a [for'najo, a] sm,f panadero m, -ra f
fornello [for'nɛllo] sm **1.** fogón m **2.** fornello a gas cámping m gas **3.** fornello elettrico hornillo m eléctrico
fornire [for'nire] vt **fornire qc a qn** proporcionar algo a alguien • **fornire qn/qc di qc** abastecer algo/a alguien de algo
fornitore, trice [forni'tore, 'tritʃe] sm,f proveedor m, -ra f
forno ['forno] sm horno m • **forno a legna** horno de leña
foro ['foro] sm **1.** agujero m, hueco m (Perú) **2.** • **il Foro** sede de la autoridad judicial
forse ['forse] avv quizás
forte ['fɔrte] ◇ agg **1.** fuerte **2.** (fisicamente) fuerte, fornido(da) (Perú) ◇ avv **1.** (vigorosamente) fuerte **2.** (ad alta voce) alto **3.** (velocemente) deprisa ◇ sm **1.** (fortezza) fortaleza f **2.** (specialità) fuerte m
fortezza [for'tettsa] sf fortaleza f
fortuito, a [for'tujto, a] agg fortuito(ta)
fortuna [for'tuna] sf **1.** (buona sorte) suerte f **2.** (patrimonio) fortuna f • **buona fortuna!** ¡buena suerte! • **portare fortuna** dar suerte • **per fortuna** por suerte
fortunatamente [fortunata'mente] avv afortunadamente

fortunato, a [fortu'nato, a] *agg* afortunado(da)

forza ['fɔrtsa] *sf* 1. fuerza f 2. **le Forze Armate** las Fuerzas Armadas ● **a forza di** a fuerza de ● **per forza** (naturalmente) por fuerza; (contro la volontà) a la fuerza

forzare [for'tsare] *vt* (porta, finestra) forzar ● **forzare qn a fare qc** (obbligare) forzar a alguien a hacer algo

foschia [fos'kia] *sf* neblina f

fossa ['fɔssa] *sf* fosa f

fossato [fos'sato] *sm* zanja f, cañada f (*Amér*)

fossile ['fɔssile] *sm* fósil m

fosso ['fɔsso] *sm* hoyo m

foto ['fɔto] *sf inv* (*abbr di* fotografia) foto f

fotocopia [foto'kɔpja] *sf* fotocopia f

fotocopiare [fotoko'pjare] *vt* fotocopiar

fotogenico, a, ci, che [foto'dʒɛniko, a, tʃi, ke] *agg* fotogénico(ca)

fotografare [fotogra'fare] *vt* fotografiar

fotografia [fotogra'fia] *sf* fotografía f ● **fotografia a colori** fotografía en color ● **fotografia in bianco e nero** fotografía en blanco y negro

fotografo, a [fo'tɔgrafo, a] *sm,f* fotógrafo m, -fa f

fototessera [foto'tɛssera] *sf* fotografía f tamaño carnet

fra [fra] = tra

fracassare [frakas'sare] *vt* destrozar

fracasso [fra'kasso] *sm* estrépito m

fradicio, a, ci, ce [fraditʃo, a, tʃi, tʃe] *agg* empapado(da), ensopado(da) (*Amér*)

fragile ['fradʒile] *agg* 1. (pacco, merci) frágil 2. (persona, legame, salute) frágil, delicado(da) (*Amér*)

fragola ['fragola] *sf* fresa f

fragore [fra'gore] *sm* estruendo m

fraintendere [frain'tɛndere] *vt* malinterpretar

frammento [fram'mento] *sm* fragmento m

frana ['frana] *sf* 1. desprendimiento m 2. (*fig*) **essere una frana** ser un desastre

francese [fran'tʃeze] *agg* & *smf* francés(esa) ◇ *sm* francés m

Francia ['frantʃa] *sf* **la Francia** Francia f

franco, a, chi, che [franko, a, ki, ke] *agg* 1. (sincero) franco(ca) 2. COMM libre de impuestos ● **sm franco** m ● **farla franca** salir indemne

francobollo [franko'bɔllo] *sm* sello m (*Esp*), estampilla f (*Amér*)

frangia [frandʒa] *sf* 1. (ciuffo) flequillo m, cerquillo m (*Amér*) 2. (guarnizione) fleco m

frantumare [frantu'mare] *vt* hacer añicos ● **frantumarsi** *vr* hacerse añicos

frantumi [fran'tumi] *smpl* ● **andare in frantumi** hacerse añicos

frappé [frap'pe] *sm inv* batido m

frase ['fraze] *sf* frase f

frastuono [fras'twɔno] *sm* estrépito m

frate ['frate] *sm* monje m

fratellastro [fratel'lastro] *sm* hermanastro m

fratello [fra'tɛllo] *sm* hermano m

frattempo [frat'tɛmpo] *sm* ● **nel frat-**

tempo mientras tanto
frattura [frat'tura] *sf* fractura *f*
frazione [frats'tsjone] *sf* **1.** *(parte, mat)* fracción *f* **2.** *(di comune)* barrio *m*
freccia [fretʃtʃa] *(pl* **-ce**) *sf* **1.** *(cartello, per arco)* flecha *f* **2.** *(automobile)* intermitente *m* **3.** ● **mettere la freccia** poner el intermitente
freddo, a ['freddo, a] *agg* frío(a) ◇ *sm* frío *m* ● **aver freddo** tener frío ● **fa freddo** hace frío
freddoloso, a [freddo'lozo, a] *agg* friolero(ra), friolento(ta) *(Amér)*
freezer ['fridzer] *sm inv* congelador *m*
fregare [fre'gare] *vt* **1.** *(strofinare)* frotar, sobar *(Amér)* **2.** *(fam) (imbrogliare)* enredar **3.** ● **fregarsene (di qc)** *(volg)* pasar (de algo) ● **fregare qc a qn** *(fam)* mangar algo a alguien
frenare [fre'nare] *vi & vt* frenar
frenata [fre'nata] *sf* frenazo *m*
frenetico, a, ci, che [fre'netiko, a, tʃi, ke] *agg* frenético(ca)
freno ['freno] *sm* freno *m* ● **freno a mano** freno de mano
frequentare [frekwen'tare] *vt* **1.** *(corso, scuola)* asistir a **2.** *(locale)* frecuentar **3.** *(persona)* tratar
frequente [fre'kwente] *agg* frecuente
fresco, a, schi, sche ['fresko, a, ski, ske] *agg* fresco(ca) ◇ *sm* fresco *m* ● **fare fresco** hacer fresco ● **mettere al fresco** estar a la sombra ● **stare fresco** ir listo
fretta ['fretta] *sf* prisa *f*, apuro *m (Amér)* ● **avere fretta** tener prisa, apurarse *(Amér)* ● **in fretta e furia** deprisa y corriendo

friggere ['fridʒdʒere] *vt & vi* freír
frigo ['frigo] *sm (abbr di* frigorifero) nevera *f*, heladera *f (Arg)*
frigobar [frigo'bar] *sm inv* minibar *m*
frigorifero [frigo'rifero] *sm* frigorífico *m*
frittata [frit'tata] *sf* tortilla *f* ● **rigirare la frittata** *(fam)* dar la vuelta a la tortilla
frittella [frit'tɛlla] *sf* buñuelo *m*, panqueca *f (Méx)*
fritto, a ['fritto, a] *pp* ➤ **friggere** ◇ *agg* frito(ta) ◇ *sm* fritada *f* ● **fritto misto** fritada mixta
frivolo, a ['frivolo, a] *agg* frívolo(la)
frizione [frits'tsjone] *sf* **1.** *(di auto)* embrague *m* **2.** *(massaggio)* fricción *f*
frizzante [frid'dzante] *agg* con gas
frode ['frɔde] *sf* fraude *m*
frontale [fron'tale] *agg* frontal
fronte ['fronte] ◇ *sf* ANAT frente *f* ◇ *sm* **1.** frente *m* **2.** ● **di fronte** enfrente **3.** ● **di fronte a** *(posizione)* enfrente de; *(in confronto)* en comparación con
frontiera [fron'tjera] *sf* frontera *f*
frottola [frottola] *sf* trola *f*
frugare [fru'gare] *vi & vt* hurgar
frullare [frul'lare] *vt* batir
frullato [frul'lato] *sm* batido *m*
frullatore [frulla'tore] *sm* licuadora *f*
frullino [frul'lino] *sm* batidora *f*
frusta ['frusta] *sf* **1.** *(per animali)* látigo *m* **2.** *(per alimenti)* batidor *m* de varillas
frustino [frus'tino] *sm* fusta *f*

frutta ['frutta] *sf* **1.** fruta *f* **2.** ● **frutta secca** frutos *mpl* secos ● **frutta mista** fruta variada

fruttivendolo [frutti'vendolo] *sm* frutería *f*

frutto ['frutto] *sm* fruto *m* ● **frutti di mare** *smpl* marisco *m*

F.S. ● **Ferrovie dello Stato**

fu [fu] ● essere

fucile [fu'tʃile] *sm* fusil *m*

fuga ['fuga] (*pl* **-ghe**) *sf* fuga *f* ● **fuga di gas** escape *m* de gas

fuggire [fudʒ'dʒire] *vi* huir

fulmine ['fulmine] *sm* rayo *m*

fumare [fu'mare] ◆ *vt* fumar ◇ *vi* humear ▼ **vietato fumare** prohibido fumar

fumatore, trice [fuma'tore, 'tritʃe] *sm,f* fumador *m*, -ra *f*

fumetti [fu'metti] *smpl* **1.** (*racconto*) cómic *m*, muñequitos *mpl* (*Cuba*) **2.** (*riquadro*) bocadillo *m*

fumetti

Italia es un paraíso para los amantes de los cómics. Personajes de papel como Lupo Alberto, Tex, Dylan Dog, Julia, Diabolik, Martin Mystère, Zagor, Mister No y Nathan Never han contribuido al nacimiento de un fenómeno social en el país. Algunos de estos *fumetti* han sido incluso adaptados a la pantalla grande o a la televisión.

fumo ['fumo] *sm* humo *m*

fumo

Desde enero de 2005 los italianos ya no pueden encender un cigarrillo en locales públicos, restaurantes, bares, oficinas, discotecas y pubs que no tengan zonas destinadas a tal efecto.

fune ['fune] *sf* cuerda *f*, cabuya *f* (*CAm & Méx*)

funebre ['funebre] *agg* fúnebre

funerale [fune'rale] *sm* funeral *m*

fungere ['fundʒere] *vi* ● **fungere da** servir de

fungo ['fungo] (*pl* **-ghi**) *sm* **1.** (*vegetale*) seta *f* **2.** MED hongo *m*

funicolare [funiko'lare] *sf* funicular *m*

funivia [funi'via] *sf* teleférico *m*

funzionamento [funtsjona'mento] *sm* funcionamiento *m*

funzionare [funtsjo'nare] *vi* funcionar

funzione [fun'tsjone] *sf* función *f* ● **essere in funzione** funcionar ● **in funzione di** en función de

fuoco ['fwɔko] (*pl* **-chi**) *sm* **1.** (*fiamme, fornello*) fuego *m* **2.** (*in ottica*) enfoque *m* ● **al fuoco!** ¡fuego! ● **dar fuoco a qc** prender fuego a algo ● **fare fuoco** hacer fuego ● **prender fuoco** encenderse ● **fuochi d'artificio** fuegos artificiales

fuorché [fwor'ke] *cong* excepto

fuori ['fwɔri] ◇ *avv* fuera ◇ *prep* **1.** ● **fuori (di)** fuera (de) **2.** ● **far fuori qn** (*fam*) quitar de en medio a alguien **3.** ● **essere fuori di sé** estar fuera de sí **4.**

● **lasciare fuori** excluir 5. ● **tirare fuori** sacar 6. ● **fuori luogo** fuera de lugar 7. ● **fuori mano** alejado(da) 8. ● **andare fuori strada** ir desencaminado
fuoribordo [fwori'bordo] *sm inv* fueraborda *m inv*
fuorilegge [fwori'ledʒdʒe] *smf inv* malhechor *m*, -ra *f*
fuoristrada [fworis'trada] ◇ *agg inv* de moto-cross ◇ *sm inv* todoterreno *m inv*
fuorviare [fwor'vjare] *vt* desviar
furbo, a ['furbo, a] *agg* astuto(ta) ● **fare il furbo** pasarse de listo
furgone [fur'gone] *sm* furgón *m*
furia ['furja] *sf* furia *f* ● **a furia di fare qc** a fuerza de hacer algo ● **andare su tutte le furie** ponerse hecho una furia, engolillarse (*Perú*), ponerse bravo(va) (*Ven*)
furioso, a [fu'rjozo, a] *agg* furioso(sa)
furore [fu'rore] *sm* furor *m* ● **far furore** hacer furor
furto ['furto] *sm* 1. robo *m* 2. furto con scasso robo con fuerza
fusa ['fuza] *sfpl* ● **fare le fusa** hacer carantoñas
fusibile [fu'zibile] *sm* fusible *m*
fusione [fu'zjone] *sf* fusión *f*
fuso ['fuzo] ◇ *pp* ➢ **fondere** ◇ *sm* fuso orario huso *m* horario
fustino [fus'tino] *sm* tambor *m* de detergente
fusto ['fusto] *sm* 1. (*di pianta*) tallo *m* 2. (*contenitore*) barril *m*
futile ['futile] *agg* fútil
futuro, a [fu'turo, a] ◇ *agg* futuro(ra) ◇ *sm* futuro *m*

gG

gabbia ['gabbja] *sf* jaula *f*
gabbiano [gab'bjano] *sm* gaviota *f*
gabinetto [gabi'netto] *sm* 1. (*bagno*) retrete *m*, water *m* (*Amér*) 2. (*ministero*) gabinete *m* 3. (*studio*) despacho *m*
gaffe [gaf] *sf inv* metedura *f* de pata, error *m* (*Arg, Chile & Perú*)
gala ['gala] *sf* 1. (*sfarzo*) pompa *f*, lujo *m* (*Amér*) 2. (*festa*) gala *f*
galassia [ga'lassja] *sf* galaxia *f*
galateo [gala'tɛo] *sm* urbanidad *f*
galera [ga'lera] *sf* cárcel *f*, chirola *f* (*Méx & PRico*), cana *f* (*Arg & Chile*), tabo *m* (*CAm*)
galla ['galla] *sf* ● **stare a galla** flotar ● **venire a galla** (*fig*) (*scoprirsi*) salir a la luz
galleggiante [galledʒ'dʒante] ◇ *agg* flotante ◇ *sm* 1. (*boa*) flotador *m* 2. (*per la pesca*) boya *f*
galleria [galle'ria] *sf* 1. (*traforo*) túnel *m* 2. (*museo*) galería *f* 3. (*di teatro, cinema*) anfiteatro *m* 4. (*strada coperta*) pasaje *m* interior
galletta [gal'letta] *sf* galleta *f*
gallina [gal'lina] *sf* gallina *f*
gallo ['gallo] *sm* gallo *m*
gamba ['gamba] *sf* pierna *f* ● **essere in gamba** valer mucho
gamberetto [gambe'retto] *sm* gamba *f*, camarón *m* (*Amér*)

gambero ['gambero] *sm* langostino *m*
gambo ['gambo] *sm* tallo *m*
gancio ['gantʃo] *sm* 1. *(uncino)* ganchillo *m* 2. *(pugilato)* gancho *m*
ganghéri ['gangeri] *smpl* ♦ **essere fuori dai ganghéri** salirse de sus casillas
gara ['gara] *sf* 1. *(nello sport)* competición *f* (Esp), competencia *f* (Amér) 2. *(concorso)* concurso *m* ♦ **fare a gara** competir
garage [ga'raʒ] *sm inv* garaje *m*
garantire [garan'tire] *vt* 1. *(prodotto, risultato)* garantizar 2. *(debito)* avalar 3. *(dare per certo)* asegurar
garanzia [garan'tsia] *sf* 1. *(di merce)* garantía *f* 2. *(di debito)* aval *m*
gareggiare [gared'dʒare] *vi* competir
gargarismo [garga'rizmo] *sm* ♦ **fare i gargarismi** hacer gárgaras
garza ['gardza] *sf* gasa *f*
garzone [gar'dzone] *sm* aprendiz *m*
gas [gas] *sm inv* 1. gas *m* 2. ♦ **dare gas** dar gas
gasato, a [gas'sato, a], **gasato, a** [ga'zato, a] *agg* con gas
gasolio [ga'zɔljo] *sm* gasóleo *m*
gassosa [gas'sosa] *sf* gaseosa *f* (Esp), fresco *m* (CAm, Méx & Perú)
gastronomia [gastrono'mia] *sf* gastronomía *f*
gastronomico, a, ci, che [gastro'nɔmiko] *agg* gastronómico(ca)
gattino, a [gat'tino, a] *sm,f* gatito *m*, -ta *f*
gatto, a ['gatto, a] *sm,f* gato *m*, -ta *f* ♦ **gatto delle nevi** máquina *f* quitanieves ♦ **essere in quattro gatti** ser cuatro gatos, no haber nadie (Amér)
gazzetta [gadz'dzetta] *sf* boletín *m*
G.d.F. = **Guardia di Finanza**
gel [dʒɛl] *sm inv* gel *m*
gelare [dʒe'lare] ⋄ *vi* helarse ⋄ *vt & v impers* helar
gelateria [dʒelate'ria] *sf* heladería *f*
gelatina [dʒela'tina] *sf* gelatina *f* ♦ **gelatina di frutta** jalea de fruta
gelato, a [dʒe'lato, a] ⋄ *agg* helado(da) ⋄ *sm* helado *m*, paleta *f* (Méx)
gélido, a ['dʒɛlido, a] *agg* gélido *m*
gelo ['dʒɛlo] *sm* hielo *m*
gelosia [dʒelo'sia] *sf* 1. *(in amore)* celos *mpl* 2. *(persiana)* celosía *f*, persiana *f* (Amér)
geloso, a [dʒe'lozo, a] *agg* celoso(sa)
gemello, a [dʒe'mɛllo, a] *agg* gemelo(la), tojo(ja) (Bol), morocho(cha) (Ven) ♦ **gemelli** *smpl* gemelos *mpl*, mancuernillas *fpl* (Méx) ♦ **Gemelli** *smpl* Géminis *mf inv*
gemere ['dʒɛmere] *vi* gemir
gemma ['dʒɛmma] *sf* gema *f*
generale [dʒene'rale] ⋄ *agg* general ⋄ *sm* general *m* ♦ **in generale** en general
generalità [dʒenerali'ta] *sfpl* datos *mpl* personales
generalmente [dʒeneral'mente] *avv* generalmente
generare [dʒene'rare] *vt* generar
generatore [dʒenera'tore] *sm* generador *m*
generazione [dʒenerats'tsjone] *sf* generación *f*
genere ['dʒɛnere] *sm* 1. género *m* 2. *(tipo)* tipo *m* ♦ **in genere** en general ♦

generi alimentari smpl género m
generico, a, ci, che [dʒe'neriko, a, tʃi, ke] agg genérico(ca)
genero [dʒenero] sm yerno m
generoso, a [dʒene'roso, a] agg generoso(sa)
gengiva [dʒen'dʒiva] sf encía f
geniale [dʒe'njale] agg genial
genio [dʒenjo] sm 1. (gessetto) tiza f 2. (per frattura) yeso m
genitali [dʒeni'tali] smpl genitales mpl
genitore [dʒeni'tore] sm 1. progenitor m 2. ● **i nostri genitori** nuestros padres
gennaio [dʒen'najo] sm enero ➤ **settembre**
Genova ['dʒenova] sf Génova f
gente ['dʒente] sf gente f
gentile [dʒen'tile] agg 1. amable 2. ● **Gentile Signore** Estimado Señor 3. ● **Gentile Signor G. Paoli** Estimado Señor G. Paoli
gentilezza [dʒenti'letstsa] sf amabilidad f ● **per gentilezza** por favor
gentiluomo [dʒenti'lwɔmo] (pl **gentiluomini**) sm caballero m, gentleman m (Amér)
genuino, a [dʒenu'ino, a] agg genuino(na)
geografia [dʒeogra'fia] sf geografía f
geologia [dʒeolo'dʒia] sf geología f
geometria [dʒeome'tria] sf geometría f
Georgia [dʒe'ɔrdʒa] sf ● **la Georgia** Georgia
geranio [dʒe'ranjo] sm geranio m
gerarchia [dʒerar'kia] sf jerarquía f
gergo ['dʒergo] (pl **-ghi**) sm 1. (di giovani) argot m, jerga m (Amér) 2. (specialistico) jerga f
Germania [dʒer'manja] sf ● **la Germania** Alemania f
germe ['dʒerme] sm germen m
gerundio [dʒe'rundjo] sm gerundio m
gesso ['dʒesso] sm 1. (gessetto) tiza f 2. (per frattura) yeso m
gestione [dʒes'tjone] sf gestión f
gestire [dʒes'tire] vt dirigir
gesto ['dʒesto] sm gesto m
gestore [dʒes'tore] sm gerente mf
Gesù [dʒe'zu] sm Jesús m
gettare [dʒet'tare] vt 1. (lanciare) tirar, botar (Amér) 2. (buttare via) tirar 3. (emettere) echar 4. (scultura) moldear ● **gettarsi** vr 1. (lanciarsi) tirarse 2. (fiume) desembocar
getto ['dʒetto] sm 1. chorro m 2. ● **di getto** de un tirón
gettone [dʒet'tone] sm ficha f
ghiacciaio [gjat'tʃajo] sm glaciar m
ghiacciato, a [gjat'tʃato, a] agg helado(da)
ghiaccio ['gjattʃo] sm hielo m
ghiacciolo [gjat'tʃɔlo] sm 1. (gelato) polo m 2. (di fontana) carámbano m
ghiaia ['gjaja] sf grava f
ghiandola ['gjandola] sf glándula f
ghiotto, a ['gjotto, a] agg 1. (persona) glotón(ona), comelón(ona) (Amér) 2. (cibo) apetitoso(sa), sabroso(sa) (Amér)
già [dʒa] ◆ avv ya ◆ esclam ¡ya! ● **di già?** ¿ya?
giacca ['dʒakka] (pl **-che**) sf chaqueta f, saco m (Amér) ● **giacca a vento** anorak m

giacché [dʒak'ke] *cong* ya que
giaccone [dʒak'kone] *sm* chaquetón *m*, sobretodo *m* (Arg)
giacere [dʒa'tʃere] *vi* yacer
giallo, a [dʒallo, a] ◇ *agg* amarillo(lla) ◇ *sm* 1. *(colore)* amarillo *m* 2. *(film)* thriller *m* 3. *(romanzo)* novela *f* negra
gianduiotto [dʒandu'jɔtto] *sm bombón de chocolate con avellanas, especialidad piamontesa*
Giappone [dʒap'pone] *sm* ● **il Giappone** Japón *m*
giapponese [dʒappo'nese] ◇ *agg & smf* japonés(esa) ◇ *sm* japonés *m*
giardinaggio [dʒardi'naddʒo] *sm* jardinería *f*
giardiniera [dʒardi'njera] *sf* verduras *fpl* a la jardinera ▶ **giardiniere**
giardiniere, a [dʒardi'njere, a] *sm,f* jardinero *m*, -ra *f*
giardino [dʒar'dino] *sm* jardín *m*
giardino botanico jardín botánico
giardino d'infanzia jardín de infancia, kinder *m* (Andes, Méx & Ven)
giardino pubblico jardín público
giardino zoologico parque *m* zoológico
gigante [dʒi'gante] ◇ *agg* gigante, grandullón(ona) (*Amér*) ◇ *sm* gigante *m*
gigantesco, a, schi, sche [dʒigan'tesko, a, ski, ske] *agg* gigantesco(ca)
gilè [dʒi'lɛ] *sm inv* chaleco *m*
gin [dʒin] *sm* ginebra *f*
ginecologo, a, gi, ghe [dʒine'kɔlogo, a, gi, ge] *sm,f* ginecólogo *m*, -ga *f*
ginestra [dʒi'nestra] *sf* retama *f*, retamo *m* (Arg & Chile)
Ginevra [dʒi'nevra] *sf* Ginebra *f*

ginnastica [dʒin'nastika] *sf* 1. gimnasia *f* 2. ● **fare ginnastica** hacer gimnasia
ginocchio [dʒi'nɔkkjo] (*mpl* **ginocchi** *fpl* **ginocchia**) *sm* 1. rodilla *f* 2. ● **stare in ginocchio** estar de rodillas
giocare [dʒo'kare] *vi & vt* jugar
giocarsi il posto jugarse el puesto ● **a che gioco giochiamo?** ¿a qué jugamos?
giocatore, trice [dʒoka'tore, 'tritʃe] *sm,f* jugador *m*, -ra *f*
giocattolo [dʒo'kattolo] *sm* juguete *m*
gioco, chi ['dʒɔko, ki] *sm* juego *m* ● **mettere in gioco qc** poner en juego algo ● **gioco d'azzardo** juego de azar ● **gioco di parole** juego de palabras ● **per gioco** en broma
giocoliere [dʒoko'ljere] *sm* malabarista *mf*
gioia ['dʒɔja] *sf* 1. *(allegria)* alegría *f* 2. *(gioiello)* joya *f* ● **darsi alla pazza gioia** irse de juerga
gioielleria [dʒojelle'ria] *sf* joyería *f*
gioiello [dʒo'jɛllo] *sm* (*fig*) joya *f*
giornalaio, a [dʒorna'lajo, a] *sm,f* quiosquero *m*, -ra *f*
giornale [dʒor'nale] *sm* 1. *(quotidiano)* periódico *m* 2. *(rivista)* revista *f* ● **giornale radio** informativo *m* radiofónico
giornaliero, a [dʒorna'ljero, a] *agg* diario(ria) ◇ *sm* forfait *m*
giornalista, i, e [dʒorna'lista, i, e] *smf* periodista *mf*
giornata [dʒor'nata] *sf* 1. *(ore di luce, giorno)* día *m* 2. SPORT jornada *f* 3. ● **oggi è una bella giornata** hoy hace muy buen día 4. ● **giornata lavorativa**

jornada laboral **5.** ● **vivere alla giornata** vivir al día

giorno ['dʒorno] *sm* **1.** día *m* **2.** ● **a giorni alterni** a días alternos **3.** ● **l'altro giorno** anteayer **4.** ● **giorno feriale** día laborable **5.** ● **giorno festivo** día festivo **6.** ● **giorno libero** día libre **7.** ● **al giorno** al día **8.** ● **giorno di** giorno de día

giostra [dʒɔstra] *sf* tiovivo *m*, caballitos *mpl* (*Méx*), calesitas *fpl* (*CSur*)

giovane ['dʒovane] *agg* joven ◆ **da giovane** en su juventud ● **i giovani d'oggi** los jóvenes de hoy

giovanile [dʒova'nile] *agg* juvenil

giovanotto [dʒova'nɔtto] *sm* chico *m*

giovare [dʒo'vare] ◆ **giovare a** v + prep favorecer a ◆ **giovarsi di** aprovecharse de

giovedì [dʒove'di] *sm* **1.** jueves *m* inv **2.** ● **giovedì grasso** jueves lardero ➤ **sabato**

gioventù [dʒoven'tu] *sf* juventud *f*

giovinezza [dʒovi'nettsa] *sf* juventud *f*

giraffa [dʒi'raffa] *sf* jirafa *f*

giramento [dʒira'mento] *sm* ● **giramento di testa** vértigo *m*

girare [dʒi'rare] ◆ vt **1.** girar **2.** (*visitare*) recorrer **3.** (*filmare*) rodar ◆ vi **1.** (*ruotare, svoltare*) girar **2.** (*andare in giro*) dar una vuelta ◆ **girarsi** vr girarse, voltearse (*Amér*)

girarrosto [dʒirar'rɔsto] *sm* asador *m*

girasole [dʒira'sole] *sm* girasol *m*

girata [dʒi'rata] *sf* **1.** (*rotazione*) vuelta *f* **2.** FIN giro *m* **3.** (*fig*) (*sgridata*) bronca *f*, regaño *m* (*Amér*)

girello [dʒi'rɛllo] *sm* **1.** (*di carne*) culata *f* **2.** (*per bambini*) andador *m*, andadera *f* (*Amér*)

girevole [dʒi'revole] *agg* giratorio(ria)

giro ['dʒiro] *sm* **1.** vuelta *f* **2.** (*viaggio*) viaje *m* **3.** (*fig*) (*ambiente*) ambiente *m* **4.** (*circolazione*) tráfico *m* **5.** ● **fare il giro di qc** dar la vuelta a algo **6.** ● **fare un giro** dar una vuelta **7.** ● **giro di affari** viaje de negocios **8.** ● **giro di parole** perífrasis *f* inv **9.** ● **giro di prova** vuelta de prueba **10.** ● **essere in giro** estar por ahí **11.** ● **nel giro di un anno/ di qualche giorno** en un año/unos días **12.** ● **prendere in giro qn** tomar el pelo a alguien (*Esp*), mamar gallo (*Col & Ven*), echar broma (*Carib*) **13.** ● **essere su di giri** estar eufórico

Giro d'Italia

El *Giro d'Italia* se celebró por primera vez en 1909 y es una de las vueltas ciclistas con más renombre internacional. Tiene lugar durante tres semanas en el mes de mayo. Cuenta con veinte etapas y el itinerario de cerca de 3.500 km a lo largo de la península italiana varía cada año. Se reconoce al líder de la clasificación general porque lleva el tan ambicionado maillot rosa, la *maglia rosa*.

girotondo [dʒiro'tondo] *sm* corro *m*

gita ['dʒita] *sf* excursión *f* ● **andare in gita a Roma** ir de excursión a Roma

giù [dʒu] *avv* abajo ● **in giù** hacia abajo ● **giù di lì** más o menos ● **giù per le**

scale escaleras abajo ● **essere giù** (fig) estar decaído(da)

giubbotto [dʒub'bɔtto] *sm* cazadora *f* (*Esp*), chaqueta *f* americana (*Amér*), campera *f* (*RP*)

giudicare [dʒudi'kare] *vt & vi* juzgar

giudice ['dʒuditʃe] *sm* juez *m*

giudizio [dʒu'dittsjo] *sm* juicio *m* ● **a mio giudizio** a mi juicio

giugno ['dʒuɲɲo] *sm* junio *m* ● **settembre**

giungere ['dʒundʒere] *vi* llegar

giungla ['dʒungla] *sf* selva *f*

giunta [dʒunta] *sf* junta *f* ● **per giunta** además

giunto, a ['dʒunto, a] *pp* ➢ **giungere** ◇ *sm* empalme *m*

giuramento [dʒura'mento] *sm* juramento *m*

giurare [dʒu'rare] *vt & vi* jurar

giuria [dʒu'ria] *sf* jurado *m*

giustificare [dʒustifi'kare] *vt* justificar

giustificazione [dʒustifikats'tsjone] *sf* **1.** (*scusa*) justificación *f* **2.** SCOL justificante *m* ● **portare la giustificazione** llevar el justificante

giustizia [dʒus'tittsja] *sf* justicia *f*

giusto, a ['dʒusto, a] *agg* justo(ta) ◇ *avv* **1.** (*esattamente*) exactamente **2.** (*proprio*) justamente

gli [ʎi] ◇ *art mpl* ➢ **il** ◇ *pron* **1.** (*a lui*) le **3.** (*a esso*) le **3.** (*a loro*) les ● **glielo hai detto?** ¿se lo has dicho? ● **gliene devo due** le debo dos

gliela /'ʎela/ ➢ **gli**

globale [glo'bale] *agg* global

globo ['globo] *sm* globo *m*

globulo ['glɔbulo] *sm* ● **globulo bianco** glóbulo *m* blanco ● **globulo rosso** glóbulo *m* rojo

gloria ['glɔrja] *sf* gloria *f*

gnocchi ['ɲɔkki] *smpl* ñoquis *m*

goal [gɔl] *sm inv* gol *m*

gobba ['gobba] *sf* **1.** (*su schiena*) joroba *f* **2.** (*su naso*) protuberancia *f*

gobbo, a ['gobbo, a] ◇ *agg & sm,f* jorobado(da) ◇ *sm* ● **cuori alla parmigiana** corazones de alcachofa a la parmesana

goccia ['gottʃa] *sf* gota *f*

gocciolare [gottʃo'lare] *vi* gotear ◇ *vt* verter gota a gota

godere [go'dere] *vi* disfrutar ◇ *vt* ● **godere qc** disfrutar de algo ● **godere di** *v* + *prep* disfrutar de

goffo, a ['gɔffo, a] *agg* torpe

gola ['gola] *sf* **1.** ANAT (*di monte*) garganta *f* **2.** (*golosità*) gula *f*

golf [gɔlf] *sm* **1.** (*maglia*) jersey *m* **2.** (*sport*) golf *m*

golfo ['golfo] *sm* golfo *m*

goloso, a [go'loso, a] *agg* goloso(sa)

gomito ['gomito] *sm* codo *m*

gomma ['gomma] *sf* **1.** (*sostanza*) goma *f* **2.** (*pneumatico*) neumático *m*, llanta *f* (*CAm*, *CRica*, *Méx & Perú*), caucho *m* (*Ven*) ● **bucare** o **forare una gomma** pinchar una rueda, ponchar una llanta (*CAm & Méx*) ● **gomma a terra** rueda pinchada, llanta ponchada (*CAm & Méx*) ● **gomma da masticare** chicle *m*

gommapiuma ® [gomma'pjuma] *sf* gomaespuma *f*

gommista [gom'mista] *sm* vendedor *m* de neumáticos, llantero *m* (Méx)

gommone [gom'mone] *sm* bote *m* hinchable o inflable (Amér)

gondola ['gondola] *sf* góndola *f*

gondoliere [gondo'ljere] *sm* gondolero *m*

gonfiare [gon'fjare] *vt* **1.** (*fig*) hinchar **2.** (*pallone, gomme*) hinchar (*Esp*), inflar (*Amér*) ◆ **gonfiarsi** *vr* **1.** (*piede, dito*) hincharse **2.** (*fiume*) crecer

gonfio, a ['gonfjo, a] *agg* hinchado(da)

gonna ['gonna] *sf* falda *f* ◆ **gonna a pieghe** falda plisada ◆ **gonna pantalone** falda pantalón

gorgogliare [gorgoʎ'ʎare] *vi* borbotear

gorgonzola® [gorgon'dzola] *sm* gorgonzola *m*

gorilla [go'rilla] *sm inv* **1.** (*animale*) gorila *m* **2.** (*guardia del corpo*) guardaespaldas *m inv*

governante [gover'nante] *sf* **1.** (*di bambini*) institutriz *f* **2.** (*di casa*) ama *f* de llaves

governare [gover'nare] *vt* **1.** (*stato*) gobernar **2.** (*animale*) vigilar

governatore [governa'tore] *sm* gobernador *m*

governo [go'verno] *sm* gobierno *m* ◆ **governo di transizione** gobierno de transición

gracile ['gratʃile] *agg* grácil, menudo (da) (Amér)

gradazione [gradats'tsjone] *sf* **1.** gradación *f* **2.** **gradazione alcolica** graduación alcohólica, grado *m* alcohólico (Amér)

gradevole [gra'devole] *agg* agradable

gradinata [gradi'nata] *sf* **1.** (*scalinata*) escalinata *f* **2.** (*in stadi, teatri*) gradas *fpl*

gradino [gra'dino] *sm* escalón *m*

gradire [gra'dire] *vt* **1.** (*regalo*) agradecer **2.** (*desiderare*) apetecer, desear (Amér) ◆ **gradisce un caffè?** ¿le apetece o desea (Amér) un café?

grado ['grado] *sm* **1.** grado *m* **2.** MIL graduación *f* **3.** ◆ **essere in grado di fare qc** ser capaz de hacer algo

graduale [gradu'ale] *agg* gradual

graduatoria [gradwa'tɔrja] *sf* clasificación *f*

graffetta [graf'fetta] *sf* grapa *f*

graffiare [graf'fjare] *vt* arañar

graffio ['graffjo] *sm* arañazo *m*

grafica ['grafika] *sf* gráfica *f*

grafico, a, ci, che ['grafiko, a, tʃi, ke] *agg* gráfico(ca) ◇ *sm,f* grafista *mf* ◇ *sm* gráfico *m*

grammatica [gram'matika] (*pl* **-che**) *sf* gramática *f*

grammo ['grammo] *sm* gramo *m*

grana ['grana] *sf* **1.** (*fam*) (*seccatura*) marrón *m* **2.** (*fam*) (*soldi*) pasta *f* (*Esp*), lana *f* (*Méx*) ◇ *sm inv* queso padano duro y grumoso

granaio [gra'najo] *sm* granero *m*

Gran Bretagna [grambre'taɲɲa] *sf* ◆ **la Gran Bretagna** Gran Bretaña *f*

granché [graŋ'ke] *pron* ◆ **non vale (un) granché** no vale gran cosa

granchio [graŋkjo] *sm* **1.** (*animale*) cangrejo *m*, jaiba *f* (CAm, Carib & Méx) **2.** (*errore*) ◆ **prendere una granchio** pifiarla

grande ['grande] *agg* (*può diventare* **gran** *davanti a sm & sf che cominciano per* *consonante*) ◊ *agg* **1.** grande **2.** (*adulto*) mayor ◊ *sm* adulto *m* ● **da grande en la edad adulta** ● **fare le cose in grande** hacer las cosas a lo grande ● **un gran bugiardo** un gran mentiroso ● **fa un gran caldo** hace mucho calor

grandezza [gran'dettsa] *sf* **1.** (*dimensioni*) tamaño *m* **2.** (*eccellenza*) grandeza *f*

grandinare [grandi'nare] *v impers* granizar

grandine ['grandine] *sf* granizo *m*

granello [gra'nɛllo] *sm* grano *m*

granita [gra'nita] *sf* granizado *m*

grano ['grano] *sm* trigo *m*

granoturco [grano'turko], **granturco** [gran'turko] *sm* maíz *m*, elote *m* (*CAm & Méx*), choclo *m* (*CSur & Perú*), jojoto *m* (*Ven*)

grappa ['grappa] *sf* grappa *f*

grappolo ['grappolo] *sm* racimo *m*

grasso, a ['grasso, a] ◊ *agg* **1.** (*persona*) gordo(da) **2.** (*cibo*) graso(sa), grasoso(sa) (*Amér*) **3.** (*pelle, capelli*) graso(sa) ◊ *sm* grasa *f*

grassoccio, a [gras'sottʃo, a] *agg* rollizo(za)

grata ['grata] *sf* rejilla *f*

gratis ['gratis] *avv* gratis

gratitudine [grati'tudine] *sf* gratitud *f*

grato, a ['grato, a] *agg* grato(ta)

grattacielo [gratta'tʃɛlo] *sm* rascacielos *m inv*

grattare [grat'tare] *vt* **1.** (*raschiare*) rascar **2.** (*formaggio, pane*) rallar **3.** (*fam*) (*rubare*) mangar, chorear (*Chile*), tumbar (*Ven*) ● **grattarsi** *vr* rascarse

grattugia, gie [grat'tudʒa, dʒe] *sf* rallador *m*

grattugiare [grattu'dʒare] *vt* rallar

gratuito, a [gra'tujto, a] *agg* gratuito(ta)

grave ['grave] *agg* grave

gravemente [grave'mente] *avv* gravemente

gravidanza [gravi'dantsa] *sf* embarazo *m*, preñez *f* (*Arg*)

gravità [gravi'ta] *sf* gravedad *f*

grazia ['gratstsja] *sf* gracia *f*

grazie ['gratstsje] *esclam* gracias ● **grazie tante** o **mille** muchas o mil gracias ● **grazie di** o **per qc** gracias por algo ● **grazie a** gracias a

grazioso, a [grats'tsjoso, a] *agg* bonito(ta), lindo(da) (*Amér*)

Grecia [tʃa] *sf* ● **la Grecia** Grecia *f*

greco, a ci, che ['grɛko, a, tʃi, ke] ◊ *agg & sm,f* griego(ga) ◊ *sm* griego *m*

gregge [gred'dʒe] *sm* (*fpl* **greggi**) rebaño *m*

greggio, a gi, ge [gred'dʒo, a, dʒi, dʒe] ◊ *agg* **1.** (*cuoio, metallo, diamante*) bruto(ta) **2.** (*tessuto*) crudo(da) ◊ *sm* (*petrolio*) crudo *m*

grembiule [grem'bjule] *sm* **1.** (*da cucina*) delantal *m* **2.** (*per bambini*) bata *f*

grezzo ['greddzdzo] = **greggio**

gridare [gri'dare] *vi* & *vt* gritar

grido, a ['grido, 'grida, 'gridi] *sm* grito *m* ● **di grido** famoso *m*

grigio, a gi, ge ['gridʒo, a, dʒi, dʒe] *agg & sm* gris

griglia ['griʎʎa] *sf* **1.** (*per cucinare*) parrilla *f* **2.** INFORM tabla *f* **3.** ● **alla griglia** a la parrilla

grigliata [griʎ'ʎata] *sf* parrillada *f*

grill *sm inv* grill *m*.

grilletto [gril'letto] *sm* gatillo *m*

grillo ['grillo] *sm* grillo *m*, chapulín *m* (Méx)

grinta ['grinta] *sf* determinación *f*

grinzoso, a [grin'tsoso, a] *agg* arrugado(da)

grolla ['grɔlla] *sf* copa de madera característica del Valle de Aosta

grondare [gron'dare] *vi* chorrear ● **grondare di** *v + prep* chorrear

groppa ['grɔppa] *sf* grupa *f*

groppo ['gruppo] *sm* nudo *m* ● **avere un groppo alla gola** tener un nudo en la garganta

grossista, i, e [gros'sista, i, e] *smf* mayorista *mf*

grosso, a ['grɔsso, a] ◇ *agg* **1.** (di volume, importante, grave) grande **2.** (spesso) grueso(sa) ◇ *sm* **1.** ● **il grosso di** el grueso de **2.** ● **dirla grossa** decir una barbaridad **3.** ● **farla grossa** hacerla buena **4.** ● **sbagliarsi di grosso** cometer un gran error **5.** ● **pezzo grosso** pez gordo **6.** ● **sale grosso** sal gorda

grossolano, a [grosso'lano, a] *agg* **1.** (persona) grosero(ra) **2.** (cosa) tosco(ca)

grosso modo [grɔsso'mɔdo] *avv* grosso modo

grotta ['grɔtta] *sf* gruta *f*

grottesco, a, schi, sche [grot'tesko, a, ski, ske] *agg* grotesco(ca)

groviera [gro'vjɛra] *sm o sf* gruyère *m*

groviglio [gro'viʎʎo] *sm* ovillo *m*

gru [gru] *sf inv* **1.** (macchina) grúa *f* **2.** (uccello) grulla *f*

gruccia ['gruttʃa] (*pl* -ce) *sf* **1.** (stampella) muleta *f* **2.** (per abiti) percha *f*, gancho *m* (CAm & Méx)

grugnire [gruɲ'nire] *vi* gruñir

grumo ['grumo] *sm* **1.** (di sangue) coágulo *m* **2.** (di farina) grumo *m*

gruppo ['gruppo] *sm* grupo *m* ● **gruppo sanguigno** grupo sanguíneo

gruviera [gru'vjɛra] = **groviera**

guadagnare [gwadaɲ'ɲare] *vt* ganar ● **guadagnarsi da vivere** ganarse la vida

guadagno [gwa'daɲɲo] *sm* beneficio *m*

guado ['gwado] *sm* vado *m*

guai ['gwaj] *esclam* ● **guai a te!** ¡pobre de ti!

guaio ['gwajo] *sm* problema *m* ● **essere nei guai** estar metido en un lío ● **mettere qn nei guai** meter a alguien en un lío

guancia, ce ['gwantʃa, tʃe] *sf* mejilla *f*

guanciale [gwan'tʃale] *sm* almohada *f*

guanto ['gwanto] *sm* guante *m*

guardaboschi [gwarda'bɔski] *sm inv* guardabosques *m inv*, guardaparques *m inv* (Amér)

guardacoste [gwarda'kɔste] *sm inv* guardacostas *m inv*

guardalinee [gwarda'linee] *sm inv* juez *m* de línea

guardamacchine [gwarda'makkine] *sm inv* guardacoches *m inv*

guardare [gwar'dare] *vt* **1.** mirar **2.** (custodire) vigilar **3.** (fare caso a) fijarse en **4.** ● **guardare a** (edificio) mirar a ● **guarda! ¡mira!** ● **guardarsi** *vr* mirarse ● **guardarsi da** guardarse de ● **guardarsi dal fare qc** guardarse de hacer algo

guardaroba [gwarda'rɔba] *sm inv* **1.** *(armadio)* ropero *m*, escaparate *m* (*Chile, Cuba, Pan & Ven*) **2.** *(abiti, di locale)* guardarropa *m*

guardia ['gwardja] *sf* **1.** *(persona)* guardia *mf* **2.** *(corpo armato, attività)* guardia *f* • **fare la guardia a** vigilar • **mettere qn in guardia contro** poner a alguien en guardia contra algo • **guardia del corpo** guardaespaldas *m inv* • **guardia di Finanza** inspector *m* de hacienda • **guardia forestale** guarda *m* forestal • **guardia medica** servicio *m* de urgencias • **di guardia** de guardia

guardiano, a [gwar'djano, a] *sm, f* guardián *m*, -ana *f*, guachimán *m*, -ana *f* (*Amér*)

guardrail [gard'rejl o gward'rajl] *sm inv* guardabarrera *m*

guarire [gwa'rire] *vi* curarse ◇ *vt* curar

guarnizione [gwarnits'tsjone] *sf* **1.** *(ornamento)* adorno *m* **2.** *(contorno)* guarnición *f* **3.** *(per recipienti)* cierre *m* hermético

guastafeste [gwasta'feste] *smf inv* aguafiestas *mf inv*

guastare [gwas'tare] *vt* estropear • **guastarsi** *vr* estropearse

guasto, a ['gwasto, a] *agg* **1.** *(apparecchio, cibo)* estropeado(da) **2.** *(dente)* cariado(da) ◇ *sm* avería *f* • **un guasto al motore** una avería en el motor

guerra ['gwerra] *sf* guerra *f* • **essere in guerra** estar en guerra • **guerra mondiale** guerra mundial

guerriglia [gwer'riʎʎa] *sf* guerrilla *f*

gufo ['gufo] *sm* búho *m*

guglia ['guʎʎa] *sf* aguja *f*, punta *f* (*Amér*)

guida ['gwida] *sf* **1.** guía *mf* **2.** *(di veicolo)* conducción *f*, manejo *m* (*Amér*)

guidare [gwi'dare] *vt* **1.** *(veicolo)* conducir, manejar (*Amér*) **2.** *(accompagnare)* guiar **3.** • **sai guidare?** ¿sabes conducir o manejar (*Amér*)?

guidatore, trice [gwida'tore, 'tritʃe] *sm, f* conductor *m*, -ra *f*, chofer *m* (*Amér*)

guinzaglio [gwin'tsaʎʎo] *sm* correa *f (para perros)*

guscio ['guʃʃo] *sm* **1.** *(di noce, uovo)* cáscara *f* **2.** *(di lumaca)* concha *f*

gustare [gus'tare] *vt* degustar

gusto ['gusto] *sm* gusto *m* • **al gusto di banana** con sabor a plátano • **mangiare/ridere di gusto** comer/reír a gusto • **prendere gusto a qc** coger gusto a algo

gustoso, a [gus'tozo, a] *agg* gustoso(sa)

hH

ha [a] → **avere**

habitat ['abitat] *sm inv* hábitat *m*

hall [ɔl] *sf inv* hall *m*

hamburger [am'burger] *sm inv* hamburguesa *f*

handicap ['andikap] *sm inv* **1.** *(minorazione)* minusvalía *f* **2.** SPORT handicap *m*

handicappato, a [andikap'pato, a] *agg*

& sm,f minusválido(da)
hanno ['anno] ➢ avere
hardware ['ardwer] sm hardware m
henné [en'ne] sm inv henna f
hg (abbr di ettogrammo) hg
hi-fi [ai'fai] sf inv hi fi m inv
hi-tech [ai'tɛk] sm inv tecnología f avanzada
ho [ɔ] ➢ avere
hobby ['ɔbbi] sm inv hobby m
hockey ['ɔkei] sm hockey m • hockey su ghiaccio hockey sobre hielo
hostess ['ɔstɛs] sf inv 1. (di volo) azafata f (Esp), aeromoza f (Amér) 2. (di locale) azafata f
hotel [o'tɛl] sm inv hotel m

i [i] ➢ il
iceberg ['ajsberg] sm inv iceberg m
icona [i'kona] sf icono m
Iddio [id'dio] sm ➢ dio
idea [i'dɛa] sf 1. idea f 2. • neanche per idea! ¡ni en sueños! 3. • non avere la più pallida idea di qc no tener ni la más remota idea de algo 4. • cambiare idea cambiar de idea 5. • non ne ho idea no tengo ni idea
ideale [ide'ale] ◇ agg ideal ◇ sm ideal m
ideare [ide'are] vt 1. (metodo, sistema) idear 2. (viaggio) planear
idem ['idɛm] avv ídem

identico, a, ci, che [i'dɛntiko, a, tʃi, ke] agg idéntico(ca)
identità [identi'ta] sf inv identidad f
ideologia [ideolo'dʒia] sf ideología f
idiota, i, e [i'djɔta, i, e] agg & smf idiota
idolo ['idolo] sm ídolo m
idoneo, a [i'dɔneo, a] agg 1. (adatto) idóneo(a) 2. MIL apto(a) • idoneo (a) idóneo (para)
idrante [i'drante] sm toma f de agua
idratante [idra'tante] agg hidratante
idraulico, a, ci, che [i'drawliko, a, tʃi, ke] ◇ agg hidráulico(ca) ◇ sm fontanero m
idrofilo [i'drɔfilo] agg ➢ cotone
idrogeno [i'drɔdʒeno] sm hidrógeno m
idrosolubile [idroso'lubile] agg hidrosoluble
iella ['jɛlla] sf (fam) gafe m
iena ['jɛna] sf (fig) hiena f
ieri ['jɛri] avv 1. ayer 2. • ieri mattina ayer por la mañana 3. • ieri notte ayer por la noche 4. • l'altro ieri o ieri l'altro anteayer 5. • la posta di ieri il correo de ayer
igiene [i'dʒɛne] sf higiene f
igienico, a, ci, che [i'dʒɛniko, a, tʃi, ke] agg higiénico(ca)
ignorante [iɲɲo'rante] agg ignorante
ignorare [iɲɲo'rare] vt ignorar
ignoto, a [iɲ'ɲɔto, a] agg desconocido(da)
il, la, gli, le [il, la, ʎi, le] (dav sm lo (pl gli) + s + consonante, gn, ps, z, sm o sf l' (mpl gli) + vocale) art 1. (con nome comune) el(la) • il lago el lago

la finestra la ventana **2.** *(con nome astratto)* ● **il tempo** el tiempo ● **la vita** la vida **3.** *(con titolo)* ● **il Signor Pollini** el señor Pollini ● **la regina Elisabetta** la reina Isabel **4.** *(con nomi geografici)* ● **il Po** el Po ● **le Dolomiti** los Dolomitas **5.** *(indica possesso)* ● **si è rotto il naso** se ha roto la nariz ● **ha i capelli biondi** tiene el pelo rubio **6.** *(indica il tempo)* ● **il sabato** *(tutti i sabati)* los sábados ● **la sera** por la tarde/noche ● **è il 29 dicembre** es el 29 de diciembre ● **dopo le tre** a partir de las tres **7.** *(ciascuno)* ● **5 euro l'uno** 5 euros cada uno ● **l'** > lo, la

illazione [illats'tsjone] *sf* ilación *f*

illecito, a [il'let∫ito, a] *agg* ilícito(ta)

illegale [ille'gale] *agg* ilegal

illegittimo, a [ille'dʒittimo, a] *agg* ilegítimo(ma)

illeso, a [il'lezo, a] *agg* ileso(sa)

illimitato, a [illimi'tato, a] *agg* ilimitado(da)

illudere [il'ludere] *vt* ilusionar ● **illudersi** *vr* ilusionarse

illuminare [illumi'nare] *vt* iluminar

illuminazione [illuminats'tsjone] *sf* iluminación *f* **2.** *(fig) (intuizione)* ocurrencia *f*

illusione [illu'zjone] *sf* ilusión *f*

illusionista, i, e [illuzjo'nista, i, e] *smf* ilusionista *mf*

illuso, a [il'luzo, a] *pp* > **illudere** ◇ *sm,f* iluso *m*, -sa *f*

illustrare [illus'trare] *vt* ilustrar

illustrazione [illustrats'tsjone] *sf* ilustración *f*

imballaggio [imbal'laddʒo] *sm* embalaje *m*

imballare [imbal'lare] *vt* embalar

imbalsamare [imbalsa'mare] *vt* embalsamar

imbarazzante [imbarats'tsante] *agg* embarazoso(sa)

imbarazzare [imbarats'tsare] *vt* **1.** *(mettere a disagio)* incomodar, apenar *(Amér)* **2.** *(movimenti)* incomodar

imbarazzato, a [imbarats'tsato, a] *agg* incómodo(da), apenado(da) *(Amér)* ● **avere lo stomaco imbarazzato** tener el estómago revuelto

imbarcadero [imbarka'dεro] *sm* embarcadero *m*

imbarcare [imbar'kare] *vt* embarcar ● **imbarcarsi** *vr* embarcarse

imbarcazione [imbarkats'tsjone] *sf* embarcación *f* ● **imbarcazione da diporto** embarcación de recreo

imbarco [im'barko] *(pl* **-chi**) *sm* embarque *m*

imbattersi [im'battersi] ● **imbattersi in** toparse con

imbecille [imbe't∫ille] *agg & smf* imbécil

imbellire [imbel'lire] ◇ *vt* embellecer ◇ *vi* embellecerse

imbiancare [imbjan'kare] ◇ *vt* pintar ◇ *vi* emblanquecerse

imbianchino [imbjan'kino] *sm* pintor *m (de paredes, puertas)*

imboccare [imbok'kare] *vt* **1.** *(bambino)* dar de comer **2.** *(strada)* meterse por

imboccatura [imbokka'tura] *sf* **1.** *(di condotto)* boca *f* **2.** *(di strada)* entrada *f* **3.** *(di strumento musicale)* boquilla *f*

imbocco [im'bokko] (pl **-chi**) sm entrada f
imbottigliare [imbottiʎ'ʎare] vt embotellar
imbottire [imbot'tire] vt 1. (cuscino) enguatar 2. (giacca) acolchar 3. (panino, tacchino) rellenar
imbottito, a [imbot'tito, a] agg 1. (relleno)(na) 2. (cuscino) enguatado(da) 3. (indumento) acolchado(da)
imbranato, a [imbra'nato, a] agg (fam) torpe
imbrattare [imbrat'tare] vt embadurnar
imbrogliare [imbroʎ'ʎare] vt 1. (ingannare) engañar, ilusionar (Amér) 2. (ingarbugliare) enredar
imbroglio [im'brɔʎʎo] sm 1. (truffa) engaño m 2. (situazione confusa) lío m
imbroglione [imbroʎ'ʎone] a, sm,f liante m, -ta f
imbronciato, a [imbron'tʃato, a] agg ceñudo(da)
imbucare [imbu'kare] vt echar o meter (Amér) al buzón
imburrare [imbur'rare] vt untar con mantequilla
imbuto [im'buto] sm embudo m
imitare [imi'tare] vt imitar
imitazione [imitats'tsjone] sf imitación f
immacolato, a [immako'lato] agg inmaculado(da)
immaginare [immadʒi'nare] vt (supporre) imaginar ♦ **si immagini!** ¡faltaría más! ♦ **immagina di aver vinto al lotto** imagínate que has ganado la lotería
immaginazione [immadʒinats'tsjone] sf imaginación f

immagine [im'madʒine] sf imagen f
immatricolare [immatriko'lare] vt matricular
immaturo, a [imma'turo, a] agg inmaduro(ra)
immedesimarsi [immedezi'marsi] ♦ **immedesimarsi in** identificarse con
immediatamente [immedjata'mente] avv inmediatamente
immediato, a [imme'djato, a] agg inmediato(ta)
immenso, a [im'menso, a] agg inmenso(sa)
immergere [im'mɛrdʒere] vt (in liquido) sumergir, hundir (Amér) ♦ **immergersi** vr sumergirse ♦ **immergersi in** 1. (tuffarsi) sumergerse en 2. (fig) (dedicarsi a) sumirse en
immersione [immer'sjone] sf inmersión f
immerso, a [im'merso, a] pp ▶ **immergere**
immettere [im'mettere] vt introducir
immigrante [immi'grante] smf inmigrante mf
immigrato, a [immi'grato, a] sm,f inmigrante mf.
imminente [immi'nente] agg inminente
immobile [im'mɔbile] ◊ agg inmóvil ◊ sm inmueble m
immobiliare [immobi'ljare] agg inmobiliario(ria)
immodesto, a [immo'desto, a] agg inmodesto(ta)
immondizia [immon'ditstsja] sf basura f
immorale [immo'rale] agg inmoral
immortale [immor'tale] agg inmortal

immunità [immuni'ta] *sf* inmunidad *f*
immunizzare [immunidz'dzare] *vt* (*fig*) inmunizar
impacchettare [impakket'tare] *vt* empaquetar
impacciato, a [impatˈtʃato, a] *agg* 1. (*goffo*) torpe 2. (*imbarazzato*) cohibido(da)
impacco [im'pakko] (*pl* -**chi**) *sm* compresa *f*
impadronirsi [impadro'nirsi] ◆ **impadronirsi di** apoderarse de
impalcatura [impalka'tura] *sf* andamio *m*
impallidire [impalli'dire] *vi* palidecer, ponerse pálido(da) (*Amér*)
impalpabile [impal'pabile] *agg* impalpable
impappinarsi [impappi'narsi] *vr* (*fam*) atropellarse (*al hablar*)
imparare [impa'rare] *vt* aprender ◆ **imparare a fare qc** aprender a hacer algo
imparziale [impar'tsjale] *agg* imparcial
impassibile [impas'sibile] *agg* impasible
impastare [impas'tare] *vt* amasar
impasto [im'pasto] *sm* 1. (*di farina*) masa *f* 2. (*amalgama*) amasijo *m*
impatto [im'patto] *sm* impacto *m*
impaurire [impau'rire] *vt* asustar
impaurirsi *vr* asustarse
impaziente [impats'tsjɛnte] *agg* impaciente ◆ **essere impaziente di fare qc** estar impaciente por hacer algo
impazzire [impats'tsire] *vi* 1. enloquecer 2. (*fig*) ◆ **impazzire per il ballo** estar loco por el baile

impedimento [impedi'mento] *sm* impedimento *m*
impedire [impe'dire] *vt* 1. (*ostacolare*) impedir 2. (*vietare*) ◆ **impedire a qn di fare qc** impedir a alguien que haga algo
impegnare [impeɲ'ɲare] *vt* 1. (*occupare*) ocupar 2. (*dare in pegno*) empeñar
impegnarsi *vr* comprometerse ◆ **impegnarsi a fare qc** comprometerse a hacer algo ◆ **impegnarsi in qc** entregarse a algo
impegnativo, a [impeɲɲa'tivo, a] *agg* 1. (*lavoro*) laborioso(sa) 2. (*promessa*) comprometido(da)
impegnato, a [impeɲ'ɲato, a] *agg* 1. (*occupato*) ocupado(da) 2. (*militante*) comprometido(da)
impegno [im'peɲɲo] *sm* 1. (*incombenza*) obligación *f* 2. (*obbligo*) compromiso *m* 3. (*applicazione*) empeño *m*
impellente [impel'lɛnte] *agg* urgente
impenetrabile [impene'trabile] *agg* impenetrable
impennarsi [impen'narsi] *vr* encabritarse
impennata [impen'nata] *sf* 1. acción de encabritarse 2. (*fig*) (*di sdegno*) pronto *m*
impensabile [impen'sabile] *agg* impensable
imperativo [impera'tivo] *sm* imperativo *m* ◆ **per me questo è un imperativo** para mí esto es una imposición
imperatore, trice [impera'tore, 'tritʃe] *sm,f* emperador *m*, emperatriz *f*
imperfezione [imperfets'tsjone] *sf* imperfección *f*

impermeabile [imperme'abile] ◇ *agg* impermeable ◇ *sm* impermeable *m*
impero [im'pɛro] *sm* imperio *m*
impersonale [imperso'nale] *agg* impersonal
impersonare [imperso'nare] *vt* personificar
impertinente [imperti'nɛnte] *agg* impertinente
imperturbabile [impertur'babile] *agg* imperturbable
imperversare [imperver'sare] *vi* arrasar
impervio, a [im'pɛrvjo] *agg* impracticable
impeto ['impeto] *sm* ímpetu *m*
impianto [im'pjanto] *sm* **1.** instalación *f* **2.** ● **impianto di riscaldamento** sistema *m* de calefacción **3.** ● **impianto sportivo** instalaciones deportivas **4.** ● **impianti di risalita** instalaciones de acceso a las pista de esquí
impiccare [impik'kare] *vt* ahorcar ◆ **impiccarsi** *vr* ahorcarse
impiccione, a [impit'tʃone, a] *sm.f* entrometido *m*, -da *f*
impiegare [impje'gare] *vt* **1.** emplear **2.** *(assumere)* contratar ◆ **impiegarsi** *vr* colocarse
impiegato, a [impje'gato, a] *sm.f* administrativo *m*, -va *f*
impiego [im'pjɛgo] *sm (pl -ghi)* empleo *m*
impigliare [impiʎ'ʎare] *vt* enganchar ◆ **impigliarsi** *vr* ● **impigliare in qc** engancharse con algo
impigrire [impi'grire] *vi* entorpecer ◆ apoltronarse, achancharse (Andes & Col) ● **impigrirsi** *vr* apoltronarse, achancharse (Andes & Col)
implacabile [impla'kabile] *agg* implacable
implicare [impli'kare] *vt* implicar
implicato, a [impli'kato, a] *agg* ● **essere implicato in qc** estar implicado(da) en algo
implicazione [implikats'tsjone] *sf* implicación *f*
implicito, a [im'plitʃito, a] *agg* implícito(ta)
implorare [implo'rare] *vt* implorar
impolverare [impolve'rare] *vt* empolvar ◆ **impolverarsi** *vr* empolvarse
imponente [impo'nɛnte] *agg* imponente
impopolare [impopo'lare] *agg* impopular
imporre [im'porre] *vt* **1.** *(volontà, silenzio)* imponer **2.** *(costringere)* ● **imporre a qn di fare qc** imponer a alguien que haga algo ◆ **imporsi** *vr* **1.** imponerse **2.** ● **imporre di fare qc** imponerse hacer algo
importante [impor'tante] *agg* importante
importanza [impor'tantsa] *sf* importancia *f* ● **avere importanza** tener importancia ● **dare importanza a qc** dar importancia a algo
importare [impor'tare] *vt* & *vi* importar ◇ *v impers* importar ● **non importa!** ¡no importa! ● **non me ne importa niente** no me importa nada
importato, a [impor'tato, a] *agg* importado(da)

importazione [importats'tsjone] *sf* importación *f*

importo [im'porto] *sm* importe *m*

importunare [importu'nare] *vt* importunar

impossessarsi [imposses'sarsi] ♦ **impossessarsi di** apoderarse de

impossibile [impos'sibile] ◊ *agg* imposible ◊ *sm* **fare l'impossibile** hacer lo imposible

imposta [im'posta] *sf* 1. *(tassa)* impuesto *m* 2. *(di finestra)* contraventana *f*

impostare [impos'tare] *vt* 1. *(lettera)* echar al correo 2. *(lavoro, ricerca, questione)* plantear 3. *INFORM* teclear

imposto, edile [im'posto, a] *pp* ➤ **imporre**

impostore, a [impos'tore, a] *sm,f* impostor *m*, -ra *f*

impotente [impo'tente] *agg* impotente

impraticabile [imprati'kabile] *agg* impracticable

imprecare [impre'kare] *vi* imprecar

imprecazione [imprekats'tsjone] *sf* imprecación *f*

impregnare [impren'pare] *vt* ♦ **impregnare (di qc)** impregnar (de algo)

imprenditore, trice [imprendi'tore, 'tritʃe] *sm,f* emprendedor *m*, -ria *f*

impreparato, a [imprepa'rato, a] *agg* ♦ **essere impreparato** no estar preparado(da)

impresa [im'presa] *sf* 1. empresa *f* 2. **impresa edile** empresa constructora

impresario, a [impre'sarjo, a] *sm,f* empresario *m*, -ria *f*

impressionante [impressjo'nante] *agg* impresionante

impressionare [impressjo'nare] *vt* impresionar ♦ **impressionarsi** *vr* impresionarse

impressione [impres'sjone] *sf* 1. impresión *f* 2. ♦ **fare impressione** impresionar 3. ♦ **fare buona/cattiva impressione** dar buena/mala impresión ♦ **ho l'impressione di conoscerlo** tengo la impresión de conocerle

impresso, a [im'presso, a] *pp* ➤ **imprimere**

imprevisto, a [impre'visto, a] ◊ *agg* imprevisto(ta) ◊ *sm* imprevisto *m* ♦ **salvo imprevisti** salvo imprevistos

imprigionare [impridʒo'nare] *vt* 1. *(incarcerare)* encarcelar, encanar (Arg & Chile) 2. *(tenere chiuso)* confinar

imprimere [im'primere] *vt* imprimir

improbabile [impro'babile] *agg* improbable

impronta [im'pronta] *sf* 1. huella *f* 2. ♦ **impronta digitale** huella dactilar

improvvisamente [improvviza'mente] *avv* de repente

improvvisare [improvvi'zare] *vt* improvisar ♦ **improvvisarsi** *vr* improvisarse

improvvisata [improvvi'zata] *sf* sorpresa *f*

improvviso, a [improv'vizo, a] *agg* repentino(na) ♦ **all'improvviso** de repente

imprudente [impru'dɛnte] *agg* imprudente

imprudenza [impru'dɛntsa] *sf* imprudencia *f*

impudente [impu'dɛnte] *agg* impúdico(ca), zafado(da) (Arg)

impugnare [impuɲˈnare] *vt* **1.** *(stringere)* empuñar **2.** DIR impugnar

impugnatura [impuɲɲaˈtura] *sf* empuñadura *f*

impulsivo, a [impulˈsivo, a] *agg* impulsivo(a)

impulso [imˈpulso] *sm* impulso *m* ● d'impulso impulsivamente

impuntarsi [impunˈtarsi] *vr* **1.** *(coi piedi)* plantarse **2.** *(fig)* *(ostinarsi)* empecinarse

imputare [impuˈtare] *vt* ● imputare qc a qn *(attribuire)* imputar algo a alguien ● imputare qn di qc DIR acusar a alguien de algo

imputato, a [impuˈtato, a] *sm,f* imputado *m*, -da *f*

in [in] *prep* **1.** *(stato in luogo)* ● abitare in campagna vivir en el campo ● essere in casa estar en casa ● in città in la ciudad ● avere qc in mente estar pensando en algo **2.** *(all'interno di)* ● nella borsa en el bolso ● in cucina en la cocina **3.** *(moto a luogo)* ● andare in Italia ir a Italia ● andare in montagna ir a la montaña ● mettersi qc in testa meterse algo en la cabeza **4.** *(indica un'epoca)* ● in primavera en primavera ● nel 1997 en 1997 ● nel medioevo en la Edad Media **5.** *(indica durata)* ● in cinque minuti en cinco minutos ● in giornata en el transcurso del día ● in quattro e quattr'otto en un abrir y cerrar de ojos **6.** *(indica modo)* ● in abito da sera en traje de noche ● parlare in italiano hablar en italiano ● in punta di piedi de puntillas ● in silenzio en silencio **7.** *(indica mezzo)* en ● pagare in contanti pagar en efectivo ● viaggiare in macchina viajar en coche **8.** *(indica fine)* en ● accorrere in aiuto di qn acudir en ayuda de alguien ● in onore di en honor de **9.** *(con valore distributivo)* ● siamo partiti in tre hemos ido tres

inabile [iˈnabile] *agg* ● in abile a qc incapacitado(da) (para algo)

inaccessibile [inatˈtʃesˈsibile] *agg* **1.** *(luogo, persona)* inaccesible **2.** *(prezzo)* inasequible

inaccettabile [inatˈtʃetˈtabile] *agg* inaceptable

inadatto, a [inaˈdatto, a] *agg* **1.** *(non portato)* inepto(ta) **2.** *(non idoneo)* inadecuado(da)

inadeguato, a [inadeˈgwato, a] *agg* inadecuado(da)

inagibile [inaˈdʒibile] *agg* inhabitable

inalare [inaˈlare] *vt* inhalar

inalberare [inalbeˈrare] *vt* enarbolar ◆ **inalberarsi** *vr* enfadarse

inalterato, a [inalbeˈrato] *agg* inalterado(da)

inamidare [inamiˈdare] *vt* almidonar

inammissibile [inammisˈsibile] *agg* inadmisible

inappetenza [inappeˈtɛntsa] *sf* inapetencia *f*

inappuntabile [inappunˈtabile] *agg* **1.** *(persona)* intachable **2.** *(lavoro)* irreprochable **3.** *(vestito)* apropiado(da)

inarcare [inarˈkare] *vt* arquear ◆ **inarcarsi** *vr* encorvarse

inaridire [inari'dire] vt secar ❖ **inaridirsi** vr secarse

inaspettato, a [inaspet'tato, a] agg inesperado(da)

inasprire [inas'prire] ◇ vt exacerbar ◇ vi agriarse ❖ **inasprirsi** vr **1.** (persona) irritarse **2.** (conflitto) exacerbarse

inattendibile [inatten'dibile] agg increíble

inatteso, a [inat'teso, a] agg inesperado(da)

inattività [inattivi'ta] sf inactividad f

inattuabile [inattu'abile] agg irrealizable

inaudito, a [inaw'dito, a] agg inaudito(ta)

inaugurare [inawgu'rare] vt inaugurar

inavvertenza [inavver'tentsa] sf descuido m

inavvertitamente [inavvertita'mente] avv sin querer

incagliarsi [inkaʎ'ʎarsi] vr (fig) encallarse

incalcolabile [inkalko'labile] agg incalculable

incallito [inkal'lito] agg **1.** (mani, piedi) calloso(sa) **2.** (fig) (fumatore, giocatore) empedernido(do)

incalzare [inkal'tsare] vt **1.** (inseguire) perseguir **2.** (fig) (premere) apremiar ● **il tempo incalza** el tiempo apremia

incamminare [inkammi'nare] ❖ **incamminare** vt encaminar ❖ **incamminarsi** vr encaminarse

incantevole [inkan'tevole] agg encantador(ra)

incanto [in'kanto] sm **1.** (incantesimo) hechizo m **2.** (asta) subasta f ● **come per incanto** como por arte de magia

incapace [inka'patʃe] agg incapaz

incapacità [inkapatʃi'ta] sf incapacidad f

incappare [inkap'pare] ❖ **incappare in** v + prep tropezar con

incaricare [inkari'kare] vt encargar ● **incaricare qn di qc** encargar algo a alguien ● **incaricare qn di fare qc** encargar a alguien que haga algo ❖ **incaricarsi di** encargarse de

incaricato, a [inkari'kato, a] agg & sm,f encargado(da)

incarico [in'kariko] (pl **-chi**) sm encargo m

incarnare [inkar'nare] vt encarnar ❖ **incarnarsi** vr encarnarse

incartare [inkar'tare] vt envolver ● **me lo può incartare?** ¿me lo puede envolver?

incassare [inkas'sare] vt **1.** (denaro, assegno) cobrar **2.** (fig) (colpo, offesa) encajar

incasso [in'kasso] sm **1.** caja f (ingresos diarios)

incastrare [inkas'trare] vt **1.** (connettere) encajar **2.** (fam) (intrappolare) entredar ❖ **incastrarsi** vr **1.** (rimanere bloccato) atascarse **2.** (combaciare) encajar

incastro [in'kastro] sm **1.** (sistema) ensamblaje m **2.** (punto) muesca f

incatenare [inkate'nare] vt encadenar

incauto, a [in'kawto, a] agg incauto(ta)

incavato, a [inka'vato, a] agg **1.** (roccia, tronco) hueco(ca) **2.** (occhi, guance) hundido(da)

incavo [in'kavo] *sm* hueco *m*
incavolarsi [inkavo'larsi] *vr (fam) (arrabbiarsi)* mosquearse
incendiare [intʃen'djare] *vt* incendiar ♦ **incendiarsi** *vr* incendiarse
incendio [intʃ'endjo] *sm* incendio *m*
incenerire [intʃene'rire] *vt* incinerar ♦ **incenerire qn con lo sguardo** *(fig)* fulminar a alguien con la mirada
incenso [in'tʃenso] *sm* incienso *m*
incensurato, a [intʃensu'rato, a] *agg* sin antecedentes penales
incentivo [intʃen'tivo] *sm* incentivo *m*
inceppare [intʃep'pare] *vt* obstaculizar, trancar *(Amér)* ♦ **incepparsi** *vr* 1. *(oggetto)* atascarse 2. *(lingua)* trabarse
incertezza [intʃer'tettsa] *sf* incertidumbre *f*
incerto, a [in'tʃerto, a] *agg* incierto(ta)
incetta [in'tʃetta] *sf* ♦ **fare incetta di qc** acaparar algo
inchiesta [in'kjɛsta] *sf* encuesta *f*
inchinarsi [inki'narsi] *vr* inclinarse
inchino [in'kino] *sm* reverencia *f*
inchiodare [inkjo'dare] *vt* 1. *(con chiodi)* clavar 2. *(fam) (frenare)* clavar 3. *(fam) (tenere immobile)* inmovilizar
inchiostro [in'kjɔstro] *sm* tinta *f*
inciampare [intʃam'pare] *vi* tropezar ♦ **inciampare in qc** tropezar con algo
incidente [intʃi'dɛnte] *sm* 1. accidente *m* 2. ♦ **incidente stradale** accidente de tráfico
incidere [in'tʃidere] ◇ *vt* 1. incidir, cortar 2. *(registrare)* grabar ◇ *vi* ♦ **incidere (su qc)** incidir (en algo)
incinta [in'tʃinta] *agg f* embarazada

incirca [in'tʃirka] *avv* ♦ **all'incirca** alrededor de
incisione [intʃi'zjone] *sf* 1. *(taglio)* corte *m* 2. *(in arte)* grabado *m* 3. *(di disco, canzone)* grabación *f* 4. *MED* incisión *f*
incisivo, a [intʃi'zivo, a] *agg (fig) (stile)* incisivo(va) ◇ *sm* incisivo *m*
inciso [in'tʃizo] *sm* ♦ **per inciso** de paso
incitare [intʃi'tare] *vt* incitar, picar *(Amér)*
incivile [intʃi'vile] *agg* 1. *(non civilizzato)* incivilizado(da) 2. *(maleducato)* incivil
inclinazione [inklinats'tsjone] *sf* inclinación *f*
includere [in'kludere] *vt* incluir
incluso, a [in'kluzo, a] ◇ *pp* ≻ includere ◇ *agg* incluido(da) ♦ **incluso nel prezzo** incluido en el precio
incognito [in'kɔɲnito] *sm* ♦ **in incognito** de incógnito
incollare [inkol'lare] *vt* pegar *(con pega)* ♦ **incollarsi** *vr (fam) (stare vicino)* pegarse
incolpare [inkol'pare] *vt* ♦ **incolpare qn di qc** inculpar a alguien de algo
incolume [in'kolume] *agg* intacto(ta)
incominciare [inkomin'tʃare] *vt* empezar
incompatibile [inkompa'tibile] *agg* incompatible
incompetente [inkompe'tɛnte] *agg* incompetente
incompiuto, a [inkom'pjuto, a] *agg* inacabado(da)
incompleto, a [inkom'pleto, a] *agg* incompleto(ta)
incomprensibile [inkompren'sibile] *agg* incomprensible

inconcepibile [inkontʃe'pibile] *agg* inconcebible

inconcludente [inkonklu'dente] *agg* **1.** *(persona)* indeciso(sa) **2.** *(discorsi)* vano(na)

incondizionato, a [inkondittsjo'nato, a] *agg* incondicional

inconfondibile [inkonfon'dibile] *agg* inconfundible

inconsapevole [inkonsa'pevole] *agg* ignorante ♦ **inconsapevole del pericolo** ajeno al peligro

inconscio, a [in'kɔnʃo, a] ◊ *agg* inconsciente ◊ *sm* subconsciente *m*

incontaminato, a [inkontami'nato, a] *agg* intacto(ta)

incontentabile [inkonten'tabile] *agg* exigente

incontinenza [inkonti'nentsa] *sf* incontinencia *f*

incontrare [inkon'trare] *vt* encontrar ♦ **incontrarsi** *vr* encontrarse

incontro [in'kontro] ◊ *sm* encuentro *m* ◊ *avv* ♦ **andare incontro a qn** *(avanzare verso)* ir hacia alguien; *(incontrare)* salir al encuentro de alguien; *(fig) (aiutare)* echarle una mano a alguien ♦ **andare incontro a qc** *(difficoltà)* buscarse algo

inconveniente [inkonve'njente] *sm* inconveniente *m*

incoraggiare [inkorad'dʒare] *vt* **1.** *(incitare)* animar **2.** *(favorire)* fomentar

incosciente [inkoʃ'ʃente] *agg* inconsciente

incredibile [inkre'dibile] *agg* increíble

incrementare [inkremen'tare] *vt* incrementar

incremento [inkre'mento] *sm* incremento *m*

incrociare [inkro'tʃare] *vt* **1.** cruzar **2.** *(persona, veicolo)* cruzarse con **3.** ♦ **incrociare le gambe/braccia** cruzar las piernas/los brazos ♦ **incrociare le dita** *(fig)* cruzar los dedos ♦ **incrociarsi** *vr* cruzarse

incrocio [in'krotʃo] *sm* cruce *m*

incubatrice [inkuba'tritʃe] *sf* incubadora *f*

incubo ['inkubo] *sm* pesadilla *f*

incurabile [inku'rabile] *agg (fig)* incurable

incurante [inku'rante] *agg* ♦ **incurante di** despreocupado(da) de, despercatado(da) *(Cuba)*

incuriosire [inkurjo'zire] *vt* despertar la curiosidad de ♦ **incuriosirsi** *vr* interesarse

incustodito, a [inkusto'dito, a] *agg* sin vigilancia

indaco [in'dako] *sm* índigo *m*

indaffarato, a [indaffa'rato, a] *agg* atareado(da)

indagine [in'dadʒine] *sf* investigación *f*

indebolire [indebo'lire] *vt* debilitar ♦ **indebolirsi** *vr* debilitarse

indecente [indet'ʃente] *agg* indecente

indecifrabile [indeʃi'frabile] *agg* indescifrable

indeciso, a [inde'tʃizo, a] *agg* indeciso *f*

indefinito, a [indefi'nito, a] *agg* indefinido(da)

indegno, a [in'deɲɲo, a] *agg* indigno(na)

indelebile [inde'lebile] *agg* indeleble

indenne [in'dɛnne] *agg* ileso(sa)
indennità [indenni'ta] *sf* indemnización *f*
indescrivibile [indeskri'vibile] *agg* indescriptible
indeterminativo, a [indetermina'tivo, a] *agg* indeterminado(da)
indeterminato, a [indetermi'nato, a] *agg* indeterminado(da)
India ['indja] *sf* ● **l'India** India *f*
indiano, a [in'djano, a] *agg & sm,f* indio(dia) ● **fare l'indiano** hacerse el loco(la loca)
indicare [indi'kare] *vt* indicar
indicatore [indika'tore] *sm* indicador *m* ● **indicatore di direzione** indicador de dirección ● **indicatore di velocità** indicador de velocidad
indicazione [indikats'tsjone] *sf* indicación *f*
indice ['inditʃe] *sm* **1.** *(dito, di libro)* índice *m* **2.** *(indizio)* indicio *m*
indietro [in'djetro] *avv* atrás ● **essere indietro** ir retrasado ● **rimandare indietro** devolver ● **rimanere indietro** quedarse atrás ● **tornare indietro** volver hacia atrás ● **all'indietro** hacia atrás
indifeso, a [indi'feso, a] *agg* indefenso(sa)
indifferente [indiffe'rɛnte] *agg* indiferente
indigeno, a [in'didʒeno, a] *sm,f* indígena *mf*
indigente [indi'dʒɛnte] *agg* indigente
indigestione [indidʒes'tjone] *sf* indigestión *f*
indigesto, a [indi'dʒɛsto, a] *agg* **1.** *(cibo)* indigesto(ta) **2.** *(fig) (frase, fatto)* insoportable
indimenticabile [indimenti'kabile] *agg* inolvidable
indipendente [indipen'dɛnte] *agg* independiente
indipendenza [indipen'dɛntsa] *sf* independencia *f*
indire [in'dire] *vt* convocar
indiretto, a [indi'retto, a] *agg* indirecto(ta)
indirizzare [indirits'tsare] *vt* **1.** *(lettera, parola, occhiata)* dirigir **2.** *(mandare)* mandar
indirizzo [indi'rittso] *sm* **1.** *(recapito)* dirección *f* **2.** *(di studi)* orientación *f* ● **indirizzo e-mail** dirección de correo electrónico

---

dare l'indirizzo

Si indica il nome della via o della piazza, il numero civico, il codice postale, la città e la provincia. Non esiste una regola per raggruppare le cifre del numero telefonico ma generalmente si tengono insieme le cifre del prefisso. Negli indirizzi e-mail "@" si legge *arroba*, "_" è *guión bajo*.

---

indisciplinato, a [indiʃʃipli'nato, a] *agg* indisciplinado(da)
indiscreto, a [indis'kreto, a] *agg* indiscreto(ta)
indiscrezione [indiskrets'tsjone] *sf* indiscreción *f*

indiscusso, a [indis'kusso] *agg* indiscutible

indiscutibile [indisku'tibile] *agg* indiscutible

indispensabile [indispen'sabile] *agg* indispensable

indispettire [indispet'tire] *vt* picar ♦ **indispettirsi** *vr* picarse

indisponente [indispo'nente] *agg* irritante

indistruttibile [indistrut'tibile] *agg* indestructible

individuale [individu'ale] *agg* individual

individuare [individu'are] *vt* identificar

individuo [indi'vidwo] *sm* individuo *m*

indiziato, a [indits'tsjato] ◊ *agg* acusado(da) ◊ *sm.f* procesado *m*, -da *f*

indizio [in'dittsjo] *sm* indicio *m*

indole ['indole] *sf* índole *f*

indolenzito, a [indolen'tsito, a] *agg* entumecido(da), entumido(da) (*Amér*)

indolore [indo'lore] *agg* indoloro(ra) (*Esp*), indolor (*Amér*)

indomani [indo'mani] *sm* ♦ **l'indomani** el día siguiente

indossare [indos'sare] *vt* vestir

indossatore, trice [indossa'tore, 'tritʃe] *sm.f* modelo *mf*

indotto, a [in'dotto] *pp* ♦ **indurre**

indovinare [indovi'nare] *vt* adivinar

indovinello [indovi'nello] *sm* adivinanza *f*

indovino, a [indo'vino, a] *sm.f* adivino *m*, -na *f*

indubbiamente [indubbja'mente] *avv* indudablemente

indugiare [indu'dʒare] *vi* tardar, demorar (*Amér*)

indugio [in'dudʒo] *sm* tardanza *f* ♦ **senza indugio** sin demora

indulgente [indul'dʒɛnte] *agg* indulgente

indumento [indu'mento] *sm* indumentaria *f*

indurire [indu'rire] *vt* endurecer ♦ **indurirsi** *vr* endurecerse

indurre [in'durre] *vt* ♦ **indurre qn a fare qc** inducir a alguien (a hacer algo)

industria [in'dustrja] *sf* industria *f*

industriale [indus'trjale] ◊ *agg* industrial ◊ *sm* industrial *m*

inebetito, a [inebe'tito] *agg* atolondrado(da), azurumbado(da) (*CAm & Méx*)

inebriante [inebri'ante] *agg* embriagador(ra)

ineccepibile [inettʃe'pibile] *agg* intachable

inedito, a [i'nedito, a] *agg* inédito(ta)

inefficiente [ineffi'tʃɛnte] *agg* ineficiente, inoperante (*Amér*)

ineluttabile [inelut'tabile] *agg* ineludible, ineluctable (*Amér*)

inerente [ine'rɛnte] *agg* ♦ **inerente a** inherente a

inerme [i'nɛrme] *agg* inerme

inerzia [i'nɛrtsja] *sf* inercia *f*

inesatto, a [ine'zatto, a] *agg* inexacto(ta)

inesauribile [inezaw'ribile] *agg* inagotable

inesistente [inezis'tɛnte] *agg* inexistente

inesperienza [inespe'rjentsa] *sf* inexperiencia *f*
inesperto, a [ines'perto, a] *agg* inexperto(ta)
inestimabile [inesti'mabile] *agg* inestimable
inevaso, a [ine'vazo] *agg* **1.** (*pratica*) sin tramitar **2.** (*corrispondenza*) sin despachar
inevitabile [inevi'tabile] *agg* inevitable
inevitabilmente [inevitabil'mente] *avv* inevitablemente
in extremis [ineks'tremis] *avv* in extremis
infallibile [infal'libile] *agg* infalible
infantile [infan'tile] *agg* infantil
infanzia [in'fantsja] *sf* infancia *f* • prima infanzia primera infancia
infarinare [infari'nare] *vt* **1.** (*di farina*) enharinar **2.** (*cospargere*) espolvorear
infarto [in'farto] *sm* infarto *m*
infastidire [infasti'dire] *vt* molestar • **infastidirsi** *vr* molestarse, amolarse (*Arg, Méx & Urug*)
infatti [in'fatti] *cong* en efecto
infatuarsi [infatu'arsi] ◆ **infatuarsi di** prendarse de
infatuazione [infatuats'tsjone] *sf* chifladura *f*
infedele [infe'dele] *agg* infiel
infedeltà [infedel'ta] *sf inv* infidelidad *f*
infelice [infe'litʃe] *agg* **1.** infeliz **2.** (*mal riuscito, inopportuno*) desafortunado(da)
infelicità [infelitʃi'ta] *sf* infelicidad *f*
inferiore [infe'rjore] *agg & smf* inferior • **inferiore a** inferior a
infermeria [inferme'ria] *sf* enfermería *f*
infermiere, a [infer'mjere, a] *sm,f* enfermero *m*, -ra *f*
infermo, a [in'fermo, a] *agg* enfermo(ma)
infernale [infer'nale] *agg* **1.** (*diabolico*) infernal **2.** (*fam*) (*terribile*) infernal
inferno [in'ferno] *sm* infierno *m*
inferriata [infer'rjata] *sf* reja *f*
infestare [infes'tare] *vt* infestar
infettare [infet'tare] *vt* infectar • **infettarsi** *vr* infectarse
infettivo, a [infet'tivo, a] *agg* infeccioso(sa)
infezione [infets'tsjone] *sf* infección *f*
infiammabile [infjam'mabile] *agg* inflamable
infiammare [infjam'mare] *vt* **1.** (*incendiare*) inflamar **2.** MED inflamar, hinchar (*Amér*) • **infiammarsi** *vr* **1.** (*incendiarsi*) inflamarse **2.** MED inflamarse, hincharse (*Amér*)
infiammazione [infjammats'tsjone] *sf* inflamación *f*, hinchazón *f* (*Amér*)
infilare [infi'lare] *vt* **1.** (*introdurre*) meter **2.** (*ago*) enhebrar **3.** (*anello, vestito*) poner • **infilarsi** *vr* ponerse
infine [in'fine] *avv* **1.** (*alla fine*) por fin **2.** (*insomma*) en fin
infinità [infini'ta] *sf* infinidad *f* • **un'infinità di** una infinidad de
infinito, a [infi'nito, a] *agg* infinito(ta) ◇ *sm* **1.** (*spazio, tempo*) infinito *m* **2.** GRAMM infinitivo *m*
infischiarsi [infis'kjarsi] ◆ **infischiarsene di** (*fam*) traer sin cuidado
inflazione [inflats'tsjone] *sf* inflación *f*
inflessibile [infles'sibile] *agg* inflexible

infliggere [in'flidʒdʒere] *vt* infligir
influente [influ'ente] *agg* influyente
influenza [influ'entsa] *sf* **1.** *(autorità, azione)* influencia *f* **2.** *(malattia)* gripe *f* ● **avere influenza su** tener influencia sobre ● **avere l'influenza** tener la gripe
influenzare [influen'tsare] *vt* influenciar
influire [influ'ire] ● **influire su** *v + prep* influir en
influsso [in'flusso] *sm* influjo *m*
infondato, a [infon'dato] *agg* infundado(da)
infondere [in'fondere] *vt* infundir
inforcare [infor'kare] *vt* **1.** *(bicicletta, moto)* montar en **2.** *(occhiali)* ponerse **3.** *(fieno)* recoger con la horca
informale [infor'male] *agg* informal
informare [infor'mare] *vt* informar ● **informare qn di qc** informar a alguien de algo ◆ **informarsi di** *vr* ● **informarsi su qc o qn** informarse sobre algo o alguien
informatica [infor'matika] *sf* informática *f*
informatore [informa'tore] *sm* informador *m*
informazione [informats'tsjone] *sf* información *f* ● **chiedere informazione a qn** pedir información (a alguien)
informicolirsi [informiko'lirsi] *vr* ● **mi si è informicolita una gamba** se me ha dormido una pierna
infortunio [infor'tunjo] *sm* accidente *m*
infossarsi [infos'sarsi] *vr* hundirse
infradito [infra'dito] *sm o sf* chancla *f (de dedo)*
infrangere [in'frandʒere] *vt* **1.** *(frantumare)* romper **2.** *(divieto, accordo)* quebrantar, violar *(Amér)* ◆ **infrangersi** *vr (onde)* romper
infrangibile [infran'dʒibile] *agg* irrompible
infranto, a [in'franto, a] ◇ *pp* > **infrangere** ◇ *agg* partido(da)
infrazione [infrats'tsjone] *sf* infracción *f*
infreddolito, a [infreddo'lito, a] *agg* muerto(ta) de frío
infuori [in'fwori] *avv* ● **all'infuori** hacia afuera ● **all'infuori di** excepto
infusione [infu'zjone] *sf* infusión *f*
infuso, a [in'fuzo, a] ◇ *pp* > **infondere** ◇ *sm* infusión *f*
ingannare [ingan'nare] *vt* **1.** *(imbrogliare)* engañar, engatusar *(Arg)*, ilusionar *(Amér)* **2.** *(tempo, attesa)* engañar ◆ **ingannarsi** *vr* engañarse
inganno [in'ganno] *sm* engaño *m*
ingarbugliare [ingarbuʎ'ʎare] *vt (fig)* enredar ◆ **ingarbugliarsi** *vr* **1.** *(fili)* enredarse **2.** *(fig) (situazione)* enredarse **3.** *(impappinarsi)* farfullar
ingegnere [indʒeɲ'ɲere] *sm* ingeniero *m*
ingegneria [indʒeɲɲe'ria] *sf* ingeniería *f*
ingegno [in'dʒeɲɲo] *sm* ingenio *m*
ingegnoso, a [indʒeɲ'ɲoso, a] *agg* ingenioso(sa)
ingelosire [indʒelo'sire] *vt* dar celos ◆ **ingelosirsi** *vr* tener celos
ingente [in'dʒente] *agg* ingente
ingenuo, a [in'dʒenuo, a] *agg* ingenuo (nua)
ingerire [indʒe'rire] *vt* ingerir
ingessare [indʒes'sare] *vt* MED escayolar, enyesar *(Amér)*

Inghilterra [ingil'tɛrra] *sf* • **l'Inghilterra** Inglaterra *f*

inghiottire [ingjot'tire] *vt* (*fig*) tragar

ingiallire [indʒal'lire] *vi* amarillear

ingigantire [indʒigan'tire] *vt* **1.** (*foto*) ampliar **2.** (*fig*) (*problema*) magnificar

inginocchiarsi [indʒinok'kjarsi] *vr* arrodillarse

ingiù [in'dʒu] *avv* • **all'ingiù** hacia abajo

ingiustizia [indʒus'tittsja] *sf* injusticia *f*

ingiusto, a [in'dʒusto, a] *agg* injusto(ta)

inglese [in'glese] ◇ *agg & smf* inglés(esa) ◇ *sm* inglés *m*

ingoiare [ingo'jare] *vt* **1.** (*inghiottire*) engullir **2.** (*fig*) (*sopportare*) tragar

ingolfare [ingol'fare] *vt* calar, ahogar (*Amér*) • **ingolfarsi** *vr* (*sog: veicolo, motore*) calarse, ahogarse (*Amér*)

ingombrante [ingom'brante] *agg* voluminoso(sa)

ingombrare [ingom'brare] *vt* **1.** (*passaggio, strada*) obstaculizar **2.** (*tavolo, stanza*) atestar

ingombro, a [in'gombro, a] ◇ *agg* obstruido(da) ◇ *sm* • **essere d'ingombro** ser un estorbo

ingordo, a [in'gordo, a] *agg* goloso(sa)

ingorgo [in'gorgo] (*pl* **-ghi**) *sm* embotellamiento *m*

ingranaggio [ingra'naddʒo] *sm* **1.** (*meccanismo*) engranaje *m* **2.** (*fig*) (*operazioni, attività*) mecanismo *m*

ingranare [ingra'nare] ◇ *vt* (*marcia*) embragar ◇ *vi* **1.** (*ingranaggio*) engranar **2.** (*fam*) (*prendere avvio*) arrancar

ingrandimento [ingrandi'mento] *sm* **1.** (*ampliamento*) engrandecimiento *m* **2.** (*foto, stampa*) ampliación *f* **3.** (*ottico*) aumento *m*

ingrandire [ingran'dire] *vt* **1.** (*ampliare*) agrandar **2.** (*foto*) ampliar **3.** (*con microscopio, lente*) aumentar • **ingrandirsi** *vr* **1.** (*di misura*) agrandarse **2.** (*d'importanza*) ampliarse

ingrassare [ingras'sare] ◇ *vi* (*diventare grasso*) engordar ◇ *vt* **1.** (*animali*) engordar **2.** (*motore*) engrasar

ingrediente [ingre'djɛnte] *sm* ingrediente *m*

ingresso [in'grɛsso] *sm* **1.** (*porta*) entrada *f* **2.** (*stanza*) recibidor *m* **3.** (*permesso di entrare*) pase *m* ▼ **ingresso gratuito** entrada gratuita ▼ **ingresso libero** entrada libre

ingrossare [ingros'sare] *vt* engrosar

ingrossarsi *vr* engrosar

ingrosso [in'grɔsso] *avv* • **all'ingrosso** al por mayor

inguine ['ingwine] *sm* ingle *f*

inibire [ini'bire] *vt* inhibir

iniettare [injet'tare] *vt* inyectar

iniezione [injets'tsjone] *sf* (*fig*) inyección *f*

inimicare [inimi'kare] • **inimicarsi** *vr* • **inimicare qn** enemistarse con alguien

inimitabile [inimi'tabile] *agg* inimitable

ininterrotamente [ininterrotta'mente] *avv* ininterrumpidamente

ininterrotto, a [ininter'rotto, a] *agg* ininterrumpido(da)

iniziale [inits'tsjale] ◇ *agg* inicial ◇ *sf* inicial *f* • **iniziali** iniciales *fpl* *in* 144

inizialmente [initstsjal'mente] *avv* inicialmente

iniziare [inits'tsjare] ◇ *vt* iniciar ◇ *vi* empezar • **iniziare qn a qc** iniciar a alguien en algo • **iniziare a fare qc** empezar a hacer algo

iniziativa [initstsja'tiva] *sf* iniciativa *f* • **prendere l'iniziativa** tomar la iniciativa

inizio [i'nittsjo] *sm* inicio *m* • **all'inizio** al principio • **dare inizio a qc** iniciar algo • **avere inizio** dar comienzo

innaffiare [innaf'fjare] = **annaffiare**

innalzare [innal'tsare] *vt* levantar

innamorarsi [innamo'rarsi] • **innamorarsi di** enamorarse de

innamorato, a [innamo'rato, a] *agg* **1.** **innamorato (di qn)** enamorado(da) (de alguien) **2.** *(fig)* **innamorato di qc** enamorado(da) de algo

innanzi [in'nantsi] ◇ *avv* adelante ◇ *prep* **1.** *(davanti a)* delante de **2.** *(prima di)* antes de

innanzitutto [innantsi'tutto] *avv* ante todo

innato, a [in'nato, a] *agg* innato(ta)

innervosire [innervo'sire] *vt* poner nervioso(sa) • **innervosirsi** *vr* ponerse nervioso(sa)

innescare [innes'kare] *vt* **1.** *(bomba)* cebar **2.** *(fig) (fenomeno, meccanismo)* desencadenar

innestare [innes'tare] *vt* **1.** *(pianta)* plantar **2.** *(meccanismo, presa)* conectar

inno [in'no] *sm* himno *m* • **inno nazionale** himno nacional

innocente [inno'tʃɛnte] *agg* inocente

innocuo, a [in'nɔkwo, a] *agg* **1.** *(sostanza)* inocuo(cua) **2.** *(animale, persona)* inofensivo(va)

innovazione [innova'tsjone] *sf* innovación *f*

innumerevole [innume'revole] *agg* innumerable

inodore [ino'dore] *agg* inodoro(ra)

inoffensivo, a [inoffen'sivo, a] *agg* inofensivo(va)

inoltrare [inol'trare] *vt* **1.** *(reclamo)* presentar **2.** *(posta)* enviar • **inoltrarsi** *vr* adentrarse

inoltrato, a [inol'trato, a] *agg* avanzado(da)

inoltre [i'noltre] *avv* además

inondazione [inondats'tsjone] *sf* inundación *f*, aniego *m* (*Andes*)

inopportuno, a [inoppor'tuno, a] *agg* inoportuno(na)

inorridire [inorri'dire] ◇ *vt* horrorizar ◇ *vi* horrorizarse

inosservato, a [inosser'vato, a] *agg* • **passare inosservato** pasar inadvertido(da)

inquadrare [inkwa'drare] *vt* **1.** *(riprendere)* enfocar **2.** *(personaggio, avvenimento)* situar

inquadratura [inkwadra'tura] *sf* enfoque *m*

inqualificabile [inkwalifi'kabile] *agg* incalificable

inquietante [inkje'tante] *agg* inquietante

inquilino, a [inkwi'lino, a] *sm,f* inquilino *m*, -na *f*

inquinamento [inkwina'mento] *sm* contaminación *f*

inquinare [inkwi'nare] vt **1.** (contaminare) contaminar **2.** (fig) (prove) falsificar
inquinato, a [inkwi'nato, a] agg contaminado(da)
insabbiare [insab'bjare] vt (fig) (inchiesta, pratica) detener ◆ **insabbiarsi** vr **1.** (nave) encallarse **2.** (pratica, progetto) detenerse
insaccato, a [insak'kato] ⋄ agg mal vestido(da) ⋄ sm embutido m
insalata [insa'lata] sf ensalada f ◆ **insalata mista** ensalada mixta ◆ **insalata di riso** ensalada de arroz ◆ **insalata russa** ensalada rusa
insalatiera [insala'tjera] sf ensaladera f, bol m (Amér)
insaponare [insapo'nare] vt enjabonar ◆ **insaponarsi** vr enjabonarse
insapore [insa'pore] agg insulso(sa)
insaporire [insapo'rire] vt aliñar, aderezar (Amér)
insaputa [insa'puta] sf ◆ **all'insaputa di qn** a espaldas de alguien
inscenare [inʃe'nare] vt (fig) (lite) simular
insegna [in'seɲɲa] sf letrero m
insegnamento [inseɲɲa'mento] sm enseñanza f
insegnante [inseɲ'ɲante] smf profesor m, -ra f
insegnare [inseɲ'ɲare] vt & vi enseñar ◆ **insegnare qc a qn** enseñar algo a alguien ◆ **insegnare a qn a fare qc** enseñar a alguien a hacer algo
inseguire [inse'gwire] vt perseguir
insenatura [insena'tura] sf ensenada f
insensato, a [insen'sato, a] agg insensato(ta)

insensibile [insen'sibile] agg insensible
inseparabile [insepa'rabile] agg inseparable
inserire [inse'rire] vt insertar ◆ **inserirsi** vr ◆ **inserirsi (in qc)** insertarse (en algo)
inserto [in'sɛrto] sm suplemento m
inserviente [inser'vjɛnte] smf mozo m
inserzione [inser'tsjone] sf anuncio m, clasificado m (Amér)
insetticida [insetti'tʃida] sm insecticida m
insetto [in'sɛtto] sm insecto m, bicho m (Amér)
insicurezza [insiku'retstsa] sf inseguridad f
insicuro, a [insi'kuro, a] agg inseguro(ra)
insidia [in'sidja] sf peligro m
insieme [in'sjɛme] ⋄ avv juntos ⋄ sm conjunto m ⋄ prep ◆ **insieme a** con junto a ⋄ con ◆ **mettere insieme** reunir ◆ **tutto insieme** todo junto ◆ **tutti insieme** todos juntos ◆ **nell'insieme** en conjunto
insignificante [insiɲɲifi'kante] agg insignificante
insinuare [insi'nware] vt insinuar
insinuazione [insinwats'tsjone] sf insinuación f
insipido, a [in'sipido, a] agg (fig) insípido(da)
insistente [insis'tɛnte] agg insistente
insistere [in'sistere] vi insistir ◆ **insistere a ⋄ col ⋄ nel fare qc** insistir en hacer algo
insoddisfacente [insoddisfa'tʃɛnte] agg insatisfactorio(ria)

insoddisfatto, a [insoddis'fatto, a] *agg* ♦ **insoddisfatto di** insatisfecho(cha) con

insolazione [insolats'tsjone] *sf* insolación *f*

insolente [inso'lɛnte] *agg* insolente

insolito, a [in'sɔlito, a] *agg* insólito(ta)

insoluto, a [inso'luto] *agg* **1.** (*non risolto*) irresuelto(ta) **2.** (*non pagato*) impagado(da)

insomma [in'somma] ◊ *avv* en resumen ◊ *esclam* ¡en fin!

insonne [in'sɔnne] *agg* insomne

insonnia [in'sɔnnja] *sf* insomnio *m*

insonnolito, a [insonno'lito] *agg* somnoliento(ta)

insopportabile [insoppor'tabile] *agg* insoportable

insorgere [in'sɔrdʒere] *vi* **1.** (*popolo*) sublevarse **2.** (*difficoltà*) surgir

insospettire [insospet'tire] *vt* levantar sospechas acerca de ♦ **insospettirsi** *vr* sospechar

insozzare [insots'tsare] *vt* ensuciar

insperato, a [inspe'rato, a] *agg* inesperado(da)

inspiegabile [inspje'gabile] *agg* inexplicable

inspirare [inspi'rare] *vt* inspirar

installare [instal'lare] *vt* instalar

instaurare [instau'rare] *vt* instaurar

insù [in'su] ♦ **all'insù** hacia arriba

insuccesso [insut'tʃesso] *sm* fracaso *m*

insudiciare [insudi'tʃare] *vt* ensuciar ♦ **insudiciarsi** *vr* ensuciarse

insufficiente [insuffi'tʃɛnte] *agg* insuficiente

insulina [insu'lina] *sf* insulina *f*

insultare [insul'tare] *vt* insultar

insulto [in'sulto] *sm* insulto *m*

intaccare [intak'kare] *vt* **1.** (*legno*) mellar **2.** (*risparmi, provviste*) gastar **3.** (*reputazione*) mancillar

intanto [in'tanto] *avv* mientras tanto

intarsio [in'tarsjo] *sm* incrustación *f*

intasare [inta'sare] *vt* **1.** (*condotto*) atascar, tapar (*Amér*) **2.** (*strada*) atascar ♦ **intasarsi** *vr* atascarse

intatto, a [in'tatto, a] *agg* intacto(ta)

integrale [inte'grale] *agg* integral

integrare [inte'grare] *vt* integrar ♦ **integrarsi** *vr* integrarse

integrità [integri'ta] *sf* integridad *f*

integro, a ['integro, a] *agg* integro(gra)

intelaiatura [intelaja'tura] *sf* armazón *m*

intelletto [intel'letto] *sm* intelecto *m*

intellettuale [intellettu'ale] *agg & smf* intelectual

intelligente [intelli'dʒɛnte] *agg* inteligente

intelligenza [intelli'dʒɛntsa] *sf* inteligencia *f*

intemperie [intem'pɛrje] *sfpl* intemperie *f*

intendere [in'tɛndere] *vt* **1.** entender **2.** (*avere intenzione di*) ♦ **intendere fare qc** pretender hacer algo ♦ **non intendere ragioni** no avenirse a razones ♦ **intendersela con qn** entenderse con alguien ♦ **intendersi di** entender de

intenditore, trice [intendi'tore, 'tritʃe] *sm,f* entendido *m*, -da *f*

intensificare [intensifi'kare] *vt* intensi-

ficar ◆ **intensificarsi** vr intensificarse
intensità [intensi'ta] sf intensidad f
intensivo, a [inten'sivo, a] agg intensivo(va)
intenso, a [in'tɛnso, a] agg intenso(sa)
intento, a [in'tɛnto, a] ◇ agg pendiente ◇ sm **1.** intento m **2.** ● **intento (a fare qc)** pendiente (de hacer algo)
intenzione [inten'tsjone] sf intención f ● **aver intenzione di fare qc** tener intención de hacer algo
interamente [intera'mente] avv enteramente
intercalare [interka'lare] ◇ sm muletilla f ◇ vt intercalar
intercettare [intertʃet'tare] vt interceptar
intercity [inter'siti] sm inv intercity m
interdetto, a [inter'detto, a] agg pasmado(da)
interessamento [interessa'mento] sm **1.** *(interesse)* interés m **2.** *(intervento)* intervención f
interessante [interes'sante] agg interesante
interessare [interes'sare] ◇ vt afectar a ◇ vi ● **interessare a** interesar a ◆ **interessarsi** vr interesarse ◆ **interessarsi a** interesarse por ◆ **interessarsi di** interesarse por
interessato, a [interes'sato, a] agg interesado(da)
interesse [inte'resse] sm interés m
interessi smpl intereses mpl
interferire [interfe'rire] vi entrometerse
interiezione [interjet'tsjone] sf interjección f

interiora [inte'rjora] sfpl menudillos mpl
interiore [inte'rjore] agg interior
interlocutore, trice [interloku'tore, 'tritʃe] sm,f interlocutor m, -ra f
intermedio, a [inter'mɛdjo, a] agg intermedio m, pausa f *(Amér)*
interminabile [intermi'nabile] agg interminable
intermittente [intermit'tɛnte] agg intermitente
internazionale [internatstsjo'nale] agg internacional
Internet ['internet] sm inv Internet m o f ● **en Internet** su Internet
interno, a [in'tɛrno, a] ◇ agg interno (na) ◇ sm **1.** interior m **2.** *(telefono)* extensión f **3.** ● **all'interno** dentro
interni smpl *(di film)* interiores mpl
intero, a [in'tɛro, a] agg **1.** entero(ra) **2.** *(prezzo)* íntegro(gra) **3.** ● **per intero** enteramente
interpretare [interpre'tare] vt interpretar
interprete [in'tɛrprete] smf intérprete mf
interrogare [interro'gare] vt **1.** *(studente)* preguntar **2.** *(sospetto)* interrogar
interrogativo, a [interroga'tivo, a] agg interrogativo(va) ◇ sm interrogante m
interrogazione [interrogats'tsjone] sf examen m oral parcial
interrompere [inter'rompere] vt **1.** interrumpir **2.** *(linea telefonica, strada)* cortar ◆ *(cessare)* parar **2.** *(fermarsi)* interrumpirse
interrotto, a [inter'rotto, a] ◇ pp ➢

interrompere ◊ *agg* cortado(da)
interruttore [interrut'tore] *sm* interruptor *m*
intersecare [interse'kare] *vt* atravesar
interurbana [interur'bana] *sf* llamada *f* interurbana
interurbano, a [interur'bano, a] *agg* interurbano(na)
intervallo [inter'vallo] *sm* **1.** (*pausa, sospensione*) descanso *m* **2.** (*distanza*) intervalo *m*
intervenire [interve'nire] *vi* intervenir
intervento [inter'vento] *sm* intervención *f*
intervista [inter'vista] *sf* entrevista *f*
intesa [in'tesa] *sf* acuerdo *m*
inteso, a [in'teso, a] ◊ *pp* → **intendere** ◊ *agg* ● **resta inteso che** queda convenido que ● **siamo intesi?** ¿estamos de acuerdo?
intestare [intes'tare] *vt* (*lettera*) encabezar ● **intestare qc a qn** (*casa, auto*) poner algo a nombre de alguien; (*assegno*) extender algo a favor de alguien
intestino [intes'tino] *sm* intestino *m*
intimare [inti'mare] *vt* ordenar
intimidire [intimi'dire] *vt* (*spaventare*) intimidar, abatatar (*Arg*)
intimità [intimi'ta] *sf inv* intimidad *f*
intimo, a [l'intimo, a] *agg* íntimo(ma) ● **intimi** *smpl* **1.** (*persone*) íntimos *mpl* **2.** (*biancheria*) ropa *f* interior
intimorire [intimo'rire] *vt* atemorizar
intingolo [in'tingolo] *sm* guiso *m*
intitolare [intito'lare] *vt* **1.** (*libro, film*) titular **2.** (*via, piazza*) ● **intitolare a** dedicar a ● **intitolarsi** *vr* titularse
intollerabile [intolle'rabile] *agg* intolerable
intollerante [intolle'rante] *agg* intolerante
intolleranza [intolle'rantsa] *sf* intolerancia *f*
intonaco [in'tonako] (*pl* **-ci** *o* **-chi**) *sm* tendido *m*
intonare [into'nare] *vt* **1.** (*canto*) entonar **2.** (*vestiti*) combinar ● **intonarsi** *vr* combinar
intontire [inton'tire] *vt* aturdir, atarantar (*Méx & Ven*)
intorno [in'torno] ◊ *avv* alrededor ◊ *prep* ● **intorno a** alrededor de
intossicare [intossi'kare] *vt* intoxicar
intossicato, a [intossi'kato, a] *agg* intoxicado(da)
intossicazione [intossikats'tsjone] *sf* intoxicación *f*
intraducibile [intradu't∫ibile] *agg* intraducible
intralciare [intral't∫are] *vt* obstaculizar
intramontabile [intramon'tabile] *agg* imperecedero(ra)
intramuscolare [intramusko'lare] *agg* ● **iniezione**
intransigente [intransi'dʒente] *agg* intransigente
intransitivo [intransi'tivo] *agg* intransitivo(va)
intraprendente [intrapren'dente] *agg* emprendedor(ra)
intraprendere [intra'prendere] *vt* emprender
intrattabile [intrat'tabile] *agg* **1.** (*perso-*

na) intratable, imposible (*Arg & Chile*) **2.** *(prezzo)* fijo(ja) **3.** *(argomento)* difícil de tratar

intrattenere [intratte'nere] *vt* entretener ♦ **intrattenersi** *vr* **1.** entretenerse **2.** ● **intrattenersi su qc** entretenerse en algo

intrecciare [intretʃ'tʃare] *vt* **1.** *(capelli, paglia, cesti)* trenzar **2.** *(mani)* entrecruzar ♦ **intrecciarsi** *vr* enredarse

intrigante [intri'gante] *agg & smf* intrigante

intrigo [in'trigo] *(pl* **-ghi)** *sm* intriga *f*

introdurre [intro'durre] *vt* introducir ♦ **introdursi** *vr* introducirse

introduzione [introdut'tsjone] *sf* introducción *f*

introito [in'trojto] *sm* entradas *fpl*

intromettersi [intro'mettersi] *vr* entrometerse

introvabile [intro'vabile] *agg* **1.** *(persone)* ilocalizable **2.** *(cose)* imposible de encontrar

introverso, a [intro'verso, a] *agg* introvertido(da)

intruso, a [in'truzo, a] *sm,f* intruso *m*, -sa *f*

intuire [intu'ire] *vt* intuir

intuito [in'tujto] *sm* intuición *f*

intuizione [intuits'tsjone] *sf* intuición *f*

inumidire [inumi'dire] *vt* humedecer ♦ **inumidirsi** *vr* humedecerse

inutile [i'nutile] *agg* **1.** *(senza utilità)* inútil **2.** *(superfluo)* inútil, inoficioso(sa) (*Arg, CAm & Méx*) ● **è inutile dire che...** es inútil decir que...

inutilmente [inutil'mente] *avv* inútilmente

invadente [inva'dɛnte] *agg* entrometido(da), entrador(ra) (*Chile*), entrépito(ta) (*Ven*)

invadere [in'vadere] *vt* invadir

invaghirsi [inva'girsi] ♦ **invaghirsi di** encapricharse con

invalido, a [in'valido, a] *agg & sm,f* inválido(da)

invano [in'vano] *avv* en vano

invasione [inva'zjone] *sf* invasión *f*

invasore [inva'zore] *sm* invasor *m*

invecchiare [invek'kjare] *vi & vt* envejecer

invece [in'vetʃe] ◇ *avv* en cambio ◇ *prep* ● **invece di** en vez de

inveire [inve'ire] *vi* ● **inveire (contro)** arremeter (contra)

inventare [inven'tare] *vt* inventar ● **si è inventato tutto** se lo ha inventado todo

inventario [inven'tarjo] *sm* inventario *m*

inventore, trice [inven'tore, 'tritʃe] *sm,f* inventor *m*, -ra *f*

invenzione [inven'tsjone] *sf* invención *f*

invernale [inver'nale] *agg* invernal

inverno [in'vɛrno] *sm* **1.** invierno *m* **2.** **di** ◇ **in inverno** en invierno **3.** **d'inverno** de invierno

inverosimile [invero'simile] *agg* inverosímil

inversione [inver'sjone] *sf* **1.** inversión *f* **2.** ● **inversione ad U** inversión en U

inverso, a [in'vɛrso, a] ◇ *agg* inverso(sa) ◇ *sm* inverso *m* ● **all'inverso** a la inversa

invertire [inver'tire] *vt* invertir
invertito, a [inver'tito] ◇ *agg* invertido(da) ◇ *sm* homosexual *m*
investimento [investi'mento] *sm* **1.** FIN inversión *f* **2.** *(con auto)* atropello *m*
investire [inves'tire] *vt* **1.** *(denaro)* invertir **2.** *(persona, animale)* atropellar
inviare [invi'are] *vt* enviar
inviato, a [invi'ato, a] *sm,f* enviado *m*, -da *f*
invidia [in'vidja] *sf* envidia *f*
invidiare [invi'djare] *vt* envidiar ● **invidiare qc a qn** envidiar algo a alguien
invidioso, a [invi'djozo] *agg* envidioso(sa)
invincibile [invin't∫ibile] *agg* invencible
invio [in'vio] *sm* envío *m*
inviperito, a [invipe'rito] *agg* enfurecido(da)
invischiarsi [invis'kjarsi] ● **invischiarsi in** enredarse en
invisibile [invi'zibile] *agg* invisible
invitare [invi'tare] *vt* invitar ● **invitare qn a fare qc** invitar a alguien a hacer algo
invitato, a [invi'tato] *sm,f* invitado *m*, -da *f*
invito [in'vito] *sm* invitación *f*
invocare [invo'kare] *vt* **1.** *(dio, chiedere)* invocar **2.** *(legge, diritto)* acogerse a
invogliare [invoʎ'ʎare] *vt* estimular
involontario, a [involon'tarjo, a] *agg* involuntario(ria)
involtino [invol'tino] *sm* rollito de carne relleno
involucro [in'vɔlukro] *sm* envoltorio *m*

inzaccherare [intsakke'rare] *vt* enlodar
● **inzaccherarsi** *vr* enlodarse
inzuppare [indzup'pare] *vt* **1.** *(sog: pioggia)* empapar **2.** *(biscotto)* mojar
io ['io] *pron* ● **vacci tu, io resto qui** ve tú, yo me quedo aquí ● **sono io** soy yo ● **io stesso** yo mismo
iodio ['jɔdjo] *sm* yodo *m*
iogurt ['jɔgurt] = **yogurt**
Ionio ['jɔnjo] *sm* ● **lo Ionio** el Jónico ● **il Mar Ionio** el mar Jónico
ipertensione [iperten'sjone] *sf* hipertensión *f*
ipnosi [ip'nɔzi] *sf* hipnosis *f*
ipnotizzare [ipnotidz'dzare] *vt* hipnotizar
ipocrisia [ipokri'zia] *sf* hipocresía *f*
ipocrita, i, e [i'pɔkrita, i, e] *agg & smf* hipócrita
ipoteca [ipo'tɛka] *(pl* **-che***) sf* hipoteca *f*
ipotesi [i'pɔtezi] *sf* hipótesis *f inv*
ippica [ip'pika] *sf* hípica *f* ● **datti all'ippica!** ¡dedícate a otra cosa!
ippico, a, ci, che ['ippiko, a, t∫i, ke] *agg* hípico(ca)
ippodromo [ip'pɔdromo] *sm* hipódromo *m*
ippopotamo [ippo'pɔtamo] *sm* hipopótamo *m*
iride ['iride] *sf* **1.** *(di occhio)* iris *m inv* **2.** *(arcobaleno)* arco *m* iris
iris ['iris] *sm* iris *m inv*
Irlanda [ir'landa] *sf* ● **l'Irlanda** Irlanda *f* ● **l'Irlanda del Nord** Irlanda del Norte
irlandese [irlan'dese] *agg & smf* irlandés(esa)

ironìa [iro'nia] *sf* ironía *f*

irònico, a, ci, che [i'rɔniko, a, tʃi, ke] *agg* irónico(ca)

irradiare [irra'djare] *vt & vi* irradiar

irraggiungìbile [irraddʒdʒun'dʒibile] *agg* inalcanzable

irragionévole [irradʒo'nevole] *agg* irracional

irrazionale [irrattsjo'nale] *agg* irracional

irrazionalità [irrattsjonali'ta] *sf inv* irregularidad *f*

irreale [irre'ale] *agg* irreal

irrecuperàbile [irrekupe'rabile] *agg (fig)* irrecuperable

irregolare [irrego'lare] *agg* irregular

irregolarità [irregolari'ta] *sf inv* irregularidad *f*

irremovìbile [irremo'vibile] *agg* inamovible

irreparàbile [irrepa'rabile] *agg* irreparable

irrequièto, a [irre'kwjɛto, a] *agg* inquieto(ta)

irresponsàbile [irrespon'sabile] *agg* irresponsable

irreversìbile [irrever'sibile] *agg* irreversible

irriducìbile [irridu'tʃibile] *agg* irreducible

irrigare [irri'gare] *vt* **1.** *(terreno)* irrigar **2.** *(sog: fiume)* regar

irrigidirsi [irridʒi'dirsi] *vr* **1.** *(diventare rigido)* ponerse rígido(da) **2.** *(immobilizzarsi)* quedarse quieto

irrilevante [irrile'vante] *agg* irrelevante

irrisòrio, a [irri'zɔrjo, a] *agg* irrisorio(ria)

irritàbile [irri'tabile] *agg* irritable

irritante [irri'tante] *agg* **1.** *(indisponente)* irritante, chocante *(Col, CRica, Méx & Perú)* **2.** *(sostanza)* irritante

irritare [irri'tare] *vt* irritar ◆ **irritarsi** *vr* **1.** *(adirarsi)* irritarse, amostazarse *(Arg & Urug)*, arrufarse *(Arg)* **2.** *(pelle)* irritarse

irrómpere [ir'rompere] *vi* irrumpir en

irruènte [irru'ɛnte] *agg* impetuoso(sa)

irruzióne [irruts'tsjone] *sf* irrupción *f*

iscritto, a [is'kritto, a] ◇ *pp* ⇒ **iscrivere** ◇ *agg* ◆ **essere iscritto (a qc)** *(ad un cìrcolo, esame)* estar inscrito(ta) (en algo); *(all'università)* estar matriculado (da) (en algo); *(a un partito)* estar afiliado(da) (a algo) ◆ **per iscritto** por escrito

iscrìvere [is'krivere] *vt* ◆ **iscrivere qn (a qc)** inscribir a alguien (en algo) ◆ **iscriversi** *a* **1.** *(cìrcolo, esame)* inscribirse en **2.** *(università)* matricularse en **3.** *(partito)* afiliarse a

iscrizióne [iskrits'tsjone] *sf* **1.** *(a università)* matrícula *f* **2.** *(a esame)* inscripción *f* **3.** *(a partito)* afiliación *f*

Islanda [iz'landa] *sf* ◆ **l'Islanda** Islandia *f*

islandése [izlan'dese] ◇ *agg & smf* islandés(esa) ◇ *sm* islandés *m*

ìsola [izola] *sf* isla *f* ◆ **ìsola pedonale** isleta *f*

isolaménto [izola'mento] *sm* aislamiento *m*

isolante [izo'lante] ◇ *agg* aislante ◇ *sm* aislante *m*

isolare [izo'lare] *vt* aislar ◆ **isolarsi** *vr* aislarse

isolato, a [izo'lato, a] ◇ *agg* aislado(da) ◇ *sm* manzana *f*

ispettore [ispet'tore] *sm* inspector *m*

ispezionare [ispettsjo'nare] *vt* inspeccionar

ispezione [ispets'tsjone] *sf* inspección *f*

ispirare [ispi'rare] *vt* inspirar • **ispirarsi a** inspirarse en

Israele [izra'ɛle] *sm* Israel *m*

issare [is'sare] *vt* **1.** (*vele*) izar **2.** (*carico*) levantar

istantanea [istan'tanea] *sf* instantánea *f*

istantaneo, a [istan'taneo, a] *agg* instantáneo(a)

istante [is'tante] *sm* instante *m* • **all'istante** en el acto

isterico, a, ci, che [is'tɛriko, a, tʃi, ke] *agg* histérico(ca)

istigare [isti'gare] *vt* • **istigare qn a fare qc** instigar a alguien a hacer algo

istinto [is'tinto] *sm* instinto *m*

istituire [istitu'ire] *vt* instituir

istituto [isti'tuto] *sm* **1.** (*organismo*) instituto *m* **2.** (*universitario*) departamento *m* • **istituto di bellezza** instituto de belleza • **Istituto Nautico** Escuela *f* Náutica

istituzione [istituts'tsjone] *sf* institución *f* • **le istituzioni** (*le autorità*) las instituciones

istmo ['istmo] *sm* istmo *m*

istrice ['istritʃe] *sm* puerco *m* espín

istruire [istru'ire] *vt* instruir

istruito, a [istru'ito, a] *agg* instruido(da)

istruttore, trice [istrut'tore, 'tritʃe] *sm,f* monitor *m*, -ra *f*

istruzione [istruts'tsjone] *sf* instrucción *f* • **istruzioni** *sfpl* instrucciones *fpl* • **istruzioni per l'uso** instrucciones de uso

Italia [i'talja] *sf* • **l'Italia** Italia *f*

italiano, a [ita'ljano, a] ◇ *agg* & *sm,f* italiano(na) ◇ *sm* italiano *m*

itinerario [itine'rarjo] *sm* recorrido *m* • **itinerario turistico** itinerario turístico

Iugoslavia [jugoz'lavja] *sf* • **la repubblica federale di Iugoslavia** República federal de Yugoslavia

I.V.A. *sf* (*abbr di* Imposta sul Valore Aggiunto) IVA *m*

jazz [dʒɛts] *sm inv* jazz *m*

jeans [dʒins] ◇ *smpl* vaqueros *mpl* (*Esp*), blue jean *m* (*Amér*) ◇ *sm* (*tessuto*) tela *f* vaquera (*Esp*), tela *f* de jeans (*Amér*)

jeep ® [dʒip] *sf inv* jeep ® *m*

jolly ['dʒɔlli] *sm inv* comodín *m*

joystick ['dʒɔjstik] *sm inv* joystick *m*

karaoke [kara'ɔke] *sm. inv* karaoke *m*

karatè [kara'tɛ] *sm inv* kárate *m*

Kenia ['kɛnja] *sm* ● il Kenia Kenia *f*
kg (*abbr di* chilogrammo) kg
killer ['killer] *smf inv* asesino *m*, -na *f* a sueldo
kit [kit] *sm inv* kit *m*
kitsch [kitʃ] *agg inv* kitsch *m*
kiwi ['kiwi] *sm inv* kiwi *m*
km (*abbr di* chilometro) km
k.o. [kappa'ɔ] (*abbr di* Knock Out) KO
koala [ko'ala] *sm inv* koala *m*
Kosovo ['kɔsovo] *sm* ● il Kosovo Kosovo *m*
K-way® [ki'wei] *sm inv* canguro *m* (*Esp*), impermeable *m* (*Amér*)

L

la [la] > il
là [la] *avv* allá ● **di là** (*nella stanza accanto*) allí; (*moto da luogo*) de ahí; (*moto per luogo*) por allí ● **(al) di là di** qc más allá de algo ● **di là da** ¡anda ya!
labbro ['labbro] (*mpl* labbri, *fpl* labbra) *sm* **1.** (*fpl*: labbra) ANAT labio *m* **2.** (*mpl*: labbri) (*bordo*) labio *m* **3.** ● **i labbri della ferita** los labios de una herida **4.** ● **un bacio sulle labbra** un beso en los labios
labirinto [labi'rinto] *sm* laberinto *m*
laboratorio [labora'tɔrjo] *sm* **1.** (*scientifico*) laboratorio *m* **2.** (*artigianale*) taller *m* ● **laboratorio linguistico** laboratorio

de idiomas
lacca, che ['lakka, ke] *sf* **1.** (*per capelli*) laca *f* **2.** (*vernice*) barniz *m*
laccio [ˈlattʃo] (*pl* -i) *sm* **1.** (*cappio*) lazo *m* **2.** (*legaccio, stringa*) cordón *m*
lacerare [latʃeˈrare] *vt* desgarrar ● **lacerarsi** *vr* rasgarse
lacero, a ['latʃero, a] *agg* rasgado(da)
lacrima ['lakrima] *sf* lágrima *f* ● **sciogliersi in lacrime** llorar a lágrima viva ● **una lacrima di vino** (*fig*) una gota de vino
lacrimogeno [lakriˈmɔdʒeno] ◇ *agg* lacrimógeno(na) ◇ *sm* gas *m* lacrimógeno
lacuna [laˈkuna] *sf* laguna *f* (*carencia*)
ladro, a ['ladro, a] *sm,f* ladrón *m*, -ona *f*, ratero *m*, -ra *f* (*Chile*)
laggiù [ladʒˈdʒu] *avv* **1.** (*in basso*) allá abajo **2.** (*lontano*) allá
lagnarsi [laɲˈɲarsi] *vr* **1.** (*piagnucolare*) quejarse **2.** (*protestare*) ● **lagnarsi (di)** quejarse (de)
lago [ˈlago] (*pl* -ghi) *sm* lago *m*
laguna [laˈguna] *sf* laguna *f*
laico, a, ci, che ['lajko, a, tʃi, ke] *agg* & *sm,f* laico(ca)
lama ['lama] *sf* **1.** (*di coltello, rasoio*) hoja *f* **2.** (*dei pattini*) cuchilla *f*
lamentarsi [lamen'tarsi] *vr* quejarse
lamentarsi (di) quejarse (de)
lamentela [lamenˈtela] *sf* queja *f*
lametta [laˈmetta] *sf* hoja *f* de afeitar, rastrillo *m* (*Méx*)
lamiera [laˈmjera] *sf* chapa *f*
lampada [ˈlampada] *sf* lámpara *f* ● **fare la lampada** (*fam*) hacer rayos uva

lampada da tavolo lámpara de mesa
lampadario [lampaˈdarjo] *sm* lámpara *f* de techo ● **lampadario a gocce** araña *f*
lampadina [lampaˈdina] *sf* bombilla *f* (*Esp*), bombita *f* (*RP*), lamparilla *f* (*Guat, Urug & Arg*) ● **lampadina tascabile** linterna *f*
lampeggiare [lampedˈdʒare] *vi* parpadear (*luz*)
lampeggiatore [lampeddʒaˈtore] *sm* 1. (*freccia*) intermitente *m* 2. (*di ambulanza*) sirena *f*
lampione [lamˈpjone] *sm* farol *m*
lampo [ˈlampo] ◆ *sm* 1. (*fulmine*) relámpago *m* 2. (*bagliore*) resplandor *m* ◆ *sf* cremallera *f*, cierre *m* (*Amér*)
lampone [lamˈpone] *sm* frambuesa *f*
lana [ˈlana] *sf* lana *f* ● **pura lana vergine** pura lana virgen
lancetta [lanˈtʃetta] *sf* aguja *f*
lancia [ˈlantʃa] (*pl* **-ce**) *sf* 1. (*arma*) lanza *f* 2. (*imbarcazione*) lancha *f*
lanciare [lanˈtʃare] *vr* lanzar ◆ **lanciarsi** *vr* 1. lanzarse 2. ● **lanciarsi in qc** lanzarse a algo
lancinante [lantʃiˈnante] *agg* lacerante
lancio [ˈlantʃo] *sm* lanzamiento *m* ● **lancio del disco/peso** lanzamiento de disco/peso
languido, a [ˈlangwido, a] *agg* lánguido(da)
languore [lanˈgwore] *sm* languidez *f*
lapide [ˈlapide] *sf* 1. (*funeraria*) lápida *f* 2. (*commemorativa*) placa *f*
lapis [ˈlapis] *sm inv* lápiz *m*
lapsus [ˈlapsus] *sm inv* lapsus *m*
lardo [ˈlardo] *sm* tocino *m*

larghezza [larˈgetstsa] *sf* 1. (*dimensione*) anchura *f* 2. (*abbondanza*) abundancia *f*
largo, a, ghi, ghe [ˈlargo, a, gi, ge] *agg* 1. ancho(cha) 2. (*abbondante*) abundante ◆ *sm* 1. (*alto mare*) mar *m* adentro 2. (*piazza*) plaza *f* ● **farsi largo** abrirse paso ● **stare o tenersi alla larga da** mantenerse alejado(da) de
larva [ˈlarva] *sf* larva *f*
lasagne [laˈzanne] *sfpl* lasaña *f*
lasciare [laʃˈʃare] *vt* 1. (*cessare di tenere*) dejar ● **lasciare la presa** dejar la presa ● **posso lasciare i bagagli in camera?** ¿puedo dejar las maletas en la habitación? ● **lasciare detto a qn che...** dejar dicho a alguien que... ● **prendere o lasciare** tomar o dejar ● **lasciare la porta aperta** dejar la puerta abierta ● **lasciare qn in pace** dejar a alguien en paz ● **lasciare a desiderare** dejar de desear ● **lasciare il lavoro** dejar el trabajo ● **lasciami vedere** déjame ver ● **lascia che faccia come vuole** deja que actúe como quiera ● **lasciar correre** dejar correr o estar ● **lasciar credere qc a qn** dejar creer algo a alguien ◆ **lasciarsi** *vr* (*separarsi*) separarse ● **lasciarsi andare** (*non controllarsi*) dejarse llevar
laser [ˈlazer] ◆ *agg inv* 1. láser *inv* 2. ● **stampante laser** impresora láser ◆ *sm inv* láser *m*
lassativo, a [lassaˈtivo, a] ◆ *agg* laxante ◆ *sm* laxante *m*
lassù [lasˈsu] *avv* (*in alto*) allá arriba
lastra [ˈlastra] *sf* 1. (*di ghiaccio, vetro*) placa *f* 2. (*di pietra*) losa *f* 3. (*radiografia*)

radiografía f
laterale [late'rale] *agg* lateral
latino, a [la'tino, a] ◇ *agg* latino(na) ◇ *sm* latín m
latino-americano, a [latinoameri'kano, a] *agg* latinoamericano(na)
latitante [lati'tante] *smf* prófugo m, -ga f
latitudine [lati'tudine] *sf* latitud f
lato ['lato] *sm* **1.** lado m **2.** (facciata) cara f ● **a lato (di qc)** al lado (de algo) ● **da un lato...** por un lado...
latta ['latta] *sf* **1.** (lamiera) hojalata f **2.** (barattolo) lata f
lattaio, a [lat'tajo, a] *smf* lechero m, -ra f
lattante [lat'tante] *smf* lactante mf
latte ['latte] *sm* leche f ● **latte detergente** crema f limpiadora ● **latte intero** leche entera ● **latte magro/scremato** leche desnatada o descremada ● **latte in polvere** leche en polvo ● **latte di soia** leche de soja
latteria [latte'ria] *sf* lechería f
latticini [latti'tʃini] *smpl* lácteos mpl
lattina [lat'tina] *sf* lata f
lattuga [lat'tuga] *sf* lechuga f
laurea ['lawrea] *sf* licenciatura f
laurearsi [lawre'arsi] *vr* licenciarse, recibirse (Amér) ● **laurearsi in qc** licenciarse o recibirse (Amér) en algo
laureato, a [lawre'ato, a] *agg & smf* licenciado(da), graduado(da) (Amér)
lava ['lava] *sf* lava f
lavaggio [la'vaddʒo] *sm* lavado m ● **lavaggio automatico** autolavado m

lavagna [la'vanɲa] *sf* pizarra f
lavanda [la'vanda] *sf* lavanda f ● **lavanda gastrica** lavado m de estómago
lavanderia [lavande'ria] *sf* lavandería f ● **lavanderia automatica** lavandería
lavandino [lavan'dino] *sm* lavabo m (Esp), lavamanos m inv (Amér)
lavapiatti [lava'pjatti] ◇ *sm,f inv* (sguattere) lavaplatos mf inv ◇ *sm inv* (lavastoviglie) lavavajillas m inv (Esp), lavaplatos m inv (Amér)
lavare [la'vare] *vt* lavar ● **lavare a secco** lavar en seco ● **lavare le mani a qn** lavarle las manos a alguien ● **lavare le mani/i denti** lavarse las manos/los dientes ♦ **lavarsi** *vr* asearse, bañarse (Amér)
lavasecco [lava'sekko] *sm o sf* tintorería f
lavastoviglie [lavasto'viʎʎe] *sf inv* lavavajillas m inv (Esp), lavaplatos m inv (Amér)
lavatrice [lava'tritʃe] *sf* lavadora f
lavorare [lavo'rare] ◇ *vi* trabajar, chambear (Méx) ◇ *vt* trabajar ● **lavorare a maglia** hacer punto
lavorativo, a [lavora'tivo, a] *agg* laborable
lavorato, a [lavo'rato, a] *agg* **1.** (mobile, tessuto) trabajado(da) **2.** (terreno) labrado(da)
lavoratore, trice [lavora'tore, 'tritʃe] *smf* trabajador m, -ra f
lavorazione [lavorat'tsjone] *sf* elaboración f
lavoro [la'voro] *sm* **1.** (attività professionale) trabajo m, chamba f (Méx) **2.**

(realizzazione) trabajo *m* • **lavori stradali** obras ▼ **lavori in corso** en obras

le [le] ▶ il

leader ['lider] *sm inv* líder *mf*

leale [le'ale] *agg* leal

leccare [lek'kare] *vt* **1.** *(con lingua)* chupar **2.** *(fam & fig) (adulare)* hacer la pelota

lecito ['letʃito] *agg* lícito(ta)

lega, ghe ['lega, ge] *sf* **1.** *(associazione)* asociación *f* **2.** POL coalición *f* **3.** SPORT liga *f* **4.** *(di metalli)* aleación *f*

legale [le'gale] ◇ *agg* legal ◇ *smf* abogado *m*, -da *f*

legalizzare [legalidz'dzare] *vt* legalizar

legame [le'game] *sm* **1.** *(sentimentale)* relación *f* **2.** *(nesso)* vínculo *m*

legare [le'gare] *vt* **1.** *(con corda, catena, laccio)* atar **2.** *(sog: sentimento, interesse)* unir

legge [leddʒe] *sf* ley *f* • **dettare legge** llevar la voz cantante

leggenda [ledʒ'dʒenda] *sf* leyenda *f*

leggendario, a [ledʒdʒen'darjo, a] *agg* legendario(ria)

leggere ['leddʒere] *vt & vi* leer

leggerezza [leddʒe'rettsa] *sf* **1.** *(di materiale, corpo)* levedad *f* **2.** *(fig) (sconsideratezza)* ligereza *f*

leggero, a [ledʒ'dʒero, a] *agg* **1.** ligero (ra) **2.** *(di poca importanza)* leve **3.** *(poco impegnativo)* fácil

legittimo, a [le'dʒittimo, a] *agg* legítimo(ma) • **legittima difesa** legítima defensa

legna ['leɲɲa] *sf* leña *f*

legname [leɲ'ɲame] *sm* madera *f*

legno ['leɲɲo] *sm* madera *f*

legumi [le'gumi] *smpl* legumbres *fpl*

lei [lei] *pron* **1.** *(terza persona)* ella **2.** *(forma di cortesia)* usted • **dare del lei a qn** tratar de usted a alguien • **lei stessa** *(terza persona femminile)* ella misma • **ho 18 anni e lei ne ha 20** tengo 18 años y ella tiene 20

lentamente [lenta'mente] *avv* lentamente

lente ['lɛnte] *sf* lente *f* • **lente d'ingrandimento** lupa *f* • **lenti a contatto** lentillas *fpl*

lentezza [len'tettsa] *sf* lentitud *f*

lenticchia [len'tikkja] *sf* lenteja *f*

lento, a ['lɛnto, a] ◇ *agg* **1.** *(nell'azione)* lento(ta) **2.** *(allentato)* flojo(ja) ◇ *sm* canción *o* baile lentos

lenza ['lentsa] *sf* sedal *m*

lenzuolo [len'tswɔla] *(pl* -a*) sm* sábana *f*

leone [le'one] *sm* león *m* • **Leone** *sm* Leo *m inv*

leopardo [leo'pardo] *sm* leopardo *m*

lepre [le'pre] *sf* liebre *f* • **lepre in salmis** liebre en salmis

lesbica, che ['lɛzbika, ke] *sf* lesbiana *f*, tortera *f* *(Arg)*, cachapera *f* *(Ven)*

lesione [le'zjone] *sf* lesión *f*

lesso, a ['lɛsso, a] ◇ *agg* hervido(da), sancochado(da) *(Amér)* ◇ *sm* cocido *m*

letale [le'tale] *agg* letal

letame [le'tame] *sm* estiércol *m*

lettera ['lettera] *sf* **1.** *(dell'alfabeto, carattere)* letra *f* **2.** *(missiva)* carta *f* • **alla lettera** al pie de la letra • **lettere** *sfpl* letras *fpl*

scrivere una lettera

L'indirizzo del destinatario va sotto l'indirizzo del mittente riportato in alto. In situazioni formali, se non si conosce il nome del destinatario la lettera comincia con *Muy Sr. mío:*, *Muy Sra. mía:* o *Muy Sres. míos:*. In caso contrario si usa il nome preceduto da aggettivi di cortesia: *Apreciada Sra. Torres:*, *Distinguido Sr. Rodríguez:*. Tra colleghi si preferisce *Estimado compañero* e tra conoscenti *Querido/a* seguito dal nome. Tutte le formule vanno seguite da ":" e non da ",". Il saluto dev'essere coerente con l'intestazione. Per le lettere formali si possono usare le seguenti formule: *Reciba un cordial saludo*, *Cordialmente*, *Atentamente*. Per le lettere informali si può scegliere tra: *Afectuosos saludos*, *Un abrazo*.

---

letteratura [letteraˈtura] *sf* literatura *f*

lettino [letˈtino] *sm* **1.** (del medico) camilla *f* **2.** (per bambini) cuna *f*

letto [ˈlɛtto] *sm* cama *f* ● **andare a letto** irse a la cama ● **letto a castello** literas *fpl* ● **letto matrimoniale** o **a due piazze** cama de matrimonio ● **letto a una piazza** cama individual ● **letti gemelli** camas separadas ● **rifare il letto** hacer la cama

Lettonia [letˈtɔnja] *sf* ● **la Lettonia** Letonia *f*

lettore, trice [letˈtore, ˈtritʃe] ◇ *sm,f* lector *m*, -ra *f* ◇ *sm* (di compact disc) lector *m*

lettura [letˈtura] *sf* lectura *f*

leva [ˈlɛva] *sf* **1.** (per sollevare) palanca *f* **2.** (asta) barra *f* **3.** (militare) quinta *f* ● **fare leva su** (fig) tocar el punto débil ● **leva del cambio** cambio *m* de marchas

levante [leˈvante] *sm* levante *m*

levare [leˈvare] *vt* **1.** (togliere) quitar **2.** (alzare) levantar ● **levarsi** *vr* levantarse

levata [leˈvata] *sf* (di posta) recogida *f*

levigare [leviˈgare] *vt* pulir

lezione [letsˈtsjone] *sf* **1.** (insegnamento) clase *f* **2.** (capitolo) lección *f* **3.** (fig) lección *f*

lezioso, a [letsˈtsjoso, a] *agg* remilgado(da), delicuete(ta) (Arg)

lezzo [ˈlɛttso] *sm* peste *f*

lì [li] > **lo**

lì [li] *avv* allí ● **essere lì (lì) per fare qc** estar a punto de hacer algo

Libano [ˈlibano] *sm* ● **il Libano** Líbano *m*

libeccio [liˈbettʃo] *sm* ábrego *m*

libellula [liˈbellula] *sf* libélula *f*

liberale [libeˈrale] *agg* liberal

liberamente [liberaˈmente] *avv* libremente

liberare [libeˈrare] *vt* **1.** (liberare, soltar (Amér) **2.** (rendere disponibile) dejar libre ● **liberarsi** *vr* (annullare un impegno) estar libre ● **liberarsi di** librarse de

libero, a [ˈlibero, a] *agg* libre ● **essere libero di fare qc** ser libre de hacer algo

libertà [liberˈta] *sf inv* libertad *f*

Libia [ˈlibja] *sf* ● **la Libia** Libia *f*

libreria [libre'ria] *sf* librería *f*
libretto [li'bretto] *sm* libreto *m* ◆ **libretto degli assegni** talonario *m* (*Esp*), chequera *f* (*Amér*) ◆ **libretto di circolazione** permiso *m* de circulación ◆ **libretto di risparmio** libreta *f* de ahorros ◆ **libretto universitario** expediente *m* académico
libro ['libro] *sm* libro *m*
licenza [li'tʃɛntsa] *sf* **1.** (*autorizzazione*) licencia *f* **2.** (*militare*) permiso *m* ◆ **licenza media** ≃ graduado *m* escolar
licenziamento [litʃentsja'mento] *sm* despido *m*
licenziare [litʃen'tsjare] *vt* despedir, correr (*CAm & Méx*) ◆ **licenziarsi** *vr* despedirse, renunciar (*Amér*)
liceo [li'tʃɛo] *sm* **1.** (*scuola superiore*) bachillerato *m* **2.** (*luogo*) instituto *m* ◆ **Liceo classico** bachillerato *m* humanístico
lido ['lido] *sm* playa *f* ◆ **il lido di Venezia** el Lido de Venecia
lieto, a ['ljɛto, a] *agg* lieto de ◆ **lieto di conoscerla!** ¡encantado(da) de conocerle! ◆ **molto lieto!** ¡encantado(da)!
lievitare [ljevi'tare] *vi* **1.** (*pasta*) aumentar de volumen **2.** (*fig*) (*prezzi*) dispararse
lievito ['ljɛvito] *sm* levadura *f* ◆ **lievito di birra** levadura de cerveza
Liguria [li'gurja] *sf* ◆ **la Liguria** Liguria *f*
lillà [lil'la] ◇ *agg inv* lila *inv* ◇ *sm inv* lila *f*
lima ['lima] *sf* lima *f*
limetta [li'metta] *sf* ◆ **limetta per unghie** lima *f* de uñas
limitare [limi'tare] *vt* limitar ◆ **limitarsi**

vr ◆ **limitarsi nel fare qc** controlarse al hacer algo ◆ **limitarsi a fare qc** limitarse a hacer algo
limitato, a [limi'tato, a] *agg* (*fig*) limitado(da)
limite ['limite] *sm* límite *m* ◆ **limite di velocità** límite de velocidad ◆ **entro certi limiti** dentro de ciertos límites ◆ **al limite** en última instancia
limitrofo, a [li'mitrofo, a] *agg* limítrofe
limonata [limo'nata] *sf* limonada *f*
limone [li'mone] *sm* **1.** (*frutto*) limón *m* **2.** (*albero*) limonero *m*
limpido, a ['limpido, a] *agg* límpido(da)
linea ['linea] *sf* línea *f* ◆ **mantenere la linea** mantener la línea ◆ **avere qualche linea di febbre** tener unas décimas de fiebre ◆ **rimanga in linea** no cuelgue, por favor ◆ **in linea di massima** en principio ◆ **a grandi linee** en líneas generales
lineare [line'are] *agg* lineal
lineetta [line'etta] *sf* guión *m*
lingua ['lingwa] *sf* lengua *f* ◆ **lingua madre** lengua materna ◆ **lingua straniera** lengua extranjera
linguaggio [lin'gwaddʒo] *sm* lenguaje *m* ◆ **linguaggio poco ortodosso** lenguaje poco ortodoxo ◆ **linguaggio dei segni** lenguaje de signos
link [link] *sm inv* INFORM enlace *m*, vínculo *m*
linguetta [lin'gwetta] *sf* lengüeta *f*
linguistico, a, ci, che [lin'gwistiko, a, tʃi, ke] *agg* lingüístico(ca)
lino ['lino] *sm* lino *m*
linoleum [li'nɔleum] *sm inv* linóleo *m*

liofilizzàto, a [ljofilidz'dzato, a] *agg* liofilizado(da)

liquefàre [likwe'fare] *vt* **1.** *(metallo)* fundir **2.** *(burro)* derretir • **liquefarsi** *vr* derretirse

liquidàre [likwi'dare] *vt (fig)* liquidar

liquidazióne [likwidats'tsjone] *sf* **1.** *(di merci)* liquidación *f* **2.** *(indennità)* finiquito *m*

lìquido, a ['likwido, a] *agg* líquido(da) ◇ *sm* líquido *m*

liquirìzia [likwi'rittsja] *sf* regaliz *m*

liquóre [li'kwore] *sm* licor *m*

lìra ['lira] *sf* lira *f*

lìrica ['lirika] *sf* lírica *f*

lìrico, a, ci, che ['liriko, a, tʃi, ke] *agg* lírico(ca)

lìsca ['liska] *sf (pl -che) sf* espina *f*

lìscio, a, sci, sce ['liʃʃo, a, ʃʃi, ʃʃe] ◇ *agg* **1.** liso(sa) **2.** *(senza difficoltà)* • **un whisky liscio** un whisky solo ◇ *sm (ballo)* baile *m* lento • **andar liscio** marchar sobre ruedas

lista ['lista] *sf* lista *f* • **essere in lista d'attesa** estar en lista de espera • **lista dei vini** carta *f* de vinos

listino [lis'tino] *sm* • **listino (dei) prezzi** lista *f* de precios • **listino dei cambi** boletín *m* de cambios

lite ['lite] *sf* pelea *f*

litigàre [liti'gare] *vi* pelearse

litìgio [li'tidʒo] *sm* litigio *m*

litoràle [lito'rale] *sm* litoral *m*

litoràneo, a [lito'raneo, a] *agg* litoral

lìtro ['litro] *sm* litro *m*

livèllo [li'vello] *sm (fig)* nivel *m* • **livello del mare** nivel del mar

lìvido, a ['livido, a] ◇ *agg* **1.** *(per il freddo)* amoratado(da) **2.** *(fig)* *(per rabbia)* lívido(da) ◇ *sm* morado *m*

Livórno [li'vorno] *sm* Livorno *m*

lo [lo] *art & pren* el → **il**

locàle [lo'kale] ◇ *agg* local ◇ *sm* **1.** *(stanza)* habitación *f*, recámara *f* (CAm, Col & Méx), ambiente *m* (CSur) **2.** *(luogo pubblico)* local *m* • **locale notturno** local nocturno

località [lokali'ta] *sf inv* localidad *f*

locànda [lo'kanda] *sf* fonda *f*

locandìna [lokan'dina] *sf* cartelera *f*

locomotìva [lokomo'tiva] *sf* locomotora *f*

lodàre [lo'dare] *vt* alabar

lòde ['lɔde] *sf* **1.** *(elogio)* alabanza *f* **2.** *(all'università)* matrícula *f* cuadro *m* (Amér) de honor

lòggia ['lɔddʒa] *sf (pl -ge)* galería *f*

loggióne [lodʒ'dʒone] *sm* gallinero *m* (de teatro)

lògica ['lɔdʒika] *sf* lógica *f*

lògico, a, ci, che ['lɔdʒiko, a, tʃi, ke] *agg* lógico(ca)

logoràre [logo'rare] *vt* **1.** *(consumare)* desgastar **2.** *(stancare)* estropear • **logorarsi** *vr* deteriorarse

logorìo [logo'rio] *sm* desgaste *m*

Lombardìa [lombar'dia] *sf* • **la Lombardia** Lombardía *f*

lombàrdo, a [lom'bardo, a] *agg* lombardo(da)

lombàta [lom'bata] *sf* lomo *m*

lombrìco [lom'briko] *sm (pl -chi)* lombriz *f*

Lóndra ['londra] *sf* Londres *m*

longitùdine [londʒi'tudine] *sf* longitud *f*

lontananza [lonta'nantsa] *sf 1. (distanza)* lejanía *f* **2.** *(assenza)* ausencia *f* ● **in lontananza** a lo lejos

lontano, a [lon'tano, a] ◇ *agg* **1.** lejano(na) **2.** *(assente)* ausente ◇ *avv* lejos ● **è lontano?** ¿está lejos? ● **lontano da lejos de** ● **da lontano** desde lejos

loquace [lo'kwatʃe] *agg* locuaz

lordo, a ['lordo, a] *agg* bruto(ta)

loro ['loro] *pron* **1.** *(soggetto)* ellos(ellas) **2.** *(complemento)* ellos(ellas) **3.** *(form) (complemento di termine)* a ellos(ellas) ● **loro stessi** ellos mismos(ellas mismas) ● **dillo loro** díselo a ellos(a ellas) ● **io penso di sì, ma loro no** yo creo que sí, pero ellos(ellas) no ● **il loro, la loro, i loro, le loro** ◇ *agg* su ◇ *pron* el suyo(la suya)

losco, a, chi, che ['losko, a, ki, ke] *agg* sospechoso(sa)

lotta ['lotta] *sf (fig)* lucha *f*

lottare [lot'tare] *vi (fig)* luchar

lotteria [lotte'ria] *sf* lotería *f*

lotto ['lotto] *sm* **1.** *(gioco)* ≃ lotería *f* primitiva **2.** *(di terreno)* parcela *f*

lozione [lot'tsjone] *sf* loción *f*

lubrificante [lubrifi'kante] *sm* lubrificante *m*

lucchetto [luk'ketto] *sm* candado *m*

luccicare [luttʃi'kare] *vi* brillar

lucciola ['luttʃola] *sf* luciérnaga *f*

luce ['lutʃe] *sf* **1.** luz *f* **2.** ● **dare alla luce** dar a luz ● **mettere in luce qc** poner algo en evidencia ● **luci d'arresto** luces de freno ● **luci di direzione indicatori** *mpl* de dirección ● **luci di posizione** luces de posición ● **a luci rosse** pornográfico(ca)

lucernario [lutʃer'narjo] *sm* tragaluz *m*

lucertola [lu'tʃertola] *sf* lagartija *f*

lucidare [lutʃi'dare] *vt* **1.** *(scarpe)* lustrar **2.** *(argenteria)* abrillantar

lucidatrice [lutʃida'tritʃe] *sf* pulidora *f*

lucido, a ['lutʃido, a] ◇ *agg* **1.** *(pavimento, tessuto, rossetto)* brillante **2.** *(fig) (mente, persona)* lúcido(da) ◇ *sm* transparencia *f* ● **lucido da scarpe** betún *m* para zapatos

lucro ['lukro] *sm* lucro *m*

luglio ['luʎʎo] *sm* julio *m* ≃ **settembre**

lugubre ['lugubre] *agg* lúgubre

lui ['lui] *pron* él ● **ho visto lui, ma lei non c'era** a él le he visto, pero ella no estaba ● **è lui** es él ● **lui stesso** él mismo

lumaca [lu'maka] *(pl -che) sf* **1.** *(mollusco)* babosa *f* **2.** *(chiocciola)* caracol *m*

lume ['lume] *sm* lámpara *f* ● **a lume di candela** a la luz de las velas

luminoso, a [lumi'nozo, a] *agg* luminoso(sa)

luna ['luna] *sf* luna *f* ● **luna di miele** luna de miel ● **luna park** parque *m* de atracciones ● **luna piena** luna llena

lunario [lu'narjo] *sm* ● **sbarcare il lunario** ir tirando

lunedì [lune'di] *sm* lunes *m inv* ≃ **sabato**

lungarno [lun'garno] *sm* calle de Florencia a lo largo del río Arno

lunghezza [lun'getstsa] *sf* **1.** *(misura)* longitud *f* **2.** *(temporale)* duración *f* ● **essere sulla stessa lunghezza d'onda** *(fig)* sintonizar

lungo, a, ghi, ghe ['lungo, a, gi, ge] *agg* largo(ga) • **saperla lunga** saber latín • **a lungo** mucho • **di gran lunga** con mucho • **in lungo e in largo** a lo alto y a lo ancho • **andare per le lunghe** ir para largo

lungolago [lungo'lago] *sm* calle a lo largo de un lago

lungomare [lungo'mare] *sm* paseo *m* marítimo

lungotevere [lungo'tevere] *sm* calle de Roma a lo largo del río Tíber

lunotto [lu'nɔtto] *sm* luneta *f*

luogo, ghi ['lwɔgo, gi] *sm* lugar *m* • **aver luogo** tener lugar • **dar luogo a qc** dar lugar a algo • **luogo comune** lugar común • **luogo di culto** lugar de culto • **luogo di nascita** lugar de nacimiento • **del luogo** del lugar • **in primo luogo** en primer lugar

lupino [lu'pino] *sm* altramuz *m*

lupo ['lupo] *sm* lobo *m*

lurido, a ['lurido, a] *agg* mugriento(ta)

lusinga [lu'zinga] (*pl* -**ghe**) *sf* halago *m*

lusingare [luzin'gare] *vt* halagar

lussare [lus'sare] *vt* dislocar

Lussemburgo [lussem'burgo] • **il Lussemburgo** Luxemburgo *m*

lusso ['lusso] *sm* lujo *m* • **di lusso** de lujo

lussuoso, a [lus'swozo, a] *agg* lujoso (sa), pomposo(sa) (*Amér*)

lussureggiante [lussuredʒ'dʒante] *agg* exuberante

lussuria [lus'surja] *sf* lujuria *f*

lustrare [lus'trare] *vt* sacar brillo a

lustrino [lus'trino] *sm* lentejuela *f*

lustro, a ['lustro, a] *agg* brillante

lutto ['lutto] *sm* luto *m* • **essere in lutto** estar de luto

M

ma [ma] *cong* pero

macabro, a ['makabro, a] *agg* macabro(bra)

macché [mak'ke] *esclam* ¡que va!

maccheroni [makke'roni] *smpl* macarrones *mpl* • **maccheroni alla chitarra** macarrones cortados con un utensilio especial (la "chitarra"), típicos de los Abruzzos

macchia ['makkja] *sf* 1. mancha *f* 2. (*bosco*) matorral *m*

macchiare [mak'kjare] *vt* manchar

macchiarsi *vr* 1. mancharse 2. (*fig*) (*di una colpa*) mancillar

macchiato, a [mak'kjato, a] *agg* (*imbrattato*) manchado(da)

macchina ['makkina] *sf* 1. (*automobile*) coche *m* 2. (*apparecchio*) máquina *f* • **andare in macchina** ir en coche • **macchina fotografica** cámara fotográfica • **macchina da scrivere** máquina de escribir

macchinario [makki'narjo] *sm* maquinaria *f*

macchinetta [makki'netta] *sf* 1. cafetera (*máquina*) *f* 2. • **macchinetta mangiasoldi** máquina *f* tragaperras

ma

macchinista [makki'nista] *sm* maquinista *m*

macedonia [matʃe'dɔnja] *sf* macedonia *f*

Macedonia *sf* ● **la Macedonia** Macedonia *f*

macellaio, a [matʃel'lajo, a] *sm,f* carnicero *m*, -ra *f*

macelleria [matʃelle'ria] *sf* carnicería *f*

macerie [ma'tʃɛrje] *sfpl* escombros *mpl*

macigno [ma'tʃiɲɲo] *sm* peñasco *m*

macinacaffè [matʃinakaf'fɛ] *sm inv* molinillo *m* de café

macinapepe [matʃina'pepe] *sm inv* molinillo *m* de pimienta

macinare [matʃi'nare] *vt* moler

macinato, a [matʃi'nato] ◇ *agg* molido (da) ◇ *sm* carne *f* picada o molida (*Amér*)

macrobiotico, a, ci, che [makrobi'ɔtiko, a, tʃi, ke] *agg* macrobiótico(ca)

Madonna [ma'dɔnna] *sf* Virgen *f*

madre ['madre] *sf* madre *f*

madrelingua [madre'lingwa] ◇ *sf* lengua *f* materna ◇ *smf (insegnante)* nativo *m*, -va *f*

madreperla [madre'pɛrla] *sf* nácar *m*

madrina [ma'drina] *sf* madrina *f*

maestra [ma'ɛstra] ⊃ **maestro**

maestrale [maes'trale] *sm* mistral *m*

maestro, a [ma'ɛstro, a] ◇ *sm,f* **1.** *(di elementari)* maestro *m*, -tra *f* **2.** *(di musica, pittura, ballo)* profesor *m*, -ra *f* **3.** *SPORT* monitor *m*, -ra *f* ◇ *sm* maestro *m*

mafia ['mafja] *sf* mafia *f*

mafioso, a [ma'fjoso, a] *agg* & *sm,f* mafioso(sa)

magari [ma'gari] ◇ *esclam* ¡ojalá! ◇ *avv* quizás

magazzino [magad'dzino] *sm* almacén *m* ● **grande magazzino** grandes almacenes

maggio ['maddʒo] *sm* mayo *m* ⊃ **settembre**

maggiorana [maddʒo'rana] *sf* mejorana *f*

maggioranza [maddʒo'rantsa] *sf* mayoría *f* ● **nella maggioranza dei casi** en la mayoría de casos

maggiore [mad'dʒore] ◇ *agg* mayor ◇ *sm* MIL mayor *m* ● **andare per la maggiore** tener éxito ● **la maggiore età** la mayoría de edad ● **la maggior parte (di)** la mayoría (de)

maggiorenne [maddʒo'rɛnne] *agg* & *smf* mayor de edad

maggiormente [maddʒor'mente] *avv* mayoritariamente

magia [ma'dʒia] *sf* **1.** *(stregoneria)* brujería *f* **2.** *(incanto)* magia *f*

magico, a, ci, che ['madʒiko, a, tʃi, ke] *agg* mágico(ca)

magistratura [madʒistra'tura] *sf* magistratura *f*

maglia ['maʎʎa] *sf* **1.** *(indumento)* camiseta *f* **2.** *(tessuto)* punto *m* **3.** *(di catena)* eslabón *m* **4.** ● **lavorare a maglia** hacer punto

maglieria [maʎʎe'ria] *sf* géneros *mpl* de punto

maglietta [maʎ'ʎetta] *sf* **1.** *(a maniche corte)* camiseta *f*, franela *f* (*Andes, PRico* & *Ven*), remera *f* (*Arg* & *Urug*) **2.** *(canottiera)* camiseta *f* sin mangas

maglione [maʎ'ʎone] *sm* jersey *m* (*Esp*), pulóver *m* (*Amér*)

magnate [maɲ'nate] *sm* magnate *m*
magnetico, a, ci, che [maɲ'nɛtiko, a, tʃi, ke] *agg* magnético(ca)
magnifico, a, ci, che [maɲ'nifiko, a, tʃi, ke] *agg* magnífico(ca)
mago, a, ghi, ghe ['mago, a, gi, ge] *sm,f* **1.** *(stregone)* brujo *m*, -ja *f* **2.** *(illusionista)* mago *m*, -ga *f*
magro, a ['magro, a] *agg* **1.** *(persona)* delgado(da), flaco(ca) *(Amér)* **2.** *(alimento)* sin grasa **3.** *(fig) (scarso)* ● **un magro stipendio** un sueldo miserable ● **un magro risultato** un resultado mediocre
mai ['mai] *avv* **1.** nunca **2.** *(qualche volta)* alguna vez ● **non ci andrò mai più** nunca más o nunca ● **mai più** nunca más ● **sei mai stato a Parigi?** ¿has estado alguna vez en París?
maiale [ma'jale] *sm (fig)* cerdo *m*
maiolica, che [ma'jɔlika, ke] *sf* cerámica *f*
maionese [majo'nese] *sf* mayonesa *f*
mais ['mais] *sm inv* maíz *m*
maiuscola [ma'juskola] *sf* mayúscula *f*
maiuscolo, a [ma'juskolo, a] *agg* mayúsculo(la)
malafede [mala'fede] *sf* mala fe *f*
malaga ['malaga] *sm (gusto di gelato)* helado de vainilla con sabor a málaga
malandato, a [malan'dato, a] *agg* estropeado(da)
malanno [ma'lanno] *sm* dolencia *f*
malapena [mala'pena] ● **a malapena** *avv* a duras penas
malato, a [ma'lato, a] *agg & sm,f* enfermo(ma) ● **malato di cuore** enfermo del corazón
malattia [malat'tia] *sf* enfermedad *f* ● **essere in malattia** estar de baja ● **malattie infettive** enfermedades infecciosas
malavita [mala'vita] *sf* delincuencia *f*
malconcio, a, ci, ce [mal'kontʃo, tʃi, tʃe] *agg* malparado(da)
maldestro, a [mal'dɛstro, a] *agg* **1.** *(poco abile)* torpe **2.** *(impacciato, goffo)* patoso(sa)
maldicenza [maldi'tʃɛntsa] *sf* maledicencia *f*
male ['male] ◇ *sm* **1.** mal *m* **2.** *(dolore)* dolor *m* ◇ *avv* **1.** mal **2.** ● **fare del male a qn** hacer daño a alguien ● **non c'è male!** bastante bien ● **ti fa male?** ¿te duele? ● **mi fanno male i piedi** me duelen los pies ● **mal d'aria** mareo *m* ● **mal d'auto** mareo *m* ● **mal di mare** mareo *m* ● **mal di gola** dolor de garganta ● **mal di stomaco** dolor de estómago ● **mal di testa** dolor de cabeza ● **sentirsi male** encontrarse mal ● **stare male** encontrarse mal ● **andare a male** echarse a perder ● **restarci** o **rimanerci male** llevarse un disgusto ● **di male in peggio** de mal en peor ● **aversela** o **prendersela a male** tomarse a mal algo
maledetto, a [male'detto, a] ◇ *pp* ◇ *agg* **1.** *(sventurato)* maldito(ta) **2.** *(fam) (insopportabile)* condenado(da)
maledire [male'dire] *vt* maldecir
maledizione [maledits'tsjone] *sf* maldición *f*

maleducato, a [maledu'kato, a] *agg* maleducado(da)

maleducazione [maledukats'tsjone] *sf* mala educación f

maleodorante [maleodo'rante] *agg* maloliente

malessere [ma'lessere] *sm* malestar m

malfamato, a [malfa'mato, a] *agg* de mala reputación

malfattore, trice [malfat'tore] *sm,f* delincuente mf, hampón m, -ona f (Chile)

malfermo, a [mal'fermo, a] *agg* inseguro(ra)

malformazione [malformats'tsjone] *sf* malformación f

malgrado [mal'grado] ◇ *avv* a pesar de ◇ *cong* aunque ● **mio malgrado** mal que me pese

malignità [malinni'ta] *sf inv* 1. *(d'animo)* maldad f 2. *(insinuazione)* malicia f

maligno, a [ma'linno, a] ◇ *agg* maligno(na) ◇ *sm* demonio m

malinconia [malinko'nia] *sf* melancolía f

malinconico, a, ci, che [malin'kɔniko, a, tʃi, ke] *agg* melancólico(ca)

malincuore [malin'kwɔre] ● **a malincuore** *avv* de mala gana

malintenzionato, a [malintentsjo'nato, a] *agg* malintencionado(da)

malinteso [malin'tezo] *sm* malentendido m

malizia [ma'litstsja] *sf* malicia f

maliziozo, a [malits'tsjozo, a] *agg* malicioso(sa)

malleabile [malle'abile] *agg* (fig) maleable

malmenare [malme'nare] *vt* maltratar

malnutrizione [malnutrits'tsjone] *sf* malnutrición f

malore [ma'lore] *sm* malestar m repentino

malridotto, a [malri'dotto, a] *agg* maltrecho(cha)

malsano, a [mal'sano, a] *agg* (fig) malsano(na)

Malta ['malta] *sf* Malta f

maltempo [mal'tempo] *sm* mal tiempo m

malto ['malto] *sm* malta f

maltrattare [maltrat'tare] *vt* maltratar

malumore [malu'more] *sm* mal humor m ● **essere di malumore** estar de mal humor

malvagio, a, gi, gie [mal'vadʒo, a, dʒi, dʒe] *agg* malvado(da)

malvolentieri [malvolen'tjeri] *avv* de mala gana

mamma ['mamma] *sf* mamá f ● **mamma mia!** ¡madre mía!

mammella [mam'mella] *sf* mama f

mammifero [mam'mifero] *sm* mamífero m

manager ['mɛnadʒer] *smf inv* 1. *(di azienda)* gerente mf 2. *(di cantanti, attori, atleti)* representante m

manata [ma'nata] *sf* palmada f

mancanza [man'kantsa] *sf* falta f ● **sentire la mancanza di qn** echar de menos a alguien ● **in mancanza di** a

mancare [man'kare] ◇ *vi* 1. faltar 2. *(form) (morire)* fallecer ◇ *vt* fallar ● **mi manchi molto** te echo mucho de menos ● **mi manca il tempo** me falta tiempo ◆ **ci è mancato poco che cadesse** ha faltado poco para que se cayera ◆ **manca un quarto alle quattro** son las cuatro menos cuarto ◆ **mancare di** v + prep carecer de ◆ **mancare a** v + prep faltar a

mancia, ce ['mantʃa, tʃe] sf propina f ◆ **dare la mancia (a qn)** dar propina (a alguien)

manciata [man'tʃata] sf puñado m

mancino, a [man'tʃino, a] agg zurdo (da)

manco ['manko] avv (fam) ni siquiera ◆ **manco per sogno** o **per idea** ni en sueños

mandarancio [manda'rantʃo] sm clementina f

mandare [man'dare] vt **1.** (persona) mandar **2.** (lettera, pacco) enviar **3.** (grido) lanzar ◆ **mandare a chiamare qn** mandar llamar a alguien ◆ **mandare via** echar a alguien ◆ **mandare avanti** (farsi precedere) mandar una avanzadilla; (fig) (famiglia, azienda) sacar adelante ◆ **mandare giù** (fig) tragar

mandarino [manda'rino] sm mandarina f

mandata [man'data] sf (di chiave) vuelta f ◆ **chiudere a doppia mandata** cerrar con dos vueltas

mandato [man'dato] sm orden f ◆ **mandato d'arresto** orden de detención

mandibola [man'dibola] sf mandíbula f

mandolino [mando'lino] sm mandolina f

mandorla ['mandorla] sf almendra f ◆ **occhi a mandorla** ojos almendrados

mandorlato sm almendrado m

maneggiare [maned'dʒare] vt manejar

maneggio [ma'neddʒo] sm **1.** (di cavalli) picadero m **2.** (manovra losca) maquinación f

manetta [ma'netta] sf llave f de paso

manette sfpl esposas fpl

mangiare [man'dʒare] ◇ vt (fig) comer ◇ vi comer ◆ **far da mangiare** hacer la comida ◆ **mangiare le parole** comerse las palabras

mangime [man'dʒime] sm pienso m

mangione, a [man'dʒone, a] agg tragón (ona)

mania [ma'nia] sf manía f ◆ **avere la mania di fare qc** tener la manía de hacer algo

maniaco, a, ci, che [ma'niako, a, tʃi, ke] ◇ agg maniático(ca) ◇ sm,f maníaco m, -ca f

manica, che ['manika, ke] sf manga f ◆ **a maniche corte** de manga corta ◆ **mezze maniche** de media manga ◆ **mezze maniche** tipo de pasta similar a los macarrones ◆ **Manica** sf (il Canale della) Manica el Canal de La Mancha

manicaretto [manika'retto] sm manjar m

manichino [mani'kino] sm maniquí m

manico ['maniko] (pl -ci) sm **1.** (di scopa, di coltello) mango m **2.** (di pentola, tazza, valigia) asa f **3.** (di chitarra) mástil m

manicomio [mani'kɔmjo] sm (fig) manicomio m

manicure [mani'kur] sf inv **1.** (persona) manicura mf **2.** (trattamento) manicura f

ma

maniera [ma'njera] *sf* manera *f* ● **in maniera che** de manera que ● **in tutte le maniere** de todas las maneras

manifestare [manifes'tare] ◇ *vt* manifestar ◇ *vi* manifestarse ● **manifestarsi** *vr* manifestarse

manifestazione [manifestats'tsjone] *sf* 1. manifestación *f* 2. (*spettacolo*) espectáculo *m*

manifesto, a [mani'festo, a] ◇ *agg* manifiesto(ta) ◇ *sm* cartel *m*

maniglia [ma'niʎʎa] *sf* 1. (*di porta*) tirador *m* 2. (*di valigia, autobus*) asa *f*

manipolare [manipo'lare] *vt* (*fig*) manipular

mano, i ['mano, i] *sf* 1. mano *f* 2. ● **dare una mano a qn** echar una mano a alguien 3. ● **darsi la mano** darse la mano ● **fatto a mano** hecho a mano ● **man mano che** a medida que ● **di seconda mano** de segunda mano ● **andare contro mano** ir en dirección contraria ● **essere alla mano** ser accesible ● **fare man bassa di qc** arrasar con todo ● **fuori mano** fuera de alcance ● **stare con le mani in mano** estar mano sobre mano

manodopera [mano'dɔpera] *sf* mano *f* de obra

manomettere [mano'mettere] *vt* 1. forzar 2. (*fig*) (*prove*) manipular

manopola [ma'nɔpola] *sf* 1. (*di televisione, radio, termosifone*) botón *m* 2. (*guanto*) manopla *f*

manovale [mano'vale] *sm* peón *m*

manovella [mano'vella] *sf* manivela *f*

manovra [ma'nɔvra] *sf* maniobra *f*

manovrare [mano'vrare] ◇ *vt* (*fig*) manejar ◇ *vi* 1. MIL hacer maniobras 2. (*fig*) (*tramare*) maquinar

manrovescio [manro'veʃʃo] *sm* revés *m*

mansarda [man'sarda] *sf* buhardilla *f*

mansione [man'sjone] *sf* función *f*

mantella [man'tella] *sf* capa *f*

mantello [man'tello] *sm* 1. (*di animale*) pelaje *m* 2. (*indumento*) capa *f*

mantenere [mante'nere] *vt* mantener ● **mantenersi** *vr* mantenerse

mantenimento [manteni'mento] *sm* mantenimiento *m*

manuale [manu'ale] ◇ *agg* manual ◇ *sm* manual *m*

manubrio [ma'nubrjo] *sm* 1. (*di bicicletta, moto*) manillar *m* 2. (*di congegno*) manivela *f*

manutenzione [manuten'tsjone] *sf* manutención *f*

manzo ['mandzo] *sm* 1. (*animale*) novillo *m* 2. (*carne*) ternera *f*

mappa ['mappa] *sf* mapa *m*

mappamondo [mappa'mondo] *sm* mapamundi *m*

maraschino [maras'kino] *sm* marrasquino *m*

maratona [mara'tona] *sf* maratón *m o f*

marca ['marka] (*pl* **-che**) *sf* 1. (*di prodotto*) marca *f* 2. (*scontrino*) resguardo *m* ● **marca da bollo** sello *m* fiscal

marcare [mar'kare] *vt* marcar

marchio ['markjo] *sm* marca *f* ● **marchio di fabbrica** marca de fábrica ● **marchio registrato** marca registrada

marcia ['martʃa] (*pl* **-ce**) *sf* marcha *f* ●

fare marcia indietro dar marcha atrás ● **mettersi in marcia** ponerse en marcha

marciapiede [martʃa'pjede] *sm* **1.** *(di strada)* acera *f* **2.** *(di stazione)* andén *m*

marciare [mar'tʃare] *vi* marchar

marcio, cia ['martʃo, tʃa] *agg* **1.** *(cibo, legno)* podrido(da) **2.** *(fam) (corrotto)* podrido(da) **3.** *(dente)* picado(da)

marcire [mar'tʃire] *vi* **1.** *(cibo)* pudrirse **2.** *(dente)* picarse

marco ['marko] *(pl* **-chi)** *sm* marco *m*

mare ['mare] *sm* mar *m* ● **andare al mare** ir a la playa ● **Mar Ligure** Mar Ligur ● **mare grosso** mar muy gruesa

marea [ma'rɛa] *sf* **1.** marea *f* **2.** *(fig) (moltitudine, di gente)* mar *m* ● **alta marea** marea alta ● **bassa marea** marea baja

mareggiata [mared'dʒata] *sf* marejada *f*

maresciallo [mareʃ'ʃallo] *sm* mariscal *m*

margarina [marga'rina] *sf* margarina *f*

margherita [marge'rita] *sf* margarita *f*

margine [mardʒine] *sm* margen *m*

marina [ma'rina] *sf (militare)* marina *f*

marinaio [mari'najo] *sm* **1.** *(militare)* marino *m* **2.** *(civile)* marinero *m*

marinaro, a [mari'naro, a] *agg* marinero(ra) ● **alla marinara** a la marinera

marinata [mari'nata] *sf* escabeche *m*

marino, a [ma'rino, a] *agg* marino(na)

marionetta [marjo'netta] *sf* marioneta *f*

marito [ma'rito] *sm* marido *m*

marittimo, a [ma'rittimo, a] *agg* marítimo(ma)

marmellata [marmel'lata] *sf* mermelada *f*

marmitta [mar'mitta] *sf* **1.** *(di auto, moto)* tubo *m* de escape **2.** *(pentola)* olla *f*

marmo ['marmo] *sm* mármol *m*

marocchino, a [marok'kino, a] ◇ *agg* & *sm,f* marroquí ◇ *sm* marroquinería *f*

Marocco [ma'rɔkko] *sm* ● **il Marocco** Marruecos *m*

marrone [mar'rone] ◇ *agg* marrón ◇ *sm* **1.** marrón *m* **2.** *(frutto)* castaña *f*

marron glacé [marrɔŋgla'se] *sm inv* marron *m* glacé

marsala [mar'sala] *sm inv* marsala *f*

marsupio [mar'supjo] *sm* **1.** *(borsello)* riñonera *f* **2.** *(di animale)* bolsa *f* marsupial

martedì [marte'di] *sm inv* martes *m inv* > **sabato**

martellare [martel'lare] *vt* & *vi* martillear

martello [mar'tɛllo] *sm* martillo *m*

martini® [mar'tini] *sm inv* **1.** *(vermut)* vermut *m* **2.** *(cocktail)* martini ® *m*

martire [martire] *smf (fig)* mártir *mf*

marzapane [martsa'pane] *sm* mazapán *m*

marziale [mar'tsjale] *agg* marcial

marziano, a [mar'tsjano, a] *sm,f (fig)* marciano *m*, -na *f*

marzo ['martso] *sm* marzo *m* > **settembre**

mascalzone [maskal'tsone] *sm* sinvergüenza *m*

mascara [mas'kara] *sm inv* rímel *m*

mascarpone [maskar'pone] *sm* mascarpone *m*

mascella [maʃˈʃella] *sf* mandíbula *f*

maschera [ˈmaskera] *sf* **1.** *(finto volto, di protezione)* máscara *f* **2.** *(subacquea)* gafas *fpl* ● máscara *f (Amér)* de bucear **3.** *(costume)* disfraz *m* **4.** *(di bellezza)* mascarilla *f* **5.** *(di cinema, teatro)* acomodador *m*

mascherare [maskeˈrare] *vt* enmascarar ◆ **mascherarsi** *vr* **1.** ● mascherarsi (da) hacerse pasar (por) **2.** *(travestirsi)* disfrazarse (de)

maschile [masˈkile] *agg* masculino(na)

maschio, a [ˈmaskjo, a] ◇ *agg* **1.** *(persona)* varón **2.** *(animale)* macho ◇ *sm* **1.** *(ragazzo)* chico *m*, chavo *m (Méx)* **2.** *(neonato)* niño *m* **3.** *(animale)* macho *m* **4.** *(persona)* varón *m*

mascolino, a [maskoˈlino, a] *agg* masculino(na)

mascotte [masˈkɔt] *sf inv* mascota *f*

masochista, i, e [mazoˈkista, i, e] *smf* masoquista *mf*

massa [ˈmassa] *sf* **1.** masa *f* **2.** ● una massa di un montón *m* ● ruma *(Amér)* de **3.** *(mucchio)* montón *m*, ruma *(Amér)* **4.** *(gente)* masa *f* **5.** ● di massa de masas ● en masa

massacro [masˈsakro] *sm* masacre *f*, matazón *m (Cuba)*

massaggiare [massadˈdʒare] *vt* masajear

massaggiatore, trice [massaddʒaˈtore, ˈtritʃe] *sm,f* masajista *mf*

massaggio [masˈsaddʒo] *sm* masaje *m*

massaia [masˈsaja] *sf* ama *f* de casa

massiccio, a, ci, ce [masˈsittʃo, a, tʃi, tʃe] ◇ *agg* **1.** *(corporatura)* fuerte **2.** *(edificio)* sólido(da) ◇ *sm* **1.** macizo *m* **2.** ● il massiccio del monte Bianco el macizo del monte Blanco ● **oro massiccio** oro macizo

massima [ˈmassima] *sf* **1.** *(detto)* máxima *f* **2.** *(regola)* regla *f* **3.** *(temperatura)* máxima *f*

massimo, a [ˈmassimo, a] ◇ *agg* máximo(ma) ◇ *sm* máximo *m* ● al massimo como máximo

mass media [massˈmedia] *smpl* mass media *mpl*

masso [ˈmasso] *sm* peñasco *m*

masticare [mastiˈkare] *vt* **1.** masticar **2.** *(fig)* *(veleno, rancore)* tragar

mastino [masˈtino] *sm (fig)* mastín *m*

matassa [maˈtassa] *sf* madeja *f*

matematica [mateˈmatika] *sf* matemáticas *fpl*

matematico, a, ci, che [mateˈmatiko, a, tʃi, ke] *agg & sm,f* matemático(ca)

materassino [materasˈsino] *sm* colchoneta *f* ● materassino pneumatico colchoneta hinchable

materasso [mateˈrasso] *sm* colchón *m* ● materasso a molle colchón *m* de muelles *(Esp)*, colchón *m* de resortes *(Amér)*

materia [maˈtɛrja] *sf* **1.** *(sostanza, argomento)* materia *f* **2.** *(materiale)* material *m* **3.** *(disciplina)* asignatura *f* ● **materie prime** materias primas

materiale [mateˈrjale] ◇ *agg* material ◇ *sm* material *m* ● materiale sintetico material sintético

maternità [materniˈta] *sf inv* maternidad *f* ● essere in maternità estar de

baja por maternidad
materno, a [ma'tɛrno, a] *agg* (*amore, istinto*) maternal **2.** (*zio, nonno*) materno(na)
matita [ma'tita] *sf* **1.** (*per scrivere*) lápiz *m* **2.** (*per occhi, labbra*) perfilador *m* (*Esp*), delineador *m* (*Amér*)
matrigna [ma'triɲɲa] *sf* madrastra *f*
matrimoniale [matrimo'njale] *agg* matrimonial
matrimonio [matri'mɔnjo] *sm* **1.** matrimonio *m* **2.** (*cerimonia*) boda *f*
mattatoio [matta'tojo] *sm* matadero *m*, cuadro *m* (*Chile*)
mattina [mat'tina] *sf* mañana *f* ◆ **di mattina** por la mañana
mattinata [matti'nata] *sf* mañana *f*
mattiniero, a [matti'njɛro, a] *agg* ◆ **essere mattiniero** ser madrugador(ra) o albeador(ra) (*Arg*)
mattino [mat'tino] *sm* mañana *f*
matto, a ['matto, a] ◇ *agg* **1.** (*pazzo*) loco(ca), chalado(da) (*Arg*), rayado(da) (*Perú*) **2.** (*grandissimo*) tremendo(da) ◇ *sm,f* andare matto per ir loco(ca) por
mattone [mat'tone] *sm* **1.** ladrillo *m* **2.** (*fig*) (*pesante, noioso*) tostón *m*
mattonella [matto'nɛlla] *sf* baldosa *f*
maturare [matu'rare] *vt* e *vi* madurar
maturità [maturi'ta] *sf* **1.** (*saggezza, età*) madurez *f* **2.** (*diploma, esame*) ≃ selectividad *f* (*Esp*), ≃ prueba *f* de aptitud académica (*Amér*)
maturo, a [ma'turo, a] *agg* **1.** (*frutto*) maduro(ra) **2.** (*adulto*) pasado(da) (*Amér*) **2.** (*responsabile, di età*) maduro(ra)
mazza ['mattsa] *sf* **1.** palo *m* **2.** mazza da golf palo de golf
mazzo ['mattso] *sm* **1.** (*di fiori*) ramo *m* **2.** (*di chiavi*) juego *m* **3.** (*di carte*) baraja *f*, mazo *m* (*Amér*)
me [me] *pron* **1.** me **2.** (*con preposizione*) mí ◆ hanno chiamato me, non te han llamado a mí, no a ti ◆ me l'hai già detto ya me lo dijiste ◆ è per me es para mí
meccanica [mek'kanika] *sf* mecánica *f*
meccanico, a, ci, che [mek'kaniko, a, tʃi, ke] ◇ *agg* mecánico(ca) ◇ *sm* mecánico *m*
meccanismo [makka'nizmo] *sm* mecanismo *m*
mèche [mɛʃ] *sf inv* mechas *fpl*
medaglia [me'daʎʎa] *sf* medalla *f*
medaglione [medaʎ'ʎone] *sm* medallón *m*
medesimo, a [me'dɛzimo, a] *agg* mismo(ma)
media ['mɛdja] *sf* **1.** (*valore intermedio*) media *f* **2.** SCOL ≃ ESO *f* ◆ in media de media ◆ le (scuole) medie ≃ la ESO
mediante [me'djante] *prep* mediante
mediatore, trice [medja'tore, 'tritʃe] *sm,f* intermediario *m*, -ria *f*
medicare [medi'kare] *vt* curar
medicina [medi'tʃina] *sf* medicina *f*
medicinale [meditʃi'nale] ◇ *agg* medicinal ◇ *sm* medicamento *m*
medico, a, ci, che ['mɛdiko, a, tʃi, ke] ◇ *agg* e *sm* médico(ca) ◆ medico di guardia médico de guardia ◆ medico generico médico de cabecera
medievale [medje'vale] *agg* medieval
medio, a ['mɛdjo, a] *agg* medio(dia) ◆

medio *sm* ● (dito) medio (dedo) corazón *m*
mediocre [me'djɔkre] *agg* mediocre
medioevale [medjoe'vale] = **medievale**
medioevo *sm* edad *f* media
meditare [medi'tare] *vt* & *vi* meditar
meditazione [meditats'tsjone] *sf* meditación *f*
mediterraneo, a [mediter'raneo, a] *agg* mediterráneo(a) ● **il (Mar) Mediterraneo** *sm* el (Mar) Mediterráneo
medusa [me'duza] *sf* (animale) medusa *f*, aguamala (*Méx*), aguaviva *f* (*RP*)
megafono [me'gafono] *sm* megáfono *m*, altoparlante *m* (*Amér*)
meglio ['mɛʎʎo]
◇ *avv* **1.** (*comparativo*) mejor ● **mi sento meglio di ieri** me encuentro mejor que ayer ● **andare meglio** ir mejor ● **per meglio dire** mejor dicho **2.** (*superlativo*) mejor ● **è il dolce che mi riesce meglio** es el postre que me sale mejor ● **le persone meglio organizzate** las personas mejor organizadas
◇ *agg inv* **1.** (*migliore*) mejor ● **la tua macchina è meglio della mia** tu coche es mejor que el mío **2.** (*impersonale*) mejor ● **è meglio rimanere qui** es mejor quedarse aquí ● **è meglio che te lo dica** es mejor que te lo diga
◇ *sm* ● **fare del proprio meglio** hacer todo lo posible ● **agire per il meglio** actuar con la mejor intención
◇ *sf* ● **avere la meglio su qn** tener la de ganar con alguien ● **alla bell'e meglio** como mejor se pueda

mela ['mela] *sf* manzana *f* ● **mela cotogna** membrillo *m*
melagrana [mela'grana] *sf* granada *f*
melanzana [melan'tsana] *sf* berenjena *f* ● **melanzane alla parmigiana** plato gratinado a base de berenjenas cortadas y fritas dispuestas en varias capas, que se alternan con salsa de tomate y parmesano rallado
melenso, a [me'lenso, o] *agg* **1.** (*persona*) simplón(ona) **2.** (*discorso*) insulso(sa)
melma ['melma] *sf* cieno *m*, barro *m* (*Amér*)
melo ['melo] *sm* manzano *m*
melodia [melo'dia] *sf* melodía *f*
melodramma [melo'dramma] *sm* (*pl* **-i**) *sm* melodrama *m*
melograno [melo'grano] *sm* granado *m*
melone [me'lone] *sm* melón *m*
membro ['membro] *sm* **1.** (*pl* **membri**) (*di club, associazione*) miembro *m* **2.** (*pl* **membra**) (*arto*) miembro *m*
memorabile [memo'rabile] *agg* memorable
memoria [me'mɔrja] *sf* memoria *f* ● **sapere qc a memoria** saber algo de memoria ● **a memoria** de memoria
mendicante [mendi'kante] *smf* pordiosero *m*, -ra *f*
meno ['meno]
◇ *avv* **1.** ● **meno (di)** menos (que) ● **camminate meno in fretta** caminad menos rápido ● **sempre meno** spesso cada vez menos ● **un po' di meno** un poco menos ● **più o meno** más o menos ● **né più né meno** ni más ni menos **2.** (*in superlativi*) ● **la camera**

meno cara la habitación más barata ● **il meno interessante** lo menos interesante ● **quello che costa di meno** lo que cuesta menos **3.** *(no)* ● **non so se restare o meno** no sé si quedarme o no **4.** *(nelle ore)* ● **le nove meno un quarto** las nueve menos cuarto **5.** *(nelle temperature)* ● **stanotte siamo scesi a meno sei** esta noche la temperatura ha bajado a menos seis **6.** *(in espressioni)* ● **a meno che..., a meno che (non) abbia un'altra idea** a menos que (no) tenga otra idea ● **non essere da meno (di qn)** no ser menos (que alguien) ● **fare a meno di** prescindir de ● **meno male (che)** menos mal (que) ● **tanto meno** aún menos ● **venire meno a qc** fallar en algo
◇ *prep* **1.** *(tranne)* menos ● **c'erano tutti meno lei** estaban todos menos ella ● **meno che** menos en ● **pensa a tutto meno che a divertirsi** piensa en todo menos en divertirse **2.** ● **dieci meno cinque fa cinque** diez menos cinco son cinco
◇ *agg inv* menos ● **oggi c'è meno gente** hoy hay menos gente ● **fare il meno possibile** hacer lo menos posible

menopausa [meno'pawza] *sf* menopausia *f*

mensa ['mensa] *sf* comedor *m* ● **mensa universitaria** comedor universitario

mensile [men'sile] ◇ *agg* mensual ◇ *sm* revista *f* mensual

mensola ['mensola] *sf* repisa *f*

menta ['menta] *sf* **1.** menta *f* **2.** *(caramella)* caramelo *m* de menta

mentale [men'tale] *agg* mental

mentalmente [mental'mente] *avv* mentalmente

mente ['mente] *sf* mente *f* ● **avere in mente di fare qc** tener la intención de hacer algo ● **sfuggire o passare di mente a qn** olvidársele o pasársele (algo) a alguien ● **tenere a mente qc** tener algo en mente ● **a mente** de memoria

mentire [men'tire] *vi* mentir

mento ['mento] *sm* mentón *m*

mentre ['mentre] *cong* **1.** mientras **2.** *(avversativa)* en cambio

menù [me'nu] *sm* menú *m*

menzionare [mentsjo'nare] *vt* mencionar

menzogna [men'dzoɲɲa] *sf* mentira *f*

meraviglia [meraviʎʎa] *sf* **1.** *(stupore)* admiración *f* **2.** *(cosa, persona)* maravilla *f* ● **a meraviglia** de maravilla

meravigliare [meraviʎˈʎare] *vt* maravillar ● **meravigliarsi di** maravillarse de

meraviglioso, a [meraviʎˈʎoso, a] *agg* maravilloso(sa)

mercante [mer'kante] *sm* comerciante *m*

mercantile [merkan'tile] *sm* mercante *m*

mercanzia [merkan'tsia] *sf* mercancía *f*

mercatino [merka'tino] *sm* mercadillo *m*, mercadito *m* *(Amér)*, tianguis *m* *(Méx)* ● **mercatino biologico** mercadillo de productos biológicos ● **mercatino d'antiquariato** mercadillo de antigüedades

mercato [mer'kato] *sm* mercado *m* ● mercato dei cambi mercado de cambios ● mercato nero mercado negro ● a buon mercato barato(ta)

merce ['mertʃe] *sf* mercancía *f*

merceria [mertʃe'ria] *sf* mercería *f*

mercoledì [merkole'di] *sm* miércoles *m inv* ➢ **sabato**

mercurio [mer'kurjo] *sm* mercurio *m*

merda ['merda] ◇ *sf* (*volg*) mierda *f* ◇ *esclam* (*volg*) ¡mierda!

merenda [me'renda] *sf* merienda *f*

meridionale [meridjo'nale] ◇ *agg* meridional ◇ *smf* habitante del sur de Italia

Meridione [meri'djone] *sm* ● il Meridione el sur de Italia

meringa [me'ringa] (*pl* **-ghe**) *sf* merengue *m*

meritare [meri'tare] ◇ *vt* merecer ◇ *vi* merecer la pena ● meritarsi qc merecerse algo

merito ['merito] *sm* mérito *m* ● per merito di qn gracias a alguien ● a pari merito en igualdad de condiciones

merlo [a ['merlo, a] *sm* **1.** mirlo *m* **2.** (*fam & fig*) (*gonzo*) pardillo *m*, bobo *m* (*Amér*)

merletto [mer'letto] *sm* encaje *m*

merluzzo [mer'lutstso] *sm* merluza *f*

meschino, a [mes'kino, a] *agg* mezquino(na)

mescolare [mesko'lare] *vt* **1.** mezclar **2.** (*rimestare*) remover ● **mescolarsi** *vr* mezclarse

mese ['mese] *sm* mes *m*

messa ['messa] *sf* misa *f*

messaggio [mes'saddʒo] *sm* mensaje *m*

messicano, a [messi'kano, a] *agg & sm,f* **1.** mejicano(na) **2.** ● **messicani di vitello** (*involtini*) rollito de carne de ternera relleno

Messico ['messiko] *sm* ● il Messico México *m*

messinscena [messin'ʃena] *sf* puesta *f* en escena

messo, a ['messo, a] ◇ *pp* ➢ **mettere** ◇ *sm* ● messo comunale alguacil *m* municipal

mestiere [mes'tjere] *sm* oficio *m* ● essere del mestiere tener práctica

mestolo ['mestolo] *sm* cucharón *m*

mestruazioni [mestrwats'tsjoni] *sfpl* menstruación *f*

meta ['meta] *sf* meta *f*

metà [me'ta] *sf inv* mitad *f* ● dividere qc a metà dividir algo por la mitad ● fare a metà (con qn) ir a medias (con alguien)

metabolismo [metabo'lizmo] *sm* metabolismo *m*

metafora [me'tafora] *sf* metáfora *f*

metallico, a, ci, che [me'talliko, a, tʃi, ke] *agg* metálico(ca)

metallo [me'tallo] *sm* metal *m*

metallurgico, a [metal'lurdʒiko, a] *agg* metalúrgico(ca)

meteo ['meteo] *sm* parte *m* meteorológico

meteorologico, a, ci, che [meteoro'lɔdʒiko, a, tʃi, ke] *agg* meteorológico(ca)

meticoloso, a [metiko'lozo, a] *agg* **1.** (*persona*) meticuloso(sa), escrupuloso(sa) (*Arg, Chile & Urug*) **2.** (*lavoro*) meticuloso(sa)

me

metódico, a, ci, che [me'tɔdiko, a, tʃi, ke] *agg* metódico(ca)

metódo ['metodo] *sm* método *m*

métrico, a, ci, che ['metriko, a, tʃi, ke] ◇ *agg* métrico(ca) ◇ *sf* métrica *f* • sistema metrico sistema métrico

metro ['metro] *sm* metro *m* • metro cubo metro cúbico • metro quadrato o quadro metro cuadrado

metronotte [metro'nɔtte] *sm inv* vigilante *m* nocturno, guachimán *m* (*Amér*)

metròpoli [me'trɔpoli] *sf* metrópolis *f inv*

metropolitana [metropoli'tana] *sf* metro *m*, subterráneo *m* (*Arg*)

méttere ['mettere] *vt* **1.** (*gen*) poner • mettere i piatti in tavola poner los platos en la mesa • mettere le cose in chiaro (*fig*) poner las cosas en claro • mettere qc in dubbio poner algo en duda • mettere qn alla prova poner a alguien a prueba • mettere una sciarpa ponerse una bufanda • mette della buona volontà in tutto che fa pone buena voluntad en todo lo que hace • mettere gli abbaglianti poner las largas **2.** (*supporre*) • mettiamo che supponiamos que **3.** (*in uno stato diverso*) • non mettere la casa in disordine no pongas la casa patas arriba • mettere l'antenna dritta pon la antena recta **4.** (*tempo*) • ci metterci tardar • ci abbiamo messo due giorni hemos tardado dos días • ci mette un'ora per andare se tarda una hora en llegar

mettersi *vr* **1.** (*porsi*) meterse • mettersi a tavola sentarse a la mesa • mettersi nei guai meterse en líos **2.** (*vestirsi*) ponerse • mettersi in pigiama ponerse el pijama **3.** (*cominciare*) • mettersi a fare qc ponerse a hacer algo • mettersi in viaggio emprender un viaje **4.** (*in espressioni*) • mettersi d'accordo ponerse de acuerdo • mettersi bene/male (*fam*) tomar un buen/mal cariz • mettersi in testa di fare qc empeñarse en hacer algo • mettersi qc (addosso) ponerse algo (encima) • mettersi con qn (*in società*) asociarse con alguien • si è messo con Chiara (*fam*) (*in coppia*) sale con Clara

mezza ['mɛddza] *sf* • la mezza las doce y media

mezzaluna [meddza'luna] (*pl* **mezzelune**) *sf* media luna *f*

mezzanino [meddza'nino] *sm* entresuelo *m*

mezzanotte [meddza'nɔtte] *sf* medianoche *f* • è mezzanotte son las doce (de la noche)

mezzo, a ['mɛddzo, a] ◇ *agg* medio (dia) ◇ *sm* medio *m* ◇ *avv* medio • le cinque e mezza las cinco y media • fare a mezzo con (qn) ir a medias (con alguien) • mezzo chilo medio kilo • mezzo litro medio litro • mezz'ora media hora • in mezzo a en medio de • per mezzo di mediante • andarci di mezzo pagar el pato • levarsi o togliersi di mezzo quitarse de en medio • mezzi pubblici medios de transporte públicos • mezzi di trasporto medios de transporte

mezzogiorno [meddzo'dʒorno] *sm* **1.** *(ora)* mediodía *m* **2.** *(sud)* sur *m* • **è mezzogiorno** son las doce *(del mediodía)*

Il Mezzogiorno

Este término designa la Italia meridional, o sea, la zona que va del Lacio a Sicilia y Cerdeña. A pesar de la riqueza de sus paisajes y de su patrimonio cultural y artístico, el nivel de industrialización es inferior a la media nacional y la tasa de desempleo, preocupante. Para reducir las diferencias socioeconómicas entre el norte y el sur del país, el Estado y algunos entes locales promueven iniciativas a favor del Mediodía.

mi [mi] *pron* me
miagolare [mjago'lare] *vi* maullar
mica ['mika] ◇ *sf (di pane)* miga *f* ◇ *avv (fam)* • **non sarà mica vero?** ¿no lo dirás en serio? • **non sono mica scemo** no tengo un pelo de tonto • **mica male** no está nada mal
miccia ['mittʃa] *sf* mecha *f*
michetta [mi'ketta] *sf (region)* panecillo *m (Esp)*, pancito *m (Amér)*, bolillo *m (Méx)*
micidiale [mitʃi'djale] *agg* mortal
micosi [mi'kozi] *sf* micosis *f inv*
microfono [mi'krɔfono] *sm* micrófono *m*
microscopio [mikros'kɔpjo] *sm* microscopio *m*

midolla [mi'dɔlla] *sf* miga *f*
midollo [mi'dɔllo] *sm* **1.** ANAT médula *f* **2.** *(fig) (parte interna)* meollo *m*
miei ['mjɛi] > **mio**
miele ['mjɛle] *sm* miel *f*
migliaio [miʎ'ʎajo] *(pl* **migliaia**) *sm* millar *m* • **un migliaio di** un millar de • **a migliaia** a miles
miglio ['miʎʎo] *(pl* **miglia**) *sm* **1.** *(unità di misura)* milla *f* **2.** *(pianta)* mijo *m*
miglioramento [miʎʎora'mento] *sm* mejora *f*, avance *m (Amér)*
migliorare [miʎʎo'rare] ◇ *vt* mejorar ◇ *vi* **1.** mejorar, avanzar *(Amér)* **2.** *(malato)* mejorar
migliore [miʎ'ʎore] *agg* mejor • **il/la migliore** el/la mejor
mignolo [miɲnolo] *sm* meñique *m*
mila ['mila] *mpl* mille
milanese [mila'neze] *agg & smf* **1.** milanés(esa) **2.** CULIN • **alla milanese** a la milanesa
Milano [mi'lano] *sf* Milán *f*
miliardo [mi'ljardo] *sm* mil millones *mpl*
milione [mi'ljone] *sm* millón *m*
militare [mili'tare] *agg & sm* militar
mille ['mille] *(pl* **mila**) *num mil* • **sei mille** seis mil
millefoglie [mille'fɔʎʎe] *sm inv* milhojas *m inv*, miloja *f (Amér)*
millenario, a [mille'narjo, a] ◇ *agg* milenario(ria) ◇ *sm* milenario *m*
millennio [mil'lennjo] *sm* milenio *m*
millepiedi [mille'pjɛdi] *sm inv* ciempiés *m inv*
millesimo, a [mil'lezimo, a] ◇ *agg* milésimo(ma) ◇ *sm* milésima *f*

millimetro [mil'limetro] *sm* milímetro *m*

milza ['miltsa] *sf* bazo *m* ● **mal di milza** dolor de bazo

mimare [mi'mare] *vt* hacer con mímica

mimetizzare [mimetid'dzare] *vt* mimetizar ● **mimetizzarsi** *vr* **1.** *(animali, piante)* mimetizarse **2.** MIL camuflarse

mimo ['mimo] *sm* mimo *m*

mimosa [mi'moza] *sf* mimosa *f*

min. *(abbr di minuto)* min; *(abbr di minimo)* min

mina ['mina] *sf* mina *f*

minaccia [mi'nattʃa] *sf* amenaza *f*

minacciare [minat'tʃare] *vt* amenazar ● **minacciare di fare qc** amenazar con hacer algo

minaccioso, a [minat'tʃozo, a] *agg* amenazador *m*

minatore [mina'tore] *sm* minero *m*

minerale [mine'rale] *agg & sm* mineral *m*

minerva [mi'nerva] *sf* **1.** MED collarín *m* **2.** *(fiammiferi)* cerilla de seguridad con cabeza sin fósforo

minestra [mi'nestra] *sf* sopa *f* ● **minestra in brodo** sopa de caldo ● **minestra di verdure** sopa de verduras ● **è sempre la stessa minestra** *(fig)* es siempre la misma canción

minestrone [mines'trone] *sm* potaje *m*, crema *f (Amér)*, minestrón *m (Arg)*

miniatura [minja'tura] *sf* miniatura *f*

miniera [mi'njera] *sf (fig)* mina *f*

minigolf [mini'gɔlf] *sm inv* minigolf *m*

minigonna [mini'gɔnna] *sf* minifalda *f*

minima ['minima] *sf* mínima *f*

minimizzare [minimid'dzare] *vt* minimizar

minimo, a ['minimo, a] *agg* mínimo (ma) ◇ *sm* **1.** *(parte più piccola)* mínimo *m* **2.** *(di motore)* ralentí *m* ● **un minimo di** un mínimo de

ministero [minis'tero] *sm* ministerio *m* ● **Ministero degli Interni** ≃ Ministerio del Interior ● **Ministero del Tesoro** ≃ Ministerio de Economía y Hacienda ● **pubblico ministero** fiscal *m*

ministro [mi'nistro] *sm* ministro *m* ● **ministro degli Esteri** ministro de Asuntos Exteriores

minoranza [mino'rantsa] *sf* minoría *f* ● **essere in minoranza** ser minoría

minorato, a [mino'rato, a] *agg & sm,f* minusválido(da)

minore [mi'nore] *agg* menor ◇ *sm,f* el/la menor ● **il/la minore** el/la menor ● **fratello/sorella minore** hermano/hermana menor

minorenne [mino'renne] *smf* menor *mf* de edad

minuscola [mi'nuskola] *sf* minúscula *f*

minuscolo, a [mi'nuskolo, a] *agg* minúsculo(la)

minuto, a [mi'nuto] *agg* **1.** menudo(da) **2.** *(fine)* fino(na) ◇ *sm* minuto *m*

mio, mia ['mio, 'mia] *(mpl* miei, *fpl* mie) *agg* mío(mía) ◇ *pron* el mío(la mía) ● **un mio amico** un amigo mío ● **i miei amici** mis amigos ● **vivo con i miei** vivo con mis padres

miope ['mjope] *agg* miope

mira ['mira] *sf* **1.** *(di tiro)* puntería *f* **2.** *(scopo)* mira *f* ● **prendere la mira** apuntar ● **prendere di mira** tomarla con alguien

miracolo [mi'rakolo] *sm* milagro *m*

miraggio [mi'raddʒo] *sm* (*fig*) espejismo *m*

mirare [mi'rare] *vi* apuntar ♦ **mirare a** *v* + *prep* **1.** (*con arma*) apuntar a **2.** (*aspirare*) aspirar a

miriade [mi'riade] *sf* miríada *f* ♦ **una miriade di** una miríada de

mirtillo [mir'tillo] *sm* arándano *m*

miscela [miʃ'ʃela] *sf* mezcla *f*

miscelatore *sm* mezclador *m*

mischia ['miskja] *sf* **1.** (*rissa*) pelea *f* **2.** SPORT (*rugby*) melée *f* **3.** ♦ **buttarsi nella mischia** meterse en una pelea

mischiare [mis'kjare] *vt* **1.** (*acqua e vino*) mezclar **2.** (*carte*) barajar ♦ **mischiarsi** *vr* mezclarse

miseria [mi'zerja] *sf* miseria *f* ♦ **porca miseria!** (*fam*) ¡mecachis!, ¡qué vaina! (*Ven*)

misericordia [mizeri'kɔrdja] ◊ *sf* misericordia *f* ◊ *esclam* ¡por Dios!

misero, a ['mizero, a] *agg* mísero(ra)

missile ['missile] *sm* misil *m*

missionario, a [missjo'narjo, a] *sm,f* misionero *m*, -ra *f*

missione [mis'sjone] *sf* misión *f*

misterioso, a [miste'rjozo, a] *agg* misterioso(sa)

mistero [mis'tero] *sm* misterio *m*

misto, a ['misto, a] ◊ *agg* **1.** (*mescolato*) mezclado(da) **2.** (*eterogeneo*) mixto(ta) ◊ *sm* mezcla *f* ♦ **misto lana** mezcla de lana ♦ **misto cotone** mezcla de algodón

misura [mi'zura] *sf* **1.** (*dimensione, provvedimento*) medida *f* **2.** (*taglia*) talla *f* **3.** (*moderazione*) moderación *f* ♦ **prendere le misure** tomar medidas ♦ **su misura** a medida

misurare [mizu'rare] *vt* medir ♦ **misurarsi con** medirse con

misurino [mizu'rino] *sm* medidor *m*, contador *m* (*Amér*)

mite ['mite] *agg* **1.** (*benevolo*) bondadoso(sa) **2.** (*clima*) agradable **3.** (*animale*) manso(sa)

mito ['mito] *sm* mito *m*

mitra ['mitra] *sm inv* **1.** (*arma*) ametralladora *f* **2.** RELIG (*copricapo*) mitra *f*

mitragliatrice [mitraʎʎa'tritʃe] *sf* ametralladora *f*

mittente [mit'tente] *smf* remitente *mf*

mobile ['mɔbile] ◊ *agg* móvil ◊ *sm* mueble *m*

mobilia [mo'bilja] *sf* mobiliario *m*

mobilitare [mobili'tare] *vt* movilizar

moca ['mɔka] *sf inv* **1.** (*caffè*) moka *f* **2.** (*caffettiera*) cafetera *f*

mocassino [mokas'sino] *sm* mocasín *m*

moda ['mɔda] *sf* moda *f* ♦ **essere** o **andare di moda** estar de moda ♦ **passare di moda** pasar de moda ♦ **alla moda** a la moda

modellare [model'lare] *vt* (*fig*) imitar

modellino [model'lino] *sm* maqueta *f*

modello, a [mo'dɛllo, a] ◊ *sm* **1.** modelo *m* **2.** (*di documenti, formulari*) formulario *m* ◊ *sm,f* modelo *mf*

modem ['mɔdem] *sm inv* módem *m*

moderare [mode'rare] *vt* moderar ♦ **moderarsi** *vr* moderarse

moderato, a [mode'rato, a] *agg & sm,f* moderado(da)

moderno, a [mo'dɛrno, a] *agg* moderno(na)
modestia [mo'dɛstja] *sf* modestia *f*
modesto, a [mo'dɛsto, a] *agg* modesto(ta)
modico, a, ci, che ['mɔdiko, a, tʃi, ke] *agg* módico(ca)
modifica [mo'difika] (*pl* **-che**) *sf* modificación *f*
modificazione [modifikats'tsjone] *sf* modificación *f*
modo ['mɔdo] *sm* modo *m* ● **a modo mio a mi manera** ● **modo di dire** expresión *f* ● **di modo che** de manera que ● **in nessun modo** de ninguna manera ● **in ogni modo** de todos modos ● **in qualche modo** de algún modo ● **in tutti i modi** de todos modos
modulazione [modulats'tsjone] *sf* ● **modulazione di frequenza** frecuencia *f* modulada
modulo ['mɔdulo] *sm* **1.** (*stampato*) impreso *m* **2.** *INFORM* módulo *m*
moglie ['moʎʎe] *sf* mujer *f* (*esposa*)
mole ['mɔle] *sf* **1.** mole *f* **2.** **la Mole Antonelliana** edificio de Turín con una cúspide a gran altura, realizado por el arquitecto A. Antonelli en el siglo XIX
molestare [moles'tare] *vt* molestar
molestia [mo'lɛstja] *sf* **1.** (*fastidio*) molestia *f* **2.** *DIR* malos tratos *mpl*
molesto, a [mo'lɛsto, a] *agg* molesto(ta)
molla ['mɔlla] *sf* muelle *m* (*Esp*), resorte *m* (*Amér*)
mollare [mol'lare] ● *vt* **1.** soltar **2.** (*fam*) (*fidanzato*) plantar ● *vi* (*lasciare*) ceder **2.** (*abbandonare*) abandonar ● **mollare un ceffone** (*fam*) dar un tortazo
molle ['mɔlle] *agg* (*fig*) blando(da)
molletta [mol'letta] *sf* pinza *f*
mollica, che [mol'lika, ke] *sf* miga *f*
molo ['mɔlo] *sm* muelle *m* (*de puerto*)
moltiplicare [moltipli'kare] *vt* multiplicar
moltiplicazione [moltiplikats'tsjone] *sf* multiplicación *f*
moltitudine [molti'tudine] *sf* multitud *f*
molto, à ['molto, a]
● *agg* **1.** (*in grande quantità*) mucho(cha) ● **non ho molto tempo** no tengo mucho tiempo **2.** (*grande, intenso*) mucho(cha) ● **hai molta fame?** ¿tienes mucha hambre? ● **non c'è molta luce** no hay mucha luz **3.** (*di numero elevato*) ● **molti(e)** muchos(as) ● **ci sono molti turisti** hay muchos turistas
● *pron* (*quantità*) mucho; (*tempo*) mucho ● **ho molto da fare** tengo mucho que hacer ● **ti manca molto per pagare il conto?** ¿te falta mucho para pagar la cuenta? ● **l'ho pagato molto** me ha costado caro ● **molti** (*molta gente*) muchos ● **molti di noi** muchos de nosotros
◇ *avv* **1.** (*con verbi*) mucho ● **mi piace molto** me gusta mucho **2.** (*con avverbi, aggettivi*) muy; (*con comparativi*) mucho ● **è molto meglio così** es mucho mejor así ● **è molto presto/tardi** es muy pronto/tarde ● **è molto semplice** es muy sencillo ● **molto volentieri!** ¡con mucho gusto!
momentaneamente [momentanea'mente] *avv* momentáneamente
momentaneo, a [momen'taneo, a] *agg* momentáneo(a)
momento [mo'mento] *sm* momento *m*

● **all'ultimo momento** en el último momento ● **da un momento all'altro** de un momento a otro ● **dal momento che** desde el momento en que ● **per il momento** de momento ● **a momenti** (tra poco) dentro de un momento; (quasi) por momentos ● **momento opportuno** momento oportuno

monaca ['mɔnaka] (pl **-che**) sf monja f
monaco ['mɔnako] (pl **-ci**) sm monje m
monarchia [monar'kia] sf monarquía f
monastero [monas'tɛro] sm monasterio m
mondano, a [mon'dano, a] agg (spreg) mundano(na)
mondiale [mon'djale] agg mundial
mondo [mon'do] sm 1. mundo m 2. **cose dell'altro mondo** cosas de otro mundo ● **vive nel suo (piccolo) mondo** vive en su mundo
moneta [mo'neta] sf moneda f ● **non avere moneta** no tener suelto
monetario, a [mone'tarjo, a] agg monetario(ria)
monitor ['mɔnitor] sm inv monitor m
monolocale [monolo'kale] sm estudio m
monopolio [mono'pɔljo] (pl **-i**) sm monopolio m
monotono, a [mo'nɔtono, a] agg monótono(na)
montacarichi [monta'kariki] sm inv montacargas m
montagna [mon'taɲɲa] sf montaña f ● **andare in montagna** ir a la montaña ● **montagne russe** sfpl montaña f rusa
montanaro, a [monta'naro, a] ◇ agg montañero(ra) ◇ sm,f montañés m, -esa f
montano, a [mon'tano, a] agg montaño(na)
montare [mon'tare] ◇ vi 1. (salire) subir 2. (cavalcare) montar ◇ vt montar ● **montarsi la testa** subirse los humos a la cabeza
montatura [monta'tura] sf 1. (di occhiali) montura f 2. (di gioiello) engarce m 3. (fig) (bugia, esagerazione) montaje m
monte ['monte] sm monte m ● **mandare a monte** irse al traste ● **monte premi** suma de los premios adjudicados en un sorteo
Montenegro [monte'negro] sm ● **il Montenegro** Montenegro m
montone [mon'tone] sm 1. carnero m 2. (giaccone) chaquetón m de mouton
montuoso, a [mon'twozo, a] agg montañoso(sa)
monumento [monu'mento] sm monumento m
mora ['mɔra] sf mora f
morale [mo'rale] ◇ agg & sm moral ◇ sf 1. moral f 2. (insegnamento) moraleja f ● **essere giù di morale** estar bajo de moral
morbido, a ['mɔrbido, a] agg 1. (letto) blando 2. (colore, pelle) suave
morbillo [mor'billo] sm sarampión m
morbo ['mɔrbo] sm enfermedad f
morboso, a [mor'bozo] agg 1. (ossessivo) morboso(sa) 2. MED enfermizo(za)
mordere ['mɔrdere] vt morder
morfina [mor'fina] sf morfina f

moribondo, a [mori'bondo, a] *agg* moribundo(da)

morire [mo'rire] *vi* morir ● **morire di fame** morir de hambre ● **morire di noia** morir de aburrimiento ● **morire dal ridere** morirse de risa ● **bello da morire** guapo a rabiar

mormorare [mormo'rare] *vi* murmurar

moro, a ['mɔro, a] *agg* moreno(na)

morso, a ['mɔrso, a] ◇ *pp* ➤ **mordere** ◇ *sm* **1.** *(atto, dei denti)* mordisco *m* **2.** *(pezzetto, di briglia)* bocado *m*

mortadella [morta'dɛlla] *sf* mortadela *f*

mortaio [mor'tajo] *sm* mortero *m*

mortale [mor'tale] *agg* & *sm* mortal

mortalità [mortali'ta] *sf* mortalidad *f*

morte ['mɔrte] *sf* muerte *f* ● **avercela a morte con qn** llevarse a matar con alguien

mortificare [mortifi'kare] *vt* mortificar

morto, a ['mɔrto, a] ◇ *pp* ➤ **morire** ◇ *agg* & *sm,f* muerto(ta) ● **fare il morto** *(nell'acqua)* hacer el muerto

mosaico [mo'zajko] *(pl* **-ci)** *sm* mosaico *m*

mosca ['moska] *(pl* **-sche)** *sf* mosca *f* ● **mosca cieca** gallinita *f* ciega

moscato [mos'kato] *sm* moscatel *m*

moscerino [moʃʃe'rino] *sm* mosquito *f*

moschettone [mosket'tone] *sm* mosquetón *m*

moscone [mos'kone] *sm* **1.** *(insetto)* moscón *m* **2.** *(imbarcazione)* patín *m*

mossa ['mɔssa] *sf* **1.** *(movimento)* movimiento *m* **2.** *(in scacchi)* jugada *f*

mosso, a ['mɔsso, a] ◇ *pp* ➤ **muovere** ◇ *agg* **1.** *(mare, capelli)* revuelto(ta) **2.** *(fotografia)* movido(da)

mostarda [mos'tarda] *sf* **1.** *(di senape)* mostaza *f* **2.** *(di frutta)* mosto *m* cocido **3.** ● **mostarda di Cremona** fruta confitada con mostaza en almíbar

mostra ['mɔstra] *sf* exposición *f* ● **far mostra di qc** lucir algo ● **in mostra** de muestra ● **mettersi in mostra** hacerse notar

Mostra del cinema di Venezia

Creada en 1932, la *Mostra internazionale d'arte cinematografica di Venezia* es un certamen cinematográfico que tiene lugar cada año entre finales de agosto y primeros de septiembre en el histórico *Palazzo del Cinema* del Lido de Venecia. Se inserta en el más vasto marco de la Bienal. Entre los galardones que se conceden destaca el prestigioso León de oro, que debe su nombre al símbolo de la ciudad lacustre.

mostrare [mos'trare] *vt* **1.** *(far vedere)* enseñar **2.** *(indicare, manifestare)* mostrar **3.** *(fingere)* fingir ● **mostrarsi** *vr* mostrarse

mostro ['mɔstro] *sm* *(fig)* monstruo *m*

mostruoso, a [mostru'oso, a] *agg* **1.** *(mostruoso)* monstruoso(sa) **2.** *(fam)* *(smisurato)* monstruoso(sa)

motel [mo'tɛl] *sm inv* motel *m*

motivo [mo'tivo] *sm* **1.** motivo *m* **2.** *(musicale)* melodía *f* ● **per quale moti-**

vo? ¿por qué motivo? ● **senza motivo** sin motivo

moto ['mɔto] ◇ sm 1. *(movimiento)* movimiento m 2. *(impulso)* arranque m ◇ sf inv *(abbr di* **motocicletta***)* moto f ● **mettere in moto** poner en marcha

motocicletta [motot∫i'kletta] sf motocicleta f

motocross [moto'krɔss] sm inv motocross m

motore [mo'tore] sm motor m ● **a motore** de motor

motorino [moto'rino] sm ciclomotor m, motoneta f *(Arg & Urug)* ● **motorino d'avviamento** motor m de arranque

motoscafo [motos'kafo] sm lancha f motora

motto ['mɔtto] sm máxima f

mouse ['maus] sm inv ratón m *(de ordenador)*

mousse [mus] sf inv mousse f

movimentato, a [movimen'tato, a] agg movido(da)

movimento [movi'mento] sm movimiento m

mozzafiato [mɔtstsa'fjato] agg inv impresionante

mozzare [mots'tsare] vt cortar

mozzarella [motstsa'rella] sf mozzarella f ● **mozzarella in carrozza** mozzarella empanada y frita en aceite entre dos rebanadas de pan ● **mozzarella di bufala** mozzarella de búfala

mozzicone [motstsi'kone] sm 1. *(di sigaretta)* colilla f 2. *(di candela)* cabo m

mozzo, a ['mɔtstso, a] agg cortado(da)

◇ sm 1. *(marinaio)* grumete m 2. *(di ruota, elica)* eje m

mucca ['mukka] *(pl* **-che***)* sf 1. vaca f 2. ● **sindrome della mucca pazza** síndrome de las vacas locas

mucchio ['mukkjo] sm montón m ● **un mucchio di** *(fig)* un montón de

muffa ['muffa] sf moho m

muflone [mu'flone] sm muflón m

mughetto [mu'getto] sm muguete m

mugolare [mugo'lare] vi gruñir

mulattiera [mulat'tjera] sf camino m de herradura

mulatto, a [mu'latto, a] agg & sm,f mulato(ta)

mulinello [muli'nello] sm 1. *(vortice)* remolino m 2. *(da pesca)* carrete m

mulino [mu'lino] sm molino m ● **mulino a vento** molino de viento

mulo, a ['mulo, a] sm,f mulo m, -la f

multa ['multa] sf multa f

multare [mul'tare] vt multar

multietnico, a, ci, che [multi'ɛtniko, a, t∫i, ke] agg multiétnico(ca)

multiplo, a ['multi,plo, a] agg múltiple(sa) ◇ sm múltiplo m

multiproprietà [multiproprje'ta] sf multipropiedad f

mungere ['mundʒere] vt 1. ordeñar 2. *(fig) (spillare denaro)* exprimir

municipale [munit∫i'pale] agg municipal

municipio [muni't∫ipjo] sm ayuntamiento m

munire [mu'nire] vt **munire qn/qc di qc** dotar algo/a alguien de algo
● **munirsi di** proveerse de

muovere ['mwɔvere] vt 1. (tavolo, pedina) mover 2. (critica, accusa) formular ◆ **muoversi** vr 1. moverse 2. (fam) (sbrigarsi) espabilarse ● **muoviti!** ¡muévete!, ¡ándale! (Méx)
mura ['mura] sfpl muralla f
murale [mu'rale] agg & sm mural
murare [mu'rare] vt amurallar
muratore [mura'tore] sm albañil m
murena [mu'rena] sf morena f
muro ['muro] sm (pl **mura** f) 1. (costruzione) pared f 2. (di città, fortezza) muralla f
muscolare [musko'lare] agg muscular
muscolo ['muskolo] sm músculo m
muscoloso, a [musko'lozo, a] agg musculoso(sa), maceteado(da) (Perú)
museo [mu'zɛo] sm museo m
museruola [muze'rwɔla] sf bozal m
musica ['muzika] (pl **-che**) sf música f ● **musica classica/folcloristica/leggera** música clásica/folclórica/ligera
musicale [muzi'kale] agg musical
musicista, i, e [muzi'tʃista, i, e] smf músico m, -ca f
muso ['muzo] sm 1. (di animale) morro m (Esp), hocico m (Amér) 2. (spreg) (di persona) morro m (Esp), jeta f (Amér) 3. (di auto, aereo) morro m ● **tenere il muso a qn** estar de morros con alguien
muta ['muta] sf 1. (da sub) traje m de submarinista f 2. (di cani) jauría f
mutamento [muta'mento] sm cambio m, mudada f (Cuba & Nic)
mutande [mu'tande] sfpl 1. (da uomo) calzoncillos mpl, calzones mpl (Chile), interiores mpl (Ven) 2. (da donna) bragas fpl
mutandine [mutan'dine] sfpl 1. (da bambino) bragas fpl, calzones mpl (Amér) 2. (da donna) braguita f, bombacha f (Arg), pantaleta f (CAm, Col, PRico & Ven)
mutare [mu'tare] vt & vi cambiar
mutazione [mutats'tsjone] sf 1. (modificazione) cambio m 2. (genetica) mutación f
mutilato, a [muti'lato, a] agg mutilado(da) ● **mutilato di guerra** mutilado de guerra
muto, a ['muto, a] agg mudo(da)
mutua ['mutwa] sf mutua f
mutuo, a ['mutwo, a] ◇ agg mutuo(tua) ◇ sm hipoteca f

nN

N ['ɛnne] (abbr di Nord) N
nafta ['nafta] sf nafta f
naftalina [nafta'lina] sf naftalina f
nailon® ['najlon] sm nailon m
nanna ['nanna] sf (fam) ● **andare a nanna** acostarse (los niños) ● **cantare una ninna nanna** cantar una nana
nano, a ['nano, a] agg & sm,f enano(na)
napoletana [napole'tana], sf tipo de cafetera que debe invertirse cuando el café ya está listo para que el agua hirviendo se filtre en el recipiente superior
napoletano, a [napole'tano, a] agg &

Na

sm,f **1.** napolitano(na) **2.** *CULIN* (*alla*) napoletana a la napolitana

Napoli ['napoli] *sf* Nápoles *f*

narcotraffico ['narkotrafiko] *sm* narcotráfico *m*

narice [na'ritʃe] *sf* fosa *f* nasal

narrare [nar'rare] *vt* narrar

narrativa [narra'tiva] *sf* narrativa *f*

nasale [na'zale] *agg* nasal

nascere ['naʃʃere] *vi* nacer • sono nata il 31 luglio del 1965 nací el 31 de julio de 1965 • sono nato a Roma nací en Roma

nascita ['naʃʃita] *sf* nacimiento *m*

nascondere [nas'kondere] *vt* esconder • **nascondersi** *vr* esconderse

nascondino [naskon'dino] *sm* escondite *m* • giocare a nascondino jugar al escondite

nascosto, a [nas'kosto, a] ◊ *pp* ≥ **nascondere** ◊ *agg* escondido(da) • di nascosto a escondidas

naso ['nazo] *sm* nariz *f* • rifarsi il naso operarse la nariz • ficcare il naso in qc (*fig*) meter las narices en algo

nastro ['nastro] *sm* cinta *f* • nastro adesivo/trasportatore/magnetico cinta adhesiva/transportadora/magnética

natale [na'tale] *agg* natal • **Natale** *sm* Navidad *f*

natante [na'tante] *sm* embarcación *f*

nato, a ['nato, a] ◊ *pp* ≥ **nascere** ◊ *agg* nato(ta) • nata Mattei (*da nubile*) de soltera Mattei

N.A.T.O. *sf* (*abbr di* North Atlantic Treaty Organization) OTAN *f*

natura [na'tura] *sf* naturaleza *f* • natura morta naturaleza muerta

naturale [natu'rale] *agg* natural

naturalmente [natural'mente] *avv* **1.** (*secondo natura*) de forma natural **2.** (*ovviamente, certamente*) naturalmente

naufragare [naufra'gare] *vi* naufragar

naufragio [naw'fradʒo] *sm* naufragio *m*

naufrago, a, ghi, ghe ['nawfrago, a, gi, ge] *sm,f* náufrago *m*, -ga *f*

nausea ['nawzea] *sf* náusea *f*

nauseante [nawze'ante] *agg* nauseabundo(da)

nauseare [nawze'are] *vt* dar náuseas • quello spettacolo mi ha nauseato aquel espectáculo me dio náuseas

nautico, a, ci, che ['nawtiko, a, tʃi, ke] *agg* náutico(ca)

navale [na'vale] *agg* naval

navata [na'vata] *sf* nave *f*

nave ['nave] *sf* barco *m* • nave passeggeri barco de pasajeros • nave traghetto transbordador *m*

navetta [na'vetta] *sf* **1.** (*autobus*) autobús *m* del aeropuerto, camión *m* del aeropuerto (*CAm*) **2.** (*persona*) • fare la navetta ir y venir **3.** (*spaziale*) nave *f* espacial **4.** (*tessile*) lanzadera *f*

navigabile [navi'gabile] *agg* navegable

navigare [navi'gare] *vi* navegar • navigare su Internet navegar por Internet

navigazione [navigats'tsjone] *sf* navegación *f*

naviglio [na'viʎʎo] *sm* **1.** (*imbarcazione*) embarcación *f* **2.** (*canale*) canal *m* navegable

nazionale [natstsjo'nale] ◊ *agg* nacional

◇ *sf* la selección nacional ● **la nazionale di calcio** la selección nacional de fútbol

nazionalità [natstsjonali'ta] *sf inv* nacionalidad *f*

nazione [nats'tsjone] *sf* nación *f*

ne [ne]
◇ *pron* **1.** *(di lui, lei, loro)* ● **è bravo e ne apprezzo le capacità** es bueno y aprecio sus cualidades **2.** *(di un insieme)* ● **ha dei panini? ne vorrei due** ¿tiene bocadillos? póngame dos **3.** *(di ciò)* de ello ● **non parliamone più** no hablemos más (de ello) ● **non ne ho idea** no tengo ni idea (de ello) **4.** *(da ciò)* de ello ● **ne deriva che...** (de ello) se desprende que...
◇ *avv (valore intensivo)* ● **vuoi dei fiori? eccone un mazzo** ¿quieres flores? pues aquí tienes un ramo ● **non te ne andare** no te vayas ● **vattene!** ¡vete!

né [ne] *cong* ni ● **né l'uno né l'altro sono italiani** ni el uno ni el otro son italianos ● **non si è fatto né sentire né vedere** no ha llamado ni ha venido ● **non voglio né il primo né il secondo** no quiero ni el primero ni el segundo

neanche [ne'anke] ◇ *avv* **1.** *(negazione di anche)* tampoco **2.** *(nemmeno)* ni siquiera ◇ *cong* ni siquiera ● **neanche per sogno** ¡ni hablar! ● **neanche per idea!** ¡ni hablar!

nebbia ['nebbja] *sf* niebla *f*, neblina *f* *(Amér)*

nebuloso, a [nebu'lozo, a] ◇ *agg* nebuloso(sa) ◇ *sf* nebulosa *f*

necessariamente [netʃessarja'mente] *avv* necesariamente

necessario, a [netʃes'sarjo, a] ◇ *agg* necesario(ria) ◇ *sm* lo necesario ● **necessario per toeletta** neceser de baño

necessità [netʃessi'ta] *sf* necesidad *f*

necessitare [netʃessi'tare] ● **necessitare di** *v + prep* necesitar

necrologio [nekro'lɔdʒo] *sm* **1.** *(annuncio)* esquela *f* **2.** *(discorso)* necrología *f*

negare [ne'gare] *vt* negar ● **negare di aver fatto qc** negar haber hecho algo ● **negare qc (a qn)** negarle algo (a alguien)

negativo, a [nega'tivo, a] ◇ *agg* negativo(va) ◇ *sm* negativo *m*

negato, a [ne'gato, a] *agg* negado(da) ● **essere negato per qc** ser negado para algo

negli ['neʎʎi] = **in + gli**; > **in**

negligente [negliʤ'ɛnte] *agg* negligente

negoziante [negots'tsjante] *(pl* **-i***)* *smf* comerciante *m*

negozio [ne'gɔtstsjo] *sm* tienda *f*, negocio *m* *(Amér)* ● **negozio di giocattoli** juguetería *f*

negro, a [ne'gro, a] *agg* & *sm,f* negro (gra)

nei ['nei] = **in + i**; > **in**

nel [nel] = **in + il**; > **in**

nella ['nella] = **in + la**; > **in**

nelle ['nelle] = **in + le**; > **in**

nello ['nello] = **in + lo**; > **in**

nemico, o, ci, che [ne'miko, a, tʃi, ke] ◇ *agg* enemigo(ga) ◇ *sm,f* enemigo *m*, -ga *f*

nemmeno [nem'meno] = **neanche**

neo ['nɛo] *sm* **1.** lunar *m* **2.** *(fig) (problema)* defecto *m*

neofascismo [neofaʃˈʃizmo] *sm* neofascismo *m*

neoliberismo [neolibeˈrizmo] *sm* neoliberalismo *m*

neon [ˈnɛɔn] *sm inv* **1.** (*lampada*) fluorescente *m* **2.** (*insegne*) neón *m*

neonato, a [neoˈnato, a] *sm,f* recién nacido *m*, -da *f*

neppure [nepˈpure] = **neanche**

nero, a [ˈnero, a] ◇ *agg* negro(gra) ◇ *sm* negro *m*

nervo [ˈnervo] *sm* nervio *m* ● **dare sui nervi a qn** poner de los nervios a alguien ● **avere i nervi** estar nervioso(sa)

nervosismo [nervoˈzizmo] *sm* nerviosismo *m*, nerviosidad *f* (*Amér*)

nervoso, a [nerˈvozo, a] *agg* **1.** (*dei nervi*) nervioso(sa), alterado(da) (*Amér*) **2.** (*agitato*) nervioso(sa), atorado(da) (*Amér*)

nespola [ˈnɛspola] *sf* níspero *m*

nessuno, a [nesˈsuno, a] ◇ *agg* ningún(una) ◇ *pron* **1.** ninguno(na), nadie ● (*qualcuno*) alguno ● **c'è nessuno?** ¿hay alguien? ● **non c'è nessuno** no hay nadie ● **nessun uomo** ningún hombre ● **nessuna città** ninguna ciudad ● **da nessuna parte** por ninguna parte ● **nessuno lo sa** nadie lo sabe ● **nessuno di noi** ninguno de nosotros

net [nɛt] *sm inv* red *m*

nettezza [netˈtettsa] *sf* ● **nettezza urbana** limpieza *f* urbana, aseo *m* urbano (*Amér*)

netto, a [ˈnɛtto, a] *agg* neto(ta)

netturbino [netturˈbino] *sm* barrendero *m*

neutrale [newˈtrale] *agg* neutral

neutralizzare [newtralidˈdzare] *vt* neutralizar

neutro, a [ˈnewtro, a] *agg* neutro(tra) ● **essere neutro** ser neutral

neve [ˈneve] *sf* nieve *f*

nevicare [neviˈkare] *v impers* nevar

nevicata [neviˈkata] *sf* nevada *f*

nevischio [neˈviskjo] *sm* nieve *f*

nevralgia [nevralˈdʒja] *sf* neuralgia *f*

nevrotico, a, ci, che [neˈvrɔtiko, a, tʃi, ke] *agg* neurótico(ca)

nicchia [ˈnikkja] *sf* nicho *m*

nicotina [nikoˈtina] *sf* nicotina *f*

nido [ˈnido] *sm* nido *m*

niente [ˈnjente]
◇ *pron* **1.** (*nessuna cosa*) nada ● **non gli va bene niente** no le va nada bien ● **come se niente fosse** como si nada ● **o niente si tal cosa** ● **non... niente** no... nada ● **non ho bisogno di niente** no necesito nada ● (*qualcosa*) nada ● **(le) serve niente?** ¿necesita algo? ● **non per niente, ma...** no es por nada, pero... **3.** (*poco*) nada ● **è una cosa da niente** (*regalo*) es un detallito de nada; (*incidente*) no ha sido nada
◇ *agg inv* (*fam*) ● **niente paura!** ¡sin miedo! ● **oggi niente pane** hoy no hay pan ● **niente scherzi!** ¡nada de bromas!
◇ *avv* nada ● **non me ne importa niente** no me importa nada ● **non c'entra niente** no tiene nada que ver
◇ *sm* ● **basta un niente per...** un poco es suficiente para... ● **un niente** nada en absoluto ● **partire dal niente** hacerse a sí mismo

nientemeno [njɛnte'meno] ◇ avv nada menos ● esclam ¡nada menos!
Nilo ['nilo] sm ● il Nilo el Nilo
ninnananna [ninna'nanna] sf nana f
ninnolo ['ninnolo] sm **1.** (balocco) juguete m **2.** (oggettino) baratija f
nipote [ni'pote] smf **1.** (di zii) sobrino m, -na f **2.** (di nonni) nieto m, -ta f
nipotino, a [nipo'tino, a] sm,f **1.** (di zii) sobrinito m, -ta f **2.** (di nonni) nietecito m, -ta f
nítido a ['nitido, a] agg nítido(da)
nitrire [ni'trire] vi relinchar
no [nɔ] avv no ● lo sai, no, com'è fatto sabes cómo está hecho, ¿no? ● lo vuoi o no? ¿lo quieres o no? ● no di certo seguro que no ● no davvero de verdad que no
NO (abbr di Nord-Ovest) NO
nobile ['nɔbile] agg & smf noble
nobiltà [nobil'ta] sf nobleza f
nocciola [not'tʃɔla] agg inv & sf avellana
nocciolina [nottʃo'lina] sf ● nocciolina (americana) cacahuete m
nocciolo¹ ['nɔttʃolo] sm (di frutto) hueso m
nocciolo² [not'tʃɔlo] sm (albero) avellano m
noce ['notʃe] ◇ sf nuez f ◇ sm nogal m ● noce di cocco coco m ● noce moscata nuez moscada
nocivo, a [no'tʃivo, a] agg nocivo(va)
nodo ['nɔdo] sm **1.** nudo m **2.** ● avere un nodo alla gola tener un nudo en la garganta
noi ['noi] pron nosotros(tras) ● entrate voi, noi aspettiamo entrad vosotros, nosotros esperamos ● da noi en nuestro país ● noi stessi(e) nosotros mismos(nosotras mismas) ● abbiamo fame - noi no tenemos hambre - nosotros no
noia ['nɔja] sf **1.** (tedio) aburrimiento m **2.** (fastidio) problema m ● questo libro mi è venuto a noia este libro no lo aguanto ● dar noia a qn molestar o amolar (Arg) a alguien ● avere delle noie con qc/qn tener problemas con algo/alguien
noioso, a [no'joso, a] agg **1.** (monotono) aburrido(da), latoso(sa) (Chile) **2.** (fastidioso) molesto(ta), cargante (Perú)
noleggiare [noled'dʒare] vt alquilar
noleggio [no'leddʒo] sm alquiler m, renta f (Amér) ● prendere qc a noleggio alquilar o rentar (Amér) algo
nolo ['nɔlo] sm alquiler m, renta f (Amér) ● prendere qc a nolo alquilar o rentar (Amér) algo
nome ['nome] sm **1.** nombre m **2.** ● conoscere qn di nome conocer a alguien de oídas ● a nome di qn en nombre de alguien ● nome di battesimo nombre de pila
nominare [nomi'nare] vt nombrar
non [non] avv **1.** no **2.** ● non è venuto no vino ● sono al bar, non in casa estoy en el bar, no en casa ➤ affatto, ancora ● stasera non vengo esta tarde no vendré
nonché [non'ke] cong **1.** (e anche) y además **2.** (tanto meno) ni sólo
noncurante [nonku'rante] agg ● noncurante (di) despreocupado(da) (de)

nonno, a ['nɔnno, a] *sm,f* **1.** *(materno, paterno)* abuelo *m*, -la *f*, papá *m* grande, mamá grande *f* (*Amér*) **2.** *(fig)* *(un vecchietto)* abuelo *m*, -la *f*

nonnulla [non'nulla] *sm inv* ● un nonnulla una nadería

nono, a ['nɔno, a] *num* noveno(na) ➢ sesto

nonostante [nonos'tante] ◇ *prep* a pesar de ◇ *cong* aunque

non vedente [nonve'dɛnte] *smf* (*form*) invidente *mf*

nord [nɔrd] ◇ *sm* norte *m* ◇ *agg inv* **1.** norte **2.** ● a nord (di qc) al norte (de algo) **3.** ● nel nord en el norte

nord-est [nor'dɛst] *sm* **1.** noreste *m* **2.** ● a nord-est (di qc) al noreste (de algo)

nordico, a, ci, che ['nɔrdiko, a, tʃi, ke] *agg* nórdico(ca)

nord-ovest [nordo'vɛst] *sm* noroeste *m*

norma ['nɔrma] *sf* norma *f* ● di norma por norma ● a norma di legge conforme a la legislación vigente

normale [nor'male] *agg* normal

normalità [normali'ta] *sf* normalidad *f*

normanno, a [nor'manno, a] *agg & sm,f* normando(da)

norvegese [norve'dʒeze] ◇ *agg & smf* noruego(ga) ◇ *sm* noruego *m*

Norvegia [nor'vedʒa] *sf* ● la Norvegia Noruega *f*

nostalgia [nostal'dʒia] *sf* nostalgia *f*, morriña *f* (*Amér*) ● avere nostalgia di echar de menos

nostro, a ['nɔstro, a] *agg* nuestro(tra) ● questa casa è nostra esta casa es nuestra ● nostro padre nuestro padre ● un nostro amico un amigo nuestro ● il nostro, la nostra, i nostri, le nostre *pron* el nuestro(la nuestra)

nota ['nɔta] *sf* nota *f* **2.** ● prendere nota (di qc) tomar nota (de algo)

notaio [no'tajo] *sm* notario *m*

notare [no'tare] *vt* **1.** notar **2.** ● farsi notare hacerse notar

notevole [no'tevole] *agg* notable

notificare [notifi'kare] *vt* (*form*) notificar, avisar (*Amér*)

notizia [no'tittsja] *sf* noticia *f* ● avere notizie di qn tener noticias de alguien

notiziario [notits'tsjarjo] *sm* noticiero *m*

noto, a ['nɔto, a] *agg* conocido(da) ● rendere noto a qn dar a conocer algo a alguien

nottambulo, a [not'tambulo] *sm,f* noctámbulo *m*, -la *f*

notte ['nɔtte] *sf* noche *f* ● di notte de noche ● notte in bianco noche en blanco

notturno, a [not'turno, a] *agg* nocturno(na)

novanta [no'vanta] *num* noventa ➢ sei

novantesimo [novan'tezimo] *num* nonagésimo(ma) ➢ sesto

novecento [nove'tʃento] *num* novecientos *m* ➢ sei ● Novecento *sm* ● il Novecento el siglo XX

novella [no'vella] *f* cuento *m*

novellino, a [novel'lino] *agg* novato(ta)

novembre [no'vembre] *sm* noviembre *m* ➢ settembre

novità [novi'ta] *sf inv* novedad *f*

novizio, a [no'vittsjo] *sm,f* novicio *m*, -a *f*

nozione [nots'tsjone] *sf* noción *f*
nozze ['nɔtstse] *sfpl* boda *f* • **nozze d'argento** bodas de plata
nube ['nube] *sf* 1. nube *f*. 2. *(di polvere)* polvareda *f*
nubifragio [nubi'fradʒo] *sm* tormenta *f*
nubile ['nubile] *agg f* soltera
nuca ['nuka] *sf* nuca *f*
nucleare [nukle'are] *agg* nuclear
nucleo ['nukleo] *sm* núcleo *m* • **nucleo familiare** núcleo familiar
nudismo [nu'dizmo] *sm* nudismo *m*
nudista, i, e [nu'dista, i, e] *smf* nudista *mf*
nudo, a ['nudo, a] ◇ *agg* 1. *(senza vestiti)* desnudo(da), calato(da) *(Andes & CSur)*. 2. *(senza rivestimento, ornamenti)* desnudo(da) ◇ *sm (arte)* desnudo *m* • **mettere a nudo qc** *(fig)* revelar algo
nugolo ['nugolo] *sm* • **un nugolo di** una nube de
nulla ['nulla] = niente
nullità [nulli'ta] *sf inv* nulidad *f*
nullo, a ['nullo, a] *agg* nulo(la)
numerale [nume'rale] *agg & sm* numeral
numerico, a [nu'meriko, a] *agg* numérico(ca)
numero ['numero] *sm* 1. número *m*. 2. • **numero civico** número de calle 3. • **numero chiuso** numerus clausus 4. • **numero di conto** número de cuenta 5. • **numero di targa** número de matrícula 6. • **numero di telefono** número de teléfono 7. • **numero verde** número de información 8. • **dare i numeri** perder la cabeza

numeri telefonici

I numeri telefonici in Spagna sono composti da 9 cifre. Le prime due o tre indicano la provincia (91 per Madrid, 976 per Saragozza, ecc.). I numeri di telefonia mobile sono indicati dal 6. Alcuni numeri utili gratuiti: Polizia Nazionale (091), Emergenza medica (061), Pompieri (080), Pronto soccorso (112). Le cabine telefoniche pubbliche funzionano con *tarjetas telefónicas* o *monedas*. Le carte si acquistano negli *estancos* e nei *quioscos*.

numeroso, a [nume'rozo, a] *agg* numeroso(sa)
numismatica [numiz'matika] *sf* numismática *f*
nuocere ['nwɔtʃere] • **nuocere a** *v* + *prep* perjudicar
nuora ['nwɔra] *sf* nuera *f*
nuotare [nwo'tare] *vi* nadar
nuoto ['nwɔto] *sm* natación *f*
nuovamente [nwova'mente] *avv* nuevamente
nuovo, a ['nwɔvo, a] *agg* nuevo(va) • **di nuovo** de nuevo • **nuovo di zecca** flamante
nuraghe [nu'rage] *(pl -ghi) sm* nuraga *f*

nuraghe

Se han contabilizado en Cerdeña cerca de 8.000 de estas construcciones de piedra pulida con forma de cono truncado típicas de la cultura que se desarrolló en esta isla en la Edad de Bronce. Se especula que servían de fortaleza, de atalaya, de parlamento o de residencia del jefe del poblado; probablemente a lo largo de los siglos las nuragas hayan desarrollado sucesivamente cada una de estas funciones.

nutriente [nutri'ɛnte] *agg* nutritivo(va)
nutrimento [nutri'mento] *sm* nutrición *f*
nutrire [nu'trire] *vt* **1.** *(con cibo)* nutrir **2.** *(fig) (sentimento)* sentir ◆ **nutrirsi di** nutrirse de

nuvola ['nuvola] *sf* nube *f* ◆ **cadere dalle nuvole** quedarse pasmado(da)
nuvoloso, a [nuvo'lozo, a] *agg* nublado(da)

o O

o [ɔ] *cong* o ◆ **o... o... o... o...**
O [ɔ] *(abbr di Ovest)* O
oasi ['ɔazi] *sf* oasis *m inv*
obbediente [obbe'djɛnte] = **ubbidiente**
obbedire [obbe'dire] = **ubbidire**
obbligare [obbli'gare] *vt* ◆ **obbligare qn a fare qc** obligar a alguien a hacer algo
obbligato, a [obbli'gato, a] *agg* **1.** obligado(da) **2.** ◆ **obbligato a fare qc** obligado a hacer algo
obbligatorio, a [obbliga'tɔrjo, a] *agg* obligatorio(a)

obbligo ['ɔbbligo] *(pl* **-ghi)** *sm* obligación *f* ◆ **avere l'obbligo di fare qc** tener la obligación de hacer algo
obelisco [obe'lisko] *(pl* **-schi)** *sm* obelisco *m*
obeso, a [o'bezo, a] *agg* obeso(sa)
obiettare [objet'tare] *vt* objetar
obiettivo, a [objet'tivo, a] ◇ *agg* objetivo(va) ◆ *sm* objetivo *m*
obiettore [objet'tore] *sm* objetor *m* ◆ **obiettore di coscienza** objetor de conciencia
obiezione [objets'tsjone] *sf* objeción *f*
obitorio [obi'tɔrjo] *sm* depósito *m* de cadáveres, morgue *f (Amér)*
obliquo, a [o'blikwo, a] *agg* oblicuo (cua)
obliterare [oblite'rare] *vt (biglietto)* picar
oblò [ob'lɔ] *sm* **1.** *(di nave)* ojo *m* de buey **2.** *(di aereo)* ventanilla *f*
obsoleto, a [obso'leto] *agg* obsoleto(ta)
oca ['ɔka] *(pl* **-che)** *sf* **1.** oca *f* **2.** *(fig) (stupida)* boba *f*, boluda *f (RP)*
occasione [okka'zjone] *sf* ocasión *f* ◆ **avere occasione di fare qc** tener ocasión de hacer algo ◆ **cogliere l'occasione per fare qc** aprovechar la ocasión para hacer algo ◆ **d'occasione** de ocasión
occhiaie [ok'kjaje] *(pl* **occhiaia)** *sf* **1.** ojeras *fpl* **2.** ◆ **avere le occhiaie** tener ojeras
occhiali [ok'kjali] *smpl* ◆ **occhiali (da vista)** gafas *fpl* (graduadas), anteojos *mpl* (graduados) *(Amér)* ◆ **occhiali da sole** gafas *fpl* o lentes *mpl (Amér)* de sol
occhiata [ok'kjata] *sf* ◆ **dare**

un'occhiata a echar un vistazo o ojo (*Amér*) a

occhiello [okˈkjɛllo] *sm* ojal *m*

occhio [ˈɔkkjo] (*pl* -chi) *sm* ojo *m* ● a occhio nudo a simple vista ● tenere o non perdere d'occhio no perder de vista, no quitarle el ojo a (*Amér*) ● a occhio e croce a ojo de buen cubero ● un occhio della testa un ojo de la cara ● saltare o balzare all'occhio saltar a la vista ● a quatt'occhi a solas ● sognare a occhi aperti soñar despierto

occhiolino [okkjoˈlino] *sm* ● fare l'occhiolino (a qn) guiñar el ojo (a alguien)

occidentale [ottʃidenˈtale] *agg* occidental

occidente [ottʃiˈdɛnte] *sm* occidente *m* ● Occidente *sm* ● l'Occidente Occidente *m*

occorrente [okkorˈrɛnte] *sm* lo necesario

occorrenza [okkorˈrɛntsa] *sf* ● all'occorrenza en caso necesario

occorrere [okˈkorrere] *vi* ser preciso ● occorre aspettare es preciso esperar ● mi occorre tempo necesito tiempo

occulto, a [okˈkulto, a] *agg* oculto(ta)

occupare [okkuˈpare] *vt* ocupar ● occuparsi di ocuparse de

occupato, a [okkuˈpato, a] *agg* 1. ocupado(da) 2. (*al telefono*) comunicando

occupazione [okkupatˈtsjone] *sf* 1. (*impiego*) ocupación *f*, quehacer *m* (*Amér*) 2. (*in economia*) ocupación *f*

Oceania [otʃeˈanja] *sf* ● l'Oceania Oceanía *f*

oceano [oˈtʃeano] *sm* océano *m*

oculista [okuˈlista] (*mpl* -i, *pl* -e) *smf* oculista *m*

odiare [oˈdjare] *vt* odiar

odio [ˈɔdjo] *sm* odio *m*

odioso, a [oˈdjozo, a] *agg* odioso(sa)

odorare [odoˈrare] *v* oler ● odorare di *v* + *prep* oler a

odorato [odoˈrato] *sm* olfato *m*

odore [oˈdore] *sm* olor *m* ● odori *smpl* hierbas *fpl* aromáticas

offendere [ofˈfɛndere] *vt* ofender ● offendersi *vr* ofenderse

offensivo, a [offenˈsivo, a] *agg* ofensivo(va)

offerto, a [ofˈfɛrto, a] ◊ *pp* ➤ offrire ◊ *sf* 1. oferta *f* 2. (*donazione*) donación *f* ● offerto speciale oferta especial

offesa [ofˈfeza] *sf* ofensa *f*

offeso, a [ofˈfezo, a] ◊ *pp* ➤ offendere ◊ *agg* ofendido(da)

officina [offiˈtʃina] *sf* taller *m*

offrire [ofˈfrire] *vt* 1. ofrecer 2. (*cena, caffè*) invitar a ● offrire da bere a qn invitar a alguien a una copa ● offrirsi di *v* + *prep* ● offrirsi di fare qc ofrecerse a hacer algo

offuscare [offusˈkare] *vt* 1. (*luce, vista*) nublar 2. (*fig*) (*mente, memoria*) ofuscar ● offuscarsi *vr* ofuscarse

oggettivo, a [odʒdʒetˈtivo, a] *agg* objetivo(va)

oggetto [odʒˈdʒɛtto] *sm* objeto *m* ● (*ufficio*) oggetti smarriti (oficina de) objetos perdidos ● complemento oggetto *GRAMM* complemento *m* directo

oggi [ˈɔdʒdʒi] *avv* 1. hoy 2. ● oggi

pomeriggio esta tarde • **il giornale di oggi** el periódico de hoy • **dall'oggi al domani** de un día para otro
oggigiorno [ɔdʒdʒi'dʒorno] *avv* hoy en día
O.G.M. *sm* (*abbr di* Organismo Geneticamente Modificato) OGM *m*
ogni ['oɲɲi] *agg* **1.** cada **2.** • **ogni giorno/mese/anno** cada día/mes/año **3.** • **ogni tre giorni** cada tres días **4.** • **in ogni caso** en todo caso **5.** • **ad ogni modo** de todas formas **6.** • **ogni tanto** de vez en cuando **7.** • **ogni volta che** cada vez que
Ognissanti [oɲɲis'santi] *sm* Todos los Santos *m*
ognuno, a [oɲ'ɲuno, a] *pron* cada uno(una) • **ognuno di voi** cada uno de vosotros
Olanda [o'landa] *sf* • **l'Olanda** Holanda *f*
olandese [olan'deze] ◇ *agg* & *smf* holandés(esa) ◇ *sm* holandés
oleoso, a [ole'ozo, a] *agg* aceitoso(sa)
olfatto [ol'fatto] *sm* olfato *m*
oliare [o'ljare] *vt* aceitar
oliera [o'ljera] *sf* aceitera *f*
olimpiadi [olim'pjadi] *sfpl* • **le olimpiadi** las olimpiadas
olio ['ɔljo] *sm* **1.** aceite *m* **2.** • **olio (extra-vergine) d'oliva** aceite de oliva (extra virgen) **3.** • **olio di semi** aceite de semillas **4.** • **sott'olio** en aceite
oliva [o'liva] *sf* oliva *f*
olivastro, a [oli'vastro, a] *agg* cetrino(na)
olivo [o'livo] *sm* olivo *m*
olmo ['olmo] *sm* olmo *m*
ologramma [olo'gramma] *sm* holograma *m*
oltraggio [ol'tradʒdʒo] *sm* ultraje *m*
oltralpe [ol'tralpe] *avv* al otro lado de los Alpes
oltranza [ol'trantsa] • **ad oltranza** *avv* a ultranza
oltre ['oltre] ◇ *avv* **1.** (*più in là*) más allá **2.** (*ancora*) más ◇ *prep* **1.** (*di là da*) más allá de **2.** (*più di*) más de **3.** (*in aggiunta a*) además de • **oltre a** (*all'infuori di*) aparte de; (*in aggiunta a*) además de
oltrepassare [oltrepas'sare] *vt* sobrepasar
omaggio [o'madʒdʒo] *sm* **1.** (*tributo*) homenaje *m* **2.** (*regalo*) obsequio *m* • **in omaggio** de regalo
ombelico [ombe'liko] *sm* (*pl* **-chi**) ombligo *m* • **si crede l'ombelico del mondo** se cree el ombligo del mundo
ombra ['ombra] *sf* sombra *f* • **all'ombra** a la sombra
ombrello [om'brɛllo] *sm* paraguas *m inv*
ombrellone [ombrel'lone] *sm* sombrilla *f*
ombretto [om'bretto] *sm* sombra *f* de ojos
omeopatia [omeopa'tia] *sf* homeopatía *f*
omeopatico, a [omeo'patiko, a] *agg* **1.** (*medico*) homeópata **2.** (*sostanza*) homeopático(ca)
omesso, a [o'messo, a] *pp* → **omettere**
omettere [o'mettere] *vt* omitir • **omettere qc** omitir algo
omicidio [omi'tʃidjo] *sm* homicidio *m*

omissione [omis'sjone] *sf* omisión *f*
omofobia [omofo'bia] *sf* homofobia *f*
omogeneizzato [omodʒeneidʒ'dzato] *sm* potito *m*
omogeneo, a [omo'dʒɛneo, a] *agg* homogéneo(a)
omonimo, a [o'mɔnimo, a] *sm,f* homónimo(ma)
omosessuale [omosessu'ale] *smf* homosexual *mf*
O.M.S. *sf* (*abbr di* Organizzazione Mondiale della Sanità) OMS *f*
On. ⊳ onorevole
onda ['onda] *sf* 1. onda *f* 2. (*di mare, fiume, lago*) ola *f* • **andare in onda** estar en el aire • **mandare in onda** qc transmitir algo • **onde lunghe/medie/corte** onda larga/media/corta
ondata [on'data] *sf* (*fig*) oleada *f* • **a ondate** en oleadas
ondulato, a [ondu'lato, a] *agg* ondulado(da)
onere ['ɔnere] *sm* (*form*) carga *f* • **oneri fiscali** cargas fiscales
onestà [ones'ta] *sf* honestidad *f*
onesto, a [o'nesto, a] *agg* honesto(ta)
on line [on'lain] *agg* en línea, conectado(da)
onnipotente [onnipo'tɛnte] *agg* & *sm* omnipotente
onomastico [ono'mastiko] (*pl* **-ci**) *sm* día *m* del santo
onorare [ono'rare] *vt* honrar
onorario, a [ono'rarjo, a] ⋄ *agg* honorario(ria) ⋄ *sm* honorarios *mpl*
onore [o'nore] *sm* honor *m* • **fare onore a qc** (*dolce, pranzo*) hacer los honores a algo; (*scuola, famiglia*) honrar algo • **in onore di** en honor de • **fare gli onori di casa** hacer los honores de la casa • **farsi onore** lucirse
onorevole [ono'revole] ⋄ *agg* honorable ⋄ *smf* (*parlamentare*) señoría *mf*
O.N.U. (*abbr di* Organizzazione delle Nazioni Unite) ONU *f*
opaco, a, chi, che [o'pako, a, ke, ki] *agg* 1. (*vetro*) opaco(ca) 2. (*colore, metallo*) mate
opera ['ɔpera] *sf* 1. obra *f* 2. (*in musica*) ópera *f* • **mettersi all'opera** ponerse manos a la obra • **opera d'arte** obra de arte • **opere pubbliche** obras públicas

opera

La ópera italiana nace en el siglo XVII. El siglo XIX asiste al desarrollo de la ópera seria de Rossini, Bellini y Donizzetti, a los dramas de Verdi y a la ópera bufa napolitana. Dirigida al principio a un público elitista, a fines del siglo XIX autores como Puccini empiezan a tomar en consideración gustos y exigencias del público burgués. Tanto en las formas tradicionales como en las experimentales, la ópera goza en Italia de gran popularidad.

operaio, a [ope'rajo, a] *agg* & *sm,f* obrero(ra)
operare [ope'rare] ⋄ *vt* operar ⋄ *vi* obrar • **operarsi** *vr* operarse
operatore, trice [opera'tore, 'tritʃe] *sm,f* 1. (*di televisione, cinema*) operador *m*, -ra

f **2.** *INFORM* técnico *m*, -ca *f* **3.** • operatore turistico operador *m* turístico

operazione [operats'tsjone] *sf* operación *f*

opinione [opi'njone] *sf* opinión *f* • opinione pubblica opinión pública

opporre [op'porre] *vt* oponer • **opporsi** *vr* • opporsi (a) oponerse (a)

opportunità [opportuni'ta] *sf* oportunidad *f*

opportuno, a [oppor'tuno, a] *agg* oportuno(na)

opposizione [oppozits'tsjone] *sf* oposición *f*

opposto, a [op'posto, a] ◇ *pp* ➢ opporre ◇ *agg* opuesto(ta) ◇ *sm* • l'opposto lo contrario • è l'opposto di quello che pensavo es todo lo contrario a lo que me imaginaba

oppressione [oppres'sjone] *sf* opresión *f*

opprimente [oppri'mente] *agg* agobiante

opprimere [op'primere] *vt* oprimir

oppure [op'pure] *cong* o

optare [op'tare] • optare per *v* + *prep* optar por

opuscolo [o'puskolo] *sm* folleto *m*

opzione [op'tsjone] *sf* **1.** opción *f* **2.** • questa gita è in opzione esta excursión es opcional

ora [‘ora] ◇ *sf* hora *f* ◇ *avv* **1.** ahora **2.** • a che ora parte il treno? ¿a qué hora sale el tren? **3.** • che ora è? ¿qué hora es? **4.** • e ora? ¿y ahora? **5.** • come ora por lo pronto **6.** • è ora di fare qc es hora de hacer algo • ora legale/solare/locale hora oficial/solar/local • ora di punta hora punta • all'ora a la hora • di buon'ora temprano • d'ora in poi o in avanti de ahora en adelante • che ore sono? ¿qué hora es? • fare le ore piccole trasnochar

orale [o'rale] ◇ *agg* oral ◇ *sm* examen *m* oral

oramai [ora'mai] = ormai

orario, a [o'rarjo, a] ◇ *agg* horario(ria) ◇ *sm* horario *m* • fuori orario con retraso • in orario puntual • orario di arrivo/partenza horario de llegada/salida

orata [o'rata] *sf* dorada *f*

orbita [‘orbita] *sf* órbita *f*

orchestra [or'kestra] *sf* orquesta *f*, mariachi *m* (*Méx*)

ordigno [or'dinno] *sm* explosivo *m*

ordinare [ordi'nare] *vt* **1.** ordenar **2.** (*al ristorante, bar*) pedir • ordinare a qualcuno di fare qc ordenar a alguien que haga algo

ordinario, a [ordi'narjo, a] *agg* ordinario(ria)

ordinato, a [ordi'nato, a] *agg* ordenado(da)

ordinazione [ordinats'tsjone] *sf* pedido *m*

ordine [‘ordine] *sm* **1.** (*disposizione, sistemazione*) orden *m* **2.** (*comando*) orden *f* • essere in ordine estar en orden • mettere in ordine qc ordenar • ordine pubblico orden público

orecchiabile [orek'kjabile] *agg* pegadizo(za) (*Esp*), pegajoso(sa) (*Amér*)

orecchiette [orek'kjette] *sfpl* tipo de pasta en forma de pequeñas orejas
orecchino [orek'kino] *sm* pendiente *m*, arete *m* (Méx)
orecchio [o'rekkjo] (*mpl* **orecchi**, *fpl* **orecchie**) *sm* 1. ANAT oreja *f* 2. (*udito*) oído *m* 3. ♦ **avere orecchio** tener oído ♦ **drizzare le orecchie** aguzar el oído
orecchioni [orek'kjoni] *smpl* paperas *fpl*
oreficeria [orefit∫e'ria] *sf* joyería *f*
orfano, a [ˈɔrfano, a] *agg* & *sm,f* huérfano(na)
organico, a, ci, che [orˈganiko, a, t∫i, ke] ◊ *agg* orgánico(ca) ◊ *sm* plantilla *f* (*de trabajadores*)
organismo [orga'nizmo] *sm* organismo *m*
organizzare [organid'dzare] *vt* organizar ♦ **organizzarsi** *vr* organizarse
organizzato, a [organid'dzato, a] *agg* organizado(da)
organizzatore, trice [organiddza'tore, 'trit∫e] *sm,f* organizador *m*, -ra *f*
organizzazione [organiddzat'tsjone] *sf* organización *f*
organo [ˈɔrgano] *sm* órgano *m*
orgasmo [or'gazmo] *sm* orgasmo *m*
orgoglio [or'goʎʎo] *sm* orgullo *m*
orgoglioso, a [orgoʎˈʎozo, a] *agg* orgulloso(sa)
orientale [orjen'tale] *agg* oriental
orientamento [orjenta'mento] *sm* (*fig*) orientación *f* ♦ **perdere l'orientamento** perder el sentido de la orientación ♦ **orientamento professionale** orientación profesional
orientare [orjen'tare] *vt* orientar ♦ **orientarsi** *vr* orientarse

oriente [o'rjɛnte] *sm* oriente *m* ♦ **Oriente** *sm* ♦ **l'Oriente** Oriente *m*
origano [o'rigano] *sm* orégano *m*
originale [oridʒi'nale] ◊ *agg* original ◊ *sm* original *m*
originario, a [oridʒi'narjo, a] *agg* originario(a) ♦ **essere originario di** ser originario de
origine [o'ridʒine] *sf* origen *m* ♦ **avere origine da qc** tener su origen en algo ♦ **dare origine a qc** dar origen a algo ♦ **di origine italiana** de origen italiano
origliare [oriʎˈʎare] *vi* espiar ♦ **origliare alla porta** escuchar detrás de la puerta
orina [o'rina] = **urina**
oriundo, a [o'rjundo, a] *agg* oriundo (da)
orizzontale [oriddzon'tale] *agg* horizontal
orizzonte [oridz'dzonte] *sm* horizonte *m*
orlo [ˈorlo] *sm* 1. (*di fosso, bicchiere*) borde *m* 2. (*di gonna, pantaloni*) dobladillo *m*, ruedo *m* (Col & Ven) 3. ♦ **orlo a giorno** vainica *f*
orma [ˈɔrma] *sf* huella *f*
ormai [or'mai] *avv* ya
ormeggiare [ormedˈdʒare] ◊ *vt* amarrar ◊ *vi* amarrarse
ormeggio [or'meddʒo] *sm* 1. (*manovra*) amarre *m* 2. (*luogo*) amarradero *m*
ormone [or'mone] *sm* hormona *f*
ornamento [orna'mento] *sm* adorno *m*, ornamento *m*
ornare [or'nare] *vt* adornar
oro [ˈɔro] *sm* oro *m* ♦ **d'oro** (*fig*) de oro ♦ **non lo farei per tutto l'oro del mondo** no lo haría ni por todo el oro del mundo

orologio [oro'lɔdʒo] *sm* reloj *m*
oroscopo [o'rɔskopo] *sm* horóscopo *m*
orrendo, a [or'rendo, a] *agg* horroroso(sa)
orribile [or'ribile] *agg* horrible
orrore [or'rore] *sm* horror *m*
orsacchiotto [orsak'kjɔtto] *sm* osito *m*
orso ['orso] *sm* 1. oso *m* 2. (*fig*) (*persona*) hurón *m*
ortaggio [or'taddʒo] *sm* hortaliza *f*
ortica, che [or'tika] *sf* ortiga *f*
orticaria [orti'karja] *sf* urticaria *f*
orto ['ɔrto] *sm* huerto *m*
ortodosso, a [orto'dɔsso, a] *agg* ortodoxo(xa)
ortografia [ortogra'fia] *sf* ortografía *f*
orzaiolo [ordza'jɔlo] *sm* orzuelo *m*
orzo ['ɔrdzo] *sm* cebada *f* ◆ **orzo perlato** cebada perlada
osare [o'zare] *vt* ◆ **osare (fare qc)** atreverse (a hacer algo)
osceno, a [oʃ'ʃɛno, a] *agg* 1. obsceno(na) 2. (*fam*) (*bruttissimo*) horroroso(sa)
oscillare [oʃʃil'lare] *vi* (*fig*) oscilar
oscillazione [oʃʃillats'tsjone] *sf* oscilación *f*
oscurità [oskuri'ta] *sf* oscuridad *f*, oscurana *f* (*Méx & Perú*)
oscuro, a [os'kuro, a] *agg* oscuro(ra) ◇ *sm* ◆ **essere all'oscuro di qc** ignorar por completo algo
ospedale [ospe'dale] *sm* hospital *m*
ospitale [ospi'tale] *agg* hospitalario(a)
ospitalità [ospitali'ta] *sf* hospitalidad *f*
ospitare [ospi'tare] *vt* alojar
ospite [ɔs'pite] *smf* 1. (*chi ospita*) anfitrión *m*, -ona *f* 2. (*ospitato*) invitado *m*, -da *f*
ospizio [os'pitstsjo] *sm* asilo *m*
ossa ['ɔssa] *sf* > **osso**
osservare [osser'vare] *vt* 1. observar 2. ◆ **far osservare qc a qn** hacer cumplir algo a alguien
osservatorio [osserva'tɔrjo] *sm* observatorio *m*
osservazione [osservats'tsjone] *sf* 1. observación *f* 2. ◆ **ricoverare qn in osservazione** ingresar a alguien para tenerlo en observación
ossessionare [ossessjo'nare] *vt* obsesionar
ossessione [osses'sjone] *sf* obsesión *f*
ossia [os'sia] *cong* o sea
ossidare [ossi'dare] *vt* oxidar ◆ **ossidarsi** *vr* oxidarse
ossigenare [ossidʒe'nare] *vt* oxigenar
ossigeno [os'sidʒeno] *sm* oxígeno *m*
osso ['ɔsso] (*mpl* -i, *fpl* -a) *sm* 1. (*fpl*: ossa) (*umano*) hueso *m* 2. (*mpl*: ossi) (*animale*) hueso *m* 3. ◆ **le ossa della mano** los huesos de la mano 4. ◆ **ossi di coniglio** huesos de conejo ◆ **osso di seppia** hueso de jibia
ossobuco [osso'buko] *sm* ossobuco *m*
ostacolare [ostako'lare] *vt* obstaculizar
ostacolo [os'takolo] *sm* obstáculo *m*
ostaggio [os'taddʒo] *sm* rehén *m*
ostello [os'tɛllo] *sm* ◆ **ostello (della gioventù)** albergue *m* (juvenil)
ostentare [osten'tare] *vt* ostentar
osteria [oste'ria] *sf* mesón *m*, posada *f* (*Andes*)
ostetrico, a, i, che [os'tɛtriko, a, i, ke]

ostia [ˈɔstja] *sf* hostia *f*
ostile [osˈtile] *agg* hostil
ostilità [ostiliˈta] *sf inv* hostilidad *f* ◇ *sfpl* **le ostilità** las hostilidades
ostinarsi [ostiˈnarsi] *vr* ● **ostinarsi a fare qc** obstinarse en hacer algo
ostinato, a [ostiˈnato, a] *agg* obstinado(da), empecinado(da) (CAm)
ostinazione [ostinatsˈtsjone] *sf* obstinación *f*, empecine *m* (CAm)
ostrica [ˈɔstrika] (*pl* **-che**) *sf* ostra *f*
ostruire [ostruˈire] *vt* obstruir, tapar (Amér)
ottanta [otˈtanta] *num* ochenta → **sei**
ottantesimo, a [ottanˈtezimo, a] *num* octogésimo(ma) → **sesto**
ottavo, a [otˈtavo, a] *num* octavo(va) → **sesto**
ottenere [otteˈnere] *vt* obtener
ottico, a, ci, che [ˈɔttiko, a, tʃi, ke] *agg* óptico(ca) ◇ *sm* óptico *m*
ottimale [ottiˈmale] *agg* óptimo(ma)
ottimismo [ottiˈmizmo] *sm* optimismo *m*
ottimista, i, e [ottiˈmista, i, e] *sm/f* optimista *mf*
ottimo, a [ˈɔttimo, a] *agg* óptimo(ma) ◇ *sm* sobresaliente *m*
otto [ˈɔtto] *num* ocho → **sei** ◇ **otto volante** montaña *f* rusa
ottobre [otˈtobre] *sm* octubre *m* → **settembre**
ottocento [ottoˈtʃento] *num* ochocientos → **sei** ◇ **Ottocento** *m* **l'Ottocento** el siglo XIX
ottone [otˈtone] *sm* latón *m* ◇ **ottoni** *smpl* ● **gli ottoni dell'orchestra** el metal de la orquesta
otturare [ottuˈrare] *vt* **1.** (*buco*) obstruir **2.** (*dente*) empastar
otturazione [otturatsˈtsjone] *sf* empaste *m*
ottuso, a [otˈtuzo, a] *agg* (*fig*) obtuso(sa)
ovale [oˈvale] *agg* oval
ovatta [oˈvatta] *sf* guata *f* (Esp), algodón *m* (Amér)
overdose [overˈdoze] *sf inv* sobredosis *f inv*
ovest [ˈɔvest] ◇ *agg inv* oeste ◇ *sm* **1.** oeste *m* **2.** ● **a ovest (di qc)** al oeste (de algo)
ovile [oˈvile] *sm* redil *m*
ovino, a [oˈvino, a] *agg* ovino(na)
ovunque [oˈvunkwe] = **dovunque**
ovvero [ovˈvero] *cong* o sea
ovviare [ovˈvjare] *vi* ● **ovviare a qc** obviar algo
ovvio, a [ˈɔvvjo, a] *agg* obvio(via)
ozio [ˈɔtstsjo] *sm* ocio *m*
ozono [odzˈdzono] *sm* ozono *m*

pacato, a [paˈkato, a] *agg* pausado(da)
pacca [ˈpakka] (*pl* **-che**) *sf* palmada *f*
pacchetto [pakˈketto] *sm* paquete *m*
pacchiano, a [pakˈkjano, a] *agg* (*spreg*)

hortera (*Esp*), huachafo(fa) (*Perú*)
pacco ['pakko] (*pl* **-chi**) *sm* **1.** paquete *m*, encomienda *f* (*Amér*) **2.** (*fam*) (*bidone*) camelo *m*
pace ['patʃe] *sf* **1.** paz *f.* **2.** ● **in pace** en paz **3.** ● **fare (la) pace** hacer las paces
pacifico, a, ci, che [pa'tʃifiko, a, tʃi, ke] *agg* pacífico(ca) ◆ **Pacifico** *sm* ● **il Pacifico** el Pacífico
pacifista [patʃi'fista] *smf* pacifista *mf*
padella [pa'dɛlla] *sf* **1.** (*da cucina*) sartén *f*, sartén *m* (*Amér*) **2.** (*per malati*) cuña *f*
padiglione [padiʎ'ʎone] *sm* **1.** (*di fiera, ospedale*) pabellón *m* **2.** (*di giardino*) glorieta *f*
Padova ['padova] *sf* Padua *f*
padre ['padre] *sm* padre *m*
padrino [pa'drino] *sm* padrino *m*
padrone, a [pa'drone, a] *sm, f* **1.** dueño *m*, -ña *f.* **2.** ● **essere padrone di fare qc** ser (muy) dueño de hacer algo ● **padrone di casa** dueño de la casa
paesaggio [pae'zaddʒo] *sm* paisaje *m*
paese [pa'eze] *sm* **1.** (*nazione*) país *m* **2.** (*villaggio*) pueblo *m* **3.** ● **paese di provenienza** país de origen **4.** ● **mandare qn a quel paese** (*fam*) mandar a alguien a paseo ● **Paesi Bassi** *smpl* ● **i Paesi Bassi** los Países Bajos
paffuto, a [paf'futo, a] *agg* regordete(ta)
paga ['paga] (*pl* **-ghe**) *sf* paga *f*
pagamento [paga'mento] *sm* pago *m*
pagano, a [pa'gano, a] *agg* & *sm, f* pagano(na)
pagare [pa'gare] *vt* pagar ● **pagare con assegno/carta di credito/in contanti** pagar con cheque/tarjeta/en efectivo
pagella [pa'dʒɛlla] *sf* expediente *m*, boleta *f* escolar (*Amér*)
pagina [pa'dʒina] *sf* página *f*
paglia ['paʎʎa] *sf* **1.** paja *f.* **2.** ● **tagliatelle paglia e fieno** *plato a base de tallarines verdes y amarillos*
pagliaccio [paʎ'ʎattʃo] *sm* (*fig*) payaso *m*
pagnotta [paɲ'ɲɔtta] *sf* hogaza *f*
paio a,['pajo, 'paja] *sm* par *m* ● **un paio di** un par de ● **due paia di** dos pares de
palato [pa'lato] *sm* **1.** paladar *m* **2.** ● **palato fine** (*fig*) paladar fino
palazzo [pa'lattsso] *sm* **1.** (*signorile, sede*) palacio *m* **2.** (*edificio, condominio*) edificio *m* ● **palazzo dello sport** palacio de deportes
palco ['palko] (*pl* **-chi**) *sm* **1.** (*palcoscenico*) escenario *m* **2.** (*pedana, a teatro*) palco *m*
palcoscenico [palko'ʃɛniko] (*pl* **-ci**) *sm* escenario *m*
Palermo [pa'lɛrmo] *sf* Palermo *m*
palestra [pa'lɛstra] *sf* gimnasio *m*
Palestina [peles'tina] *sf* ● **la Palestina** Palestina *f*
paletta [pa'letta] *sf* **1.** (*giocattolo, per giardiniere*) pala *f.* **2.** (*con la scopa*) recogedor *m* **3.** (*di polizia, capostazione*) disco *m*
paletto [pa'letto] *sm* poste *m*
palio ['paljo] *sm* ● **mettere qc in palio** poner algo en juego ● **il Palio (di Siena)** *fiesta con torneo ecuestre al estilo medieval celebrada en Siena*

Palio di Siena

Esta famosa y peligrosa carrera de caballos tiene lugar dos veces al año (en junio y agosto) en la sienense plaza del Campo y evoca la antigua rivalidad entre las 17 *contradas* o barrios de la ciudad. Durante la carrera todo está permitido y el vencedor tendrá el honor de llevar el *palio*, un estandarte con la efigie de la Virgen, a la catedral.

palla ['palla] *sf* **1.** pelota *f* **2.** (*volg*) (*testicolo*) pelotas *fpl* **3.** ● **che palle!** (*volg*) ¡qué coñazo!
pallacanestro [pallaka'nestro] *sf* baloncesto *m*, basketball *m* (*Amér*)
pallanuoto [palla'nwoto] *sf* waterpolo *m*
pallavolo [palla'volo] *sf* voleibol *m*
pallido, a ['pallido, a] *agg* pálido(da)
palloncino [pallon'tʃino] *sm* globo *m*
pallone [pal'lone] *sm* **1.** balón *m* **2.** ● **pallone aerostatico** globo *m*
pallottola [pal'lottola] *sf* bala *f*
palma ['palma] *sf* palmera *f*, palmero *m* (*Arg*). palma *f* (*Méx*)
palmo ['palmo] *sm* **1.** (*di mano*) palma *f* **2.** (*misura*) palmo *m* ● **è caduto un palmo di neve** cayó un palmo de nieve
palo ['palo] *sm* **1.** (*di legno*) palo *m* **2.** (*di luce, telefono*) poste *m*
palombaro [palom'baro] *sm* buzo *m*
palpebra ['palpebra] *sf* párpado *m*
palude [pa'lude] *sf* ciénaga *f*
panca ['panka] *sf* (*pl* **-che**) banco *m* (*asiento*), banca *f* (*Méx*) (*asiento*)
pancarrè [pankar're] *sm inv* pan *m* de molde
pancetta [pan'tʃetta] *sf* panceta *f*
pancetta coppata embutido elaborado con *panceta magra*
panchina [pan'kina] *sf* **1.** (*di parco, giardini*) banco *m* **2.** SPORT banquillo *m*
pancia ['pantʃa] (*pl* **-ce**) *sf* barriga *f* ● **avere la pancia** tener barriga
panciotto [pan'tʃɔtto] *sm* chaleco *m*
panda ['panda] *sm inv* panda *m*
pandoro [pan'dɔro] *sm* tarta navideña hecha con harina, huevos, mantequilla, azúcar y mucha levadura
pane ['pane] *sm* **1.** pan *m* **2.** ● **pane integrale/tostato/a cassetta** pan integral/tostado/de molde **3.** ● **pane di Spagna** bizcocho *m* **4.** ● **guadagnarsi il pane** ganarse el pan
panetteria [panette'ria] *sf* panadería *f*
panettone [panet'tone] *sm* tarta navideña hecha con harina, huevos, mantequilla, azúcar, pasas, fruta confitada y mucha levadura
panforte [pan'fɔrte] *sm* tarta típica de Siena hecha con harina, almendras, avellanas, fruta confitada, azúcar y especias
pangrattato [pangrat'tato] *sm* pan rallado
panico ['paniko] *sm* pánico *m*
panificio [pani'fitʃo] *sm* panadería *f*
panino [pa'nino] *sm* panecillo *m* ● **panino imbottito** bocadillo *m*, sandwich *m* (*Amér*), torta *f* (*Méx*) ● **panino al prosciutto** bocadillo de jamón, sand-

wich de jamón (*Amér*), torta de jamón (*Méx*)

paninoteca [panino'tɛka] (*pl* **-che**) *sf* sandwichería *f*

panna ['panna] *sf* **1.** ● **panna (montata)** nata *f* (montada) **2.** ● **panna da cucina** nata para cocinar

panne ['panne] *sfpl* ● **essere in panne** tener una avería el coche *o* carro (*Amér*)

pannello [pan'nɛllo] *sm* **1.** (*lastra*) panel *m* **2.** (*elettrico*) tablero *m*

panno ['panno] *sm* paño *m* ● **mettersi nei panni di qn** ponerse en el lugar de alguien

pannocchia [pan'nɔkkja] *sf* panocha *f* (*Esp*), elote *m* (*CAm & Méx*), choclo *m* (*CSur & Perú*)

pannolino [panno'lino] *sm* **1.** (*per bambini*) pañal *m* **2.** (*per mestruazioni*) compresa *f*, toalla *f* sanitaria (*Amér*)

panoramico, a, ci, che [pano'ramiko, a, tʃi, ke] *agg* panorámico(ca)

panorama [pano'rama] *sm* (*fig*) panorama *m*

panpepato [panpe'pato] *sm* tarta hecha con harina, miel, almendras, fruta confitada, piel de naranja y especias

pantaloni [panta'loni] *smpl* pantalón *m*

pantera [pan'tɛra] *sf* **1.** (*animale*) pantera *f* **2.** (*auto di polizia*) coche *m* o carro *m* (*Amér*) patrulla

pantofola [pan'tɔfola] *sf* zapatilla *f*, chancla *f* (*Méx*) ● **stare in pantofole** ir en zapatillas *o* chancletas (*Méx*)

panzanella [pantsa'nɛlla] *sf* plato a base de pan duro con aceite, vinagre, sal, tomate y albahaca

panzerotti [pantse'rɔtti] *smpl* empanadillas de hojaldre rellenas de mozzarella, jamón y huevo

paonazzo, a [pao'nattso, a] *agg* morado(da)

papà [pa'pa] *sm inv* (*fam*) papá *m*, viejo *m* (*Arg*)

papa ['papa] *sm* papa *m*

papavero [pa'pavero] *sm* amapola *f*

papera ['papera] *sf* **1.** ● **fare una papera** tener un lapsus **2.** > **papero**

papero, a ['papero, a] *sm,f* ganso *m*, -sa *f*

papillon [papiʎ'ʎon] *sm inv* pajarita *f*

pappa ['pappa] *sf* papilla *f*

pappagallo [pappa'gallo] *sm* **1.** (*animale*) loro *m* **2.** (*per malati*) orinal *m*

pappardelle [pappar'dɛlla] *sfpl* lasañas cocidas en agua *o* caldo *y* aderezadas con salsa de carne ● **pappardelle alla lepre** lasañas cocidas en agua *o* caldo *y* aderezadas con salsa de carne de liebre

paprica ['paprika] *sf* paprika *f*

para ['para] *sf* caucho *m*

parabola [pa'rabola] *sf* parábola *f*

parabrezza [para'breddza] *sm inv* parabrisas *m inv*

paracadute [paraka'dute] *sm inv* paracaídas *m inv*

paracarro [para'karro] *sm* poste *m*

paradiso [para'dizo] *sm* (*fig*) paraíso *m*

paradossale [parados'sale] *agg* paradójico(ca)

paradosso [para'dɔsso] *sm* paradoja *f*

parafango [para'fango] (*pl* **-ghi**) *sm* guardabarros *m inv* (*Esp*), salpicadera *f* (*Méx*), parafango *m* (*Col & Ven*)

parafulmine [para'fulmine] *sm* pararrayos *m inv*

paraggi [pa'raddʒi] *smpl* • **nei paraggi** por los alrededores

paragonare [parago'nare] *vt* • **paragonare qn/qc (con o a)** comparar algo/a alguien (con)

paragone [para'gone] *sm* **1.** *(confronto)* comparación *f* **2.** *(esempio)* modelo *m*

paragrafo [pa'ragrafo] *sm* párrafo *m*

paralisi [pa'ralizi] *sf* **1.** MED parálisis *f inv* **2.** *(fig) (blocco)* bloqueo *m*

paralizzare [paralidz'dzare] *vt* **1.** *(rendere paralizzato)* paralizar **2.** *(fig) (bloccare)* bloquearse

parallela [paral'lela] *sf* paralela *f* ◆ **parallele** *sfpl* paralelas *fpl*

parallelo, a [paral'lelo, a] ◇ *agg* paralelo(la) ◇ *sm* paralelo *m*

paralume [para'lume] *sm* pantalla *f*

parapetto [para'petto] *sm* parapeto *m*

parare [pa'rare] *vt* **1.** *(colpi)* esquivar **2.** SPORT parar

parassita [paras'sita] *(pl* **-i)** *(sm) (fig)* parásito *m*

parata [pa'rata] *sf* parada *f*

paraurti [para'urti] *sm inv* parachoques *m inv*

paravento [para'vento] *sm* mampara *f*

parcella [par'tʃella] *sf* minuta *f*

parcheggiare [parkedʒ'dʒare] *vt* aparcar, estacionar *(Amér)*

parcheggio [par'keddʒo] *sm* aparcamiento *m*, estacionamiento *m (Amér)* • **parcheggio a pagamento** parking *m* de pago, playa *f* de estacionamiento *(CSur o Perú)* • **parcheggio riservato** parking reserved

parchimetro [par'kimetro] *sm* parquímetro *m*

parco ['parko] *(pl* **-chi)** *sm* parque *m* • **parco giochi/dei divertimenti** parque infantil/de atracciones

parecchio, a [pa'rekkjo, a] ◇ *agg* mucho(cha) ◇ *pron* muchos(chas) ◇ *avv* mucho

pareggiare [paredʒ'dʒare] ◇ *vt* **1.** *(capelli, orlo, terreno)* igualar, emparejar *(Amér)* **2.** *(bilancio, conti)* cuadrar ◇ *vi* empatar

pareggio [pa'reddʒo] *sm* **1.** *(in partite)* empate *m* **2.** *(del bilancio)* equilibrio *m*

parente [pa'rente] *smf* pariente *m*

parentela [paren'tela] *sf* **1.** *(vincolo)* parentesco *m* **2.** *(famiglia)* parentela *f*

parentesi [pa'rentezi] *sf inv* paréntesis *m inv* **2.** • **tra parentesi** entre paréntesis

pareo [pa'reo] *sm* pareo *m*

parere [pa'rere] ◇ *sm* parecer *m* ◇ *vi* **1.** parecer **2.** *(fam) (volere)* parecer ◇ *vi impers* **pare che** parece que • **che te ne pare?** ¿qué te parece? • **fate come vi pare** haced lo que os parezca • **mi pare di no/sì** me parece que no/sí • **mi pare (che) vada bene** me parece que está bien • **pare (che) sia vero** parece verdad

parete [pa'rete] *sf* pared *f*

pari ['pari] ◇ *agg* **1.** *(uguale)* igual **2.** *(superficie)* liso(sa) **3.** *(in partite, giochi)* empatado(da) **4.** *(numero)* par ◇ *smf* **1.** igual *mf* **2.** **alla pari** al par **3.** • **essere pari** estar iguales **4.** • **essere alla pari** ir a la par **5.** • **mettersi in pari con**

qc ponerse al corriente o al tanto (*Amér*) de algo **6.** • **pari pari** al pie de la letra

Parigi [pa'ridʒi] *sf* París *m*

parlamentare [parlamen'tare] *agg & smf* parlamentario(ria)

parlamento [parla'mento] *sm* parlamento *m*

parlantina [parlan'tina] *sf* (*fam*) labia *f*

parlare [par'lare] ◇ *vi* **1.** hablar **2.** (*esprimersi, conversare*) hablar, platicar (*Amér*) ◇ *vt* **1.** hablar **2.** • **parlare (a qn) di hablare (a alguien) de 3.** • **parla italiano?** ¿habla italiano?

Parma ['parma] *sf* Parma *f*

parmigiano, a [parmi'dʒano, a] ◇ *agg* parmesano(na) ◇ *sm* • **parmigiano (reggiano** ®**)** parmesano *m*

parola [pa'rɔla] *sf* **1.** palabra *f* **2.** • **prendere la parola** tomar la palabra **3.** • **rivolgere la parola a qn** dirigir la palabra a alguien **4.** • **rimangiarsi la parola** echarse atrás **5.** • **parola d'onore** palabra de honor **6.** • **parola d'ordine** contraseña *f* **7.** • **parole crociate** crucigrama *m* **8.** • **è una parola!** ¡no es cosa fácil!

parolaccia [paro'lattʃa] (*pl* **-ce**) *sf* palabrota *f*

parrocchia [par'rɔkkja] *sf* **1.** parroquia *f* **2.** • **è di un'altra parrocchia** (*fig*) es de la acera de enfrente

parroco ['parroko] (*pl* **-ci**) *sm* párroco *m*

parrucca [par'rukka] (*pl* **-che**) *sf* peluca *f*

parrucchiere, a [parruk'kjere, a] *sm,f* peluquero *m*, -ra *f*

parso ['parso] *pp* > **parere**

parte ['parte] *sf* **1.** parte *f* **2.** (*ruolo*) papel *m* • **fare parte di qc** formar parte de algo • **mettere da parte qc** apartar algo • **prendere parte a qc** tomar parte en algo • **stare dalla parte di** ponerse de parte de • **la maggior parte di la** mayor parte de • **a parte** questo aparte de esto • **a parte** aparte • **da parte di qn** de parte de alguien • **d'altra parte** por otra parte • **dall'altra parte** por la otra parte • **da nessuna parte** por ninguna parte • **da ogni parte** por todas partes • **da qualche parte** por alguna parte • **da questa parte** por esta parte • **in parte** en parte

partecipare [partetʃi'pare] • **partecipare a** *v* + *prep* **1.** (*intervenire*) participar en **2.** (*spese, gioia, dolore*) participar de

partecipazione [partetʃipats'tsjone] *sf* participación *f*

partenza [par'tɛntsa] *sf* salida *f* • **essere in partenza (per Roma)** estar a punto de salir (para Roma) ▼ **partenze** salidas

participio [parti'tʃipjo] *sm* participio *m*

particolare [partiko'lare] *agg* • **in particolare** en particular

partigiano, a [parti'dʒano, a] *sm,f* partisano(na)

partire [par'tire] *vi* **1.** (*treno, aereo, nello sport*) salir **2.** (*persona*) irse • **a partire da** a partir de

partita [par'tita] *sf* **1.** (*competizione sportiva*) partido *m* **2.** (*di merce, a carte*) partida *f* • **partita IVA** partida IVA

partito [par'tito] *sm* partido *m*

parto ['parto] *sm* parto *m*, alumbramiento *m* (Arg)

partorire [parto'rire] *vt* parir

parziale [par'tsjale] *agg* parcial

pascolo ['paskolo] *sm* pasto *m*, hierba *f* (Amér)

Pasqua ['paskwa] *sf* 1. RELIG Pascua *f* 2. *(ricorrenza)* Semana Santa *f*

Pasquetta [pas'kwetta] *sf* lunes *m* de Pascua

Pasquetta

El lunes de Pascua es un día festivo en toda Italia. Muchos italianos aprovechan esta ocasión para ir de excursión y salir al campo con familiares y amigos. Es tradición compartir en el desayuno de la *Pasquetta* un pan dulce y adornado con forma de paloma.

passàbile [pas'sabile] *agg* pasable

passaggio [pas'saddʒo] *sm* paso *m* ● **dare un passaggio a qn** *(in macchina)* llevar a alguien en coche ● **essere di passaggio** estar de paso ● **passaggio pedonale/a livello** paso de peatones/a nivel

passamontagna [passamon'taɲɲa] *sm inv* pasamontañas *m inv*

passante [pas'sante] *smf (persona)* transeúnte *mf* ◇ *sm (per cintura)* trabilla *f*

passaporto [passa'porto] *sm* pasaporte *m*

passare [pas'sare] *vi & vt* 1. pasar 2. **come te la passi?** ¿cómo te lo estás pasando? ● **mi è passato di mente!** ¡se me ha pasado! ● **ti passo Matteo** te paso con Matteo ● **passare avanti a qn** pasar delante de alguien ● **passare da** *(luogo)* pasarse de ● **passare da o per scemo** *(fig)* pasar por tonto ● **passare qc a qn** pasar algo a alguien ● **passare sopra qc** *(fig)* pasar algo por alto ● **passarsela bene** pasarlo bien

passatempo [passa'tɛmpo] *sm* pasatiempo *m*, pasarrato *m* (Méx)

passato, a [pas'sato, a] ◇ *agg (trascorso)* pasado(da) ◇ *sm* 1. *(tempo)* pasado *m* 2. GRAMM pretérito *m* ● **passato di verdure** puré *m* de verduras

passeggero, a [passed'dʒɛro, a] *agg* & *sm,f* pasajero(ra)

passeggiare [passed'dʒare] *vi* pasear

passeggiata [passed'dʒata] *sf* paseo *m* ● **fare una passeggiata** dar un paseo

passeggino [passed'dʒino] *sm* cochecito *m*

passeggio [pas'seddʒo] *sm* ● **andare a passeggio** ir de paseo

passerella [passe'rɛlla] *sf* pasarela *f*

passero ['passero] *sm* gorrión *m*

passerotto [passe'rɔtto] *sm* > **passero**

passione [pas'sjone] *sf* pasión *f*

passivo, a [pas'sivo, a] ◇ *agg* pasivo(va) ◇ *sm* 1. GRAMM voz *f* pasiva 2. COMM pasivo *m*

passo ['passo] *sm* paso *m* ● **allungare il passo** apretar el paso ● **fare il primo passo** dar el primer paso ● **a passo d'uomo** al paso ● **passo carraio** o **carrabile** vado *m* permanente ● **fare due** o **quattro passi** dar una vuelta ● **a**

due passi a dos pasos ● di questo passo a este paso

password ['pasword] *sf inv* contraseña *f*

pasta ['pasta] *sf* **1.** pasta *f* **2.** *(impasto di farina)* masa *f* ● **pasta in brodo** sopa *f* de caldo ● **pasta frolla** pastaflora *f* ● **pasta sfoglia** hojaldre *m*

pasta

Pocos italianos podrían renunciar a su plato de pasta diario. Existen esencialmente dos tipos: la *pasta secca*, elaborada en fábrica con harina y agua, y la *pasta fresca* casera o *pasta all'uovo*, elaborada con harina y huevos. Algunos la prefieren *asciutta*, o sea seca, ya sea *in bianco*, con mantequilla y parmesano, o con il sugo, con salsa; otros la prefieren in brodo, en la sopa; otros al horno. La *pasta ripiena* alude a la que se rellena con mezclas distintas como la lasaña, los tortellini y los canelones. Cada tipo de pasta lleva un nombre diferente según la forma, el tamaño, la región de origen y la forma de cocinarla. Una pasta en su punto debe estar cocida *al dente*, es decir que al morder se debe encontrar el exterior blando y el interior duro.

pastasciutta [pasta'ʃutta] *sf* pasta *f*

pastella [pas'tɛlla] *sf* harina *f* para rebozar

pasticca [pas'tikka] = **pastiglia**

pasticceria [pastittʃe'ria] *sf* pastelería *f*

pasticcino [pastit'tʃino] *sm* pasta *f* de té, dulce *m (Amér)*

pasticcio [pas'tittʃo] *sm* **1.** *(vivanda)* pastel *m* **2.** *(confusione)* lío *m*, bola *f (Amér)* **3.** *(guaio)* lío *m* ● **essere nei pasticci** estar metido en líos

pasticcione, a [pastit'tʃone, a] *sm, f* liante *m, -ta f*

pastiera [pas'tjera] *sf* tarta napolitana *de pastaflora rellena de requesón, fruta confitada y chocolate*

pastiglia [pas'tiʎʎa] *sf* pastilla *f*

pasto ['pasto] *sm* comida *f*

pastore [pas'tore] *sm* **1.** pastor *m* **2.** ● **pastore tedesco** pastor alemán

pastorizzato, a [pastorid'dzato, a] *agg* pasteurizado(da)

patata [pa'tata] *sf* patata *f*, papa *f (Amér)* ● **patate fritte** patatas *o* papas *(Amér)* fritas

patatine [pata'tine] *sfpl* patatas *fpl* o papas *(Amér)* fritas *(en bolsa)*

patente [pa'tɛnte] *sf* **1.** *(di guida)* carnet *m* de conducir, licencia *f (Amér)* **2.** *(licenza)* licencia *f*

paternità [paterni'ta] *sf* paternidad *f*

paterno, a [pa'tɛrno, a] *agg* **1.** *(nonno, zio)* paterno(na) **2.** *(atteggiamento, istinto)* paternal

patetico, a, ci, che [pa'tɛtiko, a, tʃi, ke] *agg* patético(ca)

patire [pa'tire] ◇ *vt* padecer, pasar *(Amér)* ◇ *vi* sufrir

patria ['patrja] *sf* patria *f*

patrigno [pa'triɲɲo] *sm* padrastro *m*

patrimonio [patri'mɔnjo] *sm* patrimonio *m* ● costare un patrimonio costar una fortuna

patrono [pa'trono] *sm* patrón *m*

pattinaggio [patti'naddʒo] *sm* patinaje *m* ● pattinaggio su ghiaccio patinaje sobre hielo

pattinare [patti'nare] *vi* patinar ● pattinare su ghiaccio patinar sobre hielo

pattino[1] [pattino] *sm* 1. ● pattini a rotelle patines de ruedas 2. ● pattini da ghiaccio patines de hielo

pattino[2] [pattino] *sm* patín *m* (embarcación)

patto ['patto] *sm* pacto *m* ● a patto che a condición de que

pattuglia [pat'tuʎʎa] *sf* patrulla *f*

pattumiera [pattu'mjera] *sf* cubo *m* (Esp) o bote *m* (Méx) o balde *m* (RP) de la basura

paura [pa'ura] *sf* miedo *m* ● avere paura (di) tener miedo (a) ● avere paura di fare qc tener miedo de hacer algo ● fare paura a qn dar miedo a alguien ● per paura di fare qc por temor a algo

pauroso, a [pau'roso, a] *agg* 1. espantoso(sa) 2. *(fig) (persona)* miedoso(sa)

pausa ['pawza] *sf* pausa *f* ● fare una pausa hacer una pausa

pavesini ® [pave'zini] *smpl galletas delgadas de forma alargada, hechas con huevos, harina, azúcar y mantequilla*

pavimento [pavi'mento] *sm* suelo *m*, piso *m* (Amér)

pavone [pa'vone] *sm* pavo *m* real

paziente [pats'tsjɛnte] *agg* & *smf* paciente

pazienza [pats'tsjɛntsa] *sf* 1. paciencia *f* 2. ● perdere la pazienza perder la paciencia 3. ● pazienza! ¡qué se le va hacer!

pazzamente [pazza'mente] *avv* locamente

pazzesco, a, schi, sche [pats'tsesko, a, ski, ske] *agg* de locos

pazzia [pats'tsia] *sf* 1. *(malattia, azione)* locura *f* 2. *(eccesso)* locura *f*, loquera *f* (*Andes, Arg, Chile & Ven*)

pazzo, a ['pattso, a] ◇ *agg* 1. loco(ca) 2. *(stravagante)* loco(ca), rayado(da) (*Perú*) ◇ *sm,f* loco *m*, -ca *f* ● andare pazzo per qc ir loco por algo ● essere pazzo di qn estar loco por alguien ● darsi alla pazza gioia divertirse a lo loco

PC [pit∫i] *sm (abbr di Personal Computer)* PC *m*

peccare [pek'kare] *vi* pecar

peccato [pek'kato] *sm* pecado *m* ● è un peccato che... es una lástima que... ● (che) peccato! ¡(qué) lástima!

peccatore, trice [pekka'tore, 'tritʃe] *sm,f* pecador *m*, -ora *f*

pecora ['pekora] *sf* oveja *f*

pecorino [peko'rino] *sm* queso *m* de oveja

pedaggio [pe'daddʒo] *sm* peaje *m*

pedalare [peda'lare] *vi* pedalear

pedale [pe'dale] *sm* pedal *m* ● a pedali de pedales

pedana [pe'dana] *sf* 1. *(supporto di legno)* tarima *f* 2. SPORT plataforma *f* 3. *(nella scherma)* pista *f*

pedata [pe'data] *sf* **1.** *(calcio)* patada *f*, chute *m* *(Amér)* **2.** *(impronta)* pisada *f*

pediatra, i, e [pe'djatra, i, e] *smf* pediatra *mf*

pedicure [pedi'kur] ◇ *smf inv (persona)* pedicuro *m*, -ra *f* ◇ *sm (cura dei piedi)* pedicura *f*

pedina [pe'dina] *sf* peón *m*

pedonale [pedo'nale] *agg* peatonal

pedone [pe'done] *sm* **1.** *(persona)* peatón *m* **2.** *(negli scacchi)* peón *m*

peggio ['pɛddʒo] ◇ *avv* peor ◇ *agg inv* peor ◇ *sm,f* **1.** • il/la peggiore el/la peor **2.** • peggio per te! ¡peor para tí! **3.** • temere il peggio temerse lo peor **4.** • avere la peggio llevarse la peor parte **5.** • alla peggio a lo peor **6.** • peggio che mai peor que nunca

peggioramento [pedʒdʒora'mento] *sm* empeoramiento *m*

peggiorare [pedʒdʒo'rare] *vt & vi* empeorar

peggiore [ped'dʒore] ◇ *agg* peor ◇ *sm,f* • il/la peggiore el/la peor

pelare [pe'lare] *vt* **1.** pelar **2.** *(fig) (un cliente, un giocatore)* desplumar

pelato, a [pe'lato, a] *agg* **1.** *(fam) (persona)* pelón(ona) **2.** *(frutto, ortaggio)* pelado(da) •**pelati** *smpl* tomates enteros pelados

pelle ['pɛlle] *sf* piel *f* • avere la pelle d'oca tener la carne de gallina

pellegrinaggio [pellegri'naddʒo] *sm* peregrinación *f*

pelletteria [pellette'ria] *sf* peletería *f*

pelliccia [pel'littʃa] *(pl* **-ce)** *sf* **1.** *(di animale)* piel *f* **2.** *(indumento)* abrigo *m* de piel

pellicola [pel'likola] *sf* **1.** carrete *m*, rollo *m* *(Amér)* **2.** *(film)* película *f*, cinta *f* *(Andes & Arg)* **3.** *(rivestimento)* capa *f* • pellicola a colori carrete en color

pelo ['pelo] *sm* pelo *m* • per un pelo por un pelo • c'è mancato un pelo che lo investissero no lo han atropellado por un pelo

peloso, a [pe'loso, a] *agg* peludo(da)

peltro ['peltro] *sm* peltre *m*

peluche [pe'luʃ] *sm inv* peluche *m*

pena ['pena] *sf* pena *f* • mi fa pena me da pena • (non) vale la pena di (no) vale la pena • pena di morte pena de muerte

penalità [penali'ta] *sf inv* penalización *f*

pendente [pen'dente] ◇ *agg* pendiente ◇ *sm* **1.** *(ciondolo)* colgante *m* **2.** *(orecchino)* pendiente *m*, arete *m* *(Andes & Méx)*

pendenza [pen'dentsa] *sf* **1.** inclinación *f* **2.** • sistemare una pendenza arreglar un asunto pendiente

pendere ['pɛndere] *vi* **1.** *(essere appeso)* colgar **2.** *(essere inclinato)* inclinarse

pendice [pen'ditʃe] *sf* ladera *f*

pendio [pen'dio] *sm* pendiente *f*

pendolare [pendo'lare] *smf* trabajador *o* estudiante que vive lejos de su trabajo o centro de estudios y utiliza diariamente los trenes

pendolo ['pɛndolo] *sm* péndulo *m*

pene ['pene] *sm* pene *m*

penetrare [pene'trare] *vi* **1.** penetrar **2.** • penetrare in qc penetrar en algo

penicillina [penitʃil'lina] *sf* penicilina *f*
penisola [pe'nizola] *sf* península *f*
penitenza [peni'tɛntsa] *sf* **1.** *(religiosa)* penitencia *f* **2.** *(nei giochi)* prenda *f*
penitenziario [peniten'tsjarjo] *sm* penal *m*
penna ['penna] *sf* **1.** *(per scrivere)* bolígrafo *m*, lapicero *m (Andes)* **2.** *(di uccello)* pluma *f* ● **penna a sfera** bolígrafo *m*, lapicero *m (Andes)* ● **penna stilografica** pluma estilográfica o fuente *(Amér)*
pennarello [penna'rɛllo] *sm* rotulador *m (Esp)*, marcador *m (Amér)*, plumón *m (Perú)*
pennello [pen'nɛllo] *sm* **1.** *(da pittore)* pincel *m* **2.** *(per vernici, tinte)* brocha *f* ● **pennello da barba** brocha de afeitar ● **a pennello** que ni pintado
penombra [pe'nombra] *sf* penumbra *f*
penoso, a [pe'nozo, a] *agg (fig)* penoso(sa)
pensare [pen'sare] *vi & vt* **1.** pensar **2.** ● **ci penso io!** ¡me ocupo yo! **3.** ● **cosa ne pensi?** ¿qué opinas? **4.** ● **pensare a** *(rifletere su, ricordare)* pensar en; *(occuparsi di)* ocuparse de **5.** ● **pensare a un numero** pensar en un número **6.** ● **pensare di fare qc** pensar hacer algo **7.** ● **penso di no/sì** creo que no/sí **8.** ● **pensarci su** pensárselo bien
pensiero [pen'sjɛro] *sm* **1.** *(facoltà, idea)* pensamiento *m* **2.** *(preoccupazione)* preocupación *f* ● **stare in pensiero per qn** estar preocupado(da) por alguien
pensile ['pensile] ◇ *agg* colgante ◇ *sm* armario colgado en la pared
pensilina [pensi'lina] *sf* marquesina *f*
pensionato, a [pensjo'nato, a] ◇ *sm,f* jubilado *m*, -da *f* ◇ *sm* residencia *f*
pensione [pen'sjone] *sf* pensión *f* ● **andare in pensione** jubilarse ● **essere in pensione** estar jubilado(da) ● **pensione completa** pensión completa ● **mezza pensione** media pensión
Pentecoste [pente'kɔste] *sf* Pentecostés *m*
pentirsi [pen'tirsi] *vr* ● **pentirsi di qc** arrepentirse de algo ● **pentirsi di aver fatto qc** arrepentirse de haber hecho algo
pentito, a [pen'tito, a] *sm,f* arrepentido *m*, -da *f*
pentola ['pentola] *sf* olla *f* ● **pentola a pressione** olla a presión
penultimo, a [pe'nultimo, a] *agg* penúltimo(ma)
pepare [pe'pare] *vt* pimentar
pepato, a [pe'pato, a] *agg* **1.** *(cibo)* picante **2.** *(fig) (pungente, salace)* mordaz
pepe ['pepe] *sm* pimienta *f*
peperonata [pepero'nata] *sf* pimentada *f*
peperoncino [peperon'tʃino] *sm* guindilla *f*, ají *m (Andes & RP)*, chile *m (Méx)* ● **peperoncino rosso** guindilla *f*
peperone [pepe'rone] *sm* pimiento *m*, pimentón *m (Amér)* ● **peperoni farciti** pimientos o pimentones *(Amér)* rellenos
per [per] *prep* **1.** *(destinato a)* para ● **è per te** es para ti **2.** *(attraverso)* por **3.** *(moto a luogo)* ● **il treno per Genova** el

tren con destino a Génova ● **partire per** partir hacia **4.** *(indica una durata)* durante ● **ha lavorato per tutta la vita** ha trabajado durante toda la vida ● **per sempre** para siempre **5.** *(indica una scadenza)* a ● **sarò di ritorno per le cinque** estaré de vuelta a las cinco ● **alzarsi per tempo** levantarse con tiempo **6.** *(indica il mezzo)* por ● **per telefono** por teléfono **7.** *(indica la causa)* por ● **viaggiare per lavoro** viajar por motivos de trabajo ● **piangere per la rabbia** llorar de rabia ● **per aver fatto qc** por haber hecho algo **8.** *(indica lo scopo)* para ● **equipaggiarsi per la montagna** equiparase para la montaña ● **per fare qc** para hacer algo **9.** *(indica il modo)* por ● **viaggiare per mare** viajar por mar ● **fare qc per scherzo** hacer algo en broma ● **per caso** por casualidad **10.** *(con valore distributivo)* por ● **c'è un bagno per camera** hay un baño por cada habitación ● **per volta** entrad de uno en uno ● **uno per uno** uno por uno **11.** *(come)* por ● **dare qc per certo** dar algo por supuesto **12.** *(indica il prezzo)* ● **lo ha venduto per 200 euro** lo ha vendido por 200 euros **13. due per tre fa sei** dos por tres son seis **14.** *(indica la conseguenza)* ● **è troppo bello per essere vero** es demasiado bonito para ser verdad **15.** *(indica limitazione)* para ● **per me, è la sola soluzione** para mi, es la unica solución

pera ['pera] *sf* **1.** pera *f* **2.** *(fam & fig) (d'eroina)* pico *m*

peraltro [pe'raltro] *avv* por otra parte

perbene [per'bene] *agg inv* ● **un uomo perbene** un hombre de bien

percentuale [pertʃentu'ale] *sf* **1.** porcentaje *m* **2.** *(provvigione)* comisión *f*

percepire [pertʃe'pire] *vt* percibir

perché [per'ke]
◇ *avv (per quale ragione)* por qué ● **perché corri? ¿**por qué corres? ● **perché non ci andiamo? ¿**por qué no vamos? ● **spiegami perché lo hai fatto** explícame por qué lo has hecho ● **perché no? ¿**por qué no? ● **chissà perché** quien sabe por qué
◇ *cong* **1.** *(per il fatto che)* porque ● **vado perché ho fretta** me voy porque tengo prisa ● **perché te ne vai? - perché si ¿**por qué te vas? - porque sí **2.** *(affinché)* para que ● **telefona perché non stiano in pensiero** llama por teléfono para que no se preocupen **3.** *(cosi che)* ● **è troppo difficile perché ci riesca** es demasiado difícil para que lo consiga
◇ *sm inv (ragioni)* motivo *m*, porqué *m* ● **nessuno sa il perché del suo comportamento** nadie sabe el motivo o el porqué de su comportamiento ● **senza un perché** sin motivo

perciò [per'tʃɔ] *cong* por eso

percorrere [per'korrere] *vt* recorrer

percorso, a [per'korso, a] ◇ *pp* ● **ho recorrido** *m* **il recorrido**

percosse [per'kɔsse] *sfpl* azotes *mpl*

percuotere [per'kwɔtere] *vt (form)* golpear

perdere ['perdere] *vt* perder ● **lasciar perdere** dejar correr ● **non avere nulla**

da perdere no tener nada que perder ● **perdere la testa** perder la cabeza o el seso (*Amér*) ● **perdersi** *vt* perderse

perdita ['pɛrdita] *sf* 1. pérdida *f* 2. (*de agua, gas*) fuga *f* ● **una perdita di tempo** una pérdida de tiempo ● **a perdita d'occhio** hasta donde alcanza la vista

perdonare [perdo'nare] *vt* perdonar

perdono [per'dono] *sm* perdón *m*

perdutamente [perduta'mente] *avv* perdidamente

perfettamente [perfetta'mente] *avv* perfectamente

perfetto, a [per'fɛtto, a] *agg* 1. (*eccellente*) perfecto(ta) 2. (*totale*) total

perfezionare [perfetsjo'nare] *vt* perfeccionar

perfezione [perfets'tsjone] *sf* perfección *f* ● **alla perfezione** a la perfección

perfido, a [pɛr'fido, a] *agg* pérfido(da), infame (*Amér*)

perfino [per'fino] *avv* incluso

perforare [perfo'rare] *vt* perforar

pergola ['pɛrgola] *sf* pérgola *f*

pericolante [periko'lante] *agg* ruinoso(sa)

pericolo [pe'rikolo] *sm* peligro *m* ● **essere fuori pericolo** estar fuera de peligro ● **essere in pericolo** estar en peligro

pericoloso, a [periko'lozo, a] *agg* peligroso(sa)

perimetro [pe'rimetro] *sm* perímetro *m*

periferia [perife'ria] *sf* periferia *f* ● **abitare in periferia** vivir en las afueras

periodico, a, ci, che [pe'rjɔdiko, a, tʃi, ke] *agg* periódico(ca) ◇ *sm* revista *f*

periodo [pe'riodo] *sm* período *m*

perito [pe'rito] *sm* 1. perito *m* 2. ● **perito agrario** perito agrícola

perla ['pɛrla] *sf* 1. (*gioiello*) perla *f* 2. (*fig*) (*persona eccellente*) joya *f* ● **quella cameriera è una vera perla** esa camarera es una verdadera joya

perlustrare [perlus'trare] *vt* (*form*) inspeccionar

permaloso, a [perma'lozo, a] *agg* quisquilloso(sa), susceptible (*Amér*)

permanente [perma'nɛnte] ◇ *agg* permanente ◇ *sf* 1. permanente *f* 2. ● **farsi la permanente** hacerse la permanente

permanenza [perma'nɛntsa] *sf* 1. (*soggiorno*) permanencia *f* 2. (*di crisi, problema*) persistencia *f*

permesso, a [per'messo, a] *pp* ➤ **permettere** ◇ *sm* 1. permiso *m* 2. ● **permesso di soggiorno** permiso de residencia. 3. ● **(è) permesso?** (*per entrare*) ¿se puede?; (*per passare*) ¿me permite?

permettere [per'mettere] *vt* permitir ● **permettere a qn di fare qc** (*autorizzare*) dejar hacer algo a alguien; (*rendere possibile*) permitir hacer algo a alguien ● **permettersi** *vr* 1. (*spesa, acquisto*) permitirse 2. (*prendersi la libertà*) atreverse 3. ● **permettersi di fare qc** atreverse a hacer algo 4. ● **potersi permettere di fare qc** poderse permitir hacer algo

perno ['pɛrno] *sm* puntal *m*

pernottamento [pernotta'mento] *sm* alojamiento *m*

però [pe'rɔ] *cong* 1. (ma) pero 2. (tuttavia) sin embargo

perpendicolare [perpendiko'lare] *agg* perpendicular

perplesso, a [per'plɛsso, a] *agg* perplejo(ja)

perquisire [perkwi'zire] *vt* registrar

perquisizione [perkwizits'tsjone] *sf* registro *m*

perseguitare [persegwi'tare] *vt* perseguir

perseverare [perseve'rare] *vi* perseverar

persiana [per'sjana] *sf* persiana *f*

persiano, a [per'sjano, a] ◇ *agg* persa ◇ *sm* 1. (pelliccia) abrigo *m* de astracán 2. (gatto) gato *m* persa

persino [per'sino] = perfino

persistente [persis'tɛnte] *agg* persistente

perso, a ['pɛrso, a] *pp* → perdere

persona [per'sona] *sf* persona *f* • conoscere qn di persona conocer a alguien en persona • in persona en persona

personaggio [perso'naddʒo] *sm* personaje *m*

personale [perso'nale] *agg & sm inv* personal

personalità [personali'ta] *sf* personalidad *f*

personalmente [personal'mente] *avv* personalmente

persuadere [persua'dere] *vt* persuadir • persuadere qn a fare qc persuadir a alguien para hacer algo • persuadere qn di qc persuadir a alguien de algo

pertanto [per'tanto] *cong* por lo tanto

perturbazione [perturbats'tsjone] *sf* perturbación *f*

Perugia [pe'rudʒa] *sf* Perusa *f*

pesante [pe'zante] *agg* 1. pesado(da) 2. (abbigliamento) de abrigo 3. (fig) (persona, film) pesado(da), cargante (Perú) 4. (scherzo) pesado(da)

pesare [pe'zare] ◇ *vt* pesar ◇ *vi* 1. pesar 2. (essere spiacevole) costar • **pesarsi** *vr* pesarse

pesca ['pɛska] (*pl* -sche) *sf* 1. (frutto) melocotón *m*, durazno *m* (Amér) 2. (attività) pesca *f* • andare a pesca ir de pesca • pesca di beneficenza sorteo *m* benéfico • pesca subacquea pesca submarina

pescare [pes'kare] *vt* 1. (pesce) pescar 2. (carte da gioco) robar 3. (fig) (trovare) pillar

pescatore [peska'tore] *sm* pescador *m*

pesce ['peʃʃe] *sm* 1. (animale) pez *m* 2. (cibo) pescado *m* ◆ **Pesci** *smpl* Piscis *m inv*

pescheria [peske'ria] *sf* pescadería *f*

pescivendolo, a [peʃʃi'vɛndolo, a] *sm,f* pescatero *m*, -ra *f*

peso ['pezo] *sm* 1. (fig) peso *m* 2. (attrezzo) pesa *f* • peso lordo peso bruto • peso netto peso neto • essere di peso a qn ser una carga para alguien

pessimismo [pessi'mizmo] *sm* pesimismo *m*

pessimista, i, e [pessi'mista, i, e] *smf* pesimista *mf*

pessimo, a ['pɛssimo, a] *agg* pésimo(ma)

pestare [pes'tare] vt 1. (calpestare) pisar 2. (nel mortaio) machacar 3. (fam) (picchiare) pegar

peste ['peste] sf 1. peste f 2. (fig) (bambino, persona) demonio m

pesto, a ['pesto, a] ◊ agg buio pesto noche cerrada ◆ occhio pesto ojo morado ◊ sm pesto m *salsa genovesa con aceite de oliva, ajo, albahaca, piñones y queso de oveja*

petalo ['petalo] sm pétalo m

petardo [pe'tardo] sm petardo m

petroliera [petro'ljera] sf petrolero m

petrolio [pe'troljo] sm petróleo m

pettegolezzo [petteɡo'letstso] sm cotilleo m (*Esp*), chismoseo m (*Amér*)

pettinare [petti'nare] vt peinar ◆ **pettinarsi** vr peinarse

pettine ['pettine] sm peine m

petto ['petto] sm 1. (torace, seno) pecho m 2. (carne) pechuga f ◆ **petto di pollo** pechuga de pollo

pezzo ['petstso] sm 1. (parte) pedazo m 2. (frammento) trozo m 3. (componente) pieza f 4. (di motore) techo m 5. (di tempo) rato m 6. (di giornale) artículo m ◆ **è un bel pezzo che ti cerco** hace un buen rato que te estoy buscando ◆ **andare in (mille) pezzi** romperse en mil pedazos ◆ **cadere a pezzi** caerse a trozos ◆ **pezzo di ricambio** pieza de recambio ◆ **due pezzi** (*costume, abito*) dos piezas m ◆ **pezzo grosso** (*fig*) pez m gordo

phon [fon] sm inv secador m

piacere [pja'tʃere] ◊ sm 1. (godimento, soddisfazione) placer m 2. (favore) favor m ◊ vi 1. **mi piace** me gusta 2. **mi piacciono i tulipani** me gustan los tulipanes 3. **per piacere** por favor 4. **piacere (di conoscerla)!** ¡encantado(da)(de conocerle)! 5. **piacere mio!** ¡el gusto es mío! 6. **a piacere** a discreción

piacevole [pja'tʃevole] agg agradable

piaga ['pjaga] (*pl* **-ghe**) sf 1. (*lesione*) llaga f 2. (*epidemia*) plaga f 3. (*fam & fig*) (*persona*) pelma mf

pianerottolo [pjane'rɔttolo] sm rellano m

pianeta [pja'neta] sm planeta m

piangere ['pjandʒere] vi llorar

pianista, i, e [pja'nista, i, e] smf pianista mf

piano, a ['pjano, a] ◊ agg 1. (piatto) llano(na) 2. piano(na) ◊ avv 1. (lentamente) despacio 2. (a bassa voce) en voz baja ◊ sm 1. (disegno) plano m 2. (di edificio) piso m 3. GEO llano m 4. (livello) nivel m 5. (programma) plan m 6. (pianoforte) piano m 7. (lentamente) despacio 8. **abitano al primo piano** viven en el primer piso 9. **il piano di sopra/sotto** el piso de arriba/abajo ◆ **in primo piano** en primer plano ◆ **al piano superiore** en el último piso ◆ **andarci piano** andarse con cuidado ◆ **piano piano** (*poco a poco*) poco a poco

piano-bar [pjano'bar] sm inv piano-bar m

pianoforte [pjano'fɔrte] sm piano m

pianoterra [pjano'tɛrra] = **pianterreno**

pianta ['pjanta] sf 1. (vegetale, di piede)

planta f **2.** (di città, casa) plano m ◆ **pianta grassa** cactus m inv
piantare [pjan'tare] vt **1.** (semi) plantar **2.** (conficcare) clavar **3.** (fam) (abbandonare) plantar ◆ **piantala!** ¡basta ya!
pianterreno [pjanter'reno] sm planta f baja ◆ **al pianterreno** en la planta baja
pianto, a ['pjanto, a] ◇ pp ➤ **piangere** ◇ sm llanto m
pianura [pja'nura] sf **1.** llanura f **2.** **la Pianura Padana** el Valle del Po
piastrella [pjas'trɛlla] sf baldosa f
piattaforma [pjatta'fɔrma] sf plataforma f
piattino [pjat'tino] sm plato m de postre
piatto, a ['pjatto, a] ◇ agg **1.** (piano) plano(na) **2.** (monotono) monótono(na) ◇ sm plato m ◆ **piatto freddo/tipico/del giorno** plato frío/típico/del día ◆ **primo/secondo piatto** primer/segundo plato ◆ **lavare i piatti** lavar los platos ◆ **piatti pronti** comida f para llevar
piazza ['pjattsa] sf plaza f ◆ **fare piazza pulita** deshacerse de
piazzale [pjat'tsale] sm **1.** (piazza) plaza f **2.** (di stazione) entrada f **3.** (di aeroporto) plataforma f
piazzare [pjats'tsare] vt **1.** (collocare) colocar **2.** (vendere) vender ◆ **piazzarsi** vr clasificarse
piccante [pik'kante] agg picante
picchetto [pik'ketto] sm piquete m
picchiare [pik'kjare] ◇ vt pegar ◇ vi **1.** golpear **2.** (sole) picar ◆ **picchiarsi** vr pegarse
piccino, a [pit'tʃino, a] agg pequeño(ña), chiquito(ta) (Amér)
piccione [pit'tʃone] sm paloma f
picco ['pikko] (pl -chi) sm pico m ◆ **a picco** a pico ◆ **colare a picco** irse a pique m
piccolo, a ['pikkolo, a] agg pequeño(ña)
piccozza [pik'kɔttsa] sf piolet m
picnic [pik'nik] sm inv picnic m
pidocchio [pi'dɔkkjo] sm piojo m
piede ['pjɛde] sm **1.** ANAT (unità di misura) pie m **2.** (di mobili) pata f ◆ **andare a piedi** ir a pie ◆ **essere a piedi** ir andando ◆ **in piedi** de pie ◆ **prendere piede** (fig) difundirse
piedistallo [pjedes'tallo] sm pedestal m
piega ['pjɛga] (pl -ghe) sf **1.** pliegue m **2.** (di gonna) dobladillo m **3.** (di pantaloni) raya f **4.** (grinza) arruga f ◆ **prendere una brutta piega** tomar mal cariz
piegare [pje'gare] vt **1.** doblar **2.** (letto, sedia) plegar ◆ **piegarsi** vr doblarse ◆ **piegarsi a 1.** doblarse hacia **2.** (fig) (cedere a) someterse a
pieghevole [pje'gevole] agg **1.** (flessibile) flexible **2.** (sedia, tavolo) plegable
Piemonte [pje'monte] sm ◆ **il Piemonte** Piamonte m
piena ['pjɛna] sf crecida f
pieno, a ['pjɛno, a] ◇ agg **1.** lleno(na) **2.** (fam) (sazio) lleno(na) **3.** (completo) pleno(na) ◇ sm **1.** (culmine) plenitud f **2.** (di carburante) lleno m ◆ **pieno di** lleno de ◆ **pieno di sé** orgulloso(sa) ◆ **a stomaco pieno** con la barriga llena ◆

fare il pieno (di benzina) llenar el depósito (de gasolina)
pietà [pje'ta] *sf* piedad *f* ● **avere pietà di qn** sentir compasión por alguien ● **come attore fa pietà** como actor da pena
pietanza [pje'tantsa] *sf* plato *m*
pietoso, a [pje'tozo, a] *agg* **1.** *(che ispira pietà)* penoso(sa) **2.** *(che sente pietà)* compasivo(va)
pietra ['pjetra] *sf* piedra *f* ● **pietra dura/preziosa** piedra dura/preciosa
pigiama [pi'dʒama] *(pl* **-i)** *sm* pijama *m (Esp)*, piyama *f (Amér)*
pigiare [pi'dʒare] *vt* pisotear
pigliare [piʎ'ʎare] *vt* **1.** *(prendere)* coger, agarrar *(Amér)* **2.** *(afferrare)* agarrar
pigna ['piɲɲa] *sf* piña *f (de pino)*
pignolo, a [piɲ'ɲɔlo, a] *agg* meticuloso(sa)
pignorare [piɲɲo'rare] *vt* embargar
pigrizia [pi'gritstsja] *sf* pereza *f*, flojera *f (Amér)*
pigro, a ['pigro, a] *agg* perezoso(sa), flojo(ja) *(Amér)*
pila ['pila] *sf* pila *f*
pile ['pail] *sm inv* forro *m* polar
pilastro [pi'lastro] *sm* pilar *m*
pillola ['pillola] *sf* **1.** *(compressa)* pastilla *f* **2.** *(anticoncezionale)* píldora *f*
pilone [pi'lone] *sm* pilón *m*
pilota, i, e [pi'lɔta, i, e] *smf* piloto *mf*
pinacoteca [pinako'tɛka] *(pl* **-che)** *sf* pinacoteca *f*
pineta [pi'neta] *sf* pineda *f*
ping-pong [pim'pɔŋ] *sm inv* ping-pong *m*

pinguino [pin'gwino] *sm* pingüino *m*
pinna ['pinna] *sf* aleta *f*
pino ['pino] *sm* pino *m*
pinolo [pi'nɔlo] *sm* piñón *m*
pinzare [pin'tsare] *vt* **1.** *(con graffette)* grapar, engrapar *(Amér)* **2.** *(sog: granchio)* picar
pinza ['pintsa] *sf* **1.** *(utensile)* pinzas *fpl* **2.** *(di gambero, granchio)* pinza *f*
pinzetta [pin'tsetta] *sf* pinzas *fpl*
pioggia ['pjɔddʒa] *(pl* **-ge)** *sf* lluvia *f*
piolo [pi'ɔlo] *sm* ● **scala a pioli** escalera de mano
piombare [pjom'bare] ◇ *vi* **1.** *(gettarsi)* caer *m* **2.** *(giungere)* presentarse **3.** *(fig) (nella disperazione)* sumirse ◇ *vt* ● **piombare su** abalanzarse sobre
piombino [pjom'bino] *sm* **1.** *(per pacchi)* sello *m* de plomo **2.** *(da pesca)* plomo *m*
piombo [pjombo] *sm* plomo *m*
piovere ['pjɔvere] *vi & v impers (fig)* llover
piovigginare [pjoviddʒi'nare] *v impers* lloviznar, paramar *(Andes)*
piovoso, a [pjo'vozo, a] *agg* lluvioso(sa)
pipa ['pipa] *sf* pipa *f*
pipì [pi'pi] *sf (fam)* ● **fare (la) pipì** hacer pipí
pipistrello [pipis'trello] *sm* murciélago *m*
pirata [pi'rata] *agg* **& *sm* 1.** pirata **2.** ● **pirata della strada** conductor *que, después de haber atropellado a alguien, huye*
pirofila [pi'rɔfila] *sf* fuente *f* de pyrex ®
piromane [pi'rɔmane] *smf* pirómano *m*, -na *f*

piroscafo [pi'rɔskafo] *sm* barco *m* de vapor

Pisa ['piza] *sf* Pisa *f*

pisciare [piʃ'ʃare] *vi* (volg) mear

piscina [piʃ'ʃina] *sf* piscina *f*, pileta *f* (Arg), alberca *f* (Méx)

pisello [pi'zello] *sm* **1.** *(legume)* guisante *m*, arveja *f* (Amér), chícharo *m* (CAm & Méx) **2.** *(fam) (pene)* colita *f*, pitulín *m* (Arg), pichula *f* (Chile), piripicho *m* (Ven)

pisolino [pizo'lino] *sm* ◆ **fare un pisolino** echarse una siesta

pista ['pista] *sf* pista *f* ◆ **pista da ballo** pista de baile ◆ **pista ciclabile** carril *m* bici

pistacchio [pis'takkjo] *sm* pistacho *m*

pistola [pis'tɔla] *sf* pistola *f*

pittore, trice [pit'tore, 'tritʃe] *sm,f* pintor *m*, -ora *f*

pittoresco, a, schi, sche [pitto'resko, a, ski, ske] *agg* pintoresco(ca)

pittura [pit'tura] *sf* pintura *f*

pitturare [pittu'rare] *vt* pintar

più [pju]
◇ *avv* **1.** *(in comparativi)* **più (di)** más (que) ◆ **ho fatto più tardi del solito** he llegado más tarde de lo habitual ◆ **poco più di** poco más de ◆ **di più** *(in maggior quantità)* ◆ **dovresti studiare di più** deberías estudiar más **2.** *(in superlativi)* ◆ **la collina più alta** la colina más alta ◆ **il più grande** el más grande **3.** *(oltre)* más ◆ **non... più** no...más ◆ **non parlo più con lui** no le hablo más ◆ **mai più** nunca más ◆ **per di più** además
◇ *prep* **1.** *(con l'aggiunta di)* más ◆ **siamo in sei più gli ospiti** somos seis más los invitados **2.** ◆ **tre più tre fa sei** tres más tres son seis
◇ *agg inv* **1.** *(in quantità, numero maggiore)* más ◆ **ho più lavoro del solito** tengo más trabajo del habitual ◆ **ho più punti di te** tengo más puntos que tú **2.** *(diversi)* varios(rias) ◆ **l'ho ripetuto più volte** lo he repetido varias veces
◇ *sm inv* **1.** *(la maggior parte)* ◆ **il più è fatto** lo más importante ya está hecho ◆ **il più è incominciare** todo es empezar ◆ **il più delle volte** la mayoría de las veces ◆ **parlare del più e del meno** hablar de todo un poco **2.** *(la maggioranza)* ◆ **i più** la mayoría

piuma ['pjuma] *sf* pluma *f*

piumino [pju'mino] *sm* **1.** *(trapunta)* edredón *m*, colcha *f* **2.** *(giaccone)* plumón *m* **3.** *(per cipria)* borla *f*

piumone® [pju'mone] *sm* *(trapunta)* edredón *m* nórdico

piuttosto [pjut'tosto] *avv* **1.** *(di preferenza)* más bien **2.** *(abbastanza)* bastante ◆ **piuttosto che** antes que

pizza ['pittsa] *sf* pizza *f* ◆ **pizza quattro stagioni/napoletana** pizza cuatro estaciones/napolitana ◆ **pizza al trancio** pizza por porciones

pizzeria [pittse'ria] *sf* pizzería *f*

pizzetta [pit'tsetta] *sf* pizza *f* pequeña

pizzicare [pittsi'kare] ◇ *vt* **1.** *(con le dita)* pellizcar **2.** *(pungere)* picar ◇ *vi* picar

pizzico ['pittsiko] *sm (pl -chi) sm* pizca *f* ◆ **un pizzico di sale** una pizca de sal

pizzicotto [pitstsi'kɔtto] *sm* pellizco *m*
pizzo ['pitstso] *sm* **1.** *(merletto)* encaje *m* **2.** *(barba)* perilla *f*, pera *f (Urug)*, chiva *f (Ven)*
placare [pla'kare] *vt* aplacar ● **placarsi** *vr* calmarse
placca ['plakka] *(pl -che) sf* placa *f*
placcare [plak'kare] *vt* **1.** *(rivestire)* chapar **2.** SPORT placar **3.** ● **placcato d'oro** chapado en oro
plagiare [pla'dʒare] *vt* plagiar
plagio ['pladʒo] *sm* plagio *m*
plancia ['plantʃa] *(pl -ce) sf* puente *m* de mando
planetario, a [plane'tarjo, a] ◇ *agg* planetario(ria) ◇ *sm* planetario *m*
plasmare [plaz'mare] *vt* plasmar
plastica ['plastika] *(pl -che) sf* **1.** *(sostanza)* plástico *m* **2.** MED cirugía *f* plástica
plastico, a, ci, che ['plastiko, a, tʃi, ke] ◇ *agg* plástico(ca) ◇ *sm* **1.** *(modellino)* maqueta *f* **2.** *(esplosivo)* goma *f* dos
plastilina ® [plasti'lina] *sf* plastilina ® *f*
platano ['platano] *sm* plátano *m (árbol)*
platea [pla'tea] *sf* platea *f*
plausibile [plau'zibile] *agg* plausible
plico ['pliko] *(pl -chi) sm (form)* pliego *m*
plurale [plu'rale] *agg* & *sm* plural
pneumatico, a [pneu'matiko] ◇ *agg* neumático(ca) ◇ *sm* neumático *m*
po' [pɔ] = **poco**
Po [pɔ] *sm* ● **il Po** el Po
poco, a, chi, che ['pɔko, a, ki, ke] ◇ *agg* poco(ca) ● **ho poco tempo/pochi amici** tengo poco tiempo/pocos amigos ● **a poco prezzo** a bajo precio ● **in poche parole** en pocas palabras ◇ *sm* ● **un poco** un poco ● **un po'** un poco ● **restiamo ancora un po'** quedémonos un poco más ● **un po' di** un poco de ● **compra un po' di pane** compra pan ◇ *pron* **1.** *(una piccola quantità, un piccolo numero)* poco **● pochi** *(non molta gente)* pocos **2.** *(in espressioni)* ● **aver poco da fare** no tener nada que hacer ● **ci vuole poco a capire che...** no hace falta mucho para entender que... ● **siamo tornati da poco** hemos vuelto hace poco ● **è una cosa da poco** es algo sin importancia ● **per poco non cadevo** por poco no me caigo ● **tra poco** dentro de poco
◇ *avv* **1.** *(scarsamente)* poco ● **abito poco lontano** no vivo muy lejos ● **mangia poco** come poco ● **è poco simpatico** no es muy simpático **2.** *(per breve tempo)* poco ● **durare poco** durar poco
podere [po'dere] *sm* finca *f*
poderoso, a [pode'roso] *agg* poderoso (sa)
podio ['pɔdjo] *sm* podio *m*
poesia [poe'zia] *sf* **1.** *(arte)* poesía *f* **2.** *(componimento)* poema *m*
poeta, poetessa [po'ɛta, poe'tessa] *sm,f* poeta *m*, -tisa *f*
poetico, a, ci, che [po'ɛtiko, a, tʃi, ke] *agg* poético(ca)
poggiare [podʒ'dʒare] ◇ *vt* apoyar ◇ *vi* ● **poggiare su qc** apoyarse en algo
poggiatesta [podʒdʒa'testa] *sm inv* reposacabezas *m inv*, apoya cabezas *m inv (Amér)*

poi ['poi] *avv* **1.** *(dopo, nello spazio)* luego **2.** *(infine)* finalmente ● **e poi** y además

poiché [poj'ke] *cong* puesto que

polacco, a, chi, che [po'lakko, a, ki, ke] ◇ *agg* & *sm,f* polaco(ca) ◇ *sm* polaco *m*

polare [po'lare] *agg* **1.** polar *f* **2.** *(fig) (gelido)* intenso(sa)

polemica [po'lɛmika] *(pl* **-che***) sf* polémica *f*

polemico, a, ci, che [po'lɛmiko, a, tʃi, ke] *agg* polémico(ca)

polenta [po'lɛnta] *sf* gachas de harina de maíz

poliestere [poli'estere] *sm* poliéster *m*

polipo ['pɔlipo] *sm* pulpo *m*

polistirolo [polisti'rɔlo] *sm* poliestireno *m*

politica [po'litika] *(pl* **-che***) sf* política *f*

politico, a, ci, che [po'litiko, a, tʃi, ke] *agg* & *sm,f* político(ca)

polizia [polit'tsia] *sf* policía *f* ● **polizia stradale** policía de tráfico

poliziesco, a, schi, sche [polits'tsjesko, a, ski, ske] *agg* **1.** *(della polizia)* policial **2.** *(romanzo, film)* policíaco(ca)

poliziotto, a [polits'tsjɔtto, a] *sm,f* policía *mf*

polizza ['polittsa] *sf* póliza *f* ● **polizza di assicurazione** póliza de seguros

pollaio [pol'lajo] *sm* gallinero *m*

pollame [pol'lame] *sm* volatería *f*

pollice ['pollitʃe] *sm* **1.** *(dito)* pulgar *m* **2.** *(unità di misura)* pulgada *f*

polline ['polline] *sm* polen *m*

pollo ['pollo] *sm* pollo *m* ● **pollo arrosto/alla cacciatora** pollo asado/a la cazadora ● **pollo alla diavola** pollo a la plancha condimentado con pimienta ● **pollo allo spiedo** pollo a l'ast

polmone [pol'mone] *sm* pulmón *m*

polmonite [polmo'nite] *sf* pulmonía *f*

polo ['pɔlo] *sm* **1.** polo *m* **2.** ● **il Polo** *(partito politico)* coalición política italiana de centroderecha **3.** ● **il polo Nord/Sud** el Polo Norte/Sur

Polonia [po'lɔnja] *sf* ● **la Polonia** Polonia *f*

polpaccio [pol'pattʃo] *sm* pantorrilla *f*

polpastrello [polpas'trɛllo] *sm* yema *f (del dedo)*

polpetta [pol'petta] *sf* **1.** *(vivanda)* albóndiga *f* **2.** *(fig)* ● **ridurre qn in polpette** hacer picadillo a alguien

polpettone [polpet'tone] *sm* **1.** *(vivanda)* redondo de carne picada **2.** *(fig) (film, libro)* culebrón *m*

polpo ['polpo] *sm* = **polipo**

polsino [pol'sino] *sm* puño *m*

polso ['polso] *sm* **1.** ANAT muñeca *f* **2.** MED pulso *m* **3.** ● **prendere il polso** tomar el pulso

poltiglia [pol'tiʎʎa] *sf* papilla *f*

poltrona [pol'trona] *sf* **1.** *(sedia)* sillón *m* **2.** *(di teatro)* butaca *f*

poltrone, a [pol'trone, a] *sm,f* gandul *m*, -la *f*, flojo *m*, -ja *f (Amér)*

polvere ['polvere] *sf* polvo *m* ● **in polvere** en polvo

polveroso, a [polve'rozo, a] *agg* polvoriento(ta)

pomata [po'mata] *sf* pomada *f*

pomeridiano, a [pomeri'djano, a] *agg* de la tarde

pomeriggio [pome'ridʒdʒo] *sm* tarde *f*

di pomeriggio por la tarde

pomice [ˈpomitʃe] *sf* pómez *f*

pomo [ˈpomo] *sm* pomo *m* • **pomo d'Adamo** nuez *f (en cuello)*

pomodoro [pomoˈdɔro] *sm* tomate *m*

pompa [ˈpompa] *sf* 1. *(macchina)* bomba *f* 2. *(sfarzo)* pompa *f* • **pompe funebri** *sfpl* pompas fúnebres *fpl*

pompare [pomˈpare] *vt* 1. *(liquido)* bombear 2. *(aria)* hinchar

Pompei [pomˈpɛi] *sf* Pompeya *f*

pompelmo [pomˈpelmo] *sm* 1. *(frutto)* pomelo *m* (Esp), toronja *f* (Amér), grapefruit *m* (CAm) 2. *(albero)* pomelo *m*

pompiere [pomˈpjɛre] *sm* bombero *m*

pomposo, a [pomˈpozo, a] *agg* pomposo(sa)

ponderare [pondeˈrare] *vt* ponderar ◇ *vi* reflexionar

ponente [poˈnɛnte] *sm* poniente *m*

ponte [ˈponte] *sm* 1. *(ponte)* puente *m* 2. *(impalcatura)* andamio *m* • **ponte levatoio** puente levadizo • **fare il ponte** hacer puente

Pontefice [ponˈtefitʃe] *sm* Pontífice *m*

pony [ˈpɔni] *sm inv* 1. póney *m* 2. • **pony express** mensajero *m*

popcorn [popˈkɔrn] *sm inv* palomitas *fpl* de maíz

popolare [popoˈlare] ◇ *agg* popular ◇ *vt* poblar

popolarità [popolariˈta] *sf* popularidad *f*

popolazione [popolatsˈtsjone] *sf* población *f*

popolo [ˈpɔpolo] *sm* pueblo *m*

popone [poˈpone] *sm* melón *m*

poppa [ˈpoppa] *sf* 1. NAUT popa *f* 2. *(mammella)* teta *f*

poppare [popˈpare] *vt* mamar

porcellana [portʃelˈlana] *sf* porcelana *f*

porcellino [portʃelˈlino] *sm* cochinillo *m* • **porcellino d'India** conejillo *m* de Indias

porcino, a [porˈtʃino] ◇ *agg (di porco)* porcino(na) ◇ *sm* seta *f* de Burdeos • **risotto con i porcini** arroz con setas

porco [ˈpɔrko] *(pl* -**ci**) *sm* 1. *(animale)* puerco *m*, cochino *m* (Amér), chancho *m* (Andes & CAm) 2. *(carne)* cerdo *m*, cochino *m* (Amér), puerco *m* (Méx) 3. *(fig) (sudicione)* marrano *m*

porcospino [porkosˈpino] *sm* puerco *m* espín

porgere [ˈpɔrdʒere] *vt* 1. *(saluti)* dar 2. *(aiuto)* ofrecer 3. *(mano)* tender

pornografico, a, ci, che [pornoˈgrafiko, a, tʃi, ke] *agg* pornográfico(ca)

poro [ˈpɔro] *sm* poro *m*

porpora [ˈpɔrpora] *sf* púrpura *f*

porre [ˈpɔrre] *vt* 1. *(mettere)* poner 2. *(riporre)* colocar 3. *(supporre)* • **poniamo che** supongamos que • **porsi** *vr* ponerse

porro [ˈporro] *sm* 1. *(verdura)* puerro *m* (Esp), porro *m* (Amér) 2. MED verruga *f*

porta [ˈpɔrta] *sf* 1. puerta *f* 2. SPORT *(calcio)* portería *f* 3. SPORT *(sci)* puerta *f*

portabagagli [portabaˈgaʎʎi] *sm inv* 1. *(bagagliaio)* maletero *m*, baúl *m* (Col & CSur) 2. *(sul tetto)* baca *f*, portamaletas *m inv* (Amér)

portacenere [portaˈtʃenere] *sm inv* cenicero *m*

portachiavi [pɔrta'kjavi] *sm* llavero *m*
portaerei [pɔrta'erei] *sf inv* portaviones *m inv*
portafinestra [pɔrtafi'nɛstra] (*pl* **portefinestre**) *sf* vidriera *f*
portafoglio [pɔrta'fɔʎʎo] (*pl* **portafogli**) *sm* cartera *f*
portafortuna [pɔrtafor'tuna] *sm inv* amuleto *m*
portagioie [pɔrta'dʒɔje] *sm inv* joyero *m*
portamento [pɔrta'mento] *sm inv* porte *m*
portamonete [pɔrtamo'nete] *sm inv* monedero *m*
portapacchi [pɔrta'pakki] *sm inv* transportín *m*
portare [pɔr'tare] *vt* **1.** llevar **2.** (*prendere con sé*) llevarse **3.** (*consegnare*) ● **porta il libro a Giovanni** llévale el libro a Giovanni ● **portami le chiavi** tráeme las llaves **4.** ● **portar via** (*rubare*) llevarse **5.** ● **portare avanti** llevar adelante
portasapone [pɔrtasa'pone] *sm inv* jabonera *f*
portasigarette [pɔrtasiga'rette] *sm inv* pitillera *f*
portata [pɔr'tata] *sf* **1.** (*piatto*) plato *m* **2.** (*di veicolo*) cabida *f* **3.** (*di fiume*) caudal *m* **4.** (*importanza*) alcance *m* **5.** ● **essere a portata di mano** estar a mano **6.** ● **alla portata di tutti** al alcance de todo el mundo
portatile [pɔr'tatile] *agg* portátil *m*
portatore, trice [pɔrta'tore, 'tritʃe] *sm,f* **1.** ● **al portatore** al portador **2.** ● **portatore di handicap** minusválido *m*, -da *f*

portatovagliolo [pɔrtatovaʎ'ʎɔlo] *sm* servilletero *m*
portauovo [pɔrta'wɔvo] (*pl* **portauova**) *sm.* huevera *f*
portico ['pɔrtiko] (*pl* **-ci**) *sm* pórtico *m*, portal *m* (Cuba)
portiera [pɔr'tjera] *sf* **1.** (*sportello*) puerta *f* (*de automóvil*) **2.** (*portinaia*) portera *f*
portiere, a [pɔr'tjere, a] *sm,f* **1.** (*portinaio*) portero *m*, -ra *f* **2.** (*di albergo*) conserje *m* **3.** (*nel calcio*) portero *m*, -ra *f*, arquero *m*, -ra *f* (*Amér*)
portineria [pɔrtine'ria] *sf* **1.** (*di palazzo*) portería *f* **2.** (*di albergo*) conserjería *f*
porto, a ['pɔrto, a] ◇ *pp* → **porgere** ◇ *sm* **1.** puerto *m* **2.** (*di vino*) Oporto *m* **3.** ● **porto d'armi** licencia *f* de armas
Portogallo [pɔrto'gallo] *sm* ● **il Portogallo** Portugal *m*
portoghese [pɔrto'gese] ◇ *agg* portugués(esa) ◇ *sm,f* **1.** (*abitante*) portugués *m*, -esa *f* **2.** (*fig*) (*che entra a sbafo*) colón *m*, -ona *f* ◇ *sm* portugués *m*
portone [pɔr'tone] *sm* portal *m*
porzione [pɔr'tsjone] *sf* **1.** (*di cibo*) ración *f* **2.** (*parte*) porción *f*
posa ['pɔza] *sf* pose *f* ● **mettersi in posa** posar
posacenere [pɔza'tʃenere] *sm inv* = **portacenere**
posare [pɔ'zare] ◇ *vt* (*metter giù*) poner ◇ *vi* **1.** (*atteggiarsi*) dárselas de **2.** (*modello*) **posarsi** *vr* **1.** (*aereo*) descender **2.** (*uccello*) posarse **3.** (*sguardo*) detener
posata [pɔ'zata] *sf* cubierto *m* ● **le posate** los cubiertos

positivo, a [pozi'tivo, a] *agg* positivo (va)

posizione [pozits'tsjone] *sf* **1.** *(geografica, topografica)* posición *f* **2.** *(del corpo)* postura *f* **3.** *(fig) (situazione, atteggiamento)* ● **trovarsi in una buona posizione** estar en buena situación

posologia, gie [pozolo'dʒia, dʒe] *sf* posología *f*

possedere [posse'dere] *vt* poseer

possessivo [posses'sivo] *agg* posesivo (va)

possesso [pos'sesso] *sm* posesión *f* ● **essere in possesso di qc** poseer algo

possibile [pos'sibile] ◇ *agg* posible ◇ *sm* ● **fare tutto il possibile (per fare qc)** hacer todo lo posible (para hacer algo) ● **ma non è possibile!** ¡no es posible! ● **il più presto possibile** lo antes posible ● **se possibile** si es posible ● **lavoreró il più possibile** trabajaré todo lo que pueda

possibilità [possibili'ta] *sf inv* **1.** posibilidad *f* **2.** *(capacità)* ● **avere la possibilità di fare qc** tener la posibilidad de hacer algo

posta ['posta] *sf* **1.** *(negozio)* correos *mpl* **2.** *(lettere, servizio)* correo *m* ● **per posta** por correo ● **posta aerea** correo por avión ● **posta elettronica** correo electrónico

postale [pos'tale] *agg* postal

posteggiare [posted'dʒare] *vt* aparcar

posteggiatore, trice [postedʤa'tore, tritʃe] *sm,f* vigilante *mf* de aparcamiento *(Esp)* o estacionamiento *(Amér)*

posteggio [pos'teddʒo] *sm* aparcamiento *m*, estacionamiento *m (Amér)* ● **posteggio a pagamento** parking *m*, playa *f* de estacionamiento *(CSur & Perú)*

poster ['poster] *sm inv* póster *m*, afiche *m (Amér)*

posteriore [poste'rjore] *agg* posterior

posticipare [postitʃi'pare] *vt* aplazar

postino, a [pos'tino, a] *sm,f* cartero *m*, -ra *f*

posto ['posto] *sm* **1.** sitio *m* **2.** *(per persone)* plaza *f* **3.** *(impiego)* puesto *m* **4.** ● **mettere a posto** recoger **5.** ● **posto di blocco** control de carreteras **6.** ● **posto letto** plaza **7.** ● **posto di polizia** puesto de policía **8.** ● **al posto di** en lugar de

potabile [po'tabile] *agg* ● **acqua**

potare [po'tare] *vt* podar

potente [po'tente] *agg* **1.** *(uomo, stato)* poderoso(sa) **2.** *(getto, auto)* potente **3.** *(farmaco)* fuerte

potenza [po'tentsa] *sf* potencia *f*

potere [po'tere]
◇ *vi* **1.** *(essere in grado di)* ● **potere fare qc** poder hacer algo ● **puoi farmi un favore?** ¿puedes hacerme un favor? ● **non posso farci niente** no puedo hacer nada **2.** *(avere il diritto di)* ● **potere fare qc** poder hacer algo ● **non potete parcheggiare qui** no podéis aparcar aquí **3.** *(esprime eventualità)* poder ● **potrei sbagliarmi** me puedo equivocar ● **può darsi** puede ser ● **può darsi che** puede ser que **4.** *(in espressioni)* ● **no ce la può fare** no da abasto o no puede con algo ● **non ne posso più** no puedo

más ● a più non posso a más no poder ◇ sm **1.** *(comando, autorità)* poder m **2.** *(capacità)* don m, poder m **3.** DIR poder m ● essere al potere estar en el poder ● ha il potere di farmi arrabbiare tiene el don de hacerme enfadar

luoghi del potere politico

En Italia el poder político se concentra en Roma, la capital. El *Quirinale* es la residencia del presidente de la República; el *Palazzo Chigi*, la sede del Consejo de Ministros; la *Farnesina*, la del Ministerio de Asuntos Exteriores; el *Palazzo di Montecitorio*, la de la Cámara de Diputados; el *Palazzo Madama*, la del Senado; y el *Campidoglio* es la sede del ayuntamiento de Roma.

povero, a ['povero, a] *agg & sm.f* pobre ● **povero di qc** pobre de o en algo
pozza ['pɔttsa] *sf* charco m
pozzanghera [pots'tsaŋgera] *sf* charco m
pozzo ['pottso] *sm* pozo m ● **pozzo petrolifero** pozo petrolífero
pranzare [pran'dzare] *vi* comer *(al mediodía)*
pranzo ['prandzo] *sm* comida f *(del mediodía)*
prassi ['prassi] *sf (form)* praxis f
pratica ['pratika] *(pl* **-che)** *sf* práctica f ● **mettere in pratica qc** poner en práctica algo ● **in pratica** prácticamente ● **pratiche** *sfpl* trámites *mpl* ● **sbrigare le pratica** hacer los trámites

praticamente [pratika'mente] *avv* prácticamente
pratico, a, ci, che ['pratiko, a, tʃi, ke] *agg* práctico(ca) ● **essere pratico di qc** ser experto(ta) en algo
prato ['prato] *sm* prado m, potrero m *(Amér)*
preavviso [prea'vvizo] *sm* preaviso m
precario, a [pre'karjo, a] ◇ *agg* precario(ria) ◇ *sm.f (insegnante, impiegato)* trabajador m, -ra f eventual *(Esp)*, trabajador m, -ra f ocasional *(Amér)*
precauzione [prekaw'tsjone] *sf* precaución f
precedente [pretʃe'dɛnte] *agg & sm* precedente ● **senza precedenti** sin precedentes ● **precedenti penali** antecedentes m penales
precedenza [pretʃe'dɛntsa] *sf* preferencia f ● **dare la precedenza (a)** ceder el paso f
precedere [pre'tʃɛdere] *vt* preceder
precipitare [pretʃipi'tare] *vi (fig)* precipitarse ● **precipitarsi** *vr* precipitarse
precipitazione [pretʃipitat'tsjone] *sf* precipitación f
precipizio [pretʃi'pittsjo] *sm (dirupo)* precipicio m, barranco m *(Amér)* ● **correre a precipizio** correr atropelladamente
precisare [pretʃi'zare] *vt* precisar
precisione [pretʃi'zjone] *sf* precisión f
preciso, a [pre'tʃizo, a] *agg* **1.** *(esatto)* preciso(sa) **2.** *(scrupoloso)* escrupuloso(sa)
precoce [pre'kɔtʃe] *agg* precoz
preda ['prɛda] *sf* presa f ● **essere in**

preda a qc estar dominado(da) por algo

predica ['predika] (pl **-che**) sf 1. sermón m 2. (fam) (ramanzina) reprimenda f

predisporre [predis'porre] vt preparar ● predisporre qn/qc a qc predisponer algo/a alguien a algo

predisposizione [predispozits'tsjone] sf predisposición f

predominare [predomi'nare] vi predominar

prefabbricato, a [prefabbri'kato, a] agg prefabricado(da)

preferenza [prefe'rentsa] sf preferencia f

preferire [prefe'rire] vt preferir ● preferire qn/qc a qc preferir algo/a alguien a algo

preferito, a [prefe'rito, a] agg preferido(da)

prefiggersi [pre'fidʒdʒersi] vr ● prefiggersi uno scopo proponerse un objetivo

prefisso, a [pre'fisso, a] ◇ pp di prefiggere ◇ sm prefijo m

pregare [pre'gare] vt 1. rezar 2. ● pregare qn di fare qc (supplicare) rogar a alguien que haga algo; (chiedere) pedir a alguien que haga algo 3. ● i passeggeri sono gentilmente pregati di non fumare se ruega a los pasajeros que no fumen

preghiera [pre'gjera] sf 1. RELIG oración f 2. (richiesta) ruego m

pregiato, a [pre'dʒato, a] agg apreciado(da), preciado(da) (Amér)

pregio ['predʒo] sm 1. (qualità) mérito m

2. (valore) valor m

pregiudicare [predʒudi'kare] vt perjudicar

pregiudicato, a [predʒudi'kato, a] sm,f reincidente mf

pregiudizio [predʒu'ditstsjo] sm prejuicio m

prego ['prego] esclam 1. ● grazie! - prego ¡gracias! - de nada 2. ● prego, si accomodi! por favor, pase y siéntese

preistorico, a, ci, che [preis'toriko, a, tʃi, ke] agg prehistórico(ca)

prelavaggio [prela'vadʒdʒo] sm prelavado m

prelevare [prele'vare] vt sacar

prelievo [pre'ljevo] sm 1. (in banca) reintegro m 2. MED ● prelievo del sangue extracción f de sangre

preliminare [prelimi'nare] agg preliminar ● **preliminari** smpl preliminares mpl

premaman [prema'man] agg inv premamá inv

prematuro, a [prema'turo, a] ◇ agg prematuro(ra) ◇ sm,f bebé m prematuro

premere ['premere] ◇ vt pulsar, apretar (Amér) ◇ vi ● premere su (fig) presionar (sobre) ● questa faccenda mi preme molto este asunto me preocupa mucho

premiare [pre'mjare] vt premiar

premiazione [premjats'tsjone] sf entrega f de premios

premio ['premjo] sm premio m ● premio (di assicurazione) prima f (de seguro)

premi letterari

En Italia existen más de 1.300 premios literarios. El más prestigioso es sin lugar a dudas el *Premio Strega*, que se remonta a 1947 y se concede cada año el primer jueves de julio. Siguen cronológicamente el *Viareggio-Rèpaci*, instituido en 1930 y que se otorga a finales de agosto, el *Premio Campiello*, creado en 1963 y atribuido en septiembre, y el *Premio Bautta*, que desde 1927 se adjudica en diciembre.

premunirsi [premu'nirsi] *vr* • premunirsi contro qc prevenirse contra algo

premuroso, a [premu'rozo, a] *agg* atento(ta), amable (*Amér*)

prendere ['prendere]
◊ *vt* 1. (*gen*) coger • prendere qc a qn cogerle algo a alguien • prendere il treno coger el tren • prenda la prima a destra coja la primera a la derecha • quanti pesci hai preso? ¿cuantos peces has cogido? • prendere qn con le mani nel sacco pillar a alguien con las manos en la masa • prendere freddo coger frío • prendere il sole tomar el sol • prendere un raffreddore coger un resfriado 2. (*al ristorante, bar*) tomar • andiamo a prendere un caffè vamos a tomar un café 3. (*ricevere*) recibir; (*stipendio*) cobrar • prendere qc in affitto coger algo en alquiler 4. (*considerare*) tomarse • prenderla bene/male tomarse algo bien/mal • prendere qn per tomar a alguien por 5. (*in espressioni*) andare a prendere ir a buscar • prendersi cura de cuidar de • prendere una decisione tomar una decisión • prendere fuoco prender fuego • prendere un impegno comprometerse • prendere le misure di (*oggetto*) tomar las medidas de; (*persona*) tomar las medidas de
◊ *vi* 1. (*fuoco*) prender; (*cemento, colla*) endurecerse 2. (*cominciare*) emprender • prendere a fare qc emprender algo

prendisole [prendi'sole] *sm* vestido *m* playero

prenotare [preno'tare] *vt* reservar • ho prenotato una camera he reservado una habitación

prenotazione [prenotats'tsjone] *sf* reserva *f*

preoccupare [preokku'pare] *vt* preocupar • preoccuparsi *vr* 1. • preoccupare (per) preocuparse (por) 2. • preoccuparsi de preocuparse de

preoccupato, a [preokku'pato, a] *agg* preocupado(da)

preoccupazione [preokkupats'tsjone] *sf* 1. preocupación *f* 2. (*ansietà*) preocupación *f*, desvelo *m* (*Amér*)

preparare [prepa'rare] *vt* preparar • preparare da mangiare preparar la comida • prepararsi *vr* (*vestirsi*) arreglarse • prepararsi a fare qc prepararse para hacer algo

preparativi [prepara'tivi] *smpl* preparativos *mpl*

preposizione [prepozits'tsjone] *sf* preposición *f*

prepotente [prepo'tɛnte] ◇ *agg* **1.** *(persona)* prepotente **2.** *(desiderio)* irresistible ◇ *smf* persona *f* prepotente

presa ['presa] *sf* **1.** toma *f* **2.** *(nello sport)* parada *f* **3.** *(appiglio)* agarradero *m* **4.** *(di sale, pepe)* pizca *m* **5.** *(per spina)* ● **presa (di corrente)** toma (de corriente) **6.** ● **essere alle prese con** estar metido(da) en

presbite ['prɛzbite] *smf* que padece vista cansada

prescindere [preʃ'ʃindere] ● **prescindere da** *v* + *prep* prescindir de ● **a prescindere da** prescindiendo de

prescrivere [pres'krivere] *vt* prescribir

presentare [prezen'tare] *vt* presentar ● **presentare qn (a)** presentar a alguien (a) ● **le presento mia moglie** le presento a mi mujer ● **presentarsi** *vr* presentarse

presentatore, trice [prezenta'tore, 'tritʃe] *sm,f* presentador *m*, -a *f*

presentazione [prezentats'tsjone] *sf* presentación *f* ● **fare le presentazioni** hacer las presentaciones

presente [pre'zɛnte] ◇ *agg* presente ◇ *smf* ● **i presenti** los presentes ● **tener presente che** tener en cuenta que ● **aver presente** tener presente

presentimento [prezenti'mento] *sm* presentimiento *m*

presenza [pre'zɛntsa] *sf* presencia *f* ● **in presenza di tutti** en presencia de todo el mundo

presepe [pre'zɛpe] = **presepio**

presepio [pre'zɛpjo] *sm (statuine)* belén *m* (Esp & Méx), nacimiento *m* (Amér)

preservativo [prezerva'tivo] *sm* preservativo *m*

preside [pre'side] *smf* **1.** *(di scuola secondaria)* director *m*, -ra *f* **2.** *(di facoltà)* rector *m*, -ra *f*

presidente [presi'dɛnte] *smf* presidente *mf* ● **presidente del Consiglio** presidente del gobierno ● **presidente della Repubblica** presidente de la República

preso, a ['preso, a] *pp* ► **prendere**

pressappoco [pressa'poko], **pressapoco** [pressa'poko] *avv* aproximadamente

pressare [pres'sare] *vt* apretar, apretujar (Amér), apurruñar (Cuba)

pressione [pres'sjone] *sf* presión *f* ● **far pressione su qn** presionar a alguien ● **essere sotto pressione** estar bajo presión

presso ['prɛsso] ◇ *prep* **1.** *(vicino a)* cerca de **2.** *(alle dipendenze di)* en **3.** *(a casa di)* en casa de ◇ *smpl* ● **nei pressi di Siena** en los alrededores de Siena

prestare [pres'tare] *vt* ● **prestare qc (a qn)** prestar algo (a alguien) ● **prestarsi a** ● **prestarsi a fare qc** prestarse a hacer algo

prestazione [prestats'tsjone] *sf* prestación *f* ● **prestazioni** *sfpl* prestaciones *fpl*

prestigiatore, trice [prestidʒa'tore, 'tritʃe] *sm,f* prestidigitador *m*, -ra *f*

prestito ['prɛstito] *sm* préstamo *m* ● **dare in prestito qc (a qn)** prestar algo (a alguien) ● **prendere qc in prestito (da qn)** tomar prestado algo (de alguien)

presto ['prɛsto] *avv* **1.** *(fra poco)* enseguida, ahorita (*Andes, CAm, Carib & Méx*) **2.** (*in fretta*) rápido **3.** (*nella giornata, nel tempo, prematuro*) pronto ● **fai presto!** ¡date prisa! ● **a presto!** ¡hasta pronto! ● **al più presto** cuanto antes

presumere [pre'zumere] *vt* suponer

presunto, a [pre'zunto, a] *pp* > presumere

presuntuoso, a [prezun'twozo, a] *agg* presuntuoso(sa), pretensioso(sa) (*Amér*)

prete ['prɛte] *sm* cura *m*

pretendere [pre'tɛndere] *vt* pretender ● **pretende che tutti lo ascoltino** pretende que todo el mundo le escuche ● **pretendere di fare qc** pretender hacer algo ● **pretende di aver sempre ragione** pretende tener siempre razón

pretesto [pre'tɛsto] *sm* pretexto *m*

prevalere [preva'lere] *vi* prevalecer

prevedere [preve'dere] *vt* prever

prevedere di *v* + *prep* pensar en

prevenire [preve'nire] *vt* prevenir

preventivo, a [preven'tivo, a] *agg* (*cura, misure*) preventivo(va), previsorio(ria) (*Méx*) ◇ *sm* presupuesto *m*

previdenza [previ'dɛntsa] *sf* previsión *f* ● **previdenza sociale** ≃ Seguridad *f* Social

previo, a ['prɛvjo] *agg* ● **previo pagamento** previo pago

previsione [previ'zjone] *sf* previsión *f* ● **in previsione di** en previsión de ● **previsioni del tempo** *o* **meteorologiche** previsiones del tiempo *o* meteorológicas

previsto, a [pre'visto, a] ◇ *pp* > **prevedere** ◇ *agg* previsto(ta) ◇ *sm* ● **più/meno del previsto** más/menos de lo previsto

prezioso, a [prets'tsjozo, a] *agg* preciado(da)

prezzemolo [prets'tsemolo] *sm* perejil *m*

prezzo ['prɛttso] *sm* (*fig*) precio *m* ● **prezzo comprensivo del servizio** precio con servicio incluido ● **a buon prezzo** barato(ta) ▼ **prezzi modici** precios módicos

prigione [pri'dʒone] *sf* prisión *f*, cana *f* (*Arg & Chile*)

prigioniero, a [pridʒo'njero, a] ◇ *agg* **1.** (*rinchiuso*) preso(sa) **2.** (*catturato*) prisionero(ra) ◇ *sm,f* prisionero *m*, -ra *f*

prima ['prima] ◇ *avv* **1.** antes **2.** (*per prima cosa, nello spazio*) primero ◇ *sf* **1.** (*di teatro, cinema*) estreno *m* **2.** (*marcia*) primera *f* **3.** SCOL primer *m* curso **4.** (*in treno, aereo*) primera *f* (*clase*)

primario, a [pri'marjo, a] ◇ *agg* principal ◇ *sm* médico *m* jefe

primato [pri'mato] *sm* **1.** (*supremazia*) supremacía *f* **2.** SPORT récord *m*

primavera [prima'vɛra] *sf* primavera *f*

primitivo, a [primi'tivo, a] *agg* primitivo(va)

primo, a ['primo, a] ◇ *agg* primer(ra) ◇ *sm* **1.** (*portata*) primer *m* plato **2.** (*giorno*) ● **il primo (di) marzo** el uno de marzo **3.** ● **di prima qualità** de primera calidad ● **ai primi d'ottobre** a primeros de octubre ● **sulle prime** en un primer momento

primogenito, a [primo'dʒenito, a] *agg & sm,f* primogénito(ta)

primula ['primula] *sf* prímula *f*
principale [printʃi'pale] ◇ *agg* principal ◇ *smf* jefe *m*, -fa *f*
principe ['printʃipe] *sm* príncipe *m*
principessa [printʃi'pessa] *sf* princesa *f*
principiante [printʃi'pjante] *smf* principiante *mf*
principio [prin'tʃipjo] *sm* principio *m* • in ○ al principio al principio • per principio por principios
priorità [priori'ta] *sf* prioridad *f*
privare [pri'vare] *vt* • privare qn di qc privar a alguien de algo • **privarsi** *di* privarse de
privato, a [pri'vato, a] ◇ *agg* privado (da) ◇ *sm,f* particular *mf* • in privato en privado
privilegiare [privile'dʒare] *vt* privilegiar
privo, a ['privo, a] *agg* • è privo de scrupoli carece de escrúpulos
pro [prɔ] *sm inv* • a che pro? ¿con qué utilidad? • i pro e i contro los pros y los contras
probabile [pro'babile] *agg* probable • è probabile che piova es probable que llueva
probabilità [probabili'ta] *sf inv* probabilidad *f*
probabilmente [probabil'mente] *avv* probablemente
problema [pro'blema] *sm* problema *m*
proboscide [pro'bɔʃʃide] *sf* trompa *f*
procedere [pro'tʃedere] *vi* proceder
procedimento [protʃedi'mento] *sm* procedimiento *m*
procedura [protʃe'dura] *sf* procedimiento *m*

processare [protʃes'sare] *vt* procesar
processione [protʃes'sjone] *sf* procesión *f*
processo [pro'tʃesso] *sm* proceso *m*
processore [protʃes'sore] *sm* procesador *m*
procinto [pro'tʃinto] *sm* • **essere in procinto di fare qc** estar a punto de hacer algo
proclamare [prokla'mare] *vt* proclamar
procurare [proku'rare] *vt* • procurare qc a qn proporcionar algo a alguien • **procurarsi qc** conseguir algo
prodotto [pro'dotto] ◇ *pp* ➢ **produrre** ◇ *sm* (fig) producto *m* • **prodotto di marca** producto de marca
produrre [pro'durre] *vt* **1.** (sog: albero) dar **2.** (sog: fabbrica) producir **3.** (provocare) producir
produttore, trice [produt'tore, 'tritʃe] *sm,f* productor *m*, -ra *f*
produzione [produts'tsjone] *sf* producción *f*
Prof. [prɔf] (*abbr di* professore) Prof.
profano, a [pro'fano, a] ◇ *agg* profano(na) ◇ *sm* lo profano
professionale [professjo'nale] *agg* profesional, profesionista *mf* (Méx)
professione [profes'sjone] *sf* profesión *f*
professionista [professjo'nista] *smf* profesional *mf*, profesionista *mf* (Méx) • **libero professionista** profesional liberal
professore, essa [profes'sore, professo'ressa] *sm,f* profesor *m*, -ra *f*
profilo [pro'filo] *sm* perfil *m* • **di profilo** de perfil
profiterole [profite'rɔl] (*pl* **profiteroles**) *sm inv* profiteroles *mpl*

profitto [pro'fitto] *sm* **1.** provecho *m* **2.** ● trarre profitto da qc sacar provecho de algo

profondità [profondi'ta] *sf* (*fig*) profundidad *f*

profondo, a [pro'fondo, a] *agg* (*fig*) profundo(da)

profugo, a, ghi, ghe ['prɔfugo, a, gi, ge] *sm,f* prófugo *m*, -ga *f*

profumare [profu'mare] ◇ *vt* perfumar ◇ *vi* oler bien ● profumare di oler a

profumato, a [profu'mato, a] *agg* perfumado(da)

profumeria [profume'ria] *sf* perfumería *f*

profumo [pro'fumo] *sm* perfume *m*

progettare [prodʒet'tare] *vt* proyectar

progetto [pro'dʒɛtto] *sm* proyecto *m*

programma [pro'gramma] (*pl* **-i**) *sm* programa *m*

programmare [program'mare] *vt* programar

progredire [progre'dire] *vi* progresar

progressivo, a [progres'sivo, a] *agg* progresivo(va)

progresso [pro'gresso] *sm* progreso *m* ● fare progressi hacer progresos

proibire [proi'bire] *vt* prohibir ● proibire a qn di fare qc prohibir a alguien hacer algo ● è proibito fumare está prohibido fumar

proiettare [projet'tare] *vt* proyectar

proiettile *sm* proyectil *m*

proiezione [projets'tsjone] *sf* proyección *f*

proletario [prole'tarjo] *agg & sm,f* proletario(ria)

prolunga [pro'lunga] (*pl* **-ghe**) *sf* alargo *m*

prolungare [prolun'gare] *vt* prolongar, alargar (*Amér*) ● prolungarsi *vr* prolongarse

promessa [pro'messa] *sf* promesa *f* ● mantenere una promessa mantener una promesa

promettere [pro'mettere] *vt* prometer ● promettere (a qn) di fare qc prometer (a alguien) hacer algo ● promette bene! ¡promete!

promontorio [promon'tɔrjo] *sm* promontorio *m*

promosso, a [pro'mɔsso, a] *pp* > promuovere

promotore, trice [promo'tore, 'tritʃe] *sm,f* promotor *m*, -ra *f*

promozione [promots'tsjone] *sf* **1.** SCOL aprobado *m* **2.** (*nel lavoro*) ascenso *m* **3.** (*di prodotto*) promoción *f*

promulgare [promul'gare] *vt* promulgar

promuovere [pro'mwɔvere] *vt* **1.** SCOL aprobar **2.** (*impiegato*) ascender **3.** (*iniziativa*) promover **4.** (*prodotto*) promocionar

pronome [pro'nome] *sm* pronombre *m*

pronto, a ['pronto] ◇ *agg* listo(ta) ◇ *esclam* ¡diga!, ¡aló! (*Andes & CAm*), ¡bueno! (*Méx*) ● essere pronto a fare qc estar preparado para hacer algo ● pronto, chi parla? ¿sí, dígame?, ¡aló! (*Andes & CAm*), ¡bueno! (*Méx*)

pronuncia [pro'nuntʃa] (*pl* **-e**) *sf* pronunciación *f*

pronunciare [pronun'tʃare] *vt* pronunciar ● pronunciarsi *vr* pronunciarse

pronunzia [pro'nuntsja] = pronuncia
propenso, a [pro'pɛnso, a] *pp* propenso(sa)
proporre [pro'porre] *vt* • proporre qc (a qn) proponer algo (a alguien) • proporre di fare qc proponer que se haga algo • **proporsi** *vr* • proporsi di fare qc proponerse hacer algo
proporzionato, a [proportjo'nato, a] *agg* proporcionado(da)
proporzione [propor'tsjone] *sf* proporción *f* • in proporzione a en proporción a
proposito [pro'pozito] *sm* propósito *m* • fare qc di proposito hacer algo a propósito • a proposito... a propósito... • capitare a proposito venir de perlas
proposta [pro'posta] *sf* propuesta *f*
proposto, a [pro'posto, a] *pp* → proporre
proprietà [proprje'ta] *sf inv* propiedad *f* ▼ proprietà privata propiedad privada
proprietario, a [proprje'tarjo, a] *sm,f* propietario *m*, -ria *f*, dueño *m*, -ña *f* (*Amér*)
proprio, a ['prɔprjo, a] ◇ *agg* propio(pia) ◇ *avv* 1. (*precisamente*) precisamente 2. (*veramente*) realmente 3. (*affatto*) en absoluto • non ne ho proprio idea no tengo ni idea • proprio così justo así • non proprio no exactamente • mettersi in proprio trabajar por su cuenta
prora ['prɔra] *sf* proa *f*
prosa ['prɔza] *sf* prosa *f*
prosciutto [proʃ'ʃutto] *sm* jamón *m* • prosciutto crudo/cotto jamón serrano/de york
proseguire [prose'gwire] *vt* & *vi* proseguir
prospettiva [prospet'tiva] *sf* perspectiva *f*
prossimità [prossimi'ta] *sf* • in prossimità di qc en las proximidades de algo
prossimo, a ['prɔssimo, a] ◇ *agg* próximo(ma) ◇ *sm* prójimo *m*
prostituta [prosti'tuta] *sf* prostituta *f*
protagonista, i, e [protago'nista, i, e] *smf* protagonista *mf*
proteggere [pro'tɛdʒdʒere] *vt* • proteggere qn/qc (da) proteger algo/a alguien (de)
protestante [protes'tante] *agg* & *sm,f* protestante
protesta [pro'tɛsta] *sf* protesta *f*
protestare [protes'tare] *vi* & *vt* protestar
protetto, a [pro'tɛtto, a] *pp* → proteggere
protezione [protets'tsjone] *sf* protección *f*
prototipo [pro'tɔtipo] *sm* prototipo *m*
prova ['prɔva] *sf* 1. prueba *f*. 2. (*di spettacolo*) ensayo *m* 3. • dar prova di qc dar prueba de algo • mettere qn alla prova poner a alguien a prueba • fino a prova contraria hasta que se demuestre lo contrario • in prova a prueba • fare le prove ensayar
provare [pro'vare] *vt* 1. (*cibo, dimostrare*) probar 2. (*vestito*) probarse 3. (*sentire*) sentir 4. (*tentare*) • provare a fare qc intentar hacer algo • **provarsi** *vr* • provarsi qc probarse algo

provenienza [prove'njɛntsa] *sf* **1.** procedencia *f* **2.** ● **in provenienza da** *(treno, aereo)* procedente de

provenire [prove'nire] ● **provenire da** *v + prep* provenir de ● **provenire da** *(mezzo pubblico)* procedente de

proverbio [pro'vɛrbjo] *sm* proverbio *m*

provetta [pro'vetta] *sf* probeta *f*

provider [pro'vaider] *sm inv* proveedor *m* de acceso a Internet

provincia [pro'vintʃa] *(pl* **-ce)** *sf* provincia *f*

provinciale [provin'tʃale] ◇ *agg* **1.** provincial **2.** *(spreg) (rozzo)* provinciano(na) ◇ *sf* ● **(strada) provinciale** carretera *f* comarcal

provino [pro'vino] *sm* **1.** *(audizione)* audición *f* **2.** *(fotografico)* prueba *f*, contacto *m (Amér)*

provocante [provo'kante] *agg* provocativo(va)

provocare [provo'kare] *vt* provocar

provocazione [provokats'tsjone] *sf* provocación *f*

provolone [provo'lone] *sm* queso *m* de leche de vaca duro

provvedere [provve'dere] *vi* **1.** *(prendere provvedimenti)* tomar las medidas necesarias **2.** *(occuparsi di)* proveer **3.** ● **provvedere (a qc)** proveer (a algo)

provvedimento [provvedi'mento] *sm* medida *f*

provvisorio, a [provvi'zɔrjo, a] *agg* provisional, provisorio(ria) *(Amér)*

provviste [prov'viste] *sfpl* provisiones *fpl*, provista *f (Arg & Urug)*

prua [prua] *sf* proa *f*

prudente [pru'dɛnte] *agg* prudente

prudenza [pru'dɛntsa] *sf* prudencia *f*

prudere ['prudere] *vi* **1.** picar **2.** *(fig)* ● **mi prudono le mani** me están entrando ganas de dar un tortazo ● **mi prude una gamba** me pica una pierna

prugna ['pruɲɲa] *sf* ciruela *f* ● **prugna secca** ciruela pasa

pruno ['pruno] *sm* **1.** *(albero di prugne)* ciruelo *m* **2.** *(cespuglio spinoso)* zarza *f*

prurito [pru'rito] *sm* picor *m*

psichiatra [psi'kjatra] *smf* psiquiatra *mf*

psicanalisi [psika'nalizi] *sf* psicoanálisis *m inv*

psicanalista [psika'lista] *smf* psicoanalista *mf*

psiche ['psike] *sf* psique *f*

psicologia [psikolo'dʒia] *sf* psicología *f*

psicologo, a, gi, ghe [psi'kɔlogo, a, dʒi, ge] *sm,f* psicólogo *m*, -ga *f*

P.T. *(abbr di Poste e Telecomunicazioni)* ≃ Correos y Telégrafos

pubblicare [pubbli'kare] *vt* publicar

pubblicazione [pubblikats'tsjone] *sf* publicación *f* ● **pubblicazioni** *sfpl* ● **pubblicazioni matrimoniali** amonestaciones *fpl*

pubblicità [pubblitʃi'ta] *sf inv* publicidad *f*

Pubblica Sicurezza *sf* ≃ Cuerpos de Seguridad del Estado

pubblico, a, ci, che ['pubbliko, a, tʃi,

ke] ◇ *agg* público(ca) ◇ *sm* público *m* ● **in pubblico** en público
pube ['pube] *sm* pubis *m*
pubertà [puber'ta] *sf inv* pubertad *f*
pudore [pu'dore] *sm* pudor *m*
puerile [pwe'rile] *agg* pueril
pugilato [pudʒi'lato] *sm* boxeo *m*
pugile ['pudʒile] *sm* boxeador *m*, pugilista *mf* (*Amér*)
Puglia ['puʎʎa] *sf* ● **la Puglia** Apulia *f*
pugnalare [puɲɲa'lare] *vt* apuñalar
pugno ['puɲɲo] *sm* 1. (*mano*) puño *m* 2. (*colpo*) puñetazo *m* 3. (*quantità*) puñado *m*
pulce ['pultʃe] *sf* pulga *f* ● **gioco della pulce** juego de la pulga
pulcino [pul'tʃino] *sm* pollito *m*
puledro, a [pu'ledro, a] *sm,f* potro *m*, -tra *f*
pulire [pu'lire] *vt* limpiar ● **pulirsi il viso/le scarpe** limpiarse la cara/los zapatos
pulita [pu'lita] *sf* ● **dare una pulita** (*fam*) dar una lavada
pulito, a [pu'lito, a] *agg* limpio (pia)
pulizia [pulits'tsia] *sf* limpieza *f* ● **fare le pulizie** hacer la limpieza
pullman ['pullman] *sm inv* autocar *m*
pullover [pul'lɔver] *sm inv* jersey *m* (*Esp*), chompa *f* (*Andes*), pulóver *m* (*Amér*)
pulmino [pul'mino] *sm* microbús *m*
pulsante [pul'sante] ◇ *agg* palpitante ◇ *sm* interruptor *m*
pulsare [pul'sare] *vi* palpitar
puma ['puma] *sm inv* puma *m*

pungere ['pundʒere] *vt* 1. (*perforare*) pinchar, puyar (*Amér*) 2. (*sog: ortica, vespa*) picar
pungiglione [pundʒiʎ'ʎone] *sm* aguijón *m*, pincho *m* (*Arg*)
punire [pu'nire] *vt* castigar
punizione [punits'tsjone] *sf* 1. castigo *m* 2. (*nel calcio*) penalti *m*
punta ['punta] *sf* punta *f* ● **camminare in punta di piedi** andar de puntillas
puntare [pun'tare] *vt* 1. (*gomiti, piedi*) apoyar 2. (*arma*) apuntar 3. (*scommettere*) apostar
puntata [pun'tata] *sf* 1. (*episodio*) episodio *m* 2. (*scommessa*) apuesta *f* ● **a puntate** por entregas
punteggiatura [punted'dʒa'tura] *sf* puntuación *f*
punteggio [pun'teddʒo] *sm* puntuación *f* (*en concurso, examen*)
puntina [pun'tina] *sf* ● **puntina da disegno** chincheta *f* (*Esp*), chinche *f* (*Amér*)
puntino [pun'tino] *sm* 1. punto *m* 2. ● **fare qc a puntino** hacer algo a la perfección 3. ● **puntini di sospensione** puntos *mpl* suspensivos
punto ['punto] *sm* punto *m* ● **punto esclamativo/interrogativo** signo *m* de exclamación/de interrogación ● **punto di riferimento/ritrovo** punto de referencia/encuentro ● **punto vendita** punto de venta ● **punto e virgola** punto y coma ● **punto di vista** punto de vista ● **punti cardinali** puntos cardinales ● **essere sul punto di fare qc** estar a punto de hacer algo ●

pu

essere a buon punto estar en un buen punto ● **mettere a punto qc** poner algo a punto ● **fare il punto della situazione** analizar la situación ● **di punto in bianco** de buenas a primeras ● **a tal punto che** a tal punto que ● **le tre in punto** las tres en punto

puntuale [puntu'ale] *agg* puntual

puntualità [puntwali'ta] *sf* puntualidad *f*

puntura [pun'tura] *sf* 1. *(di spillo)* pinchazo *m*, puyazo *m (Amér)* 2. *(di insetto)* picadura *f* 3. *(iniezione)* inyección *m*

punzecchiare [puntsek'kjare] *vt* 1. *(pungere)* picar 2. *(fig) (infastidire)* pinchar, puyar *(CAm)*

pupazzo [pu'pattso] *sm* muñeco *m*

pupilla [pu'pilla] *sf* pupila *f*

purché [pur'ke] *cong* con tal que

pure ['pure] ◇ *avv (anche)* también ◇ *cong* 1. aunque 2. ● **pur di fare qc** con tal de hacer algo ● **entri pure!** ¡entre, entre!

purè [pu're] *sm inv* puré *m*

purezza [pu'rettsa] *sf* pureza *f*

purga ['purga] *(pl* **-ghe)** *sf* 1. purga *f* 2. *(fig) (genocidio)* limpieza *f* étnica

purgare [pur'gare] *vt* purgar

purgatorio [purga'tɔrjo] *sm* purgatorio *m*

puro, a ['puro, a] *agg* puro(ra)

purosangue [puro'sangwe] *agg inv* purasangre *m*

purtroppo [pur'trɔppo] *avv* por desgracia

pustola ['pustola] *sf* pústula *f*

putiferio [puti'fɛrjo] *sm* follón *m (Esp)*, relajo *m (Amér)*, rosca *f (Arg)*

putrefatto, a [putre'fatto, a] *agg* putrefacto(ta)

putrido, a ['putrido] *agg* pútrido(sa)

puttana [put'tana] *sf (volg) (prostituta)* puta *f*, chusca *f (Chile)*

puzza ['puttsa] = **puzzo**

puzzare [puts'tsare] *vi* apestar

puzzo [put'tso] *sm* peste *f*, hediondez *f (Amér)*

puzzola [puts'tsola] *sf* hurón *m*

puzzolente [putstso'lente] *agg* pestilente, pestífero(ra) *(Amér)*

qQ

qua [kwa] *avv* aquí ● **al di qua di** a este lado de ● **di qua e di là de** aquí para allá ● **per di qua** por aquí ● **mi piace questo qua** me gusta éste ● **eccolo qua** aquí está

quaderno [kwa'dɛrno] *sm* cuaderno *m*

quadrante [kwa'drante] *sm* 1. *(di orologio)* esfera *f* 2. *(geometria)* cuadrante *m*

quadrare [kwa'drare] *vi* cuadrar ● **non mi quadra (fam)** no me cuadra

quadrato, a [kwa'drato, a] ◇ *agg* cuadrado(da) ◇ *sm* cuadrado *m* ● **al quadrato** al cuadrado

quadretto [kwa'dretto] *sm* ● **a quadretti** *(tessuto)* de cuadros; *(foglio)* cuadriculado(da)

quadrifoglio [kwadri'fɔʎʎo] *sm* trébol *m* de cuatro hojas

quadrimestre [kwadri'mɛstre] *sm* cuatrimestre *m*

quadro ['kwadro] *sm (fig)* cuadro *m* ◆ **quadri** *smpl (nelle carte)* diamantes *m*

quadruplo, a ['kwadruplo, a] *agg & sm* cuádruple

quaggiù [kwad'dʒu] *avv* aquí abajo

quaglia ['kwaʎʎa] *sf* perdiz *f*

qualche ['kwalke] *agg (alcuni)* algún (una) • **restiamo solo qualche giorno** sólo nos quedaremos unos días • **c'è qualche novità?** ¿alguna novedad? • **qualche volta** algunas veces; *(uno)* algún(una) • **l'ho letto in qualche articolo** lo he leído en algún artículo • **in qualche modo** de alguna manera • **da qualche parte** en algún sitio; *(un certo)* cierto(ta), algún(una) • **un dettaglio di qualche importanza** un detalle de cierta importancia • **ci siamo frequentati per qualche tempo** nos hemos visto durante algún tiempo • **qualche cosa** = qualcosa

qualcheduno, a [kwalke'duno, a] = qualcuno

qualcosa [kwal'kɔza] *pron* algo • **qualcosa di nuovo** algo nuevo • **qualcosa da bere** algo para beber • **qualcos'altro** algo más

qualcuno [kwal'kuno] *pron* **1.** *(uno)* alguien **2.** *(alcuni)* alguno(na) **3.** **è venuto qualcun altro?** ¿ha venido alguien más? • **che lo faccia qualcun altro** que lo haga otro • **qualcuno di voi** alguno de vosotros

quale ['kwale]
◇ *agg* cuál, qué • **qual è il tuo scrittore preferito?** ¿cuál es tu escritor preferido? • **non so quale libro scegliere** no sé qué libro escoger • **in quale albergo hai prenotato?** ¿en qué hotel has hecho la reserva?
◇ *agg (uno) come*, cual • **alcuni animali quali il cane** algunos animales como el perro • **è tale (e) quale il tuo** es tal cual el tuyo
◇ *pron interr* cuál, cuáles • **quale vuole di questi cappelli?** ¿cuál de estos sombreros quiere usted? • **non so quale scegliere** no sé cuál elegir
◇ *pron rel (in qualità di)* como • **vengo quale accompagnatore** vengo como acompañante • **il quale, la quale, i quali, le quali** *pron rel (soggetto)* el(la) cual, que • **suo fratello, il quale è un mio amico** su hermano, que es amigo mío; *(con preposizioni)* el(la) que • **l'albergo nel quale alloggio** el hotel en el que me alojo • **la persona con la quale discuteva** la persona con la cual discutía

qualifica [kwa'lifika] *(pl* **-che)** *sf* calificación *f*

qualificare [kwalifi'kare] *vt* calificar ◆ **qualificarsi** *vr* clasificarse

qualificativo, a [kwalifika'tivo, a] *agg* calificativo(va)

qualità [kwali'ta] *sf inv* **1.** *(buona, cattiva)* calidad *f* **2.** *(pregio)* cualidad *f* **3.** *(varietà)* variedad *f* • **in qualità di** en calidad de

qualsiasi [kwal'siasi] = qualunque

qualunque [kwa'lunkwe] *agg* **1.** cualquier **2.** *(quale che)* cualquiera que •

qualunque cosa cualquier cosa • **qualunque cosa succeda** pase lo que pase • **qualunque persona** cualquier persona • **uno qualunque** uno cualquiera • **qualunque cosa tu faccia, io l'accetterò** aceptaré cualquier cosa que hagas

quando ['kwando] ◇ *avv* **1.** cuando **2.** *(interrogativo, esclamativo)* cuándo ◇ *cong* cuando • **da quando sono qui** desde que estoy aquí • **da quando sei qui?** ¿desde cuándo estás aquí? • **da quando in qua ...?** ¿desde cuándo ...? • **di quando** de cuando • **di quando in quando** de vez en cuando

quantità [kwanti'ta] *sf* **1.** cantidad *f* **2.** **una quantità di** cantidad de

quanto, a ['kwanto, a]
◇ *agg (in frasi interrogative)* cuánto(ta) • **quanto tempo ci vuole?** ¿cuánto tiempo se necesita? • **quanti anni hai?** ¿cuántos años tienes?; *(in frasi esclamative)* cuánto(ta) • **quanta fatica sprecata!** ¡tanto esfuerzo para nada!
◇ *agg* cuánto • **puoi restare quanto (tempo) vuoi** puedes quedarte cuanto quieras
◇ *pron interr* cuánto(ta) • **prima di comprare il pane, guarda quanto ce n'è** antes de comprar el pan, mira cuánto hay • **quanti ne vuoi?** ¿cuántos quieres? • **quanti di voi ci vanno?** ¿cuántos de vosotros vais?
◇ *pron rel (quello che)* lo que • **dammene quanto ti pare** dame de lo que te parezca • **per quanto ne so** por lo que sé
◇ *avv (interrogativo)* cuánto • **quanto ti**

fermi? ¿cuánto tiempo te quedas? • **quanto è alta questa montagna?** ¿qué altura tiene esta montaña? • **quanto mi dispiace!** ¡cuánto lo siento! • **quanto costa?** ¿cuánto cuesta? • **sai quanto ci tenga** sabes cuánto le importa; *(relativo)* cuanto(ta) • **mangia quanto vuoi** come cuanto quieras • **mi sforzo quanto posso** me esfuerzo todo lo que puedo • **quanto prima** cuanto antes • *(in espressioni)* • **in quanto** *(perché)* porque • **per quanto si sforzi, non ci riesce** por más que se esfuerza, no lo consigue • **quanto meno** cuanto menos • **quanto più** cuanto más

quaranta [kwa'ranta] *num* cuarenta ➤ **sei**

quarantena [kwaran'tena] *sf* cuarentena *f*

quarantesimo, a [kwaran'tezimo, a] *num* cuadragésimo(ma) ➤ **sesto**

quarantina [kwaran'tina] *sf* unos(unas) cuarenta

quaresima *sf* cuaresma *f*

quarta ['kwarta] *sf* cuarta *f*

quartetto [kwar'tetto] *sm* cuarteto *m*

quartiere [kwar'tjere] *sm* **1.** barrio *m*, colonia *f* (Méx) **2.** • **quartier generale** cuartel *m* general

quarto, a ['kwarto, a] *num* **1.** cuarto **2.** • **un quarto d'ora** un cuarto de hora • **le tre e un quarto** las tres y cuarto • **le tre meno un quarto** las tres menos cuarto • **un quarto di vino** un cuarto de vino ➤ **sesto**

quarzo ['kwartso] *sm* cuarzo *m*

quasi ['kwazi] ◇ *avv* casi ◇ *cong* como si

qu

- **quasimai** casi nunca ● **quasi** quasi vengo anch'io casi que vengo yo también ● **quasi sempre** casi siempre ● **si comporta quasi fosse il padrone** se comporta como si fuera el dueño
- **quassù** [kwas'su] *avv* aquí arriba
- **quattordicesimo, a** [kwattordi'tʃezimo, a] *num* décimocuarto(ta) ➤ **sesto**
- **quattordici** [kwat'torditʃi] *num* catorce ➤ **sei**
- **quattrini** *smpl (fam) (soldi)* pasta f
- **quattro** ['kwattro] *num* 1. cuatro 2. **farsi in quattro (per fare qc)** desvivirse (para hacer algo) ● **eravamo quattro gatti** *(fam)* éramos cuatro gatos ● **in quattro e quattr'otto** en un dos por tres 3. ➤ **sei**
- **quattrocento** [kwattro'tʃɛnto] *num* cuatrocientos(tas) ● **Quattrocento** *sm* ● **il Quattrocento** el siglo XV
- **quello, a** ['kwello, a] *(quel, pl quei, davanti a consonante; quello, pl quegli, davanti a s + consonante, gn, ps, x, y, z; quell', mpl quegli, davanti a vocale o h)*
  ◇ *agg* 1. *(indica lontananza nel tempo, nello spazio)* aquel(lla) ● **abito in quella casa** vivo en aquella casa 2. *(per sottolineare)* ese(sa) ● **spegni quella tv!** ¡apaga esa tele!
  ◇ *pron (indica lontananza)* aquél(lla), aquello ● **la mia macchina è quella** mi coche es aquél ● **prendo quello rosso/in offerta** me quedo el que está en oferta/el rojo; *(indefinito)* lo ● **faccio quello che posso** hago lo que puedo ● **quelli che potevano si sono fermati** los que podían se han parado

- **quercia** [kwertʃa] *(pl -ce) sf* encina f
- **querelare** [kwere'lare] *vt (form)* demandar
- **quesito** [kwe'zito] *sm* cuestión f
- **questionario** [kwestjo'narjo] *sm* cuestionario m
- **questione** [kwes'tjone] *sf* 1. cuestión f 2. ● **è questione di giorni** es cuestión de días ● **in questione** en cuestión
- **questo, a** ['kwesto, a]
  ◇ *agg (indica prossimità)* este(ta) ● **questa finestra è aperta** esta ventana está abierta ● **partiamo questo giovedì** nos vamos este jueves, *(simile)* este(ta) ● **non uscire con questa pioggia** no salgas con esta lluvia; *(riferito a ciò che precede/segue)* ese(sa)
  ◇ *pron (indica prossimità)* éste(ta) ● **questo è Franco** éste es Franco ● **prendi questo** coge también esto; *(per riassumere)* éste(ésta), esto ● **questo è tutto** esto es todo ● **questa è bella!** ¡ésta sí que es buena!
- **questura** [kwes'tura] *sf* comisaría f, delegación f *(Méx)*
- **qui** [kwi] *avv* aquí ● **da qui in avanti** de ahora en adelante ● **di** o **da qui a** o **desde aquí a** ● **di qui a un anno** dentro de un año ● **di qui a poco** dentro de poco
- **quiete** ['kwjɛte] *sf* quietud f
- **quindi** ['kwindi] *cong (di conseguenza)* por lo tanto ● **stasera non vengo, quindi non aspettarmi** esta noche no vendré, así que no me esperes ● **quindi, cosa farai?** entonces, ¿qué piensas hacer?
- **quindicesimo, a** [kwindi'tʃezimo, a]

num décimoquinto(ta) ◆ **sesto**
quindici [kwin'ditʃi] *num* quince ● *quindici giorni* quince días ◆ **sei**
quindicina [kwindi'tʃina] *sf* unos(unas) quince ● *una quindicina di giorni* una quincena
quinta ['kwinta] *sf* quinta ◆ **quinte** *sfpl* bastidores *mpl*
quintale [kwin'tale] *sm* quintal *m*
quinto, a ['kwinto, a] *num* quinto(ta) ◆ **sesto**
quintuplo ['kwintuplo] *sm* quíntuplo *m* ● *il quintuplo del prezzo normale* cinco veces más del precio normal
Quirinale [kwiri'nale] *sm* ● *il Quirinale* el Quirinal
quota ['kwota] *sf* **1.** *(altitudine)* cota *f* **2.** *(di denaro, bene)* cuota *f* ● **perdere/prendere quota** perder/coger altura ● **quota d'iscrizione** cuota de inscripción
quotato, a [kwo'tato, a] *agg* cotizado (da)
quotidianamente [kwotidjana'mente] *avv* diariamente
quotidiano, a [kwoti'djano, a] ◆ *agg* diario(ria) ◆ *sm* periódico *m*

I quotidiani

Algunos de los periódicos nacionales más vendidos son *Il Corriere della Sera* de Milán, *La Repubblica* de Roma y *La Stampa* de Turín. También son muy leídos los periódicos enteramente dedicados al deporte como *La Gazzetta dello Sport* de Milán. A estos hay que añadir los dedicados a la economía y finanzas como *Il Sole 24 ore* de Milán, así como una gran cantidad de diarios de carácter local.

quoziente [kwots'tsjente] *sm* cociente *m* ● **quoziente d'intelligenza** coeficiente *m* intelectual

rabarbaro [ra'barbaro] *sm* **1.** *(liquore)* licor *m* de ruibarbo **2.** *(pianta)* ruibarbo *m*
rabbia ['rabbja] *sf* rabia *f*
rabbino [rab'bino] *sm* rabino *m*
rabbioso, a [rab'bjozo, a] *agg* rabioso (sa)
rabbonire [rabbo'nire] *vt* apaciguar
rabbonirsi *vr* apaciguarse
rabbrividire [rabbrivi'dire] *vi* estremecerse
rabbuiarsi [rabbu'jarsi] *vr* **1.** oscurecer **2.** *(fig) (incupirsi)* ofuscarse
raccapezzarsi [rakkapets'tsarsi] *vr* ● *non mi ci raccapezzo* ahora no caigo
raccapricciante [rakkapritʃ'tʃante] *agg* espeluznante
raccattapalle [rakkatta'palle] *smf inv* recogepelotas *mf inv*
raccattare [rakkat'tare] *vt* recoger
racchetta [rak'ketta] *sf* **1.** raqueta *f* **2.** *(da sci)* bastón *m*
raccogliere [rak'koʎʎere] *vt* recoger
raccogliersi *vr* **1.** *(radunarsi)* agruparse

2. *(in meditazione, preghiera)* recogerse
raccolta [rak'kɔlta] *sf* **1.** *(collezione)* colección *f* **2.** *(di rifiuti)* recogida *f* **3.** *(agricola)* recolección *f*
raccolto, a [rak'kɔlto, a] ◇ *pp* ➤ **raccogliere** ◇ *agg* recogido(da) ◇ *sm* cosecha *f*
raccomandare [rakkoman'dare] *vt* **1.** *(consigliare, per lavoro)* recomendar **2.** *(affidare)* confiar ● raccomandare a qn di fare qc recomendar a alguien que haga algo ◆ **raccomandarsi** *vr* **1.** *(affidarsi)* ● raccomandarsi a implorar **2.** *(affidarsi a)* confiar en ● mi raccomando! non dimenticate il libro! ¡sobre todo no os olvidéis el libro!
raccomandata [rakkoman'data] *sf* carta *f* certificada
raccomandato, a [rakkoman'dato, a] *agg* **1.** *(pacco, lettera)* certificado(da) **2.** *(candidato, impiegato)* enchufado(da)
raccomandazione [rakkomandats'tsjone] *sf* **1.** *(consiglio)* recomendación *f* **2.** *(spreg) (segnalazione)* enchufe *m*
raccontare [rakkon'tare] *vt* contar
racconto [rak'konto] *sm* **1.** *(esposizione)* relato *m* **2.** *(romanzo)* cuento *m*
raccordo [rak'kɔrdo] *sm* **1.** TECNOL empalme *m* **2.** *(di autostrada)* enlace *m* ● raccordo anulare circunvalación *f*
racket ['raket] *sm inv* organización *f* criminal
rada ['rada] *sf* bahía *f*
radar ['radar] *sm inv* radar *m*
raddoppiare [raddop'pjare] ◇ *vt* redoblar ◇ *vi* duplicarse
radente [ra'dɛnte] *agg* raso(sa)

radere ['radere] *vt* afeitar, rasurar *(Amér)* ● **radere al suolo** derribar
radersi *vr* afeitarse, rasurarse *(Amér)*
radiare [ra'djare] *vt* radiar
radiatore [radja'tore] *sm* radiador *m*
radiazione [radjats'tsjone] *sf* radiación *f*
radicale [radi'kale] ◇ *agg (fig)* radical ◇ *sm* miembro del Partito Radicale
radicalmente [radikal'mente] *avv* radicalmente
radicchio [ra'dikkjo] *sm* achicoria *f*
radice [ra'ditʃe] *sf (pl* **-ci**) raíz *m* ● radice quadrata raíz cuadrada
radio ['radjo] *sf inv* radio *f* ● alla radio en la radio
radioamatore, trice [radjoama'tore, 'tritʃe] *sm,f* radioaficionado *m*, -da *f*
radioattivo, a [radjoat'tivo, a] *agg* radioactivo(va)
radiocomandato, a [radjokoman'dato, a] *agg* dirigido(da) por radio
radiografia [radjogra'fia] *sf* radiografía *f*
radioso, a [ra'djozo, a] *agg* radiante
radiotaxi [radjo'taksi] *sm inv* radiotaxi *m*
rado, a ['rado, a] *agg* ralo(la) ● di rado raramente
radunare [radu'nare] *vt* reunir ◆ **radunarsi** *vr* reunirse
raduno [ra'duno] *sm* encuentro *m*
rafano ['rafano] *sm* rábano *m*
raffermo, a [raf'fermo, a] *agg* duro(ra)
raffica ['raffika] *sf (pl* **-che**) ráfaga *f*
raffigurare [raffigu'rare] *vt* representar
raffigurazione [raffigurats'tsjone] *sf* representación *f*
raffinato, a [raffi'nato, a] *agg* refinado(da)

raffineria [raffine'ria] *sf* refinería *f*
rafforzare [raffor'tsare] *vt* reforzar
raffreddare [raffred'dare] *vt* enfriar ◊ **raffreddarsi** *vr* (*fig*) enfriarse
raffreddato, a [raffred'dato, a] *agg* resfriado(da)
raffreddore [raffred'dore] *sm* resfriado *m* ◆ **raffreddore da fieno** fiebre del heno
rafia ['rafja] *sf* rafia *f*
ragazza [ra'gattsa] *sf* 1. chica *f*, piba *f* (*Arg*), chamaca *f* (*CAm & Méx*) 2. (*fam*) (*fidanzata*) ◆ **la mia ragazza** mi novia ◆ **ragazza madre** madre *f* soltera
ragazzata [ragats'tsata] *sf* chiquillada *f*
ragazzo [ra'gattso] *sm* 1. chico *m*, pibe *m* (*Arg*), chamaco *m* (*CAm & Méx*) 2. (*fam*) (*fidanzato*) ◆ **il mio ragazzo** mi novio
raggiante [rad'dʒante] *agg* radiante
raggio ['raddʒo] *sm* rayo *m*
raggirare [raddʒi'rare] *vt* engatusar
raggiungere [rad'dʒundʒere] *vt* (*fig*) alcanzar
raggiunto, a [rad'dʒunto, a] *pp* > raggiungere
raggomitolarsi *vr* acurrucarse
raggranellare [raggranel'lare] *vt* arañar
raggrinzire [raggrin'tsire] ◊ *vt* arrugar ◊ *vi* arrugarse ◆ **raggrinzirsi** *vr* arrugarse
raggruppare [raggrup'pare] *vt* agrupar
raggrupparsi *vr* agruparse
ragionamento [radʒona'mento] *sm* razonamiento *m*
ragionare [radʒo'nare] *vi* razonar ◆ **ragionare di** *v* + *prep* hablar de
ragione [ra'dʒone] *sf* 1. razón *f* ● ◆ **avere ragione** tener razón ● **dare ragione a qn** dar la razón a alguien ◆ **a maggior ragione** tanto más
ragioneria [radʒone'ria] *sf* contabilidad *f*
ragionevole [radʒo'nevole] *agg* razonable
ragioniere, a [radʒo'njere, a] *sm,f* contable *mf*
ragliare [raʎ'ʎare] *vi* rebuznar
ragnatela [raɲɲa'tela] *sf* 1. telaraña *f* 2. (*fig*) (*stoffa*) tejido muy ligero y fino
ragno ['raɲɲo] *sm* araña *f*
ragù [ra'gu] *sm inv* ragú *m*
RAI [rai] *sf* radiotelevisión pública italiana
rallegramenti [rallegra'menti] *smpl* enhorabuena *f*
rallentare [rallen'tare] *vt* reducir
rally ['relli] *sm inv* rally *m*
ramaiolo [rama'jɔlo] *sm* cucharón *m*
ramanzina [raman'dzina] *sf* (*fam*) bronca *f*, regaño *m* (*Amér*), regañada *f* (*CRica, Méx & Perú*)
rame ['rame] *sm* cobre *m*
ramino [ra'mino] *sm* ≃ remigio *m*
rammaricarsi [rammari'karsi] ◆ **rammaricarsi di** quejarse de
rammendare [rammen'dare] *vt* remendar
rammentare [rammen'tare] *vt* recordar ◆ **rammentare qc a qn** recordar algo a alguien ◆ **rammentarsi di** acordarse de
rammollito, a [rammol'lito, a] *agg* 1. (*formaggio, gelato*) blando(da) 2. (*persona*) débil

ramo ['ramo] sm 1. *(di pianta)* rama f 2. *(di fiume)* afluente m 3. *(settore)* ramo m

ramoscello [ramoʃ'ʃello] sm ramita f

rampa ['rampa] sf rampa f ● **rampa di lancio** rampa de lanzamiento

rampicante [rampi'kante] ◇ agg trepador(ra) ◇ sm enredadera f

rampone [ram'pone] sm 1. *(fiocina)* arpón m 2. *(in alpinismo)* crampón m, pl

rana ['rana] sf rana f ● **nuotare a rana** nadar en braza

rancido, a [rant∫ido, a] agg rancio(cia)

rancore [raŋ'kore] sm rencor m

randagio, a, gi, gie o ge [ran'dadʒo, a, dʒi, dʒie o dʒe] agg vagabundo(da)

randello [ran'dello] sm garrote m

rango [go] (pl -ghi) sm 1. *(schiera)* fila f 2. *(grado)* rango m

ranocchio [ra'nɔkkjo] sm *(fig)* renacuajo m

rantolo ['rantolo] sm estertor m

rapa ['rapa] sf nabo m ● **testa di rapa!** *(fam)* ¡cabeza de chorlito!

rapace [ra'pat∫e] agg & sm *(fig)* rapaz

rapanello [rapa'nɛllo] sm = **ravanello**

rapare [ra'pare] vt rapar

rapida ['rapida] sf *(corrente)* rápido m

rapidamente [rapida'mente] avv rápidamente

rapidità [rapidi'ta] sf rapidez f

rapido, a ['rapido, a] ◇ agg rápido(da) ◇ sm *(treno)* rápido m

rapimento [rapi'mento] sm secuestro m

rapina [ra'pina] sf atraco m ● **rapina a mano armata** atraco a mano armada

rapinare [rapi'nare] vt atracar

rapinatore, trice [rapina'tore, 'trit∫e] sm,f atracador m, -ra f

rapire [ra'pire] vt secuestrar

rapitore, trice [rapi'tore, 'trit∫e] sm,f secuestrador m, -ra f

rapporto [rap'pɔrto] sm 1. relación f 2. *(resoconto)* informe m ● **rapporti sessuali** relaciones sexuales

rapprendersi [rap'prendersi] vr 1. *(latte, formaggio)* cuajar 2. *(sangue)* coagularse 3. *(salsa)* ligar

rappresentante [rapprezen'tante] smf representante m

rappresentare [rapprezen'tare] vt representar

rappresentazione [rapprezentats'tsjone] sf representación f

rappreso, a [rap'prezo, a] pp ➢ **rapprendersi**

raramente [rara'mente] avv raramente

rarità [rari'ta] sf 1. *(scarsità)* escasez f 2. *(oggetto)* rareza f

raro, a ['raro, a] agg raro(ra)

rasare [ra'zare] vt afeitar, rasurar *(Amér)* ● **rasarsi** vr afeitarse, rasurarse *(Amér)*

rasato, a [ra'zato, a] agg afeitado(da), rasurado(da) *(Amér)*

raschiamento [raskja'mento] sm raspado m

raschiare [ras'kjare] vt raspar ● **raschiarsi** vr carraspear

rasentare [razen'tare] vt *(fig)* rozar

raso, a ['razo, a] ◇ pp ➢ **radere** ◇ agg *(cucchiaio)* raso(sa) ● **raso terra** a ras de tierra

rasoio [ra'zojo] sm cuchilla f de afeitar

● **rasoio elettrico** maquinilla f de afeitar
rassegna [ras'seɲɲa] sf **1.** reseña f **2.** ● **passare in rassegna** MIL pasar revista
rassegnare [rassen'nare] vt ● **rassegnare le dimissioni** presentar la dimisión
rassegnarsi vr resignarse
rassettare [rasset'tare] vt arreglar
rassicurare [rassiku'rare] vt tranquilizar
◆ **rassicurarsi** vr tranquilizarse
rassodare [rasso'dare] vt endurecer
rassomigliare [rassomiʎ'ʎare] ◆ **rassomigliare a** v + prep parecerse a
rastrellare [rastrel'lare] vt **1.** (foglie, fieno) rastrillar **2.** (fig) (zona, regione) rastrear
rastrello [ras'trello] sm rastrillo m
rata ['rata] sf plazo m ● **pagare qc a rate** pagar algo a plazos
rateale [rate'ale] agg a plazos
ratificare [ratifi'kare] vt ratificar
ratto ['ratto] sm rata f
rattoppare [rattop'pare] vt remendar, parchar (Arg, Chile & Méx)
rattrappire [rattrap'pire] vt entumecer
◆ **rattrappirsi** vr entumecerse
rattristare [rattris'tare] vt entristecer
◆ **rattristarsi** vr entristecerse, achacarse (Arg & Chile)
rauco, a, chi, che ['rawko, a, ki, ke] agg ronco(ca)
ravanello [rava'nello] sm rábano m
ravioli [ra'vjɔli] smpl raviolis mpl
ravvedersi [ravve'dersi] vr arrepentirse
ravvicinare [ravvitʃi'nare] vt acercar
◆ **ravvicinarsi** vr acercarse
ravvivare [ravvi'vare] vt reavivar

razionale [ratstsjo'nale] agg racional
razionalità [ratstsjonali'ta] sf racionalidad f
razionare [ratstsjo'nare] vt racionar
razione [rats'tsjone] sf ración f
razza ['ratstsa] sf **1.** raza f **2.** ● **che razza di domanda è questa?** (fam) ¿qué clase de pregunta es ésta?
razzia [rats'tsia] sf saqueo m
razziale [rats'tsjale] agg racial
razzismo [rats'tsizmo] sm racismo m
razzista, i, e [rats'tsista, i, e] agg & smf racista
razzo ['raddzo] sm cohete m
razzolare [ratstso'lare] vi escarbar
re [rɛ] sm **1.** (sovrano) rey m **2.** (nota musicale) re m
reagire [rea'dʒire] vi ● **reagire (a qc)** (insulto, ingiustizia) reaccionar (ante algo); (cura) reaccionar (a algo)
reale [re'ale] agg real (de la realidad)
realista, i, e [rea'lista, i, e] smf realista mf
realizzare [realidz'dzare] vt **1.** realizar **2.** (rendersi conto di) darse cuenta de ◆ **realizzarsi** vr realizarse
realizzazione [realiddzats'tsjone] sf realización f
realmente [real'mente] avv realmente
realtà [real'ta] sf inv realidad f ● **in realtà** en realidad
reato [re'ato] sm delito m
reattore [reat'tore] sm reactor m
reazionario, a [reats'tsjonarjo, a] agg reaccionario(ria)
reazione [reats'tsjone] sf reacción f
rebus ['rɛbus] sm inv (fig) jeroglífico m

recapitare [rekapi'tare] *vt* (*form*) entregar

recapito [re'kapito] *sm* **1.** (*luogo*) dirección *f* **2.** (*consegna*) entrega *f* ♦ **recapito telefonico** número *m* de teléfono

dare il recapito

In ambito lavorativo potete indicare l'indirizzo come compare sulle buste della lettera specificando il vostro ruolo in azienda, il dipartimento nel quale lavorate, l'indirizzo e-mail, il numero di telefono e fax e eventualmente l'URL della pagina web dell'azienda.

recare [re'kare] *vt* **1.** llevar **2.** ♦ **recare disturbo a qn** molestar o fregar (*Amér*) a alguien ♦ **recarsi** *vr* ir

recensione [retʃen'sjone] *sf* recensión *f*

recente [re'tʃɛnte] *agg* reciente ♦ **di recente** recientemente

recentemente [retʃente'mente] *avv* recientemente

reception [re'sɛpsjon] *sf inv* (*in albergo, compagnia*) recepción *f*

presentarsi nella reception

Se avete un appuntamento di lavoro potete dire: *Buenos días. Soy de ADM Internacional. Tengo una cita con el señor Lajunta.* Altrimenti, dopo aver dato il proprio nome si può chiedere *¿Podría avisar al señor Lajunta de que he llegado?* Se vi trovate in un albergo basta dare il nome di chi ha effettuato la prenotazione: *Tengo una habitación reservada a nombre de Diego Villalobos.*

recessione [retʃes'sjone] *sf* recesión *f*

recidere [re'tʃidere] *vt* cortar

recintare [retʃin'tare] *vt* vallar

recinto [re'tʃinto] *sm* recinto *m*

recipiente [retʃi'pjɛnte] *sm* recipiente *m*

reciproco, a, ci, che [re'tʃiproko, a, tʃi, ke] *agg* recíproco(ca)

reciso, a [re'tʃizo, a] *pp* ➢ **recidere**

recita [ˈrɛtʃita] *sf* representación *f*

recitare [retʃi'tare] *vt* **1.** (*poesia*) recitar **2.** (*ruolo*) interpretar ◊ *vi* interpretar

reclamare [rekla'mare] *vt* & *vi* reclamar

reclamo [re'klamo] *sm* reclamación *f*

reclinabile [rekli'nabile] *agg* reclinable

reclusione [reklu'zjone] *sf* reclusión *f*

reclutare [reklu'tare] *vt* reclutar

recuperare [rekupe'rare] *vt* recuperar

redatto, a *pp* ➢ **redigere**

redattore, trice [redat'tore, 'tritʃe] *sm,f* redactor *m*, -ra *f*

redazione [redats'tsjone] *sf* redacción *f*

redditizio [reddi'titstsjo] *agg* rentable

reddito [ˈrɛddito] *sm* renta *f*

redigere [re'didʒere] *vt* redactar

redini [ˈrɛdini] *sfpl* riendas *fpl*

referendum [refe'rendum] *sm inv* referéndum *m*

referenze [refe'rɛntse] *sfpl* referencias *fpl*

referto [re'fɛrto] *sm* parte *m*

refettorio [refet'tɔrjo] *sm* refectorio *m*

refrigerare [refridʒe'rare] *vt* refrigerar
refurtiva [refur'tiva] *sf* objetos *mpl* robados
regalare [rega'lare] *vt* regalar
regale [re'gale] *agg* real (*del rey*)
regalo [re'galo] *sm* regalo *m*
regata [re'gata] *sf* regata *m*
reggere ['reddʒere] ◇ *vt* 1. (*tenere, sostenere, sopportare*) aguantar 2. GRAMM (*governare*) regir ◇ *vi* 1. (*durare*) resistir 2. (*teoria, discorso*) aguantarse 3. (*resistere*) ● **reggere (a qc)** aguantar (algo) ◆ **reggersi** *vr* ● **non mi reggo in piedi** no me tengo en pie
reggia ['reddʒa] (*pl* **-ge**) *sf* 1. (*palazzo reale*) palacio *m* real 2. (*fig*) (*abitazione lussuosa*) palacio *m*
reggicalze [reddʒi'kaltse] *sm inv* liguero *m*
reggimento [reddʒi'mento] *sm* regimiento *m*
reggiseno [reddʒi'seno] *sm* sujetador *m* (*Esp*), sostén *m*
regia [re'dʒia] *sf* dirección *f*
regime [re'dʒime] *sm* régimen *m*
regina [re'dʒina] *sf* reina *f*
regionale [redʒo'nale] *agg* regional
regione [re'dʒone] *sf* región *f*

regioni a statuto speciale

Italia se divide en 20 regiones, 5 de las cuales cuentan con un estatuto especial que les permite promulgar leyes dentro de su territorio: las islas de Sicilia y Cerdeña, y las regiones fronterizas del Valle de Aosta, el Trentino-Alto Adigio y el Friuli-Venecia Julia. Recientemente el gobierno ha aprobado un reglamento federal para favorecer la descentralización del Estado y conferir mayor autonomía a todas las regiones.

regista, i, e [re'dʒista, i, e] *smf* director *m*, -ra *f*
registrare [redʒis'trare] *vt* 1. registrar 2. (*su cassetta*) grabar
registratore [redʒistra'tore] *sm* casete *m* ● **registratore di cassa** caja *f* registradora
registrazione [redʒistrats'tsjone] *sf* 1. COMM (*di nascita, morte*) registro *m* 2. (*di musica, film*) grabación *f*
registro [re'dʒistro] *sm* (*libro*) registro *m* ● **registro di classe** libro *m* de escolaridad
regnare [reɲ'ɲare] *vi* reinar
regno ['reɲɲo] *sm* (*fig*) reino *m*
regola ['regola] *sf* regla *f* (*instrumento*) ● **essere in regola** estar en regla ● **fare qc a regola d'arte** hacer algo con todas las de la ley
regolabile [rego'labile] *agg* regulable
regolamento [regola'mento] *sm* reglamento *m*
regolare [rego'lare] ◇ *agg* regular ◇ *vt* 1. (*tenere sotto controllo, legge*) regular 2. (*apparecchio, questione*) arreglar ◆ **regolarsi** *vr* 1. controlarse 2. (*comportarsi*) comportarse 3. (*moderarsi*) ● **regolarsi nel fare qc** controlarse al hacer algo
regolarmente [regolar'mente] *avv* regularmente

regolo ['regolo] *sm* regla *f*
regredire [regre'dire] *vi* retroceder
reintegrare [rejnte'grare] *vt* reintegrar
relativamente [relativa'mente] *avv* relativamente ● **relativamente a** relativo a
relativo, a [rela'tivo, a] *agg* relativo(va) ● **relativo a** relativo a
relax [re'laks] *sm inv* relax *m inv*
relazione [relats'tsjone] *sf* relación *f*
relegare [rele'gare] *vt* relegar
religione [reli'dʒone] *sf* (*fig*) religión *f*
religioso, a [reli'dʒozo, a] *agg* & *sm f* religioso(sa)
reliquia [re'likwja] *sf* reliquia *f*
relitto [re'litto] *sm* (*fig*) deshecho *m*
remare [re'mare] *vi* remar
remo ['remo] *sm* remo *m*
rendere ['rendere] ◇ *vt* **1.** (*restituire*) devolver **2.** (*far diventare*) ● **la notizia lo ha reso triste** la noticia lo ha puesto triste ● **il suo romanzo lo ha reso famoso** su novela lo ha hecho famoso ● **la solitudine lo ha reso antipatico** la soledad lo ha vuelto antipático **3.** (*produrre*) rendir ◇ *vi* rendir ● **rendere possibile qc** hacer posible algo ● **rendere l'idea** hacerse entender ● **rendersi** *vr* volverse ● **rendersi utile** ayudar ● **rendersi conto di qc** darse cuenta de algo
rendiconto [rendi'konto] *sm* balance *m*
rendimento [rendi'mento] *sm* rendimiento *m*
rendita ['rendita] *sf* renta *f* ● **vivere di rendita** (*fig*) vivir de renta
rene ['rɛne] *sm* riñón *m*

renna ['rɛnna] *sf* **1.** (*animale*) reno *m* **2.** (*pelle*) ante *m*
Reno ['rɛno] *sm* ● **il Reno** el Rin
reparto [re'parto] *sm* **1.** (*di negozio, ospedale*) sección *f* **2.** MIL destacamento *m*
repentaglio [repen'taʎʎo] *sm* ● **mettere a repentaglio qc** poner algo en peligro
reperibile [repe'ribile] *agg* localizable
reperto [re'perto] *sm* **1.** (*resto*) resto *m* **2.** MED informe *m*
repertorio [reper'tɔrjo] *sm* repertorio *m*
replica ['rɛplika] (*pl* -**che**) *sf* réplica *f*
replicare [repli'kare] *vt* replicar
repressione [repres'sjone] *sf* represión *f*
represso, a [re'prɛsso, a] *pp* ➤ **reprimere**
reprimere [re'primere] *vt* **1.** (*collera, lacrime*) reprimir, contener (*Amér*) **2.** (*rivolta*) reprimir ● **reprimersi** *vr* reprimirse
repubblica [re'pubblika] *sf* república *f*
Repubblica Ceca [re'pubblika'tʃeka] *sf* República / Checa
repubblicano, a [repubbli'kano, a] *agg* republicano(na)
repulsione [repul'sjone] *sf* repulsión *f*
reputare [repu'tare] *vt* considerar
reputazione [reputats'tsjone] *sf* reputación *f*
requisire [rekwi'zire] *vt* requisar
requisito [rekwi'zito] *sm* requisito *m*
resa ['resa] *sf* **1.** (*l'arrendersi*) rendición *f* **2.** (*restituzione*) devolución *f* **3.** (*rendimento*) rendimiento *m* ● **resa dei conti** rendición de cuentas
residence ['rezidens] *sm inv* aparthotel *m*

residente [resi'dɛnte] *agg* residente
residenza [resi'dɛntsa] *sf* **1.** (*domicilio*) residencia *f* **2.** (*soggiorno*) estancia *f*, estadía *f* (*Amér*)
residenziale [residen'tsjale] *agg* residencial
residuo, a [re'sidwo, a] ◇ *agg* restante ◇ *sm* residuo *m*
resina ['rezina] *sf* resina *f*
resistente [resis'tɛnte] *agg* resistente • resistente a qc resistente a algo
resistenza [resis'tɛntsa] *sf* resistencia *f* • resistenza (elettrica) resistencia (eléctrica) • opporre resistenza oponer resistencia
resistere [re'sistere] *vi* **1.** (*opporsi*) resistirse **2.** (*durare, sopportare*) resistir
reso, a ['reso, a] *pp* ➤ **rendere**
resoconto [reso'konto] *sm* **1.** (*rapporto*) informe *m* **2.** (*racconto*) relato *m*
respingere [res'pindʒere] *vt* **1.** rechazar **2.** SCOL suspender
respinto, a [res'pinto, a] *pp* ➤ **respingere**
respirare [respi'rare] *vi* & *vt* respirar
respiratore [respira'tore] *sm* respirador *m*
respirazione [respirats'tsjone] *sf* respiración *f* • respirazione artificiale respiración artificial
respiro [res'piro] *sm* **1.** (*respirazione*) respiración *f* **2.** (*movimento*) respiro *m* • tirare un respiro di sollievo dar un suspiro de alivio
responsabile [respon'sabile] *agg* & *sm,f* responsable
responsabilità [responsabili'ta] *sf inv* responsabilidad *f*

ressa ['rɛssa] *sf* gentío *m*, regimiento *m* (*Amér*)
restare [res'tare] *vi* **1.** quedarse **2.** (*avanzare*) quedar • mi restano pochi giorni me quedan pocos días
restaurare [restau'rare] *vt* restaurar
restauro [res'tauro] *sm* restauración *f*
restituire [restitu'ire] *vt* devolver
resto ['rɛsto] *sm* **1.** resto *m* **2.** (*di denaro*) cambio *m*, vuelto *m* (*Amér*) • del resto por lo demás • **resti** *mpl* **1.** restos *mpl* **2.** (*di cibo*) sobras *fpl*, raspa *f* (*Méx*)
restringere [res'trindʒere] *vt* **1.** (*dimensioni, limitare*) reducir **2.** (*tessuto*) encoger • **restringersi** *vr* **1.** (*strada*) estrecharse **2.** (*stoffa*) encogerse
resurrezione [resurrets'tsjone] *sf* resurrección *f*
resuscitare [resuʃʃi'tare] resucitar
rete ['rete] *sf* **1.** red *f* **2.** (*radiotelevisiva*) cadena *f* **3.** (*del letto*) somier *m* **4.** SPORT (*porta*) portería *f* **5.** SPORT (*goal*) gol *m*
reticente [reti'tʃɛnte] *agg* reticente
reticolato [retiko'lato] *sm* **1.** (*intreccio di linee*) retícula *f* **2.** (*recinzione*) alambrado *m*
retina ['retina] *sf* retina *f*
retino [re'tino] *sm* red *f*
retorico, a, ci, che [re'tɔriko, a, tʃi, ke] *agg* (*spreg*) retórico(ca)
retribuire [retribu'ire] *vt* (*form*) retribuir
retribuzione [retributs'tsjone] *sf* retribución *f*
retro ['rɛtro] *sm inv* parte *f* de atrás • sul retro detrás • vedi retro véase al dorso

retrocedere [retro'tʃedere] *vi* retroceder

retrogrado, a[retro'grado, a] *agg* (spreg) retrógrado(da)

retromarcia [retro'martʃa] *sf* marcha f atrás, retroceso *m* (Amér), reversa f (Cuba & Méx)

retroscena [retro'ʃena] *sm inv* antecedentes *mpl* (de crimen)

retrospettivo, a [retrospet'tivo, a] *agg* retrospectivo(va)

retrovisore [retrovi'zore] *sm* retrovisor *m*

retta ['retta] *sf* 1. (linea) recta f 2. (di pensionato, collegio) pensión f ◆ **dar retta a** hacer caso a

rettangolare [rettango'lare] *agg* rectangular

rettangolo [ret'tangolo] *sm* rectángulo *m*

rettificare [rettifi'kare] *vt* (form) rectificar

rettile ['rettile] *sm* reptil *m*

rettilineo, a [retti'lineo, a] ◇ *agg* rectilíneo(a) ◇ *sm* línea f recta

retto, a ['retto, a] ◇ *pp* ▷ **reggere** ◇ *agg* recto(ta)

rettore [ret'tore] *sm* rector *m*

reumatismo [reuma'tizmo] *sm* reumatismo *m*

reversibile [rever'sibile] *agg* reversible

revisionare [revizjo'nare] *vt* revisar

revisione [revi'zjone] *sf* revisión f

revocare [revo'kare] *vt* revocar

revolver [re'vɔlver] *sm inv* revólver *m*

riabilitare [riabili'tare] *vt* rehabilitar

riacquistare [rjakkwis'tare] *vt* recobrar

riaggiustare [rjadʒdʒus'tare] *vt* arreglar

rialzare [rial'tsare] *vt* 1. levantar 2. (aumentare l'altezza, prezzi) alzar ◆ **rialzarsi** *vr* levantarse, pararse (Amér)

rialzo [ri'altso] *sm* 1. (di prezzi, azioni) alza f 2. (del terreno) elevación f

rianimazione [rianimats'tsjone] *sf* (reparto) unidad de cuidados *mpl* intensivos

riapertura [riaper'tura] *sf* 1. (nuova apertura) reapertura f 2. (di attività) reanudación f ◆ **riapertura delle scuole** vuelta al colegio

riaprire [ria'prire] ◇ *vt* 1. (aprire di nuovo) reabrir 2. (attività) reanudar ◇ *vi* reabrirse ◆ **riaprirsi** *vr* 1. (aprirsi di nuovo) reabrirse 2. (attività) reanudarse

riassetto [rias'setto] *sm* 1. arreglo *m* 2. (riorganizzazione) reorganización f

riassumere [rias'sumere] *vt* 1. (ricapitolare) resumir 2. (impiegato) volver a contratar 3. (riprendere) reasumir

riassunto, a [rias'sunto, a] ◇ *pp* ▷ **riassumere** ◇ *sm* resumen *m*

riattaccare [riattak'kare] *vt* 1. (attaccare di nuovo) volver a pegar 2. (ricominciare) reanudar 3. (al telefono) colgar

riavere [ria'vere] *vt* recuperar ◆ **riaversi da** recobrarse de

ribadire [riba'dire] *vt* corroborar

ribaltabile [ribal'tabile] *agg* abatible

ribaltare [ribal'tare] *vt* 1. (rovesciare) volcar 2. (sedile) abatir

ribassare [ribas'sare] ◇ *vt* rebajar ◇ *vi* bajar

ribasso [ri'basso] *sm* baja f

ribattere [ri'battere] *vt* **1.** *(replicare)* rebatir **2.** *(palla)* tirar

ribellarsi [ribel'larsi] *vr* rebelarse ● **ribellarsi a qn** rebelarse contra alguien

ribelle [ri'bɛlle] *agg* rebelde

ribellione [ribel'ljone] *sf* rebelión *f*

ribes ['ribes] *sm inv* grosella *f*

ribollire [ribol'lire] *vi (fig) (di rabbia)* reconcomerse

ribrezzo [ri'brettso] *sm* repugnancia *f*, repelencia *f* *(Arg, Chile, Col & Ven)* ● **far ribrezzo (a qn)** dar asco (a alguien)

ricadere [rika'dere] *vi* **1.** recaer **2.** *(capelli, vestiti)* caer ● **ricadere su** *v + prep* recaer sobre

ricalcare [rikal'kare] *vt* **1.** *(disegno)* calcar **2.** ● **ricalcare le orme di qn** *(fig)* seguir los pasos de alguien

ricamare [rika'mare] *vt* bordar

ricambiare [rikam'bjare] *vt* **1.** *(sentimento, favore)* corresponder con **2.** *(cambiare di nuovo)* volver a cambiar

ricambio [ri'kambjo] *sm* recambio *m*, refacción *f* *(Chile & Méx)* ● **ricambi** *smpl* recambios *mpl*, repuestos *mpl* *(Amér)*

ricamo [ri'kamo] *sm* bordado *m*

ricapitolare [rikapito'lare] *vt* recapitular

ricaricabile [rikari'kabile] *agg* recargable

ricaricare [rikari'kare] *vt* **1.** recargar **2.** *(orologio)* dar cuerda a

ricattare [rikat'tare] *vt* chantajear

ricatto [ri'katto] *sm* chantaje *m*

ricavare [rika'vare] *vt* **1.** *(estrarre)* extraer **2.** *(ottenere)* sacar

ricavato [rika'vato] *sm* ganancia *f*

ricchezza [rik'kettsa] *sf* riqueza *f*

ricchezze *sfpl* bienes *mpl*

ricciarelli [rittʃa'rɛlli] *sm* dulces de avellanas en forma de rombo, típicos de Siena

riccio, a ['rittʃo, a] ◇ *agg* rizado(da) ◇ *sm* **1.** *(di capelli)* rizo *m*, bucle *m* *(Amér)* **2.** *(mammifero)* erizo *m* ● **riccio di mare** erizo de mar

ricciolo ['rittʃolo] *sm* ricito *m*

ricciuto, a [rit'tʃuto, a] *agg* rizado(da)

ricco, a, chi, che ['rikko, a, ki, ke] *agg* rico(ca) ● **ricco di qc** rico en algo

ricerca [ri'tʃerka] *(pl* **-che***) sf* **1.** *(di persona, di cosa)* búsqueda *f* **2.** *(analisi)* estudio *m* **3.** *(attività)* investigación *f* ● **alla ricerca di** en busca de

ricercare [ritʃer'kare] *vt* **1.** buscar **2.** *(scienziati)* investigar

ricercatezza [ritʃerka'tettsa] *sf* refinamiento *m*

ricercato, a [ritʃer'kato, a] ◇ *agg* **1.** *(elegante)* refinado(da) **2.** *(apprezzato)* estimado(da) ◇ *sm* fugitivo *m*, -va *f*

ricercatore, trice [ritʃerka'tore, 'tritʃe] *sm,f* investigador *m*, -ra *f*

ricetta [ri'tʃetta] *sf* receta *f* ● **ricetta medica** receta médica

ricettazione [ritʃettats'tsjone] *sf* encubrimiento *m*

ricevere [ri'tʃevere] *vt* **1.** recibir **2.** *(cliente)* atender **3.** *(paziente)* visitar

ricevimento [ritʃevi'mento] *sm* recepción *f*

ricevitore [ritʃevi'tore] *sm* **1.** *(telefonico)* auricular *m* **2.** TECNOL receptor *m*

ricevuta [ritʃe'vuta] *sf* recibo *m* ◆ **mi può fare una ricevuta?** ¿puede hacerme un recibo? ◆ **ricevuta fiscale** impreso obligatorio en el que se hace constar el importe de la compra o servicio

ricezione [ritʃets'tsjone] *sf* recepción *f*

richiamare [rikja'mare] *vt* **1.** llamar **2.** (*ritelefonare*) volver a llamar **3.** (*alla mente, memoria*) recordar **4.** (*rimproverare*) reprender

richiamo [ri'kjamo] *sm* **1.** llamada *f* **2.** (*di vaccinazione*) revacunación *f*

richiedere [ri'kjedere] *vt* **1.** (*esigere, aiuto, spiegazioni*) pedir **2.** (*indietro*) reclamar **3.** (*necessitare di*) requerir

richiesta [ri'kjɛsta] *sf* petición *f* ◆ **a richiesta** a petición ▼ **richiesta di fermata** (*negli autobus*) parada solicitada

richiesto, a [ri'kjɛsto, a] ◇ *pp* ◆ **richiedere** ◇ *agg* que tiene mucha demanda

riciclare [ritʃi'klare] *vt* reciclar

ricollegare [rikolle'gare] *vt* **1.** (*città, telefono*) volver a conectar **2.** (*fatto, persona*) relacionar ◆ **ricollegarsi** *vr* referirse

ricominciare [rikomin'tʃare] *vt & vi* volver a empezar ◆ **ricominciare a** volver a

ricompensa [rikom'pensa] *sf* recompensa *f*

ricompensare [rikompen'sare] *vt* recompensar

ricomporre [rikom'porre] *vt* recomponer ◆ **ricomporsi** *vr* recomponerse

riconciliare [rikontʃi'ljare] *vt* reconciliar ◆ **riconciliarsi** *vr* reconciliarse

ricondurre [rikon'durre] *vt* reconducir

riconferma [rikon'ferma] *sf* confirmación *f*

riconfermare [rikonfer'mare] *vt* confirmar

riconoscente [rikonoʃ'ʃɛnte] *agg* agradecido(da)

riconoscenza [rikonoʃ'ʃɛntsa] *sf* agradecimiento *m*

riconoscere [riko'noʃʃere] *vt* reconocer

riconquistare [rikonkwis'tare] *vt* **1.** (*territorio*) reconquistar **2.** (*stima, rispetto*) recobrar

riconsegnare [rikonseɲ'ɲare] *vt* devolver

ricopiare [riko'pjare] *vt* copiar

ricoprire [riko'prire] *vt* **1.** (*poltrona, dolce*) recubrir **2.** (*carica*) desempeñar ◆ **ricoprire qn/qc di qc** cubrir algo/a alguien de algo

ricordare [rikor'dare] *vt* recordar ◆ **ricordare qc a qn** recordar algo a alguien ◆ **ricordarsi** *vr* acordarse ◆ **ricordarsi di** acordarse de ◆ **ricordarsi di aver fatto qc** acordarse de haber hecho algo ◆ **ricordarsi di fare qc** acordarse de hacer algo

ricordo [ri'kɔrdo] *sm* recuerdo *m*

ricorrente [rikor'rɛnte] *agg* recurrente

ricorrenza [rikor'rɛntsa] *sf* fecha *f* señalada

ricorrere [ri'korrere] *vi* repetirse ◆ **ricorrere a** *v + prep* recurrir a

ricorso, a [ri'korso, a] ◇ *pp* ◆ **ricorrere** ◇ *sm* recurso *m* ◆ **far ricorso a qc** presentar un recurso contra algo; (*utilizzare*) recurrir a algo

ricostruire [rikostru'ire] *vt* reconstruir

ricotta [ri'kɔtta] *sf* ≃ requesón *m*
ricoverare [rikove'rare] *vt* ingresar (en hospital)
ricreare [rikre'are] *vt* recrear
ricreazione [rikreats'tsjone] *sf* recreo *m*
ricredersi [ri'kredersi] *vr* cambiar de opinión
ricucire [riku'tʃire] *vt* zurcir
ricuperare [rikupe'rare] = **recuperare**
ridacchiare [ridak'kjare] *vi* reírse con sorna
ridare [ri'dare] *vt* 1. (*dare di nuovo*) volver a dar 2. (*restituire*) devolver
ridere ['ridere] *vi* reír ♦ **morire dal ridere** morirse de risa ♦ **ridere di** *v + prep* reírse de
ridicolo, a [ri'dikolo, a] *agg* ridículo(la)
ridimensionare [ridimensjo'nare] *vt* 1. reestructurar 2. (*fig*) (*ridurre*) valorar en su justa medida
ridire [ri'dire] *vt* 1. objetar 2. ♦ **avere qualcosa da ridire (su)** tener algo que objetar (a)
ridondante [ridon'dante] *agg* redundante
ridosso [ri'dɔsso] *sm* ♦ **a ridosso (di qc)** a resguardo (de algo)
ridotto [ri'dotto, a] ◊ *pp* > **ridurre** ◊ *agg* reducido(da) ◊ *sm* (*di teatro*) foyer *m*, lobby *m* (*Amér*) ♦ **ridotto male** mal parado(a)
ridurre [ri'durre] *vt* reducir ♦ **ridursi** *vr* reducirse ♦ **ridursi a** reducirse a
riduzione [riduts'tsjone] *sf* 1. (*diminuzione*) reducción *f* 2. (*sconto*) descuento *m*
rielaborare [rjelabo'rare] *vt* reelaborar
riempire [riem'pire] *vt* 1. (*contenitore, spazio*) llenar 2. (*modulo, assegno*) rellenar ♦ **riempire di** llenar de ♦ **riempirsi di** 1. (*stadio, cinema*) llenarse de 2. (*fam*) (*mangiare*) llenarse

rientrare [rien'trare] *vi* 1. (*entrare di nuovo*) volver a entrar 2. (*a casa, in patria*) volver, regresar 3. (*essere compreso*) formar parte 4. (*avere una rientranza*) entrar
riepilogo [rie'pilogo] (*pl* -**ghi**) *sm* recapitulación *f*
rievocare [rievo'kare] *vt* evocar
rifare [ri'fare] *vt* rehacer ♦ **rifarsi di** 1. (*perdita, spesa*) recuperarse de 2. (*offesa*) desquitarse
rifatto [ri'fatto, a] *pp* > **rifare**
riferimento [riferi'mento] *sm* referencia *f* ♦ **fare riferimento a** hacer referencia a
riferire [rife'rire] *vt* referir ♦ **riferire qc a qn** contar algo a (alguien) ♦ **riferirsi a** referirse a
rifilare [rifi'lare] *vt* ♦ **rifilare qc a qn** (*fam*) cargar a alguien con el muerto
rifinitura [rifini'tura] *sf* acabado *m*
rifiorire [rifjo'rire] *vi* (*fig*) reflorecer
rifiutare [rifju'tare] *vt* rechazar ♦ **rifiutare di fare qc** negarse a hacer algo
rifiuto [ri'fjuto] *sm* 1. (*il rifiutare*) rechazo *m* 2. (*il negare*) negativa *f* ♦ **rifiuti** *smpl* basura *f*
riflessione [rifles'sjone] *sf* reflexión *f*
riflessivo, a [rifles'sivo, a] *agg* reflexivo(va)
riflesso, a [ri'flesso, a] ◊ *pp* > **riflettere** ◊ *sm* 1. MED (*luce*) reflejo *m* 2. (*conseguenza*) repercusión *f*

riflęttere [ri'flettere] ◇ vt reflejar ◇ vi reflexionar ● **riflęttere su** reflexionar sobre ● **riflęttersi** vr reflejarse ● **riflęttersi su** reflejarse en

riflettore [riflet'tore] sm 1. (di teatro) foco m 2. (faro) reflector m

riflusso [ri'flusso] sm 1. (flusso contrario) reflujo m 2. (di marea) resaca f

riforma [ri'forma] sf reforma f

riformare [rifor'mare] vt 1. reformar 2. MIL dar de baja

rifornimento [riforni'mento] sm ● **fare rifornimento di qc** reponer algo ● **rifornimenti** smpl provisiones fpl, provista f (Arg & Urug)

rifornire [rifor'nire] vt ● **rifornire qn/qc di** abastecer algo/a alguien de ● **rifornirsi di** proveerse de

rifrangere [ri'frandʒere] vt refractar

rifugiarsi [rifu'dʒarsi] vr refugiarse

rifugiato, -a [rifu'dʒato, a] sm,f refugiado m, -da f

rifugio [ri'fudʒo] sm refugio m

riga ['riga] (pl **-ghe**) sf 1. (linea, di capelli) raya f 2. (righello) línea f 3. (righello) regla f ● **mettere in riga** mantener a raya ● **a righe** (tessuto) de rayas; (foglio, quaderno) rayado(da)

rigare [ri'gare] ◇ vt rayar ◇ vi ● **rigare diritto** comportarse como es debido

rigattiere [rigat'tjere] sm ropavejero m

rigettare [ridʒet'tare] vt 1. (gettare indietro) volver a tirar 2. (respingere) rechazar 3. (fam) (vomitare) devolver

rigetto [ri'dʒetto] sm rechazo m

rigidità [ridʒidi'ta] sf 1. rigidez f 2. (di clima) rigurosidad f

rigido, a [ri'dʒido, a] agg 1. rígido(da) 2. (clima) riguroso(sa)

rigirare [ridʒi'rare] vt girar, voltear (Amér) ● **rigirarsi** vr 1. (voltarsi) girarse, voltearse (Amér) 2. (nel letto) dar vueltas

rigo ['rigo] (pl **-ghi**) sm 1. (linea) raya f 2. MUS pentagrama m

rigoglioso, a [rigoʎ'ʎozo, a] agg lozano(na)

rigore [ri'gore] sm 1. rigor m 2. SPORT penalti m ● **di rigore** de rigor

rigoroso, a [rigo'rozo, a] agg riguroso(sa)

rigovernare [rigover'nare] vt fregar y secar

riguardare [rigwar'dare] vt 1. (guardare di nuovo) volver a mirar 2. (controllare) repasar 3. (concernere) concernir ● **riguardarsi** vr resguardarse, cuidarse (Amér) ● **riguardati!** ¡ten cuidado!

riguardo [ri'gwardo] sm 1. (attenzione) cuidado m 2. (stima) consideración f ● **riguardo a** respecto a

rilanciare [rilan'tʃare] vt 1. (lanciare di nuovo) volver a lanzar 2. (palla) devolver 3. (moda, prodotto, offerta) relanzar

rilancio [ri'lantʃo] sm relanzamiento m

rilasciare [rilaʃ'ʃare] vt 1. (concedere) conceder 2. (liberare) liberar 3. (emettere) expedir

rilassare [rilas'sare] vt relajar ● **rilassarsi** vr relajarse

rilegare [rile'gare] vt encuadernar

rilento [ri'lento] avv ● **a rilento** lentamente

rilevante [rile'vante] *agg* relevante

rilevare [rile'vare] *vt* **1.** *(notare, mettere in evidenza)* notar **2.** *(dati)* registrar **3.** COMM *(merce)* comprar

rilevato, a [rile'vato, a] *agg* realzado (da)

rilievo [ri'ljevo] *sm* relieve ● **mettere in rilievo qc** poner algo de relieve

riluttante [rilut'tante] *agg* reacio(a)

rima ['rima] *sf* rima f

rimandare [riman'dare] *vt* **1.** *(mandare di nuovo)* volver a enviar **2.** *(mandare indietro)* devolver **3.** *(riunione, esame)* aplazar **4.** ● **rimandare a qn/a qc** remitir a alguien/algo ● **rimandare qc (a)** reexpedir algo (a)

rimando [ri'mando] *sm* remisión f

rimanente [rima'nɛnte] *agg* restante ● *sm* resto m

rimanere [rima'nere] *vi* **1.** *(in luogo, diventare, essere)* quedarse **2.** *(nel tempo)* permanecer **3.** *(avanzare)* quedar **4.** ● **mi sono rimaste dieci euro me quedan diez euros** ● **siamo rimasti in due** sólo quedamos los dos ● **rimanere indietro** *(di luogo)* quedarse atrás; *(nel lavoro)* atrasarse

rimarginare [rimardʒi'nare] *vt* cicatrizar ● **rimarginarsi** *vr* cerrarse

rimasto, a [ri'masto, a] *pp* ⊳ **rimanere**

rimasuglio [rima'zuʎʎo] *sm* sobras fpl

rimbalzare [rimbal'tsare] *vi* rebotar

rimbalzo [rim'baltso] *sm* rebote m

rimbambito, a [rimbam'bito, a] *agg (fam)* chocho(cha), ahuevoniado(da) *(Andes)*

rimboccare [rimbok'kare] *vt* **1.** *(lenzuola, coperta)* arreglar **2.** *(maniche, pantaloni)* doblar **3.** ● **rimboccarsi le maniche** *(fig)* arremangarse

rimbombare [rimbom'bare] *vi* retumbar

rimborsare [rimbor'sare] *vt* reembolsar, devolver *(Amér)*

rimborso [rim'borso] *sm* reembolso ● **rimborso spese** reembolso de los gastos

rimediare [rime'djare] ◇ *vt (fam) (procurarsi)* conseguir ◇ *vi* ● **rimediare (a)** remediar

rimedio [ri'mɛdjo] *sm* remedio m ● **porre rimedio a qc** poner remedio a algo

rimescolare [rimesko'lare] *vt* revolver

rimessa [ri'messa] *sf* **1.** *(per veicoli)* garaje m **2.** *(per aerei)* hangar m **3.** *(nel calcio)* saque m

rimesso, a [ri'messo, a] *pp* ⊳ **rimettere**

rimettere [ri'mettere] *vt* **1.** *(mettere di nuovo)* volver a poner **2.** *(indossare di nuovo)* volver a ponerse **3.** *(perdonare)* perdonar **4.** *(form) (vomitare)* vomitar ● **rimettere a posto** guardar en su sitio ● **rimetterci (qc)** salir perdiendo (algo) ● **rimettersi** *vr* **1.** *(guarire)* restablecerse **2.** *(tempo)* despejarse **3.** ● **rimettersi a fare qc** ponerse a hacer algo

Rimini ['rimini] *sf* Rímini m

rimmel ® ['rimmel] *sm inv* rímel m

rimodernare [rimoder'nare] *vt* modernizar

rimontare [rimon'tare] ◇ *vt* volver a montar ◇ *vi* remontar

rimorchiare [rimor'kjare] *vt* **1.** remolcar

2. *(fam)* *(ragazza)* ligar con *(Esp)*, levantar *(Amér)*

rimorchiatore [rimorkja'tore] *sm* remolcador *m*

rimorchio [ri'mɔrkjo] *sm* remolque *m*

rimorso [ri'mɔrso] *sm* remordimiento *m*

rimozione [rimots'tsjone] *sf* **1.** *(spostamento)* retirada *f* **2.** *(di trauma)* represión *f* **3.** *(da carica, impiego)* destitución *f* ● **rimozione forzata** ◇ **coatta** se avisa grúa

rimpatriare [rimpatri'are] *vi* repatriar

rimpiangere [rim'pjandʒere] *vt* **1.** *(persona)* añorar **2.** *(azione)* lamentar ● rimpiangere di aver fatto qc lamentar haber hecho algo

rimpianto, a [rim'pjanto, a] ◇ *pp* > **rimpiangere** ◇ *sm* **1.** *(di persona)* nostalgia *f* **2.** *(di azione)* arrepentimiento *m*

rimpiattino [rimpjat'tino] *sm* **1.** escondite *m* **2.** *(fig)* ● **fare rimpiattino** ◇ **giocare a rimpiattino** jugar al escondite

rimpiazzare [rimpjats'tsare] *vt* reemplazar

rimpicciolire [rimpittʃʃo'lire] *vt* achicar

rimpinzare [rimpin'tsare] *vt* atiborrar ● **rimpinzarsi di** atiborrarse de, hartarse de *(Amér)*

rimproverare [rimprove'rare] *vt* regañar

rimprovero [rim'prɔvero] *sm* reproche *m*, regaño *m* *(Amér)*

rimuginare [rimudʒi'nare] *vt* **1.** rumiar *(fig)* **2.** ● **rimuginare (su) qc** dar vueltas (a algo)

rimuovere [ri'mwɔvere] *vt* **1.** *(spostare)* retirar **2.** *(trauma)* reprimir **3.** *(da carica)* destituir

Rinascimento [rinaʃʃi'mento] *sm* ● **il Rinascimento** el Renacimiento

rinascita [ri'naʃʃita] *sf* renacimiento *m*

rincalzare [rinkal'tsare] *vt* **1.** *(lenzuola)* remeter *(Esp)*, volver a meter *(Amér)* **2.** *(muro, scala)* reforzar

rincarare [rinka'rare] ◇ *vt* encarecer ◇ *vi* encarecerse

rincasare [rinka'zare] *vi* volver a casa

rinchiudere [rin'kjudere] *vt* encerrar

rinchiudersi *vr* encerrarse en

rinchiuso, a [rin'kjuzo, a] *pp* > **rinchiudere**

rincorrere [rin'korrere] *vt* perseguir

rincorsa [rin'korsa] *sf* impulso *m*

rincrescere [rin'kreʃʃere] *vi* ● **mi rincresce che tu parta** siento que te vayas ● **mi rincresce di non poterti aiutare** siento no poder ayudarte

rinfacciare [rinfatʃ'tʃare] *vt* ● **rinfacciare qc a qn** *(colpa, difetto)* reprochar algo a alguien; *(favore)* echar en cara algo a alguien

rinforzare [rinfor'tsare] *vt* reforzar

rinforzo [rin'fɔrtso] *sm* refuerzo *m* ● **rinforzi** *smpl* refuerzos *mpl*

rinfrescante [rinfres'kante] *agg* refrescante

rinfrescare [rinfres'kare] *vt* **1.** refrescar **2.** *(fig)* *(ravvivare)* ● **rinfrescare la memoria a qn** refrescarle la memoria a alguien ● **rinfrescarsi** *vr* refrescarse

rinfresco [rin'fresko] *(pl* **-schi)** *sm* cocktail *m*

rinfusa [rin'fuza] ● **alla rinfusa** *avv* **1.**

(disordinatamente) en desorden 2. *(merce)* a granel

ringhiare [rin'gjare] vi *(fig)* gruñir

ringhiera [rin'gjera] sf 1. *(di scala)* barandilla f, pasamanos m inv *(Arg)* 2. *(di balcone)* barandilla f 3. *(di nave)* baranda f

ringiovanire [rindʒova'nire] vt & vi rejuvenecer

ringraziamento [ringratstsja'mento] sm agradecimiento m

ringraziare [ringrats'tsjare] vt agradecer ◆ ringraziare qn di qc agradecerle algo a alguien

rinnegare [rinne'gare] vt renegar de

rinnovamento [rinnova'mento] sm renovación f

rinnovare [rinno'vare] vt renovar

rinnovo [rin'nɔvo] sm renovación f

rinoceronte [rinotʃer'onte] sm rinoceronte m

rinomato, a [rino'mato, a] agg renombrado(da)

rintocco [rin'tɔkko] *(pl* -chi) sm toque m

rintracciare [rintratʃ'tʃare] vt localizar

rintronare [rintro'nare] ◆ vt ensordecer ◇ vi retumbar

rinuncia [ri'nuntʃa] *(pl* -ce) sf 1. *(rifiuto)* renuncia f 2. *(privazione)* renunciación f

rinunciare [rinun'tʃare] ◆ rinunciare a + prep 1. renunciar a 2. ◆ rinunciare a fare qc renunciar a hacer algo

rinunzia [ri'nuntsja] = rinuncia

rinunziare [rinun'tsjare] = rinunciare

rinvenire [rinve'nire] ◇ vt hallar ◇ vi volver en sí

rinviare [rinvi'are] vt 1. *(rispedire)* reenviar 2. *(palla)* devolver ◆ rinviare qc (a) aplazar algo (a)

rinvio [rin'vio] sm 1. *(di lettera)* reenvío m 2. *(di palla)* devolución f 3. *(di appuntamento, riunione)* aplazamiento m 4. *(a pagina, capitolo)* remisión f

rione [ri'one] sm barrio m, colonia f *(Méx)*

riordinare [riordi'nare] vt 1. *(mettere in ordine)* ordenar 2. *(cambiare ordine)* reordenar

riorganizzare [riorganidz'dzare] vt reorganizar

riparare [ripa'rare] vt 1. *(aggiustare)* reparar 2. *(proteggere)* proteger 3. *(rimediare)* reparar ◆ ripararsi vr protegerse ◆ ripararsi da qc protegerse de algo

riparazione [riparats'tsjone] sf reparación f

riparo [ri'paro] sf 1. *(protezione)* amparo m 2. *(rifugio)* cubierto m

ripartire [ripar'tire] ◇ vt repartir ◇ vi volverse a ir

ripassare [ripas'sare] ◇ vt repasar ◇ vi volver a pasar

ripensare [ripen'sare] vi 1. *(riflettere su)* pensar 2. *(cambiare idea)* cambiar de idea ◇ v + prep ◆ ripensare a pensar en

ripercuotersi [riper'kwɔtersi] ◆ ripercuotersi su repercutir en

ripercussione [riperkus'sjone] sf repercusión f

ripescare [ripes'kare] vt 1. *(dall'acqua)* sacar 2. *(ritrovare)* rescatar

ripetere [ri'petere] vt repetir ◆ ripetersi vr repetirse

ripetitivo, a [ripeti'tivo, a] *agg* repetitivo(va)

ripetizione [ripetits'tsjone] *sf* repetición *f* ◆ **ripetizioni** *sfpl* clases *fpl* particulares

ripiano [ri'pjano] *sm* estante *m*, repisa *f* (Arg)

ripicca [ri'pikka] (*pl* **-che**) *sf* ◆ **per ripicca** por despecho

rípido, a ['ripido, a] *agg* empinado(da)

ripiegare [ripje'gare] *vt* **1.** (*piegare di nuovo*) plegar **2.** (*lenzuola, fazzoletto*) doblar ◇ *vi* replegarse ◆ **ripiegare su** *v + prep* replegarse en, doblarse en (Amér)

ripiego [ri'pjɛgo] (*pl* **-ghi**) *sm* recurso *m* ◆ **per ripiego** para salir del paso

ripieno, a [ri'pjɛno, a] *agg* relleno(na) ◇ *sm* relleno *m* ◆ **ripieno (di qc)** relleno (de algo)

riporre [ri'porre] *vt* **1.** (*mettere via*) guardar **2.** (*fiducia, speranza*) ◆ **riporre qc in qn** poner algo en alguien

riportare [ripor'tare] *vt* **1.** (*restituire*) devolver **2.** (*ricondurre*) llevar **3.** (*notizia*) traer **4.** (*vittoria, premio*) obtener

riposare [ripo'sare] *vi & vt* descansar ◆ **riposarsi** *vr* descansar

riposo [ri'pɔzo] *sm* **1.** (*interruzione*) descanso *m* **2.** (*ristoro, sonno*) reposo *m* ◆ **a riposo** jubilado(da)

ripostiglio [ripos'tiʎʎo] *sm* trastero *m*

riposto, a [ri'posto, a] *pp* ➤ **riporre**

riprendere [ri'prɛndere] *vt* **1.** (*prendere di nuovo*) retomar **2.** (*ritirare*) recoger **3.** (*rimproverare*) reprender **4.** (*filmare*) rodar ◇ *vi* (*ricominciare*) ◆ **riprendere a fare qc** reanudar algo ◆ **riprendersi da** reponerse de

ripresa [ri'presa] *sf* **1.** (*dopo interruzione*) reanudación *f* **2.** (*da malattia*) restablecimiento *m* **3.** (*di motore*) aceleración *f* **4.** (*cinematografica*) toma *f* **5.** SPORT (*nel calcio*) segundo tiempo **6.** SPORT (*nel pugilato*) asalto *m*, round *m* (Amér) ◆ **a più riprese** en varias fases

ripreso, a [ri'preso, a] *pp* ➤ **riprendere**

riprodurre [ripro'durre] *vt* reproducir ◆ **riprodursi** *vr* reproducirse

riproduzione [riprodut'tsjone] *sf* reproducción *f*

ripromettersi [ripro'mettersi] *vr* ◆ **ripromettersi di fare qc** proponerse hacer algo

riprova [ri'prɔva] *sf* confirmación *f*

riprovevole [ripro'vevole] *agg* reprobable, reprochable (Amér)

ripudiare [ripu'djare] *vt* repudiar

ripugnante [ripuɲ'nante] *agg* repugnante

ripugnare [ripuɲ'nare] *vi* ◆ **ripugnare a qn** repugnar a alguien

ripulire [ripu'lire] *vt* **1.** limpiar **2.** (*fam*) (*rubare*) desvalijar, desplumar (Amér)

riquadro [ri'kwadro] *sm* recuadro *m*

risalire [risa'lire] *vt* **1.** (*scale*) volver a subir **2.** (*fiume*) remontar ◆ **risalire a** *v + prep* remontarse a

risaltare [rizal'tare] *vi* resaltar

risalto [ri'zalto] *sm* realce *m* ◆ **mettere in risalto qc** poner de relieve algo

risaputo, a [risa'puto, a] *agg* ◆ **è risaputo che... es** bien sabido que...

risarcimento [rizartʃi'mento] *sm* indemnización *f*

risarcire [rizar'tʃire] *vt* resarcir

risata [ri'zata] *sf* carcajada *f* ● **farsi quattro risate** reírse a carcajadas

riscaldamento [riskalda'mento] *sm* **1.** *(impianto)* calefacción *f* **2.** SPORT precalentamiento *m* **3.** ● **riscaldamento centrale** calefacción central

riscaldare [riskal'dare] *vt* calentar ● **riscaldarsi** *vr* calentarse

riscatto [ris'katto] *sm* rescate *m*

rischiarare [riskja'rare] *vt* iluminar

rischiararsi *vr* **1.** *(cielo, tempo)* despejarse **2.** *(persona)* aclararse

rischiare [ris'kjare] *vi* ● **rischiare la vita** arriesgar la vida

rischio ['riskjo] *sm* riesgo *m* ● **correre il rischio** correr el riesgo ● **a rischio** a riesgo ● **a proprio rischio e pericolo** por su cuenta y riesgo

rischioso, a [ris'kjozo, a] *agg* arriesgado(da)

risciacquo [riʃ'ʃakkwo] *sm* aclarado *m*

riscontrare [riskon'trare] *vt* cotejar

riscontro [ris'kontro] *sm* **1.** *(confronto)* cotejo *m* **2.** *(risposta)* respuesta *f*

riscuotere [ris'kwɔtere] *vt* **1.** *(somma, stipendio, pensione)* cobrar **2.** *(successo, consenso)* conseguir

risentimento [risenti'mento] *sm* **1.** *(sdegno)* resentimiento *m* **2.** *(rancore)* resentimiento *m*, resquemor *m* (Amér), repiqueto *m* (Col), repellilo *m* (PRico)

risentire [risen'tire] *vi* volver a oír

risentire di *v + prep* resentirse de

risentirsi *vr* ● **risentirsi di** *o* **per qc** estar resentido(da) por algo ● **risentire con qn** estar resentido(da) con alguien

risentito, a [risen'tito, a] *agg* resentido(da)

riserva [ri'sɛrva] *sf* reserva *f* ● **essere in riserva** *(auto)* ir en reserva

riservare [riser'vare] *vt* reservar

riservato, a [riser'vato, a] *agg* **1.** *(persona, posto prenotato)* reservado(da) **2.** *(informazione, lettera)* confidencial

risiedere [ri'sjɛdere] *vi (form)* residir ● **risiedere a** *o* **in** residir en

riso ['rizo] *sm* **1.** *(cereale)* arroz *m* **2.** *(risata)* risa *f* **3.** ● **riso integrale** arroz integral ● **risi e bisi** sopa de arroz y guisantes, con cebolla y panceta, típica de Venecia

risolto, a [ri'sɔlto, a] *pp* > **risolvere**

risoluto, a [riso'luto, a] *agg* resuelto(ta), lanzado(da) (Amér)

risoluzione [risoluts'tsjone] *sf* **1.** *(decisione)* resolución *f* **2.** *(di esercizio, problema)* solución *f*

risolvere [ri'sɔlvere] *vt* resolver ● **risolversi** *vr* resolverse ◇ ● **risolversi in** *(andare a finire)* resolverse en **2.** ● **risolversi a fare qc** *(decidersi a)* decidirse a hacer algo

risonanza [riso'nantsa] *sf* resonancia *f*

risorgere [ri'sɔrdʒere] *vi* **1.** *(resuscitare)* resurgir **2.** *(fig)* *(problema)* volver a surgir

risorsa [ri'sorsa] *sf* recurso *m* ● **risorse** *sfpl* recursos *mpl*

risotto [ri'zɔtto] *sm* risotto *m* arroz cocido y aderezado con varios ingredientes ● **risotto alla milanese** risotto con azafrán y queso parmesano

risparmiare [rispar'mjare] ◇ *vi* ahorrar

◇ vt 1. (non consumare) ahorrar 2. (non uccidere) perdonar la vida 3. ◆ risparmiare qc a qn (evitare) ahorrar algo a alguien

risparmio [ris'parmjo] *sm* ahorro *m*

rispecchiare [rispek'kjare] *vt* (fig) reflejar

rispettare [rispet'tare] *vt* respetar ◆ **farsi rispettare** hacerse respetar

rispettivamente [rispettiva'mente] *avv* respectivamente

rispettivo, a [rispet'tivo, a] *agg* respectivo(va)

rispetto [ris'pɛtto] *sm* respeto *m* ◆ **mancare di rispetto (a qn)** faltarle al respeto (a alguien) ◆ **rispetto a** respecto a

rispettoso, a [rispet'tozo, a] *agg* respetuoso(sa)

risplendere [ris'plɛndere] *vi* resplandecer

rispondere [ris'pondere] ◇ *vi* responder ◇ *v + prep* ◆ **rispondere di** responder de

risposta [ris'posta] *sf* respuesta *f* ◆ **in risposta a qc** en respuesta a algo

rissa ['rissa] *sf* riña *f*

ristabilire [ristabi'lire] *vt* restablecer ◆ **ristabilirsi** *vr* restablecerse

ristagnare [ristaɲ'nare] *vi* (fig) estancarse

ristampa [ris'tampa] *sf* reimpresión *f*

ristorante [risto'rante] *sm* restaurante *m* ◆ **andare al ristorante** ir al restaurante

ristretto, a [ris'tretto, a] ◇ *pp* ◆ **restringere** ◇ *agg* 1. (*numero*) reducido (da) 2. (*brodo*) concentrado(da) 3. (*uso*, *significato*) estricto(ta)

ristrutturare [ristruttu'rare] *vt* reestructurar

risucchiare [risuk'kjare] *vt* aspirar

risultare [rizul'tare] *vi* resultar ◆ **mi risulta che... me consta que...** ◆ **non mi risulta** no me consta

risultato [rizul'tato] *sm* resultado *m*

risuolare [riswo'lare] *vt* poner medias suelas a

risuonare [riswo'nare] *vi* resonar

risvegliare [rizveʎ'ʎare] *vt* despertar

risvolto [riz'volto] *sm* 1. (*di giacca*) solapa *f* 2. (*di pantaloni*) dobladillo *m* con vuelta 3. (*fig*) (*conseguenza*) implicación *f* ◆ **i risvolti della situazione** las implicaciones de la situación

ritagliare [ritaʎ'ʎare] *vt* recortar

ritaglio [ri'taʎʎo] *sm* recorte *m* ◆ **nei ritagli di tempo** en los ratos perdidos

ritardare [ritar'dare] ◇ *vi* atrasarse ◇ *vt* retrasar

ritardatario, a [ritarda'tarjo, a] *sm,f* atrasado *m*, -da *f*

ritardo [ri'tardo] *sm* retraso *m* ◆ **sono in ritardo** llego tarde ◆ **il treno è arrivato in ritardo** el tren ha llegado con retraso ◆ **due giorni di ritardo** dos días de retraso

ritenere [rite'nere] *vt* 1. (*giudicare, pensare*) considerar 2. (*trattenere*) retener

ritentare [riten'tare] *vt* volver a intentar

ritenuta [rite'nuta] *sf* retención *f*

ritirare [riti'rare] *vt* retirar ◆ **ritirarsi** *vr* 1. (*da attività*) retirarse 2. (*restringersi*) encogerse

ritirata [riti'rata] *sf* **1.** *MIL* retirada *f* **2.** *(latrina)* retrete *m*, excusado *m* (Chile), sanitario *m* (Col), wáter *m* (Méx), poceta *f* (Ven)

ritiro [ri'tiro] *sm* **1.** retiro *m* **2.** *(di patente, passaporto)* retirada *f*

ritmo ['ritmo] *sm* ritmo *m*

rito ['rito] *sm* **1.** rito *m* **2.** ◆ **di rito** ritual

ritornare [ritor'nare] *vi* **1.** volver **2.** *(ridiventare)* volverse

ritornello [ritor'nɛllo] *sm* **1.** estribillo *m* **2.** *(fig) (ripetizione)* cantilena *f*, cantaleta *f* (Amér)

ritorno [ri'torno] *sm* *(fig)* vuelta *f* ◆ **essere di ritorno** estar de vuelta

ritrarre [ri'trarre] *vt* **1.** *(mano, sguardo)* retirar **2.** *(raffigurare)* retratar

ritratto [ri'tratto] ◇ *pp* → **ritrarre** ◇ *sm* retrato *m*

ritrovare [ritro'vare] *vt* **1.** *(cosa persa)* encontrar **2.** *(persona)* encontrarse con **3.** *(fig) (riacquistare)* recobrar ◆ **ritrovarsi** *vr* encontrarse

ritrovo [ri'trovo] *sm* encuentro *m*

rituale [ritu'ale] *agg & sm* ritual

riunione [riu'njone] *sf* reunión *f*

riunire [riu'nire] *vt* reunir ◆ **riunirsi** *vr* reunirse

riuscire [riuʃ'ʃire] *vi* **1.** *(avere esito)* salir **2.** *(aver successo)* triunfar ◆ **riuscire a fare qc** conseguir hacer algo ◆ **riuscire in qc** triunfar en algo

riva ['riva] *sf* orilla *f*

rivale [ri'vale] *agg & smf* rival

rivalutare [rivalu'tare] *vt* **1.** *FIN* revaluar **2.** *(persona, opera)* revalorizar

rivedere [rive'dere] *vt* **1.** *(vedere di nuovo)* volver a ver **2.** *(riesaminare)* reexaminar **3.** *(ripassare)* repasar ◆ **rivedersi** *vr* volver a verse

rivelare [rive'lare] *vt* revelar ◆ **rivelare qc a qn** revelar algo a alguien

rivelazione [rivelats'tsjone] *sf* revelación *f*

rivendicare [rivendi'kare] *vt* reivindicar

rivendita [ri'vendita] *sf* **1.** *(negozio)* tienda *f* al por menor **2.** *FIN* reventa *f*

rivenditore, trice [rivendi'tore, 'tritʃe] *sm,f* vendedor *m*, -ra *f* al detalle ◆ **rivenditore autorizzato** establecimiento *m* autorizado

riversare [river'sare] *vt* **1.** *(fig) (affetto)* volcar **2.** *(colpa)* achacar ◆ **riversarsi** *vr* afluir

rivestimento [rivesti'mento] *sm* revestimiento *m*

rivestire [rives'tire] *vt* **1.** *(ricoprire, foderare)* recubrir **2.** *(carica, ruolo)* ocupar ◆ **rivestirsi** *vr* volver a vestirse

riviera [ri'vjɛra] *sf* costa *f* ◆ **la riviera ligure** la costa ligur

rivincita [ri'vintʃita] *sf* revancha *f*

rivista [ri'vista] *sf* revista *f*

rivolgere [ri'vɔldʒere] *vt* dirigir ◆ **rivolgersi a** dirigirse a

rivolta [ri'vɔlta] *sf* revuelta *f*

rivoltante [rivol'tante] *agg* repugnante

rivoltare [rivol'tare] *vt* **1.** *(fig)* dar la vuelta a **2.** *(disgustare)* repugnar ◆ **rivoltarsi** *vr* sublevarse, revolucionarse (Amér)

rivoltella [rivol'tella] *sf* revólver *m*

rivoluzionario, a [rivolutstsjo'narjo, a]

agg & sm,f revolucionario(a)
rivoluzióne [rivoluts'tsjone] *sf* revolución *f*
rizòma [ridz'dzɔma] (*pl* **-i**) *sm* rizoma *m*
rizzare [rits'tsare] *vt* levantar ◆ **rizzarsi** *vr* levantarse, pararse (*Amér*)
roast beef ['rɔzbif] *sm inv* roast-beef *m*
ròba ['rɔba] *sf* cosa *f* ◆ **roba da mangiare** comida *f* ◆ **roba da matti!** cosa de locos
robiòla [ro'bjɔla] *sf* queso dulce, fresco y mantecoso, típico de Lombardía
robot [rɔ'bo] *sm inv* robot *m*
robòtica [ro'bɔtika] *sf* robótica *f*
robusto, trice [ro'busto, a] *agg* **1.** (*resistente*) robusto(ta) **2.** (*vigoroso*) robusto(ta), fortacho(cha) (*Arg*), maceteado(da) (*Perú*), papeado(da) (*Ven*)
ròcca ['rɔkka] (*pl* **-che**) *sf* fortaleza *f*
roccafòrte [rokka'fɔrte] *sf* fuerte *m*
rocchétto [rok'ketto] *sm* (*di filo*) carrete *m*, rollo *m* (*Amér*)
ròccia ['rɔttʃa] (*pl* **-ce**) *sf* roca *f* ◆ **fare roccia** (*alpinismo*) escalar rocas
rocciatóre, trice [rottʃa'tore, 'tritʃe] *sm,f* escalador *m*, -ra *f* de rocas
roccióso, a [rot'tʃoso, a] *agg* rocoso(sa)
ròco, a, chi, che ['rɔko, a, ki, ke] *agg* ronco(ca)
rodàggio [ro'daddʒo] *sm* rodaje *m* ◆ **in rodaggio** en rodaje
ròdeo [rɔ'dɛo] *sm inv* rodeo *m*
ródere ['rɔdere] *vt* roer ◆ **rodersi di ◆ per** (*rabbia, gelosia*) consumirse de
rógna [rɔɲa] *sf* **1.** (*malattia*) sarna *f* **2.** (*fam*) (*guaio*) lata *f* (*Esp*), fastidio *m* (*Amér*)

rognóne [roɲ'ɲone] *sm* riñón *m*
rògo [rɔ'go] (*pl* **-ghi**) *sm* hoguera *f*
Ròma ['roma] *sf* Roma *f*
Romanía [roma'nia] *sf* ◆ **la Romanía** Rumanía *f*
romànico, a, ci, che [ro'maniko, a, tʃi, ke] *agg* románico(ca)
romano, a [ro'mano, a] *agg & sm,f* romano(na)
romanésco [roma'nesko] *sm* romanesco *m*
romanticísmo [romanti'tʃizmo] *sm* romanticismo *m*
romàntico, a, ci, che [ro'mantiko, a, tʃi, ke] *agg* romántico(ca)
romanzo [ro'mandzo] *agg* románico(ca) ◆ *sf* romanza *f* ◆ *sm* novela *f* ◆ **romanzo d'appendice** novela *f* por entregas
rómpere ['rompere] *vt* romper ◆ *vi* **1.** (*litigare*) romper **2.** (*fam*) (*seccare*) jorobar, amolar (*Arg*) ◆ **rompersi** *vr* (*guastarsi, spezzarsi*) estropearse
rompicàpo [rompi'kapo] *sm* (*fig*) rompecabezas *m inv*
rompiscàtole [rompis'katole] *smf inv* (*fam*) pelmazo *m*, -za *f*
ròndine ['rondine] *sf* golondrina *f*
ronzàre [ron'dzare] *vi* **1.** zumbar **2.** (*fig*) ◆ **ronzare intorno a qn** (*corteggiare*) rondar a alguien
ronzío [ron'dzio] *sm* zumbido *m*
ròsa ['rɔza] *agg inv* **1.** (*di colore*) rosa *inv*, rosado(da) (*Amér*) **2.** (*sentimentale*) rosa *inv* ◆ *sf* rosa *f* ◆ *sm* rosa *m*
rosé [ro'ze] *sm* vino *m* rosado
rosicchiàre [rozik'kjare] *vt* **1.** (*rodere*)

roer 2. *(smangiucchiare)* mordisquear
rosmarino [rozma'rino] *sm* romero *m*
roso ['rozo] *pp* → **rodere**
rosolare [rozo'lare] *vt* dorar *(la carne)*
rosolía [rozo'lia] *sf* rubéola *f*
rosone [ro'zone] *sm* rosetón *m*
rospo ['rospo] *sm* sapo *m*
rossetto [ros'setto] *sm* barra *f* de labios
rosso, a ['rosso, a] ◊ *agg* rojo(ja) ◊ *sm* rojo *m* • **rosso d'uovo** yema *f* o ñema *f* (Amér) de huevo • **il Mar Rosso** *sm* el Mar Rojo
rosticcería [rostitʧe'ria] *sf* tienda *f* de comidas preparadas
rotaia [ro'taja] *sf* raíl *m*, riel *m* (Amér)
rotazione [rotats'tsjone] *sf* rotación *f*
rotella [ro'tella] *sf* **1.** rueda *f* **2.** *(di ingranaggio)* tuerca *f* • *(tagliapasta)* cortador *m* de pasta • **pattini a rotelle** patines de ruedas • **gli manca una rotella** *(fig)* le falta un tornillo
rotolare [roto'lare] *vi* rodar • **rotolarsi** *vr* revolcarse • **rotolare dal ridere** desternillarse de risa
rotolo ['rotolo] *sm* rollo *m* • **il suo matrimonio è andato a rotoli** su matrimonio se ha ido a pique
rotonda [ro'tonda] *sf* rotonda *f*
rotondo, a [ro'tondo, a] *agg* redondo (da)
rotta ['rotta] *sf* *(percorso)* ruta *f* • **a rotta di collo** a toda velocidad
rottame [rot'tame] *sm (ferraglia)* chatarra *f*
rotto, a ['rotto, a] *agg* **1.** roto(ta) **2.** *(guasto)* estropeado(da), descompuesto(ta) (Méx)

rottura [rot'tura] *sf* **1.** *(di vetro, argini)* rotura *f* **2.** *(guasto)* avería *f* **3.** *(fam) (seccatura)* lata *f* (Esp), fastidio *m* (Amér) • **che rottura!** ¡que lata o fastidio (Amér)!
roulette [ru'lɛt] *sf inv* ruleta *f*
roulotte [ru'lɔt] *sf inv* roulotte *f*
routine [ru'tin] *sf inv* rutina *f*
rovente [ro'vente] *agg* candente
rovescia [ro'veʃʃa] *sf* • **alla rovescia** al revés
rovesciare [roveʃ'ʃare] *vt* **1.** *(liquido)* derramar **2.** *(tavolo, sedia)* derribar, voltear (Amér) **3.** *(fig) (situazione)* invertir • **rovesciarsi** *vr* **1.** *(versarsi)* derramarse **2.** *(capovolgersi)* volcarse
rovescio [ro'veʃʃo] (*pl* -sci) *sm* revés *m*
rovina [ro'vina] *sf* ruina *f* • **andare in rovina** *(economica)* estar en la ruina ; *(fisica, morale)* estar hecho(cha) una ruina • **rovine** *sfpl* ruinas *fpl*
rovinare [rovi'nare] *vt* **1.** *(sciupare)* estropear, malograr (Andes), descomponer (Méx) **2.** *(mandare in miseria)* arruinar • **rovinarsi** *vr* **1.** estropearse, malograrse (Andes), descomponerse (Méx) **2.** *(andare in rovina)* arruinarse
rovo ['rovo] *sm* zarza *f* (Esp), espino *m* (Amér)
rozzo, a ['rɔddzo, a] *agg* **1.** *(persona, modi)* rudo(da) **2.** *(oggetto)* tosco(ca)
ruba ['ruba] *sf* • **andare a ruba** venderse solo
rubare [ru'bare] ◊ *vt* **1.** *(soldi, borsa)* robar, afanar (Arg) **2.** *(sottrarre)* robar ◊ *vi* robar, afanar (Arg)
rubinetto [rubi'netto] *sm* **1.** *(dell'acqua)*

grifo m, **canilla** f (CSur), **caño** m (Perú), **pluma** f (Ven) **2.** (del gas) **llave** f de paso
rubino [ru'bino] sm rubí m
rubrica¹ ['rubrika] (pl **-che**) sf **1.** (di indirizzi) agenda f de direcciones **2.** (di telefono) agenda f telefónica
rubrica² [ru'brika] (pl **-che**) sf (di giornale, trasmissione) sección f
rudimentale [rudimen'tale] agg rudimentario(ria)
ruffiano, a [ruf'fjano, a] sm.f **1.** (adulatore) **pelota** mf, **chupamedias** mf inv (Amér), **espinita** mf (Chile) **2.** (mezzano) **alcahuete** m, -ta f
rugby ['regbi] sm inv rugby m
ruggine ['rudʒdʒine] sf óxido m
ruggire [rud'dʒire] vi rugir
rugiada [ru'dʒada] sf rocío m
rullino [rul'lino] sm carrete m, rollo m (Amér) ● **un rullino da 24** un carrete o rollo (Amér) de 24
rullo ['rullo] sm **1.** (rotolo, arnese, pennello) rodillo m **2.** (di tamburo) redoble m
rum [rum] sm ron m
rumeno, a [ru'meno, a] ◊ agg & sm rumano(na) ◊ sm rumano m
rumore [ru'more] sm ruido m
rumoroso, a [rumo'roso, a] agg **1.** (che fa rumore) ruidoso(sa), escandaloso(sa) (Amér) **2.** (pieno di rumore) ruidoso(sa)
ruolo ['rwolo] sm papel m (en (cine, teatro)
ruota ['rwota] sf **1.** rueda f **2.** ● **gonna a ruota** falda acampanada ● **ruota di scorta** rueda de recambio o repuesto (Amér)
ruotare [rwo'tare] ◊ vi rodar ◊ vt hacer girar

rupe ['rupe] sf roca f
ruscello [ruʃ'ʃɛllo] sm arroyo m
ruspa ['ruspa] sf excavadora f
Russia ['russja] sf ● **la Russia** Rusia f (Ven)
russo, a ['russo, a] ◊ agg & sm.f ruso(sa) ◊ sm ruso m
rustico, a, ci, che ['rustiko, a, tʃi, ke] ◊ agg rústico(ca), **potón(ona)** (Chile) ◊ sm casa f de labranza
ruvido, a ['ruvido, a] agg áspero(ra)
ruzzolare [rutstso'lare] vi rodar
ruzzolone [rutstso'lone] sm caída f

Ss

sabato ['sabato] sm sábado m ● **di** il sabato faccio la spesa los sábados hago la compra ● **sabato sera** el sábado por la noche ● **sabato prossimo** el sábado que viene ● **sabato scorso** el sábado pasado ● **torniamo sabato** volvemos el sábado ● **oggi è sabato** hoy es sábado ● **sabato 6 maggio** el sábado 6 de mayo ● **a sabato** hasta el sábado
sabbia ['sabbja] sf arena f
sabotare [sabo'tare] vt sabotear
sacca ['sakka] (pl **-che**) sf **1.** MED (borsa) bolsa f **2.** (di fiume) ensenada f
saccente [satʃ'tʃɛnte] agg sabihondo(da)

saccheggiare [sakked'dʒare] *vt* (*fig*) saquear

sacchetto [sak'ketto] *sm* bolsa *f*

sacco ['sakko] (*pl* **-chi**) *sm* **1.** (*di juta, carta, nylon*) saco *m* **2.** (*borsa, zaino*) bolso *m*, mochila *f* (*CAm & Chile*) ◊ **un sacco di** un montón de ◊ **sacco a pelo** saco de dormir ◊ **il sacco di Roma** el saqueo de Roma que llevaron a cabo las tropas de Carlos V en 1527

sacerdote [satʃer'dɔte] *sm* sacerdote *m*

sacerdotessa [satʃerdo'tessa] *sf* sacerdotisa *f*

sacramentare [sakramen'tare] *vi* (*bestemmiare*) blasfemar

sacramento [sakra'mento] *sm* sacramento *m*

sacrificare [sakrifi'kare] *vt* sacrificar ◊ **sacrificarsi** *vr* sacrificarse

sacrificio [sakri'fitʃo] *sm* sacrificio *m*

sacro, a ['sakro, a] *agg* sagrado(da)

sadico, a, ci, che ['sadiko, a, tʃi, ke] *agg* & *sm/f* sádico(ca)

safari [sa'fari] *sm inv* safari *m*

saggezza [sad'dʒettsa] *sf* sabiduría *f*

saggio, a, ge ['saddʒo, a, dʒe] ◊ *agg* sabio(bia) ◊ *sm* **1.** (*persona*) sabio *m* **2.** (*campione*) muestra *f* **3.** (*libro, ricerca*) ensayo *m*

Sagittario [sadʒit'tarjo] *sm* Sagitario *m inv*

sagoma ['sagoma] *sf* **1.** (*profilo, forma*) silueta *f* **2.** (*modello*) plantilla *f* ◊ **quel ragazzo è una sagoma** (*fam*) es un chico muy ocurrente

sagra ['sagra] *sf* (*fiera*) fiesta popular de origen religioso

sagre

La **sagra** tiene un carácter religioso cuando la fiesta es en honor del santo patrono o por el aniversario de la fundación de una iglesia; en tal ocasión se organizan procesiones y ferias. Tienen en cambio un carácter laico las organizadas para promocionar un alimento de producción local (vino, trufas, castañas, etc) y no faltan los puestos gastronómicos.

sagrestano, a [sagres'tano] *sm/f* sacristán *m*, -ana *f*

saint-honoré [sentono're] *sm inv* postre francés de hojaldre relleno de crema, recubierto de nata y adornado con lionesas de crema

sala ['sala] *sf* sala *f* ◊ **sala d'aspetto** o **attesa** sala de espera ◊ **sala corse** oficina *f* de apuestas ◊ **sala da gioco** sala de juegos ◊ **sala operatoria** quirófano *m* ◊ **sala da pranzo** comedor *m*

salame [sa'lame] *sm* **1.** salchichón *m* **2.** (*fig*) (*sciocco*) bobo *m*, zopenco *m* (*Amér*), ganso *m* (*Perú*)

salare [sa'lare] *vt* salar

salario [sa'larjo] *sm* salario *m*

salatini [sala'tini] *smpl* galletas *fpl* saladas

salato, a [sa'lato, a] *agg* **1.** salado(da) **2.** (*fam*) (*caro*) caro(ra)

saldare [sal'dare] *vt* **1.** (*metalli*) soldar **2.** (*debito, conto*) saldar

saldo, a ['saldo, a] ◇ *agg* firme ◇ *sm* 1. (*svendita*) rebaja f 2. (*di conto*) saldo m 3. (*di debito*) deuda f ● in saldo de rebajas ◆ **saldi** *smpl* rebajas *fpl*

sale ['sale] *sm* sal f ● sale grosso sal gorda

salice ['salitʃe] *sm* sauce m ● salice piangente sauce llorón

saliera [sa'ljɛra] *sf* salero m

salire [sa'lire] *vi* & *vt* subir ● salire a bordo subir a bordo

salita [sa'lita] *sf* subida f ● in salita cuesta arriba

saliva [sa'liva] *sf* saliva f

salma ['salma] *sf* (*form*) restos *mpl* mortales

salmone [sal'mone] *sm* salmón m

salone [sa'lone] *sm* salón m

salotto [sa'lotto] *sm* sala f de estar

salpare [sal'pare] ◇ *vi* zarpar ◇ *vt* salpare l'ancora levar el ancla

salsa ['salsa] *sf* salsa f ● salsa di pomodoro salsa de tomate

salsiccia [sal'sittʃa] (*pl* **-ce**) *sf* salchicha f

saltare [sal'tare] ◇ *vt* 1. (*ostacolo*) saltar 2. (*parola*) saltarse ◇ *vi* 1. (*fare un balzo*) saltar 2. (*salire*) subir ● fare saltare qc hacer estallar algo ● saltare fuori surgir de improviso ● saltare giù bajar (*dando un salto*)

saltimbocca [saltim'bokka] *sm inv* rollito de carne de ternera frita relleno de jamón y salvia, especialidad romana

salto ['salto] *sm* 1. (*balzo*) salto m 2. (*visita*) escapada f ● fare un salto in città hacer una escapada a la ciudad ● fare un salto da qn pasarse por casa de alguien ● salto in alto/lungo salto de altura/longitud ● salto con l'asta salto con pértiga

salumeria [salume'ria] *sf* charcutería f

salumi [sa'lumi] *smpl* embutidos *mpl*

salutare [salu'tare] *vt* saludar ◆ **salutarsi** *vr* despedirse

salute [sa'lute] *sf* salud f ● bere alla salute di qn beber a la salud de alguien ● saluto con salud ● saludo m

salvadanaio [salvada'najo] *sm* hucha f (*Esp*), alcancía f (*Amér*)

salvagente [salva'dʒɛnte] *sm* 1. (*giubbotto*) salvavidas *m* 2. (*ciambella*) flotador *m* 3. (*spartitraffico*) isleta f

salvaguardare [salvagwar'dare] *vt* salvaguardar

salvare [sal'vare] *vt* salvar ● salvare la faccia guardar las apariencias ◆ **salvarsi** *vr* salvarse

salvavita ® [salva'vita] *sm inv* cortacircuitos *m inv*

salve ['salve] *esclam* (*fam*) ¡buenas!

salvezza [sal'vettsa] *sf* salvación f

salvia ['salvja] *sf* salvia f

salvo, a ['salvo, a] ◇ *agg* salvo(va) ◇ *prep* salvo ● a salvo a salvo ● salvo imprevisti salvo imprevistos

san [san] → santo

sandali ['sandali] *smpl* sandalias *fpl*, chalas *fpl* (*Chile*)

sangue ['sangwe] *sm* sangre f ● al sangue (*bistecca*) poco hecho, término medio (*Méx*) ● a sangue freddo a sangre fría ● donare il sangue donar sangre

sa

sanguinare [sangwi'nare] *vi* sangrar
sanità [sani'ta] *sf* sanidad *f*
sanitario, a [sani'tarjo, a] *agg* sanitario(ria) • **sanitari** *smpl* sanitarios *mpl*
San Marino [samma'rino] *sf* San Marino.*f*

Repubblica di San Marino

Enclavada en el centro de la península italiana y con una superficie de apenas 61 km², la República de San Marino es uno de los estados más pequeños del mundo. Fundada en el 300 d. de C., es la república más antigua de Europa. La capital es Ciudad de San Marino y la lengua oficial, el italiano. Sus instituciones son completamente distintas de las italianas. A pesar de no formar parte de la Unión Europea, se le ha permitido adoptar el euro.

sano, a ['sano, a] *agg* sano(na) • **sano e salvo** sano y salvo • **sano come un pesce** sano como una manzana
San Silvestro [sansil'vestro] *sm* ≈ Nochevieja *f*
santità [santi'ta] *sf* santidad *f* • **Sua Santità** Su Santidad
santo, a ['santo, a] *agg* santo(ta)
santuario [santu'arjo] *sm* santuario *m*
sanzione [san'tsjone] *sf* sanción *f*
sapere [sa'pere] *vt* saber • **mi sa che non viene** me parece que no viene
sapere fare qc saber hacer algo • **sapere qc a qn** saber algo a alguien • **sapere di** *v + prep* saber a

sapone [sa'pone] *sm* jabón *m* • **sapone da bucato** jabón *m* para la ropa
saponetta [sapo'netta] *sf* pastilla *f* de jabón
sapore [sa'pore] *sm* sabor *m*
saporito, a [sapo'rito, a] *agg* sabroso(sa)
saracinesca [saratʃi'neska] *(pl* **-che**) *sf* puerta *f* metálica
sarcastico, a, ci, che [sar'kastiko, a, tʃi, ke] *agg* sarcástico(ca)
Sardegna [sar'deɲɲa] *sf* • **la Sardegna** Cerdeña *f*
sardina [sar'dina] *sf* sardina *f* • **sardine in scatola** sardinas en lata
sardo, a ['sardo, a] ◊ *agg* & *sm,f* sardo(da) ◊ *sm* sardo *m*
sarto, a ['sarto] *sm,f* **1.** *(da uomo)* sastre *m*, -tra *f* **2.** *(da donna)* modisto *m*, -ta *f* **3.** *(per azienda)* confeccionista *mf*
sasso ['sasso] *sm* piedra *f* • **Sassi di Matera** grutas excavadas en la roca antiguamente usadas como vivienda en la ciudad de Matera
sassofono ['sassofono] *sm* saxofón *m*
satellite [sa'tellite] *sm* satélite *m*
satira ['satira] *sf* sátira *f*
saturo, a ['saturo, a] *agg* saturado(da)
sauna ['sawna] *sf* sauna *f*
savoiardi [savo'jardi] *smpl* melindros *mpl*
saziare [sats'tsjare] *vt* (fig) saciar
sazietà [satstsje'ta] *sf* • **a sazietà** hasta la saciedad
sazio, a ['satstsjo, a] *agg* lleno(na)
sbadato, a [zba'dato, a] *agg* despistado(da)

sbadigliare [zbadiʎˈʎare] vi bostezar
sbadiglio [zbaˈdiʎʎo] sm bostezo m
sbafo [zˈbafo] sm ● a sbafo de gorra
sbagliare [zbaʎˈʎare] ◊ vt equivocarse de ◊ vi equivocarse ● sbagliare strada equivocarse de calle ● sbagliare il colpo fallar el tiro ● sbagliarsi vr equivocarse ● sbagliarsi di grosso equivocarse de medio a medio
sbagliato, a [zbaʎˈʎato, a] agg equivocado(da)
sbaglio [zˈbaʎʎo] sm equivocación f ● fare uno sbaglio cometer un error ● fare qc per sbaglio hacer algo por equivocación
sbalzo [zˈbaltso] sm cambio m repentino
sbandare [zbanˈdare] vi derrapar
sbandata [zbanˈdata] sf bandazo m ● prendersi una sbandata per qn (fam & fig) perder la chaveta por alguien
sbandato, a [zbanˈdato, a] sm,f granuja mf
sbandierare [zbandjeˈrare] vt 1. enarbolar banderas 2. (fig) (ostentare) alardear de
sbando [zˈbando] sm ● allo sbando a la deriva
sbaraglio [zbaˈraʎʎo] sm ● mandare allo sbaraglio poner en peligro
sbarazzare [zbaratsˈtsare] vt despejar ● sbarazzare qc (da qc) despejar algo (de algo) ● sbarazzarsi di desembarazarse de
sbarcare [zbarˈkare] vt & vi desembarcar
sbarco [zˈbarko] sm (pl -chi) desembarco m

sbarra [zˈbarra] sf 1. (spranga, segno grafico) barra f 2. (di passaggio a livello) barrera f ● essere dietro le sbarre estar entre rejas
sbarrare [zbarˈrare] vt 1. (porta, finestra) atrancar, trancar (Amér) 2. (passaggio) obstruir ● sbarrare gli occhi poner los ojos en blanco
sbarrato, a [zbarˈrato, a] agg 1. (strada, passaggio) cortado(da) 2. (casella, parola) tachado(da) (con una cruz)
sbattere [zˈbattere] ◊ vt 1. (porta) ● sbattere la porta dar un portazo 2. (tappeti, tovaglia) sacudir 3. (uova, panna) batir ◊ vi golpear ● sbattere contro golpear contra ● sbattere fuori qn echar fuera a alguien ● sbattersene vr (volg) traérsela floja
sbattuto, a [zbatˈtuto, a] agg abatido(da), apesarado(da) (Amér)
sbavare [zbaˈvare] vi 1. (mandare bava) babear 2. (rossetto, colore) correrse
sbellicarsi [zbelliˈkarsi] vr ● sbellicarsi dal ridere desternillarse o morirse (Amér) de risa
sbiadire [zbjaˈdire] vt & vi desteñir
sbiadirsi vr 1. desteñirse 2. (fig) (ricordo, memoria) desvanecerse
sbiadito, a [zbjaˈdito, a] agg descolorido(da)
sbiancare [zbjanˈkare] ◊ vt blanquear ◊ vi palidecer
sbieco, a, chi, che [zˈbjɛko, a, ki, ke] agg ● di sbieco (guardare) de reojo; (taglio) al bies
sbigottire [zbigotˈtire] vt dejar pasmado ● sbigottirsi vr desanimarse

sb

sbigottito, a [zbigot'tito, a] *agg* pasmado(da)

sbilanciare [zbilan'tʃare] *vt* desequilibrar ◆ **sbilanciarsi** *vr* **1.** desequilibrarse **2.** *(fig) (compromettersi)* comprometerse

sbirciare [zbir'tʃare] *vt* **1.** *(con curiosità)* echar un vistazo **2.** *(di sfuggita)* mirar por el rabillo del ojo

sbizzarrirsi [zbidzdzar'rirsi] *vr* desahogarse

sbloccare [zblok'kare] *vt* **1.** *(meccanismo)* desbloquear **2.** *(fig) (situazione)* resolver ◆ **sbloccarsi** *vr* **1.** *(meccanismo)* desbloquearse **2.** *(situazione)* resolverse

sboccare [zbok'kare] ◆ **sboccare in** *v* + *prep* desembocar en

sboccato, a [zbok'kato, a] *agg* deslenguado(da)

sbocciare [zbot'tʃare] *vi (fiore)* abrirse

sbocco [z'bokko] *(pl* **-chi)** *sm* **1.** *(uscita)* desembocadura *f* **2.** *(fig) (esito)* salida *f*

sbornia [z'bornja] *sf (fam) (ubriacatura)* borrachera *f* ◆ **smaltire la sbornia** dormir la mona

sborsare [zbor'sare] *vt (fam) (pagare)* desembolsar

sbottonare [zbotto'nare] *vt* desabrochar ◆ **sbottonare la giacca** desabrochar la chaqueta ◆ **sbottonarsi** *vr* **1.** *(slacciarsi)* desabrocharse **2.** *(fam & fig) (confidarsi)* abrirse ◆ **è un tipo che non si sbottona** es un tío que no se abre

sbracciarsi [zbrat'tʃarsi] *vr* agitar los brazos

sbracciato, a [zbrat'tʃato, a] *agg* sin mangas

sbraitare [zbrai'tare] *vi* vociferar

sbranare [zbra'nare] *vt* devorar

sbriciolare [zbritʃo'lare] ◆ *vt* desmigajar ◇ *vi* desmigajarse ◆ **sbriciolarsi** *vr* desmigajarse

sbrigare [zbri'gare] *vt (faccenda)* despachar ◆ **sbrigarsi** *vr* **1.** *(far presto)* apurarse *(Amér)* ◆ **sbrigarsi (a fare qc)** darse prisa ◇ apurarse *(Amér)* (en hacer algo) ◆ **sbrigati!** ¡date prisa!, ¡apúrate! *(Amér)*

sbrodolare [zbrodo'lare] *vt* manchar

sbronza [z'brondza] *sf (fam)* cogorza *f*

sbronzarsi [zbron'dzarsi] *vr (fam)* pillar una cogorza

sbronzo, a [z'brondzo, a] *agg (fam)* mamado(da), chupado(da) *(Arg, Chile & Urug)*, ajumado(da) *(Méx)*, curdo(da) *(Ven)*

sbucare [zbu'kare] *vi* salir

sbucciare [zbut'tʃare] *vt* pelar ◆ **sbucciarsi** *vr* ◆ **sbucciarsi un ginocchio** pelarse una rodilla

sbuffare [zbuf'fare] *vi* resoplar

scabroso, a [ska'brozo, a] *agg* escabroso(sa)

scacciare [skat'tʃare] *vt* **1.** *(persona, animale)* echar **2.** *(fig) (preoccupazioni)* disipar

scacco [s'kakko] *(pl* **-chi)** *sm* ◆ **scacco matto** jaque m mate ◆ **scacchi** *smpl* ajedrez *m* ◆ **a scacchi** de cuadros

scadente [ska'dɛnte] *agg (prodotto, quadro)* malo(la)

scadenza [skan'dɛntsa] *sf* **1.** *(termine)* plazo *m* **2.** *(di alimenti)* caducidad *f*

scadere [ska'dere] *vi* **1.** *(passaporto, patente, latte)* caducar, vencer *(Amér)* **2.**

(termine) vencer 3. (peggiorare) decaer
scaffale [skaf'fale] *sm* estantería *f*
scafo [s'kafo] *sm* casco *m* (de barco)
scagionare [skadʒo'nare] *vt* exculpar
scaglia [s'kaʎʎa] *sf* escama *f*
scagliare [skaʎ'ʎare] *vt* tirar ◆ **scagliarsi** *vr* scagliare contro o su qn (assalire) arremeter contra alguien; (fig) (insultare) injuriar a alguien
scaglionare [skaʎʎo'nare] *vt* escalonar
scala [s'kala] *sf* 1. (di edificio, spostabile) escalera *f* 2. (progressione, rapporto) escala *f* ◆ scala a chiocciola escalera *f* de caracol ◆ scala mobile escalera mecánica ◆ **scale** (scalinata) escaleras *fpl* ◆ **scala (quaranta)** ≃ remigio *m*

La Scala

La Scala de Milán es el más legendario templo de la música lírica. El teatro ha estado ubicado en dos edificios: un incendio destruyó el primero; el nuevo se construyó en el lugar que ocupaba antes la iglesia *Santa Maria alla Scala*, de donde proviene su nombre, y fue inaugurado en 1778. Acoge a cantantes, bailarines, músicos y directores de orquesta de fama mundial.

scalare [ska'lare] *vt* 1. (mura, montagna) escalar 2. (somma) deducir 3. (capelli) escalar
scalata [ska'lata] *sf* (fig) escalada *f*
scalatore, trice [skala'tore, 'tritʃe] *sm,f* escalador *m*, -ora *f*
scalcinato, a [skaltʃi'nato] *agg* 1. (muro) desconchado(da) 2. (persona) desaliñado(da)
scaldabagno [skalda'baɲɲo] *sm* calentador *m*, calefón *m* (Arg), terma *f* (Perú)
scaldare [skal'dare] *vt* calentar ◆ **scaldarsi** *vr* 1. calentarse 2. (fig) (accalorarsi) acalorarse
scalfire [skal'fire] *vt* rayar, rajuñar (Amér)
scalinata [skali'nata] *sf* escalinata *f*
scalino [ska'lino] *sm* 1. (gradino) escalón *m* 2. (piolo) peldaño *m*
scalmanarsi [skalma'narsi] *vr* sulfurarse
scalo [s'kalo] *sm* escala *f* ◆ fare scalo (a) hacer escala (en) ◆ scalo merci estación *f* de mercancías
scaloppina [skalop'pina] *sf* escalopín *m*
scalpore [skal'pore] *sm* (risonanza) sensación *f* ◆ fare o destare scalpore causar sensación
scaltro, a [s'kaltro, a] *agg* astuto(ta)
scalzo, a [s'kaltso, a] *agg* descalzo(za)
scambiare [skam'bjare] *vt* intercambiar ◆ scambiare qn/qc per qn/qc confundir a alguien/algo con alguien/algo ◆ **scambiarsi** qc intercambiarse algo
scambio [s'kambjo] *sm* 1. intercambio *m* 2. (confusione) equivocación *f*
scampagnata [skampaɲ'ɲata] *sf* excursión *f* (al campo)
scampare [skam'pare] *vt* librarse de ◆ **scamparla** (bella) librarse de una buena ◆ **scampare a** *v + prep* librarse de
scampo [s'kampo] *sm* salvación *f* ◆ non c'è (via di) scampo no hay escapatoria ◆ cercare scampo in qc buscar

escapatoria en algo ◆ **scampi** *smpl* cigalas *fpl*

scampolo [s'kampolo] *sm* retal *m*

scandagliare [skandaʎ'ʎare] *vt* (*fig*) sondear

scandalizzare [skandalid'dzare] *vt* escandalizar ◆ **scandalizzarsi** *vr* escandalizarse

scandalo [s'kandalo] *sm* escándalo *m* ◆ **essere un vero scandalo** ser un verdadero escándalo ◆ **fare scandalo** armar un escándalo

scandaloso, a [skanda'lozo, a] *agg* escandaloso(sa)

scandire [skan'dire] *vt* **1.** (*lettere*) deletrear **2.** (*pronuncia*) silabear

scannare [skan'nare] *vt* degollar

scanner [s'kanner] *sm inv* escáner *m*

scansafatiche [skansafa'tike] *smf* vago *m*, -ga *f*, badana *mf* (*Amér*), flojo *m*, -ja *f* (*Andes, CAm & Carib*), atorrante *mf* (*CSur*)

scansare [skan'sare] *vt* **1.** (*spostare*) apartar **2.** (*evitare*) esquivar **3.** (*fam*) (*difficoltà, fatica*) escaquearse de **4.** (*persona*) evitar ◆ **scansarsi** *vr* apartarse

scanso [s'kanso] *sm* ◆ **a scanso di equivoci** para evitar equívocos

scantinato [skanti'nato] *sm* sótano *m*

scanzonato, a [skantso'nato, a] *agg* despreocupado(da)

scapaccione [skapatʃ'tʃone] *sm* colleja *f* (*Esp*), pescozón *m* (*Amér*)

scapestrato, a [skapes'trato, a] *agg* disoluto(ta)

scapito [s'kapito] *sm* ◆ **a scapito di** en detrimento de

scapolo [s'kapolo] *sm* soltero *m*

scappamento [skappa'mento] *sm* escape *m*

scappare [skap'pare] *vi* **1.** escaparse **2.** (*andare*) irse corriendo ◆ **mi è scappato (detto)** se me ha escapado ◆ **mi è scappato di mano** se me ha caído de las manos ◆ **mi è scappato di mente** se me ha ido de la cabeza ◆ **mi scappa da ridere** se me escapa la risa ◆ **lasciarsi scappare l'occasione** dejarse escapar la oportunidad ◆ **è tardi, io scappo** es tarde, me voy corriendo ◆ **mi è scappato l'autobus** se me ha escapado el autobús

scappatella [skappa'tella] *sf* desliz *m*

scappatoia [skappa'toja] *sf* escapatoria *f*

scarabocchiare [skarabok'kjare] *vt & vi* garabatear

scarafaggio [skara'fadʤo] *sm* cucaracha *f*

scaramanzia [skaraman'tsia] *sf* conjuro *m* ◆ **fare qc per scaramanzia** hacer algo por superstición

scaraventare [skaraven'tare] *vt* arrojar ◆ **scaraventarsi** *vr* abalanzarse

scarcerare [skartʃe'rare] *vt* poner en libertad

scarica [s'karika] (*pl* **-che**) *sf* descarga *f* ◆ **scarica elettrica** descarga eléctrica

scaricare [skari'kare] *vt* **1.** descargar **2.** (*passeggeri*) desembarcar **3.** (*fig*) (*colpa, responsabilità*) descargar ◆ **scaricarsi** *vr* **1.** (*batteria, pila*) descargarse **2.** (*fig*) (*sfogarsi*) desahogarse **3.** MED relajarse

scarico, a, chi, che [s'kariko, a, ki, ke] ◇ *agg* descargado(da) ◇ *sm* **1.** (*di gas*) escape m **2.** *(di rifiuti)* vertedero m

scarlatto, a [skar'latto, a] *agg* escarlata

scarpa [s'karpa] *sf* zapato m ● **che numero di scarpe porta?** ¿qué número tiene? ● **scarpe chiodate** botas f *(de montaña)* ● **scarpe da ginnastica** o **tennis** zapatillas f *de deporte*, tenis fpl

scarpata [skar'pata] *sf* barranco m

scarpone [skar'pone] *sm* bota f *de montaña* ● **scarpone da sci** botas f *de esquí*

scarseggiare [skarsed'dʒare] *vi* escasear ➤ **scarseggiare di** v + prep estar falto(ta) de

scarsità [skarsi'ta] *sf* escasez f

scarso, a [s'karso, a] *agg* escaso(sa) ● **scarso di** falto(ta) de ● **un chilo scarso** un quilo escaso

scartare [skar'tare] *vt* **1.** *(regalo)* desenvolver **2.** *(eliminare)* descartar **3.** *(nelle carte)* descartarse de

scarto [s'karto] *sm* **1.** *(carte)* descarte m **2.** *(cosa scartata)* desecho m **3.** *(distacco, differenza)* ventaja f

scassare [skas'sare] *vt (fam) (rompere, rovinare)* destrozar

scassato [skas'sato] *agg (rovinato, rotto)* destrozado(da)

scassinare [skassi'nare] *vt* forzar *(cerradura)*

scatenare [skate'nare] *vt* desencadenar ● **scatenarsi** *vr* desencadenarse

scatenato, a [skate'nato] *agg* desenfrenado(da)

scatola [s'katola] *sf* **1.** *(di cartone)* caja f **2.** *(di plastica)* paquete m **3.** *(latta)* lata f ● **in scatola** en conserva ● **scatola** nera caja negra ● **rompere le scatole** *(fam)* tocar o hinchar *(Arg)* las pelotas

scattante [skat'tante] *agg* ágil

scattare [skat'tare] ◇ *vt (foto)* disparar ◇ *vi* **1.** *(balzare)* saltar **2.** *(molla, congegno)* dispararse **3.** *(manifestare ira)* estallar ● **far scattare qc** *(molla, congegno)* activar algo

scatto [s'katto] *sm* **1.** *(di congegno)* resorte m **2.** *(di ira, paura)* estallido m **3.** *(di foto)* disparo m **4.** SPORT salto m ● **di scatto** de golpe ● **a scatti** a saltos

scaturire [skatu'rire] *vi* **1.** brotar **2.** *(fig) (derivare)* proceder

scavalcare [kaval'kare] *vt* **1.** *(muro, ostacolo)* saltar **2.** *(fig) (concorrenti)* desbancar

scavare [ska'vare] *vt* **1.** *(fossa, tunnel, pozzo)* cavar **2.** *(render cavo)* ahuecar **3.** *(dissotterrare)* excavar

scavo [s'kavo] *sm* excavación f

scegliere [ʃeλλere] *vt* elegir

scelta [ʃelta] *sf* **1.** *(atto)* elección f **2.** *(varietà)* variedad f **3.** *(raccolta)* selección f ● **non avere scelta** no tener elección ● **a scelta** a discreción

scelto, a [ʃelto, a] ◇ *pp* ➤ **scegliere** ◇ *agg* escogido(da)

scemo, a [a, 'ʃema] ◇ *agg (fam) (persona, film, libro)* tonto(ta), sonso(sa) *(Amér)* ◇ *sm,f* tonto m, -ta f

scena [ʃena] *sf* escena f ● **andare in scena** salir a escena

scenata [ʃe'nata] *sf* ● **fare una scenata** hacer una escena

scendere [ʃendere] *vi* bajar

sceneggiata [ʃeneʤ'dʒata] *sf* comedia f

● **sceneggiata napoletana** *tragicomedia popular napolitana cuya trama gira alrededor de una canción de éxito*
sceneggiato [ʃenedʒ'dʒato] *sm* telenovela *f*
sceneggiatura [ʃenedʒdʒa'tura] *sf* guión *m* (*de teatro, cine, tv*)
scervellarsi [ʃervel'larsi] *vr* devanarse los sesos
sceso, a ['ʃezo, a] *pp* ➤ **scendere**
scettico, a, ci, che ['ʃettiko, a, tʃi, ke] *agg* escéptico(ca)
scheda [s'keda] *sf* ficha *f* ● **scheda magnetica** tarjeta *f* con banda magnética
schedare [ske'dare] *vt* 1. (*libro*) catalogar 2. (*sog: polizia*) fichar, prontuariar (*Arg*)
schedario [ske'darjo] *sm* 1. (*raccolta*) fichero *m* 2. (*mobile*) archivo *m*
schedina [ske'dina] *sf* (*di totocalcio*) ≃ quiniela *f*
scheggia [s'kedʒdʒa] (*pl* **-ge**) *sf* astilla *f*
scheletro [s'kɛletro] *sm* esqueleto *m*
schema [s'kɛma] (*pl* **-i**) *sm* esquema *m*
scherma [s'kɛrma] *sf* esgrima *f*
schermare [sker'mare] *vt* 1. (*nascondere*) escudar 2. (*da raggi, radiazioni*) proteger
schermata [sker'mata] *sf* pantalla *f*
schermo [s'kɛrmo] *sm* 1. pantalla *f* 2. (*di crema solare*) protección *f*
scherno [s'kɛrno] *sm* escarnio *m*
scherzare [sker'tsare] *vi* bromear ● **scherzare su qc** bromear sobre algo
scherzo [s'kɛrtso] *sm* 1. (*battuta, gesto*) broma *f* 2. (*brutto tiro*) jugarreta *f* 3. (*cosa facile*) juego *m* de niños ● **fare qc per scherzo** hacer algo en broma

scherzoso, a [sker'tsozo, a] *agg* bromista
schiaccianoci [skjatˈtʃaˈnotʃi] *sm inv* cascanueces *m inv*
schiacciare [skjatˈtʃare] *vt* 1. (*fig*) aplastar 2. (*pulsante*) apretar 3. SPORT lanzar un smash ● **schiacciarsi** *vr* chafarse
schiacciata [skjatˈtʃata] *sf* 1. (*focaccia*) hogaza *f* 2. SPORT smash *m*
schiacciato, a [skjatˈtʃato, a] *agg* 1. (*sottile*) achatado(da) 2. (*deformato*) aplastado(da)
schiaffo [s'kjaffo] *sm* bofetada *f* (*Esp*), cachetada *f* (*Amér*)
schiamazzi [skjaˈmattsi] *smpl* griterío *m*
schiantare [skjanˈtare] *vt* (*fig*) partir ● **schiantarsi** *vr* (*fracassarsi*) partirse
schianto [s'kjanto] *sm* 1. (*rottura*) rotura *f* 2. (*rumore*) estruendo *m* ● **è uno schianto!** (*cosa, donna bella*) ¡es una maravilla!
schiarire [skjaˈrire] *vt* aclarar ● **schiarirsi** *vr* 1. (*cielo*) despejarse 2. (*situazione*) esclarecerse ● **schiarirsi la voce** aclararse la voz
schiavitù [skjaviˈtu] *sf* (*fig*) esclavitud *f*
schiavo, a [sˈkjavo, a] *sm, f* ● **schiavo di** (*fig*) esclavo *m*, -va *f* de
schiena [sˈkjɛna] *sf* espalda *f*
schienale [skjeˈnale] *sm* respaldo *m*
schiera [sˈkjɛra] *sf* 1. (*gruppo*) clan *m* 2. MIL fila *f*
schierare [skjeˈrare] *vt* 1. (*esercito, squadra*) formar 2. (*libri, oggetti*) poner en fila ● **schierarsi** *vr* tomar partido
schietto, a [sˈkjetto, a] *agg* genuino(na)

schifezza [ski'fetstsa] *sf (fam)* porquería *f*
schifo [s'kifo] *sm* asco *m* • **mi fa schifo me da asco**
schifoso, a [ski'fozo, a] *agg* 1. asqueroso(sa) 2. *(fam) (pessimo, brutto)* asqueroso(sa)
schioccare [skjok'kare] *vt* chasquear
schioppo [s'kjoppo] *sm* escopeta *f*
schiuma [s'kjuma] *sf* espuma *f* • **schiuma da barba** espuma de afeitar
schivare [ski'vare] *vt* esquivar
schivo, a [s'kivo, a] *agg* esquivo(va)
schizzare [skits'tsare] ◆ *vt* salpicar ◆ *vi* 1. salpicar 2. *(fig)* (saltar via) saltar
schizzo [s'kitstso] *sm* 1. *(spruzzo)* salpicadura *f* 2. *(disegno)* esbozo *m*
sci [ʃi] *sm inv* esquí *m* • **sci d'acqua** esquí acuático • **sci di fondo** esquí de fondo
scia [ʃia] *sf* 1. *(d'acqua, di luce)* estela *f* 2. *(di profumo)* rastro *m*
sciabola [ʃa'bola] *sf* sable *m*
sciacquare [ʃak'kware] *vt* aclarar • **sciacquarsi la bocca** enjuagarse la boca
sciacquone [ʃak'kwone] *sm* cisterna *f* • **tirare lo sciacquone** tirar de la cadena
sciagura [ʃa'gura] *sf* desgracia *f*
sciagurato, a [ʃagu'rato, a] *agg* 1. *(sventurato)* desdichado(da) 2. *(scellerato)* desgraciado(da)
scialacquare [ʃalak'kware] *vt* despilfarrar
scialbo, a [ʃ'albo, a] *agg* 1. *(sapore)* soso(sa) 2. *(colore)* pálido(da) 3. *(persona)* insignificante
scialle [ʃ'alle] *sm* chal *m*
scialuppa [ʃa'luppa] *sf* bote *m (embarcación)* • **scialuppa di salvataggio** bote salvavidas
sciame [ʃame] *sm (fig)* enjambre *m*
sciangai [ʃaŋ'gai] *sm* mikado *m*
sciare [ʃi'are] *vi* esquiar
sciarpa [ʃ'arpa] *sf* bufanda *f*
sciatica [ʃ'atika] *sf* ciática *f*
sciatore, trice [ʃia'tore, 'tritʃe] *sm,f* esquiador *m*, -ra *f*
sciatto, a [ʃ'atto, a] *agg (nel vestire)* dejado(da)
scientifico, a, ci, che [ʃen'tifiko, a, tʃi, ke] *agg* científico(ca)
scienza [ʃ'entsa] *sf* ciencia *f* • **scienze** *sfpl* ciencias *fpl*
scienziato, a [ʃen'tsjato, a] *sm,f* científico *m*, -ca *f*
scimmia [ʃ'immja] *sf* 1. *(animale)* mono *m* 2. *(fam) (di drogato)* mono *m*
scimmiottare [ʃimmjot'tare] *vt* parodiar
scindere [ʃ'indere] *vt* 1. *(dividere)* escindir 2. *(possibilità, concetti)* separar
scintilla [ʃin'tilla] *sf (fig)* chispa *f*
scintillare [ʃintil'lare] *vi* centellear
scioccare [ʃok'kare] *vt* impactar
sciocchezza [ʃok'ketstsa] *sf* tontería *f*
sciocco, a, chi, che [ʃ'okko, a, ki, ke] *agg* tonto(ta)
sciogliere [ʃ'oʎʎere] *vt* 1. *(nodo, capelli)* soltar 2. *(animale)* desatar 3. *(ghiaccio)* derretir 4. *(in acqua, società, assemblea)* disolver 5. *(impegno)* resolver • **sciogliere qn da qc** *(di impegno)* liberar a alguien de algo • **sciogliersi** *vr* 1. *(neve,*

burro) derretirse **2.** (*nodo*) desatarse **3.** (*assemblea, società*) disolverse

sciogrlilingua [ʃɔʎʎi'lingwa] *sm inv* trabalenguas *m inv*

sciolina [ʃio'lina] *sf* (*per sci di fondo*) lubrificante *m* para esquís

sciolto, a ['ʃɔlto, a] ◊ *pp* > **sciogliere** ◊ *agg* **1.** (*disinvolto*) desenvuelto(ta) **2.** (*agile*) suelto(ta) • **abito sciolto** vestido suelto

sciopero ['ʃɔpero] *sm* huelga *f* • **fare sciopero** hacer huelga

scippare [ʃip'pare] *vt* dar un tirón (*robar*)

scippo ['ʃippo] *sm* tirón *m* (*robo*)

sciroppo [ʃi'rɔppo] *sm* jarabe *m*

scissione [ʃis'sjone] *sf* escisión *f*

scisso, a ['ʃisso, 'ʃissa] *pp* > **scindere**

sciupare [ʃu'pare] *vt* estropear ◆ **sciuparsi** *vr* **1.** (*rovinarsi*) estropearse, malograrse (*Andes*), descomponerse (*Méx*) **2.** (*deperire*) estar desmejorado(da)

scivolare [ʃivo'lare] *vi* **1.** (*scorrere*) deslizarse **2.** (*perdere l'equilibrio*) resbalar

scivolo ['ʃivolo] *sm* tobogán *m*

scivoloso, a [ʃivo'lozo, a] *agg* resbaladizo(za)

scoccare [skok'kare] ◊ *vt* (*freccia*) disparar ◊ *vi* • **sono scoccate le quattro** han dado las cuatro

scocciare [skot'tʃare] *vt* (*fam*) (*importunare*) fastidiar ◆ **scocciarsi** *vr* (*fam*) (*annoiarsi*) agobiarse

scodella [sko'della] *sf* **1.** (*piatto*) plato *m* sopero **2.** (*tazza*) bol *m*

scodinzolare [skodintso'lare] *vi* (*cane*) mover la cola

scogliera [skoʎ'ʎera] *sf* arrecife *m*

scoglio [s'kɔʎʎo] *sm* (*fig*) escollo *m*

scoiattolo [sko'jattolo] *sm* ardilla *f*

scolapasta [skola'pasta] *sm inv* escurridor *m*

scolapiatti [skola'pjatti] *sm inv* escurreplatos *m inv*

scolare [sko'lare] *vt* escurrir ◆ **scolarsi** *vr* • **scolarsi una bottiglia** soplarse una botella

scolaro, a [sko'laro, a] *sm,f* escolar *mf*

scolastico, a, ci, che [sko'lastiko, a, tʃi, ke] *agg* escolar

scollare [skol'lare] *vt* despegar ◆ **scollarsi** *vr* despegarse

scollato, a [skol'lato, a] *agg* **1.** (*abito, donna, scarpa*) escotado(da) **2.** (*mobile, oggetto*) desencolado(da)

scollatura [skolla'tura] *sf* escote *m*

scolorire [skolo'rire] *vt* desteñir ◆ **scolorirsi** *vr* desteñirse

scolpire [skol'pire] *vt* **1.** esculpir **2.** (*iscrizione, nome*) grabar

scombussolare [skombusso'lare] *vt* trastornar

scommessa [skom'messa] *sf* apuesta *f*

scommettere [skom'mettere] *vt* apostar

scomodare [skomo'dare] *vt* molestar ◆ **scomodarsi** *vr* molestarse

scomodo, a [s'kɔmodo, a] *agg* incómodo(da)

scompagnato, a [skompaɲ'nato, a] *agg* desparejado(da)

scomparire [skompa'rire] *vi* desaparecer

scomparso, a [skom'parso, a] *pp* > **scomparire**

scompartimento [skomparti'mento] *sm* compartimento *m*

scomparto [skom'parto] *sm* compartimento *m*

scompigliare [skompiʎ'ʎare] *vt* desgreñar

scompiglio [skom'piʎʎo] *sm* desbarajuste *m*

scomporre [skom'porre] *vt* desmontar ● **scomporsi** *vr* descomponerse

scomposto, a [skom'posto, a] *pp* > scomporre

sconcertare [skontʃer'tare] *vt* desconcertar

sconcio, a [s'kontʃo, a] *agg* indecente

sconfiggere [skon'fiddʒere] *vt* derrotar

sconfinare [skonfi'nare] *vi* 1. invadir 2. (fig) (da tema, argomento) desviarse

sconfinato, a [skonfi'nato, a] *agg* ilimitado(da)

sconfitta [skon'fitta] *sf* derrota *f*

sconfitto, a [skon'fitto, a] *pp* > sconfiggere

sconforto [skon'forto] *sm* desconsuelo *m*

scongelare [skondʒe'lare] *vt* descongelar

scongiurare [skondʒu'rare] *vt* 1. (supplicare) suplicar 2. (pericolo, minaccia) evitar

sconnesso, a [skon'nesso, a] *agg* inconexo(xa)

sconosciuto, a [skonoʃ'ʃuto, a] *agg* e *sm,f* desconocido(da)

sconsiderato, a [skonside'rato, a] *agg* desconsiderado(da)

sconsigliare [skonsiʎ'ʎare] *vt* desaconsejar ● **sconsigliare qc a qn** desaconsejar algo a alguien ● **sconsigliare (a) qn di fare qc** desaconsejar a alguien que haga algo

scontare [skon'tare] *vt* 1. (detrarre) descontar 2. (pena) expiar 3. (colpa, errore) pagar

scontato, a [skon'tato, a] *agg* 1. (prezzo) rebajado(da) 2. (previsto) descontado (da) ● **dare qc per scontato** dar algo por descontado

scontento, a [skon'tento, a] *agg* ● **essere scontento (di)** estar descontento (de)

sconto [s'konto] *sm* descuento *m*

scontrarsi [skon'trarsi] *vr* 1. (urtarsi) chocar 2. (combattere) enfrentarse 3. (discordare) oponerse

scontrino [skon'trino] *sm* 1. (ricevuta d'acquisto) tíquet *m* 2. (tagliando) resguardo *m*

scontrino

En bares y otros establecimientos es frecuente ver un cartel con la siguiente inscripción: *munirsi dello scontrino alla cassa*. Esto significa que el cliente debe primero pagar lo que va a consumir y luego efectuar el pedido en el mostrador, enseñando el tique que le han dado en la caja en el momento del pago.

scontro [s'kontro] *sm* 1. (urto) choque *m* 2. (combattimento, di opinioni, interessi) enfrentamiento *m*

scontroso, a [skon'trozo, a] *agg* arisco (ca)

sconveniente [skonve'njente] *agg* **1.** (*indecente*) indecoroso(sa) **2.** (*svantaggioso*) inconveniente

sconvolgente [skonvol'dʒɛnte] *agg* 'sobrecogedor(ra)

sconvolgere [skon'vɔldʒere] *vt* **1.** (*persona*) trastornar **2.** (*mettere sottosopra*) desbaratar

sconvolto, a [skon'vɔlto, a] *pp* ➤ sconvolgere

scopa [s'kopa] *sf* escoba *f*

scoperta [sko'pɛrta] *sf* descubrimiento *m*

scoperto, a [sko'pɛrto, a] ◇ *pp* ➤ **scoprire** ◇ *agg* descubierto(ta)

scopo [s'kɔpo] *sm* finalidad *f* • **allo scopo di** con la finalidad de • **a che scopo?** ¿para qué?

scoppiare [skop'pjare] *vi* **1.** (*spaccarsi*) reventarse **2.** (*esplodere*) explotar **3.** (*dalla rabbia, impazienza*) reventar **4.** SPORT desfallecer **5.** (*guerra*) estallar **6.** • **scoppiare dal caldo** morirse de calor • **scoppiare a piangere** echarse a llorar • **scoppiare a ridere** echarse a reír

scoppio [s'koppjo] *sm* **1.** (*di pneumatico, palloncino*) reventón *m* **2.** (*esplosione*) explosión *f* **3.** (*rumore, di risa*) estallido *m* **4.** • **a scoppio ritardato** de efectos retardados

scoprire [sko'prire] *vt* descubrir • **scoprirsi** *vr* **1.** (*svestirsi*) destaparse **2.** (*rivelarsi*) descubrirse

scoraggiare [skorad'dʒare] *vt* desanimar • **scoraggiarsi** *vr* desanimarse

scorbutico, a, ci, che [skor'butiko, a, tʃi, ke] *agg* huraño(ña)

scorciatoia [skortʃa'toja] *sf* atajo *m* • **prendere una scorciatoia** coger un atajo

scordare [skor'dare] *vt* olvidar • **scordarsi di** *vr* **+** *prep* **scordarsi di fare qc** olvidarse de hacer algo

scorgere [s'kɔrdʒere] *vt* vislumbrar

scoria [s'kɔrja] *sf* escoria *f*

scorpacciata [skorpat'tʃata] *sf* • **fare una scorpacciata (di qc)** darse un atracón (de algo)

scorpione [skor'pjone] *sm* escorpión *m* • **Scorpione** *sm* Escorpio *m inv*

scorrazzare [skorats'tsare] *vi* corretear

scorrere [s'kɔrrere] ◇ *vi* **1.** (*liquido*) correr **2.** (*fiume, traffico*) fluir **3.** (*fune*) deslizarse **4.** (*tempo*) transcurrir ◇ *vt* (*giornale, libro*) hojear

scorretto, a [skor'retto, a] *agg* **1.** (*errato*) incorrecto(ta) **2.** (*sleale*) grosero(ra)

scorrevole [skor'revole] *agg* **1.** (*porta*) corredizo(za) **2.** (*traffico, stile, discorso*) fluido(da)

scorsa [s'korsa] *sf* (*occhiata*) • **dare una scorsa a qc** echar un vistazo a algo

scorso, a [s'korso, a] ◇ *pp* ➤ **scorrere** ◇ *agg* pasado(da)

scorta [s'kɔrta] *sf* • **fare scorta di qc** hacer provisiones de algo • **di scorta** de repuesto

scortare [skor'tare] *vt* escoltar

scortese [skor'teze] *agg* descortés

scorticare [skorti'kare] *vt* (*animale*) desollar • **scorticarsi** *vr* pelarse

scorza [s'kɔrtsa] *sf* **1.** (*di albero*) corteza *f* **2.** (*di frutto*) piel *f*

scosceso, a [skoʃˈʃezo, a] *agg* escarpado(da)

scossa [ˈskɔssa] *sf* **1.** *(movimento)* sacudida *f* **2.** *(elettrica)* descarga *f*

scosso, a [ˈskɔsso, a] ◇ *pp* ➤ **scuotere** ◆ *agg* sacudido(da)

scossone [skosˈsone] *sm* sacudida *f*

scostare [skosˈtare] *vt* apartar ◆ **scostarsi** *vr* apartarse

scotch®¹ [skɔtʃ] *sm inv* celo *m* (*Esp*), dúrex *m* (*Amér*)

scotch² [skɔtʃ] *sm inv* whisky *m*

scottadito [skottaˈdito] ◆ **a scottadito** *avv* hirviendo

scottare [skotˈtare] ◇ *vt* **1.** *(ustionare)* quemar **2.** *(cuocere)* escaldar ◇ *vi* quemar ◆ **scottarsi** *vr* quemarse

scottatura [skottaˈtura] *sf* quemadura *f*

scotto, a [ˈskɔtto, a] *agg* pasado(da) *(de cocción)*

scovare [skoˈvare] *vt* **1.** *(negozio, ristorante)* dar con **2.** *(lepre, fagiano)* descovar

scozzese [skotsˈtseze] *agg & sm.f* escocés(esa)

Scozia [ˈskɔttsja] *sf* Escocia *f*

screditare [skrediˈtare] *vt* desacreditar

screpolare [skrepoˈlare] *vt* agrietar ◆ **screpolarsi** *vr* agrietarse

screziato, a [skretsˈtsjato, a] *agg* jaspeado(da)

screzio [ˈskrɛttsjo] *sm* desavenencia *f*

scricchiolare [skrikkjoˈlare] *vi* crujir

scricchiolio [skrikkjoˈlio] *sm* crujido *m*

scriminatura [skriminaˈtura] *sf* raya *f (del cabello)*

scritta [ˈskritta] *sf* **1.** inscripción *f* **2.** *(graffito)* pintada *f* **3.** *(pubblicitaria)* letrero *m*

scritto, a [ˈskritto, a] ◇ *pp* ➤ **scrivere** ◆ *agg* escrito(ta) ◇ *sm* escrito *m*

scrittore, trice [skritˈtore, tritʃe] *sm.f* escritor *m*, -ora *f*

scrittura [skritˈtura] *sf* **1.** *(attività)* escritura *f* **2.** *(calligrafia)* letra *f*

scrivania [skrivaˈnia] *sf* escritorio *m*

scrivere [ˈskrivere] *vt & vi* escribir ◆ **scriversi** *vr* escribirse ◆ **come si scrive "cuore"?** ¿cómo se escribe "cuore"?

scroccare [skrokˈkare] *vt (fam) (pranzo, sigaretta)* gorrear

scrollare [skrolˈlare] *vt* sacudir ◆ **scrollarsi** *vr* despabilarse ◆ **scrollarsi qc/qn di dosso** quitarse algo/a alguien de encima

scrosciare [skroʃˈʃare] *vi* **1.** *(pioggia)* la pioggia scroscia llueve a mares **2.** *(applausi)* ◆ **scrosciarono gli applausi** estallaron los aplausos

scrostare [skrosˈtare] *vt* desconchar ◆ **scrostarsi** *vr* desconcharse

scrupolo [ˈskrupolo] *sm* **1.** *(timore)* escrúpulo *m* **2.** *(diligenza)* meticulosidad *f* ◆ **senza scrupoli** sin escrúpulos

scrupoloso, a [skrupoˈloso, a] *agg* **1.** *(persona)* escrupuloso(sa) **2.** *(resoconto, lavoro)* meticuloso(sa)

scrutare [skruˈtare] *vt* escudriñar

scucire [skuˈtʃire] *vt* descoser ◆ **scucirsi** *vr* descoserse

scuderia [skudeˈria] *sf* **1.** *(stalla)* cuadra *f* **2.** *(di auto)* escudería *f*

scudetto [sku'detto] *sm* SPORT título de campeón de Liga

scudo [s'kudo] *sm* escudo *m*

sculacciare [skulatʃ'tʃare] *vt* pegar en el culo

scultore, trice [skul'tore, tritʃe] *sm.f* escultor *m*, -ora *f*

scultura [skul'tura] *sf* escultura *f*

scuola [s'kwɔla] *sf* escuela *f* ● **scuola elementare/secondaria** ≃ educación *f* primaria/secundaria ● **scuola guida** autoescuela *f* ● **scuola materna** ≃ educación preescolar ● **scuola media** ≃ primer ciclo de la ESO ● **scuola dell'obbligo** enseñanza *f* obligatoria ● **scuole serali** escuela nocturna ● **marinare la scuola** hacer novillos

scuotere [s'kwɔtere] *vt* **1.** *(scrollare)* agitar **2.** *(testa)* sacudir **3.** *(spalle)* encoger **4.** *(turbare)* crispar ● **scuotersi** *vr* desperezarse

scurire [sku'rire] ◇ *vt* oscurecer ◇ *vi* anochecer ● **scurirsi** *vr* oscurecerse

scuro, a [s'kuro, a] ◇ *agg* oscuro(ra) ◇ *sm* oscuridad *f*, oscurana *f (Méx)*, cerrazón *f (Perú)*

scusa [s'kuza] *sf* **1.** *(giustificazione, pretesto)* excusa *f* **2.** *(perdono)* perdón *m* ● **chiedere scusa (a qn)** pedir perdón (a alguien)

scusare [sku'zare] *vt* **1.** *(perdonare)* perdonar **2.** *(giustificare)* justificar ● **scusarsi** *vr* disculparse ● **(mi) scusi, dov'è la stazione?** perdone, ¿dónde está la estación? ● **scusi! ¡perdón!**

sdebitarsi [zdebi'tarsi] *vr* ● **sdebitarsi con qn** devolver el favor a alguien

sdentato, a [zden'tato, a] *agg* desdentado(da)

sdolcinato, a [zdoltʃi'nato, a] *agg* empalagoso(sa)

sdraiarsi [zdra'jarsi] *vr* tumbarse

sdraio [z'drajo] *sf inv* ● **(sedia a) sdraio** tumbona *f*

sdrammatizzare [zdrammatid'dzare] *vt* desdramatizar

sdrucciolare [zdruttʃo'lare] *vi* resbalar

se [se]
◇ *cong (nel caso in cui)* si ● **rimani se vuoi** quédate si quieres ● **se è possibile** si es posible; *(dato che)* si ● **se lo dici, sarà vero** si tú lo dices, será verdad; *(in formule di cortesia)* si ● **ho ben capito...** si he entendido bien... ● **se ben ricordo...** si mal no recuerdo... ● **se non sbaglio** si no me equivoco...; *(con frase dubitativa, interrogativa)* si ● **vedrò se posso fare qualcosa** veré si puedo hacer algo; *(in espressioni)* ● **anche se fosse vero** aunque fuera verdad ● **non te lo direi neanche se lo sapessi** no te lo diría aunque lo supiera ● **fai come se non ci fossi** haz como si no estuviera ● **come se niente fosse** como si nada ● **se non altro** por lo menos
◇ *pron* = **si**
◇ *sm (incertezza)* duda *f* ● **hai ragione, però c'è un se ...** tienes razón, pero tengo una duda ...

sé [se] *pron* sí ● **pensa solo a sé stesso** sólo piensa en sí mismo

sebbene [seb'bene] *cong* aunque

sec. *(abbr di secolo)* s *(abbr di secondo)* s

secca ['sekka] (pl **-che**) sf bajío m
seccare [sek'kare] vt **1.** (terra, pianta, frutto) secar **2.** (fonte, pozzo) vaciar **3.** (infastidire) molestar ● **seccarsi** vr **1.** (terra, pianta, pozzo) secarse **2.** (infastidirsi) hartarse
seccato, a [sek'kato, a] agg **1.** (persona) harto(ta), podrido(da) (Arg & CRica) **2.** (fiore) seco(ca)
seccatore, trice [sekka'tore, 'tritʃe] sm,f pelma mf
seccatura [sekka'tura] sf lata f, fastidio m (Amér)
secchiello [sek'kjello] sm **1.** (contenitore) cubo m, cubeta f (Amér) **2.** (borsa) bolso m
secchio ['sekkjo] sm cubo m, cubeta f (Amér)
secchione, a [sek'kjone] sm,f (fam) empollón m, -ona f, tragalibros m inv (Arg)
secco, a, chi, che ['sekko, a, ki, ke] agg seco(ca) ● **rimanere a secco** (fig) quedarse sin blanca ● **tirare in secco una barca** poner en seco una barca ● **lavare a secco** lavar en seco ● **rimanerci o restarci secco** (fig) quedarse tieso
secolare [seko'lare] agg secular
secolo ['sɛkolo] sm siglo m
seconda [se'konda] sf segunda f ● **viaggiare in seconda** viajar en segunda (clase) ● **a seconda** según
secondario, a [sekon'darjo, a] agg secundario(ria)
secondo, a [se'kondo, a] ◇ num segundo(da) ➢ **sesto** ◇ agg segundo(da) ◇

sm **1.** segundo m **2.** (portata) segundo plato m ◇ prep **1.** según **2.** ● **secondo me** en mi opinión
sedano ['sɛdano] sm apio m
sedativo [seda'tivo] sm sedante m
sede ['sɛde] sf sede f
sedentario, a [seden'tarjo, a] agg sedentario(ria)
sedere [se'dere] ◇ sm trasero m ◇ vi **mettersi a sedere** sentarse ● **sedersi** vr sentarse
sedia ['sɛdja] sf silla f ● **sedia a sdraio** tumbona f ● **sedia a dondolo** mecedora f, abuelita f (Andes, CAm & Col)
sedicesimo, a [sedit'tʃɛzimo, a] agg décimosexto(ta) ➢ **sesto**
sedici ['seditʃi] num dieciséis ➢ **sei**
sedile [se'dile] sm **1.** (di veicolo) asiento m, banca f (Amér) **2.** (panchina) banco m
sedotto, a [se'dotto, a] pp ➢ **sedurre**
seducente [sedu'tʃɛnte] agg seductor(ra)
sedurre [se'durre] vt seducir
seduttore, trice [sedut'tore, 'tritʃe] sm,f seductor m, -ra f
seduta [se'duta] sf **1.** (riunione) sesión f **2.** (con medico, dentista) visita f
sega ['sega] (pl **-ghe**) sf sierra f, serrote m (Méx)
segale ['segale] f centeno m
segare [se'gare] vt serrar, aserruchar (Chile, Col & Perú)
seggio ['sɛddʒo] (pl **-gi**) sm escaño m, banca f (Andes & RP) ● **seggio elettorale** escaño o banca (Andes & RP) electoral
seggiola ['sɛddʒola] sf silla f

seggiolino [sedʒoˈlino] *sm* silla *f* plegable

seggiolone [sedʒoˈlone] *sm* trona *f*

seggiovia [sedʒoˈvia] *sf* telesilla *m*

segnalare [seɲɲaˈlare] *vt* señalar

segnalazione [seɲɲalatˈtsjone] *sf* 1. *(indicazione)* señalización *f* 2. *(raccomandazione)* recomendación *f*

segnale [seɲˈɲale] *sm* señal *f* ● **segnale acustico** señal acústica ● **segnale d'allarme** señal de alarma ● **segnale orario** señal horaria

segnaletica [seɲɲaˈletika] *sf* señalización *f*

segnalibro [seɲɲaˈlibro] *sm* punto *m* de libro, marcalibros *m* (*Amér*)

segnaposto [seɲɲaˈposto] *sm* tarjeta que indica el asiento reservado a cada persona en banquetes y reuniones

segnare [seɲˈɲare] *vt* señalar ● **segnarsi** *vr* 1. *(fare il segno della croce)* santiguarse 2. *(annotare)* ● **segnarsi qc** anotarse algo

segno [ˈseɲɲo] *sm* 1. *(indizio, lettera, numero)* signo *m* 2. *(gesto, contrassegno, traccia)* señal *f* ● **fare segno di no** negar con la cabeza ● **fare segno di sì** asentir con la cabeza ● **perdere il segno** perder el punto *(de libro)* ● **in segno di amicizia** en señal de amistad ● **cogliere** o **colpire nel segno** *(fig)* dar en el clavo

segretario, a [segreˈtarjo] *a*, *sm, f* secretario *m*, -ria *f*

segreteria [segreteˈria] *sf* secretaría *f* ● **segreteria telefonica** *sf* contestador *m* automático

segreto, a [seˈgreto, a] ◇ *agg* secreto(ta) ◇ *sm* secreto *m*

seguente [seˈgwɛnte] *agg* siguiente

seguire [seˈgwire] *vt* & *vi* seguir ● **ne è seguita una disgrazia** terminó en una desgracia

seguito [ˈsegwito] *sm* 1. *(proseguimento)* continuación *f* 2. *(risultato)* resultado *m* 3. *(scorta)* escolta *f* 4. *(favore)* apoyo *m* ● **in seguito a qc** después de algo ● **di seguito** acto seguido ● **in seguito a** a consecuencia de

sei¹ [ˈsɛi] → **essere**

sei² [ˈsɛi] *num* seis ● **ha sei anni** tiene seis años ● **sono le sei** son las seis ● **il sei gennaio** el seis de enero ● **pagina sei** página seis ● **il sei di picche** el seis de picas ● **erano in sei** eran seis

seicento [sɛiˈtʃɛnto] *num* seiscientos(tas) ● **sei** ● **il Seicento** *sm* el siglo XVII

selciato, a [selˈtʃato, a] *a, sm* adoquinado *m*

selettivo, a [seletˈtivo, a] *agg* 1. *(eliminatorio)* selectivo(va) 2. *(esclusivo)* selecto(ta)

selezionare [selettsjoˈnare] *vt* seleccionar

selezione [seletsˈtsjone] *sf* selección *f*

self-service [self'sɛrvis] *sm inv* self-service *m*

sella [ˈsella] *sf* 1. *(per cavallo)* silla *f* (de montar) 2. *(di bicicletta, motociclo)* sillín *m*, asiento *m* (*Amér*)

selvaggina [selvadˈdʒina] *sf* caza *f* (animales)

selvaggio, a, gi, ge [selˈvaddʒo, a, dʒi, dʒe] *agg* & *sm, f* salvaje

selvatico, a, ci, che [sel'vatiko, a, tʃi, ke] *agg* 1. *(animale)* salvaje 2. *(pianta)* silvestre

semaforo [se'maforo] *sm* semáforo *m*

sembrare [sem'brare] ◇ *vi* parecer ◇ *v impers* parecer ● **mi sembra di conoscerlo** me parece que lo conozco ● **sembra che faccia sul serio** parece que lo hace en serio

seme ['seme] *sm* 1. *(di pianta)* semilla *f* 2. *(nocciolo)* hueso *m* 3. *(di carte da gioco)* palo *m*

semestre [se'mɛstre] *sm* semestre *m*

semifinale [semifi'nale] *sf* semifinal *f*

semifreddo [semi'freddo] *sm* postre *m* helado

seminare [semi'nare] *vt* (fig) sembrar

seminario [semi'narjo] *sm* seminario *m*

seminterrato [seminter'rato] *sm* semisótano *m*

semmai [sem'mai] *avv* (se mai) en todo caso

semolino [semo'lino] *sm* sémola *f*

semplice ['semplitʃe] *agg* 1. simple 2. *(stile, abito, schietto)* sencillo(lla) 3. **è una semplice proposta** sólo es una propuesta

semplicemente [semplitʃe'mente] *avv* simplemente

semplicità [semplitʃi'ta] *sf* simplicidad *f*

semplificare [semplifi'kare] *vt* simplificar

sempre ['sempre] *avv* 1. siempre 2. *(ancora)* aún ● **sempre che ci riesca** siempre que pueda ● **da sempre** desde siempre ● **di sempre** de siempre ● **per sempre** para siempre ● **abiti sempre a Napoli?** ¿aún vives en Nápoles? ● **sempre meno/più** cada vez menos/más

senape ['senape] *sf* mostaza *f*

senato [se'nato] *sm* senado *m*

senatore, trice [sena'tore, tritʃe] *sm,f* senador *m*, -ra *f*

senno [sen'no] *avv* si y no

seno ['seno] *sm* pecho *m*

sensazionale [sensatsjo'nale] *agg* sensacional

sensazione [sensats'tsjone] *sf* sensación *f*

sensibile [sen'sibile] *agg* sensible ● **essere sensibile a** ser sensible a

sensibilità [sensibili'ta] *sf* sensibilidad *f*

senso ['senso] *sm* 1. *(facoltà, significato, direzione)* sentido *m* 2. *(sentimento, impressione)* sensación *f* ● **non avere senso** no tener sentido ● **senso unico** dirección única ● **senso vietato** dirección prohibida ● **in senso antiorario** en sentido contrario a las agujas del reloj ● **in senso orario** en el sentido de las agujas del reloj ● **perdere i sensi** perder el conocimiento

sensuale [sen'suale] *agg* sensual

sentenza [sen'tɛntsa] *sf* sentencia *f*

sentiero [sen'tjero] *sm* sendero *m*

sentimentale [sentimen'tale] *agg* sentimental

sentimento [senti'mento] *sm* sentimiento *m*

sentire [sen'tire] *vt* 1. *(udire, venire a sapere)* oír *f* 2. *(sensazione física, sentimento, presentire)* sentir 3. *(con i sensi)* notar 4. *(ascoltare)* escuchar ● **sentirsi** *vr* 1.

ns **sentirse 2.** *(al telefono)* oírse ● **sentire di fare qc** sentirse capaz de hacer algo ● **sentirse bene** sentirse bien ● **sentirsi in forma** sentirse en forma ● **sentirsi male** sentirse mal

senza ['sentsa] *prep* sin ● **con** sin ● **senz'altro** desde luego ● **senza dubbio** sin duda ● **senza di me** sin mí ● **senza che** sin que

separare [sepa'rare] *vt* separar ● **separarsi** *vr* **1.** separarse **2.** ● **separarsi da** separarse de

separato, a [sepa'rato, a] *agg* & *sm,f* separado(da)

separazione [separats'tsjone] *sf* separación *f*

sepolto, a [se'polto, a] *pp* > **seppellire**

seppellire [seppel'lire] *vt* enterrar

seppia ['seppja] *sf* sepia *f* ● **risotto al nero di seppia** arroz *m* negro

sequenza [se'kwentsa] *sf* secuencia *f*

sequestrare [sekwes'trare] *vt* secuestrar

sequestro [se'kwestro] *sm* secuestro *m*

sera ['sera] *sf* tarde *f* ● **di sera** por la tarde

serale [se'rale] *agg* **1.** *(della sera)* de tarde **2.** *(che ha luogo di sera)* nocturno(na)

serata [se'rata] *sf* **1.** *(periodo)* noche *f* **2.** *(a teatro, da amici)* velada *f*

serbare [ser'bare] *vt* guardar

serbatoio [serba'tojo] *sm* depósito *m*, tanque *m* *(Amér)*

Serbia ['sɛrbja] *sf* Serbia *f*

serbo, a ['sɛrbo, a] ⋄ *agg* & *sm,f* serbio(bia) ⋄ *sm* **1.** *(lingua)* serbio *m* **2.** *(riserva)* reserva *f* ● **tenere in serbo una sorpresa** tener reservada una sorpresa

serenata [sere'nata] *sf* serenata *f*, esquinazo *m* *(Arg & Chile)*

sereno, a [se'rɛno, a] ⋄ *agg* sereno(na) ⋄ *sm* buen tiempo *m*

serie ['sɛrje] *sf inv* serie *f* ● **in serie** en serie

serietà [serje'ta] *sf* seriedad *f*

serio, a ['sɛrjo, a] ⋄ *agg* serio(ria) ⋄ *sm* ● **sul serio** en serio ● **prendere sul serio** tomar en serio

serpente [ser'pɛnte] *sm* serpiente *f*

serra ['sɛrra] *sf* invernadero *m*

serrare [ser'rare] *vt* **1.** *(chiudere)* cerrar **2.** *(stringere)* apretar

serratura [serra'tura] *sf* cerradura *f*

server ['server] *sm inv* INFORM servidor *m*

servire [ser'vire] ⋄ *vt* **1.** *(pranzo, bevande)* servir **2.** *(in negozio)* atender ⋄ *vi* servir ● **servire a fare qc** servir para hacer algo ● **servire a qn** *(occorrere)* hacerle falta a alguien; *(essere utile)* servirle a alguien ● **servire da** servir de ● **servirsi** *vr* **1.** servirse de **2.** ● **servirsi di** servirse de **3.** ● **servirsi da** ser cliente de

servitù [servi'tu] *sf* **1.** *(condizione)* servidumbre *f* **2.** *(personale)* servicio *m*

servizio [ser'vittsjo] *sm* **1.** servicio *m* **2.** *(di piatti, bicchieri)* juego *m* **3.** *(giornalistico)* reportaje *m* ● **essere di servizio** estar de servicio ● **servizio compreso** servicio incluido ● **ho vari servizi da fare** tengo que hacer unos recados ● **servizi** *smpl* **1.** *(di abitazione)* cocina y baño **2.** *(gabinetto)* servicio *m* ● **posso andare ai servizi?** ¿puedo ir al servicio?

sesamo ['sɛzamo] *sm* sésamo *m*
sessanta [ses'santa] *num* sesenta ➤ **sei**
sessantesimo, a [sessan'tezimo, a] *agg* sexagésimo(ma) ➤ **sesto**
sesso ['sɛsso] *sm* sexo *m*
sessuale [sessu'ale] *agg* sexual
sesto, a ['sɛsto, a] *agg* num sexto(ta) ◇ *pron* num sexto(ta) • **sexta parte** *f* • **rimettersi in sesto** recuperarse
seta ['seta] *sf* seda *f*
setacciare [setat'tʃare] *vt* 1. tamizar 2. *(fig)* (perquisire, esplorare) rastrear
sete ['sete] *sf* sed *f* • **avere sete** tener sed
settanta [set'tanta] *num* setenta ➤ **sei**
settantesimo, a [settan'tezimo, a] *agg* septuagésimo(ma) ➤ **sesto**
sette ['sette] *num* siete ➤ **sei**
settecento [sette'tʃɛnto] *num* setecientos(tas) ➤ **sei** • **il Settecento** *sm* el siglo XVIII
settembre [set'tembre] *sm* septiembre *m* • **a in settembre** en septiembre • **lo scorso settembre** el último septiembre • **il prossimo settembre** el próximo septiembre • **all'inizio di settembre** a principios de septiembre • **alla fine di settembre** a finales de septiembre • **il due settembre** el dos de septiembre
settentrionale [settentrjo'nale] *agg* & *smf* septentrional
settentrione [setten'trjone] *sm* norte *m*
settimana [setti'mana] *sf* semana *f*
settimanale [settima'nale] *agg* semanal ◇ *sm* semanario *m*
settimo, a ['settimo, a] *num* séptimo(ma) ➤ **sesto**
settore [set'tore] *sm* sector *m*
severo, a [se'vero, a] *agg* severo(ra)
sexy ['sɛksi] *agg inv* sexy
sezione [sets'tsjone] *sf* sección *f*
sfaccendato, a [sfattʃen'dato, a] *agg* vago(ga)
sfacchinata [sfakki'nata] *sf (fam)* tute *m*
sfacciato, a [sfat'tʃato, a] *agg* descarado(da)
sfacelo [sfa'tʃɛlo] *sm* ruina *f*
sfamare [sfa'mare] *vt* saciar • **sfamarsi** *vr* saciarse
sfarzo ['sfartso] *sm* pompa *f*
sfasciare [sfaʃ'ʃare] *vt* 1. *(sbendare)* quitar las vendas 2. *(rompere)* destrozar • **sfasciarsi** *vr* destrozarse
sfaticato, a [sfati'kato, a] *agg* holgazán(ana)
sfavorevole [sfavo'revole] *agg* desfavorable
sfera ['sfera] *sf* esfera *f*
sferrare [sfer'rare] *vt* 1. *(colpo)* dar 2. *(attacco)* lanzar
sfibrare [sfi'brare] *vt* agotar
sfida ['sfida] *sf* desafío *m*
sfidare [sfi'dare] *vt* 1. desafiar • **sfidare qn a fare qc** desafiar a alguien a hacer algo
sfiducia [sfi'dutʃa] *sf* desconfianza *f*
sfigurare [sfigu'rare] *vt* desfigurar ◇ *vi* quedar mal
sfilare [sfi'lare] *vt* quitar ◇ *vi* 1. *(marciare)* desfilar 2. *(tessuto)* deshilacharse 3. *(calze)* hacerse una carrera •

sfilarsi vr quitarse
sfilata [sfi'lata] sf desfile m
sfinire [sfi'nire] vt extenuar
sfiorare [sfjo'rare] vt rozar
sfiorire [sfjo'rire] vi (fig) marchitarse
sfitto, a [s'fitto, a] agg desalquilado(da)
sfizio [s'fittsjo] sm antojo m
sfocato, a [sfo'kato, a] = sfuocato
sfociare [sfo'tʃare] ♦ **sfociare in** v + prep desembocar en
sfoderare [sfode'rare] vt 1. (giacca) quitar el forro de 2. (spada) desenvainar 3. (fig) (mostrare) lucir
sfoderato, a [sfode'rato, a] agg sin forro
sfogare [sfo'gare] ♦ vt desahogar ♦ vi salir ♦ **sfogarsi** vr desahogarse
sfogarsi su qn desahogarse con alguien
sfoggiare [sfodʒ'dʒare] vt lucir
sfogliare [sfoʎ'ʎare] vt 1. (giornale) hojear 2. (pannocchia) deshojar
sfogo [s'fogo] (pl **-ghi**) sm 1. (passaggio) respiradero m 2. (di sentimenti) desahogo m 3. (fam) (eruzione cutanea) pupa f ● **dare sfogo a** dar rienda suelta a
sfoltire [sfol'tire] vt 1. (bosco) despoblar 2. (capelli) vaciar
sfondare [sfon'dare] vt 1. (contenitore) desfondar 2. (porta) echar abajo ♦ **sfondarsi** vr (contenitore) romperse el fondo
sfondo [s'fondo] sm fondo m
sformato, a [s'for'mato, a] ♦ agg deformado(da) ♦ sm pastel salado a base de verduras, carne o queso
sfornare [sfor'nare] vt deshornar
sfortuna [sfor'tuna] sf mala suerte f ● **portare sfortuna** traer mala suerte

sfortunatamente [sfortuna'mente] avv desafortunadamente
sfortunato, a [sfortu'nato, a] agg desafortunado(da)
sforzare [sfor'tsare] vt forzar ♦ **sforzarsi** vr esforzarse
sforzo [s'fortso] sm esfuerzo m ● **fare uno sforzo** hacer un esfuerzo
sfottere [s'fottere] vt (fam) cachondearse de
sfratto [s'fratto] sm desahucio m
sfrecciare [sfretʃ'tʃare] vi ir como una flecha
sfregare [sfre'gare] vt frotar
sfregio [s'fredʒo] sm arañazo m
sfrenato, a [sfre'nato, a] agg desenfrenado(da)
sfrontato, a [sfron'tato, a] agg descarado(da)
sfruttamento [sfrutta'mento] sm explotación f
sfruttare [sfrut'tare] vt 1. (risorse, persona) explotar 2. (occasione, opportunità) aprovechar
sfuggire [sfudʒ'dʒire] vi 1. (scappare) huir 2. (di mano, bocca, mente) escaparse ● **non gli sfugge nulla** no se le escapa nada ♦ **sfuggire a** v + prep escapar de
sfuggita [sfudʒ'dʒita] ♦ **di sfuggita** avv de paso
sfumare [sfu'mare] ♦ vt (colore) difuminar 2. (capelli) escalar ♦ vi difuminarse
sfumato, a [sfu'mato, a] agg 1. (colore) difuminado(da) 2. (pettinatura) escalado(da)
sfumatura [sfuma'tura] sf 1. (fig) matiz

m 2. (di capelli) escalado m
sfuocato, a [sfwo'kato] agg desenfocado(da)
sfuriata [sfu'rjata] sf arrebato m
sgabello [zga'bɛllo] sm taburete m
sgabuzzino [zgabudz'dzino] sm trastero m
sgambetto [zgam'betto] sm ◆ **fare lo sgambetto a qn** (fig) poner la zancadilla a alguien
sganciare [zgan'tʃare] vt **1.** (vestito) desabrochar **2.** (allacciatura) desatar **3.** (rimorchio, vagone) desenganchar **4.** (bomba) lanzar **5.** (fam) (soldi) apoquinar ◆ **sganciarsi** vr desengancharse
sgarbato, a [zgar'bato, a] agg maleducado(da)
sghignazzare [zgiɲnats'tsare] vi carcajearse
sgobbare [zgob'bare] vi (fam) deslomarse
sgocciolare [zgottʃo'lare] ◇ vt chorrear ◇ vi gotear
sgolarsi [zgo'larsi] vr desgañitarse
sgombero ['zgombero] sm desalojamiento m
sgombrare [zgom'brare], **sgomberare** [zgombe'rare] vt despejar
sgombro, a [z'gombro, a] ◇ agg vacío(a) ◇ sm caballa f
sgomentare [zgomen'tare] vt consternar ◆ **sgomentarsi** vr estar consternado
sgonfiare [zgon'fjare] vt deshinchar
sgonfiarsi vr **1.** (canotto) deshincharse **2.** (caviglia) bajarse la hinchazón **3.** (fig) (demoralizzarsi) deshincharse

sgorbio [z'gɔrbjo] sm **1.** (scarabocchio) garabato m **2.** (fig) (persona) adefesio m
sgradevole [zgra'devole] agg desagradable
sgradito, a [zgra'dito, a] agg indeseable
sgranare [zgra'nare] vt **1.** desgranar **2.** ◆ **sgranare gli occhi** abrir los ojos como platos
sgranchirsi [zgran'kirsi] vt ◆ **sgranchirsi le gambe** estirar las piernas
sgranocchiare [zgranok'kjare] vt picar (comida)
sgraziato, a [zgrats'tsjato, a] agg desgraciado(da)
sgretolare [zgreto'lare] vt desmoronar ◆ **sgretolarsi** vr desmoronarse
sgridare [zgri'dare] vt regañar
sguaiato, a [zgwa'jato] agg chabacano(na)
sgualcire [zgwal'tʃire] vt arrugar ◆ **sgualcirsi** vr arrugarse
sguardo [z'gwardo] sm mirada f
sguinzagliare [zgwintsaʎ'ʎare] vt (cane) soltar
sgusciare [zguʃ'ʃare] ◇ vt desgranar ◇ vi escabullirse
shampoo ['ʃampo], **shampo** ['ʃampo] sm inv champú m
shock [ʃɔk] sm inv shock m
si [si] pron **1.** (riflessivo) se ◆ **si sta preparando** se está preparando ◆ **se ne è sbarazzato** se ha desembarazado (de ello) **2.** (riflessivo improprio) se ◆ **si è tolto la giacca** se ha quitado la chaqueta ◆ **se lo è comprato** se lo ha comprado **3.** (reciproco) se ◆ **si sono conosciuti a Roma** se conocieron en

Roma; (impersonale) se ● **si dice che...** se dice que... ▼ **si prega di non fumare** se ruega no fumar **4.** (passivo) se ● **è un prodotto che si vende bene** es un producto que se vende bien ● **sono cose che si dicono** son cosas que se dicen

sì [si] *avv* sí ● *sm* sí m ● **dire di sì** decir que sí ● **uno sì e uno no** uno sí y uno no

sia ['sia] ◇ *essere* ◇ *cong* ● **sia... tanto... come** ● **sia di giorno che di notte** tanto de día como de noche ● **sia che... sia che... tanto... como...** ● **sia tanto... como** ● **sia a Roma sia a Firenze** tanto en Roma como en Florencia

sicché [sik'ke] *cong* así es que

siccome [sik'kome] *cong* como

Sicilia [si'tʃilja] *sf* ● **la Sicilia** Sicilia f

siciliano, a [sitʃi'ljano, a] *agg* & *sm,f* siciliano(na)

sicura [si'kura] *sf* seguro m (de arma de fuego)

sicurezza [siku'rettsa] *sf* seguridad f ● **cintura di sicurezza** cinturón de seguridad ▼ **uscita di sicurezza** salida de emergencia

sicuro, a [si'kuro, a] ◇ *agg* seguro(ra) ◇ *avv* seguro ● **di sicuro** seguro ● **andare sul sicuro** ir sobre seguro ● **essere sicuro di sé** estar seguro de sí mismo ● **al sicuro a salvo**

Siena ['sjena] *sf* Siena f

siepe ['sjepe] *sf* seto m

sieropositivo, a [sjeropozi'tivo, a] *agg* seropositivo(va)

Sig. (abbr di signor) Sr.

sigaretta [siga'retta] *sf* cigarrillo m

sigaro ['sigaro] *sm* puro m (cigarro)

sigla ['sigla] *sf* **1.** (abbreviazione) sigla f **2.** (musicale) sintonía f

significare [siɲɲifi'kare] *vt* significar ● **che cosa significa?** ¿qué significa?

significativo, a [siɲɲifika'tivo, a] *agg* significativo(va)

significato [siɲɲifi'kato] *sm* significado m

signor [siɲ'ɲor] *sm* ➤ **signore**

signora [siɲ'ɲora] *sf* señora f ● **Gentile Signora** Estimada señora ● **la signora Poli** la señora Poli ● **signore e signori** señoras y señores

signore [siɲ'ɲore] *sm* **1.** hombre m **2.** ● **i signori Rossi** los señores Rossi ● **il signor Martini** el señor Martini ● **il signore desidera?** ¿qué desea, caballero?

signorina [siɲɲo'rina] *sf* chica f

Sig.ra (abbr di signora) Sra.

silenzio [si'lentsjo] *sm* silencio m ● **fare silenzio** callar

silenzioso, a [silen'tsjozo, a] *agg* **1.** silencioso(sa) **2.** (taciturno) callado(da)

sillaba ['sillaba] *sf* sílaba f

simbolico, a, ci, che [sim'bɔliko, a, tʃi, ke] *agg* simbólico(ca)

simbolo ['simbolo] *sm* símbolo m

simile ['simile] *agg* **1.** (analogo) parecido(da) **2.** (tale) semejante ● **con una persona simile non si può parlare** con semejante persona no se puede hablar ● **simile a** similar a

simmetrico, a, ci, che [sim'mɛtriko, a, tʃi, ke] *agg* simétrico(ca)

simpatia [simpa'tia] *sf* simpatía *f*
simpatico, a, ci, che [sim'patiko, a, tʃi, ke] *agg* simpático(ca)
simulare [simu'lare] *vt* simular
simultaneo, a [simul'taneo, a] *agg* simultáneo(a)
sin [sin] = **sino**
sinagoga [sina'gɔga] (*pl* **-ghe**) *sf* sinagoga *f*
sincero, a [sin'tʃero, a] *agg* sincero(ra)
sindacalista, i, e [sindaka'lista, i, e] *smf* sindicalista *mf*
sindacato [sinda'kato] *sm* sindicato *m*
sindaco ['sindako] (*pl* **-ci**) *smf* alcalde *m*, -sa *f*
sinfonia [sinfo'nia] *sf* sinfonía *f*
singhiozzo [sin'gjɔtstso] *sm* hipo *m* • **singhiozzi** *smpl* sollozos *mpl* • **a singhiozzi** (*fig*) a trompicones
single ['singol] *smf inv* soltero *m*, -ra *f*
singolare [singo'lare] ◇ *agg* singular ◇ *sm* singular *m*
singolo, a ['singolo, a] *agg* **1.** (*individuale*) individual **2.** (*separato*) cada
sinistra [si'nistra] *sf* izquierda *f* • **a sinistra** a la izquierda • **a sinistra di** a la izquierda de
sinistro, a [si'nistro, a] ◇ *agg* **1.** (*a sinistra*) izquierdo(da) **2.** (*minaccioso*) siniestro(tra) ◇ *sm* siniestro *m*
sino ['sino] = **fino**
sinonimo [si'nɔnimo] *sm* sinónimo *m*
sintesi ['sintezi] *sf* síntesis *f inv*
sintetico, a, ci, che [sin'tetiko, a, tʃi, ke] *agg* sintético(ca)
sintetizzare [sintetid'dzare] *vt* sintetizar

sintomo ['sintomo] *sm* síntoma *m*
sintonizzare [sintonidz'dzare] *vt* sintonizar • **sintonizzarsi** *su* sintonizar
sipario [si'parjo] *sm* telón *m* • **calare il sipario** bajar el telón
sirena [si'rena] *sf* sirena *f*
Siria ['sirja] *sf* • **la Siria** Siria *f*
siringa [si'ringa] (*pl* **-ghe**) *sf* jeringa *f*, inyectadora *f* (*Amér*)
sistema [sis'tema] (*pl* **-i**) *sm* sistema *m*
sistemare [siste'mare] *vt* **1.** (*ordinare*) ordenar **2.** (*risolvere*) arreglar **3.** (*alloggiare*) instalar **4.** (*fam*) (*procurare un lavoro, maritare*) colocar • **sistemarsi** *vr* **1.** (*risolversi*) arreglarse **2.** (*trovare alloggio*) instalarse **3.** (*fam*) (*trovare lavoro*) colocarse
sistematico, a, ci, che [siste'matiko, a, tʃi, ke] *agg* sistemático(ca)
sistemazione [sistemats'tsjone] *sf* **1.** (*disposizione*) disposición *f* **2.** (*alloggio*) alojamiento *m* **3.** (*fam*) (*lavoro*) colocación *f*
situare [situ'are] *vt* situar
situazione [sitwats'tsjone] *sf* situación *f*
skate-board [s'keitbord] *sm inv* monopatín *m*, patineta *f* (*Méx*)
ski-lift [ski'lift] *sm inv* telesquí *m*
skinhead [skin'ed] *sm inv* skinhead *mf*
slacciare [zlat'tʃare] *vt* desatar • **slacciare le scarpe** desatar los zapatos
slacciarsi *vr* desatarse
slanciato, a [zlan'tʃato, a] *agg* esbelto(ta)
slancio [z'lantʃo] *sm* **1.** (*balzo*) salto *m* **2.** (*fig*) (*impeto*) impulso *m*
slash [slaʃ] *sm inv* barra *f*

slavina [zla'vina] *sf* avalancha *f* de nieve
slavo, a [z'lavo, a] *agg* & *sm,f* eslavo(va)
sleale [zle'ale] *agg* desleal
slegare [zle'gare] *vt* desatar
slip [z'lip] *sm inv* slip *m*, trusa *f* (Perú)
slitta [z'litta] *sf* trineo *m*
slittare [zlit'tare] *vi* **1.** *(macchina)* derrapar **2.** *(azioni)* bajar
slogan [z'lɔgan] *sm inv* eslogan *m*
slogare [zlo'gare] *vt* dislocar ◆ **slogarsi** *vr* ● slogarsi una caviglia dislocarse un tobillo
slogatura [zloga'tura] *sf* dislocación *f*
Slovacchia [zlo'vakkja] *sf* ● **la Slovacchia** Eslovaquia *f*
Slovenia [zlo'venja] *sf* ● **la Slovenia** Eslovenia *f*
smacchiatore [zmakkja'tore] *sm* quitamanchas *m*
smagliante [zmaʎ'ʎante] *agg* **1.** *(tinta, bianco)* brillante **2.** *(sorriso)* radiante
smagliare [zmaʎ'ʎare] *vt* hacerse una carrera en
smagliatura [zmaʎʎa'tura] *sf* **1.** *(di calze)* carrera *f* **2.** *(della pelle)* estría *f*
smaltire [zmal'tire] *vt* **1.** *(merce)* agotar **2.** *(rifiuti)* eliminar **3.** *(cibo)* digerir ● smaltire la sbornia *(fam)* dormir la mona
smalto [z'malto] *sm* esmalte *m*
smania [z'manja] *sf* **1.** *(agitazione)* inquietud *f* **2.** *(desiderio)* afán *m*
smarrire [zmar'rire] *vt* perder *(la razón, el juicio)* ◆ **smarrirsi** *vr* perderse *(en bosque, ciudad)*
smarrito, a [zmar'rito, a] *agg* perdido(da)

smascherare [zmaske'rare] *vt* desenmascarar
smemorato, a [zmemo'rato, a] *agg* olvidadizo(za)
smentire [zmen'tire] *vt* **1.** *(notizia)* desmentir **2.** *(persona)* desenmascarar
smentita [zmen'tita] *sf* desmentido *m*
smeraldo [zme'raldo] *sm* esmeralda *f*
smesso, a [z'messo, a] *pp* > **smettere**
smettere [z'mettere] *vt* **1.** *(abbandonare)* dejar **2.** *(abito)* no ponerse más **3.** ● smettere di fare qc dejar de hacer algo **4.** ● smettila! ¡para ya!
smidollato, a [zmidol'lato, a] *agg* *(fam)* flojo(ja)
sminuire [zminu'ire] *vt* disminuir
sminuzzare [zminuts'tsare] *vt* desmenuzar
smistamento [zmista'mento] *sm* clasificación *f*
smistare [zmis'tare] *vt* clasificar
smisurato, a [zmizu'rato, a] *agg* desmesurado(da)
smodato, a [zmo'dato, a] *agg* desmedido(da)
smog [zmɔg] *sm inv* smog *m*
smoking [z'mɔking] *sm inv* esmoquin *m*
smontabile [zmon'tabile] *agg* desmontable
smontare [zmon'tare] ◇ *vt* **1.** *(macchina, libreria)* desmontar **2.** *(fig) (persona)* desmoralizar ◇ *vi* **1.** *(da cavallo)* desmontar **2.** *(da turno di lavoro)* salir
smorfia [z'mɔrfja] *sf* **1.** mueca *f* **2.** ● **la Smorfia** libro de interpretación de los sueños que se utiliza para las apuestas de la lotería primitiva

La Smorfia

Este libro, especie de cábala adivinatoria, relaciona los sueños y cada acontecimiento de la vida cotidiana con un número que va del 1 al 90. *Smorfia* significa mueca y deriva de Morfeo, dios griego del sueño. Los apasionados de la lotería a menudo recurren a las interpretaciones de la *Smorfia* napolitana para obtener los números a los que han de jugar.

smorfioso, a [zmor'fjozo, a] *agg* melindroso(sa)

smorzare [zmor'tsare] *vt* atenuar

smottamento [zmotta'mento] *sm* desprendimiento *m*

SMS ['esse'emme'esse] *sm inv* (*abbr di Short Message Service*) SMS *m* • **inviare un SMS** mandar un SMS

smunto, a [z'munto, a] *agg* demacrado(da)

smuovere [z'mwɔvere] *vt* **1.** mover **2.** (*da proposito, intenzione*) disuadir

smussare [zmus'sare] *vt* (*spigolo*) redondear

snaturato, a [znatura'rato, a] *agg* desnaturalizado(da)

snello, a [z'nɛllo, a] *agg* esbelto(ta)

snervante [z'nervante] *agg* enervante

snidare [zni'dare] *vt* desalojar

snobismo [zno'bizmo] *sm* esnobismo *m*

snodare [zno'dare] *vt* **1.** desatar **2.** (*arti*) desentumecer ◆ **snodarsi** *vr* **1.** (*strada, fiume*) serpentear **2.** (*tubatura*) articularse

sobbalzare [sobbal'tsare] *vi* **1.** (*balzare*) dar tumbos **2.** (*trasalire*) sobresaltar

sobborgo [sob'borgo] (*pl* **-ghi**) *sm* suburbio *m*

sobrio, a ['sɔbrjo, a] *agg* sobrio(bria)

socchiudere [sok'kjudere] *vt* entornar

socchiuso, a [sok'kjuzo, a] *pp* → **socchiudere**

soccombere [sok'kombere] *vi* sucumbir

soccorrere [sok'korrere] *vt* socorrer

soccorso, a [sok'korso, a] ◇ *pp* → **soccorrere** ◇ *sm* auxilio *m* • **soccorso stradale** servicio de asistencia en carretera ▼ **Pronto Soccorso** Urgencias, Emergencias (*Amér*)

sociale [so't∫ale] *agg* social

socialista, i, e [sot∫a'lista, i, e] *agg & smf* socialista

socializzare [sot∫alid'dzare] *vi* • **socializzare (con qn)** relacionarse (con alguien)

società [sot∫e'ta] *sf inv* sociedad *f* • **società per azioni** (**S.p.A.**) sociedad anónima (S.A.)

socievole [so't∫evole] *agg* sociable

socio, a ['sɔt∫o, a] *sm,f* socio *m*, -cia *f*

soda ['sɔda] *sf* soda *f* • **soda caustica** sosa cáustica

soddisfacente [soddisfa't∫ɛnte] *agg* satisfactorio(ria)

soddisfare [soddis'fare] *vt* satisfacer

soddisfatto, a [soddis'fatto, a] *agg* **1.** (*appagato*) satisfecho(cha) **2.** (*adempiuto*) cumplido(da) • **essere soddisfatto di** estar satisfecho de

soddisfazione [soddisfats'tsjone] *sf* satisfacción *f*

sodo, a [ˈsɔdo, a] *agg* firme

sofà [soˈfa] *sf inv* sofá *m*

sofferente [soffeˈrɛnte] *agg* que sufre

sofferto, a [sofˈfɛrto, a] *pp* → **soffrire**

soffiare [sofˈfjare] *vi & vt* soplar ◆ **soffiare qc a qn** (*fam*) birlarle algo a alguien ◆ **soffiarsi** *vr* → **soffiarsi il naso** sonarse

soffiata [sofˈfjata] *sf* (*fam*) chivatazo *m*, soplada *f* (*Amér*)

soffice [ˈsɔffitʃe] *agg* blando(da)

soffio [ˈsɔffjo] *sm* 1. soplo *m* 2. **soffio al cuore** soplo al corazón

soffitta [sofˈfitta] *sf* desván *m*, entretecho *m* (*Chile*), zarzo *m* (*Col*)

soffitto [sofˈfitto] *sm* techo *m*

soffocante [soffoˈkante] *agg* 1. (*gas*) asfixiante 2. (*atmosfera, afa*) sofocante

soffocare [soffoˈkare] ◇ *vt* 1. (*asfissiare*) asfixiar 2. (*sog: caldo*) sofocar ◇ *vi* 1. (*asfissiare*) asfixiarse 2. (*dal caldo*) ahogarse

soffriggere [sofˈfriddʒere] ◇ *vt* sofreír ◇ *vi* freír a fuego lento

soffrire [sofˈfrire] ◇ *vt* 1. (*patire*) padecer 2. (*sopportare*) sufrir ◇ *vi* sufrir ◆ **soffrire di** *v + prep* sufrir de

soffritto [sofˈfritto] *sm* sofrito *m*

soffuso, a [sofˈfuzo, a] *agg* difuso(sa)

sofisticato, a [sofistiˈkato, a] *agg* sofisticado(da)

software [ˈsɔftwer] *sm inv* software *m*

soggetto, a [sodˈdʒɛtto, a] ◇ *agg* → **essere soggetto a qc** (*esposto*) estar expuesto(ta) a *qc*; (*sottomesso, argomento*) estar sujeto(ta) a ◇ *sm* sujeto *m*

soggezione [soddʒetˈtsjone] *sf* 1. (*sottomissione*) sumisión *f* 2. (*imbarazzo*) inhibición *f* ◆ **fare soggezione a qn** intimidar a alguien ◆ **sentirsi in soggezione** sentirse cohibido(da)

soggiorno [sodˈdʒorno] *sm* 1. (*permanenza*) estancia *f* 2. (*stanza*) sala *f* de estar

soglia [ˈsɔʎʎa] *sf* (*lit*) umbral *m*

sogliola [ˈsɔʎʎola] *sf* lenguado *m*

sognare [sonˈɲare] *vt & vi* soñar ◆ **sognare ad occhi aperti** soñar despierto

sogno [ˈsoɲɲo] *sm* sueño *m* (*lo que se sueña*) ◆ **fare un mal sogno** tener una pesadilla

soia [ˈsɔja] *sf* soja *f*, soya *f* (*Amér*)

solaio [soˈlajo] *sm* desván *m*, entretecho *m* (*Chile*), zarzo *m* (*Col*)

solamente [solaˈmente] *avv* solamente

solare [soˈlare] *agg* solar

solco [ˈsolko] (*pl* **-chi**) *sm* surco *m*

soldato [solˈdato] *sm* soldado *mf* ◆ **soldato semplice** soldado raso

soldo [ˈsoldo] *sm* ◆ **non avere un soldo** no tener ni un duro (*Esp*), no tener ni un cobre (*Amér*) ◆ **soldi** *smpl* dinero *m*

sole [ˈsole] *sm* sol *m* ◆ **prendere il sole** tomar el sol

soleggiato, a [soledˈdʒato, a] *agg* soleado(da)

solenne [soˈlɛnne] *agg* solemne

solere [soˈlere] ◇ *vt* 1. *v impers* ◆ **come si suol dire** como suele decirse

soletta [soˈletta] *sf* plantilla *f*

solidale [soliˈdale] *agg* ◆ **essere solidale (con qn)** ser solidario(ria) (con alguien)

solidarietà [solidarje'ta] *sf* solidaridad *f*
solido, a ['sɔlido, a] ◇ *agg* (*fig*) sólido (da) ◇ *sm* sólido *m*
solista, i, e [so'lista, i, e] *smf* solista *mf*
solitario, a [soli'tarjo, a] ◇ *agg* solitario(ria) ◇ *sm* solitario *m*
solito, a ['sɔlito, a] *agg* **1.** (*abituale*) habitual **2.** (*stesso*) mismo(ma) ● **essere solito fare qc** estar acostumbrado a hacer algo ● **(come) al solito** como de costumbre ● **di solito** normalmente
solitudine [soli'tudine] *sf* soledad *f*
sollecitare [solletʃi'tare] *vt* solicitar
solleone [solle'one] *sm* canícula *f*
solletico [sol'letiko] *sm* cosquillas *fpl* ● **soffrire il solletico** tener cosquillas
sollevamento [solleva'mento] *sm* levantamiento *m* ● **sollevamento pesi** levantamiento de pesas
sollevare [solle'vare] *vt* **1.** (*tirare su*) levantar **2.** (*dar sollievo*) aliviar **3.** (*da incarico, dovere*) liberar **4.** (*problema, questione*) resolver **5.** (*popolazione, masse*) sublevar ● **sollevarsi** *vr* **1.** (*da terra*) levantarse **2.** (*insorgere*) sublevarse
sollevato, a [solle'vato, a] *agg* aliviado(da)
sollievo [sol'ljevo] *sm* alivio *m*
solo, a ['solo, a] ◇ *agg* solo(la) ◇ *avv* **1.** sólo **2.** ● **da solo sólo** ● **ho solo 5 euro** sólo tengo 5 euros ● **non solo... ma anche** no sólo... sino también ● **a solo** *MUS* solo
soltanto [sol'tanto] *avv* **1.** sólo **2.** ● **mi ha telefonato soltanto ora** precisamente ahora me acaba de llamar

solubile [so'lubile] *agg* soluble
soluzione [soluts'tsjone] *sf* solución *f*
somaro, a [so'maro, a] *sm,f* (*fig*) burro *m*, -rra *f*
somiglianza [somiʎ'ʎantsa] *sf* parecido *m*
somigliare [somiʎ'ʎare] ● **somigliare a** *v + prep* parecerse a ● **somigliarsi** *vr* parecerse
somma ['somma] *sf* suma *f*
sommare [som'mare] *vt* sumar ● **sommarsi** *vr* sumarse
sommario, a [som'marjo, a] ◇ *agg* sumario(ria) ◇ *sm* sumario *m*
sommergere [som'merdʒere] *vt* **1.** (*di liquido*) sumergir **2.** (*da problemi, debiti, dubbi*) ● **essere sommerso di debiti** estar lleno de deudas ● **sommergere di** (*fig*) cubrir de
sommergibile [sommer'dʒibile] *agg* sumergible
sommerso [som'merso, a] ◇ *pp* > **sommergere** ◇ *agg* sumergido(da)
somministrare [somminis'trare] *vt* suministrar
sommità [sommi'ta] *sf inv* cumbre *f*
sommo, a ['sommo, a] *agg* sumo(ma) ● **per sommi capi** a grandes rasgos
sommossa [som'mɔssa] *sf* motín *m*
sommozzatore, trice [sommotstsa'tore, tritʃe] *sm,f* submarinista *mf*
sonda ['sonda] *sf* sonda *f*
sondaggio [son'daddʒo] *sm* sondeo *m*
sondare [son'dare] *vt* sondar
sonnambulo, a [son'nambulo, a] *sm,f* sonámbulo *m*, -la *f*
sonnellino [sonnel'lino] *sm* ● **fare un**

sonnellino echar un sueño

sonnifero [son'nifero] *sm* somnífero *m*

sonno ['sonno] *sm* sueño *m (para dormir)* ● **avere sonno** tener sueño ● **prendere sonno** coger el sueño

sonoro, a [so'noro, a] ◇ *agg* sonoro(ra) ◇ *sm* cine *m* sonoro

sontuoso, a [son'twozo, a] *agg* suntuoso(sa)

soppalco [sop'palko] (*pl* **-chi**) *sm* altillo *m*

soppiatto [sop'pjatto] ● **di soppiatto** *avv* a escondidas

sopportare [soppor'tare] *vt* soportar

soppresso, a [sop'presso, a] *pp* > **sopprimere**

sopprimere [sop'primere] *vt* suprimir

sopra ['sopra] ◇ *prep* 1. (*su, riguardo a*) sobre 2. (*al di là di*) por encima de ◇ *avv* 1. (*in alto*) encima 2. (*in lettera, scritto*) ● **come indicato sopra** como se indica más arriba 3. ● **al di sopra di** por encima de 4. ● **ti aspetto di sopra** te espero arriba

soprabito [so'prabito] *sm* sobretodo *m*

sopracciglio [soprat'tʃiʎʎo] (*mpl* **sopraccigli**, *fpl* **sopracciglia**) *sm* ceja *f*

sopraffare [sopraf'fare] *vt* arrollar

sopraggiungere [sopradˈdʒundʒere] *vi* 1. (*giungere all'improvviso*) presentarse 2. (*accadere*) sobrevenir

sopralluogo [sopral'lwɔgo] (*pl* **-ghi**) *sm* inspección *f*

soprammobile [sopram'mɔbile] *sm* objeto *m* decorativo

soprannaturale [soprannatu'rale] *agg* sobrenatural

soprannome [sopran'nome] *sm* apodo *m*

soprano [so'prano] *smf* soprano *f*

soprassalto [sopras'salto] ● **di soprassalto** *avv* en un sobresalto

soprattutto [soprat'tutto] *avv* sobre todo

sopravvalutare [sopravvalu'tare] *vt* sobrestimar

sopravvento [soprav'vento] *sm* 1. (*in marina*) barlovento *m* 2. (*predominio*) ventaja *f* 3. ● **prendere il sopravvento su qn** tomarle la delantera a alguien

sopravvissuto, a [sopravvis'suto, a] ◇ *pp* > **sopravvivere** ◇ *sm,f* superviviente *mf*

sopravvivere [soprav'vivere] *vi* 1. sobrevivir 2. ● **sopravvivere a** sobrevivir a

soprelevata [sopreleˈvata], **sopraelevata** [sopraele'vata] *sf* carretera *f* elevada

soprintendente [soprinten'dɛnte] *smf* superintendente *mf*

soprintendenza [soprinten'dɛntsa] *sf* superintendencia *f*

sopruso [so'pruzo] *sm* abuso *m*

soqquadro [sok'kwadro] *sm* ● **mettere qc a soqquadro** poner algo patas arriba

sorbetto [sor'betto] *sm* sorbete *m*, granizado *m* (*Andes*)

sorbire [sor'bire] *vt* (*bevanda*) sorber ● **sorbirsi qn/qc** (*fig*) aguantar algo/a alguien

sorcio [sortʃo] *sm* ratón *m*

sordido, a [ˈsordido, a] *agg* 1. (*sporco*) inmundo(da) 2. (*avaro*) miserable

sordina [sor'dina] *sf* 1. sordina *f* 2. ● **in**

sordina en sordina
sordo, a ['sordo, a] *agg & sm,f* sordo(da)
sordomuto, a [sordo'muto, a] *sm,f* sordomudo *m*, -da *f*
sorella [so'rɛlla] *sf* hermana *f*
sorellastra [sorel'lastra] *sf* hermanastra *f*
sorgente [sor'dʒɛnte] *sf* 1. *(d'acqua)* manantial *m* 2. *(di elettricità, calore, luce)* fuente *f*
sorgere ['sordʒere] *vi* 1. *(sole)* salir 2. *(sospetto, dubbio)* surgir
sorpassare [sorpas'sare] *vt* 1. *(auto)* adelantar 2. *(superare)* superar
sorpassato, a [sorpas'sato, a] *agg* superado(da)
sorpasso [sor'passo] *sm* adelantamiento *m*
sorprendere [sor'prɛndere] *vt* sorprender ● **sorprendersi** *vr* sorprenderse
sorpresa [sor'presa] *sf* sorpresa *f* ● **fare una sorpresa a qn** dar una sorpresa a alguien ● **di sorpresa** por sorpresa
sorpreso, a [sor'preso, a] *pp* ➤ sorprendere
sorreggere [sor'rɛddʒere] *vt* sustentar
sorretto, a [sor'rɛtto, a] *pp* ➤ sorreggere
sorridente [sorri'dɛnte] *agg* sonriente
sorridere [sor'ridere] *vi* 1. *(ridere)* sonreír 2. *(piacere)* gustar
sorriso [sor'rizo] *pp* ➤ sorridere ● *sm* sonrisa *f*
sorsata [sor'sata] *sf* sorbo *m*
sorso ['sorso] *sm* 1. *(sorsata)* sorbo *m* 2. *(piccola quantità)* trago *m*
sorta ['sorta] *sf* tipo *m*

sorte ['sɔrte] *sf* 1. suerte *f* 2. ● **tirare a sorte** echar a suertes
sorteggio [sor'teddʒo] *sm* sorteo *m*
sortilegio [sorti'lɛdʒo] *sm* sortilegio *m*
sorveglianza [sorveʎ'ʎantsa] *sf* vigilancia *f*
sorvegliare [sorveʎ'ʎare] *vt* vigilar
sorvolare [sorvo'lare] ◊ *vt* sobrevolar ◊ *vi* ● **sorvolare su** sobrevolar
S.O.S. ['ɛsse:o'ɛsse] *sm* SOS *m* ● **lanciare un S.O.S.** lanzar un SOS
sosia ['sɔzja] *smf inv* doble *mf*
sospendere [sos'pɛndere] *vt* 1. *(attaccare)* colgar 2. *(interrompere, da carica, attività)* suspender
sospensione [sospen'sjone] *sf* suspensión *f*
sospeso, a [sos'pezo, a] ◊ *pp* ➤ sospendere ◊ *agg* suspendido(da) ● **lasciare qc in sospeso** dejar algo pendiente ● **tenere qn in sospeso** dejar a alguien en suspenso
sospettare [sospet'tare] ◊ *vt* sospechar ◊ *vi* ● **sospettare di qn** sospechar de alguien
sospetto, a [sos'pɛtto, a] ◊ *agg & sm,f* sospechoso(a) ◊ *sm* sospecha *f*
sospirare [sospi'rare] *vi* suspirar ● **farsi sospirare** hacerse esperar
sospiro [sos'piro] *sm* suspiro *m* ● **tirare un sospiro di sollievo** suspirar de alivio
sosta ['sɔsta] *sf* 1. *(in luogo)* parada *f*, paradero *m (Andes)* 2. *(pausa)* descanso *m* ● **fare sosta a** in hacer una parada en ● **senza sosta** sin parar ▼ **divieto di sosta** prohibido aparcar
sostantivo [sostan'tivo] *sm* sustantivo *m*

sostanza [sos'tantsa] *sf* sustancia *f*

sostanzioso, a [sostan'tsjozo, a] *agg* sustancioso(sa)

sostare [sos'tare] *vi* pararse

sostegno [sos'teɲɲo] *sm* (*fig*) apoyo *m*

sostenere [soste'nere] *vt* 1. sostener 2. (*moralmente*) apoyar ● sostenere che sostener que ● sostenere gli esami hacer los exámenes ● **sostenersi** *vr* apoyarse

sostenitore, trice [sosteni'tore, 'tritʃe] *sm,f* 1. (*di idea, teoria*) defensor *m*, -ra *f* 2. (*di persona*) partidario *m*, -ria *f*

sostentamento [sostenta'mento] *sm* sustento *m*

sostenuto, a [soste'nuto, a] *agg* sostenido(da)

sostituire [sostitu'ire] *vt* sustituir ● sostituire qn/qc con sustituir algo/a alguien por ● **sostituirsi** *vr* sustituirse

sostituto, a [sosti'tuto, a] *sm,f* sustituto *m*, -ta *f*

sostituzione [sostitu'tsjone] *sf* sustitución *f*

sottana [sot'tana] *sf* (*spreg*) falda *f*

sotterfugio [sotter'fudʒo] *sm* subterfugio *m*

sotterraneo, a [sotter'raneo, a] ◇ *agg* 1. (*sotto terra*) subterráneo(a) 2. (*fig*) (*segreto*) clandestino(na) ◇ *sm* subterráneo *m*

sottigliezza [sottiʎ'ʎettsa] *sf* sutileza *f*

sottile [sot'tile] *agg* 1. fino(na) 2. (*ingegno, intelligenza*) sutil ● non andare per il sottile dejarse de sutilezas

sottintendere [sottin'tendere] *vt* 1. sobrentender 2. (*implicare*) implicar

sottinteso, a [sottin'teso, a] ◇ *pp*

sottintendere ◇ *sm* ● parlare per sottintesi hablar con medias palabras

sotto ['sotto] ◇ *prep* 1. (*in posizione inferiore*) bajo 2. (*più in basso di*) por debajo de 3. (*inferiore a*) inferior a 4. (*durante*) durante 5. (*durante il governo di*) sotto Vittorio Emanuele II bajo el reinado de Vittorio Emanuele II ◇ *avv* 1. (*giù*) abajo 2. (*in lettera, scritto*) come indicato sotto como se indica más abajo ● c'è sotto qualcosa hay gato encerrado ● al di sotto di por debajo de ● sott'olio en aceite ● di sotto debajo ● sotto terra bajo tierra ● sotto vuoto al vacío

sottobanco [sotto'banko] *avv* a escondidas

sottobicchiere [sottobik'kjɛre] *sm* posavasos *m*

sottobosco ['bosko] (*pl* **-schi**) *sm* 1. (*arbusti*) maleza *f*, monte *m* (*Amér*) 2. (*fig*) (*politico, mafioso*) mundillo *m*

sottobraccio [sotto'brattʃo] *avv* del brazo

sottofondo [sotto'fondo] *sm* ● sottofondo musicale música *f* de fondo

sottolineare [sottoline'are] *vt* (*fig*) subrayar

sott'olio [sot't ɔljo] = sott'olio; sotto

sottomarino, a [sottoma'rino, a] ◇ *agg* submarino(na) ◇ *sm* submarino *m*

sottomesso, a [sotto'messo, a] ◇ *pp*

sottomettere [sotto'mettere] *vt* someter ● sottomettere un caso a un

avvocato someter un caso a un abogado ✦ **sottomettersi a** someterse a
sottopassaggio [sottopas'sadʒdʒo] *sm* paso *m* subterráneo
sottoporre [sotto'porre] *vt* someter a ✦ **sottoporre un progetto agli esperti** presentar un proyecto a los expertos ✦ **sottoporsi a** someterse a
sottoscala [sottos'kala] *sm inv* entrada *f* de la escalera
sottoscritto, a [sottos'kritto, a] ◇ *pp* ▷
sottoscrivere ◇ *sm,f* abajo firmante *mf*
sottoscrivere [sottos'krivere] *vt* suscribir ✦ **sottoscrivere a** *v* + *prep* suscribir a
sottosopra [sotto'sopra] *avv* **1.** (*in disordine*) patas arriba **2.** (*alla rovescia*) al revés **3.** (*in agitazione*) alterado(da), atorado(da) (*Amér*)
sottostante [sottos'tante] *agg* de abajo
sottosuolo [sottos'swɔlo] *sm* **1.** (*di terreno*) subsuelo *m* **2.** (*scantinato*) sótano *m*
sottosviluppato, a [sottozvilup'pato, a] *agg* subdesarrollado(da)
sottotitolato, a [sottotito'lato, a] *agg* subtitulado(da)
sottotitolo [sotto'titolo] *sm* subtítulo *m*
sottovalutare [sottovalu'tare] *vt* subestimar
sottoveste [sotto'veste] *sf* combinación *f* (*ropa*)
sottovoce [sotto'votʃe] *avv* en voz baja
sottovuoto [sotto'vwɔto] *avv* al vacío
sottrarre [sot'trarre] *vt* **1.** restar **2.** (*fondi*) sustraer ✦ **sottrarre qc a qn** robar algo a alguien ✦ **sottrarsi a** evitar

sottrazione [sottratˈtsjone] *sf* **1.** resta **2.** (*furto*) sustracción *f*
souvenir [suve'nir] *sm inv* souvenir *m*
sovraccaricare [sovrakkari'kare] *vt* sobrecargar
sovrano, a [so'vrano, a] *agg* & *sm,f* soberano(na)
sovrapporre [sovrap'porre] *vt* superponer
sovrapposto, a [sovrap'posto, a] *pp* ▷ **sovrapporre**
sovrastare [sovras'tare] *vt* dominar
sovrumano, a [sovru'mano, a] *agg* sobrehumano(na)
sovvenzionare [sovventsjo'nare] *vt* subvencionar
sovversivo, a [sovver'sivo, a] *agg* subversivo(va)
sozzo, a ['sotstso, a] *agg* sucio(cia), mugre (*Andes, Col & Ven*)
spaccare [spak'kare] *vt* partir ✦ **spaccarsi** *vr* partirse
spaccatura [spakka'tura] *sf* rotura *f*
spacciare [spatʃ'tʃare] *vt* (*droga*) vender ✦ **spacciarsi per** hacerse pasar por
spacciatore [spatʃtʃa'tore, tritʃe] *sm,f* (*di droga*) camello *m*
spaccio [s'patʃtʃo] *sm* **1.** (*bottega*) tienda *f* **2.** (*di droga*) trapicheo *m*
spacco [s'pakko] (*pl* **-chi**) *sm* **1.** (*rottura*) ruptura *f* **2.** (*di gonna*) corte *m*
spaccone, a [spak'kone, a] *sm,f* fanfarrón *m*, -ona *f*, bocatán *m*, -ana *f* (*Perú*)
spada [s'pada] *sf* espada *f*
spaesato, a [spae'zato, a] *agg* desplazado(da)
spaghetteria [spagette'ria] *sf* restauran-

te cuya especialidad son los espaguetis y la pasta en general
spaghetti [spa'getti] *smpl* espaguetis *mpl* ● **spaghetti alle vongole** espaguetis con almejas
Spagna [spaɲɲa] *sf* 1. ● **la Spagna** España *f*. 2. ● **pan di Spagna** bizcocho *m*, queque *m* (CAm & Andes)
spagnolo, a [spaɲˈɲɔlo, a] *agg* & *sm* & *f* español(la) ◇ *sm* español *m*
spago [s'pago] *sm* (*pl* **-ghi**) cordel *m*
spaiato, a [spa'jato, a] *agg* desparejado(da)
spalancare [spalan'kare] *vt* 1. (*porta, finestra*) abrir de par en par 2. (*occhi, bocca*) abrir mucho
spalla [s'palla] *sf* 1. hombro *m* 2. (*prosciutto*) paletilla *f* ● **avere le spalle larghe** ser ancho de hombros ● **voltare le spalle a** dar la espalda a ● **di spalle** de espaldas, ser ancho de hombros
spalliera [spal'ljera] *sf* 1. (*di letto*) cabecera *f* 2. SPORT espalderas *fpl* 3. (*di sedia, poltrona*) respaldo *m*
spallina [spal'lina] *sf* 1. (*di reggiseno, sottoveste*) tirante *m* 2. (*imbottitura*) hombrera *f*
spalmare [spal'mare] *vt* untar
spalti [s'palti] *smpl* gradas *fpl*
spandere [s'pandere] *vt* 1. (*versare*) derramar 2. (*spargere*) esparcir ● **spandersi** *vr* 1. (*spargarsi*) extenderse 2. (*diffondersi*) difundirse
spappolare [spappo'lare] *vt* deshacer ● **spappolarsi** *vr* hacerse papilla
sparare [spa'rare] *vi* & *vt* disparar

sparecchiare [sparek'kjare] *vt* ● **sparecchiare la tavola** recoger la mesa
spareggio [spa'reddʒo] *sm* desempate *m*
spargere [s'pardʒere] *vt* 1. (*sparpagliare*) esparcir 2. (*versare*) derramar 3. (*divulgare*) divulgar ● **spargersi** *vr* 1. (*sparpagliarsi*) esparcirse 2. (*divulgarsi*) difundirse
sparire [spa'rire] *vi* desaparecer
sparlare [spar'lare] ● **sparlare di** *v* + *prep* hablar mal de
sparo [s'paro] *sm* disparo *m*
sparpagliare [sparpaʎˈʎare] *vt* esparcir ● **sparpagliarsi** *vr* 1. (*oggetti*) esparcirse 2. (*persone*) diseminarse
sparso, a [s'parso, a] ◇ *pp* > **spargere** ◇ *agg* esparcido(da)
spartire [spar'tire] *vt* repartir
spartitraffico [sparti'traffiko] *sm inv* mediana *f*
spasmo [s'pazmo] *sm* espasmo *m*
spassarsela [spas'sarsela] *vr* pasárselo en grande
spasso [s'passo] *sm* diversión *f* ● **andare a spasso** ir de paseo ● **essere a spasso** (*fig*) estar en paro ● **quel film è uno spasso, fa morir dal ridere** esa película es un cachondeo, para morirse de risa ● **quel ragazzo è uno spasso** ese chico es muy divertido
spauracchio [spau'rakkjo] *sm* espantajo *m*
spaventapasseri [spaventa'passeri] *sm inv* espantapájaros *m inv*
spaventare [spaven'tare] *vt* asustar ● **spaventarsi** *vr* asustarse

spavento [spa'vεnto] *sm* susto *m* ● **far spavento a qn** dar miedo a alguien

spaventoso, a [spaven'tozo, a] *agg* espantoso(sa)

spazientirsi [spattsjen'tirsi] *vr* impacientarse

spazio [s'pattsjo] *sm* espacio *m*

spazioso, a [spats'tsjozo, a] *agg* espacioso(sa)

spazzaneve [spattsa'neve] *sm inv* **1.** *(macchina)* quitanieves *m inv* **2.** *(nello sci)* cuña *f*

spazzare [spats'tsare] *vt* barrer

spazzatura [spattsta'tura] *sf* basura *f*

spazzino, a [spats'tsino, a] *sm,f* basurero *m*, -ra *f*

spazzola [s'pattstola] *sf* cepillo *m* ● **spazzola da scarpe** cepillo para zapatos

spazzolare [spattsto'lare] *vt* cepillar

spazzolino [spattsto'lino] *sm* ● **spazzolino (da denti)** cepillo *(de dientes)*

spazzolone [spattsto'lone] *sm* fregona *f*

specchiarsi [spek'kjarsi] *vr* mirarse en el espejo

specchietto [spek'kjetto] *sm* **1.** *(da borsetta)* espejo *m* de mano **2.** *(prospetto)* esquema *m* ● **specchietto (retrovisore)** (espejo) retrovisor

specchio [s'pεkkjo] *sm* espejo *m*

speciale [spe'tʃale] *agg* especial

specialista [spetʃa'lista, i, e] *sm,f* especialista *mf*

specialità [spetʃali'ta] *sf inv* **1.** especialidad *f* **2.** SPORT modalidad *f* ● **specialità della casa** especialidad de la casa

specializzazione [spetʃalidzdzats'tsjone] *sf* especialización *f*

specialmente [spetʃal'mente] *avv* especialmente

specie [s'petʃe] ◇ *sf inv* **1.** *(di piante, animali)* especie *f* **2.** *(sorta)* tipo *m* ◇ *avv* sobre todo ● **una specie di** una especie de

specificare [spetʃifi'kare] *vt* especificar

specifico, a, ci, che [spe'tʃifiko, a, tʃi, ke] *agg* específico(ca)

speculare [speku'lare] ◇ *vt* indagar ◇ *vi* especular

speculazione [spekulats'tsjone] *sf* especulación *f*

spedire [spe'dire] *vt* enviar

spedizione [spedits'tsjone] *sf* **1.** *(di lettera, merci)* envío *m* **2.** *(viaggio)* expedición *f*

spegnere [s'pennere] *vt* apagar

spellare [spel'lare] *vt* desollar ● **le scarpe mi hanno spellato il tallone** los zapatos me han pelado el talón ● **spellarsi** *vr* pelarse

spendere [s'pεndere] ◇ *vt* **1.** *(denaro)* gastar **2.** *(fig) (tempo, energia)* dedicar ◇ *vi* gastar

spensierato, a [spensje'rato, a] *agg* despreocupado(da)

spento, a [s'pεnto, a] ◇ *pp* → **spegnere** ◇ *agg* apagado(da)

speranza [spe'rantsa] *sf* **1.** esperanza *f* **2.** *(persona)* promesa *f*

sperare [spe'rare] *vt* esperar *(desear)* ● **spero che venga** espero que venga ● **spero di sì** espero que sí ● **sperare di fare qc** esperar hacer algo ● **sperare in** *v + prep* confiar en

sperduto, a [sper'duto, a] *agg* **1.** *(luogo)*

apartado(da) 2. *(persona)* desplazado (da)
spericolato, a [speriko'lato, a] *agg* temerario(ria)
sperimentale [sperimen'tale] *agg* experimental
sperimentare [sperimen'tare] *vt* experimentar
sperma [s'perma] *sm* esperma *m*
sperperare [sperpe'rare] *vt* derrochar
spesa [s'peza] *sf* **1.** *(somma)* gasto *m* **2.** *(acquisti)* compra *f* ● **fare la spesa** hacer la compra ● **fare spese** ir de compras ● **spese** *sfpl* gastos *mpl* ● **spese postali** gastos de envío ● **spese di viaggio** gastos de viaje ● **a spese di** a cargo de
spesso, a [s'pesso, a] ◇ *agg* **1.** *(non sottile)* grueso(sa) **2.** *(fitto)* denso(sa) ◇ *avv* a menudo
spessore [spes'sore] *sm* grosor *m*
Spett. ➢ **spettabile**
spettabile [spet'tabile] *agg (nelle lettere)* ● **spettabile ditta** Señores
spettacolo [spet'takolo] *sm* espectáculo *m*
spettare [spet'tare] ● **spettare a** *v* + *prep* incumbir ● **spetta a te dirgielo** tienes que decírselo tú
spettatore, trice [spetta'tore, 'tritʃe] *sm,f* espectador *m*, -ora *f*
spettinare [spetti'nare] *vt* despeinar ● **spettinarsi** *vr* despeinarse
spettro [s'pettro] *sm (fig)* espectro *m*
spezia [s'pɛtstsja] *sf* especia *f*
spezzare [spets'tsare] *vt* **1.** *(rompere)* partir **2.** *(viaggio, giornata)* dividir **3.** ●

spezzare il cuore a qn partir el corazón a alguien ● **spezzarsi** *vr* partirse
spezzatino [spetstsa'tino] *sm* estofado de carne con verduras
spezzato, a [spets'tsato, a] ◇ *agg* partido(da) ◇ *sm* traje de hombre cuyos elementos son de distinto color
spezzettare [spetstset'tare] *vt* trocear
spia [s'pia] *sf* **1.** *(di polizia)* informador *m* **2.** *(agente)* espía *mf* **3.** *(luminosa)* indicador *m* **4.** *(indizio)* indicio *m* ● **fare la spia** ser un soplón o batintín (Arg)
spiacente [spja'tʃɛnte] *agg* ● **essere spiacente (di qc)** lamentar (algo)
spiacevole [spja'tʃevole] *agg* desagradable
spiaggia [s'pjaddʒa] *(pl* **-ge)** *sf* playa *f* ● **spiaggia privata** playa privada
spianare [spja'nare] *vt* **1.** *(fig)* allanar **2.** *(pasta)* aplanar
spiare [spi'are] *vt* espiar
spiazzo [s'pjattso] *sm* descampado *m*
spiccare [spik'kare] ◇ *vt* arrancar ◇ *vi* sobresalir ● **spiccare il volo** levantar el vuelo ● **spiccare un assegno** extender un cheque
spiccato, a [spik'kato, a] *agg* **1.** *(marcato)* marcado(da) **2.** *(notevole)* extraordinario(ria)
spicchio [s'pikkjo] *sm* **1.** gajo *m* **2.** ● **spicchio d'aglio** diente *m* de ajo
spicciarsi [spit'tʃarsi] *vr* darse prisa
spicciolo, a [s'pitʃtʃolo, a] *agg* ● **ha le duecento spicciole?** ¿tiene las doscientas sueltas? ● **spiccioli** *smpl* suelto *m*, sencillo *m* (Amér), morralla *f* (Méx)

mi dispiace, non ho spicciolo lo siento, no tengo suelto

spiedino [spje'dino] *sm* brocheta *f*

spiedo [s'pjedo] *sm* asador *m* (*utensilio*)

spiegare [spje'gare] *vt* **1.** (*far capire, interpretare*) explicar **2.** (*distendere*) desplegar ◆ **spiegare qc a qn** explicar algo a alguien ◆ **spiegarsi** *vr* explicarse

spiegazione [spjegats'tsjone] *sf* explicación *f*

spietato, a [spje'tato, a] *agg* despiadado(da)

spiga [s'piga] (*pl* **-ghe**) *sf* espiga *f*

spigolo [s'pigolo] *sm* canto *m*

spilla [s'pilla] *sf* **1.** broche *m* **2.** ◆ **spilla da balia** imperdible *m*

spillare [spil'lare] *vt* **1.** (*fig*) (*denaro, soldi*) sisar **2.** (*vino, birra*) abrir la espita de

spillo [s'pillo] *sm* alfiler *m*

spilorcio, a [spi'lɔrtʃo] *agg* (*fam*) tacaño(ña), pijotero(ra) (*Arg*)

spina [s'pina] *sf* **1.** espina *f* **2.** (*elettrica, di telefono*) enchufe *m*, tomacorriente *f* (*Arg & Ven*) ◆ **spina dorsale** espina dorsal

spinaci [spi'natʃi] *smpl* espinacas *fpl*

spinello [spi'nɛllo] *sm* (*fam*) porro *m* (*Esp*), pito *m* (*Chile*)

spingere [s'pindʒere] ◇ *vt* **1.** (*porta, macchina*) empujar **2.** (*bottone, pulsante*) apretar ◆ *vi* empujar ◆ **spingere qn a fare qc** empujar a alguien a hacer algo ◆ **spingersi** *vr* avanzar

spinoso, a [spi'nozo, a] *agg* (*fig*) espinoso(sa)

spinta [s'pinta] *sf* **1.** (*pressione, urto*) empujón *m* **2.** (*incoraggiamento*) estímulo *m* **3.** (*fig*) (*raccomandazione*) enchufe *m* ◆ **dare una spinta a** dar un empujón a

spinto, a [s'pinto, a] ◇ *pp* → **spingere** ◇ *agg* atrevido(da)

spintone [spin'tone] *sm* empujón *m*

spionaggio [spio'nadʒdʒo] *sm* espionaje *m*

spioncino [spion'tʃino] *sm* mirilla *f*

spiraglio [spi'raʎʎo] *sm* **1.** (*fessura*) rendija *f* **2.** (*di luce*) rayo *m* ◆ **uno spiraglio di speranza** (*fam*) una mínima esperanza

spirale [spi'rale] *sf* **1.** (*forma, andamento, percorso*) espiral *f* **2.** (*anticoncezionale*) espiral *m*

spirito [s'pirito] *sm* **1.** espíritu *m* **2.** (*senso dell'umorismo*) sentido *m* del humor ◆ **ciliegie sotto spirito** cerezas en aguardiente ◆ **Spirito Santo** *sm* Espíritu Santo *m*

spiritoso, a [spiri'tozo, a] *agg* gracioso(sa)

spirituale [spiritu'ale] *agg* espiritual

splendente [splen'dɛnte] *agg* resplandeciente

splendere [s'plɛndere] *vi* resplandecer

splendido, a [s'plɛndido, a] *agg* espléndido(da)

splendore [splen'dore] *sm* **1.** (*luce*) brillo *m* **2.** (*sfarzo, di anni, bellezza*) esplendor *m*

spogliare [spoʎ'ʎare] *vt* desnudar, empiluchar (*Chile*), encuerar (*Cuba & Méx*) ◆ **spogliare qn dei suoi beni** despojar a alguien de sus bienes ◆ **spogliarsi** *vr* desnudarse, empiluchar-

se *(Chile)*, encuerarse *(Cuba & Méx)*
spogliarello [spoʎʎa'rɛllo] *sm* strip-tease *m inv*
spogliatoio [spoʎʎa'tojo] *sm* **1.** *(di palestra, piscina)* vestuario *m* **2.** *(di abitazione)* vestidor *m*
spoglio [s'pɔʎʎo] *sm* **1.** *(di dati, giornali)* vaciado *m* **2.** *(di schede elettorali)* escrutinio *m*
spola [s'pɔla] *sf* canilla *f* ♦ **fare la spola** ir y venir
spolpare [spol'pare] *vt* **1.** *(pollo, osso)* descarnar **2.** *(fig) (derubare, spogliare)* desplumar
spolverare [spolve'rare] ◊ *vt* **1.** *(mobili, casa)* quitar el polvo de **2.** *(di zucchero, cacao)* espolvorear ◊ *vi* quitar el polvo
sponda [s'pɔnda] *sf* **1.** *(di fiume, lago)* orilla *f* **2.** *(di letto)* borde *m* **3.** *(di biliardo)* banda *f*
sponsorizzare [sponsoridz'dzare] *vt* patrocinar
spontaneo, a [spon'taneo, a] *agg* espontáneo(a)
spopolare [spopo'lare] ◊ *vt* despoblar ◊ *vi* hacer estragos ♦ **spopolarsi** *vr* despoblarse
sporadico, a, ci, che [spo'radiko, a, tʃi, ke] *agg* esporádico(ca)
sporcare [spor'kare] *vt* ensuciar ♦ **sporcarsi** *vr* ensuciarse ♦ **sporcare in un affare losco** meterse en un negocio sucio ♦ **non mi sporco a trattare con voi** *(fig)* no me rebajo a tratar con vosotros
sporcizia [spor'tʃittsja] *sf* suciedad *f*
sporco, a, chi, che [s'pɔrko, a, ki, ke]

agg **1.** *(imbrattato)* sucio(cia), mugre *(Andes, Col & Ven)* **2.** *(fig) (disonesto, osceno)* sucio(cia) ◊ *sm* suciedad *f*
sporgente [spor'dʒɛnte] *agg* saliente
sporgere [s'pɔrdʒere] ◊ *vt* asomar ◊ *vi* sobresalir ♦ **sporgersi** *vr* asomarse ▼ **è vietato sporgersi dal finestrino** se prohíbe asomarse a la ventanilla
sport [s'pɔrt] *sm inv* deporte *m*
sporta [s'pɔrta] *sf* capazo *m*
sportello [spor'tɛllo] *sm* **1.** *(imposta)* puerta *f* **2.** *(d'ufficio)* ventanilla *f* ♦ **sportello automatico** cajero *m* automático
sportivo, a [spor'tivo, a] ◊ *agg* **1.** deportivo(va) **2.** *(che pratica sport)* deportista **3.** *(abbigliamento)* de sport ◊ *sm,f* deportista *mf*
sposare [spo'zare] *vt* **1.** *(uomo, donna)* casarse con **2.** *(sog: sindaco, prete)* casar **3.** *(fig) (opinione, causa)* defender ♦ **sposarsi** *vr* casarse ♦ **sposarsi con** casarse con
sposato, a [spo'zato, a] *agg* casado(da)
sposo, a [s'pɔzo, a] *sm,f* novio *m*, -via *f*
spossante [spos'sante] *agg* extenuante
spostare [spos'tare] *vt* **1.** *(da posizione)* cambiar de sitio **2.** *(da luogo)* trasladar **3.** *(rimandare)* aplazar ♦ **spostarsi** *vr* **1.** *(scansarsi)* apartarse **2.** *(muoversi)* cambiarse de sitio **3.** *(traslocare)* trasladarse
spot [s'pɔt] *sm inv* **1.** *(faretto)* foco *m* **2.** *(pubblicità)* spot *m*
spranga [s'pranga] *(pl* **-ghe)** *sf* barra *f*
spray [s'prai] *sm inv* spray *m*
sprecare [spre'kare] *vt* malgastar
spreco [s'prɛko] *(pl* **-chi)** *sm* derroche *m*

spregiudicato, a [spredʒudiˈkato, a] *agg* desaprensivo(va)

spremere [sˈpremere] *vt* (*fig*) exprimir

spremiagrumi [spremiaˈgrumi] *sm inv* exprimidor *m*

spremuta [spreˈmuta] *sf* zumo *m* (*Esp*), jugo *m* (*Amér*) ● **spremuta di arancia** zumo de naranja natural

sprezzante [spretsˈtsante] *agg* despreciativo(va)

sprigionare [spridʒoˈnare] *vt* desprender ◆ **sprigionarsi** *vr* desprenderse

sprizzare [spritsˈtsare] *vi* brotar

sprofondare [sprofonˈdare] *vi* hundirse

sproporzionato, a [sproportsjoˈnato, a] *agg* desproporcionado(da) ● **sproporzionato (rispetto) a** desproporcionado (con respecto a)

sproposito [sproˈpozito] *sm* **1.** (*fuori luogo*) despropósito *m* **2.** (*impulsivo*) disparate *m* **3.** (*stralcione, somma esagerata*) barbaridad *f* ● **parlare a sproposito** hablar sin ton ni son

sprovveduto, a [sprovveˈduto, a] ◊ *agg* desprevenido(da) ◊ *sm,f* inculto *m*, -ta *f*

sprovvisto, a [sprovˈvisto, a] *agg* ● **sprovvisto di** desprovisto(ta) de ● **cogliere (qn) alla sprovvista** pillar a (alguien) por sorpresa

spruzzare [sprutsˈtsare] *vt* **1.** (*profumo, acqua*) rociar **2.** (*persona*) salpicar

spruzzatore [sprutstsaˈtore] *sm* **1.** (*di profumo*) vaporizador *m* **2.** (*di vernice*) pistola *f* pulverizadora

spruzzo [sˈprutstso] *sm* salpicadura *f*

spugna [sˈpuɲɲa] *sf* **1.** (*da bagno*) esponja *f* **2.** (*tessuto*) rizo *m*

spuma [sˈpuma] *sf* espuma *f* ● **un bicchiere di spuma** un vaso de gaseosa

spumante [spuˈmante] *sm* vino *m* espumoso

spumone [spuˈmone] *sm* merengue *m*

spuntare [spunˈtare] ◊ *vi* salir ◊ *vt* despuntar ● **spuntare i capelli** cortar las puntas del pelo ● **spuntarla** salirse con la suya

spuntino [spunˈtino] *sm* tentempié *m*

spunto [sˈpunto] *sm* punto *m* de partida

sputare [spuˈtare] *vt* & *vi* escupir

sputo [sˈputo] *sm* salivazo *m*, escupitazo *m* (*Amér*)

squadra [sˈkwadra] *sf* **1.** SPORT (*di operai, pompieri*) equipo *m* **2.** (*strumento*) escuadra *f*

squadrare [skwaˈdrare] *vt* **1.** (*scrutare*) escudriñar **2.** (*foglio, blocco*) escuadrar

squagliare [skwaʎˈʎare] *vt* derretir ◆ **squagliarsi** *vr* derretirse ● **squagliarsela** (*fam*) escabullirse

squalificare [skwalifiˈkare] *vt* descalificar

squallido, a [sˈkwallido, a] *agg* **1.** (*locale, storia*) sórdido(da) **2.** (*persona, abitacione*) miserable **3.** (*paesaggio, campagna*) desolado(da)

squallore [skwalˈlore] *sm* **1.** (*di locale, storia*) sordidez *f* **2.** (*di persona, abitacione*) miseria *f* **3.** (*di paesaggio, campagna*) desolación *f*

squalo [sˈkwalo] *sm* tiburón *m*

squama [sˈkwama] *sf* escama *f*

squamare [skwaˈmare] *vt* descamar ◆

squamarsi vr descamarse

squarciagola [skwartʃa'gola] ◆ **a squarciagola** avv a grito pelado

squarciare [skwar'tʃare] vt desgarrar

squartare [skwar'tare] vt descuartizar

squattrinato, a [skwattri'nato, a] agg (fam) sin blanca, sin un mango (Arg)

squilibrato, a [skwili'brato, a] agg desequilibrado(da)

squilibrio [skwi'librjo] sm desequilibrio m

squillo [s'kwillo] ◇ sm 1. (di telefono, campanello) timbrazo m 2. (di tromba) toque m ◇ sf inv call girl f

squisito, a [skwi'zito, a] agg exquisito(ta)

sradicare [sradi'kare] vt 1. (albero, pianta) arrancar 2. (idea, malattia) erradicar

srotolare [sroto'lare] vt desenrollar

stabile [s'tabile] ◇ agg estable ◇ sm inmueble m

stabilimento [stabili'mento] sm establecimiento m ◆ **stabilimento balneare** balneario m

stabilimento balneare

En algunas playas italianas hay baños o balnearios con servicios como bar, duchas, cabinas y alquiler de sombrillas y tumbonas; algunos disponen incluso de una pista de voley-playa y zona de juego para niños. Durante el verano muchos de estos establecimientos abren también por la noche y ofrecen música y baile.

stabilire [stabi'lire] vt establecer ◆ **stabilire che** establecer que ◆ **stabilirsi** vr establecerse

stabilità [stabili'ta] sf estabilidad f

staccare [stak'kare] ◇ vt 1. (francobollo, cerotto) despegar 2. (quadro) descolgar 3. (apparecchio elettrico) desconectar 4. (scostare) apartar 5. SPORT escapar ◇ vi 1. (risaltare) destacar 2. (fam) (finire il lavoro) salir (del trabajo) ◆ **staccarsi** vr (francobollo, cerotto) despegarse ◆ **staccarsi da** (fig) apartarse de

staccionata [statːtʃo'nata] sf valla f

stadio [s'tadjo] sm estadio m

staffa [s'taffa] sf 1. (di sella) estribo m 2. (di pantalone) trabilla f (bajo el pie) ◆ **perdere le staffe** perder los estribos

staffetta [staf'fetta] sf SPORT relevo m

stagionale [stadʒo'nale] ◇ agg 1. (malattia) estacional 2. (lavoro) temporal ◇ smf temporero m, -ra f

stagionato, a [stadʒo'nato, a] agg 1. (formaggio, salume) curado(da) 2. (fig) (vecchio, anziano) maduro(ra)

stagione [sta'dʒone] sf 1. (parte dell'anno) estación f 2. (teatrale, turistica, di raccolta) temporada f ◆ **alta/bassa stagione** temporada alta/baja ◆ **mezza stagione** entretiempo m

stagno, a [s'taɲɲo, a] ◇ agg estanco(ca) ◇ sm 1. (laghetto) estanque m 2. (metallo) estaño m ◆

stagnola [staɲ'ɲɔla] sf papel m de aluminio

stalla [s'talla] sf 1. (per bovini, ovini) establo m 2. (per equini) cuadra f

stamattina [stamat'tina] avv esta mañana

stambecco [stam'bekko] (pl **-chi**) sm cabra f montés

stampa [stampa] sf 1. (tecnica) imprenta f 2. (pubblicazioni, giornalisti) prensa f 3. (con stampante) impresión f 4. (opera) grabado m

stampante [stam'pante] sf impresora f

stampare [stam'pare] vt 1. imprimir 2. (nella memoria) grabar

stampatello [stampa'tɛllo] sm letra f de imprenta

stampella [stam'pella] sf 1. (per abiti) percha f (Esp), gancho m (CAm & Méx) 2. (ortopedica) muleta f

stampo [stampo] sm 1. (per dolci) molde m 2. (in fabbrica) plantilla f 3. (fig) (sorta) calaña f 4. • **gente dello stesso stampo** gente de la misma calaña

stancare [stan'kare] vt cansar • **stancarsi** vr 1. cansarse 2. • **stancarsi di** cansarse de

stanchezza [stan'ketstsa] sf cansancio m

stanco, a, chi, che [stanko, a, ki, ke] agg cansado(da) • **stanco morto** muerto de cansancio

stanghetta [stan'getta] sf patilla f (de gafas)

stanotte [sta'nɔtte] avv 1. esta noche 2. (nella notte appena passata) anoche

stante [stante] agg • **a sé stante** independiente

stantio, a [stan'tio, a] agg rancio(cia)

stanza [stantsa] sf habitación f, recámara f (CAm, Col & Méx), pieza f (Chile), ambiente m (CSur) • **stanza da bagno** cuarto m de baño • **stanza da letto** dormitorio m

stanziare [stan'tsjare] vt asignar

stare [s'tare] vi 1. (essere) estar 2. (rimanere) quedarse 3. (abitare) vivir • **come sta?** ¿cómo está? • **ti sta bene!** ¡te está bien empleado! • **ci stai?** ¿estás de acuerdo? • **sta a voi decidere** la decisión depende de vosotros • **queste scarpe mi stanno strette** estos zapatos me van estrechos • **questo vestito ti sta benissimo** este vestido te sienta muy bien • **non sta bene, ha mal di testa** no se encuentra bien, le duele la cabeza • **stare per fare qc** estar a punto de hacer algo • **stare facendo qc** estar haciendo algo • **stare a guardare** mirar • **stare seduto** quedarse sentado • **stare simpatico a qn** (fam) caer bien a alguien • **stare zitto** callarse • **starci** caber

starnutire [starnu'tire] vi estornudar

starnuto [star'nuto] sm estornudo m

stasera [sa'sera] avv esta noche

statale [sta'tale] ◇ agg estatal ◇ smf funcionario m, -ria f ◇ sf (carretera) nacional f

statistica [sta'tistika] (pl **-che**) sf estadística f

Stati Uniti (d'America) [statju'niti da'merika] smpl • **gli Stati Uniti (d'America)** Estados Unidos (de América) mpl

stato [s'tato] sm estado m • **essere in stato interessante** estar en estado • **stato d'animo** estado de ánimo • **stato civile** estado civil

statua [s'tatwa] sf estatua f

statunitense [stauni'tense] *agg & smf* estadounidense

statura [sta'tura] *sf* **1.** *(fisica)* estatura *f* **2.** *(morale)* talla *f*

statuto [sta'tuto] *sm* estatuto *m*

stazionario, a [statstsjo'narjo, a] *agg* estacionario(ria)

stazione [stats'tsjone] *sf* estación *f* ● **stazione balneare** estación balnearia ● **stazione centrale** estación central ● **stazione ferroviaria** estación de ferrocarril ● **stazione di polizia** puesto *m* de policía ● **stazione sciistica** estación de esquí ● **stazione di servizio** estación de servicio ● **stazione termale** establecimiento *m* de aguas termales

stecca [stek'ka] *(pl* **-che***) sf* **1.** *(asticella)* varilla *f* **2.** *(di sigarette)* cartón *m*, caja *f* *(Amér)* **3.** *(da biliardo)* taco *m* de billar ● **fare una stecca** soltar un gallo

steccato [stek'kato] *sm* empalizada *f*

stella [stel'la] *sf* estrella *f* ● **stella marina** o **di mare** estrella de mar ● **stelle filanti** estrellas fugaces, centellas *(Arg & Urug)* ● **albergo a tre stelle** hotel de tres estrellas

stellato, a [stel'lato, a] *agg* estrellado(da)

stelo ['stelo] *sm* **1.** *(di fiore)* tallo *m* **2.** *(di bicchiere, lampada)* pie *m*

stemma, i ['stemma, i] *sm* escudo *m* de armas

stendere ['stendere] *vt* **1.** *(braccia, gambe, mano)* extender **2.** *(panni, vele)* desplegar ● **stendersi** *vr* tumbarse

stenografare [stenogra'fare] *vt* taquigrafiar

stentare [sten'tare] ● **stentare a** *v + prep* ● **stentare a fare qc** hacer algo con dificultad

stento ['stento] *sm* ● **a stento** a duras penas ● **stenti** *smpl* estrecheces *fpl*

stereo ['stereo] *sm inv* equipo *m* de música

stereotipo [stere'otipo] *sm* estereotipo *m*

sterile ['sterile] *agg* estéril

sterilizzare [sterilidz'dzare] *vt* esterilizar

sterlina [ster'lina] *sf* libra esterlina *f*

sterminare [stermi'nare] *vt* exterminar

sterminato, a [stermi'nato, a] *agg* exterminado(da)

sterminio [ster'minjo] *sm* exterminio *m*

sterzare [ster'tsare] *vi* cambiar de dirección

sterzo [s'tertso] *sm* dirección *f*

stesso, a [s'tesso, a] *agg & pron* **1.** mismo(ma) **2.** ● **fare qc lo stesso** hacer algo igualmente ● **fa o è lo stesso** da lo mismo

stesura [ste'zura] *sf* redacción *f*

stile ['stile] *sm* estilo *m* ● **stile farfalla** estilo mariposa ● **stile libero** estilo libre ● **in grande stile** a lo grande

stilista, i, e [sti'lista, i, e] *smf* estilista *mf*

stilografica [stilo'grafika] *(pl* **-che***) sf* estilográfica *f*, pluma *f* fuente *(Amér)*

stima ['stima] *sf* **1.** *(valutazione)* estimación *f* **2.** *(apprezzamento)* estima *f* ● **fare la stima di qc** hacer la estimación de algo ● **avere stima di qn** tener en estima a alguien

stimare [sti'mare] *vt* estimar

stimolare [stimo'lare] *vt* estimular ● **stimolare qn a fare qc** incitar a alguien a hacer algo

stimolo [s'timolo] *sm* estímulo *m*

stingere [s'tindʒere] *vi* desteñir

stipendio [sti'pendjo] *sm* sueldo *m*

stipite [s'tipite] *sm* (di porta, finestra) montante *m*

stipulare [stipu'lare] *vt* (form) estipular

stirare [sti'rare] *vt* planchar

stiro [s'tiro] *sm* ➢ ferro

stirpe [s'tirpe] *sf* estirpe *f*

stitichezza [stiti'kettsa] *sf* estreñimiento *m*, estitiquez *f* (Amér)

stivale [sti'vale] *sm* bota *f* ● **lo stivale** nombre metafórico para designar Italia, cuyo mapa tiene forma de bota

stivaletto [stiva'letto] *sm* botín *m*

stizza [s'tittssa] *sf* rabia *f*

stizzirsi [stits'tsirsi] *vr* enfurecerse

stoffa [s'tɔffa] *sf* tela *f* ● **avere la stoffa di** tener madera de

stola [s'tɔla] *sf* estola *f*

stolto, a [s'tolto, a] *agg* necio(cia) ● *sm,f* necio *m*, -cia *f*

stomaco [s'tɔmako] (*pl* -**chi** *o* -**ci**) *sm* estómago *m*

stonato, a [sto'nato, a] *agg* desafinado(da)

stop [stɔp] *sm inv* 1. (segnale) stop *m* 2. AUTO (luce) luces *fpl* de freno ● *esclam* ¡alto!

storcere [s'tɔrtʃere] *vt* torcer ● **storcere il naso** arrugar la nariz ● **storcersi** *vr* torcerse 2. ● **storcersi una caviglia** torcerse un tobillo

stordire [stor'dire] *vt* aturdir, atarantar (Arg & Méx)

stordito, a [stor'dito, a] *agg* 1. (intontito) aturdido(da), embobado(da) (Amér), atarantado(da) (Arg, Bol, Méx & Ven), taranto(ta) (Col) 2. (imprudente) atolondrado(da)

storia [s'tɔrja] *sf* 1. historia *f* 2. (invenzione, scusa) cuento *m*

storico, a, ci, che [s'tɔriko, a, tʃi, ke] ◇ *agg* histórico 2. ◇ *sm,f* historiador *m*, -ora *f*

stormo [s'tɔrmo] *sm* bandada *f*

storpiare [stor'pjare] *vt* 1. (rendere storpio) lisiar 2. (parola, concetto) deformar

storta [s'tɔrta] *sf* ● **prendere una storta** hacerse un esguince

storto, a [s'tɔrto, a] *agg* torcido(da) ● **oggi mi va tutto storto** hoy me sale todo al revés

stoviglie [sto'viʎʎe] *sfpl* vajilla *f*

strabico, a, ci, che [s'trabiko, a, tʃi, ke] *agg* bizco(ca)

stracciare [strat'tʃare] *vt* 1. (vestito, foglio) rasgar 2. (fam) (sconfiggere) aplastar

stracciatella [strattʃa'tella] *sf* 1. (gelato) helado de nata con trocitos de chocolate 2. (minestra) sopa de sémola con huevo y queso parmesano

straccio [s'trattʃo] *sm* 1. (per pulizie) trapo *m* 2. (fam) (vestito vecchio) trapo *m*

straccione, a [strat'tʃone, a] *sm,f* andrajoso *m*, -sa *f*

strada [s'trada] *sf* 1. (urbana) calle *f* 2. (per transito) carretera *f* 3. (percorso) camino m • strada facendo sobre la marcha • tagliare la strada a qn cerrar el paso a alguien • strada panoramica carretera con vistas • strada senza uscita calle sin salida ▼ strada transitabile con catene es obligatorio el uso de cadenas

stradale [stra'dale] ◇ *agg* de carretera ◇ *sf* policía *f* de tráfico

strafalcione [strafal'tʃone] *sm* barbaridad *f*

straforo [stra'foro] • **di straforo** *avv* a escondidas

strafottente [strafot'tente] *agg* pasota

strage [s'tradʒe] *sf* masacre *f*

stralunato, a [stralu'nato, a] *agg* **1.** *(occhi)* fuera de sus órbitas **2.** *(persona)* turbado(da)

stramazzare [stramats'tsare] *vi* desplomarse

strangolare [strango'lare] *vt* **1.** *(strozzare)* estrangular **2.** *(stringere il collo)* ahogar

straniero, a [stra'njɛro, a] ◇ *agg* **1.** *(persona)* extranjero(ra) **2.** *(lingua, paese, accento)* extranjero(ra), paisa *(Andes)* ◇ *sm,f* extranjero *m*, -ra *f*

strano, a [s'trano, a] *agg* raro(ra)

straordinario, a [straordi'narjo, a] ◇ *agg* extraordinario(ria) ◇ *sm* • **fare lo straordinario** hacer horas extras

strapazzare [strapats'tsare] *vt* **1.** *(persona)* maltratar **2.** *(oggetto)* estropear • **strapazzarsi** *vr* agotarse

strappo [s'trappo] *sm* **1.** *(in tessuto)* roto *m* **2.** MED desgarro *m* • **dare uno strappo** *(fam)* acercar a alguien en coche • **fare uno strappo alla regola** hacer una excepción a la regla

straripare [strari'pare] *vi* desbordarse

strascico [s'traʃʃiko] *(pl* **-chi)** *sm* **1.** *(di abito)* cola *f* **2.** *(fig) (conseguenza)* secuela *f*

stratagemma [strata'dʒemma] *sm* estratagema *f*

strategia [strate'dʒia] *sf* estrategia *f*

strato [s'trato] *sm* capa *f*

stravagante [strava'gante] *agg* extravagante

stravedere [strave'dere] • **stravedere per** *v + prep* tener ojos sólo para

stravolgere [stra'voldʒere] *vt* **1.** *(lineamenti)* desencajar **2.** *(verità)* falsear

stravolto, a [stra'volto, a] *pp* ➤ **stravolgere**

strazio [s'trattsjo] *sm* • **essere uno strazio** *(spettacolo, film)* ser un rollo; *(persona)* ser un desastre

strega [s'trega] *(pl* **-ghe)** *sf (fig)* bruja *f*

stregone [stre'gone] *sm* **1.** *(mago)* brujo *m* **2.** *(di tribù)* hechicero *m*

stremare [stre'mare] *vt* extenuar

stremo [s'trɛmo] *sm* • **essere allo stremo delle forze** estar al límite de sus fuerzas

strepitare [strepi'tare] *vi* hacer ruido

strepitoso, a [strepi'tozo, a] *agg* estrepitoso(sa)

stress [stres] *sm inv* estrés *m*

stressante [stres'sante] *agg* estresante

stretta [s'tretta] *sf* apretón *m* • **stretta di mano** apretón de manos • **mettere alle strette** poner en un aprieto

strettamente [stretta'mente] *avv* **1.** *(ser-*

ratamente) estrechamente **2.** (*rigorosamente*) estrictamente

stretto, a [s'trɛtto, a] ◇ *pp* ➤ **stringere** ◇ *agg* **1.** (*strada, stanza, vestito*) estrecho(cha) **2.** (*osservanza, rispetto, significato*) estricto(ta) ◇ *sm* estrecho *m* ● **parenti stretti** parientes próximos

strettoia [stret'toja] *sf* estrechamiento *m*

striato, a [stri'ato, a] *agg* estriado(da)

stridere [s'tridere] *vi* chirriar

strillare [stril'lare] *vi* chillar

strillo [s'trillo] *sm* chillido *m*

striminzito, a [strimin'tsito, a] *agg* **1.** (*vestito*) ajustado(da) **2.** (*persona*) delgado(da)

stringa [s'tringa] (*pl* **-ghe**) *sf* cordón *m*

stringato, a [strin'gato, a] *agg* conciso(sa)

stringere [s'trindʒere] ◇ *vt* **1.** (*tenaglie, labbra, pugno*) apretar **2.** (*maniglia, martello*) sujetar **3.** (*abito*) estrechar **4.** (*patto, accordo*) ◇ *vi* apretar ● **stringere tra le braccia** estrechar entre los brazos ● **stringere la mano a qn** estrechar la mano a alguien ● **stringere i tempi** apresurarse ● **il tempo stringe** el tiempo apremia ● **stringersi** *vr* **1.** (*accostarsi*) apretarse **2.** (*abbracciarsi*) abrazarse

striscia [s'triʃʃa] (*pl* **-sce**) *sf* **1.** (*nastro*) cinta *f* **2.** (*riga*) lista *f* ● **strisce (pedonali)** paso *m* cebra

strisciare [striʃ'ʃare] ◇ *vi* **1.** (*serpente, lumaca*) arrastrarse **2.** (*passare rasente*) rozar ◇ *vt* arrastrar

striscione [striʃ'ʃone] *sm* pancarta *f*

stritolare [strito'lare] *vt* triturar

strizzare [strits'tsare] *vt* estrujar ● **strizzare l'occhio** guiñar el ojo

strofinaccio [strofi'nattʃo] *sm* trapo *m*

strofinare [strofi'nare] *vt* frotar

Stromboli [s'tromboli] *sm* Strómboli *m*

stroncare [stron'kare] *vt* **1.** (*rivolta*) reprimir **2.** (*libro, film*) criticar despiadadamente

stropicciare [stropit'tʃare] *vt* **1.** (*braccio, occhi*) restregar **2.** (*vestito*) arrugar

strozzare [strots'tsare] *vt* estrangular

strozzarsi *vr* (*con il cibo*) atragantarse

strumento [stru'mento] *sm* **1.** instrumento *m* **2.** (*di fabbro, meccanico*) herramienta *f*

strusciare [struʃ'ʃare] *vt* refregar

strusciarsi *vr* **1.** (*gatto*) refregarse **2.** (*fig*) (*persona*) ● **strusciare a qn** ir pegado a alguien

strutto [s'trutto] *sm* manteca *f* de cerdo

struttura [strut'tura] *sf* estructura *f*

struzzo [s'truttso] *sm* avestruz *m*

stuccare [stuk'kare] *vt* masillar

stucco, chi [s'tukko, ki] *sm* **1.** (*malta*) masilla *f* **2.** (*decorazione*) estuco *m* ● **rimanere di stucco** quedarse de piedra

studente, essa [stu'dɛnte, essa] *sm,f* estudiante *mf*

studentesco, a, schi, sche [studen'tesko, a, ski, ske] *agg* estudiantil

studiare [stu'djare] *vt* &*vi* estudiar

studio [s'tudjo] *sm* **1.** estudio *m* **2.** (*di medico*) consultorio *m* **3.** (*di avvocato*) bufete *m*

studioso, a [stu'djoso, a] ◇ *agg* estudioso(sa) ◇ *sm,f* especialista *mf*

stufa [s'tufa] *sf* estufa *f*

stufare [stu'fare] *vt* (*fam*) fastidiar, fregar (*Amér*) ◆ **stufarsi** *vr* hartarse

stufato [stu'fato] *sm* estofado *m*, guiso *m* (*Amér*)

stufo, a [s'tufo, a] *agg* ◆ **essere stufo (di)** (*fam*) estar harto(ta)(de)

stuoia [s'twoja] *sf* esterilla *f*

stupefacente [stupefa'tʃɛnte] ◇ *agg* asombroso(sa) ◆ *sm* estupefaciente *m*

stupendo, a [stu'pɛndo, a] *agg* estupendo(da), macanudo(da) (*Arg*), padre (*Méx*)

stupidaggine [stupi'daddʒine] *sf* estupidez *f*, boludez *f* (*RP*), pendejera *f* (*Ven*)

stupido, a [s'tupido, a] *agg* estúpido(da)

stupire [stu'pire] *vt* sorprender ◆ **stupirsi di** sorprenderse de

stupore [stu'pore] *sm* estupor *m*

stupro [s'tupro] *sm* violación *f*

sturare [stu'rare] *vt* desatascar

stuzzicadenti [stutstsika'dɛnti] *sm inv* palillo *m*

stuzzicare [stutstsi'kare] *vt* 1. buscar las cosquillas, empavar (*Andes*) 2. **stuzzicare l'appetito** abrir el apetito

su [su]

◇ *prep* (*stato in luogo*) en, encima de ● **le chiavi sono sul tavolo** las llaves están en la mesa ● **a 2.000 m sul livello del mare** a 2.000 m por encima del nivel de mar; (*moto a luogo*) ● **salire sul pullman** subir al autocar ● **venite sulla terrazza** subid al terrado; (*argomento*) sobre ● **un libro sulla vita di Napoleone** un libro sobre la vida de Napoleón; (*tempo*) ● **vengo sul tardi** vendré a última hora ● **essere sul punto di** estar a punto de; (*prezzo e misura*) aproximadamente ● **peserà sui tre chili** debe pesar unos tres quilos ● **un uomo sulla quarantina** un hombre de unos cuarenta años; (*modo*) ● **vestito su misura** traje a medida ● **parlare sul serio** hablar en serio

◇ *avv* (*in alto*) arriba ● **montare su** subir ● **da Bari in su** de Bari para arriba ● **dai 18 anni in su** de los 18 años en adelante; (*per esortare*) ¡vamos! ● **su, sbrigatevi!** ¡vamos, deprisa! ● **su con la vita!** ¡vamos, ánimo!

sub [sub] *smf inv* submarinista *mf*

subacqueo, a [su'bakkweo, a] ◇ *agg* subacuático(ca) ◆ *sm.f* submarinista *mf*

subbuglio [sub'buʎʎo] *sm* alboroto *m* ● **essere in subbuglio** armar alboroto

subdolo, a [s'ubdolo, a] *agg* engañoso(sa)

subentrare [suben'trare] *vi* subentrare a suceder a

subire [su'bire] *vt* 1. sufrir 2. (*operazione*) someterse a

subissare [subis'sare] *vt* ● **subissare di complimenti** colmar de elogios

subito [s'ubito] *avv* enseguida, ahorita (*Andes, CAm, Carib & Méx*)

sublime [su'blime] *agg* sublime

subordinato, a [subordi'nato, a] *agg* subordinato ◆ subordinado(da)

succedere [sutʃ'tʃedere] *vi* suceder ●

succedere a qn suceder a alguien ● **(che) cos'è successo?** ¿qué ha pasado? ❖ **succedersi** vr sucederse
successivamente [sutʧessiva'mente] avv sucesivamente
successivo, a [sutʧes'sivo, a] agg sucesivo(va)
successo [sut'ʧesso] sm éxito m ● **di successo** con éxito
successore [sutʧes'sore] sm sucesor m, -ora f
succhiare [suk'kjare] vt **1.** chupar **2.** (liquido) sorber **3.** ● **succhiare il sangue a qn** chuparle la sangre a alguien
succhiotto [suk'kjɔtto] sm chupete m
succinto, a [sut'ʧinto, a] agg sucinto(ta)
succo ['sukko] (pl -**chi**) sm zumo m (Esp), jugo m (Amér) ● **succo di frutta** zumo de fruta ● **succo di pomodoro** zumo de tomate
sud [sud] sm **1.** sur m **2.** ● **(a) sud-est (al) sureste 3.** ● **(a) sud-ovest (al) suroeste** ● **a sud di qc** al sur de algo
Sudafrica [su'dafrika] sm ● **il Sudafrica** Sudáfrica f
Sudamerica [suda'mɛrika] sm ● **il Sudamerica** Sudamérica f
sudare [su'dare] vi sudar
suddetto, a [sud'detto, a] agg susodicho(cha)
suddividere [suddi'videre] vt subdividir
sudicio, a, ci, ce o **cie** [suditʃo, a, tʃi, tʃe o tʃe] agg sucio(cia)
sudore [su'dore] sm sudor m
sufficiente [suffi'ʧɛnte] agg suficiente
sufficienza [suffi'ʧɛntsa] sf ● **a sufficienza** suficiente

suffragio [suf'fradʒo] sm sufragio m
suggerimento [sudʒdʒeri'mento] sm sugerencia f
suggerire [sudʒdʒe'rire] vt **1.** sugerir **2.** (risposta) soplar
suggestionare [sudʒdʒestjo'nare] vt sugestionar
suggestivo, a [sudʒdʒes'tivo, a] agg sugestivo(va)
sughero ['sugero] sm corcho m
sugli ['suʎʎi] = **su + gli**; ➢ **su**
sugo ['sugo] (pl **sughi**) sm **1.** (condimento) salsa f **2.** (di carne) jugo m **3.** (succo) zumo m (Esp), jugo m (Amér) ● **sugo di pomodoro** salsa de tomate o jitomate (Méx)
sui ['sui] = **su + i**; ➢ **su**
suicidarsi [suitʃi'darsi] vr suicidarse
suicidio [sui'tʃidjo] sm suicidio m
suino, a [su'ino, a] ◇ agg porcino(na) ◇ sm puerco m, chancho m (Andes & CAm)
sul [sul] = **su + il**; ➢ **su**
sulla ['sulla] = **su + la**; ➢ **su**
sulle ['sulle] = **su + le**; ➢ **su**
sullo ['sullo] = **su + lo**; ➢ **su**
suo, sua ['suo, 'sua] ◇ agg su ◇ pron suyo(suya) ● **il suo lavoro** su trabajo ● **sua sorella** su hermana ● **non sono le mie chiavi, ma le sue** no son mis llaves, son las suyas ● **scusi, avrei bisogno di una penna, può prestarmi la sua?** disculpe, necesito un bolígrafo, ¿podría prestarme el suyo?
suocero, a ['swɔtʃero, a] sm,f suegro m, -gra f ❖ **suoceri** smpl suegros mpl
suola ['swɔla] sf suela f

suolo ['swɔlo] *sm* **1.** *(superficie)* suelo *m*, piso *m* (*Amér.*) **2.** *(terra)* tierra *f*

suonare [swo'nare] ◇ *vt* **1.** *(strumento, campanello, clacson)* tocar **2.** *(allarme)* activar **3.** *(ore)* dar ◇ *vi* **1.** *(musicista)* tocar **2.** *(telefono, sveglia)* sonar

suono ['swɔno] *sm* sonido *m*

suora ['swɔra] *sf* monja *f*

super ['super] ◇ *agg inv* súper, chévere (*Andes & Carib*), regio(gia) (*Chile*), bestial (*Perú*) ◇ *sf inv* (*benzina*) súper *f*

superare [supe'rare] *vt* **1.** superar **2.** *(fig)* (*limite, età, fase*) sobrepasar **3.** *(veicolo)* adelantar **4.** *(esame, concorso)* aprobar

superbo, a [su'perbo, a] *agg* soberbio(bia)

superficiale [superfi'tʃale] *agg* superficial

superficie [super'fitʃe] (*pl* **-ci**) *sf* superficie *f*

superfluo, a [su'perfluo, a] *agg* superfluo(flua)

superiore, a [supe'rjore, a] ◇ *agg* superior ◇ *smf* (*capo*) superior *m* ◇ *sm,f* (*di convento*) superior *m*, -ora *f*

superlativo, a [superla'tivo, a] ◇ *agg* superlativo(va) ◇ *sm* superlativo *m*

supermercato [supermer'kato] *sm* supermercado *m*

superstrada [supers'trada] *sf* autovía *f*

supplementare [supplemen'tare] *agg* suplementario(ria)

supplemento [supple'mento] *sm* suplemento *m*

supplente [sup'plɛnte] *smf* suplente *mf*

supporre [sup'porre] *vt* suponer

supposta [sup'posta] *sf* supositorio *m*

supposto, a [sup'posto, a] *pp* ➤ **supporre**

surriscaldare [surriskal'dare] *vt* recalentar

suscitare [suʃʃi'tare] *vt* suscitar

susina [su'zina] *sf* ciruela *f*

susseguire [susse'gwire] *vi* suceder ♦

susseguirsi *vr* sucederse

sussidio [sus'sidjo] *sm* subsidio *m*

sussultare [sussul'tare] *vi* sobresaltarse

sussulto [sus'sulto] *sm* sobresalto *m*

sussurrare [sussur'rare] *vt* susurrar

svagarsi [zva'garsi] *vr* distraerse

svago [z'vago] (*pl* **-ghi**) *sm* **1.** *(divertimento)* distracción *f* **2.** *(mezzo di divertimento)* entretenimiento *m*

svaligiare [zvali'dʒare] *vt* desvalijar, desplumar (*Amér*)

svalutare [zvalu'tare] *vt* **1.** *(moneta)* devaluar **2.** *(sminuire)* desvalorizar

svanire [zva'nire] *vi* desvanecerse

svantaggio [zvan'taddʒo] *sm* desventaja *f* ♦ **essere in svantaggio (rispetto a)** estar en desventaja (con respecto a)

svariato, a [zva'rjato, a] *agg* variado(da)

svedese [zve'deze] ◇ *agg & smf* sueco(ca) ◇ *sm* sueco *m*

sveglia [z'veʎʎa] *sf* **1.** *(orologio)* despertador *m* **2.** *(risveglio)* despertar *m*

svegliare [zveʎ'ʎare] *vt* despertar ♦

svegliarsi *vr* despertarse

sveglio, a [z'veʎʎo, a] *agg* despierto(ta)

svelare [zve'lare] *vt* desvelar

svelto, a [z'velto, a] *agg* rápido(da) ♦ **alla svelta** deprisa y corriendo

svendita [z'vendita] *sf* liquidación *f*
svenire [zve'nire] *vi* desmayarse
sventare [zven'tare] *vt* impedir
sventolare [zvento'lare] ⋄ *vt* 1. *(fazzoletto)* agitar 2. *(bandiera)* ondear ⋄ *vi* abanicarse
sventura [zven'tura] *sf* 1. *(sfortuna)* mala suerte *f* 2. *(disgrazia)* desgracia *f*
svestire [zves'tire] *vt* desvestir ❖ **svestirsi** *vr* desvestirse
Svezia [z'vettsja] *sf* ● **la Svezia** Suecia *f*
sviare [zvi'are] *vt* 1. desviar 2. ● **sviare il discorso** desviarse del tema
svignarsela [zviɲ'ɲarsela] *vr (fam)* largarse
sviluppare [zvilup'pare] *vt* 1. desarrollar 2. *(pellicola)* revelar ❖ **svilupparsi** *vr* 1. desarrollarse 2. *(incendio, infezione)* desencadenarse
sviluppo [zvi'luppo] *sm* 1. desarrollo *m* 2. *(di pellicola)* revelado *m*
svincolo [z'vinkolo] *sm* enlace *m*
svitare [zvi'tare] *vt* desatornillar
Svizzera [z'vittsera] *sf* ● **la Svizzera** Suiza *f*
svizzero, a [z'vittsero, a] *agg & sm,f* suizo(za)
svogliato, a [zvoʎ'ʎato, a] *agg* desganado(da)
svolgere [z'vɔldʒere] *vt* 1. *(attività, lavoro)* desempeñar 2. *(srotolare)* desenrollar 3. *(argomento, soggetto)* desarrollar ❖ **svolgersi** *vr* 1. *(srotolarsi)* desenrollarse 2. *(fatto, avvenimento)* desarrollarse
svolta [z'vɔlta] *sf* giro *m*
svoltare [zvol'tare] *vi* girar ● **svoltare a sinistra** girar a la izquierda
svolto, a [z'vɔlto, a] *pp* ➤ **svolgere**
svuotare [zvwo'tare] *vt* vaciar

T [ti] ➤ **tabaccheria**
tabaccaio, a [tabak'kajo, a] *sm,f* estanquero *m*, -ra *f*
tabaccheria [tabakke'ria] *sf* estanco *m*
tabacco [ta'bakko] *sm (pl -chi)* tabaco *m* ❖ **tabacchi** *smpl* estanco *m*
tabella [ta'bella] *sf* tabla *f*
tabellone [tabel'lone] *sm* 1. *(con orari)* lista *f* de horarios 2. *(per le affissioni)* tablón *m* de anuncios 3. *(di pallacanestro)* tablero *m*
tabù [ta'bu] *sm inv* tabú *m*
TAC [tak] *sf inv (abbr di Tomografia Assiale Computerizzata)* TAC *f*
tacca ['takka] *sf (pl -che)* muesca *f*
taccagno, a [tak'kaɲɲo, a] *agg (fam)* tacaño(ña)
tacchino, a [tak'kino, a] *sm,f* pavo *m*, -va *f*
tacciare [tatt'tʃare] *vt* tachar
tacco ['takko] *sm (pl -chi)* tacón *m* ● **tacchi a spillo** tacones de aguja
taccuino [tak'kwino] *sm* bloc *m*
tacere [ta'tʃere] *vi* & *vt* callar
tachimetro [ta'kimetro] *sm* taquímetro *m*
taciturno, a [tatʃi'turno, a] *agg* taciturno(na)

tafano [ta'fano] *sm* tábano *m*
tafferuglio [taffe'ruʎʎo] *sm* bronca *f*
taglia ['taʎʎa] *sf* **1.** *(misura)* talla *f* **2.** *(corporatura)* complexión *f* **3.** • **taglia unica** talla única
tagliacarte [taʎʎa'karte] *sm inv* abrecartas *m inv*
taglialegna [taʎʎa'leɲɲa] *sm inv* leñador *m*, -ra *f*
tagliando [taʎ'ʎando] *sm* cupón *m*
tagliare [taʎ'ʎare] *vt* cortar • **taglio corto** cortar en seco • **tagliare la strada a qn** cortarle el camino a alguien • **tagliarsi** *vr* cortarse • **tagliarsi i capelli/le unghie** cortarse el pelo/las uñas
tagliatelle [taʎʎa'tɛlle] *sfpl* tallarines *mpl*
tagliaunghie [taʎʎa'ungje] *sm inv* cortauñas *m inv*
tagliente [taʎ'ʎɛnte] *agg* afilado(da)
tagliere [taʎ'ʎɛre] *sm* tabla *f* de picar
taglio ['taʎʎo] *sm* **1.** corte *m* **2.** *(parte tagliente)* filo *m* • **taglio cesareo** cesárea *f* • **banconote di piccolo/grosso taglio** billetes pequeños/grandes
tagliuzzare [taʎʎuts'tsare] *vt* picar
tailleur [ta'jɛr] *sm inv* traje *m* de chaqueta
talco ['talko] *(pl* **-chi**) *sm* talco *m*
tale ['tale]
◇ *agg (di questo tipo)* tal • **non ammetto tali atteggiamenti** no admito tales comportamientos; *(così grande)* tan • **fa una tale confusione!** ¡arma un jaleo tan grande! • **è di una abilità tale che non sbaglia mai** es tan hábil, que no falla nunca • **c'è una nebbia tale che non si vede niente** hay una niebla tan densa, que no se ve nada; *(in paragoni)* tal • **tale madre tale figlia** de tal palo tal astilla • **è tale quale lo ricordavo** está tal cual lo recordaba
◇ *agg* tal • **ti cerca un tale** te busca un tipo • **il giorno tale all'ora tale** el día tal a la hora tal
◇ *pron (persona non precisata)* tal dei tali • **fulano de tal** • **tale mi ha chiesto di te** un tipo me ha preguntado por ti • **quel tale** ese tipo
talebano [tale'bano] *sm* talibán *m*
taleggio [ta'ledʒdʒo] *sm* queso tierno originario de la región italiana de Lombardía
talento [ta'lɛnto] *sm* talento *m*
talloncino [tallon'tʃino] *sm* resguardo *m*, recibo *m (Amér)*
tallone [tal'lone] *sm* talón *m*
talmente [tal'mente] *avv* tan
talora [ta'lora] *avv* a veces
talpa ['talpa] *sf (fig)* topo *mf*
talvolta [tal'volta] *avv* a veces
tamburellare [tamburel'lare] *vi* **1.** *(pioggia)* repicar **2.** *(con dita)* tamborilear
tamburello [tambu'rɛllo] *sm* pandereta *f*
tamburo [tam'buro] *sm* tambor *m*
tamponamento [tampona'mento] *sm* choque *m*
tamponare [tampo'nare] *vt* **1.** *(ferita)* taponar **2.** *(auto)* chocar con
tampone [tam'pone] *sm* **1.** MED tapón *m* **2.** *(assorbente interno)* tampón *m*
tana ['tana] *sf (fig)* guarida *f*

tandem ['tandem] *sm inv* tándem *m*

tanfo ['tanfo] *sm* hedor *m*, hediondez *f* (*Amér*)

tanga ['tanga] *sm inv* tanga *m*

tangente [tan'dʒɛnte] *sf* **1.** tangente *f*. **2.** (*corruzione*) soborno *m*

tangenziale [tandʒen'tsjale] *sf* carretera *f* de circunvalación

tango ['tango] *sm* tango *m*

tanica ['tanika] (*pl* **-che**) *sf* bidón *m*

tantino [tan'tino] ❖ **un tantino** *avv* un poco

tanto, a ['tanto, a]
◇ *agg* **1.** (*in grande quantità*) mucho(cha) ❖ **abbiamo ancora tanto tempo** nos queda mucho tiempo todavía **2.** (*in numero elevato*) tanto(ta) ❖ **tanti(e)** muchos (as) ❖ **ho tanti amici** tengo muchos amigos ❖ **tanti auguri!** ¡muchas felicidades! ❖ **tanti saluti!** ¡muchos recuerdos! **3.** (*in paragoni*) tanto(ta) ❖ **tanto... quanto...** como ❖ **non hai tanta immaginazione quanta ne hai tu** no tengo tanta imaginación como tú ❖ **ha tanti fratelli quante sorelle** tiene tantos hermanos como hermanas
◇ *pron* **1.** (*grande quantità*) mucho (cha) ❖ **mi piace il cioccolato e ne mangio tanto** me gusta el chocolate y como mucho **2.** (*un grande numero*) tanto(ta) ❖ **tanti(e)** tantos (as) ❖ **è una ragazza come tante** es una chica como tantas **3.** (*una quantità indeterminata*) tanto ❖ **tanto... tanto...** tanto ❖ **di questi soldi tanti sono per la casa, tanti per le tue spese** de este dinero hay un tanto para la casa y otro tanto para tus gastos ❖ **un tanto al mese** pago un tanto al mes **4.** (*in espressioni*) ❖ **tanto vale ricominciare da capo!** ¡más vale empezar de nuevo! ❖ **in questo caso, tanto vale che stia a casa** en ese caso, lo mismo da que me quede en casa ❖ **di tanto in tanto** de vez en cuando ❖ **ogni tanto** de vez en cuando
◇ *avv* **1.** (*molto*) mucho **2.** (*con aggettivo*) muy ❖ **ti ringrazio tanto** te lo agradezco mucho ❖ **non tanto** (*poco*) no tanto **3.** (*così*) tan ❖ **è tanto sciocco da crederci** es tan tonto que se lo cree **4.** (*soltanto*) sólo ❖ **tanto per divertirsi/parlare** sólo para divertirse/hablar ❖ **una volta tanto** por una vez
◇ *cong* de todos modos ❖ **tanto, no me ne importa niente!** ¡total, no me importa nada!

tappa ['tappa] *sf* **1.** (*fermata*) parada *f* **2.** SPORT (*parte di tragitto*) etapa *f*

tappare [tap'pare] *vt* tapar ❖ **tapparsi le orecchie** cerrar los oídos

tapparella [tappa'rɛlla] *sf* persiana *f* enrollable

tappeto [tap'peto] *sm* **1.** (*da pavimento*) alfombra *f* **2.** (*da tavolo*) tapete *m* ❖ **mandare qn al tappeto** dejar a alguien fuera de combate

tappezzare [tappets'tsare] *vt* tapizar

tappezzeria [tappettse'ria] *sf* **1.** (*tessuto*) tapicería *f* **2.** (*da parati*) papel *m* pintado

tappo ['tappo] *sm* **1.** (*di bottiglia*) tapón *m*, tapa *f* (*Amér*) **2.** (*fam*) (*persona*) tapón *mf*, petizo *m*, -za *f* (*Arg*)

tarantella [taran'tɛlla] *sf* tarantela *f*

tarantola [ta'rantola] *sf* tarántula *f*

tarchiato, a [tar'kjato] *agg* macizo(za)

tardare [tar'dare] ◊ *vt* retrasar ◊ *vi* tardar ● tardare a fare qc tardar en hacer algo

tardi ['tardi] *avv* tarde ● fare tardi llegar tarde ● al più tardi a más tardar ● sul tardi tarde

tardivo, a [tar'divo] *agg* tardío(a)

targa ['targa] (*pl* **-ghe**) *sf* **1.** (*di auto*) matrícula *f*, placa *f* (*Méx & Ven*), patente *f* (*CSur*) **2.** (*con indicazione*) placa *f*

targhetta [tar'getta] *sf* placa *f*

tariffa [ta'riffa] *sf* tarifa *f* ● tariffa ridotta tarifa reducida ● tariffa unica tarifa única

tarlo ['tarlo] *sm* carcoma *f*

tarma ['tarma] *sf* polilla *f*, termita *f* (*Amér*)

tartagliare [tartaʎ'ʎare] *vi* tartamudear

tartaro [tartaro] *sm* sarro *m*

tartaruga [tarta'ruga] (*pl* **-ghe**) *sf* **1.** (*animale*) tortuga *f* **2.** (*materia*) carey *m*

tartina [tar'tina] *sf* canapé *m*

tartufo [tar'tufo] *sm* trufa *f*

tasca ['taska] (*pl* **-sche**) *sf* bolsillo *m*

tascabile [tas'kabile] ◊ *agg* de bolsillo ◊ *sm* libro *m* de bolsillo

taschino [tas'kino] *sm* bolsillo *m*

tassa ['tassa] *sf* **1.** (*per servizio*) tasa *f* **2.** (*fam*) (*imposta*) impuesto *m* ● tassa di iscrizione tasas de matrícula

tassametro [tas'sametro] *sm* taxímetro *m*

tassare [tas'sare] *vt* tasar

tassativo, a [tassa'tivo] *agg* taxativo(va)

tassello [tas'sello] *sm* taco *m* (*de pared*)

tassi [tas'si] = **taxi**

tassista, i, e [tas'sista, i, e] *smf* taxista *mf*, tachero *mf* (*Arg*)

tasso ['tasso] *sm* **1.** (*indice*) tasa *f* **2.** (*percentuale*) tipo *m* **3.** (*albero*) tejo *m* **4.** (*animale*) tejón *m* ● tasso d'interesse tipo de interés

tastare [tas'tare] *vt* **1.** palpar **2.** (*fam*) (*toccare*) palpar **3.** ● tastare il terreno tantear el terreno ● tastare il polso tomar el pulso

tastiera [tas'tjɛra] *sf* teclado *m*

tasto ['tasto] *sm* tecla *f*

tastoni [tas'toni] *avv* ● procedere (a) tastoni ir a tientas

tattico, a, ci, che ['tattiko, a, tʃi, ke] *agg* (*fig*) táctico(ca)

tatto ['tatto] *sm* (*fig*) tacto *m*

tatuaggio [tatu'adʒdʒo] *sm* tatuaje *m*

tatuare [tatu'are] *vt* tatuar

tavola ['tavola] *sf* **1.** (*asse*) tabla *f* **2.** (*mobile*) mesa *f* ● mettersi o andare a tavola sentarse a la mesa ● tavola calda snack-bar *m* ● tavola pieghevole mesa plegable

tavolata [tavo'lata] *sf* comensales *mpl*

tavoletta [tavo'letta] *sf* tableta *f*

tavolino [tavo'lino] *sm* **1.** (*da salotto*) mesa *f* baja **2.** (*di bar*) mesa *f* **3.** (*scrivania*) escritorio *m*

tavolo ['tavolo] *sm* mesa *f*

taxi ['taksi] *sm inv* taxi *m*

tazza ['tattsa] *sf* taza *f* ● una tazza di una taza de

tazzina [tats'tsina] *sf* tacita *f*

T.C.I. [titʃti'i] *sm* (*abbr di* Touring Club Italiano) organismo nacional de turismo italiano

te [te] *pron* **1.** (*complemento oggetto*) ti **2.** (*con preposizione*) ti **3.** (*pronomi combinati*) te ● **hanno visto te, non me** te han visto a ti, a mí no ● **vengo con te** voy contigo ● **un regalo per te** un regalo para ti ● **l'avevo detto ya** te lo dije

tè [tɛ] *sm inv* té *m*

teatrale [tea'trale] *agg* (*spreg*) teatral

teatrino [tea'trino] *sm* teatro *m* de marionetas

teatro [te'atro] *sm* teatro *m* ● **teatro tenda** carpa *f*

tecnica ['tɛknika] (*pl* **-che**) *sf* técnica *f*

tecnico, a, ci, che ['tɛkniko, a, tʃi, ke] *agg* & *sm,f* técnico(ca)

tecno ['tɛkno] ◇ *agg* tecno ◇ *sf inv* música *f* tecno

tecnologia [teknolo'dʒia] *sf* tecnología *f*

tecnologico, a, ci, che [tekno'lɔdʒiko, a, tʃi, ke] *agg* tecnológico(ca)

tedesco, a, schi, sche [te'desko, a, ski, ske] ◇ *agg* & *sm,f* alemán(na) ◇ *sm* alemán *m*

tegame [te'game] *sm* cazuela *f*

teglia [teʎʎa] *sf* fuente *f* para horno

tegola ['tegola] *sf* **1.** teja *f* **2.** (*fam* & *fig*) (*guaio, contrattempo*) palo *m*

teiera [te'jɛra] *sf* tetera *f*

tela ['tela] *sf* **1.** (*tessuto*) tela *f* **2.** (*quadro*) lienzo *m* ● **tela cerata** hule *m*

telaio [te'lajo] *sm* **1.** (*macchina*) telar *m* **2.** (*di finestra*) marco *m* **3.** (*di letto*) armazón *m*

telecamera [tele'kamera] *sf* cámara *f* de televisión

telecomando [teleko'mando] *sm* mando *m* a distancia

telecronaca [tele'krɔnaka] (*pl* **-che**) *sf* crónica *f* televisiva

teleferica [tele'fɛrika] (*pl* **-che**) *sf* teleférico *m*

telefilm [tele'film] *sm inv* telefilm *m*, serie *f* de televisión (Amér)

telefonare [telefo'nare] *vi* telefonear ● **telefonare a qn** telefonear a alguien

telefonata [telefo'nata] *sf* llamada *f* de teléfono ● **telefonata a carico (del destinatario)** llamada a cobro revertido

telefonico, a, ci, che [tele'fɔniko, a, tʃi, ke] *agg* telefónico(ca)

telefonino [telefo'nino] *sm* móvil *m*, celular *m* (Amér)

telefonista, i, e [telefo'nista, i, e] *smf* telefonista *mf*

telefono [te'lɛfono] *sm* teléfono *m* ● **telefono cellulare** teléfono móvil ● **telefono pubblico** teléfono público ● **telefono a scatti** teléfono por pasos ● **telefono a scheda (magnetica)** teléfono con tarjeta ● **per telefono** por teléfono

al telefono

Per rispondere al telefono in Spagna si dice semplicemente *¡Diga!, ¿Dígame?, ¡Dígame!, ¿Sí?*. In alcuni paesi dell'America Latina si risponde *¿Aló?*. In contesti formali la persona che ha chiamato potrà dire

Buenas tardes, soy Carlos Urrutia. ¿Podría hablar con el Sr. Sáez, por favor? o, informalmente, *¡Hola! ¿Está José? Se chiede di voi, potete rispondere Soy yo.*

telegiornale [teledʒor'nale] *sm* telediario *m* (*Esp*), noticiero *m* (*Amér*)

telegrafare [telegra'fare] *vt & vi* telegrafiar

telegramma [tele'gramma] *sm* telegrama *m*

teleobiettivo [teleobjet'tivo] *sm* teleobjetivo *m*

teleromanzo [telero'mandzo] *sm* telenovela *f*

teleschermo [teles'kermo] *sm* pantalla *f* de televisión

telescopio [teles'kɔpjo] *sm* telescopio *m*

telespettatore, trice [telespetta'tore, 'tritʃe] *sm,f* telespectador *m*, -ra *f*

televisione [televi'zjone] *sf* televisión *f* ● **alla televisione** en la televisión

televisivo, a [televi'zivo, a] *agg* televisivo(va)

televisore [televi'zore] *sm* televisor *m* ● **televisore a colori** televisor en color

telo ['telo] *sm* 1. (*pezzo di tela*) tela *f* 2. (*asciugamano*) toalla *f*

tema ['tɛma] *sm* 1. MUS (*argomento, soggetto*) tema *m* 2. SCOL redacción *f*

temere [te'mere] *vt & vi* temer ● **temo che non venga** temo que no venga ● **temo di no/sì** me temo que no/sí ● **temere di non farcela** temer no conseguirlo ● **temere per** *v + prep* temer por

tempera ['tɛmpera] *sf* témpera *f*

temperamatite [temperama'tite] *sm inv* sacapuntas *m inv*

temperamento [tempera'mento] *sm* temperamento *m*

temperato, a [tempe'rato, a] *agg* 1. (*clima, stagione*) templado(da) 2. (*moderato*) moderado(da)

temperatura [tempera'tura] *sf* temperatura *f*

temperino [tempe'rino] *sm* 1. (*coltello*) cortaplumas *m inv* 2. (*temperamatite*) sacapuntas *f inv*

tempesta [tem'pesta] *sf* tormenta *f* ● **tempesta di neve** tormenta *f* de nieve

tempestare [tempes'tare] ◇ *vt* 1. ● **tempestare qn di insulti** cubrir a alguien de insultos 2. ● **tempestare qn di domande** acosar a alguien con preguntas ◇ *vi* enfurecerse

tempestivo, a [tempes'tivo, a] *agg* oportuno(na)

tempestoso, a [tempes'tozo, a] *agg* tempestuoso(sa)

tempia ['tɛmpja] *sf* sien *f*

tempio ['tɛmpjo] *sm* templo *m*

tempo ['tɛmpo] *sm* 1. tiempo *m* 2. ● **avere/trovare il tempo di** o **per fare qc** tener/encontrar tiempo para hacer algo ● **alzarsi per tempo** levantarse a tiempo ● **perdere tempo** perder tiempo ● **tempo di cottura** tiempo de cocción ● **tempo libero** tiempo libre ● **tempo fa** hace tiempo ● **in tempo** a tiempo ● **allo stesso tempo** al mismo tiempo

temporale [tempo'rale] ◇ *agg* temporal ◇ *sm* temporal *m*

temporaneo, a [tempo'raneo, a] *agg* temporal

temporeggiare [temporedʒ'dʒare] *vi* ganar tiempo

tenace [te'natʃe] *agg* tenaz

tenacia [te'natʃa] *sf* tenacidad *f*

tenaglia *sf* tenazas *fpl*

tenda ['tɛnda] *sf* **1.** *(di finestra)* cortina *f* **2.** *(da campeggio)* tienda *f* ● **tenda canadese** tienda canadiense

tendenza [ten'dɛntsa] *sf* tendencia *f*

tendenzioso, a [tenden'tsjozo, a] *agg* tendencioso(sa)

tendere ['tɛndere] *vt* **1.** *(distendere)* estirar **2.** *(porgere)* tender ● **tendere a** *v + prep* tender a ● **tendere a fare qc** tender a hacer algo

tendine ['tɛndine] *sm* tendón *m*

tenebre ['tɛnebre] *sfpl* tinieblas *fpl*

tenente [te'nɛnte] *smf* teniente *mf*

tenere [te'nere]

◇ *vt (in mano)* llevar; *(reggere)* sujetar; *(mantenere)* tener, mantener; *(conservare)* guardar

◇ *vi (resistere)* aguantar ● **tenere compagnia a qn** hacer compañía a alguien ● **tenere a mente** tener en la memoria ● **tenere conto di** tener en cuenta ● **tenerla destra/sinistra** mantenerse a la derecha/izquierda ● **tenere la strada** mantenerse por el propio carril ● **tenere un discorso** dar un discurso ● **tenere d'occhio** no perder de vista

◇ *v + prep (dare importanza a)* ● **tenere a** importar

tenerezza [tene'rettsa] *sf* ternura *f*

tenero, a ['tɛnero, a] *agg* tierno(na)

tennis ['tɛnnis] *sm inv* tenis *m inv* ● **tennis da tavolo** tenis de mesa, ping-pong *m*

tennista, i, e [ten'nista, i, e] *smf* tenista *mf*

tenore [te'nore] *sm* **1.** *MUS* tenor *m* **2.** *(tono)* tono *m* **3.** ● **tenore di vita** nivel de vida

tensione [ten'sjone] *sf* tensión *f* ● **alta tensione** alta tensión

tentacolo [ten'takolo] *sm* tentáculo *m*

tentare [ten'tare] *vt* **1.** *(sperimentare)* intentar **2.** *(allettare)* tentar ● **tentare di fare qc** intentar hacer algo

tentativo [tenta'tivo] *sm* tentativa *f*

tentazione [tentats'tsjone] *sf* tentación *f*

tentennare [tenten'nare] *vi* titubear

tentoni [ten'toni] *avv* ● **andare (a) tentoni** ir a tientas

tenue [te'nue] *agg* **1.** tenue **2.** *(fig) (speranza)* leve

tenuta [te'nuta] *sf* **1.** *(abbigliamento)* uniforme *m* **2.** *(possedimento)* finca *f* **3.** *(resistenza fisica)* resistencia *f* ● **recipiente a tenuta d'aria** recipiente envasado al vacío ● **tenuta di strada** estabilidad *f*

teoria [teo'ria] *sf* teoría *f* ● **in teoria** en teoría

teoricamente [teorika'mente] *avv* teóricamente

teorico, a, ci, che [te'ɔriko, a, tʃi, ke] *agg* teórico(ca)

tepore [te'pore] *sm* tibieza *f*

teppista, i, e [tep'pista, i, e] *smf* maleante *mf*

tequila [te'kila] *sf inv* tequila *m*

terapeutico, a, ci, che [tera'pɛwtiko, a, tʃi, ke] *agg* terapéutico(ca)

terapia [tera'pia] *sf* terapia *f*

tergicristallo [tɛrdʒikris'tallo] *sm* limpiaparabrisas *m inv*

tergiversare [tɛrdʒiver'sare] *vi* ● quando ti fanno una domanda tergiversi sempre cuando te hacen una pregunta siempre la eludes

tergo ['tɛrgo] *sm (form)* ● **da tergo** desde atrás ● **vedi a tergo** véase al dorso

terital ® ['tɛrital] *sm* tergal ® *m*

termale [ter'male] *agg* termal

terme ['tɛrme] *sfpl* **1.** *(stabilimento)* balneario *m* **2.** *(rudere)* termas *fpl*

terme

En Italia abundan las termas ya que, debido al clima templado, el país es rico en agua mineral, en particular en el centro y en el norte. Entre las más conocidas destacan las termas de Abano en el Véneto, de Salsomaggiore en Emilia-Romaña, de Chianciano y de Montecatini en Toscana, de Fiuggi en el Lacio y de Ischia en Campania.

termico, a, ci, che ['tɛrmiko, a, tʃi, ke] *agg* térmico(ca)

terminal ['tɛrminal] *sm inv* terminal *f*

terminale [termi'nale] *agg* terminal

terminare [termi'nare] *vt & vi* terminar

termine ['tɛrmine] *sm* **1.** *(di viaggio, spettacolo, parola)* término *m* **2.** *(scadenza)* plazo *m* ● **portare** o **condurre a termine** llevar a cabo ● **breve/lungo termine** a corto/largo plazo ● **termini** *smpl* términos *mpl* ● **senza mezzi termini** sin rodeos

terminologia [terminolo'dʒia] *sf* terminología *f*

termite ['tɛrmite] *sf* termita *f*

termometro [ter'mɔmetro] *sm* termómetro *m*

termos ['tɛrmos] = **thermos**

termosifone [tɛrmosi'fone] *sm* radiador *m*

termostato [ter'mɔstato] *sm* termostato *m*

terra ['tɛrra] *sf* tierra *f* ● **raccogliere da terra** recoger del suelo ● **terra battuta** *SPORT* tierra batida ● **a** o **per terra** al suelo ● **essere a terra** *(fig)* estar por los suelos ● **essere terra terra** *(fig) (cosa)* ser cutre; *(persona)* ser del montón

terracotta [tɛrra'kɔtta] *sf* terracota *f*

terraferma [tɛrra'fɛrma] *sf* tierra *f* firme

terrapieno [tɛrra'pjɛno] *sm* terraplén *m*

terrazza [ter'rattsa] *sf* terraza *f*

terrazzo [ter'rattso] *sm* > **terrazza**

terremoto [terre'mɔto] *sm (fig)* terremoto *m*

terreno, a [ter'rɛno, a] ◇ *agg* terrenal ◇ *sm* **1.** *(suolo)* terreno *m* **2.** *(appezzamento)* solar *m* **3.** *SPORT* terreno *m* de juego

terreo, a ['tɛrreo, a] *agg* terroso(sa)

terrestre [ter'rɛstre] *agg* terrestre

terribile [ter'ribile] *agg* terrible

terrificante [terrifi'kante] *agg* terrorífico(ca)

terrina [ter'rina] *sf* tarrina *f*, tarrito *m* (Amér)

territoriale [territo'rjale] *agg* territorial

territorio [terri'tɔrjo] *sm* territorio *m*

terrore [ter'rore] *sm* terror *m*

terrorismo [terro'rizmo] *sm* terrorismo *m*

terrorista, i, e [terro'rista, i, e] *smf* terrorista *mf*, terruco *m*, -ca *f* (Perú)

terrorizzare [terroridz'dzare] *vt* aterrorizar

terso, a ['tɛrso, a] *agg* **1.** *(pulito)* terso (sa) **2.** *(cielo)* despejado(da)

terza ['tɛrtsa] *sf* **1.** SCOL tercer *m* curso **2.** *(marcia)* tercera *f*

terzetto [ter'tsetto] *sm* **1.** MUS terceto *m* **2.** *(gruppo)* trío *m*

terzino [ter'tsino] *sm* SPORT defensa *m*

terzo ['tɛrtso] *num* tercero(ra) ● **sesto** ● **terzi** *smpl* terceros *mpl* ● **per conto terzo** por cuenta de terceros

terzultimo, a [ter'tsultimo, a] *sm,f* el antepenúltimo(la antepenúltima).

tesa ['teza] *sf (di cappello)* ala *f*

teschio [ˈteskjo] *sm* calavera *f*

tesi ['tɛzi] *sf inv* **1.** tesis *f inv* **2.** tesi (di laurea) tesis (de licenciatura)

teso, a ['tezo, a] *agg (fig)* tenso(sa)

tesoreria [tezore'ria] *sf* tesorería *f*

tesoro [te'zɔro] *sm* **1.** tesoro *m* **2.** *(fam) (appellativo)* cariño *m*

tessera ['tɛssera] *sf* carnet *m* ● **tessera magnetica** tarjeta magnética

tessere ['tɛssere] *vt* tejer

tesserino [tesse'rino] *sm* carnet *m*

tessile ['tɛssile] *agg* textil

tessitura [tessi'tura] *sf (attività)* tejido *m*

tessuto [tes'suto] *sm* **1.** tejido *m* **2.** *(fig) (di menzogne)* entramado *m*

test [tɛst] *sm inv* test *m* ● **test di gravidanza** test de embarazo

testa ['tɛsta] *sf* **1.** ANAT cabeza *f* **2.** *(parte superiore)* cabeza *f*, marote *m* (Arg & Urug) **3.** *(di letto)* cabezal *m* **4.** *(di pagina)* encabezado *m* **5.** ● **dalla testa ai piedi** de los pies a la cabeza **6.** ● **essere in testa** ir a la cabeza **7.** ● **fare di testa propria** ir a su aire **8.** ● **montarsi la testa** subírsele (los humos) a la cabeza **9.** ● **perdere la testa** perder la cabeza **10.** ● **dare alla testa** subírsele a la cabeza **11.** ● **essere fuori di testa** estar fuera de sus cabales **12.** ● **fare a testa o croce** echar a cara o cruz **13.** ● **a testa** por cabeza **14.** ● **mettersi in testa di fare qc** meterse en la cabeza hacer algo

testamento [testa'mento] *sm* testamento *m* ● **l'Antico/Nuovo Testamento** el Antiguo/Nuevo Testamento

testardo, a [tes'tardo, a] *agg* testarudo(da), tapeteado(da) (Andes)

testato, a [tes'tato, a] *agg* sometido(o) a pruebas

teste ['tɛste] *smf* testigo *mf*

testicolo [tes'tikolo] *sm* testículo *m*

testimone [testi'mone] *smf* testigo *mf*

testimoniare [testimo'njare] *vt & vi* testimoniar

testina [tes'tina] *sf* cabezal *m*

testo ['tɛsto] *sm* texto *m*

testone, a [tes'tone, a] *sm,f* cabezota *mf*

testuggine [tes'tuddʒine] *sf* tortuga *f*

tetano ['tɛtano] *sm* tétanos *m*

tetro, a ['tetro, a] *agg* tétrico(ca)
tetta ['tetta] *sf (fam)* teta *f*
tetto ['tetto] *sm* **1.** *(di edificio)* tejado *m* **2.** *(di veicolo)* techo *m* **3.** *(fig) (abitazione)* techo *m* **4.** ● **i senzatetto** los sin techo
tettoia [tet'toja] *sf* marquesina *f*
Tevere ['tevere] *sm* ● **il Tevere** el Tíber
thermos ['tɛrmos] *sm inv* termo *m*
thriller ['triller] *sm inv* thriller *m*
ti [ti] *pron* te ● **non ti sento** no te oigo ● **ti ho portato un regalo** te he traído un regalo
tibia ['tibja] *sf* tibia *f*
tic [tik] *sm inv* tic *m*
ticchettio [tikket'tio] *sm* repiqueteo *m*
ticket ['tiket] *sm* **1.** *(scontrino)* tíquet *m*, tiquete *m* *(CAm, Col, Cuba & Méx)* **2.** *MED* impuesto sanitario adicional sobre determinados fármacos y servicios médicos

ticket
Los italianos pueden elegir libremente su médico generalista y la atención hospitalaria es gratuita. Sin embargo, para las consultas del especialista, determinados análisis y la compra de ciertos medicamentos se aplica un sistema de copago, el *ticket* moderador, cuya finalidad es controlar el crecimiento excesivo del gasto sanitario. Sólo algunos grupos de población, en función de la edad y condiciones económicas, están exentos.

tiepido, a ['tjepido, a] *agg* **1.** *(caldo)* tibio(bia) **2.** *(poco entusiasta)* débil
tifare [ti'fare] ● **tifare per** *v* + *prep SPORT* ser hincha de
tifo ['tifo] *sm* **1.** *SPORT* afición *f* **2.** *MED* tifus *m* **3.** ● **fare il tifo per** ser hincha de
tifone [ti'fone] *sm* tifón *m*, tornado *m* *(Amér)*
tifoso, a [ti'fozo, a] *sm, sf* hincha *mf*
tiglio ['tiʎʎo] *sm* **1.** tilo *m* **2.** ● **tisana di tiglio** tila *f*
tigrato, a [ti'grato, a] *agg* atigrado(da)
tigre ['tigre] *sf* tigre *m*
tilt [tilt] *sm* ● **andare in tilt** *(guastarsi)* bloquearse; *(perdere il controllo)* cruzarse los cables
timballo [tim'ballo] *sm* timbal *m*
timbrare [tim'brare] *vt* **1.** *(biglietto, francobollo)* sellar **2.** *(in fabbrica)* fichar
timbro ['timbro] *sm* **1.** sello *m* **2.** *(di voce)* timbre *m*
timer ['taimer] *sm inv* temporizador *m*
timidezza [timi'dettsa] *sf* timidez *f*
timido, a ['timido, a] *agg* tímido(da)
timo ['timo] *sm* tomillo *m*
timone [ti'mone] *sm* timón *m*
timore [ti'more] *sm* temor *m*
timpano ['timpano] *sm* **1.** *ANAT* tímpano *m* **2.** *MUS* timbal *m*
tinello [ti'nello] *sm* comedor *m*
tingere ['tindʒere] *vt* teñir ● **tingere i capelli** teñir el pelo
tinozza [ti'nɔttsa] *sf* tinaja *f*
tinta ['tinta] *sf* tinte *m* ● **farsi la tinta** *(fam)* teñirse ● **maglione blu in tinta unita** jersey azul liso

tintarella [tinta'rella] *sf (fam)* moreno *m*, bronceado *m*

tintinnare [tintin'nare] *vi* tintinear

tinto, a ['tinto, a] *pp* ➤ **tingere** ◆ *agg* teñido(da)

tintoria [tinto'ria] *sf* tintorería *f*

tintura [tin'tura] *sf* ● **tintura di iodio** tintura *f* de yodo

tipa ['tipa] *sf (fam)* tía *f*, piba *f (Arg)*, chiquilla *f (Chile)*, chamaca *f (Méx)*

tipico, a, ci, che ['tipiko, a, tʃi, ke] *agg* típico(ca)

tipo ['tipo] *sm* **1.** tipo *m* **2.** *(fam) (individuo)* tío *m*

tipografia [tipogra'fia] *sf* imprenta *f*

tipografo, a [ti'pɔgrafo] *sm, f* tipógrafo *m*, -fa *f*

tiramisù [tirami'su] *sm inv* tiramisú *m*

tiranno, a [ti'ranno, a] *sm, f* tirano *m*, -na *f*

tirare [ti'rare] ◆ *vt* **1.** *(verso di sé)* tirar, jalar *(Amér)* **2.** *(trainare)* tirar **3.** *(lanciare)* tirar, botar *(Amér)* **4.** *(tracciare)* trazar **5.** *(sferrare)* dar **6.** *(sparare)* disparar ◆ *vi* **1.** *(vestito)* apretar **2.** ● **tira vento** sopla viento **3.** ● **tirare diritto** seguir su camino ● **tirare fuori** sacar **5.** ● **tirare a indovinare** coger al azar **6.** ● **tirare a sorte** echar a suertes **7.** ● **tirare su** *(raccogliere)* recoger ● **tirarsi** *vr* **1.** *(rinunciare)* ● **tirarsi indietro** echarse atrás **2.** *(alzarsi)* ● **tirarsi su** levantarse ● *(fig) (di morale)* animarse

tiratore [tira'tore] *sm* tirador *m*, -ra *f*

tiratura [tira'tura] *sf* tirada *f*

tirchio, chia ['tirkjo, kja] *agg (fam)* tacaño(ña), pijotero(ra) *(Arg)*

tiro ['tiro] *sm* tiro *m* ● **tiro con l'arco** tiro con arco ● **giocare un brutto tiro a qn** jugar una mala pasada a alguien

tirocinio [tiro'tʃinjo] *sm* prácticas *fpl*, pasantía *f (Amér)*

tiroide [ti'rɔide] *sf* tiroides *m*

Tirreno [tir'reno] *sm* ● **il (Mar) Tirreno** el (Mar) Tirreno

tisana [ti'zana] *sf* infusión *f*

titolare [tito'lare] *smf* titular *mf*

titolo ['titolo] *sm* título *m* ● **titolo di studio** titulación *f* académica ● **titoli di credito** valores de crédito

titubante [titu'bante] *agg* titubeante

tizio, a ['tittsjo, a] *sm, f (fam)* tío *m*, tía *f*

tizzone [tits'tsone] *sm* tizón *m*

toast [tɔst] *sm inv* sandwich *m* caliente

toccare [tok'kare] ◆ *vt* **1.** tocar **2.** *(riguardare)* afectar ◆ *vi* tocar ● **toccare a v + prep** tocar ● **a chi tocca?** ¿a quién le toca? ● **mi tocca ricomprarlo** me toca volver a comprarlo

tocco ['tɔkko] *sm* toque *m*

tofu ['tofu] *sm inv (formaggio di soia)* tofu *m*

toga ['tɔga] (*pl* **-ghe**) *sf* toga *f*

togliere ['tɔʎʎere] *vt* **1.** *(rimuovere, privare di)* quitar **2.** *(liberare)* sacar ● **togliere qc a qn** quitar algo a alguien ● **ciò non toglie che** esto no quita que ● **togliersi** *vr* **1.** ● **togliersi gli occhiali** quitarse las gafas

toilette [twa'lɛt] *sf inv* **1.** *(bagno)* lavabo *m*, baño *m (Amér)* **2.** *(mobile)* tocador *m* **3.** *(acconciatura e trucco)* aseo y arreglo personal

tollerabile [tolle'rabile] *agg* tolerable

tollerante [tolle'rante] *agg* tolerante
tollerare [tolle'rare] *vt* tolerar
tolto, a ['tolto, a] *pp* ≃ **togliere**
tomba ['tomba] *sf* tumba *f*
tombino [tom'bino] *sm* alcantarilla *f*
tombola ['tombola] *sf* ≃ bingo
tonaca ['tɔnaka] (*pl* **-che**) *sf* túnica *f*
tonalità [tonali'ta] *sf inv* tonalidad *f*
tondo, a ['tondo, a] *agg* redondo(da)
tonfo ['tonfo] *sm* **1.** (*rumore*) ruido *m* **2.** (*caduta*) batacazo *m*
tonico, a, ci, che ['tɔniko, a, tʃi, ke] *agg* tonificante ◇ *sm* tónico *m*
tonificare [tonifi'kare] *vt* tonificar
tonnellata [tonnel'lata] *sf* tonelada *f*
tonno ['tonno] *sm* atún *m* • **tonno in scatola** atún en lata
tono ['tono] *sm* tono *m* • **essere giù di tono** estar débil
tonsilla *sf* amígdala *f*
tonto, a ['tonto, a] *agg* tonto(ta) • **fare il finto tonto** hacerse el tonto
top ['tɔp] *sm* **1.** top *m* **2.** **top model** top *mf* model
topaia [to'paja] *sf* **1.** (*tana*) ratonera *f* **2.** (*luogo malsano*) cuchitril *m*
topazio [to'patstsjo] *sm* topacio *m*
topless ['tɔples] *sm inv* topless *m inv*
topo ['tɔpo] *sm* ratón *m*
toppa ['tɔppa] *sf* **1.** (*di stoffa*) parche *m* **2.** (*di serratura*) ojo *m* de la cerradura
torace [to'ratʃe] (*pl* **-ci**) *sm* tórax *m*
torbido, a ['torbido, a] *agg* turbio(bia)
torcere ['tɔrtʃere] *vt* torcer • **torcersi** *vr* torcerse
torchio ['tɔrkjo] *sm* prensa *f*

torcia ['tɔrtʃa] (*pl* **-ce**) *sf* **1.** (*ramo*) antorcha *f* **2.** (*elettrica*) linterna *f*
torcicollo [tortʃi'kɔllo] *sm* tortícolis *m inv*
torero, a [to'rero, a] *sm,f* torero *m*, -ra *f*
Torino [to'rino] *sf* Turín *m*
tormenta [tor'menta] *sf* tormenta *f*
tormentare [tormen'tare] *vt* atormentar • **tormentarsi** *vr* atormentarse
tormento [tor'mento] *sm* tormento *m*
tornaconto [torna'konto] *sm* provecho *m*
tornante [tor'nante] *sm* curva *f* cerrada • **ala tornante** (*calcio*) extremo que también cumple tareas defensivas
tornare [tor'nare] *vi* **1.** volver **2.** (*riuscire giusto*) cuadrar • **tornare utile (a qn)** ser útil (a alguien) • **tornare a casa** volver a casa
torneo [tor'neo] *sm* torneo *m*
toro ['tɔro] *sm* (*fig*) toro *m* • **Toro** *sm* Tauro *m inv*
torre ['torre] *sf* torre *f* • **torre di controllo** torre de control • **torre di Pisa** torre de Pisa
torrefazione [torrefats'tsjone] *sf* torrefacción *f*
torrente [tor'rɛnte] *sm* torrente *m*
torrido, a ['tɔrrido, a] *agg* tórrido(da)
torrione [tor'rjone] *sm* torreón *m*
torrone [tor'rone] *sm* turrón *m*
torsione [tor'sjone] *sf* torsión *m*
torso ['torso] *sm* torso *m* • **a torso nudo** con el torso desnudo
torsolo ['torsolo] *sm* **1.** (*di verdura*) troncho *m* **2.** (*di frutto*) corazón *m*
torta ['tɔrta] *sf* pastel *m* • **torta gelato**

tarta helada ● **torta di mele** tarta de manzana
tortellini [tortel'lini] *smpl* tortellini *mpl*
tortiera [tor'tjera] *sf* molde *m* para pastel
tortino [tor'tino] *sm* tarta *f (Esp)* ◇ torta *f (Amér)* salada
torto, a ['torto, a] ◇ *pp* ● torcere ◇ *sm* injusticia *f* ● **avere torto** equivocarse ● **a torto** sin razón
tortora ['tortora] *sf* tórtola *f*
tortuoso, a [tor'twozo, a] *agg* tortuoso(sa)
tortura [tor'tura] *sf* tortura *f*
torturare [tortu'rare] *vt* torturar
tosaerba [toza'ɛrba] *sm inv* cortacésped *m*
tosare [to'zare] *vt* **1.** *(pecora)* esquilar **2.** *(siepe)* podar
tosatura *sf* **1.** *(di pecora)* esquila *f* **2.** *(di siepe)* poda *f*
Toscana [tos'kana] *sf* ● **la Toscana** Toscana *f*
toscano, a [tos'kano, a] ◇ *agg* & *smf* toscano(na) ◇ *sm (sigaro)* puro *m*
tosse ['tosse] *sf* tos *f*
tossico, a, ci, che ['tɔssiko, a, tʃi, ke] ◇ *agg* tóxico(ca) ◇ *sm (fam) (drogato)* drogata *mf* ◇ *sm (veleno)* sustancia *f* tóxica
tossicodipendente [tɔssikodipen'dɛnte] *smf* drogadicto *m*, -ta *f*
tossicomane [tossi'kɔmane] *smf* toxicómano *m*, -na *f*, drogado *m*, -da *f (Amér)*
tossire [tos'sire] *vi* toser
tostapane [tosta'pane] *sm inv* tostador *m*
tostare [tos'tare] *vt* tostar
tosto, a ['tɔsto, a] *sm, f (fam)* ● **faccia tosta** cara *mf* dura ◇ de palo *(Chile)*, palangana *mf (Amér)*, afrentado *m*, -da *f (PRico)*
tot [tɔt] ◇ *agg inv* ● spendo tot d'affitto pago tanto de alquiler ◇ *sm inv* ● **tu vendi un tot di libri, facciamo venti tú** vendes tantos libros, pongamos que veinte
totale [to'tale] ◇ *agg* total ◇ *sm* total *m* ● **in totale** en total
totalizzare [totalidz'dzare] *vt* totalizar
totano ['tɔtano] *sm* calamar *m* gigante
totocalcio [toto'kaltʃo] *sm* ≃ quiniela *f* ● **giocare al totocalcio** jugar a la quiniela
toupet [tu'pe] *sm inv* postizo *m*
tournée [tur'ne] *sf inv* gira *f*
tovaglia [to'vaʎʎa] *sf* mantel *m*
tovagliolo [tovaʎ'ʎɔlo] *sm* servilleta *f*
tozzo, a ['tɔttso, a] ◇ *agg* achaparrado(da) ◇ *sm* mendrugo *m*
tra ['tra] *prep* **1.** *(in mezzo a, di relazione)* entre **2.** *(di tempo)* dentro de ● **tra 10 chilometri c'è un distributore** a diez kilómetros hay una gasolinera ● **quale preferisci tra questi?** entre éstos, ¿cuál prefieres? ● **detto tra (di) noi** que quede entre nosotros ● **tra breve** en breve ● **tra poco** dentro de poco ● **dire tra sé e sé** decir para sus adentros
traballare [trabal'lare] *vi* tambalearse
trabiccolo [tra'bikkolo] *sm (fam) (veicolo)* cafetera *f*, chatarra *f (Amér)*
traboccare [trabok'kare] *vi* rebosar

trabocchetto [trabok'ketto] *sm* **1.** *(tranello)* trampa *f* **2.** *(botola)* trampilla *f*

tracannare [trakan'nare] *vt* beber de un trago

traccia ['trattʃa] *(pl* **-ce)** *sf* **1.** *(segno)* huella *f* **2.** *(indizio)* rastro *m* **3.** *(schema)* esbozo *m*

tracciare [trat'tʃare] *vt* trazar

tracciato [trat'tʃato] *sm* trazado *m*

trachea [tra'kea] *sf* traquea *f*

tracolla [tra'kɔlla] *sf* bandolera *f* ♦ **a tracolla** en bandolera

tradimento [tradi'mento] *sm* traición *f* ♦ **a tradimento** a traición

tradire [tra'dire] *vt* traicionar ♦ **tradirsi** *vr* traicionarse

traditore, trice [tradi'tore, tritʃe] *sm,f* traidor *m*, -ra *f*

tradizionale [traditstsjo'nale] *agg* tradicional

tradizione [tradits'tsjone] *sf* tradición *f*

tradurre [tra'durre] *vt* traducir

traduttore, trice [tradut'tore, tritʃe] *sm,f* traductor *m*, -ra *f*

traduzione [traduts'tsjone] *sf* traducción *f*

trafelato, a [trafe'lato, a] *agg* jadeante

trafficante [traffi'kante] *smf* traficante *mf*

trafficare [traffi'kare] ◇ *vt* traficar con ◇ *vi* trajinar ♦ **trafficare in** *v* + *prep* traficar con

traffico ['traffiko] *(pl* **-ci)** *sm* tráfico *m*

trafiggere [tra'fidʒdʒere] *vt* traspasar

trafiletto [trafi'letto] *sm* suelto *m*

trafitto, a [tra'fitto, a] *pp* > **trafiggere**

traforare *vt* **1.** *(perforare)* perforar **2.** *(stoffa)* agujerear

traforo [tra'fɔro] *sm* túnel *m*

tragedia [tra'dʒɛdja] *sf* tragedia *f*

traghetto [tra'getto] *sm* transbordador *m*

tragico, a, ci, che ['tradʒiko, a, tʃi, ke] *agg* trágico(ca)

tragitto [tra'dʒitto] *sm* trayecto *m*

traguardo [tra'gwardo] *sm* meta *f* ♦ **tagliare il traguardo** cruzar la meta

traiettoria [trajet'tɔrja] *sf* trayectoria *f*

trainare [trai'nare] *vt* remolcar

traino ['traino] *sm* remolque *m*

tralasciare [tralaʃ'ʃare] *vt* omitir

traliccio [tra'littʃo] *sm* torre *f (de alta tensión)*

tram [tram] *sm inv* tranvía *m*

trama ['trama] *sf* trama *f*

tramandare [traman'dare] *vt* transmitir

tramare [tra'mare] *vt (fig)* tramar

trambusto [tram'busto] *sm* trasiego *m*

tramestio [trames'tio] *sm* traqueteo *m*

tramezzino [tramedz'dzino] *sm* sandwich *m*

tramite ['tramite] ◇ *prep* a través de ◇ *sm* ♦ **per (il) tramite di** por medio de

tramontana [tramon'tana] *sf* tramontana *f*

tramonto [tra'monto] *sm* puesta *f* de sol

tramortire [tramor'tire] *vt* aturdir

trampoli ['trampoli] *smpl* zancos *mpl*

trampolino [trampo'lino] *sm* trampolín *m*

tramutare [tramu'tare] *vt* ♦ **tramutare in** transformar en ♦ **tramutarsi in** transformarse en

trancio ['trantʃo] *sm* trozo *m*

tranello [tra'nɛllo] *sm* trampa *f*
tranguigiare [trangui'dʒare] *vt* tragar
tranne ['tranne] *prep* excepto ● **tranne che** a menos que
tranquillante [trankwil'lante] *sm* tranquilizante *m*
tranquillità [trankwilli'ta] *sf* tranquilidad *f*
tranquillizzare [trankwillidz'dzare] *vt* tranquilizar ◆ **tranquillizzarsi** *vr* tranquilizarse
tranquillo, a [tran'kwillo, a] *agg* tranquilo(la)
transatlantico [transa'tlantiko] *sm* transatlántico *m*
transazione [transats'tsjone] *sf* transacción *f*
transenna [tran'senna] *sf* barrera *f*
transigere [tran'sidʒere] *vi* transigir
transistor [tran'sistor] *sm inv* transistor *m*
transitabile [transi'tabile] *agg* transitable
transitare [transi'tare] *vi* transitar
transitivo, a [transi'tivo, a] *agg* transitivo(va)
transito ['transito] *sm* tránsito *m* ▼ **divieto di transito** circulación prohibida
transizione [transits'tsjone] *sf* transición *f*
trapanare [trapa'nare] *vt* **1.** *(asse, muro)* taladrar **2.** *(dente)* perforar
trapano ['trapano] *sm* **1.** *(per superficie)* taladro *m* **2.** *(del dentista)* torno *m*
trapassare [trapas'sare] ◇ *vt* *(trafiggere)* traspasar ◇ *vi* *(form)* *(morire)* expirar
trapelare [trape'lare] *vi* filtrarse
trapezio [tra'pɛtstsjo] *sm* trapecio *m*
trapezista, i, e [trapets'tsista, i, e] *smf* trapecista *mf*
trapiantare [trapjan'tare] *vt* trasplantar
trapianto [tra'pjanto] *sm* trasplante *m*
trappola [trappola] *sf* trampa *f*
trapunta [tra'punta] *sf* edredón *m*, colcha *f* (*Amér*)
trarre ['trarre] *vt* ● **trarre in inganno** engañar ● **trarre origine da** tener su origen en ● **trarre in salvo** poner a salvo ● **trarre vantaggio da qc/qn** sacar provecho de algo/alguien
trasalire [trasa'lire] *vi* sobresaltarse
trasandato, a [trazan'dato, a] *agg* desaliñado(da)
trascinare [traʃʃi'nare] *vt* arrastrar ◆ **trascinarsi** *vr* arrastrarse
trascorrere [tras'korrere] *vt* & *vi* pasar
trascorso, a [tras'korso, a] *pp* > **trascorrere**
trascritto, a [tras'kritto, a] *pp* > **trascrivere**
trascrivere [tras'krivere] *vt* transcribir
trascurabile [trasku'rabile] *agg* irrelevante
trascurare [trasku'rare] *vt* **1.** *(non curare)* descuidar **2.** *(omettere)* pasar por alto
trascurato, a [trasku'rato, a] *agg* descuidado(da)
trasecolato, a [traseko'lato, a] *agg* asombrado(da)
trasferibile [trasfe'ribile] *agg* ● **assegno non trasferibile** cheque barrado
trasferimento [trasferi'mento] *sm* **1.** *(di sede)* traslado *m* **2.** *(di incarico, responsabilità)* traspaso *m*

trasferire [trasfe'rire] *vt* trasladar ◆ **trasferirsi** *vr* trasladarse

trasferta [tras'fεrta] *sf* 1. *(viaggio)* viaje *m* de negocios 2. *(indennità)* dietas *fpl* 3. SPORT ● **giocare in trasferta** jugar en campo contrario

trasformare [trasfor'mare] *vt* transformar ◆ **trasformarsi** *vr* transformarse ● **trasformarsi in** convertirse en

trasformatore [trasforma'tore] *sm* transformador *m*

trasformazione [trasformats'tsjone] *sf* transformación *f*

trasformista, i, e [trasfor'mista, i, e] *smf* 1. *(artista)* transformista *mf* 2. *(spreg) (politica, società)* chaquetero *m*, -ra *f*

trasfusione [trasfu'zjone] *sf* transfusión *f*

trasgredire [trazgre'dire] *vt* transgredir

trasgressione [trazgres'sjone] *sf* transgresión *f*

trasgressore [trazgres'sore] *sm* transgresor *m*, -ra *f* ▼ **i trasgressori saranno puniti** los transgresores serán castigados

traslocare [trazlo'kare] *vi* trasladarse

trasloco [traz'lɔko] *(pl -chi) sm* 1. *(di mobili)* mudanza *f* 2. *(trasferimento)* traslado *f*

trasmettere [traz'mettere] *vt* transmitir

trasmissione [trazmis'sjone] *sf* transmisión *f*

trasparente [traspa'rente] *agg* transparente

trasparenza [traspa'rentsa] *sf* transparencia *f*

trasparire [traspa'rire] *vi* transparentarse

traspirare [traspi'rare] *vi* transpirar

traspirazione [traspirats'tsjone] *sf* transpiración *f*

trasportare [traspor'tare] *vt* transportar

trasporto [tras'pɔrto] *sm* transporte *m*

trastullare [trastul'lare] *vt* entretener ◆ **trastullarsi** *vr* 1. *(divertirsi)* entretenerse 2. *(oziare)* perder el tiempo

trasversale [trazver'sale] *agg* transversal

trattamento [tratta'mento] *sm* 1. trato *m* 2. *(terapia)* tratamiento *m*

trattare [trat'tare] *vt* tratar ◆ **trattare di** *vi* tratar de *(libro, película)* ◆ **trattarsi** *vr* tratarse ● **di cosa si tratta?** ¿de qué se trata?

trattativa [tratta'tiva] *sf* negociación *f*

trattato [trat'tato] *sm* tratado *m*

trattenere [tratte'nere] *vt* retener ◆ **trattenersi** *vr* 1. *(rimanere)* quedarse 2. *(dal fare qc)* contenerse ● **quanto si trattiene?** ¿cuánto tiempo se queda?

trattenuta [tratte'nuta] *sf* retención *m*

trattino [trat'tino] *sm* guión *m*

tratto, a ['tratto, a] ◇ *pp* ➢ **trarre** ◇ *sm* 1. *(di penna)* trazo *m* 2. *(di spazio)* tramo *m* 3. *(di tempo)* rato *m* ● **ad un tratto, d'un tratto** de repente ◆ **tratti** *smpl* rasgos *mpl*

trattore [trat'tore] *sm* tractor *m*

trattoria [tratto'ria] *sf* trattoria *f*

trattoria

En un principio la *trattoria* era un pequeño restaurante o cantina, a menudo familiar, donde era posible degustar platos sencillos y con una buena relación calidad-precio. Hoy día muchas *trattorie* italianas son verdaderos restaurantes que, en un ambiente rústico pero refinado, proponen una cocina local a precios a menudo elevados.

trauma ['trawma] (*pl* **-i**) *sm* trauma *f*

traumatico, a, ci, che [traw'matiko, a, tʃi, ke] *agg* traumático(ca)

traumatizzare [traumatidz'dzare] *vt* traumatizar

travagliato, a [travaʎ'ʎato, a] *agg* atormentado(da)

travaglio [tra'vaʎʎo] *sm* **1.** (*angoscia*) sufrimiento *m* **2.** (*del parto*) dolores *mpl*

travasare [trava'zare] *vt* transvasar

trave ['trave] *sf* viga *f*

traveggole [tra'veggole] *sfpl* • **avere le traveggole** ver visiones

traversa [tra'versa] *sf* **1.** (*via*) travesía *f* **2.** SPORT larguero *m* **3.** (*lenzuolo*) sábana *f* travesera

traversare [traver'sare] *vt* atravesar

traversata [traver'sata] *sf* travesía *f*

traverso, a [tra'verso, a] ◇ *agg* transversal ◇ *avv* • **di traverso** de través

travestimento [travesti'mento] *sm* disfraz *m*

travestire [traves'tire] *vt* disfrazar • **travestirsi da** disfrazarse de

travestito [traves'tito, a] *agg* **1.** vestido *m* **2.** • **travestito da** disfrazado(da) de

travisare [travi'zare] *vt* tergiversar

travolgente [travol'dʒente] *agg* **1.** (*impetuoso*) arrollador(ra) **2.** (*fig*) (*irresistibile*) irresistible

travolgere [tra'vɔldʒere] *vt* arrollar

tre [tre] *num* tres ➤ **sei**

treccia ['trettʃa] (*pl* **-ce**) *sf* **1.** (*acconciatura*) trenza *f* **2.** (*intreccio*) trenzado *m*

trecento [tre'tʃɛnto, a] *num* trescientos(tas) ➤ **sei** • **il Trecento** *sm* el siglo XIV

tredicesimo, a [tredi'tʃɛzimo, a] *agg* decimotercero(ra) ➤ **sesto** • **tredicesima** *sf* paga *f* doble

tredici ['treditʃi] *num* trece ➤ **sei**

tregua ['trɛgwa] *sf* tregua *f* • **senza tregua** sin tregua

trekking ['trekkiŋ] *sm inv* trekking *m*

tremare [tre'mare] *vi* temblar • **tremare di** temblar de

tremarella [trema'rɛlla] *sf* (*fam*) canguelo *m*, julepe *m* (*Chile*), escame *m* (*Méx*)

tremendo, a [tre'mɛndo, a] *agg* tremendo(da)

trementina [tremen'tina] *sf* trementina *f*

tremila [tre'mila] *num* tres mil ➤ **sei**

Tremiti ['tremiti] *sfpl* • **le (isole) Tremiti** las (islas) Tremiti

tremito ['tremito] *sm* escalofrío *m*

trenino [tre'nino] *sm* tren *m* eléctrico (*juguete*)

treno ['treno] *sm* tren *m* • **perdere il treno** perder el tren • **treno diretto** tren directo • **treno espresso** tren expreso • **(treno) intercity** (tren) rápido • **treno merci** tren de mercancías ● **treno locale** tren de cercanías

trenta ['trenta] *num* treinta ➤ **sei**

trentesimo, a [tren'tezimo, a] *agg* trigésimo(ma) ➤ **sesto**

Trentino [tren'tino] *sm* ● **il Trentino-Alto Adige** Trentino-Alto Adigio *m*

tresca ['treska] (*pl* **-sche**) *sf* 1. (*imbroglio*) lío *m*, merengue *m* (*Arg, RP & Urug*), jaleo *m* (*Chile*) 2. (*intrigo amoroso*) lío *m*

triangolare [triango'lare] *agg* triangular

triangolo [tri'angolo] *sm* triángulo *m*

tribù [tri'bu] *sf inv* tribu *f*

tribuna [tri'buna] *sf* tribuna *f* ● **tribuna coperta** tribuna cubierta

tribunale [tribu'nale] *sm* tribunal *m*

tributo [tri'buto] *sm* tributo *m*

tricheco [tri'kɛko] (*pl* **-chi**) *sm* morsa *f*

triciclo [tri'tʃiklo] *sm* triciclo *m*

tricolore [triko'lore] ◇ *agg* tricolor ◇ *sm* bandera *f* italiana

tridimensionale [tridimensjo'nale] *agg* tridimensional

trielina [trie'lina] *sf* tricloroetileno *m*

triennio [tri'ɛnnjo] *sm* trienio *m*

trifoglio [tri'fɔʎʎo] *sm* trébol *m*

trimestre [tri'mɛstre] *sm* trimestre *m*

trina ['trina] *sf* encaje *m*

trincea [trin'tʃea] *sf* trinchera *f*

trinciapollo [trintʃa'pollo] *sm inv* trinchante *m*

trio ['trio] *sm* 1. (*di artisti*) trío *m* 2. (*di strumenti*) terceto *m*

trionfale [trjon'fale] *agg* triunfal

trionfare [trjon'fare] *vi* triunfar

trionfo [tri'onfo] *sm* triunfo *m*

triplicare [tripli'kare] *vt* triplicar ●

triplicarsi *vr* triplicarse

triplice ['triplitʃe] *agg* triple

triplo, a ['triplo, a] *agg* & *sm* triple

trippa ['trippa] *sf* (*carne*) callos *mpl*

tris [tris] *sm inv* (*carte*) trío *m*

triste ['triste] *agg* 1. (*malinconico*) triste, apensionado(da) (*Arg & Méx*) 2. (*spiacevole, che dà tristezza*) triste

tristezza [tris'tettsa] *sf* 1. (*afflizione*) tristeza *f*, pena *f* (*CAm & Méx*) 2. (*squallore*) tristeza *f*

tritacarne [trita'karne] *sm inv* picadora *f* de carne

tritare [tri'tare] *vt* picar

trito, a ['trito, a] ◇ *agg* 1. (*tritato*) picado(da) 2. (*vecchio, risaputo*) trillado(da) ◇ *sm* CULIN picadillo *m*

triturare [tritu'rare] *vt* triturar

trivellare [trivel'lare] *vt* perforar

triviale [tri'vjale] *agg* trivial

trofeo [tro'fɛo] *sm* trofeo *m*

tromba ['tromba] *sf* trompeta *f* ● **tromba d'aria** tornado *m* ● **tromba delle scale** hueco *m* de la escalera ● **partire in tromba** empezar con muchas ganas

trombone [trom'bone] *sm* 1. trombón *m* 2. (*fig*) (*sbruffone*) fanfarrón *m*, bocatán *m* (*Perú*)

trombosi [trom'bɔzi] *sf* trombosis *f inv*

troncare [tron'kare] *vt* 1. (*recidere*) partir 2. (*rapporto*) cortar

tronco ['tronko] *sm* tronco *m* ● **licenziare qn in tronco** despedir ○ correr (*CAm & Méx*) a alguien en el acto

trono ['trono] *sm* trono *m*

tropicale [tropi'kale] *agg* tropical
tropico ['tropiko] (*pl* **-ci**) *sm* trópico *m*
◆ **tropici** *smpl* trópicos *mpl*
troppo, a ['troppo, a]
◇ *agg* **1.** *(in quantità eccessiva)* demasiado(da) ● **c'è troppa nebbia** hay demasiada niebla **2.** *(in numero eccessivo)* demasiado(da) ● **troppi(e)** demasiados(as) ● **ho mangiato troppi biscotti** he comido demasiadas galletas
◇ *pron* **1.** *(una quantità eccessiva)* demasiado ● **ho poco tempo libero, tu troppo** tengo poco tiempo libre, tú demasiado **2.** *(un numero eccessivo)* demasiado ● **troppi(e)** demasiados(das) ● **non voglio altri problemi, ne ho fin troppi** no quiero más problemas, ya tengo demasiados
◇ *avv* **1.** *(in misura eccessiva)* demasiado ● **sei troppo buono** eres demasiado bueno ● **spendo troppo** gasto demasiado ● **parla troppo velocemente** habla demasiado rápido ● **di troppo** de más ● **ho bevuto un bicchiere di troppo** he bebido una copa de más **2.** *(molto)* muy ● **non mi sento troppo bene** no me encuentro muy bien
trota ['trɔta] *sf* trucha *f*
trottare [trot'tare] *vi* trotar
trotto ['trɔtto] *sm* trote *m*
trottola ['trɔttola] *sf* peonza *f (Esp)*, trompo *m (Amér)*
troupe [trup] *sf inv* troupe *f*
trovare [tro'vare] *vt* **1.** encontrar **2.** *(ritenere)* parecer ● **andare a trovare qn** ir a ver a alguien ● **trovare che...** creer que... ◆ **trovarsi** *vr* **1.** *(essere,*

stare) encontrarse **2.** *(incontrarsi)* ● **a che ora ci troviamo?** ¿a qué hora quedamos?
trovata [tro'vata] *sf* ocurrencia *f*
truccare [truk'kare] *vt* **1.** *(con cosmetici)* maquillar **2.** *(risultati)* alterar **3.** *(carte, motore)* trucar ◆ **truccarsi** *vr* maquillarse ● **truccare da vecchio** caracterizarse de viejo
trucco ['trukko] (*pl* **-chi**) *sm* **1.** *(operazione, cosmetico)* maquillaje *m* **2.** *(artificio, inganno)* truco *m*
truce ['trutʃe] *agg* atroz
trucidare [trutʃi'dare] *vt* masacrar
truciolo ['trutʃolo] *sm* viruta *f*
truffa ['truffa] *sf* timo *m*
truffare [truf'fare] *vt* timar
truffatore, trice [truffa'tore, 'tritʃe] *sm,f* estafador *m*, -ora *f*
trullo ['trullo] *sm* vivienda de piedra seca y tejado cónico

trullo

Esta singular vivienda de piedra y tejado cónico es típica de algunas localidades de la región de Puglia, en particular de Alberobello, que cuenta con un barrio edificado con este tipo de construcciones. Aunque el más antiguo se remonta al siglo XII, todo parece indicar que el cenit de su desarrollo se produjo allá por el siglo XVI. En 1996 la UNESCO declaró los *trulli* Patrimonio de la Humanidad.

tr

truppa ['truppa] *sf* tropa *f*
tu [tu]
◊ *pron (impersonale)* tú ● **e tu, ci vai?** y tú, ¿vas a ir?
◊ *sm* tú ● **dare del tu a qn** tutear a alguien ● **se lo dici tu... si lo dices tú...** ● **tu stesso** tú mismo ● **a tu per tu** cara a cara
tua ➢ **tuo**
tubatura [tuba'tura] *sf* tubería *f*
tubercolosi [tuberko'lɔzi] *sf* tuberculosis *f inv*
tubero ['tubero] *sm* tubérculo *m*
tubetto [tu'betto] *sm* tubo *m*
tubo ['tubo] *sm* tubo *m* ● **tubo di scappamento** tubo de escape ● **tubo di scarico** desagüe *m*
tue ['tue] ➢ **tuo**
tuffare [tuf'fare] *vt* sumergir ◆ **tuffarsi** *vr* tirarse
tuffo ['tuffo] *sm* zambullida *f*, clavado *m (Amér)*
tugurio [tu'gurjo] *sm* tugurio *m*
tulipano [tuli'pano] *sm* tulipán *m*
tumore [tu'more] *sm* tumor *m*
tunica ['tunika] *(pl -che) sf* túnica *f*, túnico *m (Méx)*
Tunisia [tuni'zia] *sf (paese)* ● **la Tunisia** Túnez *m*
tunnel ['tunnel] *sm inv* túnel *m*
tuo, tua, tuoi, tue ['tuo, 'tua, 'twoi, 'tue] *agg* tuyo(ya) ● **questi soldi sono tuoi** este dinero es tuyo ● **tuo padre** tu padre ● **un tuo amico** un amigo tuyo ◊ **il tuo, la tua, i tuoi, le tue** *pron* el tuyo(la tuya)
tuonare [two'nare] *v impers* tronar
tuono ['twɔno] *sm* trueno *m*
tuorlo ['tworlo] *sm* ● **tuorlo (d'uovo)** yema *f (de huevo)*
turacciolo [tu'rattʃolo] *sm* tapón *m*
turare [tu'rare] *vt* tapar
turbamento [turba'mento] *sm* turbación *f*
turbante [tur'bante] *sm* turbante *m*
turbare [tur'bare] *vt* turbar
turbolento, a [turbo'lento, a] *agg* turbulento(ta)
turbolenza [turbo'lentsa] *sf* turbulencia *f*
turchese [tur'keze] ◊ *agg* turquesa *inv* ◊ *sm (colore)* turquesa *m* ◊ *sf (pietra)* turquesa *f*
Turchia [tur'kia] *sf* ● **la Turchia** Turquía *f*
turchino, a [tur'kino, a] *agg* azul
turismo [tu'rizmo] *sm* turismo *m*
turista, i, e [tu'rista, i, e] *smf* turista *mf*
turistico, a, ci, che [tu'ristiko, a, tʃi, ke] *agg* turístico(ca)
turno ['turno] *sm* turno *m* ● **è il tuo turno** es tu turno ● **fare a turno** turnarse ● **essere di turno** estar de guardia
tuta ['tuta] *sf* **1.** *(da lavoro)* mono *m* **2.** *(sportiva)* chándal *m*
tutela [tu'tɛla] *sf* tutela *f* ● **a tutela di** en defensa de
tutelare [tute'lare] *vt* proteger ◆ **tutelarsi** *vr* protegerse
tutina [tu'tina] *sf* mono *m (Esp)*, monito *m (Amér)*
tuttavia [tutta'via] *cong* sin embargo
tutto, a ['tutto, a]

◇ agg 1. *(la totalità)* todo(da) ● tutto il giorno todo el día ● in tutta l'Europa en toda Europa ● tutti i presenti todos los presentes ● tutte le piante todas las plantas ● tutti e cinque los cinco; *(ogni)* todo(s) das ● telefona tutti i giorni llama todos los días ● in tutti i casi en todos los casos ● tutte le volte (che) todas las veces (que) 2. *(esclusivamente)* todo(da) ● è tutta una messinscena es todo un montaje ● è tutta colpa tua es culpa tuya 3. *(molto)* todo (da) ● è tutto contento está todo contento
◇ *pron* 1. *(la totalità)* todo(da) ● bevilo tutto bébelo todo ● verremo tutti vendremos todos ● tutti *(la totalità)* todos ● la legge è uguale per tutti la ley es igual para todos 2. *(ogni cosa)* todo ● mi ha raccontato tutto me ha contado todo ● non è tutto no es todo ● di tutto de todo ● mangio un po' di tutto como un poco de todo ● in tutto *(nel complesso)* en total ● in tutto fanno 300 euro en total son 300 euros ● in tutto e per tutto en todo y para todo ● tutto compreso todo incluido ● tutto esaurito todo agotado ● tutto sommato en definitiva
◇ *avv (interamente)* todo ● tutt'altro lo contrario ● tutto il contrario al contrario ● non ne sono convinto del tutto no estoy convencido del todo ● tutt'al più como mucho
◇ *sm* ● il tutto el todo
tuttora [tut'tora] *avv* todavía
tutù [tu'tu] *sm inv* tutú *m*
TV [tiv'vu, tiv'vi] *sf inv* TV *f*

ubbidiente [ubbi'djɛnte] *agg* obediente
ubbidire [ubbi'dire] *v + prep* 1. obedecer a 2. *(macchina, veicolo)* responder a
ubriacare [ubria'kare] *vt* emborrachar, ajumar (CAm & Méx) ● **ubriacarsi** *vr* emborracharse, ajumarse (CAm & Méx)
ubriaco, a, chi, che [ubri'ako, a, ki, ke] *sm,f* borracho *m*, -cha *f* ● ubriaco di passione embriagado(da) de pasión ● ubriaco fradicio borracho como una cuba
uccello [utʃ'tʃɛllo] *sm* pájaro *m*
uccidere [utʃ'tʃidere] *vt* matar ● **uccidersi** *vr* matarse
Ucraina ['ukrajna] *sf* ● l'Ucraina Ucrania *f*
udienza [u'djɛntsa] *sf* audiencia *f*
udire [u'dire] *vt* oír
udito [u'dito] *sm* oído *m*
UE *sf (abbr di Unione Europea)* UE *f*
uffa! ['uffa] *esclam* ¡uf! ● uffa, che barba! ¡uf!, ¡qué rollo!
ufficiale [uffi'tʃale] *agg km* 1. oficial *f*. ● pubblico ufficiale funcionario *m* público
ufficialmente [uffitʃal'mente] *avv* oficialmente
ufficio [uf'fitʃo] *sm* 1. *(reparto, luogo di lavoro)* oficina *f* 2. *(stanza)* despacho *m* 3. *(incarico)* cargo *m* ● ufficio cambi

oficina de cambio ● **ufficio informazioni** (oficina de) información ● **ufficio oggetti smarriti** (oficina de) objetos perdidos ● **ufficio postale** oficina de correos ● **ufficio del turismo** oficina de turismo ● **ufficio d'igiene** ≃ Instituto *m* Municipal de Salud Pública ▼ **Ufficio Informazioni** Información

Uffizi [uf'fitstsi] *smpl* ● **gli Uffizi** la galería de los Uffizi

ufo ['ufo] *sm inv* ovni *m* ● **a ufo** *avv* de gorra

uggioso, a [udʒ'dʒozo, a] *agg* ● **una giornata uggiosa** un día gris

uguaglianza [ugwaʎ'ʎantsa] *sf* igualdad *f*

uguagliare [ugwaʎ'ʎare] *vt* igualar

uguale [u'gwale] *agg & avv* igual ● **uguale a** *(identico)* igual que; *(pari)* igual a

ugualmente [ugwal'mente] *avv* igualmente

ulcera ['ultʃera] *sf* úlcera *f*

ulivo [u'livo] *sm* **1.** olivo *m* **2.** ● **l'Ulivo** *(partito)* el Olivo *(coalición política de centroizquierda)*

ulteriore [ulte'rjore] *agg* ulterior

ultimare [ulti'mare] *vt* ultimar

ultimatum [ulti'matum] *sm inv* ultimátum *m*

ultimo, a ['ultimo, a] *agg & smf* último(ma) ● **da ultimo** por último ● **fino all'ultimo** hasta el final ● **per ultimo** por último

ultras [ul'tras] *smf inv (tifosi di calcio)* ultras *mpl*

ultravioletto, a [ultravjo'letto, a] *agg* ultravioleta *inv*

ululare [ulu'lare] *vi* aullar

umanità [umani'ta] *sf* humanidad *f*

umano, a [u'mano, a] *agg* humano(na)

Umbria ['umbrja] *sf* ● **l'Umbria** Umbría *f*

umidità [umidi'ta] *sf* humedad *f*

umido ['umido] *sm* ● **umido, a** ['umido, a] *agg* húmedo(da) ◇ *sm* CULIN guiso *m* ● **in umido** guisado(da)

umile ['umile] *agg* humilde

umiliante [umi'ljante] *agg* humillante

umiliare [umi'ljare] *vt* humillar ● **umiliarsi** *vr* humillarse

umiliazione [umiljats'tsjone] *sf* humillación *f*

umore [u'more] *sm* humor *m* ● **essere di buon/cattivo umore** estar de buen/mal humor

umorismo [umo'rizmo] *sm* humorismo *m*

umoristico, a, ci, che [umo'ristiko, a, tʃi, ke] *agg* humorístico(ca)

un [un] > **uno**

un' [un] > **uno**

una ['una] > **uno**

unanime [u'nanime] *agg* unánime

unanimità [unanimi'ta] *sf* unanimidad *f* ● **all'unanimità** por unanimidad

uncinetto [untʃi'netto] *sm* **1.** ganchillo *m* **2.** ● **all'uncinetto** de ganchillo

undicesimo, a [undi'tʃezimo, a] *agg* undécimo > **sesto**

undici ['unditʃi] *num once* > **sei**

ungere ['undʒere] *vt* **1.** *(spalmare)* untar **2.** *(macchiare)* manchar ● **ungersi** *vr* **1.**

(spalmarsi) untarse **2.** *(macchiarsi)* mancharse

unghia ['ungja] *sf* uña *f*

unicamente [unika'mente] *avv* únicamente

unico, a, ci, che ['uniko, a, tʃi, ke] *agg* único(ca)

unificare [unifi'kare] *vt* unificar

uniformare [unifor'mare] *vt* **1.** *(adeguare)* adecuar **2.** *(superficie)* uniformar ♦ **uniformarsi a** adecuarse a

uniforme [uni'forme] ◇ *agg* uniforme ◇ *sf* uniforme *m*

unione [u'njone] *sf* unión *f* ♦ **l'Unione Europea** la Unión Europea

unire [u'nire] *vt* unir ♦ **unirsi** *vr* **1.** unirse **2.** *(associarsi)* fusionarse

unità [uni'ta] *sf inv* unidad *f* ♦ **unità di misura** unidad de medida ♦ **l'Unità** *(quotidiano)* periódico del Partido Democrático de la Izquierda

unito, a [u'nito, a] *agg* **1.** *(persone)* unido(da) **2.** *(tessuto)* tupido(da)

universale [univer'sale] *agg* universal

università [universi'ta] *sf inv* universidad *f*

universo [uni'verso] *sm* universo *m*

uno, a [u'no, a]
◇ *art* un(una)
◇ *pron* **1.** *(alcuno)* uno(una) ♦ **uno dei miei libri/dei migliori** uno de mis libros/de los mejores ♦ **l'un l'altro** el uno al otro ♦ **l'uno o l'altro** uno o el otro ♦ **gli uni e gli altri** unos y otros; *(un tale)* uno ♦ **sta parlando con uno** está hablando con uno **2.** *(chiunque)* uno(una)
◇ *num* uno ♦ **sei unto, a** ['unto, a] ◇ *pp* ▶ **ungere** ◇ *sm* grasa *f*

untuoso, a [un'twozo, a] *agg* grasiento(ta)

uomo ['wɔmo] *(pl* **uomini)** *sm* hombre *m* ♦ **uomo d'affari** hombre de negocios ♦ **da uomo** *(abbigliamento)* de caballero

uovo ['wɔvo] *(fpl* **uova)** *sm* huevo *m* ♦ **uovo in camicia/alla coque** huevo escalfado/pasado por agua ♦ **uovo di Pasqua** huevo de Pascua ♦ **uovo sodo/al tegamino** huevo duro/al plato

uragano [ura'gano] *sm* huracán *m*

urbano, a [ur'bano, a] *agg* urbano(na)

urgente [ur'dʒɛnte] *agg* urgente

urgenza [ur'dʒɛntsa] *sf* urgencia *f* ♦ **d'urgenza** de urgencia

urgere ['urdʒere] *vi* urgir

urina [u'rina] *sf* orina *f*

urlare [ur'lare] *vi* gritar

urlo ['urlo] *(fpl* **-a,** *mpl* **-i)** *sm* **1.** *(fpl: urla)* *(di persona)* grito *m* **2.** *(mpl: urli)* *(di animale)* aullido *m*

urna ['urna] *sf* **1.** *(per ceneri)* urna *f*, cajón *m (CAm)* **2.** *(elettorale)* urna *f*

urrà [ur'ra] *esclam* ¡hurra!

urtare [ur'tare] *vt* **1.** *(scontrare)* golpear, aporrear *(Chile)* **2.** *(irritare)* molestar, fregar *(Amér)* ◇ *vi* ♦ **urtare contro** in qc chocar contra ♦ con algo ♦ **urtarsi** *vr* **1.** *(scontrarsi)* chocar **2.** *(irritarsi)* molestarse

urto ['urto] *sm (fig)* choque *m*

usanza [u'zantsa] *sf* costumbre *f*

usare [u'zare] *vt* usar ♦ **usare la violenza** recurrir a la violencia ♦ **(si)**

usa così es costumbre
usato, a [u'zato, a] ◇ *agg* **1.** *(consumato)* gastado(da) **2.** *(di seconda mano)* usado(da) ◇ *sm* artículos *mpl* de segunda mano
usciere, a [uʃ'ʃεre, a] *sm,f* ujier *m*
uscio [uʃʃo] *sm* puerta *f*
uscire [uʃ'ʃire] *vi* salir ● **uscire da** salir de ● **uscire di casa** salir de casa ● **uscire di strada** salirse de la carretera
uscita [uʃ'ʃita] *sf* salida *f* ● **uscita di sicurezza** o **di emergenza** salida de emergencia
usignolo [uziɲ'nɔlo] *sm* ruiseñor *m*
U.S.L. *sf (abbr di Unità Sanitaria Locale)* ≃ CAP *m*
uso ['uzo] *sm* **1.** *(utilizzazione)* uso *m* **2.** *(abitudine)* costumbre *f* ▼ **per uso esterno** para uso externo
ustionare [ustjo'nare] *vt* quemar
ustionarsi *vr* quemarse
ustione [us'tjone] *sf* quemadura *f*
usuale [uzu'ale] *agg* usual
usufruire [uzufru'ire] ● **usufruire di** *v + prep* beneficiarse de
usuraio, a [uzu'rajo, a] *sm,f* usurero *m*, -ra *f*
utensile [uten'sile] *sm* utensilio *m*
utente [u'tεnte] *smf* usuario *m*, -ria *f*
utero ['utero] *sm* útero *m*
utile ['utile] *agg* útil ● **posso esserle utile?** ¿puedo ayudarle? ● **rendersi utile** ser de ayuda
utilità [utili'ta] *sf* utilidad *f*
utilitaria [utili'tarja] *sf* utilitario *m*
utilizzare [utilid'dzare] *vt* utilizar

uva ['uva] *sf* uva *f*
uvetta [u'vetta] *sf* pasa *f*

V v

vacanza [va'kantsa] *sf* vacaciones *fpl* ● **andare/essere in vacanza** ir/estar de vacaciones ● **vacanze** vacaciones
vacca ['vakka] *(pl* **-che)** *sf* vaca *f*
vaccinare [vattʃi'nare] *vt* vacunar
vaccinazione [vattʃinats'tsjone] *sf* vacunación *f*
vacillare [vatʃil'lare] *vi (fig)* vacilar
vagabondare [vagabon'dare] *vi* vagabundear
vagabondo, a [vaga'bondo, a] *sm,f* vagabundo *m*, -da *f*
vagare [va'gare] *vi* vagar
vagina [va'dʒina] *sf* vagina *f*
vagito [va'dʒito] *sm* vagido *m*
vaglia ['vaʎʎa] *sm inv* giro *m* ● **vaglia postale** giro postal
vagliare [vaʎ'ʎare] *vt* analizar
vago, a, ghi, ghe ['vago, a, gi, ge] *agg* vago(ga)
vagone [va'gone] *sm* vagón *m* ● **vagone letto** coche *m* cama ● **vagone ristorante** vagón restaurante
valanga [va'langa] *(pl* **-ghe)** *sf (fig)* avalancha *f*
valere [va'lere] *vt & vi* valer ● **valere la pena** valer la pena ● **far valere** hacer valer ● **vale a dire** es decir ● **valersi di** servirse de

valevole [va'levole] *agg* válido(da)

valico [va'liko] (*pl* **-chi**) *sm* puerto *m* de montaña

validità [validi'ta] *sf* validez *f*

valido, a ['valido, a] *agg* válido(da)

valigia [va'lidʒa] (*pl* **-ge** o **-gie**) *sf* maleta *f* ◆ **fare le valigie** hacer las maletas

valle ['valle] *sf* valle *m* ◆ **Val(le) d'Aosta** *sf* **la Val(le) d'Aosta** el Valle de Aosta

valore [va'lore] *sm* valor *m* ◆ **valori** *smpl* valores *mpl*

valorizzare [valoridz'dzare] *vt* valorizar

valoroso, a [valo'rozo, a] *agg* valiente

valso, a ['valso, a] *pp* ➢ **valere**

valuta [va'luta] *sf* divisa *f*

valutare [valu'tare] *vt* valorar

valutazione [valutats'tsjone] *sf* 1. valoración *f* 2. SCOL evaluación *f*

valvola ['valvola] *sf* válvula *f*

vampata [vam'pata] *sf* 1. (*di calore, violenza*) ola *f* 2. (*di vento*) ráfaga *f* 3. (*di vergogna*) bochorno *m*

vampiro [vam'piro] *sm* vampiro *m*

vandalismo [vanda'lizmo] *sm* vandalismo *m*

vandalo, a ['vandalo, a] *sm,f* vándalo *m*, -la *f*

vanga ['vanga] (*pl* **-ghe**) *sf* azada *f*

vanificare [vanifi'kare] *vt* frustrar

vaniglia [va'niʎʎa] *sf* vainilla *f*

vanità [vani'ta] *sf* vanidad *f*

vanitoso, a [vani'tozo, a] *agg* vanidoso(sa)

vano, a ['vano, a] ◊ *agg* vano(na) ◊ *sm* 1. (*stanza*) habitación *f* 2. (*apertura*) vano *m*

vantaggio [van'taddʒo] *sm* ventaja *f* ◆ **trarre vantaggio da** sacar provecho de ◆ **essere in vantaggio** llevar ventaja

vantaggioso, a [vantaddʒ'dʒozo, a] *agg* ventajoso(sa)

vantarsi [van'tarsi] *vr* alardear ◆ **vantarsi di** alardear de

vanvera ['vanvera] *sf* ◆ **parlare a vanvera** hablar sin ton ni son

vapore [va'pore] *sm* ◆ **vapore (acqueo)** vapor (de agua) ◆ **cuocere a vapore** cocer al vapor

vaporetto [vapo'retto] *sm* barca usada como medio de transporte público en los canales de Venecia

vaporizzatore [vaporidzdza'tore] *sm* vaporizador *m*

vaporoso, a [vapo'rozo, a] *agg* 1. (*vestito*) vaporoso(sa) 2. (*capelli*) sedoso(sa)

varare [va'rare] *vt* 1. (*legge*) sancionar 2. (*nave*) botar

varcare [var'kare] *vt* cruzar

varco [var'ko] (*pl* **-chi**) *sm* paso *m*

variabile [va'rjabile] *agg* variable

variante [va'rjante] *sf* variante *f*

variare [va'rjare] *vt* & *vi* variar

variazione [varjats'tsjone] *sf* variación *f*

varice [va'ritʃe] *sf* variz *f*

varicella [vari'tʃella] *sf* varicela *f*

variegato, a [varje'gato, a] *agg* jaspeado(da)

varietà [varje'ta] ◊ *sf inv* variedad *f* ◊ *sm inv* variedades *fpl*

vario, a ['varjo, a] *agg* 1. (*svariato*) variado(da) 2. (*numeroso, diverso*) vario(ria) 3. (*mutevole*) variable

va

variopinto, a [varjo'pinto, a] *agg* variopinto(ta)

vasca ['vaska] (*pl* **-sche**) *sf* **1.** *(contenitore)* depósito *m* **2.** *(nuoto)* piscina *f* ● **vasca (da bagno)** bañera *f*

vaschetta [vas'ketta] *sf (contenitore)* bandeja *f*

vasellame [vazel'lame] *sm* vajilla *f*

vasetto [va'zetto] *sm* tarro *m*, frasco *m* (*Amér*)

vaso ['vazo] *sm (ornamentale)* jarrón *m* ● **vaso da fiori** florero *m*; *(per piante)* maceta *f*

vassoio [vas'sojo] *sm* bandeja *f*

vasto, a ['vasto, a] *agg* vasto(ta)

Vaticano [vati'kano] *sm* ● **il Vaticano** el Vaticano

Il Vaticano

Enclavado en Roma, en la orilla derecha del Tíber, la Ciudad del Vaticano es, con sus 0,44 km² y sus 1.000 habitantes, el estado independiente menos extenso y poblado del mundo. Situado bajo la autoridad del papa, este lugar de peregrinaje para muchos católicos aloja la imponente basílica de San Pedro y las magníficas colecciones de los Museos Vaticanos. Los idiomas oficiales son el latín y el italiano. La moneda, según un acuerdo suscrito con la Unión Europea, es el euro.

vecchiaia [vek'kjaja] *sf* vejez *f*

vecchio, a ['vekkjo, a] *agg & sm,f* viejo(ja)

vedere [ve'dere] *vt* ver ● **si vede che se ve que** ● **vederci** ver ● **vedere di fare qc** intentar hacer algo ● **farsi vedere** dejarse caer ● **farsi vedere dal medico** ir al médico ● **non dare a vedere** no aparentar ● **non poter vedere qn** no poder ver a alguien ● **non vedere l'ora di** ● **che ne sia o che o de que** ● **vedersi** *vr* verse ● **ci vediamo!** ¡nos vemos!

vedovo, a ['vedovo, a] *sm,f* viudo *m*, -da *f*

veduta [ve'duta] *sf* vista *f*

vegetale [vedʒe'tale] ◇ *agg* vegetal ◇ *sm* vegetal *m*

vegetariano, a [vedʒeta'rjano, a] *agg & sm,f* vegetariano(na)

vegetazione [vedʒetats'tsjone] *sf* vegetación *f*

veglia ['veʎʎa] *sf* vela *f*

veglione [veʎ'ʎone] *sm* fiesta *f* con baile

veicolo [ve'ikolo] *sm* vehículo *m*

vela ['vela] *sf* vela *f*

velare [ve'lare] *vt* velar

veleno [ve'leno] *sm* veneno *m*

velenoso, a [vele'noso, a] *agg (fig)* venenoso(sa)

velina [ve'lina] *sf* papel *m* de seda

velivolo [ve'livolo] *sm* aeroplano *m*

vellutato, a [vellu'tato, a] *agg* aterciopelado(da), apañillado(da) (*Méx*)

velluto [vel'luto] *sm* terciopelo *m*, panilla *f* (*Méx*) ● **velluto a coste** pana *f*

velo ['velo] *sm* **1.** *(tessuto)* velo *m* **2.** *(strato)* capa *f*

veloce [ve'lotʃe] *agg* veloz

velocemente [velotʃe'mente] *avv* velozmente

velocità [velot∫i'ta] *sf* velocidad *f*

vena ['vena] *sf* vena *f* ● **non essere in vena** no estar inspirado(da)

venale [ve'nale] *agg (fig) (persona)* venal

vendemmia [ven'demmja] *sf* vendimia *f*

vendemmiare [vendem'mjare] *vi* vendimiar

vendere ['vendere] *vt* vender ▼ **vendesi** se vende

vendetta [ven'detta] *sf* venganza *f*

vendicare [vendi'kare] *vt* vengar ● **vendicarsi** *vr* vengarse ● **vendicarsi di** vengarse de ● **vendicarsi su qn** vengarse de alguien

vendita ['vendita] *sf* venta *f* ● **essere in vendita** estar en venta ● **vendita all'asta** subasta *f*

venditore, trice [vendi'tore, tritʃe] *sm,f* vendedor *m*, -ora *f* ● **venditore ambulante** vendedor ambulante

venerdì [vener'di] *sm* viernes *m inv* ➢ **sabato**

venereo, a [ve'nɛreo, a] *agg* venéreo(a)

Venezia [ve'nɛtstsja] *sf* Venecia *f*

veneziana [venets'tsjana] *sf* 1. *(tenda)* persiana *f* veneciana 2. *(brioche)* brioche *cubierto de azúcar de lustre y almendras molidas* 3. ➢ **veneziano**

veneziano, a [venets'tsjano, a] *agg & sm,f* veneciano(na)

venire [ve'nire] *vi* 1. venir 2. *(riuscire)* salir 3. *(costare)* valer ● **mi viene da piangere** me dan ganas de llorar ● **quanto viene?** ¿cuánto vale? ● **la foto è venuta male** la foto ha salido mal ● **venire con** venir con ● **venire giù** caer

● **venire via** irse ● **venire a sapere** enterarse de

ventata [ven'tata] *sf* ventolera *f*

ventesimo, a [ven'tɛzimo, a] *agg* vigésimo(ma) ➢ **sesto**

venti ['venti] *num* veinte ➢ **sei**

ventilare [venti'lare] *vt* 1. *(areare)* ventilar 2. *(fig) (esaminare)* discutir

ventilatore [ventila'tore] *sm* ventilador *m*

ventina [ven'tina] *sf* unos(unas) veinte

vento ['vento] *sm* viento *m*

ventosa [ven'toza] *sf* ventosa *f*

ventoso, a [ven'tozo, a] *agg* ventoso(sa)

ventre ['ventre] *sm* vientre *m*

venturo, a [ven'turo, a] *agg* próximo(ma)

veramente [vera'mente] *avv* verdaderamente

veranda [ve'randa] *sf* galería *f*

verbale [ver'bale] ◊ *agg* verbal ◊ *sm* acta *f*

verbo ['verbo] *sm* verbo *m*

verde ['verde] ◊ *agg* verde ◊ *sm* verde *m* ● **i Verdi** los Verdes

verdetto [ver'detto] *sm* veredicto *m*

verdura [ver'dura] *f* verdura *f*

vergine ['verdʒine] *agg* virgen ● **Vergine** *sf* 1. *(segno zodiacale)* Virgo *m* 2. *(Madonna)*: **la Vergine** la Virgen

vergogna [ver'goɲɲa] *sf* 1. *(imbarazzo)* vergüenza *f*, pena *f* *(CAm & Méx)* 2. *(scandalo, soggezione)* vergüenza *f*

vergognarsi [vergoɲ'ɲarsi] *vr* ● **vergognarsi (di)** avergonzarse de ● **vergognarsi di fare qc** dar vergüenza hacer algo

vergognoso, a [vergoɲˈɲozo, a] *agg* vergonzoso(sa), penoso(sa) (*CAm & Méx*)

verifica [veˈrifika] (*pl* **-che**) *sf* verificación *f*

verificare [verifiˈkare] *vt* verificar ◆ **verificarsi** *vr.* verificarse

verità [veriˈta] *sf* verdad *f* ● **dire la verità** decir la verdad

verme [ˈverme] *sm* gusano *m*

vermicelli [vermiˈtʃɛlli] *smpl* fideos *mpl*

vermut [ˈvermut] *sm inv* vermut *m*

vernice [verˈnitʃe] *sf* 1. (*sostanza*) pintura *f* 2. (*di borse, scarpe*) charol *m* ● **vernice fresca** recién pintado

verniciare [verniˈtʃare] *vt* pintar

vero, a [ˈvero, a] *agg* verdadero(ra) ◇ *sm* verdad *f* ● **vero e proprio** verdadero(ra) ● **è vero** es cierto

verosimile [veroˈsimile] *agg* verosímil

verruca [verˈruka] (*pl* **-che**) *sf* verruga *f*

versamento [versaˈmento] *sm* 1. (*di denaro*) ingreso *m* 2. *MED* derrame *m*

versante [verˈsante] *sm* vertiente *f*

versare [verˈsare] *vt* 1. (*in recipiente*) echar 2. (*rovesciare*) derramar 3. (*pagare*) pagar 4. (*depositare*) ingresar ◆ **versarsi** *vr* 1. (*rovesciarse*) derramarse 2. (*fiume*) desembocar

versatile [verˈsatile] *agg* versátil

versione [verˈsjone] *sf* versión *f*

verso [ˈverso] ◇ *sm* 1. (*di poesia*) verso *m* 2. (*di animale*) voz *f* 3. (*direzione*) dirección *f* ◇ *prep* 1. hacia 2. (*in prossimità di*) cerca de ● **non c'è verso di convincerlo** no hay manera de convencerlo ● **fare il verso a qn** imitar a alguien ● **si sveglia verso le sei** se despierta hacia las seis ● **essere verso i cinquant'anni** tener unos cincuenta años ● **verso destra/sinistra** hacia la derecha/izquierda

vertebra [ˈvɛrtebra] *sf* vértebra *f*

verticale [vertiˈkale] *agg & sf* vertical

vertice [ˈvertitʃe] *sm* 1. (*di montagna, culmine*) cumbre *f* 2. vértice *m*

vertigine [verˈtidʒine] *sf* vértigo *m* ● **soffrire di vertigini** tener vértigo

vescovo [ˈveskovo] *sm* obispo *m*

vespa [ˈvɛspa] *sf* 1. avispa *f* 2. ● **Vespa** Vespa ® *f*, motoneta *f* (*Amér*)

vestaglia [vesˈtaʎʎa] *sf* bata *f*

veste [ˈveste] *sf* ● **in veste di** en calidad de

vestiario [vesˈtjarjo] *sm* vestuario *f*

vestire [vesˈtire] *vt & vi* vestir ◆ **vestirsi** *vr* vestirse

vestito [vesˈtito] *sm* 1. (*da uomo*) traje *m* 2. (*da donna*) vestido *m* ◆ **vestiti** *smpl* ropa *f*

Vesuvio [veˈzuvjo] *sm* ● **il Vesuvio** el Vesubio

veterinario, a [veteriˈnarjo, a] *sm,f* veterinario *m*, -ria *f*

vetrata [veˈtrata] *sf* vidriera *f*

vetrina [veˈtrina] *sf* 1. (*di negozio*) escaparate *m* (*Esp*), vitrina *f* (*Amér*) 2. (*mobile*) vitrina *f*

vetro [ˈvetro] *sm* 1. (*materiale*) vidrio *m* 2. (*frammento, di finestra, d'auto*) cristal *m*

vetta [ˈvetta] *sf* cima *f*

vettovaglie [vettoˈvaʎʎe] *sfpl* víveres *mpl*

vettura [vetˈtura] *sf* 1. (*automobile*) coche

m (*Esp*), carro m (*Amér*), máquina f (*Cuba*) **2.** (*di treno*) vagón m
vezzeggiativo [vettsedʒdʒa'tivo] *sm* diminutivo m cariñoso
vezzo ['vettso] *sm* mimo m
vi [vi] ◇ *pron* **1.** (*complemento oggetto*) os **2.** (*form*) (*a Voi*) les **3.** (*riflessivo*) se ◇ *avv* = ci ● ve lo dico io os lo digo yo ● vi è molto interesse da parte nostra por nuestra parte tenemos mucho interés ● andai a Venezia e vi restai due mesi fui a Venecia y me quedé (allí) dos semanas
via ['via] ◇ *sf* **1.** (*strada*) calle f **2.** (*percorso, passaggio*) camino m **3.** (*modo, possibilità*) salida f ◇ *avv* **1.** ● andare via irse **2.** ● buttare via qc tirar algo (*a la basura*) **3.** ● mandare via qn echar a alguien ◇ *prep* vía ◇ *esclam* ● via! sparisci! ¡fuera! ¡lárgate! ◇ *sm inv* señal f de salida ● abito in via Dante 36 vivo en la calle Dante 36 ● via aerea vía aérea ● via mare por mar ● via terra por tierra ● per via di a causa de ● in via di guarigione en vías de curación ● via di mezzo término medio ● dare il via (*corsa*) dar la salida ● e così via y así sucesivamente
viabilità [viabili'ta] *sf* viabilidad f
viaggiare [vjadʒ'dʒare] *vi* viajar
viaggiatore, trice [vjadʒdʒa'tore, tritʃe] ◇ *agg* (*piccione*) mensajero(ra) ◇ *sm,f* viajero m, -ra f
viaggio ['vjaddʒo] *sm* viaje m ● buon viaggio! ¡buen viaje! ● essere in viaggio estar de viaje ● fare un viaggio hacer un viaje ● viaggio d'affari viaje de negocios ● viaggio di nozze viaje de novios
viale ['vjale] *sm* avenida f
viavai [vja'vai] *sm* vaivén m
vibrare [vi'brare] *vi* vibrar
vibrazione [vibratsʹtsjone] *sf* vibración f
vice [vitʃe] *smf inv* adjunto m, -ta f
vicenda [vi'tʃɛnda] *sf* acontecimiento m ● a vicenda avv recíprocamente
viceversa [vitʃe'versa] *avv* viceversa
vicinanza [vitʃi'nantsa] *sf* cercanía f ● nelle vicinanze (di qc) en los alrededores (de algo)
vicinato [vitʃi'nato] *sm* **1.** (*zona*) vecindario m **2.** (*vicini*) vecindario m, vecindad f (*Méx*)
vicino, a [vi'tʃino, a] ◇ *agg* **1.** (*nello spazio*) cercano(na) **2.** (*nel tempo*) próximo(ma) ◇ *sm,f* vecino m, -na f ◇ *avv* cerca ◇ *prep* vicino a (*accanto a*) al lado de; (*nei pressi di*) cerca de ● **da vicino** (*da poca distanza*) de cerca; (*fig*) (*approfonditamente*) a fondo ● vicino di casa vecino m, -na f
vicolo ['vikolo] *sm* callejón m ● vicolo cieco callejón sin salida
video ['vidɛo] ◇ *sm inv* **1.** (*musicale*) vídeo m **2.** (*schermo*) pantalla f
videocassetta [videokasʹsetta] *sf* videocasete f
videocitofono [videotʃi'tɔfono] *sm* videoportero m
videogioco [video'dʒɔko] (*pl* **-chi**) *sm* videojuego m
videoregistratore [videoredʒistra'tore] *sm* vídeo m

vietare [vje'tare] *vt* prohibir ● **vietare a qn di fare qc** prohibir a alguien que haga algo ● **vietare qc a qn** prohibir algo a alguien

vietato, a [vje'tato, a] *agg* prohibido (da) ▼ **vietato l'accesso** prohibida la entrada ▼ **vietato fumare** prohibido fumar

vigilare [vidʒi'lare] ◇ *vt* vigilar ◇ *vi* velar

vigile ['vidʒile] ◇ *agg* atento(ta) ◇ *sm* ● **vigile (urbano)** guardia *m* urbano ● **vigile del fuoco** bombero *m* ● **mantenersi vigile** mantenerse alerta

vigilia [vi'dʒilja] *sf* víspera *f* ● **vigilia di Natale** Nochebuena *f*

vigliacco, a, chi, che [viʎ'ʎakko, a, ki, ke] *agg & sm,f* **1.** *(codardo)* cobarde **2.** *(profittatore)* ruin

vigna ['viɲɲa] *sf* viña *f*

vigneto [viɲ'ɲeto] *sm* viñedo *m*

vigore [vi'gore] *sm* vigor *m* ● **in vigore** en vigor

vile ['vile] *agg* **1.** *(spregevole)* vil **2.** *(codardo)* cobarde

villa ['villa] *sf* chalet *m*

villaggio [vil'laddʒo] *sm* aldea *f* ● **villaggio turistico** urbanización *f*

villano, a [vil'lano, a] ◇ *agg* grosero(ra) ◇ *sm,f* **1.** *(maleducato)* grosero *m*, -ra *f* **2.** *(spreg) (contadino)* paleto *m*, -ta *f*

villeggiatura [villeddʒa'tura] *sf* veraneo *m*

vincere ['vintʃere] ◇ *vt* **1.** *(essere vincitore di)* vencer **2.** *(avversario, conseguire)* ganar ◇ *vi* ganar

vincita ['vintʃita] *sf* **1.** *(vittoria)* victoria *f* **2.** *(premio)* ganancia *f*

vincitore, trice [vintʃi'tore, 'tritʃe] *sm,f* ganador *m*, -ora *f*

vincolo ['vinkolo] *sm* vínculo *m*

vino ['vino] *sm* vino *m* ● **vino bianco** vino blanco ● **vino rosso** vino tinto

vino

Italia es el principal productor mundial de vino. Casi todas las regiones italianas producen apreciados vinos, ya sea *rosso* (tinto) *bianco* (blanco), *rosato* (rosado), *chiaretto* (clarete), *spumante* (espumoso) o *frizzante* (de aguja). Los vinos se clasifican en cuatro categorías: los *vini da tavola*, vinos de mesa, en los que no se indica la procedencia y que pueden ser el resultado de mezclas; los IGT (*indicazione geografica tipica*), vinos de calidad que se producen en una región determinada; los DOC (*denominazione di origine controllata*), con denominación de origen, conocidos por su alta calidad y cuya procedencia está garantizada; y los DOCG (*denominazione di origine controllata e garantita*), máximo exponente de calidad de los vinos italianos.

vinto, a ['vinto, a] ◇ *pp* ➤ **vincere** ◇ *agg* **1.** *(partita, concorrente)* vencido(da) **2.** *(premio, trofeo)* ganado(da) ● **darla vinta a qn** ceder ante alguien ● **non darsi per vinto** no darse por vencido (da)

viola ['vjola] ◇ *agg inv* violeta *inv* ◇ *sm*

inv (colore)· violeta *m* ◇ *sf* **1.** *(fiore)* violeta *f* **2.** *(strumento)* viola *f*
violare [vjo'lare] *vt* violar
violentare [vjolen'tare] *vt (stuprare)* violar
violento, a [vjo'lɛnto, a] *agg* **1.** violento(ta) **2.** *(colore)* agresivo(va)
violenza [vjo'lɛntsa] *sf* violencia *f* ● **violenza carnale** violación
violino [vjo'lino] *sm* violín *m*
viottolo ['vjɔttolo] *sm* sendero *m*
vipera ['vipera] *sf* víbora *f*
virare [vi'rare] *vi* virar
virgola ['virgola] *sf* coma *f*
virgolette [virgo'lette] *sfpl* comillas *fpl*
virile [vi'rile] *agg* viril
virtù [vir'tu] *sf inv* virtud *f* ● **in virtù di** en virtud de
virtuale [vir'twale] *agg* virtual
virus ['virus] *sm inv* virus *m inv*
viscere ['viʃʃere] *sfpl* vísceras *fpl*
viscido, a [viʃʃido, a] *agg* **1.** *(gelatinoso)* viscoso(sa) **2.** *(fig) (persona)* escurridizo(za)
viscosa [vis'kɔza] *sf* viscosa *f*
visibile [vi'zibile] *agg* visible
visibilità [vizibili'ta] *sf* visibilidad *f*
visiera [vi'zjɛra] *sf* visera *f*
visionare [vizjo'nare] *vt* examinar
visionario, a [vizjo'narjo, a] *sm,f* visionario *m*, -ria *f*
visione [vi'zjone] *sf* visión *f* ● **prendere visione di** examinar algo ● **prima visione** estreno ● **seconda visione** reestreno
visita ['vizita] *sf* visita *f* ● **fare visita a** visitar a ● **visita medica** visita médica

visitare [vizi'tare] *vt* visitar
viso ['vizo] *sm* rostro *m*
vispo, a ['vispo, a] *agg* avispado(da)
vissuto, a [vis'suto, a] *pp* > **vivere**
vista ['vista] *sf* vista *f* ● **conoscere qn di vista** conocer a alguien de vista ● **a prima vista** a primera vista
visto, a ['visto, a] ◇ *pp* > **vedere** ◇ *sm* visado *m*
vistoso, a [vis'tozo, a] *agg* vistoso(sa)
vita ['vita] *sf* **1.** vida *f* **2.** ANAT cintura *f* ● **a vita** de por vida ● **avvelenare la vita a qc** amargarle la vida a alguien
vitale [vi'tale] *agg* vital
vitamina [vita'mina] *sf* vitamina *f*
vite ['vite] *sf* **1.** *(pianta)* vid *f* **2.** *(utensile)* tornillo *f*
vitello [vi'tɛllo] *sm,f* ternero *m*, -ra *f*
vittima [vittima] *sf* víctima *f*
vitto ['vitto] *sm* comida *f* ● **vitto e alloggio** comida y alojamiento
vittoria [vit'tɔrja] *sf* victoria *f*
vivace [vi'vatʃe] *agg* **1.** *(esuberante)* vivaracho(cha) **2.** *(colore)* vivo(va)
vivaio [vi'vajo] *sm* vivero *m*
vivanda [vi'vanda] *sf* plato *m*
vivente [vi'vɛnte] *agg* > **essere**
vivere ['vivere] *vi* & *vt* vivir
viveri ['viveri] *smpl* víveres *mpl*
vivido, a [vi'vido, a] *agg* vivo(va)
vivo, a [vi'vo, a] *agg* **1.** *(vivente, intenso)* vivo(va) **2.** *(vivace)* vivaz ● **dal vivo** en vivo ● **farsi vivo (con qn)** dar señales de vida
viziare [vits'tsjare] *vt* malcriar
viziato, a [vits'tsjato, a] *agg* **1.** *(bambino)*

malcriado(da) **2.** *(aria)* viciado(da)

vizio ['vittsjo] *sm* vicio *m* ● avere il vizio di tener la mala costumbre de

vocabolario [vokabo'larjo] *sm* **1.** *(dizionario)* diccionario *m* **2.** *(lessico)* vocabulario *m*

vocabolo [vo'kabolo] *sm* vocablo *m*

vocale [vo'kale] *agg* & *sf* vocal

vocazione [vokats'tsjone] *sf* vocación *f*

voce [votʃe] *sf* **1.** voz *f* **2.** *(diceria)* rumor *m* ● **a bassa voce** en voz baja ● **ad alta voce** en voz alta ● **sotto voce** en voz baja

voga ['voga] *sf* ● **essere in voga** estar en boga

vogatore, trice [voga'tore, tritʃe] ◇ *sm,f* remero *m*, -ra *f* ◇ *sm* aparato *m* de remo

voglia ['vɔʎʎa] *sf* ganas *fpl* ● **avere voglia di** tener ganas de ● **venire voglia di** entrar ganas de ● **levarsi la voglia di (qc)** quitarse el antojo de (algo)

voi [voi] *pron* vosotros, ustedes *(Amér)* ● **io resto, voi andate?** yo me quedo, ¿vosotros os vais? ● **¿ustedes se van?** *(Amér)* ● **voi stessi** vosotros *o* ustedes *(Amér)* mismos

volano [vo'lano] *sm* SPORT volante *m*

volante [vo'lante] ◇ *agg* volador(ra) ◇ *sm* volante *m* ◇ *sf* *(polizia)* unidad *f* móvil

volantino [volan'tino] *sm* octavilla *f*

volare [vo'lare] *vi* volar

volata [vo'lata] *sf* sprint *m*

volatile [vo'latile] *sm* ave *m*

volenteroso, a [volente'rozo, a] *agg* voluntarioso(sa)

volentieri [volen'tjeri] *avv* **1.** *(con piacere)* de buena gana **2.** *(come risposta)* con mucho gusto

volere [vo'lere]
◇ *vt* **1.** *(desiderare, esigere)* querer ● **cosa vuoi?** ¿qué quieres? ● **come vuoi** como quieras ● **volere fare qc** querer hacer algo ● **volere qn** *(cercare)* preguntar por alguien ● **ti vogliono al telefono** te llaman al teléfono ● **senza volerlo** sin querer ● **vorrei...** *(quisiera...)*; *(permettere)* querer ● **i miei non vogliono che venga** mis padres no quieren que venga; *(soldi)* pedir ● **quanto vuole per questo orologio?** ¿cuánto pide por este reloj? **2.** *(credere)* ● **la leggenda vuole che...** según cuenta la leyenda...; *(decidersi a)* querer ● **la macchina non vuole partire** no hay manera de que el coche arranque; *(necessitare di)* requerir ● **volerci** ser necesario ● **ci vuole pazienza** hay que tener paciencia; *(in espressioni)* querer ● **voler bene a qn** querer a alguien ● **voler dire** querer decir ● **volerne a qn** guardar rencor a alguien
◇ *sm* voluntad *f* ● **contro il volere di qn** contra la voluntad de alguien

volgare [vol'gare] *agg* vulgar

volgere [vol'dʒere] *vt* dirigir ● **il tempo volge al bello** el tiempo está mejorando ● **volgere al termine** tocar a su fin

volo ['volo] *sm* vuelo *m* ● **volo charter** vuelo chárter ● **volo di linea** vuelo regular ● **capire al volo** coger al vuelo

volontà [volon'ta] *sf inv* voluntad *f* • **buona volontà** buena voluntad • **a volontà** a discreción

volontariato [volonta'rjato] *sm* voluntariado *m*

volpe ['volpe] *sf* zorro *m*

volt [vɔlt] *sm inv* voltio *m*

volta ['vɔlta] *sf* **1.** (*circostanza*) vez *f* **2.** (*di edificio*) bóveda *f* • **partire alla volta di** salir en dirección a • **a sua volta** a su vez • **di volta in volta** cada vez • **un'altra volta** otra vez • **c'era una volta** érase una vez • **una volta che** una vez que • **una volta sola** sólo una vez • **una volta tanto** por una vez • **uno per o alla volta** de uno en uno • **a volte** a veces

voltafaccia [volta'fattʃa] *sm inv* (*fig*) cambio *m* de chaqueta

voltare [vol'tare] *vt* girar • **voltare l'angolo** doblar la esquina • **voltare pagina** girar la página • **voltarsi** *vr* volverse

voltastomaco [voltas'tɔmako] *sm* náuseas *fpl* • **dare il voltastomaco** dar náuseas

volto, a ['vɔlto, a] *pp* > **volgere** ◇ *sm* rostro *m*

volubile [vo'lubile] *agg* voluble

volume [vo'lume] *sm* volumen *m*

voluminoso, a [volumi'nozo, a] *agg* voluminoso(sa)

vomitare [vomi'tare] *vt & vi* vomitar

vomito ['vɔmito] *sm* vómito *m*

vongola ['vongola] *sf* almeja *f*

vorace [vo'ratʃe] *agg* voraz

voragine [vo'radʒdʒine] *sf* abismo *m*

vortice ['vortitʃe] *sm* torbellino *m*

vostro, a ['vɔstro, a] *agg* vuestro(tra) • **sono vostri questi bagagli?** ¿son vuestras estas maletas? • **vostro padre** vuestro padre • **un vostro amico** un amigo vuestro • **il vostro, la vostra, i vostri, le vostre** *pron* el vuestro(la vuestra)

votare [vo'tare] *vt & vi* votar • **votare per** votar a • **votare contro/a favore** votar en contra/a favor

votazione [votats'tsjone] *sf* **1.** (*procedimento*) votación *f* **2.** SCOL notas *fpl*, calificativos *mpl* (Perú)

voto ['vɔto] *sm* **1.** DIR & RELIG voto *m* **2.** SCOL nota *f*, calificativo *m* (Perú)

vulcanico, a, ci, che [vul'kaniko, a, tʃi, ke] *agg* **1.** volcánico(ca) **2.** (*fig*) (*temperamento*) desbordante

vulcano [vul'kano] *sm* volcán *m*

vulnerabile [vulne'rabile] *agg* vulnerable

vuotare [vwo'tare] *vt* vaciar • **vuotarsi** *vr* vaciarse

vuoto, a ['vwɔto, a] ◇ *agg* **1.** (*senza contenuto, vano*) vacío(a) **2.** (*pagina*) en blanco ◇ *sm* **1.** (*spazio vuoto*) vacío *m* **2.** (*bottiglia*) envase *m* **3.** (*spazio senza materia*) hueco *m* • **andare a vuoto** quedar en nada • **parlare a vuoto** predicar en el desierto

Ww

wafer ['vafer] *sm inv* barquillo relleno de crema o chocolate
watt [vat] *sm inv* vatio *m*
wc (*abbr di* Water Closet) WC
web [web] ◇ *agg inv* web *inv* ◇ *sm inv* Web *f*
webcam [web'kam] *sf inv* webcam *f*
week-end [wi'kend] *sm inv* fin *m* de semana
western ['western] ◇ *agg inv* del oeste ◇ *sm inv* película *f* del oeste
whisky ['wiski] *sm inv* whisky *m*
windsurf [wind'serf] *sm inv* **1.** (*imbarcazione*) tabla *f* de windsurf **2.** SPORT windsurf *m*
würstel [vurstel] *sm inv* salchicha *f* de frankfurt

Xx

xenofobia [ksenofo'bia] *sf* xenofobia *f*
xilofono [ksi'lɔfono] *sm* xilófono *m*

Yy

yacht [jot] *sm inv* yate *m*
yoga ['joga] *sm inv* yoga *m*
yogurt ['jogurt] *sm inv* yogur *m*

Zz

zabaglione [dzabaʎ'ʎone] *sm* = zabaione
zabaione [dzaba'jone] *sm* ≃ ponche *m* con huevo
zafferano [dzaffe'rano] *sm* azafrán *m*
zaino ['dzajno] *sm* mochila *f*
zampa ['dzampa] *sf* pata *f* **a quattro zampe** a cuatro patas
zampillo [dzam'pillo] *sm* chorro *m*
zampirone [dzampi'rone] *sm* espiral *f* matamosquitos
zampone [dzam'pone] *sm* ≃ lacón *m*
zanna ['dzanna] *sf* colmillo *m*
zanzara [dzan'dzara] *sf* mosquito *m*, zancudo *m* (*Amér*)
zanzariera [dzandza'rjera] *sf* mosquitera *f*
zappa ['dzappa] *sf* azada *f*
zappare [dzap'pare] *vt* labrar
zattera ['dzattera] *sf* balsa *f*
zavorra [dza'vɔrra] *sf* lastre *m*

zazzera ['dzadzdzera] *sf* melena *f*
zebra ['dzɛbra] *sf* cebra *f* ♦ **zebre** *sfpl* (*fam*) (*passaggio pedonale*) paso *m* de cebra
zecca ['tsekka] *sf* **1.** (*insetto*) garrapata *f* **2.** (*officina di monete*) casa *f* de la moneda ● **nuovo di zecca** flamante
zelante [dze'lante] *agg* **1.** (*dell'onore, del dovere*) celoso(sa) **2.** (*diligente*) esmerado(da)
zelo ['dzɛlo] *sm* celo *m*
zenzero ['dzendzero] *sm* jengibre *m*
zeppa ['tseppa] *sf* cuña *f*
zeppo, a ['tseppo, a] *agg* **1.** abarrotado(da) ● **pieno zeppo** lleno a rebosar
zerbino [dzer'bino] *sm* felpudo *m*
zero ['dzɛro] *sm* cero *m* ● **due a zero** dos a cero ● **sotto zero** bajo cero
zigomo ['dzigomo] *sm* pómulo *m*
zig zag [dzig'dzag] *sm inv* zigzag *m* ● **a zig zag** en zigzag
zimbello [dzim'bɛllo] *sm* hazmerreír *m*
zingaro, a ['dzingaro, a] *sm,f* gitano *m*, -na *f*
zio, a ['dzio, a] *sm,f* tío *m*, -a *f*
zip [dzip] *sm inv* cremallera *f*, cierre *m* (*Amér*)
zippare [dzip'pare] *vt* zipear, comprimir
zitella [dzi'tɛlla] *sf* (*spreg*) solterona *f*
zittire [dzit'tire] *vt* hacer callar
zitto, a ['dzitto, a] *agg* callado(da) ● **state zitti!** ¡callaos!
zoccolo ['dzɔkkolo] *sm* **1.** (*calzatura*) zueco *m* **2.** (*di cavallo*) pezuña *f* **3.** (*basamento*) zócalo *m*
zodiaco [dzo'diako] *sm* zodíaco *m*
zolfo ['dzolfo] *sm* azufre *m*
zolla ['dzɔlla] *sf* terrón *m*
zolletta [dzol'letta] *sf* ● **zolletta (di zucchero)** terrón *m* (de azúcar)
zona ['dzɔna] *sf* zona *f* ● **zona verde/blu** zona verde/azul ● **zona disco** zona azul ● **zona industriale/pedonale** zona industrial/peatonal
zonzo [dzondzo] ● **a zonzo** *avv* ● **andare a zonzo** deambular
zoo ['dzɔo] *sm inv* zoo *m*
zoom [zum] *sm inv* zoom *m*
zoppicare [dzoppi'kare] *vi* cojear
zoppo, a ['dzoppo, a] *agg* & *sm,f* cojo (ja)
zucca ['dzukka] *sf* (*pl* -**che**) *sf* **1.** calabaza *f* **2.** (*fam*) (*testa*) coco *m*
zuccherato, a [dzukke'rato, a] *agg* azucarado(da)
zuccheriera [dzukke'rjɛra] *sf* azucarero *m*
zucchero ['dzukkero] *sm* azúcar *m o f* ● **zucchero di canna** azúcar moreno ● **zucchero vanigliato** azúcar vainillado ● **zucchero a velo** azúcar glas ● **zuccheri** azúcares
zuccheroso, a [dzukke'rozo, a] *agg* azucarado(da)
zucchina [dzuk'kina] *sf* calabacín *m*
zucchino [dzuk'kino] ➤ **zucchina**
zuccone [dzuk'kone] *sm,f* **1.** (*sciocco*) duro *m*, -ra *f* de mollera **2.** (*testardo*) cabezota *mf*
zuccotto [dzuk'kɔtto] *sm* tarta helada de nata y chocolate

zuffa ['dzuffa] *sf* pelea *f*, chamusca *f* (*Andes*), trifulca *f* (*Chile*)
zuppa ['dzuppa] *sf* sopa *f* ● **zuppa inglese** *bizcocho impregnado en licor y relleno de crema y chocolate*
zuppiera [dzup'pjera] *sf* sopera *f*
zuppo, a ['dzuppo, a] *agg* ● **zuppo (di)** empapado(da)(en)

GUÍA DE CONVERSACIÓN

Guía práctica

GUIDA ALLA CONVERSAZIONE

Guida pratica

Índice

saludar a alguien	*saluti*	4
presentarse	*presentarsi*	4
presentar a alguien	*fare le presentazioni*	5
despedirse	*dire arrivederci*	5
agradecer	*ringraziare*	6
responder a agradecimientos	*risposte ai ringraziamenti*	6
disculparse	*scuse*	7
aceptar disculpas	*accettare le scuse*	7
expresar deseos y felicitar	*auguri e saluti*	8
¿qué tiempo hace?	*che tempo fa?*	9
expresar gustos y preferencias	*gusti*	9
al teléfono	*al telefono*	11
en coche	*in macchina*	12
alquilar un coche	*noleggiare una macchina*	13
en la gasolinera	*al distributore*	14
en el garaje	*dal meccanico*	14

Indice

tomar un taxi	*prendere un taxi*	15
coger el autobús (Esp) tomar el bus (Amér)	*prendere l'autobus*	16
tomar el tren	*prendere il treno*	17
en el aeropuerto	*all'aeroporto*	18
preguntar el camino	*chiedere la strada*	19
circular por la ciudad	*in giro per la città*	20
deportes	*sport*	21
en el hotel	*in albergo*	22
de compras	*per negozi*	23
pedir información en la ciudad	*in città*	24
en el bar	*al bar*	25
en el restaurante	*al ristorante*	26
en la oficina de correos	*all'ufficio postale*	27
en la empresa	*lavoro*	28
en el médico	*dal medico*	28
en el dentista	*dal dentista*	29
en la farmacia	*in farmacia*	30

GUÍA DE CONVERSACIÓN

saludar a alguien	*saluti*
Buenos días. Buen día. (Amér)	Buongiorno.
Buenas tardes.	Buona sera.
Buenas noches.	Buonanotte.
¡Hola!	Ciao!/Salve!
¿Cómo estás?/¿Cómo está?	Come stai?/Come sta?
Muy bien, gracias.	Benissimo, grazie.
Bien, gracias.	Bene, grazie.
¿Y tú? ¿Y vos? (RP)	E tu?
¿Y usted?	E lei?

presentarse	*presentarsi*
Me llamo Sergio.	Mi chiamo Sergio.
Soy italiano(a).	Sono italiano(a).
Soy de Bolonia.	Sono di Bologna.
Hola, soy Marco.	Ciao, sono Marco.
Deja que me presente, soy Anna.	Mi presento, mi chiamo Anna.
Me parece que no nos conocemos.	Non credo che ci conosciamo.

presentar a alguien	*fare le presentazioni*
Éste es el Señor Rossi.	Questo è il signor Rossi.
Me gustaría presentarle al Señor Rossi. [formal]	Vorrei presentarle il signor Rossi.
Encantado de conocerlo.	Piacere di conoscerla.
¿Cómo está?	Come sta?
Espero que hayas tenido un buen viaje.	Spero che abbia fatto buon viaggio.
Bienvenido(a).	Benvenuto(a).

despedirse	*dire arrivederci*
Hasta luego. Adiós. Chao. (Amér) Chau. (Amér)	Arrivederci./Ciao.
Hasta pronto.	A presto.
Nos vemos luego.	A più tardi.
Nos vemos un día de estos.	Ci vediamo presto.
Buenas noches.	Buonanotte.
Que tenga un buen viaje. Que disfrute del viaje. (RP)	Buon viaggio.
Encantado de conocerlo.	È stato un piacere.

Me temo que me tengo que ir.	Mi dispiace, ma devo lasciarvi.
Adiós a todos.	Arrivederci a tutti.
Dale recuerdos a...	Porta i miei saluti a...
¡Que te/le vaya bien!	Tante buone cose!

agradecer	ringraziare
(Muchas) gracias.	Grazie (mille).
Gracias. Igualmente.	Grazie. Altrettanto.
Gracias por su ayuda.	Grazie dell'aiuto.
Gracias por todo.	Grazie di tutto.
No sé cómo darte las gracias.	Non so come ringraziarti.
Te agradezco mucho...	Ti sono molto riconoscente per...

responder a agradecimientos	rispondere ai ringraziamenti
No hay de qué.	Non c'è di che.
De nada./No hay de qué.	Di niente./Di nulla.
Ha sido un placer.	È stato un piacere.
¡Qué menos!	È il minimo che possa fare.

disculparse	*scuse*
Con permiso.	Permesso.
Lo siento.	Mi dispiace.
Lo siento muchísimo.	Sono desolato(a).
Perdón./Perdone./Perdona.	Scusi./Scusa.
Perdón por el retraso./ Perdone que lo moleste.	Scusi il ritardo/il disturbo.
Me temo que voy a tener que anular la cita.	Purtroppo sono costretto ad annullare l'appuntamento.

aceptar disculpas	*accettare le scuse*
No tiene importancia./ No importa.	Non importa.
No ha sido nada./No fue nada.	Non fa niente.
Vale. (Esp) Está bien. (Amér)	Va bene.
Olvídalo.	Figurati.
No se hable más.	Non ne parliamo più.

expresar deseos y felicitar	*auguri e saluti*
¡Buena suerte!	Buona fortuna!
¡Que te/le vaya bien!/ ¡Que disfrute(s)!	Buon divertimento!
¡Que aproveche!/ ¡Buen provecho!	Buon appetito!
¡Feliz cumpleaños!	Buon compleanno!
¡Feliz Navidad! ¡Felices Fiestas! (Esp)	Buon Natale!
¡Feliz Año Nuevo!	Buon anno!
¡Que pases un buen fin de semana!	Buon fine settimana!
¡Felices vacaciones!	Buone vacanze!
¡Que pases un buen día!	Buona giornata!
¡Salud!	Salute!
¡A tu salud!	Alla tua salute!
¡Te deseo lo mejor!	Tante buone cose!
¡Enhorabuena!	Congratulazioni!

¿qué tiempo hace?	*che tempo fa?*
Hace un día precioso.	È una giornata stupenda.
Hace un día agradable. Hace un día lindo. (Amér)	È una bella giornata.
Hace sol.	C'è il sole.
Está lloviendo.	Sta piovendo.
Está nublado.	È nuvoloso.
Se espera lluvia para mañana.	Domani dovrebbe piovere.
¡Qué tiempo más horrible!	Che tempo schifoso!
Hace (mucho) calor/frío.	Fa (molto) caldo/freddo.
¿Qué tiempo hace?	Che tempo fa?
Hay humedad.	È umido.
¡Espero que el tiempo mejore!	Spero che il tempo migliori!

expresar gustos y preferencias	*gusti*
Me gusta.	Mi piace.
No me gusta.	Non mi piace.
Sí, por favor.	Sì, grazie.
No, gracias.	No, grazie.

GUIDA ALLA CONVERSAZIONE

¿Quieres tomar/comer algo? ¿Le apetece beber/comer algo? (Esp) ¿Te provoca tomar/comer algo? (Carib) ¿Querés tomar/comer algo? (RP)	Vuoi bere/mangiare qualcosa?
¿Quieres ir al parque con nosotros? ¿Te apetecería ir al parque con nosotros? (Esp) ¿Te provoca ir al parque con nosotros? (Carib) ¿Querés ir al parque con nosotros? (RP)	Vuoi venire al parco con noi?
Sí, me encantaría.	Sì, volentieri.
No estoy de acuerdo.	Non sono d'accordo.
Estoy completamente de acuerdo contigo.	Sono totalmente d'accordo.
Preferiría otra cosa.	Preferirei qualcos'altro.
Me encanta la vela.	Ho una passione per la vela.
Por lo que a mí respecta...	Per quanto mi riguarda,...

al teléfono	al telefono
¿Oiga? (Esp) ¿Hola? (Amér & RP) [persona que llama] ¿Diga?/¿Dígame?/¿Sí?/ ¿Aló? (Andes, Carib & Méx) [persona que responde]	Pronto?/Sì?
Soy Anna Lanzetti.	Sono Anna Lanzetti.
Quería hablar con el Señor Ferrari.	Vorrei parlare con il signor Ferrari.
Llamo de parte de la Señora De Vicenzo.	Chiamo da parte della signora De Vicenzo.
Le vuelvo a llamar dentro de diez minutos.	Richiamo tra dieci minuti.
Prefiero esperar.	Preferisco attendere in linea.
¿Puedo dejarle un recado? ¿Puedo dejarle razón? (Carib) ¿Puedo dejarle un mensaje? (RP)	Posso lasciare un messaggio?
Perdone, me he equivocado de número.	Mi scusi, ho sbagliato numero.
¿Con quién hablo?	Con chi parlo?
No cuelgue, ahora le paso.	Attenda in linea, gliela passo.

GUIDA ALLA CONVERSAZIONE

¿Podría volver a llamar dentro de una hora?	Potrebbe richiamare tra un'ora?
Ha salido./No volverá hasta mañana.	È uscita./Non tornerà prima di domani.
Creo que se equivoca de número.	Ha sbagliato numero.

en coche	*in macchina*
¿Cómo se va al centro de la ciudad/a la autopista?	Come si arrivo in centro/all'autostrada?
¿Hay algún parking cerca de aquí?	C'è un parcheggio qui vicino?
¿Se puede aparcar aquí?	Posso parcheggiare qui?
Estoy buscando una gasolinera.	Sto cercando un distributore.
¿Donde está el garaje más cercano?	Dov'è il meccanico più vicino?
¿Voy bien para ir a la estación?	È questa la strada per la stazione?
¿Queda muy lejos en coche? ¿Queda muy lejos en carro? (Amér)	È molto lontano in macchina?

alquilar un coche	*noleggiare una macchina*
Querría alquilar un coche con aire acondicionado. Querría alquilar un carro con aire acondicionado. (Amér)	Vorrei noleggiare un'auto/una macchina con l'aria condizionata.
¿Cuánto cuesta por día?	Quanto costa al giorno?
¿Incluye kilometraje ilimitado?	È compreso il chilometraggio illimitato?
¿Cuánto cuesta el seguro a todo riesgo? (Esp) ¿Cuánto cuesta el seguro contra todo riesgo? (Amér)	Quanto costa la polizza casco?
¿Puedo devolver el coche en el aeropuerto? ¿Puedo devolver el carro en el aeropuerto? (Amér)	Posso lasciare l'auto/la macchina all'aeroporto?
Aquí tiene mi carné de conducir. (Esp) Aquí tiene mi licencia de manejar. (Méx)	Questa è la mia patente.

GUIDA ALLA CONVERSAZIONE

13

GUÍA DE CONVERSACIÓN

en la gasolinera	*al distributore*
Me he quedado sin gasolina.	Ho finito la benzina.
Lléneme el depósito, por favor.	Il pieno, per favore.
Surtidor número tres.	Pompa numero tre.
Quiero comprobar el aire de las ruedas.	Vorrei controllare la pressione delle gomme.

en el garaje	*dal meccanico*
Mi coche tiene una avería. Mi carro tiene una avería. (Amér)	Mi si è fermata la macchina.
Se me ha caído el tubo de escape.	Si è staccato il tubo di scappamento.
Mi coche pierde aceite. Mi carro pierde aceite. (Amér)	La macchina perde olio.
El motor se calienta mucho.	Il motore surriscalda.
El motor hace un ruido muy raro.	Il motore fa degli strani rumori.

¿Puede comprobar los frenos?	Potrebbe controllare i freni?
¿Podría comprobar el nivel del agua?	Può controllare il livello dell'acqua?
Me he quedado sin batería.	La batteria è scarica.
No me funciona el aire acondicionado.	L'aria condizionata non funziona.
¿Cuánto cuesta la reparación?	Quanto costano la riparazione?
tomar un taxi	*prendere un taxi*
¿Me podría pedir un taxi?	Potrebbe chiamarmi un taxi?
Querría reservar un taxi para las 8 de la mañana.	Vorrei prenotare un taxi per le 8.
¿Cuánto cuesta un taxi al centro?	Quanto costa una corsa in taxi fino al centro?
¿Cuánto se tarda hasta el aeropuerto?	Quanto ci vuole per l'aeroporto?
¿Puedo ir delante?	Posso sedermi davanti?
A la estación/Al aeropuerto, por favor.	Alla stazione/All'aeroporto, per favore.
Pare aquí/en la esquina, por favor.	Si fermi qui/all'angolo, per favore.

¿Me podría esperar?	Mi può aspettare, per favore?
¿Cuánto es?	Quant'è?
Querría un recibo, por favor.	Vorrei la ricevuta, per favore.
Quédese con el cambio.	Tenga pure il resto.

coger el autobús (Esp) **tomar el bus (Amér)**	*prendere l'autobus*
¿A qué hora sale el próximo autobús para Barcelona? (Esp) ¿A qué hora sale el próximo bus para Barcelona? (Amér)	A che ora è il prossimo autobus per Barcellona?
¿De qué andén sale el autobús? (Esp) ¿De qué andén sale el bus? (Amér)	Da che marciapiede parte l'autobus?
¿Cuánto tarda el autobús hasta Milán?	Quanto tempo impiega l'autobus per arrivare a Milano?
¿Hay algún descuento?	Avete delle tariffe ridotte?
Perdone, ¿está ocupado este asiento?	Scusi, è libero questo posto?
¿Le importa si bajo la persiana?	Le dispiace se abbasso la tenda?

tomar el tren	*prendere il treno*
¿Dónde está la taquilla? (Esp) ¿Dónde está el mostrador de venta de boletos? (Amér)	Dov'è la biglietteria?
¿Cuándo sale el próximo tren para Granada?	Quando parte il prossimo treno per Granada?
¿De qué andén sale?	Da che binario parte?
¿Cuánto cuesta un billete de ida y vuelta para Madrid? (Esp) ¿Cuánto cuesta un boleto de ida y vuelta para Madrid? (Amér)	Quanto costa un'andata e ritorno per Madrid?
¿Hay consigna?	C'è un deposito bagagli?
Un asiento de ventanilla en un compartimento para fumadores, por favor.	Un posto accanto al finestrino in una carrozza fumatori, per favore.
Quiero reservar una litera en el tren de las 21.00 horas para Palermo.	Vorrei riservare una cuccetta sul treno delle 21:00 per Palermo.
¿Dónde tengo que validar el billete?	Dove si convalida il biglietto?

GUIDA ALLA CONVERSAZIONE

17

GUÍA DE CONVERSACIÓN

Perdone, ¿está libre este asiento?	Scusi, è libero questo posto?
¿Dónde está el vagón restaurante?	Dov'è il vagone ristorante?

en el aeropuerto	all'aeroporto
¿Dónde está la terminal 1/la puerta 2?	Dov'è il terminal 1/l'uscita 2?
¿Dónde está el mostrador de facturación? ¿Dónde es el check-in? (Amér)	Dov'è il check-in?
Querría asiento de pasillo/ventanilla.	Vorrei un posto lato corridoio/finestrino.
¿A qué hora es el embarque?	A che ora è l'imbarco?
He perdido la tarjeta de embarque.	Ho perso la carta di imbarco.
¿Dónde está la recogida de equipajes?	Dove si ritirano i bagagli?
He perdido el vuelo de enlace o la conexión. ¿Cuándo sale el próximo vuelo para Pisa?	Ho perso la coincidenza. Quando parte il prossimo volo per Pisa?

¿Dónde está el autobús de enlace con el centro de la ciudad? ¿Dónde está el bus de enlace con el centro de la ciudad? (Amér)	Dov'è la navetta per il centro-città?

preguntar el camino	chiedere la strada
¿Me podría indicar en el mapa dónde estamos?	Potrebbe indicarmi sulla piantina dove ci troviamo?
¿Dónde está la estación de autobús/correos? (Esp) ¿Dónde está la estación de buses/correos? (Amér)	Dov'è la stazione degli autobus/l'ufficio postale?
Por favor, ¿cómo se va a la catedral?	Scusi, come si arriva alla cattedrale?
Para ir al museo de arte moderno, ¿sigo recto?	Per andare al museo di arte moderna devo proseguire diritto?
¿Queda lejos?	È lontano?
¿Se puede ir andando?	Ci si può andare a piedi?

GUIDA ALLA CONVERSAZIONE

GUÍA DE CONVERSACIÓN

¿Tengo/Tenemos que coger el autobús/metro? (Esp) ¿Tengo/Tenemos que tomar el bus/metro? (Amér)	Devo/Dobbiamo prendere l'autobus/la metro?
¿Me podría ayudar? Creo que me he perdido.	Mi potrebbe aiutare? Credo di essermi perso.

circular por la ciudad	*in giro per la città*
¿Qué autobús va al aeropuerto? (Esp) ¿Qué bus va al aeropuerto? (Amér)	Che autobus va all'aeroporto?
¿Dónde se coge el autobús a la estación? (Esp) ¿Dónde se toma el bus a la estación? (Amér)	Dove si prende l'autobus per la stazione?
¿Me podría decir dónde me tengo que bajar?	Può dirmi dove devo scendere?
Parada de autobús. (Esp) Parada de bus. (Amér)	Fermata dell'autobus.
¿Este autobús va a la estación? (Esp) ¿Este bus va a la estación? (Amér)	Questo autobus va alla stazione?

deportes	sport
Queremos ver un partido de fútbol. ¿Hay alguno esta noche?	Vorremmo assistere a una partita di calcio? Ce n'è una stasera?
¿Dónde está el estadio de fútbol?	Dov'è lo stadio?
¿Dónde podemos alquilar bicicletas?	Dove si possono affittare delle biciclette?
Quisiéramos reservar una cancha de tenis para las 7 de la tarde. Quisiéramos reservar una pista de tenis para las 7 de la tarde. (Esp)	Vorremmo riservare un campo da tennis per le 7 di sera.
¿Cuánto cuesta una hora de clase?	Quanto costa un'ora di lezione?
¿La piscina abre todos los días?	La piscina è aperta tutti i giorni?
¿Dónde podemos cambiarnos?	Dove possiamo cambiarci?
¿Hay alguna estación de esquí por aquí cerca?	C'è una località sciistica qui vicino?
¿Podemos alquilar el equipo?	Possiamo affittare l'attrezzatura?

¿Alquilan barcas?	Avete barche a noleggio?
¿Dónde podemos ir a jugar a los bolos por aquí?	Dove si trovano piste da bowling qui vicino?
Me encantaría dar una vuelta en bici.	Mi piacerebbe fare un giro in bicicletta.

en el hotel / in albergo

Queremos una habitación doble/dos habitaciones individuales.	Vorremmo una camera doppia/due camere singole.
Quiero una habitación para dos noches, por favor.	Vorrei una camera per due notti, per favore.
Tengo una reserva a nombre de Valenti.	Ho prenotato a nome Valenti.
He reservado una habitación con ducha/baño.	Ho prenotato una camera con doccia/bagno.
¿Me da la llave de la habitación 121, por favor?	La chiave della 121, per favore.
¿Podría darme una almohada/manta más, por favor?	Potrei avere un altro cuscino/un'altra coperta, per favore?
¿Hay algún mensaje para mí?	Ci sono messaggi per me?
¿A qué hora se sirve el desayuno?	A che ora è la colazione?

Quiero tomar el desayuno en la habitación.	Vorrei la colazione in camera.
¿Me podría despertar a las 7?	Potrebbe svegliarmi alle sette?
¿Hay un parking para los clientes del hotel?	C'è un parcheggio per i clienti dell'albergo?
de compras	*per negozi*
¿Cuánto es?	Quant'è?
Quería comprar gafas de sol/un traje de baño.	Vorrei un paio di occhiali da sole/un costume da bagno.
Uso la (talla) 38. Uso el (talle) 38. (RP)	Porto la 38.
Calzo un 40.	Porto il 40.
¿Puedo probármelo?	Posso provarlo?
¿Puedo cambiarlo?	Posso cambiarlo?
¿Dónde están los probadores?	Dove sono i camerini?
¿Tiene una talla mayor/más pequeña? ¿Tiene un talle más grande/chico? (RP)	Avete una taglia più grande/più piccola?
¿Lo tiene en azul?	Ce l'avete azzurro?

GUIDA ALLA CONVERSAZIONE

¿Tiene sobres/guías de la ciudad?	Avete delle buste/delle guide della città?
Querría una película, por favor. Querría un carrete, por favor. (Esp)	Vorrei un rullino, per favore.
¿A qué hora cierran?	A che ora chiudete?

pedir información en la ciudad	*in città*
¿A qué hora cierra el museo?	A che ora chiude il museo?
¿Dónde está la piscina pública más cercana?	Dov'è la piscina pubblica più vicina?
¿Me podría decir dónde está la iglesia más cercana?	Mi sa dire dov'è la chiesa più vicina?
¿Sabe cuál es el horario de misas/cultos?	Sa quali sono gli orari delle messe/funzioni?
¿Hay algún cine cerca de aquí?	C'è un cinema qui vicino?
¿Qué distancia hay de aquí a la playa?	Quanto dista da qui la spiaggia?
¿Me podría recomendar un hotel cerca del centro?	Mi potrebbe consigliare un albergo vicino al centro?

en el bar	al bar
¿Está libre esta mesa/silla?	È libero questo tavolo?/È libera questa sedia?
¡Por favor!	Scusi!
¿Nos podría traer la lista de bebidas?	Potrebbe portarci la lista delle bevande?
Dos cafés/cafés con leche, por favor.	Due caffè/caffè macchiati, per favore.
Un té (con limón/con leche).	Un tè (con limone/con latte).
¿Me podría traer hielo?	Potrebbe portarmi del ghiaccio?
Un zumo de naranja./ Un agua mineral. Un jugo de naranja./Un agua mineral. (Amér)	Un succo d'arancia./Un'acqua minerale.
¿Me podría traer una cerveza, por favor?	Mi può portare una birra, per favore?
¿Dónde están los servicios? ¿Dónde es el baño? (Amér)	Dov'è il bagno/la toilette?
¿Hay una zona para fumadores?	C'è una sala per fumatori?

GUIDA ALLA CONVERSAZIONE

en el restaurante	al ristorante
Quisiera reservar una mesa para las nueve de la noche	Vorrei prenotare un tavolo per stasera alle nove.
Una mesa para dos, por favor.	Un tavolo per due, per favore.
¿Podría traer la carta/la carta de vinos?	Mi può portare il menu/la carta dei vini?
¿Tiene menú infantil/vegetariano?	Avete un menu per bambini/vegetariano?
Una botella de vino tinto/blanco de la casa, por favor.	Una bottiglia di vino rosso/bianco della casa, per favore.
¿Cuál es la especialidad de la casa?	Qual è la specialità della casa?
Muy poco hecho/al punto/muy hecho.	Al sangue/giusto/ben cotto.
¿Qué tiene de postre?	Cosa avete come dolce?
¿Me trae la cuenta, por favor?	Il conto, per favore.

en la oficina de correos	all'ufficio postale
¿Cuánto cuesta enviar una carta/una postal a Italia?	Quanto costa spedire una lettera/cartolina in Italia?
Quiero diez sellos para Italia. Quiero diez timbres para Italia. (Méx) Quiero diez estampillas para Italia. (RP)	Vorrei dieci francobolli per l'Italia.
Quiero enviar este paquete por correo certificado. Quiero enviar este paquete por correo registrado. (Amér)	Vorrei spedire questo pacco raccomandato.
¿Cuánto tiempo tarda en llegar? ¿Cuánto tiempo demora en llegar? (Amér)	Quanto ci metterà ad arrivare?
Quiero una tarjeta de teléfono de 50 unidades.	Vorrei una scheda telefonica da 50 unità.
¿Puedo enviar un fax?	Posso inviare un fax?
Quiero enviar un mensaje por correo electrónico. ¿Dónde puedo encontrar un cibercafé?	Vorrei mandare un'email. Mi sa dire dov'è un Internet café?

GUIDA ALLA CONVERSAZIONE

en la empresa	*lavoro*
Buenos días. Soy de Biotech.	Buongiorno. Sono della Biotech.
Tengo una cita con el Señor Santiago a las a las dos y media.	Ho un appuntamento con il signor Santiago alle due e mezza.
Aquí tiene mi tarjeta de visita.	Questo è il mio biglietto da visita.
Quisiera ver al director.	Vorrei vedere il direttore.
Mi dirección de correo electrónico es paolo@easyconnect.com	Il mio indirizzo email è paolo@easyconnect.com
¿Podría enviarme información/las cifras de ventas por fax, por favor?	Potrebbe faxarmi alcune informazioni/le cifre delle vendite, per favore?

en el médico	*dal medico*
Tengo vómitos y diarrea.	Ho il vomito e la diarrea.
Me duele aquí/ahí.	Mi fa male qui/là.
Me duele la cabeza.	Ho mal di testa.
Tengo dolor de garganta.	Mi fa male la gola.
Tengo dolor de estómago.	Mi fa male lo stomaco.
Mi hijo tiene tos y fiebre.	Mio figlio ha la tosse e la febbre.

Soy alérgico a la penicilina.	Sono allergico alla penicillina.
Soy alérgico a los antibióticos.	Non tollero gli antibiotici.
Creo que tengo otitis.	Credo di avere un'otite.
Tengo la tensión alta.	Ho la pressione alta.
Soy diabético.	Ho il diabete.
Creo que me he roto la muñeca.	Credo di essermi rotto il polso.
¿Durante cuánto tiempo debo seguir el tratamiento?	Per quanto devo seguire la cura?

en el dentista	*dal dentista*
Tengo dolor de muelas.	Ho mal di denti.
Me duele una muela.	Mi fa male un molare.
Se me ha caído un empaste. Se me ha caído una tapadura. (Méx) Se me ha caído una emplomadura (RP).	Mi è andata via un'otturazione.
Se me ha roto un incisivo.	Mi si è spezzato un incisivo.
Necesito un puente nuevo.	Ho bisogno di un ponte.
¿Me puede poner anestesia local?	Può farmi l'anestesia locale?

GUIDA ALLA CONVERSAZIONE

en la farmacia	in farmacia
¿Tiene algo para el dolor de cabeza/el dolor de garganta/la diarrea?	Avete qualcosa contro il mal di testa/il mal di gola/la diarrea?
¿Tiene un analgésico/tiritas®, por favor? ¿Tiene un analgésico/curitas, por favor? (Amér)	Avete una analgesico/dei cerotti, per favore?
Quiero una crema solar de alto índice de protección.	Vorrei della lozione solare con fattore di protezione alto.
¿Tiene un repelente contra insectos?	Ha un insettifugo?
Tengo una receta de mi médico en Italia.	Ho una prescrizione del mio medico in Italia.
¿Venden este medicamento sin receta?	Vendete questa medicina senza prescrizione?
¿Me podría recomendar un médico?	Mi può consigliare un medico?

Índice	Índice	
Cardinales	*Numeri cardinali*	32
Ordinales	*Numeri ordinali*	34
Fracciones, decimales y números negativos	*Numeri frazionali, decimali e negativi*	35
Las operaciones	*Operazioni matematiche*	35
Longitud	*Lunghezza*	36
Superficie	*Superficie*	36
Capacidad	*Capacità*	36
Volumen	*Volume*	37
Peso	*Peso*	37
La hora	*L'ora*	38

Cardinales/Numeri cardinali

cero	0	zero
uno	1	uno
dos	2	due
tres	3	tre
cuatro	4	quattro
cinco	5	cinque
seis	6	sei
siete	7	sette
ocho	8	otto
nueve	9	nove
diez	10	dieci
once	11	undici
doce	12	dodici
trece	13	tredici
catorce	14	quattordici
quince	15	quindici
dieciséis	16	sedici
diecisiete	17	diciassette
dieciocho	18	diciotto
diecinueve	19	diciannove
veinte	20	venti
veintiuno	21	ventuno
veintidós	22	ventidue
veintitrés	23	ventitré

veinticuatro	24	ventiquattro
veinticinco	25	venticinque
veintiséis	26	ventisei
veintisiete	27	ventisette
veintiocho	28	ventotto
veintinueve	29	ventinove
treinta	30	trenta
treinta y uno	31	trentuno
treinta y dos	32	trentadue
cuarenta	40	quaranta
cincuenta	50	cinquanta
sesenta	60	sessanta
setenta	70	settanta
ochenta	80	ottanta
noventa	90	novanta
cien	100	cento
ciento uno	101	centouno
quinientos	500	cinquecento
setecientos	700	settecento
mil	1000	mille
mil veinte	1020	mille(e)venti
mil seiscientos seis	1606	milleseicentosei
dos mil	2000	duemila
un millón	1.000.000	un milione

Ordinales/Numeri ordinali

primero	1º	primo
segundo	2º	secondo
tercero	3º	terzo
cuarto	4º	quarto
quinto	5º	quinto
sexto	6º	sesto
séptimo	7º	settimo
octavo	8º	ottavo
noveno	9º	nono
décimo	10º	decimo
undécimo	11º	undicesimo
decimosegundo	12º	dodicesimo
decimotercero	13º	tredicesimo
decimocuarto	14º	quattordicesimo
decimoquinto	15º	quindicesimo
decimosexto	16º	sedicesimo
decimoséptimo	17º	diciassettesimo
decimoctavo	18º	diciottesimo
decimonoveno	19º	diciannovesimo
vigésimo	20º	ventesimo
vigésimo primer(o)	21º	ventunesimo
vigésimo segundo	22º	ventiduesimo
vigésimo tercero	23º	ventitreesimo
trigésimo	30º	trentesimo

centésimo	100º	centesimo
centésimo primero	101º	centunesimo
milésimo	1000º	millesimo

Fracciones, decimales y números negativos/ Numeri frazionali, decimali e negativi

medio	1/2	uno fratto due/mezzo
dos tercios	2/3	due fratto tre/due terzi
un décimo/una décima parte	1/10	un decimo
un centésimo/una centésima	1/100	un centesimo
cero coma uno	0,1	zero virgola uno
dos coma cinco	2,5	due virgola cinque
seis coma cero tres	6,03	sei virgola zero tre
menos uno	-1	meno uno

Las operaciones/Operazioni matematiche

ocho más dos igual a diez	8+2=10	otto più due fa dieci
nueve menos tres igual a seis	9-3=6	nove meno tre fa sei
siete por tres veintiuno	7x3=21	sette per tre fa ventuno
veinte entre cuatro igual a cinco	20:4=5	venti diviso quattro fa cinque
la raíz cuadrada de nueve es tres	$\sqrt{9}=3$	la radice quadrata di nove è tre
cinco al cuadrado igual a veinticinco	$5^2=25$	cinque al quadrato/ alla seconda fa venticinque

Longitud/Lunghezza

milímetro	mm	millimetro
centímetro	cm	centimetro
metro	m	metro
kilómetro	km	chilometro

Superficie/Superficie

centímetro cuadrado	cm^2	centimetro quadrato
metro cuadrado	m^2	metro quadrato
kilómetro cuadrado	km^2	chilometro quadrato
hectárea	ha	ettaro

Capacidad/Capacità

decilitro	dl	decilitro
litro	l	litro

Volumen/Volume		
centímetro cúbico	cm^3	centimetro cubo
metro cúbico	m^3	metro cubo

Peso/Peso		
miligramo	mg	milligrammo
gramo	g	grammo
hectogramo	hg	etto/ettogrammo
kilo(gramo)	kg	chilo/chilogrammo
tonelada	t	tonnellata

La hora/L'ora

las cinco	🕔	le cinque (di mattina)
las siete y cinco	🕖	le sette e cinque
las ocho y diez	🕗	le otto e dieci
las nueve y cuarto	🕘	le nove e un quarto/ e quindici
las diez y veinte	🕙	le dieci e venti
las once y media	🕚	le undici e mezza/e trenta
las doce del mediodía	🕛	le dodici/mezzogiorno
las doce y media	🕧	le dodici e mezza
la una	🕐	l'una (di pomeriggio)
las dos	🕑	le due (di pomeriggio)
las cuatro menos cuarto	🕒	le quattro meno un quarto/ le tre e tre quarti/ le quindici e quarantacinque
las cinco y veintitrés	🕔	le diciassette e ventitré
las nueve menos veinticinco	🕗	le otto e trentacinque
las doce de la noche	🕛	mezzanotte/ le ventiquattro
la una de la madrugada/ de la mañana	🕐	l'una (di notte)

Esta obra se terminó de imprimir y encuadernar
en Diciembre del 2006 en Quebecor World.